Jürgen Schwenk, Helmut Schuster, Dieter Schiecke, Eckehard Pfeifer

Microsoft Office Excel 2007 – Das Handbuch

Jürgen Schwenk, Helmut Schuster, Dieter Schiecke, Eckehard Pfeifer

Microsoft Office Excel 2007 – Das Handbuch

Jürgen Schwenk, Helmut Schuster, Dieter Schiecke, Eckehard Pfeifer: Microsoft Office Excel 2007 – Das Handbuch
Microsoft Press Deutschland, Konrad-Zuse-Str. 1, D-85716 Unterschleißheim
Copyright © 2007 by Microsoft Press Deutschland

Das in diesem Buch enthaltene Programmmaterial ist mit keiner Verpflichtung oder Garantie irgendeiner Art verbunden. Autor, Übersetzer und der Verlag übernehmen folglich keine Verantwortung und werden keine daraus folgende oder sonstige Haftung übernehmen, die auf irgendeine Art aus der Benutzung dieses Programmmaterials oder Teilen davon entsteht.

Das Werk einschließlich aller Teile ist urheberrechtlich geschützt. Jede Verwertung außerhalb der engen Grenzen des Urheberrechtsgesetzes ist ohne Zustimmung des Verlags unzulässig und strafbar. Das gilt insbesondere für Vervielfältigungen, Übersetzungen, Mikroverfilmungen und die Einspeicherung und Verarbeitung in elektronischen Systemen.

Die in den Beispielen verwendeten Namen von Firmen, Organisationen, Produkten, Domänen, Personen, Orten, Ereignissen sowie E-Mail-Adressen und Logos sind frei erfunden, soweit nichts anderes angegeben ist. Jede Ähnlichkeit mit tatsächlichen Firmen, Organisationen, Produkten, Domänen, Personen, Orten, Ereignissen, E-Mail-Adressen und Logos ist rein zufällig.

15 14 13 12 11 10 9 8 7 6 5 4 3
11 10

ISBN 978-3-86645-103-2

© Microsoft Press Deutschland
(ein Unternehmensbereich der Microsoft Deutschland GmbH)
Konrad-Zuse-Str. 1, D-85716 Unterschleißheim
Alle Rechte vorbehalten

Fachlektorat: Georg Weiherer, Münzenberg
Korrektorat: Jutta Alfes, Dorothee Klein, Karin Baeyens, Siegen
Layout und Satz: Gerhard Alfes, mediaService, Siegen (www.media-service.tv)
Umschlaggestaltung: Hommer Design GmbH, Haar (www.HommerDesign.com)
Gesamtherstellung: Kösel, Krugzell (www.KoeselBuch.de)

Übersicht

Teil A	**Grundlagen**	**45**
1	Die Installation	47
2	Neue Bildschirmelemente und Einstellungen erkunden	59
3	Neue und konventionelle Dateiformate verwenden	101
4	Mit Tabellen arbeiten	159
5	Vom Bildschirm aufs Papier	213
Teil B	**Daten und Formeln eingeben**	**247**
6	Berechnungen durchführen	249
7	Funktionen einsetzen	289
8	Daten bei der Eingabe prüfen	331
Teil C	**Tabellen und Daten formatieren**	**353**
9	Zellen und Tabellen formatieren – Der Einstieg	355
10	Mit eigenen Zahlenformaten Tabellen übersichtlicher gestalten	411
11	Von der Mappe bis zur Zelle: Mit Vorlagen schneller formatieren	433
12	Bedingte Formatierung und Scorecards einsetzen	467
13	Formulare entwickeln und kommentieren	503
Teil D	**Grafiken und SmartArt**	**527**
14	Tabellen mit Grafiken und SmartArt aufwerten	529
Teil E	**Daten auswerten: Berechnungen**	**569**
15	Mit Funktionen kalkulieren und auswerten	571
16	Statistische und finanzmathematische Funktionen einsetzen	657
Teil F	**Daten präsentieren: Diagramme**	**695**
17	Diagramme einfach und schnell erstellen	697
18	Fortgeschrittene Diagrammtechniken einsetzen	737
Teil G	**Listenmanagement**	**767**
19	Mit Namen und Tabellen arbeiten	769
20	Daten sortieren	803
21	Daten filtern	821
22	Datenbank-Funktionen einsetzen	847
23	Teilergebnisse bilden und Daten konsolidieren	865
24	PivotTable und PivotChart einsetzen	883

Teil H Planung und Prognose 955
- 25 Mit verschiedenen Szenarien experimentieren 957
- 26 Den Solver und weitere Add-Ins einsetzen 973
- 27 Verschiedene Parameter für eine Formel: Datentabellen 1011

Teil I Datenaustausch mit anderen Anwendungen 1035
- 28 Excel im Netzwerk und im Web 1037
- 29 Excel und XML 1067
- 30 Excel und die anderen Office-Anwendungen 1079

Teil J Makroprogrammierung mit Excel 1103
- 31 Eigene Makros programmieren 1105

Teil K Anhang 1131
- A Die CD-ROM zum Buch 1133

Praxisindex 1139

Stichwortverzeichnis 1143

Inhaltsverzeichnis

Vorwort	29
Die Autoren	30
Danksagung	31
Und so finden Sie, was Sie suchen	31
Was ist neu?	33
Neue Benutzeroberfläche	34
Multifunktionsleiste	35
Symbolleiste für den Schnellzugriff	35
Aufgabenbereiche	36
Neue Dateiformate	36
Neufestlegung von Grenzen	37
Neues Sicherheitskonzept	38
Neue Servertasks	38
Was weggefallen ist	38
Einige Impressionen	39
Formatierungen	39
Umgang mit Daten	40
Benannte Bereiche	41
AutoVervollständigen in Formeln	41
Diagramme	41
SmartArt-Grafiken	42
PivotTables	43
Analyse-Funktionen	43
Hilfe	44

Teil A   **Grundlagen**   45

1   **Die Installation**   47

Die Neuinstallation	48
Systemanforderungen	48
Standardinstallation	49
Angepasste Installation	51
Nachträgliche Anpassungen der Installation	53
Das Update	54
Parallele Installationen verschiedener Versionen	56
Neue Dateiformate	56
Probleme	57
Zusammenfassung	58

2 Neue Bildschirmelemente und Einstellungen erkunden ... 59

Excel starten ... 60
Die neue Excel-Umgebung kennen lernen ... 61
    Die Multifunktionsleiste enthält aufgabenbezogene Befehle ... 63
    Eine Schnellzugriffsleiste an eine Mappe binden ... 67
    Befehl aus der Schnellzugriffsleiste löschen ... 68
    Ursprünglichen Zustand wiederherstellen ... 68
    Multifunktionsleiste in unterschiedlicher Größe ... 68
    Kontextbezogene Werkzeuge ... 70
    Programmregisterkarten ... 70
    Mit Kontextmenüs arbeiten ... 71
    Befehle ausführen ... 72
    Startprogramm für Dialogfelder ... 73
    Elemente von Dialogfeldern ... 74
    Schnell formatieren mit Hilfe von Katalogen ... 75
    Die Bearbeitungsleiste anzeigen lassen ... 77
    Ansicht wechseln ... 78
    Die Statusleiste anpassen ... 79
    Neue Elemente in der Seitenlayoutansicht ... 80
Mit der Bildlaufleiste blättern ... 81
Die Fenstergröße einstellen ... 82
    Zentrale Aufgaben im Office-Menü erledigen ... 84
Arbeitsumgebung über Excel-Optionen anpassen ... 85
Unterstützung und Hilfe in Excel 2007 ... 88
    Hilfe und Beschreibung zu Befehlen anzeigen ... 88
    Tastaturtipps anzeigen ... 89
    Die Hilfe verwenden ... 90
    Probleme beim Starten von Excel lösen ... 95
Excel beenden ... 97
Zusammenfassung ... 98

3 Neue und konventionelle Dateiformate verwenden ... 101

Eine neue Excel-Arbeitsmappe erstellen ... 102
    Vorlagen online von Microsoft beziehen ... 104
    Öffnen einer Excel-Arbeitsmappe ... 105
Speichern von Dateien ... 109
    Neues XML-Format für Dateien ... 109
    Neues Binärformat für Dateien ... 112
    Excel-Formate ... 112
    Im neuen Format entfernte Funktionen ... 113
    Speichern im Format 97-2003 ... 114
    Excel 2007-Arbeitsmappe auf Kompatibilität prüfen ... 115
    Welches Format ist das richtige Standardformat? ... 116
    Standardformat für Dateien einstellen ... 116
    Datei speichern ... 117
    Vertrauenswürdige Speicherorte ... 118
    Das Vertrauensstellungscenter kennen lernen ... 120
    Das neue Dateiformat mit früheren Versionen erstellen ... 121

Das Dialogfeld *Speichern unter*	122
Persönliche Informationen entfernen	130
Ansichten im Dialogfeld *Öffnen* einstellen	131
Mehrere Arbeitsmappen als Aufgabenbereich speichern	134
Dateien konvertieren	135
In einem anderen Dateiformat speichern	137
Textdateiformate	138
Zwischenablageformate	139
Excel und die Datensicherheit	140
Eine Arbeitsmappe gemeinsam öffnen	141
Exklusive Rechte sind Standard	141
Eine Arbeitsmappe freigeben	142
Die Arbeitsblatt-Register	147
Arbeitsblätter gruppieren	148
Arbeitsblätter umbenennen und verschieben	149
Arbeitsblätter löschen	150
Arbeitsblätter einfügen	151
Blattregisterkarten farblich gestalten	151
Mehrere Arbeitsmappen-Fenster anzeigen	152
Arbeitsblätter aus- und einblenden	154
Arbeitsmappen ausblenden	155
Eine Arbeitsmappe schließen	157
Zusammenfassung	158

4 Mit Tabellen arbeiten ... 159

Der Aufbau eines Arbeitsblatts	160
Zellen aktivieren	161
Daten eingeben und bearbeiten	164
Daten in einen markierten Bereich eingeben	165
Zellen mit gleichen Inhalten füllen	166
AutoVervollständigen zur Dateneingabe verwenden	167
Auswahllisten anzeigen und verwenden	167
Daten in der Zelle bearbeiten	167
Die AutoKorrektur verwenden	168
AutoKorrektur für die Eingabe von Zeitwerten	169
AutoKorrektur-Eintrag löschen	169
Ausnahmen festlegen	170
Informationen mit Smarttags abrufen	170
Besonderheiten beim Daten eingeben	171
Automatische Formatierung der Daten	171
Feste Dezimalstelle verwenden	171
Mit sehr großen Zahlen arbeiten	172
Einen Bruch eingeben	172
Internet- und Netzwerkpfade eingeben	172
Es werden nur Rauten angezeigt	173
Datumseingabe auf dem numerischen Block	173
Übersicht zum Eingeben von Daten	173
Daten über eine Maske eingeben	175

Reihen eingeben und Ausfüllen	176
Die Anwendung der AutoAusfüllen-Funktion	177
Ausfüllen einer Reihe von Zahlen, Datumswerten oder anderen Elementen	179
Benutzerdefinierte Reihe festlegen	179
Zellinhalte löschen, Eingaben wiederholen und rückgängig machen	181
Einfügen und Löschen im Tabellenblatt	182
Zellen, Zeilen und Spalten löschen	182
Verschieben, Kopieren und Einfügen von Daten	186
Kopieren und Einfügen mit gleichzeitigem Ausführen einer bestimmten Aktion	188
Zeilen und Spalten vertauschen	191
Bestimmte Einträge suchen	192
Zeichenfolgen ersetzen	194
Verschiedene Tabellen vergleichen	195
Zeilenhöhe und Spaltenbreite ändern	196
Die optimale Spaltenbreite und Zeilenhöhe einstellen	196
Zellen verbinden	197
Zellen über Auswahl zentrieren	198
Zellen ein- und ausblenden	198
Mehrere Tabellenbereiche im Blick behalten	199
Überschriften und Vorspalten fixieren	200
Unterschiedliche Bildschirmansichten verwenden	201
Normalansicht	201
Layout der Tabelle in der Seitenansicht prüfen	201
Seitenumbruchvorschau anzeigen lassen	202
Benutzerdefinierte Ansicht	202
Ganzer Bildschirm	203
Die Rechtschreibprüfung anwenden	203
Eine Recherche durchführen	204
Tabellenblatt schützen	205
Erweiterter Blattschutz	206
Blattschutz aufheben	210
Zusammenfassung	210

5 Vom Bildschirm aufs Papier — 213

Der erste Schritt – einen Drucker installieren	214
Den Drucker richtig konfigurieren	216
Einen Drucker für günstige Ausdrucke einrichten	217
Einen Drucker entfernen	217
Druckvorbereitung – Seite einrichten	217
Papierformat auswählen	218
Seitenrand und Zentrierung einstellen	219
Die Seitenlayoutansicht verwenden	221
Kopf- und Fußzeilen gestalten	222
Das passende Layout für Ihr Tabellenblatt wählen	227
Der letzte Schritt zum Druck: Druckdialog ausführen	230
Kopienanzahl und Sortierung einstellen	232
Mehrere Kopien in einem Druckauftrag abwickeln	232
Diagramme drucken	232

Tipps und Tricks zum Drucken 233
    Formeln drucken 233
    Wenn Sie es eilig haben 233
    Den Ausdruck abbrechen 234
PDF-Format und XPS 234
    Datei im PDF-Format speichern 236
    Eine Tabelle als Bilddatei speichern 236
    Persönliche Druckeinstellungen speichern 237
    Karopapier herstellen 237
    Das Zeichen »&« im Firmennamen 239
    Seitenzahlen anpassen 240
    Lochmarken drucken 240
    Ein Wasserzeichen einfügen 241
    Ausdrucke am Rand ausrichten 242
    Die Seitenumbruchvorschau 243
Zusammenfassung 244

Teil B   Daten und Formeln eingeben   247

6 Berechnungen durchführen   249

Erste Formeln eingeben 250
    Arithmetische Operatoren einsetzen 250
    Rangfolge der Operatoren 251
    Klammern setzen 252
    Zellbezüge statt Konstanten verwenden 253
    AutoVervollständigen in Formeln 255
    Mit externen Daten rechnen 257
    Die Neuberechnung kontrollieren 260
    Fehlerwerte in Tabellen kennen lernen 262
    Was ist ein Zirkelbezug? 265
Verschieben und Kopieren von Formeln 266
    Markierungstechniken anwenden 266
    Formelzellen verschieben 268
    Kopieren von Formelzellen 269
    Relative Zellbezüge 271
    Kopieren durch Ausfüllen 272
    Absolute Zellbezüge 274
    Gemischte Zellbezüge 276
    Hilfreiche Einfügen-Optionen 277
    Mit Datums- und Zeitwerten rechnen 278
Formeln analysieren 280
    Die Formelüberwachung einsetzen 280
    Daten- und Formelfluss verfolgen 281
    Die Fehlerüberprüfung hilft 282
    Formeln schrittweise auswerten 284
Mit Matrixformeln ganze Bereiche berechnen 285
    Bearbeiten von Matrixformeln 287
Zusammenfassung 287

7 Funktionen einsetzen ... 289

Die Funktion *SUMME* ... 290
Wie funktionieren Funktionen eigentlich? ... 291
    Funktionen sind fehlertolerant ... 292
    Syntax einer Funktion ... 293
    Argumente: Rechendaten an eine Funktion übergeben ... 294
Mit der automatischen Summenfunktion arbeiten ... 297
    Eingabevorteile der *AutoSumme*-Schaltfläche nutzen ... 299
    Zwischensummen zur Gesamtsumme zusammenfassen ... 300
    Laufende Summe berechnen ... 301
Eingeben von Funktionen ... 302
    Der Funktions-Assistent: Eingabehilfe für Funktionen ... 303
Mit Bezugsoperatoren arbeiten ... 309
    Der Bereichsoperator verbindet Zellen ... 309
    Der Vereinigungsoperator verbindet entfernt liegende Zellen ... 311
    Der Schnittmengenoperator ermittelt Gemeinsamkeiten ... 311
    Implizite Schnittmenge ... 312
Mit dem Textoperator Zeichenfolgen verketten ... 313
Mathematische Funktionen einsetzen ... 314
    SUMME-Funktion ... 314
    SUMMENPRODUKT-Funktion ... 314
    RUNDEN-Funktion ... 316
    AUFRUNDEN-Funktion ... 317
    ABRUNDEN-Funktion ... 318
    Den Wert einer Zahl ermitteln ... 319
    SUMMEWENN-Funktion ... 319
    ZÄHLENWENN-Funktion ... 320
Umrechnen in andere Maßsysteme ... 321
Alles ganz logisch ... 322
    WENN-Funktion ... 322
Mit Datums- und Zeitfunktionen rechnen ... 325
    Die Eingabe von Datumswerten ... 325
HEUTE- und *JETZT*-Funktion ... 325
    MONAT-Funktion ... 326
    WOCHENTAG-Funktion ... 327
    Systemeinstellungen zu Datumswerten und mehr ... 328
Zusammenfassung ... 330

8 Daten bei der Eingabe prüfen ... 331

Eingabewerte einschränken ... 332
Wann wird die Datenüberprüfung aktiv? ... 333
Typ der Fehlermeldung einstellen ... 334
Eingabemeldung festlegen ... 336
    Eingabemeldung als ergänzender Kommentar ... 337
Einstellungen für die Datenüberprüfung ... 337
    Zellen mit Hilfe der Datenüberprüfung schützen ... 338
Gültigkeitsregeln finden, ändern und löschen ... 339

Zellen mit Gültigkeitsregeln finden	339
Gültigkeitsregeln ändern	341
Gültigkeitsregeln löschen	341
Werte aus einer Liste verwenden	342
Zellbereich als Liste verwenden	342
Gültigkeitsliste auf einem anderen Blatt verwalten	344
Dynamische Liste für die Gültigkeit festlegen	344
Variable Listenbereiche einsetzten	345
Die Eingabe mit Formeln einschränken	346
Doppelte Einträge verhindern	347
Hinweis auf vollständige Eingabe zeigen	348
Nur zeilenweise Einträge zulassen	348
Tabellen für die Fortführung der Datenprüfung nutzen	350
Auf ein ausgeschöpftes Budget hinweisen	350
Zusammenfassung	351

Teil C Tabellen und Daten formatieren 353

9 Zellen und Tabellen formatieren – Der Einstieg 355

Mehr Klarheit durch Formatierung	356
Kurzüberblick: Die Möglichkeiten zum Formatieren von Zellen und Tabellen	356
Was sind Zellformate?	357
… und was sind Zahlenformate?	359
Praxisbeispiel: Eine Tabelle Zelle für Zelle in Form bringen	360
Die Ausgangstabelle	360
Kurze Bestandsaufnahme der Ausgangstabelle	361
Schritt für Schritt: Die Aufstellung formatieren	361
Mit Zahlenformaten die Zahlen lesbarer machen	365
Die Anteile in Prozent darstellen	367
Der Tabelle mit Rahmenlinien eine Struktur geben	370
Zum besseren Lesen jede zweite Zeile farblich hinterlegen	374
Zum Schluss wichtige Teile der Tabelle schützen	375
Fazit	380
Grundlegende Formatierungsbefehle im Detail	381
Vielfalt pur: Recht unterschiedliche Wege zum Ziel	381
Schrift formatieren	384
Die Ausrichtung in Zellen bestimmen	388
Zahlen formatieren	394
Mit Rahmenlinien aus Zahlenkolonnen übersichtliche Tabellen machen	397
Wichtiges hervorheben mit Zellfarbe und -muster	401
Zellen schützen	405
Tipps für mehr Effektivität beim Formatieren	406
Formate blitzschnell übertragen und vereinheitlichen	406
Die *Symbolleiste für den Schnellzugriff* anpassen	407
Tastenkombinationen verwenden	408
Zusammenfassung	409

10 Mit eigenen Zahlenformaten Tabellen übersichtlicher gestalten 411
Wofür werden benutzerdefinierte Zahlenformate gebraucht? 412
    Ein Beispiel: Negative Zahlen besser anzeigen 413
Den Aufbau benutzerdefinierter Zahlenformate kennen und verstehen 414
    Die Einteilung von Zahlenformaten in Abschnitte 415
Eigene Zahlenformate erstellen 416
    Formatcodes und ihre Bedeutung 417
Aus der Praxis: Beispiele für benutzerdefinierte Zahlenformate 420
    Führende Nullen tatsächlich anzeigen 421
    Keine Nullwerte anzeigen 421
    Nur positive Zahlen sind erlaubt 422
    Bei der Eingabe von Nullen den Buchstaben »O« vermeiden 422
    Große Werte verkürzt darstellen als Tsd. € oder Mio. € 423
    Die Anzeige von Fehlerwerten unterdrücken 424
    Spezielle Platzhalter in Formatcodes 424
    Texte gliedern mit Aufzählungszeichen 430
Benutzerdefinierte Zahlenformate löschen 431
    Benutzerdefinierte Zahlenformate in anderen Arbeitsmappen verwenden 432
Zusammenfassung 432

11 Von der Mappe bis zur Zelle: Mit Vorlagen schneller formatieren ... 433
Das System aus Formatvorlagen, Designs und Mustervorlagen verstehen 434
    Das System der Vorlagen im Überblick 434
Einzelne Zellen schnell formatieren: Mit Zellenformatvorlagen arbeiten 440
    Zellenformatvorlagen anpassen 440
    Eigene Zellenformatvorlagen anlegen 444
    Zellenformatvorlagen löschen 445
    Die Formate einer Zellenformatvorlage aus ausgewählten Zellen entfernen 445
    Gut organisiert: Zellenformatvorlagen zwischen verschiedenen Arbeitsmappen austauschen 445
    Komplette Tabellen gestalten: Mit Tabellenformatvorlagen arbeiten 447
    Einem Zellbereich eine Tabellenformatvorlage zuweisen 448
    Benutzerdefinierte Tabellenformatvorlagen anlegen 450
Das Aussehen der Mappe ändern: Designs verwenden und anpassen 452
    Was gehört zu einem Design? 452
    Designs verwenden 453
    Designs anpassen 456
    Schriften und Effekte eines Designs verwenden 459
    Den Effekt für ein Design ändern 460
    Benutzerdefinierte Designs speichern 461
Nicht nur Standard: Eigene Mappenvorlagen einsetzen 462
    Was wird in einer Mappenvorlage gespeichert? 463
    Mappenvorlagen nutzen 463
    Eine eigene Mappenvorlage anlegen 464
Zusammenfassung 465

12 Bedingte Formatierung und Scorecards einsetzen ... 467

Was bedeutet »Bedingte Formatierung«? ... 468
    So funktioniert die *Bedingte Formatierung* ... 468
    Ein erstes Beispiel: Materialkosten vergleichen ... 470
    Diese Vergleichsoperatoren können Sie nutzen ... 471
Mehrere Bedingungen festlegen ... 471
    Materialkosten vergleichen – die Fortsetzung ... 472
Der Manager für Regeln zur bedingten Formatierung ... 473
Bedingte Formate kopieren, ändern und löschen ... 474
    Bedingte Formate ändern und löschen ... 475
Zellen mit bedingter Formatierung finden ... 475
Beispiele, Beispiele, Beispiele … ... 477
    Am Wochenende wird's bunt ... 477
    Samstag und Sonntag farbig hervorheben ... 477
    Wochenenden, Feiertage und arbeitsfreie Tage hervorheben lassen ... 478
    Identische Werte formatieren ... 483
    Leere Zellen hervorheben ... 485
Bedingte Formatierung in PivotTable-Berichten ... 486
Datenbalken und Farbskalen einsetzen ... 488
    Die neuen Formatierungen und das alte Dateiformat ... 490
Zellen mit Symbolen hervorheben ... 491
    Beispiel für Wetterdaten ... 492
    Verhalten der Symbole ... 498
Zusammenfassung ... 500

13 Formulare entwickeln und kommentieren ... 503

Formulare entwickeln ... 504
    Steuerelementtypen unterscheiden ... 504
    Ein elektronisches Formular erstellen ... 506
Tabellen kommentieren ... 515
    Kommentar einfügen, bearbeiten und löschen ... 516
    Kommentar bearbeiten und löschen ... 517
    Kommentare anzeigen und finden ... 517
    Kommentare formatieren ... 518
    Position und Größe von Kommentaren ändern ... 520
    Kommentare kopieren ... 520
    Kommentare komfortabel auswählen ... 521
    Eine Grafik im Kommentar anzeigen ... 522
    Kommentare drucken ... 524
Zusammenfassung ... 525

Teil D Grafiken und SmartArt ... 527

14 Tabellen mit Grafiken und SmartArt aufwerten ... 529

Warum einfache Zahlenkolonnen nicht immer genügen ... 530
    Kurze Checkliste: Fragen zu Inhalt und Form ... 530
Ein Tabellenblatt im Corporate Design gestalten ... 531

Das 1x1 der Grafikformate ... **531**
  Diese Grafikformate können Sie in Excel einsetzen ... **532**
  Ein Logo als Blatt-Hintergrund verwenden ... **533**
Tabellen mit Grafiken optisch aufwerten ... **535**
  Grafische Objekte einfügen ... **535**
  Schritt für Schritt: Eine Grafik einfügen, skalieren und zuschneiden ... **536**
Wenn's mal schnell gehen soll: ClipArt-Sammlungen nutzen ... **538**
  ClipArts suchen und einfügen ... **538**
Mit dem Clip Organizer Mediendateien verwalten ... **541**
  Clip Organizer: Kurzüberblick ... **541**
Fotos und ClipArts nachbearbeiten ... **545**
  Der schnellste Weg: Bildformatvorlagen einsetzen ... **545**
Tabellen mit Zeichnungen und optischen Zusatzelementen versehen ... **550**
  Beispiele für den Einsatz von Formen ... **550**
  Formen zeichnen ... **551**
  Formen bearbeiten ... **552**
  Eine Form mit Text und Zahlen füllen ... **555**
  Textfelder nutzen ... **556**
  Mehrere Objekte markieren ... **557**
  Formen anordnen ... **557**
  Eine Form durch eine andere ersetzen ... **559**
Professionelle Schaubilder mit den SmartArts gestalten ... **559**
  Wann ist der Einsatz der SmartArts sinnvoll? ... **560**
  Die verschiedenen SmartArt-Kategorien ... **560**
  Schritt für Schritt: Eine Projektübersicht anlegen ... **561**
Zusammenfassung ... **566**

Teil E Daten auswerten: Berechnungen ... **569**

15 Mit Funktionen kalkulieren und auswerten ... **571**

Neues zu Funktionen in Excel 2007 ... **572**
Runden mit Formeln ... **573**
  Schnell alle Werte runden – ohne Funktion ... **573**
  Vorsicht Falle: Zahlenformat ... **573**
  Die Tabellenfunktion *RUNDEN* einsetzen ... **574**
  Aufrunden und Abrunden ... **575**
  Runden auf ein Vielfaches ... **576**
  Runden auf bestimmte Werte ... **577**
  Der ganzzahlige Teil einer reellen Zahl ... **578**
  Bei der Division runden ... **579**
  Auf gerade oder ungerade Zahlen runden ... **580**
  Runden und Zahlenformat festlegen in einer Funktion ... **580**
Logik-Funktionen benutzen ... **581**
  Die Funktion *WENN* ... **581**
  Die *WENN*-Funktion verschachteln ... **584**
  Die Funktion *UND* ... **586**
  Die Funktion *ODER* ... **587**

Ergebnisse mit der Funktion NICHT umkehren	587
Funktionen für Wahrheitswerte verwenden	588
Matrixformeln: Rechnen mit Bereichen	589
Summe und Mittelwert mit einer Bedingung berechnen	589
Doppelte Datensätze zählen	590
Summen mit Matrixformeln berechnen	594
Zählen mit einer Matrixfunktion	595
Den kleinsten Wert ermitteln und Null nicht berücksichtigen	597
Alternative Fallzählung mit vielen Bedingungen	598
Matrix ändern oder Zellen löschen	600
Einen Bereich auf identische Werte prüfen	600
Tabellen drehen	606
Tabellen dynamisch drehen	606
Einen Hyperlink erstellen	607
Mit Informationsfunktionen prüfen	609
Prüfen, ob eine Zelle leer ist	609
Mit Informationsfunktionen auf Fehlerwerte prüfen	610
Die neue Funktion WENNFEHLER verwenden	610
Die Informationsfunktion ZELLE	611
Verweis-Funktionen nutzen	613
Daten in einer Spalte suchen	613
Daten in einer Zeile suchen	616
Werte auslesen mit VERGLEICH	617
Vergleichsfunktionen in einem Rechnungsformular einsetzen	617
Die Funktion INDEX	621
Aus einer Liste von Werten auswählen	624
In welcher Zelle steht der größte Wert?	625
Den letzten Wert einer Spalte oder Zeile ermitteln	627
Aus einem Zellbezug den Inhalt ermitteln	627
Zeichenfolgen mit Textfunktionen untersuchen	630
Wichtige Textfunktionen	631
Eine Teilzeichenfolge extrahieren	632
Zeichenfolgen zusammenfassen	634
Zeichenfolgen manipulieren	635
Zeichenfolge durchsuchen: Suchen und Finden	637
Datums- und Zeitfunktionen einsetzen	639
Formatierte Zahl und Zellinhalt	639
Wichtige Tabellenfunktionen für Datumsberechnungen	640
Ein Kalender für alle Fälle	644
Hilfsspalten zum Sortieren und Filtern aufbauen	647
Datumswerte vor der Excel-Zeitrechnung sortieren	648
Wie rechnet Excel mit der Zeit?	649
Zusammenfassung	655

16 Statistische und finanzmathematische Funktionen einsetzen   657

Statistische Funktionen	658
Das arithmetische Mittel berechnen	659
Das gestutzte Mittel	660

Das gewogene arithmetische Mittel	660
Der Median	661
Der Modalwert	661
Streumaße berechnen	663
RANG-Funktion	664
Rang ohne doppelte Werte	665
KGRÖSSTE- und *KKLEINSTE*-Funktion	666
Funktionen für die Häufigkeitsanalyse	667
Die Anzahl aller Werte ermitteln	667
Einteilung in Klassen	667
Häufigkeitsverteilung mit einer Tabellenfunktion berechnen	668
Ein Histogramm erstellen	669
Voraussagen mit Trendfunktionen	671
Berechnung von Trends	671
Lineare Trends berechnen	672
Exponentielle Trends berechnen	672
Regressionskenngrößen ermitteln	672
Kombinatorik	675
Zufallszahlen berechnen	676
Permutationen	679
Die Funktion *Kombinationen*	680
Variationen	680
Finanzmathematische Funktionen einsetzen	681
Vorbemerkungen	681
Einfache Zinsrechnung	682
Zinseszinsrechnung	687
Rentenrechnung	689
Tilgungsrechnung	690
Zusammenfassung	692

Teil F Daten präsentieren: Diagramme 695

17 Diagramme einfach und schnell erstellen 697

Diagramme in der neuen Version	698
Die Befehlsgruppe *Diagramme*	699
Aller Anfang ist leicht: Das erste Diagramm erstellen	700
Den Datenbereich anpassen	702
Diagrammlayouts und Diagrammformatvorlage einstellen	703
Layout für einzelne Diagrammelemente einstellen	705
Diagrammformat anpassen	707
Diagrammtyp ändern	709
Feinarbeiten erledigen	709
Die wichtigsten Objekte in einem Diagramm	711
Größenänderung an Diagrammobjekten vornehmen	715
Ein Balkendiagramm anlegen	716
Ein Diagramm ausdrucken	717
Ein Kreisdiagramm erstellen	718

Daten in ein Liniendiagramm zeichnen 720
    Diagramm verschieben 724
Daten im Flächendiagramm zeigen 725
Ein Blasendiagramm einfügen 727
Assessment Center-Ergebnisse im Netzdiagramm abbilden 729
    Diagramm in eine andere Mappe kopieren 731
    Eigene Diagramm-Vorlage erstellen 732
Tabellen für Diagramme verwenden 734
    Ausgeblendete Daten im Diagramm 735
Zusammenfassung 736

18 Fortgeschrittene Diagrammtechniken einsetzen 737

Die Top-Mitarbeiter anzeigen 738
    Datenreihe erstellen 738
    Einen Kreis um einen Wert zeichnen 739
Dynamisch wachsendes Diagramm mit Zeitfenster 739
    Die Datentabelle 740
    Namen festlegen 740
    Drehfelder für den Komfort 741
    Dynamisches Diagramm erstellen 742
    Einen dynamischen Diagrammtitel erstellen 744
Schluss mit der Dynamik: Statische Diagramme 745
    Diagramm als Bild kopieren 745
    Bezüge in Werte umwandeln 746
Daten gegenüberstellen 747
    Erste Möglichkeit: Negative Werte erzeugen 747
    Zweite Möglichkeit: Zusätzliche Daten verwenden 749
Mit Hilfslinien den Break-Even-Point ablesen 751
    Mit Namen die Hilfswerte berechnen 752
    Ein Punktdiagramm erstellen 752
Eine einzelne Datenbeschriftung hervorheben 754
    Daten berechnen 755
    Das Balkendiagramm erstellen 755
Übersicht, Details und Struktur in einem Diagramm zeigen 756
    Drei Informationen in einem Diagramm 756
    Wichtige Vorarbeit: Die besondere Anordnung der Daten 757
    Das Diagramm erstellen 757
Bilder in Liniendiagrammen verwenden 758
    Produktbilder in Diagramme einbauen 758
    Das Basisdiagramm anfertigen 759
Trends im Diagramm 761
    Der Begriff der Zeitreihe 761
    Die Wahl des richtigen Diagrammtyps 762
    Das Beispiel 762
    Der optische Trend 763
    Gleitende Durchschnitte 764
    Der lineare Trend 764
Zusammenfassung 766

Teil G Listenmanagement 767

19 Mit Namen und Tabellen arbeiten 769

Definition von Namen 770
    Das Namenfeld in der Bearbeitungsleiste verwenden 770
    Namenskonventionen beachten 771
    Namen festlegen im Dialogfeld 772
Namens-Manager für die Verwaltung von Namen 774
    Möglichkeiten im Namens-Manager 774
    Namen aus Überschriften erstellen 776
    Einen Namen für einen konstanten Wert einsetzen 777
    Eine Werteliste verarbeiten 778
    Namen in Namen verwenden 779
    Der Name steht für eine Formel 779
    Namen mit relativen Bezügen einsetzen 779
    Besondere Namen kennen lernen 781
    Namen auf Blattebene festlegen 781
    Ein Name mit Bezug auf mehrere Blätter 782
    Externe Bezüge in Namen verwenden 782
    Die Krönung – ein dynamischer Bereichsname 782
    Eine Liste der sichtbaren Namen erstellen 784
    Benannte Bereiche anzeigen 784
Namen in der Praxis einsetzen 785
    Benannte Bereiche markieren 785
    Namen automatisch anpassen 786
    Namen nachträglich in Formeln einbauen 786
    Namen in Steuerelementen verwenden 788
    Namen in Dokumenteigenschaften verwenden 789
    Was passiert beim Löschen? 790
    Was passiert beim Verschieben? 791
    Implizite Namen früherer Versionen 791
Mit Tabellen arbeiten 791
    Intelligentes Verhalten beim Markieren 794
    Neue Daten für die Tabelle 796
    Reihenfolge der Spalten ändern 797
    Tabellennamen und Bezeichner 797
    Einen Bereich in eine Tabelle umwandeln 800
    Den Tabellenbereich drucken 800
    Tabellen für PivotTable-Berichte verwenden 800
Zusammenfassung 801

20 Daten sortieren 803

Sortieren von Listen 804
    Einfache Sortierung – Klicken und Sortieren 804
    Benutzerdefiniertes Sortieren 805
    Mehrfachsortierung – eins, zwei und mehr 807
Sortieren nach einer Spalte mit Zahl oder Text 809

Sortieren von Zahlen in Verbindung mit Text 810
    Individuelle Ordnung – benutzerdefinierte Sortierfolge 810
Sortieren nach benutzerdefinierten Kriterien 813
    Datenzusammenhang erhalten 817
Zusammenfassung 819

21 Daten filtern 821

Der Blick aufs Wesentliche – Datensätze filtern 822
Automatisches Filtern 822
Filter aufheben und entfernen 824
    Löschen eines aktiven Filters 825
    Löschen aller Filter im Arbeitsblatt 825
    Filter auf bestimmte Spalten anwenden 825
AutoFilter wählen – der Weg zum Detail 826
Gruppierung der Datumshierarchie im Menü *AutoFilter* 829
    Praxisbeispiel: Die fünf umsatzstärksten Artikel 830
    Die Vertreterregelung – Stellvertreterzeichen 830
    Praxisbeispiel: Kombinierte Kriterien bei der Anwendung von AutoFilter 833
Filtern aufgrund des Zellinhaltes 834
    Filtern nach Zahlen über oder unter dem Durchschnitt 835
Wenn zwei nicht reichen – der Spezialfilter 835
Die Arbeitsumgebung bei der Anwendung von Spezialfiltern 836
Die Möglichkeiten von Und/Oder-Verknüpfungen 838
Textkriterien 838
Monatsabhängige Daten herausfiltern 839
    Praxisbeispiel: Kombinierte Kriterien bei der Anwendung von Spezialfiltern 840
Daten filtern mit berechneten Kriterien 841
Filtern und Duplikate entfernen 843
Zusammenfassung 845

22 Datenbank-Funktionen einsetzen 847

Daten aus einer Textdatei importieren 848
Welche Datenbank-Funktionen gibt es? 850
    Das Argument *Datenbank* 851
    Das Argument Datenbankfeld 852
    Das Argument Suchkriterien 853
Datenbank-Funktionen im Einsatz 853
    Eine Tabelle für den Datenbereich 854
    Den Bereich für die Suchkriterien auswählen 854
    Beispiele für Suchkriterien 855
    Datensätze zählen 857
    Bedingungen mit der *UND*-Verknüpfung 858
    Bedingungen mit der *ODER*-Verknüpfung 859
    Die Datenbank analysieren 859
    Suchkriterien für exakte Übereinstimmung verwenden 860
    Vorsicht mit Leerzeichen am Ende von Zeichenfolgen 860
    Suchkriterien kontrollieren 860
    Nur Felder mit bzw. ohne Inhalt berücksichtigen 861

	Für komplexere Bedingungen: Berechnete Kriterien einsetzen	861
	Die Tabellenfunktion *TEILERGEBNIS*	863
	Zusammenfassung	864

23 Teilergebnisse bilden und Daten konsolidieren ... 865

    Unternehmensberichte gruppieren ... 866
    Teilergebnisse – die Gliederung macht's! ... 866
    Erstellen eines Teilergebnisses ... 867
        Teilergebnisse entfernen ... 870
        Mehr Übersicht durch Gliederung in den Teilergebnissen ... 870
        Teilergebnisse verschachteln ... 871
        Mehrere Zusammenfassungsfunktionen ... 873
        Zusammenfassungsfunktionen zum Bearbeiten von Teilergebnissen ... 874
        Teilergebnisse für gefilterte Daten ... 875
    Ein Diagramm aus einer Liste mit Teilergebnissen ... 876
    Daten konsolidieren ... 879
        Wo sind die Gliederungssymbole? ... 881
    Zusammenfassung ... 882

24 PivotTable und PivotChart einsetzen ... 883

    Von den Basisdaten zur PivotTable ... 884
        Wozu können Sie eine PivotTable einsetzen? ... 885
    Arbeiten mit verschiedenen Programmversionen von Excel ... 885
    Der Weg zur PivotTable ... 886
    Schnellformatierung von PivotTables ... 894
        Übersicht und Aussagekraft durch Anordnung ... 895
        PivotTable im Kompatibilitätsmodus aufbauen ... 897
    Löschen eines PivotTable-Berichts oder PivotChart-Berichts ... 899
        Die Ausgabe der PivotTable im gleichen Arbeitsblatt ... 900
        Tabellenoptionen erleichtern die Darstellung ... 901
    Mehr oder weniger Daten zeigen ... 904
        Jetzt geht's rund – pivotieren Sie ... 904
        Grundsätzliches zum Verschieben von Feldern in den vier Berichtsbereichen ... 906
        Neuanordnen oder hinzufügen von Feldern ... 907
        Felder hinzufügen, entfernen oder neu anordnen ... 909
        Ändern der PivotTable-Feldlistenansicht ... 910
        Automatische oder manuelle Aktualisierung des Berichtslayouts ... 911
    Layout von Pivot-Tabellen – Praxisbeispiel ... 912
        Ein- und Ausblenden von Details ... 914
        Neue Position für ein Feldelement ... 919
        Vom Globalen zum Detail ... 919
        Weitere Filtermöglichkeiten ... 921
    Teilergebnis- und Ergebnisfelder in einem PivotTable-Bericht ... 922
        Ausblenden von Teilergebnissen ... 922
        Praxisbeispiel: Einblenden von weiteren Teilergebnissen ... 927
    Datenanalyse – die nächste Funktion ... 928
    Benutzerdefinierte Berechnungen für PivotTable-Datenfelder ... 930
        Umbenennen eines Feldes oder Elementes in einem PivotTable- oder PivotChart-Bericht ... 931

Multidimensionale Darstellung der Daten ... **932**
    Berichtsfilterfelder – kombinieren Sie ... **934**
    Feldelemente ausblenden ... **934**
    Elemente ohne Daten anzeigen ... **935**
    Filtern nach obersten oder untersten Werten ... **936**
    Gesamtergebnisse anzeigen oder ausblenden ... **937**
    Datenfelder – und welche Daten verbergen sich dahinter ... **938**
Gruppieren von Elementen in einer PivotTable ... **938**
    Gruppierungsmöglichkeiten ... **939**
Der direkte Weg zur Businessgrafik (PivotChart-Bericht) ... **941**
Mit berechneten Feldern aufschlussreiche Informationen gewinnen ... **947**
    Berechnungsfeld in einer PivotTable erstellen ... **948**
    Die Funktion *Pivotdatenzuordnen* ... **951**
    Verschieben einer PivotTable ... **953**
Zusammenfassung ... **953**

Teil H   Planung und Prognose ... **955**

25   Mit verschiedenen Szenarien experimentieren ... **957**

Mit dem Szenario-Manager arbeiten ... **958**
    Schneller Zugriff auf den Szenario-Manager ... **959**
Ein Szenario erstellen ... **959**
    Szenarien bearbeiten ... **961**
    Weitere Szenarien hinzufügen ... **961**
    Ein weiteres Szenario speichern ... **961**
    Werte über ein Dialogfeld eingeben ... **962**
Die Befehle im Dialogfeld *Szenario-Manager* ... **963**
    Szenarien zusammenführen ... **964**
    Szenariobericht erstellen ... **965**
    Szenarien schützen ... **967**
Grenzen für Szenarien ... **968**
    Einschränkungen bei veränderbaren Zellen ... **969**
    Problem mit verbundenen Zellen und Matrizen ... **969**
    Schnelles Überarbeiten ... **970**
Zusammenfassung ... **971**

26   Den Solver und weitere Add-Ins einsetzen ... **973**

Zusätzliche Funktionen durch Add-Ins ... **974**
    Speicherort von Add-Ins ... **974**
    Add-In einbinden ... **975**
    Verfügbare Add-Ins ... **976**
Was macht der Solver? ... **982**
    Ein einfaches Problem lösen ... **983**
    Tabellenmodell aufbauen ... **983**
    Den Solver bedienen ... **984**
Fortgeschrittene Funktionen des Solvers ... **989**
    Lösung mit dem Solver ... **990**

Solver-Einstellungen	991
Berichte des Solvers	995
Bedeutung der Startwerte für die Ergebnisse	996
Die Iteration gezielt einsetzen	999
Einen Zirkelbezug auflösen	999
Neuberechnungen zählen	1000
Eingabezeit festhalten	1003
Zielwertsuche – so kommen Sie weiter	1003
Praxisbeispiel: Break-Even-Berechnung	1007
Zusammenfassung	1009

27 Verschiedene Parameter für eine Formel: Datentabellen ... 1011

Multiplikationstabellen erstellen	1012
Einfache Multiplikationsliste	1012
Multiplikationsliste und Divisionsliste in einem Schritt	1015
Multiplikationsliste mit zwei Parametern	1016
Datentabelle verschieben und kopieren	1018
Kredite vergleichen	1019
Kredite mit einer Variablen beurteilen	1019
Werteliste erweitern	1020
Werteliste reduzieren	1021
Lösung erweitern: Eine Formel hinzufügen	1021
Wie wirken sich unterschiedliche Laufzeiten aus?	1022
Wertelisten mit dem Szenario-Manager verwalten	1023
Datenbanken mit der Mehrfachoperation auswerten	1027
Datenbankfunktionen einsetzen	1027
Ein Suchkriterium mit unterschiedlichen Ausprägungen verwenden	1028
Datensätze mit zwei Bedingungen vergleichen	1029
Berechnete Kriterien sind auch in der Mehrfachoperation nützlich	1030
Vergleichsoperatoren einsetzen	1031
Einen Kalender mit der Datentabelle erzeugen	1032
Zusammenfassung	1033

Teil I Datenaustausch mit anderen Anwendungen ... 1035

28 Excel im Netzwerk und im Web ... 1037

Nutzung von E-Mails	1038
Speichern und Veröffentlichen im HTML-Format – zwei verschiedene Ziele	1040
Einige Worte zu HTML	1040
Server und Browser	1041
Office und HTML	1042
Weboptionen – die wichtige Vorbereitung	1043
Als Webseite speichern	1048
Webarchive anlegen	1050
Veröffentlichen von Arbeitsmappen oder ihren Teilen	1050
Wie kommen die Veröffentlichungen ins Web?	1052
Veröffentlichen im Intranet	1052

Veröffentlichen im Internet 1053
Ein kurzer Blick auf einen Office SharePoint Server 1053
    Die technischen Voraussetzungen 1053
    Die Teilnehmerstruktur im Überblick 1054
Arbeitsmappen auf dem Excel-Server 1054
    Voraussetzungen auf dem Server 1054
    Mögliche Ergebnisse 1054
    Vorbereitungen einer Mappe mit Parametern 1055
Arbeitsmappen auf einem Dokumentverwaltungsserver 1056
    Die Veröffentlichung 1057
    Auschecken und Einchecken 1058
    Workflows 1058
Document Sharing in freigegebenen Arbeitsbereichen 1058
    Einen Dokumentarbeitsbereich auf dem Server einrichten 1058
    Die Kontrolle behalten 1059
    An der Diskussion beteiligen 1060
Tabellen auf SharePoint-Seiten 1061
    Tabellen veröffentlichen 1061
    Der Import von Informationen 1062
Webabfragen – diesmal werden Informationen geholt 1063
Zusammenfassung 1065

29 Excel und XML 1067
Exkurs: Was ist eigentlich XML? 1068
    Ein Beispiel 1068
    Wohlgeformt und gültig 1069
    Anzeige im Internet Explorer 1070
    Trennung von Inhalt und Form 1070
Office Open XML – das grundlegende Dateiformat in 2007 Office System 1070
XML-Daten – Import und Export 1072
    XML-Dateien mit Excel öffnen 1072
    Arbeitsblätter – Formulare auf XML-Basis 1074
Zusammenfassung 1078

30 Excel und die anderen Office-Anwendungen 1079
Umfangreicher Informationsaustausch mit Word 1080
    Import und Export, Quelle und Ziel 1080
    Export – von Excel nach Word 1081
    Import und OLE-Objekte 1083
    Etwas ganz anderes: Sendungen 1084
PowerPoint stellt etwas eigene Ansprüche 1086
    Export – von Excel nach PowerPoint 1086
    Import und OLE-Objekte 1087
Der Partner fürs Leben – Access 1088
    Datenimport durch Abfragen 1088
    Eine Datenbank greift auf Excel-Tabellen zu 1092
    Eine Datenbank liefert Informationen an Excel 1093
Outlook – nicht nur E-Mail im Programm 1093

E-Mails aus Excel versenden 1093
Ordner-Informationen austauschen 1094
InfoPath – Formulare erstellen, Auswertungen erleichtern 1094
Auch Excel kann mal der »Andere« sein 1097
Hyperlinks – der Weg nach draußen 1099
Zusammenfassung 1101

Teil J Makroprogrammierung mit Excel 1103

31 Eigene Makros programmieren 1105
Entwicklertools anzeigen lassen 1106
    Makrosicherheit einstellen 1106
    Alles Vertrauenssache 1108
Aufzeichnen mit dem Makrorekorder 1109
    Zellen ändern und formatieren 1109
    Das Makro testen 1110
    Grundeinstellungen bei der Makroaufzeichnung 1110
    Unterschiedliche Aufzeichnungsmodi kennen lernen 1111
Makros bequem starten 1112
    Wohin hat der Makrorekorder die Aktionen geschrieben? 1113
Der VBA-Editor 1113
    Das Codefenster für die Makroanweisungen 1114
    Makros starten und unterbrechen über die Tastatur 1115
Hilfestellung im VBA-Editor 1115
Benutzereingaben auswerten 1115
Aktionen wiederholen mit Schleifen 1116
    Anweisungen wiederholen mit *For...Next* 1117
Verzweigungen in Programmen 1118
Eine benutzerdefinierte Tabellenfunktion erstellen 1119
    Eigene Funktionen verwenden 1120
Ein eigenes Add-In erstellen 1121
Anpassung der Multifunktionsleiste 1123
    Was passiert mit »alten« Modifizierungen von Menü- und Symbolleisten? 1123
    Design-Tipps von Microsoft 1123
    XML-Grundlagen der Gestaltung der Multifunktionsleiste 1124
    XML Notepad – einer der unentbehrlicher Helfer 1126
    Callback-Prozeduren 1129
    Weiterführende Quellen 1129
Zusammenfassung 1130

Teil K Anhang 1131

A Die CD-ROM zum Buch 1133

Praxisindex 1139

Stichwortverzeichnis 1143

Vorwort

In diesem Kapitel:

Die Autoren	30
Danksagung	31
Und so finden Sie, was Sie suchen	31

Vorwort

Dieses Handbuch versucht, die Möglichkeiten von Excel aufgabenorientiert zu beschreiben und Ihnen die Information zur Verfügung zu stellen, die Sie in Ihrer jeweiligen Umgebung benötigen. Dabei orientiert sich dieses Buch am Nutzen des beruflichen Anwenders und verwendet in der Regel entsprechende Beispiele.

Dass Microsoft gleichzeitig neben dem neuen Betriebssystem Vista auch eine neue Office-Edition veröffentlicht, macht die Arbeiten an einem Buchprojekt nicht eben einfacher. Auch die Autoren müssen durch das leidige Thema der Installation und verbringen eine Menge Zeit damit (obwohl der Installationsvorgang in der endgültigen Version ganz einfach scheint). Und das, um am Ende festzustellen, dass sich die endgültige Version an einigen Stellen dann doch ganz anders verhält, als dies noch in der Beta-Version der Fall war.

Autoren kämpfen zuweilen auch mit Hardware-Problemen. Etwa, weil der Speicherhunger des neuen Betriebssystems den (eigentlich gar nicht so alten) Rechner überfordert oder ein DVD-Laufwerk (natürlich während der Installation) den Geist aufgibt.

Das gilt auch für Excel 2007: War da nicht in der letzten Beta noch der Befehl *Schnelldruck*? Konnten die Namen im Namens-Manager nicht nach weiteren Kategorien gefiltert werden? Wo versteckt sich eigentlich der Befehl ...?

Seien Sie also versichert, dass die Autoren

- diese Alltagsprobleme kennen
- diese selbst lösen mussten, denn keiner der Autoren genießt eine Rundumversorgung oder ist Mitarbeiter von Microsoft.

Das wiederum soll Ihnen, liebe Leser, zu Gute kommen. All die gemachten Erfahrungen sind in diesem Buch zusammengefasst.

Die Autoren

Gestatten Sie, dass wir uns kurz vorstellen:

- *Jürgen Schwenk* aus Stuttgart beschäftigt sich schon seit den frühen Programmversionen mit der statistischen Auswertung und Analyse von Datenbeständen unter Verwendung von Excel und Access. Bei den konsequent an der Praxis orientierten Aufgaben setzt er die zahlreichen Tabellenfunktionen und Analyse-Tools ein. Mit Hilfe der VBA-Programmierung steigern seine Lösungen die Flexibilität von Excel oder versehen komplexe Aufgabenstellungen mit hohem Automatisierungsgrad. Zahlreiche Artikel und Bücher zu verschiedenen Office-Programmen und speziell zu Excel und zur VBA-Programmierung stammen aus seiner Tastatur.

- *Helmut Schuster* aus München ist ein im Management erfahrener Betriebswirt und ein versierter Trainer mit Coaching-Kompetenz. In einer Vielzahl von Projekten hat er Betriebswirtschaft und Excel immer wieder miteinander verzahnt und Tools zur Optimierung der Datenanalyse verwendet. Er ist ein Spezialist, wenn es darum geht, für die Messbarkeit von Leistungen und für das Controlling eines Projekterfolgs das erforderliche Instrumentarium zu entwickeln. Seine Erfahrung bei der Unternehmenssteuerung mit Hilfe der Office-Produkte überträgt er auch auf die Gestaltung der Kommunikations- und Veränderungsprozesse in Firmen.

- *Dieter Schiecke* aus Berlin ist seit 1992 freiberuflich als Berater und Trainer für Microsoft-Produkte tätig. Als Trainer hat er sich auf Workshops und Coachings spezialisiert, in denen die Teilnehmer das Aufbereiten und Visualisieren von Daten mit Excel und PowerPoint erlernen und perfektionieren. Parallel dazu hat er seit Jahren weit über Hundert Beiträge zum Praxiseinsatz von Excel in betriebswirtschaftlichen und Computer-Fachzeitschriften veröffentlicht. Er ist auch als Autor der PowerPoint-Handbücher bei Microsoft Press und als Chefredakteur von »PowerPoint aktuell« bekannt.

- *Dr. Eckehard Pfeifer* aus Dresden ist habilitierter Mathematiker und als freiberuflicher Berater, Entwickler und Trainer tätig. Er ist Microsoft Certified Application Developer .NET und hat sich auf das Office-Umfeld spezialisiert. Er schreibt für verschiedene Fachmagazine und hat zahlreiche Microsoft Press-Bücher mitverfasst.

Danksagung

Bei der Klärung technischer Fragen – und das waren angesichts der Neuerungen nicht wenige – hat uns das Team um Thomas Pohlmann von Microsoft Press unterstützt. Vielen Dank dafür, dass sie Ihr Kommunikationstalent für uns eingesetzt haben.

Unserem Lektor Georg Weiherer gebührt Dank für den unermüdlichen Umgang mit unseren Stilblüten. Seine freundliche Art und die Tatsache, dass er selbst unter großer Anspannung noch ein Augenzwinkern parat hat, macht einfach Spaß.

Nicht zuletzt möchten wir unseren Familien danken, welche die Anspannung während der Arbeiten an diesem Buch mit uns teilten.

Und so finden Sie, was Sie suchen

Damit Sie auch eine Lösung für Ihre Excel-Probleme finden, enthält dieses Buch eine Reihe von Hilfen:

- Ein umfangreiches Inhaltsverzeichnis, das eine Gliederung für die einzelnen Kapitel enthält
- Eine kurze Zusammenfassung am Ende jedes Kapitels mit einem Seitenverweis auf einige wichtige Aufgaben
- Einen ausführlichen Index mit den Schlagworten für Aufgaben, Excel-Objekte und Befehle
- Ein zusätzliches Praxisregister, das auf die Fundstellen von Schritt-für-Schritt-Lösungen verweist

Diese Bausteine sollen Ihnen dabei helfen, die gesuchte Information auch wirklich zu finden.

Hilfreich bei der Suche ist das Wissen um die Benennung der einzelnen Excel-Objekte. Die Informationen aus Kapitel 2 bieten hierfür die entsprechende Grundlage.

Schreiben Sie uns, was Ihnen gefällt oder welches Thema Sie gerne umfangreicher behandelt sehen würden. Besuchen Sie uns auf unserer Homepage

http://www.forumoffice.de.

Hier können Sie Fragen stellen, Anregungen platzieren und Erfahrungen in unseren Office-Foren austauschen.

Was ist neu?

In diesem Kapitel:

Neue Benutzeroberfläche	34
Neue Dateiformate	36
Neufestlegung von Grenzen	37
Neues Sicherheitskonzept	38
Neue Servertasks	38
Was weggefallen ist	38
Einige Impressionen	39

Was ist neu?

Dieses Kapitel soll Ihnen einen kurzen Überblick über Änderungen zu vorigen Versionen und die neuen Möglichkeiten in Excel verschaffen. Nicht nur, dass es für viele Anwender eigentlich im Verborgenen bleibende neue Dateiformate gibt, nein, auch der Zugriff auf die Funktionen in den Programmen der aktuellen Office-Suite ist vollkommen neu, ungewohnt, vielleicht fremd, vielleicht spektakulär einfach – entscheiden Sie (nicht gleich nach den ersten Schritten) selbst.

TIPP Wenn Sie stets auf dem neuesten Stand der Informationen bleiben wollen, Zusatzinformationen suchen, Erweiterungsangebote nutzen wollen und anderes mehr, fügen Sie das Portal unter *http://office.microsoft.com/de-de* Ihren Favoriten hinzu.

Neue Benutzeroberfläche

Microsoft hat sich entschieden, Office-Anwendern mit *2007 Microsoft Office System* in einigen Anwendungen (Excel, Word, PowerPoint, Access und teilweise Outlook) eine vollkommen neue Bedienoberfläche anzubieten. Grund dafür soll sein, dass dadurch Programmfunktionen leichter zu finden sind, das Verhalten der Anwendungen optimiert wurde, das Intuitive der Bedienung vor dem »Durchkämpfen« von Dialogfeldern steht. »Alte Hasen« werden diese Vorteile wohl erst nach einiger Eingewöhnung schätzen lernen, Neueinsteigern scheint der Anfang tatsächlich leichter gemacht. Für Entwickler eröffnet sich eine neue Welt im Anpassen der Anwendungen für spezielle Zielgruppen (Stichwort Corporate Identity by Corporate Design), Gelegenheitsprogrammierer werden sich allerdings mit der Anpassung der Oberfläche erst einmal zurückhalten müssen.

Menüs

Menüs und Symbolleisten im eigentlich »klassischen« Sinne gibt es nicht mehr. Man kann die folgenden Arten von Menüs in der aktuellen Version ausmachen:

- Das Menü, welches sich hinter der so genannten *Microsoft Office-Schaltfläche* in der linken oberen Ecke des Anwendungsfensters befindet (Abbildung 1). Durch dieses Menü können Aufgaben wahrgenommen werden, die durch Beziehung der Anwendung zum aktuellen Dokument bestimmt werden (wie etwa Speichern, Drucken, Veröffentlichen).
- Kontextsensitive Menüs, die beim Klicken mit der rechten Maustaste erscheinen
- In einem Menü erfasste Optionen zu Befehlen der Multifunktionsleiste

Abbildg. 1   Anwendungsbezogene Aufgaben im »Office-Menü«

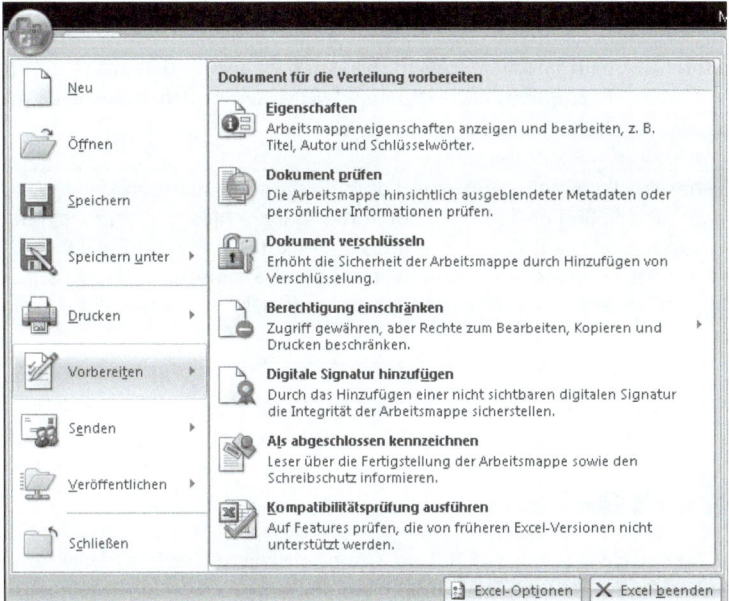

Multifunktionsleiste

Die Multifunktionsleiste (vielleicht setzt sich im Sprachgebrauch das kürzere englische »Ribbon« durch?) ist der Nachfolger der Symbolleisten. Auf verschiedenen aufgabenorientierten Registerkarten, die auch situationsgerecht als kontextbezogene Tools erscheinen und wieder verschwinden können, werden in Gruppen Befehle entsprechend ihrer inhaltlichen Bedeutung zusammengefasst (Abbildung 2). Die Höhe der Multifunktionsleiste ist konstant, die Anzeige der Gruppen und Befehle jedoch abhängig von der Breite des Programmfensters. Sie kann ausgeblendet werden, Tastenkombinationen zum Ausführen der Befehle sind vorhanden (die $\boxed{\text{Alt}}$-Taste blendet die jeweiligen Buchstaben ein).

Abbildg. 2   Multifunktionsleiste mit aufgabenbezogener Registerkarte für Diagramme

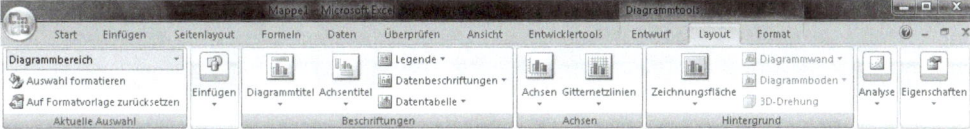

Symbolleiste für den Schnellzugriff

Die Symbolleiste für den Schnellzugriff ist eine Symbolleiste im »klassischen« Sinn (und zwar die einzige), sie kann durch den Benutzer in ihrer Bestückung angepasst und oberhalb oder unterhalb der Multifunktionsleiste platziert werden. Wie das geht, erfahren Sie in Kapitel 2.

Aufgabenbereiche

Aufgabenbereiche, eingeführt mit Office XP, haben wohl nicht bei allen Anwendern für die erwartete Resonanz gesorgt. Deshalb sind sie nur noch sparsam dort anzutreffen, wo es um eine spezielle »Steuerung« des aktuellen Dokuments (Arbeitsmappe) geht. Neu ist dabei, dass auch mehrere Aufgabenbereiche auf dem Bildschirm angezeigt werden können.

HINWEIS Sicher steckt hinter allem eine Logik. Diese wird sich dem Einen oder Anderen mehr oder weniger erschließen und selbst nicht immer ganz schlüssig sein. Es ist natürlich nicht trivial, komplexe Handlungsabläufe des Anwenders auf einem zweidimensionalen Bildschirm fließend und ohne Konflikte darzustellen. Das vollautomatische Programm, welches auf Zuruf arbeitet, wird es möglicherweise in naher Zukunft (noch) nicht geben. Ansätze auf diesem Weg stecken in der neuen Oberfläche bestimmt.

Mehr zur neuen Arbeitsumgebung und den Bildschirmelementen finden Sie in Kapitel 2.

Neue Dateiformate

Der mit Office 2000 eingeleitete Weg zur Abkehr von proprietären (binären) Dateiformaten findet mit der aktuellen Version von Office einen vorläufigen Abschluss: XML (Extensible Markup Language) ist in der Spezifikation *Office Open XML* Grundlage auch von Excel-Dateien. Dabei handelt es sich um komprimierte ZIP-Archive, die eine ausgeklügelte Struktur besitzen und Inhalte sowie Form als auch Verhalten der Dateien voneinander separieren und in XML-Teildateien aufbewahren. Die Abbildung 3 zeigt einen ersten Eindruck.

Abbildg. 3 Der Aufbau einer Arbeitsmappe mit Makros und eingebettetem Bild

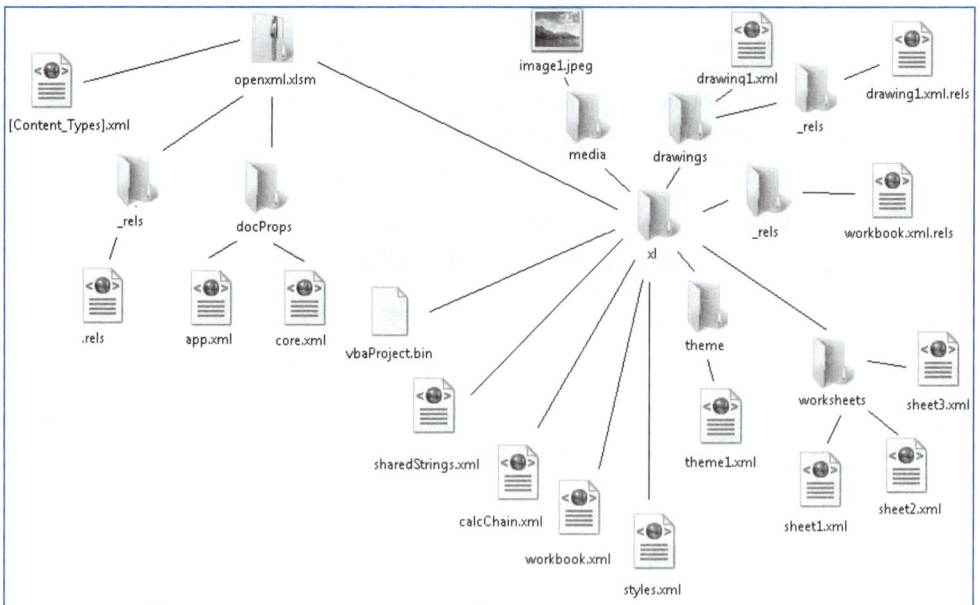

Die wichtigsten (neuen) Dateiformate mit den dazu gehörenden Dateiendungen finden Sie in Tabelle 1.

Tabelle 1   Neue Dateiformate

Endung	Bezeichnung
.xlsx	Excel-Arbeitsmappe
.xlsm	Excel-Arbeitsmappe mit Makros
.xltx	Excel-Vorlage
.xltm	Excel-Vorlage mit Makros
.xlam	Microsoft Office Excel Add-In
.xlsb	Excel-Binärarbeitsmappe (meint: im binären Format)

Weiterhin ist es möglich, Dateien für ältere Versionen von Excel abzuspeichern. Obwohl es für diese Versionen auch Updates gibt, die das Lesen der neuen Formate erlauben (allerdings unter Verzicht auf die neuen Features).

Mehr zum Thema Dateiformate und zum Konvertieren älterer Dateien in das neue Dateiformat finden Sie in Kapitel 3.

Neufestlegung von Grenzen

Am spannendsten sind Aufhebungen gewisser Limits, die mancher Anwender schon lange erwartet hat. Die Tabelle 2 gibt einen Überblick (das Wort »unbeschränkt« bedeutet dabei Beschränkung durch den Arbeitsspeicher des Computers).

Tabelle 2   Einige Schranken sind gefallen

Element	Früher	heute
Spaltenzahl	256	16.384
Zeilenzahl	65.536	1.048.576
Farben	56	4.294.967.296
Regeln für bedingte Formatierung	3	unbeschränkt
Sortierkriterien	3	64
Einträge im AutoFilter-Kombinationsfeld	1.000	10.000
Formatvorlagen	4.000	65.536
Zeichen einer Formel	1.024	16.384
Verkettungen in Formeln	7	64
Funktionsargumente	30	255
Eindeutige Einträge in Pivotfeldern	32.768	1.048.576
Matrixformeln zu externer Arbeitsmappe	65.536	unbeschränkt

Trotz des Wegfalls der Grenzen bleiben Dateien im Gegensatz zu Excel 2003 schlank, Berechnungsalgorithmen scheinen angepasst worden zu sein.

> **TIPP** Eine schöne Zusammenfassung, wie ein Anwender die Rechen-Performance von Excel beeinflussen kann, finden Sie in einem Artikel von Charles Williams (*Improving Performance in Excel 2007*) auf den Webseiten der MSDN.

Neues Sicherheitskonzept

Viel Aufmerksamkeit wurde der Sicherheit von Office-Anwendungen gewidmet. Das beginnt damit, dass Tools rund um VBA bzw. XML auf einer eigenen Registerkarte *Entwicklertools* zusammengefasst werden, die nach der Installation erst einmal ausgeblendet bleibt.

Vertrauen wird Arbeitsmappen hinsichtlich ihres Speicherorts und/oder ihrer Signatur (bezeichnet als *Vertrauenswürdige Herausgeber*) ausgesprochen.

Es gibt verschiedene Einstellungen, wie Makros behandelt werden (nicht mehr nach dem Konzept »niedrig, mittel, hoch«, sondern nach aussagefähigen Abstufungen), von diesen unterscheidet sich noch einmal die Behandlung von ActiveX-Steuerelementen und die von Add-Ins.

Mehr zu Makros finden Sie in Kapitel 31.

Neue Servertasks

Waren es bei Excel 2003 die neuen freigegebenen Arbeitsbereiche, so haben sich die Möglichkeiten von Serverbasierten Arbeitsmappen noch einmal deutlich erweitert. Ist ein SharePoint-Server vorhanden, können Arbeitsmappen in ein Dokumentverwaltungssystem aufgenommen werden oder aber in einer eigenen Website die zentrale Rolle spielen. Workflowmechanismen (Feedbacks, Genehmigungen und Signaturen), Ein- und Auschecken, Versionskontrolle sind nur einige Schlagworte.

Excel-Services auf einem SharePoint Server sind in der Lage, Arbeitsmappen in HTML-Dateien mit gewisser Interaktivität umzuwandeln. Die Funktionalität der Office-Webkomponenten wird dabei aber noch nicht erreicht.

Mehr zum Thema Excel im Netzwerk und im Web finden Sie in Kapitel 28.

Was weggefallen ist

Die Umgestaltung der Oberfläche führt gelegentlich dazu, dass der Anwender etwas sucht, von dem er genau weiß, dass dies in einer Vorgängerversion vorhanden war. Damit diese Suche nicht zwingend erfolglos bleibt, hier einige Dinge, die es nicht mehr gibt:

- Bezeichnungen in Spalten oder Zeilen sind nicht mehr ohne explizite Deklaration als Namen in Formeln verwendbar.
- Die Dateiformate WK1 (1-2-3), WK4 (1-2-3), WJ3 (1-2-3 Japanese) (.wj3), WKS (1-2-3), WK3,(1-2-3), WK1,FMT(1-2-3), WJ2 (1-2-3 Japanese) (.wj2), WJ3, FJ3 (1-2-3 Japanese) (.wj3), DBF 2 (dBASE II), WQ1 (Quattro Pro/DOS), WK3,FM3(1-2-3), Microsoft Excel Chart (.xlc),

WK1,ALL(1-2-3), WJ1 (1-2-3 Japanese) (.wj1), WKS (Works Japanese) (.wks) werden beim Öffnen nicht mehr angeboten.

- Die Dateiformate Microsoft Excel 2.1 Arbeitsblatt, Microsoft Excel 2.1 Makro, Microsoft Excel 3.0 Arbeitsblatt, Microsoft Excel 3.0 Makro, Microsoft Excel 4.0 Arbeitsblatt, Microsoft Excel 4.0 Makro, Microsoft Excel 97- Excel 2003 & 5.0/95 Arbeitsmappe, Microsoft Excel 4.0 Arbeitsmappe, DBF 3 (dBASE III), DBF 4 (dBASE IV) werden beim Speichern nicht mehr angeboten.
- Das HTML-Dateiformat als gleichwertiges Format zu XLS wird zwar beim Öffnen, aber nicht beim Speichern unterstützt. Es gibt also kein »round tripping« mehr, sondern HTML nur noch zum Veröffentlichen.
- Das Speichern mit Interaktivität im Falle von HTML (Office Webkomponenten) wird nicht mehr angeboten. Die Entwicklung der Webkomponenten wurde eingestellt. Sie werden zumindest mit Access in der Version 11 installiert bzw. zum Download auf der Microsoft-Website bereitgestellt.
- Der Microsoft Script Editor ist unter Excel nicht mehr aufrufbar.
- *Listen* heißen jetzt *Tabellen*. Die Zeile zum Hinzufügen neuer Datensätze (mit dem Stern) ist entfallen.
- Das Zurückschreiben von Listen (Tabellen) in SharePoint-Listen ist nicht mehr möglich. Man kann eine eigene Tabelle einmalig veröffentlichen (exportieren) und importierte Listen aktualisieren.
- Der Assistent zum Erstellen von OLAP-Cubes ist entfernt worden.

Mehr zu nicht mehr vorhandenen Funktionen finden Sie in Kapitel 3.

Einige Impressionen

Einige Neuerungen, die beeindruckend erscheinen, sollen hier kurz erwähnt werden. Details finden Sie in den jeweiligs angegebenen Kapiteln.

Formatierungen

Hier ist sehr viel passiert:

- Office Designs (Farben, Schriften, Effekte) arbeiten übergreifend über Word, Excel und PowerPoint. Mehr dazu in Kapitel 11.
- Formatvorlagen – die ebenfalls in Kapitel 11 näher beleuchtet werden – können visualisiert und schnell eingesetzt werden (Abbildung 4). Weshalb es allerdings niemand schafft, neue Formatvorlagen nicht mit *Stil 1* – hervorgegangen aus *Style 1* – sondern richtig übersetzt anzubieten, bleibt weiterhin ein Geheimnis.
- Tabellenformatvorlagen als Vorlagen für Listen (meint *Tabellen*) ersetzen gewinnbringend die ausgedienten AutoFormate. Besonders interessant dabei ist, dass Sie auch eigene Tabellenformatvorlagen erstellen können. Mehr zum Thema Tabellenformatvorlagen finden Sie in Kapitel 11.

Abbildg. 4   Zellenformatvorlagen in »verwirrender« Vielfalt

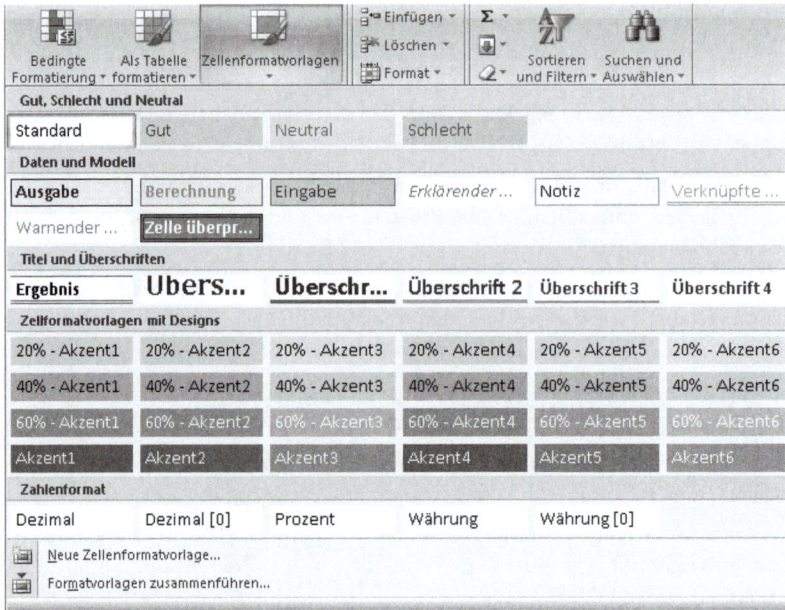

- Die bedingte Formatierung wird auf ein neues Niveau gehoben. Nicht allein die Tatsache, dass mehr als drei Bedingungen zulässig sind, sondern die Art und Weise, wie formatiert werden kann, ist beeindruckend: etwa Datenbalken in Abhängigkeit von Zahlenvergleichen in einer Zahlenkolonne, Regelverwaltung mit Hilfe eines Managers und vieles mehr. Mehr zur bedingten Formatierung finden Sie in Kapitel 12.

Umgang mit Daten

Der Umgang mit Daten (Datensätzen einer Datenbank oder Tabelle) ist übersichtlicher geworden. Das betrifft den Import, Export und die Aufbereitung, alles befindet sich unter dem Dach einer Registerkarte der Multifunktionsleiste (Abbildung 5).

Abbildg. 5   Alles zu Daten »unter einem Dach«

Sicherlich wird sich mancher über den Befehl *Duplikate entfernen* freuen, der ohne Spezialfilter auskommt. Mehr dazu zeigt Ihnen Kapitel 21.

Benannte Bereiche

Wenn Sie oft mit Namen für Zellen bzw. Bereiche gearbeitet haben, wird der *Namens-Manager* sicher ein unverzichtbarer Begleiter. Hier können Sie alle Aufgaben zum Einfügen, Löschen und der Verwaltung von Namen erledigen.

Mit den neuen Tabellen – vielleicht aus früheren Versionen als Liste bekannt – können Bereiche nicht nur schnell über die Zuweisung spezieller Tabellenformatvorlagen formatiert werden. Tabellen führen festgelegte Formatierungen und Gültigkeitsprüfungen beim Eintragen neuer Daten automatisch fort. Tabellen bieten darüber hinaus auch spezielle Bezeichner für die Verwendung in strukturierten Verweisen.

Mehr zum spannenden Thema Namen und Tabellen finden Sie in Kapitel 19.

AutoVervollständigen in Formeln

Die neue Funktion *AutoVervollständigen in Formeln* unterstützt Sie bei der Eingabe von Formeln. Sie zeigt bereits nach dem Tippen des ersten Buchstabens Funktionen, benannte Bereiche und strukturierte Bezüge in einem Auswahlfeld an. Dabei wird mit jeder weiteren Eingabe die Anzeige gefiltert, so dass nur Funktionen mit übereinstimmenden Zeichenfolgen angezeigt werden.

Mehr zu dieser neuen Funktion enthält das Kapitel 6. In Kapitel 15 finden Sie Informationen zu den fünf neuen Tabellenfunktionen in Excel.

Diagramme

Hier sind es die vielfältigen Möglichkeiten der Diagrammgestaltung, die auch PowerPoint- und Word-Anwender erfreuen werden – Excel ist jetzt der Standard-Lieferant für Diagramme. Die Abbildung 6 gibt einen übersichtlichen Eindruck über mögliche Diagrammtypen. Endlich können Diagrammvorlagen ganz einfach erstellt und verwaltet werden.

Zusätzliche Diagrammtools unterstützen Sie in drei Gruppen: *Entwurf*, *Layout* und *Format*. Es sind nicht mehr die klassischen vier Schritte zum Diagramm notwendig, sondern Sie wählen lediglich den Diagrammtyp aus und weisen eine Diagrammformatvorlage sowie das Layout über einen Katalog zu. Da Befehle so aktiviert werden können, dass beim Darüberfahren mit der Maus die Voransicht aktiviert wird (Livevorschau), kann bequem das Ergebnis möglicher Formatierungen begutachtet werden.

Mehr zum Thema Diagramme finden Sie in Kapitel 17 und in Kapitel 18.

Abbildg. 6 Diagramme lassen sich komfortabel einsetzen und verwalten

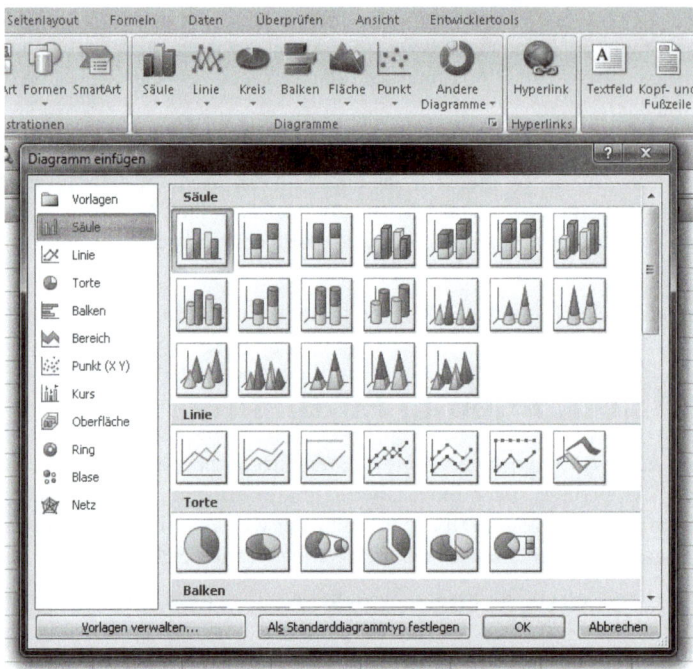

SmartArt-Grafiken

Was in früheren Versionen als *Schematische Darstellung* bezeichnet wurde, wird in der neuen Version als SmartArt-Grafik bezeichnet. Deutlich mehr Variationen und das einfache Zuweisen von Layouts und Farben machen Lust auf Experimente mit dieser Funktion.

Abbildg. 7 Hier wählen Sie aus einer Vielzahl von Darstellungsvorlagen aus

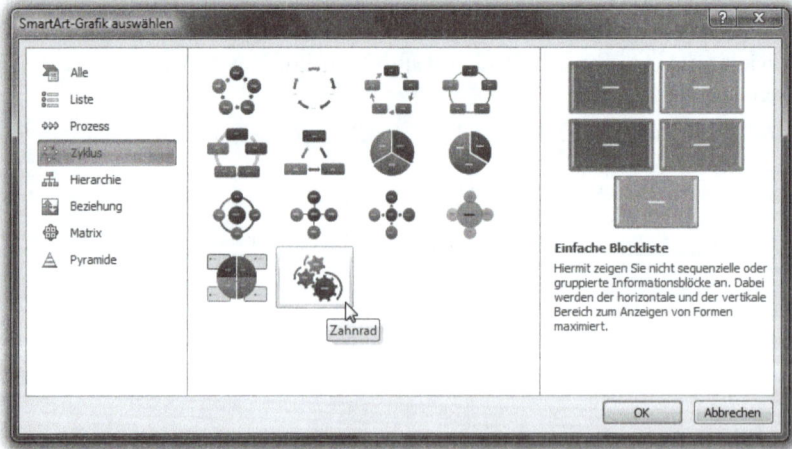

PivotTables

Interessanterweise findet man den Befehl zum Anlegen einer PivotTable nicht unter *Daten*, sondern unter *Einfügen* (aus logischer Nähe zum Einfügen anderer Objekte wie Diagramme, Hyperlinks oder Tabellen). PivotTable-Tools stehen auf zwei Registerkarten bereit, allerdings hat sich auch der Anblick der Werkzeuge zum Positionieren der Felder grundlegend geändert, dies wird jetzt über einen Aufgabenbereich erledigt. Hier wird die Zeit zeigen, wie erfolgreich das Konzept ist.

Abbildg. 8   Auch bei PivotTables kommt es am Ende auf die Übung an

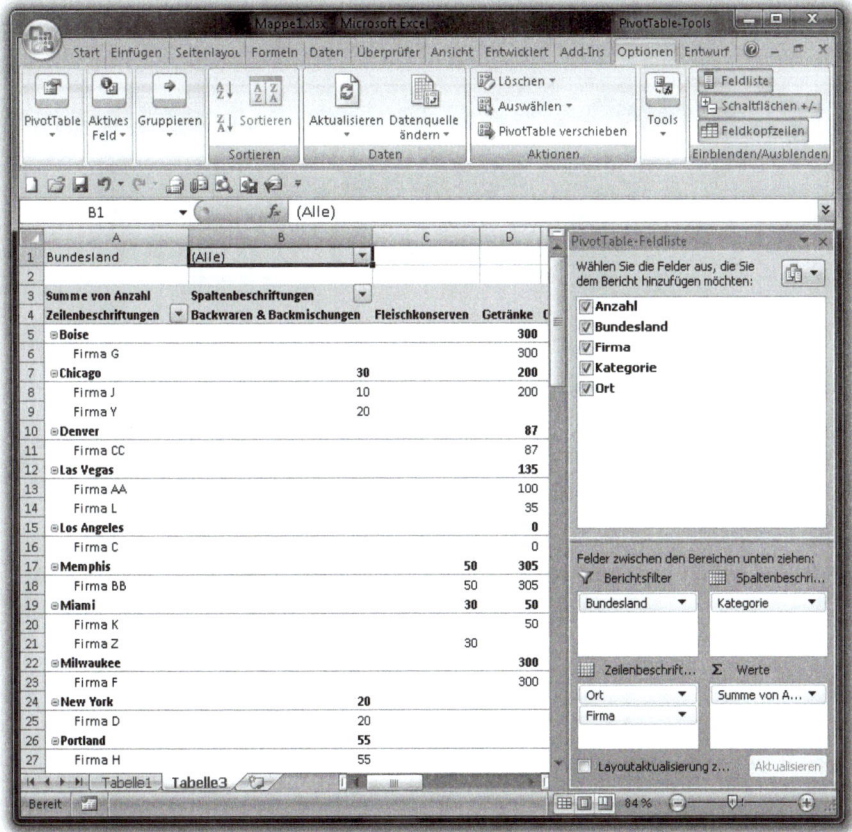

Mehr zum Thema PivotTables und PivotCharts finden Sie in Kapitel 24.

Analyse-Funktionen

Das Add-In *Analyse-Funktionen* enthält nicht mehr die Funktionen zur Finanzmathematik und anderen Spezialgebieten. Diese Funktionen wurden in die Excel-Funktionen integriert. Damit gelang es, Fehler, die seit Jahren bestanden, zu entfernen. Das Add-In hat trotzdem weiter seine Berechtigung. Es beinhaltet neben der Fourier-Analyse zahlreiche statistische Methoden, die, wie der Solver, in der Gruppe *Analyse* auf der *Daten*-Registerkarte der Multifunktionsleiste erscheinen. Wie Ihnen dieses Add-In bei der Häufigkeitsanalyse helfen kann, zeigt das Kapitel 16.

Mehr zum Thema Add-Ins finden Sie in Kapitel 26.

Hilfe

Das Aussehen der Hilfe hat sich gewandelt und ist auch in der Navigation moderner geworden. Gleich auf der Startseite werden Sie zu dem Punkt geführt, der einen Vergleich der Befehle 2003 vs. 2007 erlaubt. Und auch die Neuheiten werden so exponiert angeboten.

Abbildg. 9 Neues Outfit – die Online- und Offline-Hilfe

Nicht in jedem Fall ist es dabei gelungen, mit [F1] kontextsensitiv an die richtige Stelle zu führen.

Mehr zum Thema Unterstützung und Hilfe in Excel 2007 finden Sie in Kapitel 2.

Teil A
Grundlagen

In diesem Teil:

Kapitel 1	Die Installation	47
Kapitel 2	Neue Bildschirmelemente und Einstellungen erkunden	59
Kapitel 3	Neue und konventionelle Dateiformate verwenden	101
Kapitel 4	Mit Tabellen arbeiten	159
Kapitel 5	Vom Bildschirm aufs Papier	213

Auch erfahrene Benutzer, die bereits Kenntnisse in Excel haben und von einer früheren Version auf Excel 2007 umsteigen, sollten diesen Teil des Buches unbedingt durcharbeiten. Die Änderungen an der Benutzeroberfläche mit den neuen Elementen wie die Multifunktionsleiste oder die Symbolleiste für den Schnellzugriff werden ebenso ausführlich beschrieben wie die Änderungen am Dateiformat und die Möglichkeiten, Dateien in unterschiedlichen Formaten zu speichern.

In diesem Teil erfahren Sie ebenso, wie Sie Excel starten und schließen und wie Sie dabei eventuell auftretende Probleme meistern. Die Verwendung der Excel-Hilfe wird ebenfalls erklärt.

Der Aufbau des Tabellenblattes, einige Tricks im Umgang mit der Maus, z.B. das Ziehen per Drag&Drop, die AutoKorrektur und die Grundzüge des Bewegens und Arbeitens im Arbeitsblatt sowie Informationen zum Drucken – auch hier gibt es einige Neuerungen wie z.B. das Erstellen von PDF-Dokumenten – runden den ersten Teil ab.

Kapitel 1

Die Installation

In diesem Kapitel:

Die Neuinstallation	48
Das Update	54
Parallele Installationen verschiedener Versionen	56
Zusammenfassung	58

Excel 2007 ist Bestandteil aller Editionen von Microsoft Office System 2007 und auch als Einzellösung erhältlich.

Vor der Installation sollten Sie einige Überlegungen anstellen:

- Handelt es sich um die erstmalige Installation eines Office-Produkts auf dem Zielrechner? Welche Anforderungen werden an diesen gestellt?
- Gibt es bereits eine frühere Version von Office auf dem Zielrechner? In diesem Fall sollten Sie sich vergewissern, dass zu wichtigen Dokumenten (Arbeitsmappen), Mustervorlagen und selbst erstellten Add-Ins Sicherungskopien vorhanden sind.
- Soll eine eventuell vorhandene Version (etwa 2003) parallel zu 2007 betrieben werden? Gemeint ist hier nicht eine Beta-Variante der Version 2007, diese ist in jedem Fall vollständig vom Rechner zu entfernen.

TIPP Erstmals in der Geschichte des Office-Pakets konnten lange vor dessen Erscheinen in der finalen Variante verschiedene Entwicklungsstufen (so genannte Beta-Versionen) durch Anwender installiert und ausprobiert werden. Sie müssen u. U. damit rechnen, dass sich Dokumente (Arbeitsmappen), die mit einer Beta-Version erstellt wurden, nicht mehr öffnen lassen. Deshalb sollten Sie wichtige Arbeitsmappen, obwohl gewisse Features verloren gehen können, im Format der vorhergehenden Version speichern, bevor Sie die Beta-Version deinstallieren.

Dieses Kapitel wird Sie in der Reihenfolge der genannten Fragen bei der Durchführung der erforderlichen Schritte begleiten.

Die Neuinstallation

Die folgende Beschreibung einiger Installationsdetails basiert auf der Installation von Microsoft Office Professional Plus 2007. Andere Versionen lassen sich auf gleiche Weise installieren.

Systemanforderungen

Zum Zeitpunkt der Erstellung dieses Kapitels hat Microsoft nur eine Vorabformulierung der Systemanforderungen veröffentlicht. Auf der Produkt-CD gibt es die Datei *Readme.htm*, die Sie im Internet Explorer öffnen können, um dem im Dokument befindlichen Hyperlink zur Office-Website von Microsoft zu folgen (*http://office.microsoft.com/de-de/products*) und dort die Details zu erkunden.

Um »vernünftig« mit dem Produkt arbeiten zu können, sollten Sie die folgenden Voraussetzungen schaffen:

- Der Computer muss über ein integriertes oder externes CD-Laufwerk verfügen.
- Der auf der Festplatte (nach der Installation des Betriebssystems) verbleibende Speicherplatz soll auf einer zusammenhängenden Partition 2 Gigabyte zur Installation von Office Professional Plus nicht unterschreiten. Ein Teil davon wird nach der Installation wieder freigegeben. Der Bedarf für andere Editionen ist deren Beschreibung zu entnehmen und fällt in aller Regel geringer aus.
- Der Computer soll mit einem Prozessor ausgestattet sein, der wenigstens mit 500 MHz taktet.
- Der Arbeitsspeicher (RAM) soll mindestens 256 Megabyte betragen.

Die Neuinstallation

- Vom Bildschirm wird eine Auflösung von 1.024 mal 768 Pixel erwartet.
- Das Betriebssystem muss Microsoft Windows XP mit Service Pack 2 oder Microsoft Windows Server 2003 mit SP1 sein. Ein späteres Betriebssystem (wie das in diesem Handbuch grundsätzlich vorausgesetzte Windows Vista) ist natürlich möglich, setzt allerdings von sich aus die Grundanforderungen an den Rechner hoch.

Neben diesen Grundvoraussetzungen gibt es solche, die nur bestimmte Features betreffen. Diese verlangen zu ihrer Nutzung das Vorhandensein eines Mikrofons bzw. das von Lautsprechern, die Installation von Microsoft Windows XP Tablet PC Edition (oder einer späteren Version), die Verbindung zu einem Unternehmensserver auf der Basis von Windows 2003 Server bzw. die zu einem Microsoft Exchange Server 2000 (oder einer späteren Version). Die meisten Features zur Teamarbeit sind nur dann nutzbar, wenn eine Verbindung zu einem Rechner besteht, auf welchem die Microsoft Windows SharePoint Services installiert sind.

Standardinstallation

Sie beginnen die Installation mit dem Einlegen der CD in das Laufwerk. Das Setup-Programm sollte dann von selbst starten. Dies geschieht mit einem Dialogfeld wie in Abbildung 1.1, wobei Sie sich für *SETUP.EXE ausführen* entscheiden. Die anschließende Bestätigungsfrage beantworten Sie zustimmend.

Abbildg. 1.1   Der Installations-Start unter Windows Vista

HINWEIS   Startet die CD nicht von selbst, suchen Sie mit dem Windows-Explorer in deren Stammverzeichnis nach der Datei *setup.exe* und klicken doppelt darauf. Die Endung *.exe* ist allerdings nur zu sehen, wenn Sie die Ordneroptionen Ihres Betriebssystems so angepasst haben, dass die Endungen bekannter (registrierter) Dateitypen nicht ausgeblendet werden. Im anderen Fall heißt die Datei einfach *Setup*.

Es ist durchaus denkbar, den CD-Inhalt vor der Installation auf ein Laufwerk des Arbeitsplatzes oder im Netz zu kopieren und den Installationsprozess durch Doppelklick auf die Installationsdatei *setup.exe* zu starten.

Kapitel 1 Die Installation

Es sollte nun kurz ein Eröffnungsbildschirm eingeblendet werden, der durch den zur Eingabe des *Product Keys* (Produktschlüssel, den Sie auf Ihrer CD-Hülle finden) auffordernden abgelöst wird. Die Beachtung von Groß- und Kleinschreibung bei der Eingabe des Produktschlüssels spielt keine Rolle. Ohne die Eingabe eines solchen Schlüssels lässt sich das Produkt zwar einige Male starten, danach stehen nur noch stark eingeschränkte Features zur Verfügung.

Im nächsten Schritt sollten Sie sich die Software-Lizenzbedingungen durchlesen und, was zur Verwendung des Produkts unumstößlich ist, akzeptieren. Damit stehen Sie vor der Wahl des gewünschten Installationstyps (Abbildung 1.2) als

- Standardinstallation oder
- angepasste Installation.

Abbildg. 1.2 Standardinstallation oder angepasste Installation – eine Frage der Vorkenntnisse

Haben Sie in der Vergangenheit noch kein Office-Produkt auf dem momentanen Rechner installiert, sollten Sie zunächst der Standardinstallation mit *Jetzt installieren* folgen. Dabei werden die grundlegenden Features installiert und viele andere (nicht alle) so bereitgestellt, dass sie bei erstmaliger Verwendung weitest gehend automatisch nachinstalliert werden. Sie selbst können jederzeit später (vgl. den Abschnitt »Nachträgliche Anpassungen« etwas weiter unten in diesem Kapitel) mit Hilfe weniger Handgriffe den Zustand Ihrer Installation verändern und damit an Ihre Anforderungen anpassen.

Während des nun folgenden Kopier- und Einrichtungsvorgangs hält Sie ein Dialogfeld mit Informationen zum Installationsfortschritt auf dem Laufenden, nach erfolgreicher Installation informiert Sie ein Abschluss-Dialogfeld über die Möglichkeit, direkt auf die Office-Website von Microsoft zu wechseln (eine aktive Internet-Verbindung wird dazu natürlich vorausgesetzt) und das dortige Leistungsangebot zu nutzen.

Um sofort mit Excel zu arbeiten, haben Sie mindestens zwei Einstiegsmöglichkeiten:

- Sie klicken auf die *Start*-Schaltfläche von Windows, suchen unter *Alle Programme/Microsoft Office* den Eintrag *Microsoft Office Excel 2007* und klicken darauf, oder
- Sie klicken mit der rechten Maustaste in einen Ordner Ihrer Wahl (das kann auch der Desktop sein), suchen den Eintrag *Neu* und im darauf erscheinenden Untermenü den Eintrag *Microsoft Office Excel-Arbeitsblatt*. Ein Klick darauf legt nicht, wie in bereits wenigstens drei vorhergehenden Versionen suggeriert, ein Arbeitsblatt, sondern eine neue Arbeitsmappe an. Diese öffnen Sie per Doppelklick und Excel beginnt zu arbeiten.

Nach dem ersten Start von Excel haben Sie allerdings noch zwei Dinge zu tun: Das Produkt ist zu aktivieren und einige Einstellungen zum Datenschutz bzw. Update-Verhalten sind vorzunehmen.

Die Produktaktivierung können Sie sofort starten oder aber den Vorgang um einige Starts des Programms in die Zukunft verschieben. Vermeiden lässt sie sich aber nicht, irgendwann läuft das Programm in einem reduzierten Modus, der es nur noch erlaubt, Dinge zu betrachten, aber nicht mehr zu bearbeiten. Folgen Sie zur Aktivierung den Instruktionen des Bildschirms:

- Haben Sie eine aktive Internet-Verbindung, läuft der Aktivierungsprozess inklusive einer eventuell beabsichtigten freiwilligen Registrierung Ihres Produkts automatisch ab.
- Haben Sie sich entschieden, die Aktivierung telefonisch vorzunehmen, nutzen Sie die kostenlose Rufnummer und folgen den Anweisungen der Automatenstimme zur Eingabe von Ziffern und Zeichen am Telefon bzw. in das erschienene Dialogfeld auf Ihrem Computer.

TIPP Informationen zur Lizenzierung und Aktivierung Ihres Office-Produktes befinden sich in der Datei *OPA12.DAT* im versteckten Ordner *C:\ProgramData\Microsoft\OFFICE\Data*. Bevor Sie Ihr Betriebssystem neu aufsetzen oder Hardware-Eingriffe am Computer vornehmen, die eine erneute Aktivierung erforderlich machen, können Sie diese Datei sichern und vor einer Office-Neuinstallation in den genannten Ordner kopieren. Weitere Einzelheiten zu dieser Datei finden Sie in der *Microsoft Knowledge Base* unter *http://support.microsoft.com*.

Die vorzunehmenden Einstellungen zum Datenschutz bestehen aus

- der unmittelbaren Anforderung von Online-Hilfe während der Arbeit mit Excel oder einem der anderen Office-Programme,
- dem Download von Dateien, die als Problemlösungstools bezeichnet werden können (für die Fälle, dass das Office-Produkt nicht einwandfrei arbeitet) und
- der Anmeldung am Programm zur Verbesserung der Anwenderfreundlichkeit.

Bei allen drei Optionen geht es also darum, Informationen von Ihrem Computer via Internet an Microsoft zu senden, wobei Anonymität und Vertraulichkeit zugesichert werden. Sie können später in den Optionen zu Excel diese Einstellungen korrigieren (in den *Datenschutzoptionen* des *Vertrauensstellungscenters*).

Bei den Einstellungen zum Update handelt es sich um die Möglichkeit des automatischen Herunterladens von Programmteilen (Patches), die Office fehlerfreier und vor allem sicherer machen sollen. Gerade der letzte Aspekt ist angesichts der häufigen Attacken aus dem Internet auch auf private Rechner des Nachdenkens wert. Auch hier haben Sie die Möglichkeit, Ihre zunächst ablehnende Entscheidung in der Kategorie *Ressourcen* der Excel-Optionen zu korrigieren.

Wie es nach diesen ersten Schritten weitergeht, lesen Sie im nächsten Kapitel.

Angepasste Installation

Eine angepasste Installation beginnen Sie im Dialogfeld, dessen Ausschnitt Sie in Abbildung 1.2 sehen, durch Klick auf die Schaltfläche *Anpassen*. Danach sind drei Einstellungsthemen relevant:

- Installationsoptionen
- Speicherort der Installation
- Benutzerinformationen.

Während die letzten beiden Anpassungen im Wesentlichen selbsterklärend sind, bedarf die erste einiger Erläuterungen. In Abbildung 1.3 sehen Sie bereits eine Anpassung der Wahlmöglichkeiten.

Kapitel 1 Die Installation

HINWEIS Sie müssen nun nicht das gesamte Handbuch gelesen haben, um die Inhalte der zu installierenden Optionen zu verstehen. Manches erschließt sich bereits jetzt intuitiv, das meiste wird ganz von allein angefordert, wenn Sie zum ersten Mal während Ihrer Arbeit mit Excel auf die Nutzung der entsprechenden Möglichkeit stoßen.

Abbildg. 1.3 Anpassen der Installation

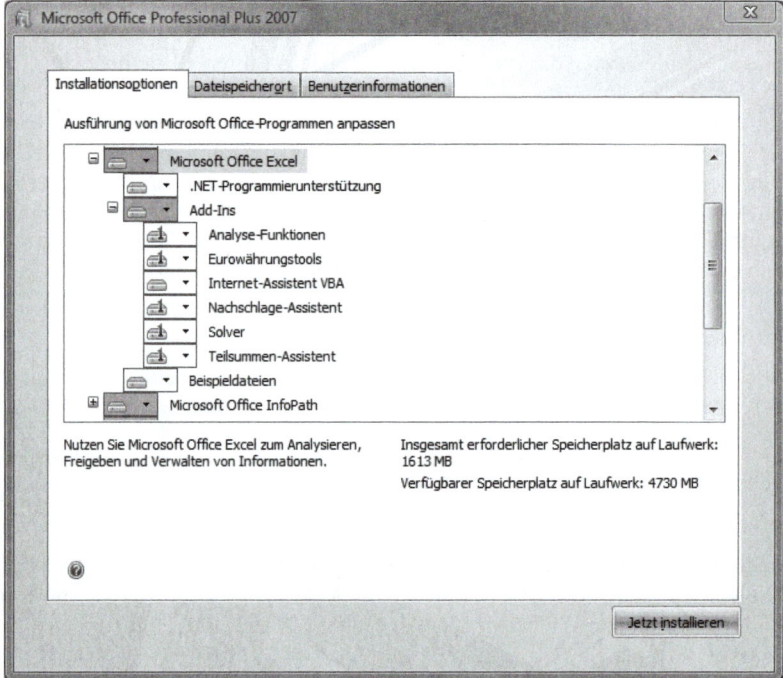

Die Kombinations-Schaltflächen im »Baum« der Einstellungsoptionen (Plus- bzw. Minus-Schaltflächen helfen beim »Auf- und Zuklappen« des Baumes) haben vier verschiedene Bedeutungen, die Sie sich erarbeiten, wenn Sie auf das kleine dreieckige Symbol der Schaltflächen klicken (Abbildung 1.4):

- ein Feature wird installiert
- ein Feature wird mit allen seinen untergeordneten Features installiert
- ein Feature wird beim ersten Gebrauch nachinstalliert
- ein Feature steht niemals zur Verfügung (diese Entscheidung ist, wie Sie weiter unten sehen werden, zum Glück nicht unwiderruflich)

Abbildg. 1.4 Die Art, wie Features installiert bzw. nachinstalliert werden

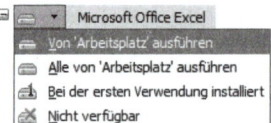

TIPP Auf den Dialogfeldern des Installationsprozesses findet sich links unten eine Hilfe-Schaltfläche, nach deren Anklicken in einem separaten Fenster einige Instruktionen als Setup-Hilfe erscheinen. Diese eignen sich, obwohl die dort verwendete Symbolik leicht unterschiedlich von der des Dialogfelds ist, zum besseren Verständnis der vorzunehmenden Handlungen.

Den in dieser Hilfe enthaltenen Satz, dass ein Feature nicht installiert wird, weil es nicht zur Verfügung steht, deuten Sie um: Es wird nicht installiert, steht also später nicht zur Verfügung.

Sie sehen in Abbildung 1.3, was bei der Standardinstallation tatsächlich geschieht:

- Die wichtigen *Beispieldateien* sowie die *.NET-Programmierunterstützung* (ein Begriff, der nur unzureichend beschreiben kann, dass es um die Möglichkeit der Einbindung spezieller Add-Ins geht) werden vollständig installiert.
- *Analyse-Funktionen* (das sind solche »mathematischen Funktionen«, die nicht in Excel integriert, sondern zusätzlich bereitgestellt werden), *Nachschlage-Assistent* und andere werden bei der ersten Verwendung abgerufen.

HINWEIS Die Dialogfelder zum Ändern des Speicherorts bzw. der Benutzerinformationen erschließen Sie sich leicht selbst.

Lassen Sie sich beim *Speicherort* des Produkts nicht verwirren. Eine deutsche Version von Windows Vista zeigt die *Beschriftungen* von für den Nutzer wichtigen Ordnern wie »Benutzer« oder »Programme« in deutscher Sprache an. Dahinter verbergen sich allerdings *Dateipfade* auf der Festplatte in englischer Sprache. Das sind in den beiden genannten Fällen *C:\Users* und *C:\Program Files*.

Benutzerinformationen werden Office-übergreifend verwendet. Der Name kann in den Excel-Optionen, die Initialen in den Optionen von Microsoft Word verändert werden, ohne die Installation selbst nochmals anzupassen.

Nachdem Sie alle Einstellungen vorgenommen haben, klicken Sie auf die Schaltfläche *Jetzt installieren*. Die Installation wird mit dem oben genannten Abschluss-Dialogfeld beendet.

Nachträgliche Anpassungen der Installation

Um zu einem späteren Zeitpunkt die vorgenommene Installation zu verändern, gibt es wenigstens zwei Wege.

- Sie legen die CD erneut in das Laufwerk ein und folgen, wie oben beschrieben, den einzelnen Schritten (starten also automatisch oder per Hand die Datei *setup.exe*) oder
- Sie wechseln in die Systemsteuerung Ihres Computers und suchen dort den Eintrag *Programme/Programm deinstallieren*. Ein Klick darauf führt Sie in die Liste der installierten Anwendungen, in der Sie auch Ihre Office-Installation finden. Wählen Sie diese aus und klicken Sie auf die oben rechts erscheinende Schaltfläche *Ändern*.

In beiden Fällen erscheint ein Dialogfeld der Office-Installation, in welchem die Möglichkeit besteht,

- Features hinzuzufügen oder zu entfernen
- die Installation zu reparieren (das heißt deren Originalzustand, der durch andere Programme oder Unachtsamkeit gestört worden ist, zu erzeugen).

Haben Sie die CD erneut eingelegt, erscheint zusätzlich der Punkt zur Deinstallation (Entfernen), den Sie auf dem zweiten Weg gesondert in der Systemsteuerung angeboten bekommen.

Wenn Sie sich für *Features hinzufügen oder entfernen* entschlossen haben, führt der nächste Schritt zum Dialogfeld aus Abbildung 1.3, wobei dort nur die Registerkarte zu den Installationsoptionen zu sehen ist. Nun folgen Sie den Hinweisen aus dem Abschnitt »Angepasste Installation« weiter vorne in diesem Kapitel und nehmen Ihre Korrekturen vor.

TIPP Der Installationsprozess legt auf Ihrem Rechner den versteckten Ordner *C:\MSO-Cache* an. Dieser wird für eine eventuelle Reparatur Ihrer Installation sowie für die eventuelle automatische bzw. manuelle Nachinstallation optionaler Features genutzt.

Wenn Sie diesen Ordner aus Platzgründen löschen, müssen Sie bei Veränderungen die CD zur Hand haben oder, je nach Installationsstart, die Verbindung zur Datei *setup.exe* im Netzwerk herstellen.

Das Update

Darüber, was ein *Update* ist und wie es sich von einem *Upgrade* unterscheidet, gehen die Meinungen auseinander. Hier soll darunter der Wechsel von einem Produkt einer früheren Version von Office zu Office 2007 verstanden werden.

Es wird also davon ausgegangen, dass Sie Excel in einer früheren Version auf Ihrem Rechner installiert haben.

TIPP Obwohl es nicht notwendigerweise zu Komplikationen kommen muss, ist eine Sicherung selbst erstellter Dateien, das sind Arbeitsmappen, Mustervorlagen und Add-Ins, in einen Order oder auf eine beschreibbare CD sehr zu empfehlen. Schritt für Schritt sollten Sie dann die verbleibenden Originale auf ihre Verträglichkeit mit der neuen Version prüfen und dann auch die neuen Dateiformate und Features von Office 2007 einsetzen.

Legen Sie genau so wie oben beschrieben Ihre Produkt-CD ein und folgen den Anweisungen. Das Dialogfeld aus Abbildung 1.2 sieht nun wie in Abbildung 1.5 aus.

Abbildg. 1.5 Der Einstieg zum Update

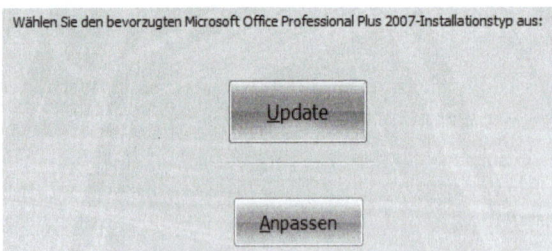

Der einzige Unterschied besteht also in den beiden Schaltflächen *Jetzt installieren* und *Update*.

Entscheiden Sie sich für den Standard-Update-Vorgang, installiert Windows alle Programme der neuen Version und entfernt die dazu gehörigen Vorgänger. Es wird so installiert, als ob Sie in Abbildung 1.2 *Jetzt installieren* gewählt haben.

Wollen Sie diesen Standard durchbrechen, klicken Sie in Abbildung 1.5 auf *Anpassen*. Daraufhin erscheint ein Dialogfeld wie in Abbildung 1.6. Zu den aus Abbildung 1.3 bekannten Registerkarten des Dialogfelds kommt noch eine weitere Registerkarte (*Update*) hinzu, die über den Verbleib der alten Version entscheidet.

Drei Dinge stehen zur Auswahl:

- Alle Anwendungen der früheren Version entfernen
- Alle früheren Anwendungen behalten
- Nur einen Teil der früheren Anwendungen entfernen

HINWEIS Unter »frühere Version« darf hier in keinem Fall eine Beta-Version von Office 2007 verstanden werden. Diese muss vor der Installation über die Systemsteuerung auf jeden Fall vollständig deinstalliert werden.

Abbildg. 1.6   Angepasstes Update

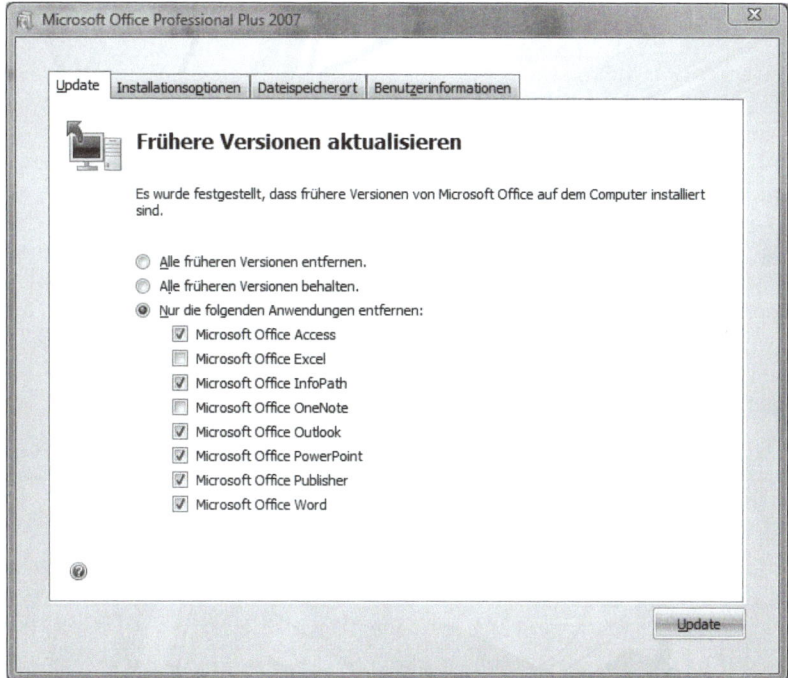

Bei den zu entfernenden Programmen auf der ersten Registerkarte von Abbildung 1.6 erscheinen diejenigen, die bereits als Vorgänger installiert sind, unabhängig davon, ob auf der eingelegten CD ein Nachfolger existiert.

Die anderen Installationsoptionen auf den restlichen drei Registerkarten folgen denen, die bei der angepassten Neuinstallation weiter oben beschrieben wurden.

Parallele Installationen verschiedener Versionen

In früheren Office-Versionen war der Anwender bestens beraten, wenn er eine Parallelinstallation mehrerer Office-Versionen oder ihrer Teile vermieden hat. Es kam trotz entsprechender Vorkehrungen zu »regelmäßigen Unregelmäßigkeiten«, die immer einen etwas unangenehmen Aufwand zur Reparatur mit sich brachten.

Besser war da die Installation auf verschiedenen Partitionen der Festplatte unter jeweils einem anderen Betriebssystem oder die Verwendung von Microsoft Virtual PC. Letzteres Programm bietet sich nach wie vor an, zumal es seit einiger Zeit von Microsoft kostenlos zur Verfügung gestellt wird. Virtual PC erlaubt (bei entsprechender Hardware-Ausstattung Ihres Computers und Einhaltung lizenzrechtlicher Bedingungen) die Simulation mehrerer Gastbetriebssysteme (die dann in einem eigenen Fenster oder im Vollbildmodus laufen) unter einem (gastgebenden) Host-Betriebssystem. Diese Variante ist in jedem Fall dem im folgenden diskutierten Parallelbetrieb vorzuziehen, wenn sie denn durchführbar ist.

Neue Dateiformate

Die neuen Dateiformate von Excel (Word und PowerPoint) bringen neue Dateiendungen mit sich. Die Bedeutung für einige der Excel-Dateien sehen Sie in Tabelle 1.1.

HINWEIS Sie erkennen im Windows-Explorer Ihres Betriebssystems die Endungen (manchmal werden sie auch Erweiterungen genannt) allerdings nur dann, wenn Sie die entsprechenden *Ordneroptionen* angepasst haben und die Erweiterungen für bekannte Dateitypen anzeigen lassen.

Tabelle 1.1 Eine Auswahl der Arbeitsmappenformate unter Excel 2007

Erweiterung	Bedeutung
.xlsx	Arbeitsmappe ohne Makros
.xlsm	Arbeitsmappe mit möglichen Makros
.xlam	Add-In mit Makros
.xlsb	Arbeitsmappe im Binär-Format
.xls	Arbeitsmappe im Format der Versionen 2000, XP und 2003

Dabei können die ersten vier nur von Excel 2007 korrekt geöffnet werden.

Diese unterschiedlichen Dateiformate mit den unterschiedlichen Dateiendungen erlauben einen weitestgehend »friedlichen« Parallelbetrieb, wenn Sie die unten angeführten Problemsituationen ausklammern bzw. beseitigen. Mehr zum Thema der Dateiformate finden Sie in Kapitel 3.

HINWEIS Am Rande bemerkt: Für frühere Office-Versionen gibt es Anpassungen (Konverter) zum Download, die die neuen Dateiformate unter Verlust der neuen Features in frühere Dateiformate umwandeln: *Microsoft Office Compatibility Pack* auf *http://www.microsoft.com/downloads/*.

Probleme

Dieser Abschnitt wendet sich vor allem an bereits erfahrene Excel-Anwender und beleuchtet Probleme eines möglichen Parallelbetriebs mit früheren Versionen aus Sicht der VBA-Programmierung.

> **HINWEIS** Mehr zu Makros, VBA und Add-Ins finden Sie in Kapitel 31.

Beim Start von Excel zu ladende Arbeitsmappen befinden sich im Ordner *XLSTART*, einem Unterordner von *C:\Users\<Benutzername>\AppData\Roaming\Microsoft\Excel* (unter Windows Vista). Dieser ist allen Versionen gemeinsam.

Makros der Version 2007 können in einer persönlichen Arbeitsmappe aufgezeichnet oder hinterlegt werden, die anders als in früheren Versionen *personal.xlsb* heißt (vormals *personl.xls*), jedoch nach wie vor ausgeblendet ist. Sie befindet sich im genannten Startordner, der nach der Installation von Excel als vertrauenswürdiger Speicherort (hinsichtlich der Makro-Sicherheit) eingestuft wird. Damit befinden sich im Parallelbetrieb ggf. zwei persönliche Makroarbeitsmappen im Einsatz, deren beider Makros ausgeführt werden dürfen. Beim Start von Excel 2007 werden beide geladen. Beim Start einer früheren Excel-Version kommt es allerdings zu Fehlermeldungen beim Versuch, die neue Arbeitsmappe zu laden (Excel versucht alles zu öffnen, was im Ordner *XLSTART* liegt).

Nach dem direkten Aufruf der *personl.xls* aus dem Windows-Explorer startet Excel 2007 im Allgemeinen ohne eine leere Anfangsmappe.

Add-Ins haben jetzt die Dateiendung *.xlam*. Dadurch werden Sie von früheren Versionen schlichtweg ignoriert, weil sie im entsprechenden Dialogfeld zum Laden von Add-Ins nicht erscheinen. Ältere Add-Ins haben die Dateiendung *.xla*. Diese Dateien können von Excel 2007 im Parallelbetrieb als potenziell gefährlich eingestuft werden, wenn gefordert ist, das Add-Ins signiert sein müssen (das ist allerdings nicht die Standard-Einstellung nach der Installation). Außerdem kann es passieren, dass Add-Ins, die Sie unter einer früheren Version mit Hilfe des Add-Ins-Managers an die Anwendung angebunden haben, unter Excel 2007 noch einmal angebunden werden müssen.

> **HINWEIS** Anpassungen von Symbolleisten (diese werden in Dateien mit der Endung *xlb* gespeichert) führen nicht zu Komplikationen im Parallelbetrieb, da Excel 2007 in diesem Sinne keine Symbolleisten mehr kennt.

Somit scheint es, dass einem Parallelbetrieb nicht allzu viel im Wege steht. Dennoch sollte ein solcher Schritt mit Bedacht gewählt und ohne zwingende Gründe verworfen werden. Excel 2007 ist in der Lage, alle früheren Versionen ab Excel 97 aufwärts mit den entsprechenden Dokumenten (Arbeitsmappen, Mustervorlagen, Add-Ins) zu beliefern, so dass Parallelinstallationen eigentlich nur zu Testzwecken vorgenommen werden brauchten.

> **HINWEIS** Die hier kurz angesprochenen Probleme rund um Makros und VBA betrafen nur die Verträglichkeit hinsichtlich der eingesetzten Dateien. Davon unberührt ist die Tatsache, dass VBA-Code, der unter Office 2007 gebrauchsfähig ist, nicht notwendig dies auch für frühere Versionen sein muss. Auch umgekehrt sind natürlich ausführliche Tests unabdingbar.

Zusammenfassung

Es kann festgestellt werden, dass der Installationsprozess sowohl für den Erstanwender als auch für den bereits erfahrenen Office-Profi mit dieser Version einfacher geworden ist. Statt der bisherigen Auswahl aus vier Installationstypen (mit den Namen typische Installation, minimale Installation, vollständige Installation und benutzerdefinierte Installation) sind zwei geblieben: Standardinstallation (ohne Eingriffe des Anwenders) und angepasste Installation (entsprechend mit Eingriffsmöglichkeiten durch den Anwender). Die Zahl der möglichen Anpassungsvarianten ist auch geringer als in den Vorversionen, so dass nach einer Eingewöhnungsphase an die Möglichkeiten des Produkts die Features nach und nach relativ automatisch und übersichtlich nachgeladen werden können. Wer das Nachinstallieren vermeiden möchte, kann von Anfang an bei einer angepassten Installation alle Features als *Alle von 'Arbeitsplatz' ausführen* markieren (Abbildung 1.4).

Kapitel 2

Neue Bildschirmelemente und Einstellungen erkunden

In diesem Kapitel:

Excel starten	60
Die neue Excel-Umgebung kennen lernen	61
Mit der Bildlaufleiste blättern	81
Die Fenstergröße einstellen	82
Arbeitsumgebung über Excel-Optionen anpassen	85
Unterstützung und Hilfe in Excel 2007	88
Excel beenden	97
Zusammenfassung	98

Kapitel 2 Neue Bildschirmelemente und Einstellungen erkunden

Dieses Kapitel befasst sich mit der Bildschirmansicht von Excel sowie den allgemeinen Einstellungen. Da sich die gesamte Arbeitsumgebung geändert hat, dürfte dieses Kapitel nicht nur für Excel-Neulinge interessant sein. Informieren Sie sich also darüber und lernen Sie die Namen der wichtigsten Objekte kennen.

Selbstverständlich können Sie auch die neue Excel-Version an persönliche Vorlieben anpassen. So lassen sich standardmäßig angezeigte Elemente wie Bildlaufleisten oder Blattregisterkarten auch ausblenden. Für versierte Excel-Nutzer sind die Anwendungsoptionen meist die erste Anlaufstation nach der Installation.

Excel starten

Nachdem Sie die Installation erfolgreich abgeschlossen haben, können Sie Excel starten. Öffnen Sie dazu das *Start*-Menü von Windows und wählen Sie die Befehlsfolge *Alle Programme/Microsoft Office/Microsoft Office Excel 2007*.

Neben der herkömmlichen Methode, ein Programm unter Windows zu starten, gibt es noch ein paar weitere interessante Wege.

WICHTIG Beachten Sie bitte, dass für manche Änderungen Administratorrechte erforderlich sind.

- **Über eine Desktopverknüpfung** Klicken Sie im Startmenü mit der rechten Maustaste auf den Eintrag von Microsoft Excel und wählen im Kontextmenü den Untermenübefehl *Senden an/Desktop (Verknüpfung erstellen)*. Über das auf dem Desktop abgelegte Symbol können Sie Excel anschließend mit einem Doppelklick starten.

- **Über das Startmenü** Wählen Sie die Befehlsfolge *Alle Programme/Microsoft Office* und klicken Sie den Eintrag *Microsoft Office Excel 2007* mit der rechten Maustaste an. Im Kontextmenü wählen Sie den Eintrag *An Startmenü anheften*.

- **Über die Schnellstartsymbolleiste** Auch hier können Sie die rechte Maustaste verwenden, um eine Verknüpfung zur Schnellstartsymbolleiste hinzuzufügen. Wählen Sie im Kontextmenü den Befehl *Zur Schnellstartleiste hinzufügen*.

- **Durch Aufruf einer Arbeitsmappe** Windows speichert die von Ihnen bearbeiteten Dateien in einer Liste, die Sie über *Start/Zuletzt verwendet* schnell erreichen können. Sollten Sie also in letzter Zeit eine Excel-Arbeitsmappe erstellt haben, können Sie diese hier direkt aufrufen. Nach dem Start von Excel wird die gewünschte Arbeitsmappe geöffnet.

Eine Arbeitsmappe automatisch öffnen

Wenn Sie immer mit derselben Arbeitsmappe arbeiten, können Sie diese bei jedem Excel-Start automatisch öffnen lassen. Dazu speichern Sie die Datei im Ordner *XLSTART*, den Sie in der Regel unter den Pfaden

- *C:\Program Files\Microsoft Office\OFFICE12\XLSTART* (gültig für alle Benutzer des Rechners, daher sind Administratorrechte erforderlich)

- *C:\Users\<Benutzername>\Anwendungsdaten\Roaming\Microsoft\Excel\XLSTART* (unter Ihrem Profil, also nur für Ihre Anmeldung gültig) finden. Außer den Mustervorlagen öffnet Excel beim Start alle Arbeitsmappen, die in diesen Ordnern gespeichert sind. Alternativ haben Sie die Möglichkeit, einen eigenen zusätzlichen Startordner festzulegen, von dem aus Arbeitsmappen automatisch geöffnet werden.

Wenn Sie einen zusätzlichen Startordner festlegen wollen, gehen Sie so vor:

1. Klicken Sie im Office-Menü auf die Schaltfläche *Excel-Optionen*.
2. Wechseln Sie zur Kategorie *Erweitert*.
3. In der Gruppe *Allgemein* geben Sie im Eingabefeld *Beim Start alle Dateien öffnen in* den Pfadnamen des alternativen Startordners an.

WICHTIG   Da Excel versucht, jede Datei in diesem zusätzlichen Startordner zu öffnen, stellen Sie sicher, dass dieser Ordner nur Dateien enthält, die Excel öffnen soll und kann. Dieser Ordner sollte also nur Dateien in einem Excel-Dateiformat enthalten.

Wollen Sie verhindern, dass eine Datei aus dem Startordner geöffnet wird, verschieben Sie diese mit Hilfe des Windows-Explorers in einen anderen Ordner.

HINWEIS   Wenn sich eine Datei mit gleichem Namen sowohl im Startordner *XLSTART* als auch im zusätzlichen (von Ihnen angelegten) Startordner befindet, wird Excel immer die Datei aus dem Ordner *XLSTART* öffnen.

Die neue Excel-Umgebung kennen lernen

Wenn Sie bereits eine frühere Version von Excel eingesetzt haben, fällt Ihnen nach dem Start sicherlich sofort die neue Oberfläche auf. Zunächst könnte man denken, dass es weiterhin Menüs und Symbolleisten gibt. Wenn Sie allerdings auf einen vermeintlichen Menübefehl klicken, werden Sie feststellen, dass kein Popup-Menü mit weiteren Befehlen aufklappt, sondern sich die Anzeige der Multifunktionsleiste ändert.

WICHTIG   Wichtig für die weitere Arbeit mit diesem Buch ist die Bezeichnung der einzelnen Bildschirmobjekte. Für das Erlernen dieser Bezeichnungen sollten Sie sich etwas Zeit nehmen.

Sicher sind Sie auf die neue Oberfläche gespannt. Bereits seit einiger Zeit werden in der Fachpresse und im Internet Abbildungen gezeigt. Und der eine oder andere Leser hat vielleicht die Möglichkeit genutzt, eine Betaversion von Excel 2007 zu testen.

Kapitel 2 Neue Bildschirmelemente und Einstellungen erkunden

Abbildg. 2.1 Diese Benennungen der wichtigsten Bildschirmelemente werden im Buch verwendet

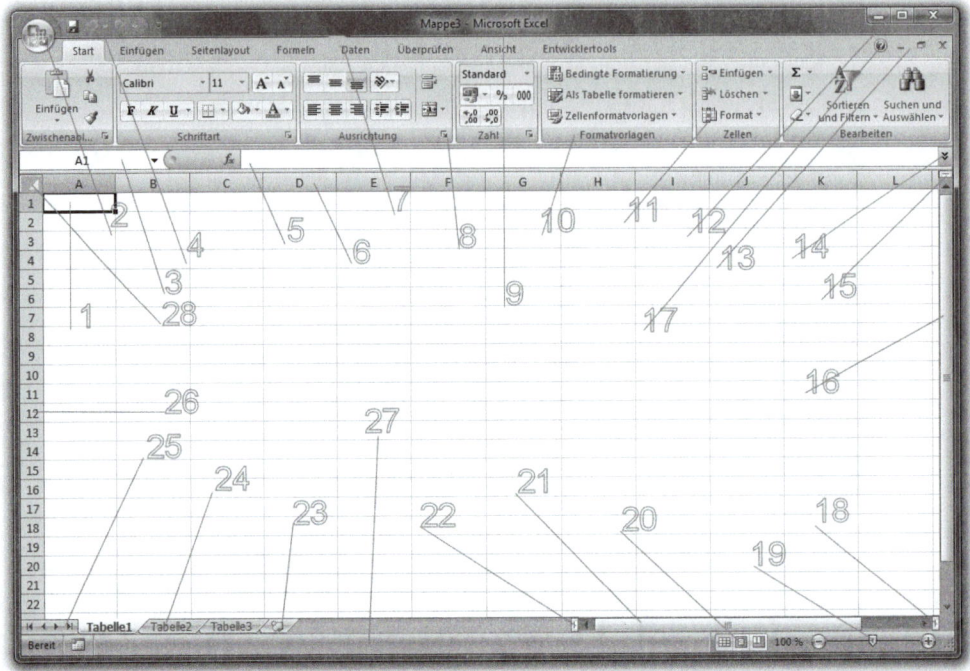

Tabelle 2.1 Beschreibung der Bildschirmelemente aus Abbildung 2.1

Nummer	Beschreibung
1	Aktive Zelle
2	Office-Menü
3	Namenfeld
4	Symbolleiste für den Schnellzugriff
5	Bearbeitungsleiste
6	Spaltenüberschrift
7	Registerkarten
8	Startprogramm für Dialogfelder
9	Fenstertitel
10	Befehlsgruppe
11	Befehl
12	Fenstersymbole im Programmfenster
13	Fenstersymbole im Arbeitsmappenfenster
14	Bearbeitungsleiste erweitern

Tabelle 2.1 Beschreibung der Bildschirmelemente aus Abbildung 2.1 *(Fortsetzung)*

Nummer	Beschreibung
15	Horizontaler Fensterteiler
16	Vertikale Bildlaufleiste
17	Hilfe
18	Vertikaler Fensterteiler
19	Zoomregler
20	Ansichten
21	Horizontale Bildlaufleiste
22	Registerteiler
23	Tabelle einfügen
24	Blattregister
25	Registerlaufpfeile
26	Zeilenüberschrift
27	Statusleiste
28	Alles auswählen

Die Multifunktionsleiste enthält aufgabenbezogene Befehle

Microsoft hat die Rückmeldungen der Benutzer ausgewertet und zusätzlich in Testlabors viel Zeit darauf verwendet, deren Arbeitsweise zu analysieren. Wie viele Mausklicks sind erforderlich, um an den gewünschten Befehl zu gelangen? Findet der Benutzer diesen in angemessener Zeit? Weiß der Benutzer überhaupt, welche Funktionen enthalten sind? Solche und ähnliche Fragestellungen wurden untersucht. Die Ergebnisse dieser Untersuchungen haben zu einer völlig überarbeiteten Benutzerschnittstelle geführt (die Oberfläche wurde nicht nur in Excel geändert, sondern auch in Word und PowerPoint). Dabei wurde das Ziel verfolgt, dem Benutzer dabei zu helfen, die Funktionen für die häufigsten Aufgaben leichter zu finden und diese damit auch produktiver einsetzen zu können.

Viele Befehle und Einstellungen waren bisher über zum Teil tief verschachtelte Menüs und Untermenüs oder eines der unzähligen Symbole zu erreichen. Zudem haben in den vorigen Versionen manche Befehle den Namen geändert, wenn sie ausgewählt waren. So wurde z.B. aus dem Befehl *Blatt schützen* im Menü *Extras/Schutz* der Befehl *Blattschutz aufheben*. In der neuen Version behalten die Befehle ihre Beschriftung (meistens zumindest) und zeigen nur durch das Aussehen den jeweiligen Status an.

Die neue Oberfläche stellt in der Tat eine einschneidende Änderung der Art und Weise dar, wie Befehle verfügbar gemacht und damit Aufgaben erledigt werden können. Als Benutzer früherer Versionen bedeutet das für Sie natürlich einen gewissen Aufwand. Hilfreich ist jedoch dabei, dass sich die neue Ordnung streng an die übliche Reihenfolge bei der Bearbeitung eines Office-Dokuments orientiert:

- Daten eingeben
- Daten formatieren
- Ein Diagramm oder eine Pivot-Tabelle erstellen
- Daten auswerten
- Den Inhalt prüfen und die Ansicht nach Belieben einstellen

Außerdem ist die grafische Darstellung der Befehle in aller Regel identisch mit den Symbolen der Version 2003. Dies ist ein nicht ganz unwichtiger Aspekt, weil Sie damit nur die neue Anordnung der Befehle und die neu hinzugekommenen Möglichkeiten lernen müssen, nicht aber deren grafische Darstellung.

Die Multifunktionsleiste der einzelnen Office-Produkte enthält Registerkarten für die wichtigsten Funktionen der jeweiligen Anwendung und ersetzt damit die bisherigen Menüs und Symbolleisten. Dort sind die Befehle aufgabenbezogen zusammengefasst (ganz ähnlich einem Kontextmenü, das Befehle für ausgewählte Objekte zur Verfügung stellt). In Excel enthält die Multifunktionsleiste standardmäßig die folgenden Elemente (siehe auch die Abbildung 2.1):

- Die *Symbolleiste für den Schnellzugriff*
- Registerkarten (*Start*, *Einfügen*, *Seitenlayout*, *Formeln*, *Daten*, *Überprüfen* und *Ansicht*), hervorgehoben wenn aktiv
- Befehlsgruppen auf den Registerkarten, welche die einzelnen Befehle enthalten
- Kontextbezogene Befehle und Registerkarten
- Andere Elemente, die sich auf die jeweilige Aufgabe beziehen, wie z.B. die Sicherheitswarnung im folgenden Bild

Abbildg. 2.2 Falls erforderlich, werden zusätzliche Elemente angezeigt

HINWEIS Sie können in den neuen Office-Programmen nicht auf die alte Menü- und Symbolleistenstruktur umschalten. Lediglich die meisten Tastenkombinationen funktionieren weiterhin.

Symbolleiste für den Schnellzugriff

Über die *Symbolleiste für den Schnellzugriff* können Befehle ausgeführt werden, die unabhängig von der jeweiligen Arbeitssituation ausgeführt werden sollen. So ist der Befehl *Speichern* unabhängig von der aktuellen Ansicht oder der aktuellen Markierung und soll daher auch immer verfügbar sein. Über den Befehl *Symbolleiste für den Schnellzugriff anpassen* in dieser Symbolleiste können Sie weitere

Die neue Excel-Umgebung kennen lernen

Befehle in diese Symbolleiste aufnehmen und damit Ihre persönliche Schnellzugriffsleiste erstellen. Ganz praktisch ist dies beispielsweise, um das Dialogfeld *Excel-Optionen* schnell aufzurufen.

HINWEIS Wenn Sie nach einem Befehl *Excel-Optionen* suchen, bleibt die Suche allerdings erfolglos. Suchen Sie stattdessen nach dem Befehl *Anwendungsoptionen* (siehe Abbildung 2.3).

Abbildg. 2.3 Die Schnellzugriffsleiste kann angepasst und an eine Arbeitsmappe gebunden werden

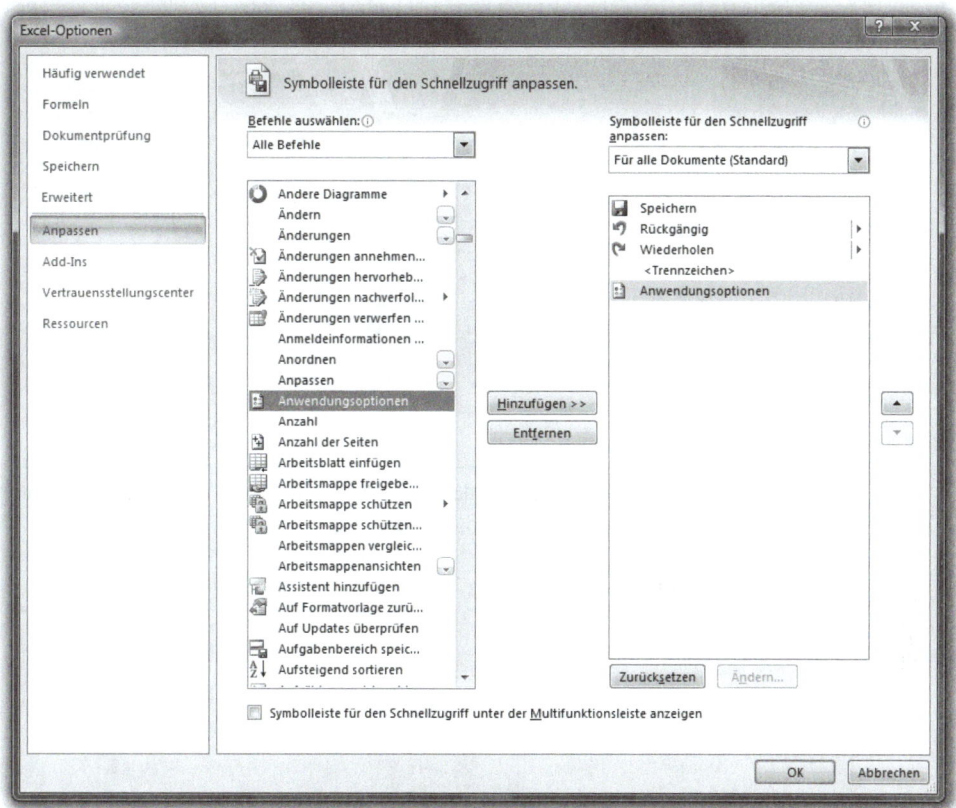

TIPP Machen Sie am Anfang eher sparsam von der Möglichkeit Gebrauch, die Schnellzugriffsleiste anzupassen. Sie werden feststellen, dass die meisten Befehle über die Registerkarten der Multifunktionsleiste und insbesondere auch auf den kontextbezogenen Registerkarten angezeigt werden.

Klicken Sie auf die Pfeil-Schaltfläche und aktivieren Sie einen der vorgesehenen Befehle oder fügen Sie über die Option *Weitere Befehle* einen beliebigen Befehl zur Symbolleiste für den Schnellzugriff hinzu (Abbildung 2.4).

Die Schnellzugriffsleiste bleibt auch dann einzeilig, wenn Sie sehr viele Befehle hinzufügen. In diesem Fall wird am rechten Rand eine Erweiterungsschaltfläche angezeigt, über welche die nicht sichtbaren Befehle erreicht werden können.

Kapitel 2 Neue Bildschirmelemente und Einstellungen erkunden

Um die Befehle in der Schnellzugriffsleiste zu gruppieren, fügen Sie eine Trennlinie ein. Fügen Sie dazu aus der Gruppe *Häufig verwendete Befehle* den Befehl *<Trennzeichen>* hinzu (Abbildung 2.3).

Haben Sie die Symbolleiste für den Schnellzugriff angepasst, dann finden Sie im Ordner *C:\Users\<Benutzername>\AppData\Local\Microsoft\Office* die Datei *Excel.qat*. In dieser Datei werden die Einstellungen zur Symbolleiste gespeichert. Die Endung *.qat* steht dabei für Quick Access Toolbar.

Abbildg. 2.4 Die Symbolleiste für den Schnellzugriff kann bei Bedarf auch unter der Multifunktionsleiste angezeigt werden

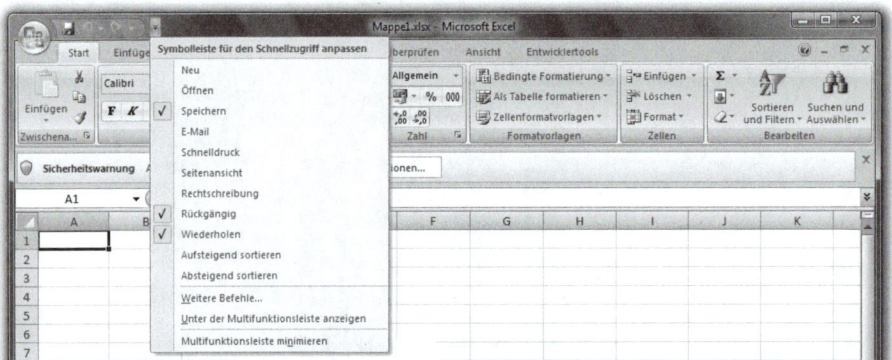

PROFITIPP Für Befehle, die auf der Multifunktionsleiste sichtbar sind, gibt es eine schnelle Methode, mit der Sie diese in die Schnellzugriffsleiste aufnehmen können. Klicken Sie den gewünschten Befehl mit der rechten Maustaste an und wählen Sie im Kontextmenü den Befehl *Zu Symbolleiste für den Schnellzugriff hinzufügen*. In Abbildung 2.5 wurde auf die Befehlsgruppe *Bearbeiten* geklickt.

Abbildg. 2.5 Auch eine ganze Befehlsgruppe kann über die Schnellzugriffsleiste eingeblendet werden

TIPP Standardmäßig wird die Schnellzugriffsleiste über der Multifunktionsleiste angezeigt. Sie können die Schnellzugriffsleiste aber auch unterhalb der Multifunktionsleiste anzeigen, indem Sie mit der rechten Maustaste das Kontextmenü der Schnellzugriffsleiste aufrufen und den entsprechenden Befehl anklicken (vgl. Abbildung 2.6).

Abbildg. 2.6   Auch für die Schnellzugriffsleiste gilt: das Kontextmenü enthält wichtige Befehle

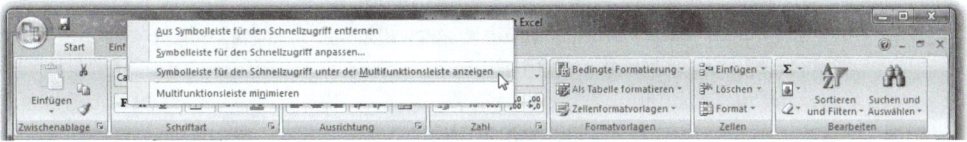

Eine Schnellzugriffsleiste an eine Mappe binden

Vielleicht wollen Sie erreichen, dass Ihre eigene Schnellzugriffsleiste immer dann angezeigt wird, wenn Sie eine bestimmte Arbeitsmappe öffnen. Auch dies ist möglich.

Während in der Vergangenheit eine gebundene Symbolleiste nach dem Schließen der Mappe sichtbar blieb, wird die angepasste Schnellzugriffsleiste geschlossen und die Standardversion angezeigt.

Um eine benutzerdefinierte Schnellzugriffsleiste mit einer Mappe zu verbinden, gehen Sie wie folgt vor:

1. Öffnen Sie die Datei, an welche die Schnellzugriffsleiste gebunden werden soll.
2. Klicken Sie auf die Pfeil-Schaltfläche in der Schnellzugriffsleiste und wählen Sie den Befehl *Weitere Befehle* (Abbildung 2.4).
3. Das Dialogfeld *Excel-Optionen* wird mit der Kategorie *Anpassen* geöffnet.
4. Im Listenfeld *Symbolleiste für den Schnellzugriff anpassen* wählen Sie die Datei aus, an welche die Leiste angefügt werden soll. Dieser Punkt ist wichtig, weil Änderungen an der Schnellzugriffsleiste normalerweise für alle Dokumente, besser die Standard-Schnellzugriffsleiste, gelten.
5. Im Listenfeld *Befehle auswählen* markieren Sie die Kategorie, in welcher die Befehle gespeichert sind, die hinzugefügt werden sollen. Als Kategorie stehen häufig verwendete Befehle ebenso zur Auswahl wie Befehle, die nicht in der Multifunktionsleiste angezeigt werden. Auch die Registerkarten und kontextbezogenen Registerkarten (mehr dazu weiter unten in diesem Kapitel) werden als Kategorie angezeigt. Die Kategorie *Alle Befehle* zeigt die ganze Palette der verfügbaren Befehle.
6. Dadurch werden im darunter liegenden Listenfeld die verfügbaren Befehle eingeschränkt. Ist Ihnen der Name eines Befehls bekannt, können Sie im Listenfeld schneller zur gesuchten Stelle gelangen, wenn Sie den Anfangsbuchstaben des Befehls drücken. Markieren Sie dann den gewünschten Befehl und fügen ihn mit der Schaltfläche *Hinzufügen* der Schnellzugriffsleiste hinzu.
7. Fügen Sie auf die gleiche Weise evtl. weitere Befehle hinzu. Beachten Sie dabei, dass jeder Befehl nur einmal aufgenommen werden kann.
8. Haben Sie versehentlich einen falschen Befehl aufgenommen, markieren Sie diesen im rechten Listenfeld und wählen die Schaltfläche *Entfernen*.
9. Bestätigen Sie die Änderungen mit *OK*.

TIPP   Beim Anbinden einer Schnellzugriffsleiste an eine Datei werden die Einstellungen in der Datei *customUI.xml*, die Teil der gesamten Mappe ist, gespeichert. Mehr zum Aufbau von Dateien im neuen Dateiformat finden Sie in Kapitel 3.

Befehl aus der Schnellzugriffsleiste löschen

Um einen Befehl aus der Schnellzugriffsleiste zu löschen, sind folgende Schritte notwendig:
1. Klicken Sie auf die Pfeil-Schaltfläche in der Schnellzugriffsleiste und wählen Sie den Befehl *Weitere Befehle* (Abbildung 2.4)
2. Markieren Sie im Listenfeld *Symbolleiste für den Schnellzugriff anpassen* das Symbol, das gelöscht werden soll.
3. Wählen Sie die Schaltfläche *Entfernen*, um ein einzelnes Symbol zu entfernen.
4. Schließen Sie anschließend das Dialogfeld *Excel-Optionen* mit *OK*.

Dem unbesorgten Experimentieren steht also nichts im Weg.

Ursprünglichen Zustand wiederherstellen

Sie können den Originalzustand der Schnellzugriffsleiste jederzeit wiederherstellen, indem Sie die Liste der Schaltflächen über den eben beschriebenen Weg erneut öffnen und auf den Befehl *Zurücksetzen* klicken (Abbildung 2.3). Sie können also unbesorgt mit der Symbolleiste für den Schnellzugriff experimentieren. Mit wenigen Mausklicks ist der Urzustand wiederhergestellt.

> **HINWEIS** Weil das *CommandBars*-Objekt weiterhin vollständig in Office 2007 enthalten ist, können Add-Ins früherer Versionen, die eine eigene Symbolleiste erstellen, weiterhin verwendet werden. Eigene Symbolleisten werden nach dem Laden in der Gruppe *Benutzerdefinierte Symbolleisten* auf der kontextbezogenen Registerkarte *Add-Ins* angezeigt. Mehr dazu erfahren Sie in Kapitel 31.

Multifunktionsleiste in unterschiedlicher Größe

Eines der Ziele der neuen Oberfläche ist, dass Sie als Nutzer Tabellen deutlich schneller erstellen und formatieren können. Aber auch Ausdrucke und Ansichten sollen schnell geändert werden können. Dabei werden Sie von einer Vielzahl an Vorlagen unterstützt, welche die neue Umgebung zur Verfügung stellt.

Die Registerkarte *Start* enthält die wohl am häufigsten benötigten Befehlsgruppen *Zwischenablage*, *Schriftart*, *Ausrichtung*, *Zahl*, *Formatvorlagen*, *Zellen* und *Bearbeiten*.

> **TIPP** Verwenden Sie eine IntelliMouse, können Sie zwischen den unterschiedlichen Registerkarten wechseln, indem Sie mit dem Mauszeiger auf die Multifunktionsleiste zeigen und das Mausrad bewegen.

Abbildg. 2.7 Die Registerkarte *Start* mit den am häufigsten benötigten Befehlen

Die neue Excel-Umgebung kennen lernen

Je nachdem, welche Bildschirmauflösung Sie verwenden und wie die Größe des Anwendungsfensters eingestellt ist, kann die Multifunktionsleiste durchaus unterschiedlich aussehen. Es ist eine neue Eigenschaft, dass die Multifunktionsleiste – anders als die Menüleiste in früheren Versionen – nicht durch Umbrechen die Elemente in einer weiteren Zeile anzeigt, sondern in verschiedenen Größen verfügbar ist.

Abbildg. 2.8 Beim Anpassen der Bildschirmbreite wird die Multifunktionsleiste gestaucht, die Höhe bleibt unverändert

Das bedeutet, die Entwickler haben die einzelnen Befehle in verschiedenen Größen entworfen und verfügbar gemacht. Damit bleibt der Anteil der Multifunktionsleiste am Bildschirm immer gleich groß.

Abbildg. 2.9 Wird die Breite erneut reduziert, wird nur noch die Beschriftung der Befehlsgruppe angezeigt

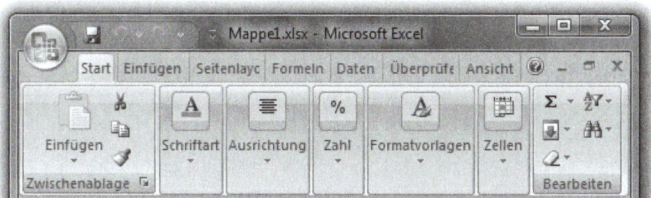

WICHTIG Bei der Beschreibung der Befehlsfolgen in diesem Buch gehen wir davon aus, dass Excel den Bildschirm vollständig ausfüllt und die Multifunktionsleiste damit nicht nur die Befehlsgruppen zeigt, sondern auch die jeweils enthaltenen Befehle. Auf die Nennung der Befehlsgruppe wird in den meisten Fällen verzichtet. Verwenden Sie eine Bildschirmauflösung, die niedriger als 1.024x768 ist, erhalten Sie eine andere Darstellung der Multifunktionsleiste, als sie in den Abbildungen dieses Buches gezeigt wird.

Die Multifunktionsleiste ausblenden

Mit der Tastenkombination (Strg)+(F1) können Sie die Multifunktionsleiste ausblenden. Sichtbar bleibt dann lediglich die Zeile mit den Registerkarten. Ein Klick auf eine dieser Registerkarten blendet dann die Multifunktionsleiste mit den entsprechenden Befehlsgruppen ein. Sie können jetzt einen Befehl auswählen und die Multifunktionsleiste wird wieder ausgeblendet.

Drücken Sie erneut (Strg)+(F1) wird die Multifunktionsleiste wieder dauerhaft angezeigt.

HINWEIS Wie Sie die Multifunktionsleiste anpassen können, erfahren Sie in Kapitel 31.

Kontextbezogene Werkzeuge

Kontextbezogene Werkzeuge sind Befehlsgruppen, die zusätzlich zu den üblichen Registerkarten nur dann angezeigt werden, wenn ein bestimmtes Objekt (z.B. ein Diagramm oder ein Zeichenobjekt) ausgewählt ist. Diese kontextbezogenen Werkzeuge haben zur besseren Unterscheidung verschiedene Farben und enthalten wiederum Registerkarten mit speziell auf das Objekt abgestimmten Befehlen.

Abbildg. 2.10   Kontextbezogene Werkzeuge bieten schnellen Zugriff auf objektbezogene Befehle

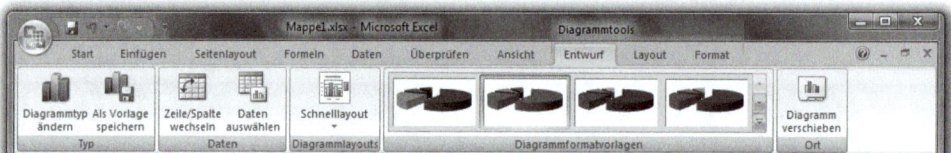

Programmregisterkarten

Wechseln Sie in bestimmte Ansichten, werden die üblichen Registerkarten durch Programmregisterkarten ersetzt. Wählen Sie beispielsweise den Befehl *Office-Menü/Drucken/Seitenansicht*, wird die Programmregisterkarte *Seitenansicht* angezeigt.

Abbildg. 2.11   In der Seitenansicht sind nur die Befehle der Registerkarte *Seitenansicht* und des Office-Menüs verfügbar

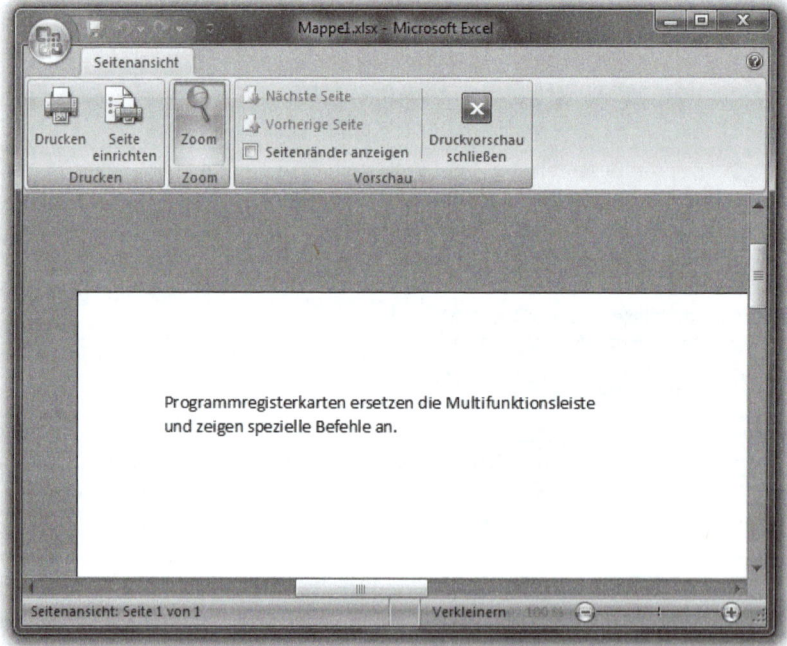

Mit Kontextmenüs arbeiten

Wie bisher können Sie mit der rechten Maustaste eine Auswahl an kontextbezogenen Befehlen anzeigen lassen. Auch die Kontextmenüs sind überarbeitet worden, um wirklich die wichtigsten Befehle für das aktuell ausgewählte Objekt anzubieten. Neu ist, dass dieses Kontextmenü um eine *Minisymbolleiste* erweitert wurde. Hier werden zusätzliche Formatierungsoptionen angezeigt.

Abbildg. 2.12   Das Kontextmenü wurde um eine Minisymbolleiste erweitert, die oberhalb des Kontextmenüs angezeigt wird

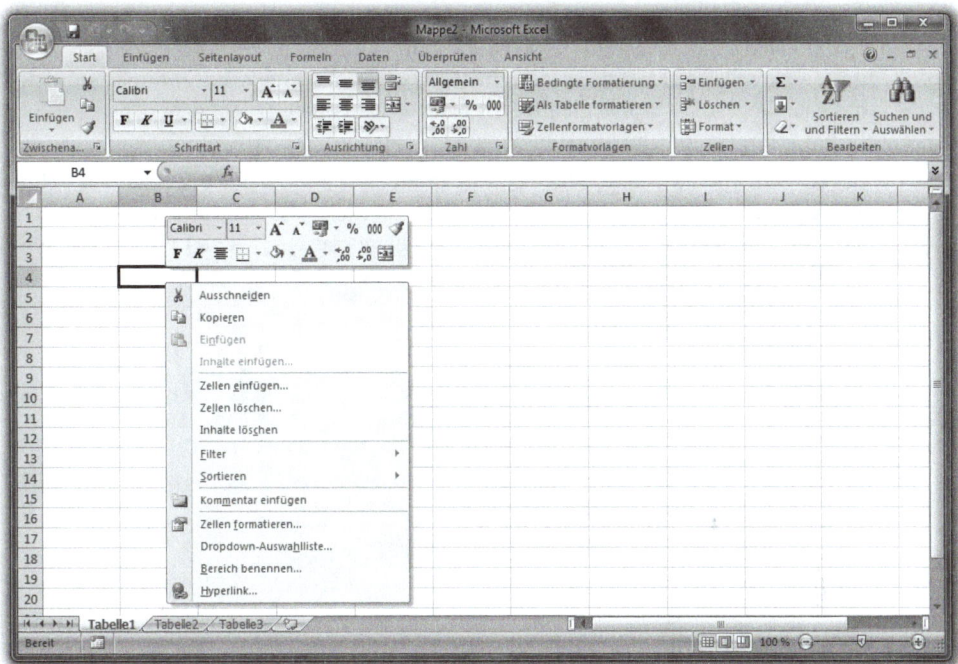

Die *Minisymbolleiste* wird auch angezeigt, wenn in einer Zelle ein Text markiert oder ein Kommentar überarbeitet wird. Die Minisymbolleiste erscheint zunächst halb durchsichtig und wird dann vollständig angezeigt, wenn Sie den Mauszeiger darauf positionieren. Haben Sie einen Befehl auf der Minisymbolleiste angeklickt, wird diese wieder ausgeblendet.

Abbildg. 2.13   Die Minisymbolleiste des Kontextmenüs für schnellen Zugriff auf Formatierungsoptionen

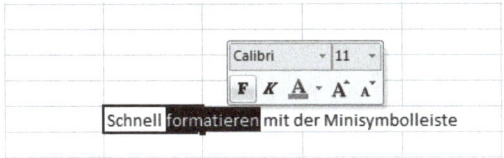

Kapitel 2 Neue Bildschirmelemente und Einstellungen erkunden

PROFITIPP

> Bisher war schon die Verwendung des Kontextmenüs über die rechte Maustaste ein ganz heißer Tipp. In der neuen Version ist es praktisch ein Muss, weil hier nahezu alle wichtigen Befehle für ein Objekt zu finden sind: Vom Kopieren und Einfügen bis hin zum Erstellen von Hyperlinks, der Benennung von Bereichen und sogar dem Sortieren und Filtern um nur einige der Kontextbefehle für Zellen zu nennen. Die Minisymbolleiste tut ein Übriges dazu, Ihnen den Wechsel zwischen einzelnen Registerkarten zu ersparen.

Befehle ausführen

Einige Befehle auf der Multifunktionsleiste führen direkt ein Kommando aus, etwa der Befehl *Fett*, um die aktuelle Markierung im Schriftstil *Fett* zu formatieren. Andere öffnen ein Pulldown-Menü, das eine Reihe von Optionen enthält, die den gewünschten Befehl näher spezifizieren. So etwa die *Bedingte Formatierung* in der Abbildung 2.14.

Bei der Schaltfläche *Einfügen* handelt es sich um eine zweigeteilte Schaltfläche: Während ein Klick auf den oberen Teil der Schaltfläche die Standardaktion – also das Einfügen von Werten und Formaten – ausführt, können Sie mit einem Klick auf das kleine Dreieck im unteren Teil das Schaltflächenmenü öffnen, das spezielle Optionen für diesen Befehl enthält.

Abbildg. 2.14 Befehl über ein Pulldown-Menü ausführen

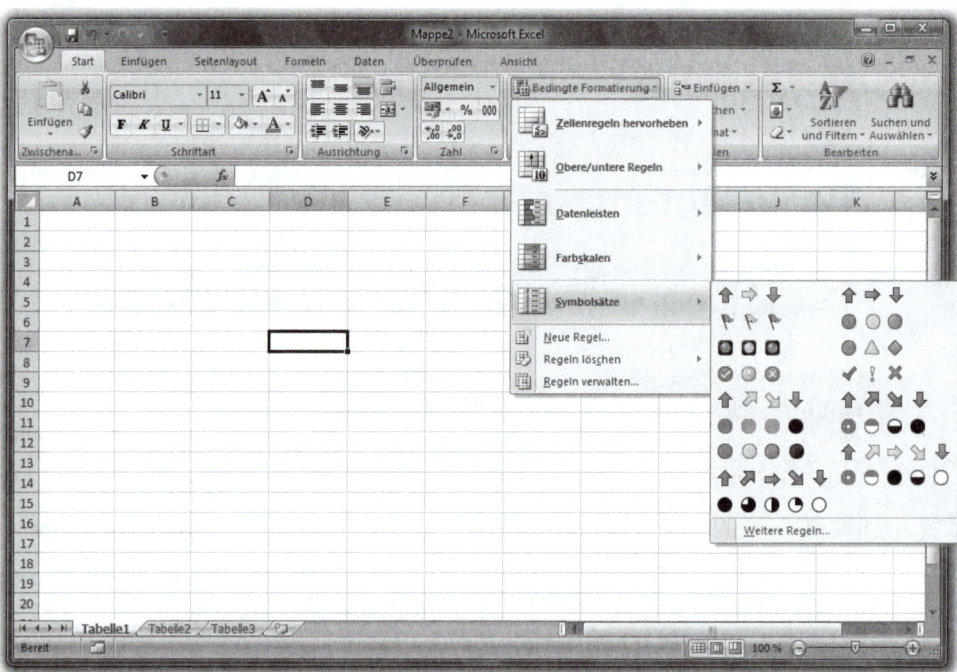

Enthält die Befehlsgruppe eine Option *Weitere*, wird ein Dialogfeld für die Eingabe benutzerspezifischer Einstellungen angezeigt. Als Beispiel sei hier das Dialogfeld *Neue Formatierungsregel* aufgeführt.

Abbildg. 2.15   Der Befehl *Weitere* zeigt jeweils ein Dialogfeld für die exakte Einstellung von Parametern an

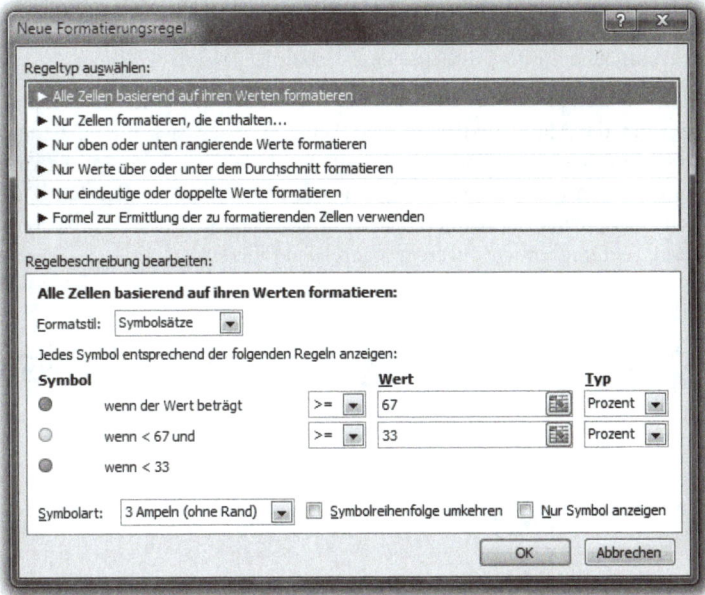

Wie Sie sehen, hat sich bei der bedingten Formatierung einiges getan. Mehr dazu finden Sie in Kapitel 12.

Startprogramm für Dialogfelder

Einige Befehlsgruppen enthalten die Möglichkeit, Einstellungen über Dialogfelder vorzunehmen. Klicken Sie dazu auf das Symbol namens *Startprogramm für Dialogfelder*, das sich jeweils in der rechten unteren Ecke einiger Befehlsgruppen befindet.

Wenn Sie mit der Maus auf die entsprechende Schaltfläche zeigen, wird eine verkleinerte Vorschau auf das Dialogfeld angezeigt, das geöffnet wird, wenn Sie den Befehl ausführen. Dies erleichtert die Entscheidung, ob Sie die richtige Auswahl treffen.

Abbildg. 2.16   Das Startprogramm bietet Ihnen den Zugriff auf erweiterte Einstellungen über Dialogfelder

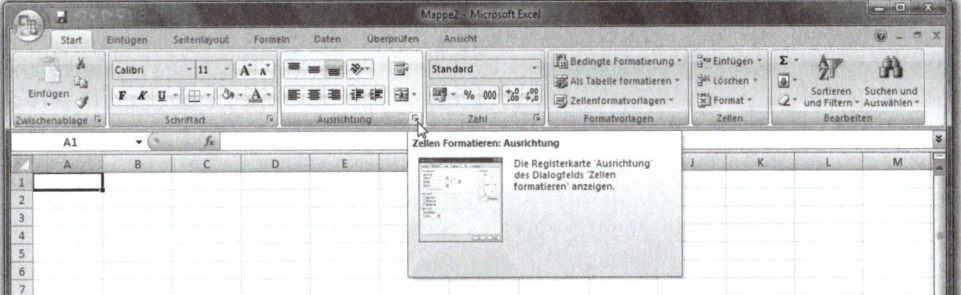

Elemente von Dialogfeldern

Wie jedes Fenster besitzt auch das Dialogfeld in der obersten Zeile eine Titelleiste mit dem Dialogfeldnamen, einer Schaltfläche für die Hilfe und einer Schaltfläche zum *Schließen*.

In den Dialogfeldern selbst können Sie sich mit der ⇥-Taste von einem Element zum anderen bewegen oder diese mit der Maus anklicken. Des Weiteren lassen sich die einzelnen Befehle mit einer Tastenkombination einstellen. Die Befehle von Dialogfeldern haben einen unterstrichenen Buchstaben, der in Kombination mit der Alt-Taste dazu verwendet werden kann, den jeweiligen Befehl auszuführen. Beispielsweise können Sie in Abbildung 2.17 mit der Tastenkombination Alt+G den Befehl *Genauigkeit wie angezeigt festlegen* aktivieren.

Abbildg. 2.17   Dialogfeld mit einigen Steuerelementen zur komfortablen Änderung

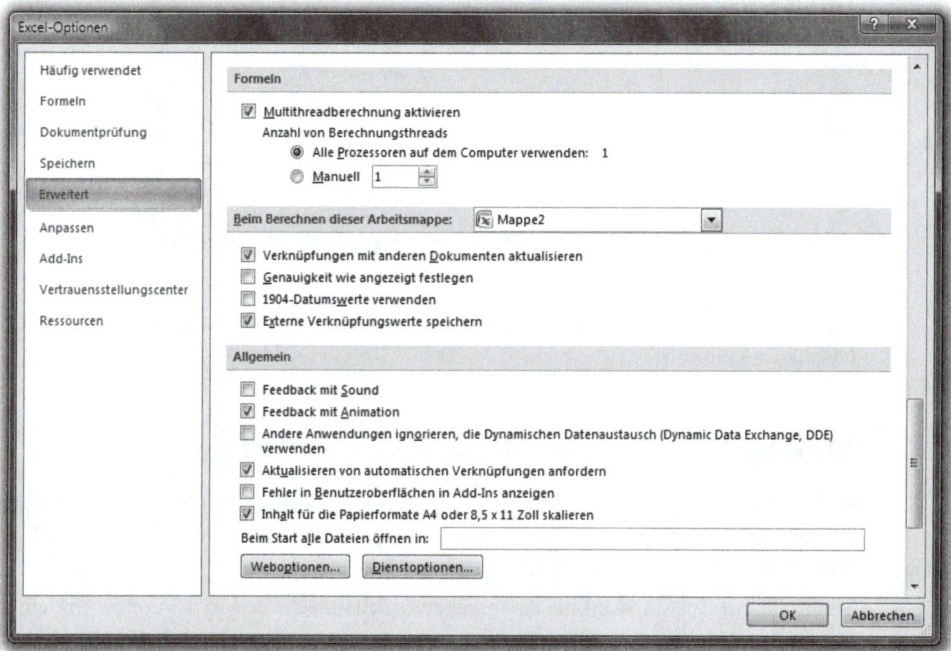

> **TIPP**   Weist ein Dialogfeld in der rechten unteren Ecke drei Punkte auf, bedeutet dies, dass das Dialogfeld frei skalierbar ist. Viele Dialogfelder in der neuen Office-Suite können an den Umfang der dargestellten Information und die Größe des Bildschirms angepasst werden. Dazu zeigen Sie mit der Maus auf einen der Ränder. Wenn sich der Mauszeiger ändert, halten Sie die linke Maustaste gedrückt und ziehen am Dialogfeld bis die gewünschte Größe erreicht ist.

Registerkarten: Einige Dialogfelder – wie das Dialogfeld *Zellen formatieren* – bestehen aus mehreren Registerkarten. Um eine Registerkarte zu aktivieren, klicken Sie deren »Reiter« an oder bewegen sich mit der Tastenkombination Strg+⇥ dorthin.

Kontrollkästchen: Enthält ein Kontrollkästchen ein Häkchen, ist die betreffende Funktion aktiviert, zum Beispiel *Multithreadberechnung aktivieren* in Abbildung 2.17. Mit der linken Maustaste oder

der ⌊Leertaste⌋ kann die Funktion des Kontrollkästchens aktiviert und deaktiviert werden. In einer Gruppe können mehrere Kontrollkästchen aktiviert werden.

Optionsfeld: Optionsfelder stehen standardmäßig in einem Gruppenfeld. In Abbildung 2.17 sehen Sie die Gruppe *Anzahl von Berechnungsthreads*. In einer Optionsfeldgruppe kann jeweils nur ein Optionsfeld aktiviert sein. Wählen Sie eine bestimmte Option aus, wird die bisher aktive Option deaktiviert.

Dropdown-Listenfelder: In Listenfeldern, wie z.B. bei der *Schriftgröße*, können die darin enthaltenen Einträge per Mausklick ausgewählt werden. Der Pfeil rechts daneben deutet darauf hin, dass es mehrere Auswahlmöglichkeiten gibt.

Eingabefelder: Einige Dialogfelder, wie das in Abbildung 2.17 im Ausschnitt gezeigte Dialogfeld *Excel-Optionen* mit der Kategorie *Erweitert*, enthalten Eingabefelder, in die Sie Daten eingeben können, beispielsweise *Beim Start alle Dateien öffnen in*.

Drehfelder: Aktivieren Sie im Dialogfeld *Excel-Optionen* die Kategorie *Erweitert*, finden Sie in der Gruppe *Anzeige* neben dem Kontrollkästchen *Diese Anzahl zuletzt verwendeter Dokumente anzeigen* ein Beispiel für ein Drehfeld, in das Sie eine Zahl zwischen *1* und *50* eintippen oder über den Pfeil nach oben weiterzählen bzw. über den Pfeil nach unten die Anzahl verringern können. Diese Zahl legt fest, wie viele der zuletzt bearbeiteten Dateien im Office-Menü zum schnelleren Öffnen angezeigt werden.

Um die Änderungen in einem Dialogfeld dauerhaft zu übernehmen, wählen Sie die Schaltfläche *OK*. Wollen Sie alle Änderungen verwerfen, klicken Sie auf die Schaltfläche *Abbrechen* oder drücken Sie die ⌊Esc⌋-Taste.

Wie Sie Steuerelemente wie z.B. Dropdown-Listenfelder oder Drehfelder in Tabellen erstellen und diese für die komfortable Dateneingabe in Tabellen nutzen können, erfahren Sie in Kapitel 13.

Schnell formatieren mit Hilfe von Katalogen

Ein großes Thema in der neuen Office-Suite ist die Verwendung von Vorlagen. Ob es sich um Dokumentvorlagen, Farbvorlagen oder Designs (damit ändern Sie Farben, Schriftarten und Effekte in einem Arbeitsgang) handelt, überall stehen eine ganze Reihe von eingebauten Vorlagen bereit. Neu ist dabei die Verwendung von Katalogen für die Zuweisung einer Gruppe von Formatoptionen. Erkennt Excel Ihre Markierung als Tabelle, können Sie über den Katalog *Als Tabelle formatieren* unter verschiedenen vordefinierten Tabellenformaten wählen (Abbildung 2.18). Zeigen Sie mit der Maus auf eines der Muster, erhalten Sie eine Livevorschau, welche die Tabelle mit den entsprechenden Formatierungen anzeigt.

Erkennt Excel den Bereich nicht, wird das Dialogfeld *Als Tabelle formatieren* angezeigt. Tragen Sie hier den Bereich ein, auf den die Formatierung angewandt werden soll.

> **HINWEIS**   Sollte keine Livevorschau angezeigt werden, rufen Sie im Office-Menü die *Excel-Optionen* auf. Wechseln Sie zur Kategorie *Häufig verwendet*. In der Gruppe *Die am häufigsten verwendeten Optionen bei der Arbeit mit Excel* schalten Sie das Kontrollkästchen *Livevorschau aktivieren* ein (siehe Abbildung 2.31).

Abbildg. 2.18 Schnelle Formatierung mit Hilfe von Katalogen

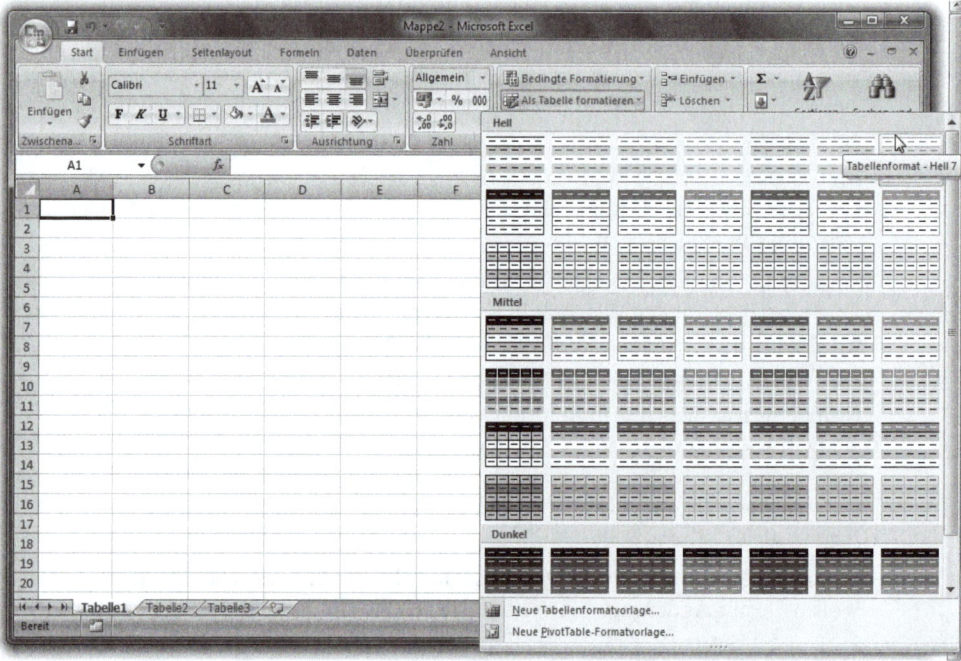

Die neue Oberfläche aus Sicht eines langjährigen Excel-Benutzers

Wer schon sehr lange mit Microsoft Excel arbeitet, kann sicher nachvollziehen, dass die Entwicklung der angebotenen (im Unterschied zu den von jedem einzelnen Benutzer verwendeten) Möglichkeiten insbesondere nach Excel 97 nahezu explosionsartig verlaufen ist. Bei aller Kritik an Microsoft muss man in Bezug auf Excel doch anerkennen, dass die Änderungen an der Oberfläche bis einschließlich der Version 2003 nicht wirklich dramatisch waren. Viele Menübefehle und die meisten Symbole sehen genauso aus wie in ganz frühen Programmversionen. Als Beispiel sei hier nur das Symbol für das Speichern einer Arbeitsmappe genannt. Wie vor Jahrzehnten wird zum Speichern einer Datei immer noch das Disketten-Symbol verwendet, obwohl zwischenzeitlich wohl nur in Ausnahmefällen wirklich eine Diskette zum Einsatz kommt.

Änderungen sind sehr selten, wenn auch teilweise dramatisch, denkt man beispielsweise an die geänderte Funktionalität des Symbols *Zentrieren über Auswahl* (Excel 4.0) bzw. *Verbinden und zentrieren* (Excel 97).

Viele Benutzeranfragen auch in den Foren im Internet zeigen, dass sich die Probleme vieler Anwender mit vorhandenen Mitteln lösen lassen (falls man weiß, in welchem Menü oder auf welcher Symbolleiste man suchen soll). Als Beispiel sei hier die Mehrfachoperation genannt, die bereits in frühen Versionen so enthalten war. Mit der Version 2000 wurde diese in Tabelle umbenannt, was zu einigem Suchen irritierter Anwender geführt hat.

Hier setzt die neue Oberfläche an, indem sie die Befehle nach Aufgaben zusammenfasst. Wollen Sie die Seiteneinrichtung einer Tabelle ändern, finden Sie die Einstellungen auf der Registerkarte *Seitenlayout*, wollen Sie ein Diagramm einfügen, verwenden Sie die Registerkarte *Einfügen* usw.

Auch die Einstellung der Excel-Optionen war zwar seit Jahren im Menü *Extras* angesiedelt, doch die Zunahme der möglichen Einstellungen hat dazu geführt, dass deren Funktionsweise und Gültigkeit nicht wirklich klar ersichtlich war. Die neuen *Excel-Optionen* sind zwar an einer etwas ungewöhnlichen Stelle über das *Office-Menü* zu erreichen, aber die einzelnen Gruppen sind logisch nachvollziehbar. Ganz wichtig dabei ist auch, dass jetzt angezeigt wird, für welches Objekt die Einstellung gilt (Abbildung 2.17), also Excel allgemein, die aktive Arbeitsmappe usw.

Sollte genau der von Ihnen am häufigsten verwendete Befehl nur umständlich oder gar nicht (auch das kann vorkommen) auf der Multifunktionsleiste verfügbar sein, fügen Sie diesen selbst der Schnellzugriffsleiste hinzu.

Zusammenfassend lässt sich sagen: Nachdem Sie sich mit der neuen Arbeitsumgebung und den neuen Namenskonventionen vertraut gemacht haben, werden auch Sie sicher der Meinung sein, dass sich viele Aufgaben wirklich schneller erledigen lassen.

Abbildg. 2.19 Wenn es gar nicht klappen will, finden Sie den gesuchten Befehl über die Hilfe

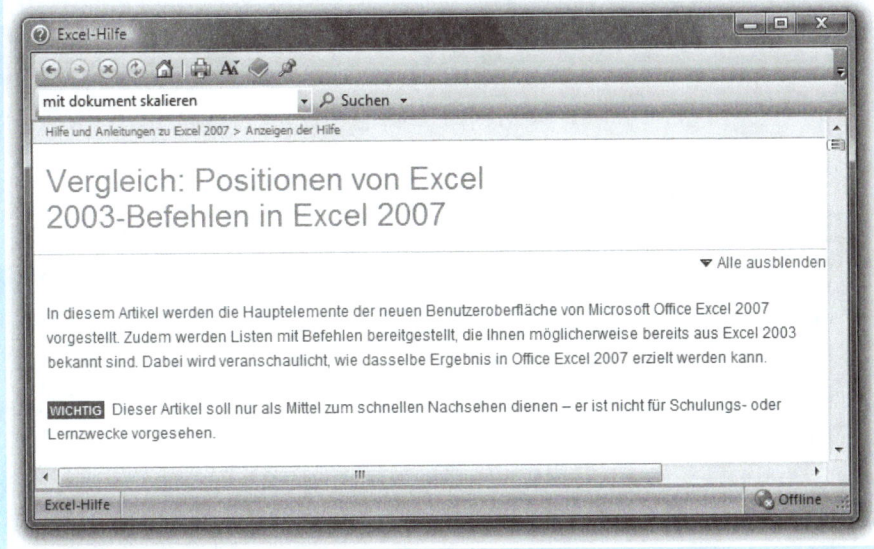

Die Bearbeitungsleiste anzeigen lassen

Die Bearbeitungsleiste befindet sich direkt über der Tabelle (siehe Abbildung 2.20). Sie sieht auf den ersten Blick etwas unscheinbar aus, ist aber für die Arbeit sehr wichtig. Sie enthält das Namenfeld, die Schaltfläche *Funktion einfügen* und die Eingabezeile. Die Funktion dieser Elemente wird in den nachfolgenden Kapiteln ausführlich beschrieben. Über *Office-Menü/Excel-Optionen* können Sie in der Kategorie *Erweitert* in der Gruppe *Anzeige* die Bearbeitungsleiste ein- bzw. ausblenden.

Neu ist, dass Sie die Breite des Namenfeldes ändern können. Damit können hier erstmals auch längere Namen vollständig angezeigt werden. Zeigen Sie dazu mit der Maus auf den Punkt und halten Sie die linke Maustaste gedrückt, während Sie die gewünschte Breite einstellen (Abbildung 2.20).

Kapitel 2 Neue Bildschirmelemente und Einstellungen erkunden

Abbildg. 2.20   Die Dimensionen der Elemente in der Bearbeitungsleiste können jetzt angepasst werden

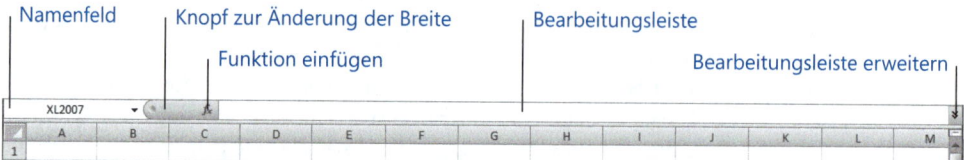

Neu ist ebenfalls, dass Sie die Höhe der Bearbeitungsleiste wie gewünscht einstellen können. Zeigen Sie dazu auf den unteren Rand der Bearbeitungsleiste, halten Sie die Maustaste gedrückt und ziehen Sie mit gedrückter Maustaste bis die gewünschte Größe erreicht ist. Anschließend können Sie mit der Schaltfläche *Bearbeitungsleiste erweitern* bzw. *Bearbeitungsleiste reduzieren* zwischen der normalen (einzeiligen) und der benutzerdefinierten Anzeige der Bearbeitungsleiste wechseln.

Abbildg. 2.21   Die Höhe der Bearbeitungsleiste kann jetzt unabhängig so eingestellt werden, dass keine Zellen mehr verdeckt werden

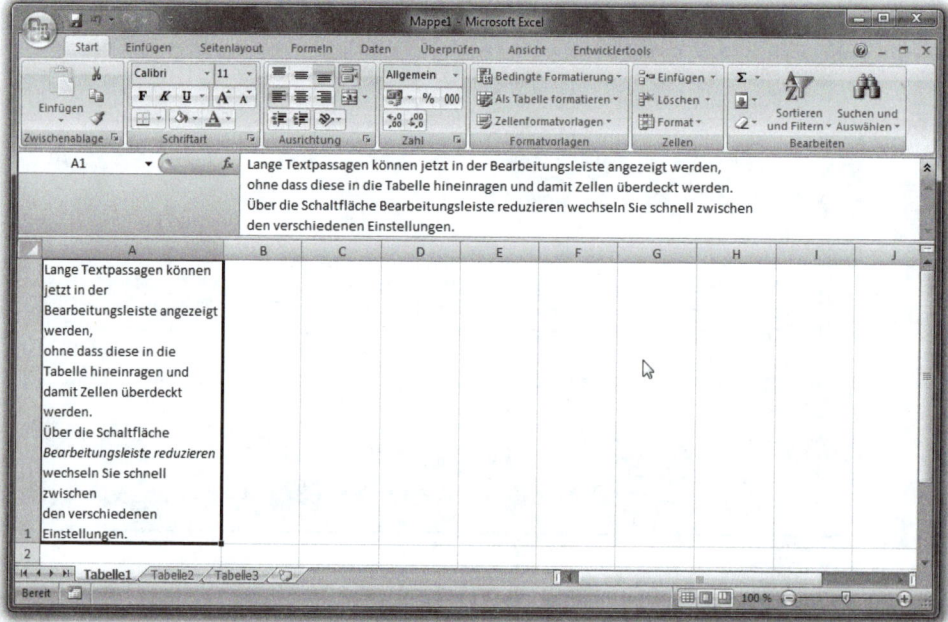

Ansicht wechseln

An der rechten unteren Ecke des Bildschirms finden Sie in der Statusleiste eine Reihe neuer Ansicht-Steuerelemente. Damit können Sie unabhängig von der gerade angezeigten Registerkarte schnell zwischen der Normalansicht, der Seitenlayoutansicht und der Seitenumbruchvorschau wechseln.

Abbildg. 2.22   Neue Schaltflächen für verschiedene Ansichten und ein Zoomregler in der Statusleiste

Mit der Lupe arbeiten: Die Zoomfunktion

Die Bildschirmanzeige und das gedruckte Dokument stimmen am genauesten überein, wenn Sie auf der Registerkarte *Ansicht* den Befehl *Zoom/100%* auswählen. Diese Einstellung lässt sich auf bis zu 10 % verkleinern oder auf 400 % vergrößern.

Schnellen Zugriff auf die Zoomeinstellung bietet der Zoomregler in der Statusleiste (Abbildung 2.22).

HINWEIS   Die Änderung beim Zoomen wirkt sich nicht auf den Ausdruck aus. Arbeitsblätter werden standardmäßig immer in der Originalgröße von 100 % ausgedruckt, falls Sie diese Einstellung nicht über das Dialogfeld *Seite einrichten* oder den Befehl *Skalierung* aus der Registerkarte *Seitenlayout* ändern.

TIPP   Mit dem Befehl *Zoommodus: Auswahl* aus der Registerkarte *Ansicht* wird der Bildschirm so angepasst, dass die aktuelle Markierung auf der gesamten Bildschirmbreite dargestellt wird. Das Experimentieren mit verschiedenen Zoomfaktoren ist damit also überflüssig.

Die Statusleiste anpassen

Auch die Anzeigemöglichkeiten in der Statusleiste wurden stark erweitert. Über den Zoomregler kann die Anzeige maßgenau eingestellt werden, indem Sie den Regler mit gedrückter linker Maustaste in die gewünschte Richtung ziehen oder auf die kleine Schaltfläche »–« bzw. »+« klicken. Gleich links daneben finden Sie Schaltflächen für die Auswahl des Anzeigemodus.

Abbildg. 2.23   Die Statusleiste hat sich zu einer Informationszentrale gemausert

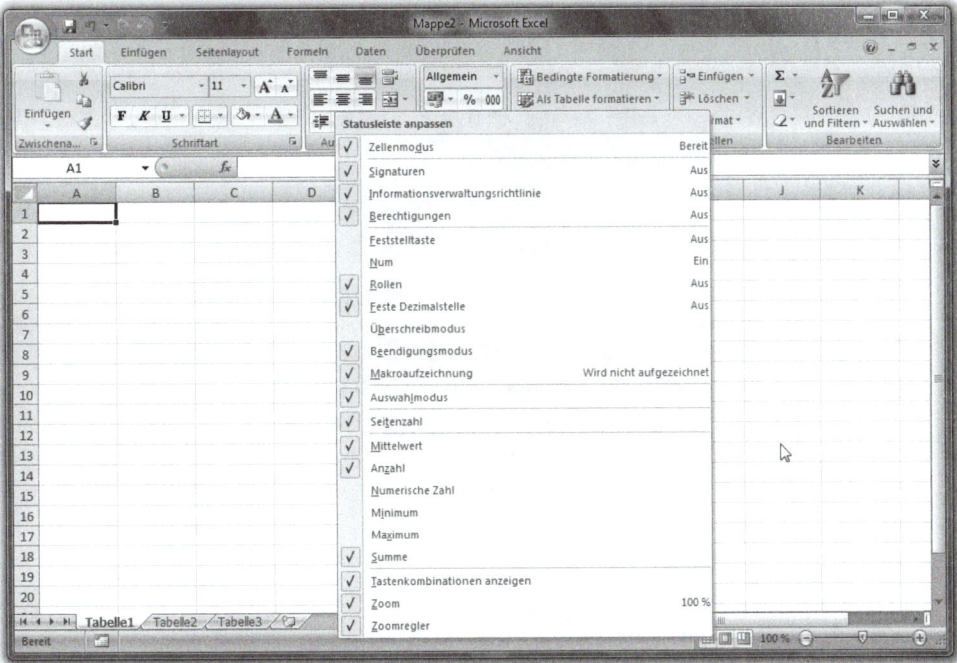

Die Statusleiste kann auch an die eigenen Gewohnheiten und Bedürfnisse angepasst werden. Wenn Sie mit der rechten Maustaste auf die Statusleiste klicken, erscheint das Kontextmenü *Statusleiste anpassen*. Hier können Sie ebenfalls Ihre ganz persönliche Anzeige einstellen. So bietet etwa der Zoomregler schnellen Zugriff auf die Zoomeinstellung.

Neben den verfügbaren Befehlen wird hier auch die aktuelle Einstellung angezeigt. Im obigen Bild wird rechts neben der Option *Zoom* die aktuelle Einstellung *100 %* angezeigt.

Einige der Optionen sind nur in bestimmten Ansichten in der Statusleiste verfügbar. So wird beispielsweise die *Seitenzahl* nur in der *Seitenlayoutansicht* angezeigt.

> **HINWEIS** Änderungen an der Statusleiste werden in der Registrierungsdatenbank unter *HKEY_CURRENT_USER\Software\Microsoft\Office\12.0\Excel\StatusBar* gespeichert.

Neue Elemente in der Seitenlayoutansicht

Wenn Sie die Seitenlayoutansicht aktiviert haben, werden zusätzlich zu den Spalten- und Zeilenbeschriftungen zwei Lineale angezeigt. Diese Lineale können Sie verwenden, um Spalten oder Zeilen auf ein bestimmtes Maß einzustellen.

Neu ist dabei, dass die Spaltenbreite auch in Zentimeter angegeben werden kann. In der Normalansicht werden Änderungen an der Spaltenbreite – etwa über das Kontextmenü bei einem rechten Mausklick auf eine Spaltenüberschrift – durch die Angabe eines Pixelwertes vorgenommen.

Durch Ziehen an dem etwas dunkler dargestellten Seitenrand können Sie in dieser Ansicht auch die Seitenränder einstellen.

Abbildg. 2.24 Einstellung der Spaltenbreite und Zeilenhöhe mit Hilfe von Linealen

Die Seitenlayoutansicht kann aber noch mehr. Sie können in der Seitenlayoutansicht die Tabelle weiterhin editieren. Das gilt nicht nur für die Stelle an der Sie zur Eingabe einer Kopfzeile aufgefordert werden, sondern für den gesamten Tabellenbereich.

Die Einstellung der Ansicht kann für jedes Blatt einer Mappe unterschiedlich sein und gespeichert werden. Gut denkbar, dass Sie diese Ansicht als Standardansicht für Ihre Arbeit verwenden. Mehr zum Thema Ansichten finden Sie in Kapitel 4.

Mit der Bildlaufleiste blättern

Wenn Sie die Pfeile an den Enden der horizontalen oder vertikalen Bildlaufleisten anklicken, können Sie den sichtbaren Bereich der Tabelle nach Belieben horizontal bzw. vertikal verschieben.

Eine weitere Möglichkeit, sich in der Tabelle zu bewegen, ist das Ziehen des Bildlauffeldes in der Bildlaufleiste mit gedrückter linker Maustaste. Ihre Position in der Tabelle sehen Sie mit Hilfe der Zeilen- bzw. Spaltenköpfe, die beim Ziehen mitlaufen. Diese Methode funktioniert allerdings nur für den Bereich der Tabelle, in dem Daten enthalten sind. Wenn beispielsweise die Zelle *V50* die letzte Zelle mit Daten in Ihrer Tabelle ist, können Sie mittels der Bildlaufleisten den sichtbaren Tabellenbereich auch nur bis zu diesem Bereich verschieben, denn die Bildlaufleisten stoßen an die untere bzw. rechte Begrenzung (siehe Abbildung 2.25).

Abbildg. 2.25 Durch Ziehen an der Bildlaufleiste kann der angezeigte Bereich geändert werden

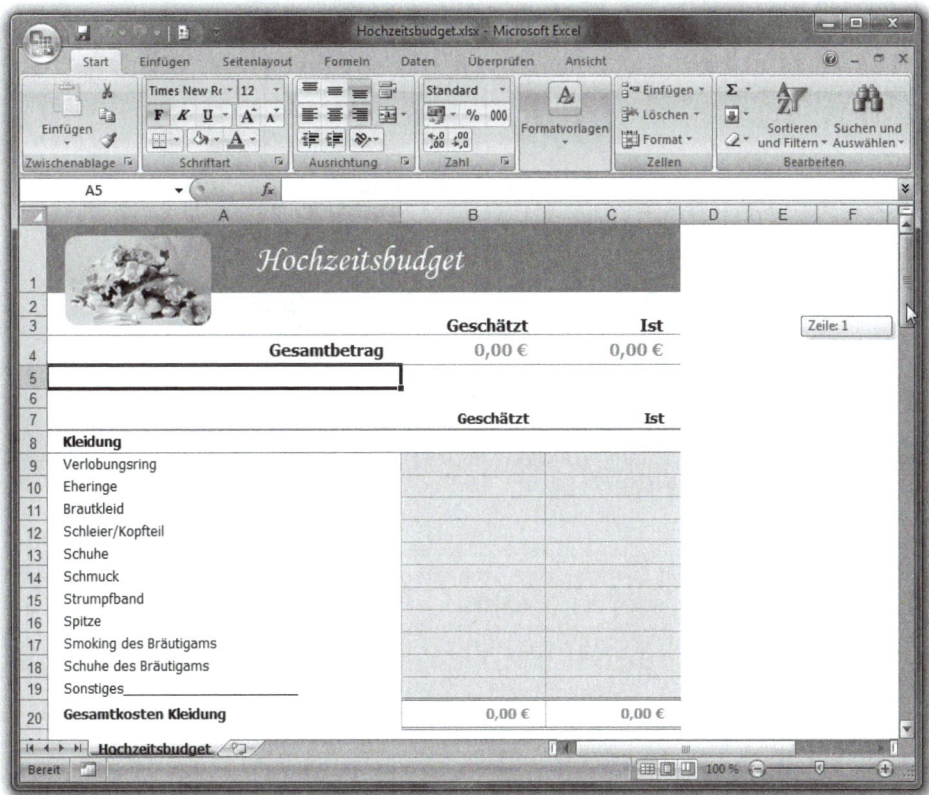

TIPP   Wollen Sie die Zellen über diesen Bereich hinaus einsehen, klicken Sie auf den Pfeil am Ende der Bildlaufleiste. Einen schnellen Bildlauf führen Sie aus, indem Sie den Mauszeiger auf das Bildlauffeld setzen, die ⇧-Taste gedrückt halten und mit gedrückter linker Maustaste das Bildlauffeld weiterziehen.

Kapitel 2 Neue Bildschirmelemente und Einstellungen erkunden

Durch Klicken in den freien Bereich der Bildlaufleiste (je nachdem, wo das Bildlauffeld steht) lässt sich der sichtbare Tabellenbereich um jeweils ein Bildschirmfenster aufwärts oder abwärts bzw. nach rechts oder links bewegen.

Klicken Sie mit der rechten Maustaste auf eine Bildlaufleiste, wird eine Auswahl angezeigt. Damit können Sie einen schrittweisen Bildlauf ausführen. Die Abbildung 2.26 zeigt das Kontextmenü für die horizontale Bildlaufleiste. Für die vertikale Bildlaufleiste werden entsprechende Befehle über das Kontextmenü angeboten.

Abbildg. 2.26 Das Kontextmenü der Bildlaufleiste mit einer Reihe von Optionen

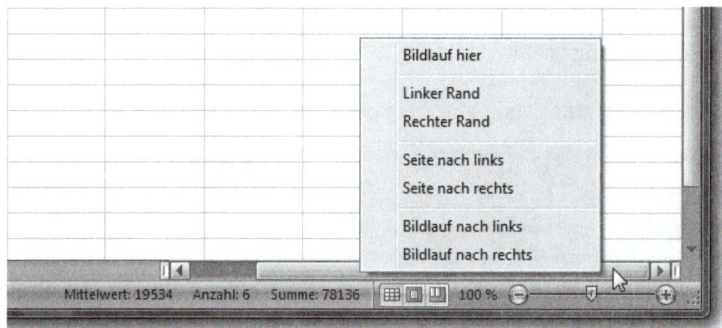

Bildlaufleiste einblenden

So können Sie die Bildlaufleisten folgendermaßen ein- oder ausblenden:

1. Öffnen Sie das *Office-Menü*.
2. Klicken Sie auf die Schaltfläche *Excel-Optionen*.
3. Wechseln Sie zur Kategorie *Erweitert*.
4. In der Gruppe *Optionen für diese Arbeitsmappe anzeigen* finden Sie die Kontrollkästchen *Horizontale Bildlaufleiste anzeigen* und *Vertikale Bildlaufleiste anzeigen*. Aktivieren Sie beide Kontrollkästchen, um die Bildlaufleisten anzuzeigen.

TIPP Wenn Sie über eine IntelliMouse verfügen, können Sie diese auch so einstellen, dass bei einer Bewegung des Mausrades ein Bildlauf ausgeführt wird. Alternativ können Sie über das Mausrad auch die Zoomeinstellung ändern. Die Einstellung *Beim Rollen mit IntelliMouse zoomen* finden Sie über das Office-Menü. Klicken Sie auf die Schaltfläche *Excel-Optionen* und wechseln Sie zur Kategorie *Erweitert* in die Gruppe *Optionen bearbeiten*.

Die Fenstergröße einstellen

Am rechten oberen Bildschirmrand befinden sich einige Symbole, mit der sich die Fenstergröße einstellen lässt. Die oberen Fenstersymbole in Abbildung 2.27 beziehen sich auf das Excel-Programmfenster. Wenn Sie hier die Schaltfläche zum Minimieren des Fensters anklicken, wird das Programm als Schaltfläche auf der Windows-Taskleiste angezeigt.

Die Fenstergröße einstellen

Mit den Fenstersymbolen des Programmfensters können Sie die Bildschirmdarstellung auf verschiedene Weise beeinflussen:

- Fenster auf Symbolgröße minimieren
- Fenster zum Vollbild maximieren
- Eine Mappe schließen und – wenn keine Mappe angezeigt wird – das Programmfenster schließen

Abbildg. 2.27   Fenstersymbole für die Größenänderung und das Schließen der Fenster

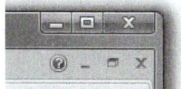

Mit den Schaltflächen in der zweiten Reihe verhält es sich genauso, jedoch mit dem Unterschied, dass die Einstellungen nicht für das Programmfenster gelten, sondern für das Arbeitsmappenfenster.

Jedes Fenster, sowohl das Programmfenster als auch das Arbeitsmappenfenster, besitzt also eigene Schaltflächen für die Bildschirmdarstellung. Genauso erscheint auch jedes Arbeitsmappenfenster als eigene Schaltfläche in der Windows-Taskleiste wie in Abbildung 2.28 dargestellt.

Abbildg. 2.28   Die Windows-Taskleiste zeigt die geöffneten Arbeitsmappen

Sollte dies bei Ihnen nicht der Fall sein, finden Sie über *Office-Menü/Excel-Optionen* in der Kategorie *Erweitert* in der Gruppe *Anzeige* das Kontrollkästchen *Alle Fenster in der Taskleiste anzeigen*. Über dieses Kontrollkästchen können Sie die Anzeige aktivieren und deaktivieren.

Einstellungen in einem Aufgabenbereich vornehmen

Für spezielle Aufgaben wird ein zusätzlicher *Aufgabenbereich* angezeigt. Ein Aufgabenbereich wurde in der Vorgängerversion immer an der rechten Bildschirmseite angezeigt. Jetzt kann dieser sich an der linken oder rechten Seite des Arbeitsfensters befinden. Wenn mehrere Arbeitsbereiche geöffnet sind, lassen sich diese nebeneinander oder auch auf beiden Seiten des Arbeitsfensters anzeigen.

Die einzelnen Aufgabenbereiche (z.B. Recherchieren, Thesaurus, Übersetzen, PivotTable-Feldliste, Dokumentwiederherstellung, Auswahl und Sichtbarkeit und XML-Quelle) lernen Sie in den Kapiteln dieses Buches kennen, die sich mit dem jeweiligen Aufgabenthema beschäftigen.

Kapitel 2 Neue Bildschirmelemente und Einstellungen erkunden

Abbildg. 2.29   Die Anzeigemöglichkeiten von Aufgabenbereichen wurde erweitert

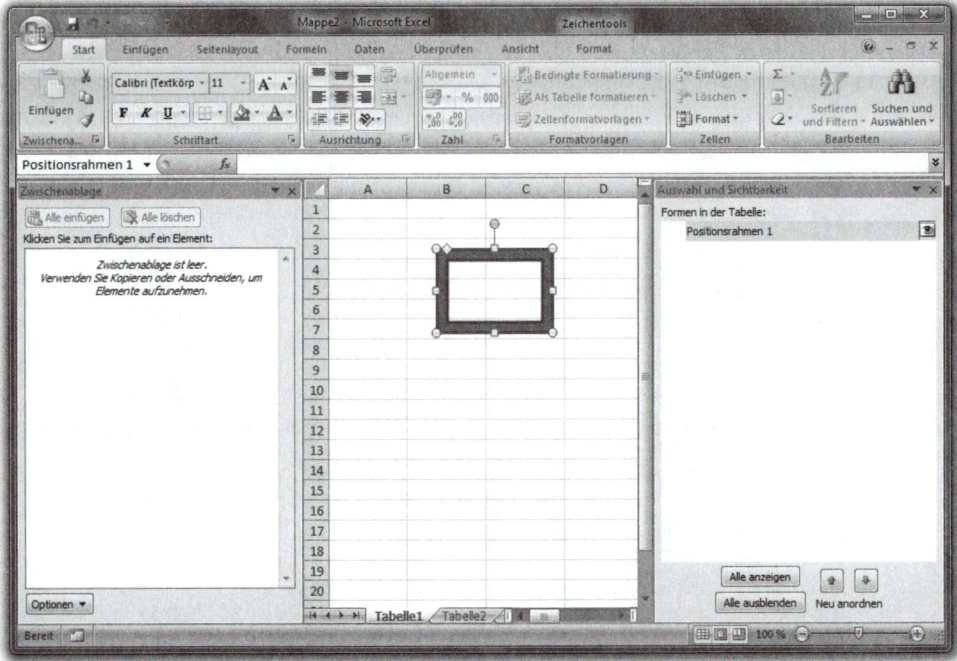

Zentrale Aufgaben im Office-Menü erledigen

Das *Office-Menü*, mit vielen Befehlen, die früher im Menü *Datei* enthalten waren, wurde ebenfalls neu gestaltet. Das Menü, repräsentiert durch das Office-Logo der aktuellen Version, ist in zwei Bereiche unterteilt: es zeigt links eine Reihe von Befehlen (*Neu*, *Öffnen* usw.) und rechts daneben die jeweils verfügbaren Optionen. In Abbildung 2.30 ist dies die Liste der Optionen zum Speichern einer Datei.

Während die Multifunktionsleiste Sie bei der Arbeit **in** der Arbeitsmappe unterstützt (Formatieren, Sortieren usw.), enthält das Office-Menü alle Befehle für die Arbeit **mit** der Arbeitsmappe als Ganzes (Drucken, Speichern, Senden usw.).

Wenn Sie mit der Maus auf einen Befehl zeigen, werden rechts daneben jeweils die verfügbaren Optionen angezeigt. Auch das *Office-Menü* bietet die Befehle in der Reihenfolge an, wie sie üblicherweise dem Lebenszyklus eines Dokuments entsprechen.

Abbildg. 2.30 Die verfügbaren Optionen werden angezeigt, wenn der Mauszeiger auf einen Befehl zeigt

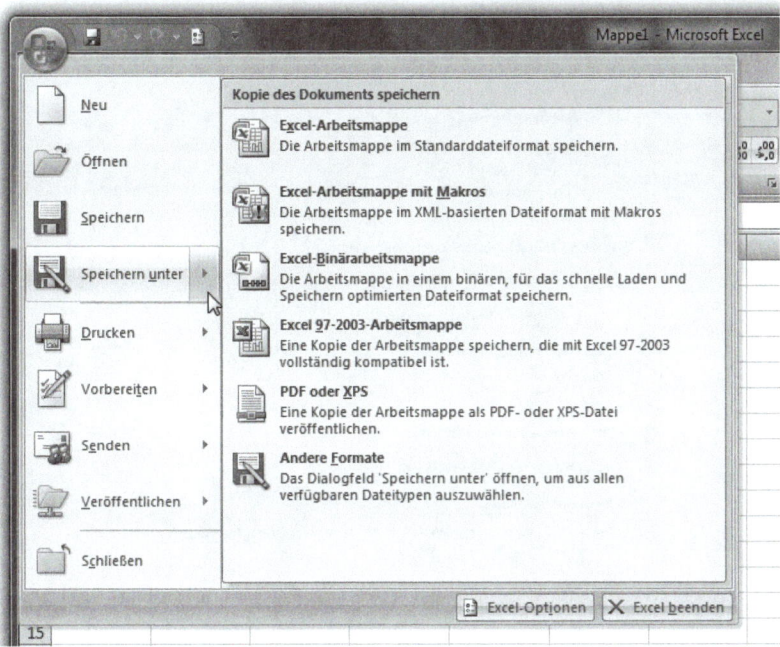

Arbeitsumgebung über Excel-Optionen anpassen

Jeder Arbeitsplatz stellt bestimmte Anforderungen und Sie können in Excel Ihre ganz persönliche Arbeitsumgebung einrichten. Die globalen Einstellungen sind jetzt an einer einzigen Stelle zusammengefasst. Sie erreichen diese im *Office-Menü* über die Schaltfläche *Excel-Optionen* (siehe Abbildung 2.30). Nach der Installation können hier benutzerspezifische Einstellungen vorgenommen werden, wie sie in früheren Versionen unter *Extras/Optionen* zu finden waren.

HINWEIS Die Einstellungen der Excel-Optionen werden in der Windows-Registrierungsdatenbank unter *HKEY_CURRENT_USER\Software\Microsoft\Office\12.0\Excel\Options* gespeichert.

In der Kategorie *Häufig verwendet* finden Sie Einstellungen für die Anzeige der Minisymbolleiste, der Livevorschau und dem Farbschema. Sie können hier jedoch auch die Standardschriftart sowie die Standardansicht und die Anzahl der Tabellenblätter in einer neuen Mappe festlegen.

Für einige Optionen wird eine kurze Beschreibung in einer MultiInfo angezeigt, wenn Sie mit der Maus auf das kleine »i« im Kreis zeigen (siehe Abbildung 2.31).

Arbeiten Sie mit mehreren Sprachen, können Sie hier über die Schaltfläche *Spracheinstellungen* Änderungen vornehmen. Unterschieden wird dabei zwischen der Anzeigesprache und der Bearbeitungssprache.

Abbildg. 2.31 Die Excel-Optionen sind jetzt konsequent in logischen Gruppen zusammengefasst

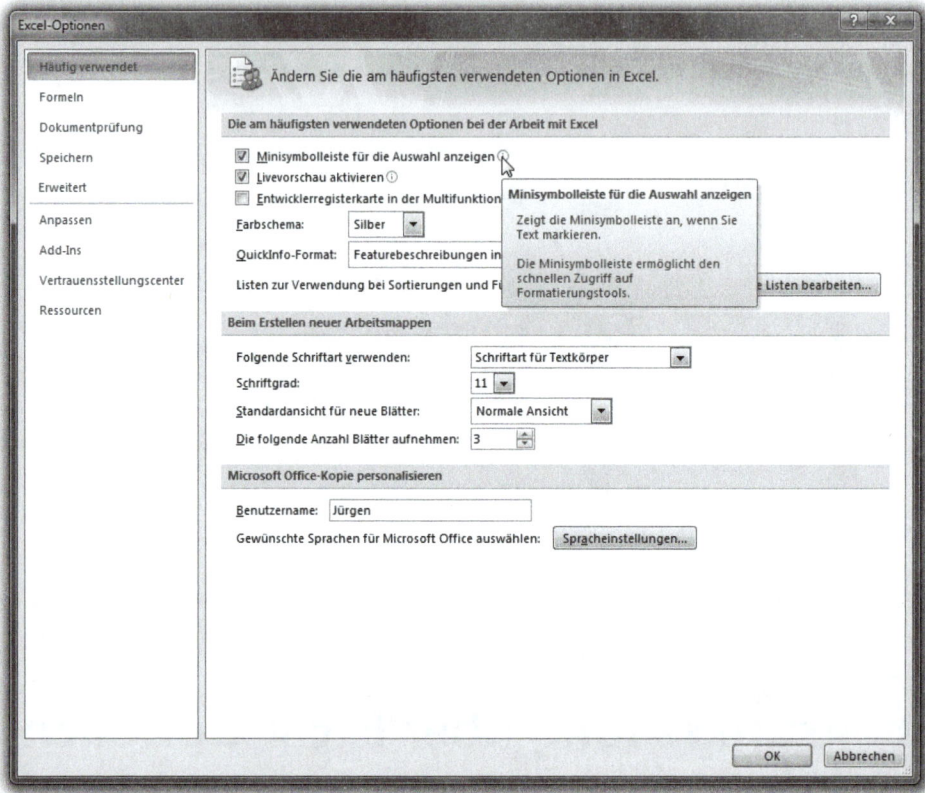

Abbildg. 2.32 Die Einstellungen zur Sprache gelten für alle Office-Anwendungen

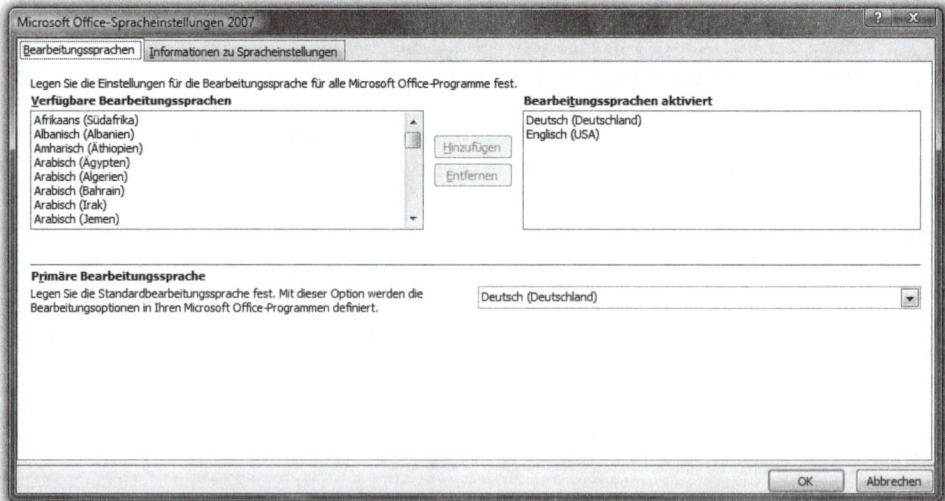

Arbeitsumgebung über Excel-Optionen anpassen

HINWEIS Diese Einstellungen finden Sie auch über das Windows-Start-Menü. Wählen Sie *Start/Alle Programme/Microsoft Office/Microsoft Office Tools/Microsoft Office 2007 Spracheinstellungen*, gelangen Sie damit ebenfalls zu den Spracheinstellungen.

Eine Beschreibung der wichtigsten Einstellungen in der Kategorie *Formeln* finden Sie in Kapitel 6. Nähere Informationen zur *Dokumentprüfung* und der Kategorie *Speichern* enthält das Kapitel 3.

In früheren Versionen herrschte immer wieder Verwirrung darüber, ob eine Option für eine Arbeitsmappe, alle geöffneten Arbeitsmappen oder die gesamte Excel-Sitzung gültig ist. Besonderes Augenmerk hat Microsoft jetzt darauf verwendet, deutlich zu machen, auf welches Objekt sich die Einstellungen auswirken. Für Einstellungen, welche nicht die gesamte Arbeitsumgebung betreffen, stellen Sie zunächst die Arbeitsmappe über ein Listenfeld ein und weisen dieser dann die entsprechenden Optionen zu.

Abbildg. 2.33 Die Überschrift der Optionsgruppen enthält den Namen des Objekts, auf das die Einstellung wirkt

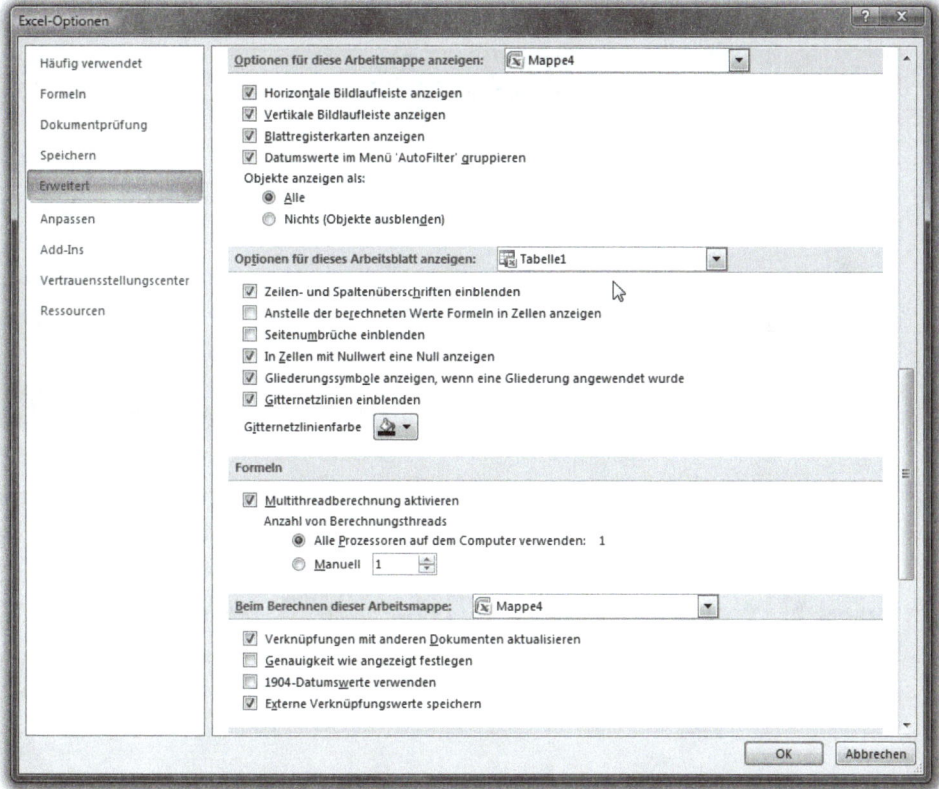

TIPP Die Schaltfläche *Anwendungsoptionen* in die Schnellzugriffsleiste aufzunehmen macht nicht nur zum Erkunden der neuen Einstellungen Sinn. Im weiteren Verlauf des Buches werden Sie immer wieder Hinweise auf die dortigen Einstellungen finden.

Ressourcen nutzen

In der Kategorie *Ressourcen* ist der Zugriff auf Online-Ressourcen zusammengefasst. Mit der Schaltfläche *Auf Updates überprüfen* wird Ihr Internet-Browser aufgerufen und eine Verbindung zur *Microsoft Office Update*-Site hergestellt. Sie erhalten hier z.B. Zugriff auf Neuigkeiten rund um die von Ihnen installierten Office-Produkte. Weitere technische Informationen und kostenlose Komponenten können heruntergeladen werden, ohne Excel zu verlassen.

Die Funktion der Schaltfläche *Diagnose* wird weiter unten erklärt.

Abbildg. 2.34   Der Einstiegspunkt für weiterführende Informationsquellen

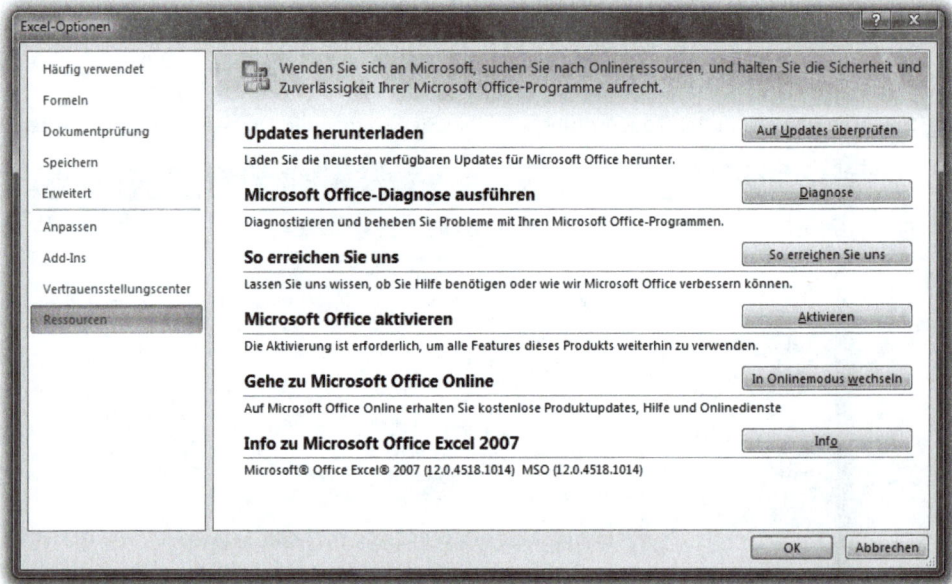

Die Schaltfläche *In Onlinemodus wechseln* können Sie nur dann verwenden, wenn Sie wie im folgenden Abschnitt beschrieben Online-Inhalte aktiviert haben.

Unterstützung und Hilfe in Excel 2007

In den folgenden Abschnitten erfahren Sie, welche Hilfewerkzeuge in Excel 2007 integriert sind und wie Sie mit den einzelnen Elementen des Hilfefensters umgehen.

Hilfe und Beschreibung zu Befehlen anzeigen

Wenn Sie mit der Maus auf einen Befehl zeigen, wird die neue MultiInfo angezeigt. Die MultiInfo zeigt in Office 2007 nicht nur den Namen des entsprechenden Befehls, sondern zusätzlich eine kurze Beschreibung und eine Vorschau an. Außerdem enthält sie einen Link zu kontextbezogener Hilfe. Verwenden Sie dazu die Taste F1 .

HINWEIS   Die kontextbezogene Hilfe ist eine Herausforderung für jeden Programmierer. Die in der aktuellen Version durchgeführten Änderungen der Arbeitsumgebung betreffen natürlich auch die Hilfe, und in besonderem Maße die kontextbezogene Hilfe, weil die Erstellung neuer Dialogfelder zur Folge hat, dass der gesamte Hilfetext quasi neu zu erstellen ist (Inhalte, Querverweise usw.). Sicher auch aus diesem Grund ist die kontextbezogene Hilfe noch nicht durchgängig verfügbar.

Abbildg. 2.35   MultiInfo mit einer Vorschau auf das Dialogfeld

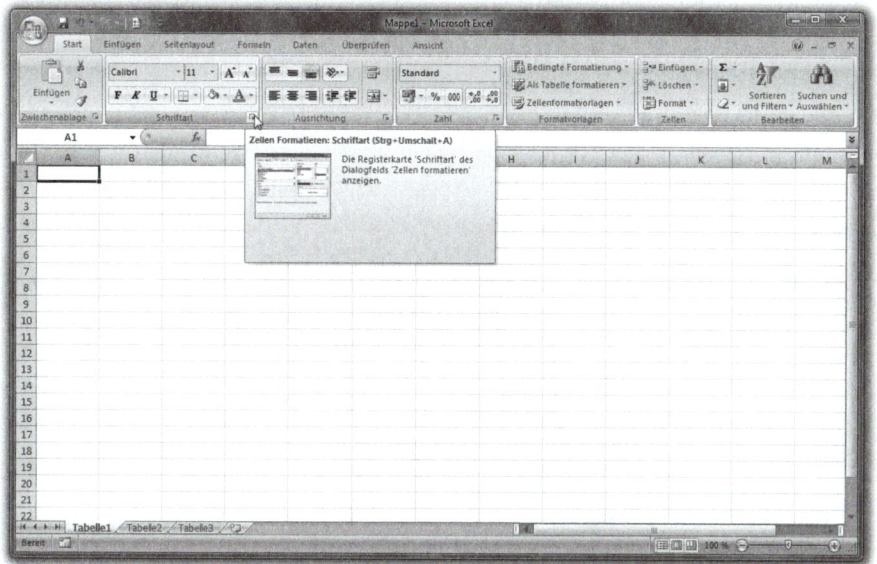

TIPP   Das Erscheinungsbild der MultiInfo können Sie über *Office-Menü/Excel-Optionen* in der Kategorie *Häufig verwendet* einstellen. Suchen Sie dort nach *QuickInfo-Format*.

Tastaturtipps anzeigen

Anstatt Befehle mit der Maus anzuklicken, verwenden viele Anwender gerne Tastenkombinationen. Die neue Office-Version enthält eine interessante Hilfestellung für diese Benutzergruppe. Sie können für die angezeigten Befehle einen Tastaturtipp anzeigen lassen. Drücken Sie dazu die Alt-Taste und warten Sie einen Moment. Wie im folgenden Bild werden die Tastaturtipps angezeigt.

Drücken Sie anschließend die Taste für den gewünschten Befehl.

Abbildg. 2.36   Mit der Alt-Taste können die verfügbaren Tastenkombinationen angezeigt werden

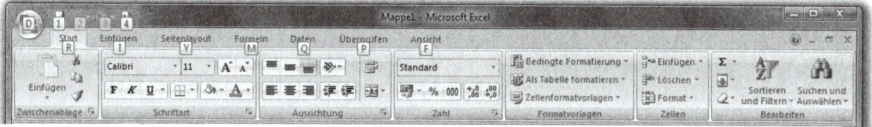

Kapitel 2   Neue Bildschirmelemente und Einstellungen erkunden

HINWEIS   Die überwiegende Mehrzahl der Tastenkombinationen von Office 2003 sind übrigens auch in der aktuellen Version verfügbar.

Die Hilfe verwenden

Wenn Sie Informationen zu einer bestimmten Funktion benötigen, ist der Weg über die *Hilfe* oft der schnellste Weg – übrigens auch, um Excel besser kennen zu lernen. Excel bietet zahlreiche Funktionen, um bei der Anwendung des Programms benutzerfreundlich Unterstützung anzuzeigen. Es stehen Ihnen folgende Möglichkeiten zur Verfügung, um weiterführende Informationen anzuzeigen:

- das *Hilfe*-Menü,
- die kontextsensitive *Hilfe* sowie
- Informationen von der *Microsoft Office Online*-Webseite (dazu ist eine Internetverbindung Voraussetzung, Einstellungen hierzu in den *Excel-Optionen* in der Kategorie *Ressourcen*).

Wenn es um das Thema Hilfe geht, brauchen Sie sich nur die Taste F1 zu merken.

Abbildg. 2.37   Hilfe und Anleitungen, aber auch Informationen zu Funktionen sind in der Hilfe zu finden

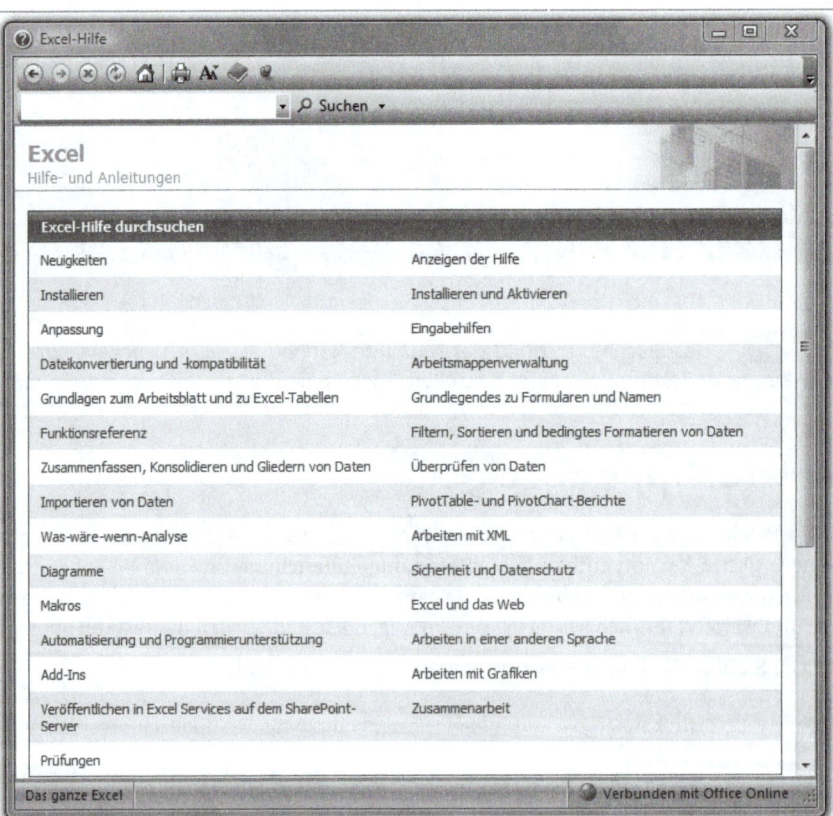

Unterstützung und Hilfe in Excel 2007

Auch in Dialogfeldern zeigt die Taste [F1] eine kontextbezogene Hilfe an. Diese Taste ist eine Universaltaste, mit der Sie in nahezu allen Windows-Programmen die Hilfefunktion aktivieren.

HINWEIS Im Gegensatz zur Vorgängerversion kann man nicht mehr festlegen, ob beim Drücken der [F1]-Taste der Office-Assistent oder das Hilfefenster aufgerufen wird. Die Taste [F1] zeigt generell das Hilfefenster an. Der Office-Assistent wurde aus der aktuellen Version entfernt. Für Programmierer: Projekte, welche das *Balloon*-Objekt verwenden, sind dennoch weiterhin lauffähig.

Beim ersten Aufrufen der Hilfe legen Sie fest, ob auch Onlineinhalte durchsucht werden oder ob lediglich lokale Quellen in die Suche einbezogen werden sollen.

Abbildg. 2.38 Wählen Sie zunächst die Quelle für die Hilfe aus, die Einstellung kann später auch angepasst werden

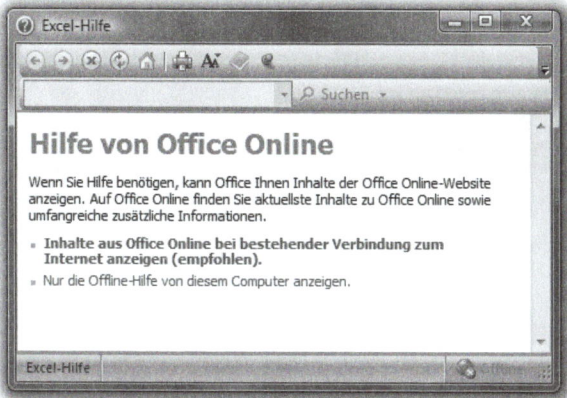

Haben Sie die Hilfe so konfiguriert, dass Informationen lediglich auf Ihrem Computer gesucht werden, müssen Sie zunächst eine Internet-Verbindung aufbauen und anschließend im Verbindungsstatusmenü in der rechten unteren Ecke des Hilfefensters den Befehl *Inhalte aus Office Online anzeigen* wählen, wenn Sie auf die Onlinehilfe zugreifen wollen. Sie erhalten hier z.B. Zugriff auf Neuigkeiten rund um Microsoft Office System und natürlich auch zu Excel 2007. Weitere technische Informationen und kostenlose Komponenten können heruntergeladen werden, ohne Excel verlassen zu müssen.

Abbildg. 2.39 Der Eintrag *Diese Optionen beschreiben* zeigt Informationen zum Abrufen von Hilfe, Vorlagen und zusätzlichen Inhalten

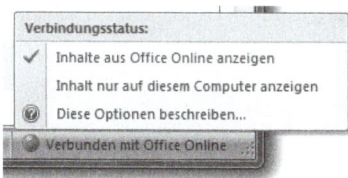

Kapitel 2 Neue Bildschirmelemente und Einstellungen erkunden

Diese Einstellung finden Sie auch in den *Excel-Optionen*, allerdings ist sie dort ziemlich versteckt:

1. Klicken Sie im *Office-Menü* auf die Schaltfläche *Excel-Optionen*.
2. Wechseln Sie zur Kategorie *Vertrauensstellungscenter*.
3. Klicken Sie auf die Schaltfläche *Einstellung für das Vertrauensstellungscenter*.
4. Wählen Sie im Dialogfeld *Vertrauensstellungscenter* die Kategorie *Datenschutzoptionen* und aktivieren Sie dort das erste Kontrollkästchen (siehe Abbildung 2.40).

Abbildg. 2.40 Über die *Datenschutzoptionen* regeln Sie den Zugriff auf Internet-Inhalte

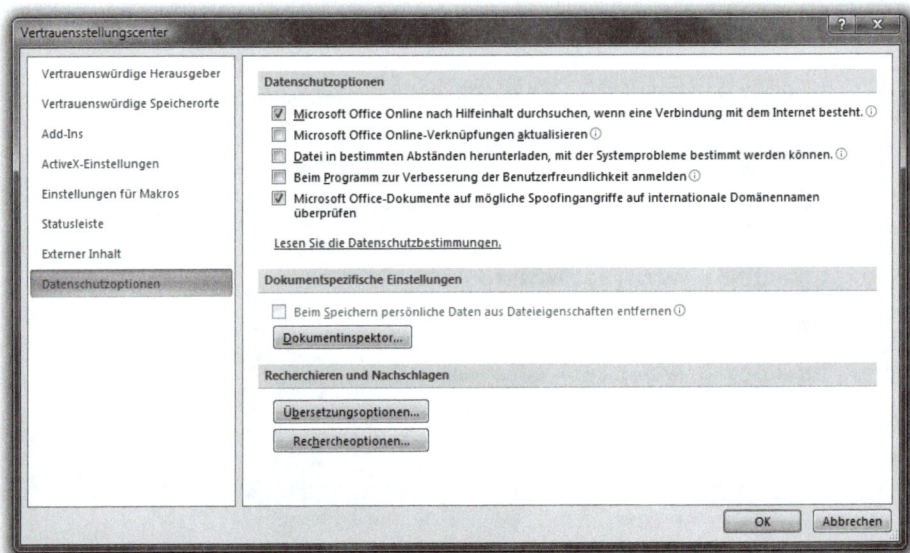

Die Werkzeuge des Hilfefensters

Das Hilfefenster verfügt über eine eigene Symbolleiste (Abbildung 2.41). Die Schaltflächen dieser Leiste (von links beginnend) sollen hier kurz erklärt werden:

- Mit den Pfeil-Schaltflächen *Zurück* und *Weiter* können Sie zwischen den Hilfethemen blättern.
- Eine zeitraubende Suche kann mit der Schaltfläche *Anhalten* gestoppt werden.
- *Aktualisieren* überprüft auf neue Inhalte.
- *Start* zeigt die Einstiegsseite der Hilfe an.
- Die Schaltfläche *Drucken* zeigt das Dialogfeld *Drucken* mit der Auswahlmöglichkeit eines Druckers an. Mehr zum Thema Drucken finden Sie in Kapitel 5.
- Die im Hilfefenster verwendete Schriftart stellen Sie über die Schaltfläche *Schriftgrad ändern* ein.
- Zum Einblenden und Ausblenden des Inhaltsverzeichnisses verwenden Sie die Schaltfläche *Inhaltsverzeichnis ausblenden/anzeigen*.
- Die letzte Schaltfläche verändert die Anordnung des Excel- und des Hilfefensters zueinander. Bei der Anordnung *Im Vordergrund anzeigen* wird das Hilfefenster ständig im Vordergrund angezeigt. Sie können das Hilfefenster durch Ziehen mit der Maus verkleinern und weiter mit Excel

Unterstützung und Hilfe in Excel 2007

arbeiten. In der Einstellung *Nicht im Vordergrund* überdeckt das jeweils aktive Fenster das nichtaktive Fenster. Das Hilfefenster erscheint also ausgeblendet, wenn Sie in Excel weiter arbeiten.

Abbildg. 2.41   Das Hilfefenster hat eine eigene Symbolleiste

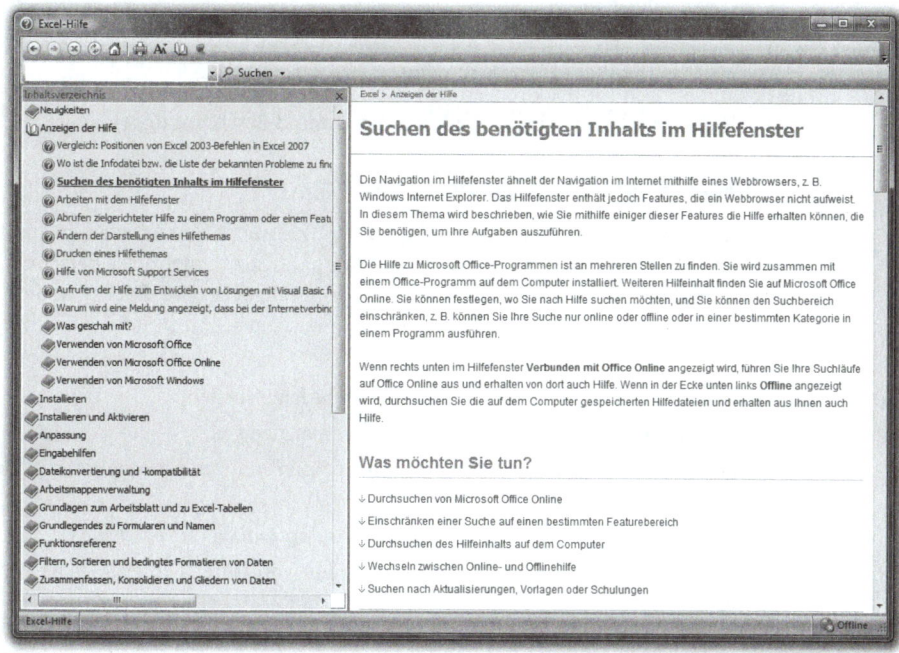

Im rechten Teil des Hilfefensters haben Sie weiterhin die Möglichkeit, über ein Kontextmenü (erreichbar durch Drücken der rechten Maustaste im rechten Hilfefenster) bestimmte weitere Aktionen durchzuführen, wie z.B. den Befehl *Drucken*, um das Hilfethema zu drucken.

Abbildg. 2.42   Auch im Hilfefenster gibt es ein Kontextmenü für den Zugriff auf wichtige Befehle

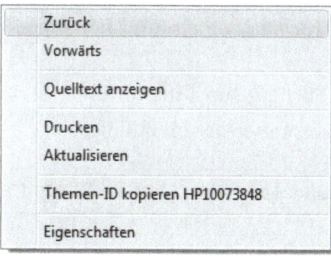

Um ausgewählten Inhalt in die Zwischenablage zu kopieren, markieren Sie eine beliebige Zeichenfolge und rufen das Kontextmenü auf, das dann den Befehl *Kopieren* enthält.

Abbildg. 2.43 Das Hilfefenster hat zwei unterschiedliche Kontextmenüs, je nachdem, ob etwas markiert wurde oder nicht

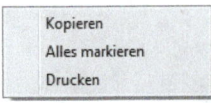

Interessieren Sie sich für die Grenzen von Excel, finden Sie auch hierzu Informationen in der Hilfe. Suchen Sie dazu nach dem Thema »Spezifikationen und Beschränkungen«.

Hilfe über *Inhaltsverzeichnis* holen

Über das Symbol *Inhaltsverzeichnis anzeigen* im Hilfefenster können Sie einen zusätzlichen Bereich anzeigen, der die Hilfeinhalte nach Themen sortiert auflistet. Unter der Überschrift *Inhaltsverzeichnis* ist die Hilfe-Bibliothek nach Sachgebieten untergliedert. Die Buchsymbole können Sie per Mausklick aufklappen, um die Untergliederung anzuzeigen. Ein weiterer Klick zeigt das gewählte Thema im Hilfefenster an.

Nehmen wir an, Sie wollen nach dem Thema *Formatieren* suchen:

1. Drücken Sie die Taste [F1], um das Hilfefenster anzuzeigen.
2. Klicken Sie im Fenster *Excel-Hilfe* auf *Inhaltsverzeichnis*, um das Inhaltsverzeichnis der Hilfedatei für Excel durchzublättern.
3. Öffnen Sie das »Buch« *Grundlagen zum Arbeitsblatt und zu Excel-Tabellen*.
4. Unter *Formatieren von Zahlen* sehen Sie eine Fülle von Unterthemen, welche Sie mit Klick nachlesen können.

Hilfe über *Stichwortsuche* abrufen

Geben Sie im Eingabefeld *Suchen nach* im Hilfefenster den zu suchenden Begriff ein und bestätigen mit der [↵]-Taste, erscheinen die Schlüsselwörter in der darunter befindlichen Suchergebnisliste. Die betreffenden Themen können hier per Mausklick angezeigt werden.

Angenommen, Sie wollen über *Suchen nach* das Thema *Formatieren* suchen:

1. Aktivieren Sie mit einem Druck auf [F1] die Hilfe.
2. Geben Sie im Eingabefeld *Suchen nach* den Begriff *Formatieren* ein und bestätigen Sie mit der [↵]-Taste.
3. Klicken Sie auf das Thema *Zellen formatieren* in der Suchergebnisliste.
4. Der Hilfetext erscheint rechts neben dem Excel-Programmfenster im Hilfefenster.

> **TIPP** Das Eingabefeld *Suchen* speichert die zuletzt verwendeten Suchbegriffe.

Abbildg. 2.44 Im Pulldown-Menü des Befehls *Suchen* können Sie die durchsuchte Region einstellen, um aufgabenbezogene Hilfethemen anzuzeigen

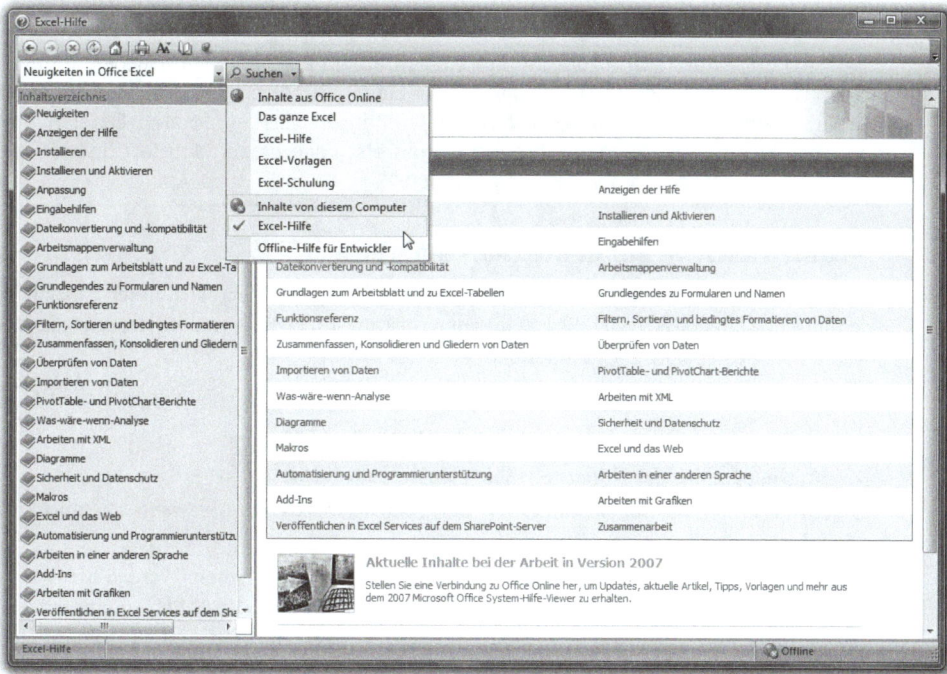

Probleme beim Starten von Excel lösen

Manchmal gibt es Probleme beim Starten von Excel. Eine »Ferndiagnose« des individuellen Falles ist an dieser Stelle natürlich nicht möglich. Aber vielleicht helfen Ihnen die folgenden Tipps weiter.

Grob gesagt, können zwei unterschiedliche Probleme auftreten:

- Excel startet und zeigt eine Fehlermeldung an.
- Excel startet und wird gleich wieder beendet.

In aller Regel sind zusätzlich installierte oder auch selbst erstellte Add-Ins bzw. Mustervorlagen die Ursache von Problemen beim Start. Durchsuchen Sie daher zunächst die Startverzeichnisse nach diesen Dateien und überprüfen Sie die temporären Ordner.

Die Ordner

- *C:\Program Files\Microsoft Office\OFFICE12\XLSTART* (gültig für alle Benutzer eines Computers, daher sind Administratorrechte erforderlich) und
- *C:\Users\<Benutzername>\Anwendungsdaten\Roaming\Microsoft\Excel\XLStart* (unter Ihrem Profil, also nur für Ihre Anmeldung gültig)
- *C:\Windows\Temp* (ist der Ordner für temporäre Dateien im Windows-Ordner)
- *C:\Users\<Benutzername>\AppData\Local\Temp* (ist der persönliche Ordner eines Benutzers)

enthalten eventuell ebenfalls Dateien, die das Problem verursacht haben können. Verschieben Sie diese in einen anderen Ordner bzw. löschen Sie die temporären Dateien und versuchen Sie daraufhin, Excel erneut zu starten.

> **WICHTIG** Auch wenn zu viele temporäre Dateien Probleme verursachen können, sollten Sie beim Löschen dennoch vorsichtig sein. Wenn Sie neue Programme installiert und seitdem keinen Neustart von Windows ausgeführt haben, sollten Sie die temporären Dateien **nicht** löschen. Manche Programme beenden ihre Installation erst nach einem Neustart und müssen eventuell noch einmal auf temporäre Dateien zugreifen.

Problematische Elemente deaktivieren

Wenn Sie Excel starten können und eine Fehlermeldung erhalten, wird unter Umständen die problematische Datei deaktiviert. Es ist eines der Leistungsmerkmale von Office, dass die Anwendungen beim Start problematische Elemente deaktivieren.

Ob Excel beim Starten auf ein Problem gestoßen ist, können Sie wie folgt feststellen.

1. Klicken Sie im *Office-Menü* auf die Schaltfläche *Excel-Optionen*.
2. Im Dialogfeld *Excel-Optionen* wählen Sie die Kategorie *Add-Ins*.
3. Im Listenfeld *Verwalten* wählen Sie den Eintrag *Deaktivierte Elemente* aus und klicken auf die Schaltfläche *Gehe zu*.
4. Das Dialogfeld *Deaktivierte Elemente* sollte keine Einträge haben. Werden hier jedoch Elemente aufgelistet, können Sie diese nacheinander aktivieren und den Fehler so eingrenzen. Markieren Sie dazu einen Eintrag und wählen Sie die Schaltfläche *Aktivieren* (siehe Abbildung 2.45).

Abbildg. 2.45   Beim Excel-Start deaktivierte Elemente können Sie nachträglich aktivieren

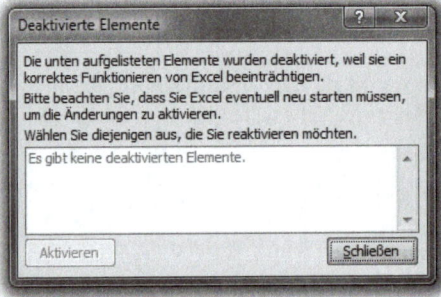

Weitere Informationen zum abgesicherten Office-Modus finden Sie in der Excel-Hilfe unter dem Stichwort *Informieren über den und Arbeiten mit dem automatischen abgesicherten Modus*.

Auch für Excel 2007 gibt es Startparameter, mit denen sich die Anwendung z.B. im abgesicherten Modus starten lässt. Schlagen Sie dazu in der Hilfe unter dem Stichwort *Befehlszeilenoptionen für Excel* nach.

TIPP Während des Setups wird die Datei *Readme.htm* im Verzeichnis *C:\Program Files\Common Files\microsoft shared\OFFICE12\1031* gespeichert (bei Verwendung des Standardspeicherorts). Diese Datei enthält einen Hyperlink zur Microsoft Office Online-Website, die bekannte Probleme auflistet. Mehr zum Thema Installation finden Sie in Kapitel 1.

Excel beenden

Das Beenden von Excel erfolgt im *Office-Menü* über die Schaltfläche *Excel beenden*. Ein Doppelklick auf das Office-Logo erfüllt die gleiche Funktion.

Alternativ können Sie auch die Tastenkombination [Alt]+[F4] verwenden. Excel schließt daraufhin alle geöffneten Arbeitsmappen und anschließend das Fenster der Anwendung selbst.

Bevor Sie Excel beenden, sollten Sie Ihre Arbeitsmappe speichern. Eine neu erstellte Arbeitsmappe bekommt von Excel standardmäßig den Namen *Mappe* mit einer fortlaufenden Nummer zugewiesen. Überschreiben Sie im Dialogfeld *Speichern unter* diesen Vorschlag mit einem aussagekräftigen Dateinamen. Excel hängt dem Dateinamen dann noch die Dateiendung (standardmäßig *.xlsx*) an. Mehr zu Dateiendungen erfahren Sie in Kapitel 3.

HINWEIS Wenn Sie Excel beenden und eine geänderte Arbeitsmappe noch nicht gespeichert wurde, erfolgt eine Sicherheitsabfrage, die Sie zum Speichern auffordert.

Windows beenden

Windows Vista verhält sich beim Beenden anders als die früheren Versionen, wenn in einer Anwendung Dateien noch nicht gespeichert wurden. Frühere Versionen haben in diesem Fall ein Dialogfeld zum Speichern angeboten und Windows heruntergefahren. Windows Vista erlaubt jetzt zusätzlich auch den gesamten Vorgang abzubrechen und weiter zu arbeiten.

Was tun im Notfall?

Sollte Excel aus irgendeinem Grund einmal nicht mehr reagieren und sich damit auch nicht beenden lassen, können Sie über *Start/Alle Programme/Microsoft Office/Microsoft Office Tools* den Befehl *Microsoft Office-Diagnose* aufrufen und eine Diagnose ausführen.

Abbildg. 2.46 Das Microsoft Office-Diagnose-Programm kann verschiedene Probleme analysieren

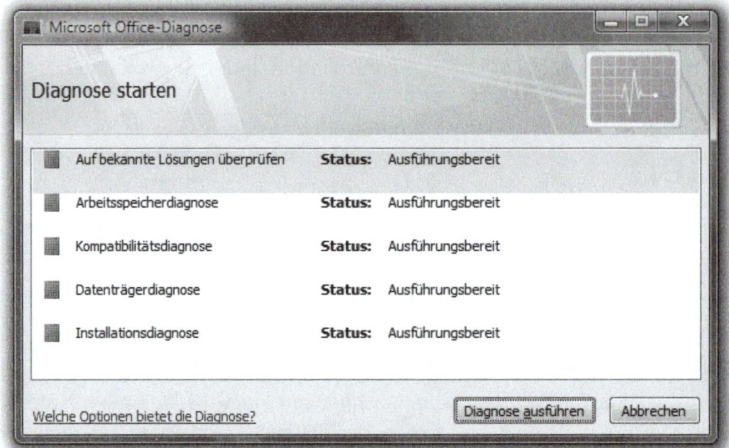

 Wenn Excel ausgeführt werden kann, können Sie die Diagnose auch über das *Office-Menü* erreichen. Klicken Sie zunächst auf die Schaltfläche *Excel-Optionen* und wählen Sie dort in der Kategorie *Ressourcen* die Schaltfläche *Diagnose*.

Den Task-Manager aufrufen

Wenn Excel nicht mehr reagiert, können Sie über die Tastenkombination [Strg]+[Alt]+[Entf] den Task-Manager von Windows aufrufen. Dort wechseln Sie auf die Registerkarte *Anwendungen*, markieren den Eintrag von Excel und wählen die Schaltfläche *Task beenden*.

Zusammenfassung

Anfangs ist es vielleicht etwas erdrückend, was man an der Arbeitsumgebung alles einstellen kann. Mit zunehmender Vertrautheit werden Sie diese Möglichkeiten sicher schätzen lernen, erlauben sie Ihnen doch, den Excel-Bildschirm ganz an Ihre persönliche Arbeitsweise anzupassen.

Frage	Antwort
Welche verschiedenen Startmöglichkeiten gibt es für Excel?	Neben dem Aufrufen einer Excel-Datei aus dem Windows-Explorer können Sie z.B. eine Desktopverknüpfung erstellen oder die Liste der zuletzt verwendeten Dokumente verwenden. Mehr dazu ab Seite 60.
Kann ich beim Start automatisch eine Mappe öffnen?	Excel öffnet beim Start alle Dateien welche sich im Ordner XLSTART befinden. Ab Seite 60 erfahren Sie, wie Sie diesen Ordner finden.
Gibt es neue Bildschirmelemente in der neuen Excel-Version?	Zahlreiche neue Bildschirmelemente sind in der neuen Version hinzugekommen. Eine Übersicht finden Sie ab Seite 61.
Kann ich der neuen Excel-Umgebung auch eigene Symbole hinzufügen?	Wie Sie die Symbolleiste für den Schnellzugriff anpassen und zurücksetzen, erfahren Sie ab Seite 64.

Zusammenfassung

Frage	Antwort
Welche Namen haben die Steuerelemente in Dialogfeldern?	Wollen Sie die Elemente von Dialogfeldern erkunden, dann schlagen Sie auf Seite 74 nach.
Was hat es mit dem kleinen Dreieck auf sich, das sich rechts unten an manchen Befehlsgruppen befindet?	Das Startprogramm für Dialogfelder zeigt ausführliche Dialoge an. Was es genau leistet, finden Sie ab Seite 73.
Manchmal werden zusätzliche Registerkarten angezeigt und manchmal wieder nicht. Was steckt dahinter?	Neu in Excel 2007 sind kontextbezogene Werkzeuge, die in Abhängigkeit von der aktuellen Auswahl angezeigt werden. Ein Beispiel dazu finden Sie auf Seite 70.
Was hat es mit dem Begriff »Katalog« auf sich?	Auf Seite 75 erfahren Sie, was Kataloge sind.
In der Statusleiste gibt es drei Symbole für verschiedene Ansichten. Was hat es damit auf sich?	Wie Sie die Ansicht wechseln und die neue Seitenlayoutansicht verwenden, erfahren Sie ab Seite 78.
Wo kann ich die Excel-Optionen einstellen, die früher unter Extras/Optionen zu finden waren?	Die Office-Programme verwalten die programmspezifischen Einstellungen jetzt jeweils in den Anwendungsoptionen. Ab Seite 85 finden Sie eine Beschreibung, wie Sie diese im Office-Menü erreichen.
Welche Hilfe gibt es zu einzelnen Befehlen?	Wie Sie eine Beschreibung zu Befehlen anzeigen, steht auf Seite 88.
Kann man die Befehle auch mit Tastenkombinationen ausführen?	Mit der Alt-Taste können Sie Tastaturtipps anzeigen. Eine Beschreibung dazu finden Sie auf Seite 89.
Welche Elemente enthält das Hilfefenster?	Informationen zum Hilfefenster erhalten Sie ab Seite 90.
Excel startet nicht mehr, was kann ich tun?	Ab Seite 95 finden Sie Hilfestellungen bei Startproblemen.

Kapitel 3

Neue und konventionelle Dateiformate verwenden

In diesem Kapitel:

Eine neue Excel-Arbeitsmappe erstellen	102
Speichern von Dateien	109
Mehrere Arbeitsmappen als Aufgabenbereich speichern	134
Dateien konvertieren	135
Excel und die Datensicherheit	140
Eine Arbeitsmappe gemeinsam öffnen	141
Die Arbeitsblatt-Register	147
Eine Arbeitsmappe schließen	157
Zusammenfassung	158

Kapitel 3 Neue und konventionelle Dateiformate verwenden

Zentrale Aufgabe bei der Arbeit mit Excel ist die Erstellung und Bearbeitung von Dateien. Für einen Benutzer ist das Dateiformat normalerweise nicht besonders wichtig. Wollen Sie allerdings Dateien mit anderen Anwendern austauschen, dann sind grundlegende Informationen zum Dateiformat wichtig. Erstmals seit einigen Jahren wurde das Dateiformat geändert und Dateien der neuen Version lassen sich nicht ohne weiteres mit einer älteren Excel-Version öffnen. Allerdings gibt es weiterhin die Möglichkeit, Dateien in einem anderen Format abzuspeichern und damit auch solchen Benutzern Daten zur Verfügung zu stellen, die nicht über die aktuelle Excel-Version verfügen.

Setzen Sie Excel in einem Netzwerk ein, dann können Sie eine Arbeitsmappe freigeben und diese damit gleichzeitig mit anderen Anwendern bearbeiten. Wie Sie eine Arbeitsmappe freigeben, erfahren Sie weiter unten in diesem Kapitel.

Eine neue Excel-Arbeitsmappe erstellen

Um eine neue Datei zu erstellen, klicken Sie im *Office-Menü* auf die Schaltfläche *Neu*. Excel öffnet daraufhin eine neue Datei und verwendet dafür die Standardvorlage. Arbeiten Sie lieber mit der Tastatur, sollten Sie sich die Tastenkombination `Strg`+`N` merken.

Wenn gerade keine Mappe geöffnet ist, bietet das Kontextmenü (Klick mit der rechten Maustaste auf die leere Fläche) ebenfalls die Möglichkeit, eine neue Mappe zu erstellen.

Abbildg. 3.1 Wie so oft bietet das Kontextmenü den gesuchten Befehl

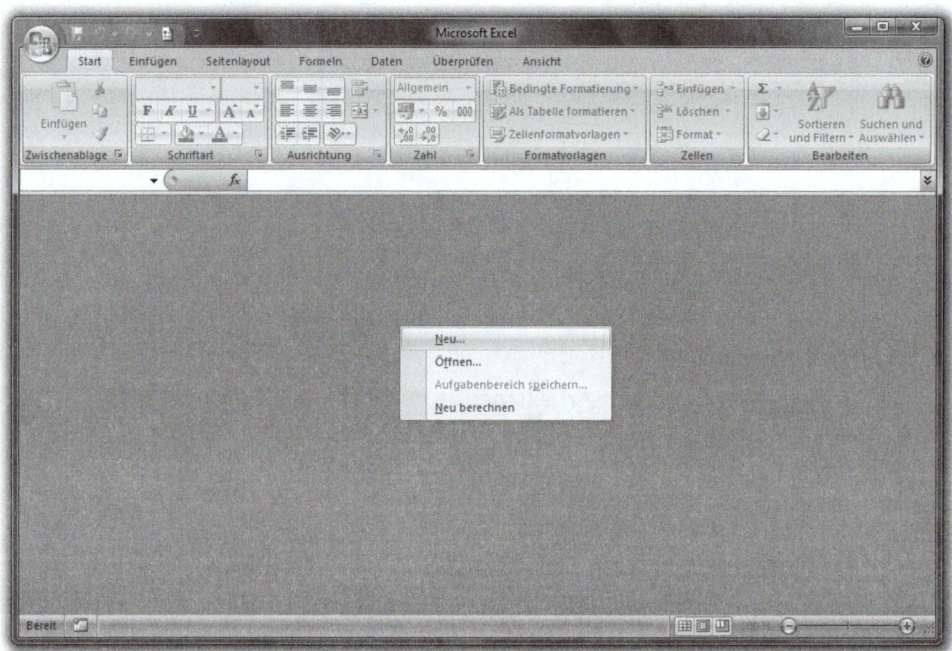

Der Menübefehl *Office-Menü/Neu* stellt eine weitere Möglichkeit dar, eine neue Arbeitsmappe zu erstellen. Allerdings wird hierbei zunächst das Dialogfeld *Neue Arbeitsmappe* geöffnet. Über die

Kategorie *Leer und zuletzt verwendet* erstellen Sie über das Symbol *Leere Arbeitsmappe* eine neue Mappe, basierend auf der Standard-Arbeitsmappe.

> **TIPP** Die leere Standard-Arbeitsmappe enthält zunächst nur eine Anzahl leerer Tabellenblätter. Die genaue Anzahl der leeren Blätter können Sie wie folgt einstellen:
>
>
> 1. Klicken Sie im *Office-Menü* auf die Schaltfläche *Excel-Optionen*.
> 2. Wechseln Sie zur Kategorie *Häufig verwendet*.
> 3. Stellen Sie neben *Die folgende Anzahl Blätter aufnehmen* den gewünschten Wert ein.

Haben Sie in der Vergangenheit eine neue Mappe basierend auf einer anderen Vorlage erstellt, speichert Excel dies in der Gruppe *Zuletzt verwendet*. Excel speichert die zuletzt verwendeten Vorlagen in der Windows-Registrierungsdatenbank unter *HKEY_CURRENT_USER\Software\Microsoft\Office\12.0\Excel\Recent Templates*.

Abbildg. 3.2 Viele Vorlagen führen schnell zu ansehnlichen Ergebnissen

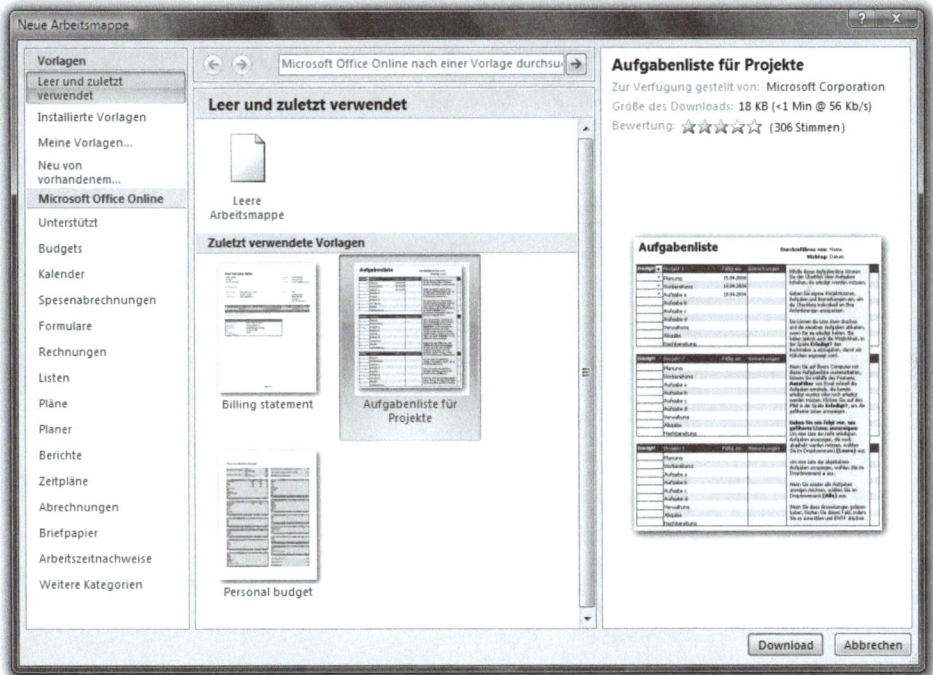

Als weitere Verknüpfung in der Gruppe *Vorlagen* zeigt *Installierte Vorlagen* die bei der Installation im Programmordner von Excel (*C:\Program Files\Microsoft Office\Templates\1031*) und *Meine Vorlagen* die im persönlichen Ordner (*C:\Users\<Benutzername>\AppData\Roaming\Microsoft\Templates*) auf dem Computer gespeicherten Vorlagen.

Kapitel 3 Neue und konventionelle Dateiformate verwenden

> **HINWEIS** Wundern Sie sich nicht, wenn Ihnen unter Windows Vista verschiedene Ordner in deutscher oder englischer Sprache begegnen. Windows Vista verwendet symbolische Links auf Verzeichnisse für die Anzeige der Pfade, um damit dem Benutzer den Ordner in der Landessprache anzuzeigen. Physikalisch sind die Ordner *C:\Users* und *C:\Benutzer* identisch.

PROFITIPP

> Fügen Sie im persönlichen Ordner einen Unterordner ein, wird dieser dann als zusätzliche Registerkarte angezeigt, wenn er wenigstens eine Excel-Vorlage enthält.

Sie haben aber über den Link *Neu von vorhandenem* auch die Möglichkeit, eine zuvor erstellte beliebige Datei als Vorlage zu verwenden. Wofür Sie sich auch entscheiden, Excel öffnet eine Kopie Ihrer Auswahl, was Sie in der Titelleiste im Excel-Hauptfenster an einer angefügten Nummer im Dateinamen erkennen.

Abbildg. 3.3 Neue Arbeitsmappe, basierend auf einer Vorlage

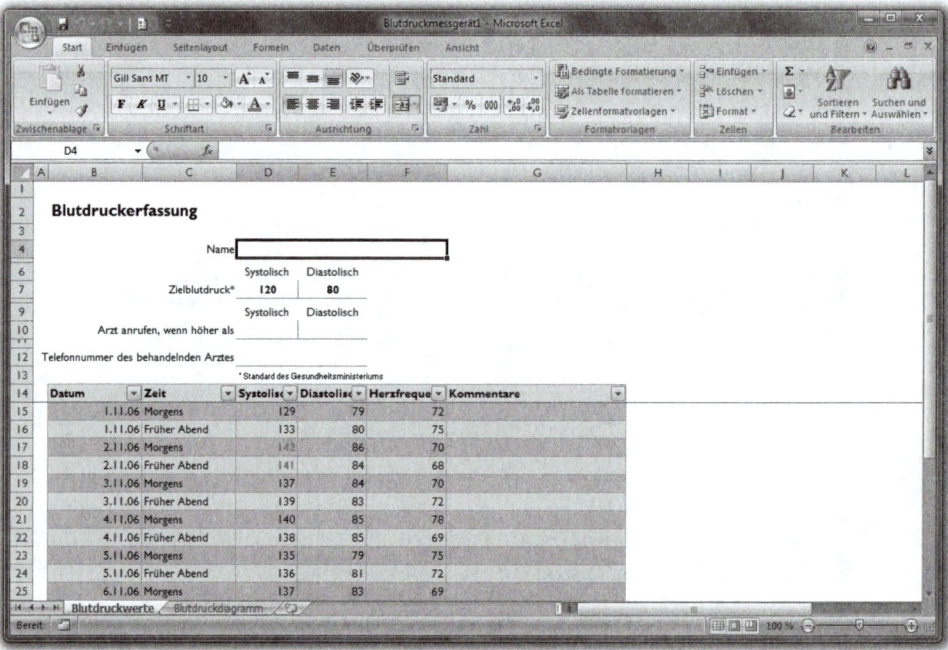

Wie Sie eine eigene Mustervorlage für Tabellen und Arbeitsmappen erstellen, zeigt Ihnen das Kapitel 11.

Vorlagen online von Microsoft beziehen

In der Gruppe *Microsoft Office Online* finden Sie Vorlagen, die Microsoft oder Partnerunternehmen an einem Speicherplatz im Web zur Verfügung stellen. Um diese Vorlagen zu verwenden, ist also eine Internetverbindung erforderlich. Diese Vorlagen sind in zahlreichen aufgabenbezogenen Kategorien zusammengefasst. Wählen Sie die gesuchte Kategorie und markieren Sie anschließend die Vorlage Ihrer Wahl. Die Schaltfläche *Download* holt die Vorlage dann auf Ihren Rechner.

Abbildg. 3.4   Bei bestehender Internetverbindung können die Vorlagen von Office Online geladen werden

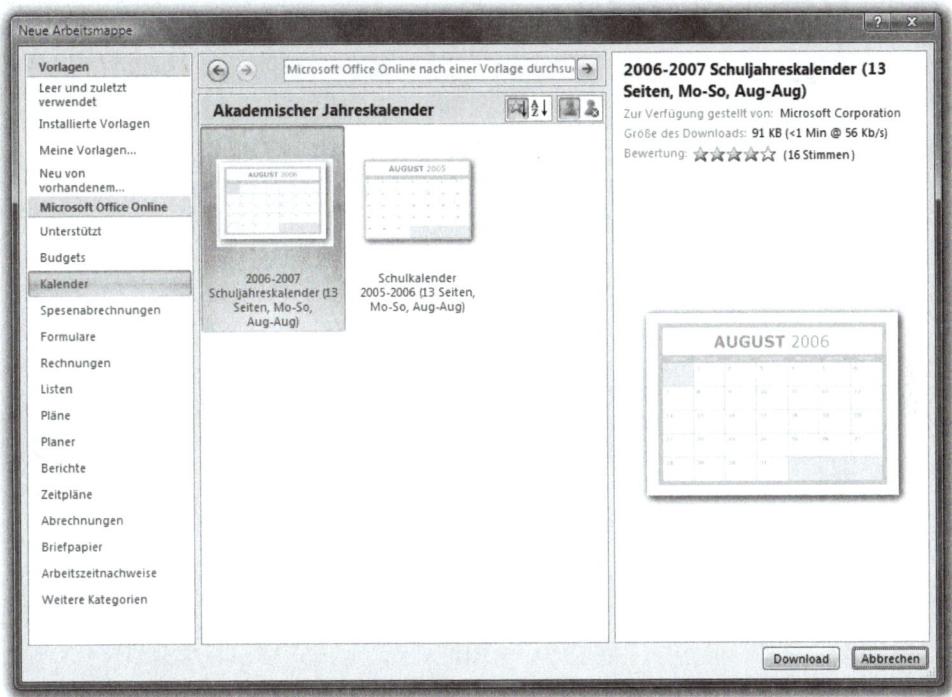

HINWEIS   Bevor die Vorlagen von Microsoft aus dem Web geladen werden, wird geprüft, ob Sie eine legale Office-Version installiert haben.

Öffnen einer Excel-Arbeitsmappe

In Excel können Sie Arbeitsmappen öffnen, die auf der Festplatte des Computers oder auf Netzwerklaufwerken, zu denen Sie Verbindung haben, gespeichert sind. Wählen Sie dazu im *Office-Menü* den Befehl *Öffnen* oder drücken Sie die Tastenkombination (Strg)+(O).

Das Dialogfeld *Öffnen* bietet oben links drei Schaltflächen für die Navigation. Wählen Sie die Schaltfläche *Vorwärts*, um einen Unterordner zu öffnen, *Zurück*, um in eine niedrigere Verzeichnisebene zu wechseln, oder *Zuletzt besuchte Seiten*, um in einen der zuletzt besuchten Ordner zu wechseln.

Abbildg. 3.5 Das Dialogfeld *Öffnen* wurde geändert und entspricht den Dialogfeldern von Vista

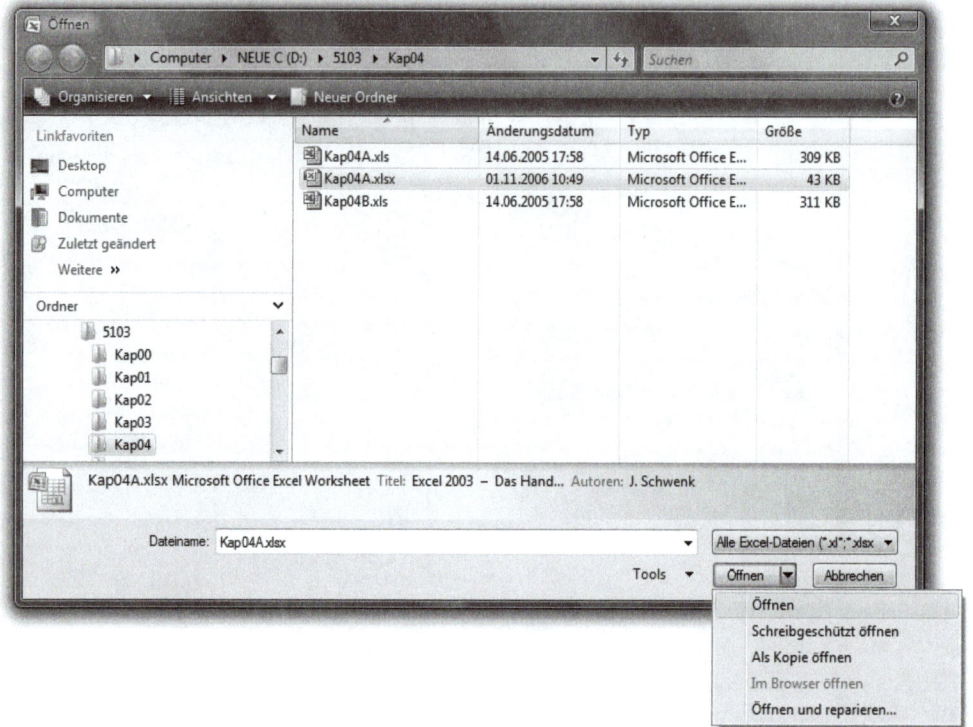

TIPP Auch im Dialogfeld *Öffnen* zeigt die rechte Maustaste ein Kontextmenü an, in welchem häufig benötigte Befehle zusammengefasst sind. Klicken Sie mit der rechten Maustaste auf eine markierte, jedoch momentan nicht geöffnete Datei, lässt sich diese z.B. auch löschen.

Eine weitere Möglichkeit, einen bestimmten Ordner anzeigen zu lassen, bietet das Listenfeld *Ordner* (vgl. Abbildung 3.7). Dieses enthält einige Pfeile, die nach einem Klick alle Unterordner eines Ordners anzeigen, ein weiterer Mausklick wechselt in das gewünschte Verzeichnis. Klicken Sie in dieses Feld, wird der Pfad in gewohnter Schreibweise angezeigt. Das ist ganz praktisch, um längere Pfadangaben mit der Tastenkombination `Strg`+`C` zu kopieren.

HINWEIS Windows Vista zeigt üblicherweise die lokalisierten Beschriftungen (Deutsch: *Benutzer*) für Ordner an. Erst wenn Sie in die Adressleiste klicken, wird der Pfad (Englisch: *C:\Users*) angezeigt.

Abbildg. 3.6 Klicken Sie in die Adressleiste, um den ganzen Pfad anzuzeigen

Eine neue Excel-Arbeitsmappe erstellen

Abbildg. 3.7 Über die Pfeile in der Adressleiste können Sie die verfügbaren Unterordner anzeigen lassen

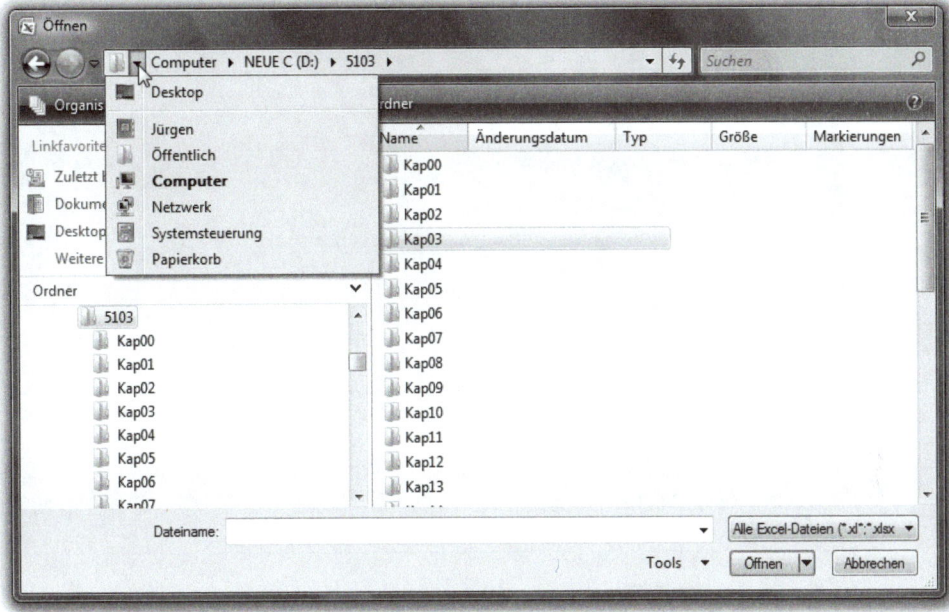

Das Auswählen von Unterordnern über die Pfeile in der Adressleiste erspart lästiges Blättern in den Verzeichnissen, weil diese direkten Zugriff auf einen anderen Ordner bieten.

Über die Schaltfläche *Alle Excel-Dateien* lässt sich der Dateityp einstellen. Damit werden die angezeigten Dateien gefiltert und nur solche Dateien angezeigt, die der Einstellung entsprechen.

Auch die Schaltfläche *Öffnen* bietet verschiedene Optionen. Diese werden angezeigt, wenn Sie den Pfeil auf der rechten Seite anklicken (siehe Abbildung 3.7). Wichtig ist hier die Option *Öffnen und reparieren*. Sollte es vorkommen, dass eine Datei beschädigt wurde und sich nicht mehr öffnen lässt, versuchen Sie diese Einstellung zum Öffnen. Excel zeigt dann die Möglichkeiten in einem Meldungsfeld an.

Abbildg. 3.8 Reparaturversuch für beschädigte Dateien

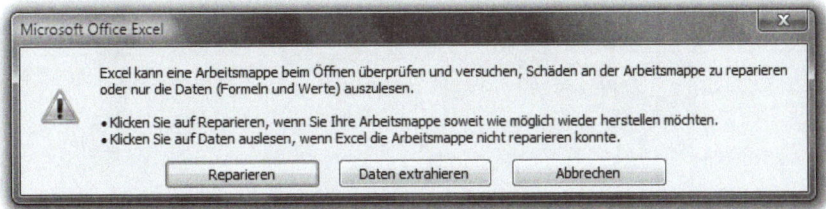

Über die Schaltfläche *Reparieren* startet Excel den Reparaturversuch. Nach dem Wählen der Schaltfläche *Daten extrahieren* weist Excel darauf hin, dass unter Umständen Formeln nicht wiederhergestellt werden können. In diesem Fall können Sie eventuell wenigstens die Daten wiederherstellen.

Abbildg. 3.9 Excel zeigt das Ergebnis des Rettungsversuchs in einem Dialogfeld an

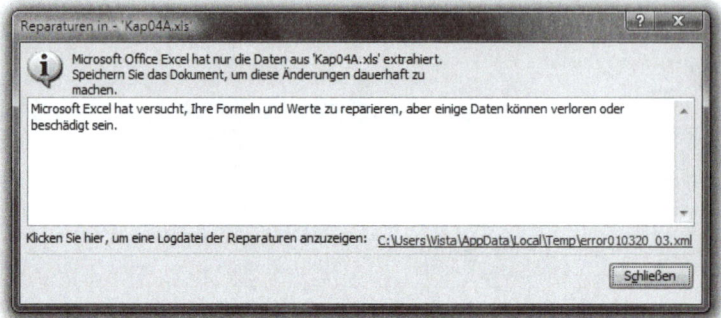

> **TIPP** Eine Liste der Arbeitsmappen, die Sie zuletzt benutzt haben, wird in Excel im Office-Menü angezeigt. Die Länge der Liste der zuletzt benutzten Dateien lässt sich über den Befehl *Office-Menü/Excel-Optionen* einstellen. Wechseln Sie dort zur Kategorie *Erweitert*. Über das Drehfeld *Diese Anzahl zuletzt verwendeter Dokumente anzeigen* stellen Sie eine Maximalzahl von *50* ein.

Wollen Sie mehrere Dateien gleichzeitig bearbeiten

- rufen Sie entweder das Dialogfeld *Öffnen* mehrmals nacheinander auf oder
- Sie markieren in diesem Dialogfeld mit gedrückter `Strg`-Taste bzw. `⇧`-Taste mehrere Dateien und öffnen diese Mehrfachauswahl.

Abbildg. 3.10 Interessante Sortiermöglichkeiten erleichtern die Arbeit mit umfangreichen Ordnern

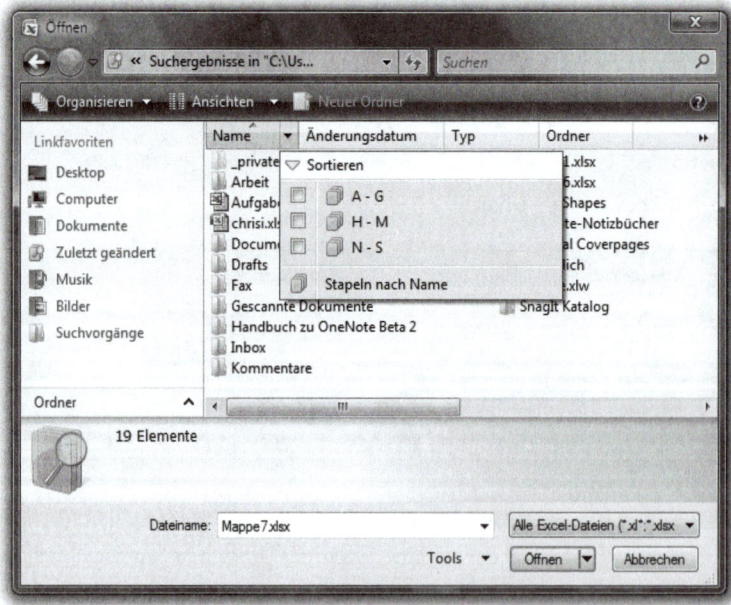

Über die Schaltfläche *Tools* unten im Dialogfeld wird ein Netzlaufwerk eingebunden. Diesem Laufwerk kann ein Buchstabe zugeordnet werden. Ist das Kontrollkästchen *Verbindung bei Anmeldung wiederherstellen* aktiv, wird der Laufwerksbuchstabe dauerhaft zugewiesen. Über den Link *anderem Benutzernamen* legen Sie einen Namen fest, der vom aktuellen Anmeldenamen abweichen kann.

Verbindung mit einer Website herstellen, auf der Sie Dokumente und Bilder speichern können startet einen Assistenten für die Herstellung einer Verbindung zu einem Onlinespeicherplatz.

Abbildg. 3.11 In diesem Dialogfeld können Sie einem Netzlaufwerk dauerhaft einen Buchstaben zuordnen

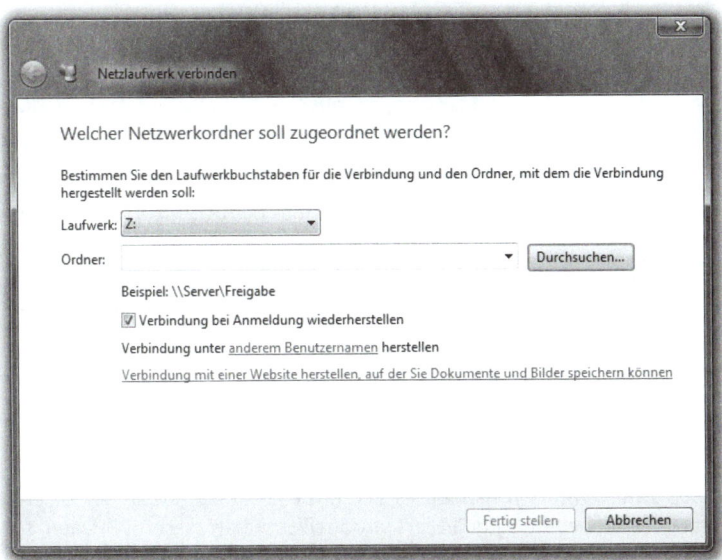

Speichern von Dateien

Bei der Arbeit mit Excel speichern Sie Ihre Daten in einer Datei. Diese Datei können Sie zur Bearbeitung weitergeben oder später erneut öffnen und bearbeiten. Das Speichern und Öffnen sind also zentrale Arbeitsschritte, die immer wieder anfallen. Erfahren Sie hier, welche Einstellungen es beim Speichern gibt und wie Sie die Dateiablage organisieren, damit Sie die Daten auch wieder finden. Zum ersten Mal seit Office 97 hat Microsoft das Standarddateiformat geändert, um den Datenaustausch zu vereinfachen und die Dateigröße zu reduzieren. Einige weitere neue Dateiformate sind ebenfalls hinzugekommen. Auf der anderen Seite wurde auf einige weniger gebräuchliche Dateiformate verzichtet.

Neues XML-Format für Dateien

Frühere Versionen unterstützten zwar bereits das XML-Format, jedoch ist in Excel 2007 zum ersten Mal ein XML-basiertes Dateiformat als Standardformat eingestellt. Dies vereinfacht den Datenaustausch zwischen den einzelnen Office-Produkten, aber auch der Austausch mit anderen Systemen wird damit auf eine neue Basis gestellt.

Kapitel 3 Neue und konventionelle Dateiformate verwenden

Das neue XML-Dateiformat enthält zahlreiche Dateien, die in einer ZIP-Datei zusammengefasst werden. Die einzelnen Teile einer Arbeitsmappe wie Eigenschaften, Daten, Diagramme, VBA-Projekte oder auch eine gebundene Symbolleiste für den Schnellzugriff werden in eigenen XML-Dateien gespeichert. Diese einzelnen Dateien sind über Beziehungen verknüpft.

WICHTIG   Sie müssen nun nicht jede Datei vor deren Verwendung entpacken. Excel erledigt diese Aufgabe beim Speichern und beim Öffnen automatisch.

Das Dateiformat erkunden

Das neue XML-Format unterstützt erstmals alle Inhalte, die in einer Excel-Arbeitsmappe gespeichert werden können: Daten, Formate, Diagramme und Zeichenobjekte. Objekte, die nicht in ein XML-Format gebracht werden können, z.B. eingebundene Objekte anderer Anwendungen, werden in einer binären Datei gespeichert.

Einer der Vorteile des neuen Dateiformats liegt genau in dieser Aufteilung in verschiedene Teile. Sollte aus irgendeinem Grund ein Teil der Datei beschädigt sein, können Sie dennoch auf die restlichen Teile zugreifen.

Auch andere Programme können auf diese Dateien zugreifen und dies sogar, wenn Excel gar nicht installiert ist. Dadurch, dass das Office Open XML-Format offen und gut dokumentiert ist, können Entwickler diese Dateien lesen, ändern oder auch neu erstellen.

Das Verwenden der ZIP-Technologie reduziert die Dateigröße in diesem Format um rund zwei Drittel.

Auf der CD-ROM zu diesem Buch finden Sie im Ordner \Buch\Kap03 die Dateien *kap03_Dateiformat.xlsx* und *kap03_Dateiformat.zip*. Die Datei enthält eine einfache Tabelle und ein Diagramm. Bei der Datei *kap03_Dateiformat.zip* handelt es sich um eine exakte Kopie der Excel-Datei bei der lediglich die Dateinamenerweiterung geändert wurde. Den Inhalt dieser ZIP-Datei, so wie er nach einem Doppelklick im Windows-Explorer dargestellt wird, zeigt die Abbildung 3.12.

Abbildg. 3.12 Die einzelnen Elemente einer Excel-Datei werden in verschiedenen Ordnern in einem ZIP-Archiv gespeichert

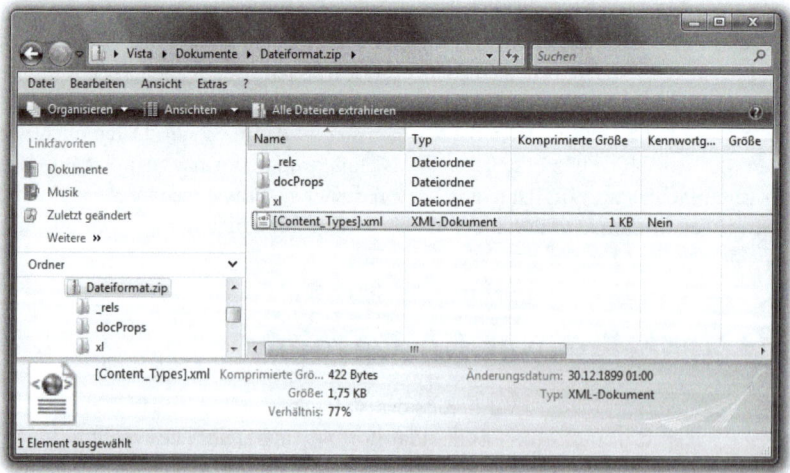

Neue Dateinamenerweiterungen kurz erklärt

Im Windows-Explorer erkennen Sie das neue Dateiformat an einer Dateinamenerweiterung mit vier Buchstaben.

HINWEIS Standardmäßig werden die Dateinamenerweiterungen nicht angezeigt. Um die Dateinamenerweiterungen sichtbar zu machen und auch versteckte Ordner und Dateien anzeigen zu lassen gehen Sie wie folgt vor:

1. Starten Sie den Windows-Explorer.
2. Wählen Sie den Befehl *Organisieren* und dort den Befehl *Ordner- und Suchoptionen*.
3. Wechseln Sie zur Registerkarte *Ansicht*.
4. Deaktivieren Sie die Kontrollkästchen *Erweiterungen bei bekannten Dateitypen ausblenden* und *Geschützte Systemdateien ausblenden (empfohlen)*.
5. Aktivieren Sie die *Option Alle Dateien und Ordner anzeigen*.
6. Schließen Sie das Dialogfeld mit *OK*.

Die ersten beiden Zeichen »XL« stehen für die Anwendung Excel. An dritter Stelle liefert die Dateinamenerweiterung einen Hinweis auf den Untertyp. Eine Standardarbeitsmappe hat hier den Buchstaben »S« für Spreadsheet. Bei einer Vorlage steht an dieser Stelle ein »T« für Template und bei einem Add-In ein »A«. Das vierte Zeichen liefert einen Hinweis auf Makros: Wenn an dieser Stelle ein »X« steht, enthält die Datei keine Makros, steht dort stattdessen ein »M« sind Makros enthalten. Dabei spielt es keine Rolle, ob die Makros mit Visual Basic für Applikationen (kurz VBA) oder mit der Excel4-Makrosprache erstellt wurden.

HINWEIS Um sicherzustellen, dass die einfache Änderung an der Dateinamenerweiterung nicht dazu führt, dass unerlaubte Programme ausgeführt werden, prüft Excel beim Öffnen, ob Makros enthalten sind. Ist die Dateinamenerweiterung beispielsweise *.xlsx* und enthält die Datei Makros (eine Datei mit dem »x« an der vierten Stelle sollte laut Definition keine Makros enthalten), wird die Datei nicht geöffnet.

Abbildg. 3.13 Excel vergleicht den Inhalt der Datei mit der Dateinamenerweiterung und verweigert das Öffnen, um die Sicherheit zu gewährleisten

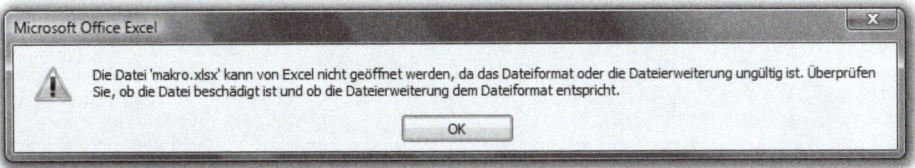

Beim Speichern erhalten Sie dann eine Warnmeldung, wenn Sie ein Dateiformat wählen, das keine Makros unterstützt.

Mehr zu Dateinamenerweiterungen finden Sie in der Excel-Hilfe unter *Einführung in neue Dateinamenerweiterungen und Microsoft Office Open XML-Formate*. Mehr zum Thema Makros finden Sie in Kapitel 31.

Neues Binärformat für Dateien

Excel bietet ein weiteres Dateiformat an, mit dem alle unterstützten Zellformate und Objekte gespeichert werden können. Dateien dieses Typs haben die Endung *.xlsb* (»b« für binary). Auch dieses Dateiformat speichert die Inhalte in verschiedenen Dateien, die untereinander verknüpft sind und in einer ZIP-Datei zusammengefasst werden. Anders als beim XML-basierten Dateityp werden die einzelnen Teile hier in binärer Form gespeichert. Obwohl das XML-Format optimiert ist und diese Dateien schnell geöffnet werden können, werden Dateien im Binärformat unter Umständen doch etwas schneller geöffnet. Das gilt insbesondere, wenn eine große Datenmenge enthalten ist.

Auch das neue binäre Format entspricht nicht dem der Versionen 97 bis 2003. Gleichwohl unterstützt das neue Format Makros und zwar sowohl VBA-Projekte als auch Excel4-Makroblätter.

Excel-Formate

Bei Verwendung des Formats *Excel 97-2003 (*.xls)* können Benutzer von Excel 97 bis 2003 auch weiterhin an der Arbeitsmappe arbeiten und alle Merkmale bzw. Formatierungen verwenden, die für diese Version spezifisch sind. Excel 2007 unterstützt die folgenden Excel-Formate.

Tabelle 3.1   Die aktuell verfügbaren Excel-Dateiformate

Format	Erweiterung	Beschreibung
Excel-Arbeitsmappe	.xlsx	Excel 2007-Standarddateiformat, kann weder VBA-Makrocode noch Excel 4.0-Makros speichern
Excel-Arbeitsmappe (Code)	.xlsm	Excel 2007-Dateiformat mit Makros, speichert sowohl VBA-Makrocode als auch Excel 4.0-Makros
Excel-Binärarbeitsmappe	.xlsb	Excel 2007-Binärdateiformat (BIFF12)
Mustervorlage	.xltx	Excel 2007-Standarddateiformat für eine Excel-Mustervorlage ohne Makros
Mustervorlage (Code)	.xltxm	Excel 2007-Dateiformat für eine Excel-Mustervorlage mit Makros (VBA-Makros sowie Excel 4.0-Makros)
Excel 97 – Excel 2003-Arbeitsmappe	.xls	Excel 97 - Excel 2003-Binärdateiformat (BIFF8)
Excel 97 – Excel 2003-Mustervorlage	.xlt	Excel 97 - Excel 2003-Binärdateiformat (BIFF8) für eine Excel-Mustervorlage
Microsoft Excel 5.0/95-Arbeitsmappe	.xls	Excel 5.0/95-Binärdateiformat (BIFF5)
XML-Kalkulationstabelle 2003	.xml	XML-Kalkulationstabelle 2003-Dateiformat (XMLSS)
XML-Daten	.xml	XML-Datenformat
Excel-Add-In	.xlam	XML-basiertes Excel 2007-Add-In mit Makros. Unterstützt VBA-Projekte und Excel 4.0-Makros.

Microsoft Excel verwendet seit vielen Jahren für das Speichern von Dateien ein Dateiformat mit der Abkürzung BIFF (Binary Interchange File Format) gefolgt von einer Versionsnummer. Die Ziffer 8 in BIFF8 steht also für die Version 8.

> **HINWEIS** Beim Speichern von Dateien im Format *XML-Kalkulationstabelle* gibt es Einschränkungen hinsichtlich der Excel-Features. Einige gehen in diesem Format verloren.

Mit dem Thema Excel und XML können Sie sich in Kapitel 29 ausführlicher vertraut machen. Als Einstieg ist auch die Hilfe geeignet. Suchen Sie hier nach dem Thema *XML für Anfänger*.

Im neuen Format entfernte Funktionen

Neben all den neuen Möglichkeiten soll auch nicht vergessen werden, dass einige Funktionen nicht mehr verfügbar sind und im neuen Dateiformat auch nicht gespeichert werden.

Mit Excel 2000 wurde die Möglichkeit eingeführt, Formeln über die Verwendung von Überschriften aufzubauen. Unter *Extras/Optionen* war dazu auf der Registerkarte *Berechnung* das Kontrollkästchen *Beschriftungen in Formeln zulassen* zu aktivieren. Diese Möglichkeit wurde in der aktuellen Version entfernt, ebenso die Möglichkeit, Beschriftungen einzufügen. Wenn Sie eine Datei mit dieser Funktion öffnen, dann werden die Namen in den Formeln durch Zellbezüge ersetzt.

Einige der weniger verwendeten Dateiformate wurden entfernt. Angesichts der Vielzahl der vorhandenen Formate sicher ein richtiger Weg, um die Liste der Dateiformate übersichtlich zu halten. Dabei unterscheidet Excel zwischen Formaten, die nicht mehr unterstützt werden (etwa WK3, 1-2-3 oder DBF 2 – dBase II), und Formaten, die zwar geöffnet, aber nicht im ursprünglichen Format gespeichert werden können (etwa DBF 3 und 4 oder Excel 4.0). Auch die Möglichkeit, Dateien im HTML-Format mit Interaktivität zu speichern, wurde entfernt.

Einige weitere Änderungen betreffen Diagramme. In der neuen Version können Sie einem Diagramm neue Daten nicht mehr durch Drag&Drop hinzufügen, kein Diagrammfenster mehr anzeigen und auch keine Zielwertsuche über ein Diagramm vornehmen. Das gleichzeitige Ändern des Diagrammtyps mehrerer markierter Diagramme in einem Schritt wurde entfernt, Sie müssen jetzt den Diagrammtyp für jedes einzelne Diagramm ändern. Ebenfalls entfernt wurde die Möglichkeit, 3D-Diagramme mit der Maus zu drehen. Für diese Aufgabe finden Sie nun im Dialogfeld *Diagrammbereich formatieren* in der Kategorie *3D-Drehung* die entsprechenden Einstellungen.

Wollen Sie ein Textfeld in ein Diagramm einfügen, genügt es nicht mehr, einfach mit dem Schreiben zu beginnen. In der neuen Version müssen Sie zuerst eine Textbox einfügen.

Auch der OLAP Cube Wizzard (**O**n**l**ine **A**nalytical **P**rocessing), mit dem Sie in früheren Versionen einen OLAP-Cube aus relationalen Daten erstellen konnten, wurde entfernt. Um eine Pivot-Tabelle aus relationalen Daten zu erstellen, können Sie aber eine Verbindung zu einer Datenbank herstellen oder die Daten importieren. Diese beiden Möglichkeiten werden sicher am häufigsten eingesetzt.

Außerdem steht der Microsoft Skript-Editor (MSE) nicht mehr zur Verfügung und wird in Excel 2007 nicht mehr unterstützt.

Speichern im Format 97-2003

Setzen Sie Excel in einer gemischten Umgebung mit verschiedenen Versionen ein, können Sie Ihre Dateien auch im bisherigen Format 97-2003 speichern. Dieses Dateiformat entspricht bis auf wenige Ergänzungen dem der früheren Versionen. Das Speichern und Öffnen dürfte kaum merklich langsamer als früher erfolgen.

HINWEIS Beachten Sie bitte, dass die maximale Anzahl der Spalten in den Versionen Excel 97-2003 bei 256 liegt und die Anzahl der Zeilen das Limit von 65.536 nicht übersteigen kann. Dagegen kann ein Tabellenblatt in der neuen Version 16.384 Spalten und 1.048.576 Zeilen enthalten.

Haben Sie Änderungen an der Mappe durchgeführt und dabei von den neuen Möglichkeiten der Version 2007 Gebrauch gemacht, zeigt die Kompatibilitätsprüfung das Ergebnis an. Dabei wird eine Beurteilung ebenso wie die Anzahl der gefundenen Probleme angezeigt.

Abbildg. 3.14 Die Kompatibilitätsprüfung zeigt Probleme in einem Dialogfeld an

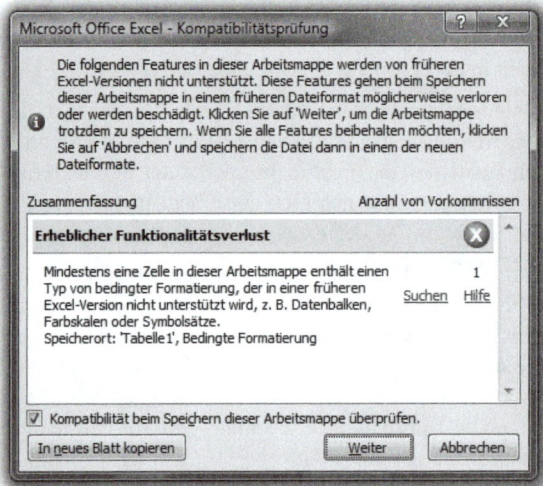

Das Ergebnis dieser Prüfung dokumentieren Sie über die Schaltfläche *In neues Blatt kopieren* dauerhaft.

Abbildg. 3.15   Kompatibilitätsbericht in einer Tabelle

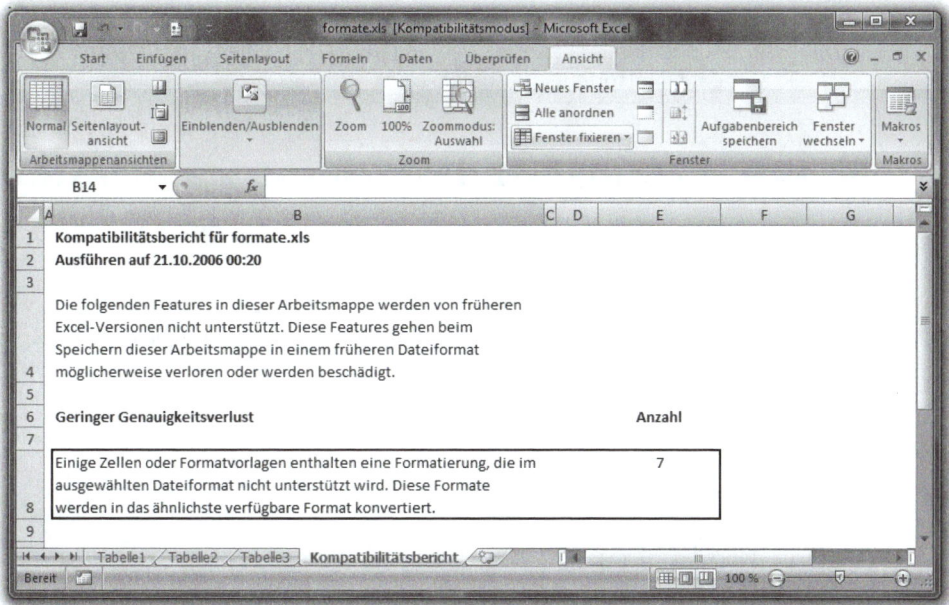

Excel 2007-Arbeitsmappe auf Kompatibilität prüfen

Wollen Sie eine Datei im neuen Format weitergeben und sind Sie nicht sicher, ob der Empfänger die neueste Version einsetzt, dann führen Sie die Kompatibilitätsprüfung aus, um sicherzustellen, dass keine Kompatibilitätsprobleme vorliegen. Diese können zu erheblichen Funktionalitätsverlusten oder geringen Genauigkeitsverlusten gegenüber früheren Versionen von Excel führen. Die Kompatibilitätsprüfung ermittelt alle potenziellen Kompatibilitätsprobleme. So wird beispielsweise geprüft, ob die maximale Anzahl der verwendeten Zeilen und Spalten für die frühere Version nicht überschritten wird.

1. Öffnen Sie die Excel 2007-Arbeitsmappe, die Sie auf Kompatibilität überprüfen möchten.
2. Klicken Sie im Office-Menü auf *Vorbereiten* und klicken Sie dann auf *Kompatibilitätsprüfung ausführen*.
3. Aktivieren Sie das Kontrollkästchen *Kompatibilität beim Speichern dieser Arbeitsmappe überprüfen*, um die Arbeitsmappe bei jedem Speichervorgang auf Kompatibilität zu überprüfen.
4. Klicken Sie auf *In neues Blatt kopieren*, um in einem separaten Arbeitsblatt einen Bericht zu allen im Feld Zusammenfassung aufgeführten Problemen zu erstellen.

Sofern verfügbar, werden mit der Schaltfläche *Korrigieren* einfache Probleme behoben. Bei komplexeren Problemen wählen Sie die Schaltfläche *Hilfe*, um weitere Informationen zu erhalten.

> **HINWEIS** Wenn Sie an einer Arbeitsmappe im Kompatibilitätsmodus arbeiten und die Arbeitsmappe im Excel 97-2003-Dateiformat (.xls) und nicht in einem neuen Excel 2007-Format (XML-basierten oder Binärdateiformat) vorliegt, wird beim Speichern der Arbeitsmappe automatisch die Kompatibilitätsprüfung ausgeführt.

Welches Format ist das richtige Standardformat?

Bei so vielen Dateiformaten und Möglichkeiten stellt sich die Frage, welches Dateiformat eingesetzt werden soll. Hier einige Punkte als Entscheidungshilfe:

- Arbeiten Sie zu Hause an einem Rechner und tauschen Sie keine Dateien aus, verwenden Sie das neue XML-Format, entweder die makrofreie Version mit der Dateinamenerweiterung *.xlsx* oder – falls Sie überwiegend als Entwickler arbeiten – das Dateiformat mit aktivierten Makros und der Dateinamenerweiterung *.xlsm*.

- Geht es Ihnen um das schnelle Öffnen und Speichern großer Dateien, kann das binäre XLSB-Format Vorteile haben.

- Wollen Sie die Excel-Services nutzen, verwenden Sie eines der neuen Dateiformate, also entweder XLSX oder XLSB. Mehr zu den Excel-Services erfahren Sie in Kapitel 30.

- Setzen Sie Excel in einer Arbeitsgruppe mit unterschiedlichen Excel-Versionen ein, verwenden Sie das XLS-Format 97-2003. Damit ist sichergestellt, dass jeder Benutzer die Datei öffnen kann.

- Versenden Sie Dateien und sind Sie nicht sicher, ob ein Empfänger mit dem neuen Dateiformat arbeiten kann, verwenden Sie ebenfalls das XLS-Format 97-2003.

PROFITIPP

> Um redundante Daten zu vermeiden, sollten Sie sicherstellen, dass Informationen jeweils nur in einer Datei gespeichert werden. Wählen Sie beim Datenaustausch also das Format aus, das alle Beteiligten öffnen können. Es führt zu deutlicher Mehrarbeit, wenn Sie – etwa wegen einer bestimmten Formatierung – das neue Dateiformat wählen, für die Weitergabe dann aber eine weitere Datei erstellen müssen.

Standardformat für Dateien einstellen

Welches Dateiformat als Standardformat verwendet wird, können Sie selbst bestimmen. Gehen Sie dazu wie folgt vor:

1. Wählen Sie im *Office-Menü* die Schaltfläche *Excel-Optionen*.
2. Wechseln Sie zur Kategorie *Speichern*.
3. Passen Sie die Option *Dateien in diesem Format speichern* an Ihre Bedürfnisse an.
4. Bestätigen Sie die Änderungen mit *OK*.

Abbildg. 3.16   In den Excel-Optionen können Sie das Standard-Dateiformat festlegen

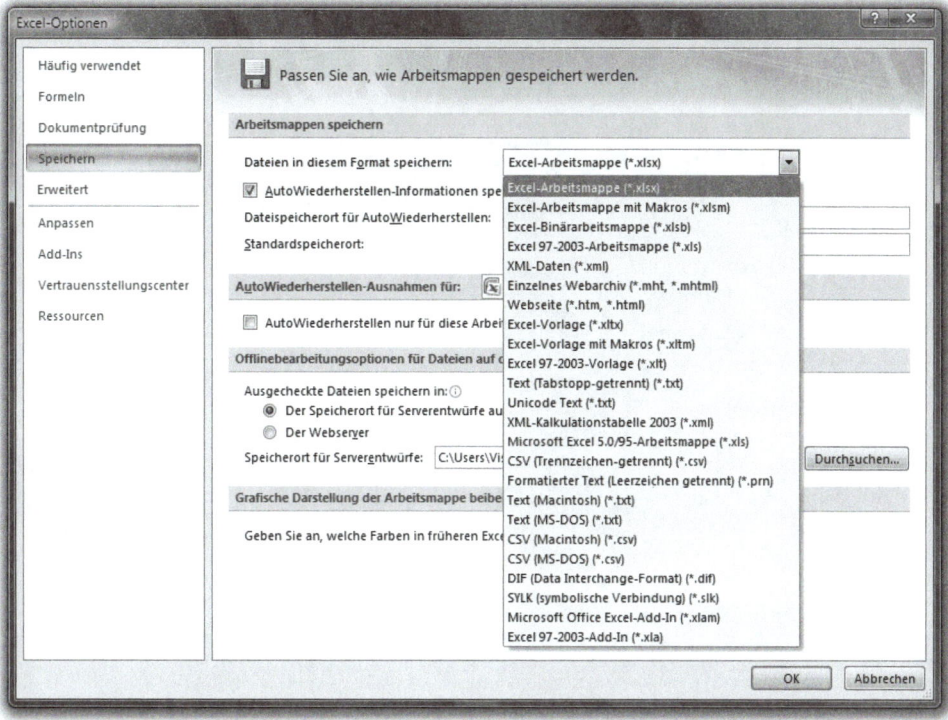

Nach dem anschließenden Speichern der Datei wird das hier eingestellte Dateiformat verwendet.

Datei speichern

Wenn Sie in einer vorhandenen Datei einige Änderungen vornehmen und anschließend diese Korrekturen speichern wollen, müssen Sie nur auf die Schaltfläche *Speichern* in der Symbolleiste für den Schnellzugriff klicken. Diese enthält zwar das Symbol einer Diskette, die Datei wird aber mit den Änderungen genau dort gespeichert, wo sie geöffnet wurde und behält ihren Namen bei. Die gleiche Funktion hat der Befehl *Speichern* im *Office-Menü* bzw. die Tastenkombination Strg+S.

Benutzen Sie den Befehl *Speichern unter* im *Office-Menü* immer dann, wenn Sie eine Datei erstmals speichern, einer Arbeitsmappe einen neuen Namen zuweisen oder diese an einem anderen Ort als bisher ablegen wollen.

Abbildg. 3.17 Die Standardformate werden direkt angeboten, weitere Formate sind zusammengefasst unter *Andere Formate*, mehr zu Add-Ins für andere Dateiformate suchen steht in Kapitel 5

Vertrauenswürdige Speicherorte

Ein vertrauenswürdiger Speicherort ist ein Ordner auf der Festplatte oder in einem Netzwerk. Jede Datei, die Sie an einem vertrauenswürdigen Speicherort ablegen, wird beim Öffnen nicht durch das *Vertrauensstellungscenter* geprüft. Enthält die Datei Makros, erhalten Sie keine Sicherheitswarnung, die Makros sind aktiviert und können verwendet werden. Dies bedeutet natürlich, dass Sie beim Erstellen vertrauenswürdiger Speicherorte vorsichtig vorgehen sollten.

HINWEIS   Im Vertrauensstellungscenter werden die Einstellungen für Sicherheit und Datenschutz für die Programme der Office-Suite 2007 vorgenommen, mehr dazu weiter unten in diesem Abschnitt.

Bereits bei der Installation werden einige Ordner der Liste mit den vertrauenswürdigen Speicherorten hinzugefügt. Dazu zählen beispielsweise die Excel-Startordner sowie die Ordner, in denen die Vorlagen abgelegt sind. Die Informationen dazu werden in der Windows-Registrierungsdatenbank gespeichert unter *HKEY_CURRENT_USER\Software\Microsoft\Office\12.0\Excel\Security\Trusted Locations*.

Abbildg. 3.18 Über die Schaltfläche *Neuen Speicherort hinzufügen* können Sie Ordner für sicher erklären

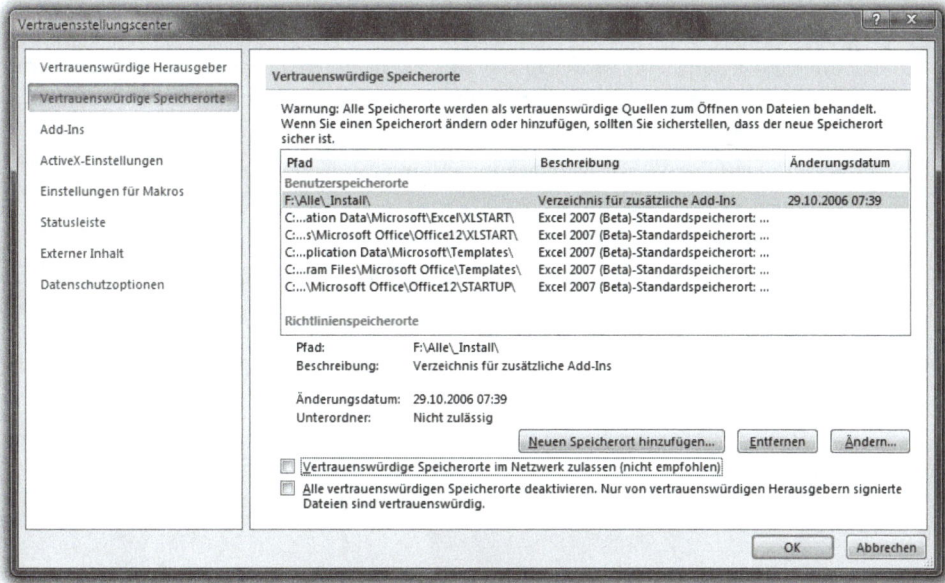

Abbildg. 3.19 Wählen Sie den sicheren Ordner aus und geben Sie eine zusätzliche Beschreibung an

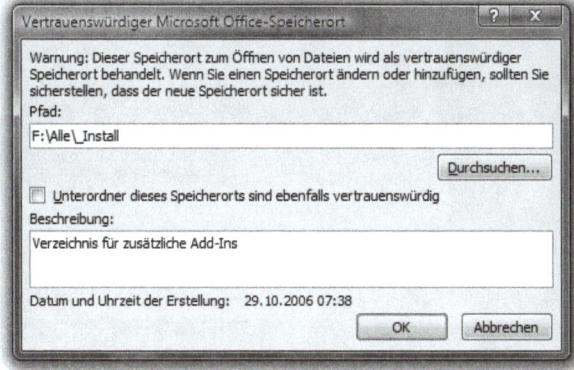

Verzichten Sie darauf, die Unterordner ebenfalls als vertrauenswürdig zu kennzeichnen, wenn dies nicht zwingend erforderlich ist. Die Vergabe dieses Status sollte durchaus restriktiv gehandhabt werden. Gleiches gilt natürlich auch für die Dateien, die Sie in diesen Ordnern ablegen.

Das Vertrauensstellungscenter kennen lernen

Die Einstellungen für Sicherheit und Datenschutz in den Office-Programmen wurden von dem in früheren Versionen verwendeten System mit mehreren Ebenen auf ein neues Sicherheitssystem umgestellt. Im Vertrauensstellungscenter können Sie für die unterschiedlichen Sicherheitsbereiche die Einstellungen anpassen.

Und so ändern Sie die Einstellungen im Vertrauensstellungscenter:

1. Öffnen Sie das *Office-Menü*.
2. Wählen Sie die Schaltfläche *Excel-Optionen*.
3. Klicken Sie auf die Kategorie *Vertrauensstellungscenter* und dann auf die Schaltfläche *Einstellungen für das Vertrauensstellungscenter*.

Abbildg. 3.20   Einige Verknüpfungen zeigen auf weiterführende Informationen zum Datenschutz und zur Sicherheit

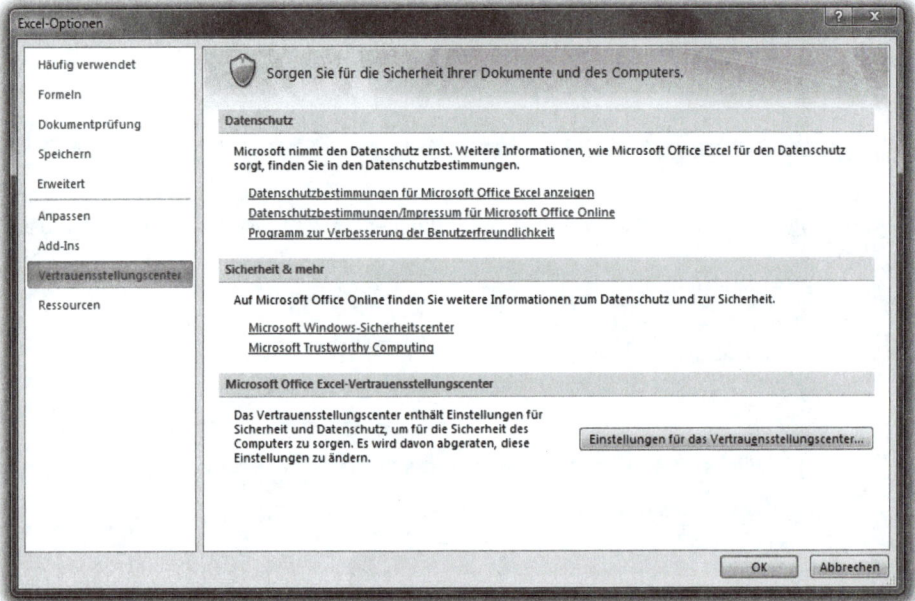

Der Link *Programm zur Verbesserung der Benutzerfreundlichkeit* zeigt die Seite von Microsoft *http://www.microsoft.com/products/ceip/de-de/default.mspx*. Wenn Sie an diesem Programm teilnehmen, sendet Windows automatisch Informationen über Ihre Verwendung bestimmter Produkte an Microsoft. Ziel ist, dass Microsoft Probleme lösen und häufig verwendete Features optimieren kann.

Die Schaltfläche *Einstellungen für das Vertrauensstellungscenter* führt Sie zum Vertrauensstellungscenter. Dort werden verschiedene sicherheitsrelevante Einstellungen vorgenommen. Legen Sie hier vertrauenswürdige Herausgeber und Speicherorte oder das Verhalten beim Öffnen von Dateien mit ActiveX-Elementen fest.

Abbildg. 3.21 Die Sicherheitseinstellungen für externe Datenverbindungen werden im Vertrauensstellungscenter vorgenommen

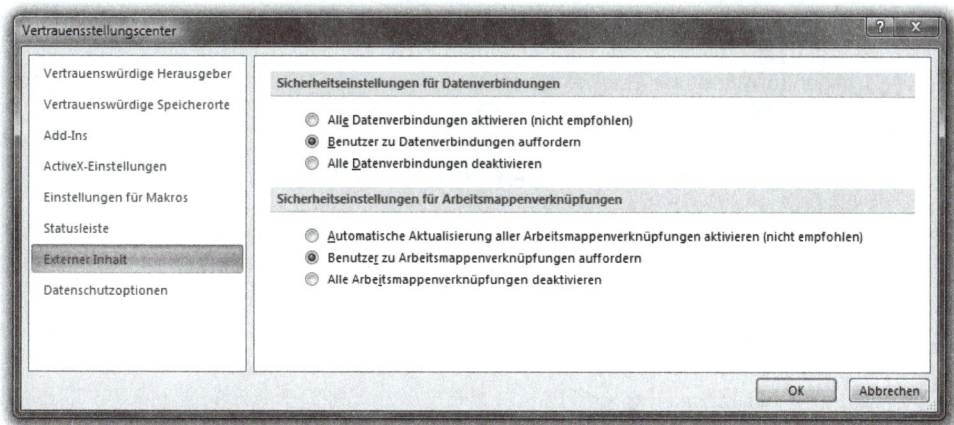

Mehr zu diesem Thema finden Sie in der Hilfe unter den Suchbegriffen *Anzeigen der Sicherheitseinstellungen im Vertrauensstellungscenter* und *Sperren oder Entsperren externer Inhalte in Office-Dokumenten*.

In der Kategorie *Datenschutzoptionen* finden Sie das Kontrollkästchen *Microsoft Office-Dokumente auf mögliche Spoofingangriffe auf internationale Domänennamen überprüfen* für die Anzeige von Sicherheitshinweisen bei Verknüpfungen zu verdächtigen Websites. Bei diesen so genannten »Homografieangriffen« werden Internetadressen verwendet, die auf den ersten Blick wie eine bekannte Adresse aussehen. Allerdings wird ein Zeichen durch ein anderes Zeichen eines fremden Alphabets ersetzt. Damit landet der Benutzer nicht auf der gewünschten, sondern auf einer meist täuschend echt aussehenden Seite.

Das neue Dateiformat mit früheren Versionen erstellen

Frühere Versionen von Microsoft Office können mit dem Compatibility Pack für Office 2007 Word-, Excel- und PowerPoint-Dateiformate aktualisiert werden. Stellen Sie dazu sicher, dass das System aktualisiert ist. Installieren Sie also sämtliche erforderlichen Updates bzw. Updates mit hoher Priorität von der Microsoft Update-Seite (erforderlich für Office XP- und Office 2003-Benutzer).

Laden Sie anschließend die Datei *O2007Cnv.exe* von der Internetseite *http://www.microsoft.com/downloads/* herunter und installieren Sie diese durch einen Doppelklick auf die Datei.

Nach Ausführung dieser Schritte lassen sich Dateien unter Verwendung der folgenden neuen Dateiformate von Excel 2007 öffnen, bearbeiten, speichern und erstellen:

- *.xlsb* – Microsoft Office Excel 2007-Binärarbeitsmappe
- *.xlsx* – Microsoft Office Excel 2007-Arbeitsmappe
- *.xlsm* – Microsoft Office Excel 2007-Arbeitsmappe mit Makros
- *.xltx* – Microsoft Office Excel 2007-Vorlage

Kapitel 3 Neue und konventionelle Dateiformate verwenden

- *.xlsm* – Microsoft Office Excel 2007-Vorlage mit Makros
- *.xlam* – Microsoft Office Excel 2007-Add-In

> **HINWEIS** Neben den hier genannten Excel-Formaten können Sie mit dem Konverter auch Dateien für Word und PowerPoint im neuen Format bearbeiten, speichern und öffnen.

Das Dialogfeld *Speichern unter*

Wird eine Datei zum ersten Mal gespeichert oder wollen Sie eine bereits gespeicherte Datei als Kopie ablegen, verwenden Sie hierzu das Dialogfeld *Speichern unter*. Dieses Dialogfeld entspricht weitgehend dem Dialogfeld *Öffnen*. Sie können also zunächst einen Ordner einstellen und in eventuell vorhandene Unterordner verzweigen. Häufig verwendete Ordner können Sie in der Gruppe *Linkfavoriten* ablegen und so schnell verfügbar machen. Mehr dazu weiter unten in diesem Abschnitt.

Im Eingabefeld *Dateiname* tragen Sie den gewünschten Dateinamen ein. Im Listenfeld *Dateityp* können Sie das Dateiformat einstellen, das für diese Datei verwendet werden soll. Abhängig von diesem Dateityp ergänzt Excel den Dateinamen um eine Dateierweiterung, welche den Dateityp identifiziert.

Abbildg. 3.22 Über den Schieberegler kann die Ansicht an die Größe des Dialogfeldes angepasst werden

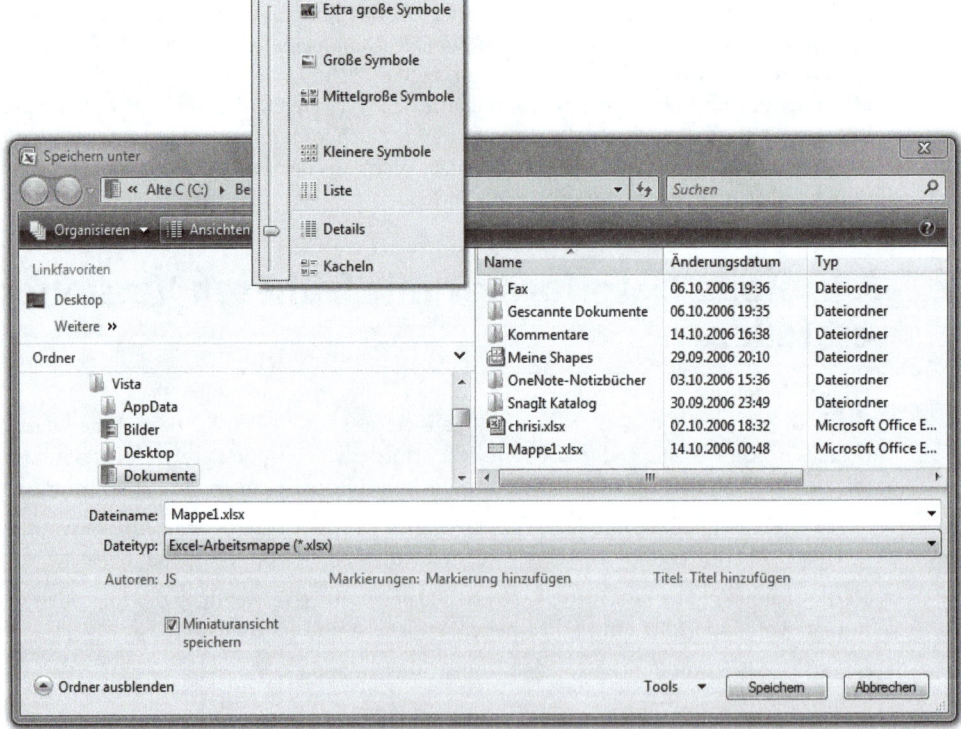

Direkt unter dem Dateityp ist auch Gelegenheit, weitere Informationen als Markierung (auch als Dokumenteigenschaft bekannt) festzulegen. Klicken Sie dazu beispielsweise auf *Titel hinzufügen*, um hier persönliche Angaben zu machen. Diese Dokumenteigenschaften sind nicht auf einem Tabellenblatt sichtbar, werden aber dennoch mit der Datei gespeichert. Im Windows-Explorer können diese angezeigt werden, wenn Sie eine Datei mit der rechten Maus anklicken und den Kontextbefehl *Eigenschaften* anzeigen lassen. Die Dokumenteigenschaften und die damit verbundenen Optionen werden weiter unten noch genauer vorgestellt.

Wie das Dialogfeld *Öffnen* bietet auch das Dialogfeld *Speichern unter* reichlich Spielraum für Anpassungen. So können Sie die Anzeige ähnlich wie im Windows-Explorer über die Schaltfläche *Ansichten* ändern. Wählen Sie eine der angezeigten Optionen oder verwenden Sie den Schieberegler an der linken Seite.

Über die Schaltfläche *Ordner ausblenden* wird die Ordnerstruktur ausgeblendet. Der eingestellte Pfad bleibt sichtbar. Damit können Sie auch im reduzierten Dialogfeld weiterhin den Speicherort wählen.

Abbildg. 3.23 Werden die Ordner ausgeblendet, ist die Größe des Dialogfeldes deutlich reduziert

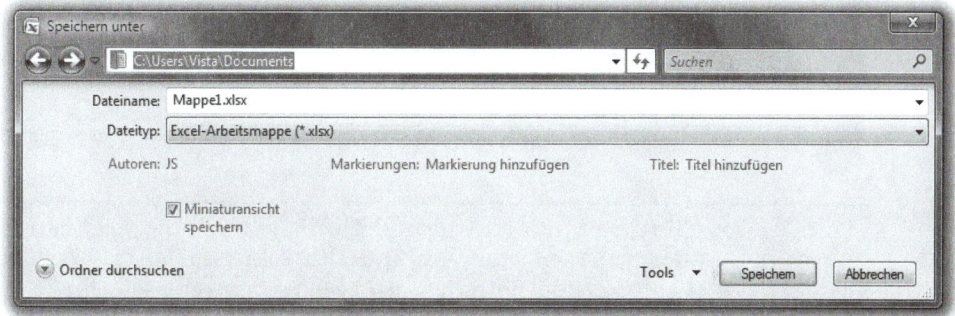

Einen Arbeitsordner festlegen

In den Dialogfeldern zum Öffnen und Speichern ist als Arbeitsordner *Dokumente* aus Ihrem Benutzerprofil voreingestellt. Diese Voreinstellung können Sie ändern, wenn Sie Ihre Dateien in einem anderen Ordner speichern wollen.

So legen Sie einen anderen Arbeitsordner fest:

1. Klicken Sie im *Office-Menü* auf die Schaltfläche *Excel-Optionen*.
2. Wechseln Sie in die Kategorie *Speichern*.
3. In der Gruppe *Arbeitsmappen speichern* tragen Sie im Eingabefeld *Standardspeicherort* den Pfad für den Ordner ein, den Sie in Zukunft als Arbeitsordner nutzen möchten. (z.B. *C:\Daten*).

Abbildg. 3.24 Den Standardarbeitsordner passen Sie über die Excel-Optionen an Ihre Wünsche an

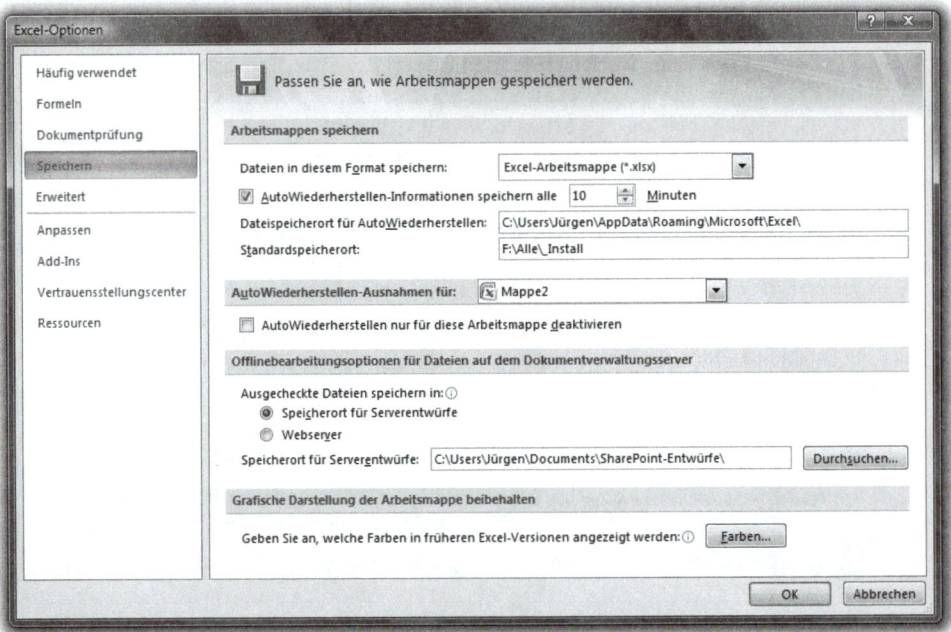

PROFITIPP Unter Windows Vista eignet sich der Ordner *Öffentlich* für die Ablage von Dateien, die allen Benutzern eines Computers verfügbar gemacht werden sollen. Sämtliche Dateien und Ordner, die hier abgelegt werden, sind automatisch für alle Benutzer freigegeben, die über Zugriff auf den öffentlichen Ordner verfügen.

Wie funktioniert die Dateiablage?

Ein Computer verfügt in der Regel über verschiedene Speichermedien (Laufwerke), um das, was Sie erarbeitet haben, dauerhaft zu speichern. Standardmäßig verfügt der PC über eine Festplatte und manchmal noch über ein Diskettenlaufwerk. Weitere Geräte, z.B. CD ROM- und DVD-Laufwerke oder auch ein Lesegerät für Speicherkarten sind optional. Jedem Laufwerk wird ein Buchstabe zugeordnet. Historisch bedingt erhält das Diskettenlaufwerk den Buchstaben A und die erste Festplatte den Buchstaben C. Über diesen (Laufwerks-)Buchstaben sind die Laufwerke eindeutig gekennzeichnet und von Computerprogrammen ansprechbar.

Auf der Festplatte werden zunächst Programme gespeichert. Das wichtigste Programm ist das Betriebssystem, z.B. Windows Vista. Ist ein Betriebssystem vorhanden, werden so genannte Anwendungsprogramme installiert, z.B. das Office-Paket mit Excel, Word und PowerPoint. Mit den Anwendungsprogrammen können Sie Texte schreiben, Bilder malen oder Berechnungen durchführen. Wichtig ist hier, dass Sie diese Arbeiten speichern und damit für eine spätere Verwendung verfügbar machen. Dies unterscheidet den PC von der guten alten Schreibmaschine.

Gespeichert wird Ihre Arbeit in einer Datei. Wenn Sie viele Dateien angelegt haben, wird es höchste Zeit, über eine Struktur zur Dateispeicherung nachzudenken. Damit können Sie die Dateien in logischen Gruppen zusammenfassen. Eine solche Gruppe wird als Ordner oder auch Verzeichnis bezeichnet.

Im herkömmlichen Büro wird ein Brief (Datei) auch in einem Ordner (Ordner oder Verzeichnis) abgelegt. So wie ein Papier-Ordner unter Umständen mehrere Register enthält, kann auch ein Ordner auf dem PC mehrere Unterordner aufweisen.

Das Windows-Betriebssystem gibt eine einfache, aber wichtige Struktur vor. Neben einem Ordner für das Betriebssystem und für Programme befindet sich standardmäßig ein Ordner *Dokumente* auf Ihrem Computer. In diesem Ordner sollten Sie Ihre Dateien speichern. Ihre Arbeiten werden damit getrennt von etwaigen Programmen abgelegt, was verschiedene Vorteile hat. So lassen sich eigene Dateien leichter finden, weil nicht erst Programmverzeichnisse durchsucht werden müssen. Außerdem ist es vom Zugriff her praktischer, wenn Sie Ihre Arbeit beispielsweise auf einer CD-ROM sichern wollen. Arbeiten mehrere Benutzer mit unterschiedlichen Anmeldenamen an einem Rechner, dann hat jeder Benutzer einen ganz persönlichen Ordner *Dokumente*.

Erstellen Sie weitere Unterordner im Ordner *Dokumente*, um Ihre ganz persönliche Sortierung für die Daten zu haben (siehe hierzu auch Tabelle 3.2).

Tabelle 3.2 Vergleich der Ordnungssysteme »Herkömmliches Regal« und PC

Ordnerregal	Computer
Regalschrank	Laufwerk
Fachbodenreihe	Ordner (Verzeichnis)
Aktenordner	Unterordner (Unterverzeichnis)
Brief (Dokument)	Datei
Einzelnes Blatt im Brief	Tabellenblatt

Speicheroptionen für die Datei einstellen

Im Dialogfeld *Speichern unter* können Sie über die Schaltfläche *Tools* ein paar interessante Einstellungen vornehmen. Über den Befehl *Allgemeine Optionen* blenden Sie ein gleichnamiges Dialogfeld ein. Dort finden Sie das Kontrollkästchen *Sicherungsdatei erstellen*. Diese Einstellung veranlasst Excel dazu, vor dem Speichern zu prüfen, ob bereits eine Datei mit dem gleichen Namen wie die aktuelle Datei im eingestellten Zielordner vorhanden ist. Ist dies der Fall, wird diese Datei umbenannt und die aktuelle Datei unter dem gewünschten Namen gespeichert. Was sich vielleicht etwas umständlich anhört, ist nichts anderes, als dass die ursprüngliche Version unter einem anderen Namen gespeichert wird. Sie haben also beim erneuten Speichern eine Sicherungskopie angelegt. Angenommen, Sie haben diese Einstellung für eine Datei mit dem Namen *Mappe2.xlsx* verwendet, dann wird die Sicherungskopie unter dem Namen *Sicherungskopie von Mappe2.xlk* gespeichert.

HINWEIS   Auch wenn die Dateinamenerweiterung wie in den früheren Versionen nur drei Buchstaben enthält, wird die Datei dennoch im neuen XML-basierten Dateiformat gespeichert.

Abbildg. 3.25 Beim Speichern zusätzliche Optionen einstellen

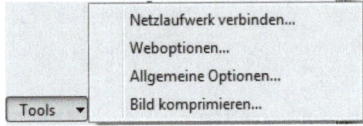

Über die Speicheroptionen können Sie ein Kennwort für den Zugriff auf die Datei vergeben. Dabei tritt das *Kennwort zum Öffnen* beim Öffnen der Datei in Aktion. Nur wenn der Benutzer das Kennwort kennt und in der richtigen Schreibweise in das Dialogfeld einträgt, kann die Datei geöffnet werden. Ansonsten wird der Zugriff verweigert.

WICHTIG Berücksichtigen Sie bei der Vergabe von Kennwörtern, dass Sie (auch später) die Groß-/Kleinschreibung beachten müssen!

Das *Kennwort zum Ändern* zeigt Ihnen dagegen beim Öffnen einen Warnhinweis auf den Dateischutz an. Damit erhalten Sie einen Hinweis auf besonders wichtige Daten und können selbst entscheiden, ob Sie diese ändern wollen. Wenn Sie die Datei später speichern wollen, müssen Sie das Kennwort angeben. Ansonsten wird die Datei schreibgeschützt geöffnet: Das bedeutet, dass die Datei zwar gelesen und geändert werden kann, wollen Sie die Änderungen speichern, dann müssen Sie die Datei allerdings unter einem anderen Namen ablegen. Die Datei ist also vor versehentlichem Überschreiben geschützt.

Bild komprimieren

Eine Einstellung, die Ihnen eventuell bei der Reduzierung des Speicherbedarfs einer Datei helfen kann, finden Sie ebenfalls im Dialogfeld *Speichern unter*. Wählen Sie hierzu die Schaltfläche *Tools* und dann den Befehl *Bild komprimieren*. Im Dialogfeld *Bild komprimieren* können Sie einstellen, wie die Bilder der Arbeitsmappe gespeichert werden sollen. So wird für normale Bilder eine Auflösung von 220 ppi (pixel per inch; Pixel pro Zoll) verwendet, für Bilder im Webformat hingegen wird die Auflösung auf 96 ppi reduziert.

Auch das Kontrollkästchen *Zugeschnittene Bildbereiche löschen* (siehe Abbildung 3.26) kann zu einer Reduzierung des benötigten Speicherbedarfs führen, wenn die enthaltenen Bilddateien in der Größe zugeschnitten wurden.

HINWEIS Leider gelten diese Einstellungen nur für Bilder, die als eigenständige Objekte eingefügt wurden, nicht aber für Hintergrundbilder und Bilder, die Sie beispielsweise in ein Diagramm eingefügt haben.

Abbildg. 3.26 Wenn Sie eingebettete Bilder komprimieren, können Sie den Speicherbedarf reduzieren

Wiederherstellungsinformationen erstellen

In den *Excel-Optionen* des Office-Menüs finden Sie in der Kategorie *Speichern* eine wichtige Einstellung: Ist das Kontrollkästchen *AutoWiederherstellen-Informationen speichern alle* aktiviert, erstellt Excel automatisch eine Arbeitsmappen-Wiederherstellungsdatei. Den zeitlichen Abstand dieser Speicherung stellen Sie über das Feld *Minuten* ein. Möglich sind hier Werte zwischen 1 und 120. Bei einem Absturz des Computers oder im Falle eines unerwarteten Stromausfalls öffnet Microsoft Excel die AutoWiederherstellen-Datei beim nächsten Starten von Excel.

Dokumenteigenschaften eintragen

Allgemeine Informationen zum Inhalt der Arbeitsmappe, wie z.B. Autor, Titel, Betreff, Schlüsselwörter oder auch einen Kommentar usw. können Sie in den Dokumenteigenschaften eingetragen. Rufen Sie im *Office-Menü* den Befehl *Vorbereiten/Eigenschaften* auf, wird der Aufgabenbereich für Dokumenteigenschaften angezeigt.

Eine interessante Möglichkeit bietet Ihnen das Kontrollkästchen *Miniaturen für alle Excel-Dokumente speichern*, welches Ihnen nach dem Aufruf des Befehls *Dokumenteigenschaften/Erweiterte Eigenschaften* auf der Registerkarte *Zusammenfassung* angeboten wird. Wenn Sie dieses Kontrollkästchen aktivieren, können Sie im Dialogfeld *Öffnen* eine Vorschau auf das erste Blatt einer Mappe anzeigen lassen und damit künftig vorab entscheiden, ob es sich um die gewünschte Datei handelt.

Wie Sie eigene Dokumenteigenschaften, unter Windows Vista auch Markierungen genannt, festlegen und mit Tabelleninhalten verknüpfen können, erfahren Sie in Kapitel 19.

Abbildg. 3.27   Dokumenteigenschaften werden direkt im Arbeitsfenster angezeigt und dort auch editiert

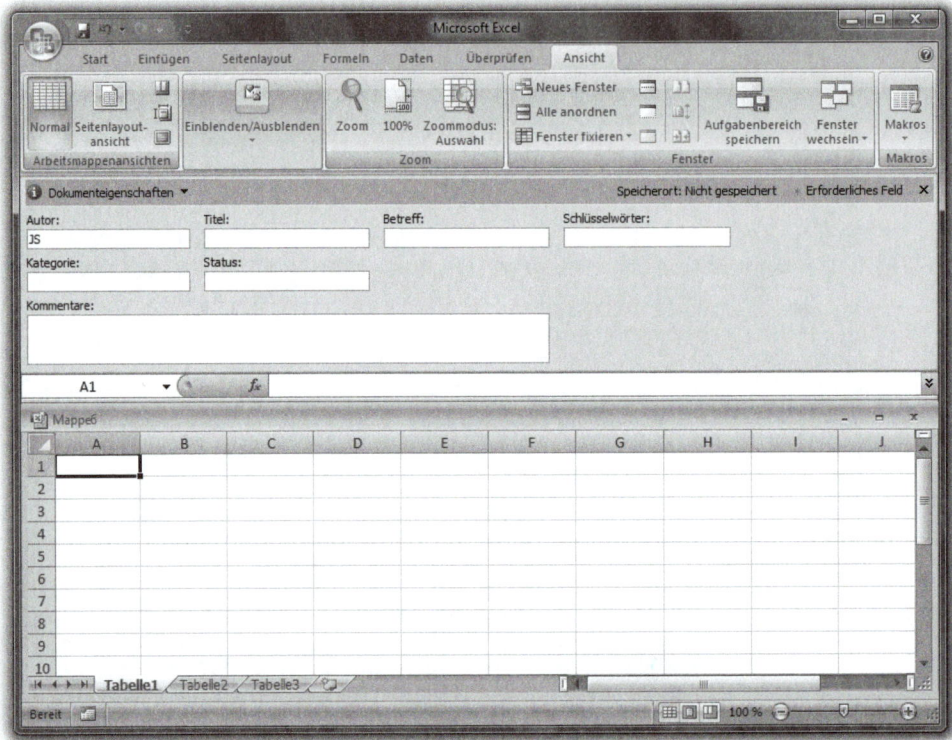

Dateien suchen

Um eine bestimmte Datei zu finden, tragen Sie im Dialogfeld *Öffnen* den Dateinamen in das Eingabefeld *Suchen* ein. Dabei werden auch Unterordner durchsucht. Bleibt die Suche erfolglos, können auch Dateiinhalte durchsucht werden.

Bei erfolgloser Suche können Sie auch den Windows-Explorer mit seinen Suchtools verwenden.

Auch im Windows-Explorer können Sie nach Dateien suchen. Besonders interessant ist die Registerkarte *Erweiterte Optionen*. Hier können Sie die Suche auf bestimmte Datei-Eigenschaften ausdehnen (siehe Abbildung 3.29).

Die eigentliche Suche starten Sie über die Schaltfläche *Suchen*. Ist die Suche erfolgreich, werden die gefundenen Dateien im Listenfeld angezeigt. Sie können dort eine Datei markieren und mit Doppelklick öffnen.

> **TIPP**   Kommt es vor, dass Sie häufig eine Suche mit den gleichen Einstellungen durchführen, dann können Sie das Suchmuster über die Schaltfläche *Suche speichern* dauerhaft verfügbar machen.

Abbildg. 3.28 Dateisuche im Windows-Explorer starten

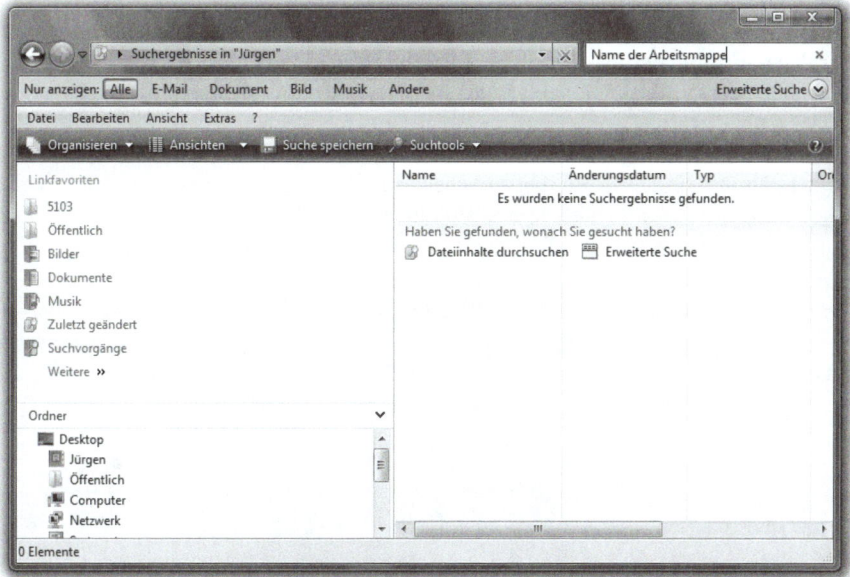

Abbildg. 3.29 Hier können Sie Dateien anhand bestimmter Dateieigenschaften und Inhalte suchen

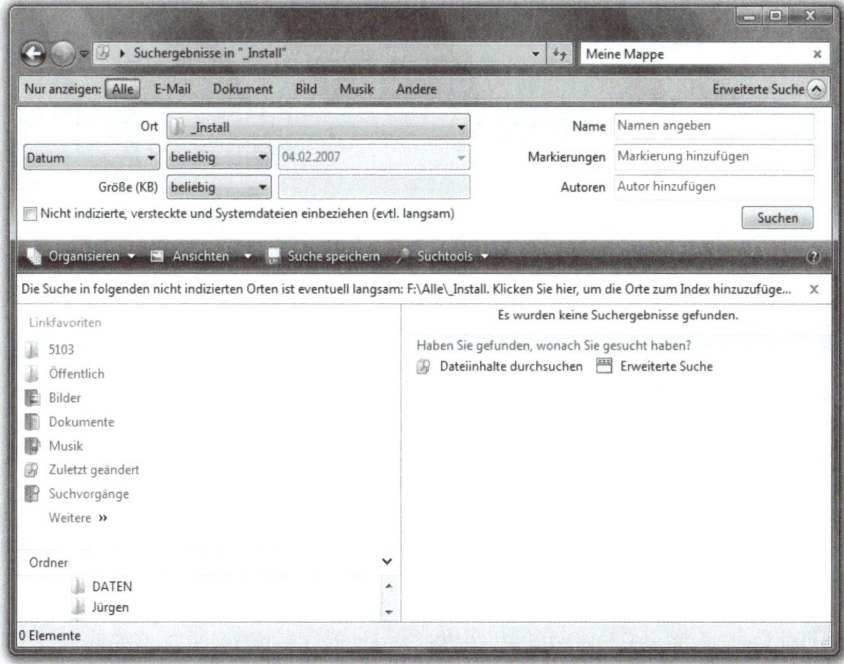

Persönliche Informationen entfernen

Beim Arbeiten mit einem Dokument fügen Sie vielleicht eine Reihe von Informationen ein, welche über den reinen Inhalt hinausgehen und beispielsweise einen bestimmten Stand der Arbeiten dokumentieren. Solche Informationen werden häufig z.B. in Kommentaren oder auch auf ausgeblendeten Arbeitsblättern abgelegt. Wenn die Arbeitsmappe weitergegeben wird, dann sollen vielleicht bestimmte Informationen aus der Mappe entfernt werden, weil sie vertraulich und nicht für jedermann bestimmt sind. Um die persönlichen Informationen zu entfernen, ist in Office 2007 ein Dokumentinspektor integriert. Dieser Dokumentinspektor besteht aus mehreren Teilen, die verschiedene Aufgaben erledigen (Tabelle 3.3).

Tabelle 3.3   Liste verschiedener Inspektoren und ihrer Aufgaben

Inspektor	Suchen und entfernen von
Kommentare und Anmerkungen	Kommentare und Freihandanmerkungen
Dokumenteigenschaften und persönliche Informationen	Persönliche Dokumenteigenschaften aus dem Dialogfeld Dokumenteigenschaften, E-Mail-Kopfzeilen, Verteiler, Zur Durchsicht versendete Informationen, Dokumentservereigenschaften, Informationen zur Dokumentverwaltungsrichtlinie, Druckerpfadinformationen, Benutzername, Kommentare von definierten Namen und Tabellen, inaktive externe Datenverbindungen
Kopf- und Fußzeilen	Informationen in Kopf- und Fußzeilen von Arbeitsblättern
Ausgeblendete Zeilen und Spalten	Ausgeblendete Zeilen und Spalten (Vorsicht: Beim Entfernen dieser Information können sich berechnete Ergebnisse ändern, wenn ein Bezug auf ausgeblendete Zeilen und/oder Spalten existiert!)
Ausgeblendete Arbeitsblätter	Ausgeblendete Arbeitsblätter (Vorsicht: Beim Entfernen dieser Information können sich berechnete Ergebnisse ändern, wenn ein Bezug auf ausgeblendete Arbeitsblätter existiert!)
Benutzerdefinierte XML-Daten	Benutzerdefinierte XML-Daten, auch solche die im Dokument selbst nicht sichtbar sind
Nicht sichtbarer Inhalt	Als unsichtbar formatierte Objekte

WICHTIG   Sie sollten den Dokumentinspektor auf eine Kopie der Arbeitsmappe anwenden, weil nicht alle Aktionen des Dokumentinspektors rückgängig gemacht werden können.

Öffnen Sie also eine Kopie der Arbeitsmappe die Sie weitergeben möchten und rufen Sie den Dokumentinspektor wie folgt auf:

1. Klicken Sie auf die Schaltfläche *Office-Menü*.
2. Wählen Sie den Befehl *Vorbereiten* und klicken Sie auf *Dokument prüfen*.
3. Im Dialogfeld *Dokumentinspektor* aktivieren Sie die betreffenden Kontrollkästchen für die durchzuführende Prüfung.
4. Klicken Sie auf *Prüfen*.
5. Das Ergebnis der Prüfung wird im Dialogfeld *Dokumentinspektor* angezeigt.
6. Wählen Sie die Schaltfläche *Alle entfernen*, um gefundene Informationen zu entfernen.

Abbildg. 3.30 Der Dokumentinspektor zeigt das Ergebnis der Prüfung an und erwartet Ihre Aktion

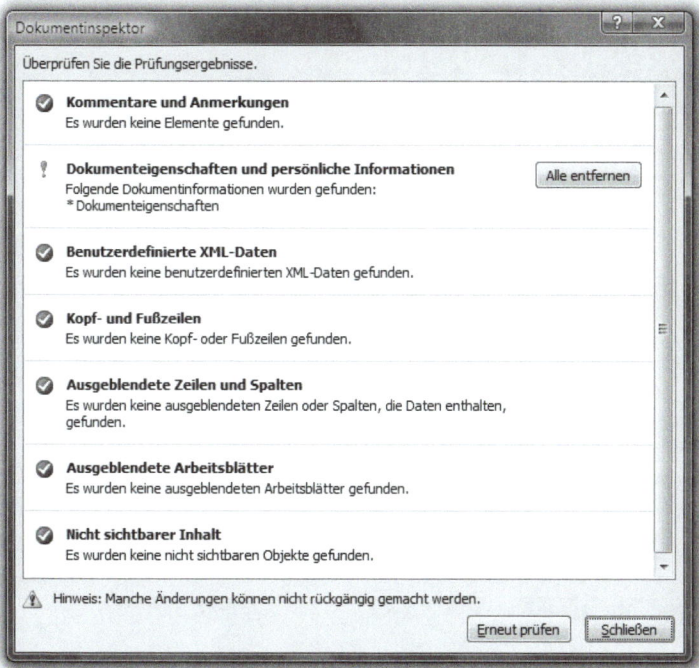

Ansichten im Dialogfeld *Öffnen* einstellen

Ganz nach Ihrem persönlichen Geschmack können Sie die Anzeige des Dialogfeldes *Öffnen* über den Befehl *Ansichten* anpassen. Auch die zuvor beschriebenen Dateieigenschaften können Sie hier anzeigen lassen. Die weiteren Einstellungen entsprechen im Wesentlichen denen des Windows-Explorers. Dort finden Sie diese übrigens nach einem Druck der Alt -Taste über den Menübefehl *Ansicht/Details auswählen*.

Die Optionen der Schaltfläche *Öffnen*

Die Schaltfläche *Öffnen* im Dialogfeld *Öffnen* hält einige Optionen bereit, mit denen Sie eine Datei

- schreibgeschützt öffnen können;
- als Kopie öffnen können (Die Kopie wird im gleichen Ordner erstellt, in dem sich auch die ursprüngliche Datei befindet. Dieser Befehl steht nicht für alle Dateiformate zur Verfügung.);
- im Browser öffnen können, wenn es sich um eine HTML-Datei handelt;
- die beschädigt ist, eventuell öffnen und reparieren können.

Erreichbar sind diese Optionen über den Pfeil auf der Schaltfläche *Öffnen*.

Abbildg. 3.31 Auch das Dialogfeld *Öffnen* kann angepasst werden

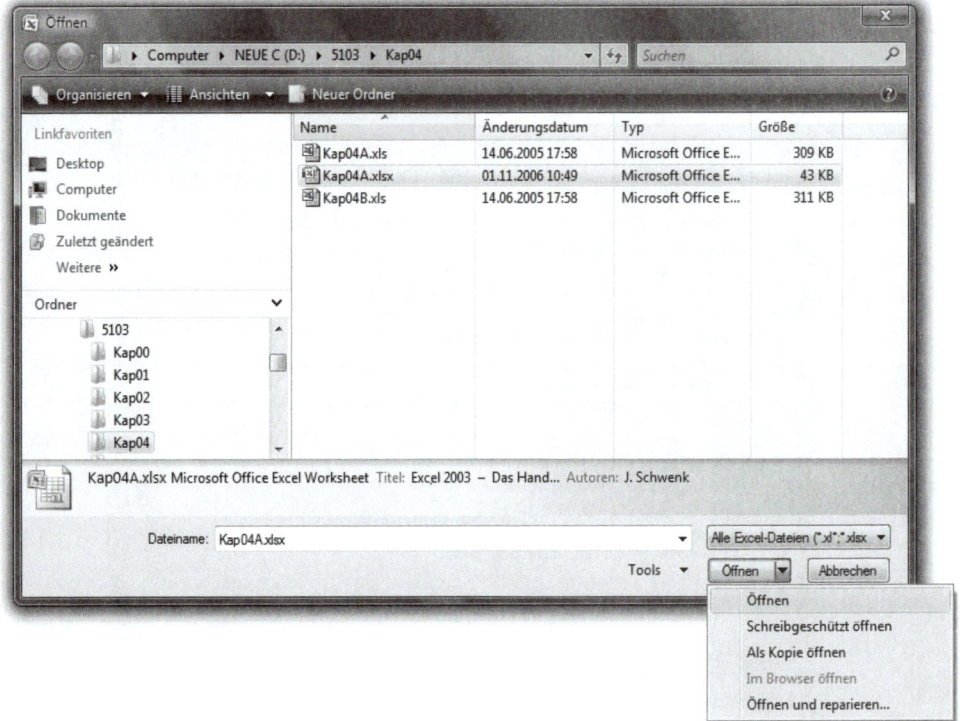

Schneller auf Verzeichnisse zugreifen

Im Dialogfeld *Öffnen* wechseln Sie zwischen den unterschiedlichen Laufwerken und Verzeichnissen über das Listenfeld *Suchen in* bzw. über einen Doppelklick auf einen Ordner in der Spalte *Name* (falls die Ansicht *Details* eingestellt ist). Eine weitere Möglichkeit bieten die Linkfavoriten am linken Rand des Dialogfeldes, die bereits Verknüpfungen zu den Ordnern *Zuletzt geändert*, *Desktop*, *Suchvorgänge*, *Öffentlich* usw. enthält. Sie finden diese Leiste auch am linken Rand weiterer Dialogfelder, z.B. *Speichern unter*, *Durchsuchen* (beim Einfügen eines Objekts aus einer Datei) oder *Grafik einfügen*, wenn ein Bild in ein Diagramm eingefügt wird.

Über den Ordner *Zuletzt geändert* ist eine umfangreiche Liste der zuletzt geöffneten Dateien und Ordner verfügbar.

Der Ordner *Öffentlich* eignet sich zum Speichern von Dateien, die Sie in Ordner auf Netzwerkdateiservern oder Webservern kopieren bzw. dort veröffentlichen möchten. Das Speichern von Dateien auf einem Server ermöglicht Ihnen, Dateien gemeinsam mit anderen Personen oder an anderen Standorten zu verwenden. Mehr zur Arbeit im Team finden Sie weiter unten in diesem Abschnitt und in Kapitel 28.

Speichern von Dateien

Eine Verknüpfung zu den Linkfavoriten hinzufügen

Das Interessante an den *Linkfavoriten* ist die Tatsache, dass Sie dort eigene Ordner einfügen können. Damit können Sie die meistverwendeten Ordner an Ihrem Arbeitsplatz selbst festlegen und auch schnell darauf zugreifen.

Um den Linkfavoriten einen Ordner hinzuzufügen, gehen Sie wie folgt vor:

1. Klicken Sie im *Office-Menü* auf *Öffnen*.
2. Klicken Sie in der *Liste Ordner* auf das Laufwerk, den Ordner oder den Internetspeicherort, das bzw. der denjenigen Ordner enthält, für den Sie eine Verknüpfung auf der Umgebungsleiste erstellen möchten.
3. Klicken Sie einmal auf den gewünschten Ordner und ziehen Sie diesen mit gedrückter linker Maustaste in die Linkfavoriten.

Abbildg. 3.32   Die Liste der Linkfavoriten kann für den schnellen Zugriff auf Ordner angepasst werden

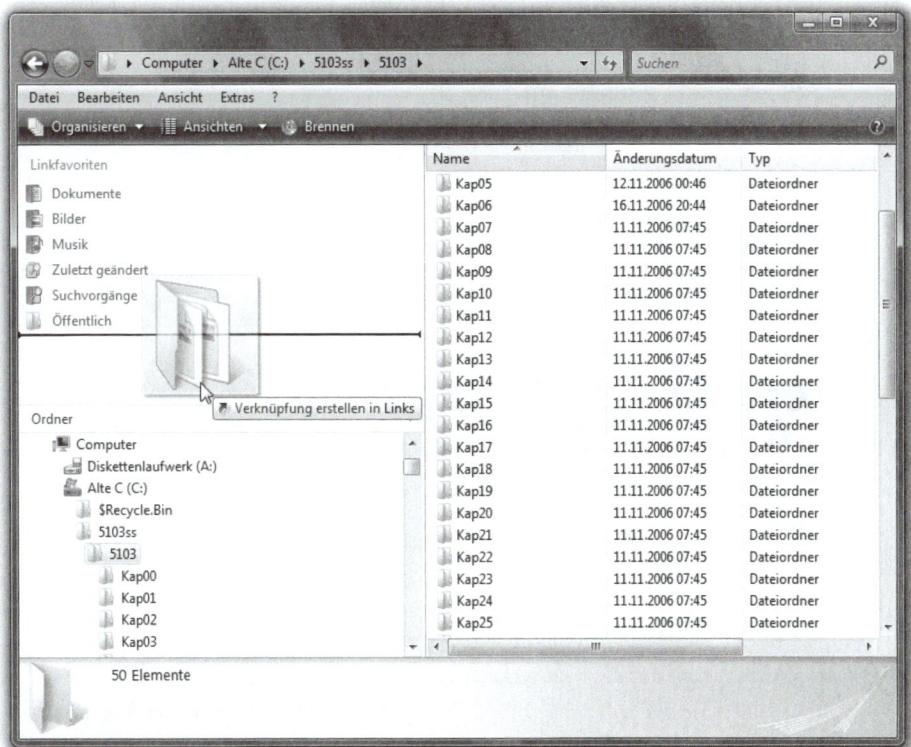

TIPP   Wenn Sie mehrere Ordner eingefügt haben, können Sie diese über das Kontextmenü auch sortieren.

Abgelegt werden diese Linkfavoriten unter *C:\Users\<Benutzername>\Links*.

Eine Verknüpfung aus den Linkfavoriten löschen

Wenn Sie einen Ordner aus den Linkfavoriten wieder entfernen wollen, etwa weil ein Projekt abgeschlossen ist oder ein anderes Projekt an Wichtigkeit gewinnt, gehen Sie wie folgt vor:

1. Klicken Sie im *Office-Menü* auf *Öffnen*.
2. Klicken Sie in der Liste der Linkfavoriten mit der rechten Maustaste auf die zu löschende Verknüpfung und wählen Sie im Kontextmenü den Eintrag *Link entfernen*.

HINWEIS   Sie können auch die Standardumgebungen löschen. Um die Liste der Linkfavoriten anschließend wieder in den ursprünglichen Zustand zu versetzen, klicken Sie mit der rechten Maustaste unterhalb des letzten Eintrags und wählen den Befehl *Standardmäßige Linkfavoriten wiederherstellen*.

Zwischen mehreren Arbeitsmappen wechseln

Sind mehrere Arbeitsmappen geöffnet, können Sie zwischen diesen Arbeitsmappen auf unterschiedlichen Wegen wechseln:

- Auf der Registerkarte *Ansicht* in der Gruppe *Fenster* über den Befehl *Fenster wechseln* und einen anschließenden Klick auf einen der am Ende des Untermenüs eingetragenen Dateinamen,
- über die Tastenkombination [Strg]+[F6],
- über die Windows-Taskleiste.

TIPP   Aktivieren Sie nach Aufruf der *Excel-Optionen* in der Kategorie *Erweitert* das Kontrollkästchen *Alle Fenster in Taskleiste anzeigen*, wird jede geöffnete Arbeitsmappe in der Windows-Taskleiste aufgeführt.

Mehrere Arbeitsmappen als Aufgabenbereich speichern

Sie können eine Gruppe von Arbeitsmappen in einem einzigen Schritt öffnen, wenn Sie eine Datei für den *Aufgabenbereich* erstellen. Um einen Aufgabenbereich zu erstellen, gehen Sie wie folgt vor:

1. Öffnen Sie alle Dateien, welche im Aufgabenbereich gespeichert werden sollen. Ändern Sie gegebenenfalls auch die Anordnung der Fenster.
2. Wechseln Sie auf die Registerkarte *Ansicht*.
3. Wählen Sie in der Befehlsgruppe *Fenster* den Befehl *Aufgabenbereich speichern*.
4. Vergeben Sie im folgenden Dialogfeld einen Namen für den Aufgabenbereich.

Die Datei für den Aufgabenbereich speichert Informationen über alle geöffneten Arbeitsmappen, z.B. Speicherort, Fenstergrößen, Bildschirmposition usw. Öffnen Sie eine solche *Aufgabenbereichdatei* über den Befehl *Öffnen* im *Office-Menü*, öffnet Excel jede zum Aufgabenbereich gehörende Arbeitsmappe. Diese Aufgabenbereichdatei enthält nicht die eigentlichen Arbeitsmappen, sodass Sie jede Änderung in den einzelnen Arbeitsmappen speichern müssen, bevor Sie die Aufgabenbereichdatei speichern.

Die so entstehende Datei mit der Erweiterung *.xlw* benötigt selbst sehr wenig Speicherplatz, da in ihr nur die o.g. Informationen über die Mappen, nicht der Mappeninhalt selbst gespeichert ist.

TIPP   Wollen Sie die Aufgabenbereichdatei bei jedem Start von Excel öffnen, speichern Sie diese im Ordner *C:\Program Files\Microsoft Office\OFFICE12\XLSTART* (gültig für alle Benutzer des PCs, daher sind Administratorrechte erforderlich) oder *C:\Users\<Benutzername>\AppData\Roaming\Microsoft\Excel\XLSTART* (unter Ihrem Profil, also nur für Ihre Anmeldung gültig). Speichern Sie hier nur die Aufgabenbereichdatei, nicht aber die einzelnen Arbeitsmappen ab, da sonst alle in der Aufgabenbereichdatei verknüpften Dateien mit geöffnet werden.

Abbildg. 3.33   Im Aufgabenbereich werden die Dateien und der Fensteraufbau gespeichert

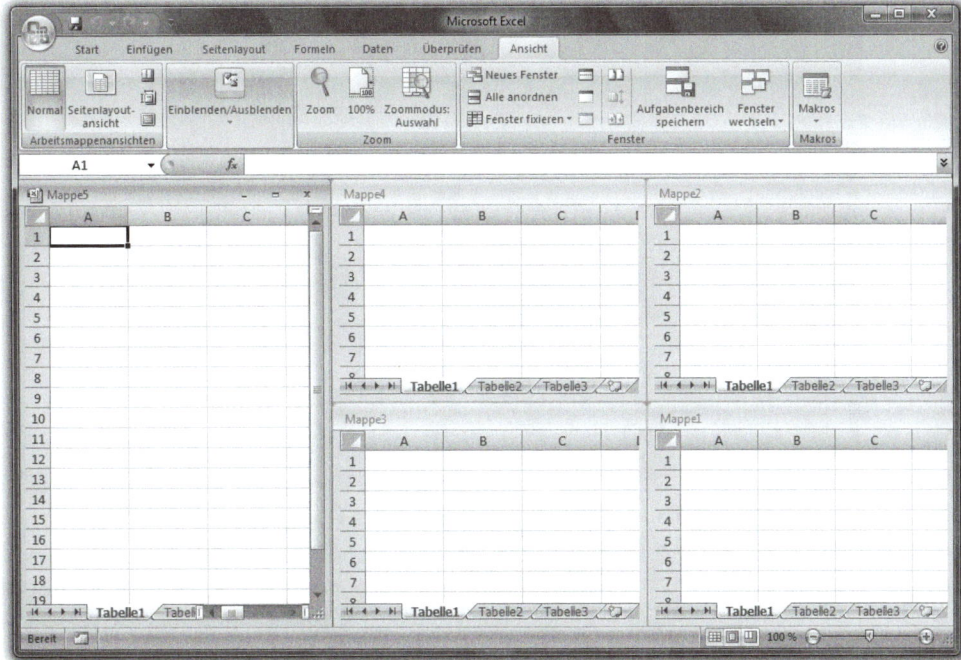

Dateien konvertieren

Um eine Datei fremden Ursprungs mit Excel zu öffnen, stellen Sie im Dialogfeld *Öffnen* den entsprechenden Dateityp über das Listenfeld *Dateityp* ein. Die Einstellungen zum Dateityp funktionieren einschränkend wie ein Filter, sodass nur dem Filter entsprechende Dateien angezeigt werden. Alternativ können Sie auch den Filter *Alle Dateien (*.*)* einstellen und damit sämtliche in einem Ordner vorhandenen Dateien anzeigen lassen.

Dateien, die in älteren Versionen von Excel gespeichert wurden, werden im Kompatibilitätsmodus geöffnet, wie der Hinweis in der Fensterleiste in Abbildung 3.34 zeigt. Im Office-Menü wird dann der zusätzliche Befehl *Konvertieren* angezeigt.

Abbildg. 3.34 Im Kompatibilitätsmodus wird im Office-Menü zusätzlich der Befehl *Konvertieren* angezeigt

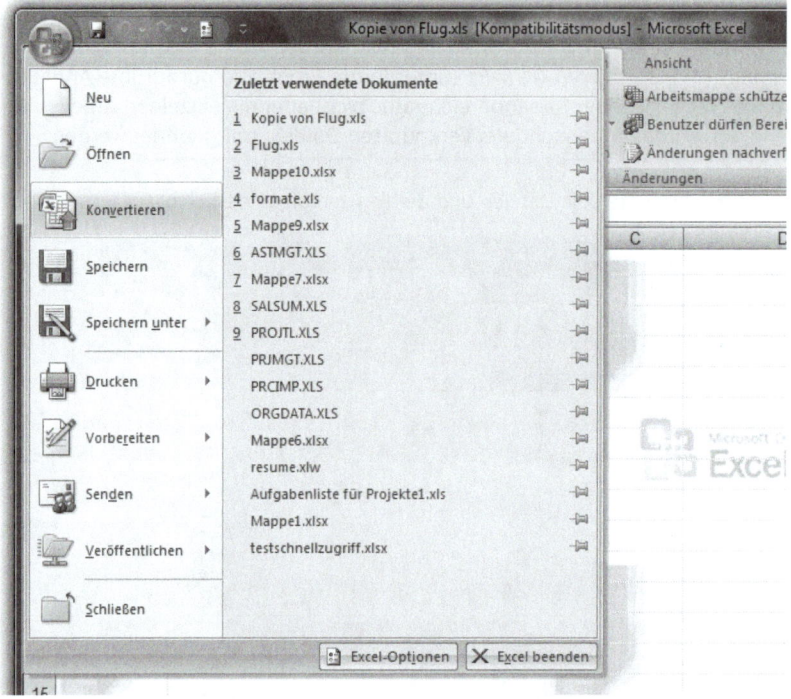

Beim Arbeiten im Kompatibilitätsmodus bleibt das Dateiformat der Arbeitsmappe erhalten, die Datei kann problemlos in der früheren Version wieder geöffnet werden.

Wenn Sie sich für eine Aktualisierung der Arbeitsmappe auf das aktuelle Dateiformat entscheiden, können Sie die Kompatibilität der aktualisierten Arbeitsmappe mit früheren Versionen von Excel überprüfen. Damit lässt sich ein Datenverlust oder Verlust bei der Wiedergabegenauigkeit beim Öffnen der Arbeitsmappe in einer früheren Version von Excel vermeiden. Mehr zur Kompatibilität finden Sie weiter unten in diesem Abschnitt.

Im Kompatibilitätsmodus sind die neuen oder erweiterten Excel 2007-Features nicht verfügbar. Im Gegensatz zu Word 2007 kann der Kompatibilitätsmodus in Excel nicht manuell aktiviert werden. Sie können auch keine neuen Features einbinden, wenn Sie eine Arbeitsmappe im Kompatibilitätsmodus verwenden.

Konvertieren einer Arbeitsmappe in das aktuelle Dateiformat

Um eine Arbeitsmappe in das aktuelle Dateiformat zu konvertieren, gehen Sie wie folgt vor:

1. Öffnen Sie die Arbeitsmappe, die Sie in das aktuelle Dateiformat konvertieren möchten.
2. Die Arbeitsmappe wird im Kompatibilitätsmodus geöffnet.

3. Öffnen Sie das *Office-Menü* und wählen Sie den Befehl *Konvertieren*.
4. Excel zeigt das Dialogfeld *Speichern unter* an. Speichern Sie die Datei unter einem anderen Namen.
5. Klicken Sie auf *OK*, wenn eine Meldung zum Konvertieren von Arbeitsmappen angezeigt wird.

Dateien konvertieren

Abbildg. 3.35   Bestätigen Sie hier die Konvertierung in das neue Dateiformat

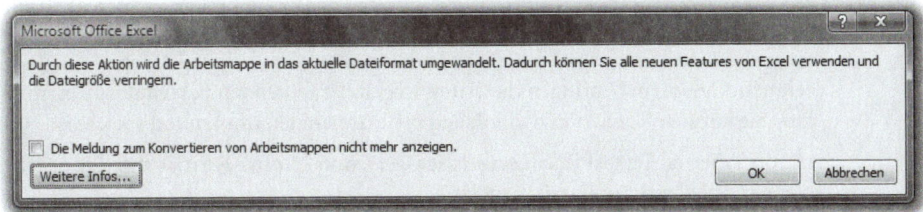

> **TIPP**   Aktivieren Sie das Kontrollkästchen *Die Meldung zum Konvertieren von Arbeitsmappen nicht mehr anzeigen*, wenn Sie diese Meldung zum Konvertieren von Arbeitsmappen künftig nicht mehr sehen möchten.

6. Zum Arbeiten im aktuellen Dateiformat klicken Sie auf *Ja*. Damit wird die Arbeitsmappe geschlossen und erneut geöffnet.

Abbildg. 3.36   Um mit der konvertierten Datei zu arbeiten, wählen Sie *Ja*

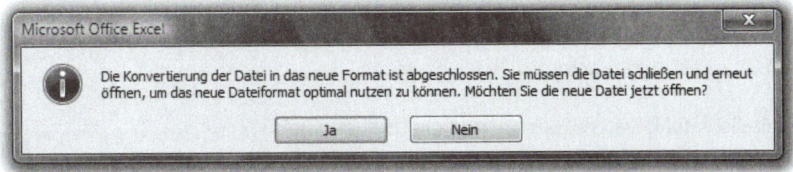

Die Konvertierung ist damit abgeschlossen. Die Arbeitsmappe wurde durch eine Kopie im aktuellen Dateiformat (*.xlsx*) ersetzt. Nach der Konvertierung ist die Arbeitsmappe nicht mehr im ursprünglichen Dateiformat verfügbar.

In einem anderen Dateiformat speichern

Bei den meisten Dateiformaten konvertiert Excel nur das aktive Blatt. Um die anderen Blätter zu konvertieren, wechseln Sie zu dem jeweiligen Blatt und speichern dieses ebenfalls separat ab.

Excel enthält einige Konvertierungsprogramme für Dateiformate. Wenn das gewünschte Dateiformat nicht im Dialogfeld *Öffnen* im Office-Menü angezeigt wird, können Sie das Konvertierungsprogramm eventuell nachinstallieren (siehe hierzu das Kapitel 1).

> **HINWEIS**   Wie Sie eine PDF-Datei mit dem Add-In *SaveAsPDFandXPS.exe* erstellen, erfahren Sie in Kapitel 5.

Kapitel 3 Neue und konventionelle Dateiformate verwenden

Textdateiformate

Wenn Sie eine Arbeitsmappe im Textformat speichern, erfolgt dies meist, weil praktisch jede Anwendung ein Textformat importieren kann. Das Textformat ist damit für den Datenaustausch geeignet. Außerdem benötigen die Daten wegen der fehlenden Formatierungen nur wenig Speicherplatz. Sie können Dateien in den folgenden Textformaten öffnen und speichern.

- Formatierter Text (PRN, Leerzeichen-getrennt). Lotus-Format mit Leerzeichen als Trennzeichen. Speichert nur das aktive Blatt.
- Text (TXT, Tabstopp-getrennt). Speichert das aktive Blatt als Tabulatoren-getrennte Textdatei für die Verwendung unter einem anderen Microsoft Windows-Betriebssystem.
- Text (Macintosh) TXT. Speichert das aktive Blatt als Tabulatoren-getrennte Textdatei für die Verwendung unter dem Macintosh-Betriebssystem.
- Text (MS-DOS) TXT. Speichert das aktive Blatt als Tabulatoren-getrennte Textdatei für die Verwendung unter dem MS-DOS-Betriebssystem.
- Unicode Text TXT. Hierbei handelt es sich um einen vom Unicode Consortium entwickelten Zeichencodierungsstandard. Mehr dazu unter http://unicode.org/.
- CSV (Trennzeichen-getrennt). Speichert das aktive Blatt als eine Tabulatoren-getrennte Textdatei für die Verwendung unter einem anderen Windows-Betriebssystem.
- CSV (Macintosh). Speichert das aktive Blatt als eine Tabulatoren-getrennte Textdatei für die Verwendung unter dem Macintosh-Betriebssystem.

Abbildg. 3.37 Die Tabelle enthält Daten, Formate und ein Zeichenobjekt

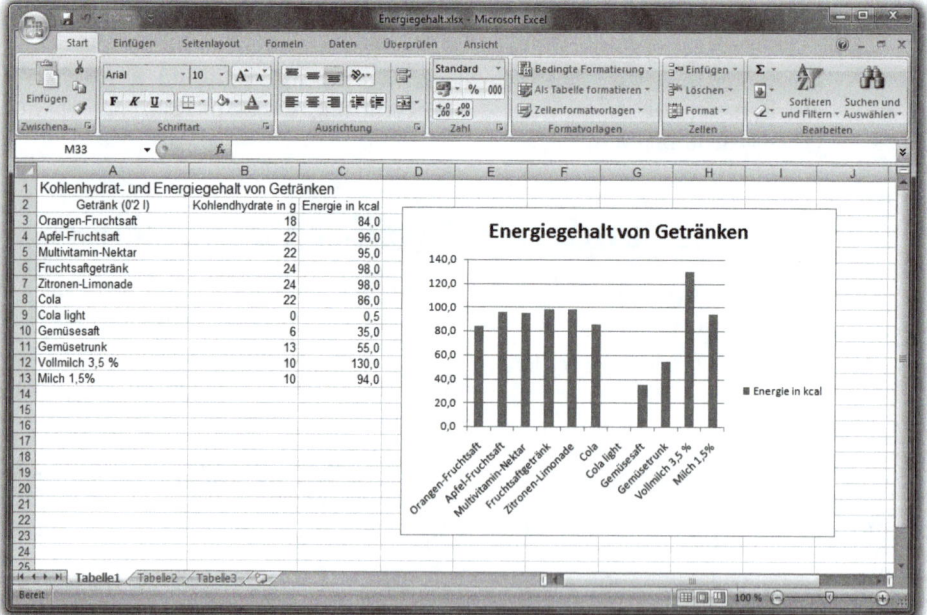

- CSV (MS-DOS). Speichert das aktive Blatt als eine Tabulatoren-getrennte Textdatei für die Verwendung unter dem MS-DOS-Betriebssystem.
- DIF (Data Interchange-Format). Speichert nur das aktive Blatt.
- SYLK (SLK, symbolische Verbindung). Speichert nur das aktive Blatt.

WICHTIG Bei allen Dateikonvertierungen müssen Sie mit mehr oder weniger großen Verlusten rechnen. Wenn Sie ein Tabellenblatt als Textdatei speichern, gehen die meisten Formate verloren. Es werden auch keine Formeln, Kommentare, Grafiken, eingebettete Diagramme oder AutoFormen gespeichert. Betrachten Sie hierzu die Abbildung 3.37 und Abbildung 3.38.

Nach dem Speichern im Textformat gibt es nur noch Daten. Zuvor vorhandene Formeln, Formatierungen, Grafiken usw. gehen verloren.

Abbildg. 3.38 Bei diesem Dateiformat werden nur die Daten gespeichert

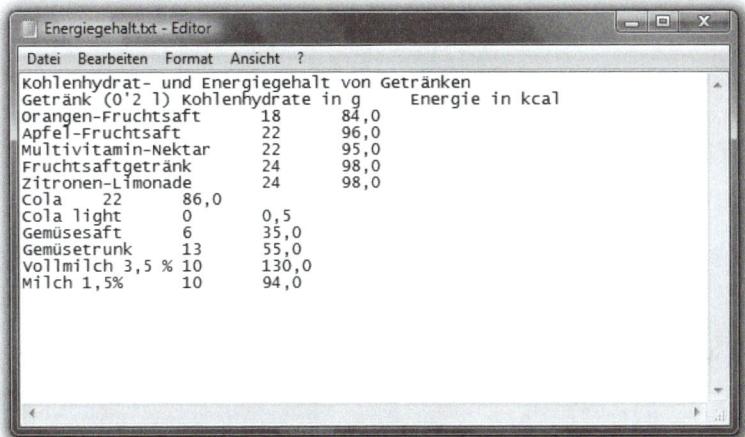

Zwischenablageformate

Der Import bzw. Export von Daten über die Zwischenablage ist sicherlich einer der gebräuchlichsten Wege. Sie können die Zwischenablage in Excel nutzen, indem Sie auf der Registerkarte *Start* in der Gruppe *Zwischenablage* den Befehl *Einfügen/Inhalte einfügen* verwenden. Die angebotenen Formate sind abhängig vom Inhalt der Zwischenablage.

TIPP Den Aufgabenbereich *Zwischenablage* zeigen Sie an, indem Sie auf der Registerkarte *Start* auf das Startprogramm für Dialogfelder in der Gruppe *Zwischenablage* klicken.

Mehr zu den von der Zwischenablage unterstützten Formaten finden Sie in der Excel-Hilfe unter *Zwischenablageformate*.

Excel und die Datensicherheit

Microsoft Excel verfügt wie die anderen Microsoft Office-Anwendungen über Wiederherstellungs-Mechanismen, die Sie vor Datenverlusten schützen sollen. Diese sollen vor unerwarteten Anwendungsfehlern, wie Abstürzen oder Stromausfall, schützen. Nach solchen Ereignissen besteht kein Grund zum Haare raufen oder für irgendwelche anderen Verzweiflungstaten. Nach einem Neustart von Excel wird der Aufgabenbereich zum Wiederherstellen betroffener Arbeitsmappen angezeigt. In Abbildung 3.39 sehen Sie ein Beispiel dafür.

Neben der Möglichkeit, die AutoWiederherstellung im *Office-Menü* über den Befehl *Excel-Optionen* in der Kategorie *Speichern* zu aktivieren und die Speicherintervalle zu bestimmen, läuft im Hintergrund der abgesicherte Modus von Office, wenn bereits beim Start Probleme registriert wurden. Diese werden weiter überwacht und Office versucht, das Problem zu beheben. Der Benutzer erhält entsprechende Meldungen, um über den Fortgang zu entscheiden.

Um eine der im Fenster *Dokumentwiederherstellung* angezeigte Arbeitsmappe wiederherzustellen, gehen Sie so vor:

1. Markieren Sie den Eintrag für die betreffende Arbeitsmappe.
2. Klicken Sie dann auf *Öffnen*.

3. Wählen Sie im *Office-Menü* den Befehl *Speichern unter* und treffen Sie die entsprechenden Festlegungen für das Speichern.

Um eine der angebotenen Arbeitsmappen zu löschen, markieren Sie diese und klicken auf *Löschen*.

Abbildg. 3.39 Nach einem Absturz bringt Sie Excel in allen Mappen wieder an die Stelle, an der Sie unterbrochen wurden

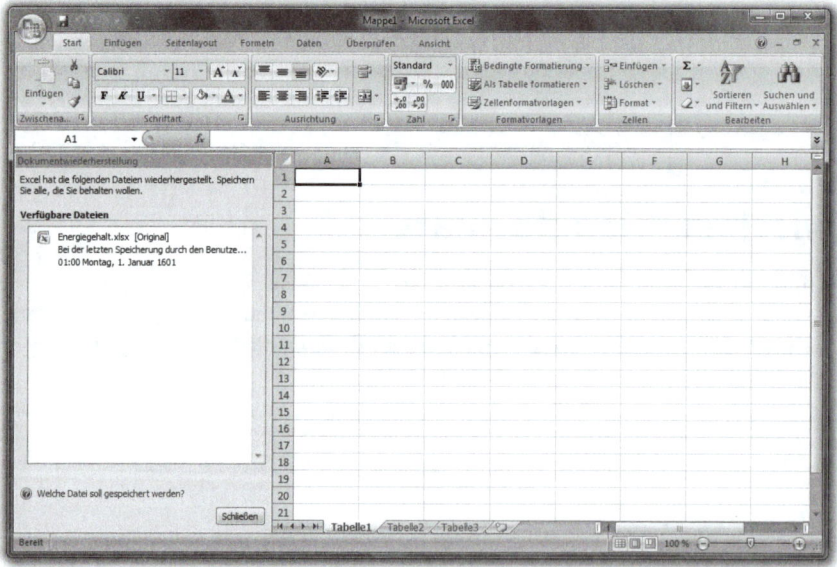

Wenn Sie Excel beenden und zuvor für keine der im Aufgabenbereich *Dokumentwiederherstellung* aufgeführten Dateien eine Aktion ausgeführt haben, zeigt Excel eine Warnmeldung an. Sie können

dann entscheiden, ob Sie die Sicherungskopien der Dateien später einsehen wollen oder ob Excel diese entfernen soll.

Weitere Tipps zum Reparieren von Dateien finden Sie in der Excel-Hilfe unter *Reparieren einer beschädigten Arbeitsmappe*.

TIPP Sie können jede Office-Anwendung im abgesicherten Modus starten lassen, indem Sie beim Start die [Strg]-Taste festhalten und die Anfrage mit *Ja* bestätigen oder indem Sie die Option »*/safe*« in die Befehlszeile schreiben. Beachten Sie, dass im abgesicherten Modus nicht alle Befehle verfügbar sind und auch nur ein eingeschränkter Zugriff auf die Excel-Optionen möglich ist.

Mehr zu den Startschaltern von Excel finden Sie in der Excel-Hilfe unter dem Suchbegriff *Befehlszeilenoptionen für Excel*.

Sollte eine Office-Anwendung nicht korrekt arbeiten, behandeln Sie das Problem mit Hilfe der *Microsoft Office-Diagnose*. Sie finden das Programm standardmäßig im Programmordner *Microsoft Office Tools*, welcher als Unterordner in Ihrem Programmordner für die Office-Anwendungen liegt. Weitere Informationen zu diesem Thema entnehmen Sie bitte der Excel-Hilfe.

Abbildg. 3.40 Mit der Microsoft Office-Diagnose könne häufige Probleme gefunden werden

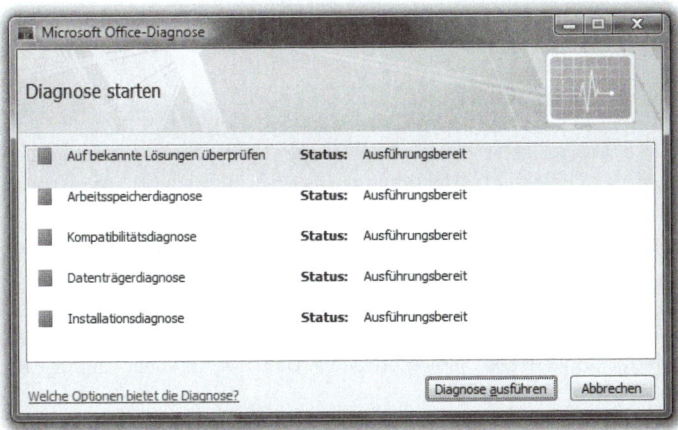

Eine Arbeitsmappe gemeinsam öffnen

Wenn Sie Excel in einem Netzwerk einsetzen, können mehrere Benutzer gleichzeitig eine Arbeitsmappe öffnen und bearbeiten. Die Mitarbeiter einer Arbeitsgruppe können so z.B. eine zentrale Auftragsliste oder einen Kalender gemeinsam nutzen.

Exklusive Rechte sind Standard

Beim Öffnen einer Arbeitsmappe haben Sie zunächst exklusive Rechte für die Bearbeitung. Wenn ein weiterer Benutzer dieselbe Arbeitsmappe öffnen will, erhält er die Meldung, dass die Mappe bereits bearbeitet wird (siehe Abbildung 3.41).

Kapitel 3   Neue und konventionelle Dateiformate verwenden

Abbildg. 3.41   Hinweis, wenn die Mappe bereits von einem anderen Benutzer geöffnet wurde

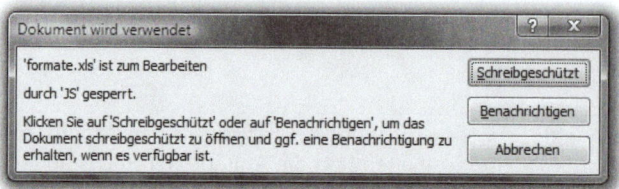

Wenn der zweite Benutzer lediglich Daten einsehen will, kann er die Arbeitsmappe schreibgeschützt öffnen. Sollen jedoch Änderungen gespeichert werden, muss die Datei unter einem anderen Namen gespeichert werden. Über die Schaltfläche *Benachrichtigen* wird Excel veranlasst, in dem Moment eine Meldung anzuzeigen, wenn der zuerst angemeldete Benutzer die Arbeitsmappe schließt. Ist dies der Fall, wird dem zweiten Benutzer ein Dialogfeld angezeigt, das neben dieser Information auch die Möglichkeit bietet, die Arbeitsmappe im Lese-/Schreibmodus zu öffnen.

HINWEIS   Bitte beachten Sie, dass es im Netzwerk zu Störungen kommen kann, die nicht zwingend auf ein Problem in Excel zurückzuführen sind. So können beispielsweise Virenscanner oder eine Firewall den Zugriff verlangsamen bzw. auch ganz unterbinden.

Eine Arbeitsmappe freigeben

Über die Registerkarte *Überprüfen* starten Sie in der Gruppe *Änderungen* mit dem Befehl *Arbeitsmappe freigeben* das Dialogfeld *Arbeitsmappe freigeben*. Dort wird eine Arbeitsmappe für die gleichzeitige Bearbeitung durch mehrere Benutzer (maximal 256) verfügbar gemacht, wenn Sie das Kontrollkästchen *Bearbeitung von mehreren Benutzern zur selben Zeit zulassen* aktivieren. Die Mappe wird dann zunächst gespeichert.

WICHTIG   Die Mappe bleibt so lange freigegeben, bis Sie über den Befehl *Arbeitsmappe freigeben* den Status wieder ändern. Das Schließen der Arbeitsmappe allein genügt nicht, um den Status zurückzusetzen.

Die Namen der angemeldeten Benutzer werden im Dialogfeld *Arbeitsmappe freigeben* angezeigt. Für die Anzeige wird der Name verwendet, den Sie in den *Excel-Optionen* in der Kategorie *Häufig verwendet* im Feld *Benutzername* eingetragen haben. Im Dialogfeld *Arbeitsmappe freigeben* (siehe Abbildung 3.42) können Sie über die Schaltfläche *Benutzer entfernen* auf der Registerkarte *Status* einen Benutzer wieder ausschließen. Mit anderen Worten: Der Benutzer ist nicht mehr mit der freigegebenen Mappe verbunden und kann Änderungen nur noch unter einem anderen Dateinamen speichern.

Eine Arbeitsmappe gemeinsam öffnen

Abbildg. 3.42   Mit der Schaltfläche *Benutzer entfernen* können Sie einen Benutzer von der freigegebenen Mappe ausschließen

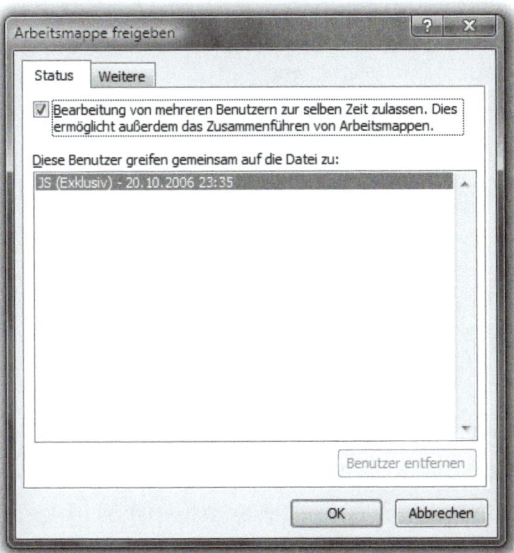

Auf der Registerkarte *Weitere* legen Sie fest, wie lange das Änderungsprotokoll gespeichert werden darf (maximal 32.767, Standard 30 Tage) und wie Excel mit den Änderungen verschiedener Benutzer verfahren soll (siehe Abbildung 3.43).

Abbildg. 3.43   Die Einstellungen für das Protokoll und die Konfliktlösung vornehmen

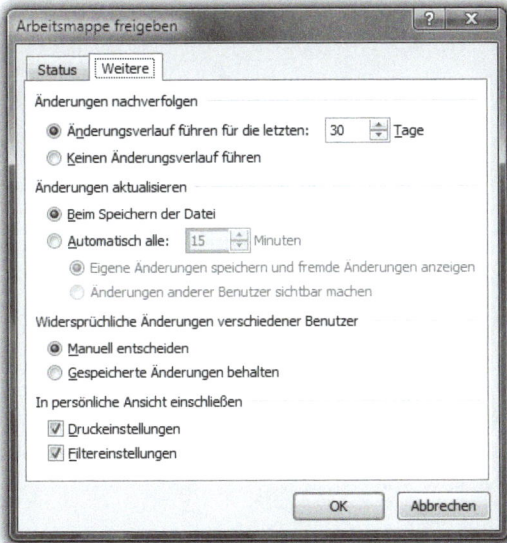

Was in der freigegebenen Mappe geht ...

In einer freigegebenen Arbeitsmappe

- können mehrere Benutzer gleichzeitig Daten eingeben und verändern;
- kann jeder Benutzer die Formate von Zellen bearbeiten;
- kann jeder Benutzer Zellen einfügen oder löschen (ganze Zeilen oder Spalten);
- kann jeder Benutzer Kommentare einfügen und bearbeiten;
- kann jeder Benutzer Arbeitsblätter mit unterschiedlichen Konsolidierungsbereichen verwenden;
- kann jeder Benutzer persönliche Druckereinstellungen und Filtereinstellungen verwenden.

... und was nicht

Folgende Aktionen können in einer freigegebenen Arbeitsmappe nicht durchgeführt werden:

- Zusammenführen von Zellen
- Festlegen oder Anwenden von bedingten Formaten
- Festlegen oder Ändern von Gültigkeitsprüfungen
- Einfügen oder Ändern von Diagrammen, Grafiken, Objekten oder Hyperlinks
- Löschen von Tabellenblättern
- Zuweisen, Ändern oder Entfernen eines Kennworts für das Schützen einzelner Tabellenblätter oder der gesamten Arbeitsmappe
- Speichern, Anzeigen oder Ändern von Szenarios
- Gruppieren oder Gliedern von Daten
- Einfügen automatischer Teilergebnisse
- Erstellen von Pivot-Tabellen oder Ändern des Layouts vorhandener Pivot-Tabellen
- Schreiben, Ändern, Anzeigen, Aufzeichnen oder Zuweisen von Makros in der freigegebenen Arbeitsmappe

PROFITIPP

> Wenn Sie also ganz gezielt verhindern wollen, dass in einer Arbeitsmappe ein beliebiges Tabellenblatt gelöscht werden kann, dann brauchen Sie dazu keine Makrolösung. Geben Sie stattdessen die Arbeitsmappe frei und Excel wacht über die Zahl der Tabellenblätter.

Vorbereitungen für die Freigabe

Weil Sie nicht alle Funktionen von Excel in einer freigegebenen Arbeitsmappe anwenden können, sollten Sie diese Features deshalb verwenden, bevor Sie die Arbeitsmappe freigeben. Wenn Sie z.B. die bedingte Formatierung bereits vor der Freigabe festgelegt haben, werden die Formatierungen auch wie gewünscht angezeigt. Nutzen Sie also alle Möglichkeiten von Excel, solange die Mappe exklusiv geöffnet ist. Tragen Sie Kommentare mit Hinweisen zur Bearbeitung ein, schützen Sie bei Bedarf die Formeln oder ganze Tabellen einer Mappe.

Mehr zu Kommentaren finden Sie in Kapitel 13.

Konflikte anzeigen

Wenn mehrere Benutzer Änderungen an einer Mappe speichern, kann es mitunter interessant sein, festzustellen, wer welche Änderungen vorgenommen hat. Excel bietet zwei unterschiedliche Methoden an, solche Konflikte anzuzeigen.

Auf der Registerkarte *Überprüfen* können Sie mit dem Befehl *Änderungen nachverfolgen/Änderungen hervorheben* Änderungen auf dem Bildschirm anzeigen lassen, wenn Sie das Kontrollkästchen *Änderungen am Bildschirm hervorheben* aktivieren. Excel fügt dann in der linken oberen Ecke eine blaue Markierung (ähnlich dem Kommentarindikator) ein. Angezeigt werden dabei z.B. Änderungen an Zellinhalten, eingefügte und gelöschte Zeilen bzw. Spalten. Nicht angezeigt werden dagegen Änderungen an der Formatierung, eingeblendete bzw. ausgeblendete Zeilen und Spalten sowie eingefügte oder gelöschte Tabellenblätter. Neue Kommentare und Änderungen an Kommentaren werden ebenso nicht angezeigt wie Zellen mit Formeln, die sich aufgrund von Änderungen an Vorgängerzellen ändern. Kommentare werden üblicherweise mit dem Namen des Benutzers gespeichert, der den Eintrag vorgenommen hat.

Abbildg. 3.44   Auswahl für die anzuzeigenden Änderungen vornehmen

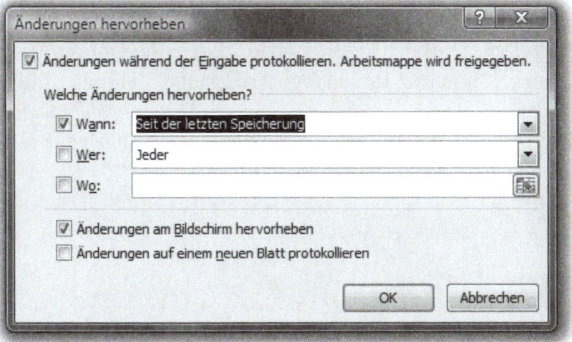

Das Protokoll anzeigen

Wenn Änderungen bereits gespeichert wurden, ist es möglich, diese in einem Protokoll anzeigen zu lassen. Auf der Registerkarte *Überprüfen* rufen Sie über den Befehl *Änderungen nachverfolgen/Änderungen hervorheben* das Dialogfeld *Änderungen hervorheben* auf und markieren das Kontrollkästchen *Änderungen während der Eingabe protokollieren* (siehe Abbildung 3.44). Dieses Kontrollkästchen aktiviert die Freigabe der Arbeitsmappe und das Änderungsprotokoll. Deaktivieren Sie die Kontrollkästchen *Wann*, *Wer* und *Wo*, um alle Änderungen anzuzeigen, und aktivieren Sie das Kontrollkästchen *Änderungen auf einem neuen Blatt protokollieren*. Nach dem Klick auf *OK* fügt Excel ein neues Tabellenblatt ein, auf dem neben dem Datum und der Uhrzeit der Benutzername sowie weitere Informationen zur Änderung angezeigt werden.

HINWEIS   Wenn Sie die Arbeitsmappe speichern oder schließen, entfernt Excel das Tabellenblatt mit dem Protokoll. Wenn Sie das Protokoll nach dem Speichern einsehen möchten, müssen Sie das vorstehend beschriebene Verfahren wiederholen. Das gilt auch, wenn weitere Änderungen durchgeführt wurden, da das Protokoll nicht automatisch aktualisiert wird.

Ein Protokoll können Sie immer dann sinnvoll einsetzen, wenn Sie eine vollständige Liste der Änderungen einsehen oder drucken wollen oder wenn Sie diese Liste genauer untersuchen wollen. Über die Filterfunktionen können Sie hier eine Analyse mit verschiedenen Kriterien durchführen.

Mehr zum Filtern von Daten finden Sie in Kapitel 21.

Änderungen akzeptieren oder ablehnen

Speichert ein Benutzer Änderungen an der freigegebenen Arbeitsmappe, führt Excel einen Vergleich durch und zeigt eine Meldung an (siehe Abbildung 3.45).

Abbildg. 3.45   Hinweis auf Änderungen durch andere Benutzer

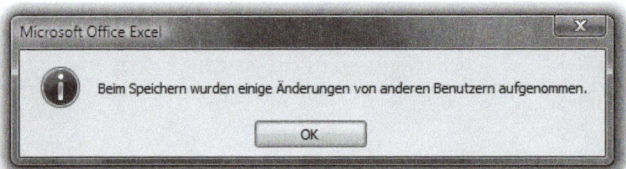

Ist im Dialogfeld *Arbeitsmappe freigeben* auf der Registerkarte *Weitere* die Option *Manuell entscheiden* (vgl. Abbildung 3.43) markiert, können Sie für jede Änderung eine Meldung mit Informationen anzeigen lassen. Mit der Befehlsfolge *Änderungen nachverfolgen/Änderungen annehmen/ablehnen* rufen Sie dazu zunächst das Dialogfeld *Änderungen zur Überprüfung auswählen* auf. Wählen Sie hier die Einstellungen für die Prüfungen aus (siehe Abbildung 3.46).

Abbildg. 3.46   Mit diesen Einstellungen werden alle Änderungen angezeigt

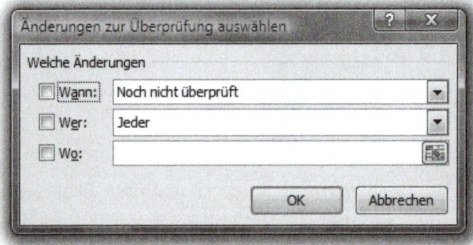

Sie können z.B. Änderungen überprüfen, die von einem bestimmten Benutzer vorgenommen wurden. Aktivieren Sie hierfür das Kontrollkästchen *Wer* und klicken Sie dann im Listenfeld auf den entsprechenden Benutzernamen. Um sämtliche Änderungen aller Benutzer zu überprüfen, deaktivieren Sie alle Kontrollkästchen.

Wenn Sie jetzt auf *OK* klicken, wird für jede Änderung das Dialogfeld *Änderungen annehmen oder ablehnen* angezeigt. Um die Änderung anzunehmen und die Hervorhebung in der Tabelle zu entfernen, klicken Sie auf *Annehmen*. Um die Änderung im Tabellenblatt rückgängig zu machen, klicken Sie auf *Ablehnen*. Werden mehrere Werte zur Auswahl angezeigt, klicken Sie auf den gewünschten Wert und dann auf *Annehmen*. Sie müssen eine Änderung entweder annehmen oder ablehnen, bevor Sie mit der nächsten Änderung fortfahren können (siehe Abbildung 3.47). Mit den Schaltflächen *Alle annehmen* und *Alle ablehnen* können Sie das Verfahren ggf. beschleunigen.

Abbildg. 3.47 Für jede Änderung werden Informationen angezeigt und Sie können Änderungen annehmen oder ablehnen

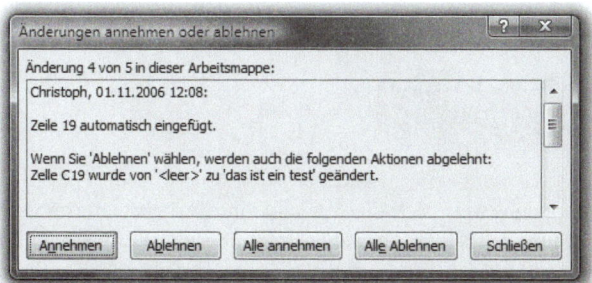

Im Protokoll wird bei abgelehnten Änderungen in der Spalte *Aktionstyp* der Eintrag *Abgelehnte Aktion rückgängig gemacht* angezeigt.

Das Protokoll schützen

Um das Änderungsprotokoll vor versehentlichem Löschen zu schützen, markieren Sie im Dialogfeld *Freigegebene Arbeitsmappe schützen* das entsprechende Kontrollkästchen. Ein Kennwort können Sie allerdings nur dann vergeben, wenn die Arbeitsmappe exklusiv geöffnet ist.

PROFITIPP

Wenn Sie Excel nicht im Netzwerk, sondern nur auf einem Einzelplatz-PC ausführen, bringen Ihnen die Netzwerkfunktionalitäten scheinbar keinen Vorteil. Sollten Sie allerdings hin und wieder Dateien auf einen Laptop bzw. ein Notebook kopieren, um daran unterwegs zu arbeiten, sieht die Sache wieder ganz anders aus. Da kann es schon vorkommen, dass Sie unterschiedliche Änderungen an den beiden Dateien vornehmen – was dann? Wenn Sie die Dateien im Freigabemodus bearbeiten und ein Änderungsprotokoll führen, können Sie später die beiden Kopien zusammenführen und dabei sogar die Änderungen einzeln anzeigen lassen. Passen Sie dazu die Symbolleiste für den Schnellzugriff an, indem Sie aus der Befehlsgruppe *Alle Befehle* den Befehl *Arbeitsmappen vergleichen und zusammenführen* hinzufügen.

Mehr zum Arbeiten im Team finden Sie in Kapitel 28.

Die Arbeitsblatt-Register

Wenn Sie Excel starten, wird eine neue Arbeitsmappe mit drei Arbeitsblättern erstellt. Das erste Arbeitsblatt – *Tabelle1* – ist dabei das aktive Blatt, in dem Sie Ihre Arbeit beginnen können.

Die Registerkarten (Abbildung 3.48) befinden sich am unteren Fensterrand und gestatten Ihnen den Wechsel zwischen den einzelnen Arbeitsblättern. Dazu haben Sie mehrere Möglichkeiten:

- Klicken Sie mit der Maus auf das gewünschte Register (*Tabelle1*, *Tabelle2* oder *Tabelle3*) und das Tabellenblatt wird aktiviert.

- Sie können sich aber auch mit den Steuerungstasten zwischen den einzelnen Tabellen bewegen: Mit der Tastenkombination `Strg`+`Bild↓` wählen Sie die nächste Tabelle, mit der Tastenkombination `Strg`+`Bild↑` die vorherige.

Abbildg. 3.48 Die Arbeitsblatt-Register einer neuen Mappe, ganz rechts die Schaltfläche *Tabellenblatt einfügen*

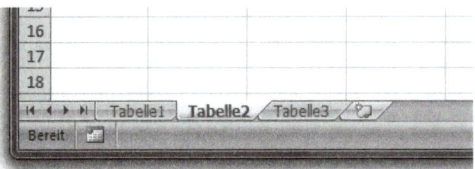

Bei umfangreichen Arbeitsmappen erweist sich die Auswahl eines Arbeitsblattes über die Registerlaufpfeile oft als umständlich. Eine schnellere Auswahl erfolgt über das Kontextmenü der Registerlaufpfeile. Klicken Sie mit der rechten Maustaste auf die Registerlaufpfeile, erhalten Sie alle Tabellenblätter aufgelistet und brauchen nur eines auszuwählen.

Abbildg. 3.49 Über das Kontextmenü der Registerlaufpfeile wechseln Sie auf andere Arbeitsblätter

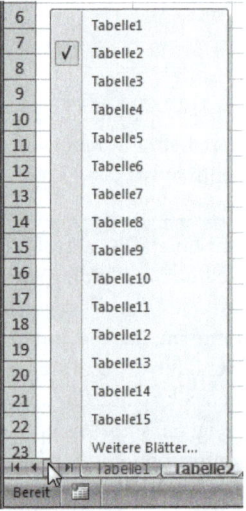

> **HINWEIS** Sind in der Arbeitsmappe sehr viele Blätter vorhanden, wird am Ende der Liste der Eintrag *Weitere Blätter* aufgeführt. Klicken Sie diesen an, erhalten Sie das Dialogfeld *Aktivieren* angezeigt, über das Sie wiederum in einem Listenfeld das gesuchte Blatt aktivieren können.

Arbeitsblätter gruppieren

Es ist auch möglich, mehrere Arbeitsblätter gleichzeitig auszuwählen. Benachbarte Arbeitsblätter selektieren Sie, indem Sie die ⇧-Taste gedrückt halten und ein Register nach dem anderen anklicken. Alternativ können Sie nach dem Klick auf das erste Register bei gedrückter ⇧-Taste auch gleich das letzte Register anklicken, wodurch auch die dazwischen liegenden Blätter ausgewählt werden. Wollen Sie nicht benachbarte Arbeitsblätter selektieren, halten Sie beim Anklicken der betreffenden Register stattdessen die Strg-Taste gedrückt.

HINWEIS Die Mehrfachmarkierung von Arbeitsblättern wird auch als *Gruppieren* von Arbeitsblättern bezeichnet. In der Titelleiste des Arbeitsmappenfensters erscheint der Zusatz *[Gruppe]*. Alle Aktionen, wie Eingaben, Formatieren, Spaltenbreite und Zeilenhöhe sowie die Einstellungen zur Seiteneinrichtung werden gleichzeitig auf allen markierten Blättern realisiert. Sie schreiben und gestalten sozusagen »mit Durchschlag«.

Arbeitsblätter umbenennen und verschieben

Zum besseren Verständnis (insbesondere für andere Anwender Ihrer Arbeitsmappe) sollten Sie die einzelnen Arbeitsblätter in einer Arbeitsmappe mit entsprechenden Benennungen versehen.

Um ein Arbeitsblatt mit einem neuen Namen zu versehen, gehen Sie wie folgt vor:

1. Doppelklicken Sie im Blattregister auf den Tabellennamen.
2. Der Name wird markiert und Sie können nun mit der Eingabe eines anderen Namens für das Tabellenblatt beginnen.
3. Bestätigen Sie die Änderung mit der ⏎-Taste.

HINWEIS Der Name eines Arbeitsblattes kann bis zu 31 Zeichen lang sein – einschließlich Leerzeichen.

Wollen Sie die Reihenfolge der Arbeitsblätter im Blattregister ändern, dann gehen Sie dazu wie folgt vor:

1. Markieren Sie das Tabellenblatt.
2. Ziehen Sie die Registerkarte mit gedrückter linker Maustaste an die gewünschte Stelle.

TIPP Oft ist es sinnvoll, ein Tabellenblatt aus einer Arbeitsmappe herauszulösen und es in einer anderen Arbeitsmappe zu speichern. Verkleinern Sie dazu eine Arbeitsmappe im Vollbild über die Schaltfläche *Verkleinern* rechts oben auf Fensterdarstellung, sodass beide Arbeitsmappen zu sehen sind. Ziehen Sie das gewünschte Blattregister mit gedrückter linker Maustaste in die Zielmappe. Wollen Sie das Blatt als Kopie in der anderen Arbeitsmappe haben, halten Sie während des Ziehens die `Strg`-Taste gedrückt.

Alle Aktionen für ein oder mehrere markierte Arbeitsblätter finden Sie grundsätzlich im Kontextmenü für das markierte Register (siehe Abbildung 3.50). Wollen Sie stattdessen einen Befehl der Multifunktionsleiste verwenden, finden Sie diesen auf der Registerkarte *Start* in der Gruppe *Zellen* über das Sammelsymbol *Format* in Form von *Blatt umbenennen* und *Blatt verschieben/kopieren*.

Wählen Sie im Kontextmenü den Befehl *Verschieben/kopieren*, erhalten Sie ein Dialogfeld angezeigt (siehe Abbildung 3.51), über das Sie ebenfalls gezielt verschieben bzw. kopieren können und zwar ganz ohne Maus- und Fenstertechnik. Auch hier muss eine externe Zielmappe geöffnet sein, sonst ist sie nicht als Ziel auswählbar.

Abbildg. 3.50 Das Kontextmenü für Blattregister enthält alle Befehle für Arbeitsblätter

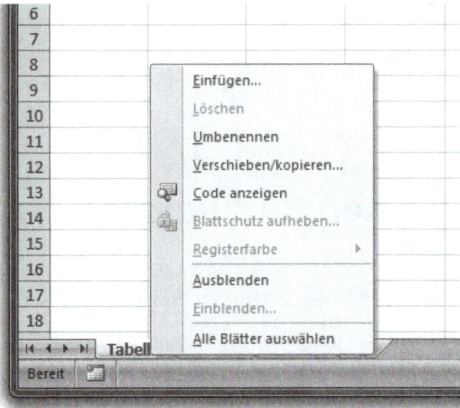

Alternativ können Blätter auch in eine neue Arbeitsmappe kopiert werden, wenn dieses Ziel im Listenfeld *Zur Mappe* markiert wurde.

Abbildg. 3.51 Das Dialogfeld zum Verschieben oder Kopieren von Arbeitsblättern

WICHTIG Beachten Sie bitte, dass als Standard die Aktion *Verschieben* festgelegt ist. Wenn Sie eine Kopie erstellen wollen, müssen Sie das Kontrollkästchen *Kopie erstellen* aktivieren.

Arbeitsblätter löschen

Wollen Sie ein Arbeitsblatt der Mappe löschen, stehen Ihnen zwei Möglichkeiten zur Verfügung – zum einen auf der Registerkarte *Start* in der Gruppe *Zellen* über den Befehl *Löschen/Blatt löschen*, zum anderen über das Kontextmenü der rechten Maustaste.

Wollen Sie das Arbeitsblatt *Tabelle2* aus der aktuellen Mappe löschen, geht das so:

1. Klicken Sie mit der rechten Maustaste in der Registerleiste auf *Tabelle2*.

2. Wählen Sie im Kontextmenü den Befehl *Löschen* aus.

WICHTIG Nach diesem Befehl erfolgt seit Excel 2002 keine Sicherheitsabfrage, wie bis zur Version 2000 üblich. Das Blatt wird unwiederbringlich gelöscht, Sie können die Aktion nicht einmal über den Befehl *Rückgängig* korrigieren, da dieser nach dem Löschen eines Tabellenblattes deaktiviert ist. Überlegen Sie sich deshalb vorher genau, ob Sie das Blatt wirklich nicht mehr benötigen.

TIPP Haben Sie versehentlich ein Blatt gelöscht, dann sollten Sie erst mal Ruhe bewahren. Speichern Sie die Datei unter einem anderen Namen. Öffnen Sie dann die ursprüngliche Datei, welche das gelöschte Blatt enthält, und kopieren Sie das Blatt in die neue Datei.

Arbeitsblätter einfügen

Wollen Sie weitere Tabellenblätter einfügen haben Sie dazu folgende Möglichkeiten:

- Verwenden Sie dazu die Schaltfläche *Neues Tabellenblatt* die neu hinzugekommen ist und sich am Ende des Blattregisters befindet (vgl. Abbildung 3.48).

- Alternativ klicken Sie mit der rechten Maustaste auf das Register der Tabelle, *vor* der Sie eine weitere Tabelle einfügen wollen, wählen den Befehl *Einfügen* und doppelklicken Sie auf das Symbol *Tabellenblatt*.

- Wählen Sie auf der Registerkarte *Start* den Befehl *Einfügen/Blatt einfügen*.

So fügen Sie das Arbeitsblatt *Tabelle2* wieder in die aktuelle Arbeitsmappe ein:

1. Klicken Sie in der Registerleiste mit der rechten Maustaste auf *Tabelle3* und wählen Sie im Kontextmenü den Befehl *Einfügen* aus. Das Dialogfeld zum Einfügen von Tabellen und anderen Blättern wird geöffnet.
2. Doppelklicken Sie auf das Symbol *Tabellenblatt*.

Jetzt haben Sie vor der *Tabelle3* ein neues Tabellenblatt, das allerdings den Namen *Tabelle4* trägt. Excel fügt also ein neues Tabellenblatt an die gewünschte Position, verwendet als Namen aber die Folgenummer des letzten Tabellenblattes der Arbeitsmappe.

Um wieder ein Arbeitsblatt *Tabelle2* zu bekommen, müssen Sie das neue Blatt wie oben beschrieben umbenennen.

Blattregisterkarten farblich gestalten

Seit Excel 2002 haben Sie die Möglichkeit, die Blattregisterkarten farblich zu gestalten, um sie noch besser unterscheiden zu können. Die Anzahl der möglichen Farben wurde in der neuen Version deutlich erhöht.

Beispielsweise sollen in einer Mappe mit Monatsblättern die Register farblich unterschieden werden. Das geht so:

1. Klicken Sie mit der rechten Maustaste auf die zu färbende Registerkarte.
2. Im Kontextmenü wählen Sie den Eintrag *Registerfarbe* und markieren die gewünschte Farbe.
3. Wählen Sie eine Farbe aus, wird das Kontextmenü geschlossen und die Farbe zugewiesen.

Auf der Registerkarte *Start* finden Sie in der Gruppe *Zellen* den Befehl *Format/Registerfarbe*, den Sie als Alternative verwenden können. Das Ergebnis ist in beiden Fällen eine Registerbeschriftung, die mit der gewählten Farbe unterlegt ist. Wechseln Sie jetzt das Registerblatt, indem Sie auf ein anderes klicken. Jetzt ist die farbliche Hervorhebung des Registers zu sehen (Abbildung 3.52).

Abbildg. 3.52   Über das Kontextmenü können Sie die Registerfarbe nach Belieben einstellen und damit z.B. logische Gruppen bilden

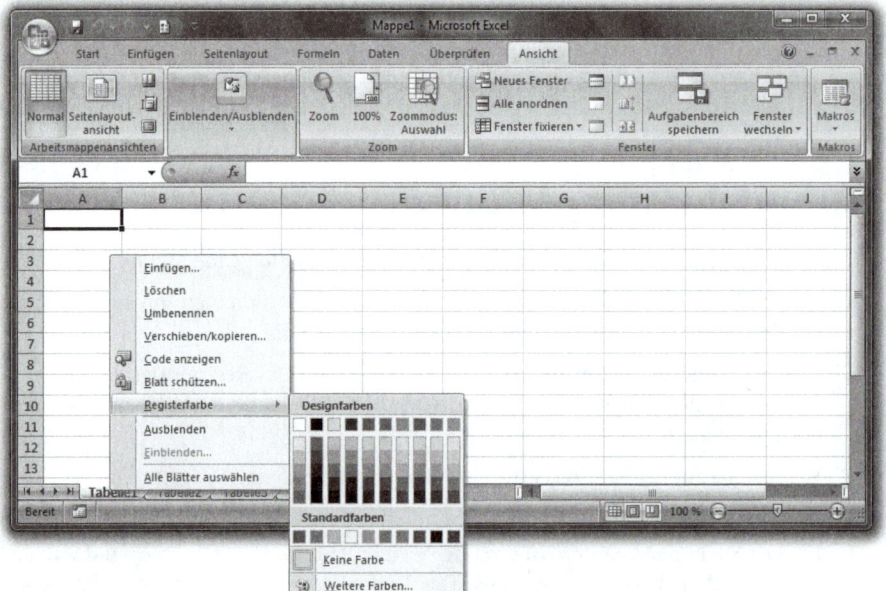

Mehrere Arbeitsmappen-Fenster anzeigen

Sollte es vorkommen, dass Sie für Ihre Arbeit Daten aus mehreren Tabellenblättern einer Excel-Arbeitsmappe benötigen, besteht die Möglichkeit, diese Tabellenblätter gleichzeitig in mehreren Fenstern darzustellen. Damit haben Sie alle notwendigen Daten im Blick, ohne ständig zwischen den Tabellen hin und her springen zu müssen.

Nehmen wir an, Sie wollen drei Tabellen einer Arbeitsmappe gleichzeitig anzeigen (siehe Abbildung 3.54). Dies bewerkstelligen Sie wie folgt:

1. Öffnen Sie die entsprechende Excel-Arbeitsmappe. In der Blattregisterleiste klicken Sie auf *Tabelle1*.
2. Wählen Sie auf der Registerkarte *Ansicht* in der Gruppe *Fenster* den Befehl *Neues Fenster*. Sie haben jetzt zwei Fenster derselben Arbeitsmappe geöffnet.
3. Klicken Sie in der Blattregisterleiste nun auf *Tabelle2*.
4. Um das dritte Fenster zu öffnen, wiederholen Sie den Schritt 2 und klicken Sie in der Registerleiste auf *Tabelle3*.
5. Wählen Sie auf der Registerkarte *Ansicht* in der Gruppe *Fenster* den Befehl *Alle anordnen*.

Abbildg. 3.53 Aktivieren Sie das Kontrollkästchen *Fenster der aktiven Arbeitsmappe*, wenn nur diese angeordnet werden sollen

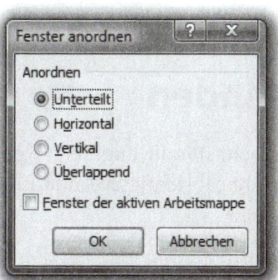

6. Im Dialogfeld *Fenster anordnen* bestimmen Sie die Anordnung der Fenster. Für unser Beispiel wählen Sie die Option *Unterteilt* und bestätigen per Klick auf die Schaltfläche *OK*.

Jetzt haben Sie alle drei Tabellenblätter auf einen Blick und können mit der Auswertung der Daten beginnen.

Abbildg. 3.54 Drei verschiedene Tabellen einer Mappe gleichzeitig anzeigen lassen

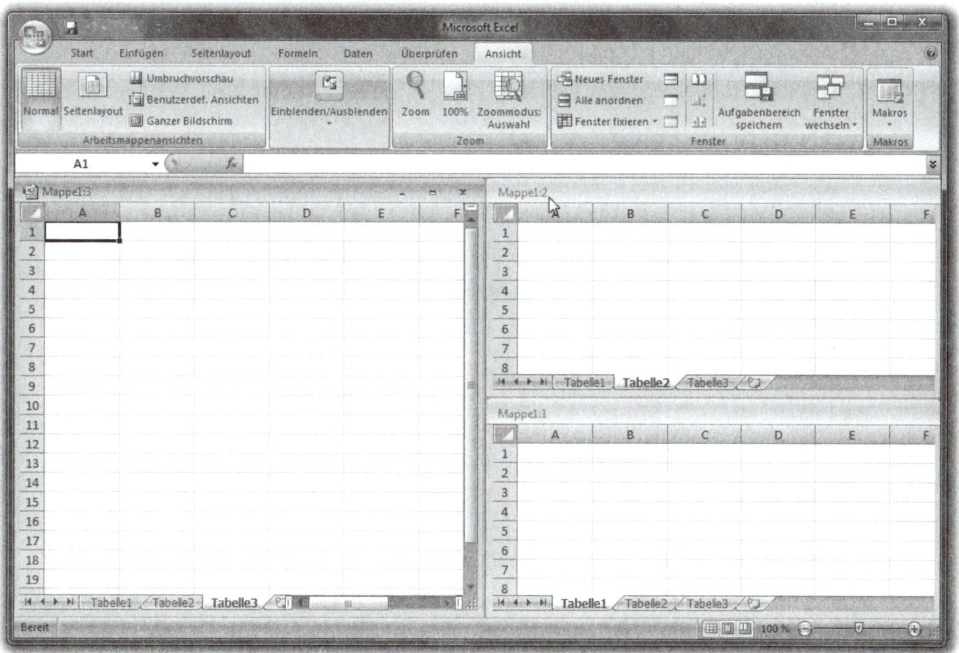

Wenn Sie mehrere Excel-Arbeitsmappen in einem Fenster anzeigen lassen wollen, öffnen Sie die entsprechenden Arbeitsmappen über das *Office-Menü* und ordnen Sie die offenen Mappen wie in Schritt 4 beschrieben an.

TIPP Mit der Tastenkombination `Strg`+`↹` oder `Strg`+`F6` können Sie von einem Fenster ins andere wechseln.

Arbeitsblätter aus- und einblenden

In einigen Fällen gibt es Arbeitsblätter in der Mappe, die nicht ständig angezeigt werden müssen. Sie enthalten evtl. Hilfstabellen oder -berechnungen, die vor unbeabsichtigter Änderung geschützt werden sollen.

Sie können solche Blätter unsichtbar machen, indem Sie das Blatt bzw. die betreffenden Blätter markieren und

1. im Kontextmenü den Befehl *Ausblenden* wählen oder
2. auf der Registerkarte *Start* in der Gruppe *Zellen* den Befehl *Format/Ausblenden & Einblenden/ Blatt ausblenden* wählen.

Auf diese Art und Weise erhöhen Sie eventuell auch die Übersichtlichkeit in der Arbeitsmappe. Nur die wichtigen Blätter sind zu sehen. Wird später eine Bearbeitung der ausgeblendeten Blätter notwendig, gehen Sie so vor:

1. Wählen Sie im Kontextmenü den Befehl *Einblenden*.
2. Markieren Sie den Blattnamen im Dialogfeld *Einblenden* (siehe Abbildung 3.55) und machen Sie das Blatt durch einen Klick auf die *OK*-Schaltfläche wieder sichtbar.

Leider müssen die Blätter einzeln eingeblendet werden, da eine Mehrfachmarkierung im Dialogfeld *Einblenden* nicht möglich ist.

Die Befehle stehen auch auf der Registerkarte *Start* zur Verfügung. Wählen Sie dort in der Befehlsgruppe *Zellen* die Symbolschaltfläche *Format* und anschließend den Befehl *Anordnen & Einfügen*.

Abbildg. 3.55 Alle ausgeblendeten Blätter werden im *Einblenden*-Dialogfeld aufgelistet

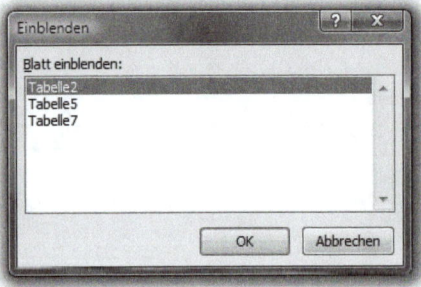

HINWEIS Beim Drucken der gesamten Arbeitsmappe werden die ausgeblendeten Blätter von Excel nicht berücksichtigt. Mehr zum Thema Drucken finden Sie in Kapitel 5.

Arbeitsmappen ausblenden

Sie können Arbeitsmappen und Tabellenblätter ausblenden, um die Anzahl der Fenster und Blätter auf dem Bildschirm zu reduzieren und ungewollte Änderungen zu verhindern. Sie können beispielsweise eine Arbeitsmappe mit Makros ausblenden, damit die Makros ausgeführt werden können, für die Makroarbeitsmappe jedoch kein Fenster angezeigt wird. Die ausgeblendete Arbeitsmappe bzw. das ausgeblendete Blatt bleiben geöffnet und andere Dokumente können die Informationen nutzen.

So blenden Sie eine Arbeitsmappe aus:

1. Öffnen Sie die betreffende Arbeitsmappe.
2. Klicken Sie auf der Registerkarte *Ansicht* in der Gruppe *Fenster* auf den Befehl *Fenster*.

Abbildg. 3.56   Die Registerkarte *Ansicht* enthält die Befehle für die Anordnung und Anzeige von Fenstern

Beim Ausblenden einer Arbeitsmappe werden die Daten aus der Ansicht, jedoch nicht aus der Arbeitsmappe gelöscht. Wenn Sie Excel beenden und die Arbeitsmappe speichern, bleiben die versteckten Daten beim nächsten Öffnen der Arbeitsmappe ausgeblendet.

Die erneute Anzeige der Arbeitsmappe erfolgt mit diesen Schritten:

1. Öffnen Sie die betreffende Arbeitsmappe. Sie erscheint nicht, wie gewohnt, in einem Fenster.
2. Aktivieren Sie die Registerkarte *Ansicht*.
3. Wählen Sie in der Gruppe *Fenster* die Schaltfläche *Einblenden*.
4. Im Dialogfeld *Einblenden* markieren Sie den Dateinamen der betreffenden Arbeitsmappe und klicken auf die Schaltfläche *OK*.

Eine Arbeitsmappe signieren

In früheren Versionen musste der Benutzer die ausführbare Datei *Selfcert.exe* über den Windows-Explorer starten, um ein digitales Zertifikat zu erstellen. Dieses Zertifikat konnte anschließend dazu verwendet werden, ein Makro-Projekt zu signieren. In Excel 2007 hat Microsoft das Hinzufügen einer digitalen Signatur in die Benutzerschnittstelle integriert.

Eine digitale Signatur wird zum Authentifizieren digitaler Informationen verwendet. Mit Hilfe digitaler Signaturen können Sie sicherstellen:

- dass der Signierer derjenige ist, der er zu sein vorgibt (Echtheit).
- dass der Inhalt seit dem digitalen Signieren nicht geändert oder manipuliert wurde (Integrität).
- Sie können außerdem die Herkunft des signierten Inhalts einem Signierer zuordnen (Anerkennung).

Um eine Arbeitsmappe digital zu signieren, sind die folgenden Schritte nötig:

1. Wählen Sie im *Office-Menü* den Befehl *Vorbereiten/Digitale Signatur hinzufügen*.
2. Das folgende Dialogfeld informiert Sie über Signaturen und bietet einen Link auf die *Signaturdienste von Office Marketplace* unter *http://office.microsoft.com/de-de/marketplace/default.mspx* an.

Abbildg. 3.57 Soll diese Meldung künftig nicht mehr gezeigt werden, aktivieren Sie das Kontrollkästchen

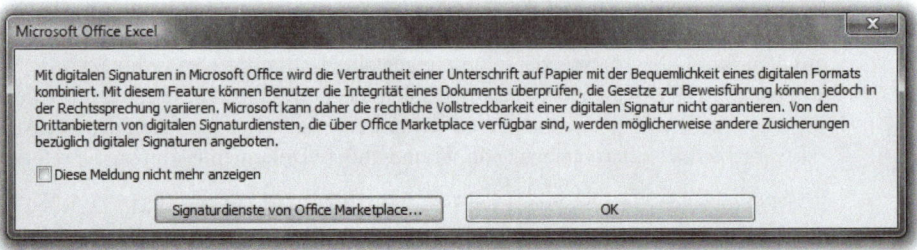

3. Wurde die aktive Datei noch gar nicht oder in einem nicht unterstützten Dateiformat gespeichert, werden Sie aufgefordert, dies nachzuholen.
4. Haben Sie bisher noch keine digitale Signatur angelegt, müssen Sie zunächst eine Signatur anfordern oder selbst erstellen:
   - Wählen Sie *Digitale ID von einem Microsoft-Partner erhalten*, wenn Sie ein Zertifikat von einer Zertifizierungsstelle erhalten wollen. Die Zertifizierungsstelle verwaltet diese Zertifikate und wacht über deren Gültigkeit.
   - Wählen Sie hier *Eigene digitale ID erstellen*, um ein eigenes Zertifikat zu erstellen. Wenn Sie nur für eigene Zwecke entwickeln, sind solche Zertifikate ausreichend.
5. Im nächsten Schritt geben Sie allgemeine Informationen für die digitale ID ein.

Abbildg. 3.58 Füllen Sie die allgemeinen Angaben zur neuen Signatur aus

6. Klicken Sie auf die Schaltfläche *Erstellen*.
7. Geben Sie im nächsten Schritt noch eine nähere Beschreibung zur Signierung des aktuellen Dokuments an und wählen Sie die Schaltfläche *Signieren*.
8. Bestätigen Sie auch die Information zur erfolgreichen Signierung mit *OK*.

Sie haben damit ein digitales Zertifikat erstellt und dieses dem aktuellen Dokument hinzugefügt. Angezeigt wird dies im Aufgabenbereich *Signaturen*, der nach Abschluss des Vorgangs angezeigt wird.

Abbildg. 3.59   Im Aufgabenbereich *Signaturen* können Sie Details zum Zertifikat anzeigen oder dieses löschen

Wollen Sie ein weiteres Dokument digital signieren, dann verkürzt sich der Vorgang, weil Sie das bereits erstelle Zertifikat lediglich zuweisen müssen.

HINWEIS   Gespeichert wird das Zertifikat im Ordner *C:\Users\<Benutzername>\AppData\Roaming\Microsoft\SystemCertificates\My\Certificates*.

Eine Arbeitsmappe als abgeschlossen kennzeichnen

Arbeiten mehrere Mitglieder einer Arbeitsgruppe an einer Arbeitsmappe, dann können Sie den Abschluss aller Arbeiten im Dokument speichern. Wählen Sie dazu im *Office-Menü* den Befehl *Vorbereiten/Als abgeschlossen kennzeichnen*. Die Arbeitsmappe wird anschließend als abgeschlossen gekennzeichnet und gespeichert. In der Statusleiste wird beim Öffnen einer solchen Datei ein Hinweis angezeigt. Für alle Benutzer ist damit der Status des Dokuments ersichtlich.

Eine Arbeitsmappe schließen

Zum Schließen einer Arbeitsmappe wählen Sie eine der folgenden Möglichkeiten:

- Im *Office-Menü* den Befehl *Schließen* wählen.
- Die Schaltfläche *Fenster schließen* (das kleinere der beiden »X« oben rechts) anklicken.
- Excel beenden.

Sollte die Mappe geändert, aber noch nicht gespeichert worden sein, erhalten Sie eine Sicherheitswarnung angezeigt, die Sie zum Speichern auffordert.

TIPP   Sie können mehrere Arbeitsmappen in einem Arbeitsgang schließen und Excel beenden, wenn Sie einen Doppelklick auf das Office-Logo ausführen. Mit diesem Befehl können alle geöffneten Arbeitsmappen in einem Arbeitsgang geschlossen werden. Dabei erfolgt für jede veränderte Datei, die noch nicht gespeichert wurde, eine Sicherheitswarnung.

Zusammenfassung

Letztendlich geht es bei der Arbeit am Computer immer um die Arbeit mit Dateien. Für Sie ist dabei zunächst wichtig, dass Sie eine einmal erstellte Datei auch wieder finden. Microsoft hat versucht, dies mit den neuen Suchmöglichkeiten zu erleichtern. Ein paar Gedanken zur Dateiablage lohnen sich aber allemal.

Jede Information wird in einer Datei abgelegt, und jede Anwendung verwendet in der Regel ein eigenes Dateiformat. Wenn Sie Daten mit anderen Anwendern austauschen wollen, ist es wichtig, zu wissen, ob Ihr Gegenüber ebenfalls Excel im Einsatz hat und welche Version dieser verwendet. Setzt die Gegenstelle ein anderes Programm ein, müssen Sie sich zuerst über ein geeignetes Format für den Datenaustausch verständigen.

Frage	Antwort
Wie kann ich eine neue Arbeitsmappe anlegen?	Mit der Tastenkombination Strg+N fügen Sie eine neue Standardmappe ein. Wie Sie eine der zahlreichen Vorlagen aufrufen, finden Sie ab Seite 102 beschrieben.
Gibt es neue Dateinamenerweiterungen?	In Excel 2007 wurde das Standarddateiformat erstmals seit langer Zeit geändert. Das führt auch zu neuen Dateierweiterungen. Die wichtigsten finden Sie ab Seite 111 erläutert.
Wie stelle ich das Standardformat für neue Dateien ein?	Die Einstellung dazu finden Sie in den Excel-Optionen, weitere Informationen dazu ab Seite 117.
Was sind vertrauenswürdige Speicherorte?	Dateien, die an vertrauenswürdigen Speicherorten abgelegt sind, werden beim Öffnen nicht vom Vertrauensstellungscenter geprüft, die Dateien werden als sicher eingestuft. Mehr dazu auf Seite 118.
Welche Speicheroptionen kann ich für eine Datei einstellen?	Mit Speicheroptionen können Sie beispielsweise ein Kennwort festlegen oder eine Sicherungskopie anlegen. Mehr dazu ab Seite 125.
Was kann ich mit Dateieigenschaften anfangen?	In den Dateieigenschaften können Sie allgemeine Hinweise zu einer Datei ablegen. Nach diesen Dateieigenschaften können Sie auch suchen. Mehr zu den Dateieigenschaften ab Seite 127.
Welche Möglichkeiten gibt es, um zwischen mehreren geöffneten Mappen zu wechseln?	Dazu können Sie Befehle oder Tastenkombinationen einsetzen. Welche das sind, finden Sie auf Seite 134 erklärt.
Wie kann ich beim Öffnen schneller auf bestimmte Ordner zugreifen?	Legen Sie dazu Linkfavoriten fest, die dann im Dialogfeld *Öffnen* verwendet werden können. Mehr dazu auf Seite 132.
Kann ich mehrere Arbeitsmappen auf einmal öffnen?	Fassen Sie die gewünschten Arbeitsmappen zu einem Aufgabenbereich zusammen. Wie das geht, steht auf Seite 134.
Kann ich im Netzwerk eine Arbeitsmappe gemeinsam mit anderen Benutzern bearbeiten?	Dazu verwenden Sie auf der Registerkarte *Überprüfen* den Befehl *Arbeitsmappe freigeben*. Mehr zu freigegebenen Arbeitsmappen erfahren Sie ab Seite 142.

Kapitel 4

Mit Tabellen arbeiten

In diesem Kapitel:

Der Aufbau eines Arbeitsblatts	160
Daten eingeben und bearbeiten	164
Die AutoKorrektur verwenden	168
Besonderheiten beim Daten eingeben	171
Daten über eine Maske eingeben	175
Reihen eingeben und Ausfüllen	176
Zellinhalte löschen, Eingaben wiederholen und rückgängig machen	181
Einfügen und Löschen im Tabellenblatt	182
Zeilenhöhe und Spaltenbreite ändern	196
Unterschiedliche Bildschirmansichten verwenden	201
Benutzerdefinierte Ansicht	202
Die Rechtschreibprüfung anwenden	203
Eine Recherche durchführen	204
Tabellenblatt schützen	205
Zusammenfassung	210

Kapitel 4 Mit Tabellen arbeiten

Eine Tabelle ist der Container für Ihre Daten. Dieses Kapitel befasst sich damit, wie Sie Daten eingeben. In Excel erfolgt die Eingabe nicht nur über die Tastatur, sondern Sie können dies auch mit der Maus erledigen. Die Kenntnis der unterschiedlichen Eingabemöglichkeiten hilft Ihnen dabei effizient zu arbeiten, ist es doch allemal schneller einen Doppelklick auszuführen als eine Datenreihe über die Tastatur einzugeben.

Die AutoKorrektur und die Rechtschreibprüfung helfen Ihnen dabei, dass nicht nur die Daten, sondern auch beschreibende Texte korrekt geschrieben sind.

Der Aufbau eines Arbeitsblatts

Die Dateien bzw. Dokumente, welche in Excel bearbeitet werden, heißen *Arbeitsmappen* (manchmal wird auch der englische Begriff *workbook* verwendet). Diese enthalten die eigentlichen Tabellen, die so genannten *Arbeitsblätter* (englisch: *worksheet* oder *spreadsheet*). Ein Arbeitsblatt kann man sich als ein elektronisches Rechenblatt vorstellen, das in Spalten und Zeilen aufgeteilt ist. Die Anzahl der Blätter in einer Arbeitsmappe ist nur durch den verfügbaren Speicher begrenzt. In der Mehrheit sind es Tabellenblätter; daneben gibt es aber auch andere Blatttypen, z.B. Diagrammblätter.

Ein Arbeitsblatt bzw. eine Tabelle enthält *Spalten* und *Zeilen*, wobei die Zeilen mit Zahlen und die Spalten mit Buchstaben in den Spalten- bzw. Zeilenköpfen nummeriert sind. Die Kreuzungspunkte von Spalten und Zeilen stellen die einzelnen Tabellenzellen dar. Sie werden durch ihre Position in der Spalte und Zeile gekennzeichnet. Diese Kombination von Zeilennummern und Spaltenbuchstaben für eine Zelle bezeichnet man als *Zellbezug*. So lautet der Zellbezug für die Zelle in Zeile 1 und Spalte B *B1*, für die Zelle darunter *B2*, für die Zelle rechts daneben *C2* usw. Den Zellbezug können Sie immer aus dem *Namenfeld* ersehen.

Abbildg. 4.1 Das Namenfeld zeigt den aktuellen Zellbezug *B4* an

	A	B	C	D	E
		Namenfeld			
1					
2		Einnahmen	Ausgaben	Überschuss	
3		375,00 €	158,00 €	217,00 €	
4		555,00 €	707,00 €	- 152,00 €	
5		225,00 €	100,00 €	125,00 €	
6		278,00 €	157,00 €	121,00 €	
7		310,00 €	238,00 €	72,00 €	
8					

Excel verwendet standardmäßig die *A1-Bezugsart*, bei der sich der Zellbezug aus dem Spaltenbuchstaben und der Zeilennummer zusammensetzt. Sie können jedoch auch eine Bezugsart verwenden, bei der sowohl die Zeilen als auch die Spalten im Tabellenblatt mit Ziffern durchnummeriert sind. Diese so genannte *Z1S1-Bezugsart* (oder auch *R1C1*) eignet sich besonders zur Berechnung von Zeilen- und Spaltenpositionen in Makros sowie in bestimmten Fällen zum Anzeigen von relativen Zellbezügen. Sie können Ihre bevorzugte Bezugsart über *Office-Menü/Excel-Optionen* in der Kategorie *Formeln* einstellen.

Die sichtbare Arbeitsfläche im Excel-Fenster stellt nur einen kleinen Teil des gesamten Arbeitsblatts dar. Insgesamt umfasst ein Arbeitsblatt in der aktuellen Excel-Version 1.048.576 Zeilen (früher 65.536) und 16.384 Spalten (früher 256). In diesem Arbeitsblatt speichern Sie Texte und numerische

Daten, die Sie dann über die von Excel zur Verfügung gestellten Befehle und Werkzeuge weiterverarbeiten können. Mit Hilfe von Operationen wie Kopieren, Verschieben, Konsolidieren, Diagrammerstellung usw. können Sie diese Daten sortieren, anordnen, analysieren, präsentieren, Gesamtsummen darstellen, Rechnungen schreiben usw. Sie können Ihre Daten auch anderen Anwendungen, zum Beispiel der Textverarbeitung Word oder der Datenbank Access, zur Verfügung stellen und dort weiterverarbeiten.

Zellen aktivieren

Die aktive Zelle ist mit einem breiten Rahmen versehen, der anzeigt, dass sich der momentane Arbeitsschritt auf diese Zelle bezieht. Um eine andere Zelle zu aktivieren, klicken Sie mit der linken Maustaste auf eine Zelle Ihrer Wahl oder verwenden Sie die Pfeiltasten.

Wenn Sie eine Zelle mit der Maus oder den Cursortasten (siehe hierzu auch Tabelle 4.1) anwählen, wird diese zur aktiven Zelle, in die Sie Text, Zahlen oder Formeln eingeben oder die diese formatieren können.

Tabelle 4.1   Mit diesen Tasten können Sie sich im Tabellenblatt bewegen

Gewünschtes Ziel	Taste/Tastenkombination
Eine Zelle nach links	←
Eine Zelle nach rechts	→
Eine Zelle nach oben	↑
Eine Zelle nach unten	↓
Eine Bildschirmseite nach oben	Bild ↑
Eine Bildschirmseite nach unten	Bild ↓
Zum Beginn oder Ende des nächsten linken Blockes, der Daten enthält	Strg + ←
Zum Beginn oder Ende des nächsten rechten Blockes, der Daten enthält	Strg + →
Zur Anfangszelle (A1)	Strg + Pos1
Zum Ende des Bereichs, der Daten enthält	Strg + Ende

Mehrere Zellen auswählen

So wählen Sie zusammenhängende Zellen aus:

1. Klicken Sie mit auf die Zelle *A1*.
2. Halten Sie die ⇧ -Taste gedrückt und klicken Sie auf die Zelle *B22* oder ziehen Sie den Mauszeiger mit gedrückter linker Maustaste von *A1* nach *B22*.

Alle Zellen im dazwischen liegenden Bereich werden markiert.

So wählen Sie mehrere, nicht zusammenhängende Zellen aus:

1. Drücken Sie die Tastenkombination Strg + Pos1 . Die Zelle *A1* wird aktiviert.
2. Halten Sie die Strg -Taste gedrückt und klicken Sie mit dem Mauszeiger in die Zelle *B5*. Damit haben Sie gleichzeitig die Zelle *A1* und die Zelle *B5* markiert.

Mit einem Klick ohne Zusatztasten auf eine beliebige Zelle heben Sie diese Mehrfachmarkierung wieder auf.

Bestimmte Bereiche mit *Gehe zu auswählen*

Auf der Registerkarte *Start* enthält die Gruppe *Bearbeiten* die Befehlsgruppenschaltfläche *Suchen und Auswählen*. Nach einem Klick auf diese Schaltfläche wird ein Menü geöffnet, in dem Sie den Befehl *Gehe zu* auswählen. Der Aufruf dieses Befehls öffnet ein Dialogfeld (siehe Abbildung 4.2), das zunächst nicht viel aussagt. Wenn Sie die aktive Mappe eben 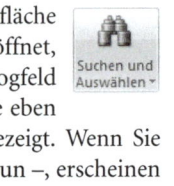 erst geöffnet haben, werden in dem Listenfeld eventuell gar keine Einträge angezeigt. Wenn Sie jedoch Bereichsnamen festgelegt haben – und das sollten Sie, wo immer möglich, tun –, erscheinen diese im Listenfeld, können markiert und über die Schaltfläche *OK* auch angewählt werden. Über die Arbeit mit Namen können Sie sich in Kapitel 19 informieren.

Abbildg. 4.2 Wie in Word eine Textmarke, so identifiziert eine Zelladresse einen Bereich in der Datei

Im Textfeld *Verweis* können Sie eine Zelladresse, z.B. *B5*, eingeben und so von einer beliebigen Stelle eines Arbeitsblatts in diese Zelle wechseln.

Mehrere Bereiche auswählen

Nun tritt häufig das Problem auf, dass mehrere nicht zusammenhängende Bereiche markiert werden sollen. Auch dieses Problem lässt sich über *Gehe zu* lösen. Um beispielsweise die Spalten *C*, *H* und *K* zu markieren, genügt der Eintrag *C:C;H:H;K:K* als *Verweis* im Dialogfeld *Gehe zu*. Besonders nützlich ist diese Vorgehensweise, wenn es sich dabei um ausgeblendete Spalten handelt, die ja einzeln nicht ohne weiteres markiert werden können.

Auch ganze Zeilen lassen sich markieren. Verwenden Sie dazu die Zeilennummer der gewünschten Zeile. Eine einzelne Zeile, z.B. die Zeile 5, markieren Sie, indem Sie die Zeilennummer in der Form *5:5* eintragen. Mehrere Zeilen, z.B. die Zeilen 1 bis 3, sowie die Zeile 6 und die Zeilen 9 bis 12 markiert der Verweis *1:3;6:6;9:12*.

Aber nicht nur ganze Zeilen und Spalten, auch andere Bereiche können ausgewählt werden. Dabei spielt es keine Rolle, ob der Bereich zusammenhängend ist, wie etwa *A5:G10*, oder ob es sich um eine Mehrfachauswahl wie etwa *A1:B5;E2:E23* handelt. Der Bezug muss in einer Form eingetragen werden, wie er auch in Formeln, etwa zur Berechnung der Summe, akzeptiert wird.

TIPP Excel merkt sich den Punkt, von dem aus Sie den Befehl *Gehe zu* aufgerufen haben und trägt diesen ebenfalls in das Dialogfeld ein. Wenn Sie also eine bestimmte Adresse ausgewählt haben, können Sie über das Dialogfeld *Gehe zu* auch schnell wieder an die ursprüngliche Stelle zurückkehren. Dazu rufen Sie mit F5 das Dialogfeld *Gehe zu* auf. Dort ist der Ausgangspunkt des letzten Aufrufs als *Verweis* eingetragen und ein *OK* bringt Sie direkt dorthin.

Inhalte auswählen

Wenn das Dialogfeld *Gehe zu* aktiv ist, können Sie über die Schaltfläche *Inhalte* eine Auswahl spezieller Sprungadressen einblenden. So lassen sich beispielsweise alle Zellen auswählen, die Kommentare enthalten. Mit der Option *Formeln* können Sie alle Formeln eines Tabellenblatts auswählen, etwa um diese anschließend zu schützen.

HINWEIS Excel achtet dabei auf die aktuelle Markierung: Ist bereits ein Bereich markiert, wird nur dieser durchsucht; ist lediglich eine Zelle markiert, wird das gesamte Tabellenblatt durchsucht.

Wollen Sie Zellen markieren, die Kommentare enthalten, geht das wie folgt:

1. Rufen Sie auf der Registerkarte *Start* den Befehl *Suchen und auswählen/Gehe zu* auf. Alternativ können Sie auch die Taste F5 oder die Tastenkombination Strg + G drücken.
2. Klicken Sie auf die Schaltfläche *Inhalte*.
3. Wählen Sie das Optionsfeld *Kommentare* und klicken Sie dann auf die Schaltfläche *OK*.

Verschiedene Optionen für die Auswahl sind auf der Registerkarte *Start* über *Suchen und Auswählen* direkt als Befehle verfügbar, so auch die Kommentare.

Abbildg. 4.3   Verschiedene Inhalte in einem Schritt auswählen

Das Thema Kommentare wird ausführlich in Kapitel 13 behandelt.

Zeilenunterschiede und Spaltenunterschiede finden

Das Dialogfeld *Inhalte auswählen* bietet eine interessante Hilfestellung, wenn es darum geht, Zellen zu vergleichen und unterschiedliche Werte zu finden. Um einen Zellbereich schnell auf unterschiedliche Werte zu prüfen, können Sie die Option *Zeilenunterschiede* und *Spaltenunterschiede* verwenden. Wenn Sie einen vertikal angeordneten Zellbereich untersuchen wollen, gehen Sie so vor:

1. Markieren Sie den Zellbereich.
2. Drücken die Taste F5 und klicken Sie anschließend auf die Schaltfläche *Inhalte*.
3. Markieren Sie die Option *Spaltenunterschiede*.

Gefunden werden die Zellen, deren Werte von der aktiven Zelle abweichen. Sie erhalten also eventuell unterschiedliche Ergebnisse, wenn Sie eine andere Reihenfolge beim Markieren wählen.

Analog dazu können Sie mit der Option *Zeilenunterschiede* einen horizontalen Bereich untersuchen.

Daten eingeben und bearbeiten

Einzelne Zellen können mit Text, Zahlen oder Formeln ausgefüllt werden. Dazu markieren Sie die Zelle und tippen das Gewünschte ein. Starten Sie Ihre Eingabe beispielsweise mit dem Wort *Lieferschein* in Zelle *A1*, so erscheint der Text sowohl in der Zelle als auch in der Bearbeitungsleiste. Zur Übernahme der eingetippten Daten muss entweder die ↵-Taste gedrückt, mit der Maus eine andere Zelle angewählt oder aber eine Cursortaste bzw. die ⇥-Taste betätigt werden.

Es gibt aber auch die Möglichkeit, die Eingabe durch Anklicken der Schaltfläche *Eingeben* zu bestätigen. Diese finden Sie in der Bearbeitungsleiste links von der Eingabezeile. Sie ist mit einem Häkchen versehen.

Abbildg. 4.4 Eine Dateneingabe kann auch mit einem Mausklick beendet werden

Sie können eine Eingabe auch verwerfen, indem Sie vor dem Bestätigen der Daten die Esc-Taste drücken oder die Schaltfläche *Abbrechen* (das Kreuz in der Bearbeitungsleiste) anklicken.

Sollte Ihnen beim Eingeben von Daten ein Fehler unterlaufen, können Sie die ←-Taste drücken, um das Zeichen vor der Eingabemarke zu löschen oder sich mit der Cursortaste zur betreffenden Stelle bewegen bzw. mit der Maus an die betreffende Stelle klicken.

> **TIPP** Standardmäßig bewegt sich die Markierung nach dem Abschluss der Eingabe mit der ↵-Taste auf die nächste Zelle nach unten. Wenn Sie das Verhalten nach der Eingabe ändern wollen, öffnen Sie im *Office-Menü* die *Excel-Optionen* und wählen dort die Kategorie *Erweitert*. Aktivieren Sie das Kontrollkästchen *Markierung nach dem Drücken der Eingabetaste verschieben* und legen im Dropdown-Feld darunter die Richtung fest.

Daten eingeben und bearbeiten

So geben Sie Daten ein:

1. Wählen Sie die Zelle *A9* aus und tippen Sie das Wort *Lieferschein-Nr.* ein. Drücken Sie die ⏎-Taste.
2. Wählen Sie Zelle *C9* aus und geben Sie die Lieferschein-Nummer in der Form *089/03* ein. Drücken Sie die ⏎-Taste.
3. Wählen Sie Zelle *A13* aus und geben Sie nachfolgenden Text ein: *Wir liefern Ihnen gemäß Ihrer Bestellung vom*. Drücken Sie die ⏎-Taste.

Vergleichen Sie Ihre Eingabe mit Abbildung 4.5.

Sie finden übrigens die in diesem Kapitel beschriebenen Übungen in der Beispieldatei *Kap04A.xlsx* und *Kap04B.xlsx* im Ordner *\Buch\Kap04* auf der CD-ROM zu diesem Buch.

Daten in einen markierten Bereich eingeben

Sie können Ihre Daten zeitsparend eingeben, wenn Sie vorher den Zellbereich für Ihre Eingabe markieren. Wenn Sie nach der Eingabe der Daten die ⏎-Taste oder die ⇆-Taste drücken, wird die nächste Zelle im markierten Bereich zur Dateneingabe aktiviert. Die ⏎-Taste bewegt die Eingabemarke nacheinander bis zum unteren Rand des ausgewählten Bereichs und springt dann wieder zur oberen Zelle in der benachbarten Spalte im ausgewählten Bereich. Die ⇆-Taste bewegt die Eingabemarke zur rechten benachbarten Zelle bis zum rechten Rand im ausgewählten Bereich und springt dann in die linke Zelle eine Zeile darunter.

TIPP Wenn Sie die ⇧-Taste gedrückt halten, während Sie die ⇆-Taste drücken, dann können Sie die markierten Zellen rückwärts durchlaufen.

WICHTIG Wenn Sie Daten in einen markierten Bereich eingeben wollen, dürfen Sie die Pfeiltasten nicht verwenden und auch keinen Klick mit der linken Maustaste ausführen. Diese Aktionen heben die Markierung auf.

So können Sie Daten in einen markierten Bereich eingeben:

1. Ziehen Sie die Maus mit gedrückter linker Maustaste von Zelle *A2* zu Zelle *A6*.
2. Geben Sie eine Adresse für die Lieferanschrift ein. Wenn Sie zur letzten Zelle im ausgewählten Bereich gelangen und die ⇆-Taste oder die ⏎-Taste drücken, wird wieder die erste Zelle des markierten Bereiches aktiviert.
3. Markieren Sie die Zellen *A15* bis *D15*.
4. Geben Sie die Überschriften *Pos.-Nr.*, *Produkt*, *Menge*, *Preis* und *Gesamt* ein.
5. Klicken Sie Zelle *F13* an und geben Sie ein Datum in der Form *TT.MM.JJJJ* ein (*TT* steht für *Monatstag*, *MM* für *Monatsnummer* und *JJJJ* für *Jahr*).
6. Klicken Sie die Zelle *F9* an und geben Sie das aktuelle Datum ein (dazu können Sie die Tastenkombination Strg+. benutzen).
7. Vergleichen Sie Ihre Eingabe mit Abbildung 4.5.

Kapitel 4 Mit Tabellen arbeiten

Abbildg. 4.5   Der vorläufige Inhalt des Lieferscheins

	A	B	C	D	E	F	G
5							
6							
7							
8							
9	Lieferschein-Nr.:		089/03			02.11.2006	
10							
11							
12							
13	Wir liefern Ihnen gemäß Ihrer Bestellung vom					01.10.2006	
14							
15	Pos.-Nr.	Produkt	Menge	Preis	Gesamt		
16	1	Schulheft liniert A5	10	1,29			
17	2	Schulheft liniert A4	5	1,99			
18	3	Schulheft kariert A5	8	1,39			
19	4	Schulheft kariert A4	5	2,09			
20	5	Bleistift weich	3	0,89			
21	6	Farbstift rot	2	1,19			
22	7	Radiergummi	2	0,95			
23							

TIPP   Sie können das aktuelle Datum auch mit der Formel =Heute() eingeben. Dies hat den Vorteil, dass das Datum bei jeder Neuberechnung und bei jedem Öffnen der Arbeitsmappe dem aktuellen Tagesdatum angepasst wird. Das mit der Tastenkombination (Strg)+(.) eingegebene Datum dagegen bleibt unverändert.

Obwohl die automatische Aktualisierung des Datums in diesem Fall für archivierte Dokumente ungeeignet ist, haben wir diese Funktion zur Anschauung in die Zelle *F9* der Beispieldatei eingebaut.

Zellen mit gleichen Inhalten füllen

Wenn Sie eine Zellenauswahl mit den gleichen Inhalten füllen wollen, können Sie dies rasch erledigen, indem Sie die Zeichenfolge eingeben, dann die (Strg)-Taste gedrückt halten und anschließend die (↵)-Taste betätigen. Das funktioniert nicht nur bei zusammenhängenden Bereichen, sondern bei jeder Markierung von Zellen – sogar über Blattgrenzen hinweg.

Angenommen, Sie wollen den Bereich *A1:D5* in *Tabelle1* und *Tabelle2* mit dem Text »Test« füllen. Gehen Sie wie folgt vor:

1. Aktivieren Sie die *Tabelle1* und markieren Sie den Bereich *A1:D5*.
2. Halten Sie die (Strg)-Taste gedrückt und klicken Sie im Blattregister auf den Reiter für die *Tabelle2*.
3. Lassen Sie die (Strg)-Taste los.
4. Geben Sie das Wort »Test« ein und beenden Sie die Eingabe mit der Tastenkombination (Strg)+(↵).

Wenn Sie nun die einzelnen Tabellen im Blattregister anklicken, sehen Sie das Ergebnis: Sowohl auf *Tabelle1* als auch auf *Tabelle2* wurde der Bereich *A1:D5* mit dem gewünschten Eintrag gefüllt.

AutoVervollständigen zur Dateneingabe verwenden

Wenn in den *Excel-Optionen* in der Kategorie *Erweitert* das Kontrollkästchen *AutoVervollständigen für Zellwerte aktivieren* markiert ist, erhalten Sie von Excel Unterstützung bei der Dateneingabe. Schreiben Sie eine Reihe von Texten ohne Leerzeile untereinander, vergleicht Excel diese mit den bereits in den Zeilen darüber eingetragenen Texteinträgen. In dem Moment, wenn die neue Eingabe eindeutig dem Beginn einer bereits vorhandenen Zeichenfolge entspricht, vervollständigt Excel die aktive Zelle. Dabei wird der noch nicht eingetragene Teil markiert. Wenn diese Vervollständigung erwünscht ist, können Sie durch Drücken der ⏎-Taste die Eingabe abschließen. Wollen Sie einen neuen Eintrag erstellen, überschreiben Sie die Markierung ganz einfach oder entfernen diesen mit der `Entf`-Taste.

Auswahllisten anzeigen und verwenden

Sollen mehrere Zellen mit Text gefüllt werden, können Sie wiederkehrende Begriffe ganz einfach über eine Auswahlliste eintragen lassen. Klicken Sie in die nächste freie Zelle unterhalb des letzten Texteintrages und wählen Sie im Kontextmenü für die Zelle den Eintrag *Dropdown-Auswahlliste*. Daraufhin wird in der Zelle ein Listenfeld angezeigt. Der Inhalt des Listenfelds besteht aus den Einträgen, die oberhalb der aktiven Zelle bereits vorhanden sind.

HINWEIS Eventuell vorhandene Zahlenwerte werden in der *Dropdown-Auswahlliste* nicht angezeigt. Die *Dropdown-Auswahlliste* zeigt diejenigen Texteinträge an, die sich ausgehend von der aktiven Zelle bis zur ersten leeren Zelle befinden. Ist die aktive Zelle sowohl nach oben als auch nach unten von Text umgeben, werden die Einträge aus beiden Richtungen aufgelistet.

Daten in der Zelle bearbeiten

Daten lassen sich auf zweierlei Arten eingeben und bearbeiten: Sie können die Zelle auswählen und dann in der Bearbeitungsleiste den Text eingeben. Sie können aber auch auf die Zelle doppelklicken und die Daten direkt in die Zelle eingeben. Auch hier können Sie falsche Eingaben (wie oben beschrieben) korrigieren.

Wenn Sie eine Zelle direkt bearbeiten wollen, gehen Sie so vor:

1. Doppelklicken Sie auf die Zelle *A16*. Geben Sie eine *1* für die Positionsnummer 1 ein.
2. Doppelklicken Sie auf die Zelle *A9*. Positionieren Sie den Mauszeiger im Wort *Lieferschein-Nr.* Drücken Sie die Taste `Ende`, um den Cursor hinter *Nr.* zu positionieren. Geben Sie hier einen Doppelpunkt ein.

HINWEIS Damit der Doppelklick die Zelle aktiviert, muss in den *Excel-Optionen* in der Kategorie *Erweitert* das Kontrollkästchen *Direkte Zellbearbeitung zulassen* markiert sein. Ansonsten hat ein Doppelklick auf eine Zelle unterschiedliche Auswirkungen: Enthält die Zelle eine Formel mit einem Bezug auf eine andere Zelle, wird diese Vorgängerzelle nach dem Doppelklick markiert. Enthält die Zelle, auf die Sie den Doppelklick ausführen, jedoch einen Kommentar, wird dieser zur Bearbeitung aktiviert.

Die AutoKorrektur verwenden

Die AutoKorrektur ist eine in allen Office-Anwendungen verfügbare Funktion. Haben Sie ein Wort falsch eingegeben, kann Excel es automatisch für Sie korrigieren. Die AutoKorrektur enthält eine Liste häufig vorkommender Tippfehler wie beispielsweise zwei Großbuchstaben am Wortanfang, die unbeabsichtigte Verwendung der Feststelltaste, Buchstabendreher (zum Beispiel *awr* statt *war*) usw. Um das Dialogfeld *AutoKorrektur* zu öffnen, wählen Sie im *Office-Menü* die Schaltfläche *Excel-Optionen*. Wechseln Sie zur Kategorie *Dokumentprüfung* und klicken Sie anschließend die Schaltfläche *AutoKorrektur-Optionen*.

Abbildg. 4.6 Das Dialogfeld *AutoKorrektur* zum automatischen Korrigieren von Tippfehlern

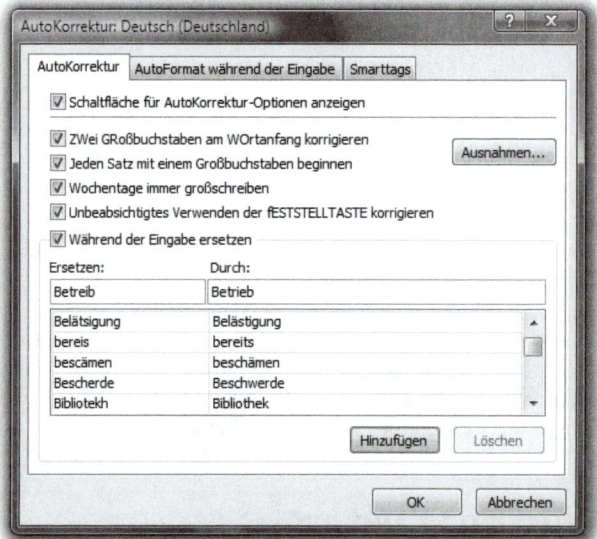

Probieren Sie die AutoKorrektur einmal mit dem falsch geschriebenen Wort *Betreib* aus.

Sie können die AutoKorrektur an Ihre eigenen Bedürfnisse, d.h. häufig unterlaufende Fehler, anpassen, indem Sie der Liste eigene Begriffe hinzufügen. Ebenso können Sie die AutoKorrektur als Abkürzungsverzeichnis für sich wiederholende, lange Wörter benutzen. Excel ändert dann das Kürzel automatisch auf das lange Wort. So können Sie z.B. die Buchstabenfolge *ls* automatisch durch *Lieferschein-Nr.:* ändern lassen.

So passen Sie die *AutoKorrektur* für das Wort *Lieferschein-Nr.:* an:

1. Klicken Sie im *Office-Menü* auf die Schaltfläche *Excel-Optionen*.
2. Wechseln Sie zur Kategorie *Dokumentprüfung*.
3. Klicken Sie auf die Schaltfläche *AutoKorrektur-Optionen*.
4. Geben Sie im Eingabefeld *Ersetzen* das Wort *ls* ein.
5. Im Eingabefeld *Durch* geben Sie *Lieferschein-Nr.:* ein.
6. Klicken Sie auf die Schaltflächen *Hinzufügen* und *OK*.
7. Schließen Sie das Dialogfeld *Excel-Optionen*.

Testen Sie den neuen *AutoKorrektur*-Eintrag, indem Sie in die Zelle *A9 ls* eingeben und die ⏎-Taste drücken.

Wollen Sie weitere Wörter in die AutoKorrektur-Liste eingeben, klicken Sie im Dialogfeld *AutoKorrektur* nach Ihren Eingaben jeweils auf die Schaltfläche *Hinzufügen*. Um das Dialogfeld zu schließen, nachdem Sie alle Wörter eingegeben haben, bestätigen Sie mit *OK*.

HINWEIS   Sie sollten mit der Verwendung von Abkürzungen vorsichtig sein, weil sich Abkürzungen, für die eine *AutoKorrektur* festgelegt wurde, nur schwer in eine Zelle eingeben lassen (z.B. über die Zwischenablage), ohne dass eine automatische Ersetzung durchgeführt wird.

AutoKorrektur für die Eingabe von Zeitwerten

Die AutoKorrektur kann Ihnen auch helfen, wenn Sie häufig Uhrzeiten erfassen müssen. Da es sich dabei um Zahlen handelt, verwenden viele Benutzer den numerischen Block für die Eingabe. Bei einem Datum kann man dabei das Minuszeichen als Trennzeichen verwenden, die Eingabe von *10-12* wandelt Excel in den *10. Dezember* um. Für einen Zeitwert können Sie die AutoKorrektur verwenden, um die Eingabe zu beschleunigen.

So passen Sie die *AutoKorrektur* für die schnelle Erfassung von Zeitwerten an:

1. Wählen Sie im *Office-Menü* den Befehl *Excel-Optionen/Dokumentprüfung* und anschließend die Schaltfläche *AutoKorrektur-Optionen*.
2. Geben Sie im Eingabefeld *Ersetzen* zwei Minuszeichen (--, ohne Trennzeichen) ein.
3. Im Eingabefeld *Durch* geben Sie ":" ein.
4. Klicken Sie auf die Schaltflächen *Hinzufügen* und *OK*.
5. Schließen Sie das Dialogfeld *Excel-Optionen*.

Testen Sie den neuen *AutoKorrektur*-Eintrag, indem Sie in eine Zelle *15--30* eingeben und die ⏎-Taste drücken.

AutoKorrektur-Eintrag löschen

Sie können die AutoKorrektur für ein Wort wieder aufheben, indem Sie den Text im Eingabefeld *Ersetzen* im Dialogfeld *AutoKorrektur* löschen.

WICHTIG   Die AutoKorrektur für ein Wort lässt sich nur über die Schaltfläche *Löschen* im Dialogfeld *AutoKorrektur* entfernen. Das Löschen des *AutoKorrektur*-Eintrags über die Taste `Entf` im Eingabefeld *Ersetzen* oder im Eingabefeld *Durch* oder gar in beiden Eingabefeldern entfernt den Eintrag nicht!

Alle Einträge zur AutoKorrektur wirken nach den geschilderten Prinzipien auch in den anderen Office-Anwendungen. Microsoft Office System führt dazu für jede verwendete Sprache und jeden Benutzer im System eine eigene *AutoKorrektur*-Liste. Sie finden diese Datei unter dem Namen *Mso1031.acl* (*1031* für Deutschland) unter Ihrem Profil im Ordner *C:\Users\<Benutzername>\AppData\Roaming\Microsoft*. Die Pfade sind abhängig vom Betriebssystem und den Benutzer-Einstellungen.

Ausnahmen festlegen

Die Schaltfläche *Ausnahmen* führt Sie zum Dialogfeld *AutoKorrektur-Ausnahmen*, in dem Sie z.B. festlegen können, wann nach einem Punkt nicht der Wortanfang auf Großschreibung hin automatisch korrigiert werden soll; das ist z.B. bei Abkürzungen der Fall. Sie haben hier auch die Möglichkeit, festzulegen, welche Wörter am Wortanfang mit zwei Großbuchstaben automatisch korrigiert werden sollen.

Informationen mit Smarttags abrufen

Im Dialogfeld *AutoKorrektur* finden Sie auf der Registerkarte *Smarttags* eine Einstellung, die Ihnen vielleicht einige Arbeit abnehmen kann. Über diese Registerkarte können Sie die Verwendung von Smarttags aktivieren. Mit Hilfe der Smarttag-Technologie ist es Excel (und anderen Office-Programmen) möglich, Ihre Eintragung zu analysieren und entsprechende Aktionen anzubieten. Je nach Installation werden im Listenfeld *Merkmale* verschiedene Einträge aufgelistet.

Über die Schaltfläche *Weitere Smarttags* erreichen Sie die Internetseite *http://office.microsoft.com/de-de/marketplace/* von Microsoft, auf der weitere Smarttags (auch von Drittanbietern) vorgestellt werden.

Standardmäßig sind Smarttags nicht aktiviert. Nehmen Sie die Einstellungen wie in Abbildung 4.7 vor, um diese Funktionalität einmal zu testen.

Abbildg. 4.7 Hier können Sie Smarttags einbinden und deren Erscheinungsbild einstellen

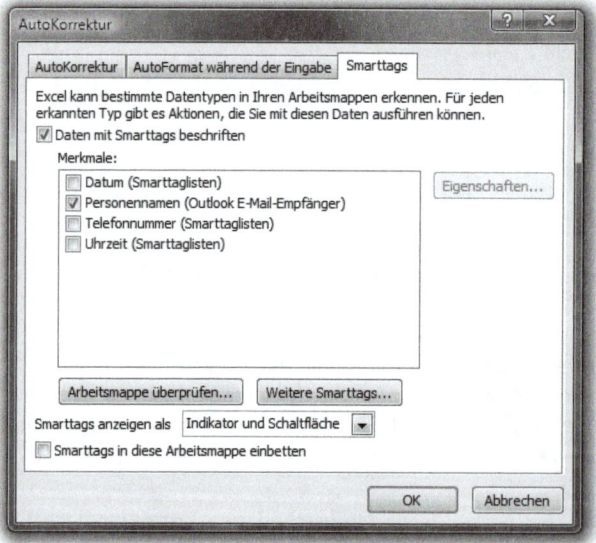

Wenn Sie jetzt den Namen einer Person eintragen, an die Sie kürzlich eine E-Mail geschrieben haben oder für die ein Eintrag in Ihrer Outlook-Kontaktdatenbank existiert, wird die Zelle mit einem violetten Dreieck gekennzeichnet und das Smarttag *Smarttag-Aktionen* angezeigt (siehe Abbildung 4.8). Klicken Sie dieses Smarttag an, um eine Auswahl verschiedener Aktionen aufzurufen.

Besonderheiten beim Daten eingeben

Abbildg. 4.8 Über Smarttags können Sie schnell unter den angebotenen Aktionen auswählen

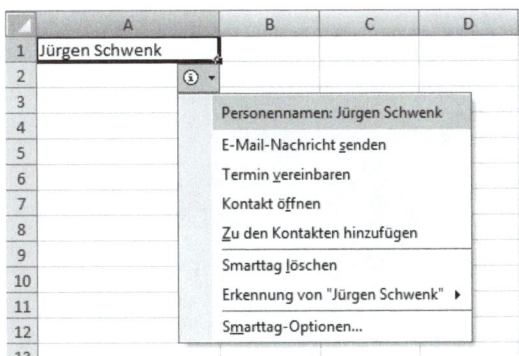

Sie können dann z.B. eine neue *E-Mail-Nachricht senden,* einen *Termin vereinbaren* oder den *Kontakt öffnen* und weitere Informationen zur Person einsehen, ohne (!) Outlook selbst öffnen zu müssen.

Über die Schaltfläche *Arbeitsmappe überprüfen* im Dialogfeld *AutoKorrektur* können Sie Arbeitsmappen nachträglich auf Smarttags überprüfen, für die Sie bei der Erstellung diese Funktionalität nicht eingebettet haben.

Besonderheiten beim Daten eingeben

Es gibt schon einige Besonderheiten beim Eingeben von Daten, die einen, wenn vielleicht auch nicht gleich verzweifeln, so doch wenigstens staunen lassen. Einigen dieser Besonderheiten soll hier auf den Grund gegangen werden.

Automatische Formatierung der Daten

Excel wendet verschiedene Formatierungen auf Ihre Dateneingabe an. So werden beispielsweise Zahlen standardmäßig rechtsbündig ausgerichtet. Text dagegen wird linksbündig in der Zelle ausgerichtet.

Aber nicht nur die Ausrichtung der Zellen wird von Excel anhand der Eingabe vorgenommen; bestimmte Einträge (z.B. Zahlen, Datumswerte oder Geldbeträge) werden auch mit einem Standardformat formatiert. Mehr zum Thema »Formatieren von Zellen« finden Sie in Kapitel 9.

Feste Dezimalstelle verwenden

Wenn Sie sehr viele Dezimalzahlen eingeben müssen, kann Ihnen Excel die Eingabe der Kommata abnehmen. In den *Excel-Optionen* finden Sie in der Kategorie *Erweitert* das Kontrollkästchen *Dezimalkomma automatisch einfügen*. Über das Drehfeld *Stellenzahl* können Sie die Anzahl der Kommastellen festlegen. Legen Sie für Stellenanzahl den Wert 3 fest, dann erreichen Sie damit die folgenden Ergebnisse.

Tabelle 4.2 Ergebnisse der Eingabe mit fester Dezimalstelle

Eingabe	Ergebnis
12	0,012
123	0,123
1234	1,234
2,5	2,5
2003,0	2003

Mit sehr großen Zahlen arbeiten

Bei der Anzeige sehr großer Zahlen gibt es eine Grenze: Excel kann keine Zahlen mit mehr als 15 Stellen anzeigen. Egal, was Sie an der 16. Stelle eingeben, Excel ersetzt die Eingabe durch eine 0. Als Alternative bleibt hier lediglich die wissenschaftliche Exponential-Schreibweise.

Einen Bruch eingeben

Wenn Sie in eine Zelle einen Bruch eingeben, z.B. 1/5, dann macht Excel aus dieser Eingabe kurzerhand ein Datum. Im Falle von 1/5 wird aus Ihrer Eingabe der 1. Mai des aktuellen Jahres. Ist eine der beiden Zahlen größer als 31 oder größer als 12, versucht Excel diesen Bruch als Eingabe eines Datums in der Form Monat und Jahr darzustellen. So wird aus dem Bruch 1/13 das Datum Jan 13 (die Bearbeitungsleiste zeigt dann 1.1.2013 an). Ist dies nicht möglich, wird die Eingabe in einen Text umgewandelt, mit dem Sie nicht so einfach weiter rechnen können. Um einen Bruch korrekt einzugeben, beginnen Sie die Eingabe mit der Zahl 0, gefolgt von einem Leerzeichen, also z.B. 0[leer]1/5.

Internet- und Netzwerkpfade eingeben

Tragen Sie eine Netzwerkadresse oder auch eine Internetadresse (z.B. *www.microsoft.de*) ein, wandelt Excel diese standardmäßig in einen Hyperlink um. Das kann lästig werden oder schlicht und einfach unerwünscht sein. Wenn Sie in den *Excel-Optionen* in der Kategorie *Dokumentprüfung* das Kontrollkästchen *Internet- und Dateiadressen ignorieren* deaktivieren, wird Ihre Eingabe nicht mehr umgewandelt. Diese Einstellung können Sie auch über die Schaltfläche *AutoKorrektur-Optionen* einstellen, wenn Sie aktuell einen solchen Wert eingetragen haben (vgl. Abbildung 4.9).

Abbildg. 4.9 Sie können die AutoKorrektur-Optionen über geänderte Zellen aufrufen

Es werden nur Rauten angezeigt

Bei Berechnungen mit Zeitwerten kommt es vor, dass als Ergebnis ein negativer Zeitwert (z.B. – 16:15) auftritt. Dieses Ergebnis wird in Excel mit einem wunderschönen »Gartenzaun« angezeigt. Der Grund: Excel kann standardmäßig keine negativen Zeitwerte anzeigen.

Wenn Sie in den *Excel-Optionen* in der Kategorie *Erweitert* in die Gruppe *Beim Berechnen dieser Arbeitsmappe* wechseln und dort das Kontrollkästchen *1904-Datumswerte verwenden* aktivieren, kann Excel auch negative Zeitwerte anzeigen.

Aber Vorsicht: Die Einstellung hat Auswirkungen auf alle bereits eingetragenen Zeitwerte! Wenn Sie diese Einstellung verwenden wollen, sollten Sie diese zu Beginn der Arbeit festlegen.

Mehr zum Thema »Datums- und Zeitfunktionen« finden Sie in Kapitel 6 und in Kapitel 15.

Datumseingabe auf dem numerischen Block

Bei der schnellen Erfassung von Zahlenwerten spielt der numerische Block (auf der Tastatur ganz rechts) eine wichtige Rolle. Neben den Zahlen von 0 bis 9 finden sich hier auch die wichtigsten Rechenoperationen sowie das Kommazeichen. Bei der Datumseingabe tun sich die meisten Anwender jedoch schwer, weil der Punkt hier nicht zu finden ist.

Um dennoch ein Datum ausschließlich über den numerischen Block einzugeben, können Sie jedoch das Minus-Zeichen des numerischen Blocks verwenden. Sie können dabei sogar auf die Eingabe der Jahreszahl verzichten, wenn Sie ein Datum für das aktuelle Jahr eintragen. Die Eingabe von *28-12-07* und *28-12* führt zum gleichen Ergebnis, wenn diese im Jahr 2007 erfolgt. Die einzige Aufgabe, die Sie noch erledigen müssen, ist die Einstellung des gewünschten Zahlenformats. Mehr zum Formatieren von Zahlen finden Sie in Kapitel 12.

WICHTIG Um unerwünschte Ergebnisse zu vermeiden, sollten Sie die Eingabe in der Form »Tag-Monat« vornehmen. Ist der Wert nach dem Minuszeichen größer als 12, geht Excel davon aus, dass es sich dabei um die Jahreszahl handelt und ergänzt die Zahl 1 für den Tag. Die Eingabe von *12-28* ergibt dann das Datum *1.12.2028*.

Wollen Sie statt eines Datumswertes eine Zeit auf dem numerischen Block erfassen, werden Sie den Doppelpunkt vermissen. Für diese Aufgabe gibt es leider keine so praktische Lösung wie für die Datumswerte. Sie können jedoch, wie weiter oben beschrieben, die AutoKorrektur verwenden, um dennoch eine schnelle Erfassung zu ermöglichen.

Übersicht zum Eingeben von Daten

Die folgende Tabelle fasst einige wichtige Besonderheiten zusammen.

Tabelle 4.3   Besonderheiten beim Eingeben von Daten

Eingabe	Ergebnis	Beschreibung	Abhilfe
12345	12345	Zahlen werden rechtsbündig ausgerichtet	Benutzerdefiniertes Zahlenformat anwenden

Tabelle 4.3 Besonderheiten beim Eingeben von Daten *(Fortsetzung)*

Eingabe	Ergebnis	Beschreibung	Abhilfe
(97)	−97	Wird um eine Zahl eine Klammer gesetzt, ergänzt Excel das Minuszeichen und richtet die Zahl rechtsbündig aus	Setzen Sie die Klammer über das Zahlenformat, z.B. »(#)«
1/5	01. Mai	Einen Bruch wandelt Excel in ein Datum um, sofern keiner der Teile zu einem ungültigen Datum führt, ansonsten wird zu Text umgewandelt	Geben Sie vor dem Bruch eine Null und ein Leerzeichen ein, also 0[Leer]1/5
32/5	32/5	Wie oben	Wie oben
31/13	31/13	Wie oben	Wie oben
123456789123456	1,23457E+11	Sehr große Zahlen werden rechtsbündig in exponentialer Schreibweise dargestellt	Benutzerdefiniertes Zahlenformat anwenden
123,0	123	Die Zahl wird rechtsbündig eingetragen, jedoch ohne Kommastelle	Wenn Sie eine Kommastelle auch dann anzeigen wollen, wenn der Wert 0 ist, dann verwenden Sie ein benutzerdefiniertes Zahlenformat
123	123,00	Excel ergänzt jede Eingabe einer Zahl um eine bestimmte Anzahl an Kommastellen	Über *Extras/Optionen* finden Sie auf der Registerkarte *Bearbeiten* die Einstellung *Feste Dezimalstelle setzen*, die hierfür verantwortlich ist
11:45	11:45	Eine Uhrzeit wird rechtsbündig ausgerichtet, da Excel diese als Zahl behandelt	Über *Format/Zellen* die Formatierung ändern
−3:45	Fehlermeldung	Excel akzeptiert die Eingabe negativer Zeitwerte nicht	Beginnen Sie die Eingabe mit einem Anführungszeichen (Apostroph), also '-3:45 **Achtung**: Dies führt dazu, dass die Eingabe als Text behandelt wird!
Eine Formel, die einen negativen Zeitwert ergibt	############	Excel kann standardmäßig nicht mit negativen Zeitwerten umgehen. Auch die Änderung der Spaltenbreite ändert nichts am angezeigten »Gartenzaun«.	Wenn Sie in den *Excel-Optionen* in der Kategorie *Erweitert* das Kontrollkästchen *1904-Datumswerte verwenden* aktivieren, kann Excel auch negative Zeitwerte verarbeiten. **Achtung**: Die Einstellung hat Auswirkungen auf alle bereits eingetragenen Zeitwerte!

Tabelle 4.3 Besonderheiten beim Eingeben von Daten *(Fortsetzung)*

Eingabe	Ergebnis	Beschreibung	Abhilfe
29.4	29. Apr	Excel geht hier von der Eingabe eines Datums aus und ergänzt das aktuelle Jahr (siehe Bearbeitungsleiste)	Wenn Sie ein anderes Jahr verwenden wollen, dann geben Sie dies explizit an
29-4	29. Apr	Auch bei Verwendung des Minus-Zeichens ergänzt Excel das aktuelle Jahr.	Wie zuvor
29.4.	29.4.	Linksbündiger Textwert, enthält die Eingabe zwei Datumstrennzeichen, Excel ergänzt das Jahr nicht	Geben Sie das Jahr ebenfalls ein oder verzichten Sie auf den zweiten Punkt
5%	5%	Prozentzahlen werden rechtsbündig ausgerichtet und das Zahlenformat *Prozent* zugewiesen	Über *Format/Zellen* die Formatierung ändern
Excel 2007	Excel 2007	Text wird linksbündig ausgerichtet	Ausrichtung ändern
Excel 2007 ist wirklich super	Excel 2007 i	Wenn Sie einen längeren Text eingeben, scheint dieser abgeschnitten zu sein, wenn in der benachbarten Zelle ein Eintrag vorhanden ist, die Bearbeitungsleiste zeigt jedoch den tatsächlichen Inhalt der Zelle	Excel passt die Spaltenbreite nicht automatisch an Ihre Eingabe an, Sie müssen das selbst nachholen oder mit der Tastenkombination Alt + ⏎ einen Zeilenumbruch einfügen.
falsch	FALSCH	Die Wahrheitswerte *FALSCH* und *WAHR* werden zentriert in Großschreibung dargestellt	Beginnen Sie die Eingabe mit einem Anführungszeichen (Apostroph)
1567,25 €	1567,25 €	Die Anzeige entspricht der Dateneingabe. Die Zelle enthält allerdings nur den Zahlenwert, die Anzeige der Währung erfolgt über ein Zahlenformat	Durch diese Umwandlung stellt Excel sicher, dass die Eingabe als Zahl erfolgt, mit der auch gerechnet werden kann

Daten über eine Maske eingeben

Eine Besonderheit von Datenbanken ist das komfortable Erfassen von Daten. Bei Microsoft Access erfolgt dies z.B. über so genannte Formulare. Auch Excel kann eine ähnliche Funktionalität bieten: Über den Befehl *Maske* können Sie ein eingebautes Formular aufrufen und damit die Daten erfassen und anzeigen (Abbildung 4.10). Allerdings müssen Sie den Befehl zuerst in die Schnellzugriffsleiste einfügen. Gehen Sie dazu wie folgt vor:

1. Wählen Sie in der Schnellzugriffsleiste die Schaltfläche *Schnellzugriffsleiste anpassen*.
2. Wählen Sie die Option *Weitere Befehle*.
3. Im Listenfeld *Befehle auswählen* markieren Sie den Eintrag *Befehle nicht in der Multifunktionsleiste*.

4. Markieren Sie den Befehl *Maske* und klicken Sie auf die Schaltfläche *Hinzufügen*.
5. Schließen Sie das Dialogfeld.

Eine weitere Voraussetzung dafür ist, dass Excel Überschriften für den aktuellen Bereich erkennen kann. Außerdem sollte nach unten genügend Platz für neue Datensätze sein.

> **HINWEIS** Excel kann auch in der neuen Version nur maximal 32 Eingabefelder in der Datenmaske anzeigen. Enthält Ihre Tabelle mehr als 32 Spalten erhalten Sie beim Aufrufen der Datenmaske eine Fehlermeldung.

In der Datenmaske werden die Feldnamen, aktuelle Werte, eine Bildlaufleiste sowie einige Schaltflächen für die Navigation und Suche angezeigt. Die Schaltfläche *Neu* zeigt eine leere Maske an. Tragen Sie jetzt neue Daten ein und bestätigen Sie mit der ⏎-Taste, werden diese Daten am Ende der Liste eingefügt.

Abbildg. 4.10 Mit einer eingebauten Maske können Daten eingegeben, gesucht und geändert werden

Anspruchsvollere Formulare können Sie über *UserForms* selbst erstellen. Sie müssen die hierfür benötigten Funktionalitäten, z.B. Suchen nach bestimmten Datensätzen oder das Eintragen eines neuen Datensatzes, jedoch selbst programmieren. Wie das geht, erfahren Sie in Kapitel 31.

Reihen eingeben und Ausfüllen

Excel bietet die Möglichkeit, Datenreihen über die *AutoAusfüllen*-Funktion komfortabel einzugeben. Die Datenreihen können aus Zahlen oder Text bestehen. Sie geben die ersten beiden Zahlen oder Texte ein und benutzen dann die Funktion *AutoAusfüllen*, um den Rest der Datenreihe einzutragen. Geben Sie beispielsweise in die erste Zelle *1* und in die zweite Zelle *2* ein, werden mit AutoAusfüllen die nächsten Zahlen *3*, *4*, *5* und *6* automatisch eingetragen. Sie können auch Reihen bilden, die mehr als eine Zahl vorgeben, zum Beispiel *1* und *5*. Markieren Sie beide Zellen vor dem *AutoAusfüllen*, ergänzt Excel *9*, *13* usw. Wollen Sie einen Bereich mit der gleichen Zahl ausfüllen, zum Beispiel *1*, führen Sie die *AutoAusfüllen*-Funktion nur mit dieser einen Zelle, welche die Zahl *1* enthält, aus.

Die Anwendung der AutoAusfüllen-Funktion

Probieren Sie die *AutoAusfüllen*-Funktion zur Eingabe der Positionsnummern im Lieferschein aus, indem Sie die Positionsnummern als Zahlenreihe eingeben:

1. Geben Sie in die Zelle *A1* die Zahl *1* und in die Zelle *A2* die Zahl *2* ein.
2. Markieren Sie diese beiden Zellen. Fahren Sie dann langsam mit der Maus an die rechte untere Ecke der Markierung, bis ein kleines Kreuz, das so genannte *Ausfüllkästchen,* erscheint.

Abbildg. 4.11 Eingabe einer Zahlenreihe mit *AutoAusfüllen*

3. Ziehen Sie das Ausfüllkästchen mit gedrückter linker Maustaste bis zur Zelle *A22* (Abbildung 4.11).

HINWEIS Das AutoAusfüllen funktioniert immer nur entweder waagerecht oder senkrecht.

Excel kann aber nicht nur einfache Zahlen als Reihen automatisch ausfüllen, sondern auch Kombinationen aus Texten und Zahlen wie »Wert 1«, oder auch die Tage einer Woche oder die Monate eines Jahres.

Eine Besonderheit ist bei der Erstellung einer Reihe für Quartale eingebaut. Erstellen Sie aus einem Eintrag wie *Quartal 1* eine Reihe, dann beginnt die Reihe nach dem vierten Eintrag wieder mit *Quartal 1*. Excel »weiß« also, dass ein Jahr nur vier Quartale hat.

Sie können die folgenden und weiteren Übungen in der Beispiel-Arbeitsmappe *Kap04A.xlsx* nachvollziehen. Die Datei befindet sich im Ordner *\Buch\Kap04* auf der CD-ROM zum Buch.

So können Sie beispielsweise eine Monatsreihe eingeben:
1. Wählen Sie in der *Tabelle2* eine freie Zelle.
2. Tippen Sie *Januar* ein.
3. Klicken Sie diese Zelle an und ziehen Sie das Ausfüllkästchen an der rechten unteren Ecke elf Spalten weiter nach rechts.

TIPP Sie können die Monate in der Form *Januar* oder *Jan* eingeben. Wenn Sie die anderen Zellen automatisch ausfüllen lassen, folgt der Rest diesem Format. Weitere Beispiele für das AutoAusfüllen finden Sie in der Beispieldatei *Kap04A.xlsx* auf dem Blatt *AutoAusfüllen*. Mehr zum Thema »Formatieren von Zellen« finden Sie in Kapitel 9.

Formeln ausfüllen

Auch Formeln lassen sich mit der *AutoAusfüllen*-Funktion weiterführen:

1. Geben Sie im Lieferschein-Beispiel in Zelle *A16* die Zahl *1* ein.
2. Geben Sie in Zelle *A17* die Formel *=A16+1* ein.
3. Zum *AutoAusfüllen* ziehen Sie das Kreuz am rechten unteren Rand der markierten Zelle *A17* bis zur Zelle *A22*.

Mehr zum Kopieren von Formeln finden Sie in Kapitel 6.

Mit AutoAusfüll-Optionen schneller arbeiten

Sicher ist Ihnen bei den vorangegangenen Versuchen bereits aufgefallen, dass nach dem AutoAusfüllen ein Symbol am Ende der Reihe angeboten wird. Mit Hilfe des Symbols *Auto-Ausfülloptionen* können Sie nachträglich das Ergebnis der Aktion bestimmen. Dazu klicken Sie auf das Symbol und wählen im zugehörigen Menü den entsprechenden Befehl (siehe Abbildung 4.12).

Abbildg. 4.12 Nach dem AutoAusfüllen das Ergebnis bestimmen

Wird diese Schaltfläche beim Ausfüllen nicht angezeigt, müssen Sie in den *Excel-Optionen* in der Kategorie *Erweitert* das Kontrollkästchen *Optionen-Schaltfläche beim Einfügen kopierter Daten anzeigen* aktivieren.

Ausfüllen einer Reihe von Zahlen, Datumswerten oder anderen Elementen

Excel bietet auch die Möglichkeit, einen Reihentyp festzulegen. Dazu eine kleine Übung.

So legen Sie den Reihentyp *Monat* und *Jahr* fest:

1. Geben Sie in einer freien Zelle *Jan 2007* ein. Excel stellt das Datum im (voreingestellten) Datumsformat *MMM JJ* dar.
2. Drücken Sie die rechte Maustaste, während Sie das Ausfüllkästchen nach unten bis *A12* ziehen.
3. Lassen Sie die Maustaste los und klicken Sie im nun erscheinenden Kontextmenü auf den Befehl *Reihe*.
4. Klicken Sie im Abschnitt *Zeiteinheit* auf *Monat* (siehe Abbildung 4.13), um die Reihe *Feb 07, Mrz 07* usw. zu erstellen. Schließen Sie mit einem Klick auf *OK*.

Klicken Sie auf die Einheit *Jahr*, würde die Reihe *Jan 04, Jan 05* usw. erstellt.

Abbildg. 4.13 Zellen mit speziellen Reihen ausfüllen

Statt mit der rechten Maustaste zu ziehen, um das Kontextmenü angeboten zu bekommen, können Sie auch die Schaltfläche *Auto-Ausfülloptionen* verwenden, die nach dem Ziehen des Ausfüllkästchens angezeigt wird. Excel erkennt an den markierten Daten, dass es sich um Datumswerte handelt und passt das Kontextmenü entsprechend an. Der Befehl lautet dann *Monate ausfüllen*.

Benutzerdefinierte Reihe festlegen

Nicht genug der bisher vorgestellten Möglichkeiten, eine Reihe zu erzeugen. Sie können auch selbst eine Reihe definieren. Häufig haben Tabellen die gleichen oder ähnliche Vorspalten (etwa Mitarbeiternamen, Artikel oder Warengruppen). Sie können sich viel Arbeit sparen, wenn Sie in einem solchen Fall eine Mustervorlage verwenden (lesen Sie hierzu auch Kapitel 11). Mit einer benutzerdefinierten Liste können Sie die Aufgabe an jeder beliebigen Stelle in einer beliebigen Tabelle elegant erledigen.

Eine benutzerdefinierte Liste anlegen

Tragen Sie zunächst alle Elemente für die neue Liste zeilenweise in eine Tabelle ein. Nutzen Sie dabei die von Ihnen üblicherweise verwendete Sortierung. Sie können benutzerdefinierte Listen nämlich auch für eine eigene Sortierreihenfolge verwenden. Wie das geht, erfahren Sie in Kapitel 20.

Um eine neue Liste festzulegen, gehen Sie wie folgt vor:

1. Markieren Sie die Liste und rufen Sie im *Office-Menü* die *Excel-Optionen* auf.
2. Wechseln Sie zur Kategorie *Häufig verwendet*.
3. Wählen Sie die Schaltfläche *Benutzerdefinierte Listen bearbeiten*.
4. Im Eingabefeld *Liste aus Zellen importieren* ist die aktuelle Markierung bereits eingetragen. Wählen Sie die Schaltfläche *Importieren,* wird eine neue Liste mit einem Listeneintrag für jede Zeile angelegt (siehe Abbildung 4.14).
5. Schließen Sie das Dialogfeld mit *OK*.

Abbildg. 4.14   Dialogfeld zum Importieren und Bearbeiten der Listen (beachten Sie die spezielle Sortierung)

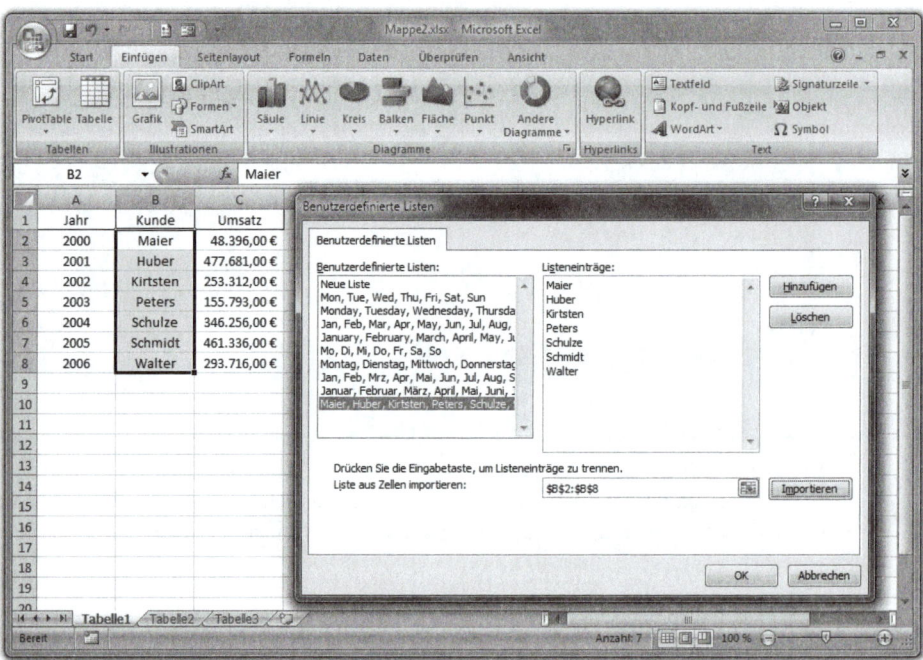

Wenn Sie im Listenfeld *Benutzerdefinierte Listen* den Eintrag *Neue Liste* anklicken, können Sie im Listenfeld *Listeneinträge* die einzelnen Elemente auch direkt eintragen. Mit der ⏎-Taste wird dabei ein Zeilenumbruch eingefügt. Sind alle Einträge vorhanden, wählen Sie die Schaltfläche *Hinzufügen* und die Liste wird festgelegt. Auch Änderungen an bestehenden Listen können Sie im Feld *Listeneinträge* vornehmen. Wollen Sie beispielsweise einen einzelnen Wert löschen, markieren Sie diesen, drücken die Entf -Taste und anschließend die Schaltfläche *Hinzufügen,* um die geänderte Liste zu speichern.

Die neue Liste anwenden

Wie kommen Sie nun in einer Tabelle an die Liste? Tragen Sie einen beliebigen Wert einer benutzerdefinierten Liste in eine Tabelle ein. Ziehen Sie mit der Maus am AutoAusfüllen-Kästchen (rechte untere Ecke der aktiven Zelle), wird eine Reihe auf der Grundlage der von Ihnen definierten Liste eingetragen. Ist übrigens dabei der markierte Bereich größer als die Anzahl der Listenelemente, wird wieder bei dem Element gestartet, das Sie als Startwert eingetragen hatten. Der Startwert muss nicht zwingend dem ersten Eintrag der benutzerdefinierten Liste entsprechen. Und das Beste daran: Das Ausfüllen funktioniert sowohl für Zeilen als auch für Spalten und kann Ihnen sicher viel Zeit sparen.

Wie Sie benutzerdefinierte Listen als Überschrift in einer Tabelle einsetzen zeigt Ihnen Kapitel 19.

Besondere Datumsreihe ausfüllen

Wie Ihnen sicher aufgefallen ist, sind im Dialogfeld *Benutzerdefinierte Listen* bereits einige Listen definiert. Ganz praktisch ist die Liste der Wochentage. Tragen Sie *Montag* in eine Zelle ein und ziehen am Ausfüllkästchen, werden die übrigen Wochentage ausgefüllt.

Was für den einen Anwender sinnvoll ist, bringt den anderen schier zur Verzweiflung. So gibt es auch beim Ausfüllen manchmal den Wunsch, den Automatismus auszuschalten. Etwa wenn Sie eine längere Reihe mit Wochentagen ausfüllen wollen, dabei aber nur die Arbeitstage Montag bis Freitag angezeigt werden sollen. Normalerweise ergänzt Excel nach dem Freitag den Samstag, was in diesem Fall unerwünscht ist. Um eine Reihe der Arbeitstage mit Hilfe der Funktion *AutoAusfüllen* zu erstellen gehen Sie wie folgt vor:

1. Tragen Sie den Begriff »Montag« in eine Zelle ein.
2. Ziehen Sie mit gedrückter rechter Maustaste am Ausfüllkästchen, bis die gewünschte Anzahl an Tagen erreicht ist.
3. Wählen Sie im Kontextmenü den Befehl *Wochentage ausfüllen*.

Zellinhalte löschen, Eingaben wiederholen und rückgängig machen

Den Inhalt einer Zelle können Sie löschen, wenn Sie die Zelle markieren und die `Entf`-Taste drücken. Der Befehl *Löschen* in der Gruppe *Bearbeiten* (nicht der mit *Löschen* beschriftete Befehl in der Gruppe *Zellen*, dieser löscht Zellen, Zeilen und Blätter) auf der Registerkarte *Start* bietet für das Löschen zusätzliche Möglichkeiten: So können Sie im Untermenü spezielle Inhalte, etwa Formate oder Kommentare, löschen.

Wollen Sie nicht den gesamten Inhalt einer Zelle, sondern nur eine bestimmte Zeichenfolge entfernen, dann aktivieren Sie die Zelle und markieren die zu löschende Zeichenfolge in der Bearbeitungsleiste. Über die `Entf`-Taste wird die Markierung gelöscht und nach dem Drücken der `↵`-Taste ist der Zellinhalt geändert.

Wenn Sie eine Zelle ausgewählt und beispielsweise einen komplizierten Inhalt versehentlich gelöscht oder durch einen falschen Text ersetzt haben, können Sie solche Fehler wieder rückgängig machen, indem Sie den Befehl *Rückgängig* in der Schnellzugriffsleiste auswählen. Wenn Sie sich gern Tasten merken: Nutzen Sie die Tastenkombination `Strg`+`Z`.

Übrigens kann Excel jetzt bis zu 100 Aktionen rückgängig machen.

Das »Gegenstück« dazu ist der Befehl *Wiederherstellen*, ebenfalls in der Schnellzugriffsleiste. Wählen Sie diesen Befehl, um eine Aktion zu wiederholen oder eine rückgängig gemachte Aktion wiederherzustellen. Alternativ steht Ihnen die Tastenkombination `Strg`+`Y` für das Wiederholen der letzten Aktion zur Verfügung.

HINWEIS Klicken Sie auf das kleine Dreieck neben der *Rückgängig*- oder *Wiederholen*-Schaltfläche, erhalten Sie eine Liste von Einträgen Ihrer vorherigen Aktivitäten angezeigt, die Sie wieder zurücknehmen bzw. wiederholen können. Es lässt sich aber immer nur die Schrittfolge bis zur ausgewählten Aktion rückgängig machen bzw. wiederholen, nicht aber ein einzelner Schritt aus der Liste auswählen.

Wenn Sie das Löschen eines Zellinhalts widerrufen bzw. wiederherstellen wollen, befolgen Sie diese Schritte:

1. Markieren Sie die Zelle mit dem Eintrag.
2. Drücken Sie die `Entf`-Taste. Damit haben Sie den Inhalt aus der Zelle gelöscht.
3. Wählen Sie in der Schnellzugriffsleiste den Befehl *Rückgängig*. Damit wird die letzte Aktion rückgängig gemacht und die Daten, die Sie zuvor gelöscht haben, wiederhergestellt.
4. Wählen Sie in der Schnellzugriffsleiste den Befehl *Wiederholen*: *Inhalte löschen* und der Text wird wieder gelöscht.

HINWEIS Wenn Sie Ihre Arbeit gespeichert haben, sind die Listen Ihrer vorherigen Aktionen nicht mehr mit *Rückgängig* oder *Wiederholen* zugänglich. Das Speichern löscht diese Einträge. Sie können also erst nach neuen Aktionen wieder mit diesen Befehlen operieren.

Einfügen und Löschen im Tabellenblatt

Wenn sich der Aufbau einer bestehenden Tabelle ändert, können Sie – je nach Aufgabenstellung – Zellen, Zeilen oder Spalten einfügen oder löschen.

Zellen, Zeilen und Spalten löschen

Mit dem Befehl *Löschen/Zellen löschen* entfernen Sie Zellen, Zeilen oder Spalten aus einer Tabelle. Dabei gilt, dass immer das Element, das Sie zuvor markiert haben, gelöscht wird. Wenn ganze Zeilen oder Spalten markiert sind (Zeilen oder Spalten werden durch einen Klick auf den entsprechenden Zeilen- oder Spaltenkopf markiert), wird die markierte Zeile oder Spalte ohne Nachfrage gelöscht. In diesem Fall wird kein Dialogfeld mit einer Sicherheitsabfrage angezeigt.

HINWEIS Bitte verwechseln Sie den Befehl nicht mit dem Befehl *Löschen* aus der Befehlsgruppe *Bearbeiten*. Dieser Befehl löscht nur den Inhalt beziehungsweise die Kommentare der markierten Zellen, jedoch nicht die Zellen, Zeilen oder Spalten selbst.

Einfügen und Löschen im Tabellenblatt

 Wenn Sie die folgenden Übungen nachvollziehen möchten, verwenden Sie die Tabelle *Einfügen-Löschen* in der Beispielmappe *Kap04B.xlsx* aus dem Ordner *\Buch\Kap04* auf der CD-ROM zu diesem Buch.

In dem in Abbildung 4.15 dargestellten Fall erfolgt keine Rückfrage über ein Dialogfeld. Es sind eindeutig zwei Zeilen markiert und bei Aktivierung des Befehls *Zellen löschen* (Registerkarte *Start*, Gruppe *Zellen*, Schaltflächenmenü *Löschen*) werden die Zeilen 8 und 9 ohne Rückfrage gelöscht.

Abbildg. 4.15 Beim Löschen dieser Zeilen erfolgt keine Rückfrage

	A	B	C	D	E	F	G
1		**Umsätze Januar**					
2		Kunden-Nr.	Nachname	PLZ	Vertreter	Umsatz	
3		10001	Maier	02227	1	24.896,00 €	
4		10002	Schulze	03246	3	22.322,00 €	
5		10005	Schmidt	12140	4	17.779,00 €	
6		10006	May	31358	2	14.793,00 €	
7		10007	Mayer	37119	3	18.209,00 €	
8		10100	Schmitt	41991	2	23.291,00 €	
9		10101	Schmied	42045	1	13.750,00 €	
10		10102	Frank	63835	1	19.675,00 €	
11		10103	Huber	65350	4	16.658,00 €	
12		10104	Klein	66825	5	13.593,00 €	
13		10105	Meier	84740	6	22.406,00 €	
14		10106	Friedrich	94568	2	20.774,00 €	
15							

Auf die gleiche Weise können Sie auch ganze Spalten aus einer Tabelle entfernen. Wesentlich ist hier ebenfalls das eindeutige Markieren der jeweiligen Elemente.

TIPP Klicken Sie mit der rechten Maustaste in den markierten Bereich. Das Kontextmenü bietet unter anderem auch den Befehl *Zellen löschen*.

 Sollte das Löschen irrtümlich erfolgt sein und Sie bemerken diesen Fehler gleich danach, können Sie den Arbeitsschritt durch einen Klick auf die Schaltfläche *Rückgängig* auf der Schnellzugriffsleiste widerrufen.

Wenn Sie nur eine oder mehrere bestimmte Zellen aus einer Tabelle löschen möchten, müssen Sie diese Elemente ebenfalls zuvor markieren.

Abbildg. 4.16 Markierter Tabellenbereich mit dem Dialogfeld *Löschen*

Bei der Markierung in Abbildung 4.16 kann der Löschvorgang nicht eindeutig bestimmt werden. Wählen Sie deshalb die gewünschte Option im Dialogfeld *Löschen* aus. Was die Optionen im Einzelnen bewirken, entnehmen Sie bitte der Tabelle 4.4.

Tabelle 4.4 Auswirkungen der Aktion *Zellen verschieben*

Option	Auswirkung
Zellen nach links verschieben	Verschiebt den Inhalt der übrigen Zellen nach links, um die entstandene Lücke aufzufüllen
Zellen nach oben verschieben	Verschiebt den Inhalt der übrigen Zellen nach oben, um die entstandene Lücke aufzufüllen
Ganze Zeile	Löscht die ganze Zeile bzw. Zeilen, die durch die Markierung erfasst ist bzw. sind
Ganze Spalte	Löscht die ganze Spalte bzw. Spalten, die durch die Markierung erfasst ist bzw. sind

Angenommen, Sie möchten Zellen, Zeilen oder Spalten vollständig aus einer Tabelle löschen. Verfahren Sie wie folgt:

1. Markieren Sie die zu löschenden Zeilen oder Spalten bzw. die zu löschende(n) Zelle(n).
2. Rufen Sie auf der Registerkarte *Start* in der Gruppe *Zellen* den Befehl *Löschen* auf. Ganze Zeilen oder Spalten werden sofort gelöscht. Falls nur Zellen markiert sind, erscheint das in Abbildung 4.16 gezeigte Dialogfeld *Löschen*.
3. Beim Löschen von Zellen müssen Sie im Dialogfeld *Löschen* festlegen, in welche Richtung die angrenzenden Zellen verschoben werden sollen, um die entstehende Lücke zu füllen.
4. Schließen Sie das Dialogfeld durch einen Klick auf die Schaltfläche *OK*.

Zeilen und Spalten lassen sich noch schneller durch Tastenkürzel löschen. Gehen Sie wie folgt vor:

1. Markieren Sie die gewünschte(n) Zeile(n) oder Spalte(n).
2. Drücken Sie die Tastenkombination [Strg]+[-].

Zellen, Zeilen und Spalten einfügen

Zellen, Zeilen oder Spalten müssen Sie bisweilen in bestehende Tabellen einfügen, um Raum für neue Daten oder Berechnungsformeln zu schaffen. Das Einfügen dieser Tabellenelemente ist ebenso einfach zu handhaben wie das Löschen.

WICHTIG Als Grundsatz gilt: Es werden immer so viele Zellen, Zeilen oder Spalten eingefügt, wie zuvor markiert worden waren. Wenn Sie z.B. zwei Zeilen einfügen möchten, markieren Sie die zwei Zeilen, vor denen eingefügt werden soll.

Die Markierung kennzeichnet die Einfügestelle. Dabei gilt: Sollen Zeilen eingefügt werden, wird über den markierten Zeilen eingefügt. Sollen Spalten eingefügt werden, wird links von den markierten Spalten eingefügt. Werden einzelne Zellen eingefügt, erfolgt eine Abfrage über ein Dialogfeld, in dem Sie festlegen müssen, in welche Richtung die bereits vorhandenen Zellen verschoben werden sollen (siehe Abbildung 4.17).

Abbildg. 4.17   Über verschiedene Optionen das Verschieben beim Einfügen von Zellen steuern

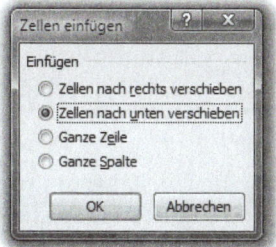

Angenommen, Sie möchten in eine bestehende Tabelle weitere Zeilen oder Spalten einfügen, um so Platz für weitere Daten zu schaffen.

1. Markieren Sie die Menge an Zeilen, Spalten oder die Zellenanzahl, die in die Tabelle eingefügt werden soll. Beachten Sie, dass an dem jeweiligen Ort der Markierung eingefügt wird.
2. Wählen Sie im Befehl *Einfügen* die Option aus, welche der einzufügenden Elementart entspricht (*Zellen*, *Zeilen* oder *Spalten*).

Da in Abbildung 4.17 der Befehl *Zellen einfügen* (Registerkarte *Start*, Gruppe *Zellen*, Schaltflächenmenü *Einfügen*) aufgerufen wurde, ist in dem Dialogfeld des Befehls die genauere Auswahl über das Dialogfeld zu treffen. Die Tabelle 4.5 enthält die Beschreibungen für die Optionen des Dialogfelds *Zellen einfügen*.

Tabelle 4.5   Die Optionen des Dialogfeldes *Zellen einfügen*

Option	Auswirkung
Zellen nach rechts verschieben	Verschiebt den Inhalt der weichenden Zellen nach rechts
Zellen nach unten verschieben	Verschiebt den Inhalt der weichenden Zellen nach unten (in diesem Fall wohl die schlechteste Lösung)
Ganze Zeile	Fügt über der Markierung die Anzahl der markierten Zeilen ein
Ganze Spalte	Fügt links von den markierten Spalten die markierte Spaltenanzahl ein

> **TIPP** Zeilen und Spalten lassen sich noch schneller über die Tastatur einfügen. Gehen Sie dazu wie folgt vor:
>
> 1. Markieren Sie die Anzahl der einzufügenden Zeile(n) oder Spalte(n).
> 2. Drücken Sie die Tastenkombination [Strg]+[+].
> 3. Um Zeilen oder Spalten zu entfernen, verwenden Sie die Tastenkombination [Strg]+[-].

Verschieben, Kopieren und Einfügen von Daten

Im vorigen Fall haben Sie sich damit befasst, Platz für neue Daten in Tabellen zu schaffen. Nun aber geht es darum, Zellen, Zeilen oder Spalten, die bereits Daten enthalten, in eine bereits bestehende und mit Daten gefüllte Tabelle einzufügen.

> **TIPP** Arbeiten Sie gerne mit Tastatur, dann sind die folgenden Tastenkombinationen für Sie interessant:
>
> - für die Aktion *Kopieren* [Strg]+[C],
> - für die Aktion *Ausschneiden* [Strg]+[X]
> - für die Aktion *Einfügen* [Strg]+[V]

Abbildg. 4.18 Die zwei Kunden sollen an dieser Stelle eingefügt werden

	A	B	C	D	E	F	G
1		Umsätze Januar					
2		Kunden-Nr.	Nachname	PLZ	Vertreter	Umsatz	
3		10001	Maier	02227	1	24.896,00 €	
4		10002	Schulze	03246	3	22.322,00 €	
5		10005	Schmidt	12140	4	17.779,00 €	
6		10006	May	31358	2	14.793,00 €	
7		10007	Mayer	37119	3	18.209,00 €	
8		10100	Schmitt	41991	2	23.251,00 €	
9		10101	Schmied	42045	1	13.750,00 €	
10		10102	Frank	63835	1	19.675,00 €	
11		10103	Huber	65350	4	16.658,00 €	
12		10104	Klein	66825	5	13.593,00 €	
13		10105	Meier	84740	6	22.406,00 €	
14		10106	Friedrich	94568	2	20.774,00 €	
15							
16							
17		10090	Richter	71410	2	12.780,00 €	
18		10091	Hansen	13057	4	26.900,00 €	
19							

Einfügen und Löschen im Tabellenblatt

PROFITIPP

Die Zwischenablage kann mehrere Einträge speichern. Rufen Sie den Aufgabenbereich *Zwischenablage* über das Startprogramm für Dialogfelder auf der Registerkarte *Start* in der Gruppe *Zwischenablage* auf. Kopieren Sie einmal verschiedene Bereiche, wird dieser Aufgabenbereich gefüllt. Wechseln Sie an eine andere Stelle, können Sie dort ein Element aus der Zwischenablage einfügen. Markieren Sie dazu das gewünschte Element und wählen Sie den Befehl *Einfügen*.

Abbildg. 4.19 Die Zwischenablage kann mehrere Bereiche aufnehmen, die auch alle zusammen oder einzeln eingefügt werden können

Verwenden der Maus

Sie haben eine Tabelle erstellt und im Nachhinein wollen Sie an einer exakt definierten Stelle bereits bestehende Daten zusätzlich in diese Tabelle einfügen.

HINWEIS Selbstverständlich können Sie leere Zellen in diese Tabelle einfügen, um anschließend in diese leeren Zellen die entsprechenden Daten zu kopieren.

Um diesen Arbeitsweg abzukürzen, bietet Ihnen Excel die Möglichkeit, bereits bestehende Daten unmittelbar durch Verschieben oder Kopieren mit der Maus in die Tabelle einzufügen. Verfahren Sie dazu folgendermaßen:

1. Markieren Sie die Daten, welche zwischen die bestehenden Daten eingefügt werden sollen.
2. Bewegen Sie den Mauszeiger auf den Rahmen des markierten Bereichs, sodass er zu einem Pfeilkreuz wird, halten Sie die ⇧-Taste gedrückt und ziehen Sie den Rahmen an die gewünschte Stelle. Beim Ziehen nimmt der Rahmen die Form eines doppelten *T* an.
3. An der gewünschten Stelle lassen Sie **zuerst** die Maustaste und **danach** die ⇧-Taste los. Dadurch werden die markierten Zellen verschoben und zwischen den anderen Zellen eingefügt.

Wenn Sie statt der Technik des Verschiebens die des Kopierens anwenden möchten, verfahren Sie im Prinzip wie oben dargestellt. Im Schritt 2 drücken Sie zusätzlich noch die Strg-Taste. Dadurch erscheint ein kleines Pluszeichen neben dem Mauszeiger. Im Schritt 3 lassen Sie ebenfalls **zuerst** die Maustaste und **danach** die beiden gedrückten Tasten ⇧+Strg los.

Verwenden des Kontextmenüs

Wenn die oben dargestellten Mausaktionen nicht Ihren Vorstellungen entsprechen, gibt es noch den Lösungsweg über das Kontextmenü. Um das Kontextmenü aufzurufen, verfahren Sie wie folgt:

1. Markieren Sie die Daten, die zwischen den bereits bestehenden Daten eingefügt werden sollen.
2. Bewegen Sie den Mauszeiger auf den Rahmen der Markierung, sodass er als Pfeilkreuz angezeigt wird. Drücken Sie die rechte Maustaste und ziehen Sie die Markierung an die gewünschte Stelle.
3. Wenn Sie die Maustaste loslassen, wird ein Kontextmenü geöffnet, das eine Anzahl von Befehlen zum Kopieren und Verschieben anbietet (siehe Abbildung 4.20). Aus diesem Kontextmenü wählen Sie den gewünschten Befehl durch Anklicken mit der linken Maustaste aus.

Abbildg. 4.20   Auch zum Kopieren oder Ausschneiden ist das Kontextmenü erste Wahl

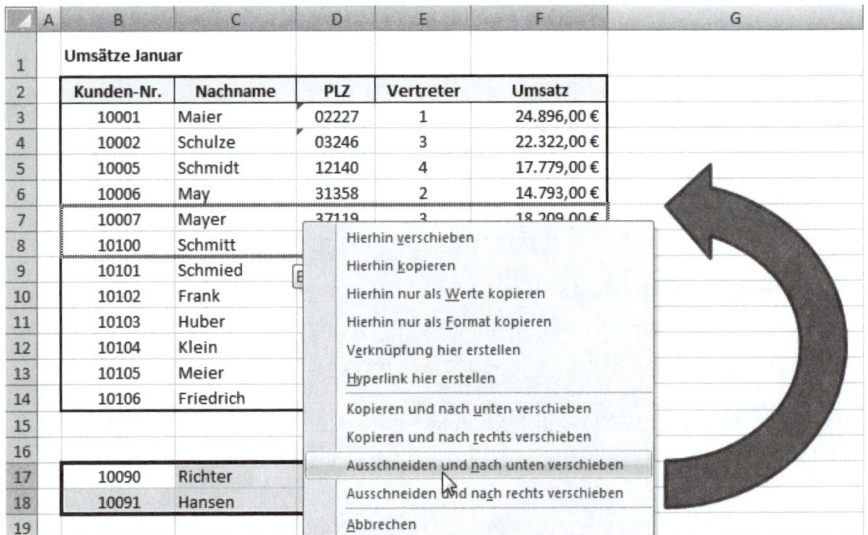

Dasselbe Ziel wie bei den zuvor geschilderten Arbeitstechniken erreichen Sie mit dem Befehl *Kopieren und nach unten verschieben* oder dem Befehl *Ausschneiden und nach unten verschieben*.

Kopieren und Einfügen mit gleichzeitigem Ausführen einer bestimmten Aktion

Beim Kopieren von Daten ist das Markieren und anschließende Kopieren der Daten eine einfache Angelegenheit. Beim Einfügen der Daten gibt es aber noch einen unter Umständen sehr nützlichen Befehl, der neben dem Einfügen gleichzeitig weiterführende Befehle ausführen kann.

Beispiel: Sie haben die Provisionssätze für die einzelnen Vertreter in Prozenten in Ihrer Umsatztabelle stehen. Anstelle der Prozentsätze sollen jedoch die sich daraus ergebenden Provisionsbeträge in Euro gezeigt werden.

Einfügen und Löschen im Tabellenblatt

 Für die folgende Übung öffnen Sie bitte die Beispiel-Arbeitsmappe *Kap04B.xlsx* aus dem Ordner *\Buch\Kap04* auf der CD-ROM zum Buch. Verwenden Sie hier das Tabellenblatt *Multiplizieren*.

Abbildg. 4.21 An die Stelle der Prozente soll der absolute Betrag treten

Vertreter	Umsatz	Provision
1	24.896,00 €	10%
3	22.322,00 €	10%
4	17.779,00 €	10%
2	14.793,00 €	5%
3	18.209,00 €	5%
2	23.219,00 €	10%
1	13.750,00 €	10%
1	19.675,00 €	20%
4	16.658,00 €	10%
5	13.593,00 €	5%
6	22.406,00 €	10%
2	20.774,00 €	10%

Im Rahmen des Kopierbefehls können Sie diese Aufgabe recht einfach lösen. Benutzen Sie die Beispieltabelle *Multiplizieren* (siehe **Abbildung 4.21**) und gehen Sie wie folgt vor:

1. Markieren Sie die Daten in der Umsatzspalte und klicken Sie auf der Registerkarte *Start* in der Gruppe *Zwischenablage* auf die Schaltfläche *Kopieren* oder drücken Sie alternativ die Tasten `Strg`+`C`.
2. Markieren Sie die Prozentdaten in der Provisionsspalte und rufen Sie den Befehl *Einfügen/Inhalte einfügen* (Registerkarte *Start*, Gruppe *Zwischenablage*) auf.
3. Im Dialogfeld *Inhalte einfügen* wählen Sie im Feld *Vorgang* die Option *Multiplizieren* aus (siehe Abbildung 4.22) und klicken Sie auf die *OK*-Schaltfläche.

Abbildg. 4.22 Beim Einfügen wurden die Daten neu berechnet

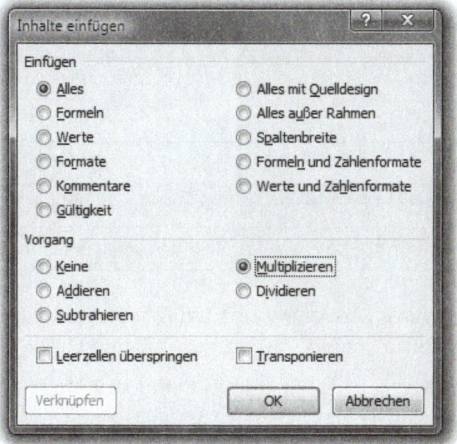

Die kopierten Inhalte der Quellzellen werden mit den jeweiligen Inhalten der Zielzellen multipliziert. Ändern Sie nun noch das Zahlenformat.

Dies war nur eine von vielen Operationen, die Sie beim Einfügen von Daten durch den Befehl *Inhalte einfügen* durchführen können. Weitere Möglichkeiten entnehmen Sie bitte der Auflistung in Tabelle 4.6 und Tabelle 4.7.

Tabelle 4.6 Inhalte einfügen, Gruppenfeld *Einfügen*

Optionen im Gruppenfeld *Einfügen*	Auswirkung
Alles	Überträgt den Inhalt sowie alle Eigenschaften
Formeln	Überträgt nur die Werte und die Berechnungsformeln
Werte	Überträgt nur die Werte und die Ergebnisse aus Berechnungsformeln, jedoch nicht die Formel, die zum Ergebnis führte
Formate	Überträgt nur die Zellformatierungen
Kommentare	Überträgt nur die eingegebenen Kommentare und keinerlei Werte aus der Tabelle
Gültigkeit	Überträgt nur die Gültigkeitsregeln der Zellen
Alles mit Quelldesign	Fügt alle Zellinhalte in die Dokumentdesignformatierung ein, die auf die kopierten Daten angewendet wird
Alles außer Rahmen	Überträgt alle Daten und Eigenschaften, jedoch keinerlei Rahmenformatierung
Spaltenbreite	Übernimmt die Spaltenbreite für eine andere Spalte
Formeln und Zahlenformate	Überträgt nur die Formeln und alle Zahlenformat-Optionen
Werte und Zahlenformate	Überträgt nur die Werte und alle Zahlenformat-Optionen

Tabelle 4.7 Inhalte einfügen, Gruppenfeld *Vorgang*

Optionen im Gruppenfeld *Vorgang*	Auswirkung
Keine	Es wird keine Rechenoperation bei der Übertragung ausgeführt
Addieren	Addiert den Inhalt der Quellzelle zum Inhalt der Zielzelle
Subtrahieren	Subtrahiert den Inhalt der Quellzelle vom Inhalt der Zielzelle
Multiplizieren	Multipliziert den Inhalt der Quellzelle mit dem Inhalt der Zielzelle
Dividieren	Dividiert den Inhalt der Zielzelle durch den Inhalt der Quellzelle

Durch die Aktivierung des Kontrollkästchens *Leerzellen überspringen* erreichen Sie, dass kopierte Leerzellen nicht über die vorhandenen Zellen kopiert werden.

Über die Schaltfläche *Verknüpfen* erstellen Sie eine Verknüpfung mit den Ursprungsdaten, sodass Änderungen im Quellbereich gleichzeitig auch den Zielbereich aktualisieren.

PROFITIPP

Kopieren Sie eine Zelle in die Zwischenablage und wählen Sie beim Einfügen die Option *Spaltenbreite*, können Sie damit schnell die gewünschte Spaltenbreite einstellen.

Zeilen und Spalten vertauschen

Um die kopierten Zeilen als Spalten und die kopierten Spalten als Zeilen einzufügen, aktivieren Sie das Kontrollkästchen *Transponieren*.

Angenommen, Sie wollen in einer bestehenden Tabelle zur besseren Darstellung oder übersichtlicheren Gestaltung der Berechnung die Werte so anordnen, dass die Spaltenwerte in Zeilen stehen und umgekehrt.

Verwenden Sie für die folgende Übung das Arbeitsblatt *Transponieren* aus der Beispielmappe *Kap04B.xlsx*. Sie finden die Datei im Ordner *\Buch\Kap04* auf der CD-ROM zu diesem Buch.

Am einfachsten kommen Sie durch das *Transponieren* der Tabelle zu einer Lösung. Beim *Transponieren* in der Beispieltabelle gehen Sie folgendermaßen vor:

1. Markieren Sie die Zellen von *B2* bis *E6* und kopieren Sie die Daten in die Zwischenablage.
2. Setzen Sie die aktive Zelle in die linke obere Ecke des Bereichs, in den die transponierte Tabelle kopiert werden soll. Im Beispiel ist das die Zelle *B10*.

WICHTIG Achten Sie darauf, dass keine Daten in dem Bereich stehen, in den sie eingefügt werden sollen. Daten in diesem Bereich werden ohne Vorwarnung überschrieben.

3. Wählen Sie im Schaltflächenmenü *Einfügen* den Befehl *Transponieren*.

Die Daten werden transponiert eingefügt, d.h. aus den Zeilen werden Spalten und aus den Spalten werden Zeilen. Die Abbildung 4.23 zeigt die Ausgangstabelle und das Ergebnis.

Abbildg. 4.23   Was in Zeilen stand, steht jetzt in Spalten und umgekehrt

Bestimmte Einträge suchen

Sie können nach bestimmten Textpassagen, Zahlen oder Formeln suchen, die Sie überprüfen oder bearbeiten möchten bzw. ersetzen lassen wollen.

Über den Befehl *Suchen und Auswählen/Suchen* in der Gruppe *Bearbeiten* oder per Tastenkombination Strg+F lässt sich die gesamte Tabelle oder auch nur ein markierter Bereich durchsuchen. Der gesuchte Begriff wird im Feld *Suchen nach* eingetragen; mit der Schaltfläche *Weitersuchen* wird die Suche ausgelöst und die erste Fundstelle wird aktiviert. Dabei bleibt das Dialogfeld im Vordergrund, sodass die Schaltfläche *Weitersuchen* benutzt werden kann, um nach dem nächsten Vorkommen des Begriffs zu suchen (siehe Abbildung 4.24).

TIPP Sie sollten bei der Suche in großen Tabellen die Zelladresse der ersten Fundstelle im Gedächtnis behalten, weil Excel die Suche am Ende der Tabelle nicht beendet, sondern wieder von vorne beginnt.

Die Schaltfläche *Alle suchen* löst ebenfalls die Suche aus, listet aber zusätzlich weitere Fundstellen im erweiterten Dialogfeld auf. Die Fundstellen werden dabei als Hyperlinks angezeigt. Durch einfaches Anklicken kann die entsprechende Fundstelle aktiviert werden.

PROFITIPP

Weil das Fragezeichen »?« als Joker bei der Suche verwendet werden kann, gilt es, bei der Suche nach genau diesem Zeichen eine Besonderheit zu beachten. Sie müssen dem gesuchten Fragezeichen eine Tilde voranstellen, der Suchbegriff lautet also »~?«.

Suchen Sie nach einem Zeilenumbruch den Sie innerhalb einer Zelle mit der Tastenkombination Alt+↵ eingefügt haben, dann aktivieren Sie das Eingabefeld *Suchen nach*. Halten Sie die Alt-Taste gedrückt und geben Sie die Zeichenfolge 010 auf dem numerischen Block ein und starten Sie die Suche.

Abbildg. 4.24 Das kombinierte Dialogfeld *Suchen und Ersetzen*

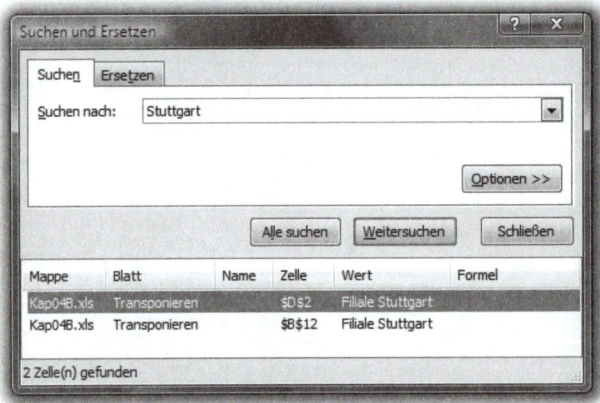

Einfügen und Löschen im Tabellenblatt

> **TIPP** Mit der `Strg`-Taste und mit der `⇧`-Taste können Sie auch in diesem Dialogfeld eine Mehrfachauswahl durchführen. Die `Strg`-Taste ermöglicht die Auswahl einzelner Einträge. Wollen Sie einen zusammenhängenden Bereich markieren, klicken Sie den ersten Eintrag an und halten die `⇧`-Taste gedrückt, während Sie auf die letzte gewünschte Zelle klicken. Wenn Sie mit dieser Methode den ersten und letzten Eintrag markieren, werden alle Fundstellen in der Tabelle ausgewählt.

Über die Schaltfläche *Optionen* können für die Suche zusätzlich die im Folgenden aufgezählten Optionen eingestellt werden. Die Abbildung 4.25 zeigt das erweiterte Dialogfeld *Suchen und Ersetzen*. Hier ein paar Erklärungen dazu:

- Das erste Listenfeld *Suchen* legt den Suchraum (*Blatt* oder *Arbeitsmappe*) fest.
- Das zweite Listenfeld *Suchen* legt die Suchrichtung fest. Dabei führt der Eintrag *In Spalten* dazu, dass Excel zunächst die Zeilen der aktiven Spalte durchsucht, bevor die Suche in der nächsten Spalte fortgesetzt wird. *In Zeilen* führt dazu, dass Excel die Tabelle von links nach rechts durchsucht.
- Das Listenfeld *Suchen in* sucht in *Formeln*, in *Werten* oder in *Kommentaren* nach dem Suchbegriff.
- Über ein Kontrollkästchen kann die Berücksichtigung der Groß-/Kleinschreibung aktiviert oder deaktiviert werden.
- Das Kontrollkästchen *Gesamten Zellinhalt vergleichen* bestimmt, ob nur die Zellen gefunden werden sollen, deren Inhalt vollständig mit dem Suchtext übereinstimmt. Suchen Sie beispielsweise nach »Maier« und das Kontrollkästchen *Gesamten Zellinhalt vergleichen* ist aktiviert, wird der Eintrag »Maierle« ebenso wenig markiert, wie der Eintrag »Herr Maier«.
- Über die Schaltfläche *Format* erhalten Sie die Möglichkeit, nur nach Einträgen zu suchen, die gleichzeitig eine bestimmte Formatierung haben.
- Klicken Sie auf den Pfeil der Schaltfläche *Format*, können Sie über die Option *Format von Zelle wählen* eine Zelle markieren, welche das gesuchte Format enthält. Ist das Eingabefeld *Suchen nach* leer, dann können Sie mit dieser Einstellung alle Zellen mit dem eingestellten Format finden.

> **TIPP** Mit der Funktionstaste `F4` lässt sich die Suche nach dem zuletzt eingegebenen Text auch bei geschlossenem Dialogfeld *Suchen* fortsetzen.

Abbildg. 4.25 Das erweiterte Dialogfeld *Suchen und Ersetzen*

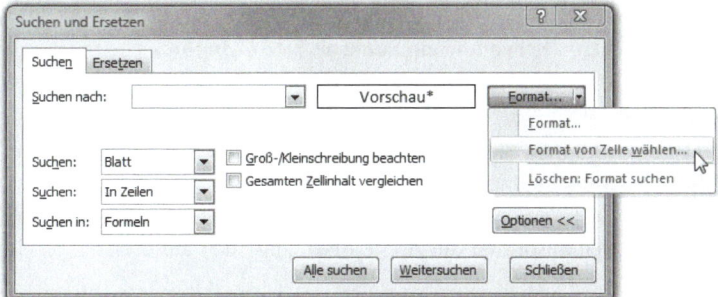

> **WICHTIG** Für das Ergebnis der Suche ist es wichtig, wie die Markierung vor dem Ausführen des Befehls aussieht. Ist lediglich eine einzelne Zelle aktiv, durchsucht Excel das gesamte Tabellenblatt. Ist ein Bereich markiert, etwa *A1:D20*, wird dieser Bereich durchsucht. Und sind schließlich mehrere Tabellenblätter markiert, können Sie diese in einem Arbeitsgang durchsuchen.

Bringt die Suche nicht das gewünschte Ergebnis, kontrollieren Sie einmal die Einstellungen zum *Format* im Dialogfeld *Suchen und Ersetzen*. Excel speichert die zuletzt verwendeten Einstellungen zur Suche bis zum Beenden. Löschen Sie gegebenenfalls das zuvor gesuchte Format über *Format/Löschen: Format suchen*.

Zeichenfolgen ersetzen

Über den Befehl *Suchen und Auswählen/Ersetzen* oder die Tastenkombination `Strg`+`H` kann eine gefundene Stelle sofort durch einen Ersatztext (-zahlen, -formeln) ausgetauscht werden. Die Schaltfläche *Ersetzen* ersetzt die aktuell gefundene Stelle, während die Schaltfläche *Alle ersetzen* ohne Rückfrage sämtliche Fundstellen im festgelegten Bereich austauscht.

Den Wechsel zwischen dem *Suchen* und *Ersetzen* vollziehen Sie einfach über einen Klick auf die entsprechende Registerkarte. Die Verwendung von Platzhaltern ist beim Suchen und Ersetzen erlaubt: Verwenden Sie das Fragezeichen (*?*) als Platzhalter für exakt ein beliebiges Zeichen und ein Sternchen (***) als Platzhalter für eine beliebige Anzahl von Zeichen. Schauen Sie sich hierzu Tabelle 4.8 an.

Tabelle 4.8   Platzhalter beim Suchen und Ersetzen

Suchtext	Stellvertreterzeichen	Beispiel
Ein beliebiges Zeichen an der Position des Fragezeichens	? (Fragezeichen)	Bei Eingabe von *Ma?er* wird nach *Maier* und *Mayer* gesucht
Eine beliebige Anzahl von Zeichen an der Position des Sternchens	* (Sternchen)	Bei Eingabe von **osten* wird nach *Nordosten* und *Südosten* gesucht
Fragezeichen, Sternchen oder Tilde	~ (Tilde) gefolgt von ?, *, oder ~	Bei Eingabe von *ab91~?* wird nach *ab91?* gesucht

> **WICHTIG** Während Sie bei der Suche auch Kommentare einbeziehen können, ist dies beim Ersetzen nicht möglich.

Amerikanische Zahlenformate umwandeln

Manchmal werden Zahlenwerte im amerikanischen Format gespeichert, z.B. 1,111.11. Es wird also ein Komma als Tausendertrennzeichen und ein Punkt als Dezimaltrennzeichen verwendet. Solchermaßen kopierte oder eingetragene Werte werden von Excel nicht als Zahl erkannt, sondern als Text behandelt. Die Konsequenz daraus ist, dass Sie damit nicht weiterrechnen können.

Über *Suchen und Ersetzen* können Sie diese Zahlen für weitere Berechnungen nutzen. Allerdings sind dazu drei Schritte notwendig.

1. Ersetzen Sie zunächst das Komma durch ein sonst nicht vorkommendes Zeichen (etwa ein Paragrafen-Zeichen »§«), weil ansonsten die zweite Ersetzung auch auf dieses Zeichen angewandt wird.

2. Dann ersetzen Sie den Punkt durch ein Komma.
3. Anschließend ersetzen Sie das »§« durch einen Punkt.

Wie Sie solche Zahlen mit einer Textfunktion umwandeln können, erfahren Sie in Kapitel 15.

Manuellen Zeilenumbruch ersetzen

Eine besondere Aufgabe ist auch das Ersetzen von manuellen Zeilenumbrüchen. Leider fehlt im Dialogfeld *Suchen und Ersetzen* eine Funktion für die Suche nach Sonderzeichen, wie sie das entsprechende Dialogfeld in Word über die Schaltfläche *Sonderformat* bietet. Dennoch können Sie solche Zeilenumbrüche, die mit der Tastenkombination Alt+↵ eingefügt werden, suchen und ersetzen.

Wenn Sie manuelle Zeilenumbrüche entfernen wollen, gehen Sie wie folgt vor.

1. Rufen Sie über den Befehl *Suchen und Auswählen/Ersetzen* in der Gruppe *Bearbeiten* das Dialogfeld *Suchen und Ersetzen* auf.
2. Aktivieren Sie das Eingabefeld *Suchen nach*.
3. Halten Sie die Alt-Taste gedrückt und geben Sie auf dem numerischen Block die Zahlenfolge 0 1 0 ein.
4. Lassen Sie die Alt-Taste los und aktivieren Sie das Eingabefeld *Ersetzen durch*.
5. Tragen Sie hier die neue Zeichenfolge ein. In der Regel sollten Sie hier ein Leerzeichen eingeben.
6. Wählen Sie die Schaltfläche *Ersetzen*, um die Fundstellen einzeln zu ersetzen, oder *Alle ersetzen*, um alle Zeilenumbrüche in einem Arbeitsgang durch Leerzeichen zu ersetzen.
7. Schließen Sie das Dialogfeld über die Schaltfläche *Schließen*.

Verschiedene Tabellen vergleichen

Mit Excel 2003 wurde eine Möglichkeit eingeführt, die Fenster verschiedener Tabellen nebeneinander anzeigen zu lassen und dabei sogar synchronisierte Bildläufe durchzuführen. In Excel 2007 rufen Sie dazu über die Registerkarte *Ansicht* in der Gruppe *Fenster* den Befehl *Nebeneinander anzeigen* auf. Im Dialogfeld *Nebeneinander vergleichen* wählen Sie die Vergleichsmappe aus und bestätigen mit *OK* (Abbildung 4.26).

Abbildg. 4.26   Die Vergleichstabellen werden gleichzeitig am Bildschirm angezeigt

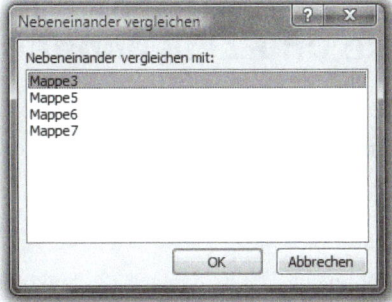

Über das Symbol *Synchroner Bildlauf* können Sie bei einem Bildlauf die gleichen Bereiche der Mappen anzeigen. Wenn Sie die Fensterposition geändert oder eine Größenänderung an einem Fenster durchgeführt haben, dann setzt das Symbol *Fensterposition zurücksetzen* diese Änderungen auf die Standardeinstellungen zurück.

Abbildg. 4.27   Die Vergleichstabellen teilen sich den Bildschirm

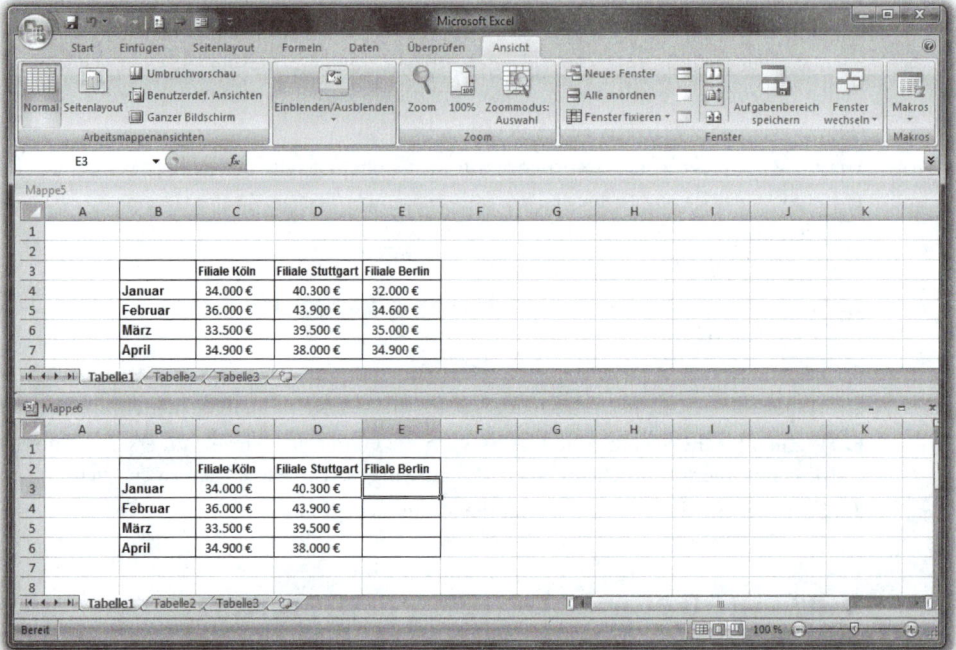

Zeilenhöhe und Spaltenbreite ändern

Wenn Sie in eine Zelle beispielsweise das Wort »Lieferschein« eingeben, erstreckt sich der Eintrag über die benachbarte Zelle. Um dies zu verhindern, bietet Excel die Anpassung der Spaltenbreite an.

Die optimale Spaltenbreite und Zeilenhöhe einstellen

 Excel kann die optimale Spaltenbreite an den breitesten Eintrag anpassen. Fahren Sie dazu mit dem Mauszeiger auf die Grenzlinie zwischen zwei Spaltenköpfen. Verformt sich der Mauszeiger zu einem senkrechten Strich mit einem Doppelpfeil, führen Sie einen Doppelklick aus und die Spalte wird an die Zelle mit dem breitesten Eintrag in dieser Spalte angepasst.

 Genauso können Sie die Zeilenhöhe mit einem Doppelklick zwischen zwei Zeilenköpfen automatisch anpassen. Hier verformt sich der Mauszeiger zu einem waagerechten Strich mit einem Doppelpfeil, auf den Sie dann doppelklicken, um die Zeilenhöhe an die Zelle mit dem größten Schriftgrad in dieser Zelle anzupassen.

So passen Sie mit einem Befehl die Spaltenbreite an den breitesten Eintrag an:
1. Markieren Sie in der Beispieltabelle eine Zelle in Spalte *A*.
2. Aktivieren Sie die Registerkarte *Start*.
3. Wählen Sie in der Gruppe *Zellen* den Befehl *Format/Spaltenbreite automatisch anpassen* aus.

Leider haben wir jetzt für die Positionsnummer eine zu breite Spalte. Machen Sie daher diese Spaltenbreite wieder rückgängig (*Rückgängig*-Schaltfläche).

Abbildg. 4.28 Der Befehl *Format* bietet neben der Änderung der Zeilenhöhe und Spaltenbreite auch Zugriff auf das Dialogfeld *Zellen formatieren*

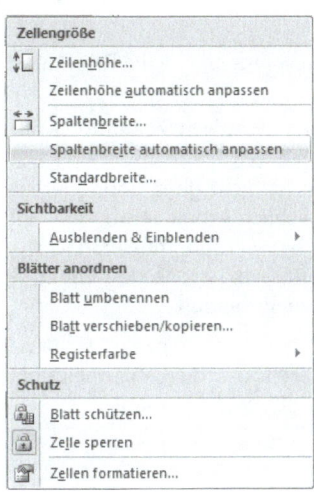

TIPP   Sie können aber nicht nur die Spaltenbreite dem Zellinhalt anpassen, sondern auch die Schriftgröße an die Spaltenbreite. Wählen Sie dazu in der Gruppe *Zellen* den Befehl *Format/Zellen formatieren* (Abbildung 4.28) und aktivieren Sie auf der Registerkarte *Ausrichtung* das Kontrollkästchen *An Zellgröße anpassen*. Mehr zum Formatieren finden Sie in Kapitel 9.

In der Seitenlayoutansicht können Sie die Spaltenbreite und die Zeilenhöhe in Zentimetern einstellen.

Zellen verbinden

Excel bietet die Möglichkeit, einzelne Zellen in der Breite und/oder Höhe zu verändern, wobei die übrigen Zellen ihre Breite und Höhe beibehalten. Sie erreichen dies auf der Registerkarte *Start* in der Gruppe *Zellen* über den Befehl *Format/Zellen*, indem Sie im zugehörigen Dialogfeld auf der Registerkarte *Ausrichtung* das Kontrollkästchen *Zellen verbinden* anklicken.

Alternativ können Sie die Schaltfläche *Verbinden und zentrieren* in der Befehlsgruppe *Ausrichtung* verwenden.

Abbildg. 4.29 Zellverbund herstellen oder aufheben

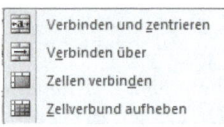

So können Sie zwei Zellen zu einer Zelle verbinden:

1. Markieren Sie die Zellen *A9:B9*.
2. Drücken Sie die rechte Maustaste über dieser Markierung und wählen Sie aus dem Kontextmenü den Eintrag *Zellen formatieren* aus.
3. Aktivieren Sie im daraufhin angezeigten Dialogfeld *Zellen formatieren* die Registerkarte *Ausrichtung*.
4. Markieren Sie das Kontrollkästchen *Zellen verbinden* und bestätigen Sie mit Klick auf *OK*.

HINWEIS Die Verwendung von verbundenen Zellen ist nicht ganz unproblematisch. So ist eine eventuell nachträglich notwendige Änderung mit reichlich Arbeit verbunden. Soll beispielsweise ein Verbund aus drei Zellen auf zwei Zellen reduziert werden, muss zunächst die Verbindung aufgehoben werden. Dann sind die Zellen zu markieren, welche den neuen Zellverbund ausmachen sollen und schließlich sind die Zellen erneut zu verbinden.

Verwenden Sie verbundene Zellen als Spaltenüberschrift, lassen sich einzelne Spalten der Tabelle nicht mehr so einfach verschieben. Stattdessen erhalten Sie dabei die Fehlermeldung »Kann Teil einer verbundenen Zelle nicht ändern«. Aber zum Glück gibt es ja Alternativen.

Zellen über Auswahl zentrieren

Wesentlich weniger Probleme treten auf, wenn Sie Zellinhalte über eine Auswahl zentrieren. Soll beispielsweise der Inhalt der Zelle *A1* über den Bereich *A1:C1* zentriert werden, gehen Sie wie folgt vor:

1. Markieren Sie den Bereich *A1:C1*.
2. Rufen Sie das Startprogramm für Dialogfelder in der Gruppe *Ausrichtung* auf.
3. Wählen Sie im nun geöffneten Dialogfeld auf der Registerkarte *Ausrichtung* im Listenfeld *Horizontal* den Eintrag *Über Auswahl zentrieren*.
4. Bestätigen Sie die Änderung mit *OK*.

Optisch entspricht das Ergebnis dem Verbinden von Zellen. Allerdings treten die oben genannten Probleme mit über Auswahl zentrierten Zellen nicht auf, weil die Zellen nicht verbunden werden.

Zellen ein- und ausblenden

Genauso hilfreich ist das Aus- und Einblenden von Zellen. Klicken Sie die betreffenden Zeilen- oder Spaltenköpfe mit der rechten Maustaste an und wählen Sie im Kontextmenü den Eintrag *Ausblenden*. Schneller geht es, wenn Sie den rechten Rand der betreffenden Spalte(n) nach links ziehen. Zum Einblenden markieren Sie die beiden benachbarten Spalten und doppelklicken am rechten Rand der letzten markierten Spalte.

Die Anpassung der Zeilenhöhe funktioniert ebenso: Zum *Ausblenden* ziehen Sie den unteren Rand nach oben, zum *Einblenden* markieren Sie die benachbarten Zeilen und doppelklicken zwischen den Zeilenköpfen der unteren markierten Zeile und der Zeile darunter.

So blenden Sie eine Spalte aus:

1. Markieren Sie auf einem leeren Blatt die Spalte *D*.
2. Ziehen Sie den rechten Rand des Spaltenkopfes nach links bis zum rechten Rand der Spalte *C*.

TIPP Schneller geht es, wenn Sie mit der rechten Maustaste auf den Spaltenkopf der Spalte *D* klicken und im Kontextmenü den Eintrag *Ausblenden* wählen.

Die Spalte *D* ist nun verdeckt. Wollen Sie die Spalte wieder einblenden, gehen Sie so vor:

1. Markieren Sie die Spalten *C* und *E*.
2. Klicken Sie mit der rechten Maustaste in den markierten Bereich.
3. Im Kontextmenü wählen Sie den Befehl *Einblenden*.

Die Spalte *D* ist wieder sichtbar. Durch das Markieren der beiden Nachbarspalten war die Spalte *D*, obwohl nicht sichtbar, in die Markierung eingeschlossen und unterlag somit auch dem Befehl *Einblenden*.

Mehrere Tabellenbereiche im Blick behalten

Durch das Teilen von Fenstern können Sie gleichzeitig zwei Teile eines Arbeitsblattes anzeigen lassen. Wählen Sie dazu auf der Registerkarte *Ansicht* in der Befehlsgruppe Fenster den Befehl *Teilen*. Daraufhin werden die Fensterteiler angezeigt. Wo sich diese befinden, hängt davon ab, welche Zelle beim Ausführen des Befehls aktiv ist. Ist die Zelle *A1* aktiv, werden die Fensterteiler jeweils in der Mitte des Bildschirms eingeblendet. Bei jeder anderen Zelle ist es so, dass der horizontale Fensterteiler oberhalb, der vertikale Fensterteiler links von der aktiven Zelle eingeblendet wird. Durch Ziehen an den Fensterteilern mit gedrückter linker Maustaste können Sie die Teilung an eine andere Stelle verschieben.

Sie können die Teilung auch nur für einen vertikalen oder horizontalen Bereich und unabhängig von der aktiven Zelle vornehmen. Gehen Sie dazu wie folgt vor:

1. Zeigen Sie auf das Teilungsfeld oben in der vertikalen Bildlaufleiste (siehe Abbildung 4.30) oder am rechten Rand der horizontalen Bildlaufleiste. Beachten Sie, dass die Fensterteiler nur dann sichtbar sind, wenn das Fenster nicht bereits fixiert ist! Mehr zum Fixieren von Fenstern erfahren Sie im nächsten Abschnitt.
2. Hat der Mauszeiger die Form des Teilungszeigers angenommen, ziehen Sie das Teilungsfeld nach unten oder nach links an die gewünschte Position und lassen die Maustaste los.

Das Fenster ist daraufhin in zwei Teile mit jeweils eigenen Bildlaufleisten unterteilt. Damit können Sie gleichzeitig zwei unterschiedliche Bereiche ein und derselben Tabelle einsehen.

Abbildg. 4.30 Ein Tabellenblatt in mehrere Bereiche aufteilen (beachten Sie die Zeilennummern)

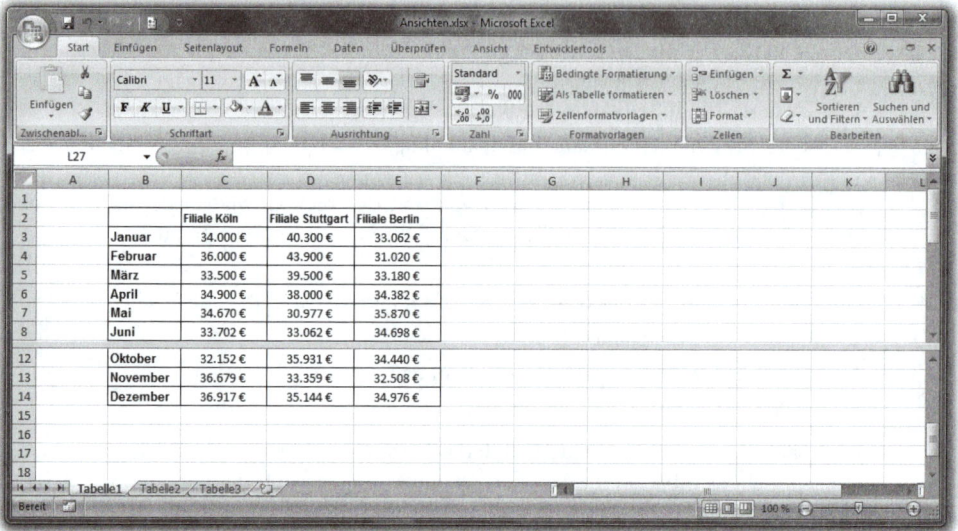

Um die Teilung aufzuheben, stehen Ihnen drei Wege offen:

- Sie wählen auf der Registerkarte *Ansicht* in der Gruppe *Fenster* den Befehl *Teilen*.
- Sie führen das Teilungsfeld wieder zum Ausgangspunkt zurück, indem Sie es bei gedrückter linker Maustaste nach oben bzw. an den rechten Rand führen.
- Sie führen einen Doppelklick auf das Teilungsfeld aus.

Überschriften und Vorspalten fixieren

Insbesondere in größeren Tabellen mit mehreren Spalten kommt es beim Bildlauf vor, dass man nicht mehr sicher bestimmen kann, in welcher Spalte oder Zeile welche Information gespeichert ist. Mit dem Fixieren von Fensterbereichen können Sie Beschriftungen festlegen, die bei einem Bildlauf sichtbar bleiben sollen. Dabei können Sie sowohl die Beschriftungen von Zeilen (Vorspalten) als auch die von Spalten (Überschriften) fixieren.

Auf der Registerkarte *Ansicht* befindet sich in der Gruppe *Fenster* der Befehl *Fenster fixieren,* der drei Optionen enthält, mit denen Sie schnell unterschiedliche Fixierungen einstellen können.

- Beim Ausführen des Befehls *Fenster fixieren* ist es wichtig, welche Zelle gerade aktiv ist. Ist die Zelle *A1* aktiv, werden die Fixierungslinien jeweils in der Mitte des Bildschirms eingeblendet. Bei jeder anderen Zelle ist es so, dass die horizontale Fixierung oberhalb, die vertikale Fixierung links von der aktiven Zelle durchgeführt wird. Mit diesem Befehl können Sie die Fixierung also ganz nach den speziellen Anforderungen einer Tabelle einstellen.
- Der Befehl *Oberste Zeile fixieren* fixiert eine Zeile unabhängig von der aktiven Zelle.
- Der Befehl *Erste Spalte fixieren* fixiert eine Spalte unabhängig von der aktiven Zelle.

Unterschiedliche Bildschirmansichten verwenden

Dass ein Fenster fixiert ist, erkennen Sie an den schwarzen Fixierungslinien. Beim Blättern in der Tabelle über die Bildlaufleisten bleibt der fixierte Bereich stehen, sodass Sie die Spalten- und Zeilenbeschriftungen im Blick behalten können.

Einige allgemeine Einstellungen helfen dabei, den begrenzten Platz auf dem Bildschirm optimal zu nutzen. Damit können Sie dann alle relevanten Daten im Blick behalten.

Normalansicht

Die *Normalansicht* ist die Ansicht, die Sie »normalerweise« sehen, wenn Sie Excel aufrufen. Haben Sie die Seiten bereits für den Druck eingerichtet, erscheinen die Seitenumbrüche durch gestrichelte Linien.

Neu ist dabei, dass die Seitenumbrüche beim Öffnen der Datei wieder angezeigt werden. Bisher mussten Sie dazu zunächst erneut in die Seitenansicht wechseln.

Layout der Tabelle in der Seitenansicht prüfen

Im *Office-Menü* können Sie über den Befehl *Drucken* die Option *Seitenansicht* wählen. Diese Ansicht zeigt Ihnen eine Druckseite der Tabelle verkleinert an. Dabei werden die Einstellungen des aktiven Druckertreibers berücksichtigt. In der Statusleiste am unteren Bildschirmrand werden die aktuelle Seitenzahl und die Gesamtzahl der Seiten im ausgewählten Blatt angezeigt.

Der Mauszeiger erscheint in der Seitenansicht als Lupe. Klicken Sie einmal mit der linken Maustaste, vergrößert sich die Anzeige und der Mauszeiger verändert sich zum Pfeil. Klicken Sie erneut, wird die Anzeige wieder verkleinert.

Im Gegensatz zur Seitenumbruch-Vorschau können in der Seitenansicht keine Daten in die Tabelle eingegeben werden. Folgende Aktionen sind in der Seitenansicht möglich:

- Klicken Sie auf die Schaltfläche *Nächste Seite*, um die nächste Seite des Blatts anzeigen zu lassen.
- Klicken Sie auf die Schaltfläche *Vorherige Seite*, um die vorhergehende Seite des Blatts anzeigen zu lassen.
- Verwenden Sie eine IntelliMouse, können Sie die beiden vorigen Aktionen auch mit dem Mausrad durchführen.
- Klicken Sie auf *Zoom*, um zwischen der Ganzseitenansicht und einer vergrößerten Ansicht eines Blatts zu wechseln. Eine mit dem Zoombefehl vorgenommene Größenänderung hat keine Auswirkung auf die tatsächliche Druckgröße. Sie können ebenfalls zwischen der Ganzseitenansicht und einer vergrößerten Ansicht eines Blattes wechseln, indem Sie im Blatt auf eine beliebige Stelle klicken.
- Klicken Sie auf *Drucken*, um die Druckoptionen für den Ausdruck des markierten Blatts festzulegen.

- Klicken Sie auf *Seite einrichten*, um weitere Optionen wie Kopf-/Fußzeilen, Seitennummerierung usw. für den Ausdruck festzulegen.
- Aktivieren Sie das Kontrollkästchen *Seitenränder anzeigen*, um die Ziehpunkte für die Anpassung von Seitenrändern, Rändern für Kopf- und Fußzeilen und Spaltenbreiten ein- bzw. auszublenden. Klicken Sie mit der linken Maustaste und halten Sie diese gedrückt, während Sie die Position eines Ziehpunktes verändern.
- Klicken Sie auf *Druckvorschau schließen*, um das Vorschaufenster zu schließen und zur vorherigen Ansicht des aktiven Blatts zurückzukehren.

Seitenumbruchvorschau anzeigen lassen

Beim Seitenumbruch wird ein Arbeitsblatt auf mehrere Seiten aufgeteilt, wenn es zu groß ist, um auf eine Seite zu passen. Excel fügt dann automatische Seitenumbrüche ein und richtet sich dabei nach der Seitengröße und Skalierung, die auf der Registerkarte *Seitenlayout* und im Dialogfeld *Seite einrichten* auf der Registerkarte *Papierformat* eingestellt wurden.

Wählen Sie auf der Registerkarte *Ansicht* in der Gruppe *Arbeitsmappenansichten* den Befehl *Umbruchvorschau*, um die Tabelle verkleinert am Bildschirm darzustellen. Hier sind die Seitennummern und die Seitenenden eingeblendet.

Auf der Registerkarte *Seitenlayout* können Sie in der Gruppe *Seite einrichten* mit dem Befehl *Umbrüche* an beliebiger Stelle einen Seitenumbruch erzwingen. Dabei ist es wichtig, welche Zelle aktiv ist, während der Befehl ausgeführt wird. Der Seitenumbruch wird oberhalb und links von der aktiven Zelle eingefügt.

Sie können die automatischen und manuellen Seitenumbrüche in der Seitenumbruchvorschau ändern, indem Sie den Rand des Seitenumbruchs mit gedrückter linker Maustaste entsprechend ziehen. Excel passt die automatischen Seitenumbrüche im übrigen Arbeitsblatt an. Klicken Sie auf der Registerkarte *Ansicht* auf *Normal*, um zur Standardansicht zu gelangen.

Das Thema Drucken wird ausführlich in Kapitel 5 behandelt.

Benutzerdefinierte Ansicht

Benutzerdefinierte Ansichten ändern die Ansicht der Arbeitsmappen, Arbeitsblätter, Objekte und Fenster. Sie können eine Reihe verschiedener Ansichten definieren und diese Einstellungen speichern, um dann zwischen den verschiedenen Ansichten hin und her zu schalten.

Die gespeicherten Einstellungen einer Ansicht beinhalten Spaltenbreite, Ansicht-Anzeigeoptionen (z.B. Normalansicht), Fenstergröße, die Position auf dem Bildschirm, geteilte und fixierte Fenster, das aktive Blatt, markierte Zellen, verborgene Arbeitsblätter, Filtereinstellungen, Zeilen und Spalten der gesamten Arbeitsmappe sowie die Einstellungen zur Seiteneinrichtung.

Möchten Sie eine benutzerdefinierte Ansicht erstellen, gehen Sie so vor:

1. Nehmen Sie zunächst die gewünschten Änderungen, die in der Ansicht gespeichert werden sollen, in der Arbeitsmappe vor.
2. Klicken Sie in der Registerkarte *Ansicht* in der Gruppe *Arbeitsmappenansichten* auf *Benutzerdef. Ansichten*.

3. Klicken Sie im Dialogfeld *Benutzerdefinierte Ansichten* auf die Schaltfläche *Hinzufügen*.
4. Im Eingabefeld *Name* geben Sie einen Namen für die Ansicht ein.
5. Unter *Ansicht enthält* klicken Sie die gewünschten Kontrollkästchen an.

Sie können diese benutzerdefinierten Ansichten jederzeit über die Registerkarte *Ansicht* und dort unter *Benutzerdef. Ansichten* anzeigen lassen, drucken oder aber auch wieder löschen.

Möchten Sie eine benutzerdefinierte Ansicht drucken, geht das mit diesen Schritten:

1. Klicken Sie auf der Registerkarte *Ansicht* in der Gruppe *Arbeitsmappenansichten* auf *Benutzerdef. Ansichten*.
2. Wählen Sie den Namen der Ansicht aus, die Sie drucken wollen.
3. Klicken Sie auf die Schaltfläche *Anzeigen*.

Abbildg. 4.31   Mit benutzerdefinierten Ansichten können Sie schnell verschiedene Bereiche anzeigen und drucken

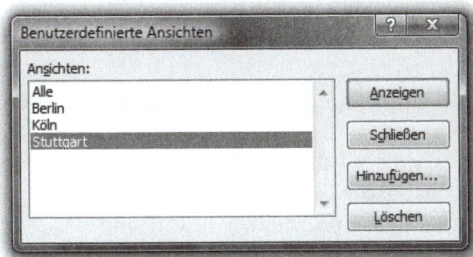

Nun können Sie das Arbeitsblatt mit den definierten Ansichtsoptionen über den Befehl *Drucken* im *Office-Menü* ausdrucken. Wenn das Arbeitsblatt keinen definierten Druckbereich enthält, druckt Excel das gesamte Arbeitsblatt.

Ganzer Bildschirm

Mit dem Befehl *Ganzer Bildschirm* auf der Registerkarte *Ansicht* können Sie Fensterelemente und Symbolleisten ausblenden, um größere Datenmengen auf dem Bildschirm anzuzeigen.

Um diese Fensterelemente wieder herzustellen, klicken Sie mit der rechten Maustaste auf die Schaltfläche *Alles markieren* und wählen im Kontextmenü den Befehl *Ganzer Bildschirm schließen*.

Die Rechtschreibprüfung anwenden

Excel kann Sie auch bei der Rechtschreibprüfung unterstützen. Starten Sie diese entweder auf der Registerkarte *Überprüfen* über die Schaltfläche *Rechtschreibung* oder drücken Sie die Taste F7. In einem reinen Rechenblatt wird nach der Prüfung lediglich die Meldung ausgegeben, dass das gesamte Blatt geprüft wurde. Wenn Sie jedoch Texte eingetragen haben und Excel auf einen unbekannten Begriff stößt, wird ein Dialogfeld wie in Abbildung 4.32 angezeigt.

Abbildg. 4.32   Die Rechtschreibkorrektur ermöglicht es, Eintragungen zu prüfen und kann Korrekturen Ihrer persönlichen Umgebung hinzufügen

Im Feld *Nicht im Wörterbuch* wird der unbekannte Ausdruck eingetragen und Sie erhalten unter Umständen im Listenfeld *Vorschläge* einige alternative Begriffe zur Auswahl angezeigt. Klicken Sie auf einen solchen Vorschlag und wählen die Schaltfläche *Ändern*, ersetzt Excel den unbekannten durch den ausgewählten Begriff. Die Schaltfläche *Immer ändern* ersetzt alle Fundstellen des Begriffs und die Schaltfläche *AutoKorrektur* trägt den unbekannten Begriff und dessen Ersetzung in die *AutoKorrektur-Liste* ein. Mehr dazu siehe weiter unten in diesem Kapitel.

Über die Schaltflächen *Einmal ignorieren* und *Alle ignorieren* können Sie den Begriff einmalig bzw. gänzlich von der weiteren Prüfung ausschließen. Die Schaltfläche *Zum Wörterbuch hinzufügen* trägt den Begriff in Ihr persönliches Wörterbuch ein, sodass weitere Fundstellen nicht mehr als Fehler aufgeführt werden.

HINWEIS   Die Rechtschreibprüfung beachtet die aktuelle Markierung in der Tabelle. Wenn lediglich eine einzelne Zelle markiert ist, wird die Rechtschreibprüfung für das gesamte Blatt durchgeführt. Haben Sie einen Bereich markiert, z.B. *A1:G20*, wird nur dieser Bereich geprüft. Gleiches gilt für eine Mehrfachmarkierung, z.B. *A1:A5;C3:C5*.

Eine Recherche durchführen

Auf der Registerkarte *Überprüfen* öffnet der Befehl *Recherchieren* in der Gruppe *Dokumentprüfung* einen speziellen Aufgabenbereich. Der Aufgabenbereich *Recherchieren* ist ein zentraler Ausgangspunkt für die Suche nach alternativen Ausdrücken (Thesaurus) bzw. die Übersetzung in eine andere Sprache.

Tragen Sie dort den Suchbegriff in das Feld *Suchen nach* ein und starten Sie die Suche per Klick auf die grüne Schaltfläche *Suche starten*. Standardmäßig wird die Suche auf alle verfügbaren Nachschlagewerke ausgedehnt. Sie können die Suche aber auch auf bestimmte Quellen beschränken und damit die Bearbeitungszeit reduzieren. Für jede Fundstelle, die Informationen zu dem Begriff bieten kann, wird ein Eintrag angezeigt. Über die Schaltflächen mit dem Plus- und Minuszeichen können Sie die Informationen einer Quelle ein- bzw. ausblenden.

Die Schaltflächen *Vorige Suche* und *Nächste Suche* gestatten den Wechsel zwischen den durchgeführten Suchläufen.

Abbildg. 4.33   Über den Aufgabenbereich *Recherchieren* haben Sie Zugriff auf verschiedene Nachschlagewerke

Ergibt die Suche keinen Treffer, wird die Schaltfläche *Nichts gefunden?* mit möglichen *Rechtschreibalternativen* angezeigt. Über *Andere Nachschlagequellen* können Sie die Suche ausdehnen.

Das Verhalten des Aufgabenbereichs *Recherchieren* steuern Sie über die *Recherche-Optionen* (siehe Abbildung 4.33). Hier wählen Sie nicht nur die verfügbaren Dienste aus, sondern können auch neue hinzufügen oder die *Jugendschutzeinstellungen* ändern. Dazu ist allerdings eine Verbindung zum Internet erforderlich, für die Jugendschutzeinstellungen müssen Sie zudem als Administrator angemeldet sein.

Tabellenblatt schützen

Wenn Sie Daten in einer Tabelle erfasst sowie formatiert haben und die Datei auch von anderen Anwendern benutzt wird, kommt irgendwann der Wunsch auf, die Arbeit vor unerwünschten Veränderungen zu schützen. Excel bietet eine ganze Reihe von Möglichkeiten, einen solchen Schutz zu realisieren.

Der Schutz in Excel funktioniert auf zwei verschiedenen Ebenen. Zum einen als Eigenschaft eines Bereichs-Objektes und zum anderen als Eigenschaft des Arbeitsblattes bzw. der ganzen Mappe. Nur wenn beide Einstellungen vorgenommen wurden, ist der Zellschutz aktiv.

WICHTIG   Der Schutz in einer Tabelle wird immer aus der Formatierung der Zellen **und** dem Befehl *Blatt schützen* erstellt.

Um einen Zellbereich in einer Tabelle zu schützen, sind die folgenden Schritte notwendig:

1. Zunächst markieren Sie die ganze Tabelle. Am schnellsten geht das mit der Schaltfläche *Alles auswählen*, die Sie im Schnittpunkt der Zeilen- und Spaltenköpfe vorfinden.

2. Wählen Sie anschließend auf der Registerkarte *Start* in der Gruppe *Zellen* den Befehl *Format/ Zelle sperren*, der dadurch nicht mehr aktiviert erscheint. Standardmäßig sind alle Zellen eines Blattes gesperrt. Sie merken davon nichts, weil der eigentliche Schutz nicht aktiviert ist.

3. Wählen Sie dann auf der Registerkarte *Überprüfen* in der Gruppe *Änderungen* den Befehl *Blatt schützen*. Im Dialogfeld *Blatt schützen* können Sie die Objekte festlegen, die geschützt werden sollen. Wenn Sie weiterhin Kommentare bearbeiten und eintragen wollen, müssen Sie das Kontrollkästchen *Objekte bearbeiten* aktivieren (vgl. Abbildung 4.34). Sie können in diesem Dialogfeld auch ein Kennwort vergeben. In den meisten Fällen wird aber ein Schutz ohne Passwort genügen.

4. Schließen Sie den Vorgang mit *OK* ab.

Der Bereich ist nun vor Veränderungen geschützt, die Kommentare lassen sich jedoch weiterhin einfügen, bearbeiten und löschen. Sollten Sie dennoch versuchen, eine Änderung vorzunehmen, wird eine Warnmeldung angezeigt.

Abbildg. 4.34   In diesem Dialogfeld stellen Sie die Berechtigungen exakt ein

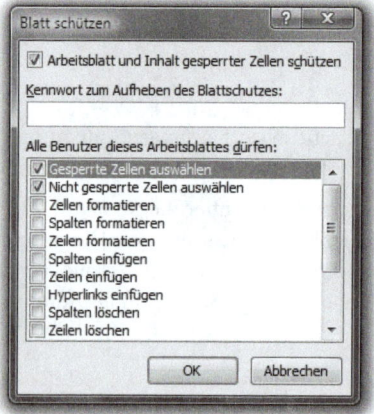

Sie können bei Bedarf auch nicht zusammenhängende Bereiche markieren, z.B. *A1:A10;E8:E17; G11:G12*, und für diese Zellen den Schutz aktivieren. Denken Sie daran: Aktiv wird der Zellschutz allerdings erst durch Aktivieren des Blattschutzes.

Erweiterter Blattschutz

Manchmal sollen bestimmte Blätter oder Bereiche nur vor einigen Bearbeitern geschützt werden, während andere vollen Zugriff haben sollen. Seit Excel 2002 gibt es erweiterte Möglichkeiten beim Blattschutz, mit denen Sie eine Liste berechtigter Benutzer mit jeweils unterschiedlichen Rechten anlegen können.

Bereiche schützen

Auf der Registerkarte *Überprüfen* in der Gruppe *Änderungen* können Sie über *Benutzer dürfen Bereiche bearbeiten* verschiedene Bereiche festlegen, für die besondere Einstellungen gelten sollen (siehe Abbildung 4.35).

Abbildg. 4.35 Das zentrale Dialogfeld für die Definition von Benutzerberechtigungen

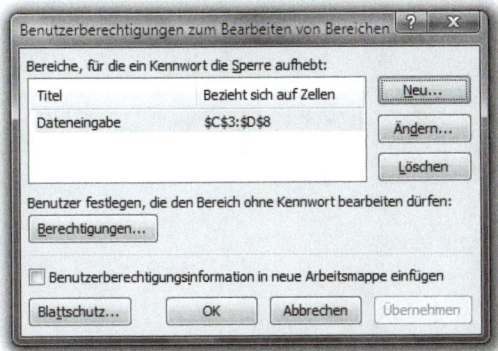

Die Schaltfläche *Neu* führt Sie zum Dialogfeld *Neuer Bereich* (vgl. Abbildung 4.36). Hier können Sie einen Namen für einen Bereich und den Bereich selbst festlegen. Außerdem kann für jeden Bereich ein Kennwort vergeben werden. Wird der Bereich für die Bearbeitung gesperrt, ist die Bearbeitung nur nach Eingabe dieses Kennwortes möglich!

Der Name des Bereichs kann übrigens maximal 255 Zeichen lang sein. Er sollte mit einem Buchstaben beginnen und darf auch Unterstriche und Zahlen sowie einige Sonderzeichen (z.B. ».« und »?«) enthalten.

Abbildg. 4.36 Bereichsnamen und Adresse sowie Kennwort festlegen

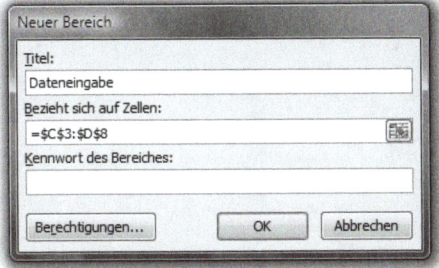

Über die Schaltfläche *Berechtigungen* können Sie eine Liste der berechtigten Benutzer einsehen (Abbildung 4.37). Diese Schaltfläche kann nur dann aktiviert werden, wenn bereits ein Bereich festgelegt wurde.

Im Dialogfeld *Berechtigungen für Bereich* werden über die Schaltfläche *Hinzufügen* neue Benutzer angelegt.

Abbildg. 4.37 Benutzer hinzufügen und für jeden die Berechtigung einstellen

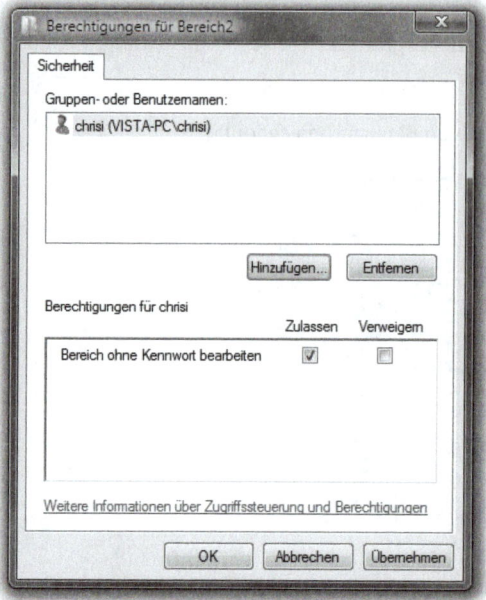

Es wird eine Auswahl der aktuell festgelegten Benutzer angezeigt. Mit der Schaltfläche *Erweitert* (Abbildung 4.38) können Sie weitere Benutzer auswählen und in die Sicherheitseinstellungen für den Bereich übernehmen.

Abbildg. 4.38 Verwenden Sie die Schaltfläche *Erweitert,* um einen Benutzer hinzuzufügen

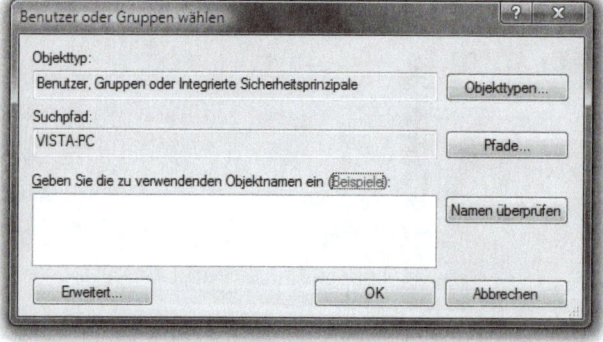

Für jeden Benutzer können Sie anschließend festlegen, ob die Eingabe des Kennworts erforderlich sein soll oder nicht. Markieren Sie hierfür das jeweilige Kontrollkästchen im Dialogfeld *Berechtigungen für Bereich*.

WICHTIG Wenn Sie den Kennwortschutz aktivieren, wird eine Sicherheitswarnung angezeigt. Diese Warnung ist wichtig! Prüfen Sie die Liste der berechtigten Benutzer unbedingt daraufhin, dass Ihr eigener Benutzername hier auftaucht. Ansonsten müssen auch Sie selbst das Kennwort vor jeder Änderung eingeben. Wird ein Kennwort vergeben, müssen Sie dies in einem weiteren Dialogfeld bestätigen.

Den Blattschutz aktivieren

Wenn Sie die Dialogfelder geschlossen haben, kehren Sie zum Dialogfeld *Benutzerberechtigungen zum Bearbeiten von Bereichen* (Abbildung 4.35) zurück. Wählen Sie den Befehl *Blatt schützen*. Wichtig: Hier wird der eigentliche Schutz aktiviert. Die Abbildung 4.39 zeigt die Standardeinstellung des Dialogfeldes *Blatt schützen*.

Abbildg. 4.39 Legen Sie in diesem Dialogfeld die Zugriffsberechtigung für den Benutzer fest

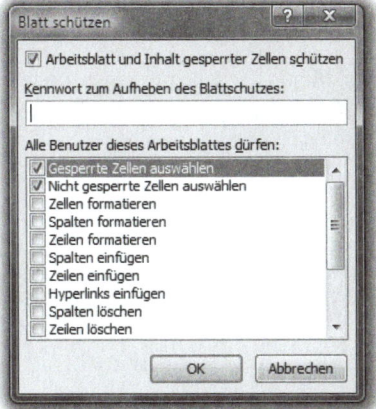

Besondere Einstellungen

Wenn Sie im Dialogfeld aus Abbildung 4.39 das Kontrollkästchen *Nicht gesperrte Zellen auswählen* deaktivieren, kann keine Zelle mehr ausgewählt werden! Der Benutzer kann in einem solchermaßen geschützten Blatt lediglich über die Bildlaufleisten durch die Tabelle blättern. Dies hat in bestimmten Situationen durchaus auch seinen Sinn.

Eine wichtige Möglichkeit ist das Zulassen von AutoFiltern und der Anwendung von PivotTable-Berichten. Mehr zum Thema »AutoFilter und Pivot-Tabellen« finden Sie in Kapitel 21 sowie in Kapitel 24.

Welche Einstellungen für Benutzer vorgenommen wurden, ermitteln Sie auf der Registerkarte *Überprüfen* in der Gruppe *Änderungen* über den Befehl *Benutzer dürfen Bereiche bearbeiten*. Wenn Sie anschließend das Kontrollkästchen *Benutzerberechtigungsinformation in neue Arbeitsmappe einfügen* wählen (Abbildung 4.35), erstellt Excel anschließend keine neue Mappe mit den identischen Einstellungen, sondern eine neue Arbeitsmappe mit den Hinweisen zu den Namen und Bereichen sowie den festgelegten Berechtigungen.

Geschützte Bereiche bearbeiten

Versucht ein Benutzer, einen geschützten Bereich zu bearbeiten, wird das Dialogfeld *Sperrung des Bereichs aufheben* angezeigt. Nach der Eingabe des Kennworts kann der Bereich bearbeitet werden. Der Bereich bleibt übrigens so lange zur Bearbeitung geöffnet, bis die Mappe geschlossen wird. Erst nach dem erneuten Öffnen ist auch die Eingabe des Kennworts wieder erforderlich.

Geschützte Bereiche und Diagramme

Wollen Sie aus den Daten eines geschützten Tabellenblatts ein Diagramm erstellen, führt der Blattschutz dazu, dass der Quellbereich nicht mit der Maus markiert werden kann. Sie können aber den Bezug manuell eintragen, z.B. *A1:B6*. Das Diagramm muss dann als eigenes Objekt erstellt werden, weil die Tabelle ja für den Zugriff gesperrt ist. Wenn Sie versuchen, die Daten über das Diagramm zu ändern, muss zuvor der Blattschutz deaktiviert werden.

Blattschutz aufheben

Entscheiden Sie sich für eine der beiden folgenden Möglichkeiten, um einen bestehenden Blattschutz wieder aufzuheben:

1. Wechseln Sie auf die Registerkarte *Überprüfen*.
2. Wählen Sie in der Befehlsgruppe *Änderungen* den Befehl *Blattschutz aufheben*.

oder

1. Wechseln Sie auf die Registerkarte *Start*.
2. Wählen Sie in der Befehlsgruppe *Zellen* die Befehlsschaltfläche *Format* und anschließend den Befehl B*lattschutz aufheben*.

Zusammenfassung

Das Tabellenblatt ist der zentrale Arbeitsplatz in Excel. Alle Daten und Informationen werden hier gespeichert. Zahlreiche Eingabemethoden und schnelle Ausfüll-Optionen erleichtern das Erstellen von Datenreihen. Aber nicht nur für die Eingabe, auch für die schnelle Korrektur von Fehlern bieten sich viele Mechanismen an, die Sie an Ihren persönlichen Arbeitsstil anpassen können.

Frage	Antwort
Kann ich Tastenkombinationen für die Bewegung in der Tabelle einsetzen?	Excel kennt neben den Pfeiltasten eine ganze Reihe von Tastenkombinationen für die Navigation in Tabellen. Mehr dazu ab Seite 161.
Wie kann ich Bereiche schnell auswählen?	Das Dialogfeld *Inhalte auswählen* stellt einige spezielle Optionen für die Auswahl spezieller Bereiche zur Verfügung. Mehr dazu auf Seite 163.
Ich habe in einer Spalte sehr viele Daten stehen und möchte feststellen, ob es unterschiedliche Werte gibt. Wie geht das?	Das Dialogfeld *Inhalte auswählen* kann auch Spalten- oder Zeilenunterschiede finden. Mehr dazu auf Seite 164.

Zusammenfassung

Frage	Antwort
Wie kann ich Daten schnell in einen bestimmten Bereich eintragen?	Markieren Sie den Bereich, der die Daten aufnehmen soll, und tragen Sie diese ein. Nach dem Drücken der ⏎-Taste wechselt die aktive Zelle innerhalb des markierten Bereichs. Mehr dazu ab Seite 165.
Wie kann ich den gleichen Text in verschiedene Zellen schreiben?	Eine Mehrfachmarkierung hilft bei dieser Aufgabe. Mehr dazu ab Seite 166.
Muss ich wiederkehrende Werte wirklich immer aufs Neue tippen?	Wie Sie Auswahllisten für die schnelle Eingabe nutzen, finden Sie auf Seite 167 beschrieben.
Immer wieder mache ich bei bestimmten Begriffen den gleichen Schreibfehler. Gibt es eine Hilfe für die Korrektur?	Setzen Sie die AutoKorrektur ein. Ab Seite 168 finden Sie Hinweise zu deren Verwendung.
Was leisten Smarttags?	Smarttags analysieren Ihre Eingabe und stellen verschiedene Befehle zur Verfügung. Mehr zum integrierten Smartag, das Zugriff auf Outlook-Kontakte bietet, finden Sie ab Seite 170.
Wie kann ich ein Datum schnell eingeben?	Wie Sie den numerischen Block für die Eingabe von Datumswerten verwenden, steht auf Seite 173.
Gibt es Tipps und Tricks zur Dateneingabe?	Wollen Sie die Besonderheiten der Dateneingabe im Überblick ansehen, schlagen Sie auf Seite 173 nach.
Wie kann ich schnell eine Folge von Werten erstellen?	Wie Sie Reihen automatisch ausfüllen, zeigt Seite 176.
Ich benötige immer wieder eine Liste meiner Mitarbeiter und möchte diese nicht jedes Mal abschreiben oder kopieren. Geht es nicht etwas einfacher?	Wollen Sie eine eigene Reihe für das Ausfüllen festlegen und einsetzen, dann schlagen Sie auf Seite 179 nach.
Ich habe versehentlich Zellinhalte gelöscht. Kann ich diese Daten wiederherstellen?	Mit Hilfe der Schaltfläche *Rückgängig* können Sie in einem solchen Fall die Daten wiederherstellen. Mehr dazu auf Seite 181.
Wie kann ich Zellen verschieben und kopieren?	Sie können dazu die Zwischenablage oder die Maus verwenden. Beispiele dazu finden Sie auf Seite 186.
Ich möchte die Zeilen und Spalten einer Tabelle vertauschen. Wie mache ich das auf die Schnelle?	Beim Einfügen können Sie mit Hilfe der speziellen Option *Transponieren* die Zeilen und Spalten tauschen. Mehr dazu auf Seite 191.
Kann ich Benutzern unterschiedliche Zugriffsrechte auf eine Tabelle geben?	Sie können Benutzern auf Grundlage des Anmeldenamens verschiedene Rechte zuweisen. Wie das geht, erfahren Sie ab Seite 206.

Kapitel 5

Vom Bildschirm aufs Papier

In diesem Kapitel:

Der erste Schritt – einen Drucker installieren	214
Den Drucker richtig konfigurieren	216
Einen Drucker für günstige Ausdrucke einrichten	217
Druckvorbereitung – Seite einrichten	217
Der letzte Schritt zum Druck: Druckdialog ausführen	230
Tipps und Tricks zum Drucken	233
PDF-Format und XPS	234
Zusammenfassung	244

Kapitel 5   Vom Bildschirm aufs Papier

Sicherlich wollen Sie Ihre Tabellen nicht nur auf dem Bildschirm betrachten, sondern auch ausdrucken. Dieses Kapitel beschreibt Schritt für Schritt, welche Möglichkeiten Sie beim Drucken haben, beginnend bei der Installation eines Druckers, dessen Steuerung und Verwaltung. Außerdem werden Sie die zahlreichen Einstellungsmöglichkeiten bei der Seiteneinrichtung und -gestaltung kennen lernen.

> **HINWEIS**   Am Ende des Kapitels finden Sie einige Tipps und Tricks zum Thema Drucken.

Der erste Schritt – einen Drucker installieren

Über Ihr Betriebssystem installieren Sie einmalig den oder die Drucker, welche(r) dann in allen Anwendungsprogrammen verfügbar ist/sind. Moderne Betriebssysteme wie Windows Vista richten den Drucker selbstständig ein. Allerdings kann die Installation eines Druckers die Eingabe des Administratorkennworts erfordern. Je nach Installationsart meldet sich unter Umständen auch eine Firewall, die den Vorgang blockt.

> **HINWEIS**   Die Reihenfolge der Schritte, die Beschriftung der genannten Schaltflächen und das Layout der abgebildeten Dialogfelder unterscheiden sich in Abhängigkeit von Ihrem Betriebssystem. Die folgende Beschreibung basiert auf einem Windows Vista-PC. Unter anderen Windows-Versionen sieht der Ablauf etwas anders aus, ist aber grundsätzlich identisch.

Gehen Sie folgendermaßen vor, um einen Drucker zu installieren:

1. Klicken Sie im Menü *Start* von Windows auf den Befehl *Systemsteuerung* und anschließend in der Kategorie *Hardware und Sound* auf den Link *Drucker*. Es erscheint das Fenster aus Abbildung 5.1.

Abbildg. 5.1   Es lassen sich beliebig viele Drucker installieren – einer jedoch muss der Standarddrucker sein

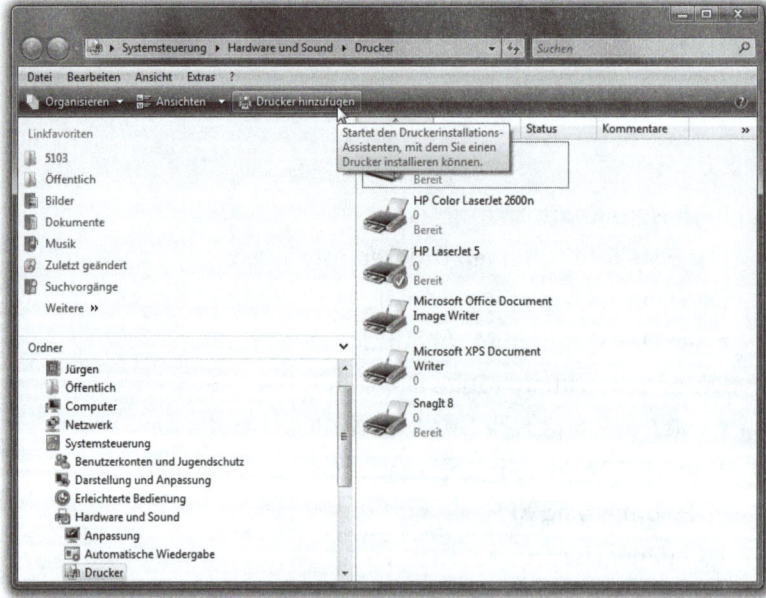

Der erste Schritt – einen Drucker installieren

2. Nach der Office System-Installation gibt es einen Drucker namens *Microsoft Office Document Image Writer,* dazu erfahren Sie weiter unten mehr. Sie werden vermutlich jedoch Ihren eigenen Drucker verwenden wollen. Klicken Sie auf die Schaltfläche *Drucker hinzufügen.* Daraufhin meldet sich der *Druckerinstallations-Assistent.*

3. Geben Sie dem Assistenten bekannt, ob Sie einen lokalen Drucker oder einen Netzwerkdrucker auf Ihrem System installieren möchten, und klicken Sie auf die Schaltfläche *Weiter.*

4. Anschließend legen Sie den Anschluss fest, Standard ist *LPT1.*

5. Der Assistent bietet Ihnen eine reiche Auswahl von Druckertypen an. Wählen Sie in der Listenauswahl den passenden Hersteller und Drucker aus und bestätigen Sie Ihre Wahl mit einem Klick auf die Schaltfläche *Weiter.*

6. Sollte Ihr Drucker nicht in der Liste (Abbildung 5.2) erscheinen, benötigen Sie eine Treiberdiskette bzw. die CD-ROM des Druckerherstellers. Haben Sie diese ins Laufwerk eingelegt, klicken Sie im Dialogfeld *Drucker hinzufügen* auf die Schaltfläche *Datenträger.*

Abbildg. 5.2   Wählen Sie zunächst den Hersteller und anschließend den genauen Druckertyp aus

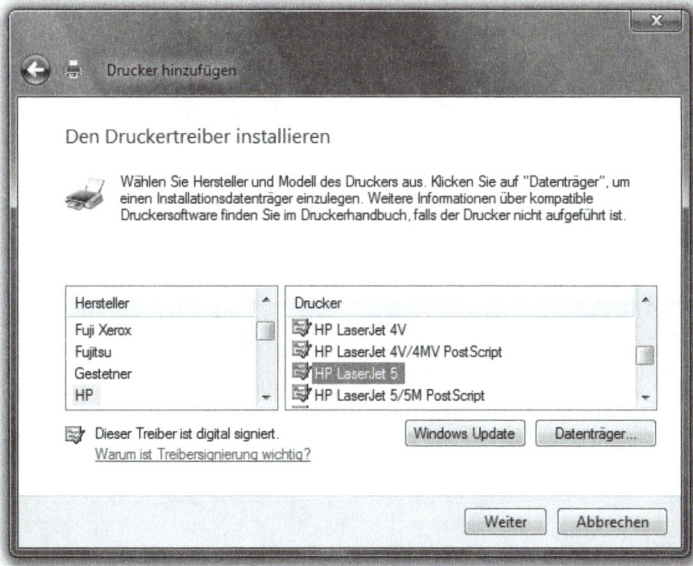

7. Anschließend können Sie dem Drucker einen beliebigen Namen zuweisen. Aktivieren Sie bei Bedarf das Kontrollkästchen *Als Standarddrucker festlegen.*

HINWEIS   Wenn Sie mit mehreren Druckern arbeiten, legen Sie denjenigen Drucker als Standarddrucker fest, mit dem Sie am häufigsten drucken. Den Standarddrucker erkennen Sie am Häkchen im Druckerfenster (siehe Abbildung 5.1).

8. Windows Vista verfügt über die gängigsten Treiber für Drucker. So können Sie den Drucker ohne weiteren Aufwand einrichten lassen. Ggf. werden Sie aufgefordert, Ihre Treiber-CD einzulegen. Lassen Sie einen Testdruck durchführen. Wird die Seite korrekt gedruckt, bestätigen Sie dies mit Klick auf die Schaltfläche *Ja.* Sind Sie mit dem Ausdruck nicht zufrieden, klicken Sie auf

die Schaltfläche *Nein*. Dadurch wird ein Ratgeber gestartet, der Ihnen Hinweise gibt, wie Sie das Druckproblem lösen können.

Wenn bis hierher alles funktioniert hat, wird Ihr Drucker als Symbol angelegt und ist von nun an in allen Windows-Anwendungen verfügbar.

WICHTIG Bei Problemen rund um das Drucken sollten Sie immer auch ein Auge auf den verwendeten Druckertreiber haben. In den allermeisten Fällen werden die Probleme durch veraltete Druckertreiber verursacht. Denken Sie dabei im Netzwerk auch an einen eventuell vorhandenen Printserver.

Den Drucker richtig konfigurieren

Nachdem Sie Ihren Drucker erfolgreich installiert haben, können Sie Ihn nun konfigurieren. Verfahren Sie wie folgt:

1. Markieren Sie in der Systemsteuerung den gewünschten Drucker.
2. Klicken Sie mit der rechten Maustaste auf das Druckersymbol.
3. Wählen Sie im Kontextmenü den Befehl *Eigenschaften* aus.

Je nach ausgewähltem Drucker unterscheiden sich die einzelnen Registerkarten bezüglich des Inhalts. Die meisten Optionen können auch direkt in Excel eingestellt werden. Aus diesem Grund wird hier nur kurz auf sie eingegangen (siehe Tabelle 5.1).

Tabelle 5.1　Verfügbare Registerkarten für Druckereigenschaften

Registerkarte	Zweck
Allgemein	Name und Beschreibung des Druckers anpassen, Möglichkeit zum Druck von Testseiten
Freigabe	In Netzwerken kann der Drucker für die Nutzung durch andere Anwender freigegeben werden
Anschlüsse	Druckeranschlüsse festlegen und Zeitlimit (Zeit bis zur Fehlermeldung) einstellen
Geräteeinstellungen	Hier können Sie Ihren Druckspeicher, Papierformat, die Schriftenersetzung u.a. einstellen
Kommentar	Hier können Sie einen Hinweis auf den Verwendungszweck des Druckers oder Ähnliches eintragen
Standort	Insbesondere in Arbeitsgruppen sollte diese Eigenschaft angegeben werden, z.B. *Drucker im Nebengebäude* oder *Gruppe 35*

Bei den Druckern der neueren Generation stehen Ihnen noch mehr Funktionen zur Verfügung. So können Sie softwaretechnisch die Druckpatronen reinigen, Druckertests durchführen oder verschiedene Druckqualitäten angeben.

Einen Drucker für günstige Ausdrucke einrichten

Moderne Drucker unterstützen zahlreiche Einstellungen, um beim Drucken Geld zu sparen. So können beispielsweise Einstellungen zur niedrigeren Auflösung und weniger Farben vorgenommen werden, die für Testdrucke durchaus Sinn machen. Um eine Tabelle auf Richtigkeit und Darstellung zu kontrollieren, benötigen Sie in der Regel keinen hochwertigen Farbausdruck.

Damit Sie diese Einstellungen nicht bei jedem Ausdruck von neuem vornehmen müssen, richten Sie sich, wie oben beschrieben, einen zweiten (oder weiteren) Drucker mit demselben Treiber unter dem Namen *Testdrucker* ein. Anschließend markieren Sie diesen Drucker in der Systemsteuerung und klicken das Symbol für den *Testdrucker* mit der rechten Maustaste an. Wählen Sie im Kontextmenü den Befehl *Eigenschaften* und ändern Sie diese nach Ihren Wünschen (z.B. niedrigere Auflösung, Schwarzweißdruck auf einem Farbdrucker usw.). Bestätigen Sie die Änderungen, können Sie den Drucker mit den »Spareigenschaften« direkt über das Dialogfeld *Drucken* auswählen und kostengünstige Testseiten erstellen.

Einen Drucker entfernen

Wenn Sie einen anderen Drucker erworben haben und das alte Modell nicht mehr verwenden wollen, können Sie den alten Druckertreiber mit folgenden Schritten entfernen:

1. Markieren Sie in der Systemsteuerung den gewünschten Drucker.
2. Drücken Sie die `Entf`-Taste.
3. Bestätigen Sie die Sicherheitsabfrage.

Druckvorbereitung – Seite einrichten

Bevor Sie mit dem Drucken Ihrer Tabellen beginnen, sollten Sie die Ergebnisse Ihrer Arbeit in der *Seitenansicht* betrachten. Wählen Sie im *Office-Menü* den Befehl *Drucken/Seitenansicht*, um die klassische Seitenansicht zu öffnen.

> **TIPP** Wenn Sie zuvor mit der `Strg`-Taste oder der `⇧`-Taste mehrere Tabellenblätter markieren, können Sie alle markierten Tabellen in der Seitenansicht betrachten, ohne jedes Mal das Blatt wechseln und den Befehl zur Seitenansicht erneut aufrufen zu müssen. Auch die im Folgenden beschriebenen Einstellungen zur Seite können so gleichzeitig auf die markierten Blätter übertragen werden. Damit erreichen Sie schnell ein einheitliches Layout.

Wenn Sie feststellen, dass Ihre Tabelle oder Ihr Diagramm nicht auf eine Seite passt, stehen Ihnen folgende Möglichkeiten zur Verfügung:

- Verringern der Seitenränder
- Skalieren des Tabellenblattes
- Anpassen auf eine bestimmte Seitenanzahl
- Schriftgrad verkleinern

Kapitel 5 Vom Bildschirm aufs Papier

- Nicht benötigte Spalten bzw. Zeilen ausblenden
- Spaltenbreite und Zeilenhöhe verkleinern

Die meisten Einstellungen zur Seiteneinrichtung können Sie über die Registerkarte *Seitenlayout* vornehmen.

Abbildg. 5.3 Die Registerkarte *Seitenlayout* in der Multifunktionsleiste für den schnellen Zugriff auf häufig benötigte Einstellungen

Papierformat auswählen

Wenn Sie Ihre Tabelle oder Ihr Diagramm auf nur einer Seite ausdrucken wollen, wählen Sie diese Schritte:

1. Wählen Sie im Office-Menü den Befehl *Drucken* und dort den Unterbefehl *Seitenansicht*.
2. Rufen Sie in der Seitenansicht den Befehl *Seite einrichten* auf. Wechseln Sie zur Registerkarte *Papierformat* (siehe Abbildung 5.4).
3. Aktivieren Sie das Optionsfeld *Anpassen* und stellen Sie in den Drehfeldern die gewünschte Seitenanzahl ein. Sie können das Ganze aber auch über die Eingabe eines Prozentwertes verkleinern bzw. vergrößern. Klicken Sie dafür auf das Drehfeld, mit welchem Sie die Normalgröße, ausgehend vom Wert 100 % (in der Regel um 5 %-Schritte), in der Spanne von 5 bis 400 nach unten bzw. oben regulieren können.

Abbildg. 5.4 Das Anpassen der Seite und weitere Einstellmöglichkeiten

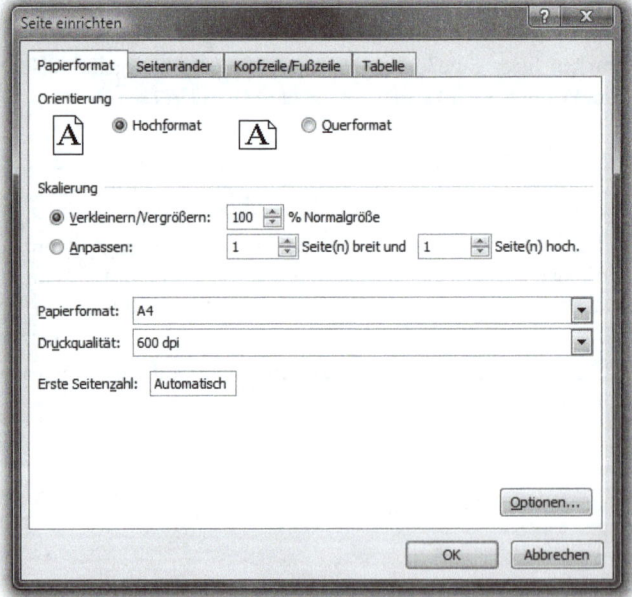

4. Bestätigen Sie Ihre Einstellungen mit einem Klick auf die Schaltfläche *OK* und kontrollieren Sie dann die Auswirkung in der Seitenansicht.

HINWEIS   Beachten Sie beim Anpassen und bei der Skalierung der Seite, dass Sie nicht zu viele Daten auf eine Seite zwängen. Ausdrucke, die man »mit der Lupe« betrachten muss, sind schwer lesbar und ihr Nutzen ist fraglich. Außerdem sollten Sie wissen, dass die Einstellung *Anpassen* Vorrang vor eventuell eingestellten Seitenumbrüchen hat.

TIPP   Die Eingabefelder für die Anpassung der Seitenzahl erlauben die Eingabe von Zahlen. Eine Besonderheit ist allerdings die Möglichkeit, eines der Felder leer lassen zu können. Damit können Sie die Seitenzahl in nur einer Richtung anpassen. Wenn beispielsweise eine Tabelle in der Breite nicht ganz auf eine Seite passt, dann verwenden Sie im ersten Eingabefeld *Seite(n) breit* den voreingestellten Wert *1* und entfernen den Eintrag im Eingabefeld *Seite(n) hoch* durch Drücken der `Entf`-Taste. Damit wird der Ausdruck in der Breite auf eine Seite angepasst, die Höhe des Ausdrucks wird dagegen nicht geändert.

Weitere Einstellungsmöglichkeiten im Dialogfeld *Seite einrichten*:

- Im Gruppenfeld *Orientierung* legen Sie fest, wie Ihre Daten ausgedruckt werden sollen. Zur Auswahl stehen das Hoch- oder das Querformat.
- Legen Sie das Papierformat im Listenfeld *Papierformat* fest. Dort stehen zahlreiche Formate zur Verfügung.
- Die Druckqualität können Sie ebenfalls beeinflussen. Wählen Sie eine niedrigere Auflösung, um schneller zu drucken und um Toner bzw. Tinte zu sparen.

Das Eingabefeld *Erste Seitenzahl* weist die Voreinstellung *Automatisch* auf. Dies bedeutet, dass die Seitennummerierung mit der Seite *1* beginnt. Sie können den Standardwert mit einer gewünschten Seitenzahl überschreiben. Erstellen Sie beispielsweise einen Bericht, der Daten aus mehreren Dateien zeigt, lassen sich hier die Seitenzahlen an die bereits gedruckten Seiten anpassen.

Seitenrand und Zentrierung einstellen

Nehmen wir an, Sie wollen die Seitenränder verringern, damit Ihre Tabelle auf eine Druckseite passt. Umgekehrt können Sie auch die Druckränder vergrößern, damit beim Lochen der Blätter keine Daten unleserlich werden.

Die Seitenränder ändern Sie folgendermaßen:

1. Rufen Sie in der Seitenansicht den Befehl *Seite einrichten* auf.
2. Wechseln Sie zur Registerkarte *Seitenränder* (Abbildung 5.5).
3. Stellen Sie über die Drehfelder die gewünschten Seitenränder (in Zentimetern) ein. Sie können diesen Wert auch manuell eintippen.
4. Bestätigen Sie Ihre Randeinstellungen mit Klick auf die Schaltfläche *OK*.

HINWEIS   Anders als beispielsweise in Word erhalten Sie keinen Warnhinweis, wenn Sie beim Ändern der Ränder die physikalischen Möglichkeiten Ihres Druckers überschreiten, solange Sie keine negativen Werte eintragen.

Zusätzlich haben Sie hier die Möglichkeit, Ihre Daten auf der Seite horizontal oder/und vertikal zu zentrieren. Die entsprechenden Auswirkungen werden sofort im Vorschaufeld sichtbar.

Abbildg. 5.5   Flexible Einstellmöglichkeiten für die Seitenränder mit aktueller Vorschau

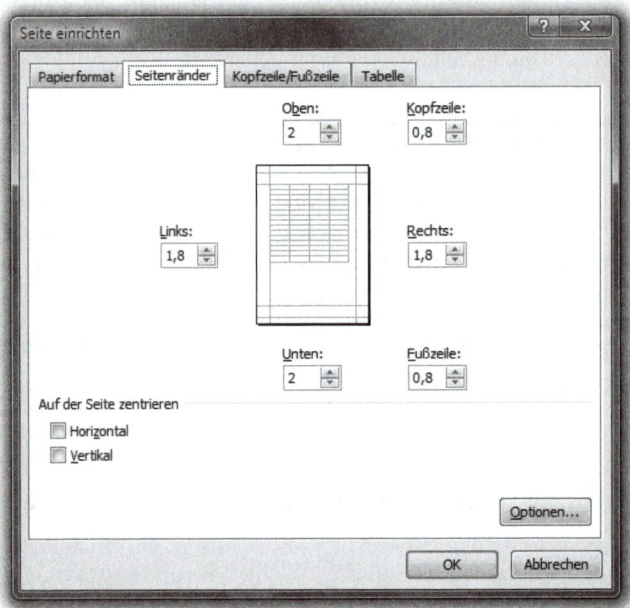

Auf der Registerkarte *Seitenlayout* bietet in der Gruppe *Seite einrichten* der Befehl *Seitenränder* Zugriff auf die Einstellung der Seitenränder. Das Besondere dabei ist die Tatsache, dass hier neben einigen Standardeinstellungen die letzte benutzerdefinierte Einstellung gespeichert wird. Dabei werden auch die Änderungen über das Dialogfeld *Seite einrichten* berücksichtigt.

Ränder direkt in der Seitenvorschau ändern

Wenn Sie die Ränder direkt in der Seitenvorschau ändern wollen, gehen Sie wie folgt vor:

1. Rufen Sie im *Office-Menü* den Befehl *Drucken/Seitenansicht* auf.
2. Sollten die Ränder noch nicht angezeigt werden, aktivieren Sie das Kontrollkästchen *Seitenränder anzeigen*.

3. Setzen Sie Ihren Mauszeiger direkt auf eine Randlinie. Dadurch nimmt der Mauszeiger die Gestalt eines Doppelpfeils an.
4. Ziehen Sie den Rand mit gedrückter linker Maustaste an die gewünschte Position und sehen Sie sich die Auswirkung im Vorschaufenster an. Beobachten Sie beim Ziehen die Statusleiste unten links. Excel zeigt die aktuellen Randmaße, sodass Sie den Rand millimetergenau ziehen können (vgl. Abbildung 5.6).
5. Sind Sie mit der neuen Randeinteilung zufrieden, klicken Sie auf die Schaltfläche *Druckvorschau schließen*.

Druckvorbereitung – Seite einrichten

Abbildg. 5.6   Über die Schaltfläche *Zoom* wird eine vergrößerte Seitenansicht erreicht

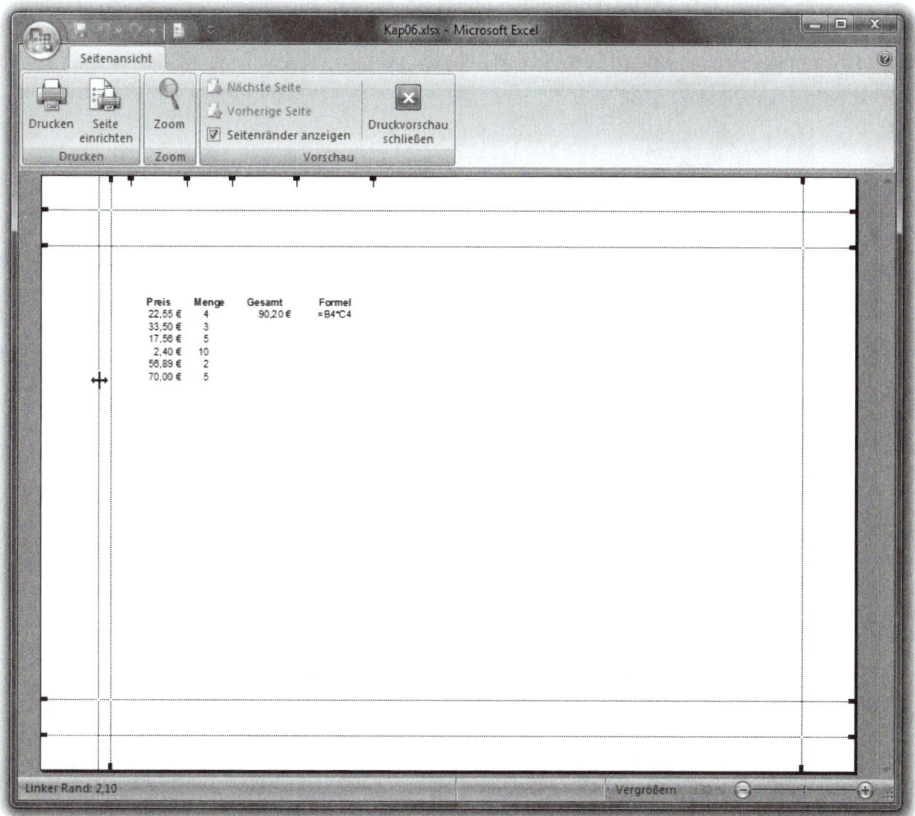

Alle Linien in Abbildung 5.6 können durch Ziehen mit der Maus geändert werden. Am oberen Rand werden Markierungen für die Spalten angezeigt. Ziehen Sie mit gedrückter linker Maustaste an diesen Markierungen um die Spaltenbreite zu ändern.

Die Seitenlayoutansicht verwenden

Excel bietet eine neue Ansicht, die Sie über den Befehl *Seitenlayoutansicht* in der Statusleiste oder auf der Registerkarte *Ansicht* in der Gruppe *Arbeitsmappenansichten* über den Befehl *Seitenlayout* anzeigen lassen können. Das aktive Blatt wird daraufhin in der Seitenlayoutansicht angezeigt. Zeigen Sie mit dem Mauszeiger auf die Blattgrenzen und führen dort einen Doppelklick aus, wird der weiße Rand ausgeblendet und es steht mehr Raum für die Anzeige der Daten zur Verfügung.

TIPP   Diese Ansicht bietet so viele Möglichkeiten, dass Sie diese vielleicht als Standardansicht verwenden wollen. Die entsprechende Einstellung *Standardansicht für neue Blätter* finden Sie in den Excel-Optionen in der Kategorie *Häufig verwendet*.

Aktivieren Sie zusätzlich die Registerkarte *Seitenlayout*, welche die am häufigsten benötigten Befehle die Seiteneinrichtung betreffend zur Verfügung stellt.

Abbildg. 5.7 Blenden Sie bei Bedarf Leerflächen aus oder ein

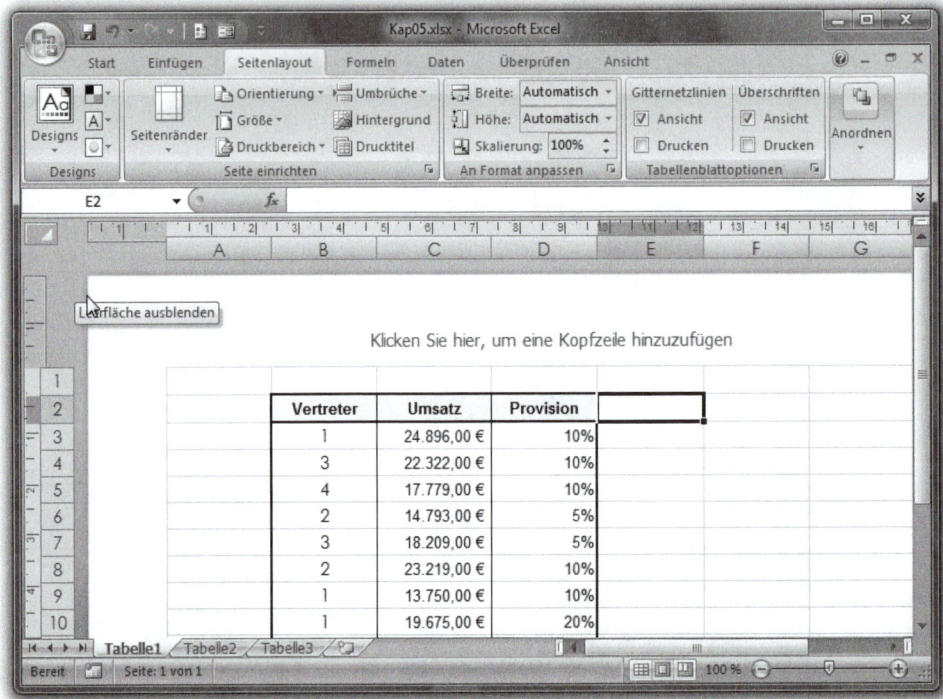

Wenn Sie eine Einstellung vornehmen wollen, die nicht auf der Registerkarte *Seitenlayout* verfügbar ist, wählen Sie das Startprogramm für Dialogfelder in der Gruppe *Seite einrichten*.

PROFITIPP In der *Seitenlayoutansicht* können Sie die Spaltenbreite und Zeilenhöhe im metrischen Maß angeben. Klicken Sie dazu mit der rechten Maus auf eine Spalten- oder Zeilenbeschriftung. Wählen Sie im Kontextmenü den Befehl *Spaltenbreite* bzw. *Zeilenhöhe* und tragen Sie das gewünschte Maß ein, z.B. 3 cm.

Kopf- und Fußzeilen gestalten

Beim Drucken erscheinen die Kopf- und Fußzeilen auf jedem Blatt. Üblicherweise werden hier Firmennamen, Seitenzahlen, ein Datum, Überschriften und sonstige Texte eingefügt. Um eine Kopfzeile einzufügen, klicken Sie an der Stelle auf das Wasserzeichen (Abbildung 5.8) an der Sie dann den Text eintragen. Wenn Sie eine Kopfzeile aktivieren, wird in der Multifunktionsleiste die kontextbezogene Registerkarte *Kopf- und Fußzeilentools* mit zusätzlichen Befehlen angezeigt (Abbildung 5.9).

Druckvorbereitung – Seite einrichten

TIPP Verwenden Sie Kopf- und Fußzeilen, um Ihre Arbeit zu dokumentieren. Ausdrucke lassen sich dadurch schnell den dazugehörigen Dateien zuordnen, wenn Sie den Dateinamen in der Fußzeile angeben. Setzen Sie Kommentare ein, um wichtige Termine oder Sachverhalte nicht zu vergessen. Versehen Sie Ihre Dokumente mit Ihrem Namen, damit Kollegen bei Rückfragen gleich den richtigen Ansprechpartner kontaktieren können.

Abbildg. 5.8 In der Ansicht *Seitenlayout* ist neben dem Einfügen von Kopf- und Fußzeilen auch das Editieren der Tabelle möglich

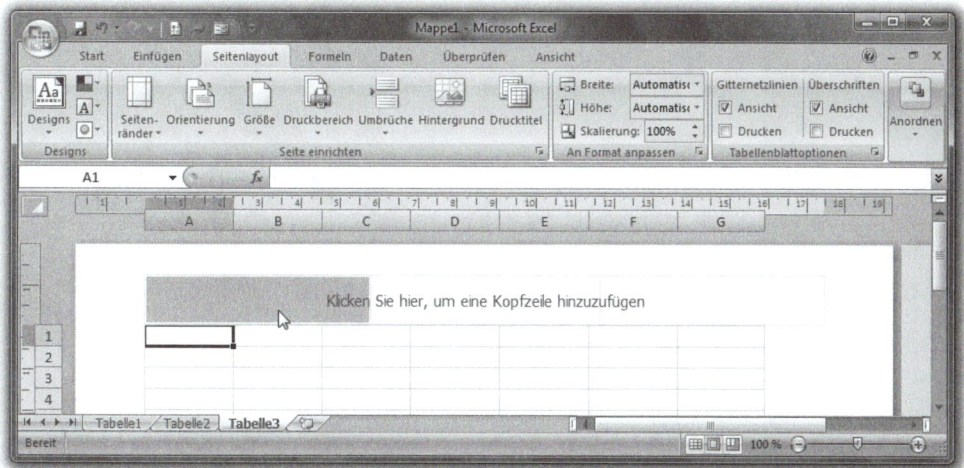

Wollen Sie die Dialogfelder für die Eingabe der Kopf- und Fußzeile verwenden, klicken Sie auf der Registerkarte *Seitenlayout* in der Gruppe *Seite einrichten* auf das Startprogramm für Dialogfelder (Abbildung 5.7).

HINWEIS Alle folgenden Beschreibungen gelten sowohl für das Ändern der Kopfzeile als auch der Fußzeile. Beide Elemente bieten grundsätzlich die gleichen Möglichkeiten.

Die Schaltfläche *Optionen* der kontextbezogenen Registerkarte *Kopf- und Fußzeilentools* bietet den Zugriff auf neue Einstellungen:

- *Erste Seite anders* zeigt auf der ersten Seite keine Kopf- und Fußzeilen.
- *Mit Dokument skalieren* ändert die Größe von Kopf- und Fußzeile (Schriftgrad, Skalierung) entsprechend den Änderungen am Druckbereich.
- *Unterschiedliche gerade und ungerade Seiten* zeigt die Kopfleiste jeweils auf ungeraden Seiten an.
- *An Seitenrändern ausrichten* orientiert die Anzeige an den Seitenrändern (links und rechts). Wollen Sie bestimmte Werte dafür festlegen, deaktivieren Sie das Kontrollkästchen.

Kapitel 5 Vom Bildschirm aufs Papier

Abbildg. 5.9   Leicht grau dargestellte Seiten werden nicht gedruckt, Kopf- und Fußzeilentools zeigen teilweise neue Befehle

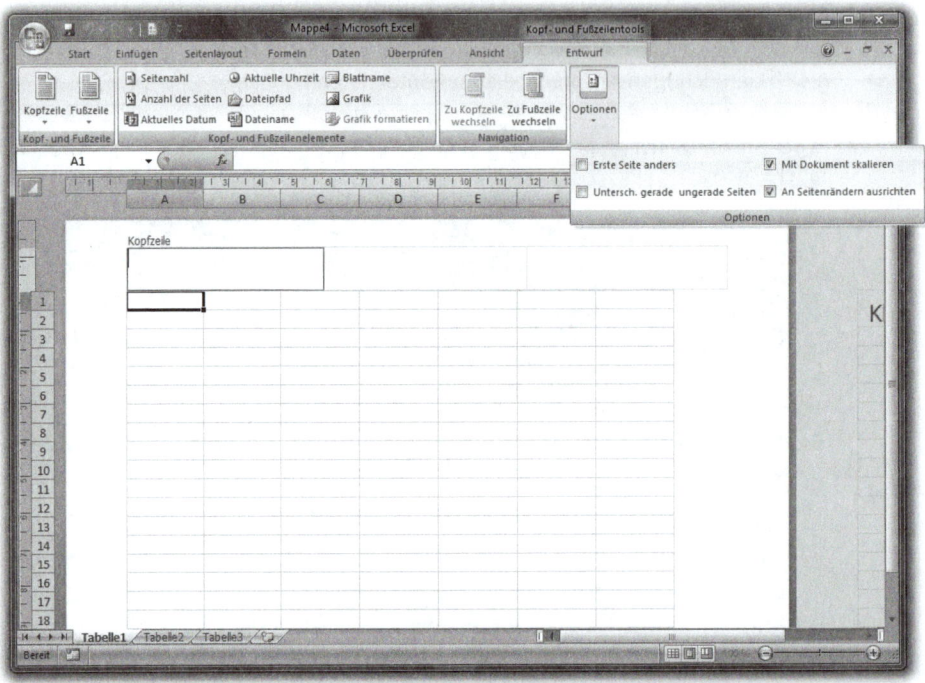

HINWEIS   Wenn sich der Mauszeiger im Editiermodus der Kopf-/Fußzeile befindet, ist der Befehl *Seitenansicht* im *Office-Menü* nicht verfügbar.

Die verschiedenen Befehle auf der Registerkarte *Kopf- und Fußzeilentools* erlauben das bequeme Einfügen von speziellen Informationen (bis zu 255 Zeichen und Formatierungszeichen je Abschnitt) oder auch Grafiken (z.B. ein Firmenlogo). Außerdem ist eine Schaltfläche für das Einfügen von Pfad und Dateiname verfügbar.

So gestalten Sie die Kopf- und Fußzeile

Für die folgenden Übungen können Sie die Tabelle *Stichprobendaten* in der Arbeitsmappe *Kap05.xlsx* aus dem Ordner *\Buch\Kap05* auf der CD-ROM zu diesem Buch verwenden.

Angenommen, Sie wollen die folgende Kopf- und Fußzeile einrichten: Links oben soll der Firmenname mit kursiver Formatierung stehen. Rechts oben prangt das Firmenlogo. Links unten soll der Dateiname inklusive Ordnerangabe in sehr kleiner Schrift erscheinen, unten in der Mitte soll die aktuelle Seitennummer sowie die Gesamtzahl der Seiten und rechts unten soll das aktuelle Druckdatum sowie Ihr Name platziert werden.

Gehen Sie dazu wie folgt vor:

1. Wählen Sie die Schaltfläche *Seitenlayout* in der Statusleiste.
2. Aktivieren Sie die Registerkarte *Seitenlayout*.
3. Klicken Sie links neben das Wasserzeichen *Klicken Sie hier, um eine Kopfzeile hinzuzufügen* und geben Sie den Firmennamen ein.
4. Daraufhin wird die kontextbezogene Registerkarte *Kopf- und Fußzeilentools* mit den wichtigsten Formatoptionen angezeigt.
5. Markieren Sie den Text, wird oberhalb der Markierung schwach sichtbar eine Minisymbolleiste eingeblendet. Zeigen Sie mit dem Mauszeiger darauf, wird diese voll sichtbar. Klicken Sie auf die Schaltfläche mit dem »K«.

> **TIPP** Sie können auch nur Teile des Kopf-/Fußzeilentextes markieren und formatieren. Die Schriftart dieser Bereiche kann sich auch durchaus von der Schriftart der Tabelle unterscheiden.

6. Setzen Sie die Einfügemarke in den rechten Bereich der Kopfzeile und klicken Sie in der Registerkarte *Kopf- und Fußzeilentools* auf die Schaltfläche *Grafik*. Wählen Sie die Datei mit Ihrem Firmenlogo und fügen Sie es ein.
7. Klicken Sie auf *OK* und aktivieren Sie eine Zelle in der Tabelle.
8. Klicken Sie dann auf das Startprogramm für Dialogfelder in der Befehlsgruppe *Seite einrichten*.
9. Wählen Sie die Schaltfläche *Seitenansicht*, um die Grafik in der Seitenansicht zu beurteilen. Sollte sie zu groß sein oder andere Veränderungen nötig haben, klicken Sie auf die Schaltfläche *Seite einrichten*. Wechseln Sie im Dialogfeld auf die Registerkarte *Kopfzeile/Fußzeile* und klicken Sie auf *Benutzerdefinierte Kopfzeile*. Setzen Sie die Einfügemarke in den rechten Abschnitt und klicken dann auf die Schaltfläche *Grafik formatieren* (das Symbol ganz rechts).

Abbildg. 5.10   Einstellungen für die Kopfzeile auf jeder Seite, neu dabei ist jetzt farbiger Text

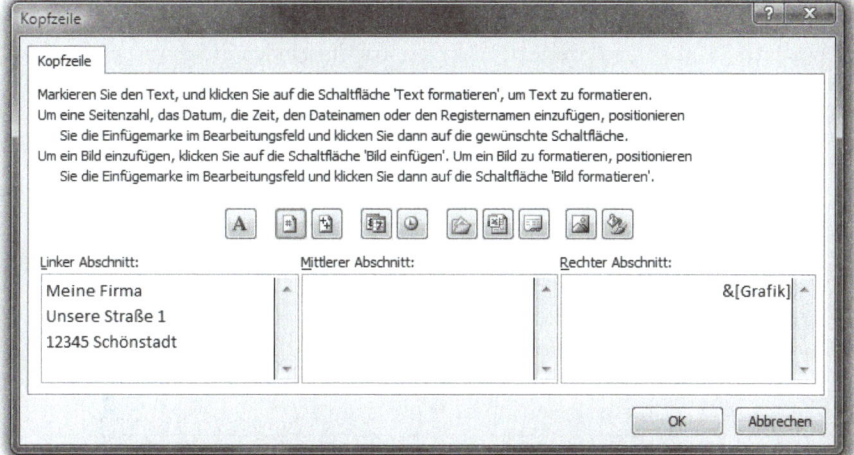

10. Nach den Grafikanpassungen übernehmen Sie die Einstellungen mit *OK*.
11. Wählen Sie anschließend die Schaltfläche *Benutzerdefinierte Fußzeile*. Klicken Sie in den Bereich *Linker Abschnitt* und dann auf die Schaltfläche *Dateipfad einfügen*. Markieren Sie die Angaben (siehe Abbildung 5.11) und stellen Sie über die Schaltfläche *A* den Schriftgrad auf Größe 6.
12. Setzen Sie die Einfügemarke in den Bereich *Mittlerer Abschnitt*. Klicken Sie auf die Schaltfläche *Seitenzahl einfügen*, geben Sie einen Schrägstrich ein und klicken Sie auf die Schaltfläche *Anzahl der Seiten einfügen*.

13. Im Bereich *Rechter Abschnitt* klicken Sie auf die Schaltfläche *Datum einfügen*. Tippen Sie einen Schrägstrich sowie Ihren Namen ein und formatieren Sie bei Bedarf die Schrift. Auch hier steht Ihnen die Schriftgestaltung frei. Schließen Sie zwei Mal mit Klick auf *OK*.

Abbildg. 5.11 Die Definition der Fußzeile über verschiedene Schalter

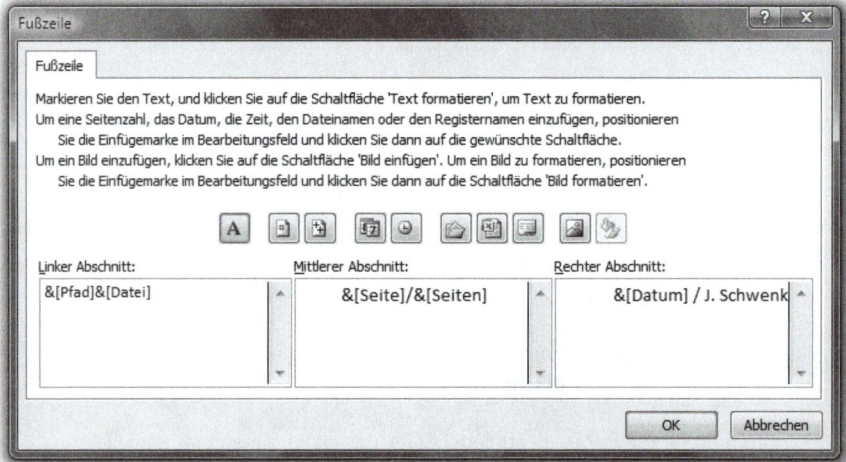

Beachten Sie, dass die Anzeige der Grafik unter Umständen in Schwarzweiß erfolgt, obwohl es sich um eine farbige Grafik handelt. Die Anzeige ist abhängig vom eingestellten Drucker. Wenn es sich beim aktuellen Drucker nicht um einen Farbdrucker handelt, kann es je nach dem verwendeten Treiber vorkommen, dass auch in der Seitenansicht keine Farbe angezeigt wird.

PROFITIPP

Wollen Sie die Kopfzeile für mehrere Blätter festlegen, markieren Sie diese mit der `Strg`-Taste oder der `⇧`-Taste, bevor Sie die Änderungen vornehmen. Änderungen, die Sie in der Seitenlayoutansicht vornehmen, werden auf die markierten Blätter übernommen.

Wenn Sie immer wieder die Kopf- und Fußzeile von Tabellen mit vielen Einstellungen versehen müssen, dann sollten Sie den Einsatz einer Mustervorlage in Erwägung ziehen. Dabei handelt es sich um eine Datei, in welcher auch diese Einstellungen bereits enthalten sind. Mehr zum Thema Mustervorlagen finden Sie in Kapitel 11.

Das passende Layout für Ihr Tabellenblatt wählen

Über die Registerkarte *Seitenlayout* rufen Sie Befehle auf, die teilweise direkt auf die entsprechende Registerkarte des Dialogfeldes *Seite einrichten* führen. Diese bietet Ihnen einige hilfreiche Einstellungen, mit denen Sie die Lesbarkeit von Ausdrucken – insbesondere von umfangreichen Listen – deutlich erhöhen können.

HINWEIS Die Einstellungen lassen sich auch gänzlich über das Dialogfeld *Seite einrichten* vornehmen. Umfangreiche Änderungen sind dort eventuell schneller ausgeführt. Entscheiden Sie selbst, welche Vorgehensweise für Sie am praktischsten ist.

Mehr Übersichtlichkeit durch Wiederholungsspalten bzw. -zeilen

Bei umfangreichen Listen, die sich über mehrere Seiten erstrecken, ist es vorteilhaft, die Spaltenüberschriften auf jeder neuen Seite auszudrucken. Excel stellt aus diesem Grund auf der Registerkarte *Seitenlayout* die Funktion *Drucktitel* zur Verfügung. Sie legen den Bereich fest, der auf jeder neuen Seite erscheinen soll, und Excel kümmert sich automatisch um den Rest.

HINWEIS Diese Drucktitel sind nicht zu verwechseln mit dem Befehl *Überschriften* aus der Gruppe *Tabellenblattoptionen*. Die Kontrollkästchen *Ansicht* und *Drucken* beziehen sich auf die Anzeige und das Drucken der Zeilennummern (1, 2, 3 usw.) bzw. der Spaltennamen (A, B, C usw.).

Angenommen, Sie wollen für eine Tabelle einen Drucktitel festlegen. Darüber hinaus sollen im Ausdruck sowohl die Spaltenköpfe als auch die Zeilennummern zur besseren Orientierung mit ausgedruckt werden. Um einen individuellen Drucktitel festzulegen, gehen Sie folgendermaßen vor:

1. Rufen Sie die Registerkarte *Seitenlayout* auf und wählen Sie in der Gruppe *Seite einrichten* den Befehl *Drucktitel*.

Abbildg. 5.12   Wie und was soll gedruckt werden?

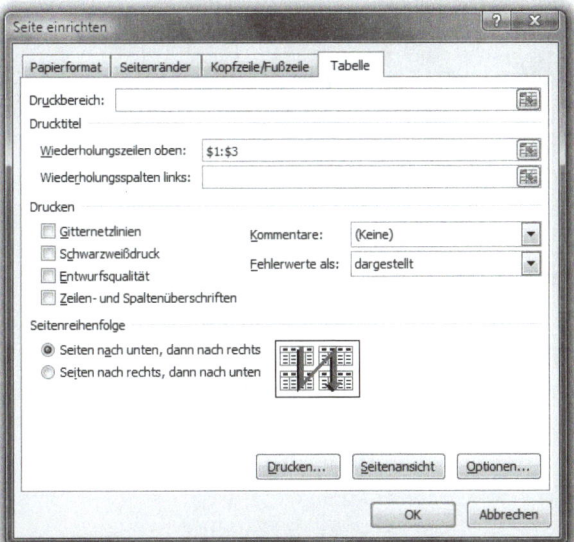

2. Im Dialogfeld *Seite einrichten* klicken Sie in das Textfeld *Wiederholungszeilen oben* (Abbildung 5.12).

3. Durch Klicken auf die Schaltfläche *Dialog reduzieren* im rechten Bereich des Textfeldes wird das Dialogfeld zunächst verkleinert. Dadurch können Sie den Wiederholungsbereich durch Markieren der Zellen in Ihrem Tabellenblatt festlegen. Markieren Sie die Zeilen *1* bis *3*.

4. Nach dem Markieren klicken Sie auf die Schaltfläche zum Einblenden des Dialogfelds.

5. Aktivieren Sie das Kontrollkästchen *Zeilen- und Spaltenüberschriften*. Bestätigen Sie Ihre Eingabe durch einen Klick auf die Schaltfläche *OK*.

Darstellung von Fehlerwerten ändern

Im Dialogfeld *Seite einrichten* haben Sie auf der Registerkarte *Tabelle* auch die Möglichkeit, auf dem Ausdruck für Fehlerwerte eine spezielle Anzeigeform zu wählen. Wenn z.B. eine Tabelle mit umfangreichen Berechnungen noch nicht vollständig gefüllt ist, zeigen unter Umständen einige Formeln einen Fehlerwert an. Über das Listenfeld *Fehlerwerte als* können Sie einstellen, wie solche Fehlerwerte angezeigt werden sollen. Mit der Standardeinstellung *dargestellt* werden die Fehlerwerte so gedruckt, wie sie auch in der Tabelle dargestellt werden. Alternativ können Sie mit der Einstellung *<leer>* die Anzeige ganz unterdrücken oder mit *--* bzw. *#NV* eine einheitliche Anzeige für alle Fehlerwerte erreichen.

Wie Sie die Anzeige von Fehlerwerten mit einer Formel unterdrücken können, erfahren Sie in Kapitel 15.

Weitere wichtige Druckoptionen im Dialogfeld *Seite einrichten*

Das Dialogfeld *Seite einrichten* bietet auf der Registerkarte *Tabelle* weitere Einstellungen:

- Aktivieren Sie das Kontrollkästchen *Schwarzweißdruck*, wenn Sie Daten farbig formatiert haben, jedoch kein Farbdrucker zur Verfügung steht und Sie mit einem Schwarzweißdrucker arbeiten müssen.

- Aktivieren Sie das Kontrollkästchen *Entwurfsqualität*, um die Druckzeit zu verringern. Wenn Sie diese Option auswählen, druckt Excel automatisch keine Gitternetzlinien.

- Wählen Sie die Option *Kommentare: Am Endes des Blattes*, um Kommentare, die auf einer separaten Seite am Ende des Dokuments ausgegeben werden, zu drucken. Entscheiden Sie sich für die Option *Wie auf dem Blatt angezeigt*, werden die Kommentare an derjenigen Stelle gedruckt, an der sie im Tabellenblatt angezeigt werden.

Mehr zu Kommentaren finden Sie in Kapitel 13.

Den Druckbereich festlegen

Häufig kommt es vor, dass Sie nur einen Teil Ihres Tabellenblattes drucken wollen. Hier kann man zwischen zwei Varianten unterscheiden:

- Sie wollen nur für einen einzigen Ausdruck einen Teil des Blattes drucken, sonst soll alles gedruckt werden.

- Sie wollen bei jedem Ausdruck nur einen bestimmten Bereich des Blattes ausgeben.

Im ersten Fall verfahren Sie so:

1. Markieren Sie den zu druckenden Bereich des Blattes.

2. Wählen Sie im *Office-Menü* den Befehl *Drucken*.
3. Im Dialogfeld *Drucken* aktivieren Sie die Option *Markierung* im Bereich *Drucken*. Excel druckt nur den markierten Bereich aus.

Im zweiten Fall, also wenn ständig nur ein bestimmter Bereich des Blattes gedruckt werden soll, verfahren Sie so:

1. Aktivieren Sie die Registerkarte *Seitenlayout*.
2. Rufen Sie über das Startprogramm für Dialogfelder das Dialogfeld *Seite einrichten* auf. Wechseln Sie zur Registerkarte *Tabelle* (siehe Abbildung 5.12).
3. Klicken Sie in das Eingabefeld *Druckbereich*.

4. Durch Klicken auf die Schaltfläche *Dialog reduzieren* im rechten Bereich des Eingabefeldes wird das Dialogfeld minimiert. Markieren Sie den Bereich des Tabellenblattes, auf den die Druckausgabe eingeschränkt werden soll.

5. Nach dem Markieren klicken Sie auf die Schaltfläche zum Einblenden des Dialogfeldes. Bestätigen Sie Ihre Eingabe über Klick auf *OK*.

Die Festlegung des Druckbereichs wird mit der Datei gespeichert und gilt bis zu deren Aufhebung.

TIPP Wenn Sie schnell einen Druckbereich festlegen und drucken möchten, können Sie den gewünschten Bereich Ihrer Tabelle markieren und die Markierung auf der Registerkarte *Seitenlayout* über den Befehl *Druckbereich/Druckbereich festlegen* als Druckbereich bestimmen.

Ein Druckbereich kann auch aus mehreren, nicht zusammenhängenden Bereichen bestehen. Im Dialogfeld *Seite einrichten* können Sie solche Bereiche im Eingabefeld *Druckbereich* eintragen, wenn Sie die Bereiche durch ein Semikolon trennen. Die Eingabe von *A1:B9;D5:H20* führt beispielsweise dazu, dass beim Drucken genau diese zwei Bereiche gedruckt werden. Allerdings werden solche Druckbereiche nicht auf einer Seite gedruckt, vielmehr beginnt mit jedem Bereich eine neue Seite.

Wollen Sie den Druckbereich gänzlich aufheben, wählen Sie auf der Registerkarte *Seitenlayout* in der Gruppe *Seite einrichten* den Befehl *Druckbereich/Druckbereich aufheben*.

TIPP Auch für den umgekehrten Fall – wenn Sie also nicht den zu druckenden Bereich festlegen, sondern verhindern wollen, dass bestimmte Zellen gedruckt werden – gibt es eine Lösung. Blenden Sie die Zeile oder Spalte mit den Zellen aus, die nicht gedruckt werden sollen. Ausgeblendete Zellen werden nicht gedruckt, auch dann nicht, wenn Sie innerhalb des Druckbereichs liegen.

Druckbereich nicht beachten

Das Dialogfeld *Drucken* (Abbildung 5.13) enthält das neue Kontrollkästchen *Druckbereiche ignorieren*, mit dem ein definierter Druckbereich unterdrückt werden kann. Es ist also nicht mehr nötig, den Druckbereich zu löschen, nur weil zwischendurch einmal die gesamte Tabelle ausgedruckt werden soll.

Die Druckreihenfolge ändern

Oft ist es bei langen Listen lästig, diese nach dem Ausdruck umsortieren zu müssen. Beim Drucken von umfangreichen Tabellen ist es wichtig, zu wissen, dass Excel zunächst die Seiten nach unten und anschließend alle Seiten nach rechts druckt.

Ist dies nicht erwünscht, können Sie die Standardreihenfolge ändern. Folgen Sie dazu diesen Schritten:

1. Rufen Sie in der Registerkarte *Seitenlayout* über das Startprogramm für Dialogfelder das Dialogfeld *Seite einrichten* auf.
2. Wechseln Sie zur Registerkarte *Tabelle*.
3. Aktivieren Sie die Optionsschaltfläche *Seiten nach rechts, dann nach unten*.
4. Klicken Sie abschließend auf die Schaltfläche *OK*.

Ausdruck mit Gitternetz – eine speichersparende Alternative

Standardmäßig werden in Excel die Gitternetzlinien nicht mit ausgedruckt. Möchten Sie jedoch nicht auf diese verzichten, kann die Option *Gitternetzlinien* aktiviert werden. Dies ist vor allem dann empfehlenswert, wenn es beim Drucken zu Kapazitätsproblemen kommt. Das Gitternetz braucht nicht soviel Speicher wie die Rahmenformatierung.

So können Sie die Gitternetzlinien mit ausdrucken, wenn Sie auf der Registerkarte *Seitenlayout* in der Befehlsgruppe *Tabellenblattoptionen* das Kontrollkästchen *Drucken* aktivieren. Sollen die Gitternetzlinien auch am Bildschirm angezeigt werden, aktivieren Sie das Kontrollkästchen *Ansicht*. Um die Gitternetzlinien auszublenden, klicken Sie erneut auf die entsprechende Einstellung.

Der letzte Schritt zum Druck: Druckdialog ausführen

Nachdem Sie alle Vorbereitungen für die Druckausgabe getroffen haben, können Sie jetzt den Ausdruck veranlassen.

Rufen Sie dazu im *Office-Menü* den Befehl *Drucken* auf. Als Alternative können Sie die Tastenkombination `Strg`+`P` betätigen.

WICHTIG   Klicken Sie im *Office-Menü* auf den Befehl *Drucken/Schnelldruck*, wird Ihr Druckauftrag direkt zum Drucker geschickt, d.h. das Dialogfeld *Drucken* wird übersprungen.

Die Optionen des Dialogfelds *Drucken* (Abbildung 5.13):

- Im Gruppenfeld *Drucker* wählen Sie den gewünschten Drucker aus, sofern Sie mehrere Drucker zur Verfügung haben.
- Das Gruppenfeld *Druckbereich* lässt Ihnen die Wahl, ob Sie alle Seiten oder nur eine bestimmte Anzahl von Seiten ausdrucken wollen. Stellen Sie über die Drehfelder *Von* und *Bis* die gewünschten Seiten ein, die gedruckt werden sollen. Sie können die Werte auch direkt in die Felder eintragen.

Der letzte Schritt zum Druck: Druckdialog ausführen

Abbildg. 5.13   Das Dialogfeld *Drucken* mit letzten Einstellungsmöglichkeiten

- Im Gruppenfeld *Drucken* stehen Ihnen vier Optionen zur Verfügung:

  Markierung: Excel druckt nur den Bereich aus, den Sie vorher in der Tabelle markiert haben. Sie können auch mehrere Bereiche markieren. Halten Sie dazu beim Markieren die `Strg`-Taste gedrückt. Alle markierten Bereiche werden (allerdings auf separaten Seiten) ausgegeben.

  Gesamte Arbeitsmappe: Excel druckt alle Arbeitsblätter, die sich in der Arbeitsmappe befinden, auf einmal mit fortlaufender Seitenzahl aus. Beachten Sie dabei, dass ausgeblendete Arbeitsblätter **nicht** ausgedruckt werden.

  Ausgewählte Blätter: Es werden nur die markierten Arbeitsblätter ausgedruckt. Jedes Blatt einer Arbeitsmappe beginnt auf einer neuen Seite. Verfügt ein Blatt über einen Druckbereich, wird lediglich dieser Ausschnitt gedruckt. Wollen Sie ein Diagrammobjekt ausdrucken, müssen Sie es vorher auswählen. Dadurch ändert sich der Name der Option in *Markiertes Diagramm*.

  Die Option *Tabelle* kann nur aktiviert werden, wenn das Tabellenblatt einen benannten Tabellenbereich enthält. Mehr dazu erfahren Sie in Kapitel 19.

  Das Kontrollkästchen *Druckbereiche ignorieren* ist eine neue, sehr praktische Möglichkeit, trotz festgelegter Druckbereiche eine ganze Tabelle zu drucken, ohne den Druckbereich zuvor zu löschen.

> **HINWEIS**   Markieren Sie mehrere Blätter, indem Sie die einzelnen Register mit der linken Maustaste und der `Strg`-Taste oder der `⇧`-Taste auswählen. Mit Hilfe der `Strg`-Taste können Sie einzelne, auch nicht nebeneinander liegende Tabellenblätter markieren (z.B. *Tabelle1*, *Tabelle5* und *Tabelle8*). Mit dem Einsatz der `⇧`-Taste können Sie ganze Tabellenblätter auf einmal markieren, wenn diese nebeneinander angeordnet sind (ein Klick auf die *Tabelle1* bei gedrückt gehaltener `⇧`-Taste mit anschließendem Klick auf *Tabelle8* bewirkt, dass alle Tabellenblätter, welche dazwischen liegen, mit markiert werden, z.B. *Tabelle2* bis *Tabelle7*). Mehr zum Gruppieren von Arbeitsblättern finden Sie in Kapitel 3.

Kopienanzahl und Sortierung einstellen

Legen Sie im Gruppenfeld *Exemplare* die Anzahl der Kopien fest, die ausgedruckt werden sollen. Sie haben die Möglichkeit, nummerierte Seiten zu ordnen, wenn Sie mehrere Kopien eines Dokuments drucken. Dadurch wird zunächst ein komplettes Exemplar des ersten Dokuments gedruckt, bevor die erste Seite des nächsten Druckauftrags beginnt. Sie können sich sicher vorstellen, welche Arbeit Sie sparen, wenn Sie nach dem Drucken nicht noch anfangen müssen, zu sortieren.

Möchten Sie jedoch zuerst alle Exemplare der ersten Seite drucken und anschließend alle Exemplare der Folgeseiten, dann müssen Sie das Kontrollkästchen *Sortieren* deaktivieren.

> **HINWEIS** Sie können jederzeit aus diesem Dialogfeld heraus direkt zur Druckvorschau wechseln, um das Druckbild zu prüfen. Klicken Sie dazu auf die Schaltfläche *Vorschau*.

Mehrere Kopien in einem Druckauftrag abwickeln

Wie Sie mehrere Kopien einer Tabelle in einem Arbeitsgang ausdrucken können, haben Sie bereits erfahren. Frühere Versionen von Excel haben dabei für jede Kopie der Tabelle einen eigenen Druckauftrag generiert. Insbesondere in Arbeitsgruppen war das störend, weil damit bei entsprechenden Einstellungen auch vor jeder Kopie ein Trennblatt gedruckt wurde. Mit einem Trennblatt kann der Ausdruck dem Bearbeiter zugeordnet werden. In Excel 2007 wird auch für den Druck von mehreren Kopien nur ein einziger Druckauftrag generiert.

Diagramme drucken

Für die folgenden Beispiele können Sie die Blätter *Diagramm* und *Diagrammblatt* verwenden. Sie finden diese in der Datei *Kap05.xlsx* im Ordner *\Buch\Kap05* auf der CD-ROM zu diesem Buch.

Wenn Sie die Druckoptionen für ein Diagramm ändern wollen, führen Sie dazu folgende Arbeitsschritte aus:

1. Markieren Sie das Diagramm durch einen Klick auf die Diagrammfläche bzw. auf das Blattregister des Diagrammblatts.
2. Rufen Sie den Befehl *Seite einrichten* auf und wechseln Sie im Dialogfeld zur Registerkarte *Diagramm*.
3. Im Gruppenfeld *Druckqualität* können Sie zwischen zwei Optionen wählen:
   - *Entwurfsqualität*: Diese Option sorgt dafür, dass Grafiken und Gitternetzlinien nicht ausgedruckt werden. Dadurch wird eine geringere Druckzeit erzielt. Aktivieren Sie diese Option nur, wenn Sie Druckprobleme durch geringe Speicherkapazität haben.
   - *Schwarzweißdruck*: Diese Option bewirkt, dass farbige Diagrammobjekte in Schwarzweiß gedruckt werden. Ist das Kontrollkästchen deaktiviert, werden farbige Flächen von Schwarzweißdruckern in Grautöne umgesetzt.

Markieren Sie ein eingebettetes Diagramm in einer Tabelle und wählen die Seitenansicht, wird nur das Diagramm angezeigt. Führen Sie anschließend einen Druckbefehl aus, wird nur das Diagramm nicht aber die Tabelle gedruckt. Soll die Tabelle mit dem Diagramm gedruckt werden, aktivieren Sie die Tabelle, bevor Sie einen Druckbefehl ausführen.

Mehr zum Thema Diagramme finden Sie in den Kapiteln 17 und 18.

Tipps und Tricks zum Drucken

Die wichtigsten Einstellungen zum Thema Drucken haben Sie bis hierher kennen gelernt. Nachfolgend noch ein paar Tipps für spezielle Aufgaben, die beim Drucken immer wieder auftauchen.

Formeln drucken

Für das folgende Beispiel können Sie das Blatt *Formeln drucken* verwenden. Sie finden dieses in der Datei *Kap05.xlsx* im Ordner *\Buch\Kap05* auf der CD-ROM zu diesem Buch.

Wenn Sie sich in einer Tabelle, die Sie nicht selbst erstellt haben, eine Übersicht verschaffen wollen, z.B. weil die Tabelle sehr viele Formeln und Verknüpfungen enthält, erleichtern Sie sich die Arbeit, indem Sie anstelle der Formelergebnisse die Formeln und die Verknüpfungen selbst ausdrucken:

1. Öffnen Sie die Tabelle.

2. Wählen Sie auf der Registerkarte *Formeln* in der Gruppe *Formelüberwachung* den Befehl *Formeln anzeigen* oder drücken Sie die Tastenkombination [Strg]+[#]. Sie sehen, dass Excel nun nicht die Formelergebnisse, sondern die dahinter stehenden Formeln anzeigt. Da die Formeln mehr Platz beanspruchen, passt Excel automatisch die Spaltenbreite an. Allerdings wird die Spaltenbreite nicht optimiert, Sie sollten dies also besser kontrollieren.

3. Rufen Sie auf der Registerkarte *Seitenlayout* den Befehl *Seite einrichten* auf (Startprogramm für Dialogfelder der Gruppe *Seite einrichten* anklicken).

4. Wechseln Sie zur Registerkarte *Papierformat* und aktivieren Sie die Optionsschaltfläche *Querformat*.

5. Wechseln Sie im Dialogfeld auf die Registerkarte *Tabelle* und aktivieren Sie die Kontrollkästchen *Zeilen- und Spaltenüberschriften* und *Gitternetzlinien*. Damit können Zellbezüge zugeordnet werden.

6. Drucken Sie die Tabelle über die Schaltfläche *Drucken* im *Office-Menü* aus.

WICHTIG Die Tastenkombination [Strg]+[#] ändert keineswegs die Daten in Ihrer Tabelle, es wird keine Neuberechnung ausgelöst. Der Befehl wirkt sich nur auf die Ansicht aus und kann durch erneutes Drücken der Tastenkombination [Strg]+[#] jederzeit wieder zurückgenommen werden.

Wenn Sie es eilig haben

Um die Druckgeschwindigkeit zu beschleunigen, haben Sie folgende Möglichkeiten:

- Die Geschwindigkeit ist in erster Linie abhängig vom Druckertyp. Laserdrucker drucken in der Regel schneller als Tintenstrahldrucker.

- Die Druckgeschwindigkeit ist außerdem abhängig vom Arbeitsspeicher Ihres Druckers. Rüsten Sie den Arbeitsspeicher Ihres Druckers auf, sofern dies bei Ihrem Drucker möglich ist. Lesen Sie dazu in der Dokumentation zu Ihrem Drucker nach.
- Stellen Sie sicher, dass Sie den richtigen Druckertreiber verwenden und besorgen Sie sich ggf. einen aktuellen Treiber. Viele Druckprobleme entstehen erst dadurch, dass falsche oder veraltete Druckertreiber eingesetzt werden.
- Ändern Sie die Druckqualität. Verringern Sie die Druckauflösung, die Qualität des Ausdrucks wird dadurch nicht unbedingt viel schlechter.
- Drucken Sie in Entwurfsqualität. Dies hat den Vorteil, dass Gitternetzlinien, Formatierungen und aufwändigere Grafiken beim Drucken ignoriert werden.
- Verwenden Sie die Option *Schwarzweißdruck* bei Schwarzweißdruckern. Auf Schwarzweißdruckern druckt Excel Farben als Graustufen. Die Option *Schwarzweißdruck* sorgt dafür, dass die Umsetzung von Farben in Schwarzweißwerte entfällt.

Den Ausdruck abbrechen

Sicher ist es Ihnen auch schon so ergangen: Genau in dem Moment, da Sie den Druckauftrag abgeschickt haben, fällt Ihnen ein Fehler in der Tabelle auf. Kann man einen bereits gestarteten Druckauftrag stoppen?

Gehen Sie folgendermaßen vor, um einen Druckauftrag abzubrechen:

1. Doppelklicken Sie auf das Druckersymbol im Statusbereich der Taskleiste.
2. Daraufhin wird ein Fenster mit den Druckaufträgen für den gewählten Drucker angezeigt. Markieren Sie hier das Dokument, für das der Druckauftrag abgebrochen werden soll, durch einen einfachen Mausklick.
3. Wählen Sie im Menü *Dokument* den Befehl *Abbrechen*.

HINWEIS Beachten Sie, dass das Druckersymbol (je nach Größe des Ausdrucks, dem verfügbaren Speicher und den bereits in der Druckerwarteschlange vorhandenen Druckaufträgen) eventuell nur kurz in der Statusleiste angezeigt wird, sodass Sie unter Umständen nicht mehr rechtzeitig darauf klicken können, um den Druck abzubrechen. Das beschriebene Verfahren betrifft nur die Windows-Ausgabe, es ist daher möglich, dass ein Teil des Dokuments bereits gedruckt wurde.

In einer Netzwerkumgebung können Sie ohne die entsprechende Berechtigung die Druckaufträge anderer Benutzer nicht abbrechen.

PDF-Format und XPS

Im Untermenü des Befehls *Speichern unter* finden Sie den Befehl *Add-Ins für andere Dateiformate suchen*. Führen Sie diesen Befehl aus, gelangen Sie zunächst zur Excel-Hilfe und von dort zu einer Internetseite, von der ein Konverter für das PDF-Dateiformat heruntergeladen werden kann. Laden Sie die Datei *SaveAsPDFandXPS.exe* herunter und führen Sie diese anschließend aus, wird ein Add-In für das Speichern im PDF-Format installiert.

PDF-Format und XPS

Abbildg. 5.14   Ein Installationsprogramm für das PDF-Format herunterladen

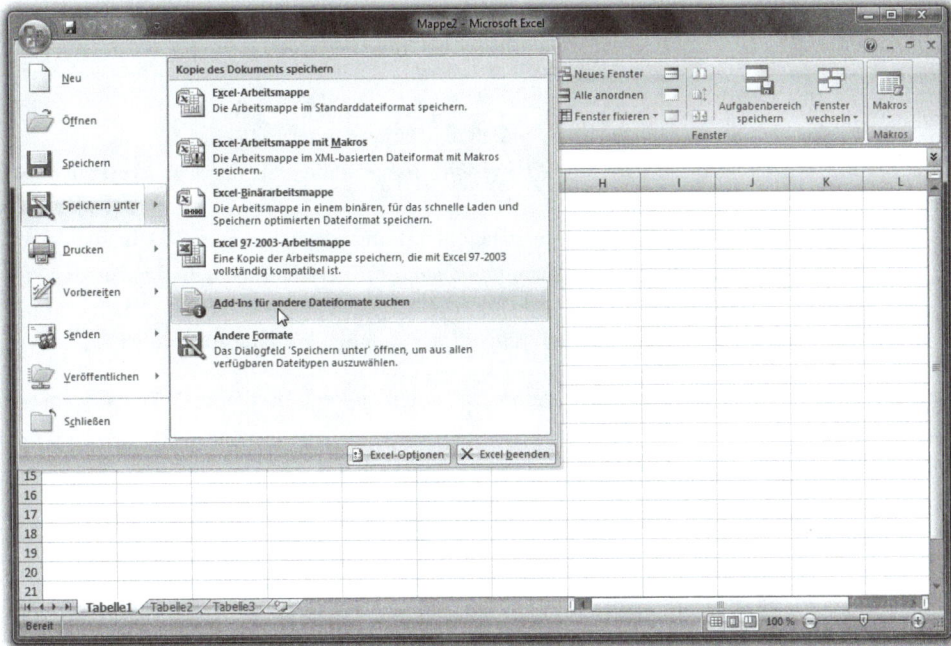

War die Installation erfolgreich, wird der Befehl zum Suchen des Add-Ins durch den Befehl *PDF oder XPS* zum Speichern einer Kopie im PDF-Format und im XPS-Format ersetzt.

PDF- und XPS-Format – was ist das?

Das Portable Document Format (PDF) ist ein plattformübergreifendes Dateiformat für Dokumente, das von der Firma Adobe Systems entwickelt wurde. Dateien verschiedenen Ursprungs lassen sich als PDF-Dokumente speichern und mit einem Leseprogramm (z. B. dem kostenlosen Adobe Reader) öffnen und drucken. PDF-Dateien geben das in der ursprünglichen Datei erzeugte Layout in einer vom eingestellten Drucker unabhängigen Darstellung wieder und Excel bettet die verwendeten Schriftarten ein. Daher ist dieses Format ideal für die Weitergabe geeignet.

Mehr zum PDF-Format finden Sie im Internet unter *http://www.adobe.com/de/products/acrobat/adobepdf.html*.

Das von Microsoft entwickelte XML-basierte XPS-Dateiformat (XML Paper Specification) stellt sicher, dass eine Datei bei der Onlineanzeige oder dem Drucken das zugewiesene Format behält. XPS unterstützt digitale Signaturen und den zusätzlichen Schutz der Windows Rechteverwaltung, damit können Dateien in diesem Format nur schwer direkt geändert werden. Analog zum PDF-Format gibt es auch für das XPS-Format einen Viewer, mit dem die Dateien angezeigt werden können.

Mehr zum XPS-Format finden Sie im Internet unter *http://www.microsoft.com/whdc/xps/default.mspx*.

Datei im PDF-Format speichern

Um eine Datei im PDF-Format zu speichern, gehen Sie wie folgt vor.

1. Erstellen Sie die Datei wie gewünscht oder öffnen Sie die Datei, welche im PDF-Format gespeichert werden soll.
2. Wählen Sie im *Office-Menü* den Befehl *Speichern unter/PDF oder XPS*.
3. Im Dialogfeld *Als PDF oder XPS veröffentlichen* wählen Sie den Dateityp *PDF (*.pdf)* oder *XPS-Dokument (*.xps)* aus.
4. Legen Sie anschließend den Speicherort fest und tragen Sie einen Dateinamen ein.
5. Klicken Sie auf die Schaltfläche *Optionen*, um spezielle Eigenschaften für das PDF-Dokument vorzunehmen, und schließen Sie das Dialogfeld *Optionen* über *OK*.
6. Wählen Sie die Schaltfläche *Veröffentlichen*, um den Vorgang abzuschließen.

Abbildg. 5.15   Legen Sie fest, ob z.B. das gesamte Dokument oder nur bestimmte Seiten ausgegeben werden sollen

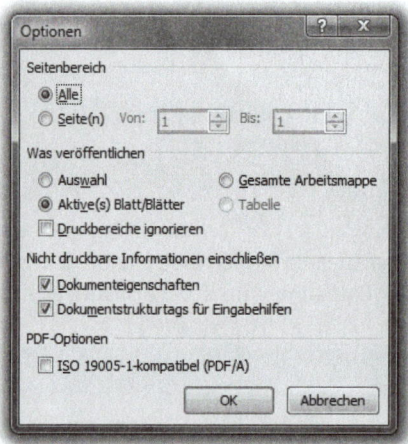

HINWEIS   Die Dateinamenerweiterung *.pdf* wird standardmäßig mit dem Adobe Reader verknüpft, während Dateien mit der Endung *.xps* standardmäßig mit dem Internet Explorer geöffnet werden.

Eine Tabelle als Bilddatei speichern

Im Dialogfeld *Drucken* werden alle verfügbaren Druckertreiber aufgelistet. Sie finden dort den Eintrag *Microsoft Office Document Image Writer*. Dabei handelt es sich um eine Komponente des *Microsoft Office Document Imaging-Programms,* die mit Office installiert wird. Standardmäßig werden mit diesem Druckertreiber Ausgabedateien mit der Endung *.mdi* erzeugt. Sie können diesen Treiber aber auch verwenden, um eine TIFF-Datei (Tag Image File Format) zu erstellen.

Um aus einer Tabelle eine TIFF-Datei zu erstellen, gehen Sie wie folgt vor:

1. Öffnen Sie die Datei und führen Sie, falls noch nicht geschehen, die Seiteneinrichtung durch.

2. Wählen Sie im *Office-Menü* den Befehl *Drucken*.
3. Im Dialogfeld *Drucken* wählen Sie im Listenfeld *Name* den Eintrag *Microsoft Office Document Image Writer* aus.
4. Wechseln Sie über die Schaltfläche *Eigenschaften* zum Dialogfeld *Eigenschaften von Microsoft Office Document Image Writer* und dort auf die Registerkarte *Erweitert*.
5. Aktivieren Sie die Option *TIFF – Monochromes Fax*
6. Über die Schaltfläche *Durchsuchen* können Sie den Standardordner für die Datenausgabe festlegen. Bestätigen Sie anschließend mit *OK*.
7. Starten Sie die Ausgabe durch Klicken auf *OK* im Dialogfeld *Drucken*.
8. Daraufhin wird das Dialogfeld *Speichern unter* angezeigt. Weisen Sie hier den Dateinamen zu. Wenn Sie das Kontrollkästchen *Dokumentenbild anzeigen* aktivieren, wird nach einem Klick auf *OK* die Windows-Fotogalerie gestartet und die erzeugte Datei angezeigt.

Die so erzeugte Datei können Sie mit einem Bildbearbeitungsprogramm weiter bearbeiten oder auch an Personen weiterleiten, welche kein Excel zur Verfügung haben. Ferner können Sie das Bild in andere Programme einbetten. Wie eine PDF-Datei erschwert ein Bild außerdem das unerlaubte Ändern von Inhalten.

Persönliche Druckeinstellungen speichern

Wenn Sie eine Arbeitsmappe über *Arbeitsmappe freigeben* auf der Registerkarte *Überprüfen* für die gleichzeitige Benutzung durch mehrere Benutzer freigeben und dabei im Dialogfeld *Arbeitsmappe freigeben* auf der Registerkarte *Weitere* das Kontrollkästchen *Druckeinstellungen* aktivieren, kann jeder Benutzer eigene Einstellungen für den Ausdruck festlegen. Ein Benutzer könnte etwa die Seiteneinrichtung so einstellen, dass die Tabelle im Querformat ausgedruckt wird, während ein anderer das Hochformat verwendet. Diese Informationen werden für jeden Benutzer individuell mit der Arbeitsmappe gespeichert und sind beim nächsten Aufrufen wieder verfügbar.

Mehr zum Thema Freigabe finden Sie in Kapitel 4.

Karopapier herstellen

Angenommen, Sie wollen kariertes Papier herstellen, um Notizen oder Zeichnungen anzufertigen. Dabei sollen die Kästchen nahezu quadratisch sein. Verfahren Sie wie folgt:

1. Fügen Sie über die Schaltfläche *Tabellenblatt einfügen* im Blattregister ein leeres Blatt ein.
2. Klicken Sie auf die Schaltfläche *Alles markieren* oder drücken Sie die Tastenkombination [Strg]+[A], um das gesamte Tabellenblatt zu markieren.
3. Aktivieren Sie die Registerkarte *Seitenlayout*.
4. Aktivieren Sie im Bereich *Gitternetzlinien* der Gruppe *Tabellenblattoptionen* das Kontrollkästchen *Drucken*.
5. Klicken Sie auf die Schaltfläche *Seitenlayout* in der Statusleiste.
6. Klicken Sie mit der rechten Maustaste auf einen Spaltenkopf.
7. Wählen Sie im Kontextmenü den Befehl *Spaltenbreite*, tragen Sie im Dialogfeld *Spaltenbreite* den Wert *1cm* ein und bestätigen Sie die Änderung mit *OK*.

Abbildg. 5.16   Spaltenbreite im metrischen Format festlegen

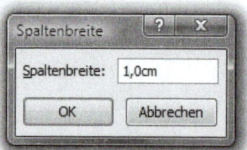

8. Klicken Sie mit der rechten Maustaste auf eine Zeilenbeschriftung.
9. Wählen Sie im Kontextmenü den Befehl *Zeilenhöhe*, tragen Sie im Dialogfeld *Zeilenhöhe* den Wert *1cm* ein und bestätigen Sie die Änderung mit *OK*.

Im Moment können Sie noch keine Seitenansicht oder einen Ausdruck bekommen. Versuchen Sie es: Wählen Sie den Befehl *Office-Menü/Drucken/Seitenansicht*. Das Ergebnis ist eine Fehlermeldung (siehe Abbildung 5.17).

Abbildg. 5.17   Eine leere Tabelle kann nicht gedruckt werden

Nach dem Einrichten der Seite werden in der Normalansicht feine senkrechte und waagerechte Strichlinien auf dem Arbeitsblatt angezeigt. Dabei handelt es sich um die Seitenumbrüche. Zwischen den Spalten *Q* und *R* sowie den Zeilen *50* und *51* sollten Sie bei diesem Beispiel welche finden. Wenn die Seitenumbrüche bei Ihnen genauso liegen, markieren Sie nun die Zelle *AQ68* und geben Sie ein Leerzeichen ein.

Aktivieren Sie die Registerkarte *Seitenlayout* und legen Sie über den Befehl *Druckbereich/Druckbereich festlegen* einen Druckbereich fest.

HINWEIS   Die exakte Position der Seitenumbrüche ist druckerabhängig und abhängig von den eingestellten Seitenrändern. Deshalb kann es sein, dass die Umbrüche bei Ihnen eine Spalte oder Zeile versetzt liegen. Wählen Sie für die Eingabe des Leerzeichens einfach die Zelle in der rechten, unteren Ecke des ersten Blattes. Anhand der Seitenumbrüche können Sie diese Zelle bestimmen.

Wählen Sie erneut die Seitenansicht. Jetzt wird ein Rechenblatt präsentiert. Die Zahl der zu druckenden Blätter können Sie später über die *Anzahl der Exemplare* im Dialogfeld *Drucken* steuern.

Abbildg. 5.18 Selbst erstelltes Karopapier

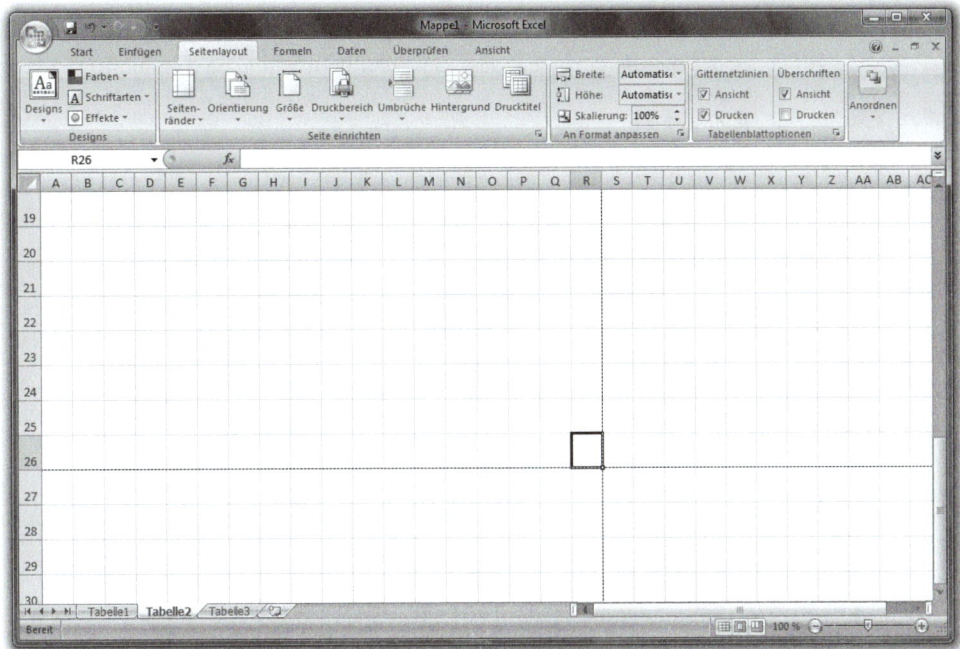

Sie finden dieses Beispiel im Tabellenblatt *Karoblatt* in der Datei *Kap05.xlsx* im Ordner *\Buch\Kap05* auf der CD-ROM zu diesem Buch.

Das Zeichen »&« im Firmennamen

Oft kommt es vor, dass Unternehmen ihre Firmennamen in die Kopf- oder Fußzeile bringen. Das klappt auch wunderbar, solange die Firmenbezeichnung nicht das Zeichen »&« verwendet. Dieses Zeichen wird in Excel leider mit den Funktionen für die Kopf- und Fußzeilengestaltung verwendet. So würde zum Beispiel die Firma *Huber&Dachs* als *Huber18.11.2006achs* ausgegeben. Das &-Zeichen und der erste Buchstabe vom Namen *Dachs* wird von Excel als *&D* interpretiert und beim Drucken in das aktuelle Datum umgewandelt. Das ist in diesem Falle unerwünscht.

Auch wenn Sie zwischen den Namen und dem &-Zeichen jeweils ein Leerzeichen einfügen (*Huber & Dachs*), wird der Firmenname nicht korrekt angezeigt. Das Ergebnis ist in diesem Fall *Huber Dachs*. Was können Sie da machen?

Die Lösung lautet: Geben Sie Ihre Firma mit einem doppelten &-Zeichen ein, also *Huber && Dachs*, liefert Excel das gewünschte Ergebnis.

Seitenzahlen anpassen

Wollen Sie einen Bericht erstellen, der aus verschiedenen Dokumenten besteht, dann wollen Sie sicher die Seitenzahlen so anpassen, dass diese den Bericht durchgängig nummerieren. Dazu können Sie in Excel die Startseite anpassen. Sie finden die Einstellung dazu im Dialogfeld *Seite einrichten* auf der Registerkarte *Papierformat* (Abbildung 5.4). Ändern Sie den Wert *Erste Seitenzahl* entsprechend ab.

Lochmarken drucken

Während es bei Word-Dokumenten häufiger vorkommt, dass eine Lochmarke gedruckt werden soll, ist dies in Excel eher die Ausnahme. Trotzdem soll hier ein Weg beschrieben werden, wie Sie das Drucken einer Lochmarke erreichen können.

Um eine Lochmarke zu drucken, gehen Sie wie folgt vor:

1. Wechseln Sie in die Ansicht *Seitenlayout*.
2. Klicken Sie in den linken Bereich der Kopfzeile und tragen Sie dort einen Unterstrich (»_«) ein.
3. Klicken Sie auf der Registerkarte *Seitenlayout* in der Befehlsgruppe *Seite einrichten* auf das Startprogramm für Dialogfelder.
4. Wechseln Sie im Dialogfeld *Seite einrichten* auf die Registerkarte *Seitenränder*.
5. Tragen Sie für die Kopfzeile den Wert 14,85 ein und schließen Sie das Dialogfeld mit *OK*.

HINWEIS In der Seitenansicht können Sie dann nicht mehr in die Kopfzeile klicken, weil diese hinter die Zellen verschoben wurde. Führen Sie Änderungen über das Dialogfeld *Seite einrichten* durch.

Über diese Methode können Sie auch eine Falzmarke drucken. Hier die Maße für den Druck von Marken:

Tabelle 5.2 Position für die verschiedenen Marken

Marke	Position vom oberen Blattrand
Falzmarke 1 (Briefbogen)	87 mm
Falzmarke 2 (Briefbogen)	192 mm
Lochmarke	148,5 mm
Falzmarke 1 (Geschäftsbrief nach DIN 676)	105 mm
Falzmarke 2 (Geschäftsbrief nach DIN 676)	210 mm

Ein Wasserzeichen einfügen

Wenn Sie in Excel ein Wasserzeichen drucken wollen, gibt es hierfür keine eigene Einstellung. Prüfen Sie aber zunächst, ob eventuell Ihr Drucker eine solche Einstellung bietet.

Abbildg. 5.19 Manche Drucker unterstützen das Drucken von Wasserzeichen

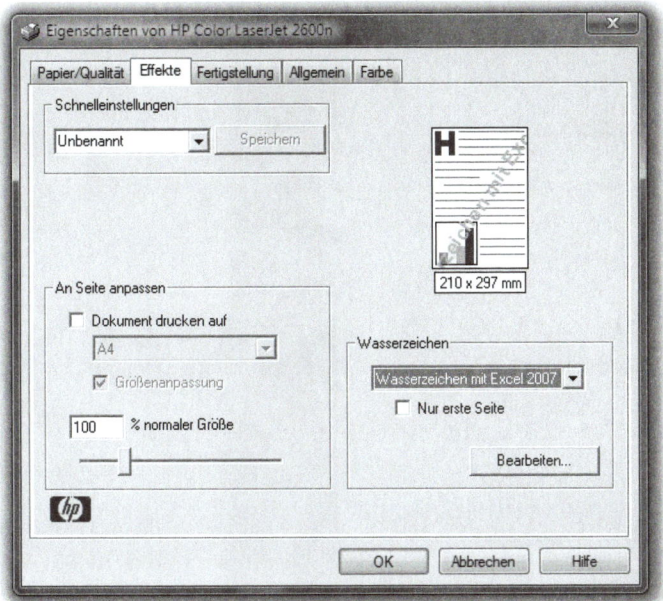

Ist dies nicht der Fall, gibt es dennoch eine Möglichkeit, die Ausdrucke mit einem Wasserzeichen zu versehen.

HINWEIS Ein über die Registerkarte *Seitenlayout* eingefügtes Hintergrundbild wird zwar am Bildschirm angezeigt, aber nicht ausgedruckt.

Erstellen Sie eine Grafik mit dem Text für das Wasserzeichen, z.B. mit Paint. Für die Breite verwenden Sie 21 cm und für die Höhe 29 cm. Stellen Sie dazu in Paint über *Bild/Attribute* die Maßeinheit auf Zentimeter und speichern Sie die Datei.

In Excel fügen Sie die Datei, wie oben beschrieben, als Grafik in der Kopfzeile ein. Ändern Sie anschließend die Seitenränder der Kopfzeile und prüfen Sie die Darstellung in der Seitenansicht.

 Sie finden dieses Beispiel im Tabellenblatt *Wasserzeichen* in der Datei *Kap05.xlsx* im Ordner *\Buch\Kap05* auf der CD-ROM zu diesem Buch.

Abbildg. 5.20   Mit diesem Wasserzeichen kann der vorläufige Status des Dokuments auf Ausdrucken angezeigt werden

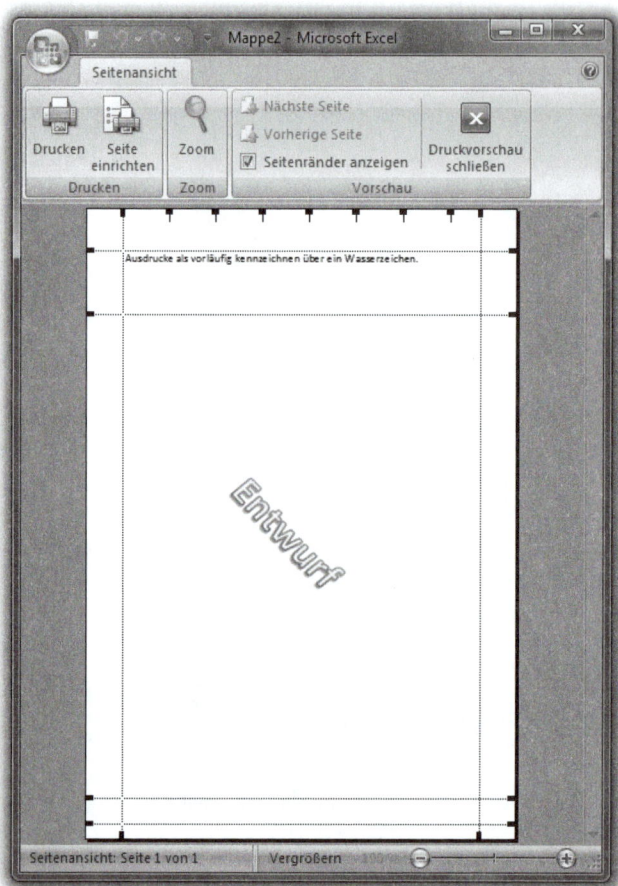

Ausdrucke am Rand ausrichten

Wenn Sie viel mit Kopf- und Fußzeilen arbeiten, werden Sie bald feststellen, dass die Kopf- und Fußzeilengestaltung in Excel 2007 verbessert wurde. Über die Schaltfläche *Seitenränder* auf der Registerkarte *Seitenlayout* in der Gruppe *Seite einrichten* werden unterschiedliche Muster angeboten. Auch diese Einstellungen verwenden eine Livevorschau, sodass Sie die Auswirkungen der Einstellung direkt am Bildschirm sehen. Wählen Sie den Befehl *Benutzerdefinierte Seitenränder*, wird die entsprechende Registerkarte des Dialogfeldes *Seite einrichten* angezeigt.

Passen Sie die Standardeinstellungen an, merkt sich Excel diese Änderung und fügt sie in die Liste der Seitenränder ein. Jeweils die letzte Einstellung wird hier gespeichert. Damit können weitere Arbeitsblätter schnell mit den gleichen Einstellungen versehen werden.

PDF-Format und XPS

Abbildg. 5.21   Die letzte Änderung an den Seitenrändern speichert Excel für die spätere Verwendung

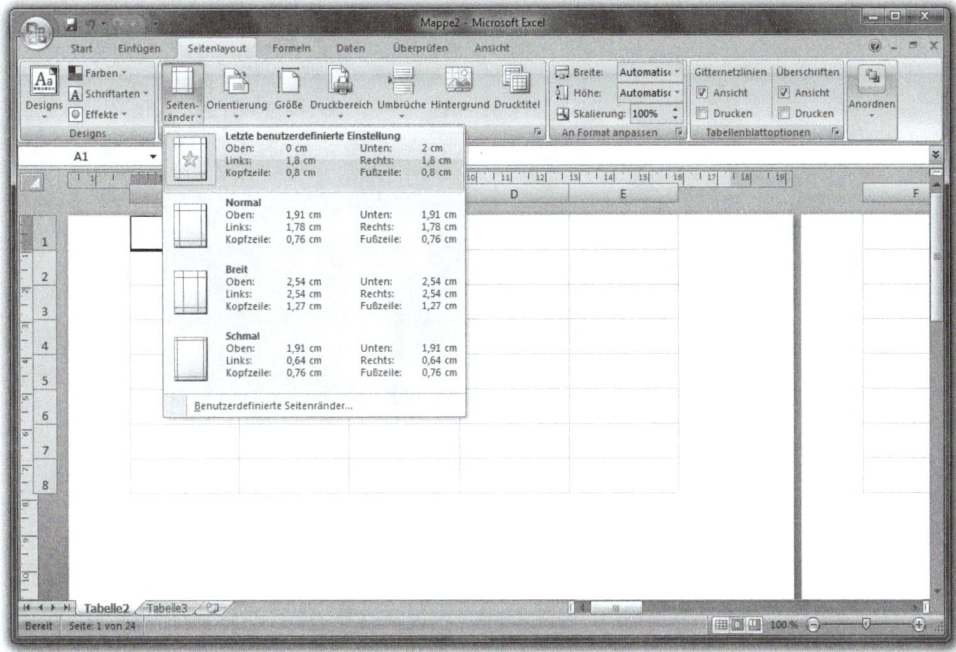

Die Seitenumbruchvorschau

Für die Beurteilung und Manipulation der Seitenumbrüche ist die *Umbruchvorschau* sehr nützlich. Mit Hilfe des Befehls *Umbruchvorschau* auf der Registerkarte *Ansicht* in der Gruppe *Arbeitsmappenansichten* sehen Sie, welche Information auf welcher Seite gedruckt wird (siehe Abbildung 5.22).

In den *Excel-Optionen* finden Sie in der Kategorie *Erweitert* das Kontrollkästchen *Seitenumbrüche einblenden*. Die Seitenumbrüche werden zwar mit der Mappe gespeichert, nach dem Schließen und erneuten Öffnen leider wie in den vorigen Versionen nicht automatisch wieder angezeigt. Sie müssen also zunächst in die *Seitenlayoutansicht* oder die *Umbruchvorschau* wechseln, bevor die Seitenumbrüche auch in der Normalansicht wieder angezeigt werden.

Hier erhalten Sie einen Überblick, welche Seitennummern es für welchen Teil der Tabelle geben wird. Durch Verschieben mit der Maus können Sie die Umbrüche selbst bestimmen. Wählen Sie auf der Registerkarte *Ansicht* den Befehl *Normal*, kehren Sie zur gewohnten Arbeitsblattansicht zurück.

TIPP   In der Normalansicht der Tabelle können Sie an jeder beliebigen Stelle einen Seitenumbruch erzwingen, wenn Sie auf der Registerkarte *Seitenlayout* in der Befehlsgruppe *Seite einrichten* die Symbolschaltfläche *Umbrüche* anklicken und den Befehl *Seitenumbruch einfügen* wählen. Dabei ist es wichtig, welche Zelle aktiv ist, während der Befehl ausgeführt wird. Der Seitenumbruch wird oberhalb und links von der aktiven Zelle eingefügt.

Abbildg. 5.22 Die Seitenumbruchvorschau zeigt in Verbindung mit der Zoom-Einstellung das gesamte Druckbild der Tabelle

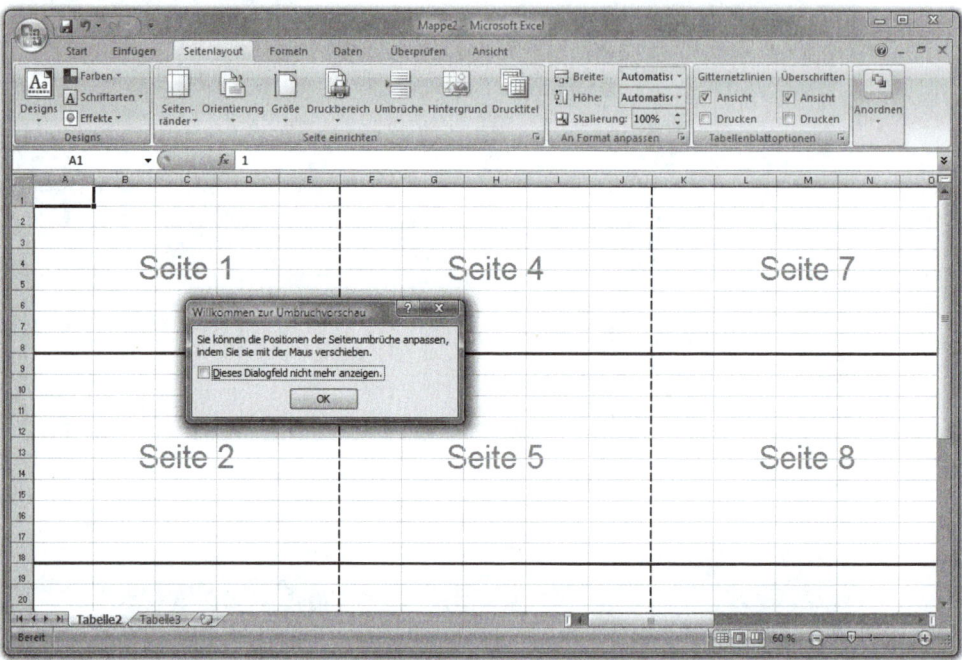

Zusammenfassung

In diesem Kapitel finden Sie einige Informationen zum Drucken mit Excel. Auch in Zeiten des »papierlosen Büros« haben Ausdrucke noch große Bedeutung. In einer Besprechung lassen sich damit Informationen für alle Teilnehmer bereitstellen. Der Ausdruck kann um Anmerkungen ergänzt und als Notizzettel verwendet werden. Und mal ehrlich, liest es sich nicht angenehmer von Papier, als am Bildschirm?

Frage	Antwort
Wie wird ein neuer Drucker installiert?	Einen neuen Drucker installieren Sie über die Systemsteuerung. Auf Seite 214 finden Sie eine Beschreibung für die einzelnen Schritte.
Ich möchte nicht alle Ausdrucke in Farbe erstellen. Welche Möglichkeit gibt es, Farbe zu sparen?	Richten Sie einen zusätzlichen Druckertreiber für Testausdrucke ein. Wie das geht, steht auf Seite 217.
Alle Seiten, die ich in der Firma drucke, sollen in den Kopf- und Fußzeilen bestimmte Informationen anzeigen. Wie erreiche ich das?	Wie Sie Kopf- und Fußzeilen nach eigenen Wünschen gestalten, finden Sie auf Seite 222.
Während der Testphase einer Tabelle möchte ich verhindern, dass Fehlerwerte ausgedruckt werden. Wie geht das?	Beim Drucken können Sie Fehlerwerte auf Druckseiten ausblenden, indem Sie eine entsprechende Einstellung wie auf Seite 228 vornehmen.

Zusammenfassung

Frage	Antwort
Ich möchte nur einen bestimmten Bereich meiner Tabelle ausdrucken. Wie geht das?	Dazu können Sie einen Druckbereich festlegen. Beim Drucken einer Tabelle prüft Excel, ob ein Druckbereich festgelegt wurde. Ist dies der Fall, wird nur dieser Bereich ausgedruckt. Mehr dazu auf Seite 228.
Ich möchte nicht alle Zellen mit Rahmen versehen, trotzdem sollen einzelne Zellen auf dem Ausdruck deutlich abgegrenzt sein. Gibt es eine Lösung?	Sie können die Tabelle mit Gitternetzlinien drucken. Diese entsprechen den Gitternetzlinien, wie sie am Bildschirm angezeigt werden. Mehr dazu auf Seite 230.
Für ein komplexes Tabellenmodell möchte ich die Formeln zur Dokumentation ausdrucken. Wie gehe ich vor?	Mit der Tastenkombination [Strg]+[#] wechseln Sie zwischen der Anzeige von Formeln und deren Ergebnis. Mehr dazu auf Seite 233.
Wie kann ich eine PDF-Datei erstellen?	Microsoft stellt ein Add-In für diese Aufgabe zur Verfügung. Laden Sie dieses über das Internet herunter und installieren Sie es anschließend. Die Möglichkeiten des Add-Ins sind auf Seite 234 beschrieben.
In einer Dokumentation möchte ich gern ein Bild meiner Tabelle zeigen. Wie mache ich das?	Wie Sie eine Datei als Bild abspeichern, ist auf Seite 236 erläutert.
Kann ich mit Excel auch eine Lochmarke drucken?	Über eine spezielle Kopfzeile können Sie Tabellen auch mit einer Lochmarke drucken. Schlagen Sie nach auf Seite 240.
Während der Entwicklungsphase eines Tabellenmodells möchte ich darauf hinweisen, dass das Dokument noch im Entwurfsstatus ist. Wie geht das?	Sie können auf den Entwurfsstatus mit einem Wasserzeichen hinweisen. Wie Sie dies über die Kopfzeile einfügen, erfahren Sie ab Seite 241.

Teil B

Daten und Formeln eingeben

In diesem Teil:

Kapitel 6	Berechnungen durchführen	249
Kapitel 7	Funktionen einsetzen	289
Kapitel 8	Daten bei der Eingabe prüfen	331

Wenn Sie herausfinden möchten, wie man Rechenoperationen mit Excel ausführt, Funktionen verwendet und Daten auf Gültigkeit prüft, ist dieser Teil genau das Richtige für Sie.

Erfahren Sie zunächst, wie Sie einfache Formeln eingeben und welche Operatoren Sie dabei verwenden können bzw. was es mit Bezügen in Excel auf sich hat. Insbesondere die Verwendung von Bezügen in Formeln bietet Ihnen die Möglichkeit, Ihre Rechenvorgänge unabhängig von den Eingabewerten aufzubauen.

Im Anschluss daran erfahren Sie, wie Sie Fehlern in Formeln auf die Spur kommen und das Ergebnis von Formeln überwachen können. Abschließend lernen Sie einige wichtige Funktionen kennen und anwenden.

Im Einzelnen können Sie diesem Teil entnehmen, wie man

- Formeln erstellt,
- die neue Funktion AutoVervollständigen in Formeln verwendet,

Teil B   **Daten und Formeln eingeben**

- mit Bezügen arbeitet und Formeln kopiert,
- Bezüge auf andere Tabellen erstellt,
- Bezüge auf andere Arbeitsmappen aufbaut,
- einen Zirkelbezug auflöst,
- mit Datums- und Zeitwerten rechnet,
- Probleme mit Verknüpfungen löst,
- mit Tabellenfehlern in Excel umgeht,
- einfache Funktionen einsetzt,
- Funktionen mit dem Funktions-Assistenten erstellen kann,
- Daten bereits bei der Eingabe auf ihre Gültigkeit hin prüfen kann.

Kapitel 6

Berechnungen durchführen

In diesem Kapitel:

Erste Formeln eingeben	250
Verschieben und Kopieren von Formeln	266
Formeln analysieren	280
Mit Matrixformeln ganze Bereiche berechnen	285
Zusammenfassung	287

Formeln sind das Herzstück einer Excel-Tabelle. Mit Formeln werden Berechnungen durchgeführt oder Tabellen nach bestimmten Werten durchsucht. Wichtig bei dieser Arbeit sind Zellbezüge, welche Formeln so dynamisieren, dass bei einer Änderung an den Eingabewerten die Formel automatisch das neue Ergebnis anzeigt.

Für erste Gehversuche können Sie den Funktions-Assistenten verwenden. Dieser Assistent enthält eine Liste aller Funktionen und unterstützt Sie bei der Eingabe. Und sollte eine Formel nicht das gewünschte Ergebnis liefern, so können Sie mit verschiedenen Werkzeugen die Arbeitsweise von Formeln überprüfen.

Erste Formeln eingeben

Der wesentliche Vorteil des elektronischen Rechenblatts, also der Tabellenkalkulation gegenüber einem Rechenheft ist der, dass Sie das einmal erstellte Rechenmodell immer wieder verwenden können, da Sie lediglich neue Eingabewerte eintragen müssen. Die Formeln mit der darin enthaltenen Rechenregel führen nach der stets gleichen Methode zu einem Ergebnis. Kurz: Wenn Sie einmal eine Tabelle korrekt erstellt haben, können Sie beliebig oft beliebige andere Werte nach diesen Regeln berechnen lassen.

Die Werte, mit denen Sie Berechnungen durchführen, werden in Excel auch »Argumente« genannt. Die von Ihnen aufgestellten Rechenregeln, durch die diese Eingabewerte zu einem Ergebnis geführt werden, legen Sie in einer Formel fest.

In Excel gilt: Wenn das erste Zeichen einer Eingabe das *Gleichheitszeichen* (=) ist, wird die nachfolgende Eingabe als Berechnungsformel ausgewertet. Sie können eine Formeleingabe auch mit dem Plus- oder Minuszeichen einleiten. Excel ergänzt in diesem Fall das Gleichheitszeichen selbstständig.

Eine Formel wird immer aus Operanden und Operatoren gebildet. Dabei sind die Operanden die Zahlenwerte, mit denen gerechnet werden soll und die Operatoren die Rechenvorschriften, die zur Berechnung angewendet werden (Abbildung 6.1).

Abbildg. 6.1   Gleichheitszeichen, Operanden und Operatoren bilden eine Formel

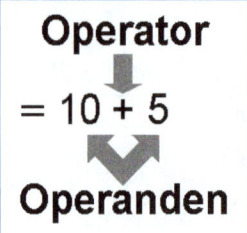

Arithmetische Operatoren einsetzen

Arithmetische Operatoren führen elementare Rechenoperationen aus und erzeugen als Ergebnis numerische Werte. Tabelle 6.1 zeigt die arithmetische Operatoren, die in *Excel*-Formeln eingesetzt werden:

Erste Formeln eingeben

Tabelle 6.1 Arithmetische Operatoren in Excel

Operator	Operation	Beispielformel
+	Addition	=5+3
–	Subtraktion Steht das Minuszeichen vor einem Zahlenwert (Negation), wird es als Vorzugsoperator ausgewertet	=10–7
/	Division	=12/3
*	Multiplikation	=4*6
%	Division durch Hundert (Prozent)	=12%
^	Potenzierung	=4^2

Mit diesen Operatoren können Sie in Excel-Tabellen auf einfachster Ebene Formeln erstellen, indem Sie diese Formeln unmittelbar in Zellen eingeben. Dadurch wird in den jeweiligen Zellen das Ergebnis der Formel angezeigt, wobei in der Bearbeitungsleiste die Formel zu sehen ist.

Die unmittelbare Eingabe von Zahlenwerten in Formeln wird als die Eingabe von Konstanten bezeichnet.

Rangfolge der Operatoren

Wenn mehrere unterschiedliche Operatoren in einer Formel nebeneinander verwendet werden, wertet Excel die Operatoren in der Reihenfolge ihrer Wertigkeit aus.

Die Tabelle 6.2 zeigt die Rangfolge, in der die Operatoren in einer Excel-Formel ausgewertet werden.

Tabelle 6.2 Operatoren und ihre Rangfolge

Rang	Operator	Beschreibung
1	–	Negation eines Werts (zum Beispiel –15)
2	%	Division eines Werts durch Hundert
3	^	Potenzierung eines Werts
4	* und /	Multiplikation und Division
5	+ und –	Addition und Subtraktion

Wie Sie der Tabelle 6.2 entnehmen können, folgt Excel der allgemein bekannten Regel: »Punktrechnung geht vor Strichrechnung«!

Das Beispiel dazu finden Sie im Tabellenblatt *Rangfolge* in der Beispieldatei *Kap06.xlsx* im Ordner *\Buch\Kap06* auf der Buch-CD-ROM.

WICHTIG Enthält eine Formel Operatoren, die die gleiche Priorität besitzen, wertet Excel die Operatoren – und somit die Formel – von links nach rechts aus.

Klammern setzen

Wenn Sie die Wertigkeit bzw. Rangfolge der Auswertung ändern möchten oder aus arithmetischen Gründen ändern müssen, schließen Sie die Ausdrücke, die zuerst ausgewertet werden sollen, in runde Klammern ein.

Wenn Sie die Wirkungsweise testen möchten, geben Sie die beiden nachstehenden Formeln in unterschiedliche Zellen ein:

Abbildg. 6.2   Auswirkung von runden Klammern

Auswirkung von Klammern	
ohne Klammern	mit Klammern
=4+6*5	=(4+6)*5
Ergebnis	Ergebnis
34	50

WICHTIG In einer Formel muss die Anzahl der öffnenden runden Klammern gleich der Anzahl der schließenden runden Klammern sein. Excel meldet sonst einen Fehler und markiert die zu korrigierende Stelle in der Formel.

Durch die Verwendung von Klammern können teilweise komplexe Formeln entstehen (siehe Abbildung 6.3). Damit Sie nicht die Übersicht verlieren und leichter kontrollieren können, ob die Anzahl der öffnenden Klammern gleich der Zahl der schließenden Klammern ist, stellt Excel Ihnen (je nach den Einstellungen *Direkte Zellbearbeitung zulassen* in den *Excel-Optionen* in der Kategorie *Erweitert*) folgende Eingabehilfen zur Verfügung:

- Bei Eingabe einer schließenden Klammer wird in der Bearbeitungsleiste – bei direkter Zellbearbeitung auch in der Zelle selbst – die geöffnete Klammer kurzzeitig fett hervorgehoben.
- Wenn Sie eine bestehende Formel bearbeiten, wird – je nach Einstellung und Bearbeitungsart – ein Klammerpaar dann fett hervorgehoben, wenn Sie den Mauszeiger über eine der beiden Klammern bewegen.

Erste Formeln eingeben

Abbildg. 6.3 Mit Klammern geben Sie die Reihenfolge der Berechnung vor

	A	B	C	D	E	F
1						
2			Rechenschritte			
3						
4						
5		Reihenfolge der Auswertung von Formeln				
6		Mit Klammern:				
7						
8				-1012	=((2007-2)+23)/(3-5)+2	
9						
10			1. Teil:	(2007-2)	2005	
11			2. Teil:	((95)+23)	118	
12			3. Teil:	(3-5)	-2	
13			4. Teil:	((2007-2)+23)/(3-5)	-1014	
14			5. Teil:	((2007-2)+23)/(3-5)+2	-1012	
15						
16						
17		Ohne Klammern:				
18						
19				2009,666667	=2007-2+23/3-5+2	
20						

Zellbezüge statt Konstanten verwenden

Wie erwähnt, entspricht die Eingabe von Konstanten (Zahlenwerten) in Formeln nicht dem Sinn und Zweck einer Tabellenkalkulation. Bei dieser Methode müssten Sie bei jeder Änderung eines Wertes auch die Formel entsprechend ändern.

Aus Kapitel 4 wissen Sie bereits, das man den Inhalt einer Zelle über deren *Zellbezug* adressieren kann. Die Adresse der aktiven Zelle wird im Namenfeld angezeigt. Diese Zelladressen lassen sich in Formeln verwenden. Durch die Bezüge erkennt Excel, aus welchen Zellen die in einer Formel verwendeten Werte zu entnehmen sind.

In Abbildung 6.4 können Sie den Gesamtpreis mit der Formel

```
=22,55*4
```

berechnen.

Abbildg. 6.4 Für die Multiplikation von Preis und Menge werden die *Zellbezüge* verwendet

	A	B	C	D	E
2					
3		Preis	Menge	Gesamt	Formel
4		22,55 €	4	90,20 €	=B4*C4
5					

Ungleich praktischer ist allerdings die Verwendung der Bezüge in der Formel. Ändern sich die Eingabewerte für den Preis (*B4*) oder die Menge (*C4*), führt Excel eine Neuberechnung durch und das Ergebnis ist damit wieder aktuell. Mehr zum Thema Neuberechnung finden Sie weiter unten in diesem Abschnitt.

Zellbezüge eingeben

Grundsätzlich können Sie Bezüge über die Tastatur eingeben. Dabei dürfen keine Leerzeichen in die Formel gelangen. Auf die Groß- oder Kleinschreibung kommt es dagegen nicht an. Allerdings besteht beim Schreiben immer eine gewisse Fehlergefahr, da Sie sich bei den Bezügen irren oder vertippen könnten.

> **HINWEIS** Alle Bezüge in Kleinbuchstaben werden nach Abschluss der Formeleingabe durch Excel in Großbuchstaben umgewandelt, wenn die Formel syntaktisch richtig eingegeben wurde. Ist dies nicht der Fall, überprüfen Sie bitte die Eingabe auf Syntax- und Schreibfehler.

Wenn Sie Zellbezüge einfacher und bequemer eingeben und dabei noch Fehler vermeiden wollen, bedienen Sie sich der so genannten *Zeigemethode*. Durch die Zeigemethode können Sie Zellbezüge schnell und nahezu fehlerfrei eingeben. Verfahren Sie bei der Formeleingabe wie folgt:

1. Geben Sie in einer Zelle zuerst das Gleichheitszeichen ein.
2. Markieren Sie die Zelle oder den Zellbereich, deren bzw. dessen Zellbezug in die Formel eingehen soll. Verwenden Sie dazu die Maus oder die Pfeil-Tasten. Die Markierung wird durch eine gestrichelte Linie, den *Laufrahmen*, gekennzeichnet und der Zellbezug erscheint in der Formel.

Durch den Einsatz von Zellbezügen wird es Ihnen erst möglich, alle Vorteile einer Tabellenkalkulation auszuschöpfen. Sie sind in der Lage, beliebige Rechenmodelle zu erstellen, in denen nur noch die Eingabewerte verändert werden müssen, um zu neuen Ergebnissen zu kommen.

Für Ihre praktische Arbeit bedeutet dies, dass Sie ein Rechenmodell nur ein einziges Mal erstellen müssen, um es anschließend für gleichartige Aufgaben ständig benutzen zu können. In der Tabelle aus Abbildung 6.4 können Sie die Eingabewerte der beiden Spalten *B* und *C* ändern, während in der Spalte *D* sofort das Produkt gebildet wird.

Zellbezüge auf andere Tabellen verwenden

Interessant an Zellbezügen in Formeln ist die Tatsache, dass sich diese nicht nur auf eine Zelle beziehen können, die sich in der gleichen Tabelle befindet wie die Formel selbst. Angenommen, Sie tragen die Formel =B1 in die Zelle *A1* von *Tabelle1* ein, dann erhalten Sie als Ergebnis den Wert aus Zelle *B1*.

Um nun den Wert der gleichen Zelle aus *Tabelle2* zu erhalten, muss der Zellbezug um die Angabe der Tabelle ergänzt werden. Die Formel

```
=Tabelle2!B1
```

liefert das gewünschte Ergebnis.

Beim Eintragen von Bezügen auf andere Tabellen werden die Vorteile der Zeigemethode noch deutlicher. Um die Formel mit einem Bezug auf eine andere Tabelle aufzubauen, gehen Sie wie folgt vor:

1. Geben Sie ein Gleichheitszeichen (=) in die Zelle ein.
2. Aktivieren Sie über das Blattregister die *Tabelle2*.
3. Klicken Sie auf die gewünschte Zelle, hier *B1*.
4. Beenden Sie die Eingabe der Formel mit der ⏎-Taste.

TIPP   Bezüge auf andere Tabellen führen zu sehr langen Formeln, die unter Umständen mehrere Zeilen in der Bearbeitungsleiste ausfüllen. Neu in Excel 2007 ist die Tatsache, dass die Größe der Bearbeitungszeile angepasst werden kann. Ziehen Sie dazu mit der Maus an der unteren Begrenzung oder verwenden Sie dazu die Schaltfläche *Bearbeitungsleiste erweitern* am rechten Rand (siehe auch Kapitel 2)

Die dritte Dimension: 3D-Bezüge

Wenn Sie Formeln mit einem Bezug auf mehrere Tabellenblätter eingeben, können Sie unter Umständen eine besondere Form der Bezugsangabe nutzen. So, wie ein Bereich, etwa *A5:D20*, durch einen Doppelpunkt als solcher identifiziert wird, so können Sie auch Tabellenbezüge durch Angabe der ersten und der letzten Tabelle aufbauen. Ein solcher Bezug wird *3D-Bezug* genannt.

Das Beispiel zu dieser Bezugsart finden Sie in der Datei *Kap06_3D.xlsx* im Ordner *\Buch\Kap06* auf der CD-ROM zu diesem Buch.

Diese Beispielmappe enthält die Tabellen *Nord*, *Ost*, *Süd* und *West*, die ihrerseits wiederum Daten enthalten. Die Tabellen *Anfang* und *Ende* enthalten selbst keine Daten und dienen lediglich als Rahmen für den 3D-Bezug. Das Tabellenblatt *Gesamt* verwendet einen solchen Bezug, um die Summe der Umsätze über alle Tabellenblätter zu berechnen, die zwischen der Tabelle *Anfang* und der Tabelle *Ende* platziert sind. Dieser Bezug lautet wie folgt:

```
=SUMME(Anfang:Ende!C4:N4)
```

Der 3D-Bezug schließt das erste und das letzte Tabellenblatt ein. Kommt ein neues Arbeitsblatt hinzu, fügen Sie dieses vor das letzte Blatt, also vor das Blatt *Ende*, ein. Damit werden die darin enthaltenen Werte automatisch auch in der Gesamttabelle summiert.

Sie wollen testen, wie sich die Gesamtsummen nach Entfernen einer Tabelle automatisch anpassen:

1. Verschieben Sie eine der Tabellen *Nord*, *Ost*, *Süd* und *West* hinter die Tabelle *Ende*, indem Sie im Blattregister auf den Blattnamen zeigen, die linke Maustaste gedrückt halten und das Blatt verschieben.
2. Wechseln Sie nun in das Arbeitsblatt *Gesamt*. Sie sehen, dass die Gesamtsummen nicht mehr die Werte aus der verschobenen Tabelle enthalten.

WICHTIG   3D-Bezüge können nicht zusammen mit den Schnittmengen (Leerzeichen) oder in Formeln verwendet werden, in denen die implizite Schnittmenge eingesetzt wird. Mehr dazu erfahren Sie in Kapitel 7.

AutoVervollständigen in Formeln

Haben Sie in einer Zelle als erstes Zeichen ein Gleichheitszeichen eingegeben, geht Excel davon aus, dass Sie eine Formel eingeben. Die neue Funktion AutoVervollständigen in Formeln zeigt bereits nach dem Tippen des ersten Buchstabens Funktionen, benannte Bereiche und strukturierte Bezüge (mehr dazu in Kapitel 19) in einem Auswahlfeld an. Dabei wird mit jeder weiteren Eingabe die Anzeige gefiltert, sodass nur Funktionen mit übereinstimmenden Zeichenfolgen angezeigt werden.

Kapitel 6 Berechnungen durchführen

Geben Sie »=su« ein, wird das Auswahlfeld wie in der folgenden Abbildung angezeigt. Wenn Sie das ausgewählte Element in die Formel einfügen und die Einfügemarke direkt dahinter platzieren möchten, drücken Sie die ⇥-Taste oder doppelklicken Sie auf das Element.

Abbildg. 6.5 Mit Symbolen wird der Eintragstyp dargestellt, beispielsweise ein Funktions- oder Tabellenverweis

Eine detaillierte QuickInfo zeigt zusätzliche Informationen und erleichtert Ihnen die Auswahl.

Die folgenden Funktionen besitzen Argumente mit Aufzählungskonstanten, die automatisch in der Dropdownliste angezeigt werden: ZELLE, ZW, WVERWEIS, VERGLEICH, RMZ, BW, RANG, TEILERGEBNIS und SVERWEIS.

Abbildg. 6.6 Die neue Funktion unterstützt Sie auch durch Informationen zu den Argumenten einer Funktion

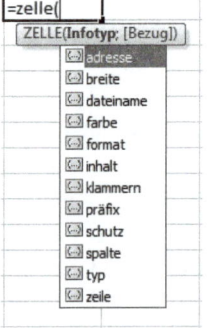

Für Tabellen sind einige Bezeichner für Tabellenspalten und für spezielle Elemente ([#Alle], [#Daten], [#Kopfzeilen], [#Ergebnisse], [#Diese Zeile]) vorhanden, die ebenfalls verwendet werden können. Mehr dazu erfahren Sie in Kapitel 19.

Tabelle 6.3 Verwenden Sie diese Tastenkombinationen zum Navigieren in der Dropdownliste

Zweck	Tastenkombination
Navigieren der Einfügemarke um ein Zeichen nach links	←
Navigieren der Einfügemarke um ein Zeichen nach rechts	→
Navigieren der Auswahl um ein Element nach oben	↑

Tabelle 6.3   Verwenden Sie diese Tastenkombinationen zum Navigieren in der Dropdownliste *(Fortsetzung)*

Zweck	Tastenkombination
Navigieren der Auswahl um ein Element nach unten	↓
Auswählen des letzten Elements	Ende
Auswählen des ersten Elements	Pos1
Um eine Seite nach unten navigieren und ein neues Element auswählen	Bild ↓
Um eine Seite nach oben navigieren und ein neues Element auswählen	Bild ↑
Schließen der Dropdownliste	Esc oder klicken Sie auf eine andere Zelle
Aktivieren und Deaktivieren von AutoVervollständigen-Formeln	Alt + ↓

Die Einstellungen für das AutoVervollständigen in Formeln finden Sie in den Excel-Optionen, dort können Sie diese Funktion aktivieren und deaktivieren.

1. Klicken Sie auf das *Office-Menü*.
2. Klicken Sie auf die Schaltfläche *Excel-Optionen*.
3. Wechseln Sie in die Kategorie *Formeln*.
4. Aktivieren bzw. deaktivieren Sie unter *Arbeiten mit Formeln* das Kontrollkästchen *AutoVervollständigen-Formel*.

Mit externen Daten rechnen

Die Möglichkeiten von Zellbezügen gehen aber noch weiter: Sie können auch einen Bezug auf eine andere Datei einsetzen. Ein solcher externer Bezug wird mit dem von eckigen Klammern umschlossenen Namen der betreffenden Arbeitsmappe eingeleitet. Diesem folgt der Name der Tabelle, also

=Funktion('Pfadname\[Arbeitsmappe]Tabelle'!Zellbezug)

Ist die Arbeitsmappe (Quelle), auf die Bezug genommen wird, momentan geöffnet, kann die vollständige Pfadangabe entfallen. Excel fügt diese automatisch ein, sobald die Mappe, auf die der Bezug verweist, geschlossen wird. Erstellen Sie den Bezug mit der Maus – das spart Zeit und ist immer korrekt!

PROFITIPP

> Soll eine Quelldatei unter einem anderen Namen gespeichert werden, sind besser beide Dateien geöffnet. Die Bezüge in der Zieldatei werden dann beim Speichern automatisch angepasst.

Tabelle 6.4   Übersicht über die möglichen Zellverknüpfungen

Allgemeiner Bezug	Beispiel
Eine einzelne Zelle	=A1 (geht auch ohne Funktion)
Ein zusammenhängender Bereich	=Summe(A1:D5)
Eine Mehrfachauswahl	=SUMME(A1;C3;B10;F10;J4)

Tabelle 6.4 Übersicht über die möglichen Zellverknüpfungen *(Fortsetzung)*

Allgemeiner Bezug	Beispiel
Zelle in einer anderen Tabelle	=Tabelle2!A1
Bereich in einer anderen Tabelle	=Summe(Tabelle2!A1:B9)
3D-Bereich	=Summe(Tabelle2:Tabelle8!B4:M4)
Zelle in einer anderen Mappe	='C:\Users\<Benutzername>\Documents\[Test.xls]Tabelle1'!$A$1
Bereich in einer anderen Mappe	=Mittelwert('C:\Users\<Benutzername>\Documents\[Testmap.xls]Tabelle1'!$A$1:B6))
3D-Bereich in einer anderen Mappe	=Mittelwert('C:\Users\<Benutzername>\Documents\[Testmap.xls]Tabelle1:Tabelle12'!$A$1:B6))

HINWEIS Wenn die Mappe, auf die sich die Verknüpfung bezieht, bei der Eingabe des Bezuges geöffnet ist, wird der Pfadname beim Schließen ergänzt und korrekt gespeichert.

Externe Bezüge aktualisieren

Enthält eine Arbeitsmappe einen externen Bezug, werden Sie beim Öffnen mit einem Warnhinweis konfrontiert (Abbildung 6.7). Die Einstellung dazu finden Sie über die folgenden Schritte:

1. Wählen Sie im *Office-Menü* die Schalfläche *Excel-Optionen*.
2. Wechseln Sie in die Kategorie *Vertrauensstellungscenter*.
3. Wählen Sie dort die Schaltfläche *Einstellungen für das Vertrauensstellungscenter*.
4. Im *Vertrauensstellungscenter* finden Sie in der Kategorie *Statusleiste* die Optionen, welche verantwortlich für die Anzeige der Sicherheitswarnung in der Statusleiste sind:
   - *Statusleiste in allen Anwendungen anzeigen, wenn Inhalt gesperrt wurde*
   - *Informationen zu gesperrtem Inhalt niemals anzeigen.*

Wählen Sie die Schaltfläche *Aktualisieren*, versucht Excel die externen Bezüge zu aktualisieren. Sie haben damit wieder eine aktuelle Grundlage für weitere Berechnungen.

Leider kommt es vor, dass die Quelle der Daten nicht mehr am ursprünglichen Speicherort gefunden wird. Dies ist dann der Fall, wenn die Datei seit der letzten Speicherung des Bezugs verschoben oder gar gelöscht wurde. Excel zeigt in einem solchen Fall ein weiteres Dialogfeld an (Abbildung 6.8) Wählen Sie dort die Schaltfläche *Verknüpfungen bearbeiten*.

Abbildg. 6.7 Klicken Sie auf *Optionen* in der Statusleiste, um die *Sicherheitsoptionen* anzuzeigen

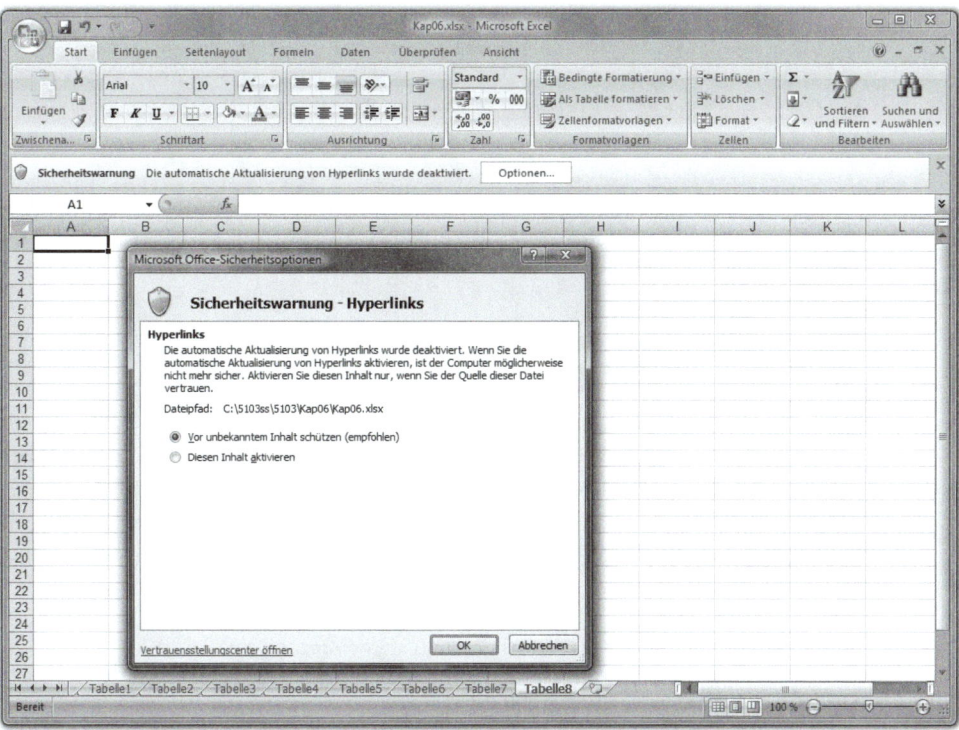

Abbildg. 6.8 Die Bezüge können nicht aktualisiert werden

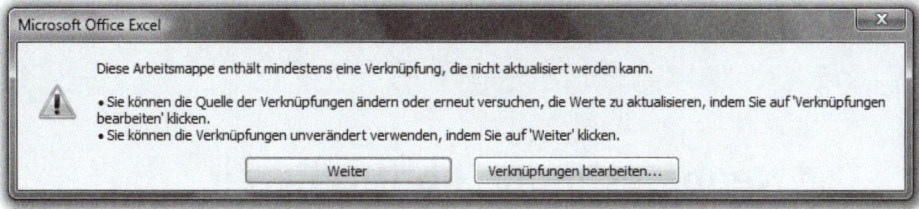

Das Dialogfeld *Verknüpfungen bearbeiten* bietet Ihnen alle Möglichkeiten, den Bezug wiederherzustellen. Die Schaltfläche *Werte aktualisieren* versucht, erneut die externen Bezüge zu aktualisieren. Wenn die Werte seit der letzten Speicherung nicht geändert wurden, wird dies in einem Hinweis angezeigt.

Wurde die Quelle nicht gefunden, können Sie über die Schaltfläche *Quelle ändern* den Bezug wiederherstellen, indem Sie den neuen Speicherort der Datei suchen und die Datei auswählen (Abbildung 6.9). Über die Schaltfläche *Quelle öffnen* kann die gefundene Quelldatei geöffnet werden.

Abbildg. 6.9 Auch der Befehl *Verknüpfungen bearbeiten* auf der Registerkarte *Daten* zeigt dieses Dialogfeld

Ist die Quelldatei nicht mehr zu finden, werden über die Schaltfläche *Verknüpfung löschen* die externen Formelbezüge entfernt. Achtung: Dabei werden Formeln mit externen Bezügen in Werte umgewandelt!

Über die Schaltfläche *Eingabeaufforderung beim Start* legen Sie das Verhalten beim Öffnen der aktuellen Mappe fest. Die möglichen Optionen zeigt die Abbildung 6.10.

Abbildg. 6.10 Stellen Sie die Optionen für die Aktualisierung externer Bezüge ein

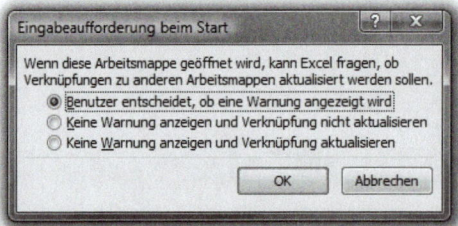

Die Neuberechnung kontrollieren

Über das *Office-Menü* können Sie in den *Excel-Optionen* in der Kategorie *Formeln* einige Einstellungen zum Rechenverhalten von Excel einstellen (vgl. Abbildung 6.11). So ist in der Optionsgruppe *Arbeitsmappenberechnung* standardmäßig die Option *Automatisch* aktiviert. Damit berechnet Excel sofort all diejenigen Zellen neu, bei denen sich die Datengrundlage geändert hat. Das bedeutet, Sie brauchen sich nicht um eine Aktualisierung zu kümmern.

Auf der Registerkarte *Formeln* finden Sie den Befehl *Berechnungsoptionen*, über den Sie ebenfalls Zugriff auf die folgenden Einstellungen zum Berechnungsmodus haben:

- *Automatisch*
- *Automatisch außer bei Datentabellen* und
- *Manuell*

Erste Formeln eingeben

Allerdings kann das im Umkehrschluss bedeuten, dass Excel sehr lange mit der Neuberechnung beschäftigt ist. Dies ist insbesondere in großen Tabellen mit vielen Berechnungen oder vielen externen Bezügen der Fall. Wenn Sie die permanente Neuberechnung stört, wählen Sie die Einstellung *Manuell*; damit können Sie bei Bedarf eine Neuberechnung herbeiführen, indem Sie

- die Taste [F9] drücken, um die aktive Tabelle neu zu berechnen
- die Taste [⇧]+[F9] drücken, um die Arbeitsmappe neu zu berechnen
- den Befehl *Neu berechnen* auf der Registerkarte *Formeln* in der Gruppe *Berechnung* aufrufen
- den Befehl *Blatt berechnen* auf der Registerkarte *Formeln* in der Gruppe *Berechnung* aufrufen

PROFITIPP

> Eine neue Einstellung für die Neuberechnung zeigt einen Warnhinweis, wenn Excel eine bestimmte Anzahl Zellen neu berechnet, was unter Umständen zu einer zeitaufwändigen Operation führt. In den *Excel-Optionen* in der Kategorie *Erweitert* legen Sie den Grenzwert für die Anzeige der Warnung fest, indem Sie den Wert für die Einstellung *Wenn diese Anzahl von Zellen (in Tausend) betroffen ist* ändern.
>
> Wenn Sie einen Computer mit mehreren Prozessoren einsetzen, dann finden Sie in der Gruppe *Multithreadberechnung aktivieren* auch die Möglichkeit, die Anzahl der Prozessoren einzustellen.

Abbildg. 6.11   Die Einstellungen der Registerkarte *Formeln* bestimmen den Berechnungszeitpunkt

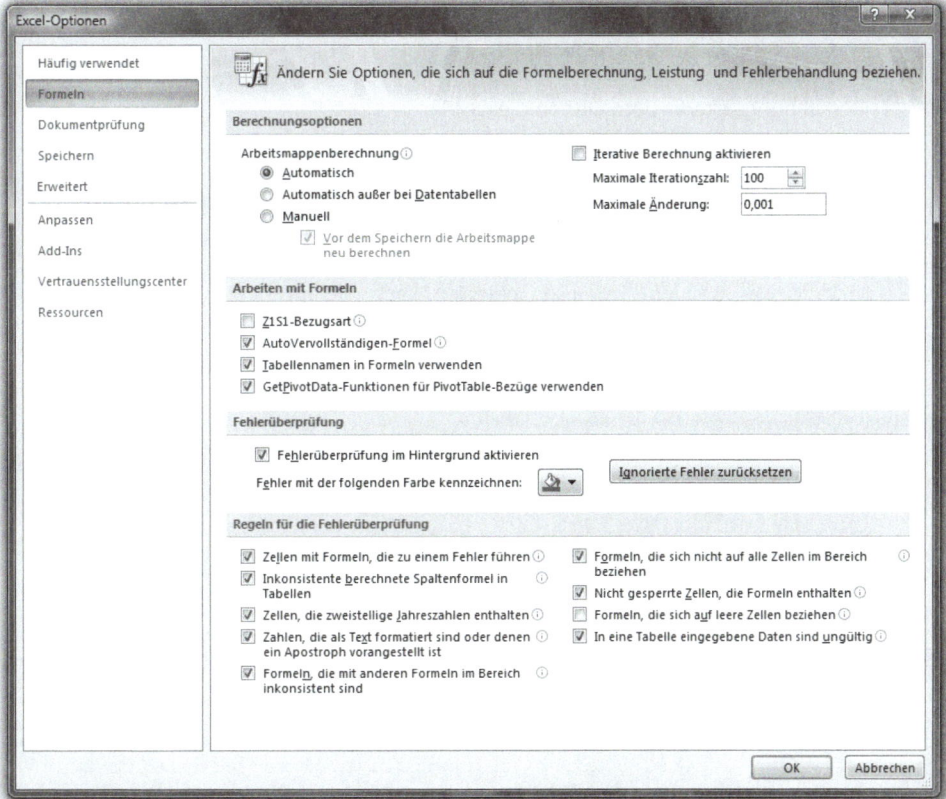

WICHTIG Bedenken Sie bei der manuellen Neuberechnung, dass nach der Eingabe von Daten oder Formeln unter Umständen nicht alle Zellen sofort die korrekten Werte anzeigen. Dies ist erst nach der Neuberechnung sichergestellt!

Wenn Sie eine Datei öffnen, die mit einer früheren Excel-Version erstellt wurde, berechnet Excel alle Formeln neu (wogegen in Dateien im aktuellen Format nur Formeln mit Bezügen auf geänderte Werte neu berechnet werden). Sie erhalten daher beim Schließen auch dann einen Hinweis auf eine geänderte Datei, wenn Sie selbst keine Eingabe vorgenommen haben.

Ist die manuelle Neuberechnung aktiviert, ist standardmäßig auch das Kontrollkästchen *Vor dem Speichern die Arbeitsmappe neu berechnen* aktiviert. Damit ist sichergestellt, dass die Datei nach dem Speichern die neuesten Werte enthält. Sie sollten diese Einstellung auch so verwenden, zumindest, wenn Sie mit Bezügen auf andere Arbeitsmappen arbeiten. Excel speichert mit der Datei den Status der Neuberechnung. Bezieht sich eine Zelle auf eine Arbeitsmappe, die beim Speichern nicht neu berechnet wurde, erhalten Sie einen Warnhinweis, wonach die Verknüpfung nicht aktualisiert werden kann.

Eine Zwischenlösung können Sie bei der Verwendung von Datentabellen (auch Mehrfachoperation genannt) anwenden. Verwenden Sie große Bereiche für die Mehrfachoperation, stellen Sie die Option *Automatisch außer bei Datentabellen* ein, um die Neuberechung zu beschleunigen. Mehr zum Thema Datentabellen finden Sie in Kapitel 27.

WICHTIG Die Einstellungen zur Berechnungsart werden für die gesamte Excel-Sitzung verwendet. Sind mehrere Arbeitsmappen geöffnet, gilt diese Einstellung für all diese Mappen. Wollen Sie also eine Mappe mit umfangreichen Berechnungen öffnen, sollten Sie die manuelle Berechnungsart **vor** dem Öffnen dieser Mappe einstellen.

Fehlerwerte in Tabellen kennen lernen

Beim Erstellen von Tabellen unter Verwendung von mathematischen Funktionen tauchen bisweilen statt der gewünschten Ergebnisse Fehlerwerte auf. Die angezeigten Fehlerwerte haben gemeinsam, dass sie alle mit der Raute (#) beginnen. Die Bedeutung der Fehlerwerte können Sie der Tabelle 6.5 entnehmen.

Tabelle 6.5 Fehlerbeschreibungen der Tabellenfehler

Fehler	Wird angezeigt, wenn ...
#WERT!	für ein Argument oder einen Operanden ein falscher Typ verwendet wurde
#DIV/0!	in einer Formel eine Division durch Null erfolgt
#NAME?	Excel Text in einer Formel nicht erkennt
#NV	ein Wert in einer Funktion oder in einer Formel nicht verfügbar ist
#BEZUG!	ein Zellbezug ungültig ist
#ZAHL!	ein Problem mit einer Zahl in einer Formel oder in einer Funktion aufgetreten ist
#NULL!	Sie eine Schnittmenge von zwei Bereichen angeben, die sich nicht überschneiden

Erste Formeln eingeben

TIPP Die Anzeige des Rautenzeichens »#« über die gesamte Breite einer Zelle ist zwar kein eigentlicher Fehlerwert, führt aber häufig nicht zum gewünschten Ergebnis und nicht selten zu ratlosen Benutzern. Dieser Gartenzaun wird immer dann angezeigt, wenn Excel auf negative Zeitwerte stößt, die nicht dargestellt werden können. Mehr dazu finden Sie in Kapitel 15.

Fehlerüberprüfung einstellen

Wenn Sie eine Formel eingeben, die einen Fehlerwert zurückgibt, wird in der linken oberen Ecke der Zelle ein Fehlerindikator angezeigt (siehe Abbildung 6.12). Wenn Sie das Ausrufezeichen anklicken, werden neben einer Information über den Fehlerwert verschiedene Befehle angeboten.

Abbildg. 6.12 Excel bietet eine spezielle Hilfestellung an, wenn ein Fehlerwert angezeigt wird

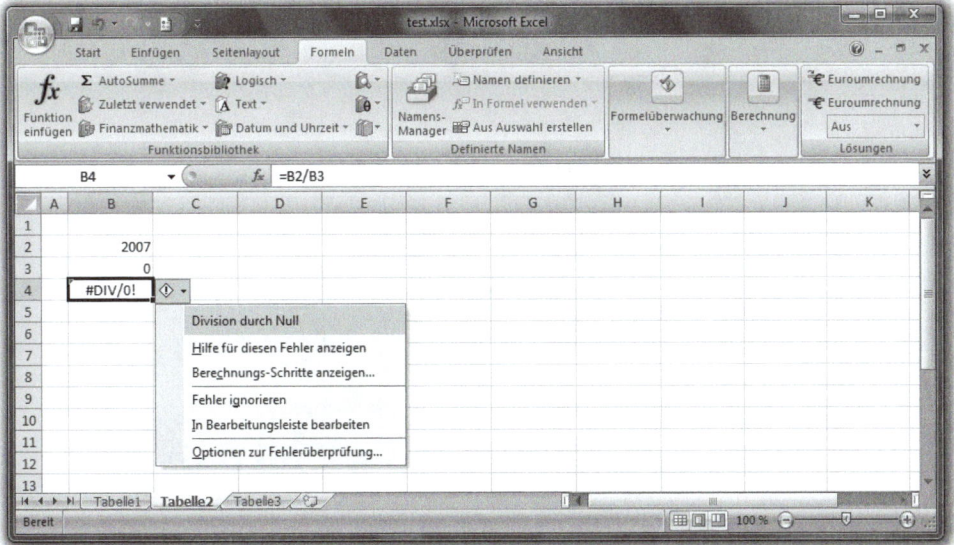

Sie können die Hilfe für diesen Fehler anzeigen lassen oder die Formel schrittweise auswerten. Wenn Sie den Befehl *Fehler ignorieren* wählen, wird der Fehlerindikator aus der Zelle entfernt.

Nach Aufruf der *Excel-Optionen* im *Office-Menü* finden Sie in der Kategorie *Formeln* die Einstellungen, mit denen Sie das Verhalten der Fehlerüberprüfung steuern können:

- Ist das Kontrollkästchen *Fehlerüberprüfung im Hintergrund aktivieren* markiert, überprüft Excel im Ruhezustand die Zellen auf Fehler und markiert fehlerhafte Zellen mit dem grünen Fehlerindikator.

- Über *Fehler mit der folgenden Farbe kennzeichnen* legen Sie die Farbe des Fehlerindikators fest. Wenn Sie auf *Automatisch* klicken, wird die Farbe auf die Standardeinstellung (grün) festgelegt.

- Wenn Sie für einen oder mehrere Fehler die Anzeige des Fehlerindikators ausgeschaltet haben, können Sie über *Ignorierte Fehler zurücksetzen* Fehler in der Tabelle wieder anzeigen lassen.

Fehlerwerte finden

Um alle Fehlerwerte in einer Tabelle zu finden, gehen Sie so vor:

1. Rufen Sie auf der Registerkarte *Start* im Schaltflächenmenü zu *Suchen und Auswählen* den Befehl *Gehe zu* (schneller ist die Taste `F5`) auf.
2. Im Dialogfeld *Gehe zu* wählen Sie die Schaltfläche *Inhalte*.
3. Im Dialogfeld *Inhalte auswählen* markieren Sie die Option *Formeln* und deaktivieren die Kontrollkästchen *Zahlen*, *Text* und *Wahrheitswerte*. Markiert bleibt lediglich das Kontrollkästchen *Fehler*.
4. Wenn Sie die Eingabe mit *OK* bestätigen, werden die Fehlerwerte markiert. Können keine Fehlerwerte gefunden werden, gibt Excel eine Meldung aus.

Abbildg. 6.13   Mit diesen Einstellungen finden Sie Fehlerwerte ganz schnell

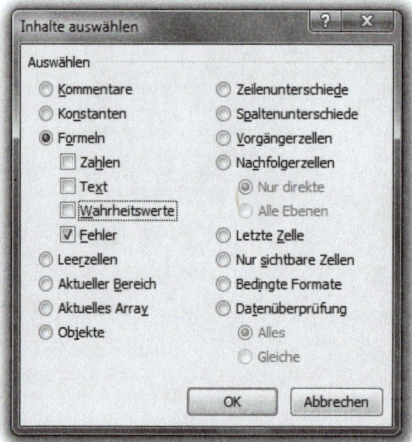

HINWEIS   Excel unterscheidet dabei (wie bei der Suchen-Funktion), ob die aktuelle Markierung aus mehreren Zellen oder lediglich aus einer einzelnen Zelle besteht. Ist ein Bereich markiert, werden lediglich die markierten Zellen untersucht, während bei einer einzelnen Zelle der Inhalt der gesamten Tabelle geprüft wird.

Wenn nicht alle markierten Fehler über den Bildschirminhalt betrachtet werden können, können Sie mit der `Tab`-Taste zur nächsten markierten Zellen springen. Drücken Sie zusätzlich die `⇧`-Taste, können Sie die vorherige Zelle aktivieren.

Eine weitere Möglichkeit bietet die »Detektiv-Funktionalität« von Excel. Wenn die aktive Zelle einen Fehler enthält, können Sie über die Registerkarte *Formeln* mit dem Befehl *Formelüberprüfung/Spur zum Fehler* eine Linie einfügen, die auf die Fehler verursachende Zelle zeigt. Mehr zur Formelüberprüfung finden Sie weiter unten in diesem Kapitel.

Wie Sie mit Informationsfunktionen den Fehlertyp ermitteln und Fehlerwerte mit Hilfe von Funktionen unterdrücken, zeigt Ihnen Kapitel 15.

Was ist ein Zirkelbezug?

Ein weiterer Fehler, der beim Eintragen von Bezügen in Formeln vorkommt, ist der Zirkelbezug. Man versteht unter einem Zirkelbezug einen Bezug auf die Zelle, in der sich die Formel selbst befindet – quasi einen Bezug auf sich selbst. Formeln mit einem Zirkelbezug kann Excel standardmäßig nicht lösen. Sie erhalten stattdessen die in Abbildung 6.14 gezeigte Meldung.

Abbildg. 6.14   Fehlerhafte Eingabe mit einem Zirkelbezug führt zu dieser Fehlermeldung

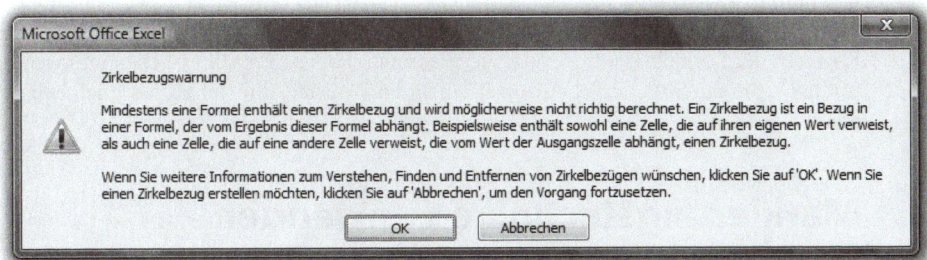

Zirkelbezüge entstehen meist durch Eingabefehler. Wenn Sie in der Fehlermeldung auf die Schaltfläche *OK* klicken, wird das Hilfefenster mit Hinweisen zum Thema geöffnet. Excel meldet das Problem zusätzlich unten in der Statusleiste. Bis zum Entfernen des Zirkelbezuges steht dort z.B. *Zirkelbezüge B4*.

Der Befehl *Zirkelverweise* zeigt ebenfalls die Adresse mit dem Zirkelbezug an.

Abbildg. 6.15   Excel verfügt über Werkzeuge, um den Zirkelbezug zu finden

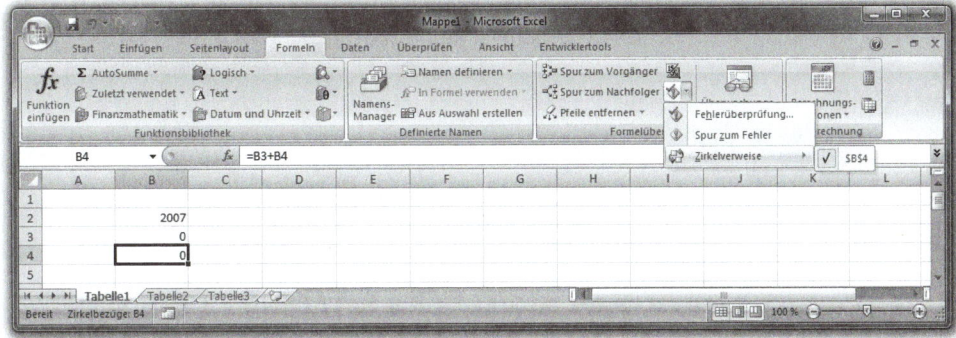

Sie können die *Formelüberwachung* auf der Registerkarte *Formeln* verwenden, um die Zellen innerhalb des Zirkelbezugs zu finden. Nutzen Sie dabei die Schaltflächen *Spur zum Nachfolger* und *Spur zum Vorgänger*, um die Gründe des aufgetretenen Problems durch Pfeile anzeigen zu lassen.

Fahren Sie mit der Überprüfung und Korrektur der Zirkelbezüge fort, bis in der Statusleiste kein Hinweis mehr angezeigt wird. Den nächsten Zirkelbezug zeigt auch der Befehl *Fehlerüberprüfung/ Zirkelverweise* auf der Registerkarte *Formeln*. Dort wird die Adresse des nächsten Zirkelbezuges in der Schreibweise *[Datei.xlsx]Tabelle!$Spalte$Zeile* angezeigt (vgl. Abbildung 6.15).

Aktivieren Sie nach Aufruf der *Excel-Optionen* in der Kategorie *Formeln* das Kontrollkästchen *Iterative Berechnung aktivieren*, kann Excel auch mit einem Zirkelbezug umgehen. Dabei versucht Excel im Rahmen von *Maximale Iterationszahl* und *Maximale Änderung* schrittweise die Formel aufzulösen. Wie Sie damit interessante Lösungen aufbauen, erfahren Sie in Kapitel 26.

Verschieben und Kopieren von Formeln

Das Eingeben vieler einzelner Formeln führt bei größeren Tabellen zu einem sehr hohen Arbeitsaufwand. Besser ist es, wenn Sie sich Arbeitstechniken erschließen, bei denen Sie den Aufwand durch Kopieren der Formeln deutlich verringern können. Ebenso verhält es sich bei notwendigen Korrekturen, wo Sie durch Verschieben von Formeln und Werten Ihre Tabellen schnell neu gestalten können.

Markierungstechniken anwenden

Grundsätzlich müssen zu kopierende oder zu verschiebende Bereiche vorher markiert werden. Wie Sie Zellen bzw. Zellbereiche markieren, haben Sie bereits in Kapitel 4 gelernt. Im Folgenden erhalten Sie weitere Hinweise zum Markieren.

Das Markieren können Sie mit unterschiedlichen Techniken durchführen:

- Markieren mit der Tastatur
- Markieren mit einem Befehl
- Markieren mit der Maus

Die einfachste und bequemste Art des Markierens wird Ihnen durch die Maus angeboten. Dennoch kann es bisweilen sinnvoll sein, mit den Tasten bzw. mit Tastenkombinationen zu markieren. In Tabelle 6.6 finden Sie nützliche Tastenkombinationen zum Markieren.

Tabelle 6.6 Markieren mit der Tastatur

Markierung	Tastenkombination
Aktuelle Zeile	⇧ + Leertaste
Aktuelle Spalte	Strg + Leertaste
Aktueller Block eingegebener Daten	Strg + ⇧ + +
Von aktiver Zelle in gewünschte Richtung	⇧ + Pfeiltasten
Von aktiver Zelle zum Ende des Datenblocks	⇧ + Strg + Ende
Von aktiver Zelle zum Anfang des Datenblocks	⇧ + Strg + Pos1
Gesamtes Tabellenblatt	Strg + ⇧ + Leertaste oder Strg + A

Wenn Sie – ausgehend von der aktiven Zelle – die Markierung erweitern wollen, können Sie dies auch folgendermaßen erreichen: Drücken Sie die Taste F8. Dadurch gelangen Sie in den so genannten *Erweiterungsmodus*, was in der Statusleiste durch *Auswahl erweitern* angezeigt wird. Jetzt

Verschieben und Kopieren von Formeln

können Sie mit den Pfeiltasten die Markierung bequem in alle Richtungen erweitern. Um den Erweiterungsmodus abzuschalten, drücken Sie erneut die Taste `F8` oder die `Esc`-Taste.

 Mit der Maus können Sie Zellbereiche durch Ziehen markieren. Unter dem Ziehen ist das Bewegen der Maus bei gedrückter linker Maustaste zu verstehen. Achten Sie darauf, dass Sie nebenstehendes Maussymbol zum Markieren haben. Tabelle 6.7 beschreibt nützliche Markiertechniken mit Hilfe der Maus.

Tabelle 6.7 Markieren mit der Maus

Bereich	Tätigkeit
Eine einzelne Zelle	Klicken Sie auf diese Zelle
Einen zusammenhängenden Zellbereich	Ziehen Sie den Mauszeiger mit gedrückter linker Maustaste von der ersten Zelle diagonal zur letzten Zelle
Nicht zusammenhängende Einzelzellen oder Zellbereiche (Mehrfachauswahl)	Halten Sie die `Strg`-Taste gedrückt, während Sie auf weitere zu markierende Zellen klicken oder weitere Zellbereiche markieren
Eine Spalte	Klicken Sie auf den entsprechenden Spaltenkopf oder drücken Sie die Tastenkombination `Strg`+`Leertaste`
Nebeneinander liegende Spalten	Klicken Sie auf die erste Spaltenbeschriftung und halten Sie die linke Maustaste gedrückt, während Sie die Maus über weitere Spaltenbeschriftungen führen
Mehrere Spalten die nicht direkt nebeneinander liegen	Klicken Sie auf die erste Spaltenbeschriftung und halten Sie die `Strg`-Taste gedrückt, während Sie weitere Spaltenbeschriftungen anklicken
Eine Zeile	Klicken Sie auf den entsprechenden Zeilenkopf oder drücken Sie die Tastenkombination `⇧`+`Leertaste`
Untereinander liegende Zeilen	Klicken Sie auf die erste Zeilenbeschriftung und halten Sie die linke Maustaste gedrückt, während Sie die Maus über weitere Zeilenbeschriftungen führen
Mehrere Zeilen die nicht direkt untereinander liegen	Klicken Sie auf die erste Zeilenbeschriftung und halten Sie die `Strg`-Taste gedrückt, während Sie weitere Zeilenbeschriftungen anklicken
Alle Zellen in einem Tabellenblatt	Klicken Sie auf die Fläche, die sich im Schnittpunkt der Spalten- und Zeilenköpfe befindet (linke obere Ecke des Tabellenfensters).

Das Markieren der gesamten Tabelle benötigen Sie, um ein Format generell in der Tabelle zu ändern (z.B. die Schriftart).

HINWEIS Innerhalb eines markierten Zellbereichs können Sie sich nach unten oder nach rechts durch Drücken der `↹`-Taste bewegen. Wenn Sie sich in umgekehrter Richtung bewegen wollen, nach oben oder nach links, drücken Sie die Tastenkombination `⇧`+`↹`.

Formelzellen verschieben

Unter dem Verschieben ist das Ausschneiden, d.h. Löschen der Formel in der Ursprungszelle und das anschließende Einfügen in eine andere Zelle zu verstehen. Dazu stehen Ihnen unterschiedliche Techniken zur Verfügung:

- Die Befehle *Ausschneiden* und *Einfügen* der Registerkarte *Start*.
- Das direkte Verschieben mit Hilfe der Maus.

Verschieben mit Hilfe der Zwischenablage

So können Sie Zellen, die Formeln beinhalten, innerhalb einer Tabelle an einen anderen Platz verschieben:

1. Markieren Sie die Zelle oder die Zellen, die verschoben werden sollen.

2. Klicken Sie in der *Standard*-Symbolleiste auf die Schaltfläche *Ausschneiden*.
3. Klicken Sie auf die Zelle, in welche die ausgeschnittene Zelle verschoben werden soll. Wenn Sie einen Zellbereich verschieben möchten, stellt diese Zelle die linke obere Zelle des neuen Bereichs dar.

4. Klicken Sie in der *Standard*-Symbolleiste auf die Schaltfläche *Einfügen*.

Wenn Sie die Zelle verschoben haben, untersuchen Sie, ob sich an der Formel oder dem Ergebnis etwas verändert hat. Das Ergebnis der Formel wird in der Tabelle angezeigt und ist mit dem zuvor erzielten Ergebnis identisch. Zur Kontrolle der Formel klicken Sie auf die verschobene Zelle und lesen den Zellinhalt in der Bearbeitungsleiste ab. Auch hier ist alles gleich geblieben und entspricht dem Original.

WICHTIG Grundsatz: Beim Verschieben behält der Zellinhalt und somit auch die Formel den Originalzustand bei.

Verschieben mit der Maus

Möchten Sie Formelzellen ausschließlich mit der Maus verschieben, gehen Sie so vor:

1. Markieren Sie die Zelle(n), die verschoben werden soll(en).
2. Bewegen Sie den Mauszeiger auf der Grenze der Markierung. Das Symbol wird zu einem weißen Pfeil mit schwarzem Pfeilkreuz an der Spitze (siehe Abbildung 6.16).

Abbildg. 6.16   Zum Verschieben muss der Mauszeiger als Pfeilkreuz dargestellt werden

	A	B	C	D	E
1					
2		Preis	Menge	Gesamt	
3		22,55 €	4	90,20 €	
4		33,50 €	3	100,50 €	
5		17,56 €	5	87,80 €	
6					
7					
8					
9					
10					
11		C8:C11			
12					

3. Ziehen Sie die Zelle(n) mit gedrückter linker Maustaste an den gewünschten neuen Standort und lassen dort die Maustaste los.

Während des Ziehens wird der zu verschiebende Bereich als grauer Schattenrahmen dargestellt. In der Nähe dieses Rahmens wird durch eine QuickInfo der Zellbezug bzw. der Zellbereich angezeigt, in den der zu verschiebende Bereich abgelegt wird, wenn die Maustaste losgelassen wird.

Verschieben Sie die Zellen auf einen bereits mit Daten oder Formeln gefüllten Bereich, fragt Excel, ob die Inhalte des Zielbereiches überschrieben werden dürfen. Bei aufmerksamer Arbeit können also keine Daten durch ein versehentliches Verschieben verloren gehen.

Kopieren von Formelzellen

Beim Kopieren verbleiben die Daten an ihrem Ursprungsort und eine Kopie dieser Daten wird an einem anderen Ort eingetragen. Im Falle von kopierten Formeln gibt es jedoch einiges zu beachten.

Gehen Sie ruhig einmal nach der Methode »Versuch und Irrtum« vor und untersuchen Sie, welche Auswirkungen das Kopieren auf die Formeln hat. Erstellen Sie gemäß Abbildung 6.17 eine Tabelle und kopieren Sie den Inhalt der Zelle *D4* mehrfach in verschiedene Zellen.

Abbildg. 6.17 Ausgangstabelle zum Kopieren von Formeln

	A	B	C	D	E	F
2						
3		Preis	Menge	Gesamt	Formel	
4		22,55 €	4	90,20 €	=B4*C4	
5		33,50 €	3			
6		17,56 €	5			
7		2,40 €	10			
8		56,89 €	2			
9		70,00 €	5			
10						

Beim Kopieren gibt es mehrere Methoden. Einen Weg – über das *AutoAusfüllen* – haben Sie bereits in Kapitel 4 kennen gelernt. Folgende Möglichkeiten bieten sich an:

- Die Befehle *Kopieren* und anschließend *Einfügen* aus der Gruppe *Zwischenablage* der Registerkarte *Start*.
- Durch das direkte Kopieren mit Hilfe der Maus.
- Durch das Ziehen am Ausfüllkästchen der Formelzelle.

Kopieren mit Hilfe der Zwischenablage

Zum Kopieren mit den Schaltflächen auf der Registerkarte *Start* verfahren Sie wie folgt:

1. Markieren Sie die Zelle(n), die kopiert werden soll(en).

2. Klicken Sie in der Gruppe *Zwischenablage* auf die Schaltfläche *Kopieren*.
3. Klicken Sie auf die Zelle(n), in die die Daten eingefügt werden sollen. Wenn Sie einen Zellbereich kopieren, dann genügt es, diejenige Zelle anzuklicken, welche die obere linke Ecke des neuen Bereichs darstellt.

4. Klicken Sie in der Gruppe *Zwischenablage* auf die Schaltfläche *Einfügen*.

HINWEIS Wenn Sie beim Einfügen mehr als eine einzelne Zelle markieren, dann prüft Excel, ob die Abmessungen des Quellbereichs identisch mit denen des Zielbereichs sind. Ist dies nicht der Fall wird der Vorgang abgebrochen und eine Fehlermeldung angezeigt.

Mehrere Werte in die Zwischenablage kopieren

Die Zwischenablage kann auch mehrere Objekte aufnehmen, die sich dann gezielt abrufen lassen. Wählen Sie dazu das Startprogramm für Dialogfelder in der Gruppe *Zwischenablage*. Daraufhin wird der Aufgabenbereich *Zwischenablage* angezeigt. Führen Sie mehrmals hintereinander einen Kopierbefehl aus, wird dieser Aufgabenbereich mit den Inhalten der Zwischenablage gefüllt. Markieren Sie einen Eintrag und wählen Sie den Befehl *Einfügen*, wird der Inhalt an der aktuellen Stelle eingefügt. Mehr zum Thema Zwischenablage finden Sie in Kapitel 4.

Kopieren mit der Maus

Nehmen wir an, Sie möchten Zellen ausschließlich unter Verwendung der Maus kopieren. Und so geht es:

1. Markieren Sie die Zelle(n), welche kopiert werden soll(en).

2. Bewegen Sie den Mauszeiger auf der Grenze der Markierung. Das Symbol wird zu einem weißen Pfeil mit schwarzem Pfeilkreuz an der Spitze. Drücken Sie zusätzlich die `Strg`-Taste, erscheint ein Pluszeichen statt des Pfeilkreuzes (siehe Abbildung 6.18).

3. Halten Sie die `Strg`-Taste und ziehen Sie die Zelle(n) mit der linken Maustaste an den gewünschten neuen Standort. Lassen Sie dort zuerst die linke Maustaste und danach die `Strg`-Taste los.

Im Prinzip ähnelt das Vorgehen dem Verschieben mit der Maus – bis auf den Einsatz der `Strg`-Taste.

WICHTIG Achten Sie darauf, dass Sie wirklich zuerst die Maustaste und erst danach die `Strg`-Taste loslassen. Wenn Sie die umgekehrte Reihenfolge verwenden, heben Sie den Kopierbefehl auf und Sie verschieben die Zellinhalte.

Abbildg. 6.18 Zum Kopieren muss der Mauszeiger ein Pfeil mit einem Pluszeichen sein

	A	B	C	D	E	F
2						
3		Preis	Menge	Gesamt	Formel	
4		22,55 €	4	90,20 €	=B4*C4	
5		33,50 €	3			
6		17,56 €	5			
7		2,40 €	10			
8		56,89 €	2			
9		70,00 €	5			
10						

Untersuchen Sie, was sich an den Zellinhalten geändert hat, indem Sie die kopierten Zellen anklicken und in der Bearbeitungsleiste deren Inhalt überprüfen.

Vielleicht erzielen Sie den besten »Aha-Effekt«, wenn Sie zuerst einmal versuchen, sich selbst die Veränderungen plausibel zu erklären. Fragen Sie sich, welcher Rechenauftrag sich in räumlicher Beziehung in der Ursprungszelle (in Abbildung 6.19 die Zelle *D4*) befindet. Welche Zellen sollen – von der Zelle *D4* aus gesehen – addiert werden? Wie lautet der Rechenauftrag, der sich nach dem Kopieren in den Zellen befindet?

Abbildg. 6.19   Formelveränderungen nach dem Kopieren

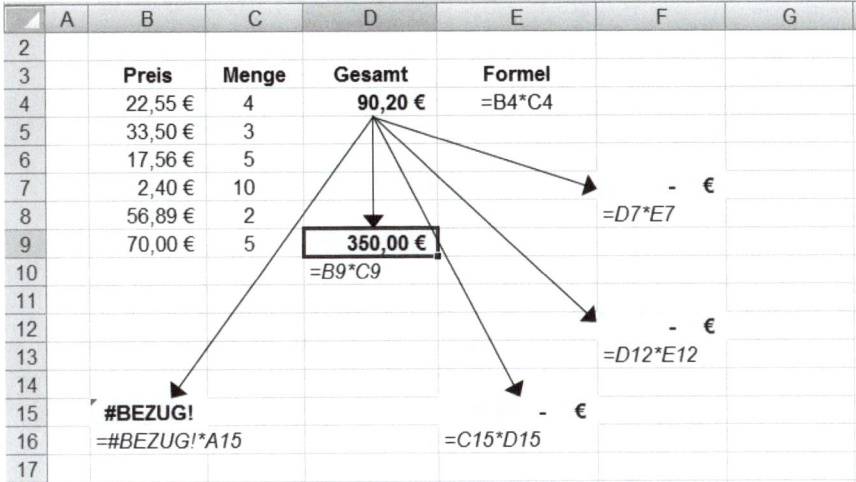

Wenn Sie den Rechenauftrag in der Zelle *D4* analysieren, dann lautet dieser: »Multipliziere die zwei linken Nachbarzellen«. Genau dieser Rechenauftrag wurde auch in alle anderen Zellen kopiert.

- In den Zellen *F7*, *F12* und *E15* ergibt die Berechnung den Wert *0*, da die beiden linken Nachbarzellen leer sind.

- In der Zelle *B15* kommt es für den ersten Zellbezug zu der Fehlermeldung *#BEZUG!*, den die Formel als Endwert zurückgibt.

- Nur in der Zelle *D9* ergibt sich ein sinnvolles Ergebnis, denn hier müssen tatsächlich die beiden Nachbarzellwerte multipliziert werden.

WICHTIG   Grundsatz: Die Zellbezüge haben sich beim Kopieren immer im Verhältnis zu ihrem jeweiligen Standort so verändert, dass der ursprüngliche Auftrag – der in der Formel verankert ist – an allen Standorten in der gleichen Art ausgeführt wird.

Ein Zellbezug, der diese Eigenschaften besitzt, wird als *relativer Bezug* bezeichnet (lat.: *relatio* = Verhältnis).

Relative Zellbezüge

In Formeln können Sie einen *relativen Bezug* als ein räumliches Verhältnis zwischen zwei Zellen ansehen. Die Betrachtung des räumlichen Verhältnisses erfolgt dabei immer von der Formelzelle aus. Der Bezug enthält also die Information, wie viele Spalten und wie viele Zeilen die Zelle von der

Formelzelle entfernt ist. Dieses räumliche Verhältnis – und nicht die buchstabengetreue Schreibweise eines Bezugs – wird beim Kopieren relativer Bezüge übertragen.

Die Formel in der Zelle *D4* der in Abbildung 6.19 gezeigten Tabelle liest sich vom Standort *D4* aus betrachtet so: »Nimm den Wert aus der Zelle zwei Spalten weiter links, gleiche Zeile (=*B4*) und multipliziere (=*B4**) mit dem Wert aus der Zelle eine Spalte weiter links, gleiche Zeile (=*B4*C4*)«.

Ganz deutlich wird das, wenn Sie einmal in den *Excel-Optionen* in der Kategorie *Formeln* das Kontrollkästchen *Z1S1-Bezugsart* aktivieren. Damit werden die Bezüge aller Formeln in einer Schreibweise angezeigt, welche die Bezüge als relative Adresse zur Formelzelle beschreibt. Aus der Formel

```
=B4*C4
```

in Zelle *D4* wird damit

```
=ZS(-2)*ZS(-1)
```

WICHTIG Grundsätzlich gilt beim Kopieren relativer Bezüge:

- Beim horizontalen Kopieren verändern sich die **Spaltenbezüge** im Verhältnis zum jeweiligen Standort.
- Beim vertikalen Kopieren verändern sich die **Zeilenbezüge** im Verhältnis zum jeweiligen Standort.

Kopieren durch Ausfüllen

Nachdem Sie sich die Kenntnisse über *relative Bezüge* angeeignet haben, benötigen Sie noch Methoden, mit denen Sie schnell Ihre Formeln kopieren können. Diese Möglichkeiten eröffnet Ihnen das so genannte *Ausfüllen*, das in Excel in einigen Variationen vorhanden ist.

Eine Formel ist schnell und effizient in einer bestimmten Reihenfolge zu kopieren. Gute Ergebnisse erzielen Sie mit dem Befehl *Ausfüllen*. Gehen Sie folgendermaßen vor:

1. Klicken Sie auf die Zelle, in der die zu kopierende Formel steht, und erweitern Sie von hier aus die Markierung in die jeweils gewünschte Richtung (nach unten, oben, rechts oder links), sodass neben der Formelzelle auch Zellen ohne Inhalt markiert sind.
2. Aktivieren Sie auf der Registerkarte *Start* in der Gruppe *Bearbeiten* und erweitern Sie den Befehl *Füllbereich*. Wählen Sie im Untermenü die gewünschte Ausfüllrichtung durch Anklicken aus. In dem in Abbildung 6.20 dargestellten Fall wird die Richtung *Unten* ausgewählt.

Für die beiden häufigsten Ausfüllrichtungen können Sie auch Tastenkombinationen benutzen: Sie füllen mit der Tastenkombination [Strg]+[U] nach unten und mit der Tastenkombination [Strg]+[R] nach rechts aus.

Abbildg. 6.20   Markierung bei der Ausfüllrichtung *Unten*

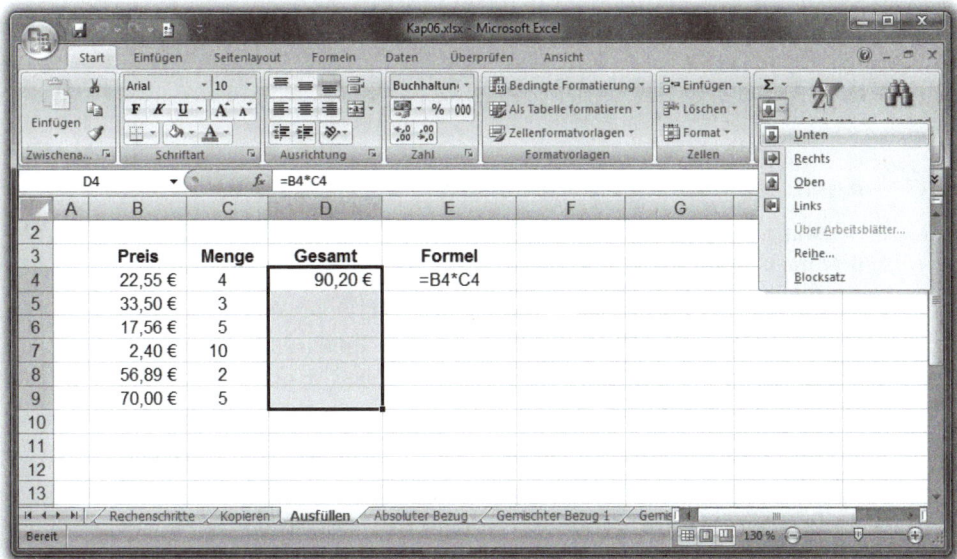

Bei der Formeleingabe ausfüllen

Wenn Sie bei der Formeleingabe bereits den genauen Bereich kennen, in den die Formel zu kopieren ist, können Sie die Formeleingabe und das Ausfüllen in einem Arbeitsgang durchführen:

1. Klicken Sie auf die Zelle, in welche die Formel eingetragen werden soll und erweitern Sie von hier aus die Markierung auf den Bereich, der die kopierte Formel enthalten soll. Es ist auch eine Mehrfachauswahl möglich.
2. Geben Sie die Formel in die aktive Zelle ein.
3. Schließen Sie die Formeleingabe mit der Tastenkombination [Strg]+[↵] ab. Dadurch wird der zuvor markierte Bereich mit der Formel ausgefüllt.

TIPP   Neu ist in Excel 2007 das automatische Ausfüllen in Tabellen. In diesem Kontext wird unter einer Tabelle ein benannter Bereich verstanden, in welchem Formatierungen und Formeln automatisch ergänzt werden. Mehr zu Tabellen und benannten Bereichen finden Sie in Kapitel 4 und 19.

Mit der Maus ausfüllen

Das Ausfüllen mit der Maus ist die einfachste und sehr wahrscheinlich auch die am weitesten verbreitete Form des Ausfüllens. Sie kennen diese Methode bereits aus Kapitel 4.

In der rechten unteren Ecke der aktiven Zelle oder eines markierten Bereichs finden Sie ein kleines Kästchen, das so genannte *Ausfüllkästchen*. Wenn Sie den Mauszeiger exakt auf dieses Ausfüllkästchen bewegen, wird dieser zu einem fettschwarzen Pluszeichen und signalisiert dadurch die Bereitschaft zum Ausfüllen. Ziehen Sie mit gedrückter linker Maustaste über den Bereich, in den die Formel kopiert werden soll.

> **HINWEIS** Sollten Sie beim Ausfüllen über die Zelle oder Zellen fahren, die die Formel enthält, wird diese grau dargestellt. Wenn Sie in diesem Augenblick die linke Maustaste loslassen, wird der Inhalt der Zelle oder Zellen, die grau abgeblendet sind, gelöscht.
>
> Sollte Ihnen dieses Missgeschick widerfahren, klicken Sie in der Symbolleiste für den Schnellzugriff auf die Schaltfläche *Rückgängig*.

Ausfüllen mit einem Doppelklick

Die pfiffigste Art des Ausfüllens ist das Ausfüllen mit einem Doppelklick. Dabei müssen Sie folgende Beschränkung beachten:

- Es kann nur vertikal von oben nach unten ausgefüllt werden.
- Sollten sich in der gleichen Spalte unmittelbar unterhalb der Zelle (deren Inhalt durch Ausfüllen kopiert werden soll) Zellen mit Formeln befinden, werden diese kommentarlos überschrieben.

Um angrenzende Zellen durch einen Doppelklick auszufüllen, verfahren Sie bitte wie folgt:

1. Setzen Sie die Markierung auf die Zelle, deren Formel in den unteren Bereich ausgefüllt werden soll.
2. Zeigen Sie auf das Ausfüllkästchen, bis der Mauszeiger als Pluszeichen dargestellt wird. Wenn Sie jetzt einen Doppelklick ausführen, wird nach den weiter oben geschilderten Methoden der Bereich mit der Formel ausgefüllt.

Verwenden Sie eines der angebotenen Verfahren zum Ausfüllen, um die Umsatztabelle aus Abbildung 6.20 zu vollenden.

Der Ausfüllbereich endet nach folgenden Maßgaben, wenn *Excel* in den unmittelbar angrenzenden Zellen keine Eingaben findet:

- Es wird so lange ausgefüllt, wie Excel in der gleichen Spalte, unmittelbar unterhalb der Zelle, weitere Zellen mit Inhalt findet. Diese Eingaben werden überschrieben.
- Wenn sich in der unmittelbar links angrenzenden Spalte Daten befinden, richtet sich der Ausfüllbereich nach den in der linken Spalte befindlichen Daten und endet in der gleichen Zeile. Die unmittelbar angrenzende rechte Spalte bleibt außer Betracht.
- Befinden sich ausschließlich in der angrenzenden rechten Spalte Daten, richtet sich der Ausfüllbereich nach den Daten in der rechten Spalte.

Absolute Zellbezüge

Unter einem *absoluten Bezug* wird ein Zellbezug verstanden, der sich beim Kopieren oder Ausfüllen nicht verändert. Sie benötigen derartige Bezüge, um stets auf eine ganz bestimmte Zelle zu verweisen und mit dem dort vorhandenen Wert zu rechnen.

Hierzu ein Beispiel: Sie möchten in einer Tabelle die in verschiedenen Rechnungsbeträgen enthaltene Mehrwertsteuer berechnen, wobei der anzuwendende Mehrwertsteuersatz zentral in einer einzigen Zelle gepflegt wird. Die einmal entwickelte Formel soll kopierbar sein.

Die eingegebene Formel in der Zelle *C5* berechnet einwandfrei die im aufgeführten Preis (in *B5*) enthaltene Mehrwertsteuer. Die Formel lautet:

```
=B5*D2/(1+D2)
```

Wenn Sie diese Formel nun in der Spalte nach unten ausfüllen und/oder von der Zelle *C5* nach *E5* kopieren, erhalten Sie durch das Verändern der relativen Zellbezüge unbrauchbare Ergebnisse.

In der Zelle *C7* liefert die Formel gar den Fehlerwert *#WERT!*. In der Zelle *D4* ist der Text »Preis:« zu finden, was zum Fehlerwert führt. Excel kennzeichnet fehlerhafte Zellen und bietet über das neben der Zelle angezeigte Symbol seine Hilfe an (siehe Abbildung 6.21).

Ein Fehler ergibt sich auch, wenn Sie die Formel von *C5* nach *E5* kopieren. Der Auftrag im Sinne eines relativen Zellbezugs wurde korrekt kopiert:

```
=D5*F2/(1+F2)
```

Aber: Die Zelle *F2* ist leer und enthält nicht, wie erforderlich, die darin enthaltene Mehrwertsteuer.

Abbildg. 6.21 Tabelle mit der aus Zelle *C5* ausgefüllten bzw. kopierten Formel

	A	B	C	D	E	F	G
2			MWSt.:	19%			
3							
4		Preis	MWSt.-Betrag	Preis	MWSt.-Betrag		
5		348,00 €	55,56 €	500,00 €	- €		Nicht kopierbar
6		980,00 €	- €	344,88 €	- €		(relativ)
7		234,50 €	#WERT!	2.500,00 €	- €		
8		68,00 €	67,86 €	348,90 €	- €		
9		1.510,69 €	1.506,32 €	23,50 €	- €		
10		70,00 €	69,97 €	100,00 €	- €		
11							
12							
13							
14		Preis	MWSt.-Betrag	Preis	MWSt.-Betrag		
15		348,00 €	55,56 €	500,00 €	79,83 €		Kopierbar
16		980,00 €	156,47 €	344,88 €	55,06 €		(absolut)
17		234,50 €	37,44 €	2.500,00 €	399,16 €		
18		68,00 €	10,86 €	348,90 €	55,71 €		
19		1.510,69 €	241,20 €	23,50 €	3,75 €		
20		70,00 €	11,18 €	100,00 €	15,97 €		
21							

Wenn Sie den Auftrag, der in der Formel der Zelle *C5* steckt, analysieren, kommen Sie zu dem Schluss, dass der Bezug auf den Mehrwertsteuersatz unveränderbar sein muss.

Diese Unveränderbarkeit wird erreicht, indem Sie vor den Spalten- (*D*) und den Zeilenbezug (*2*) ein Dollarzeichen (*$*) setzen. Ein derartiger Zellbezug wird beim Kopieren oder Ausfüllen nicht verändert und in Excel als *absoluter Bezug* bezeichnet.

WICHTIG Das Bezugselement (Spalten- oder Zeilenbezug), vor dem das Dollarzeichen steht, wird beim Kopieren nicht verändert. Beim absoluten Zellbezug steht das Dollarzeichen vor dem Spalten- **und** Zeilenbezug, also beispielsweise: *$D$2*.

In der Beispieltabelle von Abbildung 6.21 muss demnach die Formel in der Zelle *C5* wie folgt lauten:

```
=B5*$D$2/(1+$D$2)
```

Wenn Sie mit dieser Formel, ausgehend von der Zelle *C5*, den Bereich ausfüllen und diese Formel in die Spalte *E* kopieren, erhalten Sie in der gesamten Tabelle jeweils das korrekte Ergebnis (siehe Abbildung 6.21 unten).

Gemischte Zellbezüge

Als dritte Bezugsform kennt Excel den *gemischten Bezug*, der – wie der Name schon sagt – eine Mischform aus *relativem* und *absolutem Bezug* darstellt.

Hierzu ein Beispiel: Sie wollen eine Tabelle erstellen, aus der die Entfernungsentgelte für Transportwege abgelesen werden können. Dabei sollen die Kilometerangaben sowie die Europreise pro Kilometer frei veränderbar sein, damit im Falle einer Veränderung die Tabelle sofort die neuen Entgelte anzeigt.

Abbildg. 6.22   Tabelle zum Berechnen von Entfernungsentgelten

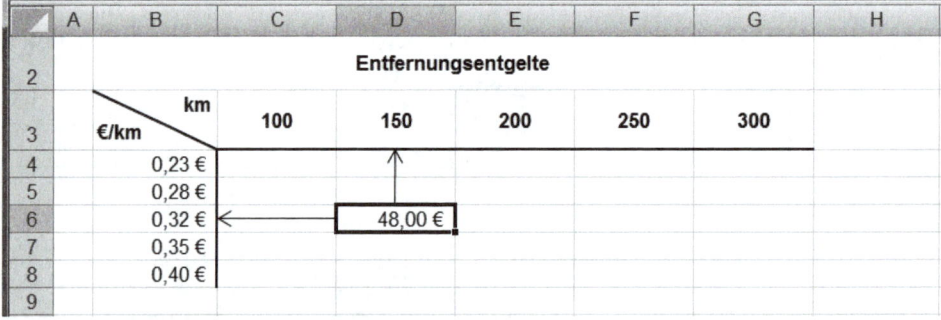

Die Rechenmethode ist im Prinzip klar. In der Bearbeitungsleiste der Tabelle in Abbildung 6.22 sehen Sie die Formel für die Zelle *D6*: =B6*D3. In *C4* müsste sie entsprechend lauten: =B4*C3. Keine der Formeln ist jedoch sinnvoll kopierbar. Sicher ahnen Sie schon, dass es nicht nötig ist, die Formel für jede Zelle neu zu entwickeln.

Sie müssen die Anpassung des Spaltenbezugs für den Wert *€/km* sperren, um die Formel **horizontal** kopieren zu können und trotzdem die Werte immer aus der Spalte *B* einzulesen. Der Zeilenbezug für den Wert *€/km* muss relativ bleiben, damit er beim vertikalen Kopieren angepasst wird. Wenn Sie die Formel in Zelle *C4* aufbauen, lautet der Zellbezug, der diese Anforderungen erfüllt, $B4.

Für den Bezug auf die Kilometerangaben verhält es sich genau umgekehrt: Der Spaltenbezug muss relativ bleiben, während der Zeilenbezug durch das $-Zeichen gesperrt werden muss. Damit bleibt der Bezug auf die Zeile beim **vertikalen** Kopieren unverändert, während beim horizontalen Kopieren die Spaltenbezüge angepasst werden. Aus dieser Überlegung ergibt sich die Schreibweise C$3.

Somit ergibt sich bei der Beispieltabelle für die Zelle *C4* folgende Formel:

```
=$B4*C$3
```

Tragen Sie diese Formel in die Zelle *C4* ein und kopieren Sie die Formel nach rechts und nach unten. Sie werden immer die korrekten Ergebnisse erzielen.

Abbildg. 6.23   Korrekt rechnende Tabelle mit gemischten Bezügen

A	B	C	D	E	F	G	H
2			Entfernungsentgelte				
3	€/km	km	100	150	200	250	300
4		0,23 €	=$B4*C$3	34,50 €	46,00 €	57,50 €	=$B4*G$3
5		0,28 €	28,00 €	42,00 €	56,00 €	70,00 €	84,00 €
6		0,32 €	32,00 €	48,00 €	64,00 €	80,00 €	96,00 €
7		0,35 €	35,00 €	52,50 €	70,00 €	87,50 €	105,00 €
8		0,40 €	=$B8*C$3	60,00 €	80,00 €	100,00 €	=$B8*G$3
9							

WICHTIG   Grundsatz: Bei einem gemischten Bezug ist der Bezugsteil (Spalten- oder Zeilenbezug), vor dem das Dollarzeichen steht, gesperrt und beim Kopieren unveränderbar. Vereinfacht können Sie sich merken:

- Möchten Sie immer Werte aus einer bestimmten Spalte übernehmen, muss der **Spaltenbezug** durch das Dollarzeichen gesperrt werden.

- Möchten Sie immer Werte aus einer bestimmten Zeile übernehmen, muss der **Zeilenbezug** durch das Dollarzeichen gesperrt werden.

PROFITIPP

Mit der Taste [F4] können Sie die Bezugsart ändern. Markieren Sie den Zellbezug in der Bearbeitungszeile und drücken Sie mehrmals die Taste [F4]. Mit jedem Tastendruck ändert sich die Schreibweise (Relativ – Absolut – Gemischt usw.). Dieser Tipp funktioniert auch in anderen Eingabefeldern, z.B. bei der Definition von Bereichsnamen oder im Dialogfeld *Bedingte Formatierung*.

Hilfreiche Einfügen-Optionen

Wenn Sie einen Bereich kopieren und an anderer Stelle einfügen, wird die Schaltfläche *Einfügen-Optionen* angezeigt. Wie aus Abbildung 6.24 hervorgeht, sind hierüber die häufigsten Befehle im Zusammenhang mit dem Kopiervorgang zu erreichen.

Stört Sie die Anzeige der zusätzlichen Schaltflächen, können Sie diese über die *Excel-Optionen* in der Kategorie *Erweitert* im Abschnitt *Ausschneiden, kopieren und einfügen* ausschalten.

Die hinter diesen Schaltflächen steckende Technologie der Smarttags ist Ihnen bereits in Kapitel 4 beim Auto-Ausfüllen und der AutoKorrektur begegnet.

Abbildg. 6.24   Wählen Sie über die *Einfüge-Optionen* den Inhalt für den Zielbereich aus

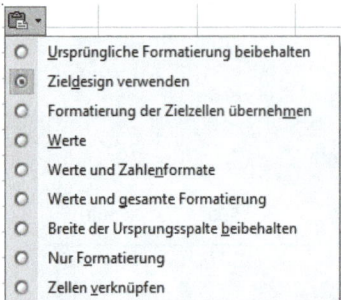

Beispiele für die verschiedenen Bezugsarten sowie eine Auswahl an Lösungen für Alltagsaufgaben der Prozentrechnung finden Sie auf der CD-ROM zu diesem Buch im Ordner \Buch\Kap06 in der Arbeitsmappe *Kap06.xlsx*.

Mit Datums- und Zeitwerten rechnen

Für die unterschiedlichsten Aufgaben muss häufig auch mit Datums- und Zeitwerten gerechnet werden. Excel ist auch dafür gut gerüstet.

Datumsunterschiede berechnen

In Excel können Unterschiede zwischen *Datumswerten* kalendergenau in der Zeit vom 01. Januar 1900 bis zum 31. Dezember 9999 berechnet werden.

Beachten Sie hierbei, dass Excel sämtliche Datumswerte als so genannte fortlaufende Zahl ablegt. Hierbei hat das Datum vom 01. Jan. 1900 die fortlaufende Zahl 1 und der 31. Dez. 9999 die fortlaufende Zahl 2.958.465. Damit ist es einfach, durch Addition oder Subtraktion entsprechende Differenzen zu berechnen. Neben lustigen Geburtstagsberechnungen benötigen Sie diese Funktionalität z.B. zur exakten Berechnung von taggenauen Zinsen.

Hierzu ein Beispiel: Sie möchten berechnen, seit wie viel Tagen Deutschland wieder vereinigt ist. Die Wiedervereinigung fand am 03. Oktober 1990 statt. Weiterhin wollen Sie Ihr persönliches Alter in Tagen auf den heutigen Tag genau berechnen (Abbildung 6.25).

Bei der Subtraktion von Datumswerten müssen Sie nun nicht mehr zwingend darauf achten, dass Sie stets von der größeren fortlaufenden Zahl subtrahieren. Neu in Excel 2007 ist die geänderte Berechnung von Datumsdifferenzen. Sie können nun auch einen höheren Datumswert von einem niedrigeren abziehen, Sie erhalten dann eine negative Anzahl an Tagen.

Verschieben und Kopieren von Formeln

Abbildg. 6.25 Berechnung von Datumsdifferenzen

	A	B	C	D	E	F	G	H
1		**Datumswerte berechnen**						
2			Wiedervereinigung					
3		Datum	heutiges Datum	Tage		Formel		
4		03.10.1990	12.11.2006	5.884	←	=C4-B4		
5		03.10.1990	12.11.2006	-5.884	←	=B5-C5	Neu!	
6								
7			Alter in Tagen					
8		Geburtstag	heutiges Datum	Tage				
9		08.01.1960	12.11.2006	17.110	←	=C9-B9		
10		08.01.1960	12.11.2006	-17.110	←	=B10-C10	Neu!	
11								
12			Datumsaddition					
13		Ausgangsdatum	Tage hinzufügen	Enddatum				
14		12.11.2006	520	15.04.2008	←	=B14+C14		
15		12.11.2006	-520	10.06.2005	←	=B15+C15		
16								

Ebenso können Sie zu Datumswerten Tage hinzufügen. Dies ist beispielsweise dann notwendig, wenn Sie von einem Rechnungsdatum ausgehend ein Zahlungsziel berechnen möchten. Hierbei addieren Sie einem Datumswert einfach die Anzahl an Tagen hinzu, die das zukünftige Datum festlegen sollen (Abbildung 6.25).

Mit Uhrzeiten rechnen

Unterschiede in Stundenwerten lassen sich ebenfalls gut in Excel berechnen. Hierbei müssen Sie beachten, dass die Uhrzeit als Dezimalbruch eines Tages in Excel hinterlegt ist. So entspricht die fortlaufende Zahl 0,5 der Uhrzeit 12:00 Uhr mittags. Analog hierzu entsprechen die fortlaufenden Zahlen 0,25 der Uhrzeit 6:00 Uhr und 0,75 der Uhrzeit 18:00 Uhr.

Bei der Berechnung der Zeitdifferenz müssen Sie darauf achten, dass Sie immer von der größeren fortlaufenden Zahl subtrahieren. Leider erkennt Excel nicht wie bei den Datumswerten, wie diese Aufgabe zu lösen ist. Schauen Sie sich dazu das Beispiel in Abbildung 6.26 an.

Abbildg. 6.26 Berechnung von Arbeitszeiten mit Excel

	A	B	C	D	E	F	G	H	I
2			Stundenabrechnung						
3		Kommt	Geht	Arbeitszeit					
4		08:00	17:15	09:15	←	=C4-B4			
5		09:00	15:00	06:00					
6		07:30	16:15	08:45					
7		09:25	15:50	06:25					
8			Summe	30:25	←	=D4+D5+D6+D7			
9									
10		22:00	05:00	########	←	=C10-B10			
11				Datumswerte und Zeiten, die negativ oder zu lang sind, werden als #### dargestellt.					
12									

Bei dieser Abrechnung ist die Summe der zuvor berechneten Arbeitszeiten größer als ein Tag (>24 Stunden). Das stellt besondere Ansprüche an das Zahlenformat der Zelle *D8*. Bitte informieren Sie sich hierüber ergänzend in den Kapiteln 9 und 10.

Weitere Beispiele zur Datums- und Zeitrechnung finden Sie in Kapitel 15.

Formeln analysieren

Beim Bearbeiten von Formeln werden im so genannten *Bearbeitungsmodus* zur besseren Übersicht alle Zellen und Bereiche, auf die sich die Formel bezieht, farbig angezeigt und von einem gleichfarbigen Rahmen umgeben. Dadurch können Sie den jeweiligen Bezug sehr einfach den zugehörigen Zellen zuordnen.

In den *Bearbeitungsmodus* gelangen Sie entweder, indem Sie auf die Zelle, die eine Formel enthält, einen Doppelklick ausführen, oder indem Sie die Zelle, welche die Formel enthält, markieren und dann die F2 -Taste drücken.

Die Formelüberwachung einsetzen

Das Hervorheben der Beziehungen zwischen den Zellen wird durch die *Formelüberwachung* auf der Registerkarte *Formeln* besonders gut dargestellt.

Hierzu ein Beispiel: Sie müssen überprüfen, aus welchen Zellen die Dreisatz-Formel in Abbildung 6.27 den neuen Seitenumfang berechnet.

Mit der *Formelüberwachung* schrumpft diese Arbeit auf wenige Mausklicks zusammen und wird grafisch einwandfrei gelöst – wie in Abbildung 6.27 zu sehen ist. Markieren Sie die betreffende Formelzelle und wählen Sie die Befehlsfolge *Formelüberwachung/Spur zum Vorgänger*.

Abbildg. 6.27   Die *Spur zum Vorgänger* zeigt die Bezüge der Formelzelle an

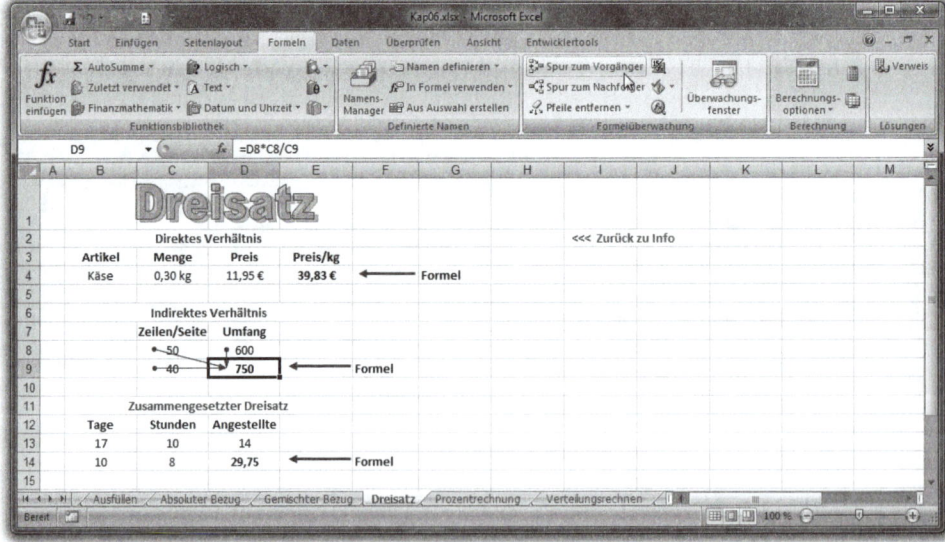

Formeln analysieren

Durch Spurpfeile wird der Fluss von Werten und Formelergebnissen in einem Tabellenblatt angezeigt. Damit können Sie so genannte *Vorgänger* (Zellen, auf die sich der Bezug einer Formel bezieht) oder *Nachfolger* (Zellen, die einen Bezug zu anderen Zellen besitzen) aufspüren und anzeigen lassen.

HINWEIS Um die Spurpfeile der Formelüberwachung anzuzeigen, müssen Sie nach Aufruf der *Excel-Optionen* in der Kategorie *Erweitert* die folgenden Einstellungen beachten: In der Gruppe *Objekte anzeigen als* muss *Alle* ausgewählt sein. Ist das Optionsfeld *Nichts (Objekte ausblenden)* aktiviert, werden die Spurpfeile der Formelüberwachung nicht angezeigt, der Befehl *Spur zum Fehler* ist nicht verfügbar.

Daten- und Formelfluss verfolgen

Angenommen, Sie wollen herausfinden, aus welchen Zellen bzw. Zellergebnissen sich die Formel einer bestimmten Zelle zusammensetzt.

Mit der *Formelüberwachung* können Sie den Fluss von Formeln und Daten verfolgen. Gehen Sie dazu wie folgt vor:

1. Markieren Sie die Zelle, von deren Position aus die Überprüfung erfolgen soll. In dieser Zelle kann eine Formel enthalten sein bzw. eine Formel kann auf diese Zelle Bezug nehmen oder eine Fehlermeldung beinhalten.
2. Auf der Registerkarte *Formeln* wählen Sie den Befehl *Formelüberwachung* aus. Im Untermenü des Befehls bestimmen Sie dann Näheres:

   - *Spur zum Vorgänger*: Wenn Sie den Befehl zum ersten Mal aufrufen, werden Spuren zu allen Zellen gelegt, die unmittelbar in den Bezügen der Formel verwendet werden. Wählen Sie den Befehl erneut, wenn zusätzlich die nächste Vorgängerebene angezeigt werden soll.

   - *Spur zum Nachfolger*: Wenn Sie Spuren zu den Zellen legen möchten, die entweder von dem Wert oder vom Ergebnis dieser Zelle abhängig sind, wählen Sie diesen Befehl aus. Wenn Sie die nächste Nachfolgerebene sehen möchten, müssen Sie den Befehl erneut auswählen.

   - *Fehlerüberprüfung/Spur zum Fehler*: Wenn die markierte Zelle eine Fehlermeldung enthält, können Sie ggf. eine Spur zu jener Zelle legen, die die Ursache für den Fehler enthält. Spuren zu Fehlerzellen werden standardmäßig in Rot gelegt. Sollte die markierte Zelle für diesen Befehl nicht geeignet sein, erhalten Sie einen entsprechenden Hinweis durch das Programm.

   - *Pfeile entfernen*: Durch diesen Befehl entfernen Sie alle zuvor gelegten Spuren.

Abbildg. 6.28 Spuren zu den Vorgängerzellen auf zwei Ebenen

Zeigt der Spurpfeil auf eine Formel, geschieht dies mit einer durchgehend blauen Linie (siehe Abbildung 6.28). Zellbereiche, die in Formeln verwendet werden, sind dann blau eingerahmt.

Sollten sich mehrere Fehler in einer Spur befinden, hält die Formelüberwachung an und lässt Sie die weitere Vorgehensweise festlegen.

Wenn eine Spur zu einem externen Bezug (z.B. eine andere Tabelle in gleicher Arbeitsmappe) angezeigt wird, ist deren Linie schwarz und zeigt auf ein Symbol.

Die Fehlerüberprüfung hilft

In einem Tabellenblatt erscheinen nicht die erwarteten Berechnungsergebnisse. Sie wollen feststellen, ob bei den Daten oder Formeln Fehler vorliegen.

Starten Sie die Fehlerüberprüfung, indem Sie auf der Registerkarte *Formeln* den Befehl *Formelüberwachung/Fehlerüberprüfung* aufrufen. Es erscheint das Dialogfeld für den ersten gefundenen Fehler (siehe Abbildung 6.29). Sie entscheiden über die nächsten Schritte.

Alternativ können Sie auch auf Zellen mit dem grünen Fehlerindikator in der linken oberen Ecke und dann auf das daneben erscheinende Achtungssymbol klicken. Im Dialogfeld *Fehlerüberprüfung* wählen Sie die weiteren Schritte, z.B. *Berechnungsschritte anzeigen*.

Abbildg. 6.29 Im Fehlerüberprüfungsmodus werden alle fehlerhaften Formeln und Daten untersucht

Ein weiteres Beispiel: Am Ende einer Reihe von aufeinander aufbauenden Berechnungsschritten erscheint ein nicht erwartetes Ergebnis. Sie wollen während der Manipulation der Ausgangsdaten alle Zwischenberechnungen beobachten. Gehen Sie wie folgt vor:

1. Wählen Sie auf der Registerkarte *Formeln* in der Gruppe *Formelüberwachung* den Befehl *Überwachungsfenster*. Es erscheint das Dialogfeld *Überwachungsfenster* (siehe Abbildung 6.30).
2. Klicken Sie auf die Schaltfläche *Überwachung hinzufügen* und wählen Sie die erste Zelle mit einer Zwischenberechnung aus. Klicken Sie dann auf *Hinzufügen*.

Formeln analysieren

3. Verfahren Sie so mit allen weiteren Zwischenberechnungszellen.
4. Manipulieren Sie nun die Ausgangswerte. Im *Überwachungsfenster* (Abbildung 6.30) sehen Sie, wie sich die Zwischenberechnungen verhalten.

Abbildg. 6.30   Im Überwachungsfenster beobachten Sie den Inhalt ausgewählter Zellen

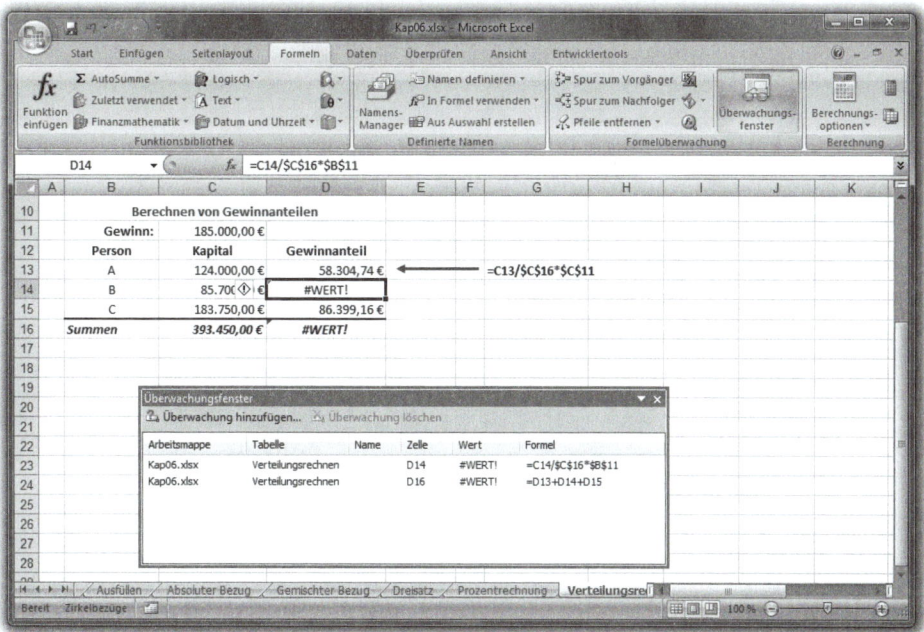

Wird das Fenster nicht benötigt, schließen Sie es durch einen Klick auf den Befehl *Überwachungsfenster* oder die Schaltfläche *Schließen* des Überwachungsfensters. Die zu überwachenden Zellen bleiben Ihnen erhalten. Sie sehen dies, wenn Sie später das Fenster wieder einblenden.

PROFITIPP

Dem Überwachungsfenster können Sie auch Formeln verschiedener geöffneter Arbeitsmappen hinzufügen. Wird eine Mappe geschlossen, die im Überwachungsfenster eingetragen ist, wird dieser Bezug aus dem Fenster gelöscht. Solange allerdings alle Bezüge im Überwachungsfenster eingetragen sind, können Sie schnell zwischen den Bereichen hin und her wechseln, indem Sie im Überwachungsfenster doppelt auf die Bereiche klicken.

Das Überwachungsfenster wird normalerweise als Fenster im Bereich der Excel-Tabelle angezeigt und kann dort frei positioniert werden. Sie können es aber auch oberhalb der Bearbeitungsleiste verankern. Gehen Sie dazu wie folgt vor:

1. Klicken Sie mit der linken Maustaste auf die Titelleiste des Überwachungsfensters und halten Sie die Maustaste gedrückt.
2. Ziehen Sie das Überwachungsfenster auf den Bereich oberhalb der Bearbeitungsleiste und lassen Sie die Maustaste los.
3. Um das Überwachungsfenster wieder frei zu positionieren, ziehen Sie das Überwachungsfenster an der Titelleiste wieder in die Tabelle.

Abbildg. 6.31 Das Überwachungsfenster über der Bearbeitungsleiste verankern

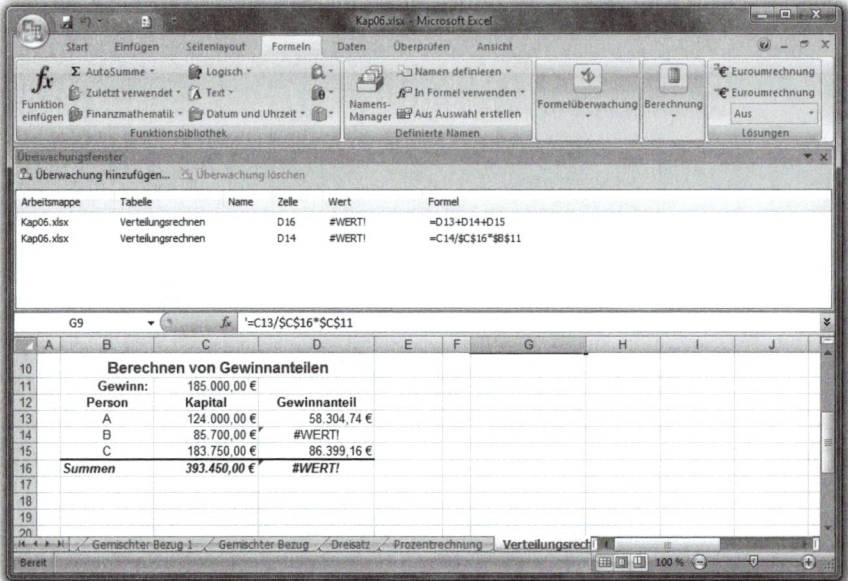

Formeln schrittweise auswerten

Gerade bei der Fehlersuche ist die Formelauswertung besonders interessant. Dieses Leistungsmerkmal von Excel zeigt schrittweise die Lösung der Formel an.

Markieren Sie eine Formelzelle, aktivieren Sie die Registerkarte *Formeln* und wählen dann den Befehl *Formelüberwachung/Formelauswertung*. Im nun geöffneten Dialogfeld (siehe Abbildung 6.32) lösen Sie mit Hilfe der Schaltflächen *Einzelschritt* bzw. *Prozedurschritt* die Formel auf. Auf diese Art und Weise finden Sie auch schnell heraus, ob in Teilen der Formel ein Denkfehler steckt. Solche Fehler werden von Excel nicht gefunden, führen aber trotzdem zu falschen Ergebnissen.

Abbildg. 6.32 In der Formelauswertung sehen Sie, wie Excel eine Formel auflöst. Der jeweils unterstrichene Teil wird als Nächstes ausgewertet.

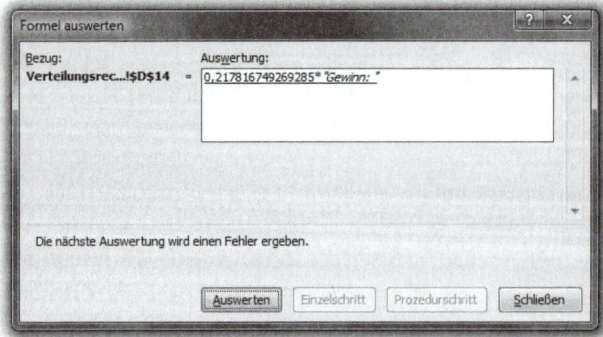

> **HINWEIS** Das Verhalten von Excel bezüglich der Fehler- und Formelüberwachung steuern Sie über die *Excel-Optionen* mit den Einstellungen in der Kategorie *Formeln*. Suchen Sie dort nach der Gruppe *Regeln für die Fehlerüberprüfung*.

Mit Matrixformeln ganze Bereiche berechnen

Um eine *Matrixformel* verstehen zu können, betrachten Sie zunächst die Arbeitsweise einer normalen *Einzelwertformel*. Eine Einzelwertformel erzeugt ein Ergebnis aus mehreren Operanden. Beispielsweise erzeugt die Formel =B3-C3 die Differenz der beiden angegebenen Zellen. Vergleichen Sie hierzu auch die Abbildung 6.33. Dagegen erzeugt die Matrixformel {=G3:G8-H3:H8} eine Menge von insgesamt sechs Ergebnissen, in diesem Fall jedes Mal die Differenz der beiden benachbarten Zellen.

Abbildg. 6.33   Gegenüberstellung einer Einzelwert- und Matrixformel

	A	B	C	D	E	F	G	H	I
1		\multicolumn{3}{c}{Einzelwertformel}			\multicolumn{3}{c}{Matrixformel}	
2		Einnahmen	Ausgaben	Gewinn			Einnahmen	Ausgaben	Gewinn
3	Januar	12.000 €	900 €	=B3-C3		Januar	12.000 €	900 €	{=G3:G8-H3:H8}
4	Februar	13.500 €	1.050 €	=B4-C4		Februar	13.500 €	1.050 €	{=G3:G8-H3:H8}
5	März	13.000 €	980 €	=B5-C5		März	13.000 €	980 €	{=G3:G8-H3:H8}
6	April	14.600 €	1.100 €	=B6-C6		April	14.600 €	1.100 €	{=G3:G8-H3:H8}
7	Mai	12.800 €	14.000 €	=B7-C7		Mai	12.800 €	14.000 €	{=G3:G8-H3:H8}
8	Juni	13.900 €	950 €	=B8-C8		Juni	13.900 €	950 €	{=G3:G8-H3:H8}
9									

Bei der *Einzelwertformel* werden die Formeln durch *relative Bezüge* gebildet, die sich durch Ausfüllen in der Spalte von Zeile zu Zeile verändern. Dagegen ist die *Matrixformel* im gesamten Bereich (*Matrix*) gleich. Dennoch werden von Zeile zu Zeile unterschiedliche Ergebnisse gebildet.

Da eine Matrixformel mehrere Ergebnisse liefern kann, können Sie – gegenüber der Eingabe gleicher Formeln – Zeit sparen. Allerdings benötigt eine Matrixformel mehr Speicher als die entsprechenden Einzelwertformeln.

> **WICHTIG** Eine Matrixformel erkennen Sie an den geschweiften Klammern {}, die die Formel einschließen. Die geschweiften Klammern sind nicht von Hand einzugeben! Um eine Formel als Matrixformel einzugeben, müssen Sie die Eingabe mit der Tastenkombination [Strg]+[⇧]+[↵] beenden. Dabei setzt Excel geschweifte Klammern dann automatisch um die Matrixformel.

Hierzu ein Beispiel: In einem Rechnungsformular für Bürobedarf möchten Sie die Gesamtpreise mit einer einzigen Formel berechnen (siehe Abbildung 6.34). Die Gesamtpreise sind durch die Multiplikation der Menge (Spalte *D*) mit dem Einzelpreis (Spalte *E*) zu bilden.

Kapitel 6 Berechnungen durchführen

Abbildg. 6.34 Einfaches Rechnungsformular, das durch eine Matrixformel die Gesamtpreise ausgibt

Nr.	Bezeichnung	Menge	E-Preis	Gesamt
1	Bleistifte, weich	10	0,89 €	8,90 €
2	Zeichenblock A4, weiß	5	1,76 €	8,80 €
3	Schreibblock A4, liniert	5	1,98 €	9,90 €
4	Tintenpatrone, blau	100	0,02 €	2,00 €
5	Satz Farbstifte, 10 Stck.	3	2,45 €	7,35 €

Rechnungsliste - Bürobedarf

F4 = {=D4:D8*E4:E8}

Gehen Sie zur Lösung wie folgt vor:
1. Markieren Sie den Bereich von *F4* bis *F8*.
2. Tippen Sie ein Gleichheitszeichen (=) ein.
3. Markieren Sie mit Hilfe der Maus den Bereich von *D4* bis *D8*. *Excel* schreibt mit:

```
=D4:D8
```

4. Geben Sie ein Sternchen (*) für die Multiplikation ein.
5. Markieren Sie mit Hilfe der Maus den Bereich von *E4* bis *E8*. *Excel* schreibt mit:

```
=D4:D8*E4:E8
```

6. Beenden Sie die Formeleingabe mit der Tastenkombination [Strg]+[⇧]+[↵].

Durch die Verwendung der Tastenkombination [Strg]+[⇧]+[↵] hat die Formel jetzt folgendes Aussehen:

```
{=D4:D8*E4:E8}
```

Jetzt wird durch die Matrixformel in jeder Zeile der korrekte Gesamtpreis angezeigt.

Probieren Sie dieses Beispiel selbst aus. Sie finden das Übungsblatt *Matrix II* auf der CD-ROM zu diesem Buch im Ordner *\Buch\Kap06* in der Arbeitsmappe *Kap06.xlsx*.

Mehr zum Thema Matrixformeln finden Sie in Kapitel 15.

Bearbeiten von Matrixformeln

Zwischen der Bearbeitung einer *Einzelwertformel* und dem Bearbeiten von *Matrixformeln* gibt es gewichtige Unterschiede. Beim Bearbeiten einer Matrixformel ist immer die **gesamte** Matrixformel betroffen und damit auch der gesamte Bereich. Dies bedeutet, dass Sie nicht einen Teil (eine Zelle) ändern können. Folgende Operationen sind nicht möglich:

- Abändern des Inhalts einer einzigen Zelle.
- Löschen oder Verschieben von Zellen, die Teil einer Matrix sind.
- Einfügen von Zellen, Zeilen oder Spalten in eine bestehende Matrix.

Sollten Sie dennoch versuchen, eine dieser Operationen durchzuführen, erhalten Sie eine Fehlermeldung.

TIPP Wenn Sie nicht genau wissen, wo der Bereich einer Matrixformel beginnt bzw. endet, gehen Sie wie folgt vor:

1. Markieren Sie eine Zelle, die der Matrix angehört.
2. Rufen Sie über die Taste `F5` den Befehl *Gehe zu* auf.
3. Klicken Sie im Dialogfeld *Gehe zu* auf die Schaltfläche *Inhalte*.
4. In dem folgenden Dialogfeld wählen Sie die Option *Aktuelles Array* aus und beenden die Eingabe mit *OK*. Hierdurch wird die Matrix markiert, in der sich die markierte Zelle befindet.

Während sich die Inhalte einer Matrix nur geschlossen bearbeiten lassen, können Sie jede Zelle einzeln markieren und nach Ihren Wünschen formatieren.

Auch wenn der Einsatz von Matrixformeln an dieser Stelle für Einsteiger schon einige Probleme bereitet und etwas »akademisch« erscheint: Im weiteren Verlauf dieses Buches werden Ihnen die Matrixformeln immer wieder begegnen. Die dort gezeigten Beispiele werden Ihnen helfen, das Thema noch besser zu verstehen.

Zusammenfassung

Auch wenn Sie nicht zu dem Teil der Bevölkerung zählen, welcher der Mathematik (wenigstens etwas) Begeisterung abringen kann, so haben Sie in diesem Kapitel bereits gemerkt, dass Excel ein großes Potenzial für den Aufbau verschiedener Formeln hat. Die Verwendung unterschiedlicher Bezüge erlaubt den Aufbau von Formeln, die sich einfach und schnell kopieren lassen. So bleibt den Nicht-Mathematikern wenigstens der Trost, sich nur einmal plagen zu müssen.

Frage	Antwort
Welche Operatoren sind in Excel verfügbar?	Excel kennt die mathematischen und booleschen Operatoren. Mehr dazu ab Seite 250.
Wie kann ich die Reihenfolge in Berechnungen kontrollieren?	Wie Sie mit Klammern die Reihenfolge der Berechnung kontrollieren können, finden Sie auf Seite 252 beschrieben.
Welche Bezugsarten gibt es?	Wie Sie Bezüge in Formeln eingeben können, ist auf Seite 254 erläutert.

Kapitel 6 — Berechnungen durchführen

Frage	Antwort
Wie kann ich einen Bezug zu einem anderen Blatt aufbauen?	Geben Sie ein Gleichheitszeichen ein und wechseln Sie auf das andere Blatt. Klicken Sie dann auf die gewünschte Zelle. Mehr dazu auf Seite 254.
In einer sehr großen Tabelle dauert das Eintragen von Formeln sehr lange, weil ständig alle Werte neu berechnet werden. Kann ich das irgendwie unterbinden?	Normalerweise führt Excel eine Neuberechnung durch, wenn eine Formel eingetragen wird oder wenn sich ein Argument einer Formel ändert. Ab Seite 260 finden Sie Hinweise, wie Sie die Neuberechnung kontrollieren können.
Ich möchte wissen, welche Fehlerwerte es in Tabellen gibt.	Auf Seite 262 finden Sie die Fehlerwerte, die Excel in dem Fall zurückgibt, wenn eine Formel nicht mit den richtigen Argumenten verwendet wird.
Was ist eigentlich ein Zirkelbezug?	Ein Zirkelbezug ist ein Bezug, der dazu führt, dass eine Formel und ein verwendetes Argument in der gleichen Zelle stehen. Mehr dazu auf Seite 265.
Ich möchte Formeln verschieben und kopieren. Welche Markierungstechniken gibt es und was muss ich beachten?	Zahlreiche Markierungstechniken mit der Maus und der Tastatur finden Sie auf Seite 266.
Ich möchte wissen was hinter relativen Bezügen steckt.	Relative Bezüge werden beim Kopieren an die jeweilige Zeile und Spalte angepasst. Mehr dazu ab Seite 271.
Was sind absolute Bezüge und wann setze ich diese ein?	Ein absoluter Bezug wird unter Verwendung des Dollarzeichens »$« aufgebaut. Er wird beim Verschieben und Kopieren nicht an die Zielzelle angepasst. Mehr dazu auf Seite 274.
Kann Excel mit Zeit- und Datumswerten rechnen?	Excel betrachtet Datumswerte als serielle und Zeitwerte als Dezimalzahl. Mit beiden kann Excel umgehen, wie Sie auf Seite 278 sehen.
Ich habe eine komplexe Formel aufgebaut, die nicht das gewünschte Ergebnis liefert. Wie kann ich die Auswertung prüfen?	Sie können Formeln schrittweise auswerten und damit das Ergebnis einzelner Teile überprüfen. Mehr dazu auf Seite 284.
Was ist eine Matrixformel und wie gebe ich diese ein?	Wenn Sie eine Matrixformel eingeben wollen, müssen Sie die Eingabe mit der Tastenkombination [Strg]+[Alt]+[↵] abschließen. Mehr dazu auf Seite 285.

Kapitel 7

Funktionen einsetzen

In diesem Kapitel:

Die Funktion *SUMME*	290
Wie funktionieren Funktionen eigentlich?	291
Mit der automatischen Summenfunktion arbeiten	297
Eingeben von Funktionen	302
Mit Bezugsoperatoren arbeiten	309
Mit dem Textoperator Zeichenfolgen verketten	313
Mathematische Funktionen einsetzen	314
Umrechnen in andere Maßsysteme	321
Alles ganz logisch	322
Mit Datums- und Zeitfunktionen rechnen	325
HEUTE- und *JETZT*-Funktion	325
Zusammenfassung	330

Kapitel 7 Funktionen einsetzen

In Kapitel 6 haben Sie grundlegende Kenntnisse zur Eingabe von Formeln erworben. Die Beispiele erreichen bereits eine gewisse Komplexität. Sie werden beim Aufbau Ihrer Kalkulationen aber sehr schnell einen Punkt erreichen, wo die Formeln umständlich und je nach Rechenweg auch zu kompliziert werden. Nehmen Sie die Summenbildung in Abbildung 7.1. Haben Sie Lust, eine so lange Formel einzugeben? Was, wenn nicht 12 Werte zu addieren sind, sondern 24, 100 oder noch mehr? Spätestens hier sollten Sie sich mit dem Thema *Funktionen* beschäftigen.

Abbildg. 7.1 Wollen Sie wirklich solche Formeln eintippen?

	A	B	C	D	E	F	G
1							
2			Filiale 1	Filiale 2	Filiale 3	Gesamt	
3		Januar	23.500,00 €	17.800,00 €	27.000,00 €		
4		Februar	22.000,00 €	18.100,00 €	27.300,00 €		
5		März	23.000,00 €	17.500,00 €	27.700,00 €		
6		April	23.500,00 €	18.000,00 €	28.100,00 €		
7		Mai	24.300,00 €	18.700,00 €	28.300,00 €		
8		Juni	25.000,00 €	19.400,00 €	29.000,00 €		
9		Juli	24.800,00 €	18.400,00 €	27.800,00 €		
10		August	26.000,00 €	19.100,00 €	28.600,00 €		
11		September	25.100,00 €	17.900,00 €	29.500,00 €		
12		Oktober	24.600,00 €	17.600,00 €	30.200,00 €		
13		November	24.000,00 €	17.800,00 €	29.300,00 €		
14		Dezember	27.400,00 €	19.500,00 €	31.000,00 €		
15		Gesamt	=C3+C4+C5+C6+C7+C8+C9+C10+C11+C12+C13+C14				
16							

TIPP Excel akzeptiert jetzt auch sehr lange Zeichenfolgen. Erst wenn ein Bezug mehr als 32.767 Zeichen enthält, erfolgt eine Fehlermeldung.

Die Funktion *SUMME*

Weil die Summenbildung eine der häufigsten Berechnungen ist, steht hierfür die Schaltfläche *AutoSumme* auf der Registerkarte *Start* zur Verfügung. Obwohl der Befehl hier nicht mit dem Wort AutoSumme beschriftet ist, bietet er doch die gleiche Funktionalität wie derjenige auf der Registerkarte *Formeln*.

Das folgende Beispiel können Sie selbst auf dem Übungsblatt *Summe 1* in der Datei *Kap07.xlsx* nachvollziehen. Sie finden die Datei im Ordner *\Buch\Kap07* auf der CD-ROM zu diesem Buch.

Nehmen wir an, Sie wollen die Summe für eine Spalte mit Werten bilden. Mit Hilfe der *AutoSumme* erhalten Sie schnell den gewünschten Gesamtwert. Gehen Sie so vor:

1. Markieren Sie die erste Zelle, in der eine Spaltensumme gebildet werden soll, im Beispiel ist es die Zelle *C15*.
2. Klicken Sie auf die Schaltfläche *AutoSumme* auf der Registerkarte *Start*. Auch auf der Registerkarte *Formeln* gibt es die entsprechende Schaltfläche.
3. Excel fügt eine Formel für die Summenbildung in die markierte Zelle ein (siehe Abbildung 7.2). Die Formel berechnet korrekt, was Sie wollen, nämlich die Summe der monatlichen Umsätze für die Filiale 1. Drücken Sie zur Bestätigung die ⏎-Taste.

Abbildg. 7.2 Nach der Eingabe eines Gleichheitszeichens und der Eingabe weiterer Buchstaben, meldet sich die neue Funktion *AutoVervollständigen in Formeln*

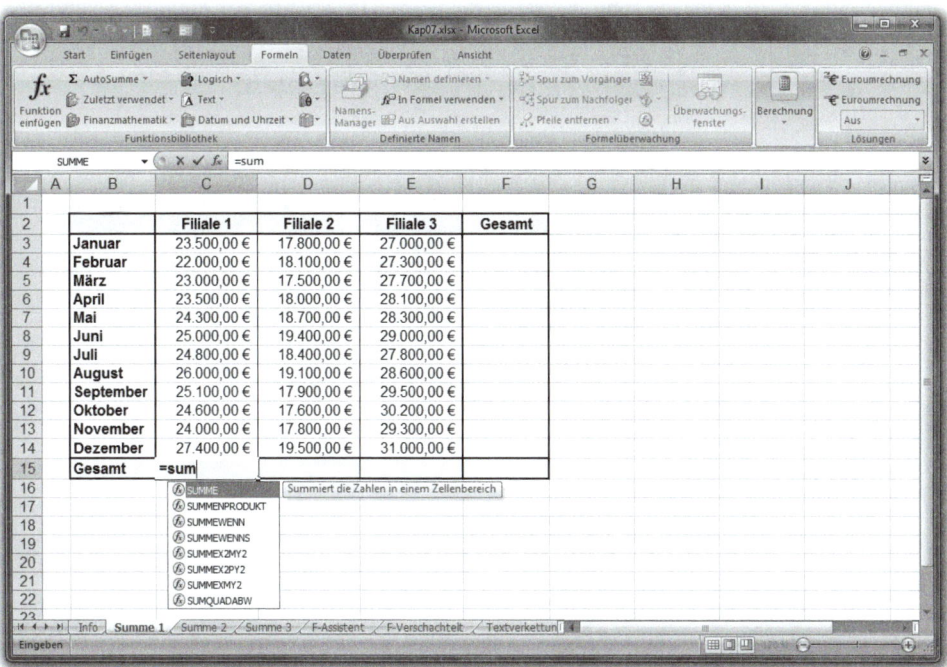

Wie im vorigen Kapitel beschrieben, werden auch beim Kopieren von Funktionen die Zellbezüge angepasst. Kopieren Sie die Formel einfach bis in die Spalte *E*, indem Sie mit der Maus am Ausfüllkästchen der Zelle *C15* bis zur Zelle *E15* nach rechts ziehen.

Wie ist die Formel =SUMME(C3:C14) zu lesen? Für den Zellbereich von *C3* bis *C14* soll die Summe gebildet werden. Einer der Vorteile dieser Formel: Sie wird nicht wesentlich länger, wenn Sie 24, 100 oder mehr Werte zu addieren haben.

Die verwendete Schaltfläche *AutoSumme* hat die Excel-Funktion *SUMME* in die Formel eingetragen. Sie haben (nicht ganz zufällig) die erste Funktion in einer Formel verwendet.

Wie funktionieren Funktionen eigentlich?

Stellen Sie sich eine *Funktion* als ein kleines Rechenprogramm vor, das in der Lage ist, bestimmte Rechenoperationen durchzuführen. Wie jeder Excel-Anwender haben auch die Funktionen einen Namen, der sie identifiziert. In diesem wird meist auch die Rechenweise der Funktion in Kurzform beschrieben. Die Tabellenfunktionen dienen zur Ausführung mathematischer oder logischer Berechnungen, der Suche nach bestimmten Informationen sowie der Manipulation von Texten.

Neu in Excel 2007 ist, dass eine Formel nun bis zu 64 Ebenen verschachtelter Funktionen enthalten darf. Dabei ist es Sache des Anwenders – und nicht der Funktion – darauf zu achten, dass die arithmetische Korrektheit gewahrt bleibt.

Kapitel 7 Funktionen einsetzen

Durch Funktionen wird das Erstellen von einwandfrei funktionierenden Formeln nicht nur bequemer, sondern vor allem auch deutlich schneller. Nach Möglichkeit sollten Sie stets versuchen, eher eine Funktion einzusetzen, als Ihre eigenen Formeln zu schreiben. Funktionen sind

- schnell in der Berechnung,
- benötigen wenig Platz in der Formel und
- verringern das Risiko eines Schreibfehlers.

Um rechnen zu können, benötigen Funktionen Informationen (Daten), die in Excel als *Argument* bezeichnet werden. Welcher Art diese Argumente sein müssen, wie viele Argumente benötigt werden und ob auf bestimmte Argumente ggf. verzichtet werden kann, zeigt Excel im Eingabemodus unterhalb der Bearbeitungszeile an. Weitere Informationen finden Sie auch in der Online-Hilfe zur entsprechenden Funktion.

Funktionen sind fehlertolerant

In Kapitel 6 haben Sie gesehen, dass Sie mit Zellbezügen und Operatoren bereits rechnen können. So liefert die Formel

`=A1+B1`

die Summe der beiden Zellen. Voraussetzung dafür, dass die Berechnung korrekt funktioniert, ist die Tatsache, dass in beiden Zellen eine Zahl und kein Text eingetragen ist. Ein entscheidender Vorteil von Funktionen ist die Fehlertoleranz gegen bestimmte Eingabefehler. So kann die Formel

`=SUMME(A1;B1)`

auch dann das richtige Ergebnis berechnen, wenn ein Text in die Zelle(n) eingetragen wurde.

Ein weiterer Vorteil wird deutlich, wenn Sie eine Zelle löschen, die als Argument verwendet wird. Tragen Sie in ein leeres Tabellenblatt in die Zelle *A1* die Formel

`=A2+A3+A4`

ein. In die Zelle *B1* tragen Sie die folgende Formel ein

`=SUMME(B2:B4)`

Beide Formeln arbeiten zunächst korrekt, wenn Zahlenwerte eingegeben werden.

Wenn Sie nun die Zeile 2 löschen, wird deutlich, dass

- die Addition über die Bezüge einen Fehlerwert liefert, während
- der Bezug in der Tabellenfunktion angepasst wurde und weiterhin korrekt arbeitet.

Diese Fehlertoleranz hat natürlich auch Grenzen. Sollte die Auflösung der Funktion unmöglich sein, weil eines der Argumente nicht den erwarteten Datentyp hat, so erhalten Sie einen Fehlerwert. Mehr zu Fehlerwerten in Tabellen finden Sie in Kapitel 6.

Syntax einer Funktion

Unter der *Syntax* der Funktion ist in diesem Zusammenhang die Eingaberegel – oder Eingabefolge – einer Funktion zu verstehen. Wenn Sie die Syntax nicht einhalten, erhalten Sie eine Fehlermeldung durch das Programm angezeigt.

WICHTIG Die *Syntax* (siehe dazu die Abbildung 7.3) für eine *Funktion* ist immer folgendermaßen aufgebaut:

- Steht sie am Beginn einer Formel, beginnt die Eingabe mit dem Gleichheitszeichen.
- Die Eingabe einer Funktion beginnt mit dem Funktionsnamen.
- Nach dem Namen folgt eine öffnende runde Klammer. Durch diese Klammer wird Excel mitgeteilt, wo die Argumente beginnen. Vor und hinter einer Klammer sind keine Leerzeichen zulässig.
- Nach der öffnenden Klammer werden die Argumente eingetragen. Die Argumente müssen der von der Funktion geforderten Datenart entsprechen. Einige Funktionen besitzen so genannte *optionale Argumente*, die zur Ausführung der Funktion nicht unbedingt erforderlich sind. Nähere Auskunft erhalten Sie in der Online-Hilfe zur jeweiligen Funktion.
- Argumente können *Konstanten, Bezüge* oder *Formeln* sein, die der geforderten Datenart entsprechen oder diese durch Berechnung liefern.
- Die Argumente werden jeweils durch ein Semikolon voneinander getrennt.
- Ist für ein Argument die Datenart *Text* erforderlich, muss dieser Text in Anführungszeichen ("") gesetzt werden.
- Wird für ein Argument einer Funktion selbst eine Funktion eingegeben, wird diese Funktion als *verschachtelt* bezeichnet. Sie können in Excel 2007 bis zu 64 Funktionsebenen in einer Formel verschachteln.
- Nachdem alle Argumente eingegeben sind, ist eine schließende runde Klammer einzugeben. Achten Sie darauf, dass Klammern grundsätzlich als Paar zu verwenden sind. Das bedeutet, dass jeder öffnenden Klammer eine schließende Klammer gegenüber stehen muss.

Abbildg. 7.3   Allgemeine Syntax einer Funktion

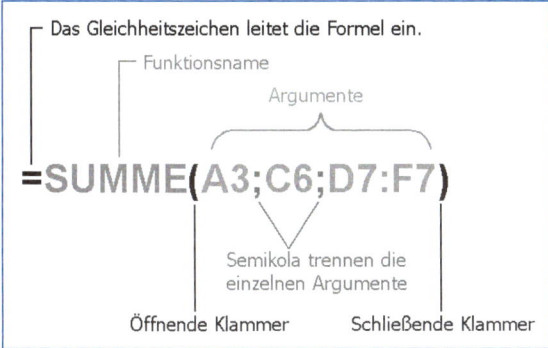

Argumente: Rechendaten an eine Funktion übergeben

Als *Argument* können Sie in Formeln jeden beliebigen Ausdruck (Konstante, Formel usw.) verwenden. Allerdings gelten folgende Beschränkungen:

- Der Ausdruck oder sein Ergebnis muss dem verlangten Datentyp entsprechen
- Es dürfen nicht mehr als 255 Argumente verwendet werden
- Die Zeichenfolge darf nicht mehr als 32.767 Zeichen enthalten

Im später noch zu besprechenden *Funktions-Assistenten* werden erforderliche Argumente fett dargestellt. Hingegen werden Argumente, deren Angabe optional ist, in Normalschrift angezeigt.

Mehrere Argumente werden durch Semikola getrennt. Leerzeichen innerhalb von Funktionen sollten Sie vermeiden, denn sie führen meist zu Fehlermeldungen. Dies gilt generell beim Schreiben von Formeln.

Bei der Übergabe von Argumenten ist der geforderte Datentyp zu beachten. Die Tabelle 7.1 zeigt Ihnen, welche Datentypen in Excel benutzt werden:

Tabelle 7.1 Datentypen für Argumente

Datentyp	Beispielfunktion	Eingabeart
Zahl	SUMME(Zahl1;Zahl2;...)	Eine Zahl (Konstante); ein Zellenbezug oder ein Name, eine Formel, deren Ergebnis eine Zahl ergibt
Text	VERKETTEN(Text1;Text2;...)	Text in Anführungszeichen; Zellenbezug
Zellenbezug	ZEILE(Bezug)	Zellenbezug
Datums-/Zeitwert	MONAT(Zahl)	Fortlaufende Zahl; Datum in Anführungszeichen; Zellenbezug
Logisch	UND(Wahrheitswert1;Wahrheitswert2;...)	*Wahr*; *Falsch*; Zellenbezug

Neben dem richtigen Datentyp sollten Sie auch auf eine möglichst rationelle Übergabe der Daten achten. Je kürzer die Datenübergabe ist, desto schneller wird auch die betreffende Funktion arbeiten. Dazu beachten Sie bitte das folgende Beispiel:

Welche Möglichkeiten gibt es, die vier Zahlenwerte aus Abbildung 7.4 als Argumente der Funktion *SUMME* zur Bildung einer Summe zu übergeben?

Abbildg. 7.4 Zahlenwerte in einer Tabelle

	A	B	C
1			
2		27,5	
3		20,0	
4		12,5	
5		30,0	
6		?	
7			

1. Möglichkeit

Sie übergeben die vier Werte als *Konstanten*. Beispiel:

```
=SUMME(27,5;20,0;12,5;30,0)
```

Die Funktion ermittelt zwar das richtige Ergebnis, jedoch geht sie eindeutig am Sinn einer Tabellenkalkulation vorbei. Bei jeder Änderung eines der Werte in der Tabelle muss auch die Funktion entsprechend geändert werden.

2. Möglichkeit

Sie übergeben jeden einzelnen Wert als *Zellbezug*, zum Beispiel:

```
=SUMME(B2;B3;B4;B5)
```

Auch die so geschriebene Funktion wird das richtige Ergebnis ausgeben. Die Übergabe ist im technischen Sinn korrekt. In diesem Fall ist die Übergabe jedoch umständlich, da eine kürzere Schreibweise für die vier Zellen möglich ist.

3. Möglichkeit

Sie übergeben die vier Eingabewerte als eigene *Additionsformel*. Beispiel:

```
=SUMME(B2+B3+B4+B5)
```

Die Funktion wird erneut das richtige Ergebnis berechnen, da das Ergebnis der Addition der vier Zellen ein Wert vom Typ *Zahl* ist, so wie von der Funktion gefordert. Insgesamt handelt es sich jedoch um eine völlig unsinnige Übergabe. Wenn Sie die Addition bereits in den Klammern durchführen, wozu benötigen Sie dann noch die Funktion *SUMME*? Solche unsinnigen Argumente belasten bei häufiger Wiederholung die Rechengeschwindigkeit.

Trotzdem zeigt dieses Beispiel, dass Sie natürlich einen Rechenausdruck als Argument übergeben können.

4. Möglichkeit

Sie übergeben die aneinander grenzenden Eingabewerte als *Bereichsbezug*. Beispiel:

```
=SUMME(B2:B5)
```

Die Funktion wird das richtige Ergebnis ausgeben. Die Übergabe der Werte ist in der kürzesten Form erfolgt, sodass die Funktion mit nur einem Argument (dem Bereich *B2:B5*) arbeiten kann. Dies kann als die optimale Übergabeform bezeichnet werden.

5. Möglichkeit

Haben Sie über den Befehl *Tabelle* auf der Registerkarte *Einfügen* einen Tabellenbereich festgelegt, dann gibt es einige spezielle Bereiche, welche in Funktionen eingesetzt werden können (siehe Abbildung 7.5). Die Funktion AutoVervollständigen in Formeln zeigt neben den eingebauten Funktionen auch die Namen der Tabellen an. Markieren Sie einen Bereich innerhalb einer Tabelle mit der Maus, werden Bezüge in Form von speziellen Bezeichnern ergänzt.

Beispiel:

```
=SUMME(Tabelle2[#Alle])
```

Mehr zu Tabellen finden Sie in Kapitel 19.

Abbildg. 7.5 Festgelegte Tabellen bieten zusätzliche Schreibweisen für Bezüge an

So nutzen Sie die Möglichkeiten in der Praxis

Wenn mehrere Zahlenwerte, die sich erst aus verschiedenen Berechnungen ergeben, in eine Funktion übernommen werden müssen, ist es nicht unbedingt notwendig, Zwischenberechnungen einzurichten. Die Berechnung dieser Teilergebnisse kann selbstverständlich in der Funktion stattfinden.

Das Problem können Sie sich recht einfach am Beispiel in Abbildung 7.6 verdeutlichen. In dieser Tabelle sind die mathematischen Aufgabenstellungen auf ein Mindestmaß reduziert, um das Wesentliche – die Übergabe der Argumente – deutlicher werden zu lassen. Sie könnten in den Zellen *E2* bis *E5* die Formeln für das jeweilige Zwischenergebnis bilden, müssen dies aber nicht.

Angenommen, Sie wollen mit der Funktion *SUMME* die Ergebnisse der vier Berechnungen aus der Tabelle in Abbildung 7.6 bilden. Wie übergeben Sie die Argumente?

Abbildg. 7.6 Die Ergebnisse der vier Berechnungen sollen addiert werden

	A	B	C	D	E	F
1						
2		40	+	9	?	
3		100	-	51	?	
4		7	*	7	?	
5		245	/	5	?	
6				Summe:	?	
7						

Aus jeder der vier Berechnungen bilden Sie eine Formel, die Sie der Funktion SUMME als Argument übergeben. Bei der Auflösung der Formel wird das Programm zuerst die Werte für die Argumente berechnen. Aus diesen Teilergebnissen wird anschließend die geforderte Summe gebildet. Die Formel sieht in diesem Fall folgendermaßen aus:

`=SUMME(B2+D2;B3-D3;B4*D4;B5/D5)`

Die Reihenfolge, in der diese vier zu berechnenden Argumente eingegeben werden, ist im Falle der Summen-Funktion völlig gleichgültig. Bei der Bildung der Summe gilt auch hier die Regel, dass die Summanden, sprich: die Argumente der Funktion, beliebig angeordnet werden können.

Natürlich wäre die Summenbildung mit der Formel =SUMME(E2:E5) viel kürzer und damit auch übersichtlicher, wenn die Zwischenergebnisse in der Spalte *E* zur Verfügung stünden. Wägen Sie also die Vor- und Nachteile immer im konkreten Anwendungsfall ab.

Mit der automatischen Summenfunktion arbeiten

In der Tabellenkalkulation nimmt das Bilden von Summen den quantitativ größten Raum ein. Die Funktion *SUMME* kann bis zu 255 Argumente (Zahlenwerte) addieren.

Durch einen Klick auf die Schaltfläche *AutoSumme* (Buchstabe *Sigma*) wird, wie Sie eingangs gesehen haben, die Funktion in die markierte Zelle eingetragen. Zugleich werden Zellen markiert und zur Addition vorgeschlagen. Die Markierung erfolgt durch einen so genannten Laufrahmen. Für den Vorschlag sucht Excel zuerst über der aktiven Zelle nach Zahlenwerten. Sollten dort keine Zahlen zu finden sein, wird der Bereich links von der aktiven Zelle durchsucht und ggf. vorgeschlagen. Sollten Sie Excel in die Konfliktsituation bringen, dass sowohl über als auch links von der aktiven Zelle Zahlenwerte in der Tabelle stehen, entscheidet sich das Programm beim automatischen Additionsvorschlag für die Werte über der aktiven Zelle.

Kapitel 7 Funktionen einsetzen

Abbildg. 7.7 Bereichsvorschläge der Summenfunktion

Sollte der vorgeschlagene Bereich nicht korrekt sein, ändern Sie diesen mit der Maus, indem Sie mit gedrückter linker Maustaste den gewünschten Bereich markieren.

HINWEIS   Die besondere Markierung durch den Laufrahmen bedeutet: »Wer abrutscht, darf noch mal!« Sie können also einen missglückten Markierversuch mit der Maus beliebig oft korrigieren. Excel schreibt den Bereichsbezug jedes Mal geduldig mit. Überhaupt sollten Sie sich angewöhnen, die Bezüge von Zellen oder Zellbereichen beim Schreiben von Formeln und Funktionen durch das Markieren zu erzeugen. Excel verschreibt sich nicht und noch besser: Es beherrscht auch komplizierte Schreibweisen für Bezüge.

Zahlenwerte, die sich unterhalb oder rechts von der aktiven Zellen befinden, werden nicht automatisch zur Addition vorgeschlagen. Ebenso findet der automatische Vorschlag seine Grenze, wenn sich in einer Spalte oder Zeile eine Leerzelle oder Text befindet (siehe Abbildung 7.8).

Abbildg. 7.8 Die automatische Bereichserkennung endet an der leeren Zelle *C7*

Eingabevorteile der *AutoSumme*-Schaltfläche nutzen

Mit der automatischen Summenfunktion wurden noch einige Eingabevorteile eingebaut, mit deren Hilfe Sie die Summe für mehrere Spalten oder Zeilen in einem Arbeitsgang haben können. Wesentlich ist dabei, was zuvor in welcher Form markiert wurde. Der Arbeitsablauf ist anschließend immer gleich:

1. Markieren Sie den entsprechenden Bereich mit einer der nachfolgend geschilderten Methoden.
2. Klicken Sie auf die Schaltfläche *AutoSumme*.

Wenn Sie einen Bereich markieren, der an Spalten oder Zeilen mit Werten angrenzt, wird die Summenfunktion in allen markierten Zellen gleichzeitig eingefügt und berechnet. Markieren Sie unterhalb der zu summierenden Werte, werden die Spaltensummen gebildet. In Abbildung 7.9 sind die Zellen *C7:E7* markiert. Bei Verwendung der *AutoSumme* erstellt Excel in diesen Zellen in einem Schritt die korrekten Summenformeln.

Abbildg. 7.9   Bilden der Spaltensummen

	A	B	C	D	E	F
1						
2		Zeitraum	Filiale 1	Filiale 2	Filiale 3	
3		1. Quartal	4.519,00 €	4.120,00 €	5.973,00 €	
4		2. Quartal	3.925,00 €	7.680,00 €	3.149,00 €	
5		3. Quartal	2.240,00 €	5.119,00 €	6.716,00 €	
6		4. Quartal	6.931,00 €	4.487,00 €	4.143,00 €	
7		Zusammen				
8						

Anstatt den Bereich unterhalb der Spalten wie in Abbildung 7.9 zu markieren, können Sie auch die Zahlenwerte der Tabelle unmittelbar markieren. In diesem Fall wird die Summenfunktion in die erste leere Zeile unterhalb des markierten Bereichs eingefügt. In Abbildung 7.10 werden die korrekten Summenformeln in den Bereich *C7:E7* geschrieben.

Abbildg. 7.10   In der ersten Zeile unter der Markierung werden die Spaltensummen gebildet

	A	B	C	D	E	F
1						
2		Zeitraum	Filiale 1	Filiale 2	Filiale 3	
3		1. Quartal	4.519,00 €	4.120,00 €	5.973,00 €	
4		2. Quartal	3.925,00 €	7.680,00 €	3.149,00 €	
5		3. Quartal	2.240,00 €	5.119,00 €	6.716,00 €	
6		4. Quartal	6.931,00 €	4.487,00 €	4.143,00 €	
7		Zusammen	↓	↓	↓	
8						

Um dagegen die Zeilensummen zu bilden, müssen sich die Zahlenwerte links von der Markierung befinden (siehe Abbildung 7.11).

Abbildg. 7.11 Eine Zeilensumme verwendet die Zellen links von der Eingabezelle

	A	B	C	D	E	F	G
1							
2		Zeitraum	Filiale 1	Filiale 2	Filiale 3	Gesamt	
3		1. Quartal	4.519,00 €	4.120,00 €	5.973,00 €		
4		2. Quartal	3.925,00 €	7.680,00 €	3.149,00 €		
5		3. Quartal	2.240,00 €	5.119,00 €	6.716,00 €		
6		4. Quartal	6.931,00 €	4.487,00 €	4.143,00 €		
7		Zusammen	17.615,00 €	21.406,00 €	19.981,00 €		
8							

TIPP   Um auch größere Tabellen schnell mit Spalten- und Zeilensummen zu versehen, drücken Sie zum Markieren die Tastenkombination `Strg`+`⇧`+`*`. Damit wird die Tabelle komplett markiert. Jetzt müssen Sie zur Bildung der Spaltensummen nur noch auf die Schaltfläche *AutoSumme* auf der Registerkarte *Start* oder *Formeln* klicken.

Wenn Sie sowohl für die Spalten als auch für die Zeilen die Summenfunktion einfügen möchten, markieren Sie einen Bereich, der neben den zu addierenden Zahlenwerten noch die leeren Zellen umfasst, in die die Summen eingetragen werden sollen.

In die in Abbildung 7.12 markierte Tabelle trägt *AutoSumme* die Zeilensummen in die Spalte *F* und die Spaltensummen in die Zeile *7* korrekt ein.

Abbildg. 7.12 Spalten- und Zeilensummen in einem Arbeitsgang bilden

	A	B	C	D	E	F	G
1							
2		Zeitraum	Filiale 1	Filiale 2	Filiale 3	Gesamt	
3		1. Quartal	23.500,00 €	17.800,00 €	27.000,00 €	→	
4		2. Quartal	22.000,00 €	18.100,00 €	27.300,00 €	→	
5		3. Quartal	23.000,00 €	17.500,00 €	27.700,00 €	→	
6		4. Quartal	68.500,00 €	53.400,00 €	82.000,00 €	→	
7		Zusammen	↓	↓	↓	→	
8							

Zwischensummen zur Gesamtsumme zusammenfassen

Mit der Schaltfläche *AutoSumme* können Sie auch Zwischensummen, die aus Spalten oder Zeilen gebildet wurden, zu Gesamtsummen zusammenfassen. Dabei erkennt Excel, dass aus den Zellen mit den Summenfunktionen Gesamtsummen gebildet werden sollen und ignoriert die anderen Werte (siehe Abbildung 7.13). Zur Bildung der Gesamtsumme markieren Sie die Zelle unterhalb der Spalte (hier *C19*) und klicken auf die Schaltfläche *AutoSumme*.

WICHTIG   Um damit fehlerfrei arbeiten zu können, ist es wichtig, dass sich in der Tabelle weder Leerzeilen noch -spalten befinden.

Abbildg. 7.13 Der Berechnungsvorschlag der AutoSumme in einer Tabelle mit Zwischensummen

	A	B	C	D	E	F	G	H
1		Bilden Sie die Summen unter Verwendung der AutoSumme in der Zeile 19 und in der Spalte F.						
2			Filiale 1	Filiale 2	Filiale 3	Gesamt		
3		Januar	23.500,00 €	17.800,00 €	27.000,00 €			
4		Februar	22.000,00 €	18.100,00 €	27.300,00 €			
5		März	23.000,00 €	17.500,00 €	27.700,00 €			
6		**Quartal I**	68.500,00 €	53.400,00 €	82.000,00 €			Zwischensumme
7		April	23.500,00 €	18.000,00 €	28.100,00 €			
8		Mai	24.300,00 €	18.700,00 €	28.300,00 €			
9		Juni	25.000,00 €	19.400,00 €	29.000,00 €			
10		**Quartal II**	72.800,00 €	56.100,00 €	85.400,00 €			Zwischensumme
11		Juli	24.800,00 €	18.400,00 €	27.800,00 €			
12		August	26.000,00 €	19.100,00 €	28.600,00 €			
13		September	25.100,00 €	17.900,00 €	29.500,00 €			
14		**Quartal III**	75.900,00 €	55.400,00 €	85.900,00 €			Zwischensumme
15		Oktober	24.600,00 €	17.600,00 €	30.200,00 €			
16		November	24.000,00 €	17.800,00 €	29.300,00 €			
17		Dezember	27.400,00 €	19.500,00 €	31.000,00 €			
18		**Quartal IV**	76.000,00 €	54.900,00 €	90.500,00 €			Zwischensumme
19		Gesamt	=SUMME(C18;C14;C10;C6)					
20			SUMME(Zahl1; [Zahl2]; [Zahl3]; **[Zahl4]**; [Zahl5]; ...)					
21								

Darüber hinaus ist es möglich, in einer komplexeren Tabelle die Gesamtsummen und die Zeilensummen in einem Arbeitsgang zu bilden, indem Sie eine Leerzeile und Leerspalte in die Markierung mit einbeziehen.

Sie finden diese Tabelle zum Nachvollziehen der Übung unter dem Namen *Summe 2* in der Arbeitsmappe *Kap07.xlsx* auf der CD-ROM zu diesem Buch im Ordner *\Buch\Kap07*.

WICHTIG Wenn Sie bereits mitten in einer manuell eingegebenen Formel sind und die Funktion *SUMME* benötigen, klicken Sie **nicht** auf die Schaltfläche *AutoSumme*, sondern tippen die Funktion weiter manuell ein. Ansonsten erhalten Sie eine Fehlermeldung, denn Excel schließt nach dem Klick auf *AutoSumme* die Formeleingabe ab.

Laufende Summe berechnen

Häufig sollen die im Laufe eines Jahres verfügbaren Zahlen zu einer Zwischensumme addiert werden. Welche Möglichkeiten gibt es, in einer Tabelle mit dem Aufbau wie in Abbildung 7.8 eine solche Kumulativsumme in Spalte *G* zu bilden?

Eine laufende Summe soll in Zeile 3 die Summe der Werte aus dem Bereich *C3:E3* zeigen. In Zeile 4 sollen dazu ebenfalls die Werte der einzelnen Filialen addiert werden usw. Sie ahnen es sicher schon: Hier muss ein gemischter Bezug angewendet werden, der beim Kopieren der Formel automatisch angepasst wird. Die Lösung für diese Aufgabe lautet:

=SUMME($C$3:E3)

Wollen Sie in Zeile 15 die laufende Summe der einzelnen Monate bilden, verwenden Sie dafür die Formel

```
=SUMME($C$3:C14)
```

Jeweils das erste Argument dieser Formeln enthält einen absoluten Bezug, der erste Bezugspunkt in der Formel wird also beim Kopieren nicht angepasst. Das zweite Argument dagegen enthält einen relativen Bezug, dieser wird angepasst und zeigt dadurch jeweils auf die letzte Zelle, die in der Addition berücksichtigt werden soll.

Wie Sie die Summe aus einem variablen Bereich ermitteln, zeigt Kapitel 15.

Eingeben von Funktionen

Sie können jede Funktion per Hand eingeben. Dazu müssen Sie den Namen der Funktion sowie die Syntax der Argumente einigermaßen kennen. Die kontextbezogene Syntax-Hilfe wird als QuickInfo eingeblendet, sobald Sie den Funktionsnamen und die öffnende Klammer geschrieben haben (siehe Abbildung 7.14).

Abbildg. 7.14   Die Funktions-QuickInfo bei der manuellen Eingabe

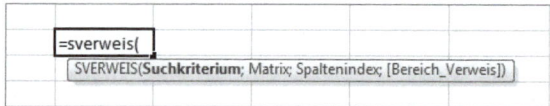

Wenn Ihnen eine Funktion wirklich vertraut ist, sind Sie mit der manuellen Eingabe meist schneller als bei der Verwendung von Eingabehilfen.

HINWEIS   Die Groß- und Kleinschreibung spielt bei der Eingabe einer Funktion keine Rolle. Erkennt Excel die Funktion, wird die Schreibweise automatisch angepasst.

Über die *Funktionsbibliothek* auf der Registerkarte *Formeln* werden die Funktionen bequem ausgewählt. Interessant ist hierbei die Gruppe *Zuletzt verwendet*, welche sich die zuletzt verwendeten Funktionen merkt.

Abbildg. 7.15   Die Funktionen sind auf der Registerkarte *Formeln* in zusammengefassten Gruppen verfügbar

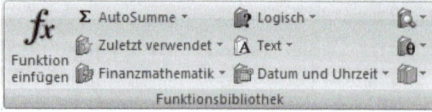

Der Funktions-Assistent: Eingabehilfe für Funktionen

Der *Funktions-Assistent* unterstützt Sie bei der Auswahl und Eingabe von Funktionen. Sie rufen den Funktions-Assistenten entweder über

- den Befehl *Funktion einfügen* auf der Registerkarte *Formeln,*
- die Schaltfläche *Funktion einfügen* in der Bearbeitungsleiste oder
- den Befehl *Weitere Funktionen* in der Dropdown-Liste des *AutoSumme*-Symbols auf.

Der Funktions-Assistent führt Sie durch die gesamte Eingabe, wobei die Funktion und deren Argumente erläutert werden. Während der gesamten Eingabeprozedur kann die Funktionserstellung abgebrochen werden, indem Sie auf die Schaltfläche *Abbrechen* des Funktions-Assistenten klicken.

Das folgende Beispiel können Sie auf dem Arbeitsblatt *F-Assistent* in der Datei *Kap07.xlsx* selbst nachvollziehen. Die Datei befindet sich auf der CD-ROM zu diesem Buch im Ordner *\Buch\Kap07*.

Für einen Kredit von 100.000 € soll bei 10 Jahren Laufzeit und 7% Zinssatz die monatliche Rate errechnet werden. Hierfür setzen Sie eine Funktion ein.

1. Markieren Sie die Tabellenzelle *C6*, in die Sie die Funktion einfügen wollen.
2. Rufen Sie den Befehl *Funktion einfügen* auf oder klicken Sie die Schaltfläche *Funktion einfügen* in der Bearbeitungsleiste an. Dadurch gelangen Sie in das Dialogfeld des Funktions-Assistenten.

Abbildg. 7.16   Im Dialogfeld des Funktions-Assistenten können Sie auch nach einer Funktion suchen

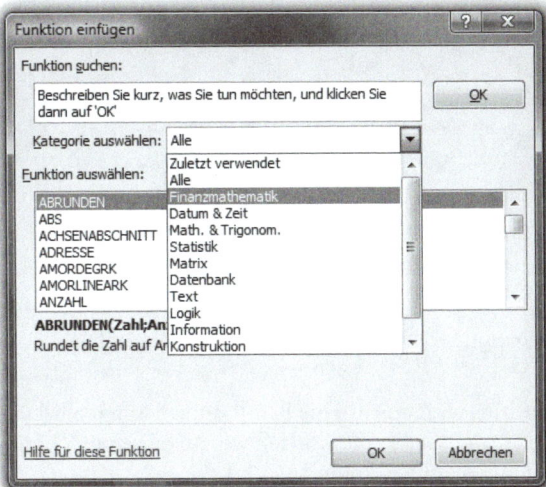

3. Wählen Sie im Listenfeld *Kategorie auswählen* den von Ihnen benötigten Funktionstyp durch Anklicken aus, in diesem Fall *Finanzmathematik* (Abbildung 7.16). Durch die Auswahl der Kategorie wird die große Anzahl der verfügbaren Funktionen zu überschaubareren Auswahlmengen zusammengefasst.

Kapitel 7 Funktionen einsetzen

4. Markieren Sie im Listenfeld *Funktion auswählen* die von Ihnen benötigte Funktion, in diesem Fall *RMZ*. Der untere Teil des Dialogfeldes zeigt dann die allgemeine Syntax der Funktion sowie eine Kurzbeschreibung an. Klicken Sie auf die Schaltfläche *OK*.
5. Im folgenden Dialogfeld haben Sie für jedes Funktionsargument ein Eingabefeld. Dabei werden die obligatorischen Argumente fett, die optionalen Argumente in normalem Schriftschnitt angezeigt (siehe Abbildung 7.17).

Abbildg. 7.17   Dialogfeld zur Eingabe der Argumente

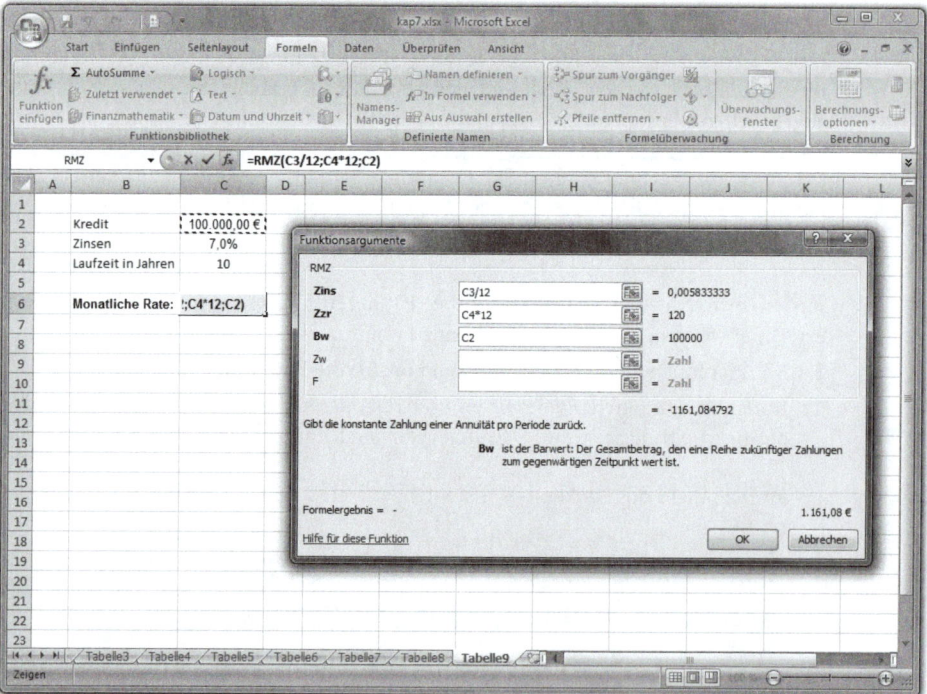

6. Füllen Sie die Eingabefelder entsprechend der Abbildung 7.17 aus.
7. Um die Funktion in die Tabelle einzufügen, klicken Sie auf die Schaltfläche *OK*.

Die Formel lautet =RMZ(C3/12;C4*12;C2). Sie ergibt eine monatliche Rate von 1.161,08 €. Das Ergebnis wird als negative Zahl angezeigt. Wollen Sie die Rate als positive Zahl darstellen, multiplizieren Sie das Ganze noch mit dem Wert *–1*.

Der *Zins* ist natürlich der Jahreszins und muss für die Berechnung des monatlichen Zinses durch 12 geteilt werden. Im Argument *Zzr* müssen Sie die Laufzeit von 10 Jahren mit 12 multiplizieren, um auf die Anzahl der Monatsraten insgesamt zu kommen (120).

Vereinfachte Zellbezüge im Funktions-Assistenten eingeben

Auf der rechten Seite jedes Eingabefelds für Argumente finden Sie eine kleine Schaltfläche mit einem nach links oben gerichteten roten Pfeil.

Abbildg. 7.18 Felder zur Eingabe von Argumenten mit Schaltfläche zum Markieren der Bezüge

Wenn Sie auf diese Schaltfläche klicken, wird das restliche Dialogfeld ausgeblendet, sodass Ihnen nur noch das Eingabefeld zur Verfügung steht und Sie eine freie Sicht auf die gesamte Tabelle haben. Darüber hinaus wird das Eingabefeld horizontal etwas vergrößert, um Ihnen mehr Raum für Ihre Eingaben zur Verfügung zu stellen.

Wenn Sie diesen Zustand hergestellt haben, können Sie Zellbezüge – auch Bezüge zu ganzen Bereichen – durch Markieren in der Tabelle eingeben. Hierbei gelten alle Ihnen bekannten Regeln zum Markieren. Wenn Sie einen Bereich markieren, wird automatisch der *Bereichsoperator* (:) und bei einzelnen Zellen (Sie markieren einzelne Zellen bei gedrückter Strg-Taste) der *Vereinigungsoperator* (;) eingetragen. Diese Methode ist nicht nur einfacher, sondern sie hilft auch, Fehler zu vermeiden.

Wenn Sie wieder zur vorherigen Ansicht zurückkehren möchten, klicken Sie erneut auf die Schaltfläche in der rechten Ecke des Eingabefelds.

PROFITIPP Als Argument akzeptiert der Funktions-Assistent auch Namen. Um eine Liste verfügbarer Namen anzuzeigen, drücken Sie auch im Funktions-Assistenten die Taste F3. Markieren Sie den gewünschten Namen und fügen Sie diesen mit *OK* in das Eingabefeld ein. Mehr zum Thema Namen finden Sie in Kapitel 19.

Online-Hilfe zu Funktionen aufrufen

Über den *Funktions-Assistenten* haben Sie auch den schnellen Zugriff auf das Hilfesystem, speziell natürlich zu den Funktionen. In der Online-Hilfe ist jede Funktion mit allen Argumenten und Beispielen ausführlich beschrieben.

Innerhalb des Funktions-Assistenten erhalten Sie zu der ausgewählten Funktion Hilfe, wenn Sie im linken unteren Teil des Dialogfeldes auf den Hyperlink *Hilfe für diese Funktion* klicken (siehe Abbildung 7.17). Sie werden dann unmittelbar zum Hilfethema der ausgewählten Funktion geführt.

Verschachtelte Funktion eingeben

Wenn Sie eine Funktion innerhalb einer anderen Funktion als Argument eingeben, spricht man von einer *verschachtelten Funktion*. Eine unmittelbare Schaltfläche zur Eingabe verschachtelter Funktionen gibt es im Funktions-Assistenten nicht.

  Das folgende Beispiel können Sie auf dem Blatt *F-Verschachtelt* in der Arbeitsmappe *Kap07.xlsx* selbst nachvollziehen. Die Datei befindet sich auf der CD-ROM zu diesem Buch im Ordner *\Buch\Kap07*.

Kapitel 7 Funktionen einsetzen

Beispiel: Sie möchten den Sinuswert für einen Winkel berechnen. Der Winkel steht in der Maßeinheit Grad in Ihrer Tabelle (siehe Abbildung 7.19). Da die Sinus-Funktion von Excel den Winkel in der Maßeinheit Bogenmaß erwartet, müssen Sie die Funktion BOGENMASS einsetzen. Der Einsatz beider Funktionen erfordert eine verschachtelte Eingabe.

Abbildg. 7.19 Die Gradangabe muss für die Sinusfunktion erst in Bogenmaß umgerechnet werden

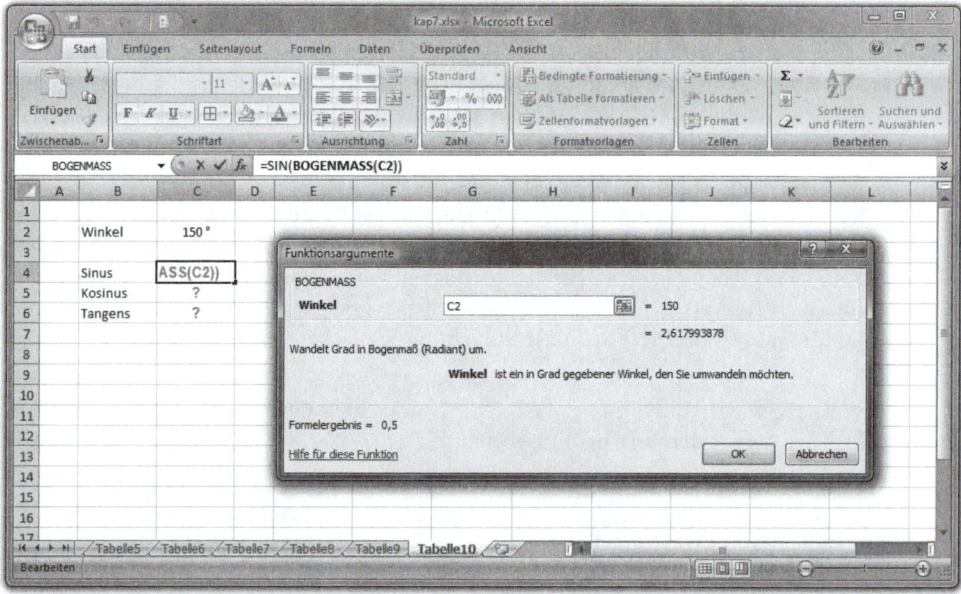

Verfahren Sie zur Eingabe wie folgt:

1. Markieren Sie die Zelle, in welche die Formel eingegeben werden soll, hier ist es *C4*. Wählen Sie auf der Registerkarte *Formeln* den Befehl *Funktion einfügen*.

2. Im Dropdown-Feld *Kategorie auswählen* markieren Sie den Eintrag *Math. & Trigonom.*. Anschließend markieren Sie in der Liste *Funktion auswählen* den Eintrag *SIN* und klicken auf *OK*.

3. Wenn Sie in ein Eingabefeld anstatt eines Arguments eine Funktion eingeben möchten, öffnen Sie das Kombinationsfeld der *Funktionspalette*. Die Funktionspalette befindet sich während der Funktionseingabe am linken Ende der Bearbeitungsleiste (an der Stelle, an der sich sonst das *Namenfeld* befindet). Hier wählen Sie die Funktion *BOGENMASS*, wodurch diese in die *SIN*-Funktionsklammern eingefügt wird.

HINWEIS Sollte die Funktion nicht in der Liste stehen, erhalten Sie diese über *Weitere Funktionen*. Die Liste zeigt immer nur die zuletzt verwendeten Funktionen, sodass Sie eventuell die Funktion *BOGENMASS* nicht direkt auswählen können.

4. Das Dialogfeld für den Assistenten zeigt nun die Funktion *BOGENMASS* an. Den Stand der Formel sehen Sie in der Bearbeitungsleiste. Vergleichen Sie dazu die Abbildung 7.19.

5. Geben Sie nun für die Funktion *BOGENMASS* als Argument den Zellbezug *C2* ein. Schließen Sie mit *OK*.

Die fertige Formel lautet

```
=SIN(BOGENMASS(C2))
```

Für einen Winkel von 150° ermittelt sie den Sinuswert 0,5.

WICHTIG   Ein *OK* in der zweiten, verschachtelten Funktion beendet die Formeleingabe! Wenn Sie bei verschachtelten Funktionen im Assistenten zur ersten Funktion zurückkehren müssen, weil hier noch nicht alle Argumente ausgefüllt sind, klicken Sie in der Bearbeitungsleiste auf den entsprechenden Funktionsnamen. Im Dialogfeld bekommen Sie dann die Argumente für diese Funktion angezeigt und haben Gelegenheit, die fehlenden Argumente einzugeben.

Formeln bearbeiten

Sie können natürlich jede in eine Formel eingegebene Funktion manuell bearbeiten. Änderungen beschließen Sie mit der ⏎-Taste.

Zur unmittelbaren Bearbeitung in der Zelle drücken Sie die F2-Taste oder Sie klicken in die Bearbeitungsleiste und bearbeiten dort die Formel.

Zur Überarbeitung von Formeln mit Funktionen können Sie auch den *Funktions-Assistenten* verwenden. Dazu klicken Sie in der Bearbeitungsleiste auf die Schaltfläche *Funktion einfügen*. Der Assistent zeigt dabei die Funktion an, die Sie in der Bearbeitungsleiste markiert haben, die Argumente sind bereits eingetragen.

Nehmen Sie alle erforderlichen Änderungen in den Argumenten vor. Danach beenden Sie das Dialogfeld mit einem Klick auf die Schaltfläche *OK*.

Bezüge in Formeln ändern

Wenn Sie Zellbezüge in eine Formel eingeben, werden diese Zellbezüge farbig dargestellt. Außerdem werden Rahmen (ebenfalls farbig) um die entsprechenden Zellen gezeichnet (siehe hierzu die Abbildung 7.1 und die Abbildung 7.13).

Wollen Sie den vorhandenen Zellbezug ändern, können Sie das wie folgt erreichen:

- Sie tippen den neuen Bezug ein und überschreiben damit den vorhandenen Bereich.
- Sie markieren den Bereich in der Formel und markieren anschließend den neuen Bereich mit der Maus.
- Sie ziehen am Rahmen um den Zellbereich, der geändert werden soll. Dieser Rahmen hat an allen Ecken einen Anfasser, über welchen Sie den Bereich erweitern oder verkleinern können.
- Soll der vorhandene Bezug um einen weiteren (neuen) ergänzt werden, klicken Sie an die Stelle vor der schließenden Klammer und geben dort ein Semikolon (;) ein. Anschließend können Sie den neuen Bezug hinzufügen – entweder über die Tastatur eingeben oder mit der Maus markieren.

Wenn Sie die Eingabe mit der ⏎-Taste bzw. bei Matrixformeln mit der Tastenkombination Strg+⇧+⏎ abschließen, verwendet die Formel den neuen Bezug.

Bezüge in Formeln entfernen

Enthält eine Formel einen Bezug, den Sie nicht mehr verwenden wollen, können Sie diesen in der Bearbeitungsleiste markieren und mit der `Entf`-Taste löschen. Beenden Sie die Eingabe, wird die Funktion nur noch die verbleibenden Bezüge bzw. Konstanten auswerten.

TIPP Häufig soll ein Bezug nicht entfernt werden, sondern es soll der Wert als Konstante erhalten bleiben. Um einen Bezug in dessen Wert umzuwandeln, gehen Sie wie folgt vor:

1. Aktivieren Sie die Zelle mit der Formel.
2. Markieren Sie in der Formel denjenigen Bereich, der in Werte umgewandelt werden soll, indem Sie diesen mit der Maus markieren.
3. Drücken Sie die Taste `F9` und wandeln Sie damit den Bezug in dessen Werte um.

Beenden Sie die Änderung mit der `↵`-Taste bzw. mit `Strg`+`⇧`+`↵` bei Matrixformeln.

Alle Formeln in Werte umwandeln

Geben Sie ein Tabellenblatt weiter, das Bezüge auf externe Arbeitsmappen enthält, kann der Empfänger die Formeln nur aktualisieren, wenn Sie auch die Quellmappe mitliefern. Da dies nur in seltenen Fällen gewünscht ist, bietet es sich an, nur eine Wertekopie der Tabelle zu versenden. Darin sind dann keine Formeln gespeichert, sondern nur deren Ergebnisse.

Um eine Tabelle in eine Wertekopie zu übertragen, gehen Sie wie folgt vor:

1. Öffnen Sie die Mappe mit der Tabelle, die umgewandelt werden soll.
2. **Wichtig:** Speichern Sie die Mappe über den Befehl *Speichern unter* des Office-Menüs in einer anderen Datei ab, damit das Original mit den Formeln erhalten bleibt.
3. Markieren Sie die ganze Tabelle über das Kästchen im Schnittpunkt der Spalten- und Zeilenbeschriftung.
4. Wählen Sie den Befehl *Kopieren* auf der Registerkarte *Start*, um die Daten in die Zwischenablage zu kopieren.
5. Wählen Sie ebenfalls auf der Registerkarte *Start* den Befehl *Einfügen/Inhalte einfügen*.
6. Im Dialogfeld *Inhalte einfügen* wählen Sie die Option *Werte* und schließen das Dialogfeld über *OK*.
7. Führen Sie die Schritte 3 bis 6 für eventuell vorhandene weitere Tabellenblätter durch.
8. Speichern Sie abschließend die Datei.

HINWEIS Bei Bedarf können Sie auch lediglich die Formeln einer einzelnen Zelle oder eines bestimmten Bereichs in eine Wertekopie umwandeln, indem Sie die gewünschten Zellen in Schritt 3 markieren.

Formate und Formeln automatisch erweitern

Excel bietet eine weitere interessante Möglichkeit der Unterstützung an, wenn Sie eine bestehende Liste um Daten und Formeln erweitern wollen. Wählen Sie in den *Excel-Optionen* die Kategorie *Erweitert*. Aktivieren Sie das Kontrollkästchen *Datenbereichsformate und -formeln erweitern*.

Mit dieser Einstellung werden Formate und Formeln auf neue Daten erweitert, wenn sie in mindestens drei Zeilen vor der neuen Zeile auftreten. Excel formatiert also neue Daten, die am Ende der Liste eingegeben werden, automatisch so, dass sie den vorangehenden Zeilen entsprechen. Außerdem werden Formeln, die sich in jeder Zeile wiederholen, automatisch kopiert. Es genügt also, neue Daten einzutragen. Um die Berechnung, etwa der Summenspalte, brauchen Sie sich fortan nicht mehr zu kümmern.

> **TIPP** Interessant an der automatischen Erweiterung von Formaten und Formeln ist die Tatsache, dass Excel auch mit alternierenden Formatierungen klar kommt. Haben Sie beispielsweise zur besseren Lesbarkeit jede zweite Zeile mit einer Farbe formatiert, führt Excel genau diese Formatierung bei jeder zweiten, neu hinzugefügten Zeile ein. Dies gilt auch für Formatierungen, die über die *bedingte Formatierung* festgelegt wurden. Mehr zur Formatierung von Daten erfahren Sie in Kapitel 9, mehr zum Thema »Bedingte Formatierung« finden Sie in Kapitel 12.

Formeln verbergen und schützen

In Kapitel 4 haben Sie gesehen, wie Sie ein Tabellenblatt vor Veränderungen schützen können. Der Zellschutz reduziert für den Benutzer die Möglichkeiten der Bearbeitung, er hindert diesen aber z.B. nicht daran, eine Formel abzuschreiben. Was können Sie tun, wenn Sie Formeln vor fremden Blicken bewahren wollen?

Um die Formel einer Zelle zu verbergen, gehen Sie wie folgt vor:

1. Aktivieren Sie die Zelle mit der Formel.
2. Wählen Sie auf der Registerkarte *Start* den Befehl *Format/Zellen formatieren*.
3. Im Dialogfeld *Zellen formatieren* wechseln Sie auf die Registerkarte *Schutz*.
4. Aktivieren Sie dort die Kontrollkästchen *Gesperrt* und *Ausgeblendet*.
5. Schließen Sie das Dialogfeld mit *OK*.
6. Aktivieren Sie den Blattschutz über den Befehl *Format/Blatt schützen* auf der Registerkarte *Start*.
7. Wenn Sie keine weiteren Einstellungen ändern wollen, schließen Sie das Dialogfeld *Blatt schützen* mit *OK*.

Die Formeln der markierten Zellen sind damit verborgen und geschützt.

Mit Bezugsoperatoren arbeiten

Durch die Bezugsoperatoren können Sie in einer Formel oder Funktion bestimmte Zellen oder Zellbereiche zur Berechnung übergeben. Welche Bezüge es gibt und wie Sie diese aufbauen können, das ist Thema in Kapitel 6.

Der Bereichsoperator verbindet Zellen

Unter einem *Bereich* versteht man einen Teil der Arbeitsblattmatrix, also neben- und untereinander liegende Zellen. Wenn zwei Zellbezüge durch einen Doppelpunkt verbunden werden, bilden sie mit den dazwischen liegenden Zellen einen Bereich. Der erste Zellbezug legt die erste Zelle des Bereichs und der zweite die letzte Zelle fest. Die Größe und Form der Bereiche kann unterschiedlich sein. In Funktionen gilt ein Bereich – gleichgültig, wie groß er ist – als ein Argument.

Schreibweisen von Bereichsbezügen

Die Abbildung 7.20 zeigt folgende Regeln für die Schreibweisen von Bereichsbezügen:

- Bei einem Bereich, der mehrere Spalten und Zeilen umfasst, wird die Zelle der linken oberen Ecke mit der Zelle der linken unteren Ecke zu einem Bereich verbunden; z.B. *B3:D10*.
- Bei einem Bereich, der in einer Zeile liegt, wird die linke Zelle mit der rechten Zelle zu einem Bereich verbunden; z.B. *B13:F13*.
- Bei einem Bereich, der in einer Spalte liegt, wird die oberste Zelle mit der untersten Zelle zu einem Bereich verbunden; z.B. *F2:F9*.
- Die einzelnen Schreibweisen dürfen auch kombiniert werden, Sie werden dann durch ein Semikolon getrennt (beispielsweise *B3:D10;B13:F13;F2:F9*).

Abbildg. 7.20 Mögliche Bereichsformen und ihre Schreibweisen

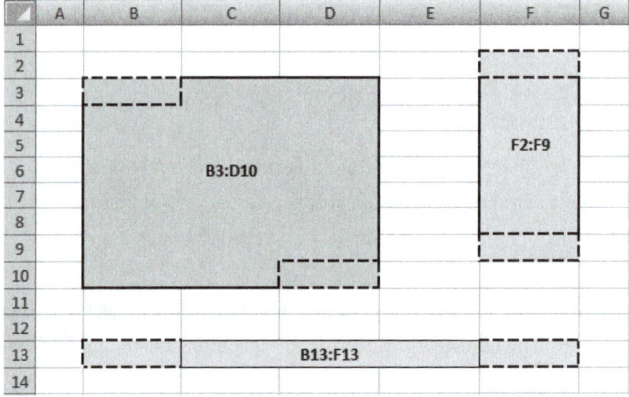

Bezüge auf ganze Spalten oder Zeilen

Wenn Sie sich auf Spalten oder Zeilen – in beiden Fällen von der ersten bis zur letzten Zelle – beziehen wollen, können Sie dies mit den Bezügen aus Tabelle 7.2 tun.

Tabelle 7.2 Gültige Schreibweisen für Bezüge

Bezug auf ...	Eingabe
komplette Spalte *E*	E:E
alle Spalten von *B* bis *H*	B:H
komplette Zeile *7*	7:7
alle Zeilen von Zeile *2* bis Zeile *5*	2:5
die gesamte Tabelle	A:XFD oder *1:1048576*

Analog zu den obigen Angaben sind die Bezüge für andere Spalten oder Zeilen herzustellen.

HINWEIS   Wie bereits in Abbildung 7.5 gezeigt, können Sie bei Tabellen, die Sie auf der Registerkarte *Einfügen* mit dem Befehl *Tabelle* eingefügt haben, besondere Bezüge verwenden. Mehr dazu in Kapitel 19.

Der Vereinigungsoperator verbindet entfernt liegende Zellen

Durch den *Vereinigungsoperator* können Sie Zellen, die nicht nebeneinander liegen, einer Funktion zur Berechnung übergeben. Der Vereinigungsoperator ist das Semikolon (;). Wenn mehrere Zellen einer Funktion mit dem Vereinigungsoperator übergeben werden, zählt jeder Zellenbezug, der durch Semikolon eingegrenzt ist, als eigenständiges Argument.

Wollen Sie die drei Bereiche in Abbildung 7.20 summieren, muss jede Zellengruppe in der Funktion *SUMME* angegeben werden. Die Funktion hat dann drei Argumente, jeweils getrennt durch das Semikolon:

```
=SUMME(B3:D10;F2:F9;B13:F13)
```

Der Schnittmengenoperator ermittelt Gemeinsamkeiten

Durch den *Schnittmengenoperator* – das Leerzeichen – lässt sich ein Bezug auf die Zellen herstellen, die mehreren unterschiedlichen Bezügen gemeinsam sind. Anders ausgedrückt: Unter der Schnittmenge sind in Excel die Werte zu verstehen, die in der Fläche liegen, in der sich mehrere Bereiche überschneiden.

Abbildg. 7.21   Die Schnittmenge beschreibt den Bereich, der in beiden Bereichen enthalten ist

Die in Abbildung 7.21 dargestellte Schnittmenge wird aus den Bereichen *B2:E11* und *C8:G14* gebildet. In einer Formel oder Funktion wird diese Schnittmenge – mit dem Leerzeichen – wie folgt gebildet:

```
B2:E11 C8:G14
```

Das Ergebnis dieser Schnittmenge wird als explizite Schnittmenge bezeichnet. Wenn Sie beispielsweise diese explizite Schnittmenge summieren wollen, ergibt sich folgende Formel:

```
=SUMME(B2:E11 C8:G14)
```

Die Anwendung von Schnittmengen findet meist im Zusammenhang mit Bereichsnamen statt. Mehr über die Verwendung von Namen können Sie in Kapitel 19 nachlesen.

Implizite Schnittmenge

Mit impliziter Schnittmenge wird in Excel ein besonderes Verhalten beim Berechnen von Formeln bezeichnet. Trifft Excel beim Auswerten einer Formel auf einen Verweis, der auf einen Zellbereich statt auf eine einzelne Zelle zeigt, wird der Zellbereich wie eine einzelne Zelle berechnet. Wenn Sie in Zelle *D4* die Formel

```
=$C$4:$C$7*1,2
```

eintragen, wird der Wert in Zelle *C4* von Excel mit 1,2 multipliziert, da sich die Zellen *C4* und *D4* in derselben Zeile befinden. Die Formel kann nach unten ausgefüllt werden und liefert als Ergebnis den jeweils um 20% erhöhten Wert der Spalte *C*.

Abbildg. 7.22 Implizite Schnittmenge mutet vielleicht etwas seltsam an, ist aber eine effiziente Möglichkeit für Berechnungen

	A	B	C	D	E	F
1						
2		Implizite Schnittmenge				
3		Zeitraum	Umsatz	Ziel 2007	Formel	
4		1. Quartal	4.519,00 €	5.422,80 €	=$C$4:$C$7*1,2	
5		2. Quartal	3.925,00 €	4.710,00 €	=$C$4:$C$7*1,2	
6		3. Quartal	2.240,00 €	2.688,00 €	=$C$4:$C$7*1,2	
7		4. Quartal	6.931,00 €	8.317,20 €	=$C$4:$C$7*1,2	
8		Zusammen	17.615,00 €	21.138,00 €	=SUMME(D4:D7)	
9						

Mehr zu Bereichen und Bezügen finden Sie in Kapitel 7, mehr zu Matrixformeln erfahren Sie in Kapitel 15.

Mit dem Textoperator Zeichenfolgen verketten

Für das Ergebnis einer oder mehrerer Funktionen ergibt sich manchmal die Notwendigkeit, die Ergebnisse in einer Zelle zusammenzufassen. Hier kommt der Textoperator & zum Einsatz. Wenn Sie zwei Werte – gleichgültig welchen Datentyps – mit dem Textoperator verbinden, so ergibt das Ergebnis immer den Datentyp *Text*. Dies bedeutet, dass auch Zahlenwerte hierbei zu Text werden.

Mit dem Zeichen & können Sie sowohl Text als auch Zahlen zu einer Textfolge verbinden. Ebenso können Sie mit dem Textoperator beispielsweise zwei Zahlenwerte als Text in einer Zelle unterbringen. Die sich daraus ergebende Textfolge kann zu weiteren Berechnungen nicht mehr unmittelbar herangezogen werden!

Sollte in der Formel statt eines Zellenbezugs unmittelbar Text verwendet werden, muss dieser Text in Anführungszeichen gesetzt werden. Dagegen müssen Zahlen nicht in Anführungszeichen stehen. Wenn Sie Zellbezüge verwenden, entfallen die Anführungszeichen ebenfalls – gleichgültig, welcher Datentyp in den Zellen anzutreffen ist.

Angenommen, Sie möchten den Inhalt der Zellen *A1* und *A2* durch den Textoperator verbinden, so ergibt dies folgende Formel:

```
=A1&A2
```

Durch den Textoperator werden die Werte unmittelbar aneinander gefügt. Wenn Sie jedoch zwischen den Werten ein Leerzeichen wünschen, müssen Sie dies eigens eingeben, und zwar in Anführungszeichen. Angenommen, zwischen den Werten der Zellen *A1* und *A2* soll sich ein Leerzeichen befinden. In diesem Fall ist die obige Formel wie folgt abzuwandeln:

```
=A1&" "&A2
```

Sie finden die Beispiele dazu in der Tabelle *Textverkettung* in der Arbeitsmappe *Kap07.xlsx* auf der Buch-CD-ROM im Ordner *\Buch\Kap07*. Die folgende Abbildung zeigt die Lösungsformeln für diese Übung.

Abbildg. 7.23 Beispiele für den Einsatz des Textoperators zum Verketten von Zeichenfolgen

	A	B	C	D	E	F	G	H
1		**Verketten Sie die Zahlen und Texte so, dass die Zieltexte ausgegeben werden.**						
2					Ergebnis	Formel	Zieltext	
3		Freund	schaft		Freundschaft	=B3&C3	Freundschaft	
4		Lieb	haber		Liebhaber	=B4&C4	Liebhaber	
5								
6		Excel	2007		Excel 2007!	=B6&" "&C6&"!"	Excel 2007!	
7		500	Leute		500 Leute	=B7&" "&C7	500 Leute	
8								
9		6	49		Lotterie 6 aus 49	="Lotterie "&B9&" aus "&C9	Lotterie 6 aus 49	
10		1	20.000		1:20000	=B10&":"&C10	1:200000	
11								
12		Willi	Wichtig		Herr Willi Wichtig	="Herr "&B12&" "&C12	Herr Willi Wichtig	
13		Erna	Huber		Huber Erna	=C13&" "&B13	Huber, Erna	
14								

Mathematische Funktionen einsetzen

Sinn und Zweck der Besprechung einzelner Funktionen ist es, Ihnen den grundsätzlichen Umgang mit Funktionen zu erläutern, sodass Sie in die Lage versetzt werden, selbstständig auch nicht näher erläuterte Funktionen anzuwenden. Es würde den Rahmen dieses Buches sprengen, wenn wir Ihnen alle Funktionen dieser Kategorie einzeln vorstellen würden. Dies mag stellvertretend auch für alle anderen Kategorien an dieser Stelle vorausgeschickt sein.

Mit Hilfe von mathematischen Funktionen können Sie einfache und komplexe mathematische Berechnungen durchführen; beispielsweise können Sie den Gesamtwert für einen Bereich von Zellen berechnen, die eine Bedingung in einem anderen Zellbereich erfüllen oder Sie können Zahlen runden.

SUMME-Funktion

```
SUMME(Zahl1;Zahl2;...)
```

Zahl1; Zahl2; ... sind 1 bis 255 Argumente, deren Summe Sie berechnen möchten.

Wenn Sie Zahlen, Wahrheitswerte und Zahlen in Textform direkt in die Liste der Argumente eingeben, werden diese in die Summenbildung einbezogen.

Geben Sie jedoch eine Matrix oder ein Bezug als Argument an, werden nur die Elemente der Matrix oder der Bezüge berücksichtigt, die Zahlen sind (als numerische Werte erkannt werden). Alle anderen Elemente, wie leere Zellen, Wahrheitswerte, Texte oder Fehlerwerte, werden ignoriert und spielen bei der Summenbildung keine Rolle.

Argumente, die nicht in Zahlen umgewandelt werden können, führen zu Fehlermeldungen. Beispiele zum Einsatz der Funktion *SUMME* haben Sie zu Beginn des Kapitels bereits kennen gelernt.

SUMMENPRODUKT-Funktion

```
SUMMENPRODUKT(Matrix1;Matrix2;Matrix3; ...)
```

Es müssen minimal zwei Matrizen (Bereiche) angegeben werden. Maximal können 255 Matrizen angegeben werden. Deren Elemente werden zunächst miteinander multipliziert und diese Ergebnisse anschließend addiert.

Die Matrizen müssen bezüglich der Zeilen- und Spaltenanzahl identisch sein. Ist dies nicht der Fall, liefert *SUMMENPRODUKT* den Fehlerwert *#WERT!*. Mehr zu Fehlerwerten finden Sie in Kapitel 6.

Matrixelemente, die keine numerischen Ausdrücke sind, behandelt *SUMMENPRODUKT* so, als wären sie mit *0* belegt.

Abbildg. 7.24 Zwei Matrizen, die zunächst addiert werden

	A	B	C	D	E	F	G	H
1		Berechnen Sie die SummenProdukte unter Einsatz der gleichnamigen Funktion.						
2		E-Preis	Menge					
3		5,00 €	3					
4		20,00 €	2					
5		15,00 €	4					
6		10,00 €	3					
7		25,00 €	2					
8		Gesamtwert	?					
9								
10								
11								
12		Matrix 1			Matrix 2			
13		Werte I	Werte II		Faktor I	Faktor II		
14		10	25		5	8		
15		20	40		4	3		
16		50	30		2	5		
17		15	10		6	4		
18								
19			SummenProdukt		?			
20								

Im einfachsten Fall werden zwei Matrizen angegeben. Die Formel zu dem in Abbildung 7.24 dargestellten Fall lautet:

```
=SUMMENPRODUKT(B3:B7;C3:C7)
```

In diesem Beispiel führt Excel folgende Rechnung aus:

```
5*3 + 20*2 + 15*4 + 10*3 + 25*2 = 195
```

Wenn Bereiche (Matrizen) mit mehreren Spalten eingegeben werden, werden immer die Zellen zuerst multipliziert, die jeweils in ihrer Matrix an derselben Stelle stehen. In Abbildung 7.24 müssen die Werte der Spalte *B* (Werte I) mit den Werten der Spalte *E* (Faktor I) und die Werte der Spalte *C* (Werte II) mit den Werten der Spalte *F* (Faktor II) multipliziert werden.

Die Formel für den in Abbildung 7.24 dargestellten Fall muss lauten:

```
=SUMMENPRODUKT(B14:C17;E14:F17)
```

Im Einzelnen führt Excel folgende Berechnung durch:

```
10*5+25*8+20*4+40*3+50*2+30*5+15*6+10*4 = 830
```

RUNDEN-Funktion

```
RUNDEN(Zahl;Anzahl_Stellen)
```

Diese Funktion rundet eine Zahl auf eine bestimmte Anzahl an Dezimalstellen nach der so genannten *kaufmännischen Methode*: Wenn sich in der Dezimalstelle, auf die gerundet werden soll, ein Wert >=5 (größer oder gleich 5) ergibt, wird auf den nächsten Wert aufgerundet. Bei Werten unter 5 wird abgerundet.

Zur Ausführung benötigt die Funktion die beiden Argumente *Zahl* und *Anzahl_Stellen*.

Das Argument *Zahl* ist die Zahl, die Sie runden möchten. In der Praxis ist dieses Argument sehr häufig eine Formel, die eine Zahl als Wert zurückgibt.

Das Argument *Anzahl_Stellen* gibt an, auf wie viele Dezimalstellen Sie die Zahl runden möchten. Dabei gilt:

- Ist *Anzahl_Stellen* größer als *0* (Null), wird *Zahl* auf die angegebene Anzahl an Dezimalstellen gerundet.
- Ist *Anzahl_Stellen* gleich *0*, wird *Zahl* auf die nächste ganze Zahl gerundet.
- Ist *Anzahl_Stellen* kleiner als *0*, wird der links vom Dezimalzeichen stehende Teil von *Zahl* gerundet.

Abbildg. 7.25   Mit der Funktion *RUNDEN* auf unterschiedliche Stellen gerundet

	A	B	C	D	E	F
1						
2		**Division ohne Runden**				
3		Dividend	Divisor	Ergebnis	Formel	
4		50	6	8,333333333	=B4/C4	
5		17	3	5,666666667	=B5/C5	
6						
7		**Division mit Runden auf die 2. Dezimalstelle**				
8		Dividend	Divisor	Ergebnis	Formel	
9		50	6	8,33	=RUNDEN(B9/C9;2)	
10		17	3	5,67	=RUNDEN(B10/C10;2)	
11						
12		**Division mit Runden auf die nächste ganze Zahl**				
13		Dividend	Divisor	Ergebnis	Formel	
14		50	6	8	=RUNDEN(B14/C14;0)	
15		17	3	6	=RUNDEN(B15/C15;0)	
16						
17		**Divsion mit Runden auf die nächste Zehnerstelle**				
18		Dividend	Divisor	Ergebnis	Formel	
19		50	6	10	=RUNDEN(B19/C19;-1)	
20		17	3	10	=RUNDEN(B20/C20;-1)	
21						

Vergleichen Sie hierzu auch die Tabelle *Runden* in der Arbeitsmappe *Kap07.xlsx* auf der CD-ROM zu diesem Buch im Ordner *\Buch\Kap07*.

AUFRUNDEN-Funktion

```
AUFRUNDEN(Zahl;Anzahl_Stellen)
```

Die Funktion *AUFRUNDEN* wird häufig in Kalkulationsmodellen benötigt, wenn bei der Preisbildung auf ein bestimmtes Preisniveau aufgerundet werden soll.

Stellen Sie sich vor, ein Auto würde für 24.873,50 € angeboten werden. Hier würde in der Kalkulation zur Preisbildung sicherlich immer auf die nächsten vollen zehn Euro aufgerundet werden. Um die Leistung der Funktion kurz und knapp zu beschreiben, kann gesagt werden: Die Funktion rundet das Argument *Zahl* auf das Argument *Anzahl_Stellen* auf.

Das Argument *Zahl* ist die reelle Zahl, die aufgerundet werden soll. In der Praxis ist das Argument *Zahl* meist das Ergebnis einer Berechnung (Formel).

Das Argument *Anzahl_Stellen* gibt an, auf wie viele Dezimalstellen die Zahl gerundet werden soll. Das Argument ist optional.

Die Funktion *AUFRUNDEN* unterscheidet sich von der Funktion *RUNDEN* nur dadurch, dass sie eine Zahl immer aufrundet. Ein Abrunden gibt es hierbei nicht.

- Ist *Anzahl_Stellen* größer gleich *0* (Null), wird die jeweilige Zahl entsprechend der angegebenen Anzahl an Dezimalstellen aufgerundet.
- Ist *Anzahl_Stellen* gleich *0* oder nicht angegeben, wird die jeweilige Zahl auf die nächste ganze Zahl aufgerundet.
- Ist *Anzahl_Stellen* kleiner als *0*, wird die jeweilige Zahl links vom Dezimaltrennzeichen (Komma) aufgerundet.

Abbildg. 7.26   Beispiele für aufgerundete Werte

	A	B	C	D	E	F
1		**Aufgerundete Werte**				
2		aufgerundet auf die nächsten…	Wert	Ergebnis	Formel	
3		0,01	0,4487	0,4500	=Aufrunden(B3;2)	
4		0,1	8,47	8,50	=Aufrunden(B4;1)	
5		1	86,95	87,00	=Aufrunden(B5;0)	
6		10	628,95	630,00	=Aufrunden(B6;-1)	
7		100	23.795,85	23.800,00	=Aufrunden(B7;-2)	
8						
9						
10		**Abgerundete Werte**				
11		abgerundet auf die nächsten…	Wert	Ergebnis	Formel	
12		0,01	0,4487	0,4400	=Abrunden(C3;2)	
13		0,1	8,47	8,40	=Abrunden(C4;1)	
14		1	86,95	86,00	=Abrunden(C5;0)	
15		10	628,95	620,00	=Abrunden(C6;-1)	
16		100	23.795,85	23.700,00	=Abrunden(C7;-2)	
17						

Beispiel: In einem Fahrzeughandel sind die Endpreise für die Fahrzeuge zu kalkulieren. Der Einkaufspreis, die Kosten für Sonderausstattungen und für Überführung und Zulassung stehen bereits in der Liste. Die Höhe des Nettopreises errechnen Sie als Summe aus diesen Beträgen. Der Endpreis muss einen Aufschlag für die Mehrwertsteuer in Höhe von 19% enthalten und soll jeweils auf die nächsten vollen Hunderter aufgerundet sein.

Sie können dieses Beispiel selbst in der Arbeitsmappe *Kap07.xlsx* in der Tabelle *Aufrunden* durchrechnen. Die Datei befindet sich auf der CD-ROM zu diesem Buch im Ordner *\Buch\Kap07*.

Verfahren Sie zur Lösung wie folgt:

1. In der Spalte *Nettopreis* bilden Sie mit der Summenfunktion die Summe aus den Spalten *Fahrzeugpreis*, *Sonderausstattungen* und *Überführung/Zulassung*. Hierdurch erhalten Sie den *Nettopreis*.
2. Um den *Endpreis* zu erhalten, müssen Sie zuerst für die Mehrwertsteuer 19% auf den *Nettopreis* aufschlagen. Das erreichen Sie in der Zelle *G3* mit folgender Formel:

```
=F3*1,19
```

3. Da das Ergebnis dieser Formel eine reelle Zahl ergibt, stellen Sie diese Formel in der Funktion *AUFRUNDEN* an die Stelle des Arguments *Zahl*. Hierdurch bewerkstelligen Sie das Aufschlagen der Mehrwertsteuer und das korrekte Aufrunden des Endpreises in einem Arbeitsgang. Das Argument *Anzahl_Stellen* geben Sie mit *–2* an, da Sie auf die jeweils nächsten vollen Hunderter aufrunden müssen. Die Formel in *G3* lautet:

```
=AUFRUNDEN(F3*1,19;-2)
```

4. Kopieren Sie diese Formel in der Spalte nach unten, um die restlichen Endpreise zu erhalten.

ABRUNDEN-Funktion

```
ABRUNDEN(Zahl;Anzahl_Stellen)
```

Die Funktion *ABRUNDEN* unterscheidet sich von der Funktion *RUNDEN* nur dadurch, dass sie eine Zahl immer abrundet. Die Funktion rundet die *Zahl* auf *Anzahl_Stellen* ab.

- Das Argument *Zahl* ist die reelle Zahl oder der Zahlenwert, den eine Berechnung (Formel) ergibt, die abgerundet werden soll.
- Das Argument *Anzahl_Stellen* gibt an, auf wie viele Dezimalstellen die Zahl gerundet werden soll.
- Ist *Anzahl_Stellen* größer oder gleich *0* (Null), wird die jeweilige Zahl entsprechend der angegebenen Anzahl an Dezimalstellen abgerundet.
- Ist *Anzahl_Stellen* gleich *0*, wird die jeweilige Zahl auf die nächste ganze Zahl abgerundet.
- Ist *Anzahl_Stellen* kleiner als *0*, wird die jeweilige Zahl links vom Dezimaltrennzeichen (Komma) abgerundet.

Sie können das in Abbildung 7.26 gezeigte Beispiel selbst in der Arbeitsmappe *Kap07.xlsx* in der Tabelle *Abrunden* durchrechnen. Die Datei befindet sich auf der CD zu diesem Buch im Ordner *\Buch\Kap07*.

Den Wert einer Zahl ermitteln

Manchmal ist es nur wichtig, welchen Betrag ein Wert hat und nicht, welches Vorzeichen er besitzt. In diesem Fall kommt die Funktion *ABS(Zahl)* zum Einsatz. Diese Funktion kann den Wert von beliebigen Zahlen und Wahrheitswerten ermitteln, nicht jedoch denjenigen von Text und Fehlerwerten.

Abbildg. 7.27 Die Funktion *ABS* gibt einen Zahlenwert ohne Vorzeichen zurück

	A	B	C	D	E
1					
2		Den reinen Zahlenwert ermitteln			
3		Wert	Ergebnis	Formel	
4		-2007	2007	=ABS(B4)	
5		0	0	=ABS(B5)	
6		123,456	123,456	=ABS(B6)	
7		19.11.2006	39040	=ABS(B7)	
8		20,2	20,2	=ABS(B8)	
9		FALSCH	0	=ABS(B9)	
10		WAHR	1	=ABS(B10)	
11		#DIV/0!	#DIV/0!	=ABS(B11)	
12		Text	#WERT!	=ABS(B12)	
13					

SUMMEWENN-Funktion

```
SUMMEWENN(Bereich;Suchkriterien;Summe_Bereich)
```

Mit dieser Funktion besitzen Sie eine der leistungsfähigsten Funktionen zum Auswerten unübersichtlicher und großer Tabellen bzw. Datenbestände. Diese Funktion addiert Zahlen, wenn die mit dem Argument *Suchkriterien* eingetragene Bedingung erfüllt ist.

- Das Argument *Bereich* ist der Zellbereich, den Sie auswerten möchten. Dieses Argument muss angegeben werden.

- Das Argument *Suchkriterien* gibt die Kriterien in Form einer Zahl, eines Ausdrucks, einer Zeichenfolge oder eines Zellbezugs zu einer Zelle, in der das Kriterium eingetragen ist, an. Diese Kriterien bestimmen, welche Zellen addiert werden. Wenn Sie das Suchkriterium unmittelbar in die Funktion eingeben, stellen Sie das Kriterium in Anführungszeichen. Um z.B. Werte zu suchen, die größer als 150 sind, ist als Kriterium "*>150*" einzugeben. Das Argument muss eingegeben werden.

- Das Argument *Summe_Bereich* gibt den Bereich an, in dem sich die tatsächlich zu addierenden Zellen befinden. Die zu *Summe_Bereich* gehörenden Zellen werden nur dann in die Addition einbezogen, wenn die Inhalte ihrer entsprechenden in Bereich befindlichen Zellen den Suchkriterien genügen. Dieses Argument ist optional. Fehlt das Argument *Summe_Bereich*, werden die zum *Bereich* gehörenden Zellen addiert.

Abbildg. 7.28   Beispiel für die *SUMMEWENN*-Funktion

	A	B	C	D	E	F	G	H	I	J	K
1											
2		Fahrzeugverkäufe									
3		Datum	Fahrzeug	VK-Preis		Summe der Verkaufspreise					
4		21.10.2006	Polo	26.500,00 €		Fox	62.380,00 €	=SUMMEWENN($C$4:$D$18;"Fox";$D$4:$D$18)			
5		22.10.2006	Golf	32.500,00 €		Golf	202.350,00 €	=SUMMEWENN($C$4:$D$18;F5;$D$4:$D$18)			
6		23.10.2006	Golf	36.600,00 €		Passat	185.480,00 €	=SUMMEWENN($C$4:$D$18;F6;$D$4:$D$18)			
7		24.10.2006	Passat	43.000,00 €		Polo	83.200,00 €	=SUMMEWENN($C$4:$D$18;F7;$D$4:$D$18)			
8		25.10.2006	Fox	25.600,00 €							
9		26.10.2006	Passat	44.500,00 €		Anzahl nach Fahrzeugtypen					
10		27.10.2006	Polo	28.000,00 €		Fox	2	=ZÄHLENWENN($C$4:$D$18;"Fox")			
11		28.10.2006	Golf	34.450,00 €		Golf	6	=ZÄHLENWENN($C$4:$D$18;F11)			
12		29.10.2006	Polo	28.700,00 €		Passat	4	=ZÄHLENWENN($C$4:$D$18;F12)			
13		30.10.2006	Golf	31.600,00 €		Polo	3	=ZÄHLENWENN($C$4:$D$18;F13)			
14		31.10.2006	Passat	46.780,00 €							
15		01.11.2006	Fox	36.780,00 €							
16		02.11.2006	Passat	51.200,00 €							
17		03.11.2006	Golf	32.600,00 €							
18		04.11.2006	Golf	34.600,00 €							
19											

Die Abbildung 7.28 zeigt ein Beispiel für den Einsatz der *SUMMEWENN*-Funktion. In dem Bereich *C4:C18* ist festgehalten, um welches Fahrzeug es sich handelt. Im Zellbereich *D4:D18* stehen die Verkaufspreise. Um nun die Werte der Fahrzeuge vom Typ »Fox« zu addieren, zum Kopieren als Bezug, ist in diesem Fall folgende Formel notwendig:

=SUMMEWENN(C4:C18;"Fox";D4:D18)

Beachten Sie bitte auch die zweite Berechnung in Abbildung 7.28, bei der das Suchkriterium nicht in der Formel, sondern in die Zelle *F5* eingetragen ist. Dies bietet den Vorteil, dass Sie in dieser Zelle das Suchkriterium beliebig auswechseln und dadurch immer andere Merkmalsgruppen addieren können.

Sie können dieses Beispiel selbst in der Arbeitsmappe *Kap07.xlsx* in der Tabelle *SummeWenn* durchrechnen. Die Datei befindet sich auf der CD-ROM zu diesem Buch im Ordner *\Buch\Kap07*.

ZÄHLENWENN-Funktion

ZÄHLENWENN(Bereich;Suchkriterien)

Analog zur Funktion *SUMMEWENN* ist die Funktion *ZÄHLENWENN* zu sehen. Aus nicht erklärlichen Gründen finden Sie diese Funktion in der Kategorie *Statistik*, wogegen *SUMMEWENN* in der Kategorie *Math. & Trigonom.* zu finden ist. Die Funktion *ZÄHLENWENN* zählt die nicht leeren Zellen eines Bereichs, deren Inhalte mit den Suchkriterien übereinstimmen.

- Das Argument *Bereich* ist der Zellbereich, von dem Sie wissen möchten, wie viele seiner Zellen einen Inhalt haben, der mit den Suchkriterien übereinstimmt. Das Argument muss eingegeben werden.
- Das Argument *Suchkriterien* gibt die Kriterien in Form einer Zahl, eines Ausdrucks, einer Zeichenfolge oder eines Bezugs zu einer Zelle, in der das Kriterium eingetragen ist, an. Diese Kriterien bestimmen, welche Zellen gezählt werden. Das Argument muss eingegeben werden.

Beachten Sie in Abbildung 7.28 auch das Beispiel in Zelle *G10*, bei dem das Suchkriterium nicht direkt in die Formel eingebaut ist, sondern als Bezug auf eine Zelle (*F10*).

Sie können dieses Beispiel selbst in der Arbeitsmappe *Kap07.xlsx* in der Tabelle *ZählenWenn* durchrechnen. Die Datei befindet sich auf der CD-ROM zu diesem Buch im Ordner *\Buch\Kap07*.

Umrechnen in andere Maßsysteme

In manchen Fällen ist nicht nur der Wert einer Zahl wichtig, sondern auch die zugehörige Maßeinheit. Dabei entsteht oft der Wunsch, eine Maßeinheit in eine andere umzuwandeln. Liegen etwa Gewichte in Gramm vor und sollen diese in Kilogramm ausgewiesen werden, dann ist das keine schwere Aufgabe. Ganz anders sieht es dagegen aus, wenn Sie einen Wert in der Einheit Gramm in das Handelsgewicht Pfund (1 Pfund entspricht 453,6 Gramm) oder gar in Unzen (1 Unze entspricht 28,35 Gramm) umrechnen wollen. Dazu verwenden Sie in Excel die Funktion

`UMWANDELN(Zahl;Von_Maßeinheit;In_Maßeinheit)`

Hierzu ein Beispiel:

Für 125 Gramm ermittelt die Formel =UMWANDELN(125;"g";"lbm") rund 0,276 Pfund und die Formel =UMWANDELN(125;"g";"ozm") rund 4,41 Unzen.

Nun liegen die Angaben aber eventuell nicht in Gramm vor, sondern in Kilogramm. In diesem Fall kombinieren Sie die Einheit *g* (Gramm) mit dem Präfix »k«. In diesem Fall entspricht das der gebräuchlichen Abkürzung. Das Präfix ist aber ganz allgemein für den Faktor 1.000 einsetzbar. Welche Maßeinheiten Sie noch umwandeln können und welche Abkürzungen sowie Präfixe Sie dabei verwenden müssen, darüber gibt die Excel-Hilfe zu dieser Funktion Auskunft.

HINWEIS Bei den Namen von Einheiten und Präfixen wird Groß- und Kleinschreibung unterschieden.

Wenn Sie für die Einheiten ein Präfix verwenden, das nicht unterstützt wird, gibt *UMWANDELN* den Fehlerwert *#NV* zurück. Das gilt auch, wenn sich die Einheiten in verschiedenen Gruppen befinden.

TIPP Im Internet finden Sie auf der Seite *http://www.onlineconversion.com* die Möglichkeit zur Umrechnung in verschiedene Maßeinheiten. Zur Auswahl stehen hier in verschiedenen Kategorien zusammengefasste Maßeinheiten.

Alles ganz logisch

Durch die Funktionen der Kategorie *Logik* beginnen Ihre Tabellen erst, selbstständig »mitzudenken« und Entscheidungen in Ihrem Sinn zu treffen. Durch die Logikfunktionen können Sie beispielsweise Ergebniszellen überwachen und bei bestimmten Ergebnissen zu anderen Werten oder Tabellenfunktionen verzweigen. Für derartige Manipulationen benötigen Sie die (wichtigste) logische Funktion *WENN*.

WENN-Funktion

```
WENN(Prüfung;Dann_Wert;Sonst_Wert)
```

Durch die *WENN*-Funktion können Sie Entscheidungen, die sich auf den Ausgang des Arguments *Prüfung* stützt, treffen. Sollte die Prüfung den logischen Wert *Wahr* ergeben, wird die Anweisung des Arguments *Dann_Wert* ausgeführt. Ergibt die Prüfung den logischen Wert *Falsch*, wird die Anweisung des Arguments *Sonst_Wert* ausgeführt. Vergleichen Sie hierzu auch die Abbildung 7.29.

- Das Argument *Prüfung* ist ein beliebiger Wert oder Ausdruck, der *WAHR* oder *FALSCH* sein kann.

- Das Argument *Dann_Wert* ist das Resultat der Funktion, wenn die Wahrheitsprüfung *WAHR* ergibt. Liefert das Argument *Prüfung* das Ergebnis *WAHR* und das Argument *Dann_Wert* ist nicht angegeben, wird *WAHR* zurückgegeben. *Dann_Wert* kann auch eine andere Formel sein.

- Das Argument *Sonst_Wert* ist das Resultat der Funktion, wenn die Wahrheitsprüfung *FALSCH* ergibt. Liefert das Argument *Prüfung* das Ergebnis *FALSCH* und ist das Argument *Sonst_Wert* nicht angegeben, wird *FALSCH* zurückgegeben. *Sonst_Wert* kann auch eine andere Formel sein.

Am einfachsten führen Sie eine Prüfung, die den logischen Wert *WAHR* oder *FALSCH* ergibt, mit den Booleschen Vergleichsoperatoren durch. Die Booleschen Vergleichsoperatoren werden in Excel, wie aus Tabelle 7.3 hervorgeht, dargestellt und eingesetzt:

Tabelle 7.3 Boolesche Vergleichsoperatoren

Operator	Auswirkung	Beispiel	Ergebnis
=	ist gleich	"A"="B"	FALSCH
<	kleiner als	2003<2005	WAHR
>	größer als	2003>2005	FALSCH
<=	kleiner oder gleich	25<=24	FALSCH
>=	größer oder gleich	25>=24	WAHR
<>	ungleich (nicht)	2003<>2005	WAHR

Nach der allgemeinen Syntax ist auch in dieser Funktion jeglicher Text in Anführungszeichen einzuschließen. Soll bei einer Ausgabe nichts ausgegeben werden, so wählen Sie dafür leeren Text aus, der durch zwei Anführungszeichen (*""*) dargestellt wird. Zwischen den Anführungszeichen befindet sich kein Leerzeichen.

Die *WENN*-Funktion ist im Prinzip nichts anderes als die Simulation eines alltäglichen und menschlichen Entscheidungsvorgangs. Wie oft haben wir alle schon einmal gesagt: »*Wenn* sich eine Sache so verhält, *dann* werde ich dieses tun, *sonst* werde ich etwas anderes tun.«

Wenn Sie diesen Satz einmal auf Computerebene denken, ergibt sich folgende Situation: Wenn das Argument *Prüfung* einen bestimmten Wert erreicht, wird das Argument *Dann* ausgeführt. In allen anderen Fällen wird das Argument *Sonst* ausgeführt. Wie das folgende Schema zeigt, geschieht in der Funktion *WENN* nichts anderes.

Abbildg. 7.29   Schema der *WENN*-Funktion

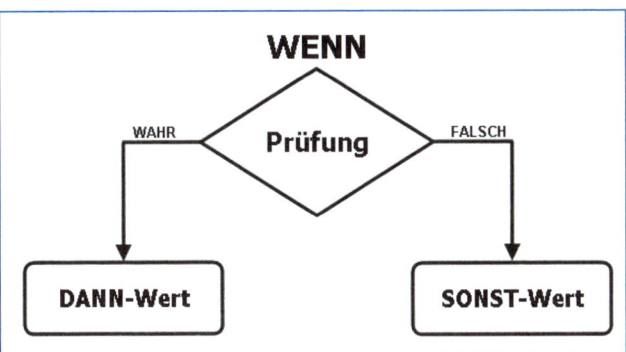

Diese Theorie setzen Sie nun mit dem folgenden kleinen Beispiel in die Praxis um.

WENN-Funktion – Beispiel 1

Bei der Arbeitszeiterfassung mit Excel soll für jede Woche eine Meldung erscheinen, wenn 40 Stunden überschritten werden. Bei Überschreitung erscheint der Text »*Überstunden!*«, sonst der Text »*Alles im grünen Bereich.*«

Abbildg. 7.30   Bewertung mit der *WENN*-Funktion

	A	B	C	D	E
1		**Einsatz der WENN-Funktion**			
2					
3		Bedingung:	Summe der Stunden übersteigt die 40.		
4		Dann-Wert:	Textausgabe "Überstunden!"		
5		Sonst-Wert:	Textausgabe "Alles im grünen Bereich."		
6					
7		Wochentag	Stunden		
8		Montag	6,0		
9		Dienstag	12,0		
10		Mittwoch	8,0		
11		Donnerstag	8,0		
12		Freitag	6,5		
13					
14		Gesamt	40,5		
15					
16		Bewertung	Überstunden	=WENN(C14>40;"Überstunden";"Alles im grünen Bereich.")	
17					

Verfahren Sie zur Lösung wie folgt:

1. Bilden Sie zunächst die Summe der Arbeitsstunden (*C8* bis *C12*) mit der Formel =SUMME(C8:C12) in der Zelle *C14*.
2. Markieren Sie nun die Zelle *C16* und rufen über das Symbol in der Bearbeitungsleiste den *Funktions-Assistenten* auf.
3. Wählen Sie in der Liste *Kategorie auswählen* den Eintrag *Logik* aus.
4. In der Liste *Funktion auswählen* markieren Sie die Funktion *WENN*. Klicken Sie auf *OK*.
5. Füllen Sie das Dialogfeld wie folgt aus:
   - Im Argument *Prüfung* soll die Summe in der Zelle *C14* geprüft werden; d.h., *C14>40*.
   - Im Argument *Dann_Wert* soll die Ausgabe *"Überstunden!"* erscheinen.
   - Im Argument *Sonst_Wert* soll die Ausgabe *"Alles im grünen Bereich."* erscheinen.
6. Nach dem Ausfüllen schließen Sie das Dialogfeld mit Klick auf die Schaltfläche *OK*.

HINWEIS Schließen Sie Textausgaben immer in Anführungszeichen ein. Bei der Eingabe der Texte in dieser Funktion würde der Assistent die Anführungszeichen auch für Sie setzen. Leider ist das nicht in allen Situationen so. Um also Fehlermeldungen zu vermeiden, ist es besser, wenn Sie daran denken, dass Text durch Anführungszeichen gekennzeichnet wird.

WENN-Funktion – Beispiel 2

Wollen Sie für eine Jahreszahl prüfen, ob es sich um ein Schaltjahr handelt, dann können Sie diese Aufgabe mit einer verschachtelten WENN-Funktion erledigen. Tragen Sie in die Zelle A1 die Jahreszahl ein und prüfen Sie die Angabe mit der Formel

```
=WENN(REST(A1;4)=0;WENN(REST(A1;100)=0;WENN(REST(A1;400)=0;"Jahrhundert Schaltjahr";"Kein Schaltjahr, da nicht durch 400 teilbar");"Schaltjahr");"keines")
```

Für das Jahr 2007 erhalten Sie das Ergebnis »keines«.

PROFITIPP Verschachtelte Funktionen einzugeben ist nicht ganz so einfach, weil jeder Teil auch den Konventionen entsprechen und die richtige Zahl an Argumenten enthalten muss. Um die einzelnen Teile korrekt aufzubauen, können Sie diese zunächst jeweils in eine eigene Zelle eintragen. Sie können dann diese Teile in der Bearbeitungsleiste markieren und in einer weiteren Zelle zusammenfassen.

Sie finden dieses und weitere Beispiele für Logikfunktionen in der Arbeitsmappe *Kap07.xlsx* auf der CD-ROM zu diesem Buch im Ordner *\Buch\Kap07*.

Mit Datums- und Zeitfunktionen rechnen

Durch Datums- und Zeitfunktionen können Sie mit der so genannten Systemzeit Ihres Computers arbeiten. Selbstverständlich muss diese dazu korrekt eingestellt sein. Mehr dazu weiter unten in diesem Abschnitt.

Excel enthält zahlreiche Funktionen um mit Datumswerten zu rechnen oder bestimmte Zustände festzustellen.

Die Eingabe von Datumswerten

Wenn Sie bei der Datumseingabe auf dem numerischen Block Ihrer Tastatur arbeiten, ist es meist hinderlich, nach dem Tag und dem Monat einen Punkt einzugeben.

Diesen Punkt müssen Sie nicht unbedingt eingeben, da Excel auch den Schrägstrich und das Minuszeichen als Trennzeichen bei Datumseingaben erkennt und verarbeitet, zum Beispiel *17/8/65* für den 17.08.1965 oder *26-9-37* für den 26.09.1937. Geben Sie dabei keine Jahreszahl an, erweitert Excel die Eingabe automatisch, indem das aktuelle Jahr angefügt wird. So wird aus der Eingabe *18-6* der Zellinhalt *18.06.2005*. Achten Sie darauf, dass Sie nach dem Monat kein weiteres Zeichen (also auch keinen Punkt) eingeben.

Diese beiden Zeichen finden Sie auch auf dem numerischen Block und Sie können damit komfortabel arbeiten.

Problem: Eine Zelle zeigt immer Datumswerte an

Wenn Excel eine Eingabe als Datumswert erkennt, wird die entsprechende Zelle automatisch als Datum formatiert.

Wenn Sie beispielsweise versehentlich *3-10* eingeben, wird dies als der 3. Oktober des laufenden Jahrs gedeutet und die Zelle entsprechend formatiert. Alle weiteren Eingaben in diese Zelle werden somit als Datumswerte dargestellt. Geben Sie beispielsweise die Zahl 25 ein, zeigt die Zelle den 25. Januar an.

Um eine möglicherweise ungewollte Formatierung wieder auf den Standard zurückzusetzen, verfahren Sie wie folgt:

1. Markieren Sie die entsprechende Zelle.
2. Rufen Sie auf der Registerkarte *Start* den Befehl *Löschen/Formate löschen* auf.

Dadurch erhält die Zelle wieder den Formatstatus *Standard*.

HEUTE- und *JETZT*-Funktion

Der Unterschied zwischen *HEUTE* und *JETZT* besteht darin, dass die Funktion *HEUTE* das aktuelle Datum und die Funktion *JETZT* zum Datum noch die aktuelle Systemzeit abruft.

Wenn auch bei beiden Funktionen das aktuelle Tagesdatum angezeigt wird, so ist das Ergebnis der Funktion dennoch die so genannte fortlaufende Zahl. Standardmäßig ermittelt *Excel* ein Datum nach der fortlaufenden Zahl, die mit der Zahl *1* am 01. Januar 1900 beginnt und am 31. Dezember

9999 mit der Zahl *2.958.465* endet. Das bedeutet, dass Excel nur mit Datumswerten, die zwischen diesen beiden Terminen liegen, rechnen kann.

Für die fortlaufende Zahl gilt folgendes: Durch die Zahl, die links vom Komma steht, wird das Datum dargestellt. So bedeutet die Zahl *38.500*, dass diese Anzahl an Tagen seit dem 01.01.1900 vergangen ist. Das Datumsergebnis ist der 28. Mai 2005.

Die Zahlen, die bei der fortlaufenden Zahl rechts vom Komma stehen, geben die Uhrzeit an. Dabei gilt, dass ein Tag den Wert *1* besitzt. Wenn Sie diesen Wert durch die Anzahl der Stunden, die ein Tag besitzt, dividieren, erhalten Sie den Dezimalbruch für eine Stunde; also 1/24 = 0,04166667. Die Angabe *0,5* bedeutet nichts anderes, als dass exakt die Hälfte eines Tages vergangen und es genau 12:00 Uhr ist.

Bei der Eingabe der *HEUTE*-Funktion erhalten Sie als Ergebnis das aktuelle Datum ohne die Uhrzeit.

```
=HEUTE()
```

Bei Eingabe der *JETZT*-Funktion erhalten Sie als Ergebnis das aktuelle Datum sowie die aktuelle Uhrzeit.

```
=JETZT()
```

HINWEIS Sollten Sie die Funktion *JETZT* zu Berechnungen heranziehen – beispielsweise zur Berechnung von Zinstagen – beachten Sie bitte, dass sich die gleichzeitige Ausgabe der Uhrzeit unter Umständen störend auswirken kann. Bevorzugen Sie bei der Bildung von Datumsdifferenzen, bei denen die Differenz in Tagen wesentlich ist, deshalb die Funktion *HEUTE*.

Die Ergebnisse beider Funktionen werden nicht ständig aktualisiert. Es finden nur dann Aktualisierungen statt, wenn die Tabelle geöffnet oder die zugehörige Tabelle berechnet wird. Die Neuberechnung einer Tabelle können Sie durch Drücken der Taste F9 erzwingen. Mehr zum Thema Neuberechnung finden Sie in Kapitel 6.

MONAT-Funktion

```
MONAT(Zahl)
```

Mit Hilfe der Funktion *MONAT* können Sie aus einem gültigen Datum den Monat als ganze Zahl ausgeben lassen. Die Monatszahlen werden von 1 (Januar) bis 12 (Dezember) errechnet.

Diese Funktion können Sie immer dann gut einsetzen, wenn in Tabellen Werte nach Monaten zusammengefasst werden sollen und es nicht mehr auf das Tagesdatum ankommt.

Das Argument *Zahl* muss ein Datumswert bzw. ein Bezug zu einer Zelle mit einem Datumswert sein. Wenn Sie einen Datumswert als Konstante in das Argument eingeben wollen, müssen Sie das Datum in Anführungszeichen einschließen (*"22.11.2003"*).

In der gleichen Art gibt es noch die Funktion *JAHR*, die die Jahreszahl eines Datumswerts ausgibt und die Funktion *TAG*, die die Tageszahl eines Datums anzeigt.

WOCHENTAG-Funktion

Wochentag(Zahl;Typ)

Die Funktion *WOCHENTAG* zieht aus einem gültigen Datum den Wochentag als ganze Zahl heraus.

- Das Argument *Zahl* ist eine Codierung für Datum und Zeit, die Excel für Datums- und Zeitberechnungen verwendet. Sie müssen das Argument *Zahl* nicht als Zahl, sondern können es auch als Text angeben, also z.B. "15. Juni 2003" oder "15.6.03". Ein solcher Text wird automatisch in die entsprechende fortlaufende Zahl umgewandelt. Das Datum kann als fortlaufende Zahl oder durch einen Bezug zu einer Zelle mit einem gültigen Datumswert eingegeben werden.
- Das Argument *Typ* ist eine Zahl, die den Typ des Rückgabewertes bestimmt. In welcher Weise ein Wochentag codiert ist, hängt von dem Wert ab, den Sie in das Argument *Typ* eingeben. In Deutschland beginnt die Woche übrigens am Montag. Möglich sind die aus Tabelle 7.4 hervorgehenden Werte.

Tabelle 7.4   Werte für das Argument *Typ*

Typ	Werte für Wochentage
1	1 = Sonntag bis 7 = Samstag
2	1 = Montag bis 7 = Sonntag
3	0 = Montag bis 6 = Sonntag

Wenn Sie im Argument *Typ* nichts eingeben, wird so verfahren, als hätten Sie *1* eingegeben.

Hierzu ein Beispiel: In einem Rechnungsformular ist das Zahlungsziel mit 20 Tagen, ausgehend vom aktuellen Datum, zu berechnen. Es soll jedoch nicht auf einen Sonntag gestellt werden. Fällt das errechnete Zahlungsziel auf einen Sonntag, soll es auf den darauf folgenden Montag verschoben werden.

Abbildg. 7.31   Schrittweises Entwickeln der Formel

	A	B	C	D	E	F	G	H	I
1		**Wochentag**							
2		Errechnen eines Zahlungsziels							
3									
4		1. Schritt: Aktuelles Datum berechnen.							
5			19.11.2006	=HEUTE()					
6									
7		2. Schritt: 20 Tage auf aktuelles Datum addieren.							
8			09.12.2006	=HEUTE()+20					
9									
10		3. Schritt: Wochentagsnummer für das Zahlungsziel bestimmen.							
11			7	=WOCHENTAG(HEUTE()+20)					
12									
13		4. Schritt: WENN-Prüfung einführen.							
14			09.12.2006	=WENN(WOCHENTAG(HEUTE()+20)=1;HEUTE()+20+1;HEUTE()+20)					
15									

Für die Lösung dieser Aufgabenstellung benötigen Sie nicht nur die Funktion *WOCHENTAG*, sondern auch die bereits gezeigten Funktionen *HEUTE* und *WENN*.

1. Markieren Sie die Zelle, in der das Zahlungsziel errechnet werden soll.
2. Beginnen Sie mit der *WENN*-Funktion. Im Argument *Prüfung* stellen Sie fest, ob die Berechnung »Heute in 20 Tagen« auf einen Sonntag fällt. Das Datum fällt dann auf einen Sonntag, wenn die Funktion *WOCHENTAG(Argument;Typ =1)* den Wert *1* zurückgibt. Daraus ergibt sich folgender Beginn für diese Formel:

```
=WENN(WOCHENTAG(HEUTE()+20)=1;
```

3. Für den *Dann_Wert*, der dann ausgeführt wird, wenn das Zahlungsziel ein Sonntag ist, geben Sie die Berechnung »Heute in 21 Tagen« ein. Für das Argument *Sonst_Wert*, das immer dann ausgeführt wird, wenn das Zahlungsziel kein Sonntag ist, geben Sie die Berechnung »Heute in 20 Tagen« ein, sodass der *Dann_Wert* und der *Sonst_Wert* wie folgt aussehen:

```
HEUTE()+20+1;  HEUTE()+20)
```

Insgesamt sieht die Formel folgendermaßen aus:

```
=WENN(WOCHENTAG(HEUTE()+20)=1;HEUTE()+20+1;HEUTE()+20)
```

Sie finden diese Lösung in der Tabelle *Wochentag* in der Arbeitsmappe *Kap07.xlsx* auf der CD-ROM zu diesem Buch im Ordner *\Buch\Kap07*. Dort finden Sie auch das Tabellenblatt *Tage360* mit einem Beispiel für die Berechnung taggenauer Zinsen.

Systemeinstellungen zu Datumswerten und mehr

Es kommt – insbesondere bei älteren Dateien oder bei Dateien aus anderen Sprachzonen – vor, dass Excel Daten nicht korrekt darstellt. Wenn Sie in den *Excel-Optionen* keine Einstellung für das gesuchte Format finden, verwendet Excel die entsprechende Einstellung von Windows. Schauen Sie also dort einmal nach, ob es eine allgemeine Einstellung gibt. Unter Windows Vista finden Sie die Einstellungen, wenn Sie nach dem Begriff »Regions- und Sprachoptionen« suchen. Sie können dann im Dialogfeld *Regionale Einstellungen anpassen* verschiedene Einstellungen für Zahlen, Währungen, Uhrzeit und die Sortierung vornehmen (siehe Abbildung 7.32).

WICHTIG Hier durchgeführte Änderungen erfordern unter Umständen Administratorenrechte und haben Auswirkung auf die Interpretation von Jahresangaben in allen installierten Programmen. Also Vorsicht!

Abbildg. 7.32   Wichtige Einstellungen in der Systemsteuerung von Windows

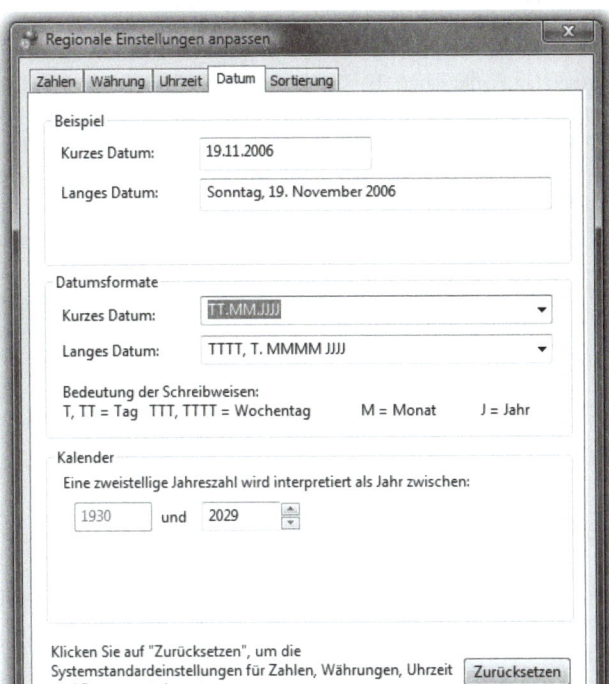

Öffnen Sie z.B. eine Datei, in der Datumswerte mit zweistelliger Jahreszahl gespeichert wurden (Stichwort: Jahrtausendwechsel), kann es zu Fehlinterpretationen kommen. Sie können versuchen, ob Sie mit einer Änderung in der Optionsgruppe *Kalender* die Datumswerte richtig stellen können.

Um die Uhrzeit Ihres Computers zu ändern, gehen Sie wie folgt vor:

1. Klicken Sie mit der rechten Maus auf die Uhrzeit am unteren rechten Rand des Bildschirms.
2. Wählen Sie im Kontextmenü den Befehl *Datum/Uhrzeit ändern*.
3. Klicken Sie auf die Schaltfläche *Datum und Uhrzeit ändern* und ändern Sie die Uhrzeit ab.
4. Können Sie eine Internetverbindung für die Aktualisierung verwenden, dann wechseln Sie auf die Registerkarte *Internetzeit*.
5. Wählen Sie über *Einstellungen ändern* einen Internetzeitserver aus.
6. Schließen Sie das Dialogfeld mit *OK*.

Zusammenfassung

Dieses Kapitel dient dem Einstieg in die Welt der Excel-Funktionen. Anhand ausgewählter, nach unseren Erfahrungen häufig eingesetzter Funktionen, haben Sie nun das Grundprinzip des Einsatzes von Funktionen in Formeln kennen gelernt. In den folgenden Kapiteln werden einige der hier gezeigten Funktionen verwendet, um Gültigkeitsregeln festzulegen oder eine bedingte Formatierung durchzuführen. Daher war es wichtig, in diesem Kapitel einige Funktionen vorzustellen. Excel bietet darüber hinaus noch eine ganze Reihe von Funktionen und Kombinationsmöglichkeiten an. Weitere Funktionen und Beispiele zu deren Anwendung finden Sie insbesondere in den Kapiteln 15, 16 und 22.

Frage	Antwort
Was versteht man unter der Syntax einer Funktion?	Damit Excel mit einer Funktion rechnen kann, muss diese nach einer Regel, der Syntax, eingetragen werden. Wie Sie dabei Argumente übergeben, zeigt die Seite 293.
Wie kann ich mit der automatischen Summenfunktion arbeiten?	Die automatische Summenfunktion analysiert den umliegenden Bereich und bietet automatisch einen Bezug an. Mehr finden Sie dazu auf Seite 297.
Wie kann ich eine laufende Summe berechnen?	Durch eine Formel mit einem Bezug der teilweise absolut und teilweise relativ ist, wird diese Aufgabe auf Seite 301 gelöst.
Kann ich auch verschachtelte Funktionen über den Funktions-Assistenten eingeben?	Der Funktions-Assistent hilft bei der Eingabe von Funktionen und kann auch verschachtelte Funktionen erstellen. Mehr dazu ab Seite 305.
Wie kann ich die Bezüge in Formeln ändern?	Mit der Taste F4 können Sie zwischen verschiedenen Bezugsformen wechseln. Mehr dazu auf Seite 307.
Ich möchte eine Tabelle weitergeben. Allerdings sollen nicht die Formeln, sondern nur die Ergebnisse angezeigt werden. Geht das?	Kopieren Sie eine Tabelle in die Zwischenablage, können Sie beim Einfügen nur die Werte einfügen. Damit werden alle Formeln in Werte umgewandelt. Mehr dazu auf Seite 308.
Wie kann ich einen Wert runden?	Excel enthält zahlreiche Funktionen zum Runden von Werten. Die wichtigste ist die Funktion RUNDEN. Bei dieser Funktion können Sie die Anzahl an Kommastellen angeben, auf die gerundet werden soll. Mehr dazu auf Seite 316.
Wie kann ich eine Summe von Werten berechnen, für die eine Bedingung erfüllt ist?	Auf Seite 319 finden Sie ein Beispiel für die Funktion SUMMEWENN, mit der eine solche Summe gebildet werden kann.
Ich möchte die Anzahl von Werten ermitteln, die eine bestimmte Bedingung erfüllen. Wie geht das?	Die Seite 320 zeigt Ihnen, wie Sie mit der Funktion ZÄHLENWENN die Anzahl von Einträgen bestimmen, die eine Bedingung erfüllen.
Wie kann ich Zahlen in verschiedene Maßsysteme umwandeln?	Die Seite 321 zeigt Ihnen, wie Sie mit Hilfe der Funktion UMWANDELN zwischen verschiedenen Maßsystemen umrechnen.
Wie arbeitet die WENN-Funktion?	Die WENN-Funktion prüft eine Aussage und gibt ein Ergebnis in Abhängigkeit von der Prüfung aus. Auf Seite 322 erfahren Sie mehr zu dieser Funktion.
Wie kann ich schnell das aktuelle Datum oder die aktuelle Zeit eingeben?	Datums- und Zeitwerte können Sie mit Hilfe der Tastenkombination Strg + . und Strg + : schnell eingeben. Mehr dazu auf Seite 325.
Welche Einstellungen zu Datum und Zeit verwendet Excel?	Excel greift auf die Systemeinstellungen von Windows zu. Wie Sie diese anpassen, erfahren Sie auf Seite 328.

Kapitel 8

Daten bei der Eingabe prüfen

In diesem Kapitel:

Eingabewerte einschränken	332
Wann wird die Datenüberprüfung aktiv?	333
Typ der Fehlermeldung einstellen	334
Eingabemeldung festlegen	336
Einstellungen für die Datenüberprüfung	337
Gültigkeitsregeln finden, ändern und löschen	339
Werte aus einer Liste verwenden	342
Die Eingabe mit Formeln einschränken	346
Zusammenfassung	351

Wenn Sie Daten auswerten, die von verschiedenen Anwendern eingegeben wurden, stehen Sie häufig vor dem Problem, dass ungültige Daten eingegeben wurden oder dass die Schreibweise von Texten nicht eindeutig ist. Die Auswertung wird dann problematisch, weil Ihre Formeln unter Umständen nicht auf alle Datensätze zugreifen.

Sie suchen also nach einer Möglichkeit, z.B. die Eingabe von Zahlen in eine Zelle einschränken zu können. Denkbar ist eine fehlerhafte Eingabe, z.B. mit Leerstellen (1 223) oder mit führendem Apostroph ('123) zu verhindern, weil mit diesen Einträgen die folgenden Berechnungen nicht korrekt durchgeführt werden können. Dieses Kapitel zeigt Lösungen, wie Sie das erreichen können.

Die Beispiele zu diesem Kapitel finden Sie in der Datei *Kap08.xlsx* im Ordner *\Buch\Kap08* auf der CD-ROM zu diesem Buch.

Eingabewerte einschränken

Auf der Registerkarte *Daten* befindet sich in der Gruppe *Datentools* der Befehl *Datenüberprüfung*. Sowohl beim Auswählen einer Zelle als auch bei der Eingabe fehlerhafter Werte kann damit eine Meldung angezeigt werden.

Nehmen wir an, in Ihrem Betrieb werden sechsstellige Rechnungsnummern verwendet. Allerdings war dies in früheren Jahren nicht so. Es muss also möglich sein, in einer Erfassungsliste auch eine andere Rechnungsnummer einzutragen. Legen Sie für den Bereich *B3:B12* eine Gültigkeitsregel fest, die einen Warnhinweis anzeigt, wenn es sich offensichtlich um eine ungültige Rechnungsnummer handelt.

Als gültige Rechnungsnummer sollen Zahlen im Bereich von 100000 bis 999999 zugelassen sein. Außerdem soll es möglich sein, andere Einträge vornehmen zu können. Es geht also darum, die Zelleingabe nicht um jeden Preis zu verhindern, sondern den Benutzer auf einen möglichen Fehler hinzuweisen. Um eine solche Gültigkeitsregel zu definieren, gehen Sie wie folgt vor:

1. Markieren Sie die Zellen, für die Sie die Datenüberprüfung aufstellen wollen, also den Bereich *B3:B12*.
2. Aktivieren Sie die Registerkarte *Daten* und rufen Sie in der Gruppe *Datentools* den Befehl *Datenüberprüfung* auf.
3. Im daraufhin geöffneten Dialogfeld *Datenüberprüfung* wählen Sie auf der Registerkarte *Einstellungen* im Listenfeld *Zulassen* den Eintrag *Ganze Zahl* aus.
4. Legen Sie für das *Minimum* den Wert 100000 und für das *Maximum* den Wert 999999 fest (vgl. Abbildung 8.1).
5. Wechseln Sie zur Registerkarte *Fehlermeldung* und wählen Sie im Listenfeld *Typ* den Eintrag *Warnung* aus. Legen Sie einen Titel sowie eine Fehlermeldung fest. Das ist der Text, der angezeigt wird, wenn ein fehlerhafter Wert eingetragen wird (siehe Abbildung 8.2).
6. Beenden Sie die Definition mit der Schaltfläche *OK*.

Abbildg. 8.1   Die Eingabe auf ganze Zahlen im Bereich von 100000 bis 999999 einschränken

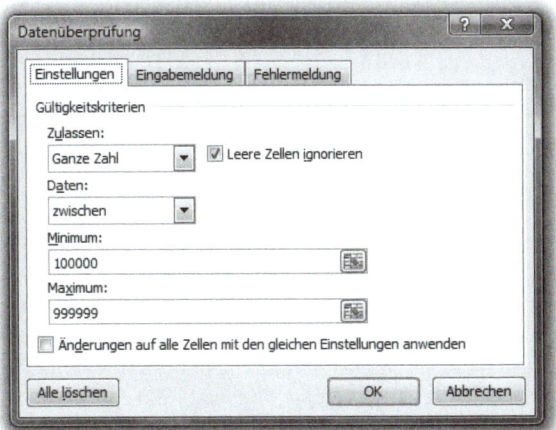

Wenn Sie das Kontrollkästchen *Leere Zellen ignorieren* aktiviert haben, sind auch leere Zellen gültig.

WICHTIG   Der Befehl *Datenüberprüfung* steht nicht zur Verfügung

- wenn die Arbeitsmappe in einer Mehrbenutzerumgebung bearbeitet wird und die Freigabe mit dem Befehl *Arbeitsmappe freigeben* der Registerkarte *Überprüfen* aktiviert ist
- wenn der Inhalt des Tabellenblattes geschützt ist.

Der Benutzer kann die Regeln zur Datenüberprüfung also in diesen Fällen nicht anzeigen lassen. Mehr über die Freigabe und den Schutz von Arbeitsmappen finden Sie in Kapitel 3. Zum Schutz von Tabellen schlagen Sie bitte in Kapitel 4 nach.

Wann wird die Datenüberprüfung aktiv?

Die Datenüberprüfung wird durchgeführt, wenn Sie die Eingabe in eine Zelle mit der ⏎-Taste abschließen oder die Zelle über die Pfeil-Tasten bzw. einen Mausklick verlassen. Ist der eingetragene Wert ungültig, wird die Fehlermeldung angezeigt.

Wird die Zelle über den Befehl *Einfügen* mit Daten aus der Zwischenablage gefüllt oder über den Befehl *Ausfüllen* geändert, wird keine Datenüberprüfung durchgeführt. Auch wenn die Zelle über den Befehl *Maske* (vgl. Kapitel 4) oder mit einem Makro geändert wird, bleibt die Gültigkeitsregel ohne Beachtung.

Einer der Fallstricke ist auch das Kontrollkästchen *Leere Zellen ignorieren*. Ist dieses Kontrollkästchen markiert, werden Leerzellen ignoriert. Für manche Aufgaben ist das ausdrücklich erwünscht, etwa wenn die einzutragenden Daten nicht exakt eingeschränkt werden können. Wenn Sie allerdings leere Zellen verhindern wollen, müssen Sie das Kontrollkästchen deaktivieren. Leider kann der Benutzer auch dann noch ungültige Werte eintragen, indem er einen gültigen Eintrag dadurch löscht, dass er die Entf-Taste drückt. Die Datenüberprüfung wird nur durchgeführt, wenn der Benutzer z.B. mit der Taste F2 in die Bearbeitungszeile wechselt und dort die Eingabe mit der Entf-Taste löscht.

Ein weiteres Problem ergibt sich, wenn die Zelle mit der Gültigkeitsregel das Ergebnis einer Berechnung oder z.B. die Zielzelle eines Steuerelements oder der Zielwertsuche ist. Solche Änderungen führen ebenfalls nicht zu einer Fehlermeldung.

> **WICHTIG** Wenn eine Datenüberprüfung nicht den gewünschten Erfolg hat, prüfen Sie die Einstellungen nochmals genau. Sie legen mit einer Datenüberprüfung die zulässigen Werte fest. Werte, die nicht diesen Bedingungen entsprechen, führen zur Anzeige einer Fehlermeldung. Eine Prüfung für bereits eingetragene Werte findet nicht statt.

Typ der Fehlermeldung einstellen

Den Typ, den Titel und den Text für die Fehlermeldung legen Sie im Dialogfeld *Datenüberprüfung* (siehe Abbildung 8.2) auf der Registerkarte *Fehlermeldung* fest. Die Fehlermeldung kann über das Listenfeld *Typ* in den drei unterschiedlichen Stilen *Stopp*, *Warnung* und *Informationen* angezeigt werden. Der Stil wird bei der Anzeige der Fehlermeldung durch ein Symbol verdeutlicht.

Abbildg. 8.2   Den Stil sowie Titel und Text für die Fehlermeldung festlegen

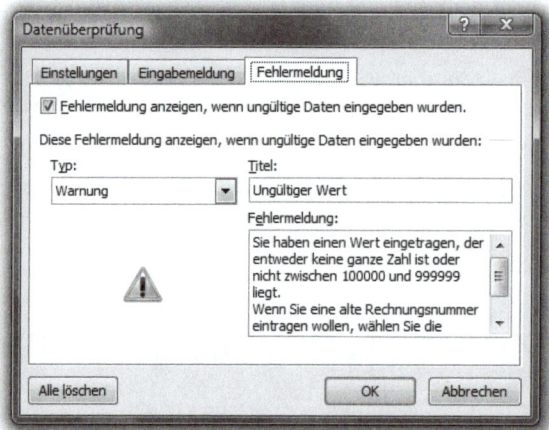

Für den Titel können Sie eine Zeichenfolge mit maximal 32 Zeichen festlegen, für die Fehlermeldung können Sie 225 Zeichen verwenden. Wenn Sie auf der Registerkarte *Fehlermeldung* keinen eigenen Eintrag einfügen, gibt Excel eine Standardmeldung aus und erklärt damit die vom Benutzer eingegebenen Daten als ungültig.

> **WICHTIG** Geben Sie dem Benutzer in der Fehlermeldung klare Hinweise auf den gültigen Datenbereich. Die Fehlermeldung sollte den Benutzer in die Lage versetzen, die fehlerhafte Eingabe ohne lange Rückfrage oder Suche zu korrigieren.

PROFITIPP   Um die Datenüberprüfung vorübergehend auszuschalten, ohne diese zu löschen, deaktivieren Sie das Kontrollkästchen *Fehlermeldung anzeigen, wenn ungültige Daten eingegeben wurden* (siehe Abbildung 8.2).

Typ der Fehlermeldung einstellen

Fehlerarten: Kann-Fehler und Muss-Fehler

Bei der Überprüfung von Daten gibt es zwei Kategorien: »Muss-Fehler« und »Kann-Fehler«. Ein Muss-Fehler ist ein Fehler, der auf einen Wert zeigt, welcher ohne jeden Zweifel falsch ist. Wenn Sie z.B. den Wert einer Zelle für eine Berechnung verwenden wollen, führt die Eingabe von Text zu einem Fehler. Die Eingabe von Text sollte also einen Muss-Fehler erzeugen.

HINWEIS Ein Muss-Fehler **muss** vom Bearbeiter **geprüft und geändert** werden.

Bei einem Kann-Fehler ist die Entscheidung, ob richtig oder falsch, nicht so einfach zu treffen, weil z.B. mehrere Bedingungen beachtet werden müssen, die zum Zeitpunkt der Festlegung der Regel vielleicht noch gar nicht bekannt sind.

HINWEIS Ein Kann-Fehler **muss** vom Bearbeiter **geprüft** werden und **kann geändert** werden.

Der Stil *Stopp*

Mit dem Stil *Stopp* können Sie einen Muss-Fehler definieren. Der Benutzer muss die Eingabe bei einer solchen Meldung ändern, das Verlassen der Zelle ist nicht möglich, solange der fehlerhafte Wert nicht geändert wird.

Abbildg. 8.3   Die Fehlermeldung im Stil *Stopp* verhindert die Eingabe fehlerhafter Werte

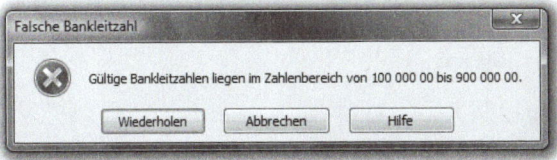

Die Stile *Warnung* und *Informationen* dagegen führen zur Festlegung von Kann-Fehlern. Das bedeutet, der eingetragene Wert entspricht nicht den Erwartungen, es ist aber dennoch möglich, den Wert in die Zelle zu übernehmen. Der Benutzer wird auf diese Möglichkeit in der Meldung (siehe Abbildung 8.4 und Abbildung 8.5) hingewiesen.

Der Stil *Warnung*

Die Meldung mit dem Stil *Warnung* zeigt die Schaltfläche *Nein*, mit der es möglich ist, wieder in den Editiermodus zu wechseln und den fehlerhaften Eintrag zu überschreiben.

Abbildg. 8.4   Fehlermeldung im Stil *Warnung*

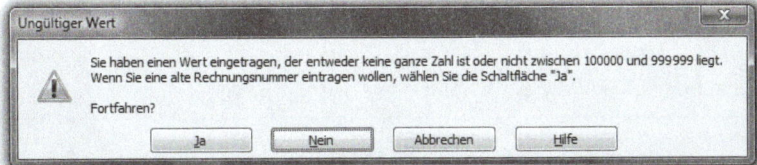

Mit der Schaltfläche *Ja* wird der Eintrag als gültiger Wert akzeptiert und in die Zelle übernommen. Die Schaltfläche *Abbrechen* stellt den Zustand der Zelle vor der Eingabe wieder her.

Der Stil *Informationen*

Bei dieser Einstellung des Fehlertyps wird bei der Eingabe ungültiger Daten nur eine Warnung angezeigt. Der Benutzer kann dann entscheiden, ob der Wert dennoch verwendet werden soll. In diesem Fall ist die Schaltfläche *OK* zu wählen. Die Schaltfläche *Abbrechen* stellt auch hier den Zustand der Zelle vor der Eingabe wieder her.

Abbildg. 8.5   Fehlermeldung vom Stil *Information lässt auch ausgeschlossene Werte zu*

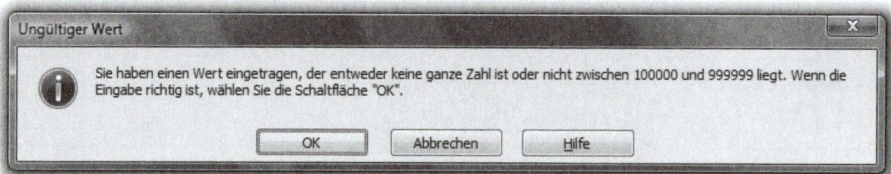

Eingabemeldung festlegen

Auf der Registerkarte *Eingabemeldung* können Sie eine Information eintragen, die immer dann erscheint, wenn die Zelle ausgewählt wird. Die Information wird dann, ähnlich wie ein Kommentar, in einer QuickInfo eingeblendet (siehe hierzu die Abbildung 8.7).

Abbildg. 8.6   Informationen beim Auswählen der Zelle anzeigen

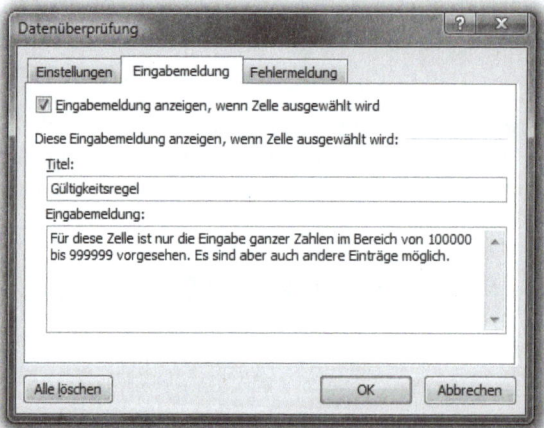

Die gezeigten Beispiele finden Sie in der Tabelle *Zahlen* in der Beispieldatei *Kap08.xlsx* im Ordner *\Buch\Kap08* auf der CD-ROM zum Buch.

Eingabemeldung als ergänzender Kommentar

Wenn Sie für eine Zelle zwei Hinweise anzeigen wollen, legen Sie zum einen über *Einfügen/Kommentar* einen Kommentar für die Zelle fest. Zum anderen rufen Sie für diese Zelle über *Daten/Datenüberprüfung* das Dialogfeld *Datenüberprüfung* auf. Wechseln Sie dann zur Registerkarte *Eingabemeldung* und tragen Sie den *Titel* und die *Eingabemeldung* ein. Legen Sie keine Kriterien für die Gültigkeitsprüfung fest. Sie haben damit die Möglichkeit, zwei erklärende Hinweise wie in Abbildung 8.7 anzuzeigen.

Abbildg. 8.7 Die Zelle *C3* ist mit einer Eingabemeldung und einem Kommentar versehen

Beachten Sie, dass der Kommentar für eine Zelle in Abhängigkeit von der Position des Mauszeigers und den Einstellungen unter *Excel-Optionen/Erweitert* in der Gruppe *Anzeige* angezeigt wird, während die Eingabemeldung der Datenüberprüfung für die Zelle erscheint, wenn diese ausgewählt wird.

Mehr zum Thema Kommentare finden Sie in Kapitel 13.

Einstellungen für die Datenüberprüfung

Um Gültigkeitskriterien festzulegen, können Sie im Listenfeld *Zulassen* aus einer ganzen Reihe von Kriterien auswählen. Die meisten Kriterien erlauben eine weitere Differenzierung durch die Verwendung logischer Operatoren, die über das Listenfeld *Daten* ausgewählt werden können. Die Tabelle 8.1 zeigt eine Übersicht über die möglichen Einstellungen und deren Wirkung.

Kapitel 8 Daten bei der Eingabe prüfen

Tabelle 8.1 Die möglichen Einstellungen im Listenfeld *Zulassen* und deren Wirkung

Eintrag im Feld *Zulassen*	Einstellungen	Wirkung
Jeden Wert	Keine	Standardeinstellung, keine Einschränkungen
Ganze Zahl	zwischen, nicht zwischen, gleich, ungleich, größer als, kleiner als, größer oder gleich, kleiner oder gleich	Die Eingabe wird auf ganze Zahlen eingeschränkt, die durch die Angabe eines bzw. zweier Grenzwerte (abhängig vom Vergleichsoperator) eingestellt werden kann
Dezimal	Wie vor	Die Eingabe wird auf Dezimalzahlen eingeschränkt, sonst wie vor
Liste	Quelle	Der eingetragene Wert wird mit einer Liste abgeglichen. Die Liste kann aus einzelnen Werten bestehen, die jeweils durch ein Semikolon getrennt sind, z.B. *Hammer;Zange;Schraubenschlüssel*, oder auf einen Bereich zeigen, etwa *=$B$1:$B$10*. Auch Bereichsnamen können eingesetzt werden.
Datum	zwischen, nicht zwischen, gleich, ungleich, größer als, kleiner als, größer oder gleich, kleiner oder gleich	Die Eingabe wird auf Datumswerte eingeschränkt, die durch die Angabe eines bzw. zweier Grenzwerte (abhängig vom Vergleichsoperator) eingestellt werden kann
Zeit	Wie vor	Die Eingabe wird auf Zeitwerte eingeschränkt, sonst wie vor
Textlänge	Wie vor	Bei der Eingabe wird die Länge der eingegebenen Zeichenfolge geprüft. Wird eine Formel eingetragen, wird die Länge des Ergebnisses und nicht die Länge der Formel geprüft.
Benutzerdefiniert	Formel	Sie können hier eine Formel eingeben, die auch Bezüge auf andere Zellen des Tabellenblattes enthalten kann. Ist das Ergebnis der Formel der Wahrheitswert *WAHR*, sind die Daten gültig, bei *FALSCH* ungültig.

TIPP Sie sehen, dass hier für jeden Zweck eine Einstellung zu finden ist. Interessant ist z.B. die Datenüberprüfung mit dem Vergleich der Textlänge. Wenn Sie festlegen wollen, dass eine Zelle einen Eintrag enthalten muss, ohne die Anzahl der Zeichen einzuschränken, wählen Sie im Feld *Daten* den Operator *größer oder gleich* aus und geben Sie im Feld *Minimum* den Wert 1 ein.

Zellen mit Hilfe der Datenüberprüfung schützen

Die Datenüberprüfung kann auch für einen einfachen Zellschutz ohne Passwort verwendet werden. Sollen etwa Formatierungsoptionen verfügbar bleiben, ist der Standard-Zellschutz ungeeignet, weil dieser auch das Formatieren von Zellen verhindert. Über den Befehl *Benutzer dürfen Bereiche bearbeiten* auf der Registerkarte *Überprüfen* geht das zwar, aber eine interessante weil einfache Möglichkeit bietet die Datenüberprüfung dennoch.

> **TIPP** Nachdem Sie ein Arbeitsblatt mit Texten, Werten und Formeln gefüllt haben, markieren Sie das gesamte Blatt oder den verwendeten Bereich. Wählen Sie dann auf der Registerkarte *Daten* in der Gruppe *Datentools* den Befehl *Datenüberprüfung*. Stellen Sie auf der Registerkarte *Einstellungen* des Dialogfeldes *Datenüberprüfung* das Listenfeld *Zulassen* auf *Benutzerdefiniert* und tragen Sie die Formel
>
> ```
> =LÄNGE(A1)<1
> ```
>
> ein. Beachten Sie dabei den relativen Bezug auf die erste Zelle des Bereichs. Damit ist eine Eingabe nur dann gültig, wenn sie weniger als ein Zeichen lang ist. Die Zelle ist damit vor dem direkten Überschreiben, wie es versehentlich vorkommen kann, geschützt. Das ist selbstverständlich kein Schutz, der unberechtigte Benutzer abhalten kann, Daten zu zerstören. Zumal dies mit der `Entf`-Taste immer noch funktioniert. Aber eine schnelle Hilfe für das Unterbinden eigener Unzulänglichkeiten ist es durchaus.

Mehr zum Thema Zellschutz finden Sie in Kapitel 4.

Gültigkeitsregeln finden, ändern und löschen

Manchmal kommt es vor, dass die Gültigkeitsregeln geändert werden müssen. Sei es, weil sich die Voraussetzungen ändern oder weil versehentlich eine falsche Regel festgelegt wurde. Zum Überarbeiten von Gültigkeitsregeln verwenden Sie ebenfalls das Dialogfeld *Datenüberprüfung*. Da stellt sich die Frage, wie Sie Zellen mit einer Datenüberprüfung finden können, nicht wahr?

Zellen mit Gültigkeitsregeln finden

Wenn Sie die Gültigkeitsregeln ändern, wollen Sie natürlich wissen, welche Zellen von einer solchen Aktion betroffen sind. Die Zellen mit Datenüberprüfungen können Sie über den Befehl *Gehe zu* oder die Taste `F5` anzeigen lassen, wenn Sie die Schaltfläche *Inhalte* wählen und im Dialogfeld *Inhalte auswählen* die Option *Datenüberprüfung* markieren. Mehr zum Dialogfeld *Gehe zu* finden Sie in Kapitel 4.

Über die Optionsfelder *Alles* und *Gleiche* (siehe Abbildung 8.8) können Sie einstellen, welche Datenüberprüfungen markiert werden sollen. Diese Optionen gelten übrigens auch bei der Suche nach bedingten Formatierungen. Mehr zum Thema »Bedingte Formatierung« finden Sie in Kapitel 12.

> **HINWEIS** Eine eventuell festgelegte Eingabemeldung wird erst angezeigt, wenn Sie die ausgewählte Zelle anklicken.

Kapitel 8 Daten bei der Eingabe prüfen

Abbildg. 8.8   Zellen mit der gleichen Datenüberprüfung auswählen

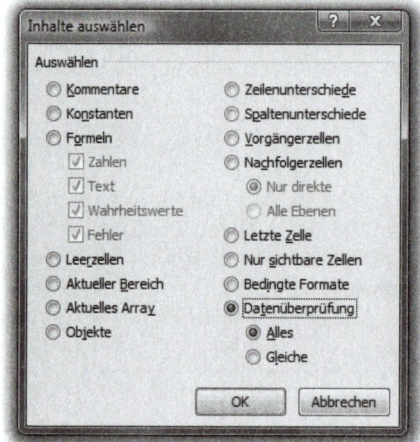

Wollen Sie ein Arbeitsblatt auf ungültige Daten prüfen, können die Daten, die nicht Ihren Kriterien entsprechen, mit einem roten Kreis markiert werden. Dadurch wird die Fehlersuche erleichtert. Verwenden Sie zu diesem Zweck die Schaltflächen *Ungültige Daten einkreisen* und *Gültigkeitskreise löschen* auf der Symbolleiste *Formelüberwachung* (siehe den folgenden Abschnitt). Wenn Sie die Daten in der Zelle korrigieren, wird der Kreis ausgeblendet.

Bereits eingetragene Daten prüfen

Die Gültigkeitsregel wird nicht auf Daten angewendet, die zum Zeitpunkt der Definition der Gültigkeitsregel bereits eingetragen waren. Wird also eine Datenüberprüfung für Zellen mit Inhalt festgelegt, müssen Sie diesen Inhalt selbst auf Gültigkeit prüfen.

Abbildg. 8.9   Ungültige Daten mit einem Kreis markieren

	A	B	C	D	E	F	G	H
1								
2			Ganze Zahl	Dezimal	Datum	Zeit	Textlänge	
3		Operator	zwischen	nicht zwischen	zwischen	zwischen	kleiner oder gleich	
4		Von	1	1,8	01.01.2006	00:00:00		
5		Bis	10	2,1	30.06.2006	12:00:00		
6		Fehlertyp	Stopp	Warnung	Informationen	Informationen	Warnung	
7		Leere Zellen ignorieren	FALSCH	FALSCH	WAHR	WAHR	WAHR	
8			1	3	17.03.2006	06:30	2000	
9			11	2,5		12:00	Text	
10				1,9			Gültigkeitskreis	
11								
12								
13								
14								
15								
16								
17								
18								

Sie können sich dabei allerdings von Excel unterstützen lassen. Wählen Sie dazu auf der Registerkarte *Daten* den Befehl *Datenüberprüfung/Ungültige Daten einkreisen* (klicken Sie dazu auf das

kleine Dreieck rechts neben der Schaltfläche *Datenüberprüfung*, um das zugehörige Menü zu öffnen). Daraufhin werden die Zellinhalte mit den Datenüberprüfungen verglichen und ungültige Werte mit Gültigkeitskreisen markiert.

Bei einer großen Menge fehlerhafter Daten müssen Sie diesen Schritt unter Umständen mehrfach ausführen, da die Gültigkeitskreise lediglich bei 255 Zellen gleichzeitig gezeichnet werden können.

Über die Schaltfläche *Gültigkeitskreise löschen*, können die Gültigkeitskreise wieder entfernt werden. Die Gültigkeitskreise werden auch beim Speichern und Schließen der Arbeitsmappe entfernt.

Das Beispiel finden Sie in der Tabelle *Weitere Bedingungen*. Sie befindet sich in der Beispieldatei *Kap08.xlsx* im Ordner *\Buch\Kap08* auf der CD-ROM zum Buch.

Gültigkeitsregeln ändern

Um die Änderung einer Datenüberprüfung auf alle Zellen mit der gleichen Datenüberprüfung anzuwenden, aktivieren Sie im Dialogfeld *Datenüberprüfung* auf der Registerkarte *Einstellungen* das Kontrollkästchen *Änderungen auf alle Zellen mit den gleichen Einstellungen anwenden*.

Haben Sie einen Bereich markiert und dieser enthält verschiedene Datenüberprüfungen, werden Sie darauf mit einer Warnmeldung hingewiesen.

Abbildg. 8.10   Warnhinweis vor dem Überschreiben von Datenüberprüfungen

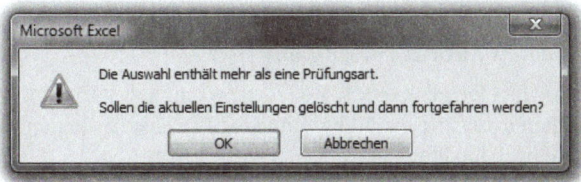

Über die Schaltfläche *OK* werden die bestehenden Datenüberprüfungen innerhalb der Markierung gelöscht.

Gültigkeitsregeln löschen

Wollen Sie eine Gültigkeitsregel entfernen, dann markieren Sie den Bereich, für den Sie die Gültigkeitsregel entfernen wollen und klicken auf der Registerkarte *Daten* in der Gruppe *Datentools* auf die Schaltfläche *Datenüberprüfung*. Mit einem Klick auf die Schaltfläche *Alle löschen* im Dialogfeld werden die Datenüberprüfungen zum Löschen vorgemerkt. Erst wenn Sie die Schaltfläche *OK* wählen, wird der Löschvorgang abgeschlossen. Mit der Schaltfläche *Abbrechen* können Sie den Vorgang abbrechen.

Der Befehl *Löschen/Alle löschen* auf der Registerkarte *Start* (Gruppe *Bearbeiten*) entfernt neben dem Inhalt und der Formatierung auch vorhandene Datenüberprüfungen, leider jedoch nicht die Gültigkeitskreise.

Werte aus einer Liste verwenden

Auch die Verwendung einer Liste für die Überprüfung auf Gültigkeit ist möglich. Eine Liste kann dabei

- in Form einer Reihe von Werten, die jeweils durch ein Semikolon getrennt werden. Beispiel: mit dem Eintrag *Euro;Dollar;Yen* können Sie aus einer Liste von Währungen auswählen.
- als Bezug auf einen *einzeiligen* Bereich mit mehreren Spalten, z.B. =$B$5:$G$5
- als Bezug auf einen *einspaltigen* Bereich mit mehreren Zeilen, z.B. =$A$1:$A$10

eingetragen werden.

Sollen nur wenige Werte für die Liste verwendet werden, ist das Eintragen im Feld *Quelle* sicher eine gute Möglichkeit. Bequemer für die Erfassung und Pflege der Liste ist allerdings die Verwaltung in einer Tabelle.

Zellbereich als Liste verwenden

Wenn Sie die Liste mit gültigen Werten in einer Tabelle verwalten, so hat dies einige Vorteile. Diese Vorgehensweise ermöglicht Ihnen z.B.

- eine unkomplizierte Pflege der Liste,
- eine einfache Erweiterung und Änderung einzelner Werte,
- die Möglichkeit der Verwendung von importierten Daten,
- die Möglichkeit der Verwendung beliebiger Funktionen.

Hierzu ein Beispiel: Legen Sie für den Eingabebereich *B3:B12* eine Datenüberprüfung fest. Die Liste gültiger Werte steht bereits im Bereich *D3:D6* (vgl. Abbildung 8.12). Zeigen Sie eine Fehlermeldung für fehlerhafte Daten und eine Eingabemeldung an.

Das gezeigte Beispiel finden Sie in der Tabelle *Liste* in der Beispieldatei *Kap08.xlsx* im Ordner *\Buch\Kap08* auf der CD-ROM zum Buch.

Um eine Liste für die Datenüberprüfung festzulegen, sind folgende Schritte durchzuführen:

1. Markieren Sie den Bereich, für den die Datenüberprüfung durchzuführen ist, also *B3:B12*.
2. Klicken Sie auf der Registerkarte *Daten* in der Gruppe *Datentools* auf die Schaltfläche *Datenüberprüfung*.
3. Wechseln Sie im nun angezeigten Dialogfeld zur Registerkarte *Einstellungen* und wählen Sie im Listenfeld *Zulassen* den Eintrag *Liste*.
4. Klicken Sie in das Eingabefeld *Quelle* und markieren Sie den Listenbereich in der Tabelle (siehe Abbildung 8.11).
5. Wechseln Sie zur Registerkarte *Eingabemeldung* und geben Sie die Eingabemeldung ein.
6. Wechseln Sie zur Registerkarte *Fehlermeldung* und geben Sie eine aussagekräftige Fehlermeldung ein.
7. Beenden Sie die Definition mit der Schaltfläche *OK*.

Werte aus einer Liste verwenden

Abbildg. 8.11   Werte einer Liste für die Datenüberprüfung verwenden

Wenn Sie das Kontrollkästchen *Zellendropdown* aktivieren, können Sie die Dateneingabe vereinfachen. Ist dieses Kontrollkästchen aktiviert, kann die Dateneingabe über ein Auswahlfeld erfolgen, das geöffnet werden kann, wenn die Zelle aktiviert wird. Sie wählen hier den gewünschten Eintrag mit einem Mausklick aus. Die maximale Anzahl von 32.767 Elementen, die im Zellendropdown angezeigt werden können, sollte ausreichen. Wohlgemerkt, eine Liste mit gültigen Daten kann auch mehr Werte enthalten.

Abbildg. 8.12   Ist die Zelle ausgewählt, kann aus dem Dropdown-Feld ein Wert ausgewählt werden

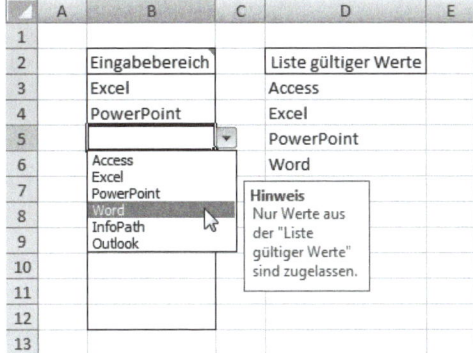

PROFITIPP

Wenn es Ihnen lediglich um die bequeme Auswahl von Einträgen über eine Liste geht, aber auch Werte zugelassen sein sollen, die nicht in der Liste stehen, schließen Sie zusätzlich eine Leerzelle in den Listenbereich ein. Im Beispiel aus Abbildung 8.12 wäre das der Bereich *D3:D9*. Im Gegensatz zur Dropdown-Auswahlliste (bei der oberhalb eingetragene Werte aufgelistet werden, vgl. Kapitel 4) können Sie damit jedoch die Auswahl selbst festlegen.

Gültigkeitsliste auf einem anderen Blatt verwalten

Wenn Sie für die Datenüberprüfung eine Liste verwenden wollen, die nicht auf dem aktiven Blatt ist, so ist dies direkt im Dialogfeld *Datenüberprüfung* nicht vorgesehen. Eigentlich schade, weil so die Trennung von Daten und Gültigkeitslisten verhindert wird, was einen übersichtlichen Aufbau unterstützt.

Sie können diese Beschränkung jedoch umgehen, indem Sie für den Listenbereich einen Namen vergeben und diesen im Dialogfeld *Datenüberprüfung* eintragen. Komfortabel geht das, wenn Sie im Eingabefeld *Quelle* die Taste F3 drücken. Sie können dann den Namen aus einer Liste auswählen und in das Eingabefeld übernehmen. Wollen Sie den Namen selbst eintragen, denken Sie an das Gleichheitszeichen vor dem Namen!

HINWEIS Ein solcher Name kann sich sogar auf eine andere Arbeitsmappe beziehen. Allerdings muss diese bei der Dateneingabe geöffnet sein, sonst wird keine Prüfung durchgeführt.

Wollen Sie die Liste vor Veränderung schützen, bietet die Verwaltung auf einem anderen Blatt die Möglichkeit, das Blatt bei Bedarf auszublenden.

Mehr zum Thema Namen finden Sie in Kapitel 19.

Dynamische Liste für die Gültigkeit festlegen

Verwalten Sie die Werte für eine Datenüberprüfung in einer Tabelle, kommt sicher bald der Wunsch nach einer Liste auf, die sich beim Eintragen neuer Werte automatisch anpasst.

Wie können Sie eine Liste erstellen, die sich automatisch um neue Einträge erweitert? Als Grundlage soll die Liste aus Abbildung 8.12 dienen.

Die Lösung führt hier über einen dynamischen Namen zum Ziel. Um einen dynamischen Namen für die Liste festzulegen, können Sie die Tabellenfunktion *BEREICH.VERSCHIEBEN(Bezug;Zeilen;Spalten;Höhe;Breite)* verwenden. Gehen Sie dazu wie folgt vor:

1. Wählen Sie den ersten Eintrag der bestehenden Liste, in der Abbildung die Zelle *D3*, aus.
2. Geben Sie dieser Zelle den Namen *Start*, indem Sie diesen Namen im Namenfeld in der Bearbeitungsleiste eintragen.
3. Rufen Sie auf der Registerkarte *Formeln* über den Befehl *Namensmanager* den Namensmanager auf und vergeben Sie über die Schaltfläche *Neu* den Namen *Listenbereich*.
4. Tragen Sie im Eingabefeld *Bezieht sich auf* für diesen Namen die folgende Formel und bestätigen diese mit *OK*:

```
=Start:BEREICH.VERSCHIEBEN(Start;ANZAHL2($D$3:$D$1048576)-1;0;1;1)
```

5. Markieren Sie den Bereich *B3:B12* für den die Gültigkeit festgelegt werden soll und wählen Sie auf der Registerkarte *Daten* den Befehl *Datenüberprüfung*.
6. Im Feld *Zulassen* wählen Sie den Eintrag *Liste* und im Feld *Quelle* tragen Sie *=Listenbereich* ein.
7. Legen Sie noch eine Eingabemeldung und eine Fehlermeldung fest.
8. Beenden Sie die Eingabe mit der Schaltfläche *OK*.

Tragen Sie nun zusätzlich einen Wert im Bereich D3:D1048576 ein, wird der Bezug für den Namen *Listenbereich* erweitert und der neue Wert wird bei der Datenüberprüfung zugelassen. Im Zellendropdown wird der Wert ebenfalls angezeigt.

Die Funktion *Anzahl2(Wert1;Wert2;...)* ermittelt die Anzahl der Einträge und erlaubt damit die dynamische Erweiterung der Gültigkeitsliste durch die Verwendung als Argument *Zeilen* in der Funktion *BEREICH.VERSCHIEBEN*. Mehr zu dieser leistungsfähigen Funktion finden Sie in Kapitel 15.

PROFITIPP
> Wenn Sie Formeln für die Datenüberprüfung verwenden, können Sie diese zunächst in der Tabelle erstellen und testen. Zeigt die Formel das gewünschte Ergebnis, kopieren Sie diese über die Zwischenablage in das Dialogfeld *Datenüberprüfung*. Sie ersparen sich dadurch das häufige Aufrufen des Dialogfelds.

Das gezeigte Beispiel finden Sie in der Tabelle *Dynamische Listen* in der Datei *Kap08.xlsx* im Ordner *\Buch\Kap08* auf der CD-ROM zum Buch.

Variable Listenbereiche einsetzten

Vielleicht wollen Sie für die Datenüberprüfung auch verschiedene Listen festlegen, die in Abhängigkeit einer anderen Zelle verwendet werden. Dann sollten Sie das folgende Beispiel genauer ansehen.

Dieses Beispiel finden Sie in der Tabelle *Variable Listen* in der Datei *Kap08.xlsx* im Ordner *\Buch\Kap08* auf der CD-ROM zum Buch.

Für die Auswahl einzelner Sparten soll eine Datenüberprüfung festgelegt werden. Die Auswahl der Kostenstelle soll dabei so eingeschränkt werden, dass die für die jeweilige Sparte gültige Liste verwendet wird.

Die Lösung verwendet eine Reihe von Namen. Markieren Sie zunächst den Bereich E1:E4 und rufen Sie über die Tastenkombination `Strg`+`⇧`+`F3` das Dialogfeld *Namen erstellen* auf. Übernehmen Sie den Namen aus der obersten Zeile.

Verfahren Sie anschließend für die Bereiche G1:G8 sowie H1:H5 und I1:I4 genauso.

HINWEIS   Da die Bereiche unterschiedlich groß sind, können Sie die Namen nicht in einem Arbeitsgang festlegen, indem Sie den Bereich G1:H8 markieren und die Namen erstellen. Die Namen würden dann leere Zellen einschließen.

Die Datenüberprüfung für den Bereich B2:B11 stellen Sie auf die Liste *Sparten* ein. Damit kann aus den Einträgen *Medien*, *Karten* und *Personal* ausgewählt werden.

Abbildg. 8.13 Der Eintrag in Spalte *B* bestimmt die Anzeige des Auswahlfeldes für die Kostenstelle

	A	B	C	D	E	F	G	H	I	J
1		Sparte	KST		Sparten		Medien	Karten	Personal	
2		Medien	112		Medien		111	214	317	
3		Personal	317		Karten		112	215	318	
4		Karten	215		Personal		113	216	319	
5							114	217		
6							115			
7							116			
8							117			
9										
10										
11										
12										

Die Datenüberprüfung für die Kostenstellen soll den Wert der Spalte B berücksichtigen. Dazu stellen Sie das Listenfeld *Zulassen* auf *Liste* und tragen als Quelle die Formel *=WAHL(VERGLEICH(B2;$G$1:$I$1;0);Medien;Karten;Personal)* ein. Diese Formel arbeitet nach der folgenden Reihenfolge.

- Der Teil *VERGLEICH(B2;$G$1:$I$1;0)* durchsucht den Bereich mit den Überschriften der Kostenstellen nach dem Wert, der in Zelle *B2* eingetragen ist. Das Ergebnis ist eine Zahl für die Position, an welcher der Wert gefunden wird.

- Die Funktion *WAHL(VERGLEICH(B2;$G$1:$I$1;0);Medien;Karten;Personal)* verwendet das zuvor ermittelte Ergebnis des Vergleichs als Argument *Index* in der Tabellenfunktion *WAHL(Index; Wert1;Wert2;...)*. Als Werteliste werden die Bereichsnamen der Kostenstellen verwendet.

HINWEIS Kommen neue Kostenstellen hinzu oder fallen einige weg, ändern Sie die Tabelle entsprechend ab. Legen Sie den betreffenden Namen dann wie oben beschrieben erneut fest.

WICHTIG Diese Methode ist als schnelle Hilfe zur Eingabe gedacht. Bedenken Sie, dass bei Änderung einer Sparte für bereits eingetragene Kostenstellen **keine** erneute Datenüberprüfung durchgeführt wird.

Die Eingabe mit Formeln einschränken

Wenn die bisher vorgestellten Möglichkeiten für die Definition von Gültigkeitsregeln noch nicht ausreichen, dann können Sie auch Formeln für die Prüfung verwenden. Wenn Sie im Dialogfeld *Datenüberprüfung* im Listenfeld *Zulassen* den Eintrag *Benutzerdefiniert* wählen, können Sie im Eingabefeld *Formel* eine Formel eintragen.

Hier können Sie Formeln verwenden, die als Rückgabewert einen der Wahrheitswerte *WAHR* oder *FALSCH* liefern. Gibt die Formel *WAHR* zurück, sind die Daten gültig, ist das Ergebnis der Formel der Wahrheitswert *FALSCH*, sind die Daten ungültig und die Fehlermeldung wird angezeigt.

Doppelte Einträge verhindern

Ein häufiges Problem bei der Pflege von Listen ist die Vermeidung doppelter Einträge. In einer Kundenliste sollen z.B. doppelte Kundennummern verhindert werden, oder in einer Liste mit Aktienkursen soll jedes Datum nur einmal eingetragen werden. Für diese Problemstellung können Sie eine Formel in der Datenüberprüfung verwenden.

Sie wollen im Bereich *B4:B13* sicherstellen, dass jeder Eintrag nur einmal vorkommen kann. Wenn versucht wird, einen Wert mehrfach einzutragen, soll eine Fehlermeldung darauf hinweisen.

 Das gezeigte Beispiel finden Sie in der Tabelle *Duplikate* in der Datei *Kap08.xlsx* im Ordner *\Buch\Kap08* auf der CD-ROM zum Buch.

Um die Gültigkeit so festzulegen, dass jeder Eintrag nur ein einziges Mal verwendet werden kann, gehen Sie wie folgt vor:

1. Markieren Sie zunächst den Prüfbereich *B4:B13*.
2. Wählen Sie auf der Registerkarte *Daten* den Befehl *Datenüberprüfung*.
3. Auf der Registerkarte *Einstellungen* wählen Sie im Listenfeld *Zulassen* den Eintrag *Benutzerdefiniert*.
4. Im Listenfeld *Formel* fügen Sie den Ausdruck ein, der die Daten, die zugelassen sind, beschreibt. Um doppelte Einträge zu verhindern, verwenden Sie die Formel *=ZÄHLENWENN ($B$4:$B$13;B4)<=1*. Vergleichen Sie hierzu die Abbildung 8.14.
5. Wechseln Sie zur Registerkarte *Fehlermeldung* und tragen Sie die Fehlermeldung ein.
6. Beenden Sie die Eingabe mit *OK*.

WICHTIG Achten Sie hier unbedingt darauf, dass der zu durchsuchende Bereich *$B$4:$B$13* als absoluter Bezug eingegeben werden muss, also mit den Dollarzeichen. Dadurch ist dieser Bereich für alle markierten Zellen mit dieser Datenüberprüfung gleich. Das zweite Argument der Funktion *ZÄHLENWENN(Bereich;Suchkriterien)* wird mit einem relativen Bezug angegeben. Dieser Bezug soll angepasst werden und auf eine einzelne Eingabezelle zeigen.

Abbildg. 8.14 Mit dieser Formel wird geprüft, wie oft ein Eintrag im Eingabebereich vorhanden ist

Prüfen Sie doch einmal nach, wie Excel die Formel für die Gültigkeit im Bereich B4:B13 eingetragen hat. In Zelle B4 ist die Formel =ZÄHLENWENN($B$4:$B$13;B4)<=1 eingetragen. In Zelle B5 dagegen lautet die Formel =ZÄHLENWENN($B$4:$B$13;B5)<=1 und in Zelle B6 =ZÄHLENWENN ($B$4:$B$13;B6)<=1. Der durchsuchte Bereich ist also immer der Bereich B4:B13, wohingegen das Suchkriterium auf die jeweilige Zelle zeigt.

HINWEIS Ob es sich bei dem Eintrag um Text oder Zahlen handelt, spielt bei dieser Datenüberprüfung keine Rolle. Jeder Eintrag wird unabhängig von seinem Datentyp geprüft.

Hinweis auf vollständige Eingabe zeigen

Die Verwendung von Formeln bietet zahlreiche Möglichkeiten. So können Sie damit auch einen Bereich überwachen und eine Meldung anzeigen, wenn alle Daten eingetragen sind.

Sie wollen eine Meldung anzeigen, wenn alle Felder des Bereichs *B3:B10* gefüllt sind.

Das gezeigte Beispiel finden Sie in der Tabelle *Vollständige Eingabe* in der Datei *Kap08.xlsx* im Ordner *\Buch\Kap08* auf der CD-ROM zum Buch.

Um den Hinweis auf vollständige Erfassung der Daten anzuzeigen, gehen Sie wie folgt vor:

1. Markieren Sie den Bereich *B3:B10* und wählen Sie den Befehl *Daten/Gültigkeitsprüfung*.
2. Wählen Sie auf der Registerkarte *Einstellungen* im Listenfeld *Zulassen* den Eintrag *Benutzerdefiniert* und tragen im Feld *Formel* die Formel =ANZAHLLEEREZELLEN($B$3:$B$10)>0 ein. Beachten Sie dabei bitte die absoluten Bezüge.
3. Wechseln Sie dann zur Registerkarte *Fehlermeldung* und stellen den Stil *Informationen* ein.
4. Tragen Sie einen Titel, z.B. *Vollständigkeit* ein und geben Sie im Feld *Fehlermeldung* den gewünschten Text ein.
5. Beenden Sie die Eingabe mit *OK*.

Ist das letzte Feld gefüllt, wird ein Hinweis ausgegeben, der anzeigt, dass die Daten vollständig sind. Sie können dann weitere Aktionen veranlassen oder mit der Auswertung der Daten beginnen.

Nur zeilenweise Einträge zulassen

Das vorherige Beispiel hat eine Information geliefert, wenn die Anzahl leerer Zellen den Schwellenwert »0« erreicht hat. Das nun folgende Beispiel zählt ebenfalls Zellen, dieses Mal jedoch diejenigen mit Inhalt. Damit soll erreicht werden, dass der Benutzer ein Tabellenblatt zeilenweise füllt. Erst wenn die Zellen der vorherigen Zeile gefüllt wurden, kann eine Eingabe in die nächste Zeile vorgenommen werden.

Führen Sie die folgenden Schritte aus, um im Bereich *B4:D18* eine Eingabe nur dann zuzulassen, wenn in der jeweils vorigen Zeile die Spalten *B* bis *D* vollständig gefüllt wurden:

1. Markieren Sie den Bereich *B4:D18*.
2. Rufen Sie auf der Registerkarte *Daten* den Befehl *Datenüberprüfung* auf.
3. Wählen Sie im daraufhin geöffneten Dialogfeld auf der Registerkarte *Einstellungen* im Listenfeld *Zulassen* den Eintrag *Benutzerdefiniert* aus.

4. Im Feld *Formel* tragen Sie die Formel =ANZAHL2($B3:$D3)=3 ein. Achten Sie dabei auf den gemischten Bezug (absolut für die Spalten und relativ für die Zeilen).
5. Wechseln Sie auf die Registerkarte *Fehlermeldung*. Stellen Sie dort den Typ *Stopp* ein und legen Sie eine Fehlermeldung fest.
6. Schließen Sie das Dialogfeld *Datenüberprüfung* mit *OK*.

Die Tabelle kann nun nicht mehr spaltenweise gefüllt werden; es müssen vielmehr jeweils drei Werte eingetragen sein, bevor eine Eingabe in die nächste Zeile gelingt.

HINWEIS Bei Verwendung der Tabellenfunktion *ANZAHL2(Wert1;Wert2;...)* werden die Einträge gezählt. Ein Eintrag ist in diesem Fall ein beliebiger Zellinhalt (Zahlen, Text, Fehlerwerte usw.). Sollen lediglich Zahlenwerte gezählt werden, verwenden Sie die Tabellenfunktion *ANZAHL(Wert1;Wert2;...)*.

Wollen Sie das Beispiel auf Ihre eigene Tabelle übertragen, müssen Sie folgende Anpassung vornehmen:

- Ändern Sie den Bereich, den Sie der Funktion *ANZAHL2* übergeben (im Beispiel $B3:$D3), z.B. in $A1:$F1.
- Ändern Sie den Vergleichswert (im Beispiel 3) auf die Anzahl der Spalten, die Inhalte haben müssen. Für den Bereich $A1:$F1 ist 6 der Vergleichswert. Denkbar ist hier auch eine Variante, die nicht alle Spalten, sondern nur eine Auswahl prüft.

Abbildg. 8.15 Dateneingabe sperren, wenn die vorige Zeile noch nicht vollständig gefüllt ist

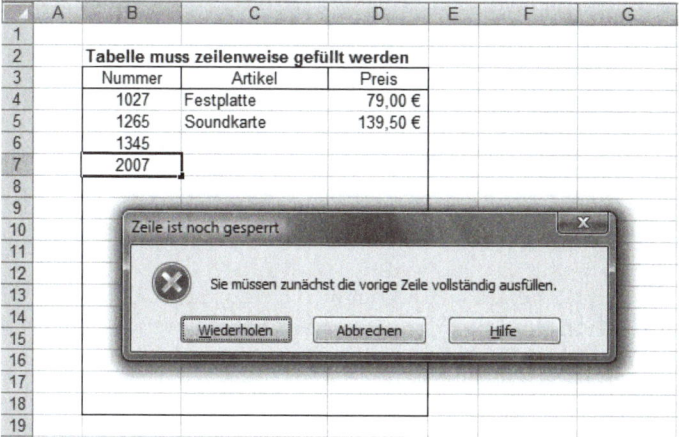

Das gezeigte Beispiel finden Sie in der Tabelle *Zeilenweise Erfassung* in der Datei *Kap08.xlsx* im Ordner *\Buch\Kap08* auf der CD-ROM zum Buch.

Tabellen für die Fortführung der Datenprüfung nutzen

Neu in Excel 2007 sind »Tabellen«, worunter ein Tabellenbereich mit Daten und Überschriften zu verstehen ist. So ganz neu ist die Funktionalität allerdings nicht: in früheren Versionen wurde ein ähnliches Verhalten mit Listen erreicht. Außerordentlich praktisch sind die Möglichkeiten solcher Tabellen:

- Formate und
- Regeln zur bedingten Formatierung sowie
- Regeln zur Datenüberprüfung

automatisch fortzuführen. Die Verwendung spezieller Bezeichner und Erstellung strukturierter Verweise zur Verwendung in Formeln sind ebenso neu hinzugekommen wie die Tabellenformatvorlagen. Mehr zu Tabellen erfahren Sie in Kapitel 19.

Um die zeilenweise Erfassung wie im vorigen Beispiel zu realisieren, gehen Sie wie folgt vor:

1. Markieren Sie also den Bereich *B3:D4* in Abbildung 8.15.
2. Definieren Sie durch einen Klick auf die Schaltfläche *Tabelle* auf der Registerkarte *Einfügen* einen Tabellenbereich.
3. Legen Sie anschließend, wie zuvor beschrieben, eine Datenüberprüfung für den Bereich *B4:D4* fest.

Kommen nun neue Daten in Zeile fünf und sechs hinzu, können diese jeweils nur dann eingetragen werden, wenn die vorige Zeile vollständig gefüllt ist, weil die Tabelle erweitert und dabei die Datenüberprüfung aus der vorigen Zelle übernommen wird.

Das gezeigte Beispiel finden Sie im Blatt *Tabelle* in der Datei *Kap08.xlsx* im Ordner *\Buch\Kap08* auf der CD-ROM zum Buch.

Auf ein ausgeschöpftes Budget hinweisen

Wenn es um Ausgaben geht, müssen sich diese immer in einem gewissen Rahmen bewegen. Im privaten Bereich ist das Haushaltsgeld festgesetzt, im geschäftlichen Bereich gibt es ein Budget für ein bestimmtes Projekt und für die Überziehung eines Kontos eine Kreditlinie. Setzen Sie die Datenüberprüfung ein, um den Kostenrahmen im Auge zu behalten.

Angenommen, Sie haben im Lotto gewonnen und planen jetzt mehrere Anschaffungen, die Sie zuvor in eine Tabelle eintragen. Sie wollen eine Meldung anzeigen, wenn die geplanten Ausgaben das Budget in Zelle *C4* übersteigen. Gehen Sie dazu wie folgt vor:

1. Markieren Sie den Bereich *C7:C26*.
2. Rufen Sie das Dialogfeld *Datenüberprüfung* auf.
3. Auf der Registerkarte *Einstellungen* wählen Sie im Listenfeld *Zulassen* den Eintrag *Benutzerdefiniert* aus.
4. Im Feld *Formel* tragen Sie die Formel =SUMME($C$7:$C$26)<=$C$4 ein. Beachten Sie die absoluten Bezüge!
5. Legen Sie die *Eingabemeldung* und die *Fehlermeldung*, wie in Abbildung 8.16 gezeigt, fest.

6. Beenden Sie die Definition der Datenüberprüfung mit *OK*.

Abbildg. 8.16   Warnhinweis anzeigen, wenn das Budget ausgeschöpft ist

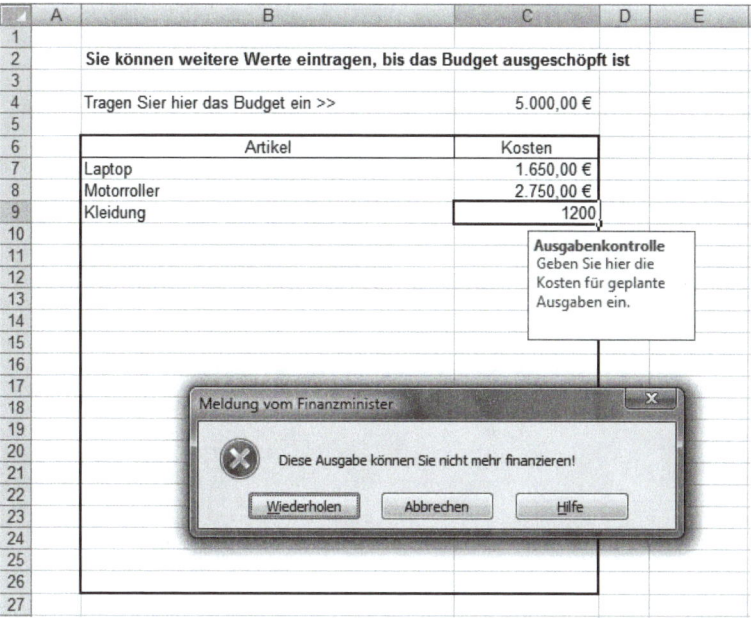

 Das gezeigte Beispiel finden Sie in der Tabelle *Budget* in der Beispieldatei *Kap08.xlsx* im Ordner *\Buch\Kap08* auf der CD-ROM zum Buch.

Zusammenfassung

Auch, wenn Excel eine absolute Sicherheit bei der Kontrolle der Dateneingabe in eine Tabelle nicht bietet, so ist die Verwendung der Datenüberprüfung doch eine gute Möglichkeit, die Daten einer Vorprüfung zu unterziehen. Die häufigsten Eingabefehler dürften sich damit allemal verhindern lassen. Wollen Sie die Datenüberprüfung auf einen Bereich anwenden, der sich stetig ändert, dann verwenden Sie eine Tabelle.

Frage	Antwort (bezieht sich jeweils auf das Dialogfeld *Datenüberprüfung*)
Wie kann ich die Eingabe auf Zahlen in einem bestimmten Wert einschränken?	Stellen Sie auf der Registerkarte *Einstellungen* im Feld *Zulassen* den Eintrag *Ganze Zahl* ein. Mehr dazu auf Seite 332.
Wie kann ich Kann-Fehler und Muss-Fehler unterscheiden?	Auf der Registerkarte *Fehlermeldung* ändern Sie das Feld *Typ*. Mehr dazu auf Seite 335.
Ich möchte eine Eingabemeldung anzeigen, wenn die Zelle ausgewählt wird. Wie mache ich das?	Tragen Sie nur auf der Registerkarte *Eingabemeldung* eine Meldung ein. Ein Beispiel finden Sie auf Seite 336.

Kapitel 8 Daten bei der Eingabe prüfen

Frage	Antwort (bezieht sich jeweils auf das Dialogfeld *Datenüberprüfung*)
Wie finde ich alle Datenüberprüfungen in einer Tabelle?	Verwenden Sie das Dialogfeld *Gehe zu*, das Sie über die Taste F5 ganz schnell aufrufen können. Mehr zeigt Seite 339.
Ich habe bereits Werte eingetragen und möchte für neue Werte eine Datenüberprüfung verwenden. Wie kann ich bereits eingetragene Werte prüfen?	Wählen Sie in der *Formelüberwachung* den Befehl *Ungültige Daten markieren*. Wie die fehlerhaften Daten hervorgehoben werden, finden Sie auf Seite 340.
Kann ich eine Liste für die gültigen Werte verwenden?	Verwenden Sie auf der Registerkarte *Einstellungen* im Listenfeld *Zulassen* den Eintrag *Liste*. Schlagen Sie dazu auf 342 nach. Auf Seite 344 wird ein Bereichsname eingesetzt, um eine Liste auf einem anderen Blatt zu verwalten.
Ich möchte immer wieder eine Liste ergänzen und den Bereich gültiger Werte nicht immer von neuem festlegen. Geht das?	Setzen Sie einen Bereichsnamen mit entsprechendem Bezug ein, um eine dynamisch wachsende Liste zu verwenden. Ein Beispiel finden Sie auf Seite 345.
Ich möchte beim Erfassen von Daten doppelte Einträge verhindern. Wie mache ich das?	Wählen Sie auf der Registerkarte *Einstellungen* im Listenfeld *Zulassen* den Eintrag *Benutzerdefiniert* und geben Sie eine Formel ein, welche die Anzahl der vorhandenen Einträge zählt. Mehr dazu auf Seite 347.
Bei der Erfassung von Kosten muss ich ein Budget beachten. Kann ich einen Hinweis anzeigen lassen, wenn das Budget überschritten wird?	Verwenden Sie den Fehlerstil *Stopp* und eine Formel mit einem absoluten Bezug. Die Seite 350 zeigt, wie es geht.

Teil C
Tabellen und Daten formatieren

In diesem Teil:

Kapitel 9	Zellen und Tabellen formatieren – Der Einstieg	355
Kapitel 10	Mit eigenen Zahlenformaten Tabellen übersichtlicher gestalten	411
Kapitel 11	Von der Mappe bis zur Zelle: Mit Vorlagen schneller formatieren	433
Kapitel 12	Bedingte Formatierung und Scorecards einsetzen	467
Kapitel 13	Formulare entwickeln und kommentieren	503

Wenn Sie Excel bisher nur als Tabellenkalkulation betrachtet bzw. nur zum Rechnen genutzt haben, dann bringt Sie dieser Teil in eine neue Welt: Sie können sich weitere interessante und kreative Anwendungsbereiche des Programms erschließen, mit deren Hilfe Sie Ihre Tabellen ansprechend formatieren können.

In diesem dritten Teil des Buches werden Ihnen die Funktionen zum Gestalten von Tabellen nicht nur vorgestellt, vielmehr können Sie sich diese Möglichkeiten anhand von Praxisbeispielen selbst aneignen.

Mit eigenen Zahlenformaten bekommen Ihre Zahlen das richtige »Outfit«. Der Einsatz von Format- und Mustervorlagen erspart Ihnen viele Einzelschritte. Mit Designs und Tabellenformatvorlagen sind die gewünschten Einstellungen schnell und komfortabel vorgenommen. Ein einheitliches Firmendesign kann einmal festgelegt und anschließend auf einfache Weise verfügbar gemacht werden. Das tolle daran ist, dass dieses jetzt auch in Word und PowerPoint verwendet werden kann.

Über die bedingte Formatierung stehen Ihnen verschiedene Möglichkeiten zur Verfügung, Daten genau dann mit einem speziellen Format zu versehen, wenn diese bestimmte Kriterien erfüllen. Zahlreiche neue Möglichkeiten wie Farbskalen, Datenbalken und Symbolsätze unterstützten Sie beim Visualisieren von Daten.

Steuerelemente stellen eine komfortable Möglichkeit zum Eingeben von Daten dar. Damit werden Eingaben nicht über die Tastatur, sondern mit wenigen Mausklicks vorgenommen. Mit einem Kommentar versehen, ist Ihre Arbeit darüber hinaus auch gut dokumentiert.

Kapitel 9

Zellen und Tabellen formatieren – Der Einstieg

In diesem Kapitel:

Mehr Klarheit durch Formatierung	356
Kurzüberblick: Die Möglichkeiten zum Formatieren von Zellen und Tabellen	356
Praxisbeispiel: Eine Tabelle Zelle für Zelle in Form bringen	360
Grundlegende Formatierungsbefehle im Detail	381
Tipps für mehr Effektivität beim Formatieren	406
Zusammenfassung	409

Kapitel 9 Zellen und Tabellen formatieren – Der Einstieg

Bisher haben Sie die verschiedenen Möglichkeiten für die Erfassung von Daten und den Umgang mit Formeln kennen gelernt. Wollen Sie Ihre Tabellen optisch aufbereiten, dann finden Sie in diesem Kapitel eine wichtige Unterstützung.

Schriftarten, Farben und Rahmenlinien, aber auch Zahlenformate und die Ausrichtung von Zellen helfen bei der Gestaltung von Tabellen. Sie erfahren auch, wie Sie ein Format auf weitere Zellen übertragen und aufwändig formatierte Zellen vor Änderungen schützen. Am Ende können Sie wichtige Daten also im richtigen »Kleid« präsentieren.

Mehr Klarheit durch Formatierung

Korrekte Zahlen sind der erste Schritt zur erfolgreichen Aufbereitung von Daten. Doch sicher werden Sie schon vor korrekten Zahlen gesessen haben, ohne das Wesentliche zu erkennen. Die Zahlenkolonnen standen exakt aufgereiht auf dem Tabellenblatt, doch Ihr Auge wusste nicht, wo es beginnen und wo es verweilen sollte.

Die optische Aufbereitung der Daten für die Personen, die sie lesen sollen, ist also ebenso wichtig wie die Korrektheit der Daten. Sie ersparen den Empfängern Ihrer Daten Zeit und Zweifel, und sich selbst unangenehme Fragen.

Excel unterstützt Sie mit einer Vielzahl von Funktionen, wenn es darum geht, aus Zahlenkolonnen lesbare Tabellen zu machen. So können Sie mit wenigen Mausklicks Ihren Daten mehr Aussagekraft und auch mehr optische Wirkung verleihen. Excel hilft Ihnen ebenfalls dabei, Ihre Tabellen übersichtlich und einheitlich zu formatieren. Greifen Sie dazu auf Dutzende vorgefertigter Formate für Schrift, Zahlen und Zellen zurück.

In diesem Kapitel lernen Sie die grundlegenden Funktionen kennen, mit denen Sie einfach und schnell aus Zahlenkolonnen lesbare Tabellen machen. Sie können das gleich zu Beginn an einem Praxisbeispiel testen, indem Sie eine Tabelle Schritt für Schritt – genauer gesagt Zelle für Zelle – in Form bringen.

Die Beispieldatei *Kap09_Schnelleinstieg.xlsx* befindet sich auf der CD-ROM zu diesem Buch im Ordner *\Buch\Kap09*). Im Anschluss an diesen Schnelleinstieg finden Sie ausführliche Anleitungen zum Umgang mit den grundlegenden Formatierungsbefehlen für Zellen und Tabellen.

Kurzüberblick: Die Möglichkeiten zum Formatieren von Zellen und Tabellen

Die Welt wird immer bunter und dieser Trend macht auch vor Excel nicht halt. Hinsichtlich der Gestaltung von Zellen, Tabellen oder kompletten Mappen haben sich die Möglichkeiten des Programms deutlich erweitert. Schade nur, dass dieser Innovationsschub hin zu mehr Gestaltungsvielfalt beim Thema Diagrammtypen noch immer ohne Wirkung ist.

Bevor Sie die zahlreichen Varianten zum Formatieren ausprobieren und einsetzen, machen Sie sich am besten zunächst einmal mit dem System der verfügbaren Befehle vertraut. In Abbildung 9.1 sehen Sie die vier Felder für Gestaltungsbefehle in Excel 2007. Das Thema »Bedingte Formatierung« ist hier bewusst ausgespart, kann aber gern als fünftes Feld in das System einbezogen werden.

Kurzüberblick: Die Möglichkeiten zum Formatieren von Zellen und Tabellen

Abbildg. 9.1   Die Möglichkeiten zum Formatieren von Zellen und Tabellen auf einen Blick

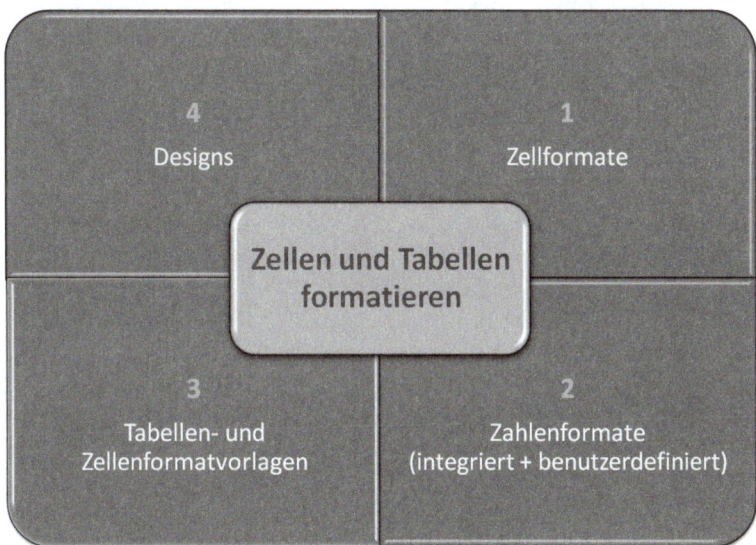

In diesem Kapitel erlernen Sie den Einstieg in das Thema Formatieren von Zellen: Also welche Zellformate es gibt, wie Sie diese anwenden und wie Sie Zahlenformate einsetzen, die standardmäßig in Excel schon vorhanden sind.

In Kapitel 10 lesen Sie dann, wie Sie eigene Zahlenformate erstellen und mit diesen Ihren Tabellen noch mehr Aussagekraft und Übersicht verleihen.

In Kapitel 11 lernen Sie vor allem die Neuerungen kennen, die Ihnen Excel 2007 zum Gestalten von Zellen, Tabellen und Mappen zur Verfügung stellt. Da geht es also um alle Arten von Gestaltungsvorlagen, mit denen Sie Formatierungsarbeiten schneller und einheitlicher erledigen können.

Das Kapitel 12 widmet sich dann dem großen Thema »Bedingte Formatierung«, das für viele Anwender die wohl spektakulärste Neuerung mit echtem Nutzwert darstellt.

Was sind Zellformate?

Wenn Sie die Optik Ihrer Tabellen verbessern wollen, ändern Sie dazu zunächst das Aussehen der Zahlen und Texte und das der Zellen selbst. Zahlenformate spielen erst weiter unten in diesem Kapitel eine Rolle. In der folgenden Abbildung sehen Sie zunächst einmal eine Übersicht der möglichen Zellformate.

Abbildg. 9.2 Aussehen und Eigenschaften von Zellen werden über diese Elemente gesteuert

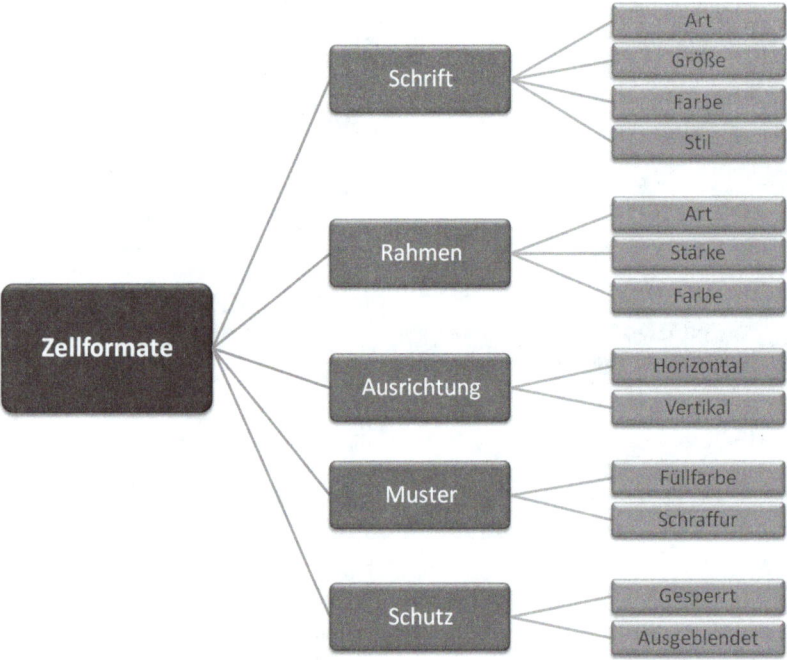

Damit Sie sich bei der Vielzahl dieser Formatoptionen besser zurecht finden, gibt es auf den folgenden zwei Seiten in Kurzfassung das, was sich hinter den Begriffen verbirgt. Im Abschnitt »Grundlegende Formatierungsbefehle im Detail« weiter hinten in diesem Kapitel finden Sie dann ausführliche Informationen.

Schriftformate

Hierzu gehören Schriftart und -größe sowie Schriftfarbe und Schriftstil (Fett, Kursiv, Unterstrichen, Hoch- und Tiefgestellt, Durchgestrichen). Schriftformate können Sie auf ganze Zellen oder nur auf einzelne Zeichen anwenden.

Abbildg. 9.3 In diesen beiden Gruppen erreichen Sie einen Großteil der Zellformate mit nur einem Mausklick

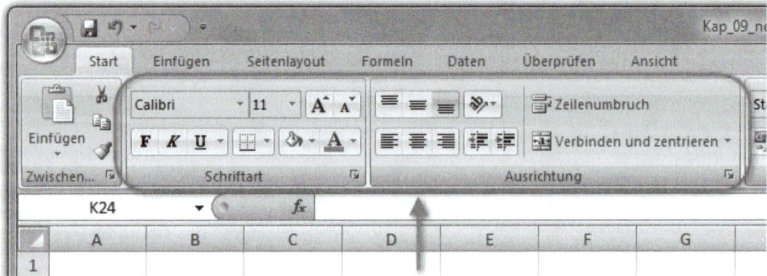

Muster

An erster Stelle steht hier die Füllfarbe von Zellen. Diese ist im Normalfall einfarbig. Sie können Zellen aber auch mit einem Muster aus zwei Farben versehen.

Ausrichtung

Bei der Ausrichtung geht es meist um die horizontale Anordnung der Informationen in den Zellen. Standardmäßig stehen Zahlen rechtsbündig, Texte hingegen linksbündig. Spaltenüberschriften werden oft mittig gesetzt. Zur horizontalen Ausrichtung gehört auch die Möglichkeit, Texte oder Zahlen per Einzug vom linken oder rechten Zellrand zu entfernen.

Die Frage nach der vertikalen Ausrichtung stellt sich meist erst dann, wenn sich der Zellinhalt auf mehrere Zeilen verteilt, Zeilen also höher werden. Voreingestellt ist die Anordnung aller Informationen am unteren Zellrand.

Rahmenformate

Beim Einrahmen von Tabellen und Zellen können Sie zwischen verschiedenen Linienarten und -farben wählen und festlegen, an welchen Seiten einer Zelle oder Tabelle die Rahmenlinien erscheinen sollen.

Schutz

Den Schutz von Zellen brauchen Sie, wenn Sie verhindern wollen, dass Formeln versehentlich gelöscht oder verändert werden, und wenn Sie Ihre Mappen weitergeben. Sie können Zellen vor Veränderungen schützen und Formeln ausblenden.

… und was sind Zahlenformate?

Zahlen stehen bei Excel im Mittelpunkt. Wie diese Zahlen in einer Zelle erscheinen, ob mit oder ohne Nachkommastellen, mit Währungszeichen oder ohne, mit Maßeinheit, als Bruch oder als Ganzzahl, als Datum oder Uhrzeit – all das steuern Sie über die Zahlenformate.

Abbildg. 9.4   Auf der Registerkarte *Start* der Multifunktionsleiste finden Sie in der Gruppe *Zahl* einige voreingestellte Zahlenformate

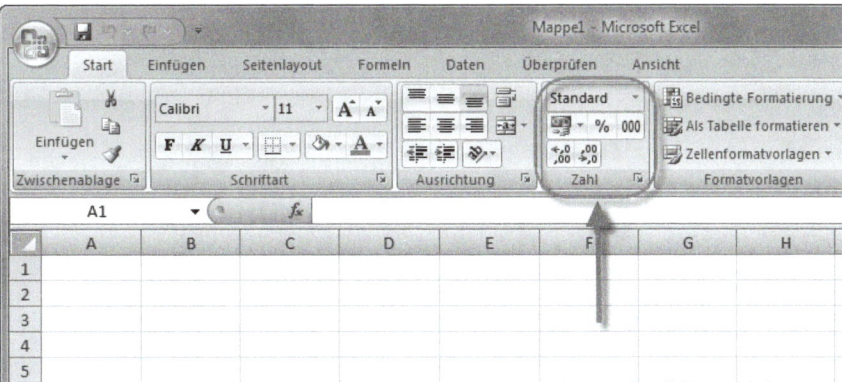

In Abbildung 9.4 sehen Sie, wie Sie schnell auf einige wichtige Formatoptionen zugreifen können, die Excel speziell für das Erscheinungsbild von Zahlen bereitstellt.

In Kapitel 10 erfahren Sie, wie Sie eigene, so genannte benutzerdefinierte Zahlenformate erstellen können. Dies ist eines der Gebiete in Excel, wo Ihrer Kreativität kaum Grenzen gesetzt sind.

Praxisbeispiel: Eine Tabelle Zelle für Zelle in Form bringen

Nach der Kurzübersicht über grundlegende Befehle zum Formatieren von Zellen folgt nun die Praxis. Lernen Sie anhand eines Beispiels schrittweise die wichtigsten Befehle zum Formatieren einer Tabelle kennen und testen Sie auf diese Weise, welche Formatierungsbefehle von Excel 2007 sich für Ihre Arbeit eignen.

Das Beispiel finden Sie in der Datei *Kap09_Schnelleinstieg.xlsx* im Ordner *\Buch\Kap09* auf der Buch-CD.

Wollen Sie sich zuerst systematisch über alle verfügbaren Formatierungsbefehle informieren, lesen Sie in diesem Kapitel den Abschnitt »Grundlegende Formatierungsbefehle im Detail«.

Die Ausgangstabelle

Angenommen, Sie möchten für das vergangene Jahr Ihre Einnahmen und Ausgaben gegenüberstellen und analysieren. Die Daten sind erfasst, einige Formeln führen die gewünschten Berechnungen aus. Allerdings muss die Aufstellung – wie Sie in Abbildung 9.5 unschwer sehen können – bislang ohne jegliche Formatierung auskommen. Sicher fallen Ihnen sofort einige Mängel und natürlich auch Verbesserungsvorschläge ein.

Abbildg. 9.5   So sieht die Einnahmen-Ausgaben-Tabelle im Rohzustand aus

A	B	C	D	E	F
1					
2		Einnahmen	Ausgaben	Saldo	Anteil an den Jahreseinnahmen
3	Januar	1429	1543	-114	0,093179447
4	Februar	1181	844	337	0,077008346
5	März	1260	1384	-124	0,082159624
6	April	1173	1481	-308	0,076486698
7	Mai	1161	938	223	0,075704225
8	Juni	1196	1560	-364	0,077986437
9	Juli	1656	1373	283	0,107981221
10	August	1109	950	159	0,072313511
11	September	986	1663	-677	0,064293166
12	Oktober	1373	1128	245	0,089527908
13	November	1192	1175	17	0,077725613
14	Dezember	1620	1211	409	0,105633803
15					
16	Summe	15336	15250	86	

Kurze Bestandsaufnahme der Ausgangstabelle

Hier eine Liste, die das Verbesserungspotenzial zusammenfasst:

- Es fehlt eine Überschrift. Sie soll ergänzt werden und sich vom Rest abheben. Dazu eignet sich das Zuweisen einer anderen Schriftart. Die Überschrift soll zudem größer und in einer anderen Farbe als die übrigen Informationen sein.
- Die Spaltenüberschrift in der letzten Spalte nimmt im Vergleich zu den Zahlen, die in den Zellen darunter stehen, zu viel Platz ein. Deshalb soll diese Überschrift durch einen Zeilenumbruch auf zwei Zeilen aufgeteilt werden.
- Alle Spaltenüberschriften sollen mittig und in Fettdruck über den Spalten stehen.
- Außerdem soll die Zeile mit den Spaltenüberschriften durch weiße Schrift auf dunkelgrünem Hintergrund auffallen.
- Die Überschriften für die Zeilen – also die Monatsnamen – sollen kursiv sein.
- Die Beschriftungen in der linken Spalte stehen zu dicht am Zellrand – zumal, wenn dort später eine Rahmenlinie sein wird. Daher sollen sie ein wenig nach rechts gerückt und damit besser lesbar werden.
- Die Zahlen sind fast durchgehend schlecht lesbar.
    - Tausendertrennzeichen wären bei den größeren Zahlen angebracht. Außerdem fehlt die Information über die Währung. Hier bietet sich das Zuweisen eines Zahlenformats an.
    - In der Saldo-Spalte sollen negative Werte nicht nur durch das Vorzeichen Minus, sondern auch durch rote Schriftfarbe auffallen.
    - In der Spalte ganz rechts sollen statt der unleserlichen Werte mit den zahlreichen Nachkommastellen schnell lesbare Prozentwerte mit nur einer Dezimalstelle stehen.
- Die gesamte Tabelle soll mit Rahmen umgeben werden. Die Summenzeile soll fett erscheinen und vom Rest der Tabelle durch eine entsprechend starke Rahmenlinie abgesetzt werden.
- Die Spalten haben unterschiedliche Breiten. Zumindest die beiden Spalten für Einnahmen und Ausgaben sollen die gleiche Breite erhalten.
- Abschließend soll die Tabelle vor Änderungen geschützt werden.

Schritt für Schritt: Die Aufstellung formatieren

Anhand dieser Aufgabenliste können Sie nun in der Musterdatei *Kap09_Schnelleinstieg.xlsx* die Änderungen Schritt für Schritt vornehmen. Verwenden Sie dazu das Blatt *Original*.

Die Tabellenüberschrift einbauen und formatieren

Beginnen Sie mit der Überschrift:

1. Fügen Sie zunächst eine zusätzliche Zeile ein. Klicken Sie dazu ganz links auf den Kopf von Zeile 1, um die Zeile komplett zu markieren und fügen Sie eine neue Zeile ein, indem Sie die Tastenkombination `Strg`+`+` betätigen. Alternativ dazu klicken Sie mit der rechten Maustaste auf die *1* und wählen im Kontextmenü *Zellen einfügen*.

2. Klicken Sie auf die Zelle *B1* und tippen Sie die Überschrift *Aufstellung der Einnahmen und Ausgaben im letzten Jahr* ein.

3. Lassen Sie Zelle *B1* markiert. Klicken Sie in der Multifunktionsleiste auf der Registerkarte *Start* in der Gruppe *Schriftart* zweimal auf das Symbol *Schriftgrad vergrößern*. Der Schriftgrad wird auf 14 pt erhöht. Mit dem Symbol rechts daneben können Sie den Schriftgrad schrittweise verkleinern.

4. Öffnen Sie in der gleichen Gruppe die Dropdown-Liste *Schriftart* und wählen Sie anstelle von *Calibri* die Schriftart *Cambria*.

5. Öffnen Sie immer noch in der gleichen Gruppe rechts unten die Dropdown-Liste neben dem Symbol *Schriftfarbe* und wählen Sie in der Skala der Grüntöne, so wie in Abbildung 9.6 zu sehen, ein dunkles *Olivgrün*.

Abbildg. 9.6 Öffnen Sie die Dropdown-Liste neben *Schriftfarbe* und wählen Sie die gewünschte Schriftfarbe aus

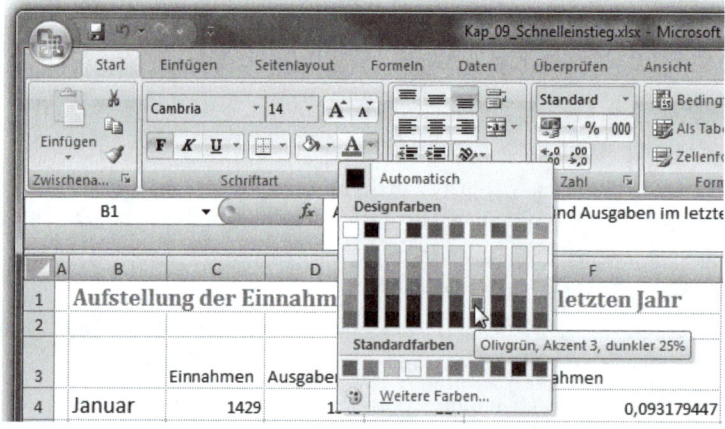

Eine Spaltenüberschrift auf zwei Zeilen verteilen

Im nächsten Schritt soll die lange Spaltenüberschrift in Zelle *F3* auf zwei Zeilen verteilt werden, damit die Spalte nicht zu breit ist. Zwar ist das Einfügen eines Zeilenumbruchs in eine Zelle keine Formatierung, doch der Wunsch zum Verteilen von Informationen auf mehrere Zeilen ergibt sich oft beim Formatieren.

1. Setzen Sie die Markierung auf *F3*, indem Sie auf die Zelle klicken.

2. Erledigen Sie die folgenden Schritte nur noch auf der Tastatur. Betätigen Sie zunächst die F2-Taste – sie startet den Bearbeitungsmodus für die Zelle – und die Einfügemarke blinkt am Ende der Zelle.

3. Bewegen Sie die Einfügemarke per Richtungstaste ← vor *Jahreseinnahmen*.

4. Die Einfügemarke steht jetzt an der Stelle, wo der manuelle Zeilenumbruch erfolgen soll. Betätigen Sie jetzt die Tastenkombination Alt + ↵. Das Wort *Jahreseinnahmen* wird auf die zweite Zeile umgebrochen. Schließen Sie die Aktion mit der ↵-Taste ab. Um die Information in beiden Zeilen der Zelle zu sehen, können Sie nun die Bearbeitungszeile in der Höhe verändern. Bewegen Sie dazu die Maus auf den unteren Rand der Bearbeitungszeile bis die Maus zu einem senkrechten weißen Doppelpfeil wird (Abbildung 9.7) Durch Ziehen mit gedrückter linker

Praxisbeispiel: Eine Tabelle Zelle für Zelle in Form bringen

Maustaste können Sie nun die Zeile beliebig in der Höhe anpassen – übrigens eine der nützlichen Neuerungen in Excel 2007.

Abbildg. 9.7   Setzen Sie die Einfügemarke vor das Wort und erzeugen Sie mit [Alt]+[↵] bewusst einen manuellen Zeilenumbruch

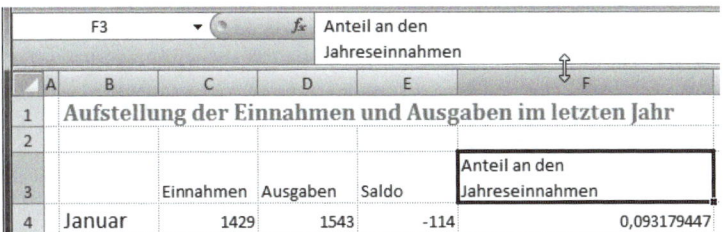

Die Spaltenüberschriften mittig anordnen

Da infolge des Zeilenumbruchs in F3 die komplette Zeile 3 höher ist, stehen die Überschriften in den Spalten C bis E nun unschön am unteren Zellrand. Mit den folgenden Schritten ordnen Sie alle Spaltenüberschriften horizontal wie auch vertikal mittig an.

1. Markieren Sie alle Spaltentitel, also den Bereich von C3 bis F3.
2. Klicken Sie in der Multifunktionsleiste auf der Registerkarte *Start* in der Gruppe *Ausrichtung* – so wie in Abbildung 9.8 gezeigt – nacheinander auf die beiden Symbole für zentrierte Anordnung.

Abbildg. 9.8   Nacheinander die beiden Symbole für horizontal und vertikal zentrierte Ausrichtung anklicken

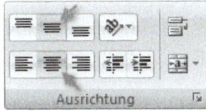

Spalten- und Zeilenüberschriften zusätzlich hervorheben

Damit der Bereich der Spaltentitel schneller auszumachen ist, sollen die Zellen B3 bis F3 zusätzlich eine abweichende Schrift- und Zellfarbe erhalten:

1. Markieren Sie die Zellen B3 bis F3, indem Sie die Maus über Zelle B3 bewegen, die Maustaste drücken und mit gedrückter linker Maustaste nach rechts bis F3 ziehen.
2. Ändern Sie die Zellfarbe, indem Sie in der Multifunktionsleiste auf der Registerkarte *Start* in der Gruppe *Schriftart* die Pfeilspitze rechts neben dem Symbol *Füllfarbe* klicken und aus der Galerie der Farben wieder das dunkle *Olivgrün* auswählen.
3. Rechts daneben befindet sich das Symbol *Schriftfarbe*, wo Sie auf gleiche Weise als neue Farbe *Weiß* festlegen.
4. Damit die Schrift noch besser zu lesen ist, klicken Sie abschließend in der Gruppe *Schriftart* noch auf das Symbol für *Fett*.
5. Markieren Sie nun alle Zeilenüberschriften, also den Bereich B4:B15 und klicken Sie auf der Registerkarte *Start* in der Gruppe *Schriftart* auf das Symbol für *Kursiv*.

Kapitel 9 Zellen und Tabellen formatieren – Der Einstieg

Texte einrücken

Alle Einträge in Spalte *B* sollen im nächsten Schritt ein wenig vom linken Spaltenrand weggerückt werden, damit sie besser lesbar sind, speziell dann, wenn die Tabelle von Rahmenlinien umgeben wird.

1. Markieren Sie die Zellen *B4* bis *B17*.

Abbildg. 9.9   Mit nur einem Mausklick einen linken Einzug setzen und so den Text einrücken

2. Klicken Sie auf der Registerkarte *Start* in der Gruppe *Ausrichtung* wie in Abbildung 9.9 gezeigt auf das Symbol *Einzug vergrößern*. Excel verschiebt den Text in den markierten Zellen nach rechts.

Zwischenergebnis nach Zuweisen der Zellformate für Schrift und Ausrichtung

Als Ergebnis Ihrer Bemühungen sollte die Aufstellung nun so, wie in Abbildung 9.10 gezeigt, aussehen.

Damit die Aufstellung zu einer vorzeigbaren Tabelle wird, müssen als Nächstes die Zahlen lesbarer angezeigt und die Struktur der Informationen durch das Hinzufügen von Rahmenlinien verbessert werden.

Abbildg. 9.10   Der Zwischenstand nach den Formatbefehlen für Schrift und Ausrichtung

	A	B	C	D	E	F
1		Aufstellung der Einnahmen und Ausgaben im letzten Jahr				
2						
3			Einnahmen	Ausgaben	Saldo	Anteil an den Jahreseinnahmen
4		Januar	1429	1543	-114	0,093179447
5		Februar	1181	844	337	0,077008346
6		März	1260	1384	-124	0,082159624
7		April	1173	1481	-308	0,076486698
8		Mai	1161	938	223	0,075704225
9		Juni	1196	1560	-364	0,077986437
10		Juli	1656	1373	283	0,107981221
11		August	1109	950	159	0,072313511
12		September	986	1663	-677	0,064293166
13		Oktober	1373	1128	245	0,089527908
14		November	1192	1175	17	0,077725613
15		Dezember	1620	1211	409	0,105633803
16						
17		Summe	15336	15250	86	

Mit Zahlenformaten die Zahlen lesbarer machen

Im aktuellen Zustand sind die Zahlen nur nach längerem Hinschauen zu entziffern. Daher sollen sie in lesbare Dreiergruppen getrennt werden. In Excel heißt die entsprechende Funktion Tausendertrennzeichen.

Außerdem fehlt den Zahlen noch eine Währungsbezeichnung, denn im Moment wüsste ein Betrachter nicht, ob die Daten in Euro, in Dollar oder einer anderen Währung erfasst und berechnet wurden.

Tausendertrennzeichen und Eurosymbol hinzufügen

Beide Aufgaben erledigen Sie mit nur einem Mausklick:

1. Sorgen Sie zunächst dafür, dass alle Zellen mit Zahlen, also *C4* bis *E17* markiert sind (weiter unten finden Sie zwei Methoden zum schnellen Markieren).

2. Klicken Sie nun auf der Registerkarte *Start* der Multifunktionsleiste in der Gruppe *Zahl* auf das Symbol *Währung*. Im Ergebnis dessen werden alle Zahlen ein wenig vom rechten Spaltenrand weggerückt, erhalten zwei Nachkommastellen und das Währungszeichen €.

HINWEIS Das Symbol *Währung* verwendet das Währungszeichen der Regions- und Sprachoptionen aus der Windows-Systemsteuerung, in Deutschland das Euro-Zeichen, in der Schweiz die Zeichenfolge CHF.

Im Ergebnis dessen sollten die Zahlen jetzt so wie in Abbildung 9.11 aussehen.

Abbildg. 9.11 Das Aussehen der Zahlen nach Verwendung des Symbols *Währung*

	Einnahmen	Ausgaben		Saldo
Januar	1.429,00 €	1.543,00 €	-	114,00 €
Februar	1.181,00 €	844,00 €		337,00 €
März	1.260,00 €	1.384,00 €	-	124,00 €
April	1.173,00 €	1.481,00 €	-	308,00 €
Mai	1.161,00 €	938,00 €		223,00 €
Juni	1.196,00 €	1.560,00 €	-	364,00 €

Da im vorliegenden Beispiel keine Nachkommastellen gebraucht werden und sie beim Lesen nur zusätzlichen Aufwand für das Auge bedeuten, schalten Sie diese aus. Wenn Sie die Zahlen noch markiert haben, ist auch dazu wieder nur ein Mausklick erforderlich.

In der gleichen Befehlsgruppe wie das Währungssymbol befinden sich zwei Symbole, mit denen Sie Dezimalstellen hinzufügen oder löschen können.

Klicken Sie zweimal auf das Symbol *Dezimalstelle löschen* – es ist das mit dem blauen Pfeil nach rechts – um die beiden Nachkommastellen zu entfernen.

Kapitel 9 Zellen und Tabellen formatieren – Der Einstieg

> **Zwei Methoden, um Zellbereiche sicher und zeitsparend zu markieren**
>
> Die meisten Anwender erledigen Markierungsaufgaben, indem Sie die Maus am linken oberen Ende des Bereiches positionieren und dann mit gedrückter linker Maustaste nach rechts und unten die Markierung erweitern. Bei kleinen Zellbereichen ist das ein gute Methode. Sind größere Bereiche zu markieren, die sich über mehr als eine Bildschirmseite erstrecken, ist diese Methode fehleranfällig und auch nervraubend, weil Sie die Erweiterung der Markierung nicht mehr so genau steuern können. Sie kennen das sicherlich auch: Plötzlich ist man bereits in Zeile 250 und wollte eigentlich nur bis Zeile 76 markieren.
>
> Daher sollen Sie am Beispiel des Bereiches *C4* bis *E17* einige Techniken kennen lernen, mit denen Sie schnell und stressfrei ans (Markierungs-)Ziel kommen.
>
> Die schnellste Methode, um dem Bereich *C4* bis *E17* zu markieren, wäre folgende:
>
> 1. *C4* anklicken,
> 2. ⇧-Taste drücken und gedrückt halten und
> 3. mit der Maus auf *E17* klicken.
>
> Dies ist »Diagonal markieren«.
>
> Probieren Sie gleich noch eine andere Methode aus, bei der Sie nur die Tastatur verwenden:
>
> 1. Markieren Sie die Zelle *C5*.
> 2. Drücken Sie die Taste ⇧ und halten Sie diese gedrückt.
> 3. Betätigen Sie nun die Richtungstasten → und ↓ so oft, bis der gewünschte Bereich *C4* bis *E17* markiert ist.
>
> Auf diese Weise können Sie Zeile für Zeile und Spalte für Spalte auch größere Bereiche in aller Ruhe und ohne Fehler markieren.
>
> Die ⇧-Taste bewirkt also in beiden Fällen, dass eine Zellmarkierung erweitert wird und zwar gezielt.
>
> Apropos gezielt: Wenn Sie mal versehentlich Zeile oder Spalten zuviel markiert haben, können Sie ganz komfortabel bei gedrückter Umschalt-Taste den Markierungsbereich wieder verkleinern, indem Sie die Richtungstasten ↑ und ← betätigen.
>
> Weitere Markierungstechniken finden Sie in Kapitel 6 beschrieben.

Die Darstellung der Zahlen mit Währung weiter verbessern

Mit der in Abbildung 9.11 gezeigten Anzeige der Zahlen und den eben vorgenommenen Anpassungen hat sich die Lesbarkeit der Zahlen schon wesentlich verbessert. Störend wirken aber bei den negativen Werten in Spalte *E* die Minuszeichen am linken Zellrand. Außerdem wäre es besser, wenn negative Werte neben dem Minuszeichen zusätzlich durch rote Schriftfarbe gekennzeichnet würden.

Auch hierfür hält Excel vorgefertigte Zahlenformate bereit. Diesmal müssen Sie diese jedoch über ein Dialogfeld auswählen. Lassen Sie den Bereich *C4:E17* markiert und gehen Sie wie folgt vor:

1. Rufen Sie mit der Tastenkombination Strg+1 das Dialogfeld *Zellen formatieren* auf. Alternativ dazu klicken Sie auf der Registerkarte *Start* in der Gruppe *Zahl* rechts neben *Zahl* auf den kleinen Pfeil (er trägt offiziell den unsäglichen Namen *Startprogramm für ein Dialogfeld*), um das Dialogfeld aufzurufen, in dem Sie eine größere Auswahl von Formaten finden.

Abbildg. 9.12 Ein besonders langer Name für einen eher unscheinbaren Pfeil: *Startprogramm für ein Dialogfeld*

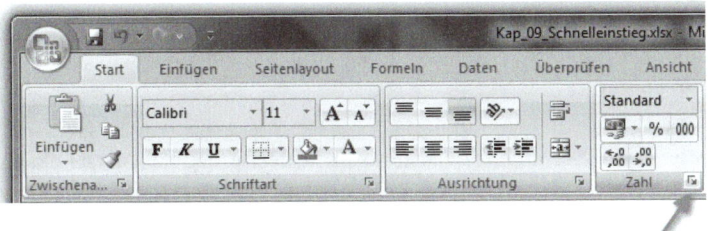

2. Zeigen Sie die Registerkarte *Zahlen* an.
3. Klicken Sie links in der Liste unter *Kategorie* auf den Eintrag *Währung*.
4. Wählen Sie dann rechts in der Liste – so wie in Abbildung 9.13 gezeigt – den letzten Eintrag aus.

Abbildg. 9.13 Das Währungsformat auswählen, das negative Werte mit einem Minus und in Rot anzeigt

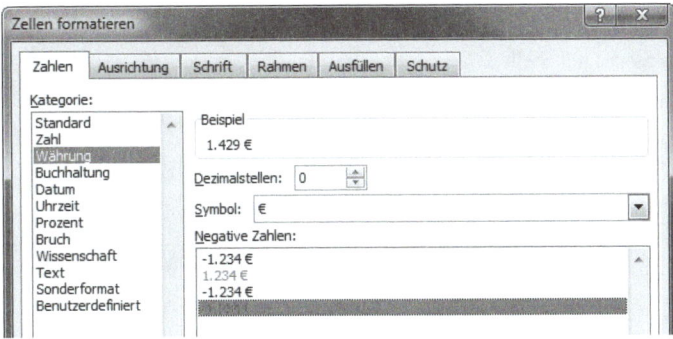

Im Ergebnis dessen sollten die Zahlen in Spalte E nun so wie in Abbildung 9.14 aussehen: Bei allen negativen Werten steht das Minuszeichen nicht mehr am linken Zellrand, sondern nahe der Zahl und sie werden zudem in roter Schriftfarbe hervorgehoben.

Abbildg. 9.14 Negative Werte in der Spalte *Saldo* erscheinen mit Minuszeichen und in roter Schriftfarbe

	Einnahmen	Ausgaben	Saldo
Januar	1.429 €	1.543 €	-114 €
Februar	1.181 €	844 €	337 €
März	1.260 €	1.384 €	-124 €
April	1.173 €	1.481 €	-308 €
Mai	1.161 €	938 €	223 €
Juni	1.196 €	1.560 €	-364 €

Die Anteile in Prozent darstellen

Nun folgt die letzte Aktion zum Zuweisen eines Zahlenformats in der Beispieltabelle. In Spalte *F* sollen die nur schwer lesbaren Zahlen in schnell erfassbare Prozentwerte mit einer Nachkommastelle umgewandelt werden.

Das Prozentzeichen hinzufügen

1. Markieren Sie den Bereich *F4:F15*.

2. Klicken Sie in der Multifunktionsleiste in der Gruppe *Zahl* auf der Registerkarte *Start* auf das Symbol *Prozent*.

3. Lassen Sie den Zellbereich markiert und klicken Sie anschließend in der gleichen Gruppe auf das Symbol *Dezimalstelle hinzufügen* – das mit dem kleinen blauen Pfeil nach links.

Die Spaltenbreite optimal anpassen

Verringern Sie im nächsten Schritt die Breite der Spalte *F*.

1. Bewegen Sie dazu die Maus im Spaltenkopf an den rechten Rand der Spalte *F*, bis sie zu einem kleinen schwarzen Doppelpfeil wird (Abbildung 9.15).

Abbildg. 9.15   Per Doppelklick sorgen Sie für eine optimale Spaltenbreite

2. Doppelklicken Sie an der Stelle.
3. Die Spalte wird daraufhin auf die optimale Breite angepasst.

Alle Zahlenwerte in Richtung Spaltenmitte bewegen

Sorgen Sie bei der Formatierung der Zahlenwerte abschließend dafür, dass die Zahlen nicht am rechten Zellrand kleben, sondern eher mittig ausgerichtet sind. Ein Klick auf das Symbol *Zentriert* ist an der Stelle ungeeignet, denn die Zahlen sollen schon rechtsbündig Einer unter Einer, Zehner unter Zehner angeordnet bleiben.

PROFITIPP

> Greifen Sie stattdessen zu einer wenig bekannten Technik und nutzen Sie in dem Fall die Funktion des rechten Einzugs.
>
> 1. Markieren Sie alle Zahlenwerte, also den Bereich *C4:F17*.
> 2. Rufen Sie mit der Tastenkombination (Strg)+(1) das Dialogfeld *Zellen formatieren* auf. Alternativ dazu klicken Sie auf der Registerkarte *Start* in der Gruppe *Zahl* rechts neben *Zahl* auf den kleinen Pfeil.
> 3. Zeigen Sie die Registerkarte *Ausrichtung* an.
> 4. Wählen Sie – so wie in Abbildung 9.16 gezeigt – im Listenfeld unter *Horizontal* den Eintrag *Rechts (Einzug)*.
> 5. Erhöhen Sie rechts daneben im Feld *Einzug* den Wert auf *2*.
> 6. Schließen Sie das Dialogfeld mit *OK*.

Praxisbeispiel: Eine Tabelle Zelle für Zelle in Form bringen

Abbildg. 9.16   Stellen Sie zunächst links einen rechten Einzug ein; die Größe des Einzugs können Sie je nach Spaltenbreite und Länge der Werte über das Feld *Einzug* variieren

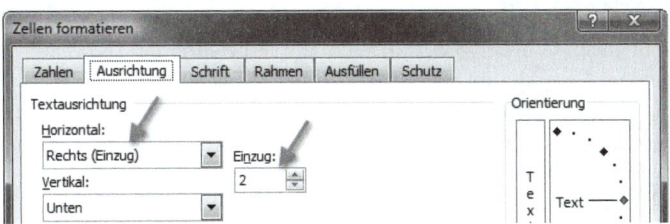

> **TIPP**   Da die Spalte mit den Anteilen breiter ist, markieren Sie die Prozentwerte und rufen das Dialogfeld noch einmal mit `Strg`+`1` auf. Erhöhen Sie den *Einzug* auf *4*.

Drei Spalten auf eine bestimmte Breite bringen

Die drei Spalten mit den Euro-Werten sollen nun auf eine Breite von exakt 10 gebracht werden. 10 steht hier für eine Spaltenbreite, in der genau zehn Ziffern Platz finden würden.

1. Markieren Sie die Spaltenköpfe von *C* bis *E*.
2. Klicken Sie mit der rechten Maustaste auf einen der markierten Spaltenköpfe und wählen Sie im Kontextmenü (Abbildung 9.17) den Befehl *Spaltenbreite*.

Abbildg. 9.17   Per rechtem Mausklick das Kontextmenü aufrufen und dort Spaltenbreite anklicken

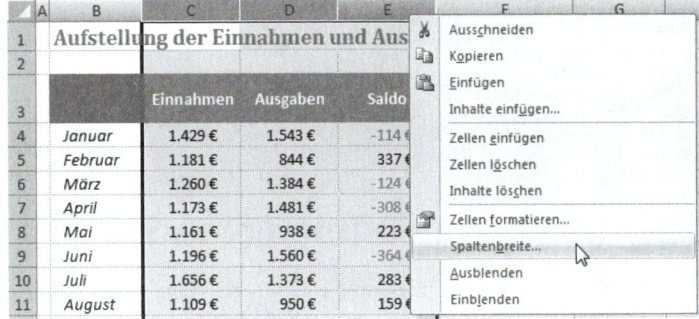

3. Im nun gezeigten Dialogfeld (Abbildung 9.18) tippen Sie *10* ein und schließen mit *OK* ab.

Abbildg. 9.18   Per Dialogfeld die Spaltenbreite exakt festlegen

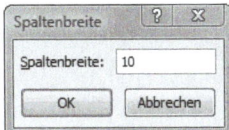

Kapitel 9 Zellen und Tabellen formatieren – Der Einstieg

> ### Der Weg über die Multifunktionsleiste kann durchaus lehrreich sein
>
> Als Alternative können Sie auch zunächst die drei Spalten markieren und das Dialogfeld für die Eingabe der exakten Spaltenbreite aufrufen, indem Sie auf der Registerkarte *Start* der Multifunktionsleiste in der Gruppe *Zellen* auf die Schaltfläche *Format* klicken. Für Anwender, die mit früheren Versionen gearbeitet haben, wird dies eine eher ungewöhnliche Vorgehensweise sein, aber es ist ganz gut, wenn man bei der Gelegenheit ganz nebenbei auf eine Reihe weiterer wichtiger Befehle stößt, nach denen man sonst vielleicht lange suchen würde. Beispielsweise die Befehle zum Ausblenden von Zeilen, Spalten oder kompletten Arbeitsblättern. Oder die zum Schützen eines Arbeitsblattes. Es bedarf schon einer ziemlichen Portion Vorstellungskraft, um diese wichtigen Befehle ausgerechnet beim Format für Zellen zu vermuten.

Abbildg. 9.19 Der alternative Aufruf des Dialogfelds für die *Spaltenbreite* über die Multifunktionsleiste

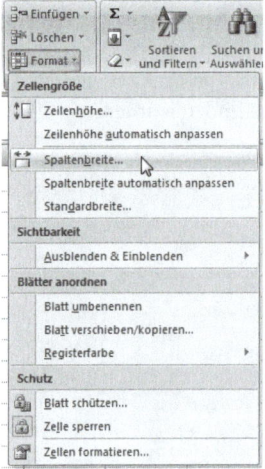

Der Tabelle mit Rahmenlinien eine Struktur geben

Bisher hat die Tabelle noch keinen Rahmen, denn die Gitternetzlinien, die Sie am Bildschirm sehen, werden nicht gedruckt. Schalten Sie einmal über die Befehlsfolge *Office-Menü/Drucken/Seitenansicht* (Abbildung 9.20) in die Druckvorschau für die Tabelle um.

Abbildg. 9.20 Über das Office-Menü die Druckvorschau anzeigen lassen

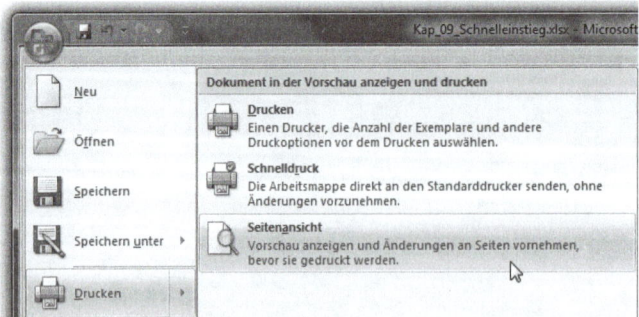

Sie können jetzt genau sehen (vgl. Abbildung 9.21), dass die Tabelle in der Tat keinerlei Linien enthält. Schließen Sie die Druckvorschau wieder mit einem Klick auf die rote Schaltfläche.

Abbildg. 9.21   In der Druckvorschau sind keinerlei Linien sichtbar, der Tabelle fehlt eine Struktur

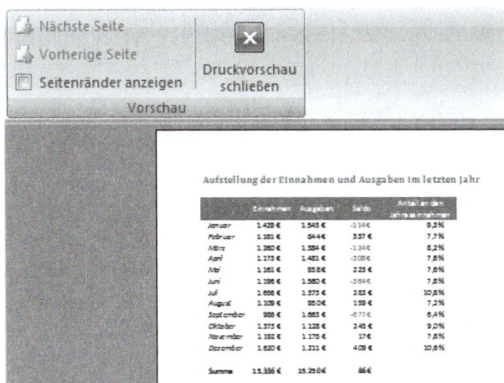

Der schnelle Weg, aber …

Viele Anwender betreiben beim Zuweisen von Rahmenlinien für ihre Tabellen minimalen Aufwand: Sie markieren die Tabelle, klicken auf den Pfeil neben dem Symbol für Rahmenlinien und wählen *Alle Rahmenlinien* – fertig!

Abbildg. 9.22   Der schnelle, aber nicht der beste Weg: Den Befehl *Alle Rahmenlinien* auf eine Tabelle anwenden

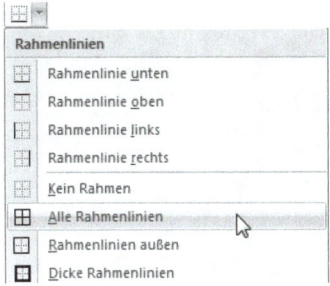

Doch es gibt – wie Sie gleich sehen werden – weit mehr und vor allem bessere Möglichkeiten.

WICHTIG   Das soeben geschilderte Vorgehen führt zwar schnell zu einem Ergebnis, sichert aber nicht die optimale Lesbarkeit. Die schnellste Variante ist nicht in allen Fällen auch die beste. Wenn Sie Ihre Daten so »hinter Gitter bringen«, erleichtern Sie dem Betrachter das Lesen der Daten nicht, denn das Auge muss sich nun erst durch ein schwarzes Gitternetz zu den (meist) schwarzen Zahlen »durchkämpfen«.

Tipps zum Umgang mit Rahmenlinien

Seien Sie eher zurückhaltend beim Zuweisen von Rahmenlinien und denken Sie vor allem über deren Zweck nach. Rahmenlinien sollen dem Betrachter die Navigation erleichtern, den Aufbau der

Tabelle und die Struktur des Zahlenmaterials deutlich machen. Hier einige Tipps zum Umgang mit Rahmen:

- Umgeben Sie die gesamte Tabelle außen mit einer durchgehenden Rahmenlinie. Sie kann durchaus stärker sein, als die Linien im Inneren der Tabelle.
- Setzen Sie starke, beispielsweise schwarze Rahmenlinien dort, wo Sie etwas voneinander abgrenzen wollen. In unserem Beispiel würde sich konkret eine solche Abgrenzung vor der Zeile mit den Summen anbieten.
- Verwenden Sie zwischen den Spalten eher dünne Linien in zurückhaltender Farbe, beispielsweise Mittel- oder Hellgrau.
- Setzen Sie – wenn Sie die Spalten bereits durch Rahmenlinien optisch aufgeteilt haben – für die Leseführung innerhalb der Zeilen möglichst nicht auch noch Rahmenlinien ein. Denn sonst sind Sie wieder beim eingangs erwähnten kompletten Gitternetz. Weisen Sie statt dessen jeder zweiten Zeile eine abweichende Zellfarbe zu. Bewährt hat es sich z.B., jede zweite Zeile mit Grau zu hinterlegen. Das Auge erhält somit zwei klare Navigationshilfen: Rahmenlinien, um zwischen den Spalten zu unterscheiden, und die Zellschattierung, um die Zeilen voneinander abzugrenzen.
- Oder wählen Sie für die waagerechten Rahmenlinien im Inneren der Tabelle einfach eine gepunktete Linienart.

Schritt für Schritt: Die Rahmenlinien zuweisen

Nach diesen vorbereitenden Gedanken ist es an der Zeit, zur Praxis überzugehen und Schritt für Schritt die Tabelle mittels Rahmenlinien zu strukturieren.

1. Markieren Sie zunächst die gesamte Tabelle. Am schnellsten geht das, indem Sie auf *B3* klicken und bei gedrückter ⇧-Taste auf *F17*. Sie erinnern sich: Diagonalmarkierung.
2. Rufen Sie nun mit `Strg`+`1` das Dialogfeld *Zellen formatieren* auf. Alternativ dazu klicken Sie auf der Registerkarte *Start* in der Gruppe *Schriftart* auf den kleinen Pfeil rechts neben *Schriftart*, um das Dialogfeld aufzurufen.
3. Zeigen Sie die Registerkarte *Rahmen* an.
4. Klicken Sie links im Feld *Art* eine etwas stärkere Linie an, beispielsweise die dritte von unten in der rechten Spalte.
5. Öffnen Sie darunter im Feld *Farbe* die Liste und wählen Sie wieder ein dunkles *Olivgrün*.
6. Klicken Sie nun rechts oberhalb des Vorschaubildes auf die Schaltfläche *Außen*. Sie sehen sofort darunter das Ergebnis Ihrer Arbeit (vgl. Abbildung 9.23).
7. Lassen Sie das Dialogfeld geöffnet. Nun sind die senkrechten Innenlinien an der Reihe. Wählen Sie zuerst wieder im Feld *Art* eine passende Linie aus. Diesmal soll es die gepunktete sein, die gleich unter dem Eintrag *Keine* steht. Die Farbe belassen Sie bei *Olivgrün*.
8. Klicken Sie nun unterhalb des Vorschaubilds auf das Symbol in der Mitte. Es steht für die senkrechten Innenlinien. Schließen Sie mit *OK* ab.

Praxisbeispiel: Eine Tabelle Zelle für Zelle in Form bringen

Abbildg. 9.23 Legen Sie zuerst die Formate für die Außenlinie fest

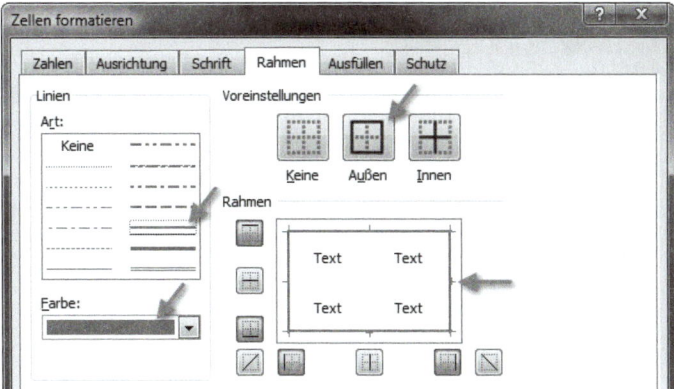

Fügen Sie nun unterhalb der Dezemberzeile noch eine dicke olivgrüne Rahmenlinie ein.

1. Markieren Sie dazu den Bereich *B15:F15*.
2. Betätigen Sie wieder die Tastenkombination [Strg]+[1], um das Dialogfeld *Zellen formatieren* aufzurufen. Sie gelangen wieder zur Registerkarte *Rahmen*.

   Linienart und Farbe sind schon eingestellt. Sie können am Vorschaubild auch genau sehen, dass dem soeben markierten Bereich unten ein Abschluss in Form einer Linie fehlt.

Abbildg. 9.24 Mit einem Klick auf dieses Symbol für Zeile 15 unten eine dicke Rahmenlinie hinzufügen

3. Klicken Sie nur noch auf das Symbol für *Rahmenlinie unten*, das sich links neben dem Vorschaubild befindet (Abbildung 9.24).
4. Schließen Sie das Dialogfeld über *OK*.

Ihre Tabelle ist nun durch Rahmenlinien vom Rest des Arbeitsblattes klar abgegrenzt und in sich strukturiert. Das Ergebnis sollte so wie in Abbildung 9.25 aussehen.

Abbildg. 9.25 Die Tabelle nach dem Zuweisen der Rahmenformate

	Einnahmen	Ausgaben	Saldo	Anteil an den Jahreseinnahmen
Januar	1.429 €	1.543 €	-114 €	9,3%
Februar	1.181 €	844 €	337 €	7,7%
März	1.260 €	1.384 €	-124 €	8,2%
April	1.173 €	1.481 €	-308 €	7,6%
Mai	1.161 €	938 €	223 €	7,6%
Juni	1.196 €	1.560 €	-364 €	7,8%
Juli	1.656 €	1.373 €	283 €	10,8%
August	1.109 €	950 €	159 €	7,2%
September	986 €	1.663 €	-677 €	6,4%
Oktober	1.373 €	1.128 €	245 €	9,0%
November	1.192 €	1.175 €	17 €	7,8%
Dezember	1.620 €	1.211 €	409 €	10,6%
Summe	15.336 €	15.250 €	86 €	

Zum besseren Lesen jede zweite Zeile farblich hinterlegen

Mit Ausnahme der Zeile mit den Spaltenüberschriften und der Dezember-Zeile wurde bisher in der Tabelle bewusst auf eine Zeilenstruktur verzichtet. Damit die Betrachter der Tabelle beim Lesen mühelos innerhalb einer Monatszeile bleiben, geben Sie jetzt noch eine Unterstützung und färben jede zweite Zeile leicht ein.

1. Markieren Sie den Zellbereich *B5:F5*.
2. Drücken Sie die ⌊Strg⌉-Taste und lassen Sie diese gedrückt, wenn Sie nun nacheinander noch die Bereiche *B7:F7*, *B9:F9*, *B11:F11*, *B13:F13* sowie *B15:F15* markieren.

3. Klicken Sie in der Gruppe *Schriftart* auf der Registerkarte *Start* der Multifunktionsleiste rechts auf den Pfeil neben dem Symbol *Füllfarbe* und wählen Sie diesmal ein helles *Olivgrün*.

4. Markieren Sie abschließend noch die Zellen *B17:E17* und machen Sie diese mit einem Mausklick auf das entsprechende Symbol *Fett*.

Abbildg. 9.26 Die Tabelle nach dem Zuweisen der Rahmenformate und dem Einfärben jeder zweiten Zeile

	Einnahmen	Ausgaben	Saldo	Anteil an den Jahreseinnahmen
Januar	1.429 €	1.543 €	-114 €	9,3%
Februar	1.181 €	844 €	337 €	7,7%
März	1.260 €	1.384 €	-124 €	8,2%
April	1.173 €	1.481 €	-308 €	7,6%
Mai	1.161 €	938 €	223 €	7,6%
Juni	1.196 €	1.560 €	-364 €	7,8%
Juli	1.656 €	1.373 €	283 €	10,8%
August	1.109 €	950 €	159 €	7,2%
September	986 €	1.663 €	-677 €	6,4%
Oktober	1.373 €	1.128 €	245 €	9,0%
November	1.192 €	1.175 €	17 €	7,8%
Dezember	1.620 €	1.211 €	409 €	10,6%
Summe	15.336 €	15.250 €	86 €	

HINWEIS In Kapitel 11 erfahren Sie, wie Sie alternierende Zeilenfarben wesentlich schneller mit Formatvorlagen bewirken können.

Zum Schluss wichtige Teile der Tabelle schützen

Die Tabelle mit den Einnahmen und Ausgaben des letzten Jahres ist nun fertig formatiert und zur Weitergabe schon fast bereit. Zuvor sollten Sie jedoch alle wichtigen Informationen vor Änderungen schützen. Im vorliegenden Fall wären das alle Zellen, die Formeln enthalten.

So »tickt« Excel, wenn es um das Thema Schutz geht

In Excel sind standardmäßig alle Zellen einer Tabelle als *Gesperrt* eingestellt. Als Anwender bemerken Sie das jedoch nicht, denn Sie können trotz dieser Voreinstellung alle Zellen ohne Einschränkungen bearbeiten. Erst wenn Sie die zweite Stufe des Schutzes einschalten, indem Sie den *Blattschutz* aktivieren, wird auch der Zellschutz wirksam.

Daher müssen Sie sich in Excel beim Schützen zunächst immer erst die Frage stellen, welche Zellen nicht geschützt, welche also weiterhin frei bearbeitet werden sollen. Diese Zellen »entsperren« Sie. Dann schalten Sie den Blattschutz ein, der dazu führt, dass nur die gesperrten Zellen tatsächlich auch geschützt sind. Am besten ist es, wenn Sie das am folgenden Beispiel einfach einmal ausprobieren.

In der vorliegenden Beispieltabelle sollen nur die Zahlenbereiche in den Spalten *C* und *D* sowie die Überschrift und alle Spalten- und Zeilentitel veränderbar sein. Die Formeln in den Spalten *E* und *F* sowie in Zeile *17* sollen unveränderbar bleiben.

Gehen Sie wie folgt vor:

1. Markieren Sie das gesamte Arbeitsblatt. Dazu bedarf es nur eines Mausklicks. Klicken Sie an die in Abbildung 9.27 gezeigte Stelle am Kreuzungspunkt vom Spalten- und Zeilenkopf.

Abbildg. 9.27   Mit einem Mausklick auf diese Schaltfläche markieren Sie alle Zellen im Arbeitsblatt

2. Betätigen Sie die Tastenkombination (Strg)+(1), um das Dialogfeld *Zellen formatieren* aufzurufen. Zeigen Sie die Registerkarte *Schutz* an.

Abbildg. 9.28   Den Zellschutz für alle markierten Zellen aufheben

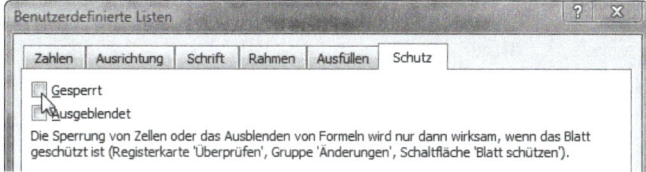

Kapitel 9 Zellen und Tabellen formatieren – Der Einstieg

3. Deaktivieren Sie das Kontrollkästchen *Gesperrt* und bestätigen Sie mit *OK*. Jetzt ist keine der Zellen im Blatt mehr geschützt. Alle Formelzellen erhalten nun in der linken oberen Ecke einen grünen Indikator. Was es damit auf sich hat, lesen Sie weiter unten nach im Abschnitt »Excel sorgt sich um Ihre Formeln«.

4. Sperren Sie nun alle Zellen, die Formeln enthalten. Im vorliegenden Fall ist das kein großes Problem, denn Sie müssen nur die betreffenden Zellen in den Spalten *E* und *F* und in Zeile *17* markieren. Doch bei größeren Tabellen wäre es nicht so einfach, schnell alle Formelzellen zu finden. Daher hier eine Profitechnik:

PROFITIPP Betätigen Sie die Taste [F5] und rufen Sie damit das Dialogfeld *Gehe zu* auf. Klicken Sie dort links unten auf die Schaltfläche *Inhalte* und markieren Sie im folgenden Dialogfeld nur die Option *Formeln*. Schließen Sie mit *OK* ab. Sie sehen, dass nun alle Zellen mit Formeln markiert sind.

Abbildg. 9.29 Blitzschnell von Excel alle Formelzellen im Blatt markieren lassen

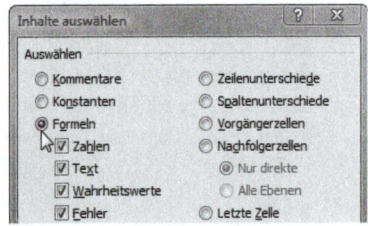

5. Rufen Sie mit [Strg]+[1] wieder das Dialogfeld *Zellen formatieren* auf und setzen Sie auf der Registerkarte *Schutz* ein Häkchen in das Kontrollkästchen vor *Gesperrt*. Wenn Sie mit *OK* bestätigen, sehen Sie, dass auch die grünen Indikatoren in den Formelzellen wieder verschwunden sind.

Nach dem Zellschutz folgt der Blattschutz

Wenn Sie jetzt probehalber in Zelle *E5* irgend etwas eingeben, werden Sie feststellen, dass dies durchaus möglich ist, obwohl Sie doch die Zellen geschützt haben.

 HINWEIS Um die eben gemachte Eingabe zu Testzwecken wieder rückgängig zu machen, klicken Sie in der *Symbolleiste für den Schnellzugriff* auf den nach links weisenden blauen Pfeil, also auf das Symbol *Rückgängig*.

Der Grund: Sie haben zwar die Einstellungen für den Schutz auf Zellebene definiert. Aber Sie müssen noch einen Schritt weiter gehen und den Schutz auf Blattebene einschalten. Erst dann wird der zuvor festgelegte Zellschutz wirksam.

1. Klicken Sie auf der Registerkarte *Start* der Multifunktionsleiste in der Gruppe *Zellen* auf die Schaltfläche *Format*.
2. Klicken Sie in dem sich nun öffnenden Menü auf den Befehl *Blatt schützen*.

Praxisbeispiel: Eine Tabelle Zelle für Zelle in Form bringen

Abbildg. 9.30   Schalten Sie hier den Blattschutz ein

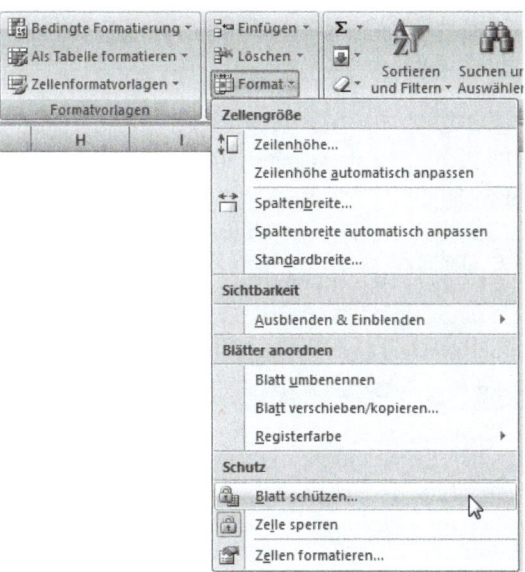

3. Im nun folgenden Dialogfeld können Sie je nach Bedarf und Situation festlegen, was andere Anwender in diesem Arbeitsblatt machen können. In Abbildung 9.31 sehen Sie, dass in diesem Beispiel recht viele Möglichkeiten der Bearbeitung eingeräumt werden. Dies soll Ihnen nur als Orientierung dienen, welche der Optionen Sie sinnvollerweise frei geben können.

Abbildg. 9.31   Legen Sie hier ganz individuell fest, was trotz Zellschutz noch zugelassen ist

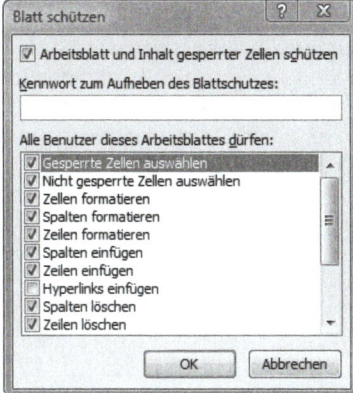

HINWEIS Vergeben Sie ein Kennwort, denn nur damit verhindern Sie, dass der Schutz durch andere Anwender sofort wieder deaktiviert wird. Sie können später nach Eingabe des Kennworts den Schutz jederzeit wieder aufheben und Änderungen im Arbeitsblatt vornehmen. Wichtig ist nur, dass Sie sich das Kennwort merken!

4. Klicken Sie auf *OK*, um den Blattschutz zu aktivieren. Haben Sie ein Kennwort vergeben, müssen Sie dieses zur Sicherheit noch einmal eingeben und mit *OK* bestätigen.

Testen Sie jetzt den soeben festgelegten Schutz auf seine Wirksamkeit, indem Sie versuchen, in eine der geschützten Zellen in Spalte *E* oder *F* etwas einzugeben. Klicken Sie beispielsweise auf *E5* und tippen Sie einen beliebigen Buchstaben ein.

Abbildg. 9.32   Beim Versuch, geschützte Zellen zu bearbeiten, erscheint dieser Hinweis

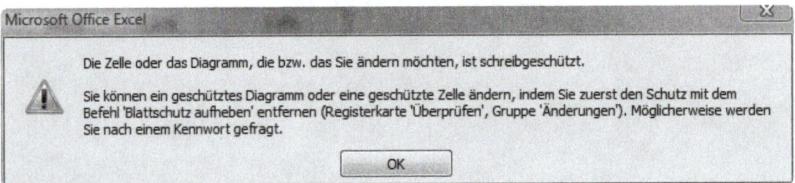

Wie Sie in Abbildung 9.32 sehen können, verwehrt Ihnen Excel diese Eingabe und es weist Sie mit einer Meldung darauf hin, dass Sie gerade versuchen, in einem geschützten Bereich zu arbeiten.

WICHTIG An der Meldung aus Abbildung 9.32 erkennen Sie sofort, warum es in der Tat besser ist, den Blattschutz mit einem Kennwort zu verbinden. Die Meldung beschreibt exakt die Schritte, wie sich der Blattschutz aufheben lässt. Selbst für einen Excel-Laien dürfte das als Handlungsanleitung reichen. Daher wird der Blattschutz erst mit einem Kennwort halbwegs verlässlich.

Sie werden sich jetzt vielleicht fragen, warum hier nur »halbwegs verlässlich« geschrieben steht. Der Grund: Im Internet gibt es für alle bisherigen Excel-Versionen kostenlose Tools, mit denen jeder Anwender in kurzer Zeit ein Kennwort, das auf Blattebene festgelegt wurde, »knacken« kann. Warum sollte das für Excel 2007 anders sein? Wenn Sie in einer Suchmaschine beispielsweise die drei Begriffe »Add-In Excel Blattschutz« eingeben, werden Ihnen gleich mehrere Suchergebnisse auf deutschen Webseiten angezeigt, wo Sie sich entsprechende Add-Ins herunter laden können. Geben Sie »Excel remove password« ein, liefert die Suchmaschine auch englischsprachige Webseiten. Auf einer war beispielsweise zu lesen, dass das Tool seit 2001 bereits über 500.000 Mal herunter geladen wurde.

Mehr zum Thema »Schutz von Arbeitsmappen« finden Sie in Kapitel 3 und mehr zum »Schutz von Tabellen« in Kapitel 4.

Praxisbeispiel: Eine Tabelle Zelle für Zelle in Form bringen

Excel sorgt sich um Ihre Formeln

Bereits seit Excel 2002 gibt es eine Art Überwachungsfunktion für Ihre Eingaben. Sie betrifft zum einen Formeln, zum anderen die Eingabe von Zahlen. Hier soll nur kurz der Teil der Überwachung von Formeln beleuchtet werden, der in diesem Beispiel eine Rolle spielte. Als Sie für alle Zellen im Blatt den Schutz aufgehoben hatten, erschienen in allen Formelzellen grüne Indikatoren. Wenn Sie die Maus in die Nähe eines solchen Indikators bewegen, erscheint ein Smarttag mit einem gelb hinterlegten Warnzeichen. Per Klick auf die Pfeilspitze am rechten Rand des Smarttags öffnen Sie ein kleines Menü, das Ihnen Auskunft über das von Excel gefundene Problem gibt. In dem Fall *Ungeschützte Formel*.

Abbildg. 9.33 Excel teilt mit, dass die grün indizierten Zellen Formeln enthalten, die nicht geschützt sind

	Einnahmen	Ausgaben	Saldo	Anteil an den Jahreseinnahmen
Januar	1.429 €	1.543 €	-114 €	9,3%
Februar	1.181 €	844 €	337 €	7,7%
März	1.260 €	1.384 €	-124 €	8,2%
April	1.173 €	1.481 €	-308 €	7,6%
Mai	1.161 €	938 €	223 €	7,6%
Juni	1.196 €	1.560 €	-364 €	7,8%
Juli	1.656 €	1.373 €	28…	10,8%
August	1.109 €	950 €	15…	
September	986 €	1.663 €	-67…	
Oktober	1.373 €	1.128 €	24…	
November	1.192 €	1.175 €	1…	
Dezember	1.620 €	1.211 €	40…	
Summe	15.336 €	15.250 €	8…	

Kontextmenü:
- Ungeschützte Formel
- Zellen sperren
- Hilfe für diesen Fehler anzeigen
- Fehler ignorieren
- In Bearbeitungsleiste bearbeiten
- Optionen zur Fehlerüberprüfung...

Sie können nun den Eintrag *Zellen sperren* anklicken, um das Problem sofort zu lösen. Sie können aber auch für dieses Mal *Fehler ignorieren* festlegen.

Aber wählen Sie auch einmal den letzten Eintrag *Optionen zur Fehlerüberprüfung* und schauen Sie sich im folgenden Dialogfeld an, welche Überwachungsfunktionen Excel für Sie ausübt.

Kapitel 9   Zellen und Tabellen formatieren – Der Einstieg

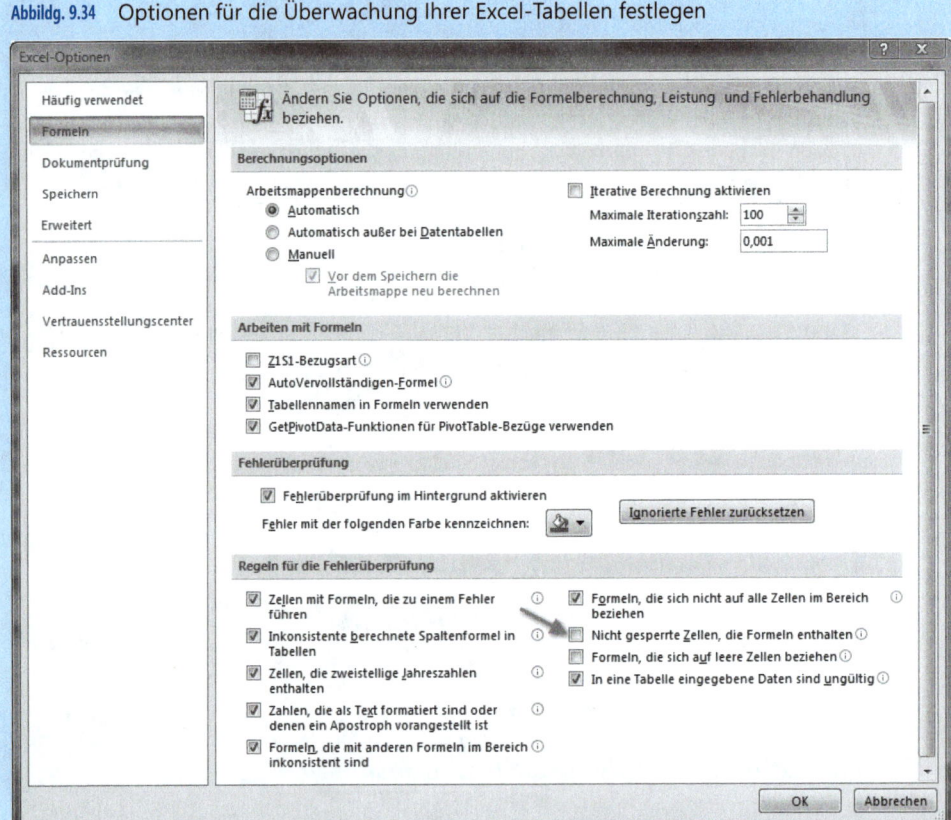

Abbildg. 9.34   Optionen für die Überwachung Ihrer Excel-Tabellen festlegen

In dem in Abbildung 9.34 gezeigten Dialogfeld können Sie selbst entscheiden, auf welche Fehler Excel Sie aufmerksam machen soll. Geübte Anwender werden sehr wahrscheinlich nicht alle Überwachungsoptionen brauchen. Sie können hier beispielsweise festlegen, dass Excel Sie künftig nicht mehr darauf hinweist, das Zellen mit Formeln nicht geschützt sind.

Fazit

Dieses Praxisbeispiel hat Ihnen einen ersten Einblick in die Gestaltungspotenziale von Excel gegeben und es Ihnen ermöglicht, sich mit grundlegenden Befehlen vertraut zu machen. Wollen Sie sich systematisch in die Befehle und Techniken beim Gestalten Ihrer Excel-Tabellen einarbeiten, lesen Sie die folgenden Abschnitte.

Grundlegende Formatierungsbefehle im Detail

Bevor Sie beginnen, Ihre Zellen und Tabellen zu formatieren, empfiehlt sich eine kurze Orientierung, wie das System der Befehle aufgebaut ist. Sie ersparen sich eine Menge Zeit und Frust, wenn Sie wissen, an welchen Stellen Sie in Excel 2007 Formatbefehle finden und abrufen können.

Vielfalt pur: Recht unterschiedliche Wege zum Ziel

Anwender, die seit Jahren mit Excel arbeiten, wissen, dass es vier Wege gibt, um Zellen und Tabellen zu formatieren: das Anklicken von Symbolen, das Auswählen von Menübefehlen, der Aufruf des Kontextmenüs oder das Betätigen von Tastenkombinationen.

Auch in Excel 2007 gibt es nach wie vor das Kontextmenü und die Tastenkombinationen. Symbole und Menübefehle hingegen sind der Multifunktionsleiste mit ihren verschiedenen Registerkarten und Befehlsgruppen gewichen. Als weitere Neuerung kommt die Minisymbolleiste hinzu.

WICHTIG Am besten ist es wohl, wenn Sie nicht davon ausgehen, dass es **ein** System gibt, um Befehle aufzurufen. Die Oberfläche ist so eingerichtet, dass Sie an möglichst vielen Stellen und auf möglichst vielen Wegen zum Ziel kommen. Das ist **das** System. Es mag verwirrend sein, dass Sie allein auf der Registerkarte *Start* der Multifunktionsleiste an sechs verschiedenen Stellen das Dialogfeld *Zellen formatieren* aufrufen können. Entscheidend ist, dass Sie es finden. Wie Sie es finden, ist eher zweitrangig – zumindest aus der Perspektive der Macher von Excel.

Formatieren über die Multifunktionsleiste

Die erste Möglichkeit, die einem beim Thema Formatieren sofort ins Auge fällt, ist die Multifunktionsleiste – zumindest wenn Sie gerade die Registerkarte *Start* angezeigt haben. Hier finden Sie eine Vielzahl von Formatierungsbefehlen, die Sie unmittelbar per Mausklick abrufen können.

Abbildg. 9.35 Vier Gruppen für Formatbefehle auf der Registerkarte *Start* der Multifunktionsleiste

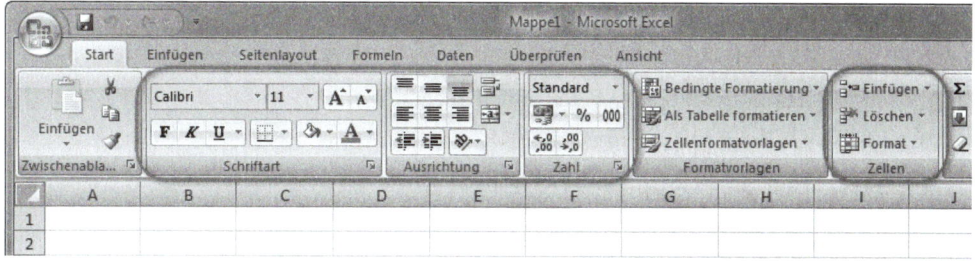

Die grundlegenden Befehle zum Formatieren finden Sie – wie in Abbildung 9.35 gezeigt – auf der Registerkarte *Start* in vier Gruppen: *Schriftart*, *Ausrichtung*, *Zahl* und *Zellen*. Die Möglichkeiten der schnellen Gestaltung über die Gruppe *Formatvorlagen* werden in Kapitel 11 beschrieben.

Formatieren per Kontextmenü und Minisymbolleiste

Wollen Sie über die eben gezeigten Symbole in der Multifunktionsleiste formatieren, muss immer erst die Registerkarte *Start* angezeigt werden. Das wäre häufig ein zusätzlicher Handgriff und damit ärgerlicher Zeitaufwand. Daher gibt es nach wie vor das Kontextmenü, das Sie in einer gegebenen Situation per rechten Mausklick aufrufen, um dort die gewünschten Befehle auszuwählen, vorrangig über den Befehl *Zellen formatieren*. Er führt zu dem Dialogfeld mit der umfassendsten Sammlung von Formatierungsbefehlen.

Abbildg. 9.36 Beim Rechtsklick auf eine Zelle erscheinen Kontextmenü (unten) und Minisymbolleiste (oben)

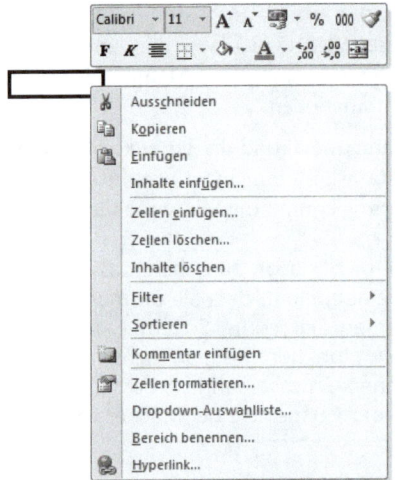

Komplett neu ist eine kleine Symbolleiste, die beim Rechtsklick in unmittelbarer Nähe der gerade markierten Zelle(n) ebenfalls erscheint: die *Minisymbolleiste*. Sie liefert Ihnen 17 der am häufigsten benutzten Formatierungsbefehle:

- Sieben für das Anpassen der Schriftformate
- Fünf für das Festlegen von Zahlenformaten
- Zwei für die Änderung der Ausrichtung
- Einen für das Zuweisen von Rahmenlinien
- Einen für das Ändern der Zellfarbe
- Einen für das Übertragen von Formaten

Abbildg. 9.37 Die Minisymbolleiste aus der Nähe: 17 Symbole sind in ihr enthalten

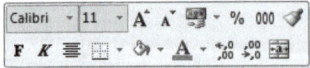

Die *Minisymbolleiste* ist eine der wirklich nützlichen Neuerungen in Excel 2007. Sie spart Zeit und Mauswege, da die Befehle in unmittelbarer Nähe der Zellen angeklickt werden können. Sie ist oft sozusagen der »Königsweg«.

Grundlegende Formatierungsbefehle im Detail

HINWEIS Sicher gewöhnen Sie sich schnell an den unbestreitbaren Komfort der *Minisymbolleiste*. Leider ist es nicht möglich, ihr weitere Symbole hinzuzufügen oder einige auszutauschen, denn die Minisymbolleiste kann nicht verändert werden.

Formatieren per Tasten und Tastenkombinationen

Einige Formatierungsbefehle für Schrift, Zahlen und Zellausrichtung können Sie direkt per Tastenkombination abrufen. Darin hat sich auch in Excel 2007 nichts geändert. Eine umfangreiche Aufstellung der Tastenkombinationen, die Ihnen beim schnellen Formatieren helfen, finden Sie am Ende dieses Kapitels. Eine davon können Sie sich gleich merken, denn sie ruft sofort das Dialogfeld *Zellen formatieren* auf, in dem Ihnen alle Formatoptionen zur Verfügung stehen: Strg+1.

Abbildg. 9.38 Die wohl wichtigste Tastenkombination beim schnellen Formatieren

Neu hinzugekommen sind in Office 2007 und damit auch in Excel 2007 die so genannten Zugriffstasten und Zugriffstasteninfos.

Der Zweck der Zugriffstasten besteht darin, dass Sie alle Registerkarten, Gruppen und Symbole der Multifunktionsleiste auch ohne Maus erreichen.

Und so geht's:

- Sie schalten mit der Taste Alt die Zugriffstasteninfos ein
- Dann drücken Sie die angezeigten Tasten bzw. Tastenfolgen
- So aktivieren Sie die Befehle auf der *Multifunktionsleiste*, unter der *Office-Schaltfläche* oder auf der *Symbolleiste für den Schnellzugriff*

Abbildg. 9.39 Schritt 1: Mit der Alt-Taste lassen sich die Zugriffstasteninfos für den Aufruf der einzelnen Registerkarten in der Multifunktionsleiste anzeigen

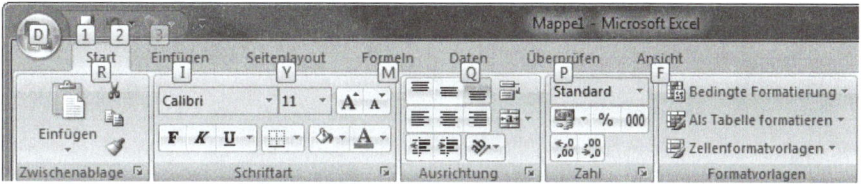

Abbildg. 9.40 Schritt 2: Mit der Taste R wird beispielsweise die Registerkarte *Start* aufgerufen und Sie gelangen dort über weitere Zugriffstasteninfos zu den einzelnen Befehlen

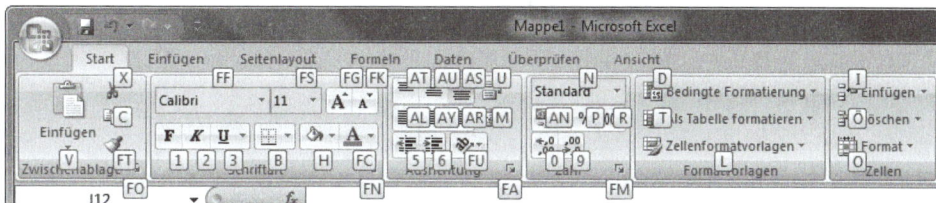

Kapitel 9 Zellen und Tabellen formatieren – Der Einstieg

> **HINWEIS** Wer noch den Umgang mit DOS-Programmen wie Word 5.0 kennen gelernt hat, die keine grafische Benutzeroberfläche hatten, der erinnert sich an eine ähnliche Vorgehensweise. Damals war der Aufruf von Befehlen nur per Tastatur möglich, eine Maus gab es noch nicht. Es ist schwer vorstellbar, dass sich fast zwanzig Jahre später Anwender wieder auf diese Weise durch ein Programm »hangeln« werden.

Schrift formatieren

In den meisten Fällen werden Sie die gewünschten Schriftformate über Symbole schnell und komfortabel zuweisen – egal, ob sich diese in der Multifunktionsleiste oder in der Minisymbolleiste befinden. Daher hier zunächst eine Liste der verfügbaren Symbole. Am Ende des Abschnittes lesen Sie, wo überall die Schriftbefehle zu finden sind.

Der schnellste Weg: Die wichtigsten Schriftformate per Symbol zuweisen

Mit insgesamt neun Symbolen können Sie häufig benötigte Schriftformate schnell zuweisen.

Tabelle 9.1 Übersicht der verfügbaren Symbole zur Schriftformatierung

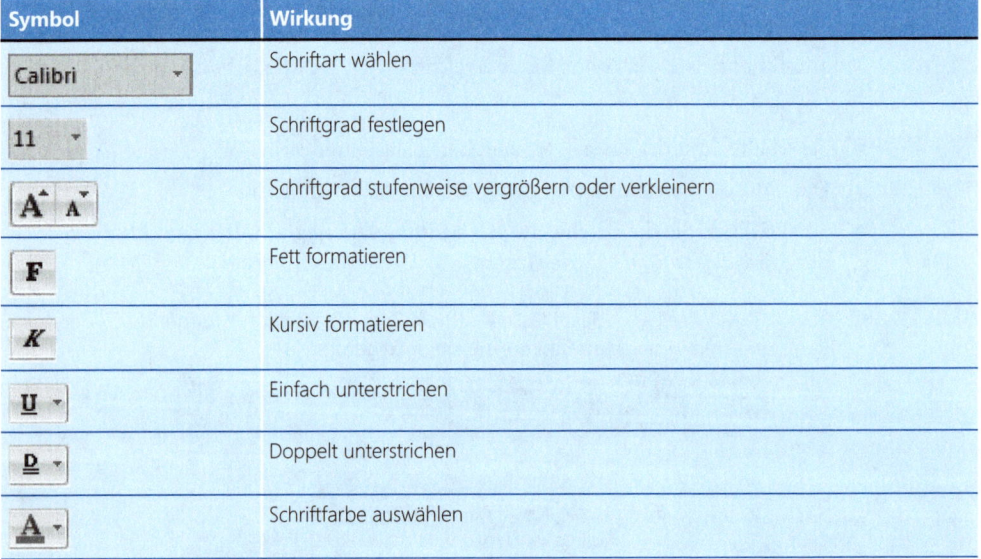

Symbol	Wirkung
Calibri	Schriftart wählen
11	Schriftgrad festlegen
A˄ A˅	Schriftgrad stufenweise vergrößern oder verkleinern
F	Fett formatieren
K	Kursiv formatieren
U	Einfach unterstrichen
D	Doppelt unterstrichen
A	Schriftfarbe auswählen

Abbildg. 9.41 Die oben in der Tabelle gezeigten Symbole finden Sie in der Gruppe *Schriftart* auf der Registerkarte *Start* der Multifunktionsleiste

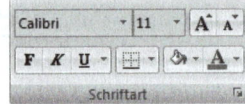

Grundlegende Formatierungsbefehle im Detail

Schriftart

Die Gruppe *Schriftart* auf der Registerkarte *Start* der Multifunktionsleiste beginnt oben links mit dem Listenfeld *Schriftart*. Die Schriften sind hier alphabetisch sortiert. Klicken Sie auf den kleinen Auswahlpfeil am rechten Rand und wählen Sie die gewünschte Schriftart direkt im Feld aus. Schon beim Zeigen auf eine Schriftart sehen Sie per Live-Vorschau die entsprechende Wirkung. Als Standard sind die Schriften für *Textkörper* und *Überschriften* voreingestellt. Was diese beiden neuen Bezeichnungen bedeuten, erfahren Sie in Kapitel 11 bei der Beschreibung der Office-Designs.

> **TIPP** Wollen Sie bei der Auswahl einer Schriftart nicht die gesamte Liste durchblättern, geben Sie einfach den Anfangsbuchstaben der gesuchten Schriftart ein. Die Markierung im Listenfeld springt dadurch direkt auf die erste Schriftart, die mit diesem Anfangsbuchstaben beginnt.

Mit Office 2007 werden zahlreiche neue Schriften ausgeliefert – beispielsweise Calibri, Cambria oder Segoe UI, die Schrift für die Arbeitsoberfläche von Office. Eine kurze Übersicht, anhand derer Sie »alte Bekannte« wie Arial oder Verdana mit einigen der neuen Schriftarten vergleichen können, sehen Sie in Abbildung 9.42.

Abbildg. 9.42 Alte und neue Schriften im Vergleich

Dies ist ein Beispieltext für das Aussehen verschiedener Schriften	Arial
Dies ist ein Beispieltext für das Aussehen verschiedener Schriften	Calibri
Dies ist ein Beispieltext für das Aussehen verschiedener Schriften	Candara
Dies ist ein Beispieltext für das Aussehen verschiedener Schriften	Cambria
Dies ist ein Beispieltext für das Aussehen verschiedener Schriften	Segoe UI
Dies ist ein Beispieltext für das Aussehen verschiedener Schriften	Verdana

Schriftgrad

Rechts daneben im Feld für den *Schriftgrad* können Sie die Schriftgröße auswählen. Der Schriftgrad wird in *Punkt (pt)* angegeben. Die Standardeinstellung des Schriftgrads beträgt 11 pt. Sie können die voreingestellten Werte aus der Liste übernehmen oder eigene Werte eintippen, die Sie mit der ⏎-Taste bestätigen. Es ist ferner möglich, auch halbe Zahlen, also beispielsweise *11,5* einzugeben.

Wenn Sie die beiden Symbole zum Vergrößern bzw. Verkleinern des Schriftgrades benutzen, können Sie die Schriftgröße schneller verändern als über das Listenfeld. Allerdings wird die Schriftgröße nicht punktweise, sondern schrittweise verändert. Je größer beispielsweise der Schriftgrad ist, desto größer werden die Schritte. Von 12 bis 28 wird die Schrift in einem Intervall von jeweils 2 pt vergrößert. Danach wird das Intervall deutlich größer. Probieren Sie es einfach selbst einmal aus.

> **Den Standard für die Schriftgröße ändern**
>
> Die voreingestellte Schriftgröße beträgt *11 pt*. Wenn Sie den Schriftgrad generell verändern wollen, gehen Sie wie folgt vor
>
> 1. Klicken Sie auf die Office-Schaltfläche und wählen Sie rechts unten *Excel-Optionen*.
> 2. Im Abschnitt *Häufig verwendet* legen Sie rechts hinter *Schriftgrad* in dem Dropdown-Feld die gewünschte Größe fest.
> 3. Bestätigen Sie Ihre Änderungen mit einem Klick auf *OK*.
>
> Excel fordert Sie anschließend zum Neustart des Programms auf, damit die Änderungen wirksam werden.

Schriftstil

Um Informationen hervorzuheben oder von anderen abzusetzen, setzen Sie die Befehle *Fett*, *Kursiv* oder *Unterstrichen* ein. Alle sind über Symbole schnell erreichbar. Wie Sie besondere Unterstreichungen erzielen, lesen Sie im folgenden Abschnitt »Weitere Schriftformate über das Dialogfeld zuweisen«.

Schriftfarbe

Per Klick auf den Pfeil neben dem Symbol *Schriftfarbe* haben Sie Zugriff auf unzählig viele Farben.

Bis Excel 2003 standen nur 40 Farben zur Auswahl. In Excel 2007 können Sie sofort auf zehn Designfarben in je sechs Abstufungen und auf zehn Standardfarben zugreifen. Mit einem Klick auf *Weitere Farben* gelangen Sie in ein Dialogfeld, in dem Sie sich Millionen von Farben mischen können.

Weitere Schriftformate über das Dialogfeld zuweisen

Sie haben gesehen, dass Sie zahlreiche Befehle für Schriftformate über Symbole zuweisen können. Sollten Sie weitere Möglichkeiten benötigen, rufen Sie das Dialogfeld *Zellen formatieren* mit der Registerkarte *Schrift* auf. Am schnellsten geht das mit der Tastenkombination `Strg`+`⇧`+`A`. In Abbildung 9.43 sehen Sie das Dialogfeld, in dem die Gesamtheit aller Befehle zum Formatieren von Schrift versammelt ist.

Wirklich interessant sind hier eigentlich nur die drei Kontrollkästchen für *Hochgestellt*, *Tiefgestellt* und *Durchgestrichen*.

PROFITIPP

> In dem Listenfeld *Unterstreichung* haben Sie Zugriff auf insgesamt vier verschiedene Varianten: Neben *Einfach* und *Doppelt* unterstrichen gibt es noch die beiden Varianten *Einfach (Buchhaltung)* und *Doppelt (Buchhaltung)*. Letztere haben den Vorteil, dass die Unterstreichungen nicht durch die Unterlängen solcher Buchstaben wie »p« oder »g« durchgehen. Also eine durchaus empfehlenswerte Alternative.

Grundlegende Formatierungsbefehle im Detail

Abbildg. 9.43   In diesem Dialogfeld finden Sie alle Befehle zur Schriftformatierung

Wichtig bei der Wahl der Schriftarten ist, dass Excel stets zwei Vorschläge für Überschriften und Textkörper bereit hält. Sie ergeben sich aus dem gewählten Design (mehr zu Designs lesen Sie in Kapitel 11). Sie sollten also möglichst diese Vorschläge übernehmen, damit Ihre Arbeitsblätter einheitlich formatiert aussehen.

PROFITIPP

> Über das Kontrollkästchen *Standardschrift* können Sie dafür sorgen, das für die gerade markierten Zellen wieder die Standardschriftformate gelten. Aktivieren Sie dieses Kontrollkästchen also, wenn Sie Schriftart, -größe und -stil wieder auf die Standardwerte zurücksetzen wollen. Eine sehr wirksame und schnelle Methode, um für ein einheitliches Aussehen der Tabellen zu sorgen. Zugleich auch eine komfortable Möglichkeit, mit der Sie überwachen können, ob Sie selbst oder andere bei der Arbeit an Ihren Excel-Mappen von Standards abweichen.

Besondere Schriftformate erstellen

In *Excel* können Sie auf die Schrift in einer Zelle mehrere Formate anwenden. Beispielsweise lassen sich einzelne Zeichen einer Zelle durch eine andere Schriftfarbe bzw. durch den Schriftschnitt *Fett* oder *Kursiv* hervorheben. Tippen Sie die Information in die Zelle ein. Markieren Sie jetzt in der Bearbeitungsleiste die hervorzuhebenden Zeichen und formatieren Sie diese mit dem betreffenden Symbol. Schließen Sie die Bearbeitung mit der ⏎-Taste ab.

Fazit

Hier finden Sie die Befehle für Schriftformate:

- Im Dialogfeld *Zellen formatieren* auf der Registerkarte *Schrift* finden Sie alle Befehle zur Schriftformatierung. Am schnellsten können Sie genau diese Registerkarte mit der Tastenkombination `Strg`+`⇧`+`A` aufrufen. Alternativ dazu klicken Sie auf der Registerkarte *Start* der Multifunktionsleiste in der Gruppe *Schriftart* auf den Pfeil neben *Schriftart* oder in der Gruppe *Zellen* auf den Pfeil neben der Befehlsschaltfläche *Format*, um das Dialogfeld aufzurufen.

- Einen recht großen Teil der Schriftformatierungsbefehle finden Sie auch auf der Registerkarte *Start* der Multifunktionsleiste in der Gruppe *Schriftart* und

- per rechtem Mausklick auch in der *Minisymbolleiste*.

Die Ausrichtung in Zellen bestimmen

Neben den häufig benutzten Befehlen für die linksbündige, rechtsbündige oder zentrierte Anordnung von Daten gibt es eine Reihe weiterer nützlicher Optionen, die Sie für eine attraktive und übersichtliche Optik Ihrer Tabellen einsetzen können. In Abbildung 9.44 sehen Sie einen Großteil der verfügbaren Befehle.

> **HINWEIS** Wenn Sie über **alle** Befehle zum Ausrichten Bescheid wissen wollen, lesen Sie weiter unten die Informationen zur Registerkarte *Ausrichtung* des Dialogfelds *Zellen formatieren*.

Abbildg. 9.44 Je nach Bildschirmgröße und -auflösung sehen Sie die Gruppe *Ausrichtung* auf der Registerkarte *Start* der Multifunktionsleiste so wie links voll oder so wie rechts reduziert

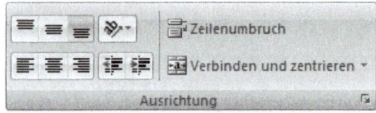 

Horizontale Ausrichtung

Zum schnellen Festlegen der horizontalen Ausrichtung von Zelleneinträgen stehen Ihnen die folgenden drei Symbol-Schaltflächen zur Verfügung:

Abbildg. 9.45 Die Symbole für die horizontale Ausrichtung

Die erste Schaltfläche (von links nach rechts) richtet Zelleninhalte am linken Zellenrand aus, die zweite in der Zellmitte und die dritte am rechten Zellenrand.

Ein Symbol für *Blocksatz*, wie beispielsweise in der Textverarbeitung Word, werden Sie hier vermissen. Das hängt damit zusammen, dass eine solche Ausrichtung in einer Zelle nicht erforderlich ist. Dennoch steht der Befehl *Blocksatz* zur Verfügung, denn beispielsweise in Textfeldern, die Sie zu Informationszwecken über die Zellen legen, kann der Blocksatz durchaus sinnvoll sein.

Vertikale Ausrichtung

Zum Festlegen der vertikalen Ausrichtung von Zelleneinträgen stehen Ihnen die folgenden drei Symbol-Schaltflächen zur Verfügung:

Abbildg. 9.46   Die Symbole für die vertikale Ausrichtung

Die erste Schaltfläche (von links nach rechts) richtet Zelleninhalte am oberen Zellenrand aus, die zweite in der Zellmitte, also auf halber Höhe und die dritte am unteren Zellenrand. Voreingestellter Standard für Zellen ist die Ausrichtung am unteren Rand.

Text drehen

Wenn der Platz für eine Spaltenüberschrift nicht reicht, können Sie den Text drehen und damit Platz gewinnen. Excel hält dazu eine Vielzahl von Möglichkeiten bereit.

Über das Symbol namens *Orientierung* – Sie finden es in der in Abbildung 9.44 gezeigten Gruppe *Ausrichtung* auf der Registerkarte *Start* der Multifunktionsleiste – haben Sie die Möglichkeit, Text auf verschiedene Arten in einer Zelle zu drehen. Per Klick auf den Dropdown-Pfeil neben dem Symbol gelangen Sie zu dem in Abbildung 9.47 gezeigten kleinen Menü mit fünf vorgegebenen Varianten.

Abbildg. 9.47   Per Symbol Texte innerhalb einer Zelle drehen

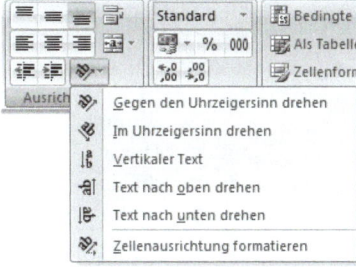

Abbildg. 9.48   Fünf Varianten zum Drehen von Texten

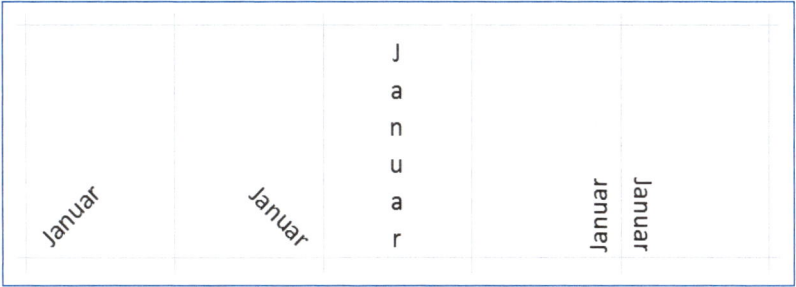

In Abbildung 9.48 sehen Sie die Wirkung, die Sie mit den in Abbildung 9.47 gezeigten fünf Befehlen erzielen können. Von links nach rechts sehen Sie die Auswirkung von:

- *Gegen den Uhrzeigersinn drehen*
- *Im Uhrzeigersinn drehen*
- *Vertikaler Text*
- *Text nach oben drehen*
- *Text nach unten drehen*

Zeilenumbruch

Dass ein Zeilenumbruch in einer Zelle in Excel 2007 jetzt über ein gleichnamiges Symbol schnell bewirkt werden kann, mag auf den ersten Blick als Fortschritt gelten. Erfahrene Anwender nutzen aber nach wie vor lieber die Tastenkombination [Alt]+[↵], um an der aktuellen Cursorposition einen Zeilenumbruch zu erzeugen. Denn der Umbruch bleibt genau an der Textstelle. Der Nachteil der schnellen und scheinbar einfachen Variante per Symbol ist nämlich, dass sich die Stelle für den Zeilenumbruch nach der Spaltenbreite richtet. Das hat zum Ergebnis, dass bei längeren Begriffen je nach Änderung der Spaltenbreite willkürlich innerhalb eines Wortes umgebrochen wird.

Zellen verbinden

Wollen Sie mehrere Zellen zu einer einzelnen Zelle zusammenfügen, nutzen Sie diese Schaltfläche. Sie erledigt auf einen Klick zwei Aufgaben: Die markierten Zellen werden miteinander verbunden und der Zelleninhalt wird zentriert – Befehl *Verbinden und zentrieren* – oder bleibt links (Text) bzw. rechts (Zahlen) stehen – Befehle *Verbinden über* und *Zellen verbinden*.

Daten einrücken

Zweck und Wirkung dieser beiden Symbole sind nach wie vor etwas verwirrend. Sie sind eigentlich nur für Text gedacht und das können Sie auch lesen, wenn Sie mit der Maus auf beide zeigen. Aber sie funktionieren zum Teil auch bei Zahlen und das Ergebnis ist dann recht eigenartig – zumindest, wenn man unter Zeitdruck nicht näher hinschaut. So funktionieren die Symbole für Text:

- Das Symbol mit dem blauen Pfeil nach rechts, also das für *Einzug vergrößern*, rückt einen Text, der linksbündig steht (und das ist der Normalfall) schrittweise vom linken Zellenrand weg. Im Abschnitt zum Praxis-Beispiel weiter oben konnten Sie sehen, dass dies eine durchaus nützliche Sache ist, weil Texte damit lesbarer werden.

- Das Symbol mit dem blauen Pfeil nach links, also das für *Einzug verkleinern*, rückt einen Text, der rechtsbündig steht (und das ist eher selten der Fall) schrittweise vom rechten Zellenrand weg.

Verwirrend wird es, wenn Sie die beiden Symbole für das Einrücken von Zahlen verwenden wollen – beispielsweise, um Werte ein wenig von ihrer Standardposition am rechten Zellrand wegzurücken (auch das konnten Sie weiter oben im Praxis-Beispiel sehen).

- Klicken Sie auf das Symbol mit dem Pfeil nach links (*Einzug verkleinern*), weil Sie eine Zahl vom rechten Zellrand weg nach links bewegen wollen, zeigt das keine Wirkung. Es passiert nichts und selbst im Dialogfeld *Zellen formatieren* auf der Registerkarte *Ausrichtung* ist keine Änderung zu verzeichnen.

- Klicken Sie auf das Symbol mit dem Pfeil nach rechts (*Einzug vergrößern*), setzt Excel die Zahl auf *Linksbündig* und weist ihr den Einzug *1* vom linken Zellrand zu.

Nutzen Sie diese beiden Symbole nur für Zellen mit Text. Für alle anderen Fälle ist das Dialogfeld vorzuziehen, um das es im nun folgenden Abschnitt geht.

Noch mehr Vielfalt: Die Registerkarte *Ausrichtung* des Dialogfelds *Zellen formatieren*

Mit dem letzten Befehl in dem aufgeklappten Menü aus Abbildung 9.48 – *Zellenausrichtung formatieren* – gelangen Sie direkt zur Registerkarte *Ausrichtung* des Dialogfelds *Zellen formatieren* (Abbildung 9.49). Ansonsten einfach die schon mehrfach genannte Tastenkombination [Strg]+[1] einsetzen.

Abbildg. 9.49   In diesem Dialogfeld finden Sie weitaus mehr Optionen zum Festlegen der Ausrichtung in Zellen

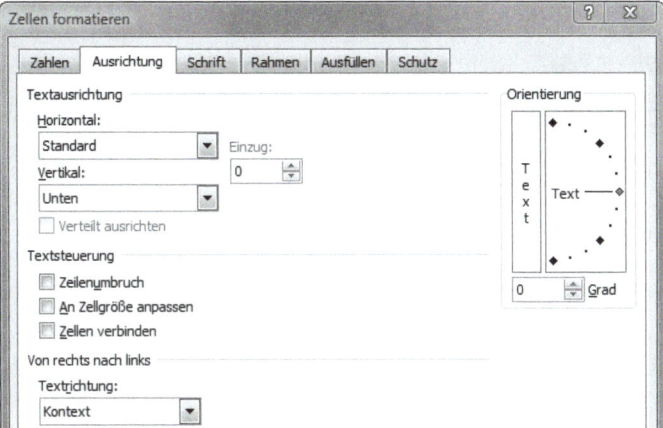

Diese Registerkarte ist voll gestopft mit Befehlen, aber wahrscheinlich ist diese Fülle der verfügbaren Optionen leider nur wenigen Anwendern voll bewusst. Eine Ursache dafür sind sicher die teils nicht eben treffenden Bezeichnungen.

Optionen für die horizontale Ausrichtung

Im Listenfeld *Horizontal* finden Sie neben dem Eintrag *Standard* sieben weitere Optionen. *Standard* bedeutet, dass Excel Text links, Zahlen rechts und logische Werte sowie Fehlerwerte zentriert ausrichtet.

Die Optionen, die den Zusatz *Einzug* (siehe folgender Abschnitt) haben, rücken Zellinhalte vom linken oder rechten Spaltenrand weg hin zur Mitte.

HINWEIS   Der *Blocksatz* findet in Zellen keine Anwendung, Texte bleiben linksbündig stehen, Zahlen werden ebenfalls linksbündig angeordnet.

Abbildg. 9.50 Links die Auswirkung der Option *Verteilt* bei horizontaler und rechts bei vertikaler Ausrichtung

Standard	Verteilt		Unten	Verteilt
Excel 2007	Excel 2007		Text in zwei Zeilen	Text in zwei Zeilen

Sonderfall Einzug

Die Möglichkeiten, die Sie für das Festlegen von horizontalen Einzügen haben, gehen über das hinaus, was Sie mit den bereits weiter oben detailliert beschriebenen Schaltflächen *Einzug vergrößern* und *Einzug verkleinern* erreichen können.

Mit der Änderung der Werte am Drehfeld *Einzug* (Abbildung 9.49) verschieben Sie Zellinhalte vom Zellrand weg zur Mitte. Jeder Schritt entspricht dabei in etwa der Breite eines Zeichens (Beispiel Buchstabe »W«).

Mit der Option *Verteilt (Einzug)* erreichen Sie das Gleiche wie beim Blocksatz in Textfeldern: Die Informationen werden am linken und rechten Rand bündig ausgerichtet. Ein Beispiel dafür sehen Sie in der linken Hälfte von Abbildung 9.50.

Eine überraschende Wirkung hat die Option *Ausfüllen*, wie Sie in Abbildung 9.51 sehen können: In der Bearbeitungsleiste steht »4711«, in der Zelle hingegen wird eine viel längere Zahl angezeigt, weil die Option *Ausfüllen* gewählt wurde.

Abbildg. 9.51 Die Option *Ausfüllen* macht genau das, was ihr Name sagt: Vorhandenes Material so oft nehmen, bis die Zelle gefüllt ist

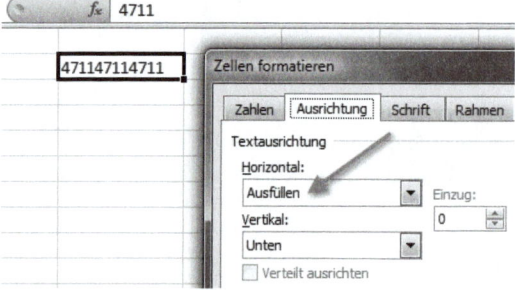

Optionen für die vertikale Ausrichtung

Zellinhalte werden – wie bereits erwähnt – standardmäßig unten angeordnet. Die beiden anderen Optionen *Oben* bzw. *Zentriert* sind selbsterklärend. *Zentriert* wird vor allem dann angewendet, wenn ein- und mehrzeilige Zellinhalte auf halber Höhe angeordnet werden sollen.

Die Option *Verteilt* geht noch einen Schritt weiter, indem sie mehrzeilige Zellinhalte oben und unten anordnet. Ein Beispiel dafür sehen Sie in der rechten Hälfte von Abbildung 9.50.

Die Option *Blocksatz* verteilt mehrzeilige Informationen von oben nach unten über die Zelle. Sind es nur zwei Zeilen, hat *Blocksatz* die gleiche Wirkung wie *Vertikal verteilt*.

Texte drehen

In diesem Teil der Registerkarte *Ausrichtung* legen Sie den Grad der Textrotation fest. Bei einem positiven Wert im Feld *Grad* wird der markierte Text von unten links nach oben rechts in der Zelle gedreht. Legen Sie hingegen einen negativen Gradwert fest, wird Text von oben links nach unten rechts gedreht.

- Geben Sie dazu eine Gradzahl in das Eingabefeld links vor Grad ein.
- Oder nutzen Sie das Drehfeld, um den Grad zu verändern.

Sie können aber auch einfach mit der Maus den Zeiger im Bild darüber drehen, indem Sie mit gedrückter linker Maustaste an der roten Raute ziehen.

Textsteuerung

Über die drei Kontrollkästchen im Bereich *Textsteuerung* können Sie die Darstellungsweise der Zellinhalte weiter anpassen.

Das Kontrollkästchen *Zeilenumbruch*

Bei der Wahl dieser Option wird der Text in der Zelle auf mehrere Zeilen umgebrochen. Auch hier hängen Anzahl und Ort der Zeilenumbrüche von der Spaltenbreite sowie der Länge des Zellinhalts ab.

> **TIPP** Schneller geht es, wenn Sie bereits bei der Texteingabe an den Stellen, an denen Sie einen Zeilenumbruch wünschen, die Tastenkombination [Alt]+[↵] betätigen.

Das Kontrollkästchen *Zellen verbinden*

Mit der Option *Zellen verbinden* kombinieren Sie mindestens zwei markierte Zellen zu einer. Das geht sowohl in horizontaler wie auch in vertikaler Richtung. Der Zellbezug für die verbundene Zelle ist die Zelle, die ursprünglich oben links war. Die weiter oben geschilderten Symbole, die Sie über die Registerkarte *Start* der Multifunktionsleiste in der Gruppe *Ausrichtung* erreichen, erledigen dies weitaus schneller.

> **TIPP** Verbinden Sie nach Möglichkeit Zellen immer nur dann, wenn die gesamte Tabelle wirklich fertig ist. Der Grund: Spalten oder Zeilen mit verbundenen Zellen lassen sich nachträglich nicht so leicht bearbeiten.

Das Kontrollkästchen *An Zellgröße anpassen*

Ist eine Spalte zu schmal für eine lange Zahl, werden statt der Zahl nur #-Zeichen angezeigt. Texte hingegen werden einfach abgeschnitten. Beides ist nicht eben komfortabel und besonders ärgerlich, wenn man dies erst nach dem Drucken feststellt.

> **PROFITIPP** Solche Pannen können Sie künftig verhindern, wenn Sie für solche Zellen oder gar ganze Tabellenspalten die Option *An Zellgröße anpassen* aktivieren. Damit wird beim Verkleinern der Zelle automatisch die Größe der Schriftzeichen so reduziert, dass alle Daten in die Zelle passen. Der jeweilige Schriftgrad, der für die Zelle definiert wurde, wird nicht geändert. Machen Sie die Zelle breiter, wird der Text automatisch wieder größer.

Abbildg. 9.52 Eine kaum bekannte, weil gut versteckte, aber nichtsdestotrotz sehr nützliche Option ist *An Zellgröße anpassen*

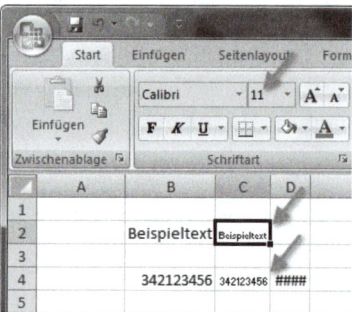

Fazit

Hier finden Sie die Befehle für die Ausrichtung

- Im Dialogfeld *Zellen formatieren* auf der Registerkarte *Ausrichtung* finden Sie alle Befehle zur Ausrichtung in Zellen. Am schnellsten können Sie dieses Dialogfeld mit der Tastenkombination [Strg]+[1] aufrufen. Alternativ dazu klicken Sie auf der Registerkarte *Start* der Multifunktionsleiste in der Gruppe *Ausrichtung* auf den Pfeil neben *Ausrichtung* oder in der Gruppe *Zellen* auf den Pfeil neben der Befehlsschaltfläche *Format*, um das Dialogfeld aufzurufen.
- Einen sehr großen Teil der Befehle zur Ausrichtung – immerhin elf – finden Sie in der Gruppe *Ausrichtung* auf der Registerkarte *Start* der Multifunktionsleiste.
- Per rechten Mausklick haben Sie in der *Minisymbolleiste* Zugriff auf zwei Ausrichtungsbefehle.

Zahlen formatieren

Zahlenformate spielen eine zentrale Rolle beim Formatieren von Tabellen. Daher ist ihnen ein eigenes Kapitel gewidmet, in dem Sie erfahren, wie Sie nicht nur die von Excel vorgegebenen Zahlenformate nutzen, sondern auch eigene entwickeln können. Lesen Sie dazu Kapitel 10. An dieser Stelle deshalb nur ein Überblick über die Standardformate, die Ihnen über Symbole in der Multifunktionsleiste oder Minisymbolleiste oder über die Registerkarte *Zahlen* des Dialogfelds *Zellen formatieren* zur Verfügung stehen.

Abbildg. 9.53 Zugriff auf häufig gebrauchte Befehle für das Formatieren von Zahlen in der Multifunktionsleiste

Grundlegende Formatierungsbefehle im Detail

Abbildg. 9.54   Auch in der Minisymbolleiste stehen einige Zahlenformat-Befehle per Symbol zur Verfügung

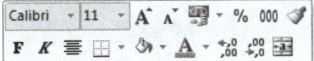

Noch mehr Auswahl bei Zahlenformaten

Wenn Sie in der in Abbildung 9.53 gezeigten Gruppe *Zahl* rechts neben *Zahl* auf den kleinen Startpfeil klicken, öffnet sich das Dialogfeld *Zellen formatieren* mit der Registerkarte *Zahlen*. Sie sehen hier in der Liste links, dass in Excel die Zahlenformate in zwölf Kategorien eingeteilt sind.

Abbildg. 9.55   In der Liste links sind die zwölf Kategorien für Zahlenformate aufgelistet

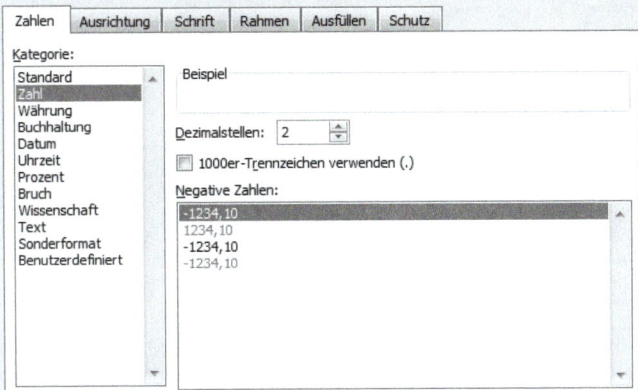

Mit Ausnahme der Kategorien *Standard* und *Text* bietet jede dieser Kategorien verschiedene Einstellungen, um das jeweilige Format anzupassen. Hier ein Kurzüberblick, für welchen Zweck die einzelnen Zahlenformate einsetzbar sind:

Tabelle 9.2   Kurzübersicht über die integrierten Zahlenformate in Excel

Kategorie	Erläuterung
Standard	Dies ist das Zahlenformat, das Excel zunächst anwendet, wenn Sie eine Zahl eingeben. Zahlen, werden bis zu einer Länge von elf Ziffern so angezeigt, wie Sie sie eingeben. Ist eine Zelle nicht breit genug, um die gesamte Zahl anzuzeigen, schaltet Excel auf die Exponentialschreibweise um oder zeigt ###.
Zahl	Dieses Format wird für die allgemeine Anzeige von Zahlen verwendet. Sie können die Anzahl von zu verwendenden Dezimalstellen anzeigen, ob ein 1000er-Trennzeichen verwendet werden soll oder wie negative Zahlen angezeigt werden sollen.
Währung	Nehmen Sie diese Format, wenn Sie Ihren Zahlen das Währungssymbol hinzufügen wollen (€ oder CHF). Bestimmen Sie außerdem die Anzahl der angezeigten Dezimalstellen, ob ein 1000er-Trennzeichen lange Zahlen lesbarer machen soll und wie negative Zahlen angezeigt werden sollen.
Buchhaltung	Dieses Format zeigt ebenfalls zusätzlich zu den Zahlen ein Währungszeichen an, allerdings werden die Zahlen deutlich vom rechten Rand weggerückt – was viel Platz braucht – und bei negativen Werten steht das Vorzeichen am linken Spaltenrand.

Tabelle 9.2 Kurzübersicht über die integrierten Zahlenformate in Excel *(Fortsetzung)*

Kategorie	Erläuterung
Datum	Mit diesem Format zeigen Sie Zahlen als Datumswerte an. Datumsformate, die mit einem Sternchen (*) beginnen, reagieren auf Änderungen der regionalen Datums- und Zeiteinstellungen in der Windows-Systemsteuerung.
Uhrzeit	Mit diesem Format zeigen Sie Zahlen als Zeitwerte an. Zeitformate, die mit einem Sternchen (*) beginnen, reagieren auf Änderungen der regionalen Datums- und Zeiteinstellungen in der Windows-Systemsteuerung.
Prozent	Machen Sie aus 0,01 per Mausklick 1% und sparen Sie sich den Aufwand des Multiplizierens. Denn bei diesem Zahlenformat wird der Wert mit 100 multipliziert und dem Ergebnis das Prozentzeichen hinzugefügt. Wenn Sie noch Stellen nach dem Komma benötigen, klicken Sie in der Multifunktionsleiste im Register *Start* auf die Schaltfläche zum Hinzufügen von Dezimalstellen (Gruppe *Zahl*).
Bruch	Soll ein Wert nicht als Dezimalzahl, sondern als Bruch angezeigt werden – beispielsweise bei mathematischen Aufgaben –, dann ist dieses Format die richtige Wahl. Excel hält zahlreiche vorgefertigte Muster bereit.
Wissenschaft	Mit diesem Format zeigen Sie Zahlen in Exponentialschreibweise an. Das setzt voraus, dass die Nutzer der Tabelle, mit dieser Schreibweise zurechtkommen. Excel weist das Format zum Teil automatisch zu, wenn Zahlen zu groß sind, um in normaler Darstellung in der Zelle angezeigt zu werden.
Text	Nehmen Sie dieses Format, wenn Sie wollen, dass Zahlen als Text behandelt werden und so angezeigt werden, wie Sie sie eingeben. Sinnvolle Beispiele sind Postleitzahlen mit führender Null oder Gliederungen (1.1).
Sonderformat	Dieses Format soll dafür sorgen, dass Zahlen wie eine Postleitzahl (PLZ), Telefon- oder Sozialversicherungsnummer angezeigt werden. Aber Vorsicht: Nicht für jedem Fall sind schon die richtigen Formatcodes vorbereitet. Benutzerdefinierte Zahlenformate sind da sicherer und flexibler.
Benutzerdefiniert	Hier können Sie eigene Zahlenformate kreieren, die am Ende der Liste mit den Zahlenformatcodes hinzugefügt werden. Sie können zwischen 200 und 250 eigene Zahlenformate hinzufügen.

Mehr Details zum Thema Zahlenformate und Anleitungen, wie Sie eigene Zahlenformate erstellen, lesen Sie in Kapitel 10. Hier nur kurz soviel: Egal, welches Zahlenformat Sie zuvor ausgewählt haben, wenn Sie anschließend sofort die Kategorie *Benutzerdefiniert* anklicken, erhalten Sie einen Blick hinter die Kulissen und sehen, wie in Excel Zahlenformate aufgebaut und zusammengesetzt werden. Seien Sie ruhig einmal neugierig und studieren Sie gleich auf diese Weise das System der Formatcodes.

Hier finden Sie die Befehle:

- Die komplette Liste der in Excel verfügbaren Zahlenformate erhalten Sie im Dialogfeld *Zellen formatieren* auf der Registerkarte *Zahlen*. Am schnellsten rufen Sie dieses Dialogfeld mit der Tastenkombination [Strg]+[1] auf. Alternativ dazu klicken Sie auf der Registerkarte *Start* der Multifunktionsleiste in der Gruppe *Zahl* auf den Pfeil neben *Zahl* oder in der Gruppe *Zellen* auf den Pfeil neben der Befehlsschaltfläche *Format*, um das Dialogfeld aufzurufen.

- In der Gruppe *Zahl* auf der Registerkarte *Start* der Multifunktionsleiste können Sie auf knapp ein Dutzend Zahlenformate schnell zugreifen.

- Per rechtem Mausklick sind in der *Minisymbolleiste* drei Zahlenformate direkt verfügbar.

Mit Rahmenlinien aus Zahlenkolonnen übersichtliche Tabellen machen

Neben den Zahlenformaten sind Rahmen und Linien die in Tabellen wohl am häufigsten anzutreffende Methode, um Tabellen übersichtlich zu gestalten. Wie Sie im Praxis-Beispiel zu Beginn des Kapitels bereits gesehen haben, können Sie mit Rahmen und Rahmenlinien das Lesen einer Tabelle spürbar erleichtern und den Betrachter durch Ihre Daten »führen«. Verwenden Sie Rahmen und Linien, um

- Wichtige Zellen oder Zellbereiche hervorzuheben
- Zusammengehörige Datenbereiche zu kennzeichnen
- Unterschiedliche Informationen voneinander abzugrenzen

Standard-Rahmenformate schnell im direkten Zugriff

Da das Einrahmen von Zellen und Zellbereichen eine zentrale Rolle beim Gestalten und Strukturieren von Tabellen spielt, sind häufig gebrauchte Rahmenformate direkt per Symbol erreichbar.

 Mit zwei bis drei Mausklicks erschließen Sie sich über die Symbol-Schaltfläche *Rahmenlinien* alle Optionen. Sie finden die Schaltfläche per rechten Mausklick in der Minisymbolleiste (Abbildung 9.56 rechts) und auch in der Multifunktionsleiste. In letzterer hat sie auf der Registerkarte *Start* in der Gruppe *Schriftart* ihren Platz (Abbildung 9.56 links).

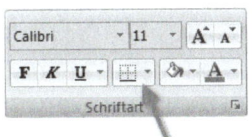 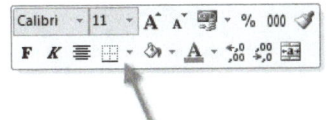

Abbildg. 9.56   Die Symbol-Schaltfläche zum Zuweisen von Rahmenlinien ist an zwei Stellen verfügbar

Beim Klick auf den Dropdown-Pfeil neben der Symbol-Schaltfläche öffnet sich das in Abbildung 9.57 gezeigte Menü, in dem Sie alle erforderlichen Befehle erreichen.

Mit den 13 Befehlen im Abschnitt *Rahmenlinien* des Menüs weisen Sie schnell Standardvarianten von Linien zu. Die Wirkung dieser Einträge ist selbsterklärend. Wichtig ist, dass Sie stets vorher exakt die Zelle oder den Zellbereich markieren, der Linien erhalten soll.

Kapitel 9 Zellen und Tabellen formatieren – Der Einstieg

Abbildg. 9.57 Zugriff auf alle Befehle zum Zuweisen von Rahmenlinien über dieses Menü

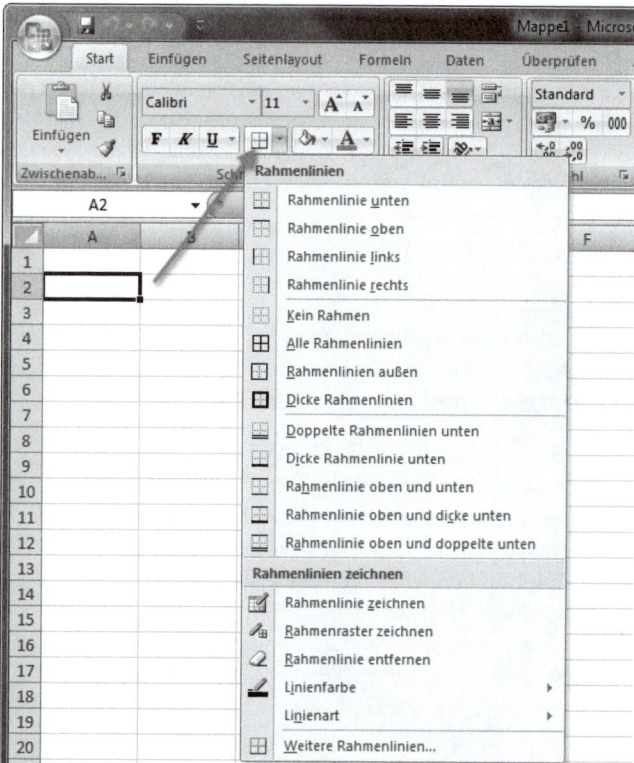

TIPP Zwar ist es ein Fortschritt, dass endlich alle Befehle nach nur einem Mausklick auf ein Symbol auswählbar sind. Aber wie bei vielen anderen Neuerungen in Excel 2007 hatten die Macher des Programms auch in dem Fall zwar eine gute Idee, haben diese jedoch nicht im Sinne der Anwender bis zu Ende gedacht. Wenn Sie nämlich andere als schwarze Linien zuweisen wollen, oder eine gestrichelte oder gepunktete Linie statt der durchgehenden benötigen, dann müssen Sie dieses Menü mehrfach öffnen. Praktischer wäre es, wenn man es – wie in früheren Versionen – einfach herauslösen und geöffnet im Arbeitsbereich ablegen könnte.

Wenn Sie also individuelle Lösungen brauchen, müssen Sie weiterhin doch erst das Dialogfeld *Rahmen* aufrufen. Das erledigen Sie mit einem Klick auf den letzten Menüeintrag namens *Weitere Rahmenlinien*.

Sehr nützlich und vor allem zeitsparend sind die Einträge im Abschnitt *Rahmenlinien zeichnen*.

Mit dem Menübefehl *Rahmenlinie zeichnen* können Sie per Stift sehr schnell – und ohne vorher etwas markieren zu müssen – um gewünschte Bereiche einen Rahmen ziehen, oder einzelne waagerechte und senkrechte Linien einzeichnen.

Der Menübefehl *Rahmenraster zeichnen* erzeugt im Nu und ebenfalls ohne vorheriges Markieren von Zellen ein komplettes Gitternetz aus Rahmenlinien für einen Bereich, über den Sie mit gedrückter linker Maustaste ziehen.

Mit *Rahmenlinie entfernen* löschen Sie überflüssige Linien schnell per »Radiergummi«. Ziehen Sie nach einem Klick auf den Befehl einfach über die Linien, die Sie nicht mehr brauchen.

> **WICHTIG**   Alle drei Befehle schalten Sie durch Betätigen der `Esc`-Taste wieder aus.

Sie werden feststellen, dass Sie mit den eben beschriebenen Befehlen zum Zeichnen von Rahmenlinien schon nach kurzer Einarbeitung in der Lage sind, in Sekundenschnelle komplette und auch individuelle Rahmengebilde zu erstellen. Die Zeitersparnis gegenüber den anderen Methoden ist beachtlich. Wenn Sie sich einmal mit dieser Technik vertraut gemacht haben, werden Sie diese nicht mehr missen wollen und gern alte Gewohnheiten aufgeben.

Wann ist welche Methode für Rahmenlinien zu empfehlen?

Vielleicht werden Sie sich jetzt fragen, warum es denn gleich mehrere Methoden gibt und ob denn nicht eine auch ausgereicht hätte. Noch mehr aber wird Sie interessieren, welche der drei Methoden sich für Sie eignet. Hier deshalb ein kurzes Fazit:

- Über die Symbol-Schaltfläche *Rahmenlinien* haben Sie zwar einen schnellen Zugriff auf wichtige Rahmen- und Linienoptionen, aber dieser kurze Weg öffnet Ihnen nur einen Ausschnitt der Möglichkeiten. *Eine Schnellformatierung also, aber mit gestalterischen Einschränkungen.*
- Wollen Sie auf das komplette Spektrum der Rahmenlinien individuell und gezielt zugreifen, empfiehlt sich der Weg über das Dialogfeld, also über die Registerkarte *Rahmen*. Hier stehen Ihnen alle Varianten der Rahmengestaltung zur Verfügung und anhand des Vorschaubildes können Sie stets prüfen, wie das Ergebnis aussehen wird. *Die Komplettvariante also, mit voller Kontrolle.*
- Legen Sie Wert auf Schnelligkeit und sind Sie im Umgang mit der Maus geübt, wird die Methode, Rahmen und Linien selbst zu zeichnen, künftig Ihr persönlicher Favorit sein. Wenn Sie vor dem Zeichnen die Linienart und -farbe festlegen, können Sie anschließend zügig die individuellsten Rahmengebilde und Linien erzeugen. *Ebenfalls eine Komplettvariante also, aber mit mehr Raum für das Umsetzen kreativer Ideen.*

Egal, wie Sie sich entscheiden, die Wahl einer Methode wird immer auch davon abhängen, welche Aufgabe Sie gerade lösen müssen. Um beispielsweise einer einzelnen Zelle einen Rahmen zu geben, wird der Weg über das Symbol wohl der schnellste sein. Geht es hingegen um große und komplexe Tabellen, dann ist die Zeichnen-Methode wohl im Vorteil.

Auf der CD-ROM zum Buch im Ordner *Buch\Kap09* finden Sie in der Beispieldatei *Kap09.xlsx* im Arbeitsblatt *Rahmen* eine Übersicht der möglichen Rahmenformate.

Spezielle Rahmenlinien über die Registerkarte *Rahmen*

Über die in Abbildung 9.58 gezeigte Registerkarte *Rahmen* des Dialogfelds *Zellen formatieren* haben Sie Zugriff auf alle Rahmenlinien-Optionen, die in Excel verfügbar sind.

Abbildg. 9.58 Zugriff auf die komplette Vielfalt der Rahmenlinien über dieses Dialogfeld

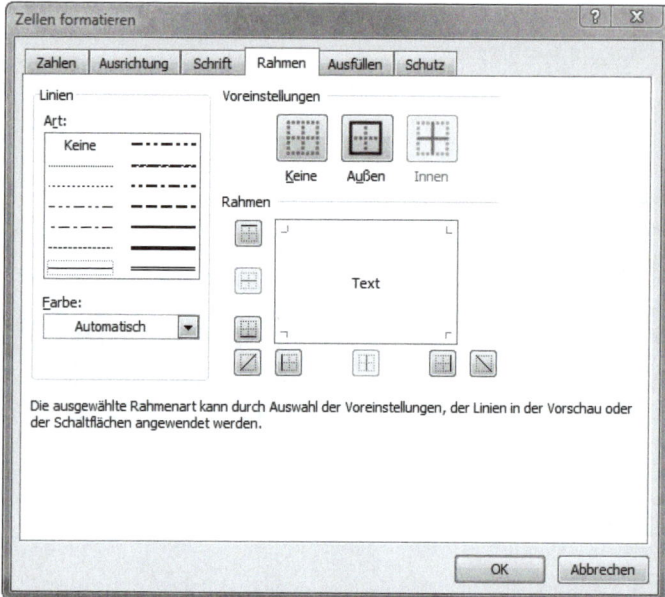

Hier kurz einige Erläuterungen, wie Sie in diesem Dialogfeld arbeiten.

- Wählen Sie zunächst im Bereich *Linien* die *Art* der Linie. Einige der Varianten wirken recht »verspielt« und werden daher eher selten zum Einsatz kommen.
- Die Linienart ist jedoch nur eines von mehreren Attributen. Hinzu kommen noch Farbe und Position der Linien.
- So können Sie die Linien nur an bestimmten Seiten einer Zelle zuweisen oder sogar diagonale Linien in einer Zelle anzeigen lassen.

HINWEIS Die Variationen beim Einsatz von Rahmenlinien sollten keineswegs als grafische Spielerei abgetan werden. Mit dickeren Linien oder Doppellinien lassen sich beispielsweise Zwischen- oder Gesamtergebnisse gut hervorheben. Mit diagonalen Linien machen Sie etwa in Formularen Stellen deutlich, an denen keine Eingabe erforderlich oder gewünscht ist.

Wollen Sie farbige Linien verwenden, bestimmen Sie zunächst die gewünschte Farbe, dann darüber die gewünschte Linienart und abschließend klicken Sie rechts im Feld *Voreinstellungen* im Vorschaubild auf die Seiten, an denen Sie eine Linie zuweisen wollen. Sie können auch auf die Symbole am linken und unteren Rand des Vorschaubilds klicken.

Fazit

Hier finden Sie Befehle für Linien und Rahmen:

- Im Dialogfeld *Zellen formatieren* auf der Registerkarte *Rahmen* finden Sie alle Befehle zu Rahmenlinien. Am schnellsten können Sie dieses Dialogfeld mit der Tastenkombination [Strg]+[1] aufrufen. Alternativ dazu klicken Sie auf der Registerkarte *Start* der Multifunktionsleiste in der

Gruppe *Schriftart* auf den Pfeil neben *Schriftart* oder in der Gruppe *Zellen* auf den Pfeil neben der Befehlsschaltfläche *Format*, um das Dialogfeld aufzurufen.

- In der Gruppe *Schriftart* auf der Registerkarte *Start* der Multifunktionsleiste können Sie über das eine Rahmensymbol ein komplettes Menü öffnen, in dem Sie zahlreiche Befehle für Rahmenlinien finden.
- Den gleichen Komfort haben Sie auch per rechtem Mausklick über das Rahmensymbol in der *Minisymbolleiste*.

Wichtiges hervorheben mit Zellfarbe und -muster

In jeder Tabelle gibt es Zellen, die besonders ins Auge fallen sollen. Sei es, weil in ihnen wichtige Ergebnisse, abweichende Werte oder Überschriften stehen. In all diesen Fällen ist es oft am einfachsten den betreffenden Zellen einfach eine auffallende Farbe zuzuweisen. Das ist mit zwei Mausklicks erledigt.

In Abbildung 9.59 sehen Sie, dass Sie sowohl in der Multifunktionsleiste in der Gruppe *Schriftart* der Registerkarte *Start* (im Bild links) als auch in der *Minisymbolleiste* (im Bild rechts) über das Symbol *Füllfarbe* (das mit dem kleinen Eimer) schnell per Symbol eine Füllfarbe zuweisen können.

Abbildg. 9.59   Zellfarbe per Symbol über die Multifunktionsleiste oder die Minisymbolleiste festlegen

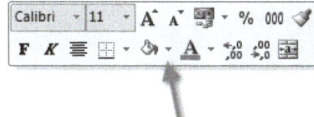 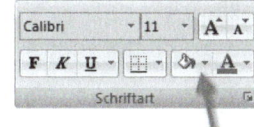

Zellen mit einer Hintergrundfarbe versehen

Klicken Sie einfach auf den Dropdown-Pfeil am rechten Rand der Symbol-Schaltfläche *Füllfarbe* und wählen Sie aus dem dann aufklappenden Menü die gewünschte Farbe aus.

Bis zur Version 2003 von Excel standen Ihnen 40 Zellfarben zur Verfügung. In Excel 2007 können Sie per Klick auf die o.g. Symbol-Schaltfläche in dem in Abbildung 9.60 gezeigten Aufklappmenü sofort eine der 70 angebotenen Farben auswählen – 60 abgestimmte Designfarben und zehn Standardfarben. Oder Sie gehen noch einen Schritt weiter und stellen sich per Klick auf *Weitere Farben* im folgenden Dialogfeld auf der Registerkarte *Benutzerdefiniert* Millionen von Farben selbst zusammen.

Die Farbauswahl, die nun nicht mehr auf nur 40 begrenzt ist, macht es ohne lange Vorarbeit möglich, Zellen exakt in den Firmenfarben – also entsprechend den Vorgaben des Corporate Designs – anzuzeigen.

Abbildg. 9.60 Schnellzugriff auf 70 vordefinierte Farben und Zugang zu Millionen weiterer Farbvarianten

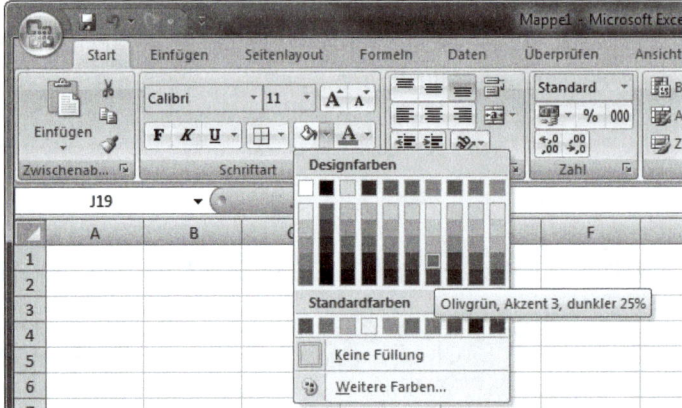

Geben Sie auf der Registerkarte *Benutzerdefiniert* des Dialogfelds *Farben* (vgl. Abbildung 9.61) die drei zutreffenden RGB-Werte ein, um den gewünschten Farbton exakt festzulegen.

Abbildg. 9.61 Hier können Sie Millionen von Farben zusammenstellen

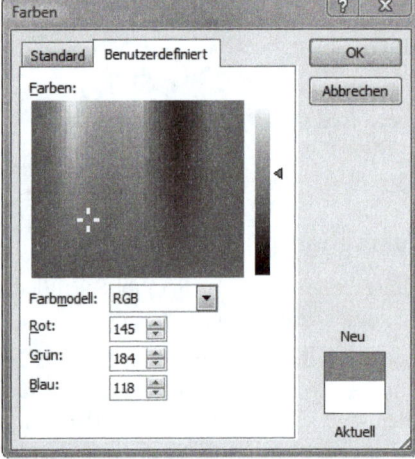

Zellen mit einem Muster versehen

Diese Funktion ist beispielsweise dann nützlich, wenn in Arbeitsblättern oder Formularen einzelne Zellen oder ganze Zellbereiche für die Eingabe optisch gesperrt werden sollen. Natürlich können Sie mit Mustern auch Zellen hervorheben, in die etwas eingegeben werden soll.

In Abbildung 9.62 sehen Sie mehrere Möglichkeiten auf einen Blick.

Grundlegende Formatierungsbefehle im Detail

Abbildg. 9.62   Solche Muster können Sie Zellen zuweisen

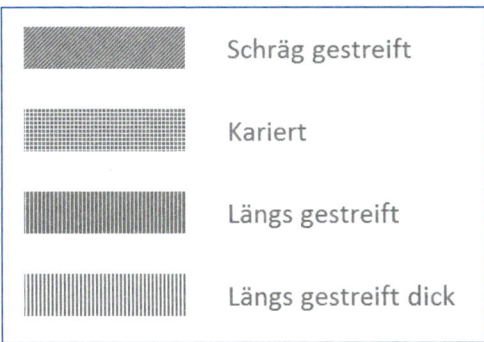

Ein Muster können Sie in dem in Abbildung 9.63 gezeigten Dialogfeld kreieren. Dazu kombinieren Sie drei Komponenten miteinander:

- Sie bestimmen eine Farbe für den Zellhintergrund; diese stellen Sie links in der Farbpalette unter *Hintergrundfarbe* ein.
- Als Nächstes legen Sie die zweite Farbe im Muster fest und zwar über das Listenfeld *Musterfarbe* rechts oben.
- Schließlich wählen Sie Art des Musters aus und öffnen dazu das Listenfeld *Musterformat*. Hier stehen Ihnen 17 Varianten zur Verfügung, um die beiden zuvor ausgewählten Farben zu kombinieren.

Anhand der Vorschau-Funktion am unteren Rand im Feld *Beispiel* haben Sie beim Zuweisen eines Musters die komplette Kontrolle über den Vorgang.

Abbildg. 9.63   Auf der Registerkarte können Sie Zellfarben und -muster bestimmen

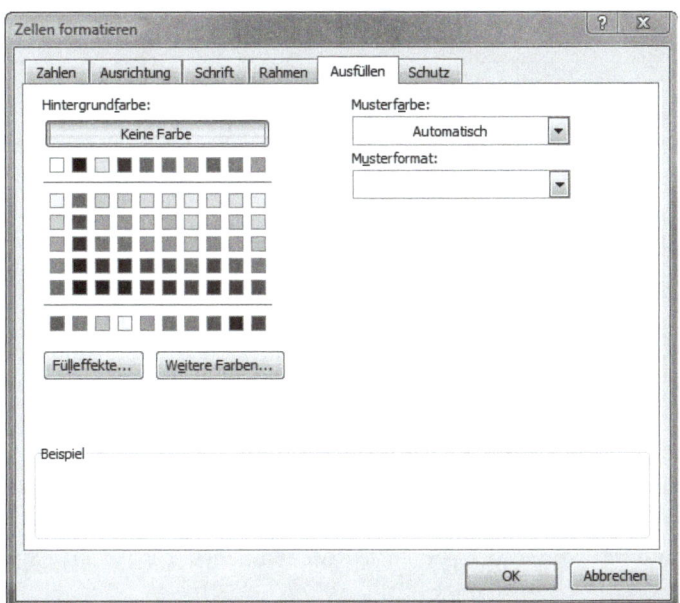

In Excel 2007 ist jetzt auch das möglich, was es seit längerer Zeit schon in PowerPoint gibt: Sie können Zellen einer Tabelle nicht nur mit einer Zellfarbe, sondern auch mit einem Farbverlauf aus zwei oder mehreren Farben versehen.

Klicken Sie dazu in dem in Abbildung 9.63 gezeigten Dialogfeld links unten auf die Schaltfläche *Fülleffekte* und stellen Sie im folgenden Dialogfeld *Fülleffekte* (Abbildung 9.64) den gewünschten Farbverlauf und die Schattierungsart ein.

Abbildg. 9.64 Jetzt auch in Excel: Farbverläufe für Zellen definieren

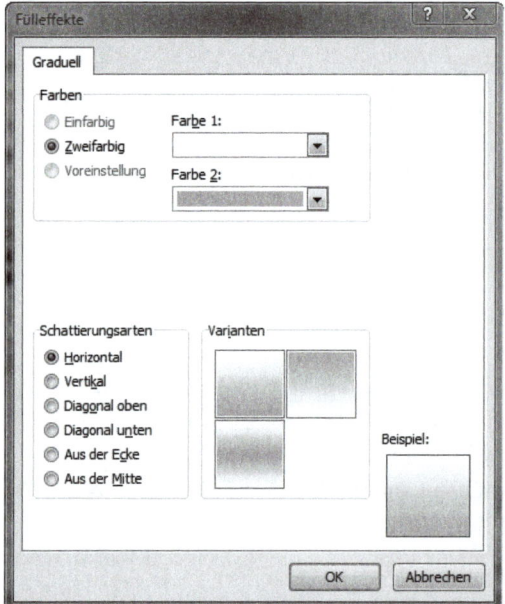

Auf der CD-ROM zum Buch im Ordner *Buch\Kap09* finden Sie in der Datei *Kap09.xlsx* im Arbeitsblatt *Muster* Beispiele für mögliche Muster und Fülleffekte.

Fazit

Hier finden Sie die Befehle für Zellfarbe und -muster:

- Im Dialogfeld *Zellen formatieren* auf der Registerkarte *Ausfüllen* finden Sie alle Befehle zu Zellfarben und -mustern. Am schnellsten rufen Sie dieses Dialogfeld mit der Tastenkombination [Strg]+[1] auf. Alternativ dazu klicken Sie auf der Registerkarte *Start* der Multifunktionsleiste in der Gruppe *Schriftart* auf den Pfeil neben *Schriftart* oder in der Gruppe *Zellen* auf den Pfeil neben der Befehlsschaltfläche *Format*, um das Dialogfeld aufzurufen. Muster und Farbverläufe können Sie nur über den Aufruf dieses Dialogfelds festlegen.

- In der Gruppe *Schriftart* auf der Registerkarte *Start* der Multifunktionsleiste können Sie über das Symbol *Füllfarbe* schnell auf das Befehlsspektrum für einfarbige Zellfüllungen zugreifen.

- Den gleichen Komfort haben Sie auch per rechtem Mausklick über das *Füllfarbe*-Symbol in der *Minisymbolleiste*.

Zellen schützen

Obwohl in einem Excel-Arbeitsblatt alle Zellen standardmäßig das Attribut *Gesperrt* haben (vgl. Abbildung 9.65), können Sie in die Zellen nach Belieben Informationen eingeben und deren Aussehen verändern. Denn wie Sie bereits weiter oben in diesem Kapitel im Praxis-Beispiel nachlesen konnten, erfordert der Schutz von Zellen stets zusätzlich das Aktivieren des Blattschutzes (mehr Informationen zum Thema Blattschutz finden Sie am Ende von Kapitel 4). Wenn Sie den Blattschutz aktivieren, verhindern Sie, dass die zuvor als *Gesperrt* formatierten Zellen geändert, verschoben, vergrößert, verkleinert oder gelöscht werden.

Abbildg. 9.65   Auf dieser Registerkarte können Sie sehen, dass standardmäßig alle Zellen als *Gesperrt* vorformatiert sind

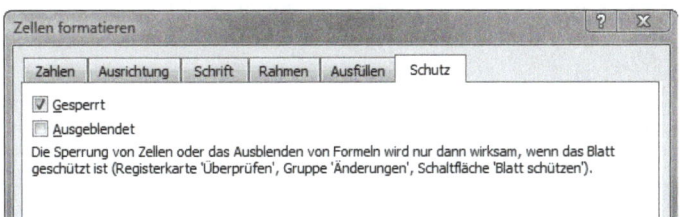

Das Kontrollkästchen *Ausgeblendet* bewirkt im aktivierten Zustand, dass eingegebene Formeln im Blatt – genauer in der Bearbeitungsleiste – nicht mehr angezeigt werden. Damit können Anwender dafür sorgen, dass ihr Know-how im Erstellen von Formeln vor anderen verborgen bleibt. Auch bei dieser Option gilt: Sie wird nur dann wirksam, wenn das Arbeitsblatt geschützt wird.

Hier finden Sie die Befehle:

- Den Zellschutz schalten Sie über das Dialogfeld *Zellen formatieren* auf der Registerkarte *Schutz* aus oder ein. Am schnellsten rufen Sie dieses Dialogfeld mit der Tastenkombination [Strg]+[1] auf. Alternativ dazu klicken Sie auf der Registerkarte *Start* der Multifunktionsleiste in der Gruppe *Schriftart* auf den Pfeil neben *Schriftart* oder in der Gruppe *Zellen* auf den Pfeil neben der Befehlsschaltfläche *Format*, um das Dialogfeld aufzurufen. Wechseln Sie dann jeweils zur Registerkarte *Schutz*. Auf der Registerkarte *Schutz* des Dialogfelds *Zellen formatieren* können Sie die Optionen *Gesperrt* und *Ausgeblendet* ein- oder ausschalten.

- Eine weitere Möglichkeit führt ebenfalls über die Registerkarte *Start* der Multifunktionsleiste, diesmal aber über die Gruppe *Zellen*. Dort öffnen Sie per Klick auf den Pfeil rechts neben der Befehlsschaltfläche *Format* ein Menü, in dem Sie den Eintrag *Zelle sperren* finden. Hier können Sie neben dem Zellschutz auch gleich den Blattschutz ein- oder ausschalten. Über den letzten Befehl in diesem Menü können Sie ebenfalls das Dialogfeld *Zellen formatieren* aufrufen.

Tipps für mehr Effektivität beim Formatieren

Formatierungsarbeiten müssen nicht aufwändig sein. Lesen Sie auf den folgenden Seiten einige Tipps, mit denen Sie beim Formatieren deutlich an Zeit sparen.

Formate blitzschnell übertragen und vereinheitlichen

Nicht selten kommt es vor, dass eine ganz bestimmte Formatierung, die bereits einer Zelle im Blatt zugewiesen wurde, auch für eine oder mehrere andere Zellen gelten soll. In dem Fall können Sie die Funktion *Format übertragen* nutzen. Sie sorgt schnell für eine einheitliche Gestaltung Ihrer Zellen. Der Vorteil der Funktion: Sie kopieren nur Formate, Werte und Formeln hingegen bleiben unverändert.

Format übertragen: So setzen Sie die einfache Variante ein

 Auf der Registerkarte *Start* der Multifunktionsleiste finden Sie das Symbol für den Befehl *Format übertragen* gleich in der ersten Befehlsgruppe namens *Zwischenablage* (Abbildung 9.66).

Abbildg. 9.66 Das Symbol finden Sie in der ersten Befehlsgruppe der Registerkarte *Start*

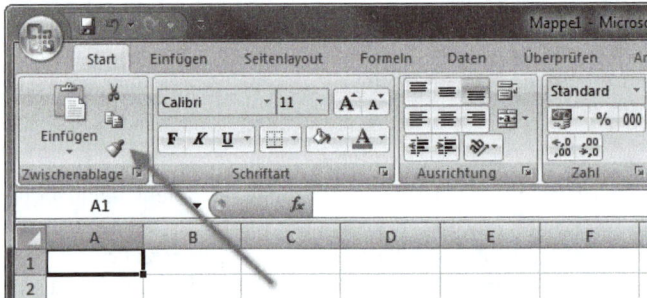

Und so verwenden Sie das Symbol:
1. Klicken Sie auf die Zelle, welche die gewünschte Formatierung bereits enthält.
 2. Klicken Sie das Symbol *Format übertragen* an, um es zu aktivieren. (Damit nehmen Sie die Formateigenschaften in den Pinsel auf, so als ob Sie den Pinsel in einen Farbeimer tauchen).
3. Klicken Sie nun auf die Zelle, welche die gewünschte Formatierung ebenfalls erhalten soll. Wollen Sie die kopierten Formateigenschaften auf mehrere Zellen übertragen, markieren Sie den gewünschten Zellbereich mit gedrückter linker Maustaste.

Es geht noch besser: Der Trick, mit dem Sie Formate mehrfach übertragen

Wollen Sie eine bestimmte Formatierung nicht nur auf eine Zelle oder einen zusammenhängenden Zellbereich übertragen, sondern auf mehrere getrennt gelegene Stellen Ihres Arbeitsblatts, müssten Sie die soeben beschriebene Technik mehrfach wiederholen. Doch auch hier bietet das Programm eine Abkürzung:

Tipps für mehr Effektivität beim Formatieren

1. Klicken Sie zunächst wieder auf die Musterzelle, welche die gewünschten Formate enthält.
2. Doppelklicken Sie dieses Mal auf das Symbol *Format übertragen*.
3. Markieren Sie nun nacheinander so viele Zellen und Zellbereiche wie Sie wollen, um die Formatierung zu übertragen.
4. Schalten Sie die Funktion durch Betätigen der `Esc`-Taste oder durch einen einfachen Klick auf das Symbol wieder aus.

Der Doppelklick bewirkt also, dass Sie das Symbol mehrfach benutzen können.

HINWEIS Das eben beschriebene Vorgehen können Sie übrigens auch in den Office-Anwendungen Word und PowerPoint genau so nutzen.

Die *Symbolleiste für den Schnellzugriff* anpassen

Falls Sie häufig Befehle verwenden, die Ihrer Ansicht nach nicht schnell genug verfügbar sind, dann fügen Sie diese Befehle einfach der *Symbolleiste für den Schnellzugriff* hinzu, denn deren Befehle sind immer sichtbar. Sie befindet sich normalerweise über der Multifunktionsleiste.

Der *Symbolleiste für den Schnellzugriff* ein bestimmtes Symbol hinzufügen

Wenn Sie öfters Preise durchstreichen müssen und dazu weder das Dialogfeld *Zellen formatieren* mit der Registerkarte *Schrift* noch die Tastenkombination `Strg`+`5` aufrufen wollen, dann fügen Sie der *Symbolleiste für den Schnellzugriff* das Symbol für *Durchgestrichen* hinzu.

Ist der gewünschte Befehl bereits irgendwo in der Multifunktionsleiste auf einer der Registerkarten per Symbol vertreten, dann klicken Sie nur das Symbol mit der rechten Maustaste an und wählen im folgenden Menü den Eintrag *Zu Symbolleiste für den Schnellzugriff hinzufügen*.

Abbildg. 9.67   Das Ziel: Das Symbol für *Durchgestrichen* in die *Symbolleiste für den Schnellzugriff* einbauen

Wird jedoch das Symbol für *Durchgestrichen* nirgendwo angezeigt, ist der Weg etwas anders. Gehen Sie wie folgt vor:

1. Klicken Sie mit der rechten Maustaste auf die Symbolleiste für den Schnellzugriff und wählen Sie *Symbolleiste für den Schnellzugriff anpassen*.
2. Wählen Sie links unter *Befehle auswählen* im ersten Listenfeld den Eintrag *Alle Befehle*.
3. Klicken Sie nun in der großen Liste darunter einen beliebigen Befehl an und tippen Sie auf Ihrer Tastatur kurz auf die Taste `E`. Die Markierung springt zum ersten Befehl, der mit dem Buchstaben »E« beginnt und genau darüber finden Sie *Durchgestrichen*.
4. Klicken Sie in der Mitte auf die Schaltfläche *Hinzufügen* und schließen Sie mit *OK* ab.

Abbildg. 9.68 Der Weg: Über die *Excel-Optionen* die *Symbolleiste für den Schnellzugriff* anpassen

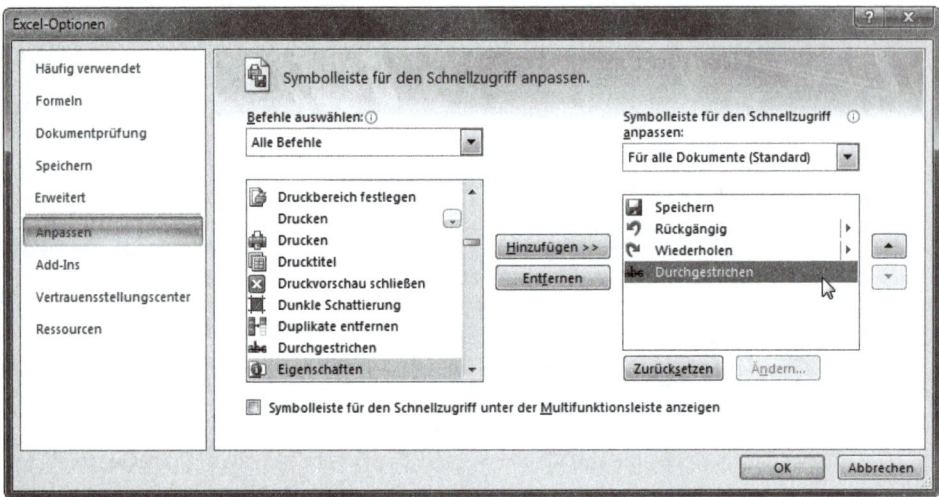

Ein Symbol aus der Symbolleiste für den Schnellzugriff wieder entfernen

Um eine Schaltfläche wieder aus der Symbolleiste für den Schnellzugriff zu entfernen, klicken Sie mit der rechten Maustaste auf die betreffende Schaltfläche und auf *Aus Symbolleiste für den Schnellzugriff entfernen*.

Tastenkombinationen verwenden

Besonders schnell und damit effektiv ist der Einsatz von Tastenkombinationen zum Aufrufen von Befehlen. Für Excel gibt es im Vergleich zu Word, PowerPoint oder Outlook relativ wenige Tastenkombinationen, mit denen Sie Ihre Arbeit beschleunigen können. Nachfolgend finden Sie die Tastenkombinationen, die Ihnen beim Formatieren helfen.

Tabelle 9.3 Mehr als ein Dutzend Tastenkombinationen, die Ihnen beim Formatieren nützlich sind

Tastenkombination	Wirkung
Strg + ^	Weist ein Zeitformat mit Stunden und Minuten zu
Strg + ⇧ + 1	Weist ein Zahlenformat mit zwei Dezimalstellen, Tausendertrennzeichen und Minuszeichen (-) für negative Werte zu
Strg + ⇧ + 2	Weist ein Exponentialzahlenformat mit zwei Dezimalstellen zu
Strg + ⇧ + 3	Weist ein Datumsformat mit Tag, Monat und Jahr zu
Strg + ⇧ + 4	Weist ein Währungsformat mit zwei Dezimalstellen zu, mit Minuszeichen und roter Schriftfarbe für negative Zahlen
Strg + ⇧ + 5	Weist das Prozentformat ohne Dezimalstellen zu
Strg + ⇧ + 6	Weist das Zahlenformat *Standard* zu
Strg + ⇧ + -	Fügt den markierten Zellen einen Außenrahmen hinzu

Zusammenfassung

Tabelle 9.3 Mehr als ein Dutzend Tastenkombinationen, die Ihnen beim Formatieren nützlich sind *(Fortsetzung)*

Tastenkombination	Wirkung
Strg + 2 oder Strg + ⇧ + F	Formatiert *Fett* oder hebt die Formatierung auf
Strg + 3 oder Strg + ⇧ + K	Formatiert *Kursiv* oder hebt die Formatierung auf
Strg + 4 oder Strg + ⇧ + U	Formatiert *Unterstrichen* oder hebt die Formatierung auf
Strg + 5	Formatiert Schrift *Durchgestrichen*
Strg + 1	Ruft das Dialogfeld *Zellen formatieren* auf
Strg + ⇧ + A	Ruft das Dialogfeld *Zellen formatieren* auf und zeigt die Registerkarte *Schrift* an

Zusammenfassung

Wie Sie gesehen haben, kann Excel nicht nur mit Zahlen umgehen. Sie haben auch zahlreiche Möglichkeiten mit Formatoptionen jeder Tabelle eine ganz persönliche Note zu geben.

Frage	Antwort
Was sind Zellformate?	Mit Zellformaten ändern Sie das Aussehen von Zellinhalten. Eine Übersicht, welche Möglichkeiten sich dabei bieten, finden Sie auf Seite 357.
Wie kann man den Inhalt einer Zelle auf zwei Zeilen verteilen?	Fügen Sie mit der Tastenkombination Alt + ↵ einen manuellen Zeilenumbruch ein. Mehr dazu auf Seite 362.
Wie kann man die Lesbarkeit von Zahlen verbessern?	Die Lesbarkeit von Zahlen können Sie mit Zahlenformaten deutlich verbessern, z.B. durch ein Tausendertrennzeichen. Beachten Sie die Beispiele auf Seite 365.
Wie kann jeder zweiten Zeile ein anderes Format zugewiesen werden?	Halten Sie die Strg-Taste gedrückt, können Sie eine Mehrfachmarkierung vornehmen und diese anschließend formatieren. Mehr dazu ab Seite 374.
Was kann ich tun, um aufwändig erstellte Tabellen zu schützen?	Mit dem richtigen Blattschutz ist Ihre Arbeit vor Veränderung geschützt. Wie das geht steht auf Seite 375.
Wie kann ich schnell auf Formatierungsoptionen zugreifen?	Das Kontextmenü bietet zahlreiche Möglichkeiten für die Bearbeitung von Zellen, die Minisymbolleiste wichtige Befehle für die Formatierung. Mehr dazu ab Seite 382.
Wie kann der Standard für die Schriftgröße eingestellt werden?	Über das *Office-Menü* erreichen Sie die *Excel-Optionen*, über die zahlreiche Grundeinstellungen von Excel durchgeführt werden können. Die Einstellung der Schriftgröße finden Sie ab Seite 386.
Welche Möglichkeiten bietet Excel, um Zellen farblich hervorzuheben?	Farben und Muster heben wichtige Informationen hervor. Ab Seite 401 erfahren Sie mehr dazu.
Wenn verschiedene Formatoptionen für eine Zelle eingestellt sind, kann man diese doch sicher auf andere Zellen übertragen?	Einstellungen zur Formatierung von Zellen können mit dem Formatpinsel übertragen werden. Ab Seite 406 erfahren Sie hierzu mehr.

Kapitel 10

Mit eigenen Zahlenformaten Tabellen übersichtlicher gestalten

In diesem Kapitel:

Wofür werden benutzerdefinierte Zahlenformate gebraucht?	412
Den Aufbau benutzerdefinierter Zahlenformate kennen und verstehen	414
Eigene Zahlenformate erstellen	416
Aus der Praxis: Beispiele für benutzerdefinierte Zahlenformate	420
Benutzerdefinierte Zahlenformate löschen	431
Zusammenfassung	432

Kapitel 10   Mit eigenen Zahlenformaten Tabellen übersichtlicher gestalten

Bei der Darstellung von Zahlen werden landauf, landab zahlreiche Hilfskonstrukte verwendet, um auf einen Blick eine bessere Lesbarkeit zu gewährleisten:

- Zahlen werden zu Gruppen zusammengefasst, z.B. bei der Angabe zum Postfach in Gruppen zu je zwei Zahlen wie 10 20 39
- Zahlen werden um einem Nummerungssystem zu folgen mit Trennzeichen gruppiert, z.B. 978-3-86063-193-4 bei der Internationalen Standard-Buchnummer (ISBN)
- Große Zahlen werden mit einem Tausendertrennzeichen besser lesbar, z.B. die Lichtgeschwindigkeit von 299.792.458 Meter pro Sekunde
- Bei Datumswerten werden Tag, Monat und Jahr durch einen Punkt getrennt, zum Beispiel 17.04.2007

In Excel können Sie aus zahlreichen vordefinierten Zahlenformaten auswählen, Sie können aber auch Ihr ganz persönliches Zahlenformat erstellen. Dieses Kapitel hilft Ihnen dabei.

Wofür werden benutzerdefinierte Zahlenformate gebraucht?

Das Zurechtfinden in Zahlenkolonnen kann recht mühsam sein, vor allem bei sehr vielen Zahlen auf einem Blatt. Mit Zahlenformaten erleichtern Sie das Lesen und Erfassen der Zahlen, indem Sie diese lesbarer anzeigen und aussagefähiger machen.

Zwei Beispiele: Die Zahl 562148 liest sich einfacher mit Tausender-Trennzeichen als 562.148. Der Vergleich großer Werte wie 31911098 und 32071495 fällt leichter, wenn Sie diese als 31,9 Mio. und 32,1 Mio. (oder 31,91 Mio. und 32,07 Mio.) lesen.

Mit Zahlenformaten steuern Sie also die Anzeige der Zahlen, um auf das Wesentliche hinzulenken, egal ob es sich um Zahlen oder Datumsangaben handelt. Die Zahl oder das Datum werden dabei nicht geändert, sondern nur das Erscheinungsbild in der Zelle. Ein zugewiesenes Zahlenformat wirkt sich also *nicht* auf den tatsächlichen Zellwert aus, den Excel weiterhin bei Berechnungen verwendet.

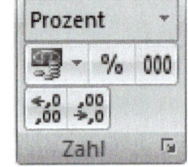

Prüfen Sie es einmal selbst nach. Geben Sie in eine leere Zelle die Zahl *562148* ein, bestätigen Sie mit ⏎ und lassen Sie die Zelle markiert. Klicken Sie anschließend in der Multifunktionsleiste auf der Registerkarte *Start* in der Gruppe *Zahl* nacheinander auf die Symbole *Währung* und *1000er-Trennzeichen*. Wie Sie in Abbildung 10.1 sehen können, wird in beiden Fällen nach wie vor in der Bearbeitungsleiste der von Ihnen eingegebene Wert 562148 angezeigt.

Abbildg. 10.1   In der Bearbeitungsleiste steht die gleiche Zahl, aber in der Zelle wird sie unterschiedlich dargestellt

In den Zellen hingegen wird die eingegebene Zahl einmal mit 1000er-Trennzeichen, zwei Dezimalstellen und Eurosymbol, und einmal mit 1000er-Trennzeichen und zwei Dezimalstellen angezeigt.

412

Abbildg. 10.2 Dutzende vorgefertigte Zahlenformate sind nach Kategorien sortiert abrufbar, doch erst über *Benutzerdefiniert* können Sie sich wirklich individuelle Lösungen zur Anzeige von Zahlen zusammenstellen

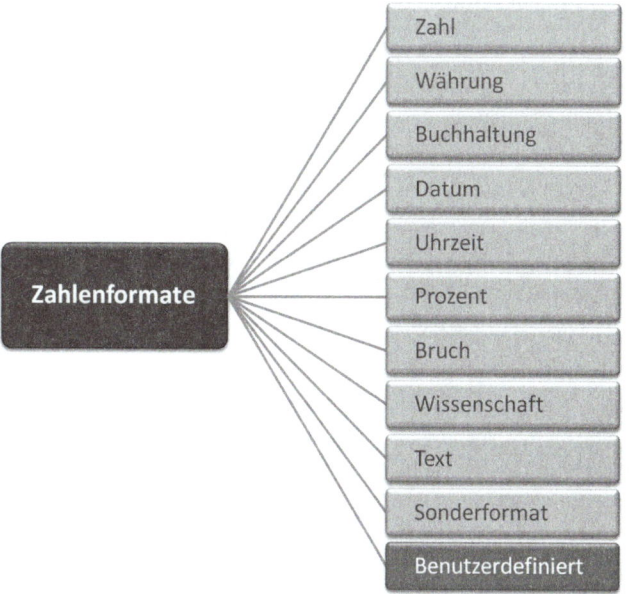

Ein Beispiel: Negative Zahlen besser anzeigen

Neben den in Abbildung 10.2 gezeigten Kategorien für vorgefertigte Zahlenformate – diese wurden in Kapitel 9 bereits kurz vorgestellt – können Sie über die Kategorie *Benutzerdefiniert* jederzeit neue, speziell an Ihre Bedürfnisse angepasste Formate definieren und Ihren Werten zuweisen. Schauen Sie sich dazu das folgende Beispiel an, bei dem es darum geht, negative Werte möglichst deutlich erkennbar zu machen.

Abbildg. 10.3 Links das Ergebnis mit vorgefertigten, rechts das mit eigenen Zahlenformaten

Das Original	562148	-562148		Das Original	562148	-562148
Formatcode	Angezeigte Ergebnisse			Formatcode	Angezeigte Ergebnisse	
0	562148	-562148		#.##0;- #.##0	562.148	- 562.148
#.##0	562.148	-562.148		#.##0;– #.##0	562.148	– 562.148
#.##0,00	562.148,00	-562.148,00		#.##0;[Rot]– #.##0	562.148	– 562.148

Die im linken Teil von Abbildung 10.3 dargestellte Anzeige der Zahlen erhalten Sie, wenn Sie die vorgefertigten Zahlenformate von Excel verwenden. Negative Zahlen erscheinen lediglich mit einem Minuszeichen und bestenfalls mit Tausender-Trennzeichen. Die Gefahr, dass negative Werte, die so angezeigt werden, in langen Zahlenkolonnen untergehen, ist relativ hoch.

Im rechten Teil der Abbildung sehen Sie, was der Einsatz benutzerdefinierter Zahlenformate bewirken kann:

- Zunächst wurde das Minuszeichen um eine Leertaste von der Zahl entfernt. Es »klebt« damit nicht mehr direkt an der Zahl und ist so besser wahrzunehmen.
- Darunter wurde das einfache Minuszeichen durch einen längeren Strich ersetzt (den so genannten »halben Geviertstrich«).
- In der letzten Zeile wurde das benutzerdefinierte Zahlenformat um die Anweisung ergänzt, negative Werte automatisch in roter Schriftfarbe anzuzeigen.

Sie sehen, es bedarf nur weniger Handgriffe, um benutzerdefinierte Zahlenformate anzulegen, die Ihre Zahlen lesbarer und aussagefähiger machen.

Nach diesem kleinen Beispiel können Sie in den folgenden Abschnitten lesen, wie ein benutzerdefiniertes Zahlenformat aufgebaut ist. Mit diesem Wissen ausgerüstet können Sie dann daran gehen, eigene Zahlenformate anzulegen.

Den Aufbau benutzerdefinierter Zahlenformate kennen und verstehen

Wenn Sie mit der Tastenkombination `Strg`+`1` das Dialogfeld zum Formatieren von Zellen öffnen und auf der Registerkarte *Zahlen* die Kategorie *Benutzerdefiniert* auswählen, können Sie sich rechts in der Liste die bereits eingebauten, so genannten integrierten Zahlenformate ansehen. Diese Liste ist zwar verhältnismäßig lang – sie reicht aber dennoch bei weitem nicht aus, um alle denkbaren unterschiedlichen Formatierungswünsche von Anwendern verschiedener Berufsgruppen zu erfüllen.

Um einen ersten Blick hinter die Kulissen der Zahlenformate zu werfen, sollten Sie folgende Schritte durchführen:

- Klicken Sie in dem Dialogfeld *Zellen formatieren* links in der Liste *Kategorie* auf den Eintrag *Währung* und wählen Sie die Einstellungen wie in Abbildung 10.4 links gezeigt.
- Klicken Sie nun wieder unten links auf den Eintrag *Benutzerdefiniert*. Sie sehen nun rechts unter *Typ* ein Repertoire an Währungsformaten (siehe Abbildung 10.4 rechts).

Sie werden feststellen, dass das von Ihnen festgelegte Zahlenformat in diesem Fall aus zwei Abschnitten besteht, die durch ein Semikolon getrennt sind. Der erste Abschnitt bestimmt das Aussehen von positiven Werten, der zweite ist für die Darstellung negativer Werte zuständig. Im Fall von Währungsangaben sind wir es gewohnt, dass negative Zahlen zumindest mit einem Minuszeichen erscheinen, besser noch in der Farbe Rot. Und genau das wird im zweiten Abschnitt – dem für negative Werte – definiert: *[Rot]-#.##0,00 €*.

Den Aufbau benutzerdefinierter Zahlenformate kennen und verstehen

Abbildg. 10.4 Wenn Sie wie links gezeigt in der Kategorie *Währung* das unterste Format wählen, können Sie – wie rechts gezeigt – in der Kategorie *Benutzerdefiniert* sehen, wie der Formatcode zusammengesetzt ist

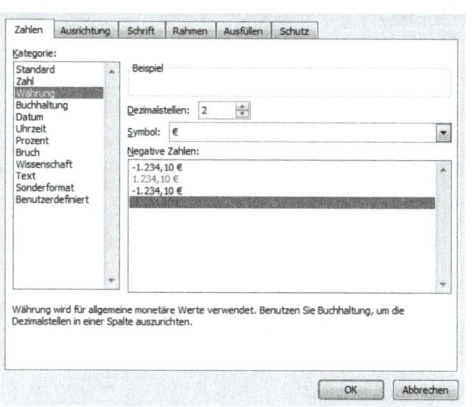 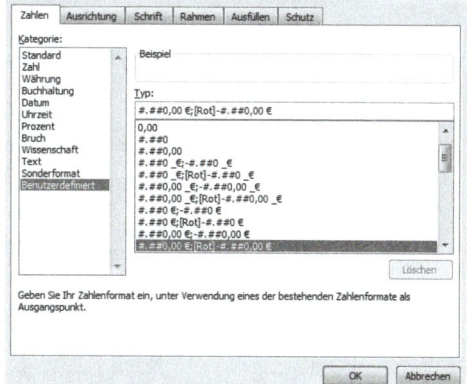

Alternativ können Sie das Dialogfeld *Zellen formatieren* so aufrufen:

- Auf der Registerkarte *Start* über die Befehlsfolge *Format/Zellen formatieren*
- Über das Kontextmenü (rechte Maustaste) mit dem Befehl *Zellen formatieren*

Die Einteilung von Zahlenformaten in Abschnitte

Neben dieser Möglichkeit, unterschiedliche Darstellungsoptionen für positive und negative Zahlen festzulegen, können Sie außerdem auch für Nullwerte sowie für Texte bestimmen, wie diese angezeigt werden sollen.

Somit können Sie für die Darstellung von Zellinhalten maximal vier Formatvarianten vordefinieren:

- Für positive Werte
- Für negative Werte
- Für Nullwerte
- Für Text

Dazu lässt sich ein Zahlenformat in maximal vier Abschnitte unterteilen. Abbildung 10.5 zeigt dazu ein Beispiel:

- Oben stehen die tatsächlichen Eingaben
- In der Mitte sehen Sie das angezeigte Ergebnis
- Unten steht die erforderliche Formatanweisung, der so genannte Formatcode

Kapitel 10 — Mit eigenen Zahlenformaten Tabellen übersichtlicher gestalten

Abbildg. 10.5 Die vier möglichen Abschnitte eines Zahlenformats an einem konkreten Beispiel

	Positive Werte	Negative Werte	Nullwerte	Text
Das geben Sie ein	562148	-562148	0	Excel 2007
Das wird angezeigt	562.148,00	– 562.148,00	NULL	Produkt: Excel 2007
Das ist der Formatcode	#.##0,00	[Rot]– #.##0,00	"NULL"	"Produkt: "@

Die Formatcodes, die Sie in Abbildung 10.5 einzeln sehen, bilden natürlich in Excel ein Zahlenformat: #.##0,00;[Rot] – #.##0,00;"NULL";"Produkt: "@. In Abbildung 10.6 können Sie es noch einmal in der Vergrößerung betrachten. Wichtig ist das Semikolon, das einen Abschnitt vom folgenden trennt.

Abbildg. 10.6 Das aus vier Abschnitten bestehende komplette Zahlenformat

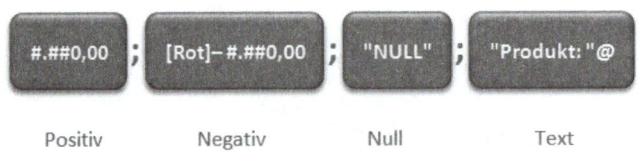

> **HINWEIS** Ein Zahlenformat muss nicht notwendigerweise aus vier Abschnitten bestehen. In den meisten Fällen enthält ein Zahlenformat einen, maximal zwei Abschnitte, nämlich die für die Anzeige positiver und negativer Zahlen. Sind wie in Abbildung 10.3 nur zwei Abschnitte angegeben, wird der erste Abschnitt für positive Zahlen und Nullwerte verwendet, der zweite für negative Zahlen.

> **TIPP** Wollen Sie einen Abschnitt überspringen, müssen Sie das Semikolon für das Ende des betreffenden Abschnitts setzen. Mehr dazu weiter unten im Abschnitt »Keine Nullwerte anzeigen«.

Eigene Zahlenformate erstellen

Wollen Sie benutzerdefinierte Zahlenformate erstellen, dann ist es wichtig, dass Sie die möglichen Formatanweisungen, die so genannten Formatcodes, kennen. Formatcodes ermöglichen es Ihnen, die Anzeige von Zellwerten exakt zu steuern.

Abbildg. 10.7 Bereits bei einem kurzen Blick in die Liste der vordefinierten Zahlenformate entdecken Sie eine Reihe von Formatcodes

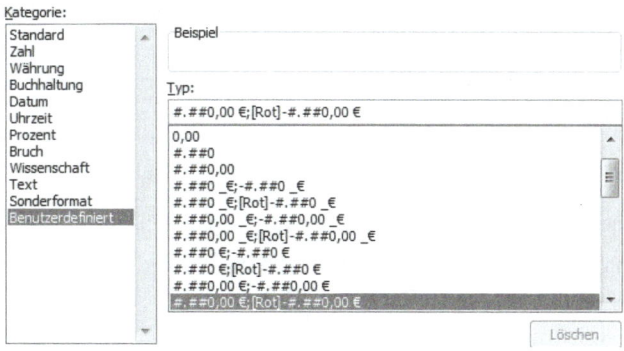

| **HINWEIS** | Weiter unten im Abschnitt mit den Beispielen werden Sie sehen, dass Sie die einzelnen Formatcodes auch kombinieren können.

Formatcodes und ihre Bedeutung

Wenn Sie im Dialogfeld *Zellen formatieren* auf der Registerkarte *Zahlen* die Kategorie *Benutzerdefiniert* anklicken, entdecken Sie rechts in der Liste eine Vielzahl der in Excel verfügbaren Formatcodes.

Einige wie beispielsweise # (Raute) und 0 (Null) sind weitgehend selbsterklärend, andere wie beispielsweise _ (Unterstrich) oder ? (Fragezeichen) nicht. Wieder andere tauchen in der Liste gar nicht auf. Daher finden Sie hier zunächst eine Liste der verfügbaren Formatcodes, die Sie beim Erstellen benutzerdefinierter Zahlenformate nutzen können:

(Raute)

Sie sorgt dafür, dass nur so genannte signifikante Ziffern angezeigt werden, also Ziffern, die Sie tatsächlich eingeben:

- Eine führende Null würde also nicht angezeigt.
- Haben Dezimalzahlen nach dem Komma mehr Stellen als Platzhalter (#) vorhanden sind, wird auf die Anzahl der eingegebenen #-Zeichen rechts vom Komma gerundet.
- Werden mehr Ziffern vor dem Komma eingegeben als Platzhalter vorgesehen sind, werden die Ziffern zusätzlich angezeigt.
- Weist das Format nur Rauten (#) nach dem Komma auf, werden Zahlen kleiner 1 mit einem Dezimalkomma dargestellt.

Beispiel: Format: #,## – Eingabe: *15,3456* – Anzeige: *15,35*.

0 (Null)

Sie wird im Unterschied zur Raute (#) als fester Platzhalter für Ziffern verwendet.

- Am Bildschirm werden mindestens so viele Ziffern angezeigt, wie Nullen als Platzhalter im Zahlenformat enthalten sind
- Dieses Zahlenformat eignet sich beispielsweise dann, wenn Sie in Datenreihen führende Nullen brauchen, die Excel üblicherweise nicht darstellt

Beispiel: Geben Sie als Zahl die *3* ein und legen Sie das benutzerdefinierte Zahlenformat *000* fest, erscheint am Bildschirm *003*.

? (Fragezeichen)

Es fügt auf beiden Seiten des Dezimalkommas Leerzeichen für nicht signifikante Nullen ein.

- Damit werden Dezimalzahlen mit unterschiedlich vielen Stellen vor und nach dem Komma genau am Komma ausgerichtet
- Das Fragezeichen eignet sich auch für die Darstellung von Brüchen

Beispiel: Bei dem Formatcode *# ?/??* führt die Eingabe von *2,75* in der Zelle zur Anzeige von *2 3/4*.

_ (Unterstrich)

Er sorgt dafür, dass ein Leerraum in der Größe des nachfolgenden Zeichens reserviert wird.

- Diese Option ist eher selten im Einsatz, aber sie erlaubt es, Informationen exakt untereinander auszurichten

Beispiel: Die Anweisung *_j* sorgt für weniger Leerraum als die Anweisung *_w*.

Anführungszeichen für "Text" vor oder nach Zahlen

Wollen Sie mit einer Zahl rechnen, soll aber in der Zelle der Zahl ein Text vorangestellt oder eine Maßeinheit angefügt werden, dann brauchen Sie Anführungszeichen.

- Alles, was zwischen Anführungszeichen steht, wird als Text interpretiert
- Auf diese Weise können Sie vor oder hinter eine Zahl einen beliebigen Text, z.B. als Maßeinheit oder Kommentar schreiben lassen

Beispiel: Das benutzerdefinierte Zahlenformat *"ab" 0 "Jahre"* zeigt bei Eingabe der Zahl *15* in der Zelle die Information *ab 15 Jahre* an.

@ (Textplatzhalter)

Dieser spezielle Platzhalter gilt für Texte. Beispielsweise bedeutet die Anweisung *[Blau]@*, dass ein eingegebener Text in blauer Farbe dargestellt wird.

WICHTIG Alle Ziffern nach diesem Zeichen werden auch als Text ausgegeben. Vorsicht also bei Zahlen hinter diesem Zeichen, denn mit ihnen kann nicht mehr gerechnet werden!

* (Sternchen)

Dieses Asterix-Zeichen ist ein Ausfüllzeichen.

- Es wirkt etwa so, wie ein Tabulator in der Textverarbeitung und sorgt dafür, dass Informationen am linken **und** rechten Rand angeordnet werden

- Dazu wird das Zeichen, das dem Sternchen folgt, so oft wiederholt, bis die Zelle gefüllt ist

Ein Beispiel aus dem Bankenbereich: Die Eingabe von *123* hat bei der Verwendung des Formats ***#.## €* die Anzeige: ****123 €* zur Folge. Am rechten Rand der Zelle steht also der Währungsbetrag, links davor sind so viele Sternchen, dass die Zelle vollständig bis zum linken Rand ausgefüllt ist.

Abbildg. 10.8 Das Sternchen * ist entscheidend und sorgt dafür, dass die Wochentage exakt linksbündig angeordnet sind

Mo 22.01.2007	Mo 22.01.2007
Di 23.01.2007	Di 23.01.2007
Mi 24.01.2007	Mi 24.01.2007
Do 25.01.2007	Do 25.01.2007
Fr 26.01.2007	Fr 26.01.2007
Zahlenformat: TTT TT.MM.JJJJ	TTT* TT.MM.JJJJ

Ein weiteres Beispiel, diesmal aus der Projektarbeit, sehen Sie in Abbildung 10.8. Zusätzlich zum Datum, das als Zahl rechtsbündig steht, soll am linken Zellrand noch der Wochentag angezeigt werden. Das Format *TTT TT.MM.JJJJ* zeigt zwar Wochentag und Datum in einer Zelle an (in der Abbildung 10.8 links), aber erst mit *TTT* TT.MM.JJJJ* wird die gewünschte Darstellung erreicht (in der Abbildung 10.8 rechts). Die Abkürzungen für die Wochentage stehen jetzt exakt linksbündig.

[Farbe]

Mit Zahlenformaten können Sie auch auf die Schriftfarbe in Zellen Einfluss nehmen. Acht Farben können Sie per Formatcode direkt mit ihrem Namen eingeben. Dazu muss der Name der Farbe in eckigen Klammern stehen.

Beispielsweise bewirkt das Format *[Blau]0,00;[Rot]-0,00;[Magenta]0,00;[Grün]@* Folgendes:

- Positive Zahlen werden in Blau dargestellt
- Negative in Rot
- Nullwerte in Magenta
- Texte werden in Grün ausgegeben

Per benutzerdefiniertem Zahlenformat lassen sich maximal 56 Farben festlegen. Denn neben der eben erwähnten Möglichkeit, die acht Grundfarben per Name einzugeben, können Sie auch einen so genannten Farbindex nach dem Muster *[FarbeX]* angeben. Dabei steht das *X* für eine Zahl von 1 bis 56.

Abbildg. 10.9 Per Formatcode können Sie bis zu 56 Farben für Zellinhalte vordefinieren

Farbindex	Farbe	Beispiel	Formatcode		
1	Schwarz	12.345	[Farbe1]#.##0		[Schwarz]#.##0
2	Weiß	12.345	[Farbe2]#.##0		[Weiß]#.##0
3	Rot	12.345	[Farbe3]#.##0		[Rot]#.##0
4	Grün	12.345	[Farbe4]#.##0	Oder	[Grün]#.##0
5	Blau	12.345	[Farbe5]#.##0		[Blau]#.##0
6	Gelb		[Farbe6]#.##0		[Gelb]#.##0
7	Magenta	12.345	[Farbe7]#.##0		[Magenta]#.##0
8	Zyan	12.345	[Farbe8]#.##0		[Zyan]#.##0

Mit *[Farbe5]0,00;[Farbe3]-0,00;[Farbe7]0,00;[Farbe4]@* erreichen Sie also die gleiche Anzeige wie mit *[Blau]0,00;[Rot]-0,00;[Magenta]0,00;[Grün]@*.

% (Prozent)

Eingaben werden mit *100* multipliziert und mit dem Zeichen *%* ausgegeben.

Beispiel: Die Eingabe *0,6731* wird mit dem Formatcode *0,0%* als *67,3%* angezeigt.

, (Dezimalkomma)

Dieses Zeichen setzt das Dezimalkomma in Ihrem Format. Achten Sie darauf, dass vor dem Dezimalkomma eine *0* steht, damit Zahlen größer 1 nicht mit einem führenden Komma dargestellt werden.

. (Punkt)

Der Punkt hat zwei wichtige Funktionen beim Einsatz von Formatcodes:

- Er steht einerseits für das Tausendertrennzeichen und dient damit zum übersichtlichen Gruppieren langer Zahlen
- Am Ende eines Zahlenformatcodes bewirkt der Punkt andererseits, dass eine lange Zahl um drei Stellen verkürzt dargestellt wird

Beispiel: Die Eingabe von *123698* wird mit dem Formatcode *0.* als *124* angezeigt, mit *0,0.* als *123,7*.

Dass auf diese Art gerundete Zahlen für weitere Berechnungen nicht ganz unproblematisch sind, zeigt Kapitel 6, wo es um das Runden von Zahlen geht.

Aus der Praxis: Beispiele für benutzerdefinierte Zahlenformate

Nach so viel Theorie und der Aufzählung der verfügbaren Formatcodes können Sie auf den folgenden Seiten anhand zahlreicher Beispiele sehen, was Sie mit benutzerdefinierten Zahlenformaten erreichen können. Hier einige typische Beispiele zum Einsatz eigener Zahlenformate.

Führende Nullen tatsächlich anzeigen

Nehmen wir an, Sie geben in eine Zelle den Wert *007* ein, Excel zeigt jedoch die Nullen vor der Sieben nicht an. Gerade dies wird jedoch beispielsweise bei Telefonnummern, Kundennummern oder Artikelnummern gewünscht.

Für die Lösung dieser Aufgabe gibt es zwei Varianten:

- **Variante 1:** Geben Sie in eine beliebige Zelle die Zahl *007* ein. Rufen Sie mit [Strg]+[1] das Dialogfeld *Zellen formatieren* auf und legen Sie auf der Registerkarte *Zahlen* in der Kategorie *Benutzerdefiniert* das Zahlenformat *000* fest.

- **Variante 2:** Hier müssen Sie zuerst die Formatierung einstellen, bevor Sie Ihre Zahl eingeben: Rufen Sie den Menübefehl *Format/Zellen* auf und wählen Sie dieses Mal die Kategorie *Text*. Geben Sie dann in die Tabelle die Zahl *007* ein.

Wo liegt der Unterschied zwischen den beiden Varianten? Nun, wenn Sie Daten nach der zweiten Variante formatieren, können Sie anschließend mit den eingegebenen Zahlen nicht mehr rechnen. Einfache arithmetische Operationen, wie Multiplikation oder Addition, sind zwar möglich, jedoch zeigt z.B. die Tabellenfunktion *SUMME* kein korrektes Ergebnis an, wenn Sie die so formatierte Zahl einbinden. Außerdem muss die Formatierung bei dieser Methode vorher stattfinden. Wählen Sie daher diese Methode nur, wenn Sie sicher sind, dass mit den Zahlen später nicht mehr gerechnet werden muss, was etwa in Telefonlisten der Fall wäre. Wollen Sie hingegen später die eingegebenen Zahlen in einer Summe zusammenfassen oder andere Berechnungen durchführen, verwenden Sie die erste Variante.

Keine Nullwerte anzeigen

Oft sind Tabellenblätter mit Nullen »übersät«. Das behindert den Blick auf die wirklich wichtigen Zahlen. Hier haben Sie zwei Möglichkeiten:

Schalten Sie per Klick auf die Office-Schaltfläche über die *Excel-Optionen* in der Rubrik *Erweitert* die Nullwerte ab. Indem Sie das Häkchen aus dem Kontrollkästchen vor *In Zellen mit Nullwert eine Null anzeigen* entfernen, werden im gesamten Arbeitsblatt alle Nullwerte undifferenziert ausgeblendet.

Abbildg. 10.10 Über die Office-Schaltfläche und die Excel-Optionen können Sie für ein komplettes Arbeitsblatt die Anzeige von Nullwerten ausschalten, wenn Sie das Häkchen nicht setzen

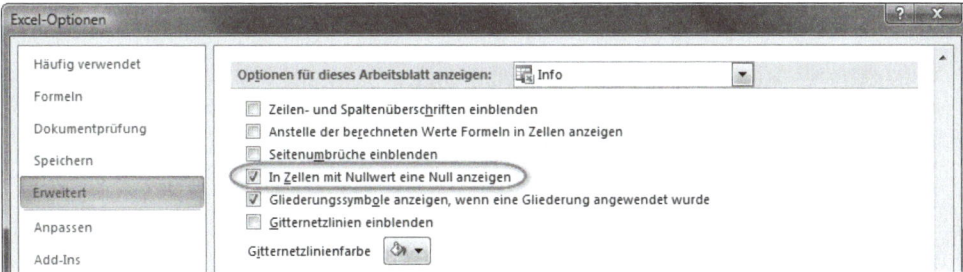

Oft ist es aber besser, Nullwerte nur für ausgewählte Zellen oder Zellbereiche und nicht für das gesamte Blatt auszublenden. Das lässt sich über ein benutzerdefiniertes Zahlenformat wie folgt lösen:

Rufen Sie mit Strg+1 das Dialogfeld *Zellen formatieren* auf und legen Sie auf der Registerkarte *Zahlen* in der Kategorie *Benutzerdefiniert* das folgende Zahlenformat fest:

Standard;–0;;@.

Hier eine kurze Erläuterung des Zahlenformats:

- Da in dem dritten Abschnitt, also dem für Nullwerte, kein Platzhalter eingegeben wird, erscheinen Zellen mit Nullen leer
- Für positive Werte gilt die Standard-Darstellung (*Standard*)
- Negativen Werten wird ein Minuszeichen vorangesetzt und sie werden ohne Dezimalstellen angezeigt (*–0*)
- Texte werden so dargestellt, wie sie eingegeben werden (*@*)

Nur positive Zahlen sind erlaubt

Wenn in Zellen nur positive Zahlen eingegeben werden sollen und bei negativen Zahlen ein Warnhinweis erscheinen soll, können Sie dies ebenfalls über ein Zahlenformat bewerkstelligen.

Verwenden Sie dafür das folgende benutzerdefinierte Format:

0; "Ungültig"; "Ungültig"; "Ungültig"

- Damit werden positive Zahlen ohne Dezimalstellen angezeigt.
- Für die anderen drei Fälle (negative Werte und Nullwerte sowie Text) erfolgt jeweils die Ausgabe *Ungültig* (Abbildung 10.11)

Abbildg. 10.11   Zahlenformat mit eingebauter Warnmeldung

Bei der Eingabe von Nullen den Buchstaben »O« vermeiden

Möglicherweise ging es Ihnen auch schon so: Von der Schreibmaschine her sind viele gewohnt, statt einer Null ein kleines oder großes »O« einzugeben. Manche empfinden das als schick. Nur, Excel hat mit solcherart verschönten Nullen ein Problem: Es nimmt sie als das, was sie sind, nämlich als Text. Und mit Text kann Excel bekanntlich nicht rechnen.

Wie können Sie verhindern, dass in Zeilen oder Spalten, in denen definitiv nur Zahlen vorkommen dürfen, versehentlich der Buchstabe »O« eingetragen wird?

Verwenden Sie auch hier ein Zahlenformat. Es soll die Eingabe von Zahlen – egal, ob positiv, negativ oder Nullwert – zulassen, aber bei Eingabe eines Textes Alarm schlagen, und zwar mit der Meldung *Bitte nur Zahlen*. Definieren Sie dazu das benutzerdefinierte Zahlenformat:

0;-0;0;"Bitte nur Zahlen".

Abbildg. 10.12 Zahlenformat, das nur die Eingabe von Zahlen zulässt und bei Text eine Warnmeldung in der Zelle anzeigt

Die Eingabe dieses benutzerdefinierten Zahlenformats bewirkt, dass keine Buchstaben oder Sonderzeichen in Zellen landen, die nur für Werte vorgesehen sind. Zugleich wird dem Anwender signalisiert, seine Eingabe zu korrigieren.

Große Werte verkürzt darstellen als Tsd. € oder Mio. €

Bei Tabellen mit sehr großen Zahlen geht leicht die Übersicht verloren. Das können Sie ebenfalls mit einem benutzerdefinierten Zahlenformat vermeiden. Lassen Sie nachträglich bereits bestehende lange Werte in verkürzter Form anzeigen: z.B. 123.651 € als *124 Tsd. €*.

Dazu setzen Sie das folgende Zahlenformat ein, das die ursprüngliche Zahl um drei Stellen verkürzt und die Einheit *Tsd. €* ergänzt. In den folgenden Abbildungen sehen Sie dafür zwei mögliche Varianten.

Abbildg. 10.13 Variante 1: Die Anzeige des Wertes um drei Stellen kürzen mit einem einzigen Punkt

Abbildg. 10.14 Variante 2: Die Anzeige ist zwar auch um drei Stellen gekürzt, aber etwas genauer

Für die Darstellung in der Form von *Tsd. €* verwenden Sie das benutzerdefinierte Zahlenformat

0. "Tsd. €" oder 0,0. "Tsd. €".

Der Punkt hinter der Null bewirkt in beiden Fällen die um drei Stellen verkürzte Anzeige.

PROFITIPP

Wenn Sie bei Zahlen über der Millionen-Grenze die Anzeige der Tausender unterdrücken möchten, aber andererseits nach den Millionen noch die Hunderttausender und Zehntausender anzeigen wollen, verwenden Sie ein weiteres benutzerdefiniertes Zahlenformat. Um die Anzeige um sechs Stellen zu kürzen, sind nach dem Zahlenplatzhalter Null *zwei* Punkte erforderlich, also 0.. "Mio. €".

Sollen außerdem Hunderttausender und Zehntausender angezeigt werden, ergibt sich das benutzerdefinierte Zahlenformat *0,00.. "Mio. €"*.

Abbildg. 10.15 Lesbarer: Die Anzeige von großen Zahlen per Zahlenformat um drei oder sechs Stellen kürzen

Das Original	123651
Formatcode	Ergebnis
0. "Tsd. €"	124 Tsd. €
0,0. "Tsd. €"	123,7 Tsd. €

Das Original	123651497
Formatcode	Ergebnis
0.. "Mio. €"	124 Mio. €
0,00.. "Mio. €"	123,65 Mio. €

Die Anzeige von Fehlerwerten unterdrücken

Wenn Sie in einer Zelle eine Berechnung durchführen, dann kommt es z.B. bei einer Division durch Null zur Anzeige des Fehlerwerts #DIV/0! in der Formelzelle. Sie können die Anzeige des Fehlerwerts über ein benutzerdefiniertes Zahlenformat wie folgt unterdrücken.

1. Markieren Sie die Zelle.
2. Rufen Sie über die Tastenkombination [Strg]+[1] das Dialogfeld *Zellen formatieren* auf.
3. Wechseln Sie auf die Registerkarte *Schrift*.
4. Stellen Sie die Farbe auf *Weiß* ein.
5. Wechseln Sie auf die Registerkarte *Zahlen*.
6. Wählen Sie die Kategorie *Benutzerdefiniert* aus und tragen Sie das folgende Zahlenformat ein:

   [Schwarz]0,00;[Rot]-0,00

   Erweitern bzw. reduzieren Sie die Dezimalstellen nach Bedarf.
7. Klicken Sie auf *OK*.

Damit werden positive und negative Werte jeweils in Schwarz bzw. Rot angezeigt, Fehlermeldungen hingegen werden ausgeblendet.

Weitere Informationen zu Tabellenfehlern finden Sie in Kapitel 6. Wie Sie die Fehlerwerte durch den Einsatz der *WENN*-Funktion unterdrücken können, steht in Kapitel 15.

Spezielle Platzhalter in Formatcodes

Platzhalter wie *0*, *Standard* und *#* sowie deren Bedeutung und Wirkung, sind den meisten Excel-Nutzern bekannt. Sie wurden weiter oben bereits ausführlich vorgestellt. Weniger vertraut sind hingegen viele Anwender mit dem Einsatz solcher Platzhalter wie *Unterstrich (_)*, *Fragezeichen (?)* und *Sternchen (*)* bzw. mit dem Textplatzhalter *@*. Daher sollen einige Beispiele die Wirkung dieser speziellen Zeichen deutlich machen.

Exakte Größe von Leerräumen mit dem Unterstrich (_)

Zahlen werden in Excel standardmäßig rechtsbündig in den Zellen angeordnet. Das hat manchmal den Nachteil, dass die Werte direkt an einer rechten Rahmenlinie stehen und somit schwer zu lesen sind. Wie können Sie Zahlen etwas vom rechten Rand zur Zellmitte hin verschieben?

Die einfachste Lösung besteht darin, ein Zahlenformat zu definieren, das nach dem jeweiligen Platzhalter für Zahlen noch ein oder mehrere Leerzeichen enthält. Also beispielsweise in folgender Form:

#.##0 ;- #.##0 ;0 ;@

Hier wurden nach positiven, negativen und Nullwerten jeweils zwei Leerzeichen Abstand zum rechten Zellrand festgelegt.

Sie können diesen Abstand aber noch differenzierter bestimmen, indem Sie die Breite des anschließenden Leerraums exakt definieren. Dazu verwenden Sie den Platzhalter *Unterstrich* (_). In Abbildung 10.16 sehen Sie dazu ein Beispiel: Drei Buchstaben mit unterschiedlicher Breite kommen als Maß für die Breite eines Leeraumes zum Einsatz. Anhand der senkrechten Linie können Sie die unterschiedlichen Ergebnisse vergleichen.

Abbildg. 10.16 Beispiele für den Einsatz des Unterstrichs als Platzhalter

Das Original	7
Formatcode	Ergebnis
0,0_t	7,0
0,0_C	7,0
0,0_W	7,0

Mit dem Sternchen (*) Zellinhalte bündig machen

Sollen Text und Zahl in einer Zelle stehen, ist es oft sinnvoll, den Text am linken Rand der Zelle (linksbündig) anzuordnen, während die unterschiedlich großen Zahlen wie gewohnt am rechten Zellrand stehen sollen. Um die dazwischen liegenden Leerräume je nach Länge von Text und Zahlen flexibel zu füllen, gibt es das *Sternchen*. Es wiederholt das nachfolgende Zeichen – beispielsweise ein Leerzeichen – so oft, bis die Zelle bündig gefüllt ist.

Ein Beispiel dazu: In einer Rabattliste sollen die Mindestwerte für die jeweilige Rabattstufe so angezeigt werden, dass jeweils vor dem Wert das Wort *ab* steht. Dazu verwenden Sie das benutzerdefinierte Zahlenformat

"ab"* 0 "Stück"

In Abbildung 10.17 wird die Wirkung dieses Zahlenformats gezeigt. Hier können Sie auch noch drei Varianten für den Gebrauch des Sternchens sehen.

Abbildg. 10.17 Mit dem Sternchen für links- und rechtsbündige Anordnung sorgen

Das Original	7
Formatcode	Ergebnis
"ab"* 0	ab 7
"ab"* 0 "t"	ab 7 t
"Re-Nr."* 000	Re-Nr. 007

Mit dem Fragezeichen (?) Zahlen am Komma ausrichten

Wenn in Listen Zahlen mit einer unterschiedlichen Anzahl von Stellen vor und nach dem Komma vorliegen, so kann man dafür sorgen, dass alle Werte die gleiche Anzahl von Dezimalstellen erhalten. Damit stehen Einer unter Einer, Zehner unter Zehner usw. Darüber hinaus gibt es die Möglichkeit, auch ohne gleiche Anzahl der Dezimalstellen die Zahlen am Komma auszurichten.

Setzen Sie hier das Fragezeichen (?) als Platzhalter ein. In Abbildung 10.18 sehen Sie verschieden große Zahlen, die auch eine unterschiedliche Anzahl von Nachkommastellen aufweisen. Die Verwendung des Platzhalters *Fragezeichen* bewirkt hier, dass die Zahlen ungeachtet ihrer unterschiedlichen Größe und Länge exakt am Komma untereinander ausgerichtet werden.

Abbildg. 10.18 Beispiele für den Einsatz des Fragezeichens als Platzhalter

Das Original	Formatcode	Ergebnis
487,88	0,???	487,88
37,4	0,???	37,4
6,125	0,???	6,125

> **HINWEIS** Die Anzahl der Fragezeichen richtet sich nach der Zahl mit den meisten Nachkommastellen.

Die Verwendung des Textplatzhalters @

In einem der vorhergehenden Beispiele konnten Sie sehen, wie die versehentliche Eingabe von Text geahndet wurde. Manchmal ist es aber erforderlich, in eine Liste mit Zahlen einen Text als Bemerkung einzugeben. Beispielsweise dann, wenn noch keine Ergebnisse vorliegen oder Zahlen nicht genannt werden sollen.

Nehmen wir an, in einer Liste soll an den Stellen, wo keine Informationen vorliegen, der Text *k.A.* für »Keine Angaben« stehen. Damit diese Stellen, an denen noch Informationen einzuholen sind, später nicht übersehen werden, soll der Text automatisch in einer besonderen Farbe dargestellt werden – beispielsweise in Grün.

Aus der Praxis: Beispiele für benutzerdefinierte Zahlenformate

Abbildg. 10.19   Beispiele für den Einsatz des Text-Platzhalters @ in Kombination mit Farbcodes

Das Original	Excel	
Formatcode	Ergebnis	
[Grün]@	Excel	Text erscheint wie eingegeben, aber in Grün
[Magenta] @	Excel	Text erscheint wie eingegeben, aber in Magenta und mit zwei vorangestellten Leerzeichen
[Farbe46]@	Excel	Text erscheint wie eingegeben, aber in Orange

Datumsformate

Zum Anzeigen von Tagen, Monaten und Jahren verwenden Sie die Platzhalter *T*, *M* und *J*. Bei Uhrzeiten nutzen Sie die Platzhalter *h*, *m* und *s* für Stunden, Minuten und Sekunden. Geben Sie also ein *M* ein, so zeigt Excel also die Monatszahl oder den Monat an; bei der Eingabe von *m* erhalten Sie hingegen die Minutenangabe.

Je nachdem, wie oft Sie bei der Festlegung eines Zahlenformats einen der Platzhalter eingeben, erhalten Sie auch eine unterschiedliche Anzeige der Datums- und Zeitinformationen.

Die Tabelle 10.1 zeigt eine Übersicht häufig verwendeter Datumsformate.

Tabelle 10.1   Datumsformate im Überblick

Eingabe	Zahlenformat	Anzeige
6.9.08	TT.MM.JJJJ	06.09.2008
6.9.08	T.M.JJJJ	6.9.2008
6.9.08	T. MMM JJJJ	6. Sep 2008
6.9.08	T. MMM. JJJJ	6. Sep. 2008
6.9.08	T. MMMM JJJJ	6. September 2008
6.9.08	TTT, T. MMMM JJJJ	Sa, 6. September 2008
6.9.08	TTTT, T. MMMM JJJJ	Samstag, 6. September 2008
6.9.08	TTT* T. MMMM JJJJ	Sa 6. September 2008
6.9.08	TTTT* T. MMMM JJJJ	Samstag 6. September 2008
6.9.08	JJJJ-MM-TT	2008-09-06
6.9.08	T-M	6-9
6.9.08	TT-MM	06-09
6.9.08	M/JJJJ	9/2008
6.9.08	MM/JJJJ	09/2008
6.9.08	MMM JJJJ	Sep 2008
6.9.08	MMMM JJJJ	September 2008
6.9.08	MMMMM JJJJ	S 2008

Kapitel 10 Mit eigenen Zahlenformaten Tabellen übersichtlicher gestalten

TIPP Nachfolgend einige Tipps zur Arbeit mit Datums- und Zeitangaben

- Für Excel gelten Datums- und Zeitangaben als Zahlen. Die Darstellung einer Uhrzeit oder eines Datums im Tabellenblatt richtet sich nach dem gewählten Zahlenformat der Zelle.
- Bei der Eingabe eines Datums oder einer Uhrzeit (die Excel erkennt), wird das Zahlenformat der betreffenden Zelle automatisch vom Format *Standard* zu einem vordefinierten Datums- oder Uhrzeitformat umgewandelt.
- Da Datums- und Zeitangaben für Excel Zahlen sind, werden sie in den Zellen rechtsbündig ausgerichtet. Kann Excel eine Datums- oder Uhrzeitangabe nicht erkennen, wird das Datum bzw. die Uhrzeit als Text linksbündig in der Zelle angeordnet.
- Die Optionen, die in der *Systemsteuerung* von Windows bei den *Regions- und Sprachoptionen* eingestellt sind, bestimmen in Excel u.a. auch das Standardformat für das aktuelle Datum und die aktuelle Uhrzeit. Das gilt auch für die Zeichen, die als Trennzeichen für Datum und Uhrzeit erkannt werden, beispielsweise den Punkt (.), den Schrägstrich (/) oder Trennstrich (–) für Datumsangaben und den Doppelpunkt (:) für Zeitangaben.
- Um Datums- und Zeitangaben in dieselbe Zelle einzugeben, trennen Sie Datum und Zeit durch ein Leerzeichen.
- Excel speichert Datums- und Uhrzeitangaben unabhängig von ihrer Darstellung in den Zellen als serielle Zahlen bzw. als Dezimalbrüche. Um ein Datum als serielle Zahl oder eine Uhrzeit als Dezimalbruch anzuzeigen, markieren Sie die betreffenden Zellen, rufen das Dialogfeld *Zellen formatieren* auf und wählen auf der Registerkarte *Zahlen* im Feld *Kategorie* den Eintrag *Standard*.

Mehr zu den Einstellungen der Systemsteuerung finden Sie in Kapitel 7.

Abbildg. 10.20 Über die Regions- und Sprachoptionen in der Windows-Systemsteuerung können Sie Standards für die Anzeige von Zahlen, Währungs- und Datumsangaben ändern

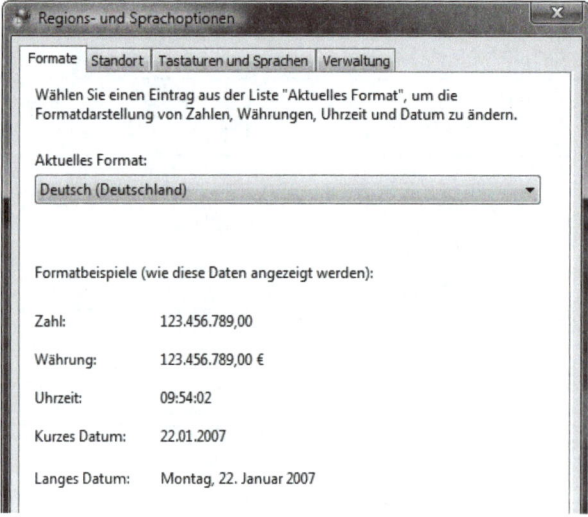

Hierzu ein Beispiel: In einer Liste werden verschiedene Geburtstage erfasst. Unabhängig von der dabei eingegebenen Anzahl der Ziffern für Tag, Monat und Jahr soll folgende Darstellung bei allen

Aus der Praxis: Beispiele für benutzerdefinierte Zahlenformate

Einträgen erscheinen: *15.04.1981*. Außerdem soll vor dem Datum am linken Spaltenrand noch die Information *geb. am* stehen.

Am besten ist es, wenn Sie sich dieses Format in mehreren Schritten aufbauen:

1. Für die gewünschte Formatierung des Datums verwenden Sie zunächst die Anweisung *TT.MM.JJJJ*.
2. Der Zusatz muss links vom Datum stehen, er ist also vor *TT.MM.JJJJ* einzutragen. Da es sich beim Zusatz um Text handelt, muss er in Anführungszeichen gesetzt werden. Damit ergibt sich: *"geb. am" TT.MM.JJJJ*.
3. Nun soll der Textzusatz am linken Zellrand stehen, das Datum selbst jedoch am rechten Zellrand. Dazwischen sind entsprechend viele Leerzeichen zu setzen. Dafür verwenden Sie den Platzhalter zum Ausfüllen, also das Sternchen (*). Hier nun das endgültige benutzerdefinierte Zahlenformat: *"geb. am"* TT.MM.JJJJ*

Das umgesetzte Ergebnis können Sie der Abbildung 10.21 entnehmen.

Abbildg. 10.21 Ein spezielles Format für das Geburtsdatum

Das Original	15.04.1981
Formatcode	Ergebnis
"geb. am"* TT.MM.JJJJ	geb. am 15.04.1981

Beim Thema »Geburtsdatum« stellt sich Ihnen vielleicht die Frage, auf welchen Wochentag das freudige Ereignis fiel. Sprich: In einer Zelle, in die Sie das Geburtsdatum eingegeben haben, soll zusätzlich zum Datum auch gleich noch der Wochentag angezeigt werden. In dem Fall reicht der Wochentag in abgekürzter Form.

1. Stellen Sie zunächst wieder das Format *TT.MM.JJJJ* ein.
2. Für den abgekürzten Wochentag benötigen Sie den Platzhalter *T* dreimal (bei vier *T* wird der Wochentag ausgeschrieben). Diese drei *T* sind also vor das bereits bestehende Format zu setzen. Ergibt sich damit: *TTT TT.MM.JJJJ*.
3. Sie können nun noch vor das Leerzeichen, das die beiden *T*-Gruppen trennt, ein Sternchen (*) eingeben. Damit erscheint der Wochentag am linken Zellrand, das Geburtsdatum am rechten.

Farben per Formatcode festlegen

Über benutzerdefinierte Zahlenformate können Sie auch die Farbe der Zahlen und Texte in den Zellen bestimmen. Dabei stehen insgesamt 56 Farben zur Verfügung. Für die acht Grundfarben können Sie einfach die entsprechende Bezeichnung benutzen: Schwarz, Weiß, Rot, Blau, Gelb, Zyan, Magenta und Grün. Für alle anderen Farben müssen Sie die jeweilige Nummer der Farbe eingeben.

Die Farbanweisung selbst wird den Platzhaltern für die Zahlen und den Text jeweils vorangestellt, und zwar in eckigen Klammern.

Ein Beispiel: *[Blau]0,00;[Rot]-0;[Zyan]0;[Gelb]@*. Diese Formatanweisung bewirkt Folgendes:

- Positive Werte werden in *Blau* und mit zwei Dezimalstellen dargestellt

Kapitel 10 Mit eigenen Zahlenformaten Tabellen übersichtlicher gestalten

- Negative Werte werden in *Rot*, mit einem vorangestellten Minuszeichen und ohne Dezimalstellen angezeigt
- Nullen erscheinen in der Farbe *Türkis* (ohne Dezimalstellen)
- Texte erscheinen (so, wie eingegeben) in der Farbe *Gelb*

In der Beispieldatei *Kap10.xlsx* zu diesem Kapitel finden Sie im Blatt *Farben* eine Auflistung der Nummern und der jeweils zugehörigen Farben. Anhand dieser Aufstellung können Sie herausfinden, welche Farbnummer Sie eingeben müssten, um eine bestimmte Farbe zu treffen. Die Datei befindet sich im Ordner *\Buch\Kap10* auf der CD-ROM zu diesem Buch.

Texte gliedern mit Aufzählungszeichen

Nicht immer geht es in Excel-Mappen nur um Zahlen – manchmal müssen auch Texte eingegeben werden und dann gilt es, diese übersichtlich darzustellen.

Auch bei der Gestaltung der Texte können Sie benutzerdefinierte Zahlenformate einsetzen und mit wenigen Handgriffen Prägnanz und Übersichtlichkeit wesentlich verbessern.

Text vom linken Rand absetzen

Ein Problem umfangreicher Listen besteht darin, dass die Texte zu nah am linken Rand der Spalte stehen und optisch fast mit den Werten der benachbarten linken Spalte verschmelzen. Natürlich können Sie nun vor jedem Text zusätzlich noch eine Leertaste eintippen oder auch zwei. Aber spätestens beim fünften Mal vergessen Sie das und müssen dann den Zellinhalt nachbearbeiten.

Eine andere Variante ist die Verwendung des Symbols *Einzug vergrößern* aus der Gruppe *Ausrichtung* auf der Registerkarte *Start* der Multifunktionsleiste.

- Vorteil: Text wird sehr schnell vom linken Rand weg bewegt
- Nachteil: Der Abstand ist dabei oft doch zu groß und die Spalte wird zu breit

Mit einem benutzerdefinierten Zahlenformat können Sie den Text vom linken Spaltenrand in einem frei wählbaren Abstand weg bewegen. Verwenden Sie dabei als Basis den Platzhalter für Text (@). Hier die entsprechenden Schritte:

1. Markieren Sie die Zellen mit Text und rufen Sie das Dialogfeld *Zellen formatieren* auf (beispielsweise mit der Tastenkombination [Strg]+[1]).
2. Klicken Sie dort auf der Registerkarte *Zahlen* ganz unten links zuerst auf den Eintrag *Text* und dann auf den Eintrag *Benutzerdefiniert*.
3. Im Eingabefeld rechts oben steht jetzt schon das Zeichen @. Dies ist der Platzhalter für beliebigen Text. Setzen Sie die Schreibmarke vor dieses Zeichen und geben Sie ein Leerzeichen ein. Möchten Sie den Abstand zum linken Zellrand noch etwas größer haben, tippen Sie einfach zwei oder mehr Leerzeichen ein.

Texte in Listen gliedern

Eine Anforderung, die gerade auch bei Budgets mit Kapiteln und Unterkapiteln auftritt, besteht darin, die Struktur der Budgetposten durch Einrückungen deutlich zu machen. Dazu kennen Sie nun bereits die Lösung mit den Leertasten.

Besser wäre in diesem Fall, die einzelnen Ebenen durch bestimmte typische Aufzählungszeichen kenntlich zu machen – ähnlich, wie dies in Word gehandhabt wird. Leider bietet Excel keine Aufzählungsfunktion an.

Die Lösung des Problems liegt in einer Kombination von Sonderzeichen und Textplatzhalter (@), wobei eine Tastenkombination zum Aufruf des Sonderzeichens genutzt wird:

1. Markieren Sie mehrere Zellen mit Text und rufen Sie über die Tastenkombination `Strg`+`1` das Dialogfeld zum Formatieren und dort die Registerkarte *Zahlen* auf.
2. Klicken Sie nun wieder nacheinander auf die Einträge *Text* und *Benutzerdefiniert* – Sie erhalten somit den Platzhalter @.
3. Geben Sie vor diesem Zeichen ein Leerzeichen ein.
4. Halten Sie jetzt die `Alt`-Taste gedrückt und geben Sie auf dem numerischen Zahlenblock Ihrer Tastatur die Zeichenfolge `0` `1` `4` `9` ein. Wenn Sie nun die `Alt`-Taste loslassen, sehen Sie einen runden Punkt.
5. Geben Sie noch ein Leerzeichen ein, um das Aufzählungszeichen vom nachfolgenden Text (in dem Fall verkörpert durch den Platzhalter @) abzusetzen.

Nach dem gleichen Muster können Sie nun für weitere Unterebenen andere Zeichen und Einzüge definieren. Beispielsweise einen kurzen Strich (Bindestrich) oder mit der Tastenkombination `Alt`+`0` `1` `5` `0` einen etwas längeren waagerechten Strich, den so genannten »halben Geviertstrich«.

Abbildg. 10.22 Per Zahlenformat Texte einrücken oder Listen mit Aufzählungszeichen gliedern

Original	Formatcode	Ergebnis	Bemerkung	
Text	Standard	Text	Normaler Text	
Text	Standard	Text	Text mit vergrößertem Einzug über das Symbol	
Text	@	Text	Text mit 1 Leertaste davor	
Text	@	Text	Text mit 2 Leertasten davor	
Text	• @	• Text	Text mit Leertasten davor und Aufzählungspunkt	(Alt+Num 0149)
Text	- @	- Text	Text mit Leertasten davor und kurzem Strich	
Text	– @	– Text	Text mit Leertasten davor und langem Strich	(Alt+Num 0150)

Benutzerdefinierte Zahlenformate löschen

Wollen Sie ein oder mehrere benutzerdefinierte Zahlenformate löschen, gehen Sie wie folgt vor:

1. Rufen Sie das Dialogfeld *Zellen formatieren* auf und wechseln Sie zur Registerkarte *Zahlen*.
2. Markieren Sie rechts in der Liste den Eintrag für das zu löschende Format.
3. Klicken Sie auf die Schaltfläche *Löschen*.
4. Wiederholen Sie die letzten beiden Schritte, wenn Sie mehrere benutzerdefinierte Formate löschen möchten.

Benutzerdefinierte Zahlenformate in anderen Arbeitsmappen verwenden

Benutzerdefinierte Zahlenformate, die Sie festlegen, sind immer nur in der aktuell verwendeten Arbeitsmappe verfügbar. Öffnen Sie eine neue Mappe, stehen Ihnen wieder nur die so genannten *integrierten Zahlenformate* zur Auswahl.

In Kapitel 11 erfahren Sie, wie Sie aus benutzerdefinierten Zahlenformaten Formatvorlagen machen und wie Sie diese zwischen verschiedenen Mappen austauschen können.

Ganz schnell und einfach können Sie ein bestehendes benutzerdefiniertes Zahlenformat in eine andere Arbeitsmappe übertragen, wenn Sie die Funktion *Format übertragen* nutzen. So geht's:

1. Markieren Sie eine Zelle, die das benutzerdefinierte Zahlenformat enthält.
2. Klicken Sie in der Multifunktionsleiste auf der Registerkarte *Start* ganz links in der Gruppe *Zwischenablage* auf das Symbol *Format übertragen* (der gelbe Pinsel).
3. Wechseln Sie mit `Strg`+`F6` zu der anderen Mappe und klicken Sie auf die Zelle, die das benutzerdefinierte Zahlenformat erhalten soll.

Zusammenfassung

Neben den vorgegebenen Zahlenformaten können Sie in Excel auch eigene Zahlenformate definieren. Damit machen Sie Tabellen leichter lesbar und verstärken die Aussage von Werten – beispielsweise, wenn Sie neben einer Zahl zusätzlichen Text anzeigen lassen. Gegenüber der direkten Eingabe von Zahl und Text in eine Zelle bietet ein benutzerdefiniertes Zahlenformat den Vorteil, dass Sie mit dem Zellwert weiterhin rechnen können.

Frage	Antwort
Wie ist ein benutzerdefiniertes Zahlenformat aufgebaut?	Ein Zahlenformat kann aus bis zu vier Abschnitten aufgebaut sein, siehe Seite 415.
Wie ist die Reihenfolge der Abschnitte in einem benutzerdefinierten Zahlenformat?	Die Abschnitte sind standardmäßig so aufgebaut, dass zuerst die Formatanweisung für positive Werte, als Zweites die für negative Werte, als Drittes die für Nullwerte und zum Schluss die für Texte stehen. Siehe hierzu die Seite 415.
Was sind Formatcodes?	Es sind Platzhalter, die für ein bestimmtes Erscheinungsbild von Zellinhalten sorgen. Lesen Sie dazu die Seite 415.
Welche wichtigen Formatcodes gibt es für Zahlen?	# (Raute) und *0* (Null) sowie . (Punkt) und , (Komma). Mehr dazu finden Sie auf Seite 417.
Welche Formatcodes gibt es für die Anordnung in den Zellen?	* (Sternchen), _ (Unterstrich) und ? (Fragezeichen), mehr hierzu auf Seite 424.
Wie können Nullwerte per Zahlenformat ausgeblendet werden?	Indem der Abschnitt für Nullwerte leer gelassen wird, vgl. Seite 421. Beispiel: *0,00;[Rot]- 0,00;;*
Wie lassen sich große Zahlen per Zahlenformat verkürzt darstellen?	Mit einem Punkt (.) hinter dem Zahlenplatzhalter wird eine Zahl um drei Stellen kürzer angezeigt. Beispiel: *0,0.* sorgt dafür, dass *107221* als *107,2* angezeigt wird; mehr dazu auf Seite 423.
Welche wichtigen Formatcodes gibt es für Datums- und Zeitangaben?	*TT.MM.JJJJ* zeigt die Eingabe von *6.9.08* als *06.09.2008* an. *TTT TT.MM.JJJJ* zeigt die Eingabe von *6.9.08* als *Sa 06.09.2008* an – siehe Seite 427.

Kapitel 11

Von der Mappe bis zur Zelle: Mit Vorlagen schneller formatieren

In diesem Kapitel:

Das System aus Formatvorlagen, Designs und Mustervorlagen verstehen	434
Einzelne Zellen schnell formatieren: Mit Zellenformatvorlagen arbeiten	440
Komplette Tabellen gestalten: Mit Tabellenformatvorlagen arbeiten	447
Das Aussehen der Mappe ändern: Designs verwenden und anpassen	452
Nicht nur Standard: Eigene Mappenvorlagen einsetzen	462
Zusammenfassung	465

Kapitel 11 Von der Mappe bis zur Zelle: Mit Vorlagen schneller formatieren

Beim Erstellen von Listen, Berichten, Analysen und Übersichten sind Sie neben der inhaltlichen Aufgabe auch damit konfrontiert, für ein einheitliches Aussehen der Tabellenblätter zu sorgen. Haben Sie schon einmal darüber nachgedacht, wie viel Zeit Sie damit verbringen? Wie oft haben Sie schon in einer neuen Mappe (wieder) alles so eingerichtet, dass es wie gewünscht aussah? Sicher haben Sie sich auch schon über diese Art der »Zeitverschwendung« geärgert! Nutzen Sie also unbedingt die Einsparpotenziale, die Excel Ihnen mittels Vorlagen bietet.

Das System aus Formatvorlagen, Designs und Mustervorlagen verstehen

Der Einsatz von Vorlagen, mit denen Sie wirklich in Sekundenschnelle einzelne Zellen, Tabellen oder komplette Arbeitsmappen einheitlich gestalten können, gehört eindeutig zu den wichtigsten Neuerungen und Produktivitätshebeln in Excel 2007.

Zur Funktion der Formatvorlagen, die es seit Excel 3.0 gibt, wurden so viele neue Befehle hinzugefügt, dass ein völlig neues System von Gestaltungsmöglichkeiten entstand. Die Abbildung 11.1 bietet dazu einen Überblick.

Abbildg. 11.1 Das System der Vorlagen zum Formatieren von Zellen, Tabellen und kompletten Arbeitsmappen

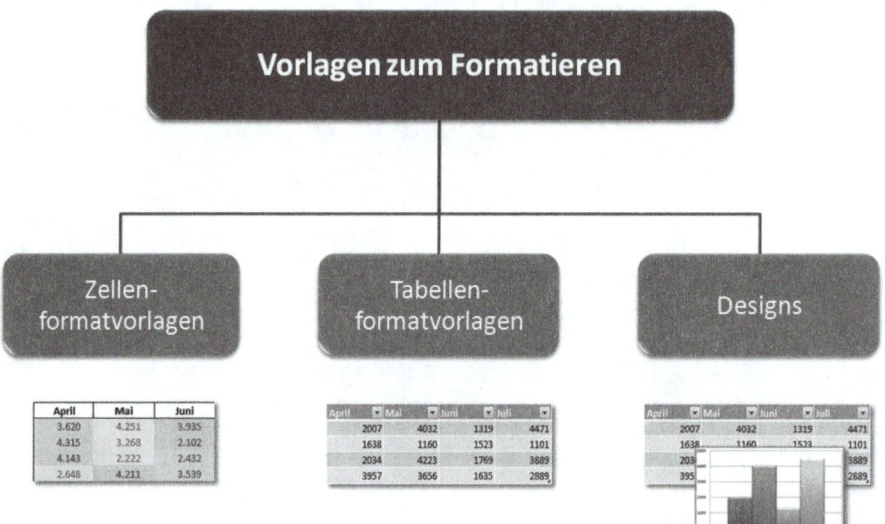

Das System der Vorlagen im Überblick

Dass Daten sich mit Vorlagen deutlich schneller und zudem einheitlicher formatieren lassen, ist für viele Anwender sicher eine wichtige Neuerung. Doch angesichts der explosionsartig gewachsenen Anzahl vorgefertigter Formatschablonen gilt es zunächst einmal, sich zu orientieren. Welcher Befehl bewirkt was? Welche Funktion eignet sich wofür?

Das System aus Formatvorlagen, Designs und Mustervorlagen verstehen

- **Formatvorlagen** dienen dazu, das Aussehen Excel-spezifischer Elemente wie Zellen, Tabellen, Diagramme, Pivot-Tabellen oder Formen zu ändern. Es gibt Formatvorlagen für Zellen, Tabellen und Diagramme.
- **Designs** beinhalten Formatanweisungen für die Farben, Schriften und Formeffekte in einer Mappe. Sie sind auch in anderen Office-Programmen wie Word und PowerPoint verfügbar und sorgen so für ein einheitliches Erscheinungsbild von Office-Dokumenten.
- **Formatvorlagen** können Sie auf *einzelne* Zellen, Tabellen oder auch Arbeitsblätter anwenden, während sich *Designs* stets auf *alle* Elemente der kompletten Arbeitsmappe auswirken.
- **Mustervorlagen** sind eine Art Container, um benutzerdefinierte Formatvorlagen und feststehende Daten in einer Schablone für weitere Mappen aufzubewahren, die alle den gleichen Aufbau und die gleichen Formate haben sollen.

Zellenformatvorlagen

Mit Zellenformatvorlagen sorgen Sie für das rasche Formatieren markierter Zellen. Zellenformatvorlagen verwenden Sie, um mehrere Formate gleichzeitig zuzuweisen und um sicherzustellen, dass die Formatierung von Zellen einheitlich ist.

Eine Zellenformatvorlage ist ein Set von Formatanweisungen. Sie kann Schriftart und -größe, Zahlenformat, Ausrichtung, Zellrahmen und Füllfarbe bzw. -muster sowie die Eigenschaft *Gesperrt* enthalten. In früheren Excel-Versionen waren Formatvorlagen für Zellen eher versteckt, bezogen sich nur auf vordefinierte Zahlenformate und fristeten insgesamt ein Schattendasein.

Nun wurde nicht nur die Anzahl der Formatvorlagen für Zellen vervielfacht, sondern es wurde auch deren Qualität verbessert und der Zugriff auf Sie vereinfacht. In dem in Abbildung 11.2 gezeigten Katalog sehen Sie, dass Sie beim Formatieren von Zellen und Zellbereichen auf fast vier Dutzend vorgefertigte – so genannte integrierte – Zellenformatvorlagen zurückgreifen können.

Abbildg. 11.2 Die integrierten Zellenformatvorlagen, die Sie für Zellen oder Zellbereiche nutzen können

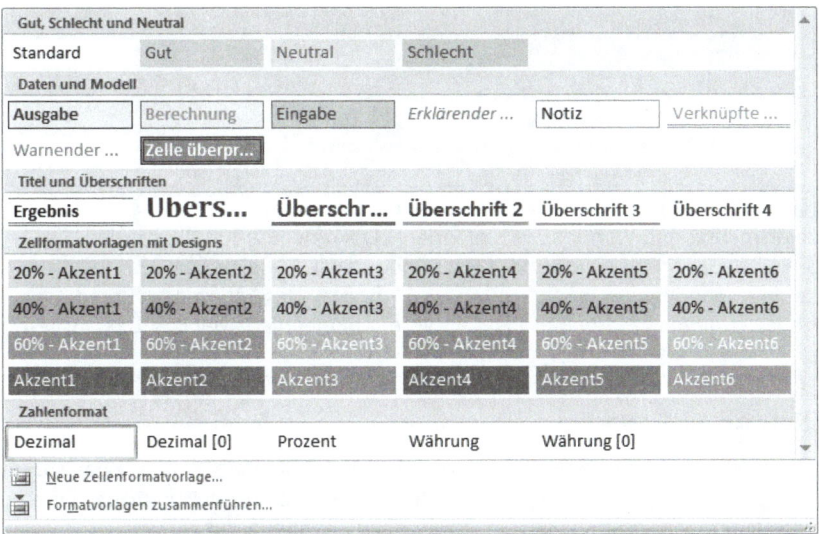

Diese Zellenformatvorlagen sind in fünf Kategorien eingeteilt:

- Vorlagen, mit denen Sie nach dem Ampel-Prinzip Ihren Zellen schnell die Aussagen *Gut*, *Neutral* oder *Schlecht* zuordnen können. Dies ist sozusagen der manuelle Schnell-Ersatz für den Fall, dass die Funktion *Bedingte Formatierung* nicht zum Einsatz kommen soll.
- Vorlagen, die Sie innerhalb von Listen verwenden, um einzelne Zellen zu kommentieren oder deren Typ zu kennzeichnen. Eine durchaus sinnvolle Erweiterung, denn so können Sie beispielsweise andere schnell darauf hinweisen, dass einzelne Zellen noch überprüft werden müssen, dass sie eine Formel enthalten oder dass sie ihr Ergebnis aus anderen Zellen beziehen.
- Vorlagen, mit denen Sie Ergebnisse und Überschriften kennzeichnen. Damit sorgen Sie garantiert für mehr Einheitlichkeit beim Beschriften Ihrer Tabellen.
- Vorlagen, mit denen Sie für eine farblich gut abgestimmte Formatierung von Zellbereichen sorgen. Vorbei also die Zeit, wo Sie mit wenigen Farben auskommen und wo Sie verzweifelt nach verschiedenen Abstufungen innerhalb einer Farbe suchen mussten.
- Vorlagen, die – wie in früheren Excel-Versionen – einfach nur ein Zahlenformat zuweisen.

HINWEIS   Neben den vorgegebenen können Sie problemlos auch eigene Zellenformatvorlagen erstellen, die im Katalog der Zellenformatvorlagen sofort eine sechste Kategorie namens *Benutzerdefiniert* erzeugen. Mehr dazu erfahren Sie weiter unten.

Zellenformatvorlagen finden und zuweisen

1. Um Zellenformatvorlagen zuweisen zu können, markieren Sie zunächst die Zellen, die Sie formatieren wollen.
2. Klicken Sie dann in der Multifunktionsleiste auf der Registerkarte *Start* in der Gruppe *Formatvorlagen* auf den Befehl *Zellenformatvorlagen* (Abbildung 11.3).

Abbildg. 11.3   Zellenformatvorlagen rufen Sie über die Registerkarte *Start* der Multifunktionsleiste auf

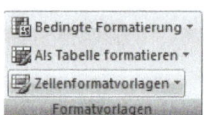

WICHTIG   Zellenformatvorlagen sind mit dem Dokumentdesign verbunden, das für die aktuelle Arbeitsmappe gilt. Wenden Sie ein anderes Dokumentdesign an, werden die Zellenformatvorlagen an das geänderte Dokumentdesign angepasst. Dabei ändern sich nicht nur Farben und Objekteffekte, sondern auch Schriftarten und -größen. Das kann dazu führen, dass Tabelleninhalte deutlich mehr oder weniger Platz als vorher einnehmen. Mehr zu Designs lesen Sie weiter unten.

Tabellenformatvorlagen

Wenn Sie nicht nur einzelne Zellen, sondern komplette Tabellen mit minimalem Aufwand einheitlich gestalten wollen, dann greifen Sie auf die Tabellenformatvorlagen zurück. Dies gilt auch für Pivot-Tabellen. Die für diesen Zweck vordefinierten Formatvorlagen können Sie Ihren Bedürfnissen entsprechend anpassen. Mehr zu Pivot-Tabellen erfahren Sie in Kapitel 24.

Das System aus Formatvorlagen, Designs und Mustervorlagen verstehen

Tabellenformatvorlagen finden und zuweisen

1. Um Tabellenformatvorlagen zuzuweisen, markieren Sie die komplette Tabelle, die Sie formatieren wollen.
2. Klicken Sie dann in der Multifunktionsleiste auf der Registerkarte *Start* in der Gruppe *Formatvorlagen* auf die Schaltfläche *Als Tabelle formatieren* (Abbildung 11.4).

Abbildg. 11.4 Auch die Tabellenformatvorlagen rufen Sie in der Registerkarte *Start* der Multifunktionsleiste auf

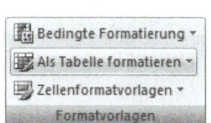

Excel öffnet dann einen Katalog vorgefertigter Muster zum Gestalten von Tabellen, der wohl nur wenige Wünsche offen lässt. Im Vergleich zu den AutoFormaten früherer Excel-Versionen hat sich die Auswahl deutlich vergrößert und verbessert. Auch für die übersichtliche und optisch ansprechende Ausgabe von Tabellen auf Schwarzweiß-Druckern sind eine Reihe geeigneter Vorlagen im Angebot.

In den drei Kategorien *Hell*, *Mittel* und *Dunkel* können Sie auf 60 verschiedene Vorlagen zum Gestalten Ihrer Tabellen zugreifen.

Abbildg. 11.5 Zugriff auf 60 vorgefertigte Muster zum Gestalten von Tabellen

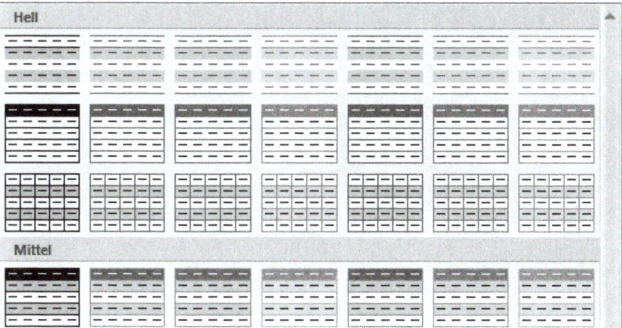

HINWEIS Neben den vorgegebenen können Sie problemlos auch eigene Tabellenformatvorlagen erstellen. Ihre eigenen Tabellenformatvorlagen bilden dann in dem in Abbildung 11.5 gezeigten Katalog eine neue, vierte Kategorie namens *Benutzerdefiniert*. Mehr dazu erfahren Sie weiter unten.

Diagrammformatvorlagen

Auch bei Diagrammen können Sie zur Gestaltung auf vordefinierte Formatvorlagen zugreifen. Allerdings lassen sich keine eigenen Diagrammformatvorlagen erstellen. Mehr zu Diagrammen und deren Formatierung lesen Sie in Kapitel 17 und 18.

Designs

Ein Design ist eine definierte Gruppe von Formatanweisungen und umfasst in Excel

- Farben
- Schriftarten
- Linien
- Fülleffekte

Im Unterschied zu Zellen- und Tabellenformatvorlagen wirken sich Designs stets auf die gesamte Arbeitsmappe aus, also auf alle Tabellen und Diagramme, die darin enthalten sind.

Designs erfüllen somit den Zweck, dass Sie schnell ansprechende Dokumente mit einheitlichem Aussehen erstellen können. Designs, die in Excel verfügbar sind, können Sie auch in Word und PowerPoint nutzen.

WICHTIG   Damit haben Designs einen zentralen Stellenwert, wenn in Firmen ein einheitliches Erscheinungsbild der Dokumente gesichert werden soll. Da Sie beim Erstellen eines Designs Farbe, Schriftart und Fülleffekte für Objekte unabhängig voneinander ändern können, ist es möglich, ein exakt auf Ihre Firmenvorgaben passendes Design zusammenzustellen. Das wird alle Anhänger freuen, die sich schon seit langem darum bemühen, dass die Dokumente, die in den verschiedenen Office-Programmen angefertigt werden, auch wirklich dem Corporate Design entsprechen.

Abbildg. 11.6   Übersicht über die 20 vorgefertigten Designs

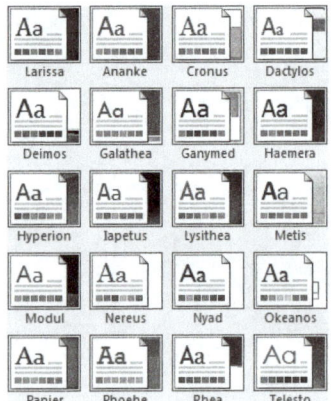

Excel bietet Ihnen 20 vorgefertigte Dokumentdesigns, in denen jeweils Farbskalen, Schriftarten und Effektoptionen gespeichert sind, die Sie auch in Word und PowerPoint verwenden können.

HINWEIS   Dokumentdesigns können Sie anpassen und als so genannte benutzerdefinierte Dokumentdesigns speichern. Sie werden im Ordner *Document Themes* mit der Endung *.thmx* abgelegt. Mehr dazu weiter unten.

Designs zuweisen

1. Um ein Dokumentdesign auf eine Arbeitsmappe anzuwenden, wechseln Sie zur Registerkarte *Seitenlayout* der Multifunktionsleiste.

Das System aus Formatvorlagen, Designs und Mustervorlagen verstehen

2. Klicken Sie dort in der Gruppe *Designs* auf den Pfeil unter *Designs*.
3. Bewegen Sie in dem nun aufklappenden Katalog die Maus über die einzelnen Designs und beobachten Sie – dank der Livevorschau – die möglichen Änderungen auf das aktuell sichtbare Arbeitsblatt. Klicken Sie schließlich auf das Design, das Ihnen zusagt.

Abbildg. 11.7   Zugang zu den Dokumentdesigns über die Registerkarte *Seitenlayout* der Multifunktionsleiste

Mustervorlagen

Eine Mustervorlage ist eine Arbeitsmappe, die Sie erstellen, um sie als Basis für weitere Arbeitsmappen zu nehmen, die den gleichen Aufbau und die gleichen Formatoptionen haben sollen. Mustervorlagen haben im Unterschied zu normalen Mappen die Dateiendung *.xltx* statt *.xlsx*.

Abbildg. 11.8   In der Kategorie *Installierte Vorlagen* finden Sie einige Excel-Vorlagen zum Soforteinsatz

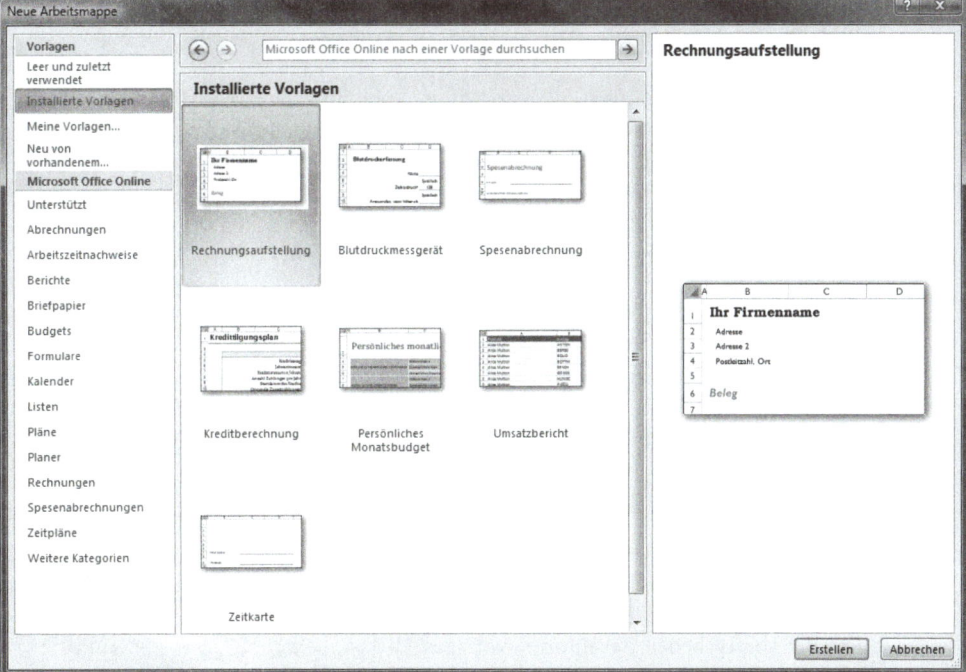

439

Excel hält einige vorgefertigte Vorlagen bereit, wenn Sie über die *Office-Schaltfläche* den Befehl *Neu* wählen. In dem in Abbildung 11.8 gezeigten Dialogfeld können Sie auf vorgefertigte und selbst erstellte Mustervorlagen zugreifen und ebenfalls Vorlagen von *Microsoft Office Online* herunterladen, falls Sie über eine Internetverbindung verfügen.

In dem dreigeteilten Dialogfeld erhalten Sie rechts eine Vorschau auf die aktuell markierte Vorlage und können so leichter die richtige auswählen.

Einzelne Zellen schnell formatieren: Mit Zellenformatvorlagen arbeiten

Excel enthält rund vier Dutzend vorgefertigte, so genannte integrierte Zellenformatvorlagen, die Sie für die schnelle und einheitliche Gestaltung von Zellen verwenden können.

Sie können die vorhandenen Zellenformatvorlagen

- Ändern,
- Duplizieren, um auf der Basis einer bestehenden eine eigene Zellenformatvorlage zu erstellen
- Komplett eigene Zellenformatvorlagen anlegen

WICHTIG Geänderte oder neu hinzugefügte Zellenformatvorlagen werden nur in der jeweiligen Arbeitsmappe gespeichert. Sollen sie auch in anderen Mappen zur Verfügung stehen, müssen Sie die Mappe mit den angepassten oder neuen Zellenformatvorlagen als Mustervorlage mit der Endung *.xltx* speichern. Mehr zu Excel-Vorlagen lesen Sie weiter unten.

Zellenformatvorlagen weisen Sie – so wie in Abbildung 11.3 gezeigt – 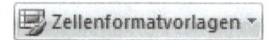 über die Multifunktionsleiste zu. Sie finden auf der Registerkarte *Start* in der Gruppe *Formatvorlagen* die Schaltfläche *Zellenformatvorlagen*.

Zellenformatvorlagen anpassen

Angenommen, Ihnen passt eine der drei Zellenformatvorlagen nicht, mit denen Sie Ihre Tabellenwerte mit Ampelfunktionalität versehen können. Gemeint sind die drei Formatvorlagen *Gut*, *Neutral* und *Schlecht*.

Die Zellenformatvorlage *Gut* ändern

Das Anpassen einer Zellenformatvorlage ist gar nicht so einfach, denn egal, wo Sie auch suchen, Sie werden auf den ersten Blick kein Symbol und keinen Befehl dafür finden. Auch hier gilt: Der Trend geht zum Rechtsklick.

Denn erst wenn Sie nach einem Klick auf die Schaltfläche *Zellenformatvorlagen* im nun erscheinenden Katalog mit der rechten Maustaste auf eine der vorgegebenen Zellenformatvorlagen klicken, bekommen Sie – wie in Abbildung 11.9 zu sehen – über das Kontextmenü Zugriff auf den Befehl *Ändern*.

Abbildg. 11.9 Erst per Rechtsklick auf eine Zellenformatvorlage können Sie den Befehl *Ändern* aufrufen

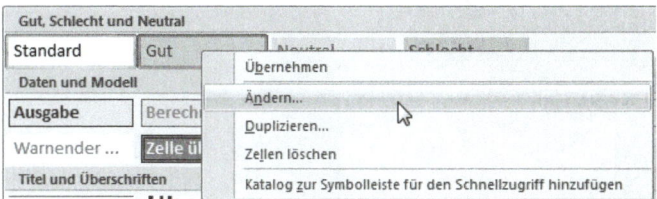

Nach einem Klick auf *Ändern* folgt das Dialogfeld *Formatvorlage*. Hier sehen Sie – wie in Abbildung 11.11 gezeigt – die aktuell eingestellten Formatierungsoptionen – in dem Fall die Schrift *Calibri* für den Textkörper in Schriftgrad 11 pt und mit den drei RGB-Werten der Schriftfarbe (RGB steht für Rot, Grün, Blau und die Mischung dieser drei Farbanteile).

RGB- und HSL-Farbmodell in Excel

Farbfernseher wie auch -monitore verwenden rote, grüne und blaue Leuchtpunkte, um Farben darzustellen. Aus den drei Primärfarben Rot, Grün und Blau können durch Mischung alle Farben hergeleitet werden. So entsteht aus Rot und Grün die Farbe Gelb, aus Grün und Blau wird Zyan und aus Rot und Blau entsteht Magenta.

Im *RGB-Farbmodell* (RGB = Rot/Grün/Blau) wird dieses Farbsystem in ein Zahlenmodell umgesetzt. Der höchste Parameter, den Sie eingeben können, ist 255. Setzen Sie alle Parameter auf 255, erhalten Sie Weiß, bei dreimal 0 entsteht Schwarz.

Durch Verringern bzw. Erhöhen der drei Parameter können Sie somit alle Farben mischen, die Ihr Monitor darstellen kann. In Tabelle 11.1 sehen Sie die Kombination der RGB-Werte für einige gebräuchliche Farben.

Tabelle 11.1 Definition einiger bekannter Farben in RGB-Werten

Farbe	Rot-Wert	Grün-Wert	Blau-Wert
Rot	255	0	0
Grün	0	255	0
Blau	0	0	255
Gelb	255	255	0
Zyan	0	255	255
Magenta	255	0	255
Schwarz	0	0	0
Weiß	255	255	255
Orange	255	123	0
Violett	123	0	123

Abbildg. 11.10 Farben nach dem RGB- oder dem HSL-Modell definieren

Das andere Farbmodell, das von Excel unterstützt wird, ist das *HSL-Farbmodell*, in dem eine bestimmte Anzahl von primären Farben enthalten ist. HSL ist die Abkürzung der Wörter Hue = Farbton, Saturation = Sättigung und Luminance = Helligkeit. Das HSL-Modell stellt die vorhandenen Farben auf einem scheibenförmigen Spektrum dar, das von Rot über Orange, Gelb, Grün, Zyan, Blau, Violett bis Magenta reicht und dann wieder in Rot übergeht. Jede Farbe wird durch ihren Farbton, ihre Sättigung und ihre Helligkeit definiert.

Das HSL-Farbmodell ist oft leichter zu verwenden als das RGB-System. Die Schwierigkeit bei der Arbeit mit dem RGB-Modell besteht darin, dass Sie das richtige Verhältnis der Primär- und Sekundärfarben mischen müssen, statt wie beim HSL-Modell eine Grundfarbe zu wählen und durch Veränderung von Sättigung und Helligkeit den gewünschten Farbton zu erreichen.

Um die Schriftart und die Zellfarbe für die Zellenformatvorlage *Gut* zu ändern, gehen Sie nun wie folgt vor:

1. Klicken Sie im Dialogfeld *Formatvorlage* auf die Schaltfläche *Formatieren*.
2. Ändern Sie in der Registerkarte *Schrift* die *Schriftart* auf *Arial Narrow* und den *Schriftschnitt* auf *Fett*.
3. Wechseln Sie zur Registerkarte *Ausfüllen* und wählen Sie eine andere Zellfarbe, beispielsweise einen anderen, hellen Grünton.
4. Klicken Sie zweimal auf *OK*, um den Vorgang abzuschließen.

In Abbildung 11.11 können Sie die Einstellungen vor und nach dem Eingriff in die Zellenformatvorlagen vergleichen.

Einzelne Zellen schnell formatieren: Mit Zellenformatvorlagen arbeiten

Abbildg. 11.11   Links das Dialogfeld mit der Originalformatierung, rechts das mit den geänderten Optionen

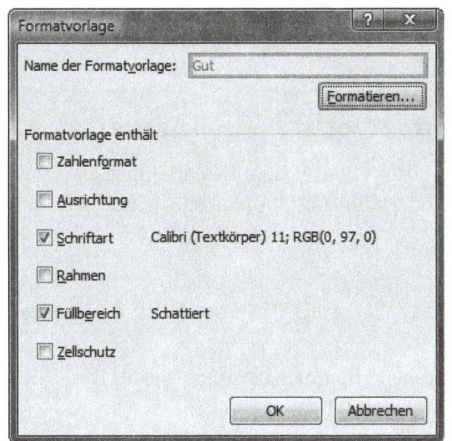
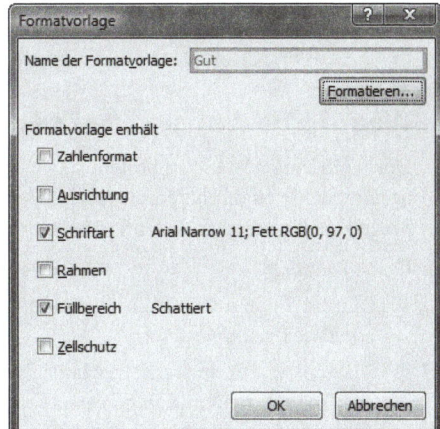

In Abbildung 11.12 sehen Sie die Auswirkungen auf den Katalog der Zellenformatvorlage.

Abbildg. 11.12   Oben die Originaldarstellung von *Gut*, unten die geänderte Formatversion

Hier irrt die Hilfe! Ein Bug?

In der Hilfe zu Excel können Sie Folgendes lesen:

»Zellenformatvorlagen basieren auf dem Dokumentdesign, das auf die gesamte Arbeitsmappe angewendet wird. Wenn Sie zu einem anderen Dokumentdesign wechseln, werden die Zellenformatvorlagen so aktualisiert, dass sie mit dem neuen Dokumentdesign übereinstimmen.«

Dieser Satz stimmt nur zum Teil. Wenn Sie für eine Zellenformatvorlage wie im Beispiel oben gezeigt die Zellfarbe modifizieren, wird diese beim Zuweisen eines neuen Designs tatsächlich automatisch wieder geändert – gemäß den Vorgaben des Designs. So weit so gut.

Die Schriftart, die auch Bestandteil des Designs ist, ändert sich jedoch beim Wechsel des Designs **nicht**. Sie bleibt in dem Fall bei Arial Narrow, Fett, 11 pt.

Eigene Zellenformatvorlagen anlegen

Wenn Ihnen die knapp 50 vorgefertigten Zellenformatvorlagen von Excel nicht reichen sollten, können Sie zusätzliche anlegen.

Weg 1: Eine vorhandene Zellenformatvorlage duplizieren

Der wohl einfachste Weg besteht darin, eine vorhandene Zellenformatvorlage als Basis zu nehmen und zunächst zu duplizieren. Anschließend ändern Sie das Duplikat so wie im vorherigen Abschnitt beschrieben ganz nach Ihren Wünschen.

Und so geht's:
1. Klicken Sie in der Multifunktionsleiste auf der Registerkarte *Start* in der Gruppe *Formatvorlagen* auf *Zellenformatvorlagen*.
2. Klicken Sie mit der rechten Maustaste auf die Zellenformatvorlage, die als Basis dienen soll und im Kontextmenü auf *Duplizieren*.
3. Vergeben Sie im Eingabefeld *Name der Formatvorlage* einen aussagekräftigen Namen für Ihre neue Zellenformatvorlage, beispielsweise *Entwurf*.
4. Klicken Sie auf die Schaltfläche *Formatieren*, um die Attribute der Zellenformatvorlage zu ändern und wählen Sie dazu auf den verschiedenen Registerkarten die gewünschten Formatoptionen aus. Klicken Sie dann auf *OK*.
5. Aktivieren Sie im Dialogfeld *Formatvorlage* im Feld *Formatvorlage enthält* die Kontrollkästchen der Optionen, welche durch die neue Zellenformatvorlage betroffen sein sollen.

HINWEIS Eine duplizierte und umbenannte Zellenformatvorlage wird anschließend der Liste der benutzerdefinierten Zellformatvorlagen hinzugefügt und erscheint – so wie in Abbildung 11.13 gezeigt – ganz oben im Katalog. Versäumen Sie es, die integrierte Zellenformatvorlage umzubenennen, wird diese nur mit den von Ihnen vorgenommenen Änderungen aktualisiert. Es entsteht also keine neue, benutzerdefinierte Zellenformatvorlage.

Abbildg. 11.13 Neu erstellte Zellenformatvorlagen erscheinen ganz oben

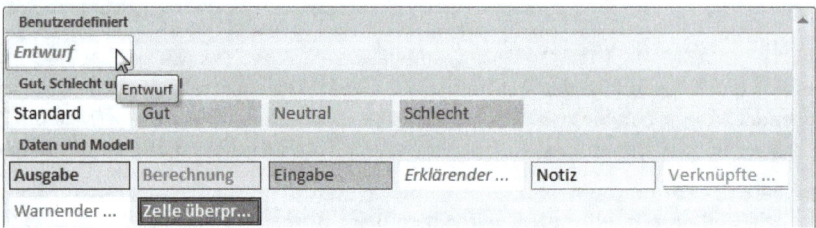

Weg 2: Eine Zellenformatvorlage komplett neu anlegen

Eignet sich keine der vorhandenen Zellenformatvorlagen als Basis für eine neue, eigene, dann legen Sie eine komplett neue Zellenformatvorlage wie folgt an:
1. Klicken Sie in der Multifunktionsleiste auf der Registerkarte *Start* in der Gruppe *Formatvorlagen* auf *Zellenformatvorlagen*.
2. Klicken Sie ganz unten auf den Befehl *Neue Zellenformatvorlage*.
3. Vergeben Sie wieder einen geeigneten Namen für die neue Zellenformatvorlage.

4. Klicken Sie auf die Schaltfläche *Formatieren* und wählen Sie die gewünschten Formatoptionen.
5. Aktivieren Sie im Dialogfeld *Formatvorlage* im Feld *Formatvorlage enthält* die Kontrollkästchen der Optionen, welche durch die neue Zellenformatvorlage betroffen sein sollen.

Zellenformatvorlagen löschen

Sie können nur benutzerdefinierte Zellenformatvorlagen löschen, die integrierten hingegen nicht.

1. Klicken Sie in der Multifunktionsleiste auf der Registerkarte *Start* in der Gruppe *Formatvorlagen* auf *Zellenformatvorlagen*.
2. Klicken Sie mit der rechten Maustaste auf die benutzerdefinierte Zellenformatvorlagen, die Sie nicht mehr benötigen und wählen Sie im Kontextmenü den ziemlich irreführenden Befehl *Zellen löschen*.

Als Ergebnis daraus passieren zwei Dinge:

- Zellen, die mit den Attributen der betroffenen benutzerdefinierten Zellenformatvorlage formatiert waren, werden auf *Standard* zurückgesetzt. Und zwar egal, ob Sie die Zellen markiert hatten oder nicht.
- Gleichzeitig passiert das, was Sie eigentlich vorhatten: Auch die benutzerdefinierte Zellenformatvorlage selbst verschwindet.

Die Formate einer Zellenformatvorlage aus ausgewählten Zellen entfernen

Wollen Sie die Formatattribute einer bestimmten *integrierten* Zellenformatvorlage aus einer oder mehreren Zellen wieder entfernen, dann ist das im Handumdrehen erledigt. Denn Sie müssen die Zellen im Arbeitsblatt nicht vorher auswählen. Gehen Sie einfach wie folgt vor:

1. Klicken Sie in der Multifunktionsleiste auf der Registerkarte *Start* in der Gruppe *Formatvorlagen* auf *Zellenformatvorlagen*.
2. Bewegen Sie die Maus über die betreffende Zellenformatvorlage und klicken Sie diese mit der rechten Maustaste an.
3. Wählen Sie im Kontextmenü den Befehl *Zellen löschen*.

Diesmal bleibt die Zellenformatvorlage selbst erhalten, aber alle Zellen, die mit ihr formatiert waren, erscheinen nun mit den Formatoptionen der Zellenformatvorlage *Standard*.

Gut organisiert: Zellenformatvorlagen zwischen verschiedenen Arbeitsmappen austauschen

Neben der eben beschriebenen Technik zum selektiven Entfernen der Formatattribute einer bestimmten Formatvorlage – sie ist von Word abgeschaut, wo es diese nützliche Funktion schon seit Version 2002 gibt – können Sie auch Formatvorlagen über die Grenze einer Arbeitsmappe hinweg austauschen.

Kapitel 11 Von der Mappe bis zur Zelle: Mit Vorlagen schneller formatieren

Das ist immer dann hilfreich, wenn Sie dafür sorgen wollen, dass in mehreren Mappen die gleichen Formate angewendet werden, um Ihren Dokumenten ein einheitliches Erscheinungsbild zu geben. So gehen Sie vor:

1. Öffnen Sie die Mappe mit den gewünschten Zellenformatvorlagen.
2. Wechseln Sie zu der Mappe, in die Sie die Zellenformatvorlagen übertragen wollen. Am schnellsten geht das mit der Tastenkombination [Strg]+[F6].
3. Klicken Sie in der Multifunktionsleiste auf der Registerkarte *Start* in der Gruppe *Formatvorlagen* auf *Zellenformatvorlagen*.
4. Wählen Sie in dem aufklappenden Katalog ganz unten den Befehl *Formatvorlagen zusammenführen*.
5. Im nun folgenden gleichnamigen Dialogfeld erscheint eine Liste der aktuell geöffneten Dateien. Wählen Sie die in Schritt 1 geöffnete aus und klicken auf *OK*.

Abbildg. 11.14   In die aktuelle Mappe Zellenformatvorlagen aus der Mappe *Bilanz.xlsx* übernehmen

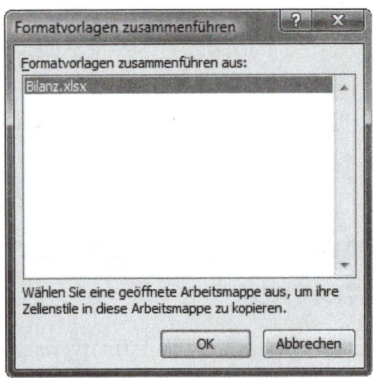

> **HINWEIS**   Sind in beiden Mappen Zellenformatvorlagen mit dem gleichen Namen vorhanden, weist Excel Sie darauf mit einer Sicherheitsabfrage hin, die Sie in Abbildung 11.15 sehen. Mit *Ja* werden die Zellenformatvorlagen der aktuellen Mappe mit denen der in Schritt 1 ausgewählten Mustermappe überschrieben. Bei *Nein* werden nur die Zellenformatvorlagen aus der Mustermappe übernommen, die es in der aktuellen Mappe nicht gibt.

Abbildg. 11.15   Wichtige Sicherheitsabfrage beim Austauschen von Zellenformatvorlagen

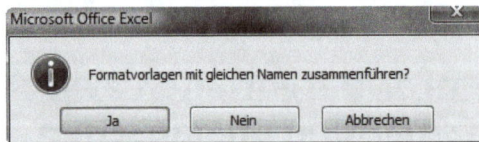

ACHTUNG Die Möglichkeit des mappenübergreifenden Austauschs von Zellenformatvorlagen funktioniert nur zwischen Dateien, die im Excel 2007-Format vorliegen. Excel-Dateien aus früheren Excel-Versionen erscheinen gar nicht erst in dem in Abbildung 11.14 gezeigten Dialogfeld.

Ob eine Excel-Datei aus einer früheren Version stammt, sehen Sie an der Endung *.xls* und auch daran, dass ganz oben in der Titelleiste von Excel hinter dem Dateinamen der Zusatz *[Kompatibilitätsmodus]* erscheint. Mehr zur Kompatibilität erfahren Sie in Kapitel 3.

Komplette Tabellen gestalten: Mit Tabellenformatvorlagen arbeiten

Die AutoFormate früherer Excel-Versionen wurden in Excel 2007 zu Tabellenformatvorlagen weiterentwickelt. Mit deren Hilfe können Sie eine Tabelle schnell formatieren oder mehrere Tabellen mit wenigen Mausklicks einheitlich gestalten.

Neben den 60 vordefinierten Tabellenformatvorlagen, die in die drei Kategorien *Hell*, *Mittel* und *Dunkel* eingeteilt sind, können Sie auch benutzerdefinierte Schablonen zum Formatieren kompletter Tabellen anlegen.

Abbildg. 11.16 Der Katalog der vorgefertigten Tabellenformatvorlagen bietet eine Auswahl von 60 Varianten

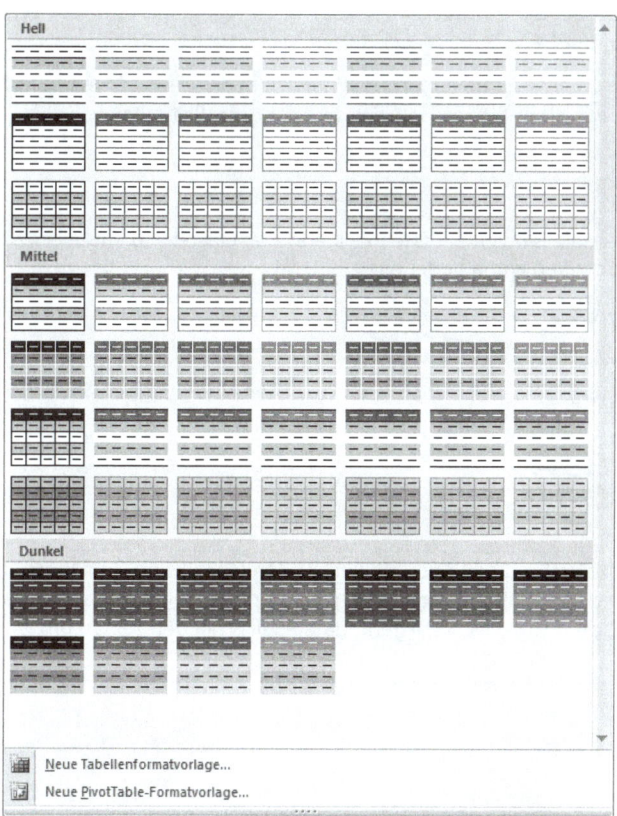

Einem Zellbereich eine Tabellenformatvorlage zuweisen

Beim Zuweisen einer Tabellenformatvorlage gehen Sie fast genauso vor wie beim Formatieren von Zellen mit Zellenformatvorlagen.

Abbildg. 11.17   Die Gruppe *Formatvorlagen* enthält auch den Befehl für Tabellenformatvorlagen

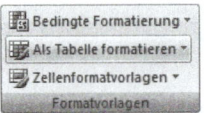

So geht's:
1. Markieren Sie den Zellbereich, den Sie als Tabelle formatieren wollen.
2. Klicken Sie auf der Multifunktionsleiste in der Registerkarte *Start* in der Gruppe *Formatvorlagen* auf die Schaltfläche *Als Tabelle formatieren*.
3. Klicken Sie in dem nun gezeigten Katalog (Abbildung 11.16) auf die passende Tabellenformatvorlage.
4. Es erscheint das in Abbildung 11.18 gezeigte Dialogfeld, in dem Sie
   - Nachprüfen können, ob der richtige Zellbereich markiert wurde und dies gegebenenfalls korrigieren könnten und
   - Einstellen können, ob der von Ihnen markierte Bereich in der ersten Zeile Überschriften enthält. Wenn dem so ist, setzen Sie ein Häkchen in das Kontrollkästchen vor *Tabelle hat Überschriften*.
5. Klicken Sie zum Abschluss auf *OK*:

Abbildg. 11.18   Hier können Sie gegebenenfalls den markierten Zellbereich anpassen und einstellen, ob der markierte Bereich Überschriften enthält oder nicht

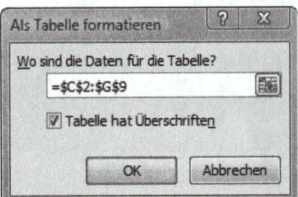

HINWEIS   Stehen in der ersten Zeile des markierten Bereiches keine Zahlen, sondern Texte, ist das Kontrollkästchen in dem in Abbildung 11.18 gezeigten Dialogfeld bereits mit einem Häkchen versehen, da Excel in dem Fall davon ausgeht, dass es sich bei den Texten um Überschriften handelt.

Abbildg. 11.19 Vorher und Nachher: Oben der Ausgangs-Zellbereich, unten der Zellbereich nach dem Zuweisen einer Tabellenformatvorlage. Wichtig ist die Markierung an der rechten unteren Ecke.

April	Mai	Juni	Juli	
1488	2587	1508	1468	
2078	2178	2611	1630	
4496	1260	3403	3858	
1529	4229	4159	3735	

April	Mai	Juni	Juli	
1488	2587	1508	1468	
2078	2178	2611	1630	
4496	1260	3403	3858	
1529	4229	4159	3735	

Neben den veränderten Formaten für den markierten Zellbereich hat das Zuweisen der Tabellenformatvorlage ein weiteres wichtiges Ergebnis gebracht, das überhaupt nichts mit Formatieren zu tun hat: Excel hat aus dem Zellbereich eine Tabelle gemacht (mehr zu Tabellen und deren Eigenschaften lesen Sie in Kapitel 19).

Wenn Sie in den soeben formatierten Bereich klicken, werden außerdem über der Multifunktionsleiste die *Tabellentools* angezeigt und die Multifunktionsleiste selbst wird am rechten Rand um die Registerkarte *Entwurf* erweitert.

Mit den *Tabellentools* auf der Registerkarte *Entwurf* können Sie in umfangreichen Tabellen für mehr Übersicht sorgen, indem Sie beispielsweise Zellbereiche wie Überschriften oder Ergebniszeilen ein- oder ausblenden, oder verbundene Zellen kenntlich machen. Setzen Sie dazu jeweils ein Häkchen, um die Tabellenelemente anzuzeigen, entfernen Sie das Häkchen, wenn die Elemente ausgeblendet werden sollen.

Abbildg. 11.20 Über die speziell eingeblendeten Tabellentools die Anzeige von Tabellenelementen steuern

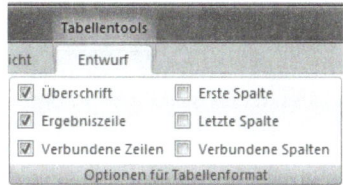

Die neu entstandene Tabelle erweitern

Die Tatsache, dass durch das Zuweisen einer Tabellenformatvorlage eine Excel-Tabelle entstanden ist, hat den Vorteil, dass die Tabelle die ihr übertragenen Formate beibehält, auch wenn Sie ihre Größe erweitern oder reduzieren.

Kapitel 11 Von der Mappe bis zur Zelle: Mit Vorlagen schneller formatieren

Probieren Sie es selbst:

Klicken Sie auf den Zeilenkopf einer Zeile, die sich in der Tabelle befindet und betätigen Sie die Tastenkombination [Strg]+[+]. Die Tabelle wird um eine Zeile erweitert und die Formate sofort auf die neue Situation angepasst.

Das passiert ebenso, wenn Sie – wie in Abbildung 11.21 gezeigt – an der rechten unteren Ecke des Tabellenbereiches an der blauen Ecke ziehen und so die Größe der Tabelle verändern. Egal, ob Sie damit Zeilen oder Spalten hinzufügen oder entfernen, die Formate werden stets automatisch angepasst.

Abbildg. 11.21   Wenn Sie die Tabelle durch Ziehen an der rechten unteren Ecke erweitern oder reduzieren, werden die Formate sofort an die neue Situation angepasst

April	Mai	Juni	Juli	August
1488	2587	1508	1468	
2078	2178	2611	1630	
4496	1260	3403	3858	
1529	4229	4159	3735	

Benutzerdefinierte Tabellenformatvorlagen anlegen

Wie schon weiter oben erwähnt, können Sie Ihre eigenen Tabellenformatvorlagen anlegen, wenn Ihnen die vorgegebenen 60 Muster nicht reichen sollten. So gehen Sie vor:

1. Klicken Sie in der Registerkarte *Start* der Multifunktionsleiste in der Gruppe *Formatvorlagen* auf *Als Tabelle formatieren*.
2. Klicken Sie ganz unten auf *Neue Tabellenformatvorlage*.
3. Vergeben Sie im Eingabefeld *Name* eine aussagefähige Bezeichnung für Ihre neue Tabellenformatvorlage.
4. Markieren Sie darunter im Feld *Tabellenelement* die jeweils gewünschte Tabellenkomponente.
5. Klicken Sie anschließend auf *Formatieren*, um die gewünschten benutzerdefinierten Formate einzustellen. Mehr zum Formatieren über die verschiedenen Registerkarten des Dialogfelds *Zellen formatieren* lesen Sie in Kapitel 9.

Komplette Tabellen gestalten: Mit Tabellenformatvorlagen arbeiten

Im vorliegenden Beispiel erhielt die neue Tabellenformatvorlage den Namen *Projekttabelle*. Sie erscheint nach einem Klick auf *Als Tabelle formatieren* ganz oben im Katalog unter *Benutzerdefiniert*.

Abbildg. 11.22 Schritt für Schritt die gewünschten Formate für die jeweiligen Tabellenelemente einstellen

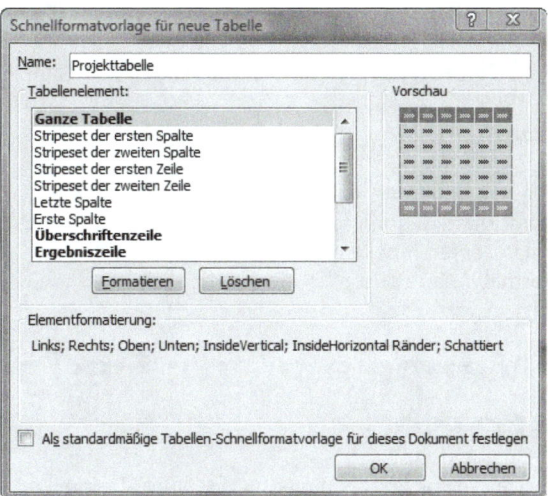

HINWEIS Von Ihnen erstellte benutzerdefinierte Tabellenformatvorlagen werden stets nur in der aktuellen Arbeitsmappe gespeichert. Sie sind nicht für andere Arbeitsmappen verfügbar und können – im Unterschied zu Zellenformatvorlagen – auch nicht menügeführt von einer Mappe auf die andere übertragen werden. Um bestimmte Tabellenformatvorlagen in mehreren Mappen zur Verfügung zu haben, müssen Sie die Mappe mit den benutzerdefinierten Tabellenformatvorlagen als Mappenvorlage mit der Endung *.xltx* speichern. Mehr dazu weiter unten in diesem Kapitel.

Abbildg. 11.23 Die neue Tabellenformatvorlage erscheint ganz oben unter *Benutzerdefiniert*

HINWEIS Wie schon bei den Zellenformatvorlagen können Sie auch bei den Tabellenformatvorlagen eine neue, benutzerdefinierte Variante anlegen, indem Sie eine bestehende Tabellenformatvorlage duplizieren, umbenennen und dann an Ihre Bedürfnisse anpassen. Rufen Sie dazu per Klick auf *Als Tabelle formatieren* den Katalog der bestehenden Tabellenformatvorlagen auf, klicken Sie mit der rechten Maustaste auf eine Tabellenformatvorlage, die als Basis dienen soll und wählen Sie im Kontextmenü *Duplizieren*.

Tabellenformatvorlagen löschen

Das Löschen einer selbst angelegten Tabellenformatvorlage funktioniert so wie bei den Zellenformatvorlagen nur über einen Rechtsklick und das Kontextmenü:

1. Klicken Sie in der Registerkarte *Start* der Multifunktionsleiste in der Gruppe *Formatvorlagen* auf *Als Tabelle formatieren*.
2. Klicken Sie oben in der Kategorie *Benutzerdefiniert* mit der rechten Maustaste auf die Tabellenformatvorlage, die Sie löschen wollen.
3. Klicken Sie im Kontextmenü auf *Zellen löschen*.

HINWEIS Sie können nur benutzerdefinierte Tabellenformatvorlagen löschen, bei den integrierten 60 vorgefertigten Tabellenformatvorlagen steht der Befehl zum Löschen nicht zur Verfügung. Zwar lassen sich die Formate einer Tabellenformatvorlage in den betroffenen Tabellen löschen, nicht aber die Tabellenformatvorlage selbst.

Das Aussehen der Mappe ändern: Designs verwenden und anpassen

In dem Bemühen, mehr Einheitlichkeit in das Erscheinungsbild der Office-Dokumente zu bringen, die mit Excel, Word und PowerPoint angelegt werden, sind die Office-Designs als neue Funktion in den drei Office-Anwendungen eingeführt worden. Das damit angestrebte Ziel ist ohne jeden Zweifel äußerst wichtig, die Umsetzung jedoch kann nicht an allen Stellen überzeugen.

Wann soll man ein Design zuweisen?

Die Vielfalt der Möglichkeiten – insbesondere der Farben und Schriftarten – wird Excel-Anwender, die einfach nur Ihren »Zahlenjob« machen wollen, eher irritieren. Excel ist nun mal nicht PowerPoint und Inhalte rangieren vor der Gestaltung.

Die Tatsache beispielsweise, dass sich bei Wahl eines anderen Designs die Schriftarten und damit die Spaltenbreiten automatisch ändern, dürfte viele Anwender eher abschrecken, denn damit wird das gesamte Seitenlayout verändert. Die Folge: Eine Tabelle, die vorher beim Ausdrucken exakt auf eine Seite passte, beansprucht plötzlich mehr als eine Seite.

Insofern ist das Zuweisen eines Designs keine Aufgabe, die man in allerletzter Minute erledigen sollte. Denn auch wenn Sie die Auswirkungen eines neu gewählten Designs auf das aktuell angezeigte Arbeitsblatt natürlich gut verfolgen können: Das Design wirkt sich auf *alle* Blätter der Mappe aus. Haben Sie 20 oder 30 Blätter in einer Mappe, stehen Sie vor der wenig einladenden Aufgabe, in jedem der Blätter nachzuschauen, was das neue Design »angerichtet« hat.

Was gehört zu einem Design?

Zu Beginn dieses Kapitels konnten Sie bereits lesen, was ein Design einschließt:

- Farben
- Schriftarten und -größen für Texte und Überschriften
- Effekte für Formen

Das Aussehen der Mappe ändern: Designs verwenden und anpassen

Erfahren Sie in den folgenden Abschnitten, wie Sie Designs anwenden und individuell anpassen können.

Abbildg. 11.24   Die drei Optionen, die sich über ein Design speichern und steuern lassen

Designs verwenden

Viele Anwender wollen mit Excel in erster Linie ihre Zahlen übersichtlich verwalten, exakt berechnen und möglichst schnell analysieren. Das Aussehen der Tabellen ist für sie eher zweitrangig und der Zeitaufwand dafür somit knapp bemessen. Insofern ist es recht nützlich, dass die Anwender neben den bereits beschriebenen Zellen- und Tabellenformatvorlagen mit den Office-Designs ein weiteres Mittel in die Hand bekommen, um ihre Arbeitsergebnisse ansprechend und zugleich einheitlich darzustellen.

Ein Design auswählen und zuweisen

Um das Design einer Mappe zu ändern, gehen Sie wie folgt vor:

1. Wechseln Sie in der Multifunktionsleiste zur Registerkarte *Seitenlayout*.
2. Ganz links sehen Sie nun als erste Befehlsgruppe *Designs* (Abbildung 11.24).

3. Klicken Sie auf den Pfeil unter *Designs*, um den Katalog mit den verfügbaren Designs anzuzeigen.
4. Excel bietet Ihnen standardmäßig 20 vorgefertigte Designs an, deren Namen mehr oder weniger eingängig sind. Voreingestelltes Standard-Design ist *Larissa*.

Abbildg. 11.25   Der Katalog mit 20 vordefinierten Designs

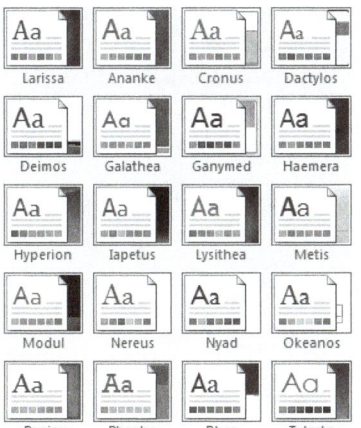

5. Wenn Sie die Maus über die einzelnen Designs bewegen, sehen Sie infolge der neuen Funktion *Livevorschau* sofort die jeweilige Wirkung jedes der Designs auf das aktuell angezeigte Arbeitsblatt. Klicken Sie das Design Ihrer Wahl an, um den Vorgang abzuschließen.

Ein Design als Standard verwenden

In PowerPoint klicken Sie nach dem Öffnen des Katalogs mit den vorhandenen Designs Ihr Favoritendesign mit der rechten Maustaste an und wählen im Kontextmenü einfach *Als Standarddesign festlegen*. In Excel und Word ist das nicht so leicht. Hier gibt es diesen Befehl nicht, Sie müssen das von Ihnen favorisierte Design – egal ob vorgefertigt oder selbst angelegt – als Bestandteil einer Mappenvorlage abspeichern. Mehr zu Mappenvorlagen lesen Sie weiter unten in diesem Kapitel.

Was konkret bewirkt ein Design?

Bei der Wahl eines Designs dürften für die meisten Excel-Anwender vor allem Farben und Schriften ausschlaggebend sein. Effekte für Formen werden wohl eher selten zum Einsatz kommen.

Die Änderungen durch ein Design können Sie schon feststellen, wenn Sie in der Multifunktionsleiste auf der Registerkarte *Seitenlayout* einmal genauer die Gruppe *Designs* betrachten. Dort können Sie rechts oben in dem Farbviereck jeweils vier Farben ausmachen, je nach Design wechseln diese (Abbildung 11.26).

Abbildg. 11.26 Aussehen der Gruppe *Designs* bei Auswahl der Designs *Larissa, Okeanos* und *Papier* (v.l.n.r.); rechts oben in dem Quadrat werden jeweils die sich ändernden vier Hauptfarben angezeigt

Designs und Tabellen

Wie sich die Auswahl eines Designs auf Ihre Tabellen auswirkt, können Sie in der Beispieldatei *Kap11_Designs&Tabellen.xlsx* verfolgen. Dort wird anhand einer Mustertabelle gezeigt, wie sich diese nach Zuweisen verschiedener Designs jeweils verändert.

Die Beispieldatei *Kap11_Designs&Tabellen.xlsx* finden Sie auf der CD-ROM zum Buch im Ordner *\Buch\Kap11*.

In den folgenden vier Abbildungen können Sie sich einen ersten Eindruck von der Wirkung der Designs verschaffen.

Das Aussehen der Mappe ändern: Designs verwenden und anpassen

Abbildg. 11.27 Die Mustertabelle mit dem Design *Deimos* ...

Deimos	2003	2004	2005	2006
Berlin	201,93	23,57	127,36	163,68
München	133,09	202,16	28,11	271,89
Frankfurt	205,73	135,51	113,87	288,67
Düsseldorf	273,06	142,06	39,29	171,55
Hamburg	43,50	86,47	112,19	295,48
Dresden	125,14	37,79	122,46	150,78

Abbildg. 11.28 ... *Galathea* ...

Galathea	2003	2004	2005	2006
Berlin	201,93	23,57	127,36	163,68
München	133,09	202,16	28,11	271,89
Frankfurt	205,73	135,51	113,87	288,67
Düsseldorf	273,06	142,06	39,29	171,55
Hamburg	43,50	86,47	112,19	295,48
Dresden	125,14	37,79	122,46	150,78

Abbildg. 11.29 ... *Ganymed* ...

Ganymed	2003	2004	2005	2006
Berlin	201,93	23,57	127,36	163,68
München	133,09	202,16	28,11	271,89
Frankfurt	205,73	135,51	113,87	288,67
Düsseldorf	273,06	142,06	39,29	171,55
Hamburg	43,50	86,47	112,19	295,48
Dresden	125,14	37,79	122,46	150,78

Abbildg. 11.30 ... und *Okeanos*

Okeanos	2003	2004	2005	2006
Berlin	201,93	23,57	127,36	163,68
München	133,09	202,16	28,11	271,89
Frankfurt	205,73	135,51	113,87	288,67
Düsseldorf	273,06	142,06	39,29	171,55
Hamburg	43,50	86,47	112,19	295,48
Dresden	125,14	37,79	122,46	150,78

Tabellen und Daten formatieren

Designs und Diagramme

Noch weitaus überraschender dürfte sein, wie sich Designs auf Diagramme auswirken. Bereits in der Betaphase zu *2007 Microsoft Office System* gab es in Newsgroups lebhafte Diskussionen darüber, wie Diagramme mit professionellem Anspruch aussehen sollten. Dementsprechend wurden auch die Vorbehalte gegen zu bunte, zu effektvolle Diagramme recht deutlich formuliert.

Machen Sie sich selbst ein Bild davon, welche Auswirkungen die einzelnen Designs auf Diagramme haben. In der Datei *Kap11_Designs&Diagramme.xlsx* auf der CD-ROM zum Buch können Sie anhand eines Musterdiagramms vergleichen, welche Gestaltungsergebnisse die einzelnen Designs hervorrufen. Die Beispieldatei befindet sich im Ordner *\Buch\Kap11*.

Sie werden in der Beispieldatei recht schnell erkennen, dass einige Designs dem Anspruch »professionell« entsprechen, andere hingegen weit davon entfernt sind.

Designs anpassen

Farben und Schriften sind wichtige Bestandteile des Corporate Designs einer jeden Firma. Mit den anpassbaren Office-Designs ist es jetzt deutlich leichter, auch in Excel die Vorgaben des Corporate Designs umzusetzen. Beginnen Sie zunächst damit, Farben in einem vorhandenen Design zu ändern.

Excel bietet Ihnen 21 vorgefertigte Farbpaletten an. 20 davon beruhen auf den mitgelieferten Designs, die 21. trägt den Namen *Graustufe* und hat die Aufgabe, die Arbeitsmappe blitzschnell für den Druck auf einem Schwarzweiß-Drucker umzustellen.

Die Elemente der Farbpalette kennen und anpassen

Machen Sie sich zunächst mit dem Farbsystem vertraut, bevor Sie daran gehen, neue Farben zu definieren. Am einfachsten ist es, wenn Sie dazu wie folgt vorgehen:

1. Klicken Sie in der Registerkarte *Seitenlayout* der Multifunktionsleiste in der Gruppe *Designs* auf *Farben*. Es öffnet sich der eben erwähnte Katalog mit 21 vordefinierten Farb-Sets.
2. Klicken Sie ganz unten in diesem Katalog auf den Eintrag *Neue Designfarben erstellen*.
3. In dem nun folgenden Dialogfeld (Abbildung 11.31) können Sie sich am besten einen Überblick verschaffen, wie die Farben organisiert sind.

Das Aussehen der Mappe ändern: Designs verwenden und anpassen

Abbildg. 11.31   Im Dialogfeld zum Definieren neuer Farben den Aufbau des Systems der Farbpaletten studieren

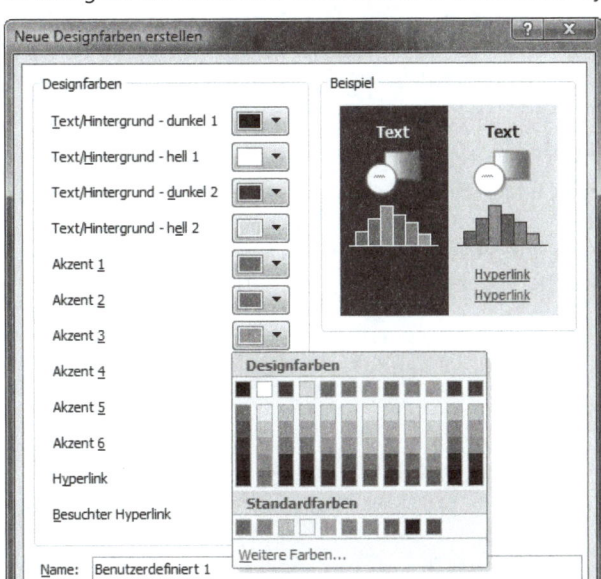

- Zunächst einmal gibt es in jedem der mitgelieferten Designs die beiden Farben Schwarz und Weiß als Standard, der immer dabei sein muss
- Darunter folgen unter der Bezeichnung *Text/Hintergrund - dunkel 2* sowie *Text/Hintergrund - hell 2* die beiden Hauptfarben
- Danach gibt es sechs Akzentfarben
- Schließlich ist je eine Farbe für Hyperlinks und besuchte Hyperlinks vorgesehen

Anwender, die bisher neben Excel auch mit PowerPoint gearbeitet haben, wissen dass es dort schon immer eine Palette mit acht vordefinierten Farben gab. In Office 2007 sind es jetzt zwölf Grundfarben, die Ihnen in Excel, PowerPoint und Word pro Design zur Verfügung stehen, und die auch als »Designfarben« bezeichnet werden.

In dem Moment, wo Sie eine der zwölf Farben des Designs ändern wollen und diese dazu anklicken, erscheint die ebenfalls in Abbildung 11.31 gezeigte Farbpalette mit dem Titel *Designfarben*. Sie enthält oben die zwölf Designfarben in verschiedenen Abstufungen und darunter eine Auswahl von zehn Standardfarben, die in jedem Design gleich und unveränderlich sind.

HINWEIS   Diese Palette *Designfarben* erhalten Sie auch, wenn Sie beispielsweise die Füllfarbe einer Zelle oder die Farbe Ihrer Texte und Zahlen ändern wollen.

Eine Farbe ändern

Um eine der zwölf Designfarben zu ändern, klicken Sie in dem in Abbildung 11.31 gezeigten Katalog in der Palette *Designfarben* auf den Eintrag *Weitere Farben*.

Im folgenden Dialogfeld *Farben* können Sie Millionen verschiedener Farben definieren, indem Sie zur Registerkarte *Benutzerdefiniert* wechseln und dort über die Eingabe der RGB- oder HSL-Werte exakt eine im Corporate Design Ihrer Firma festgelegte Farbe definieren (mehr zum RGB- und HSL-Farbsystem lesen Sie weiter oben in diesem Kapitel).

Die geänderte Farbpalette speichern

Geben Sie – nachdem Sie eine oder mehrere Farben auf dem oben beschriebenen Weg an Ihr Corporate Design angepasst haben – dem geänderten Set von Designfarben einen Namen und klicken Sie auf *Speichern*. Der Name könnte in dem Fall *Corporate Design* lauten, kann aber ebenso auch Auskunft zur verwendeten Hauptfarbe geben, beispielsweise *Purpur*. In jedem Fall sollte der Name aussagekräftig sein.

Abbildg. 11.32 Ganz oben erscheinen die benutzerdefinierten Farbsets

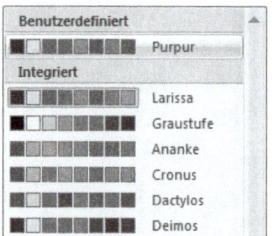

Nach dem Speichern erscheint die neue Farbpalette im Katalog der Designfarben. Und zwar wird sie dort – wie in Abbildung 11.32 zu sehen – ganz oben der neu angelegten Kategorie *Benutzerdefiniert* hinzugefügt.

TIPP Haben Sie versäumt, einen passenden Namen zu vergeben, klicken Sie einfach mit der rechten Maustaste auf das neue Farbset und wählen im Kontextmenü den Befehl *Bearbeiten*. Ändern Sie im darauf folgenden Dialogfeld den Namen.

Eine für alle: Eigene Farbpalette auch in Word und PowerPoint verfügbar

Wie wichtig ein vernünftiger Name ist, werden Sie gleich erkennen. In dem Moment, wo Sie in Excel eine neue, benutzerdefinierte Farbpalette anlegen, erscheint diese sofort auch in den beiden anderen Office-Programmen Word und PowerPoint.

Sie haben damit noch kein neues Office-Design definiert, aber die neue Farbpalette steht Ihnen umgehend auch in den beiden anderen Office-Anwendungen zur Verfügung.

PROFITIPP Wollen Sie eigene Farbpaletten auf einen anderen Computer übertragen, dann kopieren Sie die für die Farbpalette zuständige *.xml*-Datei auf den anderen PC. Benutzerdefinierte Farbpaletten werden im folgenden Ordner abgelegt:

C:\Users\Benutzername\AppData\Roaming\Microsoft\Templates\Document Themes\Theme Colors.

Die *.xml*-Dateien sind extrem klein, nicht mal 1 Kbyte groß.

Benutzerdefinierte Farbpaletten löschen

Um eine benutzerdefinierte Farbpalette von der Anzeige zu entfernen, gehen Sie wie folgt vor:

1. Klicken Sie in der Registerkarte *Seitenlayout* der Multifunktionsleiste in der Gruppe *Designs* auf *Farben*.
2. Klicken Sie mit der rechten Maustaste auf die betreffende benutzerdefinierte Palette.
3. Wählen Sie im Kontextmenü den Befehl *Löschen* und bestätigen Sie die Sicherheitsabfrage mit *Ja*.

HINWEIS Die Palette wird aus der Anzeige der Designfarben entfernt und die dazugehörige *.xml*-Datei wird in dem oben erwähnten Unterordner *Theme Colors* gelöscht.

Schriften und Effekte eines Designs verwenden

Neben Designfarben gibt es auch Designschriften und Designeffekte. Allerdings sind es nur zwei vorgegebene Designschriften: eine für Überschriften und eine für Texte und Zahlen. Und je Design ist ein Effekt voreingestellt.

Abbildg. 11.33   Jede Mappe hat zwei vorgegebne Schriftarten: eine für Überschriften, eine für Texte

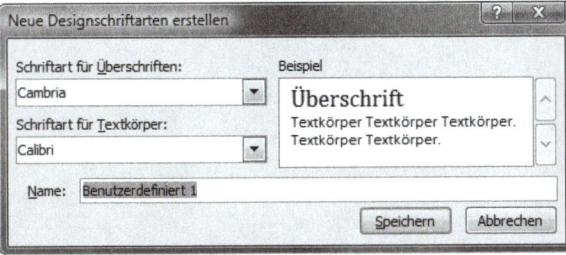

Schriften und Effekte auswählen und zuweisen

Wollen Sie die vorgegebenen Schriften oder Effekte eines Design ändern, gehen Sie analog zu den oben beschriebenen Schritten für Farben vor.

1. Klicken Sie also in der Gruppe *Designs* der Registerkarte *Seitenlayout* auf *Schriftarten* bzw. auf *Effekte*.
2. Wählen Sie im folgenden Katalog die gewünschte Option aus. Dank der Livevorschau können Sie sich zuvor einen Eindruck von der zu erwartenden Wirkung machen.

Die Schriften eines Designs anpassen und löschen

Angenommen, für Ihre Quartalsberichte sagt Ihnen die Schriftart für die Texte und Zahlen nicht zu. So können Sie diese Komponente des Designs leicht ändern:

1. Rufen Sie per Klick auf *Schriftarten* in der Gruppe *Designs* der Registerkarte *Seitenlayout* das in Abbildung 11.33 gezeigte Dialogfeld auf, indem Sie auf *Neue Designschriftarten erstellen* klicken.
2. Wählen Sie die gewünschte Schrift aus und klicken Sie auf *Speichern*, nachdem Sie zuvor noch einen passenden Namen vergeben haben – in dem Fall beispielsweise *Bericht*.

Kapitel 11   Von der Mappe bis zur Zelle: Mit Vorlagen schneller formatieren

Die neue Designschriftart erscheint nun ganz oben im Katalog der Designschriftarten unter *Benutzerdefiniert*.

Abbildg. 11.34   Die Auswahl der neuen Zweierkombination für Designschriften wurde hier unter *Bericht* abgespeichert

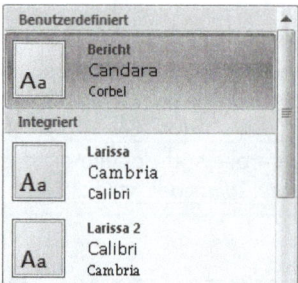

Um ein benutzerdefiniertes Schriften-Set zu löschen, benutzen Sie, wie bei den Designfarben weiter oben bereits detailliert beschrieben, wieder die rechte Maustaste und den Befehl *Löschen* im Kontextmenü.

Den Effekt für ein Design ändern

Zu jedem Design gibt es einen voreingestellten Effekt. Er bezieht sich auf die Füllung und die Konturlinien von Objekten. Betroffen sind AutoFormen, SmartArt und Diagramme.

Lassen Sie sich nicht allzu sehr davon beeindrucken, dass die Effekte die gleichen Namen wie die 20 vordefinierten Designs in Office tragen. Das sollte Sie nicht davon abhalten, beispielsweise im Design *Larissa* den Effekt *Okeanos* zu verwenden.

Abbildg. 11.35   Obwohl für jedes Design ein Effekt voreingestellt ist, können Sie diesen hier gegen einen anderen auswechseln

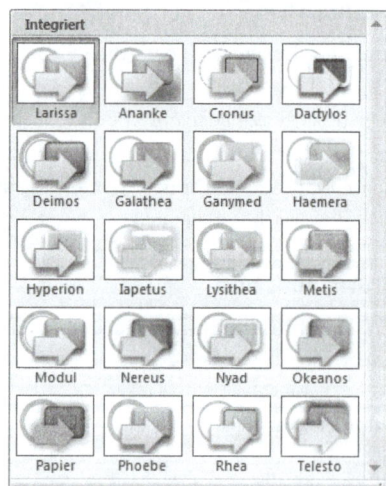

HINWEIS Designeffekte können Sie nur auswechseln. Sie sind teilweise recht aufwändig zusammengestellt – etwas, was früher nur mit Hilfe externer Bildbearbeitungsprogramme möglich war. Daher ist es nicht möglich, Designeffekte zu ändern oder benutzerdefinierte zu erstellen.

Benutzerdefinierte Designs speichern

Beim Lesen der vergangenen Abschnitte haben Sie gesehen, dass von Ihnen neue festgelegte Designfarben und -schriften sofort in der Kategorie *Benutzerdefiniert* angezeigt werden, wenn Sie in der Befehlsgruppe *Designs* der Registerkarte *Seitenlayout* auf die Schaltflächen für *Farben* bzw. *Schriftarten* klicken.

Damit Sie Ihre benutzerdefinierten Designfarben und -schriftarten sowie den von Ihnen gewünschten Effekt für Objekte und Diagramme nicht jedes Mal einzeln wählen müssen, können Sie diese zu einem »Paket« zusammenfassen – in einem benutzerdefinierten Design. Gehen Sie dazu wie folgt vor:

1. Definieren Sie die gewünschten Farben, Schriften und den Effekt.

2. Klicken Sie in der Befehlsgruppe *Designs* auf den Pfeil unter *Designs* und wählen Sie im Katalog ganz unten den Befehl *Aktuelles Design speichern*.
3. Excel zeigt daraufhin das Dialogfeld zum Speichern an. Der Ordner *Document Themes* wird automatisch vorgeschlagen. Sie müssen nur noch – so wie in Abbildung 11.36 gezeigt – im Eingabefeld *Dateiname* eine passende Bezeichnung für Ihr benutzerdefiniertes Design eintragen. Es erhält die Dateiendung *.thmx*.

Abbildg. 11.36 Benutzerdefinierte Office-Designs werden als Dateien mit der Endung *.thmx* im Unterordner *Document Themes* abgelegt

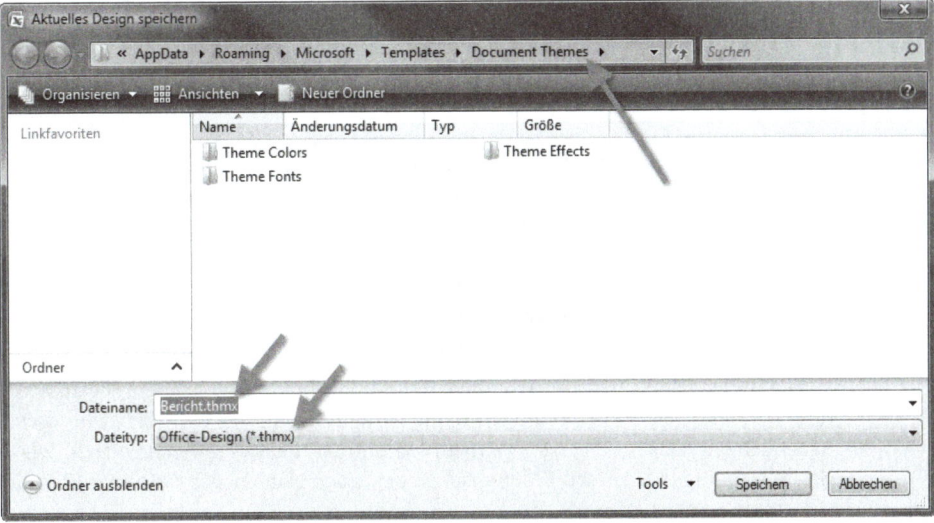

Wenn Sie anschließend noch einmal auf den Pfeil unter *Designs* klicken, sehen Sie, dass das von Ihnen eben angelegte Design – so wie in Abbildung 11.37 zu sehen – im Katalog ganz oben in der Kategorie *Benutzerdefiniert* erscheint.

Abbildg. 11.37 Selbst erstellte Office-Designs erscheinen im Design-Katalog ganz oben unter *Benutzerdefiniert*

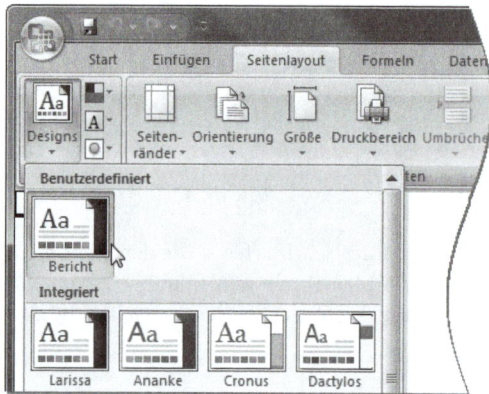

HINWEIS Das neue Design erscheint auch in den beiden anderen Anwendungen Word und PowerPoint und kann dort von Ihnen benutzt werden.

Ein benutzerdefiniertes Design löschen

Zum Entfernen eines von Ihnen erstellten Designs aus dem Katalog klicken Sie es mit der rechten Maustaste an und wählen im Kontextmenü den Befehl *Löschen*.

Nicht nur Standard: Eigene Mappenvorlagen einsetzen

Der Gebrauch neuer Begriffe mit unaussprechlich langen Namen gehört in Office 2007 praktisch zum Alltag. Bezeichnungen wie *Multifunktionsleiste* für *Ribbon* oder *Startprogramm für Dialogfelder* für *Dialog Launcher* sind nur zwei Beispiele dafür, dass bei der Übertragung der Originalbezeichnungen aus dem Englischen ins Deutsche leider ein eklatanter Mangel an Kreativität, Qualitätsbewusstsein und Anwendernähe herrschte. Daran ändert auch nichts, dass in Newsgroups inzwischen solche »unhandlichen« Bezeichnungen kurzerhand zurechtgestutzt werden: aus Multifunktionsleiste wird die *MuFu*, aus *Startprogramm für Dialogfelder* wird *StaDi*.

Neben wenig gelungenen Bezeichnungen gibt es auch ähnliche Namen, die zu Missverständnissen führen können. Sie haben in diesem Kapitel erfahren, dass aus den *Formatvorlagen* früherer Excel-Versionen jetzt *Zellenformatvorlagen* wurden und aus den *AutoFormaten* jetzt *Tabellenformatvorlagen*. Soweit so gut. In diesen Fällen machen die neuen Namen klar, worum es sich handelt.

Was aber ist dann eine Excel-Vorlage? Und wo ist die Mustervorlage von früher? Die Antwort: Excel-Vorlage = Mustervorlage = Mappenvorlage. Alles klar?

Der Begriff der Mappenvorlage dürfte wohl weitgehend unmissverständlich sein. Eine Excel-Vorlage liefert also keine Vorlage für Excel, sondern ist die Vorlage für eine Mappe in Excel oder für eine Gruppe von Mappen in Excel, die gleiche Eigenschaften haben sollen. So wie eine Dokumentvorlage eine Vorlage für Dokumente in Word ist.

Was wird in einer Mappenvorlage gespeichert?

Viel wichtiger als Begriffe sind für Sie als Anwender natürlich die Inhalte, also »Was enthält eine solche Excel-Vorlage?« und »Welchen Nutzen bringt sie mir?«

Eine Excel-Vorlage kann u.a. folgende wichtige Informationen und Einstellungen für eine Gruppe von Mappen speichern:

- Die Anzahl der Arbeitsblätter
- Feste Eingaben sowie Formeln in einem oder mehreren Arbeitsblättern
- Vordefinierte Seitenlayouts (beispielsweise Hoch- oder Querformat, Seitenränder, Kopf- und Fußzeilen)
- Spaltenbreiten und Zeilenhöhen
- Zellenformatvorlagen
- Tabellenformatvorlagen
- Designs
- Makros

Mappenvorlagen und Designs

Designs – egal ob die vorgegebenen oder benutzerdefinierten – werden zusammen mit einer Mappe oder einer Mappenvorlage gespeichert.

Wenn Sie in Excel ein eigenes Design anlegen – beispielsweise um Ihre Firmenfarben einzubringen – und wollen, dass dieses benutzerdefinierte Design nicht nur an Excel gebunden ist, sondern Ihnen auch in Word für Dokumente und in PowerPoint für Präsentationen mit seinen Farben und Schriften sowie seinem Effekt zur Verfügung steht, müssen Sie das Design speichern.

In dem Fall reicht es nicht mehr aus, das Design als Bestandteil einer Mappenvorlage (mit der Endung *.xltx*) zu speichern, sondern Sie müssen es als Datei mit der Endung *.thmx* ablegen.

Mappenvorlagen nutzen

Wenn Sie über die Office-Schaltfläche den Befehl *Neu* aufrufen, bietet Excel Ihnen als Voreinstellung die *Leere Arbeitsmappe* an – mit anderen Worten die Standardmappe.

> **TIPP** Am schnellsten rufen Sie eine neue Standard-Arbeitsmappe mit der Tastenkombination Strg + N auf. Übrigens: Auch in Word und PowerPoint erhalten Sie mit diesem Kürzel ein neues Dokument bzw. eine neue Präsentation.

Sie müssen sich damit aber nicht zufrieden geben, denn Excel hat weitaus mehr Varianten im Angebot. In Abbildung 11.38 sehen Sie eine kleine Auswahl.

Kapitel 11 Von der Mappe bis zur Zelle: Mit Vorlagen schneller formatieren

Abbildg. 11.38 Eine Auswahl an Mappenvorlegen, die Ihnen in Excel 2007 zur Verfügung stehen

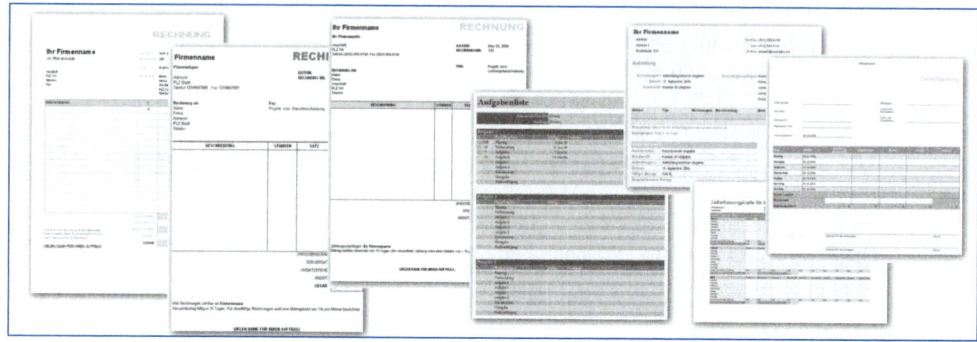

Um mehr als nur die Standardmappe zu erhalten, klicken Sie im Dialogfeld *Neue Arbeitsmappe* links unter *Vorlagen* auf den Eintrag *Installierte Vorlagen*. In dieser Kategorie hält Excel sieben Vorlagen bereit – von der Rechnung über die Spesenabrechnung bis hin zum Umsatzbericht.

Weitere Vorlagen erhalten Sie über Microsoft Office Online. Sie müssen dazu über eine Internetverbindung verfügen, um sich die dort angebotenen Vorlagen herunterladen zu können. Ein Blick lohnt sich allemal, denn das Angebot an Vorlagen wird ständig erweitert. Mehr dazu finden Sie in Kapitel 3.

Eine eigene Mappenvorlage anlegen

Natürlich können Sie Ihre Arbeitsergebnisse, die Sie immer wieder verwenden wollen auch als Vorlage ablegen. Diese erscheint dann im Dialogfeld *Neue Arbeitsmappe* in der Kategorie *Meine Vorlagen*. Mit einem Klick auf diesen Eintrag öffnen Sie das in Abbildung 11.39 gezeigte Dialogfeld, wo Sie auf die von Ihnen erstellten Vorlagen zurückgreifen können.

Abbildg. 11.39 Ihre eigenen Excel-Vorlagen werden separat verwaltet

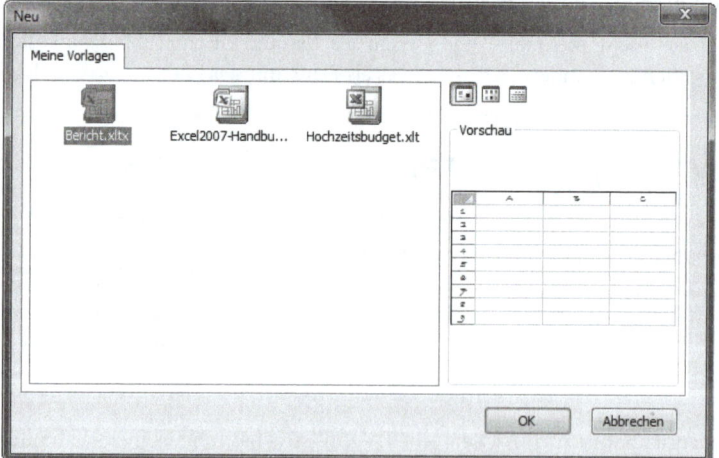

> **Wo sind Excel-Vorlagen gespeichert?**
>
> Benutzerdefinierte Excel-Vorlagen werden normalerweise im Ordner *Vorlagen* gespeichert.
>
> Unter Windows XP lautet der Pfad *C:\Dokumente und Einstellungen\<Benutzername>\Anwendungsdaten\Microsoft\Vorlagen*.
>
> Unter Windows Vista finden Sie benutzerdefinierte Vorlagen im Verzeichnis *C:\Users\<Benutzername>\AppData\Roaming\Microsoft\Templates*.

Schritt für Schritt eine Excel-Vorlage anlegen

Führen Sie die folgenden Schritte aus, um eine eigene Vorlage zu erstellen:

1. Öffnen Sie die Mappe, die als Vorlage für andere Mappen zum gleichen Thema dienen soll. Oder legen Sie eine neue leere Mappe an.
2. Geben Sie alle Daten und Formeln ein, die in diesem Mappentyp immer gebraucht werden.
3. Reduzieren oder erweitern Sie die Anzahl der Arbeitsblätter (beispielsweise wären für eine jährliche Datenerfassung 13 Blätter erforderlich, eines für jeden Monat und ein weiteres für die Zusammenfassung).
4. Legen Sie die Seitenlayouts fest (Hoch- oder Querformat, Seitenränder, Kopf- und Fußzeilen und deren Inhalte).
5. Definieren Sie Spaltenbreiten und Zeilenhöhen.
6. Formatieren Sie die Tabellenbereiche, die Sie später mit Daten füllen wollen, mit Hilfe von Zellenformatvorlagen, Tabellenformatvorlagen, bedingten Formatierungen.
7. Weisen Sie ein Design zu oder definieren Sie Designfarben und -schriften.
8. Rufen Sie über das *Office-Menü* den Befehl *Speichern unter* auf und wählen Sie im Untermenü den Befehl *Andere Formate*.
9. Wählen Sie ganz unten bei *Dateityp* den Eintrag *Excel-Vorlage (*.xltx)* und legen Sie bei *Dateiname* einen passenden Namen fest. Klicken Sie abschließend auf *Speichern*.

PROFITIPP | Speichern Sie auf die eben beschriebene Weise ein einzelnes Arbeitsblatt, dann können Sie eine Kopie dieser Vorlage einfügen, wenn Sie mit der rechten Maustaste auf das Blattregister klicken und im Kontextmenü den Befehl *Einfügen* wählen. Im folgenden Dialogfeld klicken Sie auf den Namen der Vorlage und bestätigen mit *OK*.

Zusammenfassung

Die Palette der Möglichkeiten, um schnell Tabellen, Arbeitsblätter und Arbeitsmappen mit einheitlichem Aussehen anzulegen, wurde in Excel 2007 beträchtlich erweitert. Damit Sie für die unterschiedlichen Aufgabenstellungen aus dem Reservoir der vorhandenen Optionen die richtige auswählen, finden Sie in der folgenden Tabelle eine kurze Übersicht.

Frage	Antwort
Für welchen Zweck setze ich Zellenformatvorlagen ein?	Zum Formatieren einzelner Zellen oder Zellbereiche. Mehr dazu ab Seite 440.

Kapitel 11 Von der Mappe bis zur Zelle: Mit Vorlagen schneller formatieren

Frage	Antwort
Was sind die Vorzüge von Tabellenformatvorlagen?	Zum schnellen und einheitlichen Gestalten kompletter Tabellen in Arbeitsblättern sind Tabellenformatvorlagen ideal. Der Clou dabei: Beim Löschen und Einfügen von Zeilen/Spalten werden die Formatierungen angepasst. Mehr dazu ab Seite 447.
Wozu dienen Designs?	Zum schnellen Gestalten einer kompletten Arbeitsmappe mit drei Mausklicks. Mehr dazu ab Seite 452.
Wann sollte ich eine Mappen-Vorlage erstellen?	Wenn Sie in neuen Arbeitsmappen wiederkehrende Inhalte, Seiteneinrichtungen, Designs und Formatierungen einstellen müssen, lohnt sich das Erstellen einer Mappen-Vorlage. Zum schnellen Abrufen komplett vorgefertigter Arbeitsmappen mit Inhalt und Gestaltung finden Sie Informationen ab Seite 462.

Kapitel 12

Bedingte Formatierung und Scorecards einsetzen

In diesem Kapitel:

Was bedeutet »Bedingte Formatierung«?	468
Mehrere Bedingungen festlegen	471
Der Manager für Regeln zur bedingten Formatierung	473
Bedingte Formate kopieren, ändern und löschen	474
Zellen mit bedingter Formatierung finden	475
Beispiele, Beispiele, Beispiele ...	477
Bedingte Formatierung in PivotTable-Berichten	486
Datenbalken und Farbskalen einsetzen	488
Zellen mit Symbolen hervorheben	491
Zusammenfassung	500

Umfangreiche Formatierungsoptionen erlauben eine Vielzahl von Darstellungsvarianten zu realisieren. Alle bisher vorgestellten Formatierungen haben eines gemeinsam: Einmal angewandt bleiben sie fest mit der Zelle verbunden und ändern sich – mit Ausnahme der über ein Zahlenformat erreichten Darstellung – nicht, wenn der Zellinhalt sich ändert.

Excel bietet mit der bedingten Formatierung aber auch eine Funktion, die Zellen in Abhängigkeit der jeweiligen Inhalte, aber auch auf Grund von Bedingungen in anderen Zellen formatieren kann. Neu ist dabei, dass Datenbalken, Farbskalen und Symbole die Formatierung ergänzen.

Was bedeutet »Bedingte Formatierung«?

Seitdem mit Excel 97 erstmals die *Bedingte Formatierung* von Tabellen zur Verfügung gestellt wurde, erfreut sich diese Funktion nicht nur großer Beliebtheit – sie ist inzwischen für viele Anwender auch unverzichtbar geworden, insbesondere wenn es darum geht, Übersichtlichkeit in Datenbestände zu bringen. Auch Microsoft hat dies erkannt und in der neuen Version die Zuweisung und das Verwalten bedingter Formatierungen verbessert. Zusätzlich können Sie kleine Symbole verwenden, um bestimmte Zellen hervorzuheben.

In jeder Tabelle gibt es Informationen, die besonders wichtig sind, die man schnell sehen oder die man unter Kontrolle behalten möchte. Beispielsweise eine Zelle, in der die Ausgaben summiert werden und die Auskunft darüber gibt, ob die geplanten Kosten eingehalten werden oder nicht. Sie können eine solche Zelle farbig hinterlegen oder die Zahl fett gestalten, wenn das geplante Budget überzogen wird. Die bedingte Formatierung erledigt diese Aufgabe und passt bei Änderungen an den Daten das Format automatisch an.

Eine wirklich praktische Sache, die – wie Sie gleich sehen werden – leicht zu realisieren ist.

So funktioniert die *Bedingte Formatierung*

Der Befehl *Bedingte Formatierung* befindet sich auf der Registerkarte *Start* (Abbildung 12.1). Mit der bedingten Formatierung können Sie eine Formatierung auf der Grundlage eines Vergleichs erreichen. Für den Vergleich können Sie

- Konstante Werte verwenden, also Text oder Zahlen
- Bezüge auf Tabellen verwenden
- Mit Formeln beliebige Vergleichswerte berechnen. Das Ergebnis der Formel muss den Wahrheitswert *WAHR* oder *FALSCH* zurückgeben. Wird *WAHR* zurückgegeben, weist Excel die bedingten Formate gemäß Ihren Festlegungen zu.

Bevor Sie damit beginnen zu experimentieren, hier einige generelle Informationen zu dieser Funktion:

- Die *Bedingte Formatierung* hilft Ihnen dabei, in Tabellen mit vielen Informationen stets die Zellen im Auge zu behalten, deren Werte sich inner- oder außerhalb bestimmter Grenzen bewegen sollen. Sie ist also ein praktisches Kontrollinstrument.
- Sie kann auch die Werte in einem Bereich vergleichen und durch Anzeige unterschiedlicher Symbole verdeutlichen, welchen Rang jede einzelne Zelle in dem Bereich einnimmt. Sie schafft also Übersicht.

- Solange die von Ihnen definierten Bedingungen nicht zutreffen, lässt Excel die Zellen in der Standardformatierung erscheinen, wendet also die besonderen Formate nicht an.
- Bedingte Formate bleiben mit den Zellen verbunden, bis sie gelöscht werden.
- Formate, die Sie über den Befehl *Bedingte Formatierung* festlegen, haben Vorrang vor den Formatanweisungen, die über die Registerkarte *Start* mit *Format/Zellen formatieren* oder direkt über die Schaltflächen der Registerkarte *Start* für Zellen oder Zellbereiche zugewiesen werden.
- Bedingte Formate können Sie kopieren, jederzeit löschen und bearbeiten.

Abbildg. 12.1 Die bedingte Formatierung finden Sie auf der Registerkarte *Start* in der Befehlsgruppe *Formatvorlagen*

Diese Format-Optionen bietet die *Bedingte Formatierung*

Mit Hilfe der Funktion *Bedingte Formatierung* können Sie folgende vier Formatoptionen oder Kombinationen davon auf Zellen anwenden lassen:

- Sie können in der neuen Excel-Version jetzt auch ein Zahlenformat für die Bedingte Formatierung festlegen.
- Sie können die Darstellung der *Schrift* ändern. Mögliche Optionen sind hierbei:
  - *Standard, Kursiv, Fett, Fett Kursiv*
  - Eine Unterstreichung vornehmen in Form von *Ohne, Einfach, Doppelt*
  - Eine andere *Schriftfarbe* einstellen. Schriftgrad und Schriftart hingegen können nicht verändert werden.
  - *Durchgestrichen*
- Sie können Zellen mit *Rahmenlinien* umgeben. Dabei können Sie Position, Art und Farbe der Rahmenlinien bestimmen. Sie haben jedoch keinen Einfluss auf die Rahmenstärke (wie dies über die Befehlsfolge *Start/Format/Zellen formatieren* möglich wäre).
- Schließlich können Sie die Zelle ausfüllen, also Hintergrundfarbe, Fülleffekt, Musterfarbe und Musterformat ändern.

Die verschiedenen Möglichkeiten der Formatzuweisung sind auf vier Registerkarten aufgeteilt. Formatanweisungen lassen sich miteinander kombinieren. Beispielsweise können Sie Zellen rot hinterlegen, und mit weißer und fetter Schrift versehen, wenn in einer Tabelle zur Lagerbestandsüberwachung bei einem Artikel ein bestimmter Mindestbestand unterschritten wird. Auf diese Weise fällt die betreffende Zelle sofort auf.

Kapitel 12 Bedingte Formatierung und Scorecards einsetzen

Ein erstes Beispiel: Materialkosten vergleichen

 Die folgenden Beispiele finden Sie in der Arbeitsmappe *Kap12.xlsx* im Ordner *\Buch\Kap12* auf der CD-ROM zu diesem Buch.

In einer Tabelle sollen die Materialkosten mehrerer Projekte verglichen werden. Die Kosten liegen nach Quartalen addiert vor. Üblicherweise belaufen sich die geplanten monatlichen Kosten auf maximal 5.000 €.

Für die Auswertung sollen alle Kosten hervorgehoben werden, die über dieser Grenze von 5.000 € liegen. Die Hervorhebung soll durch blaue Schriftfarbe, den Schriftschnitt *Fett* und hellgelbe Füllfarbe erfolgen. Gehen Sie dazu wie folgt vor:

1. Tragen Sie die Daten, wie in Abbildung 12.2 zu sehen, in ein Arbeitsblatt ein.
2. Markieren Sie dann die Zellen mit den Materialkosten (also *C3* bis *F7*).
3. Rufen Sie auf der Registerkarte *Start* den Befehl *Bedingte Formatierung/Neue Regel* auf.
4. Markieren Sie den Regeltyp 2 *Nur Zellen formatieren, die enthalten*.
5. Belassen Sie die Einstellung auf *Zellwert*, wählen Sie daneben den Operator *größer als* und geben Sie rechts in das Eingabefeld die Zahl *5000* ein.
6. Klicken Sie auf die Schaltfläche *Formatieren* und wählen Sie auf der Registerkarte *Schrift* die Farbe *Blau* und den Schriftschnitt *Fett* sowie auf der Registerkarte *Ausfüllen* ein helles Gelb aus. Bestätigen Sie mit Klick auf *OK*.
7. Schließen Sie das Dialogfeld *Neue Formatierungsregel* mit *OK*.

Das Ergebnis sollte jetzt analog Abbildung 12.2 aussehen.

Abbildg. 12.2 Die verwendete Formatierungsregel hebt Werte über 5000 Euro farbig hervor

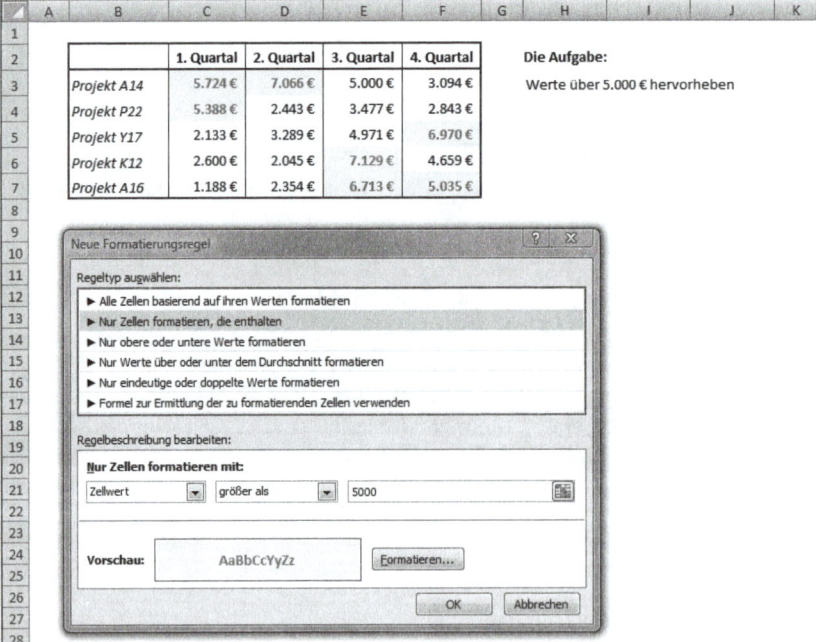

Testen Sie nun die korrekte Funktion der soeben getroffenen automatisierten Formatanweisung, indem Sie beispielsweise für Zelle *D7* den Wert zuerst auf *5.000 €* und dann auf *5.001 €* erhöhen. Bei der zweiten Eingabe nimmt die Zelle das von Ihnen definierte bedingte Format an.

HINWEIS   Excel verwendet die ausgewählten Formate nur dann, wenn der Zellwert die Bedingung erfüllt oder wenn die Formel den Wert *WAHR* zurückgibt. Ist keine der angegebenen Bedingungen *WAHR*, behalten die Zellen ihr ursprüngliches Format, also beispielsweise schwarze Schrift auf weißem Hintergrund.

Diese Vergleichsoperatoren können Sie nutzen

Bei der Einstellung *Zellwert* stehen Ihnen acht verschiedene Vergleichsmöglichkeiten zur Verfügung. Deren Wirkung wird in der nachfolgenden Tabelle 12.1 erläutert.

Tabelle 12.1   Die acht Vergleichsoperatoren und ihre Wirkung

Vergleichsoperator	Wirkung
zwischen	Es kann eine Unter- und Obergrenze für einen Wertebereich definiert werden. Alle Zellwerte, die sich in diesem Bereich bewegen, werden formatiert.
nicht zwischen	In dem Fall werden nur die Zellen formatiert, deren Wert kleiner oder gleich der Eingabe für eine Untergrenze, oder größer oder gleich einer Obergrenze ist.
gleich	Hier werden Zellen nur dann formatiert, wenn deren Wert mit dem eingegebenen Vergleichswert exakt übereinstimmt.
ungleich	Alle Zellen, deren Wert **nicht** mit dem eingegebenen Vergleichswert übereinstimmen, werden formatiert.
größer als	Nur Zellen mit Werten, die den eingegebenen Vergleichswert übersteigen, werden formatiert.
kleiner als	Formatiert werden hier nur diejenigen Zellen, deren Wert kleiner als der eingegebene Vergleichswert ist.
größer oder gleich	Alle Zellen, deren Wert größer oder gleich dem eingegebenen Vergleichswert ist, werden formatiert.
kleiner oder gleich	Alle Zellen mit Werten kleiner oder gleich dem eingegebenen Vergleichswert werden formatiert.

Mehrere Bedingungen festlegen

Sie können in Excel 2007 für die Überwachung von Zellen nicht nur drei, sondern beliebig viele Bedingungen definieren, die Grenze wird vom verfügbaren Arbeitsspeicher gesetzt. Um eine weitere Bedingung festzulegen können Sie:

- Nochmals den Befehl *Bedingte Formatierung/Neue Regel* aufrufen oder
- Sie wählen den Befehl *Bedingte Formatierung/Regeln verwalten*. Damit wird der neue *Manager für Regeln zur bedingten Formatierung* gestartet. Klicken Sie auf die Schaltfläche *Hinzufügen* und legen Sie dann ein zusätzliches Set von Einstellungen für Vergleichsoperator, Vergleichswerte und Formate fest.

Kapitel 12 Bedingte Formatierung und Scorecards einsetzen

ACHTUNG Wenn Sie den Befehl *Bedingte Formatierung/Neue Regel* aufrufen, wird unabhängig davon ob für den Bereich oder einen Teil des markierten Bereichs bereits eine Regel festgelegt wurde, das Dialogfeld *Neue Formatierungsregel* angezeigt. Die neue Regel erhält jeweils die höhere Priorität. Wenn Sie das verhindern wollen, legen Sie die Reifenfolge im *Manager für Regeln zur bedingten Formatierung* fest. Mehr dazu weiter unten in diesem Kapitel.

Materialkosten vergleichen – die Fortsetzung

Neben der Hervorhebung der Kosten über der 5.000 €-Grenze, soll die Auswertung dahingehend erweitert werden, dass Werte über 7.000 € noch deutlicher gekennzeichnet werden. Dazu eignet sich beispielsweise als Zellfarbe *Indigoblau* und als Kontrast eine weiße Schrift mit fettem Schriftschnitt.

Werte über 5.000 € sollen also weiterhin in *Blau* und *Fett* auf *Hellgelb* erscheinen. Werte über 7.000 € dann in *Weiß* und *Fett* auf *Indigoblau*.

1. Markieren Sie wieder den Bereich *C3:F7* und rufen Sie den Befehl *Bedingte Formatierung/Neue Regel* auf.
2. Wählen Sie wieder den *Regeltyp 2* und verwenden Sie wieder die Option *größer als* und als Vergleichswert geben Sie dieses Mal *7000* ein.
3. Nach dem Klick auf die Schaltfläche *Formatieren* legen Sie in der Registerkarte *Ausfüllen* die Farbe *Indigoblau* und in der Registerkarte *Schrift* den Schriftschnitt *Fett* und die Farbe *Weiß* fest. Bestätigen Sie zweimal mit Klick auf *OK*.

Das Resultat ist nicht wie gewünscht, denn es hat sich nichts geändert. Wo liegt der Fehler?

Die Erklärung ist schnell gefunden: Wählen Sie den Befehl *Bedingte Formatierung/Regeln verwalten* oder schauen Sie sich die Abbildung 12.3 aufmerksam an. Da die erste Bedingung alle Werte über *5000* finden soll, sind darin natürlich auch die Werte enthalten, die größer als *7000* sind – logisch?! Daher ist die gewünschte weitere farbliche Differenzierung auf diesem Weg nicht möglich.

Abbildg. 12.3 Die Regeln für die bedingte Formatierung werden über einen Manager verwaltet

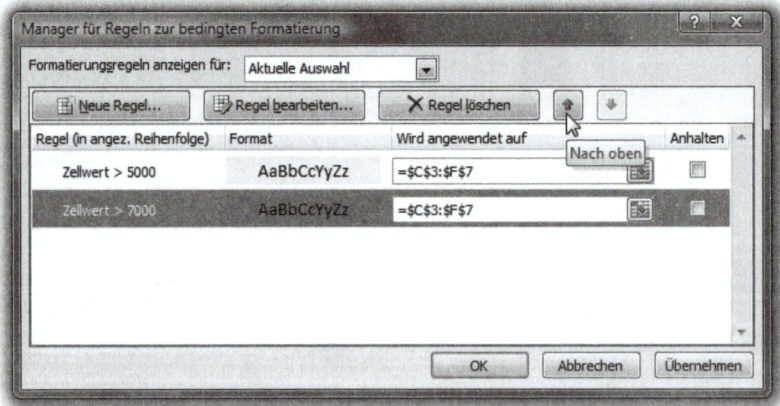

Das gewünschte Resultat erhalten Sie dann, wenn Sie die Reihenfolge der Bedingungen abändern. Mit dem neuen Manager ist das deutlich einfacher als in früheren Versionen:

1. Wählen den Befehl *Bedingte Formatierung/Regeln verwalten*.
2. Klicken Sie auf die zweite Regel und wählen Sie die Schaltfläche *Nach oben*.
3. Als Zwischenschritt bei der Definition komplexer Kriterien können Sie mit der Schaltfläche *Übernehmen* die Auswirkungen prüfen. Für die Anwendung der Formatierung ist aber lediglich der folgende Schritt erforderlich.
4. Ist das Format wie gewünscht, schließen Sie den *Manager für Regeln zur bedingten Formatierung* mit *OK*.

In Abbildung 12.4 sehen Sie eine mögliche Lösung.

Abbildg. 12.4   Die Reihenfolge der Regeln kann komfortabel geändert werden

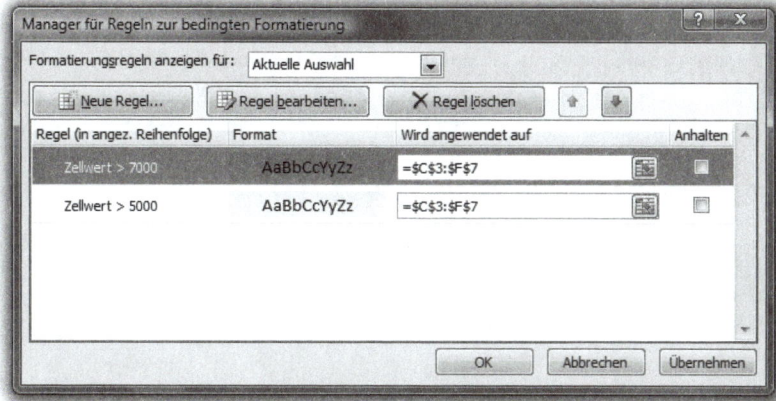

Eine alternative Variante wäre, für die schon bestehende erste Bedingung den Vergleichsoperator *zwischen* zu wählen und einen Bereich von *5001* bis *7000* anzugeben. Auch dann liefert Excel das gewünschte Ergebnis.

 Die Beispiele zur Überwachung der Materialkosten finden Sie auf der CD-ROM zum Buch im Ordner *\Buch\Kap12* in der Datei *Kap12.xlsx* in den Arbeitsblättern *Materialkosten 1, Materialkosten 2a und Materialkosten 2b*.
In den Arbeitsblättern *Raumplanung 1* und *Raumplanung 2* dieser Datei finden Sie außerdem Beispiele für den Vergleich mit einem Textwert.

Der Manager für Regeln zur bedingten Formatierung

Mit der neuen Version hat Microsoft nicht nur die Anzahl der Bedingungen erweitert (von drei auf unendlich viele), sondern auch gleich einen Manager für die Aufgaben rund um die bedingte Formatierung eingebaut. Sie erreichen dieses Dialogfeld über den Befehl *Bedingte Formatierung/Regeln verwalten* auf der Registerkarte *Start*.

Kapitel 12 Bedingte Formatierung und Scorecards einsetzen

Und das sind die Möglichkeiten des neuen Managers:

- Über das Listenfeld *Formatierungsregeln anzeigen für* wählen Sie die Regeln aus, die aufgelistet werden sollen. Mögliche Optionen sind: *Aktuelle Auswahl* (Standard), *Dieses Arbeitsblatt* und eine Liste der weiteren Blätter der aktiven Mappe, sofern vorhanden (vgl. Abbildung 12.5).
- Über die Schaltfläche *Neue Regel* fügen Sie im Dialogfeld *Neue Formatierungsregel* eine neue Regel hinzu
- Über die Schaltfläche *Regel bearbeiten* können Sie eine bestehende Regel überarbeiten, die gleiche Möglichkeit bietet ein Doppelklick auf eine Regel
- Mit der Schaltfläche *Regel löschen* entfernen Sie eine (einzelne) markierte Regel ohne Sicherheitsabfrage
- Mit den Schaltflächen *Nach oben* bzw. *Nach unten* verschieben Sie die markierte Regel in die jeweilige Richtung. Sind zwei oder mehr Regeln festgelegt, ist es wichtig zu wissen, dass die Regeln in der Reihenfolge abgearbeitet werden, wie sie im Manager angezeigt werden.
- *Wird angewendet auf* bietet Zugriff auf den Gültigkeitsbereich der Regel
- Ist das Kontrollkästchen *Anhalten* aktiviert, stoppt die Prüfung auf bedingte Formatierungen, wenn die Regel der jeweiligen Zeile *WAHR* ist

Abbildg. 12.5 Die Schaltzentrale für bedingte Formatierung

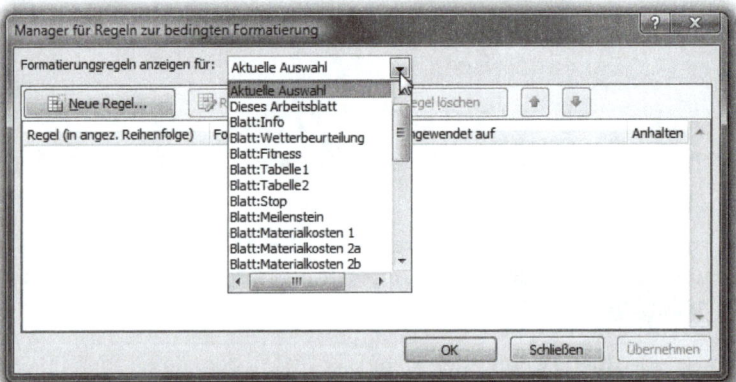

Bedingte Formate kopieren, ändern und löschen

Wenn Sie bestimmten Zellen bereits eine bedingte Formatierung zugewiesen haben und diese im Nachhinein auch auf andere Zellen übertragen möchten, ist es nicht notwendig, die oben beschriebenen Schritte zu wiederholen. Setzen Sie stattdessen die Funktion *Format übertragen* ein.

Gehen Sie dazu wie folgt vor:

1. Markieren Sie eine Zelle mit den gewünschten bedingten Formaten und klicken Sie in der Registerkarte *Start* auf das Symbol *Format übertragen*.
2. Markieren Sie dann die Zellen, die Sie formatieren möchten.

Damit werden alle Formate der Musterzelle übernommen.

Haben Sie einen Bereich mit der bedingten Formatierung formatiert und tragen Sie unterhalb dieses Bereichs weitere Daten ein, dann wird für die neuen Daten die Formatierungsregel übernommen. Voraussetzung dafür ist:

- Dass sich zwischen der letzten formatierten Zelle und den neuen Daten nicht mehr als drei Leerzeilen befinden
- Im Bereich mit der Formatierung Daten vorhanden sind

Um dieses Verhalten zu ändern wechseln Sie über das *Office-Menü/Excel-Optionen* auf die Registerkarte *Erweitert* und deaktivieren Sie das Kontrollkästchen *Datenbereichsformate und -formeln erweitern*.

Bedingte Formate ändern und löschen

Zum Ändern bedingter Formate verwenden Sie den *Manager für Regeln zur bedingten Formatierung*:
1. Markieren Sie zunächst die Zellen, für die diese Änderung gelten soll.
2. Führen Sie dann den Befehl *Bedingte Formatierung/Regeln verwalten* aus.
3. Markieren Sie die Regel, die geändert werden soll und wählen Sie die Schaltfläche *Regel bearbeiten* oder führen Sie einen Doppelklick auf die Regel aus.
4. Nehmen Sie die neuen Einstellungen vor.
5. Schließen Sie alle Dialogfelder mit einem Klick auf *OK*.

Bedingte Formate in Zellen löschen

Wollen Sie eine oder mehrere Bedingungen löschen, dann gehen Sie wie folgt vor:
1. Markieren Sie die in Frage kommenden Zellen.
2. Führen Sie dann den Befehl *Bedingte Formatierung/Regeln verwalten* aus.
3. Markieren Sie die Regel, die gelöscht werden soll und wählen Sie die Schaltfläche *Regel löschen*. Die Regel wird damit ohne Sicherheitsabfrage gelöscht.
4. Schließen Sie das Dialogfeld mit einem Klick auf *OK*.

> **TIPP** Haben Sie versehentlich eine Regel gelöscht, dann schließen Sie den *Manager für Regeln zur bedingten Formatierung* nicht mit *OK*, sondern mit *Abbrechen*.

Zellen mit bedingter Formatierung finden

Mitunter weiß man nicht mehr genau, für welche Zellbereiche eines Blatts oder einer Mappe bedingte Formate festgelegt wurden. Über den Aufruf von *Suchen und Auswählen/Bedingte Formatierung* auf der Registerkarte *Start* markiert Excel alle Zellen, denen eine bedingte Formatierung zugewiesen wurde.

Für den Fall, dass Sie nur Zellen suchen wollen, welche die gleichen Einstellungen wie die aktive Zellen verwenden, hilft Ihnen Excel mit einer wenig bekannten Möglichkeit:

1. Rufen Sie mit der [F5]-Taste das Dialogfeld *Gehe zu* auf (alternativ wählen Sie den Befehl *Suchen und Auswählen/Gehe zu* oder die Tastenkombination [Strg]+[G]).

Kapitel 12 Bedingte Formatierung und Scorecards einsetzen

2. Klicken Sie dort auf die Schaltfläche *Inhalte*.

Abbildg. 12.6   Lassen Sie das Programm nach Zellen suchen, die bedingte Formate enthalten

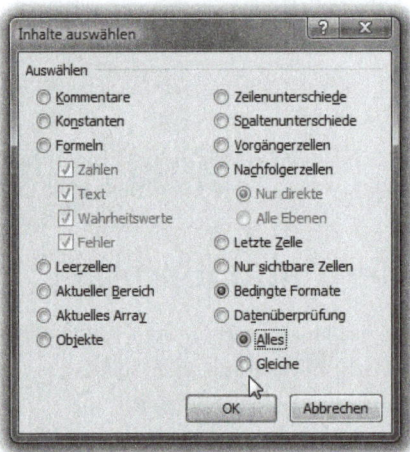

3. Markieren Sie den Eintrag *Bedingte Formate* und ändern Sie die Standardeinstellung *Alles* unter *Gültigkeitsprüfung* auf die Option *Gleiche*.
4. Starten Sie den Vorgang mit Klick auf die Schaltfläche *OK*.

Auf diese Weise können Sie beispielsweise für alle gefundenen Zellen mit bedingter Formatierung die zuvor festgelegten Formate schnell wieder löschen oder ändern.

Bedingte Formatierung per Symbol zugänglich machen

Anwender, die bereits begeistert und kreativ mit der Funktion *Bedingte Formatierung* arbeiten, ärgern sich zuweilen darüber, dass dieser wichtige Befehl beim rechten Mausklick auf markierte Zellen nicht im Kontextmenü zur Verfügung steht. Sie können aber einige Schaltflächen der Symbolleiste für den Schnellzugriff hinzufügen. Klicken Sie diese mit der rechten Maustaste an und wählen Sie den Befehl *Symbolleiste für den Schnellzugriff anpassen*. Die Abbildung 12.7 zeigt einige Schaltflächen mit Befehlen für die bedingte Formatierung. Mehr zum Anpassen der Schnellzugriffsleiste finden Sie in Kapitel 2.

Sie können ab jetzt bequem per Mausklick auf das neue Symbol die *Bedingte Formatierung* festlegen, verwalten oder löschen. Weitere Informationen zur Symbolleiste für den Schnellzugriff finden Sie in Kapitel 2.

Abbildg. 12.7 Passen Sie die *Symbolleiste für den Schnellzugriff* an und machen Sie die Befehle für die bedingte Formatierung verfügbar

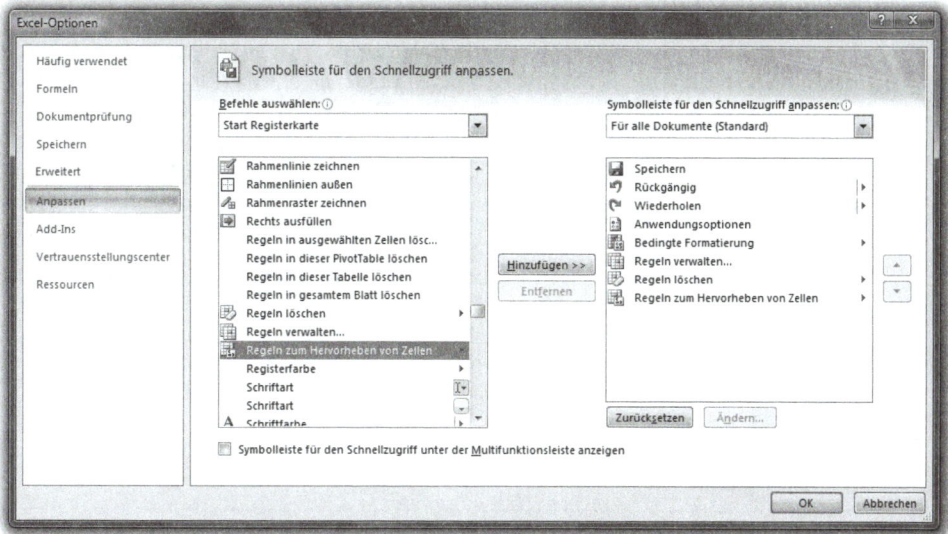

Beispiele, Beispiele, Beispiele ...

An einigen Beispielen sollen jetzt die Möglichkeiten der bedingten Formatierung demonstriert werden.

Am Wochenende wird's bunt

Enthält eine Liste Datumswerte, dann kommt ganz schnell der Wunsch auf, Wochenenden hervorzuheben. Die bedingte Formatierung kann diese Aufgabe lösen. Sie können zusätzlich sogar arbeitsfreie Tage hervorheben.

Samstag und Sonntag farbig hervorheben

Eine der Aufgaben, für die Excel immer wieder herangezogen wird, ist das Erstellen von Kalenderübersichten. Häufig besteht dabei auch die Anforderung, die Wochenenden von den Arbeitstagen optisch abzuheben. Natürlich ließe sich diese Aufgabe lösen, indem man alle Wochenend-Zellen markiert und ihnen eine spezielle Füllfarbe zuweist. Das kann zu einem recht aufwändigen Unterfangen werden, wenn man beispielsweise ein Quartal oder gar ein ganzes Jahr darzustellen hat. Viel schneller und komfortabler geht es unter Zuhilfenahme der Funktion *Bedingte Formatierung*.

Wochenenden, Feiertage und arbeitsfreie Tage hervorheben lassen

Farbig hervorgehobene Wochenenden in Kalenderübersichten sind gut, aber viele Anwender werden sofort fragen: »Und was ist mit den Tagen, an denen ebenfalls nicht gearbeitet wird – den Feiertagen, den so genannten Brückentagen im Umfeld von Feiertagen und Wochenenden oder bestimmten firmenintern festgelegten arbeitsfreien Tagen?« Möglicherweise besteht sogar darüber hinaus ein Bedarf, andere wichtige Tage automatisch hervorheben zu lassen, wenn diese auf ein bestimmtes Datum oder einen bestimmten Wochentag fallen – etwa Termine für bestimmte Überweisungen, Liefertermine, Wartungstermine, monatliche oder quartalsweise Berichtstermine usw.

In jedem Fall werden solche Termine in Listen erfasst und können damit von Excel berücksichtigt werden.

Dieses Beispiel und das darauf folgende finden Sie auf dem Arbeitsblatt *Wochenende 3* in der Datei *Kap12.xlsx* im Ordner *\Buch\Kap12* auf der CD-ROM zu diesem Buch.
Weitere Beispiele zum Formatieren von Wochentagen finden Sie auf den Arbeitsblättern *Wochenende 1* und *Wochenende 2* in der Datei *Kap12.xlsx* im Ordner *\Buch\Kap12* auf der CD-ROM zu diesem Buch.

In unserem Beispiel sollen neben den Wochenenden zwei weitere Anforderungen abgearbeitet werden: Feiertage und andere arbeitsfreie Tage. Damit müssen insgesamt vier Zustände abgeprüft werden:

- Samstage
- Sonntage
- Feiertage
- Weitere arbeitsfreie Tage

Für diese Lösung werden Sie neben der nun bereits bekannten Funktion WOCHENTAG noch die Funktionen VERGLEICH, ISTZAHL sowie ODER einsetzen.

Mit ODER die Prüfung der beiden Wochenend-Tage in einer Formel zusammenfassen

Es bietet sich an, die Suche nach Datumsangaben, die auf einen Samstag oder Sonntag fallen, in nur einer Formel zu verknüpfen, und zwar mit Hilfe einer ODER-Funktion. In Abbildung 12.8 sehen Sie eine Vorschau auf die fertige Lösung. Im Beispiel werden die Monate April und Mai im Jahr 2007 genommen, da dort einige Feiertage liegen. In Spalte *F* sind die Feiertage für das Jahr und in Spalte *H* weitere arbeitsfreie Tage aufgelistet.

Beispiele, Beispiele, Beispiele ...

Abbildg. 12.8 In diesem Beispiel führt die bedingte Formatierung einen Vergleich mit einer Liste durch

	A	B	C	D	E	F	G	H	I	J	K
1											
2		April 2007		Mai 2007		Feiertage		arbeitsfrei			
3		So 01.04.2007	Di	01.05.2007		Mo 01.01.2007		Do 12.04.2007			
4		Mo 02.04.2007	Mi	02.05.2007		Sa 06.01.2007		Fr 13.04.2007			
5		Di 03.04.2007	Do	03.05.2007		Fr 06.04.2007		Sa 28.04.2007			
6		Mi 04.04.2007	Fr	04.05.2007		So 08.04.2007		Mi 02.05.2007			
7		Do 05.04.2007	Sa	05.05.2007		Mo 09.04.2007		Sa 26.05.2007			
8		Fr 06.04.2007	So	06.05.2007		Di 01.05.2007		Di 02.10.2007			
9		Sa 07.04.2007	Mo	07.05.2007		Do 17.05.2007					
10		So 08.04.2007	Di	08.05.2007		Mo 28.05.2007					
11		Mo 09.04.2007	Mi	09.05.2007		Mi 03.10.2007					
12		Di 10.04.2007	Do	10.05.2007		Mi 31.10.2007					
13		Mi 11.04.2007	Fr	11.05.2007		Di 25.12.2007					
14		Do 12.04.2007	Sa	12.05.2007		Mi 26.12.2007					
15		Fr 13.04.2007	So	13.05.2007							
16		Sa 14.04.2007	Mo	14.05.2007							
17		So 15.04.2007	Di	15.05.2007		**Die Aufgabe**					
18		Mo 16.04.2007	Mi	16.05.2007							
19		Di 17.04.2007	Do	17.05.2007		1) Wochenenden hellgrün hinterlegen					
20		Mi 18.04.2007	Fr	18.05.2007							
21		Do 19.04.2007	Sa	19.05.2007		2) Feiertage dunkelgrün hinterlegen plus weiße, fette Schrift					
22		Fr 20.04.2007	So	20.05.2007							
23		Sa 21.04.2007	Mo	21.05.2007		3) Arbeitsfreie Tage orange hinterlegen					
24		So 22.04.2007	Di	22.05.2007							
25		Mo 23.04.2007	Mi	23.05.2007							
26		Di 24.04.2007	Do	24.05.2007							
27		Mi 25.04.2007	Fr	25.05.2007							
28		Do 26.04.2007	Sa	26.05.2007							
29		Fr 27.04.2007	So	27.05.2007							
30		Sa 28.04.2007	Mo	28.05.2007							
31		So 29.04.2007	Di	29.05.2007							
32		Mo 30.04.2007	Mi	30.05.2007							
33			Do	31.05.2007							
34											

Um die Lösung Schritt für Schritt aufzubauen, gehen Sie wie folgt vor:

1. Markieren Sie den Bereich *B3:B32* und rufen Sie den Befehl *Bedingte Formatierung/Neue Regel* auf.

2. Wählen Sie den Regeltyp 6 und tragen Sie eine Formel für die erste Bedingung ein, die mit Hilfe von *ODER* prüft, ob ein Datum auf einen Samstag oder Sonntag fällt. Sie lautet:

```
=ODER(WOCHENTAG(B3)=1;WOCHENTAG(B3)=7)
```

3. Wechseln Sie anschließend über die Schaltfläche *Formatieren* auf die Registerkarte *Ausfüllen* und legen Sie dort z.B. die Farbe *Hellgrün* fest (Abbildung 12.8). Bestätigen Sie die Eingabe des Formats und die Definition der Bedingung jeweils mit Klick auf *OK*.

Abbildg. 12.9 Mit der Funktion *ODER* wird die Wochenendprüfung in einer Bedingung zusammengefasst

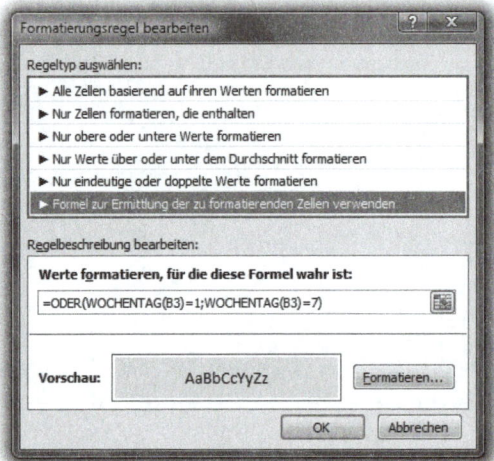

Notwendige Vorarbeit: Namen vergeben

Die Daten für Feiertage und arbeitsfreie Tage sind in zwei getrennten Listen einzugeben. Die Abbildung 12.8 zeigt Inhalt und Position beider Listen. Übernehmen Sie diese in Ihr Arbeitsblatt. Die Inhalte selbst sind an dieser Stelle nebensächlich.

Um nun diese beiden Bereiche in den kommenden Formeln leichter ansprechen zu können, empfiehlt es sich, sie mit Namen zu versehen.

Gehen Sie dazu wie folgt vor:

1. Markieren Sie den Bereich von *F2:F14* und betätigen Sie die Tastenkombination [Strg]+[⇧]+[F3]. Damit rufen Sie das Dialogfeld *Namen aus Auswahl erstellen* auf, mit dem Sie blitzschnell Namen auf der Basis vorhandener Spalten- oder Zeilenüberschriften erstellen können.
2. Bestätigen Sie die vorgeschlagene Option, den Namen für diesen Bereich aus der obersten Zeile der Markierung zu entnehmen (Abbildung 12.10). Damit erhält der Zellbereich *F3:F14* den Namen *Feiertage* (die Zelle *F2* mit dem Namen selbst gehört nicht zu dem Bereich).
3. Wiederholen Sie diese Schritte für den Bereich *arbeitsfrei*, also *H2:H8*. Der Name des Bereichs *H3:H8* lautet anschließend *arbeitsfrei*.

Abbildg. 12.10 Aus der obersten Zeile der Markierung wird ein Namen für den darunter liegenden Bereich erstellt

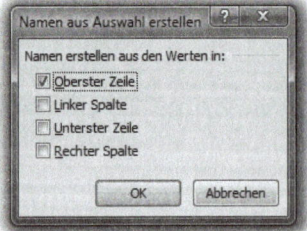

Näheres zu Namen lesen Sie in Kapitel 19.

Die Funktion *VERGLEICH* zum Darstellen der Feiertage und arbeitsfreien Tage

Um nun die Datumsangaben aus Spalte *B* daraufhin zu untersuchen, ob sie auf Tage fallen, die in den Bereichen *Feiertage* und *arbeitsfrei* enthalten sind, ist die Funktion *VERGLEICH* erforderlich. Sie hat die folgende Syntax:

=VERGLEICH(Suchkriterium;Suchmatrix;Vergleichstyp).

Das *Suchkriterium* steht in jeder Zeile in Spalte *B*. Die *Suchmatrix* ist zum einen der Bereich *Feiertage*, zum anderen der Bereich *arbeitsfrei*. Der *Vergleichstyp* gibt an, wie Excel die Werte in der Matrix mit dem Suchkriterium vergleichen und ob es den größten, ersten oder kleinsten Wert liefern soll. In unserem Fall ist der Typ *0* angebracht. Hier können die Daten in den beiden Matrix-Bereichen auch beliebig eingetragen werden und müssen nicht unbedingt sortiert sein.

VERGLEICH liefert als Ergebnis eine Zahl, nämlich die Position, die der jeweils gefundene Wert innerhalb der *Suchmatrix* einnimmt, und nicht den Wert selbst. Fällt der Vergleich negativ aus – ist also das Datum aus Spalte *B* in den beiden benannten Datumsbereichen in Spalte *E* und *G* nicht vorhanden – dann ist das Resultat keine Zahl, sondern der Fehlerwert *#NV*.

Für unsere Aufgabe ist damit klar: Wird ein Datum aus Spalte *B* auch in dem Bereich *Feiertag* oder *arbeitsfrei* gefunden, dann liefert Excel eine beliebige Zahl. Genau dann also trifft die Bedingung zu, dass ein Datum auf einen Feiertag oder arbeitsfreien Tag fällt. Bleibt also sicherzustellen, dass die *Bedingte Formatierung* nur angewandt wird, wenn das Ergebnis der Funktion *VERGLEICH* eine Zahl ist. Hierfür kann die Informationsfunktion *ISTZAHL* verwendet werden. Sie überprüft – wie der Name schon sagt – ob der Wert einer Zelle oder eines Ergebnisses eine Zahl ist. Mehr zu den Funktionen *VERGLEICH* und *ISTZAHL* finden Sie in Kapitel 15.

Damit ergibt sich als Formel eine Kombination aus *ISTZAHL* und *VERGLEICH*. Testen Sie diese Formel zunächst für Zeilen, die auf einen Feiertag fallen und weisen Sie diesen eine dunkelgrüne Zellfarbe und als Kontrast eine weiße Schriftfarbe zu. Folgende Schritte sind dazu notwendig:

1. Markieren Sie den Bereich *B3:B32* und rufen Sie den Befehl *Bedingte Formatierung/Regeln verwalten* auf.
2. Lassen Sie die Einstellungen für die erste Bedingung unverändert und legen Sie über die Schaltfläche *Neue Regel* die zweite Bedingung fest.
3. Wählen Sie wieder den Regeltyp 6 aus und geben Sie dann folgende Formel (siehe Abbildung 12.11) ein:

```
=ISTZAHL(VERGLEICH(B3;Feiertage;0)).
```

4. Wechseln Sie anschließend über die Schaltfläche *Formatieren* auf die Registerkarten *Ausfüllen* und *Schrift* und legen Sie dort die Farben *Grün* und *Weiß* fest. Bestätigen Sie die Eingabe des Formats und die Definition der Bedingung jeweils mit Klick auf *OK*.

Abbildg. 12.11 Die Feiertage mit der Datumsreihe in Spalte *B* abgleichen

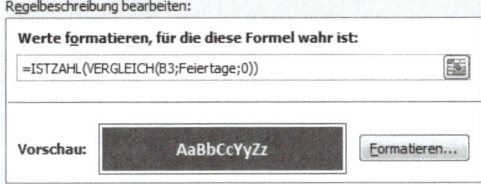

5. Wiederholen Sie die Schritte analog, um auch die arbeitsfreien Tage farblich abzusetzen. Die Formel lautet dieses Mal:

```
=ISTZAHL(VERGLEICH(B3;arbeitsfrei;0))
```

6. Wählen Sie dieses Mal über die Schaltfläche *Formatieren* in der Registerkarte *Ausfüllen* die Zellfarbe *Orange*. Bestätigen Sie die Eingabe des Formats und die Definition der Bedingung jeweils mit Klick auf *OK*

Die Abbildung 12.12 zeigt das vollständig ausgefüllte Dialogfeld und als Ergebnis müssten Sie jetzt in der Datumsspalte *B* vier verschiedene Zellfarben sehen. Nur an weißen Tagen wird gearbeitet.

Abbildg. 12.12 Die Datumsreihe mit den arbeitsfreien Tagen vergleichen

Feiertage vor Wochenenden?

Für manche sind Feiertage von der Bedeutung her wichtiger als Wochenenden. Die bisherigen Anweisungen über die Funktion *Bedingte Formatierung* sind aber in unserem Beispiel derzeit so, dass Feiertage im Kalender nur dann in der Kombination *Dunkelgrün/Weiß* hervorgehoben werden, wenn sie nicht auf eine Wochenende fallen. Sie können die unterschiedliche Wirkungsweise testen indem Sie:

1. Über *Bedingte Formatierung/Regeln verwalten* den *Manager für Regeln zur bedingten Formatierung* aufrufen
2. Das Kontrollkästchen *Anhalten* deaktivieren/aktivieren
3. Die Schaltfläche *Übernehmen* wählen

Konfliktlösung bei widersprüchlichen Regeln

Betrachten Sie das Format der Zelle B10 in Abbildung 12.8 fällt Ihnen sicher auf, dass die Zelle weiße Schrift hat und nicht dunkelgrün sondern hellgrün formatiert wurde. Das Datum 8.04.2007 fällt nicht nur auf einen Sonntag, sondern ist auch noch in der Liste der Feiertage enthalten. Das führt zu einem Konflikt beim Zuweisen der bedingten Formatierung. Und so werden mögliche Konflikte widersprüchlicher Regeln gelöst:

- Wenn zwei oder mehr Regeln festgelegt wurden und die anzuwendenden Formate sich nicht ausschließen, dann werden beide Formate zugewiesen (wie im Beispiel).
- Verwenden die Regeln die gleichen Formatoptionen, etwa das Zuweisen einer Zellfarbe, dann wird diejenige Regel angewendet, die im *Manager für Regeln zur bedingten Formatierung* weiter oben steht.

Sie können den Konflikt lösen, indem Sie das Kontrollkästchen *Anhalten* für die erste Regel aktivieren und damit die Zelle wie die übrigen Wochenenden formatieren.

Die bedingten Formate auf die *Mai*-Zellen übertragen

Die andersfarbige Darstellung von Wochenenden, Feiertagen und arbeitsfreien Tagen für April 2006 ist abgeschlossen. Sie können die so erstellten bedingten Formate auf die Zellen für den Monat Mai, also den Bereich *D3:D33*, übertragen. Gehen Sie wie folgt vor:

1. Markieren Sie eine Zelle in Spalte *B*, die das gewünschte bedingte Format enthält.
2. Klicken Sie in der Registerkarte *Start* auf das Symbol *Format übertragen*.
3. Markieren Sie dann die *Mai*-Zellen in Spalte *D*, die die bedingten Formate erhalten sollen, also den Bereich *D3:D33*.

Identische Werte formatieren

Die Inhalte von Zellen können Sie mit verschiedenen Funktionen vergleichen. Sie finden hierzu in Kapitel 15 einige Beispiele. Um den Vergleich von Zellen deutlich hervorzuheben, eignet sich die bedingte Formatierung hervorragend.

Die folgenden Beispiele finden Sie auf dem Arbeitsblatt *Vergleich* in der Datei *Kap12.xlsx* im Ordner *\Buch\Kap12* auf der CD-ROM zu diesem Buch.

Sollen beispielsweise alle Zellen im Bereich *B3:B7* in *Rot* formatiert werden, wenn die Inhalte der Zellen gleich sind, führen Sie die folgenden Schritte aus:

1. Markieren Sie den Bereich *B3:B7*.
2. Wählen Sie den Befehl *Bedingte Formatierung/Neue Regel*.
3. Stellen Sie den Regeltyp 6 ein und tragen Sie die folgende Formel ein:

   `=UND(IDENTISCH(B3;$B$3:$B$7))`

4. Legen Sie über die Schaltfläche *Formatieren* das gewünschte Format fest.
5. Bestätigen Sie die Eingabe des Formats und die Definition der Bedingung jeweils mit Klick auf die Schaltfläche *OK*.

Die Zellen werden nur formatiert, wenn alle Inhalte gleich sind.

WICHTIG Wenn Sie die bedingte Formatierung auf einen Bereich anwenden, beachten Sie unbedingt die absoluten und relativen Bezüge in der Formel, damit diese auf alle Zellen korrekt angepasst wird. Ein relativer Bezug wird an jede einzelne Zelle des markierten Bereichs angepasst, ein absoluter (mit Dollar-Zeichen »$«) dagegen nicht. Für den ersten Vergleich wird durch die Verwendung des gemischten Bezuges *$D2* die Zeile an die Zellen der Markierung angepasst, die Spalte bezieht sich jedoch immer auf den Umsatz in Spalte *D*.

Abbildg. 12.13 Die Kombination verschiedener Funktionen eröffnet ein weites Einsatzgebiet für die bedingte Formatierung

PROFITIPP Wenn Sie im Eingabefeld (vgl. Abbildung 12.13) versuchen, mit den Pfeiltasten die Einfügemarke an eine bestimmte Stelle zu bewegen, werden statt der erwarteten Bewegung innerhalb des Eingabefeldes andere Zellbezüge eingetragen. Sie können das verhindern, wenn Sie das Eingabefeld für die Formel aktivieren und die F2-Taste drücken. Jetzt funktionieren die Pfeiltasten wie erwartet.

Vergleich mit einer Zelle

In einer leichten Abwandlung sollen nun alle Zellen im Bereich *B11:B15* farbig formatiert werden, wenn es im Bereich *B12:B15* eine Zelle gibt, die mit Zelle *B11* übereinstimmt. Führen Sie dazu die folgenden Schritte aus:

1. Markieren Sie den Bereich *B11:B15*.
2. Wählen Sie den Befehl *Bedingte Formatierung/Neue Regel*.
3. Im Dialogfeld *Neue Formatierungsregel* stellen Sie den Regeltyp 6 ein.
4. Tragen Sie nun die folgende Formel ein:

```
=ODER(IDENTISCH($B$11;$B$12:$B$15))
```

5. Legen Sie über die Schaltfläche *Formatieren* das gewünschte Format fest.
6. Bestätigen Sie die Eingabe des Formats und die Definition der Bedingung jeweils mit *OK*.

Als Ergebnis werden alle Zellen formatiert, wenn es im Bereich *B12:B15* eine Zelle mit dem gleichen Inhalt wie *B11* gibt.

Duplikate markieren

Auch die folgende Lösung vergleicht die Zellen eines Bereichs. So kann der Vergleich auf den gesamten Bereich ausgedehnt werden. Es werden dann diejenigen Zellen formatiert, für die es Duplikate im markierten Bereich gibt. Dabei ist der Inhalt selbst unerheblich.

Sollen beispielsweise alle Zellen im Bereich *B19:B23* formatiert werden, wenn die Inhalte der Zellen gleich sind, führen Sie die folgenden Schritte aus:

1. Markieren Sie den Bereich *B19:B23*.
2. Wählen Sie den Befehl *Bedingte Formatierung/Neue Regel*.
3. Markieren Sie den Regeltyp 5 *Nur eindeutige oder doppelte Werte formatieren*.

4. Wählen Sie im Listenfeld den Eintrag *doppelte*.
5. Legen Sie über die Schaltfläche *Formatieren* das gewünschte Format fest.
6. Bestätigen Sie die Eingabe des Formats und die Definition der Bedingung jeweils mit Klick auf OK.

Abbildg. 12.14 Für die Suche nach Duplikaten und eindeutigen Werten gibt es eine vordefinierte Regel

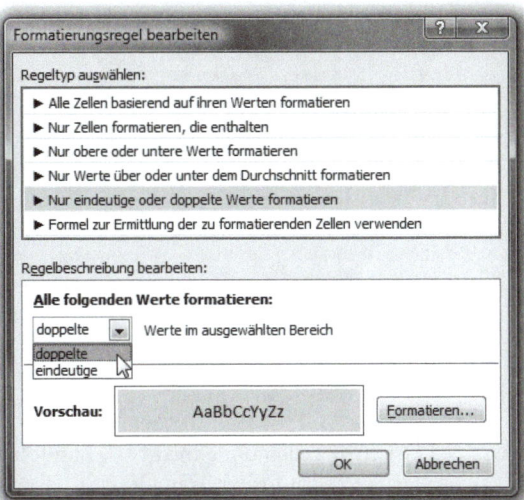

Die Zellen werden nur formatiert, wenn es Zellen mit gleichen Inhalten gibt. Um alle eindeutigen Werte zu formatieren ändern Sie die Option im Listenfeld auf *eindeutige* (vgl. Abbildung 12.14).

Leere Zellen hervorheben

Leere Zellen sind ja eigentlich leicht als solche zu erkennen. Wenn Sie allerdings als Ergebnis einer Prüfung mit der Funktion *WENN* eine leere Zeichenfolge ausgeben, ist dieses Ergebnis von einer Zelle, die tatsächlich keinen Inhalt hat, optisch nicht mehr zu unterscheiden. Wie können Sie also leere Zellen mit der bedingten Formatierung sichtbar machen?

Dieses Beispiel finden Sie auf dem Arbeitsblatt *Leere Zellen* in der Datei *Kap12.xlsx* im Ordner *\Buch\Kap12* auf der CD-ROM zu diesem Buch.

1. Markieren Sie den Bereich *C4:E19*.
2. Wählen Sie den Befehl *Bedingte Formatierung/Neue Regel*.
3. Stellen Sie den Regeltyp 2 ein.
4. Stellen Sie im Listenfeld *Nur Zellen formatieren mit* ein und wählen Sie den Eintrag *Leerzeichen*.
5. Legen Sie über die Schaltfläche *Formatieren* ein Format fest.
6. Schließen Sie die Dialogfelder mit *OK*.

Kapitel 12 Bedingte Formatierung und Scorecards einsetzen

Abbildg. 12.15 Die eingebaute Formatierungsregel unterscheidet nicht zwischen leeren Zellen und Zellen, deren Formel eine leere Zeichenfolge liefert

	A	B	C	D	E	F	G	H
1								
2		Umsatz an Sonnenbrillen in den Bundesländern der BRD						
3		Bundesland	2005	2006	Veränderung			
4		Baden-Württemberg	124.124 €	55.786 €	-55,06%			
5		Bayern	75.845 €	76.310 €	0,61%			
6		Berlin	129.279 €	84.312 €	-34,78%	Jürgen Schwenk:		
7		Brandenburg	42.302 €			Diese Zelle enthält eine Formel, die eine leere Zeichenfolge liefert.		
8		Bremen	52.624 €	67.844 €	28,92%			
9		Hamburg	61.900 €	80.717 €	30,40%			
10		Hessen	109.623 €	98.521 €	-10,13%	Jürgen Schwenk:		
11		Mecklenburg-Vorpommern	94.140 €	43.761 €	-53,51%	Diese Zelle enthält eine Formel, die eine leere Zeichenfolge liefert. Die Bedingte Formatierung zeigt dies mit der folgenden Bedingung an: =WENN($E$12="";1;0)		
12		Niedersachsen		102.063 €				
13		Nordrhein-Westfalen	56.878 €	35.048 €	-38,38%			
14		Rheinland-Pfalz	84.292 €	57.811 €	-31,42%			
15		Saarland	84.110 €	95.046 €	13,00%			
16		Sachsen	112.359 €	47.258 €	-57,94%			
17		Sachsen-Anhalt	55.013 €	129.987 €	136,29%			
18		Schleswig-Holstein	54.980 €	91.471 €	66,37%			
19		Thüringen	83.623 €	104.939 €	25,49%			
20								

Das Ergebnis zeigt **keinen** Unterschied zwischen Zellen ohne Inhalt (*D7*) und Zellen deren Formel eine leere Zeichenfolge ergibt (*E7*). Wollen Sie Zellen formatieren, die eine Formel enthalten, deren Ergebnis eine leere Zeichenfolge ist, dann legen Sie eine Regel wie in der folgenden Abbildung fest.

Abbildg. 12.16 Diese Regel formatiert Zellen, deren Formel eine leere Zeichenfolge liefert

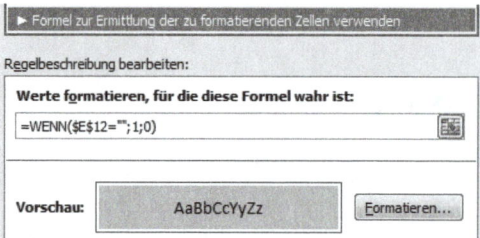

Bedingte Formatierung in PivotTable-Berichten

Die bedingte Formatierung kann Ihnen auch in PivotTable-Berichten helfen, die Übersicht zu behalten. Legen Sie eine Formatierung fest, werden die gewünschten Daten hervorgehoben. Ändern Sie die Anzeige der Felder oder aktualisieren Sie die Tabelle, bleibt die Formatierung erhalten. Beim Festlegen einer bedingten Formatierung für ein PivotTable-Objekt führen Sie die folgenden Schritte aus:

1. Markieren Sie eine Zelle, im Beispiel aus Abbildung 12.18 die Zelle *B4*.
2. Wählen Sie den Befehl *Bedingte Formatierung/Obere/Untere Regeln/Über dem Durchschnitt*.
3. Im Dialogfeld *Über dem Durchschnitt* bestätigen Sie die Verwendung der Farbe mit OK.

Bedingte Formatierung in PivotTable-Berichten

Abbildg. 12.17   Wählen Sie eine der vordefinierten Regeln zur Formatierung, sind nur wenige Mausklicks erforderlich

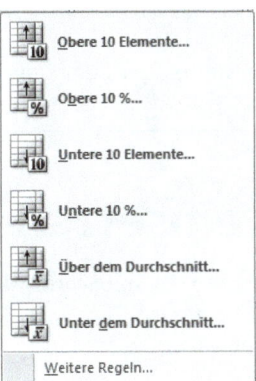

4. Klicken Sie auf den dann angezeigten Smarttag und wählen Sie die letzte Option (vgl. Abbildung 12.18).

Damit wird das Format auf alle Zellen der Spalte *Summe von Umsatz* übertragen, jedoch nicht auf das Gesamtergebnis.

Abbildg. 12.18   Der Smarttag bietet unter anderem die Option zur Übernahme der bedingten Formatierung auf die gesamte Spalte

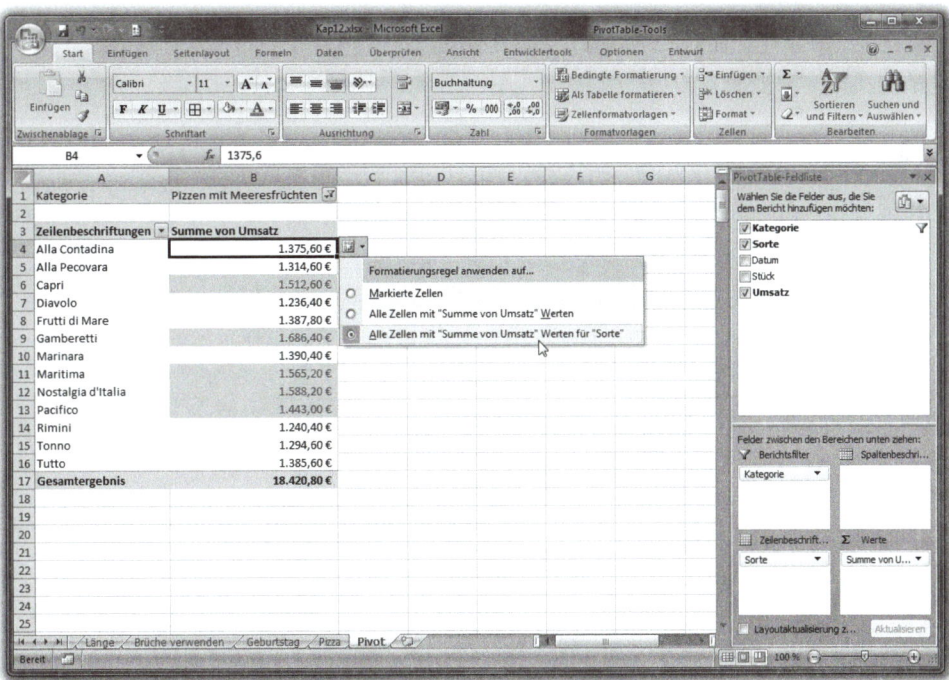

487

Kapitel 12 Bedingte Formatierung und Scorecards einsetzen

Mehr zu PivotTable und PivotChart erfahren Sie in Kapitel 24.

Dieses Beispiel finden Sie auf dem Arbeitsblatt *Pivot* in der Datei *Kap12.xlsx* im Ordner *\Buch\Kap12* auf der CD-ROM zu diesem Buch.
Außerdem finden Sie dort ein Beispiel, wie Sie Teilergebnisse mit der bedingten Formatierung hervorheben können.

Datenbalken und Farbskalen einsetzen

Ganz ohne eine Formel zu schreiben können Sie einen Datenbereich mit Scorecards in Form von Datenbalken, Farbskalen und Symbolen versehen. Sie müssen dafür lediglich einen Bereich markieren und einen der folgenden Befehle der Registerkarte *Start* aufrufen:

1. *Bedingte Formatierung/Datenbalken*
2. *Bedingte Formatierung/Farbskalen*
3. *Bedingte Formatierung/Symbolsätze*

Zeigen Sie mit der Maus auf eine Formatoption werden die Daten in einer Livevorschau mit dem Format formatiert. Sie können jetzt entscheiden, welche Form und Farbe Sie verwenden wollen. Gefällt Ihnen die Aussicht, dann weisen Sie das Format mit einem einfachen Mausklick zu.

Abbildg. 12.19 Über die Schaltfläche *Weitere* verzweigen Sie in das Dialogfeld *Neue Formatierungsregel*

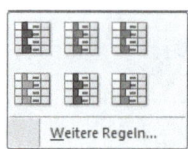

Während die Länge der Datenbalken die enthaltenen Werte repräsentiert, ist es bei den Farbskalen so, dass die Füllfarbe einer Zelle diese Information enthält. Hier wird also in jedem Fall die gesamte Zelle ein Format erhalten.

Abbildg. 12.20 Farben repräsentieren die Werte, wenn Sie Farbskalen verwenden

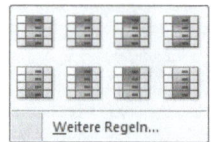

HINWEIS Beim Drucken von Datenbalken, Farbskalen und Symbolen auf Schwarz-Weiß-Druckern werden Farben in Graustufen umgesetzt. Mehr zum Drucken in Excel erfahren Sie in Kapitel 5.

Datenbalken und Farbskalen einsetzen

Im folgenden Beispiel wollen Sie den Fortschritt Ihrer Fitnessbemühungen grafisch aufbereiten, indem Datenbalken die Werte veranschaulichen. Gehen Sie dazu wie folgt vor:

1. Markieren Sie den Bereich *D5:D20*.
2. Wählen Sie den Befehl *Bedingte Formatierung/Datenbalken* und führen Sie die Maus über die angebotenen Optionen.
3. Klicken Sie auf die vierte Option, um dieses Format zuzuweisen.

Abbildg. 12.21   Zeigen Sie mit der Maus auf die verschiedenen Farboptionen, passt sich der markierte Bereich automatisch an

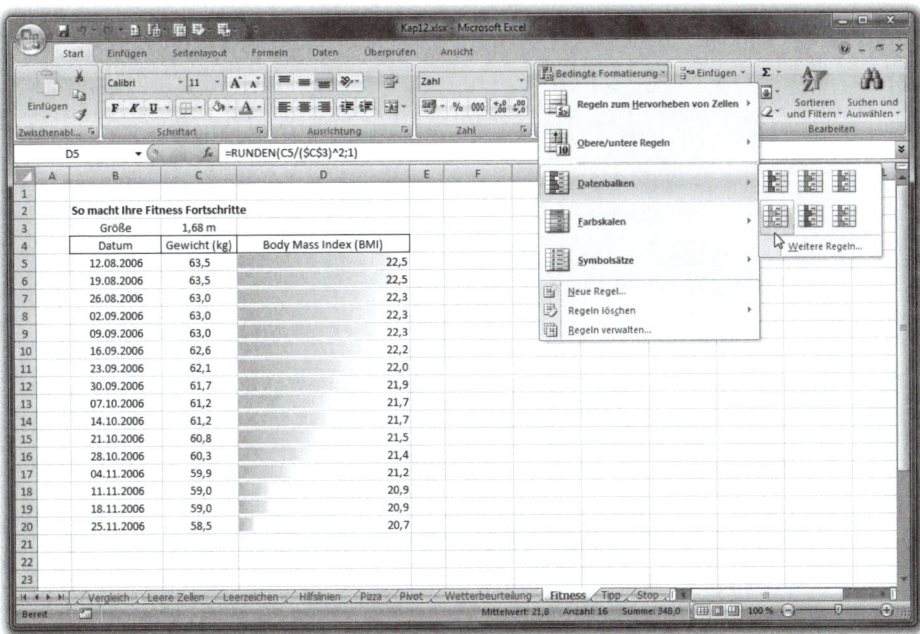

Der höchste Wert erhält den längsten Balken, der niedrigste Wert den kürzesten. Sie können dieses bedingte Format auch überarbeiten und zwar so:

1. Wählen Sie den Befehl *Bedingte Formatierung/Regeln verwalten*.
2. Doppelklicken Sie auf die Regel, um diese zu bearbeiten.
3. Diese Formatoptionen stehen Ihnen zur Verfügung:
   - Formatstil: *2-Farben Skala*, *3-Farben Skala* oder *Datenbalken*
   - *Nur Balken anzeigen,* um die Daten auszublenden
   - Ändern Sie den Berechnungsmodus im Listenfeld *Typ* für *Kürzester Balken* bzw. *Längster Balken*: Niedrigster Wert, Zahl, Prozent, Formel, Quantil
   - Eine beliebige Farbe für die *Balkenfarbe*
4. Schließen Sie die Dialogfelder mit *OK*.

Abbildg. 12.22 Für die angezeigten Datenbalken stehen umfangreiche Einstelloptionen zur Verfügung

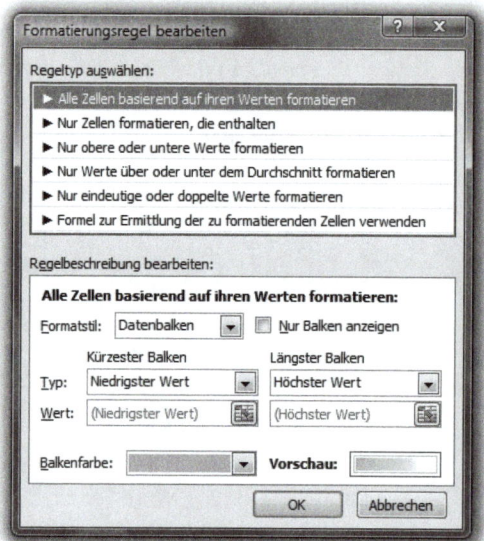

Dieses Beispiel finden Sie auf dem Arbeitsblatt *Fitness* in der Datei *Kap12.xlsx* im Ordner *\Buch\Kap12* auf der CD-ROM zu diesem Buch.

Die neuen Formatierungen und das alte Dateiformat

Verwenden Sie wenigstens eine der neuen Möglichkeiten zur Anzeige von Datenbalken, Farbskalen oder Symbolsätzen, und speichern Sie die Arbeitsmappe in einem früheren Dateiformat ab, warnt die Kompatibilitätsprüfung von Excel vor diesem Vorgang.

Verwenden Sie mehrere Regeln zur bedingten Formatierung für einen Datenbereich und wollen Sie die Datei in einem früheren Format speichern, sollten Sie die Kontrollkästchen *Anhalten* aktivieren. Damit entsprechen die neuen Regeln dem Verhalten früherer Versionen, in denen nach dem ersten Auftreten einer wahren Bedingung keine weitere Prüfung stattfindet.

Mehr zur Kompatibilitätsprüfung finden Sie in Kapitel 3.

Abbildg. 12.23 Die automatische Kompatibilitätsprüfung findet bedingte Formatierungen, die in früheren Versionen nicht verfügbar sind

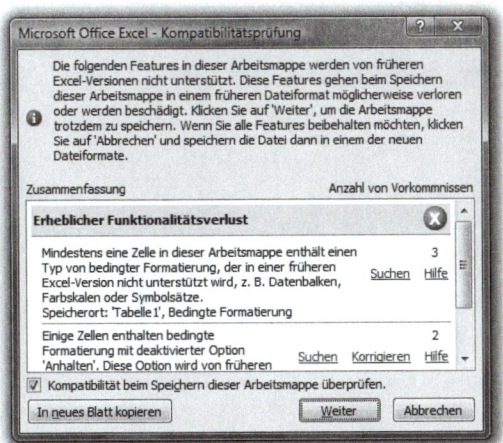

Zellen mit Symbolen hervorheben

Eine weitere neue Funktion ist die Zuweisung von Symbolsätzen für einen Bereich mit unterschiedlichen Zahlen. Damit kann der Rang jedes Wertes innerhalb der Gruppe deutlich hervorgehoben werden.

Abbildg. 12.24 Eine reichhaltige Auswahl an Symbolsätzen für die Unterscheidung in drei bis fünf Gruppen

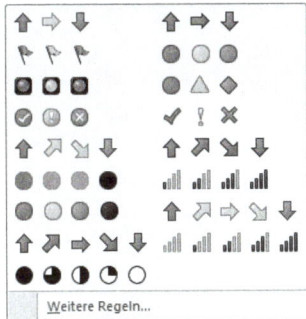

HINWEIS Es ist in der aktuellen Version nicht vorgesehen, eigene Symbolsätze einzubinden.

Dahinter steht ein Regelsatz den Excel automatisch zuweist. Für den Symbolsatz mit vier Pfeilen sehen Sie das Regelwerk in Abbildung 12.25. Diese Abbildung zeigt auch, dass für die Regeln verschiedene Vergleichsoperatoren, Vergleichswerte oder Bezüge und Typen eingestellt werden können. Jede Menge Spielraum also für eigene Lösungen.

Kapitel 12 Bedingte Formatierung und Scorecards einsetzen

Abbildg. 12.25   Die Daten werden in verschiedene Klassen eingeteilt und entsprechend wird ein Symbol angezeigt

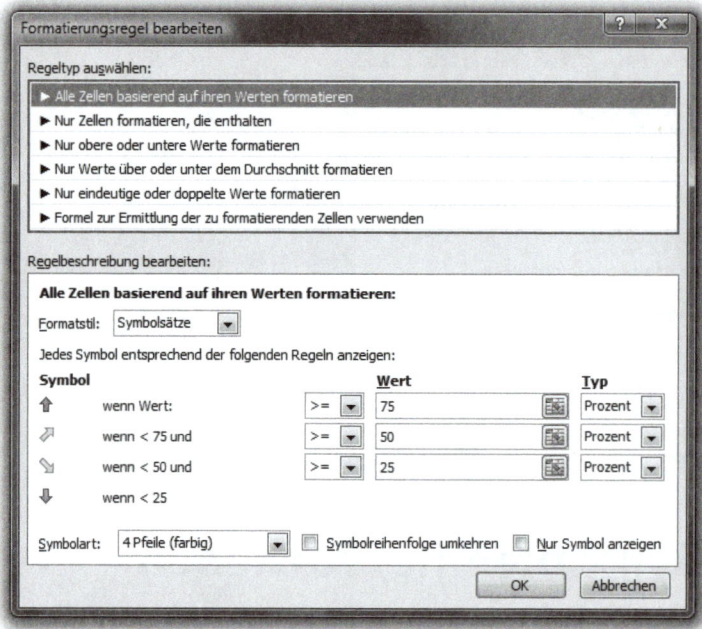

> **HINWEIS**   Aktivieren Sie in Abbildung 12.25 das Kontrollkästchen *Nur Symbol anzeigen*, um die eigentlichen Daten auszublenden und nur die Symbole anzuzeigen.

Beispiel für Wetterdaten

Das folgende Beispiel soll die Wetterdaten für den nächsten Urlaub mit übersichtlichen Farben und Symbolen anzeigen, und zwar:

- Die Sonnenstunden mit Farbskalen
- Die Temperatur mit einem Symbolsatz
- Die Wassertemperatur mit einem Symbolsatz in Form eines Diagramms

Was nach ziemlich viel Arbeit aussieht, ist in Wahrheit mit wenigen Mausklicks erledigt:

1. Markieren Sie den Bereich für die Sonnenstunden *C4:N4*.
2. Wählen Sie den Befehl *Bedingte Formatierung/Farbskalen* und zeigen Sie auf eine der angebotenen acht Farbskalen.
3. Der markierte Bereich zeigt in der Livevorschau, was Sie erwartet, wenn Sie das jeweilige Format anklicken.
4. Weisen Sie die erste Farbskala mit einem Mausklick zu.
5. Markieren Sie den Bereich für die Temperatur (*C5:N5*).

6. Wählen Sie den Befehl *Bedingte Formatierung/Symbolsätze* und zeigen Sie auf einen der angebotenen 17 Symbolsätze. Im Beispiel wird der Symbolsatz mit drei Pfeilen verwendet.
7. Weisen Sie den gewünschten Symbolsatz mit einem Mausklick zu.
8. Markieren Sie den Bereich für die Wassertemperatur (*C6:N6*).
9. Wählen Sie den Befehl *Bedingte Formatierung/Symbolsätze* und zeigen Sie auf einen der angebotenen 17 Symbolsätze. Im Beispiel wird der Symbolsatz mit vier Diagrammsäulen verwendet.
10. Weisen Sie den gewünschten Symbolsatz mit einem Mausklick zu.
11. Fertig.

Abbildg. 12.26   Ganz wie im Reiseprospekt sind die Wetterdaten formatiert

	A	B	C	D	E	F	G	H	I	J	K	L	M	N	O
1															
2		Wetter in Kapstadt / Südafrika													
3			Jan	Feb	Mrz	Apr	Mai	Jun	Jul	Aug	Sep	Okt	Nov	Dez	
4		Sonnenstunden	11	10	9	8	7	6	6	7	8	9	10	11	
5		Temperatur	↑26	↑26	↑25	⇨23	⇨20	↓18	↓17	↓18	↓19	⇨21	↑24	↑25	
6		Wassertemperatur	18	19	19	18	17	16	15	14	15	16	17	18	
7															

Reihenfolge der Farben ändern

Üblicherweise steht die Farbe Rot für Hitze und Blau für Kälte. Bei den Sonnenstunden ist es gerade umgekehrt. Der erste Eindruck beim Überarbeiten der zugewiesenen Regel: Leider ist das Ändern der Reihenfolge für Farbskalen nicht ganz so einfach wie für Symbolsätze, wo sich über ein entsprechendes Kontrollkästchen der Symbolsatz umdrehen lässt (vgl. Abbildung 12.25).

Wenn Sie sich allerdings Abbildung 12.20 genauer ansehen, werden Sie feststellen, dass immer zwei Farbskalen die gleichen Farben, jedoch in umgekehrter Reihenfolge verwenden. Für den Fall, dass Sie die Farben lediglich umkehren wollen, wählen Sie also einfach eine andere Farbskala aus.

Firmenfarben verwenden

Wenn Sie die Zuweisung der Farbe so ändern wollen, dass der Firmenstandard berücksichtigt wird, können Sie auch diese Regel überarbeiten.

Um die verwendete Farbe der Farbskala zu ändern, gehen Sie wie folgt vor:

1. Markieren Sie den Bereich *C4:N4*.
2. Wählen Sie den Befehl *Bedingte Formatierung/Regeln verwalten*.
3. Klicken Sie auf die Schaltfläche *Regel bearbeiten*.
4. Klicken Sie im Listenfeld *Farbe* für *Minimum* auf die Option *Weitere Farben*.
5. Stellen Sie im Dialogfeld *Farben* die gewünschte Farbe ein, indem Sie eine Stelle im Farbschema anklicken oder gezielt das Farbmodell und die Farbwerte festlegen.
6. Schließen Sie das Dialogfeld *Farben* mit *OK*.
7. Wiederholen Sie den Vorgang für die Farbe von *Maximum*.
8. Schließen Sie alle Dialogfelder mit *OK*.

Abbildg. 12.27 Soll die Farbe der bedingten Formatierung Ihrem Firmenstandard entsprechen, bietet das Dialogfeld *Farben* die Stellschrauben dazu

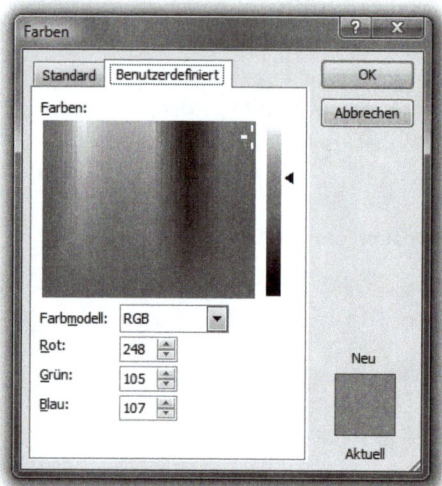

Wie Sie Zellen nach dem jeweiligen Symbol sortieren können, zeigt das Kapitel 20.

 Dieses Beispiel finden Sie auf dem Arbeitsblatt *Wetterbeurteilung* in der Datei *Kap12.xlsx* im Ordner *\Buch\Kap12* auf der CD-ROM zu diesem Buch.

Weniger Symbole anzeigen

Symbolsätze gibt es zu Sets mit drei, vier oder fünf verschiedenen Symbolen. Vielleicht kommt bei Ihnen der Wunsch auf, weniger Symbole anzuzeigen. In manchen Situationen genügt das ja auch. Leider gibt es keine direkte Einstellung, mit der die Anzahl eingestellt werden kann. Aber die Tatsache, dass die verwendeten Regeln auch bei Datenbalken, Farbskalen und Symbolsätzen überarbeitet werden können, bietet Spielraum für unterschiedliche Lösungen.

 Dieses Beispiel finden Sie im Blatt *2 Symbole* in der Datei *Kap12.xlsx* im Ordner auf der CD-ROM zu diesem Buch.

Die Abbildung 12.29 zeigt eine Liste von Datumswerten und Umsatzzahlen. Die Umsatzzahlen zeigen zwei Symbole: Für Werte über 1.000 zeigt der Pfeil nach oben, für Werte unterhalb dieses Grenzwertes nach rechts. Wie können Sie das erreichen?

1. Markieren Sie die Werte in Spalte *C*.
2. Weisen Sie dem Bereich über *Bedingte Formatierung/Symbolsätze* den ersten Symbolsatz mit drei Symbolen zu.
3. Wählen Sie den Befehl *Bedingte Formatierung/Regeln verwalten*.
4. Klicken Sie im *Manager für Regeln zur bedingten Formatierung* auf *Regel bearbeiten*.
5. Ändern Sie die Regel wie in Abbildung 12.28 gezeigt.
6. Schließen Sie alle Dialogfelder mit *OK*.

Abbildg. 12.28 Der Wert 0 für das zweite Symbol führt dazu, dass für das dritte Symbol keine Daten mehr bleiben, weil keine negativen Zahlen vorhanden sind

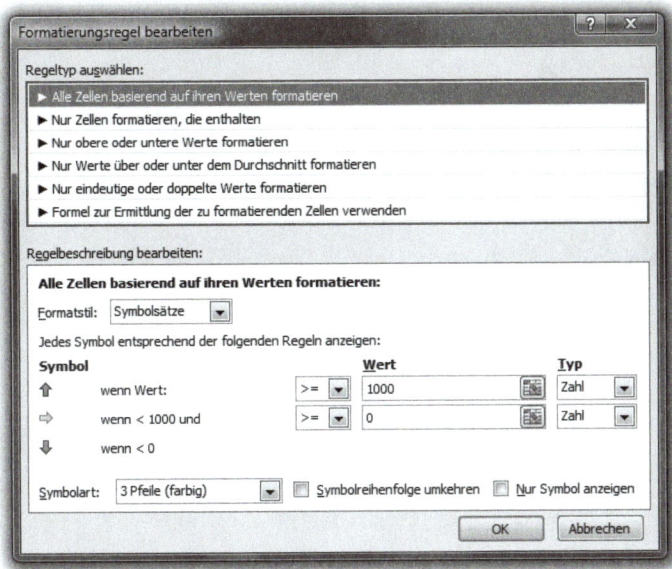

Die erste Regel wird auf Werte größer oder gleich 1000 angewendet, die zweite Regel auf Werte zwischen 0 und 999. Für das dritte Symbol bleiben keine Daten, weil es keine negativen Werte in der Tabelle gibt. Die dritte Regel wird also nie *WAHR*, das dritte Symbol damit nie verwendet.

Abbildg. 12.29 Das Ergebnis zeigt wie gewünscht nur noch zwei Symbole an

	A	B	C	D
1				
2		Datum	Umsatz	
3		01.02.2007	⇧ 1496	
4		02.02.2007	⇧ 1387	
5		03.02.2007	⇨ 552	
6		04.02.2007	⇨ 760	
7		05.02.2007	⇨ 573	
8		06.02.2007	⇨ 714	
9		07.02.2007	⇧ 1167	
10		08.02.2007	⇨ 906	
11		09.02.2007	⇨ 812	
12		10.02.2007	⇧ 1060	
13		11.02.2007	⇨ 711	
14		12.02.2007	⇨ 760	
15		13.02.2007	⇨ 812	
16		14.02.2007	⇧ 1457	
17		15.02.2007	⇧ 1249	
18		16.02.2007	⇨ 569	
19		17.02.2007	⇧ 1435	
20		18.02.2007	⇨ 951	
21		19.02.2007	⇧ 1113	
22		20.02.2007	⇨ 935	

Kapitel 12 Bedingte Formatierung und Scorecards einsetzen

> **ACHTUNG** Das Dialogfeld *Formatierungsregel bearbeiten* aus Abbildung 12.28 bietet die Möglichkeit, auch die *Symbolart* zu ändern. Wenn Sie dieses Listenfeld ändern und dabei einen Symbolsatz mit einer anderen Anzahl an Symbolen einstellen, wird auch der manuell eingetragene *Wert* geändert. Weil Excel hier jeweils die Standardwerte einsetzt, müssen Sie hier unter Umständen erneut nacharbeiten.

Ein einziges Symbol genügt

Wenn die Anzeige auf zwei Symbole eingeschränkt werden kann, ist es dann auch möglich, nur ein einziges anzuzeigen? Damit könnten dann alle Werte über dem Grenzwert hervorgehoben werden.

Um die Anzeige auf ein einziges Symbol einzuschränken, gehen Sie wie folgt vor:

1. Markieren Sie den Bereich, dem Sie zuvor schon die Regel für zwei Symbole zugewiesen haben.
2. Wählen Sie den Befehl *Bedingte Formatierung/Regeln verwalten*.
3. Klicken Sie auf die Schaltfläche *Neue Regel*, um eine weitere Regel hinzuzufügen.
4. Wählen Sie für die neue Regel den Regeltyp 2.
5. Wählen Sie die Einstellungen aus Abbildung 12.30.
6. Legen Sie kein bestimmtes Format fest.
7. Schließen Sie das Dialogfeld mit *OK*.

Abbildg. 12.30 Wichtig bei dieser Regel ist die Tatsache, dass Sie keine Änderung an den Formateinstellungen vornehmen

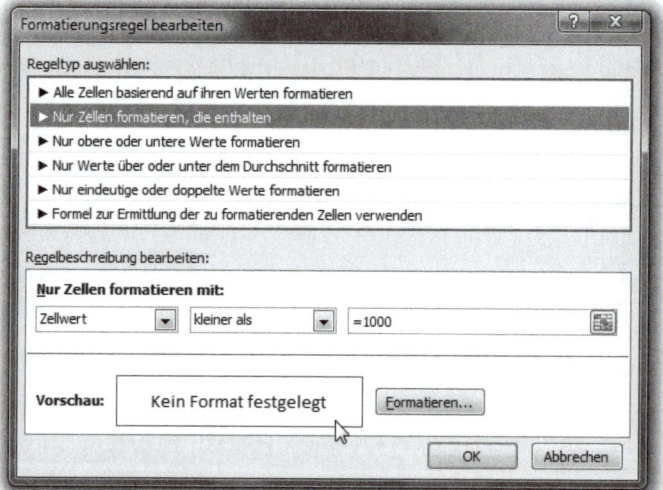

8. Zurück im *Manager für Regeln zur bedingten Formatierung* wurde die neue Regel an erster Stelle eingefügt. Aktivieren Sie nun noch das Kontrollkästchen *Anhalten* für diese Regel.
9. Schließen Sie das Dialogfeld.

Das Kontrollkästchen *Anhalten* ermöglicht die gezielte Ausführung weiterer Regeln. In diesem Fall wird es dazu verwendet, für alle Werte unterhalb des Grenzwertes keine weitere Prüfung durchzuführen und damit auch die Anzeige anderer Symbole zu verhindern.

Zellen mit Symbolen hervorheben

Abbildg. 12.31 Für die zusätzliche Regel wird **kein** besonderes Format gewählt, aber das Kontrollkästchen *Anhalten* **muss** aktiviert werden

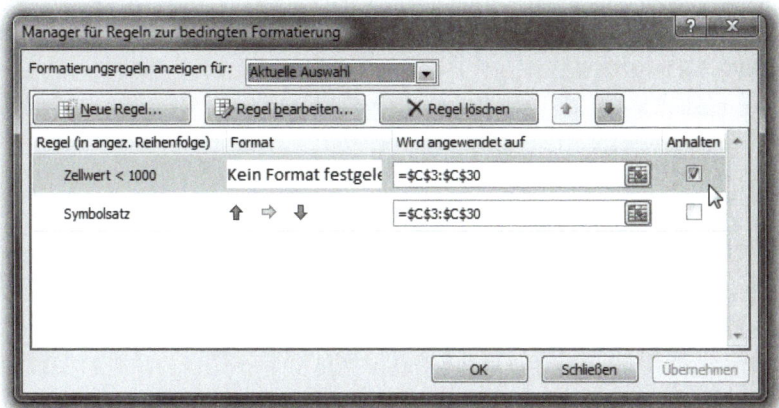

Das Ziel ist erreicht: Es wird nur noch ein einziges Symbol angezeigt.

HINWEIS In der Beispieldatei haben wir für die Erzeugung der Umsatzzahlen die Funktion *ZUFALLSBEREICH()* eingesetzt. Diese Funktion erzeugt Zufallszahlen in einem wählbaren Bereich. Führen Sie eine Neuberechnung durch, z.B. mit der Taste F9, werden andere Zahlen angezeigt und Sie können die Änderung an der Formatierung beobachten.

Abbildg. 12.32 Mit einer weiteren Regel und aktivem Kontrollkästchen *Anhalten* wird nur noch ein einziges Symbol angezeigt

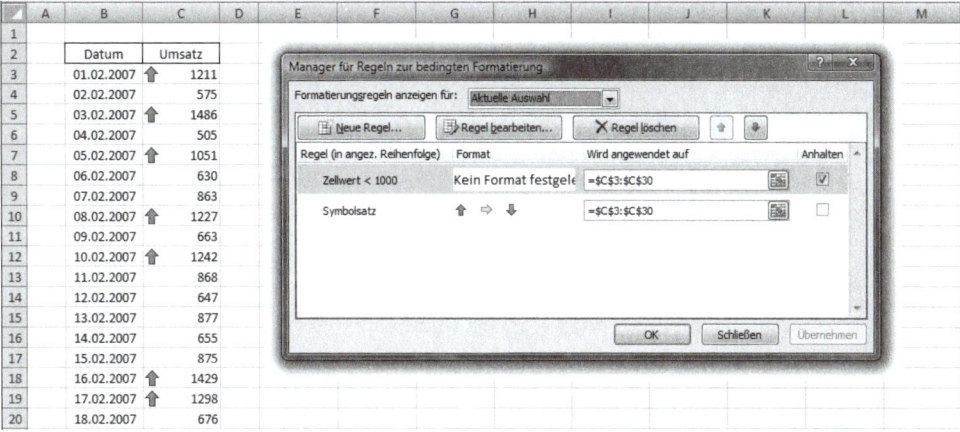

Dieses Beispiel finden Sie im Blatt *1 Symbol* in der Datei *Kap12.xlsx* im Ordner auf der CD-ROM zu diesem Buch.

Verhalten der Symbole

Die Symbole werden standardmäßig am linken Rand ausgerichtet. Ändern Sie die Ausrichtung des Zellinhalts, wird dieser im Rahmen des verfügbaren Platzes ausgerichtet. Das Symbol bleibt am linken Zellrand, passt sich jedoch der vertikalen Ausrichtung an (vgl. Abbildung 12.33).

 Die Änderung der Orientierung des Zellinhalts hat allerdings zur Folge, dass das Symbol nicht mehr angezeigt wird (siehe Zelle *B10* in Abbildung 12.33).

Abbildg. 12.33 Von den Ausrichtungsoptionen ist nur die Orientierung kritisch für die Anzeige der Symbolsätze

	A	B	C	D	E
1					
2		↑	1	Standard	
3					
4		↑	2	Horizontal zentriert vertikal unten	
5					
6		↑3		Horizontal zentriert vertikal unten	
7					
8		↑4		Horizontal links vertikal oben	
9					
10		↶		Textausrichtung Standard Orientierung 45°	
11					

> **HINWEIS** Wenn Sie einen Symbolsatz zugewiesen haben und die Spaltenbreite stark reduzieren, dann werden zunächst die Daten ausgeblendet. Reduzieren Sie die Spaltenbreite weiter, wird auch das Symbol unsichtbar.

Wenn sich die Anzahl der Daten ändert, dann ändert sich auch das Symbol. In Abbildung 12.34 wurde in Zelle *D6* der Wert entfernt, und damit erhält *D5* ein anderes Symbol. Da Excel auf Basis der Gesamtzahl der vorhandenen Daten das Symbol zuweist, ist dieses Verhalten nur konsequent.

Beim Einfügen von zusätzlichen Werten ist das Verhalten entsprechend. Der Bereich *F3:F6* wurde mit einer Regel für die bedingte Formatierung versehen. Anschließend in Zelle *F7* ein Wert eingetragen. Das hat zur Folge, dass:

- Die bedingte Formatierung für die neuen Daten übernommen wurde
- Das Symbol für die Zelle *F4* geändert wurde

Abbildg. 12.34 Das angezeigte Symbol ändert sich, wenn Daten gelöscht oder ergänzt werden

	A	B	C	D	E	F	G
1							
2		Symbolsatz		Zelle löschen		Daten eintragen	
3		↓	1	↓	1	↓	1
4		⇨	2	⇨	2	↓	2
5		⇨	3	↑	3	⇨	3
6		↑	4			↑	4
7						↑	5
8							

Ausrichtung von Text stimmt nicht

Wenn Sie sich wundern, warum der Inhalt einer Zelle eingerückt angezeigt wird, obwohl das Dialogfeld *Zellen formatieren* nichts dergleichen anzeigt, dann prüfen Sie für diese Zelle, ob ein Symbolsatz zugewiesen wurde. Symbole setzen einen Zahlenwert voraus, werden also bei Texten nicht angezeigt. Ob es sich um einen »Bug« oder ein »Feature« handelt, entscheiden Sie selbst. Vielleicht finden Sie ja einen Anwendungsfall, bei dem dieses Verhalten nützlich ist. Ansonsten löschen Sie die bedingte Formatierung.

Abbildg. 12.35 Die Zelle wird eingerückt, weil eine bedingte Formatierung mit einem Symbolsatz festgelegt wurde

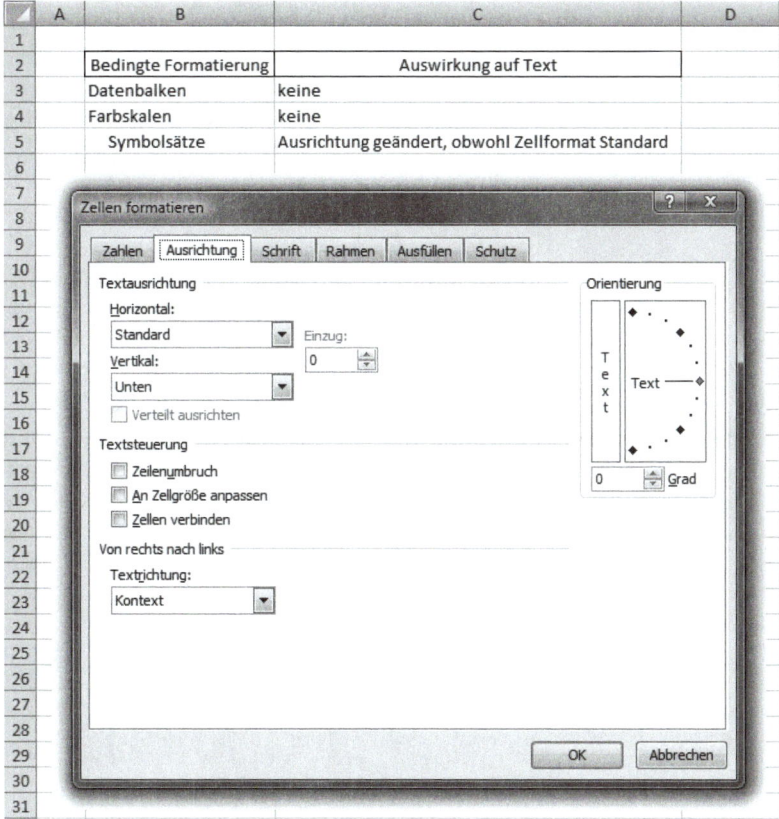

Scorecards und die Neuberechnung

Die neuen Möglichkeiten der bedingten Formatierung werden bei jeder Neuberechnung aktualisiert. Bei der Standardeinstellung (*Automatisch*) zum Berechnungsmodus zeigen diese also immer den aktuellen Farbwert bzw. das aktuelle Symbol an. Ändern Sie die Einstellungen zur Neuberechnung auf manuell, dann gilt Folgendes:

- Wenn in die Zelle mit der bedingten Formatierung neue Daten eingetragen wurden, wird die Anzeige sofort aktualisiert
- Wird die Farbskala bzw. der Datenbalken oder das Symbol als Ergebnis einer Formel angezeigt, wird dieses erst mit einer Neuberechnung aktualisiert

Weiteres Format mit Symbolen zuweisen

Wenn Sie einen Bereich mit Datenbalken, Farbskalen oder Symbolsätzen formatiert haben und diesem Bereich erneut eine solche Formatierung zuweisen, hat das folgende Auswirkung:

- Bei Datenbalken und Farbskalen:
    - Weisen Sie eine Formatierung mit dem gleichen Format aber einer anderen Option zu (z.B. blaue statt roter Balken), hat der Bereich weiterhin nur *eine* Regel
    - Verwenden Sie einen anderen Typ, hat der Datenbereich anschließend *zwei* Regeln zur bedingten Formatierung (z.B. Farbskalen und Datenbalken)
- Bei Symbolsätzen wird bei der erneuten Zuweisung in jedem Fall eine *zweite* Regel erstellt

Wenn der Bereich zwei Regeln hat, bemerken Sie das nur im *Manager für Regeln zur bedingten Formatierung*: Die zuletzt zugewiesene Formatierung wird angewendet, weil sie hier an oberster Stelle steht. Die ursprünglich verwendete Formatierung bleibt zwar erhalten, wird aber nie ausgeführt.

Zusammenfassung

Mit Hilfe der Funktion *Bedingte Formatierung* können Sie Zellinhalte von Tabellen überwachen und Abweichungen von zuvor definierten Grenzwerten oder beliebigen anderen Kriterien optisch sichtbar machen. Die Tatsache, dass Sie anstelle von konstanten Vergleichswerten oder Zellbezügen auch Formeln verwenden können, erschließt Ihnen beim Einsatz dieser Funktion nahezu unendliche Möglichkeiten.

Die neuen Datenbalken, Farbskalen und Symbolsätze erlauben eine zielgerichtete Visualisierung Ihrer Daten. Der neue *Manager für Regeln zur bedingten Formatierung* ist eine leistungsfähige Schaltzentrale. Wenn Microsoft noch etwas nachbessert und die Änderung an der Spaltenbreite zulässt, damit die Regeln besser angezeigt werden und auch das Dialogfeld selbst in der Größe veränderbar wird, dann bleiben nur wenige Wünsche offen. Vielleicht der, dass die Bereiche, für die Regeln geändert, auch gleich markiert werden.

Frage	Antwort
Welche Formatierungen kann man mit der bedingten Formatierung vornehmen?	Über die *Bedingte Formatierung* können Sie den Hintergrund einer Zelle farbig gestalten, den Schriftschnitt und die Schriftfarbe verändern oder die Zelle mit Rahmenlinien umgeben lassen. Mehr dazu finden Sie auf Seite 469.
Wie kann man Abweichungen von Grenzwerten sichtbar machen?	Ein Beispiel dazu finden Sie auf Seite 470.
Welche Einsatzgebiete hat der neue Manager für Regeln zur bedingten Formatierung?	Mehr dazu finden Sie auf Seite 473.
Wie kann man komplexe Funktionen mit der bedingten Formatierung einsetzen?	Bei der Einstellung *Formel ist* machen Sie sich das gesamte Instrumentarium der Excel-Funktionen nutzbar und haben nahezu unbegrenzte Möglichkeiten beim Definieren der Kriterien für bedingte Formate. Vergleichen Sie hierzu Seite 473.
Wie kann man die bedingte Formatierung übertragen oder löschen?	Wollen Sie eine bedingte Formatierung übertragen oder löschen, schlagen Sie nach auf Seite 474.

Zusammenfassung

Frage	Antwort
Wie kann man Zellen mit bedingter Formatierung finden?	Wie Sie Zellen mit bedingter Formatierung finden, erfahren Sie auf Seite 475.
Kann man die bedingte Formatierung auch in PivotTable-Objekten einsetzen?	Ein Beispiel für den Einsatz der bedingten Formatierung in PivotTables zeigt die Seite 486.
Was hat es mit Datenbalken und Farbskalen auf sich?	Mit dieser neuen Möglichkeit können Sie Bereiche so formatieren, dass die Rangordnung von Zahlen hervorgehoben wird. Beachten Sie dazu Seite 488.
Wie kann man einer Gruppe von Daten ein Symbol zuweisen und damit die Bedeutung einzelner Werte übersichtlich präsentieren?	Auf Seite 491 sehen Sie, wie Sie einem Datenbereich einen Satz von Symbolen zuweisen.

Tabellen und Daten formatieren

Kapitel 13

Formulare entwickeln und kommentieren

In diesem Kapitel:

Formulare entwickeln	504
Tabellen kommentieren	515
Zusammenfassung	525

Meist hört man die Mitmenschen nur schimpfen, wenn es um Formulare geht. Aber Formulare haben natürlich auch ihre positiven Seiten. Vorausgesetzt, es handelt sich dabei nicht um ein Ungetüm. Allzu viele Seiten machen dann das Ausfüllen zur Qual. Denken Sie daran, wenn Sie mit Excel ein Formular entwickeln.

Mit Steuerelementen können Sie dem Benutzer das Ausfüllen leichter machen. Für Steuerelemente wird über Eigenschaften das Verhalten festgelegt. Beispielsweise können Sie festlegen, welche Werte angezeigt und wo diese gespeichert werden sollen. Ein zusätzlicher Kommentar bietet eine Hilfestellung beim Ausfüllen.

Formulare entwickeln

Immer wenn es um komfortable Benutzereingaben geht, fällt der Begriff Formular. Entsprechend zu einem Formular aus Papier werden für die Eingaben am Bildschirm häufig Formulare verwendet, um die Eingaben der Benutzer zu erleichtern und über entsprechende Auswahlfelder auf bestimmte Eingabewerte zu beschränken.

Um solche Formulare mit Excel zu erstellen, werden Steuerelemente eingesetzt. Steuerelemente sind Zeichenobjekte mit bestimmten Eigenschaften. Sie kennen solche Steuerelemente aus Dialogfeldern (siehe Kapitel 2). Über Optionsfelder und Kontrollkästchen können bestimmte Einstellungen vorgenommen werden, Listenfelder und Kombinationsfelder erlauben dem Benutzer die Auswahl anhand einer Liste von Einträgen, und Bildlaufleisten sowie Drehfelder ermöglichen die Auswahl von Zahlenwerten mit der Maus. Dieses Kapitel soll Ihnen einige Steuerelemente näher bringen.

Steuerelementtypen unterscheiden

In Excel können zwei Typen von Steuerelementen unterschieden werden:

- Formularsteuerelemente
- ActiveX-Steuerelemente

Die beiden Typen bieten optisch weitgehend übereinstimmende Steuerelemente an, die sich jedoch in der Funktionalität deutlich unterscheiden. Während die Formularsteuerelemente neben der Funktionalität nur Zugriff auf wenige Eigenschaften erlauben, können die ActiveX-Steuerelemente fast nach Belieben formatiert werden. Die Einstellung der Schriftart ist ebenso wie die Änderung der Hintergrundfarbe oder spezieller 3D-Effekte möglich.

Um den Zugriff auf die Steuerelemente zu erhalten, blenden Sie über das *Office-Menü* die *Excel-Optionen* ein. Wechseln Sie in die Kategorie *Häufig verwendet* und aktivieren Sie in der Gruppe *Die am häufigsten verwendeten Optionen bei der Arbeit mit Excel* das Kontrollkästchen *Entwicklerregisterkarte in der Mutifunktionsleiste anzeigen*.

Formulare entwickeln

Abbildg. 13.1   Blenden Sie die Registerkarte *Entwicklertools* ein, um Steuerelemente zu erstellen

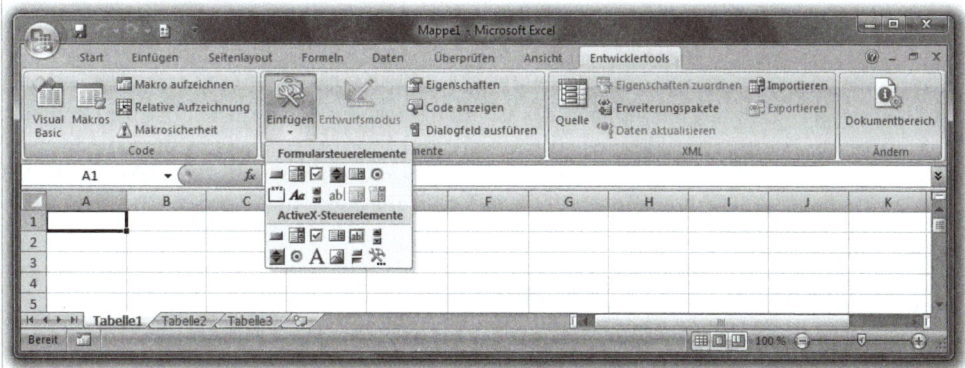

Formularsteuerelemente kennen lernen

Wie Sie in Abbildung 13.1 sehen, werden die Steuerelemente der beiden Typen über Befehle mit nahezu identischen Symbolen erstellt. Daher sollen hier nur die Formularsteuerelemente der Reihe nach kurz vorgestellt werden.

- *Schaltfläche* startet üblicherweise ein Makro. Beim Erstellen einer Schaltfläche werden Sie aufgefordert diese mit einem Makro zu verbinden oder ein Makro aufzuzeichnen. Sie müssen aber hier kein Makro angeben. Geben Sie stattdessen als Beschriftung eine Internet-Adresse wie *www.anwendertage.de* an, können Sie die Schaltfläche verwenden, um diese Seite im Browser anzuzeigen.

- *Kombinationsfeld* bietet eine Liste zur Auswahl eines Wertes an. Ist ein Wert ausgewählt, wird das Kombinationsfeld wieder auf die normale Größe reduziert. Der Rückgabewert ist eine Zahl, welche die Position des markierten Eintrags in der Liste widerspiegelt.

- *Kontrollkästchen* für die Anzeige von Wahrheitswerten. Ein schwarzes Häkchen für die Anzeige von WAHR.

- *Drehfeld* gibt einen Zahlenwert zwischen 0 und 30.000 aus. Der Wert in der verknüpften Zelle wird entsprechend der Pfeilrichtung vermindert oder erhöht.

- *Listenfeld* zeigt wie das Kombinationsfeld eine Liste von Werten an, allerdings bleibt die Größe des Steuerelements bei der Auswahl unverändert

- *Optionsfeld* für die Anzeige von Wahrheitswerten. Ein schwarzer Punkt für die Anzeige von WAHR.

- *Gruppenfeld* fasst Steuerelemente zu einer Gruppe zusammen

- *Bezeichnung* enthält beschreibende Texte

- *Bildlaufleiste* gibt Zahlenwerte über einen Schieberegler aus

Kapitel 13 Formulare entwickeln und kommentieren

- *Textfeld* und

- *Kombinationsleiste* sowie

- *Dropdown-Kombinationsfeld* sind Steuerelemente, die nur auf Dialogfeldern verfügbar sind. Ein Dialogfeld fügen Sie ein, indem Sie mit der rechten Maustaste auf das Blattregister klicken und im Kontextmenü den Befehl *Einfügen* wählen. Wählen Sie im folgenden Dialogfeld *Microsoft Excel 5.0-Dialog* aus. Mit diesen Dialogfeldern wurden Eingabedialoge in Excel 5.0 erstellt. Für Programmierer wurden sie von UserForms abgelöst und kommen daher heute nur noch selten zum Einsatz.

Ein elektronisches Formular erstellen

Um das Haupteinsatzgebiet von Steuerelementen zu zeigen, soll im folgenden Beispiel ein elektronisches Formular erstellt werden. Darin soll die Kundenzufriedenheit eines Autohauses ermittelt werden.

Dieses Beispiel finden Sie in der Datei *Kap13_Umfrage.xlsx* im Ordner *\Buch\Kap13* auf der CD-ROM zu diesem Buch.

Abbildg. 13.2 Über Steuerelemente und Auswahllisten werden Benutzereingaben weitgehend auf einen Mausklick beschränkt

HINWEIS Um Ihnen die Orientierung in der Abbildung 13.2 zu erleichtern, wurden die Gitternetzlinien nicht ausgeblendet. Das Design des Fragebogens gewinnt insgesamt, wenn Sie die Gitternetzlinien über die Registerkarte *Seitenlayout* ausschalten, indem Sie in der Gruppe *Tabellenblattoptionen* das Kontrollkästchen *Ansicht* für die *Gitternetzlinien* deaktivieren.

Listen für Steuerelemente erstellen

Listenfelder und Kombinationsfelder zeigen verschiedene Werte an, die in einem Tabellenbereich abgelegt werden. Erstellen Sie also zunächst diese Listen mit den erforderlichen Einträgen, am besten auf einem separaten Tabellenblatt. Die Einträge werden im Steuerelement in der Reihenfolge angezeigt, in der sie in der Liste eingetragen wurden.

Abbildg. 13.3 Eine notwendige Vorarbeit ist das Eintragen der Listenwerte und die Vergabe von Bereichsnamen

	A	B	C	D	E	F	G
1							
2		Eingabebereiche der Steuerelemente					
3		lstAltersgruppe	lstMotor	lstZufriedenheit	lstProblem	lstWerkstatt	
4		18-29	Benzin	Voll und ganz	Elektronik	Arbeitskosten	
5		30-39	Diesel	Alles in allem zufrieden	Getriebe	Beratung	
6		40-49	Gas	Mit Einschränkungen	Motor	Dauer	
7		50-59	andere	Eher weniger	Verarbeitung	Ersatzteilkosten	
8		60 und älter		Gar nicht		Kulanz	
9						Mängeldiagnose	
10						Qualität der Arbeiten	
11							

Um Bereichsnamen für die Listenbereiche festzulegen, gehen Sie wie folgt vor:

1. Markieren Sie die jeweiligen Werte einschließlich der Überschrift, z.B. *B3:B8*.
2. Drücken Sie die Tastenkombination [Strg]+[⇧]+[F3].
3. Übernehmen Sie den Namen aus der obersten Zeile.

PROFITIPP Auch für die Verwendung in Steuerelementen sind Namen hervorragend geeignet. Bei einer Vielzahl von Steuerelementen steigt die Zahl der Namen sehr schnell an, weil für die meisten Steuerelemente sowohl für den Eingabebereich als auch für die Zellverknüpfung ein Name benötigt wird. Erleichtert wird die Arbeit mit Namen, wenn Sie für den jeweiligen Einsatzzweck ein Präfix verwenden, etwa »*lst*« für die Listen der Eingabebereiche und »*av*« für die Ausgabeverknüpfung. Mehr zum Thema Namen finden Sie in Kapitel 19.

Den Bereich für die Ausgabewerte vorbereiten

Für die Ausgabewerte der Steuerelemente wird ebenfalls ein Bereich in der Tabelle vorbereitet. Auch hier werden Bereichsnamen aus den Überschriften generiert:

1. Markieren Sie dazu den Bereich *J3:R4*.
2. Drücken Sie die Tastenkombination [Strg]+[⇧]+[F3].
3. Übernehmen Sie den Namen aus der obersten Zeile.

Abbildg. 13.4 Der Bereich *J4:R4* nimmt die Ausgabewerte der Steuerelemente auf

	I	J	K	L	M	N	O	P	Q	R	S
1											
2		Ausgabeverknüpfungen									
3		avGeschlecht	avAltersgruppe	avPKW	avErstzulassung	avMotor	avZufriedenheit	avProblem	avWerkstattzufriedenheit	avWerkstattproblem	
4		1	3	WAHR	2006	Gas	2	1	1	4	
5											

Für die Platzierung der Ausgabewerte sollten Sie folgende Überlegungen anstellen:

- Soll das Formular lediglich ausgedruckt werden, dann können Sie die Ausgabewerte unsichtbar machen, indem Sie diese unter den Steuerelementen »verstecken«.
- Sollen die Werte auf demselben Tabellenblatt ausgegeben werden, etwa weil die Mappe auch nur ein Tabellenblatt haben soll, wählen Sie einen Bereich außerhalb des Formularbereichs (wie das Beispiel in Abbildung 13.4). Bei Bedarf können Sie die Spalten in diesem Bereich ausblenden.
- Wollen Sie die Daten aller Kunden später in eine Datenbank exportieren, wählen Sie für die Ausgabewerte ein separates Tabellenblatt, bei Bedarf können Sie dieses ausblenden.

Tabelle 13.1 Die Liste der Namen, wie sie in der Beispieldatei verwendet werden

Name	Bezieht sich auf
avAltersgruppe	=Fragebogen!$K$4
avErstzulassung	=Fragebogen!$M$4
avGeschlecht	=Fragebogen!$J$4
avMotor	=Fragebogen!$N$4
avPKW	=Fragebogen!$L$4
avProblem	=Fragebogen!$P$4
avWerkstattproblem	=Fragebogen!$R$4
avWerkstattzufriedenheit	=Fragebogen!$Q$4
avZufriedenheit	=Fragebogen!$O$4
Eingabebereich	=Fragebogen!$J$4:$R$4;Fragebogen!$D$14;Fragebogen!$D$16;Fragebogen!$I$18
lstAltersgruppe	=Eingabebereiche!$B$4:$B$8
lstMotor	=Eingabebereiche!$C$4:$C$7
lstProblem	=Eingabebereiche!$E$4:$E$7
lstWerkstatt	=Eingabebereiche!$F$4:$F$10
lstZufriedenheit	=Eingabebereiche!$D$4:$D$8

Steuerelemente erstellen

Nachdem die Vorbereitungen abgeschlossen sind, gilt es jetzt die Steuerelemente zu erstellen. Die Vorgehensweise ist dabei für alle Steuerelemente und Steuerelement-Typen identisch. Daher wird hier nicht die Erstellung aller Steuerelemente, sondern exemplarisch die einer Auswahl beschrieben.

Formulare entwickeln

Um das Gruppenfeld für die Angabe zum Geschlecht zu erstellen, gehen Sie wie folgt vor:

1. Klicken Sie auf der Registerkarte *Entwicklertools* in der Gruppe *Steuerelemente* auf den Befehl *Einfügen* und anschließend auf den Befehl *Gruppenfeld*.
2. Der Mauszeiger ändert seine Form in ein Fadenkreuz. Klicken Sie an die Stelle, an der das Steuerelement erstellt werden soll. Halten Sie die linke Maustaste gedrückt und ziehen Sie einen Rahmen für das Steuerelement auf.
3. Lassen Sie die Maustaste los.
4. Klicken Sie an die Stelle der Beschriftung und tippen Sie den Text »Geschlecht« ein.
5. Klicken Sie auf eine beliebige Zelle, um das Gruppenfeld zu deaktivieren.

PROFITIPP

Beim Erstellen von Steuerelementen sind zwei Tasten hilfreich:

- Um die Größenänderung eines Steuerelements sowohl in der Breite als auch in der Höhe gleichmäßig auszuführen, halten Sie beim Ziehen mit der Maus die ⇧-Taste gedrückt.
- Um die Größe des Steuerelements an den darunter liegenden Zellen auszurichten, halten Sie die Alt-Taste gedrückt.

Erstellen Sie nun die Optionsfelder für die beiden möglichen Merkmalsausprägungen nach demselben Schema:

1. Führen Sie die Schritte 1 bis 3 aus, erstellen Sie aber ein Optionsfeld.
2. Wählen Sie als Beschriftung »weiblich«.
3. Klicken Sie in der Registerkarte *Entwicklertools* auf den Befehl *Eigenschaften*.
4. Legen Sie im Dialogfeld *Steuerelement formatieren* auf der Registerkarte *Steuerung* für die Eigenschaft *Zellverknüpfung* den Namen *avGeschlecht* fest und bestätigen Sie mit *OK*.
5. Klicken Sie auf eine beliebige Zelle, um das Gruppenfeld zu deaktivieren.

Abbildg. 13.5 Für ein Optionsfeld kann nur eine *Zellverknüpfung* für den Ausgabewert eingestellt werden

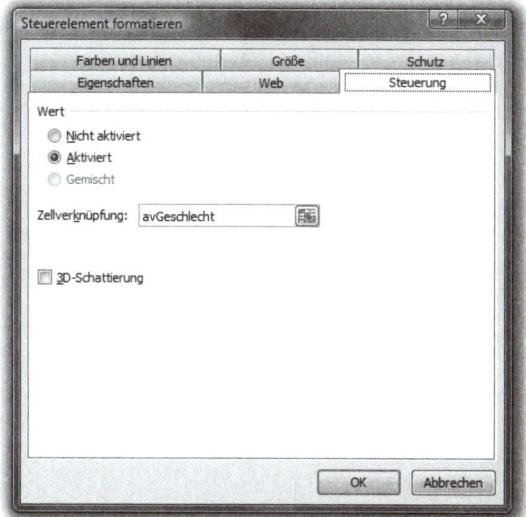

Kapitel 13 Formulare entwickeln und kommentieren

> **HINWEIS**   Wenn Sie ein zweites Optionsfeld in die bestehende Gruppe zeichnen, wird dabei die *Zellverknüpfung* des ersten Steuerelements übernommen.

Bei der Erstellung der Listenfelder und Kombinationsfelder gehen Sie genauso vor. Für diese Steuerelemente gilt es allerdings auch den *Eingabebereich* zu definieren. Die Registerkarte *Steuerung* im Dialogfeld *Steuerelement formatieren* zeigt dafür ein weiteres Eingabefeld.

Mit der Schaltfläche *Reduzieren* kann das Dialogfeld verkleinert und der Bereich in der Tabelle markiert werden. Die Verwendung von Namen ist allerdings von Vorteil, auch was die Dokumentation betrifft.

Abbildg. 13.6   Der *Eingabebereich* ist der Bereich, über den die Daten angezeigt werden, die *Zellverknüpfung* nimmt den Ausgabewert auf

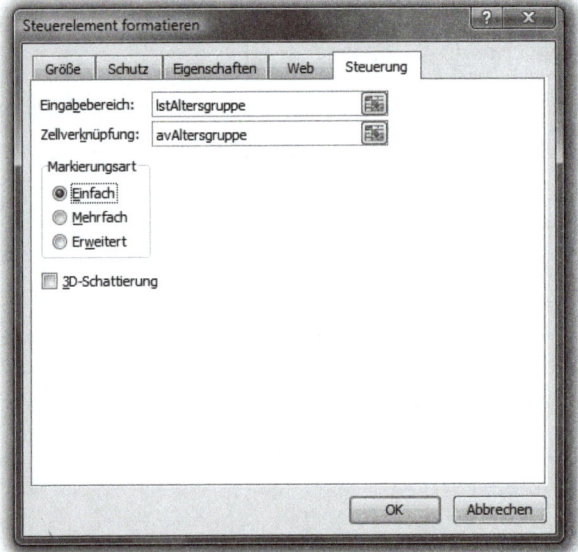

> **HINWEIS**   Leider können Sie an dieser Stelle Namen nicht mit der Taste (F3) und auch nicht über einen Befehl der Registerkarte *Formeln* einfügen. Diese Registerkarte bietet in der Befehlsgruppe *Definierte Namen* den Befehl *In Formel verwenden*, der allerdings nicht aktiviert werden kann, während das Dialogfeld *Steuerelement formatieren* angezeigt wird. Hier ist noch etwas Nacharbeit seitens der Microsoft-Programmierer nötig.

An dieser Stelle einmal ein Vergleich zu den ActiveX-Steuerelementen. Wenn Sie die zahlreichen Möglichkeiten dieses Steuerelementtyps verwenden und daher ein Listenfeld dieses Typs einsetzen wollen, führt Sie der Befehl *Eigenschaften* (Registerkarte *Entwicklertools*, Gruppe *Steuerelemente*) zum Fenster *Eigenschaften*. Legen Sie dort die Eigenschaften *LinkedCell* und *ListFillRange* wie in Abbildung 13.7 fest.

Abbildg. 13.7 Die Eigenschaften des vergleichbaren ActiveX-Steuerelements sind so umfangreich, dass sie in Kategorien zusammengefasst werden können

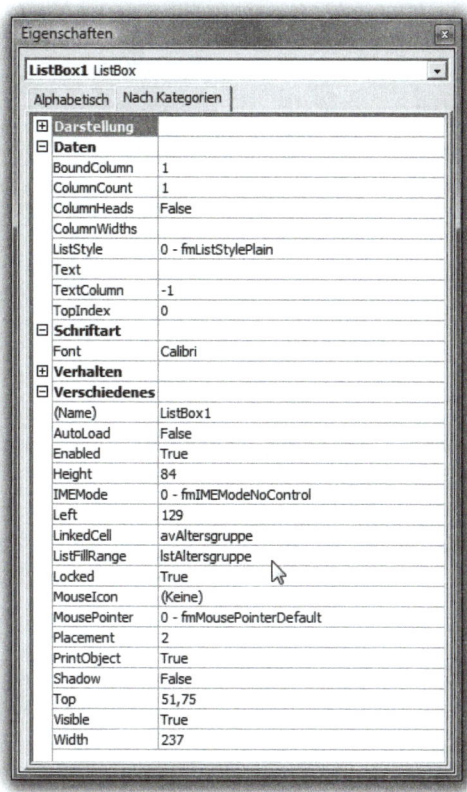

Eine Liste der verwendeten Steuerelemente mit den wichtigsten Eigenschaften zeigt die Tabelle 13.2.

Tabelle 13.2 Die Liste der verwendeten Steuerelement-Typen und deren Eigenschaften

Steuerelement-Typ	Inhalt	Eingabebereich	Ausgabebereich
Gruppenfeld	Text: Geschlecht	Entfällt	entfällt
Optionsfeld	Text: w	Entfällt	avGeschlecht
Optionsfeld	Text: m	Entfällt	avGeschlecht
Listenfeld	Altersgruppe	lstAltersgruppe	avAltersgruppe
Kontrollkästchen	Text: Neuwagen	Entfällt	avNeuwagen
Drehfeld	Erstzulassung	Entfällt	avErstzulassung
Keiner, Liste wird über *Datenüberprüfung* festgelegt	Motor	lstMotor	avMotor
Kombinationsfeld	Zufriedenheit	lstZufriedenheit	avZufriedenheit

Tabelle 13.2 Die Liste der verwendeten Steuerelement-Typen und deren Eigenschaften *(Fortsetzung)*

Steuerelement-Typ	Inhalt	Eingabebereich	Ausgabebereich
Kombinationsfeld	Problem		avProblem
Kombinationsfeld	Werkstattzufriedenheit	lstZufriedenheit	avWerkstattzufriedenheit
Kombinationsfeld	KfzProblem		avWerkstattproblem

WICHTIG Die beiden Kombinationsfelder für den Grad der Zufriedenheit mit dem Wagen und der Werkstatt verwenden den gleichen *Eingabebereich*, haben jedoch eine unterschiedliche *Zellverknüpfung*. Wenn Sie für Steuerelemente die gleiche Ausgabeverknüpfung festlegen, überschreiben sich diese bei Änderungen an den Steuerelementen gegenseitig.

Auswahlliste ohne Steuerelemente

Im Formular aus Abbildung 13.2 wird für die Zelle *D16* eine alternative Eingabemethode verwendet. Für diese Zelle wurde über den Befehl *Datenüberprüfung* auf der Registerkarte *Daten* in der Gruppe *Datentools* eine Gültigkeitsprüfung festgelegt. Stellen Sie das Listenfeld *Zulassen* auf *Liste* und geben Sie als Bezug einen Bereich oder Bereichsnamen ein.

Damit werden die zulässigen Daten ebenfalls über eine Liste gepflegt. Die Änderung des Zellwertes erfolgt bei aktiver Zelle über das Auswahlfeld, das an deren rechtem Rand angezeigt wird. Mehr zum Thema Datenüberprüfung finden Sie in Kapitel 8.

Daten für die Übernahme vorbereiten

Wenn Sie die Daten in eine Datenbank importieren wollen, ist der Zugriff einfacher zu bewerkstelligen, wenn die Ausgabeverknüpfungen auf einem separaten Blatt liegen oder dort über Formelbezüge verfügbar gemacht werden. Die zweite Variante hat zudem den Vorteil, dass Textwerte in Zahlen umgewandelt oder auch weitere Berechnungen durchgeführt werden können. So werden die Ausgabewerte *avPKW* und *avMotor* mit der Formel =N(avPKW) bzw. =VERGLEICH(avMotor;lstMotor;0) in eine Schreibweise umgewandelt, wie sie üblicherweise in einer relationalen Datenbank verwendet wird.

Abbildg. 13.8 Die Daten für die Übernahme in eine Datenbank oder zum Konsolidieren vorbereiten

	A	B	C	D	E	F	G	H	I	J
1	Geschlecht	Altersgruppe	PKW	Erstzulassung	Motor	Zufriedenheit	Problem	Werkstattzufriedenheit	Werkstattproblem	
2	1	3	1	2006	3	2	1	1	4	
3										

Formularsteuerelemente nicht drucken

Steuerelemente auf einem Formular sollen sicher auch auf dem Ausdruck sichtbar sein. Anders liegt der Fall, wenn Sie in einem Tabellenmodell komfortable Eingaben mit Steuerelementen vornehmen. Hier soll meist nur der Datenbereich gedruckt werden. Die Frage lautet also: Wie können Steuerelemente beim Drucken ausgeblendet werden?

Um Steuerelemente beim Drucken auszublenden, gehen Sie wie folgt vor:

1. Klicken Sie das Steuerelement mit der rechten Maustaste an.
2. Wählen Sie im Kontextmenü den Befehl *Steuerelement formatieren*.

Formulare entwickeln

3. Wechseln Sie im Dialogfeld *Steuerelement formatieren* auf die Registerkarte *Eigenschaften*.
4. Deaktivieren Sie das Kontrollkästchen *Objekt drucken*.
5. Schließen Sie das Dialogfeld mit *OK*.

Abbildg. 13.9   Auch das Verhalten beim Verschieben von Zellen kann über die Registerkarte *Eigenschaften* eingestellt werden

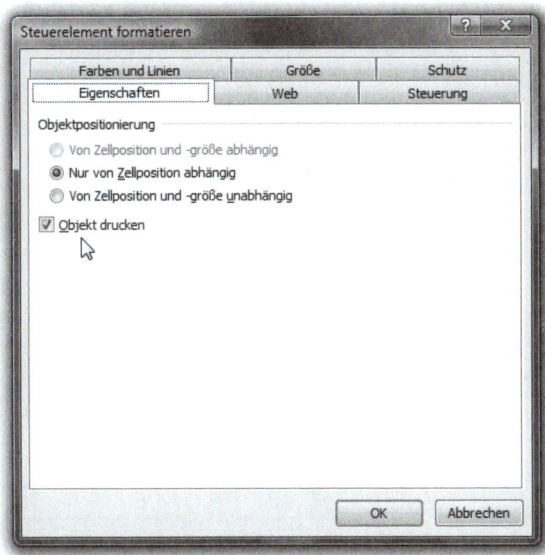

Formular schützen

Üblicherweise können in einem Formular nur die Zellen ausgewählt werden, die auch für eine Eingabe vorgesehen sind. Um im Formular nur Änderungen an den Eingabezellen zu erlauben, gehen Sie wie folgt vor:

1. Markieren Sie die Zellen, die geändert werden dürfen. In der Beispieldatei wurde für diesen Bereich der Name *Eingabebereich* festgelegt.

2. Wählen Sie auf der Registerkarte *Start* in der Gruppe *Zellen* den Befehl *Format/Zellen formatieren*.
3. Wechseln Sie im Dialogfeld zur Registerkarte *Schutz* und deaktivieren Sie dort das Kontrollkästchen *Gesperrt*.
4. Schließen Sie das Dialogfeld mit OK.
5. Markieren Sie anschließend die gesamte Tabelle über die Schaltfläche *Alles auswählen* (Schnittpunkt der Zeilen- und Spaltenüberschriften).

6. Wählen Sie auf der Registerkarte *Start* in der Gruppe *Zellen* den Befehl *Format/Blatt schützen*.
7. Im Dialogfeld *Blatt schützen* deaktivieren Sie alle Kontrollkästchen mit Ausnahme von *Nicht gesperrte Zellen auswählen*.
8. Beenden Sie den Vorgang mit *OK*.

Mehr zum Thema Schutz in Tabellen zeigt Kapitel 4.

ActiveX-Steuerelemente verwenden

Wie bereits erwähnt, haben die ActiveX-Steuerelemente annähernd dasselbe Erscheinungsbild wie die Formularsteuerelemente. Allerdings bieten sie deutlich mehr Möglichkeiten, was folgender Anwendungsfall verdeutlichen soll.

Für das komfortable Eintragen von Datumswerten in eine Tabelle möchten Sie ein Drehfeld verwenden. Allerdings ist dabei der maximale Höchstwert auf die Zahl *30.000* begrenzt, was dem Datum *18.02.1982* entspricht. Sie möchten aber auch aktuellere Datumswerte einstellen. Wie kann dieses Problem gelöst werden?

Um höhere Werte über ein Drehfeld einstellen zu können, sind zwei Wege denkbar:

- Legen Sie die Ausgabeverknüpfung auf eine andere Zelle und verwenden Sie eine Formel um daraus das Datum zu berechnen, addieren Sie dabei einen festen Wert. Beispiel: In *A1* soll das Datum eingestellt werden. Legen Sie die Ausgabeverknüpfung des Drehfeldes auf *B1* und berechnen Sie das Datum in *A1* mit der Formel =30000+B1. Damit können Sie Datumswerte zwischen dem *18.02.1982* und dem *8.04.2064* eintragen.

- Verwenden Sie stattdessen das ActiveX-Steuerelement *Drehfeld*. Für dieses Steuerelement können Sie über die Eigenschaft *Max* einen Maximalwert vom Datentyp *Long* festlegen. Das bedeutet, Sie können einen Wert bis 2.147.483.647 (ohne Tausenderpunkt) verwenden. Die Zellverknüpfung legen Sie über die Eigenschaft *LinkedCell* fest.

ActiveX-Steuerelemente können nur im Entwurfsmodus ausgewählt und überarbeitet werden.

HINWEIS Das Dialogfeld *Steuerelement formatieren* (zu erreichen über den entsprechenden Befehl im Kontextmenü) für allgemeine Einstellungen zum Steuerelement, wird für ActiveX-Steuerelemente **ohne** die Registerkarte *Steuerung* angezeigt. Die Eigenschaften für den Eingabebereich und die Zellverknüpfung müssen im Fenster *Eigenschaften* über die Eigenschaften *ListFillRange* und *LinkedCell* eingestellt werden (ähnlich wie in Abbildung 13.7).

Weitere ActiveX-Steuerelemente verwenden

In der Gruppe der ActiveX-Steuerelemente finden Sie den Befehl *Weitere Steuerelemente* mit dem ein Auswahlfenster für weitere Steuerelemente angezeigt wird. Die Liste der angezeigten Steuerelemente variiert je nach den Programmen, die auf dem Rechner installiert sind. Viele Programme bringen eine ganze Reihe von Steuerelementen mit, aber nicht alle können auch in einem Tabellenblatt verwendet werden. Viele davon stehen nur dem Programmierer zur Verfügung.

Als Beispiel sei hier das *Kalender-Steuerelement 12.0* genannt. Wählen Sie diesen Eintrag aus und erstellen ein neues Steuerelement dieses Typs wie oben beschrieben. Legen Sie anschließend über die Eigenschaft *LinkedCell* eine Ausgabeverknüpfung fest. Ändern Sie jetzt Tag, Monat oder Jahr, wird der Datumswert in der verknüpften Zelle ausgegeben.

Abbildg. 13.10 Das Kalender-Steuerelement erlaubt die intuitive Auswahl eines Tages, nachdem das Jahr und der Monat eingestellt sind

> **WICHTIG**   Wenn Sie ein ActiveX-Steuerelement in einer Mappe erstellen, dann wird dem VBA-Projekt ein Verweis auf die Objektbibliothek hinzugefügt. Wenn Sie die Mappe weitergeben, müssen Sie sicherstellen, dass die entsprechende Bibliothek (in einer Bibliothek sind die Eigenschaften und das Verhalten des Steuerelements definiert) auch auf dem anderen Rechner verfügbar ist.
>
> Außerdem sollten Sie wissen, dass dieser Verweis beim Löschen des Objekts nicht automatisch entfernt wird. Mehr zum Thema VBA finden Sie in Kapitel 31.

Tabellen kommentieren

Wenn Sie wie zuvor beschrieben ein Eingabeformular erstellt haben, dann ist an manchen Stellen ein Hinweis für den Benutzer hilfreich. Andere Arbeitsmappen enthalten neben einfachen Berechnungen auch aufwändigere Tabellen. Viele Werte aus unterschiedlichen Bereichen werden zusammengetragen und mit eigenen Berechnungen zu einer Prognose oder einem Bericht zusammengefasst. Da kann es schon einmal passieren, dass nach einiger Zeit nicht mehr ganz klar ist, warum eine Berechnung so und nicht anders durchgeführt oder ein Wert so hoch angesetzt wurde.

Excel bietet Ihnen Unterstützung in der Weise an, dass Sie zu jeder Zelle eine Information, einen so genannten *Kommentar*, speichern können.

Kommentare können beispielsweise folgende Aufgaben haben:

- Ein komplexes Tabellenmodell dokumentieren
- Erklärende Hinweise für andere Benutzer geben
- Den Bearbeiter anzeigen
- Prüfungsvermerke erstellen
- Das Datum von Aktualisierungen festhalten

Kapitel 13 Formulare entwickeln und kommentieren

- Hinweise zur Verfügbarkeit von Daten geben
- Hinweise zum Ursprung von Daten geben
- Erklärungen zu den Daten hinzufügen
- Hinweise zur Historie von Daten und Tabellenmodellen geben

Daran, dass diese Liste so lang und dennoch bei weitem nicht vollständig ist, können Sie sehen, dass die Verwendung von Kommentaren eine überaus nützliche Sache ist. Der folgende Abschnitt zeigt Ihnen, wie Sie Kommentare in Tabellen verwenden können.

Die Beispiele zu diesem Thema finden Sie in der Datei *Kap13.xlsx* im Ordner *\Buch\Kap13* auf der CD-ROM zu diesem Buch.

Kommentar einfügen, bearbeiten und löschen

Ein Kommentar ist ein spezielles Textfeld, das für jede beliebige Zelle eingefügt werden kann und mit dieser verbunden ist.

Um einen Kommentar einzufügen, können Sie unter verschiedenen Möglichkeiten wählen:

- Verwenden Sie auf der Registerkarte *Überprüfen* in der Gruppe *Kommentare* den Befehl *Neuer Kommentar*
- Verwenden Sie die Tastenkombination ⇧+F2
- Wählen Sie im Kontextmenü für Zellen den Befehl *Kommentar einfügen*

Sie gelangen damit in den Eingabemodus für Kommentare.

Abbildg. 13.11 Zellen können zusätzliche Informationen in Kommentaren speichern

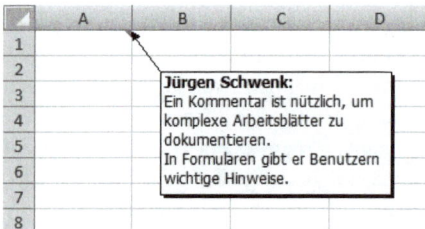

Der Benutzername ist bereits eingetragen (siehe Abbildung 13.11). Dabei wird der Name verwendet, der in den *Excel-Optionen* in der Kategorie *Häufig verwendet* unter *Benutzername* eingetragen ist. Die Schreibmarke steht in der folgenden Zeile, Sie können also sofort mit der Eingabe beginnen.

Einen Zeilenumbruch können Sie mit der ↵-Taste einfügen. Wenn Sie den Text vollständig eingetragen haben, klicken Sie mit der Maus auf eine beliebige Zelle oder drücken Sie zweimal die Esc-Taste. Damit ist der Kommentar dann eingefügt.

HINWEIS Ist eine Arbeitsmappe für andere Benutzer freigegeben, kann jeder Benutzer Kommentare einfügen. Wenn ein Benutzer einen bestehenden Kommentar zur Bearbeitung öffnet, wird der Namenszug des Benutzers eingetragen. Neue Kommentare bzw. Ergänzungen können so dem Urheber jeweils zugeordnet werden. Mehr zur Freigabe von Arbeitsmappen finden Sie in Kapitel 3.

Kommentar bearbeiten und löschen

Enthält die aktive Zelle einen Kommentar, können Sie über das Kontextmenü mit der rechten Maustaste unter den wichtigsten Befehlen zum Bearbeiten eines Kommentars wählen (siehe Abbildung 13.12).

Abbildg. 13.12 Das Kontextmenü für Zellen mit Kommentar. Neu ist die Minisymbolleiste für die Formatierung.

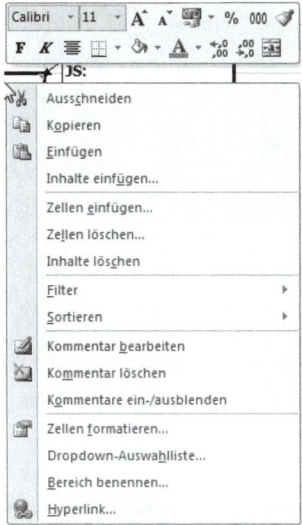

Über den Befehl *Kommentar bearbeiten* können Sie in den Editiermodus wechseln und den Kommentar ändern oder erweitern. Mit der Tastenkombination ⇧+F2 gelangen Sie ebenfalls in diese Schreibposition.

Der Befehl *Kommentar löschen* entfernt den Kommentar ohne Sicherheitsabfrage.

Kommentare anzeigen und finden

Wie Kommentare angezeigt werden, können Sie in den *Excel-Optionen* in der Kategorie *Erweitert* einstellen. Wählen Sie dort unter drei Optionen (siehe Abbildung 13.13).

Abbildg. 13.13 Die Einstellung der Optionen für Kommentare vornehmen

Die Einstellung gilt für alle Arbeitsmappen. Wählen Sie eine der folgenden Optionen:

- *Keine Kommentare und Indikatoren,* wenn Sie alle Kommentare und auch die Indikatoren ausblenden wollen
- *Nur Indikatoren, und Kommentare nur beim Hovern,* wenn für Zellen mit Kommentar ein Indikator angezeigt werden soll. Das ist ein kleines rotes Dreieck (siehe Abbildung 13.14) in der rechten oberen Ecke der Zelle. Sie haben damit einen Hinweis auf einen Kommentar. Angezeigt wird der Kommentar dann, wenn Sie den Mauszeiger über die Zelle führen. Zeigt der Mauszeiger wieder auf eine andere Zelle, wird der Kommentar ausgeblendet.
- *Kommentare und Indikatoren,* wenn neben dem Indikator auch der Kommentar angezeigt werden soll. Bei vielen Kommentaren wird diese Einstellung die Übersicht in der Tabelle erschweren.

Abbildg. 13.14   Indikator in der rechten oberen Ecke als Hinweis auf einen Kommentar

Alle Zellen mit Kommentaren markieren

Um alle Zellen zu markieren, die einen Kommentar enthalten, führen Sie die folgenden Schritte aus.

1. Wählen Sie auf der Registerkarte *Start* in der Gruppe *Bearbeiten* den Befehl *Suchen und Auswählen*.
2. Klicken Sie auf den Befehl *Kommentare*.

Excel markiert daraufhin im aktiven Tabellenblatt alle Zellen mit Kommentaren. Sie können nun mit der ↹-Taste alle Zellen nacheinander auswählen. Mit der Tastenkombination ⇧+↹ können Sie jeweils eine Zelle (mit Kommentar) zurückspringen.

Wie Sie nach bestimmten Inhalten in Kommentaren suchen können, zeigt Ihnen Kapitel 4.

Kommentare formatieren

Ein Kommentar ist ein *Objekt*, das Sie – wie andere Objekte auch – formatieren können. Einstellungen wie Farbe, Schriftart und Schriftgröße sowie die Einstellungen zur Objektgröße können geändert werden.

Nehmen wir an, Sie möchten einen bestehenden Kommentar so formatieren, dass seine Größe an den eingetragenen Text angepasst wird. Die Lösung ist einfach: Excel kann den Kommentar automatisch an die Länge der eingetragenen Zeichenfolge anpassen. Dazu sind die folgenden Schritte durchzuführen:

1. Wählen Sie die kommentierte Zelle aus und zeigen Sie den Kommentar, z.B. über die Tastenkombination ⇧+F2, im Editiermodus an.
2. Klicken Sie dann auf den schraffierten Rahmen. Die Schreibmarke blinkt dabei nicht im Kommentarfeld; im Namenfeld der Bearbeitungszeile wird der Name des Kommentars angezeigt. **Achtung:** Wenn Sie sich im Eingabemodus befinden, können Sie nur die Schriftart für den Kommentartext ändern.

Tabellen kommentieren

3. Wählen Sie im Kontextmenü den Befehl *Kommentar formatieren*.
4. Wechseln Sie im Dialogfeld *Kommentar formatieren* zur Registerkarte *Ausrichtung*.
5. Markieren Sie das Kontrollkästchen *Automatische Größe* (siehe Abbildung 13.15). Beenden Sie die Eingabe per Klick auf die Schaltfläche *OK*.

Abbildg. 13.15   Die Größe des Kommentars automatisch an die eingetragene Zeichenfolge anpassen

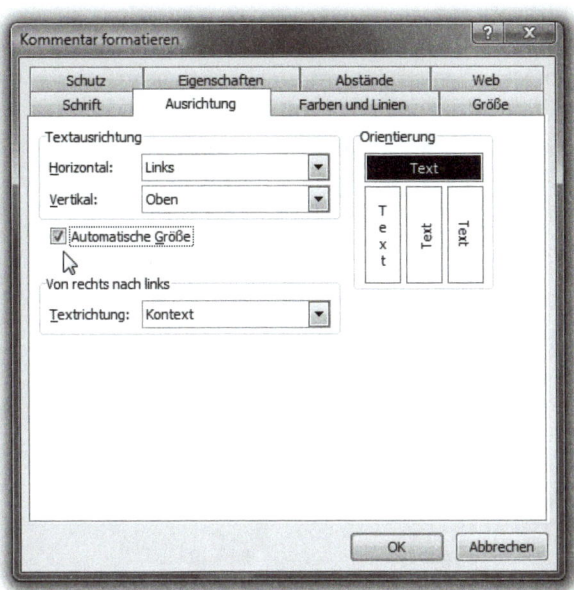

Die Größe des Kommentarfeldes richtet sich nun nach dem eingetragenen Text.

Wenn Sie den Text ohne Zeilenumbruch eingetragen haben, wird der Kommentar auch einzeilig angezeigt (Abbildung 13.16). Fügen Sie der besseren Übersicht wegen an entsprechender Stelle mit der ↵-Taste einen Zeilenumbruch ein.

Abbildg. 13.16   Automatische Größenanpassung mit einem Zeilenumbruch

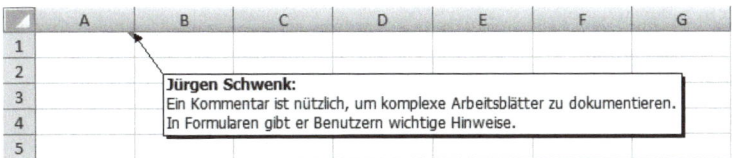

WICHTIG   Wenn Sie weiteren Text eintragen, wird die Größe des Kommentars an die neue Länge der Zeichenfolge angepasst.

Position und Größe von Kommentaren ändern

Wenn Sie einen Kommentar einblenden, überdeckt dieser vielleicht einen Bereich, den Sie ebenfalls gern einsehen wollen. Sie können den Kommentar dann mit den folgenden Schritten an eine andere Stelle verschieben:

1. Markieren Sie die Zelle mit dem Kommentar.

2. Wechseln Sie über den Befehl *Kommentar bearbeiten* (Registerkarte *Überprüfen*, Gruppe *Kommentare*) in den Bearbeitungsmodus.
3. Klicken Sie mit der linken Maustaste auf den Rahmen des Kommentars und halten Sie die Maustaste gedrückt. Sie können nun den Kommentar an eine andere Stelle verschieben.

Um die Größe zu ändern, können Sie die Ziehpunkte verwenden, die sich auf dem schraffierten Rahmen befinden (siehe Abbildung 13.17). Dabei können Sie über die Ziehpunkte an den Ecken des Kommentarfelds gleichzeitig Höhe und Breite anpassen. Das Namenfeld zeigt dabei die relative Größenänderung in Prozent an.

Abbildg. 13.17 Position und Größe eines Kommentars können nach eigenen Wünschen verändert werden

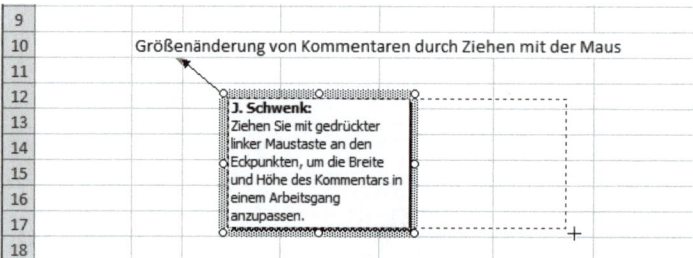

TIPP Wollen Sie den Kommentar an den darunter liegenden Zellen ausrichten, halten Sie bei der Größenänderung die `Alt`-Taste gedrückt. Wenn Sie die Umschalt-Taste gedrückt halten, wird bei der Änderung das Seitenverhältnis berücksichtigt.

Kommentare kopieren

Benötigen Sie für mehrere Zellen den gleichen Kommentar, müssen Sie diesen nicht mehrfach eingeben. Excel stellt einen Befehl zur Verfügung, mit dem Kommentare bequem kopiert werden können. Und das geht so:

1. Geben Sie den Kommentar in eine Zelle ein und beenden Sie die Eingabe.

2. Wählen Sie den Befehl *Kopieren* (Registerkarte *Start*, Gruppe *Zwischenablage*). Sie kopieren damit die Zelle in die Zwischenablage.
3. Markieren Sie die Zelle(n), welche ebenfalls den Kommentar enthalten soll(en). Mehrere, nicht zusammenhängende Zellen können Sie mit der `Strg`-Taste markieren.

Tabellen kommentieren

4. Wählen Sie auf der Registerkarte *Start* in der Gruppe *Zwischenablage* den Befehl *Einfügen/Inhalte einfügen*.
5. Im Dialogfeld *Inhalte einfügen* wählen Sie die Option *Kommentare* (siehe Abbildung 13.18). Beenden Sie die Eingabe per Klick auf *OK*.

Abbildg. 13.18 Beim Kopieren nur die Kommentare einfügen

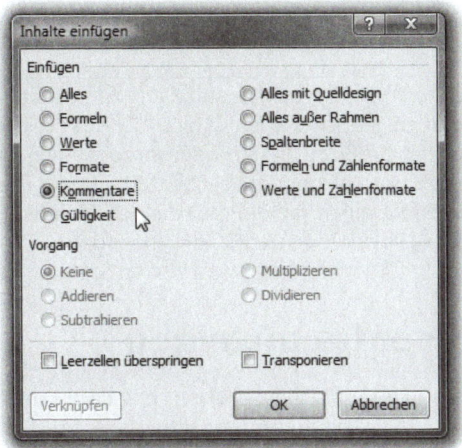

Die markierten Zellen enthalten nun den gleichen Kommentar wie die Ursprungszelle.

Kommentare komfortabel auswählen

Wer viel mit Kommentaren arbeitet und diese häufig einsehen muss, der findet entsprechende Unterstützung auf der Registerkarte *Überprüfen*.

Abbildg. 13.19 Befehle zum Arbeiten mit Kommentaren

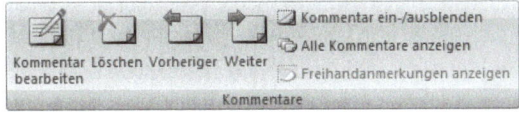

Der Befehl *Kommentar bearbeiten* bringt Sie in den Eingabemodus, in dem Sie einen bereits bestehenden Kommentar bearbeiten können.

Für das *Löschen* von Kommentaren ist ebenfalls eine Schaltfläche verfügbar. Wenn Sie mehrere Zellen mit Kommentaren markiert haben, können Sie alle darin befindlichen Kommentare in einem Schritt löschen. Achtung: Gelöscht wird sofort ohne Sicherheitsabfrage!

Die beiden Schaltflächen *Vorheriger* bzw. *Weiter* helfen beim Überarbeiten. Sie können damit den vorherigen bzw. den nächsten Kommentar anzeigen lassen und aktivieren. Interessant ist dabei, dass Sie mit diesen Schaltflächen durch die Kommentare der gesamten Arbeitsmappe navigieren können.

Mit der Schaltfläche *Kommentar ein-/ausblenden* ist es möglich, einen einzelnen Kommentar anzuzeigen oder vom Bildschirm zu entfernen. Sie können damit ganz gezielt einzelne Kommentare dauerhaft anzeigen lassen und andere wiederum nicht.

Mit der Schaltfläche *Alle Kommentare anzeigen* können Sie sämtliche Kommentare dauerhaft anzeigen lassen. Werden bereits alle Kommentare angezeigt, können Sie mit dieser Schaltfläche die Kommentare wieder vom Bildschirm entfernen. Dieser Befehl zeigt nicht nur die Kommentare der aktiven Tabelle an, sondern sämtliche Kommentare der gesamten Arbeitsmappe wie auch die der sonst noch geöffneten Arbeitsmappen.

> **HINWEIS** Der Befehl *Freihandanmerkungen anzeigen* steht nur zur Verfügung, wenn Excel auf einem Tablet PC läuft. Sie benötigen jedoch keinen Tablet PC, um Freihandeingaben zu kopieren, einzufügen, zu verschieben, ihre Größe zu ändern oder sie zu löschen. Die Freihandeingabe wird als Objekt behandelt, ähnlich wie Zeichnungsobjekte. Mithilfe der Freihand-Features im 2007 Microsoft Office System können Sie einen Tablet PC und einen Tablettstift zum Einfügen handschriftlicher Anmerkungen in Word, PowerPoint und Excel verwenden.

Eine Grafik im Kommentar anzeigen

Wenn Sie doppelt auf den Rahmen um den Kommentar klicken, wird das Dialogfeld *Kommentar formatieren* angezeigt (vgl. Abbildung 13.15). Dort finden Sie zahlreiche Möglichkeiten, mit denen Sie den Kommentar nach Ihren persönlichen Vorlieben bzw. den Vorgaben der Firma formatieren können. Sie können hier auch ein Hintergrundbild für den Kommentar festlegen. Wie Sie beispielsweise ein eigenes Diagramm im Hintergrund eines Kommentars anzeigen können, zeigt Ihnen nachfolgend ein Beispiel.

Aus einem Diagramm ein Bild machen

Zunächst gilt es, das Diagramm zu erstellen und dieses anschließend als Bilddatei abzuspeichern. Das erledigen Sie mit den nachfolgenden Schritten:

1. Erstellen Sie zunächst das Diagramm für den Hintergrund auf einem eigenen Diagrammblatt. Verwenden Sie für die Texte eine ausreichend große Schriftart.
2. Erzeugen Sie nun ein Bild von diesem Diagramm. Aktivieren Sie dazu das Diagrammblatt. Klicken Sie im Office-Menü auf den Befehl *Drucken* und wählen Sie im Listenfeld *Name* den Drucker *Microsoft Office Document Image Writer* aus.
3. Klicken Sie auf *Eigenschaften* und wechseln Sie im angezeigten Dialogfeld auf die Registerkarte *Erweitert*.
4. Stellen Sie dort die Option *TIFF – Monochromes Fax* ein und schließen Sie das Dialogfeld mit *OK*.
5. Starten Sie die Druckausgabe mit *OK*.
6. Sie werden zur Eingabe eines Dateinamens aufgefordert. Merken Sie sich den Ordner und den Dateinamen.
7. Wenn Sie die Schaltfläche *Speichern* anklicken, beginnt die Druckausgabe. Die *Windows-Fotogalerie* wird gestartet und zeigt das eben erzeugte Bild an.

Das so erzeugte Bild ist nicht dynamisch mit dem Diagramm verbunden.

Mehr zum Drucken mit dem *Microsoft Office Document Image Writer* finden Sie in Kapitel 5.

Das Bild im Kommentar anzeigen

Die Bilddatei liegt nun vor – jetzt gilt es, diese im Kommentar anzeigen zu lassen (vgl. Abbildung 13.20). Sehen Sie sich dazu die weiteren Schritte an:

1. Fügen Sie einen Kommentar ein oder aktivieren Sie eine Zelle mit Kommentar.
2. Blenden Sie den Kommentar ein und wählen Sie im Kontextmenü den Befehl *Kommentar formatieren*.
3. Im Dialogfeld *Kommentar formatieren* wechseln Sie auf die Registerkarte *Farben und Linien*.
4. Erweitern Sie das Listenfeld *Farbe* und wählen Sie dort den Eintrag *Fülleffekte*.
5. Im Dialogfeld *Fülleffekte* wechseln Sie auf die Registerkarte *Grafik*.
6. Klicken Sie dort auf die Schaltfläche *Grafik auswählen*.
7. Wählen Sie das zuvor erstellte Bild aus und klicken Sie auf *Einfügen*.
8. Schließen Sie alle Dialogfelder mit *OK*.

WICHTIG   Beachten Sie, dass die Grafik im Editiermodus nicht angezeigt wird! Achten Sie bei der Auswahl der Grafik auf die Hintergrundfarbe. Unter Umständen ist der eigentliche Kommentar nicht sichtbar. Passen Sie in diesem Fall die Schriftart für den Kommentartext an.

Abbildg. 13.20 Zusätzlich zum Kommentar kann auch eine Grafik angezeigt werden

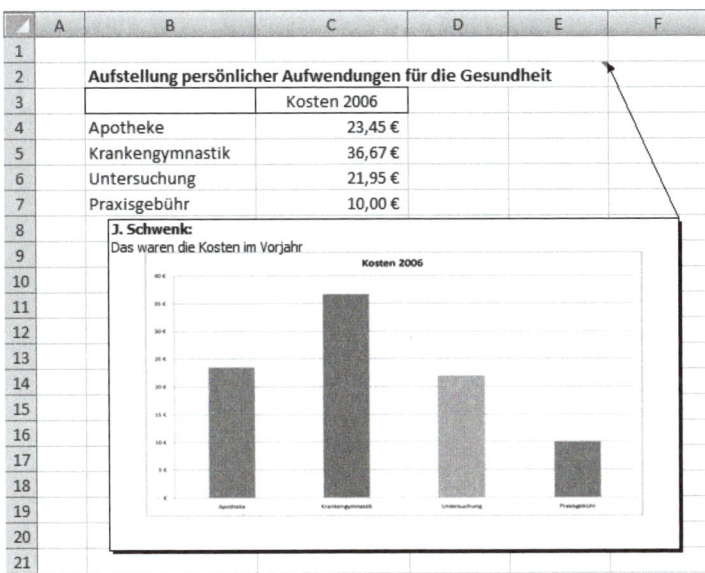

Kommentare drucken

Kommentare können wichtige Informationen enthalten, die Sie – wenn angebracht oder gewünscht – auch ausdrucken können. Nach Aufruf des Startprogramms für Dialogfelder *Seite einrichten* auf der Registerkarte *Seitenlayout* finden Sie hierzu im Dialogfeld *Seite einrichten* auf der Registerkarte *Tabelle* verschiedene Einstellmöglichkeiten.

Abbildg. 13.21 Die Einstellmöglichkeiten, um Kommentare zu drucken

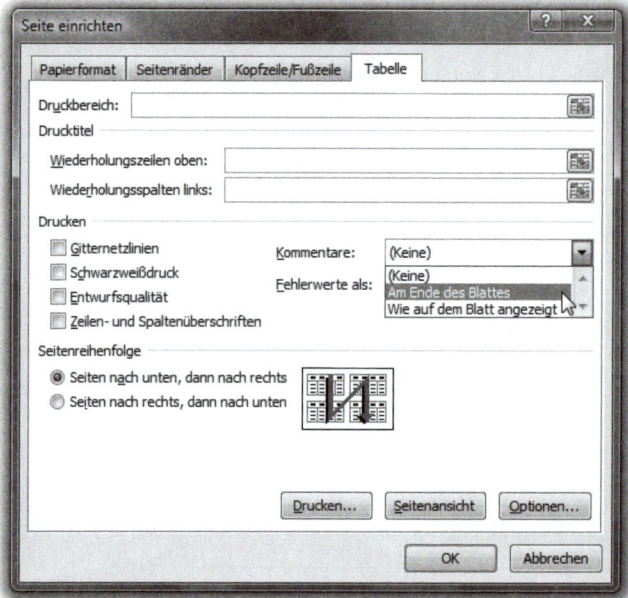

Standardmäßig ist das Listenfeld *Kommentare* auf *(Keine)* eingestellt, was bedeutet, dass Kommentare nicht gedruckt werden.

Mit der Einstellung *Am Ende des Blattes* werden alle Kommentare nach dem Ausdruck der Tabelle gedruckt. Der Ausdruck beginnt dabei auf einer neuen Seite und zeigt neben dem Kommentar auch die Zelladresse an. So behalten Sie den Überblick und können nachvollziehen, auf welche Zelle sich der Kommentar bezieht.

Mit der Einstellung *Wie auf dem Blatt angezeigt* werden Kommentare an der Stelle gedruckt, an der sie auch angezeigt werden. Beachten Sie, dass hierbei eventuell Zellen (und damit deren Inhalt) durch Kommentare verdeckt werden können.

WICHTIG Beachten Sie, dass diese Einstellung mit der Arbeitsmappe gespeichert wird. Wollen Sie also beim nächsten Mal – wie es der Standard ist – keine Kommentare drucken, dann müssen Sie die Einstellung auf *(Keine)* zurücksetzen.

Mehr zum Thema Drucken finden Sie in Kapitel 5.

Zusammenfassung

Nicht nur für die Qualitätssicherung, sondern auch als kurze Erinnerung, wo die Daten herkommen oder was zu beachten ist, steht Ihnen mit dem Kommentar eine nützliche Funktionalität zur Verfügung. Nutzen Sie diesen wichtigen Baustein, um sich und Ihren Kollegen erläuternde Hinweise zu geben.

Frage	Antwort
Welche Steuerelemente gibt es?	Für die Arbeit mit Steuerelementen blenden Sie zunächst in den Excel-Optionen die Entwicklerregisterkarte ein. Mehr dazu auf Seite 505.
Wie kann ich ein Steuerelement in einer Tabelle erstellen?	Ein Steuerelement wird wie ein Zeichenobjekt durch Ziehen mit der Maus erstellt. Wie Sie die Eigenschaften einstellen, erfahren Sie ab Seite 508.
Ich möchte dem Benutzer verschiedene Werte in einer Auswahlliste anbieten. Muss ich dazu ein Steuerelement verwenden?	Eine Auswahlliste können Sie mit Hilfe der Datenüberprüfung auch ohne Steuerelement erstellen. Mehr dazu auf Seite 512.
Ich habe zahlreiche Steuerelemente auf einer Tabelle und möchte diese beim Drucken ausblenden. Wie geht das?	Auf Seite 512 erfahren Sie, wie Sie über eine Steuerelement-Eigenschaft das Drucken von Formularsteuerelementen verhindern.
Wie kann ich Datumsangaben komfortabel eintragen?	Auf Seite 514 finden Sie ein Beispiel, das ein ActiveX-Steuerelement für die Eingabe eines Datums verwendet.
In einer Tabelle möchte ich gerne Hinweise geben, welche Angaben eingetragen werden sollen. Wie kann ich das erreichen?	Sie können mit ⇧ + F2 einen Kommentar einfügen, um dem Bearbeiter einen Hinweis zu geben. Mehr dazu auf Seite 516.
Wie kann ich alle Zellen mit Kommentaren finden?	Für Kommentare wird üblicherweise ein rotes Dreieck in der rechten oberen Ecke angezeigt. Mit der Taste F5 können Sie im Dialogfeld *Inhalte auswählen* auch Kommentare auswählen. Mehr dazu auf Seite 517.
Ich möchte einige meiner Kommentare in eine andere Tabelle kopieren. Wie mache ich das?	Verwenden Sie dazu das Dialogfeld *Inhalte einfügen*. Auf Seite 520 erfahren Sie mehr über den gezielten Einfügevorgang.
Wie kann ich eine Grafik im Kommentar anzeigen lassen?	Auf Seite 522 finden Sie diese Formateinstellungen für Kommentare.
Kann ich Kommentare auch ausdrucken?	Kommentare können beim Drucken entweder an der Stelle gedruckt werden, an der sie eingefügt sind oder aber am Ende einer Tabelle. Mehr dazu auf Seite 524.

Teil D

Grafiken und SmartArt

In diesem Teil:

Kapitel 14 Tabellen mit Grafiken und SmartArt aufwerten 529

In diesem Abschnitt können Sie sich weitere interessante und kreative Anwendungsbereiche des Programms erschließen. Excel ist nämlich auch ein Programm zum Zeichnen und Präsentieren. Es eignet sich hervorragend zur bildhaften Darstellung von Informationen und Abläufen sowie zum Hervorheben von Zahlen.

Sie erfahren, wie Sie Grafiken einbinden können, welche Unterschiede zwischen einzelnen Grafikformaten bestehen und welche von Excel unterstützt werden. Außerdem lernen Sie, was beim Einbinden eines Hintergrundbilds für Tabellen zu beachten ist.

Mit den AutoFormen haben Sie schnellen Zugriff auf eine Vielzahl vorgefertigter Zeichenobjekte. Lesen Sie, wie Sie aus AutoFormen eigene Schaubilder erstellen und wie Sie die zahlreichen Formatierungsvarianten einsetzen können.

Erfahren Sie, wie Sie mit der neuen Funktion SmartArt schnell und einfach Organigramm, Abläufe, Matrixdarstellungen, Pyramiden o.ä. erstellen. Machen Sie so Ihre Tabellen bildhafter und damit aussagekräftiger. Excel-Nutzer, die bereits die grafischen Fähigkeiten des Programms einsetzen, werden garantiert neue Impulse und Werkzeuge kennen lernen.

Kapitel 14

Tabellen mit Grafiken und SmartArt aufwerten

In diesem Kapitel:

Warum einfache Zahlenkolonnen nicht immer genügen	530
Ein Tabellenblatt im Corporate Design gestalten	531
Tabellen mit Grafiken optisch aufwerten	535
Wenn's mal schnell gehen soll: ClipArt-Sammlungen nutzen	538
Mit dem Clip Organizer Mediendateien verwalten	541
Fotos und ClipArts nachbearbeiten	545
Tabellen mit Zeichnungen und optischen Zusatzelementen versehen	550
Professionelle Schaubilder mit den SmartArts gestalten	559
Zusammenfassung	566

Kapitel 14 Tabellen mit Grafiken und SmartArt aufwerten

Bisher haben Sie in diesem Buch erfahren, welche vielfältigen Möglichkeiten Excel zum Gestalten Ihrer Arbeitsblätter bietet, wenn Sie Zellen und Tabellen formatieren, bedingte Formate anwenden oder über die Seiteneinrichtung beispielsweise Ihr Firmenlogo einbauen. Doch Ihr Tabellenkalkulationsprogramm bietet weit mehr als nur die Möglichkeit, Zahlen und Zellen zu formatieren. In dem Augenblick, da Daten ausgedruckt, per E-Mail weitergeleitet oder per Beamer präsentiert werden, kommt es auch auf eine ansprechende Gestaltung der Tabellen an.

Warum einfache Zahlenkolonnen nicht immer genügen

Bisher haben Sie in diesem Buch erfahren, welche vielfältigen Möglichkeiten Excel zum Gestalten Ihrer Arbeitsblätter bietet, wenn Sie Zellen und Tabellen formatieren, bedingte Formate anwenden oder über die Seiteneinrichtung beispielsweise Ihr Firmenlogo einbauen. Doch Ihr Tabellenkalkulationsprogramm bietet weit mehr als nur die Möglichkeit, Zahlen und Zellen zu formatieren. In dem Augenblick, da Daten ausgedruckt, per E-Mail weitergeleitet oder per Beamer präsentiert werden, kommt es auch auf eine gute Gestaltung der Tabellen an.

Wenn Sie Ihre Arbeitsmappen optisch aufwerten wollen, stehen Ihnen in Excel folgende Möglichkeiten zur Verfügung:

- Tabellenblätter mit Grafiken hinterlegen, um das Corporate Design zu unterstützen
- Tabellenblätter mit Logos versehen (Erläuterungen dazu beim Thema Drucken in Kapitel 5)
- Einzelne Zahlen oder Zellbereiche mit grafischen Hinweisen (Pfeile, Ellipsen usw.) hervorheben
- Übersichten mit Hilfe von Ablauf- oder Flussdiagrammen oder anderen Schaubildern anfertigen
- Wichtige Informationen mit grafischen Hyperlinks schneller verfügbar machen
- Zahlen in Diagrammen darstellen (wird in Kapitel 17 und 18 detailliert beschrieben)

Keine Sorge, es geht in diesem Kapitel nicht darum, dass Sie fehlende Inhalte durch ein Mehr an Gestaltung ausgleichen sollen. Nein, wir möchten Ihnen einfach Anregungen vermitteln, wie Sie mit wenigen Handgriffen Ihr Zahlenmaterial – welches eine eher »trockene Materie« ist – zu ansprechenden Informationen aufbereiten. Nachdem Sie in Ihren Tabellen Daten gesammelt, berechnet und analysiert haben, folgt in diesem Kapitel der Schritt der optischen Aufbereitung.

Kurze Checkliste: Fragen zu Inhalt und Form

Bevor Sie sich daran machen, das Aussehen Ihrer Mappen, Blätter oder Tabellen punktuell aufzuwerten, sollten Sie sich die folgenden Fragen beantworten:

- Welche Informationen wollen Sie dem Betrachter liefern?
- Welche Daten sind dabei besonders wichtig, welche weniger relevant?
- Mit welchen Mitteln lassen sich eintönige Zahlenkolonnen auflockern?
- Sollen wichtige Daten durch Pfeile gekennzeichnet werden?

- Wie lassen sich Informationen mit Rahmen hervorheben oder ordnen?
- Wie können Übersichten die Aussage der Zahlen ergänzen und verstärken?

Es geht also darum, es dem Betrachter zu erleichtern, sich in Ihren Tabellen zurechtzufinden, Wesentliches sofort zu erfassen und Zusatzinformationen schnell zu erschließen.

Ein Tabellenblatt im Corporate Design gestalten

Tabellenblätter, die zur Weitergabe bestimmt sind, gestalten Sie besonders attraktiv, wenn Sie Firmen- oder Produktlogos neben die Tabellen oder sogar in den Hintergrund einbauen. Doch zuvor sollten Sie sich kurz mit einigen Informationen zum Einsatz von Grafiken ausrüsten.

Das 1x1 der Grafikformate

Wenn Sie Grafiken importieren, bearbeiten oder selbst erstellen, ist es nützlich, die Unterschiede zwischen den beiden grundlegenden Typen von Grafiken zu kennen. Es gibt Bitmap- und Vektorgrafiken. Wozu ist es wichtig, diesen Unterschied zu kennen? Weil Sie beim Formatieren und Bearbeiten der Grafiken feststellen werden, dass je nach Grafiktyp die verfügbaren Möglichkeiten und Werkzeuge variieren.

Was sind Bitmap-Grafiken?

Bitmaps – auch Rasterbilder genannt – werden aus einer Vielzahl von kleinen Bildpunkten zusammengesetzt. Sie werden in speziellen Grafikanwendungen wie beispielsweise Photoshop oder Photoshop Elements oder im Windows-eigenen Paint erstellt und bearbeitet. Eingescannte Grafiken und Fotos sind ebenfalls Bitmaps. Die Grafikprogramme legen beim Speichern der Bilder die Information ab, wie viele Bildpunkte auf einer bestimmten Fläche (Höhe x Breite) vorhanden sind. Vergrößern Sie dann ein solches Bild, sind für die dabei entstehenden zusätzlichen Flächen keine Informationen über Bildpunkte vorhanden. Das Bild wird sozusagen zerrissen und die einzelnen Bildpunkte, die das Bild ausmachen, werden sichtbar. Die Bilder erscheinen dann verschwommen oder am Rand ausgefranst (Treppeneffekt).

Typische Bitmap-Formate haben die Dateiendungen *.bmp*, *.png*, *.jpg*, oder *.gif*.

Was sind Vektorgrafiken?

Vektorgrafiken werden im Unterschied zu Bitmaps nicht aus Punkten, sondern aus Linien, Kurven, Rechtecken und anderen geometrischen Objekten zusammengesetzt. Die einzelnen Linien und Elemente können bearbeitet, aufgelöst und wieder neu gruppiert werden. Beim Vergrößern werden die Linien und Flächen so angepasst, dass sie ihre ursprünglichen Einstellungen und Perspektive behalten. Damit treten keine Qualitätsverluste wie bei Bitmap-Grafiken auf.

Alle in Excel mitgelieferten Formen wie Rechtecke, Kreise, Pfeile usw. sind Vektorzeichnungen.

Separat gespeicherte Vektorgrafiken tragen beispielsweise Dateiendungen wie *.wmf* oder *.emf*.

Diese Grafikformate können Sie in Excel einsetzen

Egal, von welchem Medium Sie eine Grafik übernehmen wollen, ob von CD-ROM, Festplatte, aus dem Internet oder vom Scanner: Excel kann zwar viele, aber nicht alle Grafikformate einlesen. In Tabelle 14.1 sehen Sie eine Liste der Dateiformate, die beim Einfügen von Grafiken in Excel verfügbar sind.

Tabelle 14.1 Übersicht über verwendbare Dateiformate beim Einfügen von Grafiken in Excel

Grafikdateityp	Erläuterung
Windows-Metadatei (*WMF*) und Erweiterte Windows-Metadatei (*EMF*)	Vektorgrafik. Metadateien bestehen aus Sammlungen von Linien statt Bildpunkten und können ohne die für Bitmapgrafiken (Rastergrafiken) üblichen Verzerrungen bearbeitet werden.
Joint Photographic Experts Group (*JPG*)	Bitmapgrafik in komprimiertem Zustand. 16 Mio. Farben sind möglich. Damit für Fotos geeignet. Wird sehr häufig im World Wide Web und in der digitalen Fotografie verwendet.
Portable Network Graphics (*PNG*)	Komprimierte Bitmap. Ein Grafikformat, das von einigen World Wide Web-Browsern unterstützt wird. *PNG* unterstützt variable Transparenz von Bildern (Alpha-Kanäle) sowie die Steuerung der Bildhelligkeit auf unterschiedlichen Computern (Gammakorrektur).
Microsoft Windows-Bitmap (*BMP*)	Ein Bild, das aus einer Vielzahl kleiner Punkte besteht, die sich zu Formen und Linien zusammensetzen (wie Diagrammpapier, auf dem einzelne kleine Quadrate ausgefüllt sind). Bitmaps haben in der Regel die Dateinamenerweiterung *.bmp*, seltener *.rle* und *.dib*.
Graphics Interchange Format (*GIF*)	Grafikdateiformat, das vorwiegend zur Anzeige von Grafiken in indizierten Farben im World Wide Web verwendet wird. Das *GIF*-Format unterstützt bis zu 256 Farben und verwendet eine verlustfreie Datenkompression. Das bedeutet, dass beim Komprimieren der Datei keine Bilddaten verloren gehen.
Komprimierte Windows-Metadateien (*EMZ* und *WMZ*)	Komprimierte Varianten der Formate WMF und EMF.
Tag-Grafikformat (*TIF* oder *TIFF*)	Format für Pixelgrafiken, kam ursprünglich beim Einscannen zum Einsatz. Ist die Alternative zum JPEG-Format, wenn es um hochauflösende Bilder für den Druck geht.
Computer Graphics Metafile (*CGM*)	Universelles Vektorgrafikformat, das noch bei älteren Grafiken aus DOS-Zeiten anzutreffen ist.
Encapsulated PostScript (*EPS*)	Grafikdatei in der Seitenbeschreibungssprache PostScript, die vor allem beim Drucken verwendet wird.
Macintosh (*PICT*)	Für den Import von Grafiken, die am Mac erzeugt wurden.
WordPerfect-Grafiken (*WPG*)	Grafikformat, das in WordPerfect verwendet wird.

Ein Logo als Blatt-Hintergrund verwenden

Im folgenden Beispiel soll ganz im Zeichen des Corporate Design das Logo einer Excel-Veranstaltung (Abbildung 14.1) als Tabellenhintergrund eingebaut werden.

Abbildg. 14.1 Das Logo im Originalzustand

Notwendige Vorarbeiten

Für optimale Ergebnisse sollten Sie die Grafik prüfen und vorbereiten:

- Hellen Sie das Logo oder Produktbild in einem Bildbearbeitungsprogramm so auf, dass es nicht zu farbig und kontrastreich ist.
- Damit das Logo nicht zu dicht im Arbeitsblatt gekachelt wird, fügen Sie es in eine weiße Fläche mit den Abmessungen 600 x 300 Pixel ein. Speichern Sie die so vorbereitete Grafik beispielsweise als PNG-Datei.

PROFITIPP

Sie brauchen nicht unbedingt ein Bildbearbeitungsprogramm, um Ihr Logo oder Produktbild als Hintergrundmotiv vorzubereiten. Am einfachsten ist es, wenn Sie die Bearbeitung in PowerPoint vornehmen. Dort lässt sich die Datei farblich zurücksetzen. Anschließend steht per Rechtsklick auf die bearbeitete Grafik im Kontextmenü der Befehl *Als Grafik speichern* zur Verfügung.

Auf der CD-ROM zum Buch finden Sie die so vorbereitete Grafik im Ordner *\Buch\Kap14* unter dem Namen *Excel-Anwendertage.png*. Mit Hilfe dieser Beispielgrafik können Sie die folgenden Schritte selbst ausprobieren.

Die Grafik in den Hintergrund des Arbeitsblatts einbauen

Jetzt soll das Logo über das Arbeitsblatt als Hintergrundmuster verteilt werden. Mit den folgenden Schritten erledigen Sie diese Aufgabe:

1. Wechseln Sie in der Multifunktionsleiste zur Registerkarte *Seitenlayout* und klicken Sie dort in der Gruppe *Seite einrichten* auf die Schaltfläche *Hintergrund*.
2. Stellen Sie im nun eingeblendeten Dialogfeld *Hintergrund* den Pfad zu dem Ordner ein, in dem Sie die vorbereitete Grafik abgelegt haben, markieren Sie diese und klicken Sie auf *Einfügen*.

Im Ergebnis dessen wird die Grafik über das Blatt gekachelt. In Abbildung 14.2 sehen Sie die Wirkung der eingefügten Hintergrundgrafik.

HINWEIS Der auf diese Weise erstellte Blatthintergrund wird nicht gedruckt, sondern ist nur in der Anzeige am Bildschirm sichtbar. Er eignet sich also nicht, um ein Arbeitsblatt mit einem Wasserzeichen wie beispielsweise »Vertraulich« oder »Entwurf« zu versehen. Nutzen Sie für solche Fälle die Möglichkeit, eine Grafik in die Kopf- oder Fußzeile einzubauen und dort zu positionieren (mehr dazu lesen Sie in Kapitel 5).

Kapitel 14 Tabellen mit Grafiken und SmartArt aufwerten

Abbildg. 14.2   Die Grafik liegt im Hintergrund und wird von der Tabelle überdeckt

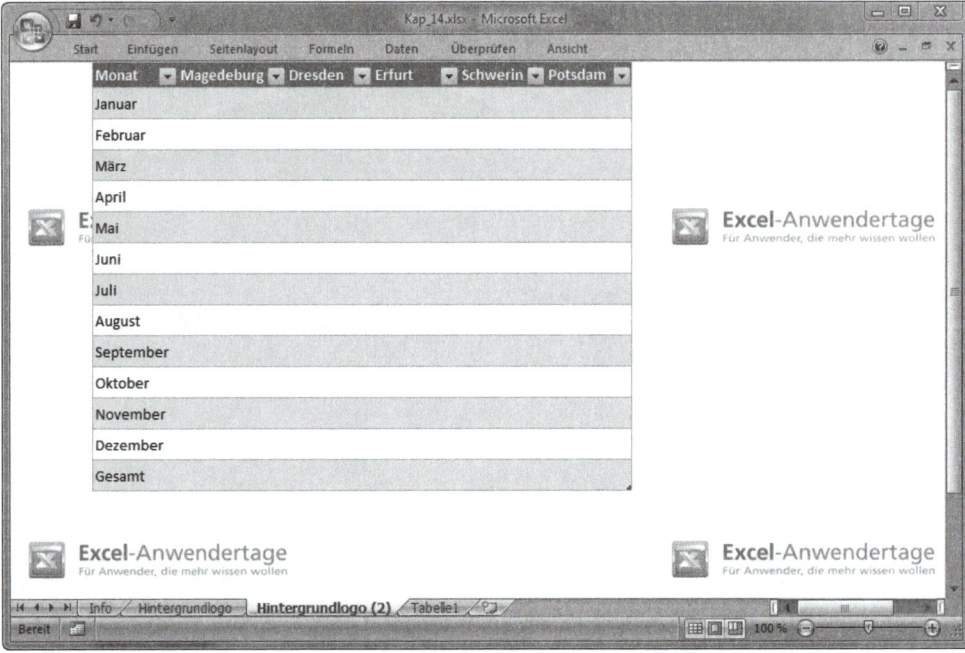

> **TIPP**   Um die Wirkung des Blatthintergrundes zu verstärken, sollten Sie die Gitternetzlinien im Arbeitsblatt ausschalten. Das erledigen Sie auf der Registerkarte *Ansicht* der Multifunktionsleiste. Entfernen Sie dort in der Befehlsgruppe *Einblenden/Ausblenden* per Mausklick das Häkchen bei *Gitternetzlinien*.

Den Hintergrund löschen

Wenn Sie mit dem Ergebnis nicht zufrieden sind oder andere Motive ausprobieren wollen, klicken Sie in der Multifunktionsleiste in der Gruppe *Seite einrichten* auf die Schaltfläche *Hintergrund löschen*.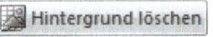

Hat das Hintergrundmotiv Einfluss auf die Dateigröße?

Im Unterschied zu früheren Excel-Versionen müssen Sie sich nicht mehr um die Dateigröße Ihrer Excel-Mappe sorgen, wenn Sie wie eben beschrieben ein Hintergrundmotiv in ein Arbeitsblatt einbauen. Die auf der CD-ROM verfügbare 9 KB große PNG-Datei bewirkt beim Einfügen als Hintergrund in nur einem Arbeitsblatt in Excel 2003 ein nahezu explosionsartiges Anwachsen der Dateigröße auf 550 KB, in Excel 2007 hingegen wächst die Datei auf gerade mal 46 KB an.

Das Resultat als Corporate Design-gerechte Excel-Vorlage ablegen

Wenn Sie künftig schnell auf solche Corporate Design-gerechte Tabellen zugreifen wollen, speichern Sie das Arbeitsblatt als Mustervorlage:

1. Wählen Sie dazu über die *Office-Schaltfläche* den Befehl *Speichern unter* und anschließend die Option *Andere Formate*.
2. Klicken Sie im folgenden Dialogfeld ganz unten im Feld *Dateityp* auf *Excel-Vorlage (*.xltx)*.
3. Speichern Sie die Datei im Ordner *Vorlagen* (mehr dazu in Kapitel 11).

Um künftig eine neue Datei auf der Basis dieser neuen Vorlage zu erstellen, gehen Sie wie folgt vor:

1. Wählen Sie über die *Office-Schaltfläche* den Befehl *Neu*.
2. Markieren Sie im folgenden Dialogfeld *Neue Arbeitsmappe* Ihre Vorlage und klicken Sie rechts unten auf die Schaltfläche *Erstellen*.

Tabellen mit Grafiken optisch aufwerten

Außer der eben beschriebenen Technik für Hintergrundmotive können Sie natürlich direkt neben Ihre Tabellen optische Hingucker setzen. Dazu bietet Ihnen Excel die in Abbildung 14.3 gezeigten vier Wege an.

Abbildg. 14.3 Vier Wege zur optischen Aufwertung von Tabellen

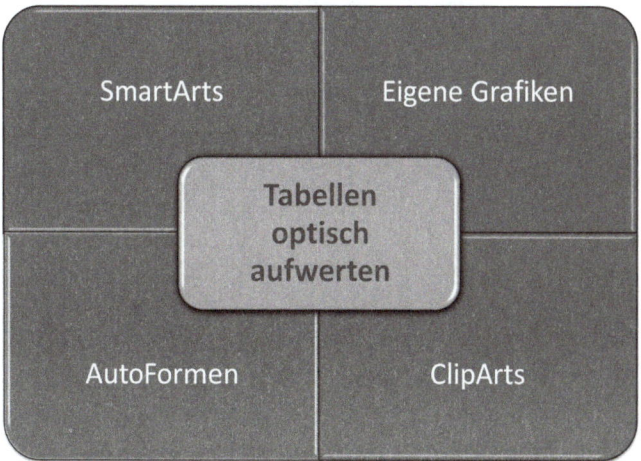

Grafische Objekte einfügen

Um Ihre Tabellen mit visuellen Beigaben zu versehen, wechseln Sie in der Multifunktionsleiste zur Registerkarte *Einfügen*. In der Gruppe *Illustrationen* – zu sehen in Abbildung 14.4 – haben Sie Zugriff auf

- **Grafiken** – das können Fotos, Grafiken von CD-ROMs oder anderen Quellen sein;
- **ClipArts** – diese sind im Clip Organizer oder auf Microsoft Office Online abgelegt und katalogisiert;
- **Formen** – insgesamt stehen 160 zur Verfügung und
- **SmartArts** – damit erstellen Sie im Handumdrehen professionelle Schaubilder.

Kapitel 14 Tabellen mit Grafiken und SmartArt aufwerten

Abbildg. 14.4   Über die Registerkarte *Einfügen* der Multifunktionsleiste können Sie Illustrationen einfügen

Schritt für Schritt: Eine Grafik einfügen, skalieren und zuschneiden

Im folgenden Beispiel geht es darum, eine Grafik einzufügen, ihre Größe anzupassen und einen Teil des Bildes durch Zuschneiden zu löschen.

 Um die Arbeitsschritte nachzuvollziehen, verwenden Sie die Grafikdatei *Kap14_Excel.png* auf der CD-ROM zum Buch. Sie finden diese im Ordner *\Buch\Kap14*.

Schritt 1: Die Grafik einfügen

Zunächst fügen Sie mit folgenden Schritten eine Grafik ein:

1. Markieren Sie die Zelle, die als linke obere Ecke des einzufügenden Objektes dienen soll – im vorliegenden Beispiel soll dies B3 sein.

2. Klicken Sie auf der Registerkarte *Einfügen* in der Gruppe *Illustrationen* auf die Schaltfläche *Grafik* (vgl. Abbildung 14.4).
3. Stellen Sie den Pfad zu der gewünschten Grafik her – in dem Fall ist es auf der CD-ROM zum Buch der Ordner *\Buch\Kap14* –, markieren Sie die Datei *Kap14_Excel.png*.
4. Klicken Sie rechts unten auf *Einfügen*.

Schritt 2: Die Größe der Grafik anpassen

Nach dem Einfügen der Grafik können Sie sofort zu deren Bearbeitung übergehen:

1. Wenn die Grafik nicht bereits markiert ist, klicken Sie diese an, um sie zu markieren. In der Multifunktionsleiste werden dadurch die *Bildtools* in einer zusätzlichen Registerkarte angezeigt. Hier finden Sie die Werkzeuge zum Bearbeiten eingefügter Bilder.

Abbildg. 14.5   Beim Anklicken der eingefügten Grafik wird die Multifunktionsleiste um die Registerkarte *Bildtools/Format* erweitert

2. Ganz am rechten Rand der *Bildtools* finden Sie die Befehlsgruppe *Schriftgrad* mit den jetzt wichtigen Befehlen zur Größenänderung. Dort wird als aktuelle Größe der eingefügten Grafik eine

Tabellen mit Grafiken optisch aufwerten

Höhe von *13,18 cm* und eine Breite von *7,06 cm* angezeigt. Diese Anzeige ist außerordentlich praktisch.

HINWEIS   Anstelle von *Schriftgrad* wäre die einfache Bezeichnung »Größe« sicher verständlicher und zudem korrekt gewesen. Doch lassen Sie sich auch an dieser Stelle nicht durch Fehler bei der Lokalisierung von Excel an den deutschen Sprachraum irritieren.

3. Markieren Sie den Wert im Eingabefeld *Formenhöhe* und überschreiben Sie diesen mit der Zahl 6. Excel passt dann automatisch den Wert für die *Formenbreite* an.

Abbildg. 14.6   Beim Ändern der Höhe wird automatisch die Breite angepasst; links die ursprünglichen Größenmaße der Grafik und rechts die Maße nach dem verkleinern

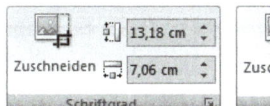 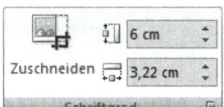

TIPP   Klicken Sie nach der Aktion rechts neben *Schriftgrad* auf den kleinen Pfeil, um das Dialogfeld *Größe und Eigenschaften* zu öffnen. Dort sehen Sie, dass das Kontrollkästchen *Ansichtsverhältnis sperren* mit einem Häkchen versehen ist. Damit erklärt sich die automatische Größenanpassung im Feld *Formenbreite*. In diesem Dialogfeld könnten Sie auch festlegen, auf wie viel Prozent der Originalgröße ein Grafikobjekt verändert werden soll. Im vorliegenden Fall wurde die eingefügte Grafik auf 46% der Originalgröße verkleinert.

Schritt 3: Die Grafik zuschneiden

Die Spiegelung der Grafik nach unten soll in unserem Fall wegfallen. Daher muss dieser Teil der Grafik entfernt werden. Dazu hält Excel in der Gruppe *Schriftgrad* den Befehl zum Zuschneiden bereit.

1. Markieren Sie die Grafik und klicken Sie auf die Schaltfläche *Zuschneiden*.
2. Das Objekt erhält schwarze Schneidemarken. Bewegen Sie die Maus an den unteren Rand des Objektes und platzieren Sie sie so wie in Abbildung 14.7 gezeigt in der Mitte.
3. Drücken Sie die linke Maustaste und lassen Sie diese gedrückt, während Sie die Maus nach oben bewegen (vgl. Abbildung 14.7 Mitte).
4. Beenden Sie die Zuschneideaktion am unteren Rand des Excel-Logos. In Abbildung 14.7 sehen Sie rechts das gewünschte Ergebnis: das Logo ohne Spiegelung.

Abbildg. 14.7 Links: Die Maus zum Zuschneiden unten in der Mitte ansetzen; Mitte: die linke Maustaste gedrückt halten und nach oben ziehen; Rechts: die zugeschnittene Grafik

 Das fertige Beispiel finden Sie auf der CD-ROM zum Buch im Ordner *\Buch\Kap14* in der Datei *Kap14.xlsx* im Arbeitsblatt *Grafiken*.

HINWEIS Weitere Möglichkeiten zur Bearbeitung von Grafiken lernen Sie im folgenden Abschnitt beim Thema ClipArts kennen.

Wenn's mal schnell gehen soll: ClipArt-Sammlungen nutzen

Nicht immer sind Produktlogos oder -fotos gefragt, wenn Tabellen optisch ergänzt werden sollen. Bei der Darstellung einer Bilanz würde sich beispielsweise das Bild einer Waage eignen, bei der Vorstellung des Jahresbudgets Motive mit Münzen oder Geldscheinen und bei der Vorlage eines Planes zur Kosteneinsparung könnte ein Geldschein mit Schere bereits vor dem Lesen der Zahlen die entscheidende Information unmissverständlich vermitteln.

Bei der Suche nach passenden Motiven finden Sie in Excel Unterstützung durch die Funktion *ClipArt*. Zugegeben, ClipArts haben nicht unbedingt den besten Ruf, da häufig die gleichen oder unpassende Motive verwendet werden. Da aber in den von Microsoft bereit gestellten ClipArt-Sammlungen weit über 100.000 vorgefertigte Illustrationen und Fotos vorhanden sind, besteht berechtigte Hoffnung, dass Sie geeignete Motive finden.

ClipArts suchen und einfügen

 Um den Aufgabenbereich *ClipArt* zu öffnen, wählen Sie auf der Registerkarte *Einfügen* in der Gruppe *Illustrationen* das Symbol *ClipArt*. Dahinter steht die Bibliothek für Multimedia-Dateien, der Clip Organizer und wenn Sie über eine aktive Internet-Verbindung verfügen die riesige Medienbibliothek auf Microsoft Office Online.

Im Aufgabenbereich *ClipArt* arbeiten

Das Bedienen von Suchmaschinen gehört für die meisten PC-Anwender inzwischen zum Alltag. Nutzen Sie diese Erfahrungen, wenn Sie im Aufgabenbereich *ClipArt* nach geeigneten Motiven suchen.

Wenn's mal schnell gehen soll: ClipArt-Sammlungen nutzen

WICHTIG Schränken Sie – wenn möglich – die Anzahl der zu erwartenden Suchergebnisse ein, indem Sie mehrere Suchbegriffe eingeben und nur bestimmte Medientypen – beispielsweise nur Fotos – zulassen, da Sie sonst unnötig Zeit beim Sichten unzähliger Suchergebnisse verlieren.

Im folgenden Beispiel geht es darum, für eine Budgetvorstellung das Motiv eines Münzstapels zu finden.

1. Wählen Sie auf der Registerkarte *Einfügen* in der Gruppe *Illustrationen* den Befehl *ClipArt* und blenden Sie damit den Aufgabenbereich *ClipArt* ein.
2. Im Aufgabenbereich *ClipArt* geben Sie dann im Eingabefeld unter *Suchen nach* die drei Begriffe »Euro«, »Münze« und »Cent« ein – jeweils durch Semikolon getrennt (vgl. Abbildung 14.8).
3. Schränken Sie im Feld *Ergebnisse* die Auswahl nur auf Fotos ein. Daraufhin erscheint dort der Eintrag *Ausgewählte Mediendateitypen* statt *Alle Mediendateitypen*.
4. Klicken Sie auf *OK*, um die Suche zu starten.

Abbildg. 14.8　Durch Eingabe mehrerer Suchbegriffe und die Einschränkung auf bestimmte Medientypen die Anzahl der Suchergebnisse reduzieren

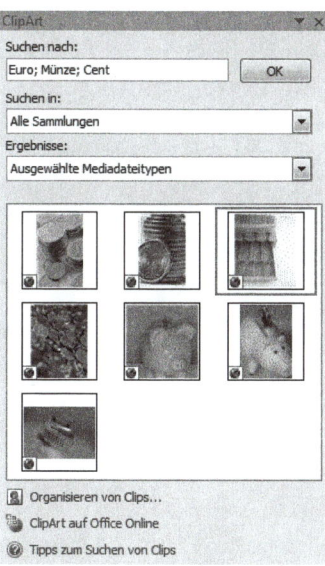

Wenn Sie online sind, werden – so wie in Abbildung 14.8 gezeigt – mehrere Motive angezeigt.

HINWEIS Die kleine Weltkugel in der linken unteren Ecke der Bilder weist Sie darauf hin, dass diese Grafiken nicht auf Ihrer Festplatte, sondern im Internet gefunden wurden.

Wenn Sie die Maus über eines der Bilder bewegen, erhalten Sie eine kurze Info angezeigt:

- In der ersten Zeile sehen Sie Suchbegriffe, unter denen die Grafik katalogisiert wurde.
- In der zweiten Zeile folgen die Angaben zu Breite, Höhe und Dateigröße sowie zum Grafikformat (im Falle eines Fotos JPG).

Abbildg. 14.9 Ein Bild »unter die Lupe nehmen« per Klick auf die *Eigenschaften*

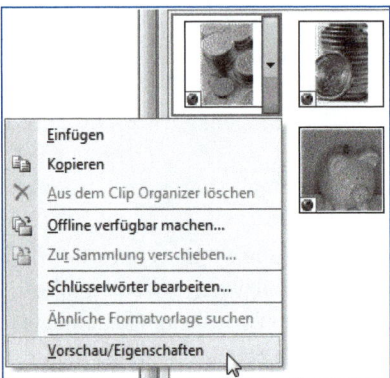

Wenn Sie mehr Informationen zu einem der Bilder haben wollen, klicken Sie – wie in Abbildung 14.9 gezeigt – auf den Pfeil am rechten Rand des Bildes und dann auf *Vorschau/Eigenschaften*.

- In dem nun folgenden Dialogfeld (siehe Abbildung 14.10) erhalten Sie alle Informationen zum Bild angezeigt. Neben den eigentlichen Angaben zum Bild können Sie die bisherigen Schlüsselwörter sehen und gegebenenfalls auch bearbeiten.
- Ganz unten finden Sie auch einen Hinweis, wo das Bild derzeit abgelegt ist. ClipArts aus dem Internet werden in einem der Unterordner von *Temporary Internet Files* abgelegt.

Abbildg. 14.10 Alle Informationen zum Bild auf einen Blick

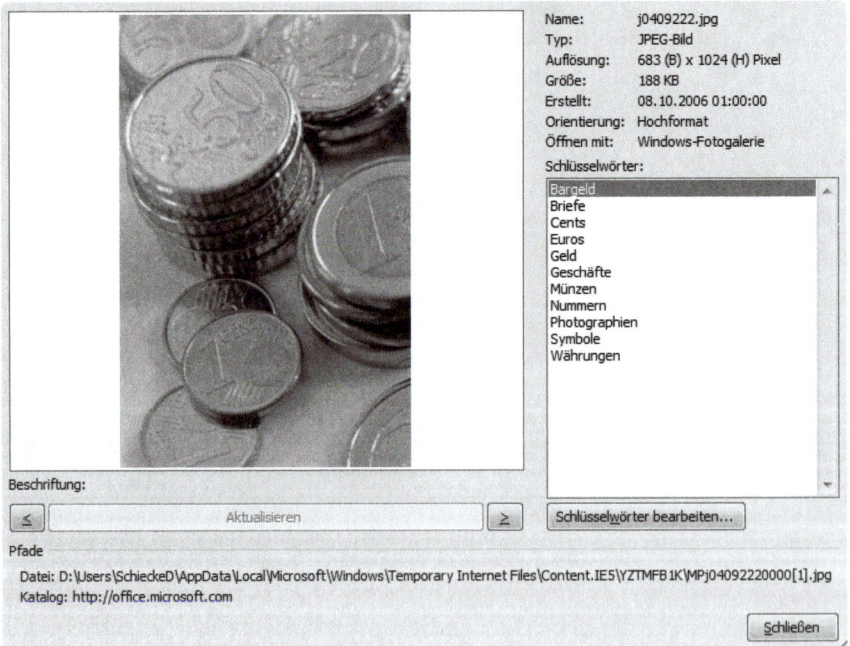

Eine ClipArt-Grafik einfügen

Um eine der Grafiken, die im Aufgabenbereich *ClipArt* als Suchergebnis angezeigt werden, in Ihr Excel-Arbeitsblatt einzufügen, markieren Sie die Zelle, die als obere linke Ecke der Grafik dienen soll und klicken dann einfach auf die gewünschte Grafik im Aufgabenbereich.

Mit dem Clip Organizer Mediendateien verwalten

Zusammen mit Office 2007 wird ein Zusatzprogramm ausgeliefert, mit dem Sie Ihre Fotos, andere Grafiken und weitere Multimediadateien verwalten können: der *Clip Organizer*.

Der Clip Organizer bietet Ihnen alle Befehle, um Mediendateien in Ordner oder Sammlungen aufzunehmen, zu benennen, mit Schlagworten zu versehen, zu löschen und verschieben. Er kann aus den Office-Programmen heraus oder aber über das *Start*-Menü von Windows als eigenes Programm aufgerufen werden. Unter Windows Vista wählen Sie dazu die Befehlsfolge *Start/Alle Programme/ Microsoft Office/Microsoft Office Tools/Microsoft Clip Organizer*.

Mit dem *Clip Organizer* können Sie nach Medien suchen und sie in die Office-Programme einfügen.

Clip Organizer: Kurzüberblick

Wenn Sie die Schaltfläche *ClipArt* aus der Befehlsgruppe *Illustrationen* der Registerkarte *Einfügen* anklicken, wird der Aufgabenbereich *ClipArt* angezeigt. Dort finden Sie ganz unten den Link *Organisieren von Clips*. Nach einem Klick darauf wird der *Microsoft Clip Organizer* gestartet. Er kann bis zu vier Hauptsammlungen enthalten. Zwei davon sehen Sie sofort:

- *Meine Sammlungen*
- *Office-Sammlungen*

Meine Sammlungen umfassen alle Ordner, in denen Medien gefunden werden, die nicht mit Microsoft Office System oder einem älteren Office installiert wurden; *Office-Sammlungen* sind ausschließlich Medien aus dieser oder einer vorherigen Office-Installation.

Meine Sammlungen

Zu Beginn der Arbeit mit dem Clip Organizer sollten Sie zunächst dafür sorgen, dass die Mediendateien auf Ihrer Festplatte erfasst werden. Dazu wählen Sie die Befehlsfolge *Datei/Clips zum Organizer hinzufügen* und *Automatisch* bzw. *Manuell*.

Beim Durchsuchen Ihrer Festplatte werden die Mediendateien standardmäßig in *Meine Sammlungen* eingefügt. Sie können beispielsweise Ihre Festplatte nach Fotografien absuchen. Die Ordner mit Fotos auf Ihrer Festplatte werden im Clip Organizer als neue Sammlungen mit dem Namen Ihrer Festplatten-Ordner unterhalb von *Meine Sammlungen* angelegt.

Abbildg. 14.11 Durch die Auswahl von *Manuell* können Sie die zu durchsuchenden Ordner auf Ihrer Festplatte eingrenzen

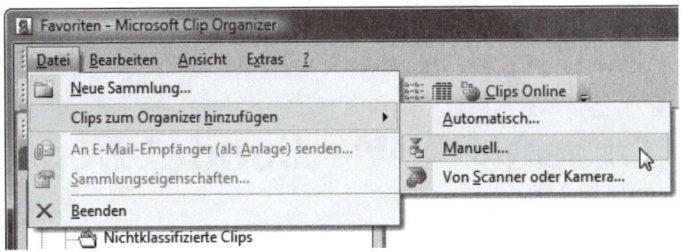

> **HINWEIS** Werden Clips im Hauptverzeichnis Ihrer Festplatte gefunden, landen diese in *Meine Sammlungen* im Ordner *Nicht klassifizierte Clips*. Es lohnt sich also, vor dem Katalogisieren von Mediendateien Ordnung auf der Festplatte zu schaffen und sprechende Ordnernamen zu vergeben.

Nachdem Sie zum ersten Mal Clips von Microsoft Office Online heruntergeladen haben, wird in *Meine Sammlungen* der neue Ordner *Heruntergeladene Clips* angelegt.

> **TIPP** Verwenden Sie die Sammlung *Favoriten*, um dort häufig genutzte Mediendateien abzulegen. Das spart Zeit beim Suchen. Um beispielsweise bestimmte Fotos dem Ordner *Favoriten* hinzuzufügen, markieren Sie diese in ihrem bisherigen Ordner und ziehen sie mit gedrückter linker Maustaste auf den Ordner *Favoriten*, wo nun eine Kopie angelegt wird (Sie erkennen das schon beim Ziehen am kleinen Plus, das am Ende des Mauspfeils zu sehen ist).

Office-Sammlungen

Office-Sammlungen ist die zweite Sammlung, die Ihr Clip Organizer auf jeden Fall schon enthält. Hier sind alle Mediendateien abgelegt, die bei der Installation von Microsoft Office auf Ihre Festplatte kopiert wurden.

Websammlungen

Für die Anzeige und für die Nutzung dieser Sammlung müssen Sie über eine Internet-Verbindung verfügen. Hier finden Sie zunächst einmal die Sammlung Microsoft Office Online mit zahlreichen Unterordnern. Wenn Sie diese Sammlung in Ihre Suchaktivitäten einbeziehen, haben Sie Zugriff auf Zehntausende von Mediendateien auf der *ClipArt und Medien-Homepage* von Microsoft.

Gemeinsam genutzte Sammlungen

In Firmennetzwerken bietet diese Sammlung mehreren Benutzern die Möglichkeit, auf unternehmensspezifische Fotos und andere Mediendateien auf einem Dateiserver zuzugreifen. Diese Sammlung muss zuvor vom Netzwerkadministrator angelegt und frei gegeben werden.

Mediendateien von *Office Online* herunterladen

Microsoft stellt auf einer eigenen Internetseite ständig neue *ClipArts* und Mediendateien zum kostenlosen Download bereit. Es gibt zwei Wege, diese Dateien anzusehen und zu speichern:

Mit dem Clip Organizer Mediendateien verwalten

- Suchen Sie direkt auf der Internet-Seite von Microsoft nach einer bestimmten Mediendatei.
- Verwenden Sie einfach den *Clip Organizer*, das ist meist der schnellere Weg.

In beiden Fällen muss eine Internetverbindung bestehen.

Um Dateien auf *Office Online* zu suchen und herunterzuladen, gehen Sie wie folgt vor:

1. Klicken Sie im Aufgabenbereich *ClipArt* unten auf den Befehl *ClipArt auf Office Online*. Wenn Sie das Programm *Clip Organizer* schon geöffnet haben, klicken Sie auf die Schaltfläche *Clips Online*.

Abbildg. 14.12 Geben Sie den Suchbegriff ein und wählen Sie per Klick auf den Pfeil rechts neben der Schaltfläche *Suchen* den gewünschten Medientyp aus

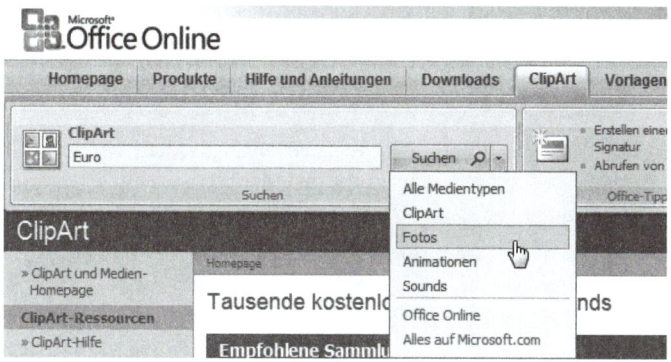

2. Geben Sie – so wie in Abbildung 14.12 gezeigt – in das Eingabefeld unter *ClipArt* den Suchbegriff ein – im vorliegenden Fall »Euro«.
3. Wählen Sie per Klick auf den Pfeil rechts neben der Schaltfläche *Suchen* den gewünschten Medientyp aus – in dem Fall *Fotos*.
4. Unter jedem der gefundenen Bilder finden Sie drei Symbole: Links setzen Sie das Häkchen für den Download, mit der Lupe holen Sie sich weitere Informationen, mit dem rechten Symbol kopieren Sie das Bild einfach in die Zwischenablage.
5. Markieren Sie die Medien, die Sie herunterladen möchten, durch einen Klick auf das Auswahlkästchen unter den Vorschaubildern. Jedes markierte Element wird in den Auswahlkorb am oberen Rand übertragen.

Abbildg. 14.13 Unter jedem der gefundenen Bilder finden Sie drei Symbole: für den Download, für weitere Informationen, für das Kopieren in die Zwischenablage

6. Sobald Sie alle Mediendateien markiert haben, klicken Sie am oberen Rand auf den Link *Elemente herunterladen*. Folgen Sie den Erläuterungen auf der Internetseite.

Abbildg. 14.14   Klicken Sie auf *Öffnen*, damit die ausgewählten Dateien im Clip Organizer eingeordnet werden

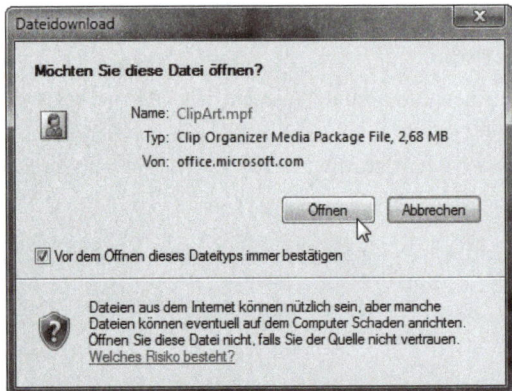

7. Klicken Sie in dem in Abbildung 14.14 gezeigten Dialogfeld auf *Öffnen*, damit werden die gewählten Mediendateien ordnungsgemäß im Clip Organizer abgelegt.

Nach erfolgreichem Download öffnet sich der Clip Organizer und zeigt die gespeicherten Dateien an. Sie werden automatisch in die Sammlung *Heruntergeladene Clips* übertragen.

Abbildg. 14.15   Nach dem Download erscheinen die Mediendateien im Clip Organizer im Ordner *Heruntergeladene Clips*

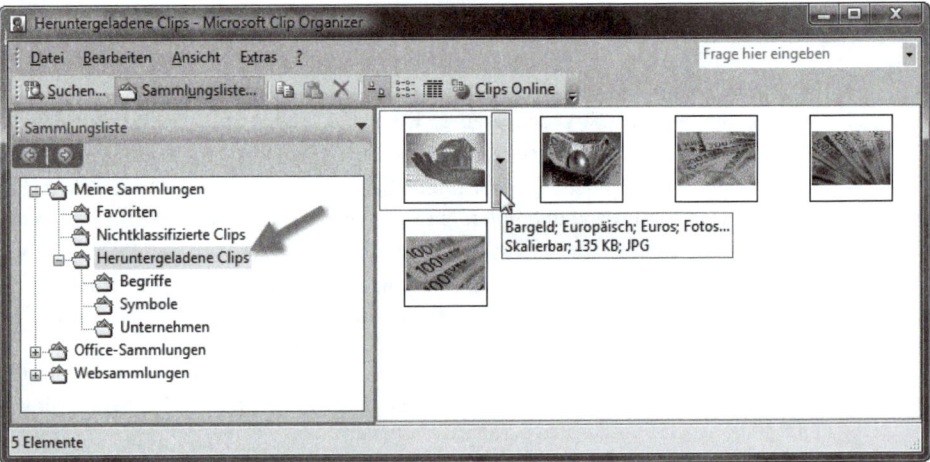

PROFITIPP   Weitaus mehr Bilder, Fotos und Sounddateien finden Sie auf der US-Seite von Office Online. Einziger Nachteil: Sie müssen die Suchbegriffe dort in Englisch eingeben. Aber dafür ist das Angebot dann deutlich größer. Für den Einstieg auf die US-Seite ändern Sie auf der ClipArt-Homepage ganz oben links (über dem Logo *Microsoft Office Online*) das Land.

Fotos und ClipArts nachbearbeiten

Egal, ob Sie in Ihr Excel-Arbeitsblatt ein Produktfoto, ein Foto vom Firmengelände, eine ClipArt-Grafik oder andere Illustrationen einbauen: Die Möglichkeiten, die Sie mit Excel 2007 zum Nachbearbeiten von Grafiken haben, sind enorm. In Abbildung 14.16 sehen Sie nur einige wenige Beispiele dafür, was Sie ohne jegliche Kenntnis komplizierter Programme zur Grafikbearbeitung einfach in Excel mit wenigen Mausklicks realisieren können.

Die nachfolgend beschriebenen Beispiele finden Sie auf der CD-ROM zum Buch im Ordner *\Buch\Kap14* in der Datei *Kap14.xlsx* in den Arbeitsblättern *ClipArts & Effekte* sowie *Bildformatvorlagen*.

Abbildg. 14.16 Vier Varianten von Hunderten möglicher

Der schnellste Weg: Bildformatvorlagen einsetzen

Weiter vorn in diesem Buch konnten Sie bereits lesen, wie Sie mit Zellenformatvorlagen und Tabellenformatvorlagen in kürzester Zeit Tabellen einheitlich und optisch ansprechend formatieren können. In Excel 2007 gibt es jetzt solche vorgefertigten Formatbausteine auch für Bilder. Sie nennen sich *Bildformatvorlagen*.

In den *Bildformatvorlagen* – es sind 28 – sind nur einige der möglichen Kombinationen von Bildeffekten zusammengefasst. Das Spektrum zur Nachbearbeitung von Bildern ist noch weitaus umfangreicher. Aber bevor Sie sich in »kreative Nachtschichten« stürzen, um alle möglichen Kombinationen von Bildeffekten auszuprobieren, sollten Sie zunächst die *Bildformatvorlagen* testen.

Eine Bildformatvorlage auf eine Grafik anwenden

Zunächst einmal brauchen Sie ein Bild. Fügen Sie es über den Befehl *Grafik* oder *ClipArt* in der Gruppe *Illustrationen* der Multifunktionsleiste in Ihr Excel-Arbeitsblatt ein. Sie können auch aus der Beispieldatei *Kap14.xlsx* das Original des Münzstapels aus dem Blatt *ClipArts & Effekte* in Ihr Blatt kopieren.

1. Markieren Sie das Bild. In der Multifunktionsleiste wird die kontextbezogene Registerkarte *Bildtools* eingeblendet.
2. Klicken Sie auf die Registerkarte *Format*.

Abbildg. 14.17 Über die Gruppe *Bildformatvorlagen* können Sie eine Grafik blitzschnell nachbearbeiten

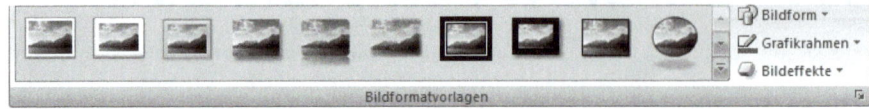

3. Auf dieser Registerkarte gibt es die Gruppe *Bildformatvorlagen*. Einige davon werden bereits als kleine Bilder angezeigt. Rechts neben diesen Miniaturansichten können Sie per Klick auf den Pfeil nach unten eine Vorschau aller vorhandenen Bildformatvorlagen öffnen. Den kompletten Katalog sehen Sie in Abbildung 14.18.

Abbildg. 14.18 Die komplette Palette der 28 verfügbaren Bildformatvorlagen

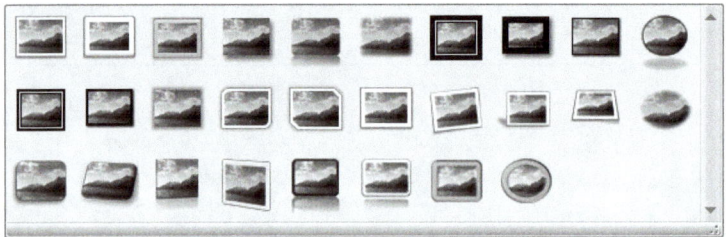

4. Wenn Sie die Maus über die einzelnen Bildformatvorlagen bewegen, wird dank der Livevorschau an Ihrer markierten Grafik sofort sichtbar, wie sich jede der Vorlagen auswirken würde. Klicken Sie die von Ihnen gewünschte Bildformatvorlage an, um Sie für die markierte Grafik zu übernehmen.

 Auf der CD-ROM zum Buch können Sie sich in der Mappe *Kap14.xlsx* im Arbeitsblatt *Bildformatvorlagen* am Beispiel des Fotos mit dem Münzstapel die Wirkung von allen 28 Bildformatvorlagen in aller Ruhe ansehen. In Abbildung 14.19 werden die Effekte von 14 Bildformatvorlagen gezeigt.

Abbildg. 14.19 Ein Blick auf das Ergebnis der Hälfte der Bildformatvorlagen

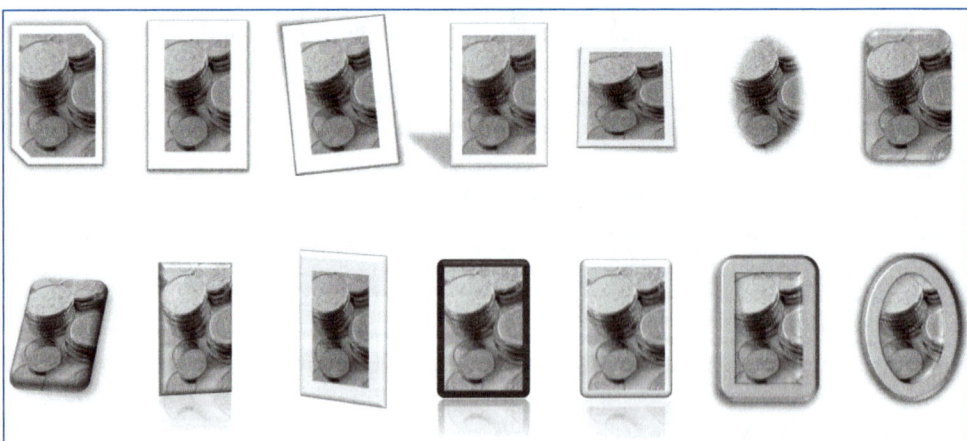

Fotos und ClipArts nachbearbeiten

Mit Bildeffekten noch mehr Gestaltungsoptionen erschließen

In der gleichen Befehlsgruppe wie die Bildformatvorlagen finden Sie am rechten Rand auch den Befehl *Bildeffekte*. Hier können Sie auf ein deutlich größeres Reservoir vorgefertigter und sofort einsetzbarer Effekte zugreifen, um das Aussehen Ihrer Grafiken einfach und schnell anzupassen.

- Beim Klick auf *Bildeffekte* öffnet sich ein Auswahlmenü mit sieben Kategorien.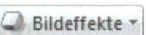
- Jede der Kategorien bietet ihrerseits in einem Katalog eine Vorschau der verfügbaren Effekte.

Abbildg. 14.20 Die Kategorie *Voreinstellung* und der dazu gehörige Katalog

ACHTUNG Die Auswahlmöglichkeiten, die Sie über diesen Weg haben, sind individueller als beim einfachen Verwenden von Bildformatvorlagen. Allerdings hat diese Individualität ihren Preis: Sie brauchen deutlich mehr Zeit, um sich zunächst in der Vielfalt der Optionen zu orientieren und schließlich die passende Wahl zu treffen. Die Unterschiede zwischen den einzelnen Effekten sind teilweise minimal und es gehört schon Übung dazu, die geeigneten Effekte oder gar Kombinationen davon auszuwählen.

Die Farbe eines Bildes anpassen

Wenn Sie ein passendes Motiv für die optische Verstärkung der Aussage Ihrer Daten gefunden haben, kann es durchaus sein, dass die Farben des Bildes nicht mit denen des Arbeitsblatts harmonieren.

Sie brauchen jedoch kein Bildbearbeitungsprogramm, um die Farben des Bildes anzupassen. Egal ob Vektor- oder Bitmapgrafik: Mit wenigen Mausklicks erledigen Sie das Umfärben des Bildes.

In Abbildung 14.21 sehen Sie, wie der Münzstapel aus den vorherigen Beispielen in einen hellen Grünton umgewandelt wird. Und so geht's:

1. Markieren Sie das Bild, das Sie umfärben wollen.
2. Klicken Sie auf der Registerkarte *Format* der Multifunktionsleiste in der Gruppe *Anpassen* auf die Schaltfläche *Neu einfärben*.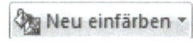
3. Bewegen Sie im folgenden Katalog die Maus über die verschiedenen Varianten. Dank der Livevorschau können Sie die Wirkung der verschiedenen Varianten vorab begutachten.

Kapitel 14 Tabellen mit Grafiken und SmartArt aufwerten

4. Mit einem Klick auf die gewünschte Variante schließen Sie den Vorgang ab.

Abbildg. 14.21   Mit drei Mausklicks die Farbstimmung eines Bildes anpassen

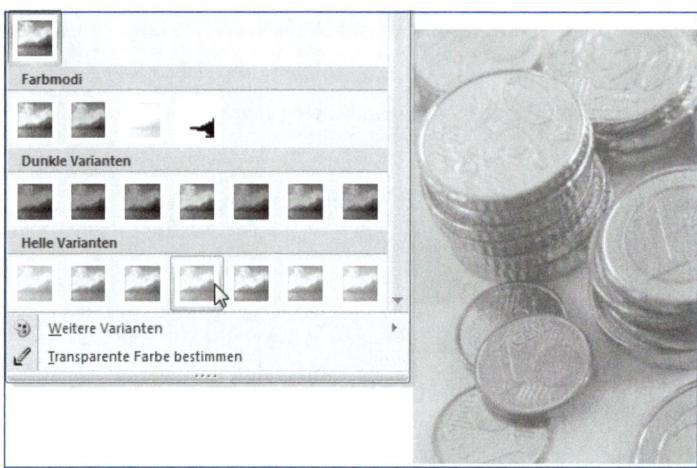

Die Form eines Bildes verändern

Ebenso einfach wie die Effekte oder Farben für ein Bild können Sie auch seine Form im Nachhinein ändern. Das, was in früheren Versionen nur für AutoFormen möglich war, geht jetzt mit genau zwei Mausklick auch für Bilder. So geht's:

1. Markieren Sie ein beliebiges Bild und klicken Sie in der Multifunktionsleiste auf 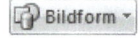 der Registerkarte *Bildtools/Format* in der Gruppe *Bildformatvorlagen* auf die Schaltfläche *Bildform*.

2. In dem sich nun öffnenden Katalog klicken Sie auf die gewünschte Form und mit diesem zweiten Mausklick ist schon alles erledigt.

In dem in Abbildung 14.22 gezeigten Beispiel wurde das Bild vom Münzstapel, das ursprünglich ein ganz normales Rechteck war, in einen Blockpfeil umgewandelt. So könnten Sie beispielsweise einen Geldstrom eindrucksvoll und doch ganz einfach visualisieren.

Abbildg. 14.22   Mit zwei Mausklick das Bild in einen Pfeil umwandeln

Fotos und ClipArts nachbearbeiten

Im rechten Teil der Abbildung 14.22 sehen Sie, dass das Bild nicht nur seine Form geändert hat, sondern die Blockpfeilform noch an mehreren Stellen angepasst werden kann. Dazu gibt es die rautenförmigen Formkorrekturpunkte – in dem Fall sind es gleich vier. Mehr zur Verwendung der Formkorrekturpunkte lesen Sie weiter unten im Abschnitt über Formen.

Alle Effekte in einem Dialogfeld

Normalerweise ist ein Dialogfeld, in dem alle Befehle zu einem Objekt zusammengefasst sind, eine wirklich nützliche Sache. Wenn es aber um die möglichen Gestaltungsoptionen für eine eingefügte Grafik geht, dann ist die Auswahl so überwältigend, dass Sie möglicherweise eher die besser überschaubaren Einzelbefehle wie *Bildeffekte*, *Bildformatvorlagen* oder *Bildform* vorziehen.

Klicken Sie einmal am rechten unteren Rand der Befehlsgruppe *Bildformatvorlagen* auf den kleinen schrägen Pfeil, um das Dialogfeld *Grafik formatieren* aufzurufen.

Abbildg. 14.23 Über das Dialogfeld *Grafik formatieren* haben Sie Zugriff auf eine schier überwältigende Anzahl von Optionen zum Anpassen Ihrer Grafiken

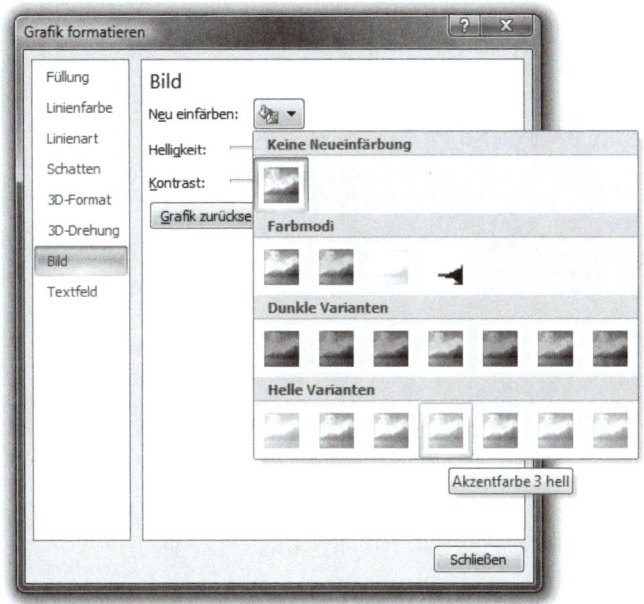

In diesem Dialogfeld finden Sie die Befehle wieder, die sonst in den *Bildtools* auf der Registerkarte *Format* über mehrere Gruppen verteilt sind. Hier können Sie in einem technologischen Durchgang alle Befehle nacheinander aufrufen und zuweisen. Die Kategorien *Schatten*, *3D-Format*, *3D-Drehung* und *Bild* verlangen dabei höchste Konzentration, denn die hier verfügbaren Einstellungsvarianten sind beachtlich.

PROFITIPP Wollen Sie mehrere Grafiken bearbeiten, dann müssen Sie das Dialogfeld *Grafik formatieren* nicht jedes Mal schließen. Wenn Sie die Bearbeitung einer Grafik abgeschlossen haben, lassen Sie das Dialogfeld geöffnet und aktivieren die nächste Grafik, um Einstellungen zu ändern.

Kapitel 14 Tabellen mit Grafiken und SmartArt aufwerten

Tabellen mit Zeichnungen und optischen Zusatzelementen versehen

Der Begriff »Formen« steht für gebrauchsfertige Grafikobjekte, wie beispielsweise Rechtecke, Kreise, Linien, Blockpfeile, Flussdiagrammsymbole, Sterne, Banner und Legenden. Bis Excel 2003 hießen sie AutoFormen, jetzt nur noch kurz Formen. Mit ihrer Hilfe können Sie schnell und absolut flexibel Übersichten zeichnen, Abläufe darstellen, wichtige Teile Ihrer Daten mit einem besonderen Rahmen umgeben oder Tabellen mit zusätzlichen optischen Elementen versehen. In Abbildung 14.24 sehen Sie, welche und wie viele Formen zur Verfügung stehen.

Abbildg. 14.24 Mit Hilfe der Formen Übersichten erstellen, Tabellen kommentieren oder einrahmen

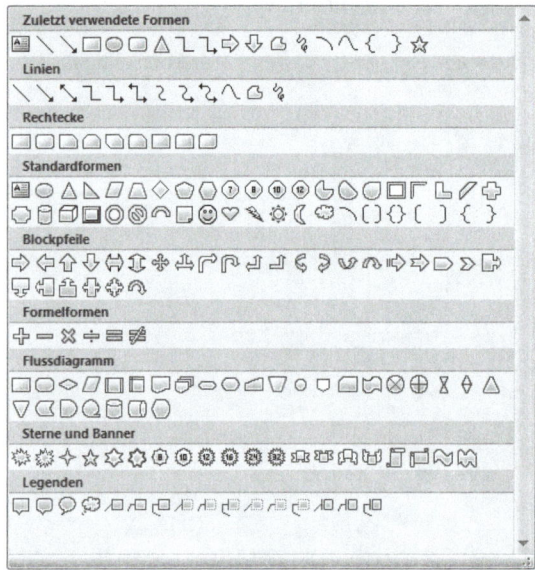

Besonders nützlich an Formen ist, dass die meisten von ihnen gleichzeitig auch als Textcontainer dienen können. Ausnahmen bilden hier Linien, Verbindungen und Freihandformen.

Beispiele für den Einsatz von Formen

Im Vergleich zu früheren Versionen bietet Excel 2007 jetzt ca. 20 Formen mehr. Besonders nützlich sind dabei die Formen aus den beiden neuen Kategorien *Formelformen* – vgl. Abbildung 14.25 – und *Rechtecke*.

Abbildg. 14.25 Die neuen Formelformen in Aktion

Tabellen mit Zeichnungen und optischen Zusatzelementen versehen

Die Abbildung 14.26 zeigt einige Beispiele dafür, wie Sie die neuen Rechteck-Formen einsetzen können, um den Blick auf Ihre Tabellen zu lenken oder wie Sie mit Pfeilen und Ellipsen auf einzelne Zahlen hinweisen.

Abbildg. 14.26 Mit Rahmen, Pfeilen oder Ellipsen die Aufmerksamkeit auf bestimmte Daten lenken

	Projekt 1	Projekt 2	Projekt 3		Projekt 1	Projekt 2	Projekt 3		Projekt 1	Projekt 2	Projekt 3
Januar	13.112	12.672	21.521	Januar	13.112	12.672	21.521	Januar	13.112	12.672	21.521
Februar	18.092	17.013	12.245	Februar	18.092	17.013	12.245	Februar	18.092	17.013	12.245
März	19.394	18.305	14.340	März	19.394	18.305	14.340	März	19.394	18.305	14.340
1. Quartal	50.598	47.990	48.106	1. Quartal	50.598	47.990	48.106	1. Quartal	50.598	47.990	48.106

	Projekt 1	Projekt 2	Projekt 3		Projekt 1	Projekt 2	Projekt 3		Projekt 1	Projekt 2	Projekt 3
Januar	13.112	12.672	21.521	Januar	13.112	12.672	21.521	Januar	13.112	12.672	21.521
Februar	18.092	17.013	12.245	Februar	18.092	17.013	12.245	Februar	18.092	17.013	12.245
März	19.394	18.305	14.340	März	19.394	18.305	14.340	März	19.394	18.305	14.340
1. Quartal	50.598	47.990	48.106	1. Quartal	50.598	47.990	48.106	1. Quartal	50.598	47.990	48.106

Oben sehen Sie drei Einrahmungs-Varianten, die Sie mit Hilfe der Formen mit wenigen Mausklicks realisieren können. Beim mittleren Beispiel erhielt die Form neben dem Rahmen auch noch eine halbtransparente Füllung. In der unteren Zeile werden mittels Formen einzelne Zahlen herausgehoben.

Formen zeichnen

Um eine Form in ein Arbeitsblatt einzufügen, gehen Sie wie folgt vor:

1. Zeigen Sie in der Multifunktionsleiste die Registerkarte *Einfügen* an und klicken Sie in der Gruppe *Illustrationen* auf *Formen*.
2. Wählen Sie in dem nun angezeigten Katalog – vgl. Abbildung 14.24 – die gewünschte Form durch Anklicken aus.
3. Der Mauszeiger verwandelt sich in ein kleines schwarzes Fadenkreuz. Bewegen Sie die Maus zu der Stelle des Arbeitsblatts, wo Sie die Form zeichnen wollen und ziehen Sie diese mit gedrückter linker Maustaste auf.

Nützliche Tasten beim Zeichnen von Formen

Beim Aufziehen von Formen haben Sie die Möglichkeit, ganz gezielt auf die Form bzw. die Anordnung der Objekte Einfluss zu nehmen, indem Sie zusätzlich eine oder mehrere Funktionstasten auf Ihrer Tastatur drücken:

Wenn Sie beim Zeichnen einer Form die [Alt]-Taste drücken, wird das neue Objekt in seiner Position und Größe stets an den Gitternetzlinien des Tabellenblattes ausgerichtet. Sie machen damit das Gitternetz zu Hilfslinien für die Anordnung Ihrer Objekte.

Wollen Sie eine neue Form genau quadratisch oder kreisrund machen, also in Höhe und Breite gleich zeichnen, dann halten Sie beim Aufziehen des Objekts gleichzeitig die [⇧]-Taste gedrückt.

Kapitel 14 Tabellen mit Grafiken und SmartArt aufwerten

> Bei Linien und Pfeilen bewirkt das Drücken der ⇧-Taste, dass Sie den Winkel der Objekte in Schritten von 45 Grad verändern können. Eine sehr nützliche Funktion, wenn Sie z.B. schräge Linien im 45 Grad-Winkel oder exakt waagerechte bzw. senkrechte Linien erstellen wollen.
>
> Drücken Sie die Strg-Taste beim Zeichnen von Objekten, so wird die Form aus der Mitte heraus symmetrisch nach links und rechts bzw. nach oben und unten erzeugt.
>
> Und natürlich lassen sich diese Funktionstasten auch kombinieren: Mit Strg+⇧ könnten Sie beispielsweise von einem gedachten Mittelpunkt aus einen Kreis aufziehen.

Formen bearbeiten

Sie können gezeichnete Formen in vielerlei Hinsicht an Ihre Bedürfnisse anpassen. Diese Eigenschaften einer Form können Sie ändern:

- Größe,
- Linienfarbe,
- Linienart,
- Füllfarbe und -muster (außer bei Linien),
- Winkel,
- Schatten,
- 3D-Effekte.

Nicht bei allen Formen ist eine Änderung aller Eigenschaften sinnvoll, aber die Vielfalt der Möglichkeiten lässt fast keinen Wunsch offen.

Alle Befehle zum Bearbeiten gezeichneter Formen erschließen Sie sich über die Registerkarte *Zeichentools/Format* in der Multifunktionsleiste oder per rechtem Mausklick auf eine Form und den Befehl *Form formatieren* im Kontextmenü.

Markieren Sie eine Form, um die in Abbildung 14.27 gezeigte Registerkarte *Format* anzuzeigen.

Abbildg. 14.27 Über die Registerkarte *Zeichentools/Format* bearbeiten Sie gezeichnete Formen

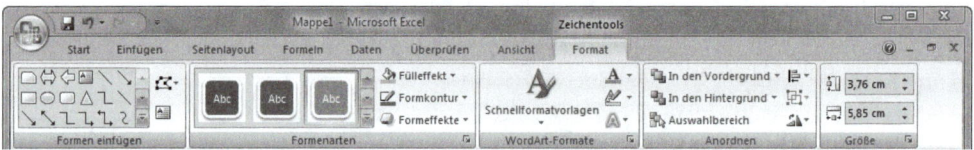

Formenarten: Der schnelle Weg zum Gestalten von Formen

Ähnlich wie für Zelle, Tabelle und eingefügte Grafiken gibt es auch für gezeichnete Formen so etwas wie Formatvorlagen. Sie heißen in diesem Fall *Formenarten*.

Abbildg. 14.28 Per Mausklick den Katalog der so genannten *Designfüllungen* anzeigen lassen

552

Tabellen mit Zeichnungen und optischen Zusatzelementen versehen

Klicken Sie – so wie in Abbildung 14.28 gezeigt – auf den kleinen Pfeil neben den drei Miniaturansichten, um sich den kompletten Katalog der möglichen vorgefertigten Gestaltungsvarianten für gezeichnete Formen anzeigen zu lassen.

Auch in diesem Katalog können Sie dank der Livevorschau die Maus über die einzelnen Varianten bewegen und sofort sehen, welche Wirkung die jeweils gewählte Option auf die von Ihnen markierte(n) Form(en) hat.

Ganz unten können Sie sich über der Befehl *Andere Designfüllungen* weitere zwölf Varianten für die Füllung Ihrer markierten Formen anzeigen lassen.

Abbildg. 14.29 Die Auswahl von 42 vorgefertigten Schablonen zur schnellen Gestaltung von Formen

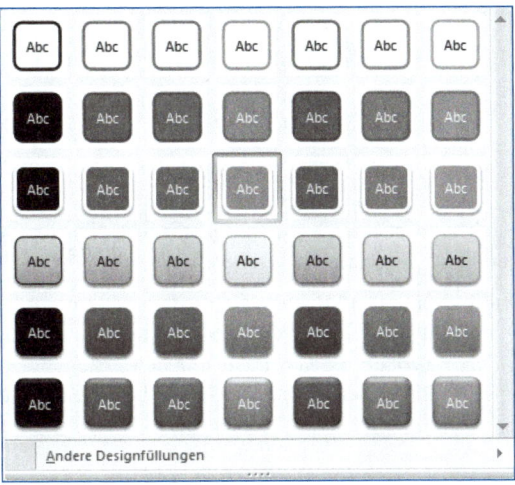

Die Verwendung von Formenarten bietet Ihnen drei Vorteile:

- Sie gelangen auf direktem und schnellem Weg zu einer ansprechenden optischen Gestaltung Ihrer gezeichneten Formen.
- Sie stellen mit geringstem Aufwand sicher, dass alle von Ihnen verwendeten Formen ein einheitliches Erscheinungsbild haben.
- Sie ersparen es sich, zeitaufwändig und mühsam in dem tief verschachtelten Dialogfeld *Form formatieren* nach einer passenden Lösung zu suchen und dabei Zeit zu verlieren.

TIPP   Wenn Ihnen keine der 42 vorgefertigten Formenarten zusagt, sollten Sie zumindest eine von ihnen als Basis nehmen und dann nur noch kleine individuell erforderliche Änderungen über das Dialogfeld *Form formatieren* vornehmen.

Formenarten ganz individuell: Der Weg über das Dialogfeld

Neben den 42 Formenarten, die Excel bereithält, können Sie natürlich jede Form auch ganz individuell gestalten, indem Sie das Dialogfeld *Form formatieren* wählen. Das Dialogfeld können Sie auf folgenden Wegen aufrufen:

- Per rechten Mausklick auf eine Form und die Wahl des Befehls *Form formatieren* im Kontextmenü.

- Bei aktivierter Form über die Registerkarte *Format* der Multifunktionsleiste, wo Sie in der Gruppe *Formenarten* rechts neben dem Wort *Formenarten* auf den kleinen schrägen Pfeil klicken.
- Markieren Sie eine Form und betätigen Sie die Tastenkombination `Strg`+`1`.

Abbildg. 14.30   Über dieses Dialogfeld haben Sie Zugriff auf alle Befehle zum Gestalten gezeichneter Formen

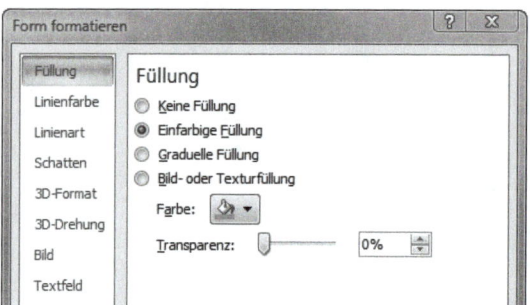

Damit Sie sich in der Vielfalt der Gestaltungsoptionen besser zurechtfinden, sind die Befehle nach Kategorien gruppiert, die Sie am linken Rand des Dialogfelds sehen.

Mit Ausnahme der Befehle zu den dreidimensionalen Effekten (Kategorien *3D-Format* und *3D-Drehung*) sind alle Optionen in dem Dialogfeld weitgehend selbsterklärend. Dank der Livevorschau können Sie aber auch bei Befehlen, deren Bedeutung sich nicht auf den ersten Blick erschließt, schnell herausfinden, was diese bewirken. Klicken Sie einfach eine Option an, um zu testen, welchen Effekt sie auf die markierte Form hat.

Weniger ist mehr – oder einheitliche Gestaltung ist eine Angelegenheit weniger Mausklicks

Wenn Sie eine Reihe individueller Gestaltungsoptionen für eine oder mehrere Formen gewählt haben, sollten Sie danach streben, diesen eigenen Stil auch über die gesamte Arbeitsmappe hinweg durchzuhalten. Ein einheitliches Erscheinungsbild vermittelt immer deutlich mehr Professionalität als ein Durcheinander von Farben und Stilen.

Haben Sie individuelle Formatierungen verwendet und wollen Sie im Nachhinein weitere Formen mit den gleichen Attributen hinzufügen, kann das angesichts der vielfältigen Optionen recht zeitaufwändig werden. Hier haben Sie zwei Wege, um schnell für ein einheitliches Aussehen Ihrer gezeichneten Formen zu sorgen:

Der *erste Weg* führt über die Funktion *Format übertragen*. Gehen Sie wie folgt vor:

1. Markieren Sie eine Form, die die gewünschten individuellen Formate bereits hat.

2. Wechseln Sie zur Registerkarte *Start* der Multifunktionsleiste und klicken Sie dort in der Gruppe *Zwischenablage* auf das Symbol *Format übertragen*.
3. Der Mauszeiger wird nun durch einen kleinen Pinsel ergänzt. Klicken Sie auf die neue Form und übertragen Sie so die zuvor kopierten Formate.

Tabellen mit Zeichnungen und optischen Zusatzelementen versehen

PROFITIPP Wollen Sie ein bestimmtes Format auf *mehrere* Formen übertragen, dann doppelklicken Sie auf das Symbol. Im Ergebnis dessen können Sie anschließend das kopierte Format nacheinander auf mehrere Formen übertragen. Mit der `Esc`-Taste schließen Sie den Vorgang ab.

Der zweite Weg ist kürzer, aber auch folgenschwerer. Hier legen Sie die individuellen Attribute, die Sie zuvor einer Form zugewiesen haben, als Standard für alle neuen Objekte fest. Das ist sicher in vielen Fällen von Vorteil, denn es sichert Einheitlichkeit, aber vielleicht ist dies nicht immer gewünscht. Und so geht's:

1. Klicken Sie mit der rechten Maustaste auf eine Form, die die gewünschten individuellen Formate besitzt.
2. Wählen Sie im Kontextmenü – wie in Abbildung 14.31 gezeigt – den Befehl *Als Standardform festlegen*.

Abbildg. 14.31 Mit nur zwei Mausklicks setzen Sie neue Standards

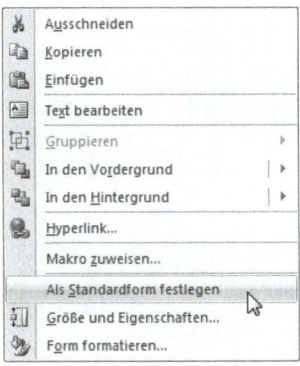

HINWEIS Die Bezeichnung des Befehls ist etwas missverständlich, richtiger wäre »Als Standard für neue Formen festlegen« oder einfach »Als Standard festlegen«. Denn natürlich können Sie nach Verwenden dieses Befehls weiterhin völlig unterschiedliche Formen wie Rechtecke oder Ellipsen zeichnen. Aber alle tragen die gleichen Formatoptionen.

Eine Form mit Text und Zahlen füllen

Mit Ausnahme von Linien und Pfeilen können Sie alle Formen auch als Platzhalter für Texte und Zahlen benutzen. Klicken Sie dazu eine gezeichnete Form an und beginnen Sie Ihre Daten einzugeben.

Die Ausrichtung ändern

Standardmäßig erscheint das, was Sie eintippen, genau in der Mitte der Form, wird also horizontal und vertikal zentriert angeordnet.

Sollen die Informationen anders angeordnet werden, können Sie das mit wenigen Mausklicks erledigen. Soll beispielsweise die Information oben links erscheinen, gehen Sie wie folgt vor:

Kapitel 14   Tabellen mit Grafiken und SmartArt aufwerten

1. Rufen Sie per rechten Mausklick auf das Objekt im Kontextmenü den Befehl *Form formatieren* auf.
2. Klicken Sie – wie in Abbildung 14.32 gezeigt – links die Kategorie *Textfeld* an.
3. Wählen Sie im Feld *Vertikale Ausrichtung* den gewünschten Eintrag, im vorliegenden Fall also *Oben*.
4. Klicken Sie ein weiteres Mal die gezeichnet Form mit der rechten Maustaste an und klicken Sie in der nun erscheinenden Minisymbolleiste auf das Symbol für linksbündige Ausrichtung (siehe Abbildung 14.33).

Abbildg. 14.32   Hier die vertikale Ausrichtung und ...

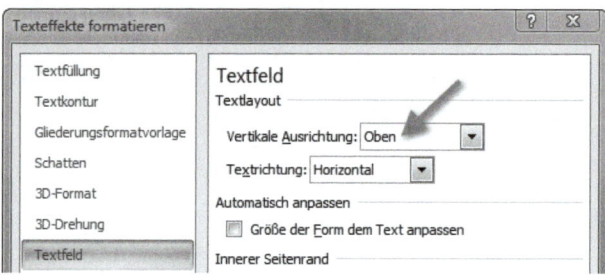

Abbildg. 14.33   ... hier die horizontale Ausrichtung bestimmen

Textfelder nutzen

Bei Textfeldern handelt es sich ebenfalls um Formen. Allerdings ist hier nicht die Form selbst entscheidend, sondern die Tatsache, dass Textfelder als Container für Text dienen und **über** den Zellen eines Tabellenblattes frei positioniert sowie in Größe und Farbe verändert werden können.

Textfelder können Sie immer dann einsetzen, wenn Sie kommentierende Elemente für eine Tabelle brauchen, die unabhängig von der Zellstruktur, also frei von der Lage und Größe der Zeilen und Spalten, angeordnet werden sollen.

Textfelder unterscheiden sich von anderen Formen in drei Punkten:

- Sie haben zunächst weder Füllfarbe noch Linienfarbe.
- Die Informationen, die Sie in ein Textfeld eingeben, werden standardmäßig nicht mittig, sondern oben links angeordnet.
- Ein Textfeld ändert seine Größe und passt sie automatisch der Textmenge an.

WICHTIG   Angesichts der voreingestellten automatischen Größenanpassung eignen sich also Textfelder absolut nicht, wenn Sie für eine Übersicht, einen Ablauf oder ein Organigramm mehrere gleich große Objekte benötigen.

Ein Textfeld anlegen

Mit den folgenden Schritten legen Sie ein Textfeld an:

1. Klicken Sie auf der Registerkarte *Einfügen* der Multifunktionsleiste rechts in der Gruppe *Text* auf das Symbol *Textfeld*.
2. Klicken Sie an die Stelle auf dem Arbeitsblatt, wo Sie den Text oder die Zahlen eingeben wollen.
3. Tippen Sie Ihre Informationen ein.

Textfelder formatieren

Per Klick mit der rechten Maustaste auf den Rand eines Textfeldes können Sie über die Minisymbolleiste Änderungen an Schriftart, -größe, -farbe und -ausrichtung vornehmen und bei mehreren Absätzen sogar Aufzählungszeichen zuweisen.

Ebenfalls per Rechtsklick rufen Sie im Kontextmenü den Befehl *Form formatieren* auf, um bei Bedarf das Textfeld beispielsweise nachträglich mit Füll- und Linienfarbe zu versehen.

Mehrere Objekte markieren

Haben Sie mehrere Formen angelegt und wollen diesen ein einheitliches Aussehen geben, dann brauchen Sie die Möglichkeit der Mehrfachmarkierung. So geht's:

1. Klicken Sie das erste Objekt mit der linken Maustaste an.
2. Halten Sie ab dem zweiten zu markierenden Objekt die ⇧-Taste gedrückt, um die Markierung auf andere Objekte zu erweitern.

Wenn Sie zahlreiche Objekte markieren wollen, ist die eben geschilderte Methode mühsam. Hier gibt es eine alternative Funktion, die allerdings etwas versteckt ist:

1. Zeigen Sie in der Multifunktionsleiste die Registerkarte *Start* an und klicken Sie ganz rechts in der Gruppe *Bearbeiten* auf die Schaltfläche *Suchen und Auswählen*.
2. Klicken Sie in dem nun erscheinenden Menü auf *Objekte markieren*.
3. Nun können Sie mit gedrückter linker Maustaste einen Rahmen um die zu markierenden Objekte ziehen.
4. Schalten Sie zum Schluss die Funktion zur Objektmarkierung wieder aus, indem Sie die `Esc`-Taste betätigen.

PROFITIPP

> Wollen Sie aus einer Mehrfachmarkierung ein oder mehrere Objekte wieder herauslösen, klicken Sie diese Objekte einfach bei gedrückter `Strg`-Taste an.

Formen anordnen

Wenn Sie mehrere Formen gezeichnet haben und diese zueinander ausrichten oder die Abstände zwischen ihnen vereinheitlichen wollen, können Sie die Funktionen zum Ausrichten und Verteilen nutzen.

Formen aneinander ausrichten

Zunächst sollen Formen aneinander ausgerichtet werden. Das geht mit den folgenden Schritten:

1. Markieren Sie die Objekte, die Sie anordnen wollen.
2. Auf der Registerkarte *Format* klicken Sie rechts in der Gruppe *Anordnen* auf den Befehl *Ausrichten*.

Abbildg. 14.34   Je nach Auflösung und Größe des Bildschirms sehen Sie den Befehl *Ausrichten* entweder nur als Symbol oder mit Beschriftung

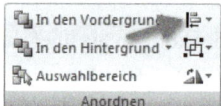 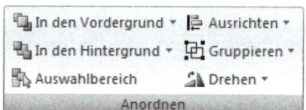

Es erscheint das in Abbildung 14.35 gezeigte Menü. Klicken Sie dort auf den erforderlichen Befehl.

Abbildg. 14.35   Das Menü mit allen Befehlen zum Ausrichten und Verteilen

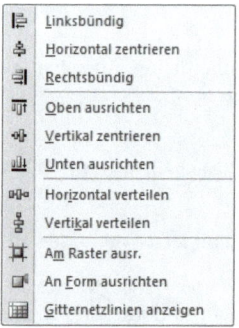

> **TIPP**   Wenn Sie zum besseren Überprüfen der optischen Wirkung der angelegten Objekte schnell die Gitternetzlinien in Ihrem Arbeitsblatt ausschalten wollen, können Sie in diesem Menü den Befehl *Gitternetzlinien anzeigen* anklicken. Den gleichen Befehl erreichen Sie ansonsten auch über die Registerkarte *Ansicht* in der Gruppe *Einblenden/Ausblenden*.

Abstände zwischen Formen vereinheitlichen

Wollen Sie die Abstände zwischen den Formen vereinheitlichen, dann erreichen Sie das mit den folgenden Schritten:

1. Markieren Sie die Objekte, die Sie anordnen wollen.
2. Klicken Sie auf der Registerkarte *Format* rechts in der Gruppe *Anordnen* auf den Befehl *Ausrichten*.
3. Wählen Sie im folgenden Menü den Befehl *Horizontal verteilen* oder *Vertikal verteilen*.

Eine Form durch eine andere ersetzen

Wenn Sie im Nachhinein eine Form ändern möchten – weil Sie beispielsweise anstelle eines einfachen Rechtecks eines mit abgerundeten oder abgeschrägten Ecken brauchen – dann ist das mit wenigen Mausklick erledigt.

1. Markieren Sie die zu ändernde(n) Form(en).
2. Klicken Sie auf der Registerkarte *Format* in der Gruppe *Formen einfügen* auf die Schaltfläche *Form ändern*.
3. Wählen Sie – wie in Abbildung 14.36 gezeigt – im nun aufklappenden Katalog die gewünschte neue Form per Mausklick aus.

Abbildg. 14.36 Mit wenigen Mausklick eine Form komplett ändern

Professionelle Schaubilder mit den SmartArts gestalten

Eine der wichtigsten und nützlichsten Neuerungen in Office 2007 sind die so genannten *SmartArts*. Sie sind der Nachfolger, besser gesagt die deutlich verbesserte Fortsetzung der seit Office XP (2002) bekannten *Schematische Darstellungen*.

Aufgabe der SmartArts ist es, Informationen nicht einfach als Zahlen oder Texte, sondern in visualisierter Form darzustellen. Dazu werden zahlreiche vorgefertigte Layouts angeboten, in die Sie Ihre Informationen eingeben.

Auf diese Weise können Sie Übersichten, Strukturen, Abläufe, Schaubilder generell mit wenigen Handgriffen erstellen. Das Ergebnis und der optische Eindruck sind absolut überzeugend. Der Einarbeitungsaufwand in diese neue Funktionalität ist gering, da die Verwendung der einzelnen Befehle intuitiv und der Funktionsumfang selbst auf ein vernünftiges Maß begrenzt ist. Außerdem macht es Spaß, mit dieser Funktion zu arbeiten und optisch wie inhaltlich beeindruckende Schaubilder in kürzester Zeit zu erstellen.

Wie bei den schematischen Darstellungen gibt es jedoch auch bei den *SmartArts* eine Einschränkung: Allzu viel Individualität bei der Gestaltung und Anordnung der Schaubilder wird nicht unterstützt. Das Konzept ist so angelegt, dass Sie in kurzer Zeit zu sehr ansprechenden, aber gestalterisch vorgefertigten Ergebnissen gelangen.

Wann ist der Einsatz der SmartArts sinnvoll?

Wenn Sie nicht sicher sind, ob Sie SmartArts verwenden sollten, weil Sie Ihre Schaubilder bisher stets aus einzelnen *Formen* selbst zusammenstellen, dann finden Sie in der folgenden kurzen Liste vielleicht eine Antwort. SmartArts sollten Sie einsetzen, wenn Sie

- einfache Sachverhalte visualisieren wollen,
- in kurzer Zeit eine bildhafte Darstellung anfertigen möchten,
- die Funktionen zum Zeichnen kaum kennen und mit wenig technischem Aufwand ein ansprechendes Ergebnis erzielen wollen,
- als Ausgangsbasis für ein Schaubild schnell einen Rohentwurf brauchen, den Sie anschließend individuell weiterbearbeiten.

Daraus folgt, dass die *SmartArts* nicht dafür konzipiert sind, komplexe Sachverhalte abzubilden und dass individuelle Wünsche an Farbe, Layout und Größe nur mit einigem Zusatzaufwand zu realisieren sind.

Die verschiedenen SmartArt-Kategorien

Das Angebot an vorgefertigten SmartArt-Grafiken ist beträchtlich. Daher sind diese in sieben verschiedene Kategorien unterteilt:

Abbildg. 14.37 Wählen Sie aus einem Angebot Dutzender vorgefertigter Schaubilder das passende aus

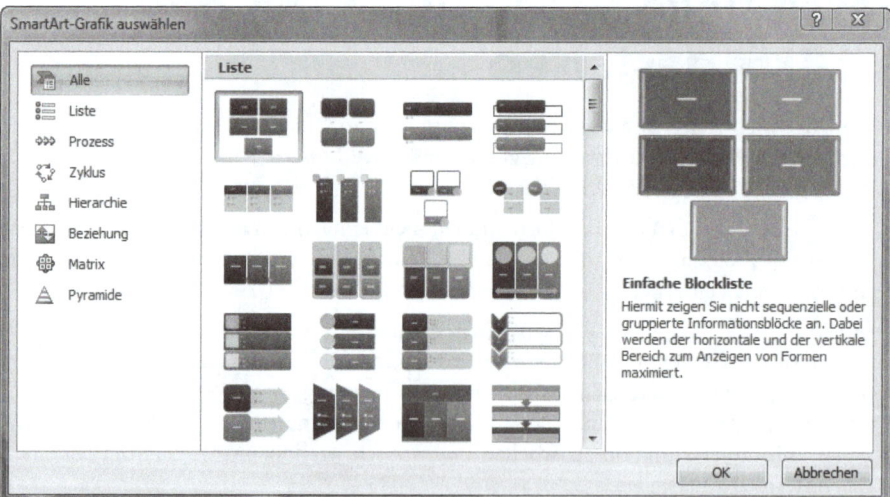

- die Kategorie Liste mit 24 Varianten
- die Kategorie Prozess mit 32 Varianten

- die Kategorie Zyklus mit 14 Varianten
- die Kategorie Hierarchie mit sieben Varianten
- die Kategorie Beziehung mit 31 Varianten
- die Kategorie Matrix mit drei Varianten und
- die Kategorie Pyramide mit vier Varianten

HINWEIS Manche der Layouts tauchen in mehreren Kategorien auf.

Die Hilfe zur Auswahl des passenden Layouts nutzen

Microsoft hat sich nicht nur bei den verwendeten Layouts, sondern auch bei deren Auswahl stark an dem Produkt *Graphicae* der Firma Proof Software LLC orientiert, die schon seit Jahren so genannte Konzeptdiagramme für den Einsatz in PowerPoint-Präsentationen anbietet. Mehr Informationen finden Sie im Internet unter *http://www.graphicae.com*.

Um den Anwendern die Auswahl der geeigneten Darstellung zu erleichtern, gibt es – so wie Abbildung 14.37 zu sehen – im rechten Teil des Dialogfelds immer eine kurze Erläuterung zum gerade gewählten Layout. Da das Erstellen von Schaubildern eine recht komplexe Angelegenheit ist und die meisten Anwender dies eher selten machen, ist das eine äußerst nützliche Unterstützung.

TIPP Schauen Sie sich ruhig mehrere Layouts an und lesen Sie deren Verwendungszweck, bevor Sie sich für eines der zahlreichen Layouts entscheiden.

Schritt für Schritt: Eine Projektübersicht anlegen

Nach der Theorie nun die Praxis. Erfahren Sie anhand eines Beispiels, wie Sie die Funktion *SmartArt* nutzen können, um Ihren Mappen mehr Aussagekraft zu geben. Sie werden sehen, dass die Nutzung der Funktion tatsächlich weitgehend intuitiv ist und wenig Lernaufwand erfordert.

Um das Beispiel nachzuvollziehen, können Sie die Musterdatei *Kap14.xlsx* nutzen. Sie ist auf der CD-ROM zum Buch im Ordner *\Buch\Kap14* abgelegt. Nutzen Sie dort die beiden Arbeitsblätter mit dem Namen *SmartArt Projekte*.

Das Beispiel

Sie haben die Zahlen für drei verschiedene Projekte in mehreren Tabellen zusammengestellt und möchten nun der Arbeitsmappe eine Art Deckblatt geben, damit jeder schnell und übersichtlich die wichtigsten Informationen erhält, bevor es ans Studium der einzelnen Details geht.

In Abbildung 14.38 sehen Sie die fertige Lösung. Sie werden gleich sehen, dass Sie diese in weniger als zehn Minuten erstellen können.

Kapitel 14 Tabellen mit Grafiken und SmartArt aufwerten

Abbildg. 14.38 Die fertige Übersicht über die drei Projekte

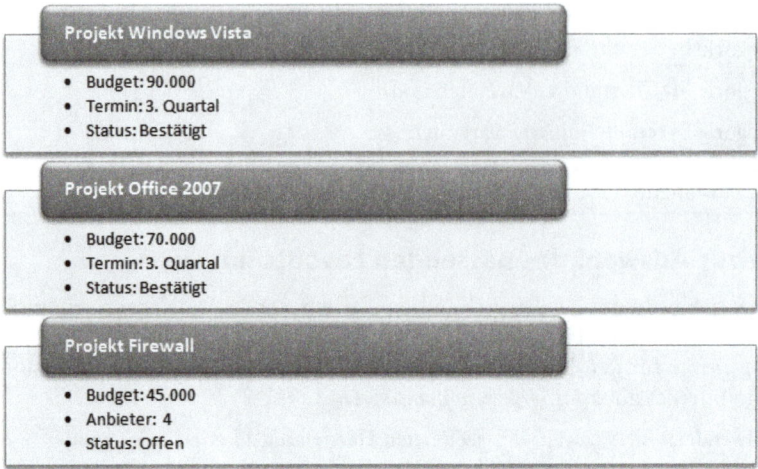

Schritt 1: Layout wählen und Texte eingeben

Das Erstellen von SmartArt-Grafiken ist mit wenigen Mausklicks erledigt. Anschließend gilt es, die gewünschten Texte zu erfassen. Und so gehen Sie vor:

1. Klicken Sie auf der Registerkarte *Einfügen* der Multifunktionsleiste in der Gruppe *Illustrationen* auf die Schaltfläche *SmartArt*.
2. Wählen Sie im nun folgenden Dialogfeld – vgl. Abbildung 14.39 – das Layout *Vertikale Feldliste*.

Abbildg. 14.39 Das gewünschte Layout auswählen – in dem Beispiel *Vertikale Feldliste*

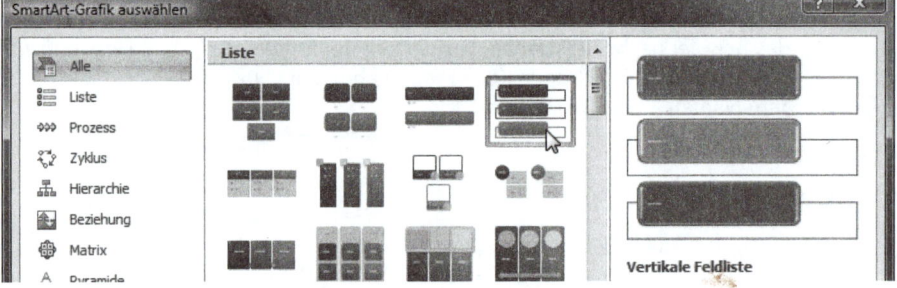

3. Geben Sie so wie in Abbildung 14.40 zu sehen links in den Textplatzhalter die Informationen ein. Betätigen Sie dabei die ⏎-Taste, um einen neuen Absatz zu erzeugen. Rücken Sie den Text eine Ebene tiefer, indem Sie die ⇥-Taste einmal betätigen, kehren Sie zurück in die nächst höhere Ebene mit ⇧+⇥.

Professionelle Schaubilder mit den SmartArts gestalten

Abbildg. 14.40 Sie geben links die Informationen ein; rechts wird die Übersicht aufgebaut

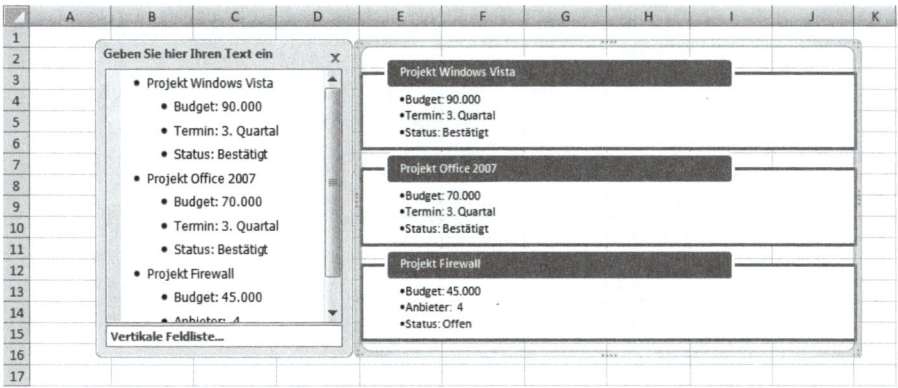

Schritt 2: Vom 2D- zum 3D-Look wechseln

Haben Sie ein SmartArt-Objekt erstellt, dann können Sie unter verschiedenen SmartArt-Formatvorlagen wählen. Wie bei den anderen Formatvorlagen in der neuen Office-Version sind auch diese mit wenigen Mausklicks zugewiesen.

Abbildg. 14.41 Auf der Registerkarte *SmartArt-Tools/Entwurf* eine Formatvorlage wählen

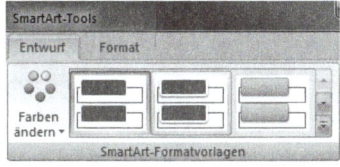

1. Wechseln Sie zur Registerkarte *SmartArt-Tools/Entwurf* und klicken Sie in der Gruppe *SmartArt-Formatvorlagen* auf den Pfeil rechts neben den Miniaturansichten.
2. Wählen Sie in dem in dem nun folgenden Katalog in der Kategorie *3D* die Variante *Poliert*.

Abbildg. 14.42 Vom schlichten 2D-Look hin zur attraktiveren dreidimensionalen Darstellung

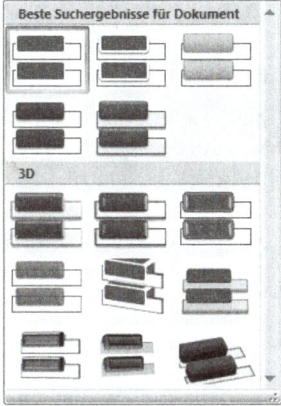

Schritt 3: Die Farben anpassen

Für die Änderung der Farbeinstellungen stehen verschiedene Farbschemata zur Verfügung. So ändern Sie das Farbschema einer SmartArt-Grafik:

1. Ändern Sie nun in der gleichen Befehlsgruppe die Farben Ihrer Übersicht, indem Sie auf die Schaltfläche *Farben ändern* klicken und eine passende Farbe auswählen.
2. Klicken Sie beispielsweise – wie in Abbildung 14.43 gezeigt – auf *Farbige Füllung Akzent 3*.

Abbildg. 14.43   Auswahl eines anderen Farbschemas mit zwei Mausklicks

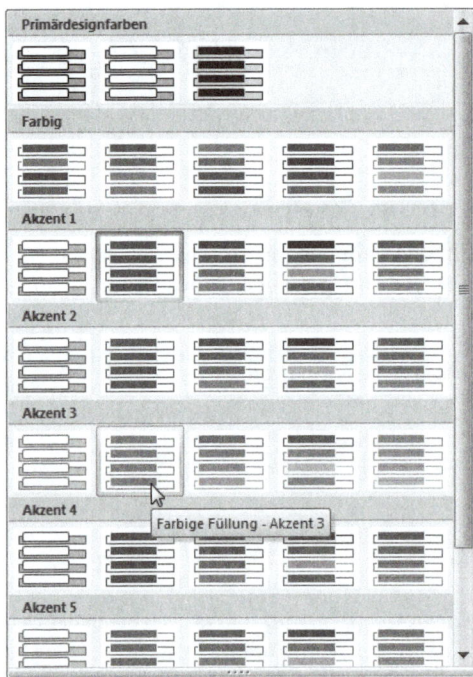

Schritt 4: Individuelle statt automatische Schriftgröße

Jetzt soll noch die Schriftgröße angepasst werden – sie wird standardmäßig beim Vergrößern oder Verkleinern der SmartArt automatisch angepasst.

1. Klicken Sie auf den Rand des SmartArt-Objektes, damit wirklich alles markiert ist.

2. Wechseln Sie zur Registerkarte *Start* der Multifunktionsleiste und klicken Sie in der Gruppe *Schriftart* auf das Symbol *Schriftgrad vergrößern*, bis daneben *11+* angezeigt wird. Dies bedeutet: Der kleinste Schriftgrad im Objekt liegt bei *11 pt*, es gibt aber auch Elemente, die einen größeren Schriftgrad haben.
3. Klicken Sie nun auf das rechteckige Überschriftsobjekt mit dem Text »Projekt Windows Vista« und bei gedrückter ⇧-Taste noch auf die anderen beiden Überschriftsobjekte. Somit sind alle drei Projekt-Überschriften markiert.
4. Stellen Sie in der Gruppe Schriftart einen *Schriftgrad* von *12 pt* ein.

Professionelle Schaubilder mit den SmartArts gestalten

Abbildg. 14.44   Die Texte in den drei markierten Überschriften vergrößern

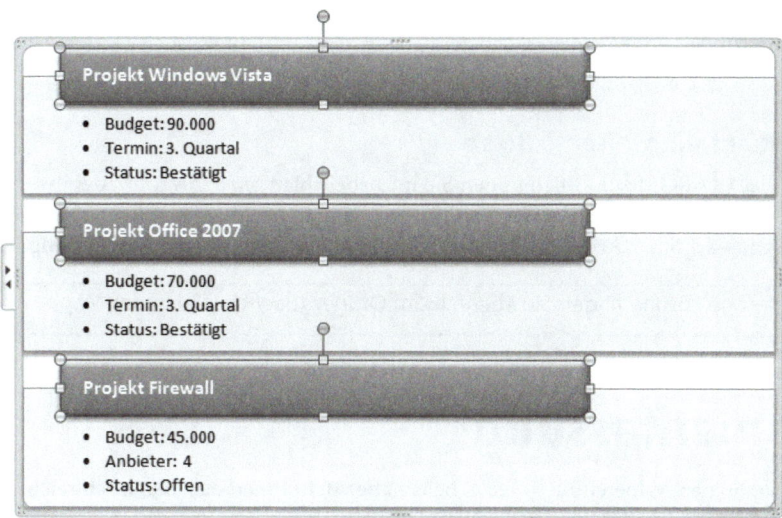

Schritt 5: Bis in Detail exakt – den Abstand der Aufzählungspunkte korrigieren

Der Text für die Unterpunkte zu jedem Projekt steht zu dicht an den Aufzählungszeichen. Daher soll der Abstand abschließend noch vergrößert werden.

1. Markieren Sie die ersten drei Unterpunkte, indem Sie mit gedrückter linker Maustaste über den Text ziehen.
2. Halten Sie die [Strg]-Taste gedrückt und markieren Sie die nächsten drei Zeilen mit Unterpunkten. Die [Strg]-Taste bewirkt, dass Sie mehrere nicht zusammenhängende Texte markieren können. Erweitern Sie die Markierung noch auf die letzten drei Unterpunkte. Jetzt sind neun Zeilen markiert.

Abbildg. 14.45   Die Werte für den hängenden Einzug ändern

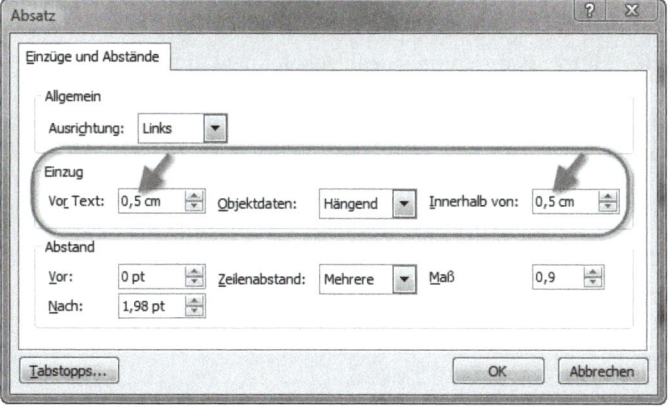

565

3. Klicken Sie mit der rechten Maustaste in die Markierung und wählen Sie im Kontextmenü den Befehl *Absatz*.
4. Stellen Sie im folgenden Dialogfeld – so wie in Abbildung 14.45 gezeigt – die beiden Werte im Feld *Einzug* auf jeweils *0,5* ein.

Lust auf ein weiteres Beispiel?

Auf der CD-ROM zum Buch finden Sie im Arbeitsblatt *SmartArt Matrix* ein weiteres Beispiel, welches übrigens zu Beginn dieses Kapitels verwendet wurde. Testen Sie einfach noch ein wenig die Funktion der SmartArts aus und bauen Sie die Matrixdarstellung aus Abbildung 14.3 nach.

Die fertige Lösung finden Sie ebenfalls im Ordner *\Buch\Kap14* in der Mappe *Kap14.xlsx*.

Zusammenfassung

Zur optischen Aufbereitung Ihrer Arbeitsblätter steht Ihnen neben den zahlreichen Zell- und Tabellenformatvorlagen ein breites Spektrum an Funktionen zur Visualisierung mit Hilfe von Grafiken und Illustrationen zur Verfügung. Nachfolgend erhalten Sie Informationen, Tipps und die wichtigen Funktionen noch einmal im Überblick.

Planen Sie das Erscheinungsbild Ihrer Tabellen

Stellen Sie Ihre Daten »im richtigen Licht« dar und machen Sie es anderen leicht, sich in Ihren Tabellen zurechtzufinden. Überlegen Sie sich dazu,

- welche Informationen und welche Kernaussage Sie anderen mit der Tabelle liefern wollen,
- welche Daten dabei besonders wichtig sind und welche Sie deshalb hervorheben sollten.

Prüfen Sie anschließend,

- wie Sie durch Pfeile oder andere Formen auf wichtige Daten hinweisen können,
- ob Sie Logos oder Produktfotos als Hintergrund oder optisch ansprechend als Begleitung in Ihre Tabellen einbauen,
- wie Sie mit kleinen Schaubildern oder mit Grafiken Ihre Tabellen ergänzen,
- kurz, mit welchen Mitteln sich »eintönige Zahlenkolonnen« auflockern lassen.

Frage	Antwort
Wie lassen sich Grafiken und Illustrationen in ein Arbeitsblatt einbauen?	Wechseln Sie in der Multifunktionsleiste zur Registerkarte *Einfügen* und wählen Sie in der Gruppe *Illustrationen* den passenden Befehl. Mehr dazu auf Seite 535.
Wo gibt es vorgefertigte Grafiken, die sich schnell finden und leicht einbauen lassen?	Nutzen Sie dazu den *Clip Organizer*. Mehr zum Umgang damit finden Sie auf Seite 538.
Wie lassen sich Grafiken einfach verwalten?	Nutzen Sie dazu ebenfalls den *Clip Organizer*. Seite 541 zeigt, wie das geht.

Zusammenfassung

Frage	Antwort
Wie können Bilder bearbeitet werden?	Sehen Sie auf Seite 545, welche Möglichkeiten Excel dazu bietet. Oder bearbeiten Sie Ihr Bildmaterial mit dem leicht zu bedienenden Programm *Picture Manager*, das Sie über *Start/Alle Programme/Microsoft Office/Microsoft Office Tools/Picture Manager* aufrufen können.
Welche vorgefertigten Formen gibt es?	Greifen Sie über die Schaltfläche *Formen* in der Gruppe *Illustrationen* der Registerkarte *Einfügen* auf 160 vorgefertigte Grafiken zurück. Weitere Informationen finden Sie auf Seite 550.
Welche nützlichen Tastenkombinationen gibt es zur Arbeitserleichterung beim Erstellen von Formen?	Setzen Sie gekonnt die `Alt`-Taste, die `⇧`-Taste und die `Strg`-Taste ein. Ein Anwendungsbeispiel finden Sie auf Seite 551.
Wie lassen sich Formen schnell und einheitlich gestalten?	Nutzen Sie dazu die Formatvorlage für Formen in der Gruppe *Formenarten* der Registerkarte *Zeichentools/Format*. Mehr dazu auf Seite 552.
Wie lassen sich mehrere Objekte markieren?	Um mehrere Objekte zu markieren, können Sie die `⇧`-Taste verwenden oder die Funktion zur Objektmarkierung. Auf Seite 557 finden Sie die passenden Informationen.
Wie lassen sich Tabellen mit Schaubildern ergänzen?	Fügen Sie Ihren Tabellen SmartArts hinzu. Dass hierzu nur wenige Schritte notwendig sind, zeigt die Seite 559.

Teil E

Daten auswerten: Berechnungen

In diesem Teil:

Kapitel 15	Mit Funktionen kalkulieren und auswerten	571
Kapitel 16	Statistische und finanzmathematische Funktionen einsetzen	657

Sie können nun attraktive, auf Ihre Firmen-CI abgestimmte Excel-Tabellen mit Formatierungen, Steuerelementen, Kommentaren und Rechenfunktionen erstellen. Dennoch haben Sie das Kernstück von Excel bis hierher erst angerissen: Der Umgang mit Funktionen macht Ihre Arbeit so richtig professionell.

In diesem Teil erfahren Sie, was beim Runden in Formeln zu beachten ist. Mit Logik-Funktionen bewältigen Sie auch komplizierte Aufgabenstellungen. Sie erhalten einen Einstieg in die spannende Welt der Matrixformeln und -Funktionen. Weiter erhalten Sie anhand praktischer Aufgabenstellungen Einblicke in die Verweis-, Informations-, Text- und Datumsfunktionen.

Beispiele zu den statistischen Funktionen helfen Ihnen bei der Auswertung und Analyse von Daten, z.B. über eine Häufigkeitsauszählung. Kennzahlen sind nützlich bei der Bewertung Ihrer Daten und Trends erlauben einen Blick in die Zukunft.

Und schließlich zeigen die Beispiele zu den finanzmathematischen Funktionen, dass Excel auch mit Geld umgehen kann.

Kapitel 15

Mit Funktionen kalkulieren und auswerten

In diesem Kapitel:

Neues zu Funktionen in Excel 2007	572
Runden mit Formeln	573
Logik-Funktionen benutzen	581
Matrix-Formeln: Rechnen mit Bereichen	589
Mit Informationsfunktionen prüfen	609
Verweis-Funktionen nutzen	613
Zeichenfolgen mit Textfunktionen untersuchen	630
Datums- und Zeitfunktionen einsetzen	639
Zusammenfassung	655

Auf den folgenden Seiten finden Sie einige Beispiele für die Anwendung weiterer Funktionen. Bei über 340 eingebauten Tabellenfunktionen musste natürlich eine Auswahl getroffen werden. Alle Funktionen vorzustellen, würde kaum noch Platz für die anderen, ebenfalls vielfältigen Möglichkeiten von Excel lassen.

In diesem Kapitel werden Sie Funktionen kennen lernen, mit denen sich viele alltägliche Berechnungsprobleme lösen lassen. Dabei geht es um:

- Runden von Zahlen mit unterschiedlichen Funktionen
- Logik-Funktionen
- Matrixformeln
- Informationen über Zellen ermitteln
- Mit Verweis-Funktionen Werte in Listen finden
- Text-Funktionen, mit denen Teile von Zeichenfolgen ermittelt werden können
- mit Datum und Zeit rechnen

Für alle in diesem Kapitel behandelten Funktionen wird zunächst die allgemeine Syntax mit den Argumenten aufgeführt. Können in der jeweiligen Funktion Argumente optional angegeben werden, werden diese Argumente in eckigen Klammern aufgeführt.

Ein Beispiel:

WECHSELN(Text;Alter_Text;Neuer_Text[;Ntes_Auftreten])

Bei der Verwendung dieser Funktion müssen die Argumente *Text*, *Alter_Text* und *Neuer_Text* zwingend angegeben werden. Das Argument *Ntes_Auftreten* ist dagegen optional.

Mehr zum Thema »Eingabe von Funktionen« finden Sie in Kapitel 6.

Neues zu Funktionen in Excel 2007

Für jeden Anwender interessant ist die Frage, ob neue Funktionen hinzugekommen sind und was sich damit anstellen lässt. Hier eine kurze Übersicht:

- Microsoft hat jetzt die Funktionen, die in früheren Versionen über das Add-In *Analyse-Funktionen* eingebunden werden mussten, generell verfügbar gemacht. Sie müssen also nicht mehr umständlich das Add-In einbinden nur um z.B. mit der Funktion *NETTOARBEITSTAGE* die Arbeitstage zwischen zwei Datumswerten zu ermitteln. Die Funktionen sind vollständig integriert, auch bei der neuen Funktion *AutoVervollständigen in Formeln* werden sie zusammen mit weiterführenden Informationen angezeigt.

- Öffnen Sie eine Mappe, die mit einer früheren Version von Excel erstellt wurde, werden alle Formeln neu berechnet. Normalerweise berechnet Excel nur diejenigen Zellen neu, deren Datenquelle sich geändert hat.

- Excel unterstützt die Verwendung mehrerer Prozessoren und Sie können die Anzahl der verwendeten Prozessoren in den *Excel-Optionen* in der Kategorie *Erweitert* selbst einstellen.

- Excel zeigt eine Warnmeldung an, wenn besonders viele Zellen neu berechnet werden müssen. Den Grenzwert von 33554 Zellen können Sie in den *Excel-Optionen* in der Kategorie *Erweitert* anpassen.

- Fünf Funktionen sind neu hinzugekommen:
  - *MITTELWERTWENN*
  - *MITTELWERTWENNS*
  - *SUMMEWENNS*
  - *ZÄHLENWENNS*
  - *WENNFEHLER*

Auch dazu erfahren Sie mehr in diesem Kapitel.

Runden mit Formeln

Für Berechnungen, deren Ergebnis viele Kommastellen liefert, wird eine Funktion benötigt, welche z.B. die Nachkommastellen auf ein übersichtliches Maß reduziert oder einen Betrag aufrundet. Sie können über ein Zahlenformat (siehe hierzu Kapitel 9) zwar die Anzeige der Kommastellen herabsetzen, wenn Sie jedoch mit dem Wert weitere Berechnungen durchführen, werden Sie feststellen, dass im Ergebnis diese Kommastellen wieder vorhanden sind. Wahrscheinlich weicht das angezeigte Ergebnis sogar von dem ab, das sich beim Nachrechnen aus den vermeintlich gerundeten Werten ergibt. Um nachprüfbare Ergebnisse zu erhalten, stellt Excel deshalb verschiedene Funktionen zum Runden zur Verfügung.

Schnell alle Werte runden – ohne Funktion

Sie suchen nach einer Möglichkeit, wie für ein ganzes Tabellenblatt oder eine ganze Mappe schnell auf zwei Nachkommastellen gerundet werden kann? Um dieses Problem zu lösen, gehen Sie wie folgt vor:

1. Führen Sie wie gewohnt die Berechnungen durch und formatieren Sie die Zellen mit der Anzahl von Nachkommastellen, auf die gerundet werden soll.
2. Wählen Sie die Befehlsfolge *Office-Menü/Excel-Optionen* und wechseln Sie zur Kategorie *Erweitert*.
3. Aktivieren Sie in der Gruppe *Beim Berechnen dieser Arbeitsmappe* das Kontrollkästchen *Genauigkeit wie angezeigt festlegen*.
4. Schließen Sie das Dialogfeld mit Klick auf die Schaltfläche *OK*. Bestätigen Sie den folgenden Warnhinweis ebenfalls mit *OK*.

Da Excel für die Anzeige der Zahlenformate bereits rundet, können Sie auf diese Weise schnell alle Werte runden. Diese Option gilt für die ganze Arbeitsmappe und lässt sich nicht durch den Befehl *Rückgängig* zurücksetzen. Vorsicht: Alle Werte werden auf die gerade angezeigten Kommastellen gerundet! Daher ist es bei diesem Verfahren besonders wichtig, zuerst die Daten zu formatieren, damit die angezeigten Werte dem gewünschten Rundungsergebnis entsprechen.

Vorsicht Falle: Zahlenformat

Setzen Sie Zahlenformate ein, um Werte mit der gewünschten Genauigkeit anzuzeigen, dann müssen Sie beachten, dass in Berechnungen mit Bezug auf das formatierte Ergebnis der ungerundete Wert herangezogen wird. Das kann zu unliebsamen Überraschungen führen, wie Abbildung 15.1 zeigt.

Abbildg. 15.1 Um nachvollziehbare Ergebnisse zu erzielen, sollten Sie Rundungsfunktionen einsetzen

	A	B	C	D	E	F	G	H	I	J
1										
2		Vorsicht Falle: Zahlenformat								
3		Wert 1	Wert 2	Exaktes Ergebnis	Zahlenformat ohne Dezimalstelle	Runden mit Tabellen-funktion RUNDEN	Zahlenformat liefert das gleiche Ergebnis wie RUNDEN	Anschlussrechnung liefert unterschiedliche Ergebnisse		
4		x	y	=x*y	z	r	=z=r	=z*4	=r*4	
5		132,00	93,87	12.390,84	12.391	12.391	FALSCH	49.563,36	49.564,00	
6										

Um solche Probleme zu vermeiden, sollten Sie sich für den Einsatz einer Tabellenfunktion entscheiden, die ein nachvollziehbares Ergebnis liefert. Welche Tabellenfunktionen Excel für das Runden bietet, erfahren Sie gleich.

Die Tabellenfunktion *RUNDEN* einsetzen

Die eingebaute Rundungsfunktion hat die Syntax

RUNDEN(Zahl;Anzahl_Stellen)

Für das Argument *Zahl* sind neben Zahlen auch solche Ausdrücke gültig, die sich in Zahlen umwandeln lassen, z.B. weitere Funktionen, deren Ergebnis eine Zahl ist, wie im folgenden Beispiel:

```
=RUNDEN(SUMME(A1:A10);2)
```

Als Argument ist auch ein Bereichsname gültig, wenn dieser auf eine einzelne Zelle oder einen Bereich mit einer Zahl bzw. eine Konstante zeigt.

Mit *Anzahl_Stellen* legen Sie fest, wie das Ergebnis ermittelt werden soll. So können Sie mit der Formel

=RUNDEN(123,456;2) ergibt *123,46*

einen Wert auf zwei Kommastellen runden. Auch dieses Argument kann wiederum das Ergebnis einer Funktion sein oder einen Bezug enthalten, z.B.

```
=RUNDEN(123,456;B5)
=RUNDEN(123,456;MAX(2;3))
=RUNDEN(SUMME(Kosten);MAX(Werte))
```

Verwenden Sie für das Argument *Anzahl_Stellen* den Wert *0*, so wird *Zahl* auf die nächste Ganzzahl gerundet.

=RUNDEN(123,456;0) ergibt *123*.

Die Funktion *RUNDEN* kann jedoch noch mehr. Wenn Sie für das Argument *Anzahl_Stellen* einen negativen Wert eintragen, können Sie auch die Zahlen links vom Dezimaltrennzeichen runden, mit –1 auf die Zehnerstelle, mit –2 auf die Hunderterstelle usw. (siehe Abbildung 15.2). Nachfolgend dazu ein paar Beispiele:

=RUNDEN(123,456;-1) ergibt *120,000*
=RUNDEN(123,456;-2) ergibt *100,000*
=RUNDEN(-123,456;-1) ergibt *–120,000*
=RUNDEN(-123,456;-2) ergibt *–100,000*

Abbildg. 15.2 Mit der Tabellenfunktion *RUNDEN* haben Sie die Genauigkeit Ihrer Berechnungen im Griff

	A	B	C	D	E	F
1						
2		**Die Funktion RUNDEN(Zahl;Anzahl_Stellen)**				
3		Zahl	Anzahl_Stellen	Ergebnis	Formel	
4		123,456	0	123,000	=RUNDEN(B4;C4)	
5		123,456	1	123,500	=RUNDEN(B5;C5)	
6		123,456	2	123,460	=RUNDEN(B6;C6)	
7		123,456	-1	120,000	=RUNDEN(B7;C7)	
8		123,456	-2	100,000	=RUNDEN(B8;C8)	
9						
10		-123,456	0	-123,000	=RUNDEN(B10;C10)	
11		-123,456	1	-123,500	=RUNDEN(B11;C11)	
12		-123,456	2	-123,460	=RUNDEN(B12;C12)	
13		-123,456	-1	-120,000	=RUNDEN(B13;C13)	
14		-123,456	-2	-100,000	=RUNDEN(B14;C14)	
15						

Beispiele zum Runden von Werten finden Sie auf dem Arbeitsblatt *RUNDEN* in der Datei *Kap15_Runden.xlsx* im Ordner *\Buch\Kap15* auf der CD-ROM zu diesem Buch.

Aufrunden und Abrunden

Eine Variante der Rundungsfunktion stellen die beiden Funktionen

AUFRUNDEN(Zahl;Anzahl_Stellen) und

ABRUNDEN(Zahl;Anzahl_Stellen)

dar. Je nach verwendeter Funktion können Sie festlegen, ob generell aufgerundet oder abgerundet werden soll. Die Argumente entsprechen denen der Funktion *RUNDEN*. Ist *Anzahl_Stellen* größer *0* (Null), wird *Zahl* auf die mit dem Argument *Anzahl_Stellen* angegebene Anzahl an Dezimalstellen gerundet.

Auch hier gilt wie bei der Funktion *RUNDEN*: Ist *Anzahl_Stellen* gleich *0*, wird die jeweilige Zahl auf die nächste ganze Zahl gerundet. Ist *Anzahl_Stellen* kleiner als *0*, wird die jeweilige Zahl links vom Komma gerundet.

Die Beispiele zum Auf- und Abrunden von Werten finden Sie auf dem Arbeitsblatt *AUFRUNDEN und ABRUNDEN* in der Datei *Kap15_Runden.xlsx* im Ordner *\Buch\Kap15* auf der CD-ROM zu diesem Buch.

Runden auf ein Vielfaches

Mit der Funktion

VRUNDEN(Zahl;Vielfaches)

können Sie eine *Zahl* auf ein *Vielfaches* runden. Diese Funktion verfährt mit dem Rest der Division von *Zahl* und *Vielfaches* wie die Funktion *RUNDEN*. Ist der Rest also größer, wird aufgerundet, ansonsten abgerundet.

Negative Werte auf ein Vielfaches runden

Wenn Sie negative Werte mit der Tabellenfunktion *VRUNDEN* runden wollen, dann muss auch das Argument *Vielfaches* ein negativer Wert sein. Sie erhalten sonst den Fehlerwert *#ZAHL!* Zwei Beispiele hierzu:

=VRUNDEN(-2003;3) ergibt *#ZAHL!*
=VRUNDEN(-2003;-3) ergibt *–2004*

Sie können das richtige Vorzeichen auch über eine *WENN*-Funktion sicherstellen:

```
=VRUNDEN(-2003;WENN(-2003<0;-3;3))
```

Eine weitere Möglichkeit besteht darin, das Argument *Zah*l so zu bearbeiten, dass es immer einen positiven Wert enthält. Dazu können Sie die Funktion *ABS(Zahl)* einsetzen. Diese Funktion gibt das Vorzeichen einer Zahl mit folgenden Werten zurück: *1*, wenn die Zahl positiv ist; *0* (Null), wenn die Zahl 0 ist; *–1*, wenn die Zahl negativ ist:

```
=VRUNDEN(ABS(A1);3)*VORZEICHEN(A1)
```

Alternativ können Sie auch die Funktion *RUNDEN* einsetzen. Berechnen Sie den auf ein Vielfaches gerundeten Wert nach dem Schema:

```
=RUNDEN(Zahl/Vielfaches;0)*Vielfaches
```

Für das obige Beispiel ergibt sich daraus die Formel:

```
=RUNDEN(-2003/3;0)*3
```

Zeitwerte runden

Die Tabellenfunktion *VRUNDEN* eignet sich aber nicht nur für Kaufleute. Sie ist auch nützlich, wenn es darum geht, *Zeitwerte* zu runden. Nicht immer kommt es auf die letzte Minute oder Sekunde an und dann gilt es, Zeitwerte entsprechend aufzurunden.

Grundlage dabei ist, dass Excel für einen Tag den Wert *1* verwendet. Eine Stunde ist ein Bruchteil eines Tages, genauer *1/24* und eine Minute *1/1440*. Setzen Sie diese Werte für das Argument *Vielfaches* ein, kann damit eine Zeit entsprechend gerundet werden. Schauen Sie sich dazu diese Beispiele an:

In Zelle A1 steht die Uhrzeit 08:21,36 mit dem Zahlenformat *hh:mm,ss*.

=VRUNDEN(A1;1/24) ergibt *08:00,00*
=VRUNDEN(A1;1/1440) ergibt *08:22,00*

– wenn Sie das Ergebnis mit dem genannten Zahlenformat formatieren. Mehr zum Thema finden Sie im Abschnitt »Datums- und Zeitfunktionen einsetzen« weiter hinten in diesem Kapitel. Das Thema Zahlenformate wird ausführlich in Kapitel 9 behandelt.

Die Beispiele finden Sie auf dem Arbeitsblatt *VRUNDEN* in der Datei *Kap15_Runden.xlsx* im Ordner *\Buch\Kap15* auf der CD-ROM zu diesem Buch.

Runden auf bestimmte Werte

Angenommen, Sie wollen einen bestimmten Verkaufspreis immer so runden, dass Cent-Beträge immer auf die nächste durch fünf teilbare Zahl gerundet werden. Wie können Sie das erreichen?

Für diese Art des Rundens gibt es ebenfalls zwei Funktionen, die von der Arbeitsweise her dem *AUFRUNDEN* und *ABRUNDEN* entsprechen. Mit

OBERGRENZE(Zahl;Schritt)

können Sie auf den nächst höheren und mit

UNTERGRENZE(Zahl;Schritt)

etwas kundenfreundlicher auf den nächst niedrigeren Wert runden (Abbildung 15.3).

Abbildg. 15.3 Runden in vorgegebenen Schritten

	A	B	C	D	E	F
1						
2		**Die Funktion OBERGRENZE(Zahl;Schritt)**				
3		Zahl	Schritt	Ergebnis	Formel	
4		198,47 €	0,05 €	198,50 €	=OBERGRENZE(B4;C4)	
5		198,47 €	0,99 €	198,99 €	=OBERGRENZE(B5;C5)	
6						
7						
8		**Die Funktion UNTERGRENZE(Zahl;Schritt)**				
9		Zahl	Schritt	Ergebnis	Formel	
10		198,47 €	0,05 €	198,45 €	=UNTERGRENZE(B10;C10)	
11		198,47 €	0,99 €	198,00 €	=UNTERGRENZE(B11;C11)	
12						

Die Beispiele finden Sie auf dem Arbeitsblatt *OBERGRENZE und UNTERGRENZE* in der Datei *Kap15_Runden.xlsx* im Ordner *\Buch\Kap15* auf der CD-ROM zu diesem Buch.

Der ganzzahlige Teil einer reellen Zahl

Wenn die Nachkommastellen für Sie ohne Bedeutung sind, erhalten Sie mit der Funktion

GANZZAHL(Zahl)

einen Wert, der auf die nächst kleinere ganze Zahl abgerundet wird.

Dieser Funktion sehr ähnlich ist die Funktion

KÜRZEN(Zahl;[Anzahl_Stellen]).

Sie schneidet jedoch die Nachkommastellen ab.

Wird für das Argument *Zahl* eine positive Zahl übergeben, liefern beide Funktionen das gleiche Ergebnis (vgl. Abbildung 15.4). Bei negativen Zahlen erhalten Sie jedoch unterschiedliche Ergebnisse, weil die Funktion *GANZZAHL* generell abrundet. Bei negativen Zahlen abzurunden, bedeutet, dass der absolute Zahlenwert größer wird.

Die Tabellenfunktion *GANZZAHL* können Sie auch so erweitern, dass Sie damit, wie mit der Funktion *RUNDEN*, z.B. auf zwei Kommastellen runden können. Dazu multiplizieren Sie den zu rundenden Wert zunächst mit 100, addieren 0,5 und berechnen daraus die Ganzzahl. Dividieren Sie das Ergebnis anschließend wieder durch 100. Die allgemeine Formel lautet:

Gerundeter Wert = GANZZAHL(Wert*x+0,5)/x

Hierbei ist *Wert* die Zahl, welche gerundet und *x* der Kehrwert des Vielfachen, auf das gerundet werden soll (*x = 1/ Vielfaches*).

Die Formel für das Runden auf zwei Nachkommastellen lautet also:

```
=GANZZAHL(Wert*100+0,5)/100
```

Beispiel:

```
=GANZZAHL(15,345*100+0,5)/100
```

liefert das Ergebnis 15,35.

Die Beispiele finden Sie auf dem Arbeitsblatt *GANZZAHL und KÜRZEN* in der Datei *Kap15_Runden.xlsx* im Ordner *\Buch\Kap15* auf der CD-ROM zu diesem Buch.

Abbildg. 15.4 Die Funktionen *GANZZAHL* und *KÜRZEN* im Einsatz

	A	B	C	D	E	F
1						
2		**Die Funktion GANZZAHL(Zahl)**				
3		Zahl		Ergebnis	Formel	
4		198,47 €		198,00 €	=GANZZAHL(B4)	
5		198,87 €		198,00 €	=GANZZAHL(B5)	
6						
7		**Runden mit der Funktion GANZZAHL(Zahl)**				
8		Zahl		Ergebnis	Formel	
9		15,345	100	15,350	=GANZZAHL(B9*100+0,5)/100	
10		15,345	2	15,500	=GANZZAHL(B10*C10+0,5)/C10	
11		15,345	0,5	16,000	=GANZZAHL(B11*C11+0,5)/C11	
12						
13		**Die Funktion KÜRZEN(Zahl;Anzahl_Stellen)**				
14		Zahl	Anzahl_Stellen	Ergebnis	Formel	
15		198,47 €	0	198,00 €	=KÜRZEN(B15;C15)	
16		198,47 €	1	198,40 €	=KÜRZEN(B16;C16)	
17		198,47 €	2	198,47 €	=KÜRZEN(B17;C17)	
18		198,47 €	-1	190,00 €	=KÜRZEN(B18;C18)	
19		198,47 €	-2	100,00 €	=KÜRZEN(B19;C19)	
20						
21		Wert der Nachkommastelle		0,47	=B19-GANZZAHL(B19)	
22		99er Preis		198,99	=GANZZAHL(B19)+0,99	
23		Alternativ:				
24		99er Preis		198,99	=OBERGRENZE(B19;0,99)	
25						

Bei der Division runden

Eine spezielle Funktion steht für das Runden von Divisionen zur Verfügung. Um das ganzzahlige Ergebnis einer Division zu ermitteln und die Nachkommastellen abzuschneiden, nutzen Sie die Funktion *QUOTIENT(Zähler;Nenner)*.

Beispiel:

=QUOTIENT(15,9;2) ergibt 7
=QUOTIENT(-15,9;2) ergibt –7
=QUOTIENT(15,9;-2) ergibt –7
=QUOTIENT(-15,9;-2) ergibt 7

Auf gerade oder ungerade Zahlen runden

Die Funktion *GERADE(Zahl)* liefert unabhängig vom Vorzeichen eine Zahl, die betragsmäßig auf die nächst größere gerade Zahl aufgerundet ist. Umgekehrt erhalten Sie eine auf die nächst größere ungerade Ziffer gerundete Zahl mit der Funktion *UNGERADE(Zahl)*.

Ein paar Beispiele dazu:

=GERADE(128,45) ergibt *130*
=UNGERADE(128,45) ergibt *129*
=GERADE(-128,45) ergibt *–130*
=UNGERADE(-128,45) ergibt *–129*

Beispiele finden Sie auf dem Arbeitsblatt *GERADE und UNGERADE* in der Datei *Kap15_Runden.xlsx* im Ordner *Buch**Kap15* auf der CD-ROM zu diesem Buch.

Runden und Zahlenformat festlegen in einer Funktion

Wenn Sie bei der Berechnung eines gerundeten Wertes auch das Zahlenformat des Ergebnisses vorgeben wollen, dann schauen Sie sich einmal die Tabellenfunktion

FEST(Zahl[;Dezimalstellen][;Keine_Punkte])

an. Diese Funktion rundet eine Zahl auf die Anzahl *Dezimalstellen* und fügt Tausendertrennzeichen ein, wenn für das Argument *Keine_Punkte* der Wahrheitswert *FALSCH* übergeben oder das Argument nicht angegeben wird. Ist *Keine_Punkte WAHR*, wird eine Zahl ohne Tausendertrennzeichen geliefert. Außerdem wandelt diese Funktion das Ergebnis in einen Text um. Darum wird das Ergebnis auch standardmäßig nach links ausgerichtet (Abbildung 15.5).

Abbildg. 15.5 Mit der Funktion *FEST* können Sie eine formatierte Zahl ausgeben

	A	B	C	D	E	F	G
1							
2		Die Funktion FEST(Zahl;Dezimalstellen;Keine_Punkte)					
3		Zahl	Dezimalstellen	Keine_Punkte	Ergebnis	Formel	
4		2178,47	0	WAHR	2178	=FEST(B4;C4;D4)	
5		2178,47	0	FALSCH	2.178	=FEST(B5;C5;D5)	
6		2178,47	1	WAHR	2178,5	=FEST(B6;C6;D6)	
7		2178,47	1	FALSCH	2.178,5	=FEST(B7;C7;D7)	
8		2178,47	2	WAHR	2178,47	=FEST(B8;C8;D8)	
9		2178,47	2	FALSCH	2.178,47	=FEST(B9;C9;D9)	
10		2178,47	-1	WAHR	2180	=FEST(B10;C10;D10)	
11		2178,47	-1	FALSCH	2.180	=FEST(B11;C11;D11)	
12		2178,47	-2	WAHR	2200	=FEST(B12;C12;D12)	
13		2178,47	-2	FALSCH	2.200	=FEST(B13;C13;D13)	
14		2178,47	-1		2.180 €	=DM(B14;C14)	
15		2178,47	0		2.178 €	=DM(B15;C15)	
16		2178,47	1		2.178,5 €	=DM(B16;C16)	
17							
18		Verketteter Text mit zwei Kommastellen und Tausendertrennzeichen					
19		Der Betrag lautet 2.420,04 Euro.					
20		Formel	="Der Betrag lautet "&FEST(2420,035;2;FALSCH)&" Euro."				
21							

Ideal ist diese Tabellenfunktion auch, um verkettete Zeichenfolgen zu erstellen.

Beispiel:

```
="Der Betrag lautet "&FEST(2420,03;2;FALSCH)&" Euro."
```

Auch mit der folgenden Funktion wird dem Ergebnis gleich ein Zahlenformat zugewiesen

DM(Zahl;Dezimalstellen)

Keine Bange: Auch wenn hier die gute alte D-Mark verewigt ist, das Zahlenformat, das dem Ergebnis zugewiesen wird, entspricht dem aus der Systemsteuerung.

Bis auf die Zuweisung des Zahlenformats verhält sich die Funktion wie die Funktion *RUNDEN()*. Sie können also auch negative Werte oder *0* als Argument *Dezimalstellen* verwenden.

Die Beispiele finden Sie auf dem Arbeitsblatt *FEST und DM* in der Datei *Kap15_Runden.xlsx* im Ordner *\Buch\Kap15* auf der CD-ROM zu diesem Buch.

Logik-Funktionen benutzen

Einige wichtige Funktionen sind im Funktions-Assistenten in der Kategorie *Logik* zusammengefasst. Mit diesen Funktionen können Sie Werte mit verschiedenen Bedingungen vergleichen. In Kapitel 7 haben Sie die Logik-Funktionen bereits kennen gelernt.

Die Funktion *WENN*

Eine vielfältig einsetzbare Funktion aus der Kategorie *Logik* ist die Funktion

WENN(Prüfung;[Dann_Wert];[Sonst_Wert])

Ist das Ergebnis der Prüfung der Wahrheitswert *WAHR*, gibt die Funktion den *Dann_Wert* zurück bzw. führt die damit angegebenen Berechnungen durch. Ist das Ergebnis der Wert *FALSCH*, wird der *Sonst_Wert* zurückgegeben.

Sie kann aber noch mehr: Wenn Sie die optionalen Argumente *Dann_Wert* und *Sonst_Wert* angeben, können Sie die Wahrheitswerte in beliebige andere Werte umwandeln, oder in Abhängigkeit von *Prüfung* unterschiedliche Berechnungsmethoden anwenden.

Diese Funktion lässt sich an einem Beispiel des täglichen Lebens erklären: *Wenn* Sie den Lichtschalter auf »Ein« stellen, *dann* geht das Licht **an**, *sonst* ist es **aus**.

Nehmen wir an, Sie wollen den Wert aus Zelle *B4* mit dem Schwellenwert aus Zelle *C4* vergleichen und als Ergebnis eine Information über den Vergleich anzeigen lassen.

Sie lösen das Problem (in der Beispieldatei in Zelle *D4*) mit der Formel

```
=WENN(B4>C4;"Zahl ist größer";"Schwellenwert ist größer")
```

Für das Argument *Prüfung* wird der Vergleich der Zellen eingetragen. Die Formel B4>C4 liefert einen Wahrheitswert: *WAHR*, wenn der Inhalt von Zelle *B4* größer als der von *C4* ist und *FALSCH*, wenn *B4* kleiner oder gleich *C4* ist. Im ersten Fall wird der Text *"Zahl ist größer"* ausgegeben, ansonsten *"Schwellenwert ist größer"*. Abbildung 15.6 zeigt das Ergebnis und den Rechenweg für die beiden Möglichkeiten auf.

Abbildg. 15.6   Arbeitsweise der Tabellenfunktion *WENN*

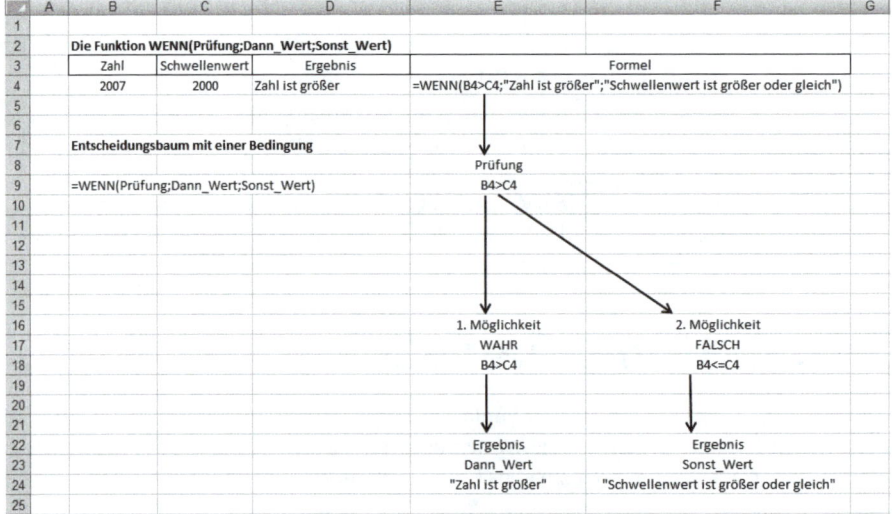

Das dargestellte Beispiel können Sie auf dem Arbeitsblatt *WENN* in der Datei *Kap15_Logik.xlsx* im Ordner *\Buch\Kap15* auf der CD-ROM zu diesem Buch finden.

Im Folgenden sehen Sie noch einige Beispiele für Einsatzgebiete der *WENN*-Funktion.

Beliebige Zeilen nummerieren

Sie wollen die Zeilen einer Tabelle in 5er-Schritten nummerieren. Wie können Sie das Problem lösen? Ein Beispiel für das mögliche Vorgehen: Wir nehmen an, Sie wollen in Spalte *B* in jeder 5. Zelle die Nummer der Zeile ausgeben.

So gehen Sie vor:

1. Tragen Sie in Zelle *B4* die folgende Formel ein:

   ```
   =WENN(REST(ZEILE();5)=0;ZEILE();"")
   ```

2. Kopieren Sie die Formel durch Ziehen am Ausfüllkästchen so weit nach unten, bis das Ende Ihrer Tabelle erreicht ist.

Die Funktion *ZEILE([Bezug])* gibt die Zeilennummer von *Bezug* zurück. Ist *Bezug* nicht angegeben, wird die Zeile der aktiven Zelle zurückgegeben. Durch die Verwendung der *WENN*-Funktion wird der Rest der Division aus Zeilennummer und der Zahl 5 mit *0* verglichen. Nur wenn die Division den Rest *0* ergibt, wird die Zeilennummer ausgegeben, ansonsten eine leere Zeichenfolge ("").

Abbildg. 15.7 Beliebige Zeilennummerierung mit einer Formel festlegen

	A	B	C	D	E
1					
2		Jede fünfte Zeilennummer anzeigen			
3		Zeile	Formel	Information	
4		FALSCH	=WENN(REST(ZEILE();5)=0;ZEILE())	ohne Sonst-Teil	
5		5	=WENN(REST(ZEILE();5)=0;ZEILE())	ohne Sonst-Teil	
6		FALSCH	=WENN(REST(ZEILE();5)=0;ZEILE())	ohne Sonst-Teil	
7		FALSCH	=WENN(REST(ZEILE();5)=0;ZEILE())	ohne Sonst-Teil	
8		FALSCH	=WENN(REST(ZEILE();5)=0;ZEILE())	ohne Sonst-Teil	
9		FALSCH	=WENN(REST(ZEILE();5)=0;ZEILE())	ohne Sonst-Teil	
10		10	=WENN(REST(ZEILE();5)=0;ZEILE();"")	mit Sonst-Teil	
11			=WENN(REST(ZEILE();5)=0;ZEILE();"")	mit Sonst-Teil	
12			=WENN(REST(ZEILE();5)=0;ZEILE();"")	mit Sonst-Teil	
13			=WENN(REST(ZEILE();5)=0;ZEILE();"")	mit Sonst-Teil	
14			=WENN(REST(ZEILE();5)=0;ZEILE();"")	mit Sonst-Teil	
15		15	=WENN(REST(ZEILE();5)=0;ZEILE();"")	mit Sonst-Teil	
16			=WENN(REST(ZEILE();5)=0;ZEILE();"")	mit Sonst-Teil	
17			=WENN(REST(ZEILE();5)=0;ZEILE();"")	mit Sonst-Teil	
18			=WENN(REST(ZEILE();5)=0;ZEILE();"")	mit Sonst-Teil	
19			=WENN(REST(ZEILE();5)=0;ZEILE();"")	mit Sonst-Teil	
20		20	=WENN(REST(ZEILE();5)=0;ZEILE();"")	mit Sonst-Teil	
21					

Wenn Sie den optionalen *Sonst*-Teil der *WENN*-Funktion hier nicht angeben, wird zwar in jeder fünften Zeile die Nummer ausgegeben, die Zeilen dazwischen enthalten allerdings das Ergebnis der Prüfung für diese Zellen, also den Wahrheitswert *FALSCH* (vgl. den Bereich *B4:B9* in Abbildung 15.7).

Das dargestellte Beispiel können Sie auf dem Arbeitsblatt *Zeilennummer* in der Datei *Kap15_Logik.xlsx* im Ordner *\Buch\Kap15* auf der CD-ROM zu diesem Buch finden.

Wollen Sie statt jeder 5. jede 3. Zeilennummer anzeigen, verwenden Sie den Wert 3 als Argument *Divisor* in der Funktion *REST(Zahl;Divisor)*, also

```
=WENN(REST(ZEILE();3)=0;ZEILE();"")
```

Anzeige von Fehlerwerten mit einer Formel unterdrücken

Ein wichtiges Einsatzgebiet der *WENN*-Funktion ist das Unterdrücken von Fehlerwerten. Bei der Division von Werten erhalten Sie beispielsweise den Fehlerwert *#DIV/0!*, wenn der Divisor noch nicht eingetragen ist. Mit der *WENN*-Funktion können Sie diesen Fehlerwert unterdrücken.

Beispiel: In Zelle *B4* steht die Zahl *2007* und in Zelle *C4* eine *0*. In Zelle *D4* liefert die Formel

```
=B4/C4
```

den Fehlerwert *#DIV/0!*. Um diesen Fehlerwert zu unterdrücken, tragen Sie die Formel

```
=WENN(C4=0;"Das geht nicht";B4/C4)
```

in Zelle *F4* ein oder wenn im Fehlerfall nichts angezeigt werden soll

```
=WENN(C4=0;"";B4/C4)
```

Wenn Sie eine Tabelle mit Formeln erstellen, die sich auf leere Zellen beziehen, führt die Division zu einem Fehler. Die Anzeige dieses Fehlers kann mit der Funktion

WENN(Prüfung;[Dann_Wert];[Sonst_Wert])

verhindert werden. Die *Prüfung* ergibt in diesem Fall *WAHR* und es wird der *Dann_Wert* ausgegeben. Für diesen Wert enthält die Formel den Text *"Das geht nicht"*. Sie können hier auch einen anderen Text oder einen Bezug auf eine Zelle eintragen.

Abbildg. 15.8 Die Anzeige von Fehlerwerten mit der Funktion *WENN* unterdrücken

	A	B	C	D	E	F	G	H
1								
2		Einen Fehlerwert unterdrücken mit der Funktion WENN(Prüfung;Dann_Wert;Sonst_Wert)						
3		Wert 1	Wert 2	ohne Berücksichtigung von Fehlern	Formel	mit Berücksichtigung von Fehlern	Formel	
4		2007	0	#DIV/0!	=B4/C4	Das geht nicht	=WENN(C4=0;"Das geht nicht";B4/C4)	
5		2007	2	1003,5	=B5/C5	1003,5	=WENN(C5=0;"Das geht nicht";B5/C5)	
6		2007	0	#DIV/0!	=B6/C6		=WENN(C6=0;"";B6/C6)	
7		2007	2	1003,5	=B7/C7	1003,5	=WENN(C7=0;"";B7/C7)	
8								

Das Beispiel können Sie auf dem Arbeitsblatt *Fehlerwert unterdrücken* in der Datei *Kap15_Logik.xlsx* im Ordner *\Buch\Kap15* auf der CD-ROM zu diesem Buch finden.

Mehr zu Fehlerwerten in Tabellen finden Sie in Kapitel 6.

Die *WENN*-Funktion verschachteln

Wie war das noch mit unserem Alltagsbeispiel? *Wenn* Sie den Lichtschalter auf »Ein« stellen, *dann* geht das Licht **an**, *sonst* ist es **aus**. Das Licht ist aber auch dann aus, wenn z.B. die Glühbirne defekt ist oder wenn Sie die Stromrechnung nicht bezahlt haben. Es gilt also, noch andere Möglichkeiten zu prüfen.

Zu diesem Zweck können Sie die *WENN*-Funktion verschachteln. Die Anzahl der Ebenen für die Verschachtelung von Funktionen wurde in der neuen Version von sieben auf 64 erhöht.

Hierzu ein Beispiel: Vergleichen Sie die Werte aus dem Bereich *B5:B7* mit den Zellen *C5:C7* und *D5:D7*. Geben Sie als Ergebnis einen Hinweis auf die Spalte mit dem größten Wert aus.

Und so geht es:

Tragen Sie in Zelle *E5* die Formel

```
=WENN(B5>C5;WENN(B5>D5;"D";"C");"B")
```

ein und kopieren Sie diese nach unten. Die möglichen Rechenwege entnehmen Sie bitte Abbildung 15.9.

Abbildg. 15.9 Der Entscheidungsbaum zeigt den Lösungsweg einer verschachtelten *WENN*-Funktion

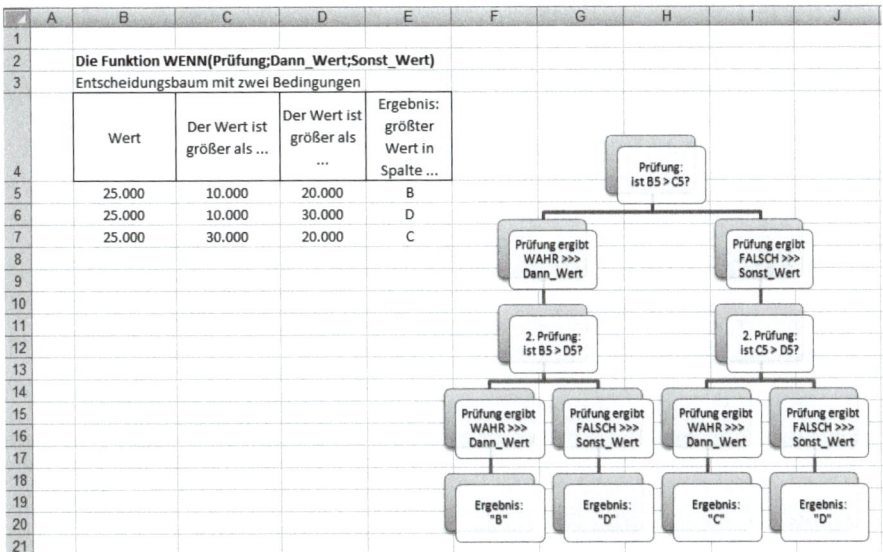

Die Darstellung des Entscheidungsbaumes in Abbildung 15.9 wurde mit der Funktion *SmartArt* aus der Registerkarte *Einfügen* erstellt. Mehr zu diesem Thema finden Sie in Kapitel 14.

Das Beispiel können Sie auf dem Arbeitsblatt *Verschachtelte Funktion* in der Datei *Kap15_Logik.xlsx* im Ordner *\Buch\Kap15* auf der CD-ROM zu diesem Buch finden.

Prämie mit verschachtelten Bedingungen berechnen

Angenommen, Ihre Mitarbeiter sollen eine Prämie erhalten. Dabei soll nach der Dauer der Betriebszugehörigkeit unterschieden werden. Bis einschließlich fünf Jahre soll es eine Kaffeekanne, von sechs bis unter zehn Jahren einen Toaster, von zehn bis unter 20 Jahre einen Rucksack und danach eine goldene Uhr geben.

Für diese Problemstellung können Sie die *WENN*-Funktion verschachteln.

Tragen Sie dafür in die Zelle *E4* die folgende Formel ein und kopieren Sie diese nach unten:

```
=WENN(C4<20;WENN(C4<10;WENN(C4<=5;"Kaffeekanne";"Toaster");"Rucksack");"Goldene Uhr")
```

Kapitel 15 Mit Funktionen kalkulieren und auswerten

Abbildg. 15.10 Eine verschachtelte *WENN*-Funktion kann mehrere Bedingungen prüfen

	A	B	C	D	E	F
1						
2		Berechnung der Prämienberechtigung nach Betriebszugehörigkeit				
3		Mitarbeiter	Betriebs-zugehörigkeit	Prämienstufe	Formel	
4		Maier	8 Jahre	Toaster	=WENN(C4<20;WENN(C4<10;WENN(C4<=5;"Excel-Handbuch";"Toaster");"Rucksack");"Uhr")	
5		Quirlig	23 Jahre	Uhr	=WENN(C5<20;WENN(C5<10;WENN(C5<=5;"Excel-Handbuch";"Toaster");"Rucksack");"Uhr")	
6		Schulze	3 Jahre	Excel-Handbuch	=WENN(C6<20;WENN(C6<10;WENN(C6<=5;"Excel-Handbuch";"Toaster");"Rucksack");"Uhr")	
7		Thomas	17 Jahre	Rucksack	=WENN(C7<20;WENN(C7<10;WENN(C7<=5;"Excel-Handbuch";"Toaster");"Rucksack");"Uhr")	
8						

> **HINWEIS** Wie bereits in Kapitel 6 erwähnt, sollten Sie auch hier auf die Klassengrenzen ein besonderes Augenmerk setzen.

Dieses Beispiel können Sie auf dem Arbeitsblatt *Prämie* in der Datei *Kap15_Logik.xlsx* im Ordner *\Buch\Kap15* auf der CD-ROM zu diesem Buch finden.

Die Funktion UND

Sollen mehrere Bedingungen erfüllt sein, können Sie auch die Funktion

UND(Wahrheitswert1;[Wahrheitswert2];[...])

einsetzen. Diese Tabellenfunktion liefert als Ergebnis den Wahrheitswert *WAHR*, wenn **alle** Argumente wahr sind. Sind die Aussagen eines oder mehrerer Argumente falsch, liefert diese Funktion den Wert *FALSCH*.

Als Argument für diese Funktion können Sie bis zu 255 Bedingungen angeben. Das Ergebnis dieser Bedingungen muss jeweils einer der Wahrheitswerte *WAHR* oder *FALSCH* sein (vgl. Abbildung 15.11).

Abbildg. 15.11 Wenn alle Bedingungen wahr sind, ist das Ergebnis der Wahrheitswert *WAHR*

	A	B	C	D	E	F
1						
2		Die Funktion UND(Wahrheitswert1;Wahrheitswert2;...)				
3		Wert 1	Wert 2	Ergebnis	Formel	
4		11	29	FALSCH	=UND(B4>15;C4>B4)	
5		16	28	WAHR	=UND(B5>15;C5>B5)	
6		17	14	FALSCH	=UND(B6>15;C6>B6)	
7		19	5	FALSCH	=UND(B7>15;C7>B7)	
8		20	22	WAHR	=UND(B8>15;C8>B8)	
9		13	9	FALSCH	=UND(B9>15;C9>B9)	
10		Excel	Access	FALSCH	=UND(B10<>"";B10=C10)	
11		a	A	WAHR	=UND(B11<>"";B11=C11)	
12		WAHR	FALSCH	FALSCH	=UND(B12<>"";B12=C12)	
13		09.12.2006	24.12.2006	FALSCH	=UND(B13<>"";B13=C13)	
14		15:45	9.12.06 15:45	FALSCH	=UND(B14<>"";B14=C14)	
15						
16		Unter Berücksichtigung der Groß-/Kleinschreibung				
17		a	A	FALSCH	=UND(B17<>"";IDENTISCH(B17;C17))	
18						

Das obige Beispiel können Sie auf dem Arbeitsblatt *UND* in der Datei *Kap15_Logik.xlsx* im Ordner *\Buch\Kap15* auf der CD-ROM zu diesem Buch finden.

Die Funktion *ODER*

Genügt es, wenn eine von mehreren Bedingungen *WAHR* ist, dann setzen Sie die Funktion

ODER(Wahrheitswert1;[Wahrheitswert2];[...])

ein. Diese Tabellenfunktion liefert als Ergebnis den Wahrheitswert *WAHR*, wenn mindestens ein Argument wahr ist. Sind die Aussagen aller Argumente falsch, liefert diese Funktion den Wert *FALSCH*.

Wie bei der Funktion *UND* können Sie auch bei dieser Funktion als Argument bis zu 30 Bedingungen angeben. Das Ergebnis dieser Bedingungen muss jeweils einer der Wahrheitswerte *WAHR* oder *FALSCH* sein.

Abbildg. 15.12 Ist auch nur eine Bedingung wahr, ist das Ergebnis der Funktion *ODER* der Wahrheitswert *WAHR*

	A	B	C	D	E	F
1						
2		Die Funktion ODER(Wahrheitswert1;Wahrheitswert2;...)				
3		Zahl 1	Zahl 2	Ergebnis	Formel	
4		5	11	WAHR	=ODER(B4>15;C4>B4)	
5		8	16	WAHR	=ODER(B5>15;C5>B5)	
6		11	14	WAHR	=ODER(B6>15;C6>B6)	
7		10	10	FALSCH	=ODER(B7>15;C7>B7)	
8		9	2	FALSCH	=ODER(B8>15;C8>B8)	
9						
10		WAHR	FALSCH	WAHR	=ODER(B10<>"";C10>B10)	
11						
12		2003	2007	WAHR	=ODER(B12=C12;B12<C12;B12>C12)	
13						

Dieses Beispiel können Sie auf dem Arbeitsblatt *ODER* in der Datei *Kap15_Logik.xlsx* im Ordner *\Buch\Kap15* auf der CD-ROM zu diesem Buch finden.

Ergebnisse mit der Funktion *NICHT* umkehren

Mit der Funktion

NICHT(Wahrheitswert)

können Sie den Wert Ihres Argumentes umkehren. Die Formel

```
=NICHT(WAHR)
```

ergibt *FALSCH*. Weitere Beispiele zeigt Abbildung 15.13.

Abbildg. 15.13 Wahrheitswerte umkehren

	A	B	C	D	E	F
1						
2		**Die Funktion NICHT(Wahrheitswert)**				
3		Wert 1	Wert 2	Ergebnis	Formel	
4				FALSCH	=NICHT(B4=C4)	
5		1,5	1,5	FALSCH	=NICHT(B5=C5)	
6		2000	2007	WAHR	=NICHT(B6=C6)	
7		Excel 2003	Excel 2007	WAHR	=NICHT(B7=C7)	
8		15:53:00	15:53:01	WAHR	=NICHT(B8=C8)	
9		a	A	FALSCH	=NICHT(B9=C9)	
10						
11		WAHR	FALSCH	WAHR	=NICHT(B11)=C11	
12		0		FALSCH	=NICHT(B12)=C12	
13		1		WAHR	=NICHT(B13)=C13	
14						
15		0		WAHR	=NICHT(B15)	
16		2005		FALSCH	=NICHT(B16)	
17						

Wenn Sie der Funktion *NICHT* einen Zahlenwert als Argument übergeben, wird nur dann der Wert *WAHR* angezeigt, wenn Sie eine Null (*0*) verwenden. Alle anderen Zahlen führen zur Anzeige von *FALSCH*.

Das Beispiel können Sie auf dem Arbeitsblatt *NICHT* in der Datei *Kap15_Logik.xlsx* im Ordner *\Buch\Kap15* auf der CD-ROM zu diesem Buch finden.

Funktionen für Wahrheitswerte verwenden

Auch für die Wahrheitswerte gibt es jeweils eine Funktion. Statt der Funktionen *FALSCH()* und *WAHR()* können Sie in Formeln aber auch direkt das Wort »FALSCH« bzw. »WAHR« eintragen. Sie brauchen dabei nicht einmal auf die Groß-/Kleinschreibung zu achten. Excel wandelt diese Wörter automatisch um.

Wenn Sie Wahrheitswerte in Berechnungen verwenden, dann entspricht *WAHR* dem Wert *1* und *FALSCH* dem Wert *0*. Die Umwandlung in einen Zahlenwert können Sie auch mit der Tabellenfunktion *N(Wert)* herbeiführen.

Diese Beispiele können Sie auf dem Arbeitsblatt *FALSCH und WAHR* in der Datei *Kap15_Logik.xlsx* im Ordner *\Buch\Kap15* auf der CD-ROM zu diesem Buch finden.

Matrixformeln: Rechnen mit Bereichen

Die in Excel wohl am häufigsten verwendete Funktion dürfte *SUMME(Zahl1;Zahl2;...)* sein. Mit dieser Funktion wird die Summe von Werten berechnet, die in der Regel in einer Spalte untereinander angeordnet sind (siehe hierzu auch Kapitel 6). Wie Sie eine Summe von Werten unter Berücksichtigung von Bedingungen bilden können, zeigt der folgende Abschnitt.

Summe und Mittelwert mit einer Bedingung berechnen

Beispiel: Sie haben eine Liste mit den Umsätzen Ihrer Vertriebsmitarbeiter für mehrere Monate erstellt und sollen nun die Summe der Umsätze für jeden Mitarbeiter berechnen.

Erstellen Sie zunächst eine Liste aller Mitarbeiter im Bereich *E5:E14*. Daneben in Spalte *F* sollen nun die Summen der Umsätze dargestellt werden.

Im Prinzip ist die Anweisung im Klartext also nur folgende: Summiere alle Umsätze, die in der Spalte *Name* den gleichen Eintrag haben. Um die Summe eines Bereichs unter Berücksichtigung einer Bedingung zu ermitteln, können Sie die Funktion

SUMMEWENN(Bereich;Suchkriterien;[Summe_Bereich])

einsetzen. Diese Funktion durchsucht den *Bereich* nach *Suchkriterien*. Wird eine Übereinstimmung gefunden, so wird die Zahl aus *Summe_Bereich* addiert. Ist dieses optionale Argument nicht angegeben, wird die Zahl aus dem Bereich, der durchsucht wurde, addiert.

Mit der Formel

```
=SUMMEWENN($B$5:$B$21;E5;$C$5:$C$21)
```

berechnen Sie die Summe für den Mitarbeiter »Maier«. Kopieren Sie diese Formel nun nach unten bis zur Zelle *F14*.

Sie müssen also lediglich die Vergleichsoperatoren in die Anführungszeichen setzen und diese über den Textoperator mit dem gesuchten Namen verknüpfen.

Das Argument *Summe_Bereich* ist optional. Sie können also mit der Formel

```
=SUMMEWENN(C5:C21;"<"&3000;C5:C21)
```

ebenso wie mit der Formel

```
=SUMMEWENN(C5:C21;"<"&3000)
```

die Summe der Umsätze, die kleiner als 3000 sind, berechnen. Bei fehlendem *Summe_Bereich* werden die Werte aus dem ersten Argument addiert.

Abbildg. 15.14 Werte addieren, die eine Bedingung erfüllen oder den entsprechenden Mittelwert berechnen

	A	B	C	D	E	F	G	H
1								
2		Die Funktionen SUMMEWENN und MITTELWERTWENN						
3		Listenbereich			Auswertungsbereich			
4		Name	Umsatz		Name	Umsatz	Formel	
5		Maier	7.786,00 €		Maier	7.786,00 €	=SUMMEWENN($B$5:$B$21;E5;$C$5:$C$21)	
6		Schultze	5.646,00 €		Schultze	20.451,00 €	=SUMMEWENN($B$5:$B$21;E6;$C$5:$C$21)	
7		Sonnenschein	7.131,00 €		Sonnenschein	7.131,00 €	=SUMMEWENN($B$5:$B$21;E7;$C$5:$C$21)	
8		Frantz	8.975,00 €		Frantz	15.714,00 €	=SUMMEWENN($B$5:$B$21;E8;$C$5:$C$21)	
9		Phillipin	7.258,00 €		Phillipin	17.249,00 €	=SUMMEWENN($B$5:$B$21;E9;$C$5:$C$21)	
10		Quarks	3.085,00 €		Quarks	9.378,00 €	=SUMMEWENN($B$5:$B$21;E10;$C$5:$C$21)	
11		Binder	7.947,00 €		Binder	12.003,00 €	=SUMMEWENN($B$5:$B$21;E11;$C$5:$C$21)	
12		Merkert	9.285,00 €		Merkert	9.285,00 €	=SUMMEWENN($B$5:$B$21;E12;$C$5:$C$21)	
13		Mayer	4.350,00 €		Mayer	4.350,00 €	=SUMMEWENN($B$5:$B$21;E13;$C$5:$C$21)	
14		Schultze	5.565,00 €		Karle	5.322,00 €	=SUMMEWENN($B$5:$B$21;E14;$C$5:$C$21)	
15		Karle	2.634,00 €					
16		Schultze	9.240,00 €					
17		Karle	2.688,00 €		SUMMEWENN(Bereich;Suchkriterien;Summe_Bereich)			
18		Frantz	6.739,00 €		Umsatz < 3000	5.322,00 €	=SUMMEWENN(C5:C21;"<"&3000;C5:C21)	
19		Phillipin	9.991,00 €		Umsatz > Mittelwert	74.352,00 €	=SUMMEWENN(C5:C21;">"&MITTELWERT(C5:C21))	
20		Quarks	6.293,00 €					Neu!
21		Binder	4.056,00 €		MITTELWERTWENN(Bereich;Kriterien;Mittelwert_Bereich)			
22					Umsatz < 3000	2.661,00 €	=MITTELWERTWENN(C5:C21;"<"&3000;C5:C21)	
23					Umsatz > Mittelwert	8.261,3333 €	=MITTELWERTWENN(C5:C21;">"&MITTELWERT(C5:C21))	
24								

Für die Argumente können auch Funktionen verwendet werden. So liefert beispielsweise die Formel

`=SUMMEWENN(C5:C21;">"&MITTELWERT(C5:C21))`

die Summe der Umsätze, die größer als der Mittelwert sind.

Wenn nicht die Gesamtsumme, sondern der Mittelwert der Umsätze über 3000 Euro berechnet werden soll, dann können Sie die neue Funktion

MITTELWERTWENN(Bereich; Kriterien; [Durchschnitt_Bereich])

einsetzen (vgl. Abbildung 15.14). Dieser Funktion geben Sie mit dem Argument Bereich einen Zellbereich, Zahlen oder Namen an, für die der arithmetische Mittelwert ermittelt werden soll. Mit den Kriterien geben Sie einen Ausdruck, Zellbezug oder Text an, der die Bedingungen festlegt. Beispiel: *2007*, "*2007*", "*>2007*", "*Excel*", *A1* oder »Bereichsname« können angegeben werden.

Mit *Durchschnitt_Bereich* geben Sie die Zellen an, für die tatsächlich der Durchschnitt ermittelt werden soll. Dabei muss der *Durchschnitt_Bereich* in der Größe nicht dem Bereich entsprechen. Wird *Durchschnitt_Bereich* nicht angegeben, dann wird der Mittelwert aus *Bereich* ermittelt.

Die vorstehenden Beispielrechnungen können Sie auf dem Arbeitsblatt *SUMMEWENN* in der Datei *Kap15_Matrix.xlsx* im Ordner *\Buch\Kap15* auf der CD-ROM zu diesem Buch finden.

Doppelte Datensätze zählen

Weil nicht jede Datensammlung so umfangreich ist, dass sie mit einem speziellen Datenbankprogramm verwaltet werden muss, legen viele Benutzer eine Excel-Tabelle mit den benötigten Merkmalen an.

Wenn Sie Ihre Daten mit dem *Spezialfilter* filtern (vgl. hierzu Kapitel 21), können Sie die Option *Keine Duplikate* wählen. Duplikate werden dann bei der Anzeige unterdrückt. So weit, so gut. Was ist aber, wenn Sie genau diese Duplikate prüfen wollen?

Matrixformeln: Rechnen mit Bereichen

Als Beispiel soll hier eine Datenbank untersucht werden, die den Bereich *B3:C13* umfasst. In Zeile *3* sind die Feldnamen eingetragen, der erste Datensatz steht also in Zeile *4*. Die Aufgabe lautet: Ermitteln Sie die Anzahl der Duplikate mit einer Funktion.

Entsprechend der Funktion *SUMMEWENN* gibt es für die Auszählung eines Bereichs die Funktion:

ZÄHLENWENN(Bereich;Suchkriterien)

Bereich ist hier der Zellbereich, von dem Sie wissen möchten, wie viele seiner Zellen einen Inhalt haben, der mit den *Suchkriterien* übereinstimmt. Die Suchkriterien können Sie in unterschiedlicher Form angeben: als Zahl, als Ausdruck oder als Zeichenfolge. Sie bestimmen damit, welche Zellen gezählt werden.

Um zu prüfen, ob doppelte Einträge vorkommen, markieren Sie den Bereich *D4:D13* und tragen die Formel

```
=ZÄHLENWENN($B$4:$B$13;B4)
```

ein. Schließen Sie die Eingabe mit der Tastenkombination [Strg]+[↵] ab. Diese Tastenkombination veranlasst Excel, die eingetragene Formel in jede der markierten Zellen einzutragen und dabei relative Bezüge anzupassen.

Die Funktion vergleicht die Werte der Suchspalte *B* und zählt die Übereinstimmungen für jeden Eintrag (vgl. Abbildung 15.15).

Abbildg. 15.15 Für jeden Wert in Spalte *B* die Anzahl gleicher Einträge prüfen

Ku-Nr	Zuname	Anzahl mit gleicher Ku-Nr	Formel	Anzahl mit gleichem Namen	Name und Ku-Nr gleich	Formel mit der neuen Funktion ZÄHLENWENNS()
1023	Binder	2	=ZÄHLENWENN($B$4:$B$13;B4)	4	2	=ZÄHLENWENNS($B$4:$B$13;B4;$C$4:$C$13;C4)
1021	Sonnenschein	2	=ZÄHLENWENN($B$4:$B$13;B5)	2	2	=ZÄHLENWENNS($B$4:$B$13;B5;$C$4:$C$13;C5)
1026	Karle	1	=ZÄHLENWENN($B$4:$B$13;B6)	1	1	=ZÄHLENWENNS($B$4:$B$13;B6;$C$4:$C$13;C6)
1023	Binder	2	=ZÄHLENWENN($B$4:$B$13;B7)	4	2	=ZÄHLENWENNS($B$4:$B$13;B7;$C$4:$C$13;C7)
1027	Binder	2	=ZÄHLENWENN($B$4:$B$13;B8)	4	2	=ZÄHLENWENNS($B$4:$B$13;B8;$C$4:$C$13;C8)
1027	Binder	2	=ZÄHLENWENN($B$4:$B$13;B9)	4	2	=ZÄHLENWENNS($B$4:$B$13;B9;$C$4:$C$13;C9)
1022	Phillipin	1	=ZÄHLENWENN($B$4:$B$13;B10)	1	1	=ZÄHLENWENNS($B$4:$B$13;B10;$C$4:$C$13;C10)
1025	Quarks	1	=ZÄHLENWENN($B$4:$B$13;B11)	1	1	=ZÄHLENWENNS($B$4:$B$13;B11;$C$4:$C$13;C11)
1020	Schultze	1	=ZÄHLENWENN($B$4:$B$13;B12)	1	1	=ZÄHLENWENNS($B$4:$B$13;B12;$C$4:$C$13;C12)
1021	Sonnenschein	2	=ZÄHLENWENN($B$4:$B$13;B13)	2	2	=ZÄHLENWENNS($B$4:$B$13;B13;$C$4:$C$13;C13)

Der Wert *1* bedeutet, dass der Eintrag dieser Zeile lediglich einmal im durchsuchten Bereich vorkommt. Alle höheren Werte weisen Duplikate nach. Wie Sie Duplikate aus einer Liste entfernen können, finden Sie in Kapitel 21.

Ein Sonderfall ist die Verwendung von booleschen Vergleichsoperatoren für die Suchkriterien. Wie bei der Funktion *SUMMEWENN* werden diese Operatoren in Anführungszeichen angegeben und mit dem Verkettungsoperator zum Suchkriterium zusammengefasst.

Beispiel:

Um im Bereich *B4:B13* die Zahlenwerte die größer als *1025* sind zu zählen, verwenden Sie die folgende Formel:

```
=ZÄHLENWENN(B4:B13;">"&1025)
```

Auch die Verwendung einer weiteren Funktion ist mit dem Verkettungsoperator möglich:

```
=ZÄHLENWENN(B4:B13;">"&MITTELWERT(B4:B13))
```

Mehrere Bedingungen berücksichtigen

Eine der neuen Excel-Funktionen kann die Anzahl an Elementen ermitteln, die mehreren Kriterien entsprechen:

ZÄHLENWENNS(Bereich1; Kriterien1;[Bereich2; Kriterien2])

Als Argument übergeben Sie dieser Funktion bis zu 127 Wertepaare:

- *Bereich1*, *Bereich2* usw. der Bereich der untersucht werden soll als Zellbezug oder Name, leere Zellen und Text wird ignoriert
- *Kriterien1*, *Kriterien2* usw. beschreibt die Bedingung, die im zugehörigen Bereich erfüllt sein muss, dass der Wert gezählt wird und kann in Form von Zahlen, Text, Namen oder Zellbezügen eingetragen werden. Beispiel: »2007«, "2007", ">2007", "Excel", »A1« oder »Bereichsname« können angegeben werden.

Die einzelnen Zellen eines Bereichs werden nur gezählt, wenn alle angegebenen Kriterien für diese Zelle zutreffen. In Abbildung 15.15 ermittelt die Formel die Anzahl der Kunden mit gleichem Namen. In Spalte *G* wird durch Verwendung eines zweiten Kriteriums die Anzahl der Einträge ermittelt, bei denen die Kundennummer und der Name gleich ist.

Summe und Mittelwert mit mehreren Bedingungen

Zwei neue Funktionen erleichtern das Berechnen von Summen und Mittelwerten die mehrere Bedingungen erfüllen:

SUMMEWENNS(Summe_Bereich;Kriterium_Bereich1;Kriterium1;[Kriterium_Bereich2; Kriterium2…])

MITTELWERTWENNS(Durchschnitt_Bereich;Kriterien_Bereich1;Kriterium1;[Kriterium_Bereich2; Kriterien2…])

Mit *Summe_Bereich* bzw. *Durchschnitt_Bereich* geben Sie den Bereich an, für den die Summe bzw. der arithmetische Mittelwert berechnet werden soll.

Kriterium_Bereich1, *Kriterium_Bereich2* bzw. *Kriterien_Bereich1*; *Kriterien_Bereich2* usw. sind bis zu 127 Kriterien, die Sie in Form einer Zahl, eines Ausdrucks, eines Zellenverweises oder Namens übergeben können. Beispiel: *2007*, "2007", ">2007", "*Excel*", *A1* oder »Bereichsname« können angegeben werden.

> **HINWEIS** Obwohl die Funktionen *SUMMEWENNS; ZÄHLENWENNS* und *MITTELWERT-WENNS* mit Bereichen arbeiten, müssen Sie diese nicht als Matrixformel eingeben.

Abbildg. 15.16 Die neuen Funktionen erlauben das einfache Verwenden mehrerer Kriterien

	A	B	C	D	E	F	G	H
1								
2		Die neuen Funktionen SUMMEWENNS und MITTELWERTWENNS						
3		Listenbereich			Auswertungsbereich			
4		Name	Umsatz		Name	Umsatz > 3000 Eur	Formel mit neuen Funktionen	
5		Maier	7.786,00 €		Maier	7.786,00 €	=SUMMEWENNS($C$5:$C$21;$B$5:$B$21;E5;$C$5:$C$21;">3000")	
6		Schultze	5.646,00 €		Schultze	20.451,00 €	=SUMMEWENNS($C$5:$C$21;$B$5:$B$21;E6;$C$5:$C$21;">3000")	
7		Sonnenschein	7.131,00 €		Sonnenschein	7.131,00 €	=SUMMEWENNS($C$5:$C$21;$B$5:$B$21;E7;$C$5:$C$21;">3000")	
8		Frantz	8.975,00 €		Frantz	15.714,00 €	=SUMMEWENNS($C$5:$C$21;$B$5:$B$21;E8;$C$5:$C$21;">3000")	
9		Phillipin	7.258,00 €		Phillipin	17.249,00 €	=SUMMEWENNS($C$5:$C$21;$B$5:$B$21;E9;$C$5:$C$21;">3000")	
10		Quarks	3.085,00 €		Quarks	9.378,00 €	=SUMMEWENNS($C$5:$C$21;$B$5:$B$21;E10;$C$5:$C$21;">3000")	
11		Binder	7.947,00 €		Binder	12.003,00 €	=SUMMEWENNS($C$5:$C$21;$B$5:$B$21;E11;$C$5:$C$21;">3000")	
12		Merkert	9.285,00 €		Merkert	9.285,00 €	=SUMMEWENNS($C$5:$C$21;$B$5:$B$21;E12;$C$5:$C$21;">3000")	
13		Mayer	4.350,00 €		Mayer	4.350,00 €	=SUMMEWENNS($C$5:$C$21;$B$5:$B$21;E13;$C$5:$C$21;">3000")	
14		Schultze	5.565,00 €		Karle	- €	=SUMMEWENNS($C$5:$C$21;$B$5:$B$21;E14;$C$5:$C$21;">3000")	
15		Karle	2.634,00 €					
16		Schultze	9.240,00 €		Maier	7.786,00 €	=MITTELWERTWENNS($C$5:$C$21;$B$5:$B$21;E16;$C$5:$C$21;">3000")	
17		Karle	2.688,00 €		Schultze	6.817,00 €	=MITTELWERTWENNS($C$5:$C$21;$B$5:$B$21;E17;$C$5:$C$21;">3000")	
18		Frantz	6.739,00 €		Sonnenschein	7.131,00 €	=MITTELWERTWENNS($C$5:$C$21;$B$5:$B$21;E18;$C$5:$C$21;">3000")	
19		Phillipin	9.991,00 €		Frantz	7.857,00 €	=MITTELWERTWENNS($C$5:$C$21;$B$5:$B$21;E19;$C$5:$C$21;">3000")	
20		Quarks	6.293,00 €		Phillipin	8.624,50 €	=MITTELWERTWENNS($C$5:$C$21;$B$5:$B$21;E20;$C$5:$C$21;">3000")	
21		Binder	4.056,00 €		Quarks	4.689,00 €	=MITTELWERTWENNS($C$5:$C$21;$B$5:$B$21;E21;$C$5:$C$21;">3000")	
22					Binder	6.001,50 €	=MITTELWERTWENNS($C$5:$C$21;$B$5:$B$21;E22;$C$5:$C$21;">3000")	
23					Merkert	9.285,00 €	=MITTELWERTWENNS($C$5:$C$21;$B$5:$B$21;E23;$C$5:$C$21;">3000")	
24					Mayer	4.350,00 €	=MITTELWERTWENNS($C$5:$C$21;$B$5:$B$21;E24;$C$5:$C$21;">3000")	
25					Karle	#DIV/0!	=MITTELWERTWENNS($C$5:$C$21;$B$5:$B$21;E25;$C$5:$C$21;">3000")	
26								

In Abbildung 15.16 zeigt die Zelle *F15* einen Fehlerwert, weil für den Namen *Karle* kein Wert in der Spalte *Umsatz* den Wert *3000* übersteigt.

Wie Sie umfangreiche Kriterien festlegen und in Datenbank-Funktionen berücksichtigen, zeigt Kapitel 22.

Leere Zellen zählen

Sie können die Funktion *ZÄHLENWENN* auch einsetzen, um damit leere Zellen zu zählen. Das gelingt, wenn Sie für das Argument *Suchkriterien* eine leere Zeichenfolge übergeben.

Beispiel:

```
=ZÄHLENWENN($B$4:$B$12;"")
```

HINWEIS   Bei der Auszählung der Datensätze sollten Sie darauf achten, ein Merkmal zu verwenden, das die jeweiligen Datensätze eindeutig identifiziert.

Im Beispiel aus Abbildung 15.15 ist der Zuname ein ungeeignetes Suchkriterium, weil dieser nicht eindeutig ist. So gibt es hier mehrere Einträge, die zwar den gleichen Zunamen, aber eine andere Kundennummer haben. Es handelt sich dabei offensichtlich um Namensgleichheit unterschiedlicher Kunden.

Diese Beispielrechnungen können Sie auf dem Arbeitsblatt *ZÄHLENWENN* in der Datei *Kap15_Matrix.xlsx* im Ordner *\Buch\Kap15* auf der CD-ROM zu diesem Buch finden.

Um die Daten genauer zu prüfen, gehen Sie wie folgt vor:

1. Sortieren Sie diese zunächst nach der Spalte *D*.
2. Wählen Sie dann auf der Registerkarte *Daten* in der Gruppe *Sortieren und Filtern* den Befehl *Filtern*.
3. Klicken Sie jetzt auf das Dropdown-Feld und wählen Sie die Option *Zahlenfilter/Größer als* und tragen Sie *ist größer als 1* ein.
4. Bestätigen mit einem Klick auf die Schaltfläche *OK*.

Es werden mögliche Duplikate angezeigt. Sie können nun prüfen, ob die Datensätze in allen Merkmalen identisch sind und eventuell gelöscht werden können.

Mehr zum Thema Filter finden Sie in Kapitel 21. Das Kapitel 8 zeigt Ihnen, wie Sie Duplikate bereits bei der Eingabe verhindern können.

Summen mit Matrixformeln berechnen

Mit wachsender Datenmenge genügt eine Gesamtsumme jedoch häufig nicht mehr. Teilsummen, etwa die für einzelne Quartale, sind gefragt. Wie Sie solche Teilsummen mit einer Funktion ermitteln können, zeigt der folgende Abschnitt.

Als Beispiel soll eine überschaubare Tabelle mit den Spalten *Datum* und *Wert* dienen. Diese Überschriften werden auch über die Befehlsfolge *Formeln/Namen definieren* für die auszuwertenden Bereiche festgelegt. Der Bereichsname *Datum* zeigt auf den Bereich *B4:B23* und der Bereichsname *Wert* auf den Bereich *C4:C23*.

Um für das Datum in Zelle *B4* das Quartal zu ermitteln, können Sie in Zelle *D4* die Formel

```
=AUFRUNDEN(MONAT(B4)/3;0)
```

verwenden. Kopieren Sie diese Formel nach unten bis *D23* und vergeben Sie über die Befehlsfolge *Formeln/Namen definieren* für den Zellbereich *D4:D23* den Namen *Quartal*.

In Zelle *G5* können Sie nun mit der Formel

```
=SUMMEWENN(Quartal;1;Wert)
```

die Summe für das erste Quartal ermitteln. Wenn Sie Zellbezüge statt Namen verwenden, erhalten Sie das Ergebnis mit der Formel:

```
=SUMMEWENN(D4:D23;1;C4:C23)
```

Die Beispielberechnungen können Sie auf dem Arbeitsblatt *Summe mit Bedingungen* in der Datei *Kap15_Matrix.xlsx* im Ordner *\Buch\Kap15* auf der CD-ROM zu diesem Buch finden.

Mehr zum Thema Namen finden Sie in Kapitel 19.

Matrixformeln: Rechnen mit Bereichen

Abbildg. 15.17 Die Tabelle mit den Daten und der Ermittlung der Quartalssummen

	A	B	C	D	E	F	G	H	I	J	K
1											
2		Summe mit einer Bedingung									
3		Datum	Wert	Quartal		Zeit-		Berechnung über			
4		08.05.2005	2.092	2		raum	SUMMEWENN	Matrix-Formel	Matrix-Formel		
5		11.08.2005	0	3		1. Quartal	3.454	3.454	3.454		
6		13.06.2005	3.612	2		2. Quartal	20.465	20.465	20.465		
7		07.09.2005	1.127	3		3. Quartal	11.341	11.341	11.341		
8		14.10.2005	1.931	4		4. Quartal	9.856	9.856	9.856		
9		13.07.2005	2.933	3							
10		24.06.2005	2.596	2							
11		04.10.2006	2.827	4		Jahr	2006				
12		13.01.2007	783	1			1. Quartal	0			
13		24.04.2007	2.214	2			2. Quartal	4.658			
14		08.05.2006	2.280	2			3. Quartal	4.756			
15		11.08.2006	2.329	3			4. Quartal	2.827			
16		13.06.2006	2.378	2							
17		07.09.2006	2.427	3		Summe aller Werte			45.116	=SUMME(C4:C23)	
18		14.10.2007	2.476	4		Kleinster Wert ohne 0			783	=MIN(WENN(Wert>0;Wert))	
19		13.07.2007	2.525	3							
20		24.06.2007	2.573	2		Bezüge der verwendeten Bereichsnamen:					
21		04.10.2007	2.622	4		Datum	='Summe mit Bedingungen'!$B$4:$B$23				
22		13.01.2008	2.671	1		Quartal	='Summe mit Bedingungen'!$D$4:$D$23				
23		24.04.2007	2.720	2		Wert	='Summe mit Bedingungen'!$C$4:$C$23				
24											

Zählen mit einer Matrixfunktion

Eine weitere Möglichkeit bietet die Verwendung einer *Matrixformel*. Mit einer Matrixformel können Sie Berechnungen durchführen, die als Ergebnis einen einzelnen Wert oder auch eine Reihe von Werten liefern.

Geben Sie die Formel

```
=SUMME(WENN(Quartal=1;Wert;0))
```

in die Zelle *H5* ein und schließen Sie die Eingabe mit der Tastenkombination [Strg]+[⇧]+[↵] ab. Diese verschachtelte Formel (verwendet werden die beiden Funktionen *SUMME* und *WENN*, nicht jedoch die Funktion *SUMMEWENN*) wird dann in geschweiften Klammern dargestellt.

> **WICHTIG** Die Eingabe von *Matrixformeln* (auch *Array*-Formeln genannt) muss mit der Tastenkombination [Strg]+[⇧]+[↵] abgeschlossen werden. Nur dann liefern Matrixfunktionen das korrekte Ergebnis. Die manuelle Eingabe der geschweiften Klammern führt nicht zum gewünschten Ergebnis.

> **HINWEIS** Eine rechteckige Anordnung von Zahlen in Zeilen und Spalten wird als *Matrix* oder auch *Array* bezeichnet. Die Größe der Matrix wird über die Anzahl der Zeilen und Spalten angegeben. So verfügt beispielsweise eine 3x4 Matrix über 3 Zeilen und 4 Spalten. Hat eine Matrix genauso viele Zeilen wie Spalten, so handelt es sich um eine quadratische Matrix.

Die einzelnen Werte der Matrix werden als Elemente der Matrix bezeichnet. Einzelne Elemente der Matrix werden mit einem Index versehen, z.B. a_{23}. Dieser Index zeigt die eindeutige Position innerhalb der Matrix an, der erste Index (2) gibt die Zeile, der zweite Index (3) die Spalte an.

Kapitel 15 Mit Funktionen kalkulieren und auswerten

Das Interessante dabei ist, dass der ausgewertete Bereich selbst gar nicht sichtbar sein muss. Bei der Verwendung einer Matrixformel ist es also nicht erforderlich, zuvor das Quartal in einer eigenen Spalte zu ermitteln. Tragen Sie in Zelle *I5* die Formel

```
=SUMME(WENN(AUFRUNDEN(MONAT(Datum)/3;0)=1;Wert;0))
```

ein und schließen Sie die Eingabe mit der Tastenkombination [Strg]+[⇧]+[↵] ab. Sie erhalten das gleiche Ergebnis, obwohl die Spalte *D*, in der Sie die Berechnung des Quartals vorgenommen haben, nicht verwendet wird.

WICHTIG   Die auszuwertenden Bereiche in Matrixfunktionen müssen jeweils die gleiche Anzahl an Zeilen bzw. Spalten aufweisen. Wenn, wie im vorliegenden Beispiel, der Bereich *Datum* in einer Spalte und 20 Zeilen vorliegt, muss auch der Bereich *Wert* eine Spalte und 20 Zeilen umfassen.

Funktionsweise von Matrixformeln verstehen

Jede Formel wird von innen nach außen aufgelöst. Also beginnt Excel mit der Bedingungsprüfung der *WENN*-Funktion (hier: *AUFRUNDEN(MONAT(Datum)/3;0)=1*), die ihrerseits ebenfalls von innen nach außen aufgelöst wird. Als Ergebnis gibt diese Formel eine Matrix aus Wahrheitswerten zurück, nämlich *{WAHR;FALSCH;WAHR;FALSCH;FALSCH;FALSCH;WAHR;FALSCH;FALSCH;WAHR}*.

Sie können sich diese Matrix auch anzeigen lassen. Aktivieren Sie hierzu die Zelle *I5*. In der Bearbeitungszeile markieren Sie die Bedingungsprüfung, wie in Abbildung 15.18 zu sehen.

Abbildg. 15.18 Die Bedingungsprüfung in der Bearbeitungszeile markieren ...

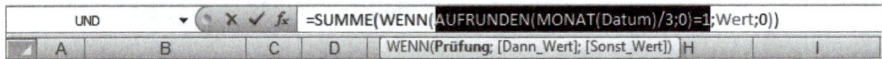

Drücken Sie dann die Taste [F9]. Damit wird der markierte Bereich ausgewertet. Achtung: Um die Bearbeitungszeile zu verlassen, verwenden Sie die [Esc]-Taste, weil ansonsten der markierte Teil dieser Formel durch die berechneten Werte ersetzt wird.

Abbildg. 15.19 ... und mit der Taste [F9] auswerten

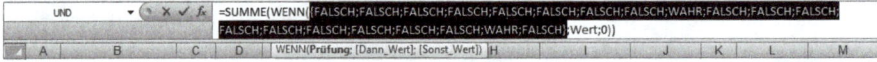

Für jedes Datum wird geprüft, ob es im ersten Quartal liegt (*WAHR*). In diesem Fall wird aus der Spalte *Wert* diejenige Zelle addiert, die in der gleichen Zeile wie der Wahrheitswert steht. Bei *FALSCH* wird der *Sonst*-Teil der Bedingung ausgeführt und eine Null addiert.

Eine weitere Bedingung hinzufügen

Spätestens, wenn weitere Jahre erfasst werden, kommt der Wunsch nach Eingrenzung der auszuwertenden Daten auf. Das Jahr soll ebenfalls berücksichtigt werden. Hier können Sie in der Matrixformel eine verschachtelte *WENN*-Bedingung verwenden. Wenn Sie in Zelle *G11* das gesuchte Jahr eintragen, können Sie in Zelle *H12* mit der Formel:

```
=SUMME(WENN(JAHR(Datum)=$G$11;WENN(AUFRUNDEN(MONAT(Datum)/3;0)=1;Wert;0)))
```

596

zusätzlich das Jahr berücksichtigen. Schließen Sie auch hier die Eingabe der Formel mit der Tastenkombination ⌈Strg⌉+⌈⇧⌉+⌈↵⌉ ab.

Wie Sie mit Datenbank-Funktionen Werte unter Berücksichtigung von Suchkriterien zählen und addieren können, zeigt Ihnen Kapitel 22.

Den kleinsten Wert ermitteln und Null nicht berücksichtigen

Wie ermitteln Sie im Beispiel aus Abbildung 15.17 den kleinsten Wert in der Spalte *C* der nicht Null (*0*) ist?

Um den kleinsten Wert aus einer Datenreihe zu ermitteln, verwenden Sie die Funktion:

MIN(Zahl1;[Zahl2];[...])

Diese Funktion berücksichtigt nur Zahlen. Argumente, die nicht in Zahlen umgewandelt werden können, führen zu Fehlern. Alle anderen Elemente, wie leere Zellen, Wahrheitswerte oder Texte werden ignoriert. Sollen Wahrheitswerte sowie Text nicht ignoriert werden, verwenden Sie die Funktion:

MINA(Wert1;Wert2;...)

Die folgende Formel ermittelt aus dem Bereich *A1:A10* den kleinsten Wert:

```
=MIN(A1:A10)
```

Soll dabei die Null nicht einbezogen werden, verwenden Sie die Matrixformel:

```
=MIN(WENN(A1:A10>0;A1:A10))
```

Schließen Sie die Eingabe dieser Formel mit der Tastenkombination ⌈Strg⌉+⌈⇧⌉+⌈↵⌉ ab. Nur wenn die Bedingung (größer 0) erfüllt ist, wird der jeweilige Wert daraufhin geprüft, ob es sich um den kleinsten Wert des Bereichs handelt.

Den Umsatz der größten Kunden berechnen

Im Bereich *B3:B12* sind die Umsatzzahlen verschiedener Kunden eingetragen. Sie wollen jetzt den Umsatz und den Anteil der fünf größten Kunden berechnen.

Ob ein Kunde zu den fünf größten gehört, ermitteln Sie mit der Funktion *RANG(Zahl;Bezug;Reihenfolge)* in *C3* mit der Formel

```
=RANG(B3;$B$3:$B$12)
```

Kopieren Sie diese Formel nach unten, erhalten Sie damit die Information, welche Bedeutung der jeweilige Umsatz für Ihre Firma hat.

Den Umsatz der fünf größten Kunden berechnen Sie nun, indem Sie die Umsätze von Rang eins bis fünf addieren. Allerdings wollen Sie erreichen, dass sich diese Berechnung automatisch anpasst, wenn sich die Zahlen ändern.

Kapitel 15 — Mit Funktionen kalkulieren und auswerten

Tragen Sie dazu in Zelle *F5* die Formel

```
=SUMME(WENN($B$3:$B$12>=KGRÖSSTE($B$3:$B$12;E5);$B$3:$B$12;0))
```

ein und schließen Sie die Eingabe mit `Strg`+`⇧`+`↵` ab. Beachten Sie die korrekte Verwendung von absoluten und relativen Bezügen, damit Sie diese Formel nach unten ausfüllen können. In Spalte E können Sie die gesuchten Grenzwerte eintragen, das Ergebnis wird aktualisiert.

Wollen Sie nicht verschiedene Umsätze vergleichen, dann können Sie den Grenzwert auch direkt in die Formel eintragen.

Beispiel für die sieben größten Kunden:

```
=SUMME(WENN($B$3:$B$12>=KGRÖSSTE($B$3:$B$12;7);$B$3:$B$12;0))
```

Den Anteil der jeweiligen Umsätze ermitteln Sie in Zelle G5 mit der Formel

```
=(100/($F$2/F5))/100
```

Kopieren Sie auch diese Formel nach unten. Die fünf größten Kunden haben zusammen einen Umsatz von über 60%.

Abbildg. 15.20 Der Umsatz der größten Kunden und die Anteile am Gesamtumsatz werden mit einer Matrixfunktion berechnet

	A	B	C	D	E	F	G	H
1								
2		Umsatz	Rang		Gesamtumsatz	48.758,00 €		
3		4.524,00 €	6		Umsatz und Anteil der größten Kunden			
4		3.160,00 €	9		Die … größten	Umsatz	Anteil	
5		5.225,00 €	4		1	7.579,00 €	15,5%	
6		2.913,00 €	10		2	14.055,00 €	28,8%	
7		7.579,00 €	1		3	19.860,00 €	40,7%	
8		5.805,00 €	3		4	25.085,00 €	51,4%	
9		4.998,00 €	5		5	30.083,00 €	61,7%	
10		3.994,00 €	8					
11		6.476,00 €	2					
12		4.084,00 €	7					
13								

Dieses Beispiel finden Sie im Arbeitsblatt *Rang* in der Datei *Kap15_Matrix.xlsx* im Ordner *\Buch\Kap15* auf der CD-ROM zu diesem Buch.

Alternative Fallzählung mit vielen Bedingungen

Wie ermitteln Sie die Anzahl des Artikels »Hosen« aus der Warengruppe »Oberbekleidung«, von denen nur noch eine am Lager ist?

Um dieses Problem zu lösen, benötigen Sie eine Formel, die drei Bedingungen prüft. Und zwar:

- die Warengruppe soll *Oberbekleidung* sein,
- der Name des Artikels soll *Hosen* sein und
- die Anzahl verfügbarer Stücke soll Eins (*1*) sein.

Tragen Sie in *C12* die folgende Formel ein:

```
=SUMME((B4:B8="Oberbekleidung")*(C4:C8="Hosen")*(D4:D8=1))
```

Die Eingabe der Formel muss mit der Tastenkombination [Strg]+[⇧]+[↵] abgeschlossen werden. Beachten Sie bei der Eingabe der Formel auch, dass jede Bedingung in einer Klammer zusammengefasst wird.

Die Formel macht sich den Umstand zunutze, dass Excel die Wahrheitswerte *WAHR* und *FALSCH* in Zahlenwerte umwandeln kann. *WAHR* entspricht dem Wert Eins (*1*) und *FALSCH* dem Wert Null (*0*).

Die einzelnen Bedingungen im Bereich *E4:H8* können Sie mit entsprechenden Teilen (die Überschriften der Zellen *E3:G3* aus Abbildung 15.21) der Formel prüfen, wenn Sie diese ebenfalls als Matrixformel eingeben. Dazu markieren Sie den gesamten Ausgabebereich, also z.B. *E4:E8*. Tragen Sie dann die Formel

```
=B4:B8="Oberbekleidung"
```

ein und schließen Sie die Eingabe mit der Tastenkombination [Strg]+[⇧]+[↵] ab. Excel gibt dann als Ergebnis eine mehrzeilige Matrix mit Wahrheitswerten zurück.

Abbildg. 15.21 Ausgangstabelle mit den Wahrheitswerten der einzelnen Bedingungsprüfungen

	A	B	C	D	E	F	G	H	I
1									
2			Lagerbestand			Prüfung für die einzelnen Datensätze			
3		Warengruppe	Artikel	Stück	=B4:B8= "Oberbekleidung"	=C4:C8="Hosen"	=D4:D8=1	Alle Bedingungen sind wahr	
4		Oberbekleidung	Hosen	1	WAHR	WAHR	WAHR	WAHR	
5		Unterwäsche	Body	6	FALSCH	FALSCH	FALSCH	FALSCH	
6		Oberbekleidung	Hosen	1	WAHR	WAHR	WAHR	WAHR	
7		Oberbekleidung	Hemden	5	WAHR	FALSCH	FALSCH	FALSCH	
8		Unterwäsche	Hosen	3	FALSCH	WAHR	FALSCH	FALSCH	
9									
10									
11		Anzahl von Artikel "Hosen" aus der Warengruppe "Oberbekleidung"							
12		von denen nur noch eine am Lager		2	=SUMME((B4:B8="Oberbekleidung")*(C4:C8="Hosen")*(D4:D8=1))				
13									

Die Beispielrechnungen können Sie auf dem Arbeitsblatt *Fallzählung* in der Datei *Kap15_Matrix.xlsx* im Ordner *\Buch\Kap15* auf der CD-ROM zu diesem Buch finden.

Wie Sie eine Häufigkeitsauszählung für Ihre Daten durchführen, zeigt Ihnen Kapitel 16.

Matrix ändern oder Zellen löschen

Versuchen Sie doch einmal, die Zelle *E5* im Beispiel aus Abbildung 15.21 zu löschen. Bei dem Versuch, eine Zelle zu löschen, die Teil einer Matrix ist, erhalten Sie die Fehlermeldung *Teile eines Arrays können nicht geändert werden*.

Um eine Zelle einer Matrixformel zu löschen, können Sie die Matrixformel zunächst durch einzelne Formeln ersetzen. Und das geht so:

1. Markieren Sie eine Zelle der Matrixformel.

2. Wählen Sie auf der Registerkarte *Start* den Befehl *Suchen und auswählen/Gehe zu*. Alternativ können Sie die Taste `F5` drücken.
3. Wählen Sie die Schaltfläche *Inhalte*. Im Dialogfeld *Inhalte auswählen* markieren Sie die Option *Aktuelles Array*.
4. Schließen Sie das Dialogfeld per Klick auf die Schaltfläche *OK*. Die gesamte Matrixformel ist nun markiert.
5. Aktivieren Sie die Bearbeitungszeile mit der Maus oder der Taste `F2`.
6. Drücken Sie die Tastenkombination `Strg`+`↵`.

Sie können die Zellen einer Matrixformel zwar unterschiedlich formatieren, der Inhalt einer einzelnen Zelle kann jedoch nicht geändert werden. Mit der Tastenkombination `Strg`+`↵` wird die Formel der aktiven Zelle in alle markierten Zellen eingetragen. Sie können jetzt einzelne Zellen löschen oder dem Array (der Matrix) andere Zellen hinzufügen.

Sie können das Ergebnis der Matrix auch in eine Wertkopie umwandeln:

1. Markieren Sie hierfür die Matrixformel wie oben beschrieben und kopieren Sie den Bereich mit dem Befehl *Kopieren* in die Zwischenablage.
2. Wählen Sie den Befehl *Einfügen/Inhalte einfügen* und fügen Sie nur die Werte ein.

Nun können Sie ebenfalls Zeilen löschen oder die Matrix neu aufbauen. Alle Formeln gehen auf diesem Weg allerdings verloren.

Einen Bereich auf identische Werte prüfen

Gehen wir davon aus, Sie haben die Lottozahlen vom Wochenende in die Zellen *D4:D9* geschrieben und wollen diese mit Ihrem eigenen Tipp aus Zelle *B4:B9* und *C4:C9* vergleichen. Wie können Sie prüfen, ob zwei Tabellenbereiche identische Werte enthalten?

Erste Methode:

Um zwei Zellen auf gleiche Inhalte zu prüfen, können Sie die Formel

```
=A1=B1
```

verwenden. Diese Formel gibt einen Wahrheitswert zurück, und zwar *WAHR*, wenn die Zellen den gleichen Inhalt haben und *FALSCH*, wenn dem nicht so ist. Ist eine der beiden Zellen leer und die andere enthält den Wert 0, dann gibt der Vergleich allerdings ebenfalls *WAHR* zurück.

Zweite Methode:

Mit der Tabellenfunktion *IDENTISCH*(Text1;Text2) können Sie ebenfalls zwei Zellen oder Werte vergleichen. Diese Funktion unterscheidet zwischen leeren Zellen und Zellen mit dem Wert 0.

Es muss sich dabei nicht zwingend um Text handeln; die Funktion kann auch numerische Argumente verarbeiten. Diese Funktion liefert einen Wahrheitswert als Ergebnis, der Aufschluss darüber gibt, ob die beiden Argumente identisch sind.

Beispiel:

=IDENTISCH("Excel";"Exklusiv") liefert *FALSCH*

=IDENTISCH("0";"") liefert *FALSCH*

=IDENTISCH(2005;2006-1) liefert *WAHR*

Dritte Methode:

Wenn Sie Zahlenwerte auf Übereinstimmung vergleichen wollen, können Sie die Funktion *DELTA(Zahl1;Zahl2)* einsetzen. Als Ergebnis zeigt diese Funktion bei Übereinstimmung die Zahl *1* und bei unterschiedlichen Werten die Zahl *0* an.

Beispiel:

=DELTA(5;6) ergibt *0*

=DELTA(6;6) ergibt *1*

Vierte Methode:

Wenn es um die Auswertung von Bereichen geht, können Sie eine Matrixformel verwenden. Eine verschachtelte Formel mit der Funktion *IDENTISCH* und einer der Logik-Funktionen *UND* bzw. *ODER* liefert die gewünschte Information. Das Ergebnis ist ein Wahrheitswert.

Für die Kontrolle des ersten Tipps tragen Sie die Formel

```
=UND(B4:B9=D4:D9)
```

und für den zweiten Tipp die Formel

```
=UND(C4:C9=D4:D9)
```

ein. Schließen Sie die Eingabe der Formeln mit der Tastenkombination `Strg`+`⇧`+`↵` ab.

Die Formeln prüfen für jede Zeile, ob die Werte identisch sind. Nur wenn alle Zeilen den Wert *WAHR* zurückgeben, gibt auch die Formel als Ergebnis den Wert *WAHR* zurück. Das Ergebnis der Auswertung sehen Sie in Abbildung 15.22.

Abbildg. 15.22 Verschiedene Lottotipps vergleichen und auf Übereinstimmung prüfen

	A	B	C	D	E
1					
2		**Vergleich der Lottozahlen**			
3		Tipp 1	Tipp 2	Ziehung	
4		9	3	3	
5		18	4	4	
6		20	22	22	
7		28	31	31	
8		36	45	45	
9		41	48	48	
10					
11					
12		Welcher Tipp bringt einen Sechser?			
13		Tipp	Ergebnis	Matrix-Formel	
14		Tipp 1	FALSCH	=UND(B4:B9=D4:D9)	
15		Tipp 2	WAHR	=UND(C4:C9=D4:D9)	
16					
17		Gibt es übereinstimmende Werte?			
18		Tipp	Ergebnis	Matrix-Formel	
19		Tipp 1 und Tipp 2	FALSCH	=ODER(B4:B9=C4:C9)	
20		Tipp 1 und Ziehung	FALSCH	=ODER(B4:B9=D4:D9)	
21		Tipp 2 und Ziehung	WAHR	=ODER(C4:C9=D4:D9)	
22					

Die Beispielrechnungen können Sie auf dem Arbeitsblatt *Lotto* in der Datei *Kap15_Matrix.xlsx* im Ordner *\Buch\Kap15* auf der CD-ROM zu diesem Buch finden.

Wie Sie Teilzeichenfolgen vergleichen können, steht weiter unten in diesem Kapitel. Wie Sie zufällige Zahlen für Ihren Tipp mit der Funktion ZUFALLSZAHL ermitteln, zeigt Kapitel 16.

Ist der Wert in der Liste?

Nehmen wir an, Sie haben im Bereich *B4:B15* einen Warenkorb mit verschiedenen Artikeln eingetragen. Sie wollen nun prüfen, ob z.B. auch »Erdbeeren« eingetragen sind.

Es soll also lediglich geprüft werden, ob dieser Wert überhaupt in der Liste vorkommt. Im Bereich *D4:D7* haben Sie verschiedene Artikel eingetragen, die Sie prüfen wollen. Tragen Sie dazu in Zelle *E4* die Formel

```
=ODER(IDENTISCH(D4;$B$4:$B$13))
```

ein und beachten Sie die absoluten und relativen Bezüge. Schließen Sie die Eingabe mit der Tastenkombination `Strg`+`⇧`+`↵` ab. Kopieren Sie diese Formel nach unten bis zur Zelle *E7*.

Abbildg. 15.23 Prüfen, ob und wie oft ein Wert in der Liste ist

	A	B	C	D	E	F	G
1							
2		Ist der Wert in der Liste?					
3		Warenkorb		Alles dabei?	Antwort	Eingabe als Matrix-Formel	
4		Äpfel		Erdbeeren	WAHR	=ODER(IDENTISCH(D4;$B$4:$B$13))	
5		Birnen		Nüsse	FALSCH	=ODER(IDENTISCH(D5;$B$4:$B$13))	
6		Pflaumen		Milch	FALSCH	=ODER(IDENTISCH(D6;$B$4:$B$13))	
7		Aprikosen		Gurken	WAHR	=ODER(IDENTISCH(D7;$B$4:$B$13))	
8		Erdbeeren					
9		Gurken					
10		Karotten		Vergleich mit	Übereinstimmungen	Eingabe als Matrix-Formel	
11		Erbsen		Pflaumen	1	=SUMME(N($B$4:$B$15=D11))	
12		Bohnen		Erdbeeren	2	=SUMME(N($B$4:$B$15=D12))	
13		Radieschen		Kirschen	0	=SUMME(N($B$4:$B$15=D13))	
14		Lauch					
15		Erdbeeren					
16							

Die Tabellenfunktion *IDENTISCH(Text1;Text2)* prüft, ob zwei Zeichenfolgen identisch sind. Ist dies der Fall, wird *WAHR* zurückgegeben, ansonsten *FALSCH*. Geben Sie diese Funktion als Matrixfunktion ein, wird der Vergleich für die gesamte Liste durchgeführt. Eine Kombination mit der Funktion *ODER(Wahrheitswert1;[Wahrheitswert2];[...])* führt dazu, dass bereits bei einer Übereinstimmung der Wahrheitswert *WAHR* zurückgegeben wird.

Die Beispielrechnungen können Sie auf dem Arbeitsblatt *Liste* in der Datei *Kap15_Matrix.xlsx* im Ordner *\Buch\Kap15* auf der CD-ROM zu diesem Buch finden.

Wie viele Übereinstimmungen mit einem Vergleichswert gibt es?

Schön und gut, es gibt Übereinstimmungen, aber kann man diese auch zählen? Wie oft ist beispielsweise der Artikel »Pflaumen« im Bereich *B4:B15* eingetragen?

Auch diese Frage können Sie mit einer Matrixformel beantworten, wie Abbildung 15.23 zeigt. Tragen Sie die Formel

```
=SUMME(N($B$4:$B$15=D11))
```

in Zelle *E11* ein und schließen Sie die Eingabe mit der Tastenkombination [Strg]+[⇧]+[↵] ab.

Mit der Funktion *N(Wert)* können Sie das Ergebnis der Prüfung, also die Wahrheitswerte, in Zahlen umwandeln und der Funktion *SUMME* als Argument übergeben. Damit wird die Anzahl der Übereinstimmungen gezählt.

Ein Beispiel dafür, wie Sie übereinstimmende Werte mit der *Bedingten Formatierung* hervorheben können, zeigt Kapitel 12.

Sind die Jahreszahlen aufsteigend sortiert?

Sie wollen mit Hilfe einer Funktion prüfen, ob die Jahreszahlen im auszuwertenden Bereich sortiert vorliegen.

In unserem Beispiel geht es um die Werte im Bereich *B4:B13* (vgl. Abbildung 15.24). Ob diese aufsteigend sortiert sind, können Sie mit der Formel

Kapitel 15 Mit Funktionen kalkulieren und auswerten

```
=WENN(UND(B5:B13-B4:B12=1);"Ja";"Nein")
```

prüfen. Die Formel muss als Matrixfunktion eingegeben werden. Schließen Sie die Eingabe also mit der Tastenkombination `Strg`+`⇧`+`↵` ab.

Beachten Sie die unterschiedlichen Bereiche in der Funktion. Es wird die Differenz zweier Bereiche mit *1* verglichen. Beide Bereiche haben eine unterschiedliche Größe und sind nicht mit dem Gesamtbereich der Liste identisch.

Abbildg. 15.24 Prüfen, ob die Werte sortiert sind oder nicht

	A	B	C	D	E	F	G	H
1								
2		Sind die Zahlen sortiert?						
3		Reihe 1	Reihe 2		Datenreihe	Sortiert?	Matrix-Formel	
4		1996	1996		Reihe 1	Ja	=WENN(UND(B$5:B$13-B$4:B$12=1);"Ja";"Nein")	
5		1997	1997		Reihe 2	Nein	=WENN(UND(C$5:C$13-C$4:C$12=1);"Ja";"Nein")	
6		1998	1998					
7		1999	2000					
8		2000	1999					
9		2001	2001					
10		2002	2002					
11		2003	2003					
12		2004	2004					
13		2005	2005					
14								

Excel ermittelt das Ergebnis aus *B5-B4, B6-B5, B7-B6* usw. Nur wenn jede der Berechnungen als Ergebnis Eins (*1*) liefert, ist der Bereich aufsteigend sortiert und die Formel gibt die Information aus, dass die Reihe aufsteigend sortiert ist.

Die Beispielrechnungen können Sie auf dem Arbeitsblatt *Sortierung* in der Datei *Kap15_Matrix.xlsx* im Ordner *\Buch\Kap15* auf der CD-ROM zu diesem Buch finden.

Sortierte Listen mit einer Funktion erstellen

Beim Sortieren von Daten wird die ursprüngliche Reihenfolge der Werte geändert und kann normalerweise nicht wiederhergestellt werden. Manchmal genügt es aber, statt des gesamten Datenbereichs einen sortierten Auszug einer bestimmten Spalte zu erstellen. Das erledigt in Zelle *D4* die Formel:

```
=KKLEINSTE($B$4:$B$15;1)
```

Etwas praktischer ist allerdings die Verwendung einer Funktion für das Argument »k«, so wie es Zelle D5 in Abbildung 15.25 zeigt:

```
=KKLEINSTE($B$4:$B$15;ZEILE()-3)
```

Diese Formel hat den Vorteil, dass Sie diese nach unten kopieren können. Von der jeweiligen Zeilennummer wird der konstante Wert *3* abgezogen.

Abbildg. 15.25 Ab Zelle *C5* kann die Formel nach unten kopiert werden, da für das Argument »*k*« eine Funktion eingesetzt wird

	A	B	C	D	E	F	G	H	I
1									
2		Zahlenreihe sortieren				Texte sortieren			
3		Unsortierte Reihe	Sortierte Reihe			Unsortierte Reihe	Sortierte Reihe		
4		1996	1995	=KKLEINSTE($B$4:$B$15;1)		Word	Access		
5		1997	1996	=KKLEINSTE($B$4:$B$15;ZEILE()-3)		Powerpoint	Excel		
6		1998	1997	=KKLEINSTE($B$4:$B$15;ZEILE()-3)		Access	Powerpoint		
7		2000	1998	=KKLEINSTE($B$4:$B$15;ZEILE()-3)		Excel	Word		
8		1999	1999	=KKLEINSTE($B$4:$B$15;ZEILE()-3)					
9		2001	2000	=KKLEINSTE($B$4:$B$15;ZEILE()-3)					
10		2002	2001	=KKLEINSTE($B$4:$B$15;ZEILE()-3)					
11		2003	2002	=KKLEINSTE($B$4:$B$15;ZEILE()-3)					
12		2004	2003	=KKLEINSTE($B$4:$B$15;ZEILE()-3)					
13		2005	2004	=KKLEINSTE($B$4:$B$15;ZEILE()-3)					
14		1995	2005	=KKLEINSTE($B$4:$B$15;ZEILE()-3)					
15		2006	2006	=KKLEINSTE($B$4:$B$15;ZEILE()-3)					
16									

Etwas aufwändiger ist die Lösung, wenn Texte sortiert werden sollen. Dazu verwenden Sie in Zelle *G4* die Formel:

```
=INDEX($F$4:$F$7;VERGLEICH(KKLEINSTE(ZÄHLENWENN($F$4:$F$7;"<="&$F$4:$F$7);ZEILE(A1));
ZÄHLENWENN($F$4:$F$7;"<="&$F$4:$F$7);0))
```

Kopieren Sie diese anschließend nach unten bis *G7*.

Dieses Beispiel finden Sie auf dem Arbeitsblatt *Sortieren* in der Datei *Kap15_Matrix.xlsx* im Ordner *\Buch\Kap15* auf der CD-ROM zu diesem Buch.

Mehr zum Thema Sortieren erfahren Sie in Kapitel 20.

Die Quersumme von Zahlen berechnen

Mit Hilfe einer Matrixfunktion ist es auch möglich, die Quersumme von Zahlen zu berechnen. Die Quersumme einer Zahl ergibt sich aus der Addition der einzelnen Werte.

Beispiel:

Die Quersumme der Zahl 12 ergibt sich aus der Addition von 1+2, das Ergebnis ist also 3.

Die Quersumme von 12 können Sie berechnen, wenn Sie die beiden Teile mit den Funktionen *LINKS* und *RECHTS* ermitteln und addieren.

Beispiel:

```
=LINKS(12;1)+RECHTS(12;1)
```

Allerdings ist diese Formel nur für zweistellige Zahlen geeignet. Etwas flexibler geht es mit einer Matrixfunktion. Schließen Sie die Eingabe der folgenden Formel mit der Tastenkombination `Strg` + `⇧` + `↵` ab:

```
=SUMME(WERT(TEIL(B4;ZEILE(INDIREKT("A1:A"&LÄNGE(B4)));1)))
```

Diese Formel kann die Quersumme ganzer Zahlen berechnen. Die Funktion INDIREKT liefert dabei eine Zahlenmatrix in der Länge der zugrunde liegenden Zahl.

Übergeben Sie allerdings eine Dezimalzahl, dann führt dies zur Anzeige eines Fehlerwerts, weil das Komma keine gültige Zahl ist. Die Formel muss für diese Aufgabe angepasst werden. Die Funktion WECHSELN entfernt dabei das Komma (sofern vorhanden):

```
=SUMME(WERT(TEIL(WECHSELN(B4;",";"");ZEILE(INDIREKT("A1:A"&LÄNGE(WECHSELN(B4;",";""))));1)
))
```

Auch hier schließen Sie die Eingabe der Formel mit der Tastenkombination [Strg]+[⇧]+[↵] ab.

Ein Beispiel hierzu finden Sie auf dem Arbeitsblatt *Quersumme* in der Datei *Kap15_Matrix.xlsx* im Ordner *\Buch\Kap15* auf der CD-ROM zu diesem Buch.

Tabellen drehen

Manchmal stellt sich erst bei einer notwendigen Erweiterung von Tabellen heraus, dass die Anordnung der Daten umständlich ist. Mitunter wäre es praktischer, wenn Spalten und Zeilen vertauscht wären. Excel kann diese Aufgabe auf verschiedenen Wegen lösen.

1. Wenn Sie eine ganze Tabelle drehen wollen, markieren Sie den Tabellenbereich und kopieren die Daten über den Befehl *Kopieren* (Registerkarte *Start*, Gruppe *Zwischenablage*) in die Zwischenablage.
2. Wechseln Sie dann an eine freie Stelle und fügen Sie die Daten über *Einfügen/Inhalte einfügen* (Registerkarte *Start*, Gruppe *Zwischenablage*) wieder ein.
3. Markieren Sie dabei im Dialogfeld *Inhalte einfügen* das Kontrollkästchen *Transponieren*. Die Abbildung 15.26 zeigt neben dem Ergebnis in *B7:C11* auch die ursprüngliche Anordnung der Daten im Bereich *B3:F4*.

Tabellen dynamisch drehen

Wenn Sie die Tabelle in Zukunft nur noch in der gedrehten Variante bearbeiten wollen, können Sie den Quellbereich löschen. Sollen allerdings beide Formen nebeneinander existieren, taucht ein neues Problem auf: Die über das Dialogfeld *Inhalte einfügen* erzeugte Tabelle kann leider nicht dynamisch mit dem Quellbereich verknüpft werden, weil die entsprechende Schaltfläche deaktiviert ist, wenn das Kontrollkästchen *Transponieren* aktiv ist.

Um eine Tabelle dynamisch zu drehen, also die Inhalte der gedrehten Tabelle mit den Zellen des Quellbereichs zu verknüpfen, können Sie die Tabellenfunktion *MTRANS(Matrix)* einsetzen. Markieren Sie dazu einen Bereich, bei dem die Anzahl der Spalten und Zeilen gegenüber der Quelltabelle vertauscht ist. Hat die Quelltabelle etwa drei Zeilen und neun Spalten, markieren Sie einen Bereich mit neun Zeilen und drei Spalten (siehe hierzu auch Abbildung 15.26).

Matrixformeln: Rechnen mit Bereichen

> **TIPP** Um sicherzustellen, dass ein Bereich der richtigen Größe markiert ist, führen Sie die zuvor beschriebene statische Methode zum Transponieren über das Dialogfeld *Inhalte einfügen* aus. Am Ende der Aktion ist der richtige Bereich aktiv. Das hat den zusätzlichen Vorteil, dass eventuell vorhandene Zahlenformate ebenfalls bereits übernommen werden.

Tragen Sie jetzt die Formel =MTRANS(B3:F4) ein und schließen Sie die Eingabe, wie bei Matrixformeln üblich, mit der Tastenkombination [Strg]+[⇧]+[↵] ab. Das Ergebnis (in Abbildung 15.26 der Bereich *B14:C18*) ist dynamisch mit der Quelltabelle verbunden, Änderungen werden bei jeder Neuberechnung automatisch übernommen. Formatierungen müssen Sie allerdings selbst anpassen, z.B. indem Sie über das Dialogfeld *Inhalte einfügen* die Aktion *Transponieren* mit der Option *Formate* kombinieren.

Abbildg. 15.26 Der Quellbereich der Daten und die mit unterschiedlichen Funktionen gedrehte Variante

Einen Hyperlink erstellen

Um eine Verknüpfung auf einen Bereich herzustellen, enthält Excel eine besondere Matrixfunktion.

HYPERLINK(Hyperlink_Adresse;Freundlicher_Name)

erlaubt das Erstellen eines Verweises auf einen Bereich, der Verweis wird in Form eines Hyperlinks eingefügt. Über *Hyperlink_Adresse* geben Sie den Bezug und über *Freundlicher_Name* den ersatzweise anzuzeigenden Text an. Bereich kann folgendes enthalten:

- Einen Zellbezug auf eine einzelne Zelle einer Tabelle. Beispiel:

    =HYPERLINK("#Tabelle1!A1";"Zelle")

- Einen Zellbezug auf einen Bereich einer Tabelle in der Mappe. Beispiel:

    =HYPERLINK("#Tabelle1!A1:D5";"Bereich")

Kapitel 15 Mit Funktionen kalkulieren und auswerten

- Einen Zellbezug auf einen Bereich einer Tabelle einer nicht geöffneten Mappe. Beispiel:

  `=HYPERLINK("D:\Daten\Dateiname.xlsx#Tabelle1!A1"";""Externe Mappe")`

- Einen Verweis auf eine Internet-Adresse. Beispiel:

  `=HYPERLINK("http://www.anwendertage.de";"Internet")`

- Eine Formel, die als Ergebnis eine Sprungadresse liefert. Beispiel:

  `=WENN(B2<>"";HYPERLINK("http://excel.anwendertage.de";"Mehr Wissen");"")`

Für externe Bezüge ist eine Internet-Verbindung erforderlich. Wenn die durch *Hyperlink_Adresse* angegebene Sprungadresse nicht existiert oder nicht erreichbar ist, tritt beim Klicken auf die Zelle ein Fehler auf.

PROFITIPP

Sie können die Funktion *HYPERLINK* auch dazu verwenden, eine E-Mail zu verfassen. Wenn Sie die Zelle mit der folgenden Formel anklicken, wird Ihr E-Mail-Programm gestartet und die angegebene Adresse in eine neue Mail eingetragen:

`=HYPERLINK("mailto:Adresse@meinserver.de";"Mail verfassen")`

Abbildg. 15.27 Die Tabellenfunktion *HYPERLINK* kann eine Verknüpfung als Ergebnis einer Berechnung erstellen

	A	B	C	D
1				
2		Verwenden der Funktion HYPERLINK		
3		Ergebnis	Formel	
4		Zelle	=HYPERLINK("#HYPERLINK!A1";"Zelle")	
5		Bereich	=HYPERLINK("#HYPERLINK!A1:D5";"Bereich")	
6		Internet	=HYPERLINK("http://www.anwendertage.de";"Internet")	
7		Mehr Wissen	=WENN(B2<>"";HYPERLINK("http://excel.anwendertage.de";"Mehr Wissen");"")	
8		Mail verfassen	=HYPERLINK("mailto:Adresse@meinserver.de";"Mail verfassen")	
9		Externe Mappe	=HYPERLINK("D:\Daten\Dateiname.xls#Tabelle1!A1";"Externe Mappe")	
10				
11				
12		Um die Zelle mit dem Hyperlink zu aktivieren, halten Sie die Maustaste gedrückt, bis der Mauszeiger zu einem Kreuz wird.		
13		Wenn die angegebene Adresse nicht verfügbar ist, wird ein Fehler angezeigt.		
14				
15				
16			Excel-Anwendertage	
17			Für Anwender, die mehr wissen wollen	

Mehr zu Excel im Netzwerk und im Web erfahren Sie in Kapitel 28.

Die Beispiele hierzu finden Sie auf dem Arbeitsblatt *Hyperlink* in der Datei *Kap15_Matrix.xlsx* im Ordner *\Buch\Kap15* auf der CD-ROM zu diesem Buch.

Mit Informationsfunktionen prüfen

Manchmal gilt es, Zellen oder deren Inhalt genauer zu untersuchen. Dabei können unterschiedliche Ziele verfolgt werden. Sie können den Inhalt einer Zelle darauf prüfen, ob z.B. eine Zahl eingetragen ist, ob die Zelle leer ist oder ob sie gar einen Fehlerwert enthält.

Es ist aber auch möglich, mit Tabellenfunktionen verschiedene Eigenschaften einer Zelle zu ermitteln, z.B. die Breite der Zelle oder die Nummer der Spalte. Einige Funktionen, die solche Informationen liefern, zeigt der folgende Abschnitt.

Prüfen, ob eine Zelle leer ist

Wie prüfen Sie mit einer Funktion nach, ob die Zelle *B4* leer ist?

Wenn die Ausführung weiterer Berechnungen vom Vorhandensein eines Wertes abhängt, können Sie mit der Funktion

ISTLEER(Wert)

prüfen, ob bereits ein Wert eingetragen wurde.

Um die Zelle *B4* daraufhin zu prüfen, ob bereits ein Wert eingetragen wurde, verwenden Sie die Formel:

```
=ISTLEER(B4)
```

Sie können das Ergebnis dieser Funktion auch in einer *WENN*-Funktion verwenden, z.B.:

```
=WENN(ISTLEER(B4);"Noch kein Wert eingetragen";B4)
```

Als Ergebnis erhalten Sie *"Noch kein Wert eingetragen"*, wenn die Zelle leer ist bzw. den Inhalt von Zelle *B4*.

Die Beispiele finden Sie auf dem Arbeitsblatt *Leere Zelle* in der Datei *Kap15_Info.xlsx* im Ordner *\Buch\Kap15* auf der CD-ROM zu diesem Buch.

Auch die Funktion *ISTLEER* gehört zur Gruppe so genannter *Ist-Funktionen*. Tabelle 15.1 zeigt Ihnen eine Übersicht über *Ist-Funktionen* und deren Einsatzgebiete.

Tabelle 15.1 Übersicht zu den *IST*-Funktionen

Funktion	Liefert WAHR, wenn ...
ISTLEER(Wert)	*Wert* sich auf eine leere Zelle bezieht
ISTFEHL(Wert)	*Wert* sich auf einen Fehlerwert mit Ausnahme von #NV bezieht
ISTFEHLER(Wert)	*Wert* sich auf einen beliebigen Fehlerwert (#NV, #WERT!, #BEZUG!, #DIV/0!, #ZAHL!, #NAME? oder #NULL!) bezieht
ISTLOG(Wert)	*Wert* sich auf einen logischen Wert bezieht
ISTNV(Wert)	*Wert* sich auf den Fehlerwert #NV (Wert nicht verfügbar) bezieht

Tabelle 15.1 Übersicht zu den *IST*-Funktionen *(Fortsetzung)*

Funktion	Liefert WAHR, wenn ...
ISTKTEXT(Wert)	*Wert* kein Text ist. (Beachten Sie, dass diese Funktion WAHR zurückgibt, wenn sich *Wert* auf eine leere Zelle bezieht.)
ISTZAHL(Wert)	*Wert* sich auf eine Zahl bezieht
ISTBEZUG(Wert)	*Wert* sich auf einen Bezug bezieht. Dabei werden auch Namen als Bezug erkannt.
ISTTEXT(Wert)	*Wert* sich auf Text bezieht

Mit Informationsfunktionen auf Fehlerwerte prüfen

Wenn Sie ein Tabellenmodell aufbauen und dieses erst nachträglich mit Zahlen füllen, kommt es vor, dass manche Rechenoperationen einen Fehlerwert, etwa *#DIV/0!*, anzeigen. Die Funktion

ISTFEHLER(Wert)

findet diese Fehlerwerte: *#NV*, *#WERT!*, *#BEZUG!*, *#DIV/0!*, *#ZAHL!*, *#NAME?* und *#NULL!* und gibt einen Wahrheitswert zurück.

Die Anzeige des Fehlerwertes können Sie dann mit einer *WENN*-Funktion verhindern, indem Sie den Rückgabewert prüfen, etwa mit:

```
=WENN(ISTFEHLER(5/B4);"Fehler";5/B4)
```

In dieser Formel wird im Fehlerfall der Text *Fehler* angezeigt. Ist das Ergebnis der Berechnung dagegen ein *Wert*, wird dieser in der Zelle angezeigt.

Die neue Funktion *WENNFEHLER* verwenden

Wenn Sie sich die Formel

```
=WENN(ISTFEHLER(5/B4);"Fehler";5/B4)
```

einmal genauer ansehen, stellen Sie fest, dass Excel die Berechnung des Ausdrucks *5/B4* unter Umständen zweimal vornehmen muss: Einmal bei der Prüfung der Bedingung und einmal, wenn kein Fehler gefunden wird. Bei einer einzelnen Zelle ist das nicht weiter von Bedeutung, in großen Tabellen mit vielen Prüfungen dagegen schon.

Microsoft hat reagiert und eine neue Funktion integriert:

WENNFEHLER(Wert;Wert_falls_Fehler)

Wert ist dabei das Argument, das auf einen Fehler geprüft wird und *Wert_falls_Fehler* ist der Wert, der zurückgegeben wird, wenn die Auswertung der Formel einen Fehler ergibt. Die folgenden Fehlertypen werden berücksichtigt: *#NV*, *#WERT!*, *#BEZUG!*, *#DIV/0!*, *#ZAHL!*, *#NAME?* oder *#NULL!*.

Mit Informationsfunktionen prüfen

Diese Funktion ist wirklich praktisch und lange überfällig. Insbesondere Benutzer, die unter Verwendung der Verweisfunktionen (z.B. mit *SVERWEIS* wie in den Beispielen weiter unten in diesem Kapitel) komplexe Datenbereiche untersuchen und dabei Fehlerwerte berücksichtigen müssen, werden an dieser Funktion Freude haben. Und das auch, weil Formeln damit wesentlich verkürzt und damit leichter zu erstellen und zu verstehen sind.

Abbildg. 15.28 Ob verschachtelte oder neue Funktion: Fehler können angezeigt und differenziert untersucht werden

	A	B	C	D	E
1					
2		Prüfen auf Fehler mit der Funktion ISTFEHLER(Wert)			
3		Inhalt	Prüfung	Formel	
4		#WERT!	Fehler	=WENN(ISTFEHLER(5/B4);"Fehler";5/B4)	
5		25	0,2	=WENN(ISTFEHLER(5/B5);"Fehler";5/B5)	
6		0	Fehler	=WENN(ISTFEHLER(5/B6);"Fehler";5/B6)	
7					
8		Prüfen auf Fehler mit der neuen Funktion WENNFEHLER(Wert;Wert_falls_Fehler)			
9		Inhalt	Prüfung	Formel	
10		#WERT!	Fehler gefunden	=WENNFEHLER(5/B10;"Fehler gefunden")	
11		25	0,2	=WENNFEHLER(5/B11;"Fehler gefunden")	
12		0	Fehler gefunden	=WENNFEHLER(5/B12;"Fehler gefunden")	
13					

Diese Beispiele finden Sie auf dem Arbeitsblatt *ISTFEHLER* in der Datei *Kap15_Info.xlsx* im Ordner *\Buch\Kap15* auf der CD-ROM zu diesem Buch.

Die Informationsfunktion *ZELLE*

Manchmal sind Informationen über eine Zelle gesucht, wie z.B.: Welches Zahlenformat hat die Zelle oder in welcher Spalte oder Zeile steht die Information?

Im Grunde lassen sich solche Informationen relativ einfach ermitteln, zumal es in Excel die Funktion

ZELLE(Infotyp;[Bezug])

gibt. Diese Funktion liefert Informationen zu der Formatierung, der Position oder dem Inhalt der ersten Zelle von *Bezug*. Die weiteren Möglichkeiten: Adresse, Breite, Dateiname, Farbe, Format, Inhalt, Klammern, Präfix, Schutz, Spalte, Typ oder Zeile.

Wenn Sie die Funktion

```
=ZELLE("Breite";A1)
```

einsetzen, scheint zunächst alles »wunderbar«. Die Werte werden korrekt ermittelt. Leider gibt es in der Praxis ein Handicap. Verwenden Sie z.B. *Breite* für das Argument *Infotyp* und wird die Spaltenbreite später geändert, müssen Sie die Tabelle über die Taste F9 neu berechnen, damit das Ergebnis der Formel aktualisiert wird.

Kapitel 15 Mit Funktionen kalkulieren und auswerten

Die entsprechenden Beispiele finden Sie auf dem Arbeitsblatt *ZELLE* in der Datei *Kap15_Info.xlsx* im Ordner *\Buch\Kap15* auf der CD-ROM zu diesem Buch.

Alternativen gibt es für die Ermittlung der Lage einer Zelle über die Funktionen

ZEILE(Bezug) und *SPALTE(Bezug)*

die jeweils eine Zahl zurückgeben, sowie über die Funktion

ADRESSE(Zeile;Spalte;[Abs];[A1];[Tabellenname])

mit der eine Zelladresse ausgegeben werden kann. Diese Funktionen werden immer berechnet, vorausgesetzt, Sie haben über den Befehl *Office-Menü/Excel-Optionen* in der Kategorie *Formeln* das Optionsfeld *Automatisch* markiert.

Die Neuberechnung ist ein Thema von Kapitel 6. Mehr zur Funktion *ADRESSE* finden Sie im weiteren Verlauf dieses Kapitels.

Mit einer Formel den Dateinamen ermitteln

Mit dem Argument *"Dateiname"* können Sie ein Problem lösen, das Ihnen vielleicht auch schon einmal »Kopfzerbrechen« bereitet hat: Wie kann man in einer Zelle den Dateinamen, den Pfad oder den Namen des aktiven Tabellenblatts ausgeben?

Mit der Formel

```
=ZELLE("Dateiname";C4)
```

können Sie den kompletten Dateinamen ausgeben. Den Dateinamen ohne Pfadangabe ermitteln Sie dann mit der Formel

```
=TEIL(C4;FINDEN("[";C4;1)+1;FINDEN("]";C4;1)+1-(FINDEN("[";C4;1)+2))
```

und den Blattnamen mit der Formel

```
=TEIL(C4;C6+1;LÄNGE(C4)-C6)
```

Wenn Sie lediglich am Pfad interessiert sind, verwenden Sie die Formel

```
=TEIL(C4;1;FINDEN("[";C4;1)-1)
```

WICHTIG Der Dateiname wird nur dann korrekt ausgegeben, wenn die Datei bereits gespeichert wurde. Ansonsten erhalten Sie den Fehlerwert *#WERT!* angezeigt. Außerdem sollten Sie bei der Ermittlung des Dateinamens in jedem Fall das optionale Argument Bezug angeben. Die Formel liefert sonst in allen Blättern einer Mappe das gleiche Ergebnis, nämlich den Namen des Blattes, das zuletzt neu berechnet wurde.

Abbildg. 15.29 Informationen über eine Zelle mit der Funktion ZELLE

	A	B	C	D	E
1					
2		Die Funktion ZELLE(Infotyp;[Bezug])			
3		Information	Ergebnis	Formel	
4		Datei	C:\5103ss\5103\Kap15\[Info.xlsx]Dateiname	=ZELLE("Dateiname";B4)	
5		Eckige Klammer	]	=ZEICHEN(93)	
6		An Stelle …	32	=SUCHEN(ZEICHEN(93);C4;1)	
7		… ist Zeichen	]	=TEIL(C4;C6;1)	
8		Nur Dateiname	Info.xlsx	=TEIL(C4;FINDEN("[";C4;1)+1;FINDEN("]";C4;1)+1-(FINDEN("[";C4;1)+2))	
9		Blattname	Dateiname	=TEIL(C4;C6+1;LÄNGE(C4)-C6)	
10		Blattname mit einer Formel	Dateiname	=TEIL(ZELLE("Dateiname";B10);SUCHEN(ZEICHEN(93);ZELLE("Dateiname";B10);1)+1;LÄNGE(ZELLE("Dateiname";B10))-SUCHEN(ZEICHEN(93);ZELLE("Dateiname";B10);1))	
11		Pfad	C:\5103ss\5103\Kap15\	=TEIL(C4;1;FINDEN("[";C4;1)-1)	
12					

Die Beispiele finden Sie auf dem Arbeitsblatt *Dateiname* in der Datei *Kap15_Info.xlsx* im Ordner *\Buch\Kap15* auf der CD-ROM.

Mehr zur Funktion *TEIL* finden Sie im weiteren Verlauf dieses Kapitels.

Verweis-Funktionen nutzen

Einmal erfasste Daten sollen manchmal als Grundlage für flexible Abfragen verwendet werden, z.B. wenn Sie eine Liste mit den Lagerplätzen aller Artikel Ihrer Firma erstellt haben. Wo steht nun aber der Artikel mit der Nummer »1010«? Der folgende Abschnitt zeigt, wie Sie Fragen dieser Art mit Tabellenfunktionen beantworten können.

Bei der Überlegung, wie man an die Daten kommt, ist zunächst der Aufbau der Ursprungstabelle von Bedeutung: Wie können die Daten gefunden werden, welches Merkmal kennzeichnet die Information eindeutig und wo steht dieses Merkmal? Schauen Sie sich also zunächst die Tabelle an, aus der Sie Daten gewinnen wollen. Entscheiden Sie dann, welche Funktion Sie einsetzen.

Daten in einer Spalte suchen

Wenn Sie unterschiedliche Informationen aus einer Liste ermitteln wollen, können Sie mit der Funktion

SVERWEIS(Suchkriterium;Matrix;Spaltenindex;[Bereich_Verweis])

leistungsfähige Formeln erstellen. Diese Funktion beschreibt folgenden Lösungsweg bei der Suche nach dem Ergebnis:

- Durchsuche die erste Spalte von *Matrix* nach dem über das Argument *Suchkriterium* angegebenen Wert.
- Gehe, ausgehend von der ersten Spalte, die über das Argument *Spaltenindex* angegebene Anzahl Spalten nach rechts.
- Gib den dort stehenden Wert als Ergebnis zurück.

Für das Argument *Suchkriterium* können Sie einen Wert, eine Zeichenfolge oder einen Bezug verwenden. Nach diesem Argument wird in der ersten Spalte von *Matrix* gesucht. Mit dem Argument *Matrix* zeigen Sie auf den zu durchsuchenden Tabellenbereich. Mit *Spaltenindex* legen Sie diejenige Spalte fest, die aus der *Matrix* angezeigt werden soll.

Kapitel 15 Mit Funktionen kalkulieren und auswerten

Mit dem Argument *Bereich_Verweis* geben Sie an, ob die Funktion die exakte Übereinstimmung mit dem *Suchkriterium* prüfen soll.

- Wenn das Argument *Bereich_Verweis* nicht angegeben ist oder wenn Sie den Wahrheitswert *WAHR* (oder 1) für dieses Argument verwenden, muss die durchsuchte Liste aufsteigend sortiert sein. Wird das Suchkriterium nicht gefunden, wird der nächst kleinere Wert zurückgegeben!

- Verwenden Sie dagegen den Wert *FALSCH* (oder 0), wird nach einer genauen Übereinstimmung gesucht. Die Sortierung spielt dabei keine Rolle. Wird das Suchkriterium nicht gefunden, liefert *SVERWEIS* in diesem Fall den Fehlerwert *#NV*. Dieser Fehlerwert besagt, dass kein Wert verfügbar ist.

PROFITIPP

Verwenden Sie für das Argument Suchkriterium eine Textzeichenfolge, dann können Sie auch Stellvertreterzeichen (das Fragezeichen »?« für ein einzelnes Zeichen und den Stern »*« für mehrere beliebige Zeichen) bei der Suche einsetzen, wenn Sie gleichzeitig das Argument *Bereich_Verweis* auf *FALSCH* setzen. Die Formel

=SVERWEIS("101?";B8:C17;2;FALSCH)

gibt im Beispiel aus Abbildung 15.30 die Reihe für den ersten Wert zurück, der im Bereich 1010 bis 1019 liegt.

Am Beispiel der Liste in Abbildung 15.30 sollen zunächst Daten gesucht werden, bei denen die gesuchte Information untereinander in einer Spalte steht. So könnte eine Liste aussehen, die für die verschiedenen Artikelnummern die Reihe und Etage in einem Warenlager anzeigt.

Abbildg. 15.30 Spalten und Zeilen nach Werten durchsuchen

	A	B	C	D	E	F	G	H	I
1									
2		Die Funktionen SVERWEIS und WVERWEIS							
3		SVERWEIS(Suchkriterium;Matrix;Spaltenindex;[Bereich_Verweis])							
4		WVERWEIS(Suchkriterium;Matrix;Zeilenindex;[Bereich_Verweis])							
5									
6		Listenbereich				Spalte B durchsuchen mit SVERWEIS			
7		Nummer	Reihe	Etage		Suchkriterium		Reihe	Etage
8		1005	1	1		1010		1	3
9		1006	1	1		1010		#NV	#NV
10		1007	1	2		1010		X	X
11		1008	1	2					
12		1009	1	3					
13		1011	2	1		Zeile 7 durchsuchen mit WVERWEIS			
14		1012	2	2		Spalte	ohne Bereich_Verweis	mit Bereich_Verweis	
15		1013	2	3		Nummer	Nummer	Nummer	
16		1014	2	4		Reihe	Reihe	Reihe	
17		1015	2	5		Etage	#NV	Etage	
18									

Suchen Sie zur Artikelnummer in Zelle *F8* den Lagerplatz, also die Reihe und die Etage aus der Liste, tragen Sie in *F8* eine Nummer, z.B. »1007«, ein. Um nun für diese Artikelnummer den Lagerplatz zu ermitteln, verwenden Sie für die Reihe in *G8* die Formel

=SVERWEIS($F$8;$B$8:$D$17;2;WAHR)

und für die Etage in *H8* die Formel

```
=SVERWEIS($F$8;$B$8:$D$17;3; WAHR)
```

Wenn Sie wie in Abbildung 15.30 nach der Nummer *1010* suchen, wird ein Ergebnis angezeigt. Ein Blick auf die Tabelle zeigt jedoch, dass diese Artikelnummer gar nicht eingetragen ist. Woher stammen die Werte dann?

WICHTIG Wenn Sie für *Bereich_Verweis* den Wert *WAHR* verwenden und die Funktion *SVERWEIS* das Suchkriterium in der *Matrix* nicht findet, wird als Ergebnis der Wert des **nächst kleineren** Eintrags zurückgegeben. Das führt häufig zu unerwünschten Ergebnissen.

Um diesen Fehler zu vermeiden, verwenden Sie für das Argument *Bereich_Verweis* den Wert *FALSCH*. Die Formel für die Ermittlung des Regalplatzes mit exaktem Vergleich des Suchkriteriums lautet also

```
=SVERWEIS($F$8;$B$8:$D$17;2;FALSCH)
```

und für die Etage des Artikels

```
=SVERWEIS($F$8;$B$8:$D$17;3;FALSCH)
```

Wenn nun ein Wert nicht gefunden wird, wird der Fehlerwert *#NV* angezeigt.

Das Beispiel finden Sie auf dem Arbeitsblatt *SVERWEIS und WVERWEIS* in der Datei *Kap15_Verweis.xlsx* im Ordner *\Buch\Kap15* auf der CD-ROM zu diesem Buch.

Die Formel verbessern

Diese Formel zum Auslesen der Werte kann noch weiter verbessert werden. Um Fehlerwerte zu unterdrücken, kann das Ergebnis zunächst mit einer *WENN*-Funktion geprüft werden. Die Formel

```
=WENN(ISTNV(SVERWEIS($F$8;$B$8:$D$17;2;FALSCH));"X";SVERWEIS($F$8;$B$8:$D$17;2;FALSCH))
```

verhindert die Anzeige des Fehlerwertes für die Artikelnummer »1010« (vgl. Zelle *G10* und *H10* in Abbildung 15.30).

SVERWEIS soll den ungefähren Wert liefern

Was im Fall des Lagerplatzes unerwünscht war, kann im anderen Fall ganz nützlich sein. Im folgenden Beispiel soll anhand des Umsatzes aus einer Tabelle die Provision ermittelt werden. Nun kann die Tabelle nicht für jede Umsatzzahl einen Wert enthalten, sondern sie zeigt eigentlich nur die Grenzwerte an. Für Zwischenwerte wird der nächst kleinere Provisionssatz ausbezahlt. Das entspricht genau dem Verhalten von *SVERWEIS*, wenn das Argument *Bereich_Verweis* den Wert *WAHR* hat.

Die Formel

```
=SVERWEIS(E4;$B$4:$C$8;2;WAHR)
```

liefert das gewünschte Ergebnis.

Abbildg. 15.31   Der ungefähre Vergleich kann auch nützlich eingesetzt werden

	A	B	C	D	E	F	G	H
1								
2		Provisionen						
3		Umsatz	Provision		Erzielter Umsatz	Provision	Formel	
4		20.000,00 €	1,5%		22.500,00 €	1,5%	=SVERWEIS(E4;$B$4:$C$8;2;WAHR)	
5		30.000,00 €	2,0%		19.999,00 €	#NV	=SVERWEIS(E5;$B$4:$C$8;2;WAHR)	
6		40.000,00 €	2,5%		42.350,00 €	2,5%	=SVERWEIS(E6;$B$4:$C$8;2;WAHR)	
7		50.000,00 €	3,0%		27.239,00 €	1,5%	=SVERWEIS(E7;$B$4:$C$8;2;WAHR)	
8		60.000,00 €	3,5%		62.500,00 €	3,5%	=SVERWEIS(E8;$B$4:$C$8;2;WAHR)	
9								
10					Fehler ausblenden:			
11					Nix gibt's			
12					=WENN(E5>=MIN($B$4:$B$8);SVERWEIS(E5;$B$4:$C$8;2;WAHR);"Nix gibt's")			
13								

Beachten Sie in Abbildung 15.31 das Ergebnis der Zelle *F5*. Dort liefert die Formel den Fehlerwert *#NV*, weil der gesuchte Wert kleiner als der kleinste Wert in der Liste ist. Wollen Sie den Fehlerwert vermeiden, erweitern Sie die Formel um eine Prüfung, etwa so:

```
=WENN(E5>=MIN($B$4:$B$8);SVERWEIS(E5;$B$4:$C$8;2;WAHR);"Nix gibt's")
```

Das Beispiel finden Sie auf dem Arbeitsblatt *Provision*, weitere Beispiele zu den Auswirkungen des Arguments *Bereich_Verweis* auf dem Arbeitsblatt *SVERWEIS* in der Datei *Kap15_Verweis.xlsx* im Ordner *\Buch\Kap15* auf der CD-ROM zu diesem Buch.

Daten in einer Zeile suchen

Für den Fall, dass der zu durchsuchende Bereich nicht in einer Spalte, sondern in einer Zeile steht, können Sie die Funktion

WVERWEIS(Suchkriterium;Matrix;Zeilenindex;[Bereich_Verweis])

einsetzen. Diese Funktion entspricht der Funktion *SVERWEIS* mit dem Unterschied, dass die erste Zeile von *Matrix* nach dem *Suchkriterium* durchsucht wird und nicht die erste Spalte.

Über das Argument *Zeilenindex* geben Sie die gewünschte Zeilennummer an. Auch hier wird die Zeile, die durchsucht wird, mitgerechnet. Wenn Sie also für dieses Argument den Wert *1* einsetzen, erhalten Sie als Rückgabewert das Suchkriterium.

In Abbildung 15.30 sucht die Formel

```
=WVERWEIS(F15;$B$7:$D$7;1)
```

in Zelle *G15* den in *F15* eingetragenen Suchbegriff »Nummer« und gibt genau diesen zurück.

Werte auslesen mit *VERGLEICH*

Wenn Sie eine Funktion benötigen, die einen Vergleich durchführt und bei Übereinstimmung die Position des gesuchten Wertes ausgibt, dann können Sie hierfür die Funktion

VERGLEICH(Suchkriterium;Suchmatrix;Vergleichstyp)

verwenden. Diese Funktion liefert als Ergebnis die relative Position, die *Suchkriterium* in der *Suchmatrix* einnimmt.

WICHTIG Dabei wird ein exakter Vergleich durchgeführt, wenn Sie für das Argument *Vergleichstyp* den Wert *0* verwenden. Die Elemente der *Suchmatrix* dürfen dabei in beliebiger Reihenfolge angeordnet sein. Ist *Vergleichstyp* gleich *1*, liefert *VERGLEICH* den größten Wert, der kleiner gleich *Suchkriterium* ist. Die Elemente der Suchmatrix müssen in aufsteigender Reihenfolge angeordnet sein. Ist *Vergleichstyp* gleich *–1*, liefert *VERGLEICH* den kleinsten Wert, der größer gleich *Suchkriterium* ist und die Elemente der Suchmatrix müssen dabei in absteigender Reihenfolge sortiert sein. Tabelle 15.2 fasst die Informationen zu den Vergleichstypen zusammen.

Tabelle 15.2 Werte für das Argument *Vergleichstyp*

Vergleichstyp	Rückgabe	Sortierung
1 (Standard)	Größter Wert, der kleiner gleich Suchkriterium ist	Aufsteigende Reihenfolge
0	Erster Wert, der gleich Suchkriterium ist	Beliebige Reihenfolge
–1	Kleinster Wert, der größer gleich Suchkriterium ist	Absteigende Reihenfolge

Vergleichsfunktionen in einem Rechnungsformular einsetzen

Die Verweisfunktionen eignen sich für vielfältige Aufgaben, bei denen eine Liste nach einem bestimmten Suchkriterium durchsucht werden soll. Das folgende Beispiel zeigt, wie Sie ein Rechnungsformular erstellen, das mit Verweisfunktionen gefüllt wird.

Das Beispiel finden Sie in der Datei *Kap15_Rechnung.xlsx* im Ordner *\Buch\Kap15* auf der CD-ROM zu diesem Buch.

Die Erfassungsliste

Die Tabelle mit den einzelnen Positionen für das Rechnungsformular und den Adressdaten der Kunden werden in diesem Beispiel in einer Tabelle *Liste* erfasst. Wichtig ist dabei die erste Spalte mit der Rechnungsnummer. Diese Spalte wird als eindeutiges Suchkriterium für die Anzeige im Rechnungsformular verwendet. Die Abbildung 15.32 zeigt den Aufbau der Tabelle.

Abbildg. 15.32 In der Erfassungsliste werden alle relevanten Daten abgelegt

ReNr	Anzahl	Leistung	Einzelpreis	Kunde	Straße	Ort
		Erfassung der Rechnungspositionen				
1	10	Schraubensortiment	320,00 €	Hanser	Edelhof 3	10765 Berlin
1	1	Elektrohobel	141,00 €	Hanser	Edelhof 3	10765 Berlin
1	10	Fugenfräse	216,00 €	Hanser	Edelhof 3	10765 Berlin
2	3	Schaukasten	451,00 €	Buckel	Marienhof 41	85716 Unterschleißheim
3	9	Lochmaschine	205,00 €	Buckel	Marienhof 41	85716 Unterschleißheim
4	15	Akku-Schrauber	224,00 €	Buckel	Marienhof 41	85716 Unterschleißheim
5	5	Werkstatt-Sauger	463,00 €	Buckel	Marienhof 41	85716 Unterschleißheim
6	16	Handkreissäge	204,00 €	Buckel	Marienhof 41	85716 Unterschleißheim
7	11	Staubbeutel	26,00 €	Schimmelpfennig	Turmgasse 6	123456 Glückstadt
7	3	Ersatz-Akku	136,00 €	Schimmelpfennig	Turmgasse 6	123456 Glückstadt
7	17	Kabeltrommel	51,00 €	Schimmelpfennig	Turmgasse 6	123456 Glückstadt
7	11	Sicherungskasten	90,00 €	Schimmelpfennig	Turmgasse 6	123456 Glückstadt
7	1	Montage	382,00 €	Schimmelpfennig	Turmgasse 6	123456 Glückstadt
7	6	Werkbank	377,00 €	Schimmelpfennig	Turmgasse 6	123456 Glückstadt
7	13	Ständer-Bohrmaschine	436,00 €	Schimmelpfennig	Turmgasse 6	123456 Glückstadt
7	6	Werkzeugschrank	346,00 €	Schimmelpfennig	Turmgasse 6	123456 Glückstadt
7	3	Werkstattleuchte	305,00 €	Schimmelpfennig	Turmgasse 6	123456 Glückstadt
7	12	Verteilerschiene	234,00 €	Schimmelpfennig	Turmgasse 6	123456 Glückstadt
8	12	Bohrmaschine	137,00 €	Günther	Beethovengasse 3	01234 Teichstadt
9	14	Tischkreissäge	473,00 €	Götz	Schillerplatz7	45678 Dichterstadt
10	1	Elektrotacker	171,00 €	Mai	Am Stadtpark 2	99999 Nirgendwo

Wenn Sie eine neue Rechnung stellen wollen, tragen Sie die einzelnen Positionen und die Kundenanschrift zunächst in diese Tabelle ein.

Das Rechnungsformular anlegen

Das Rechnungsformular erstellen Sie am besten auf einem separaten Arbeitsblatt mit dem Namen *Formular*. Die Trennung von Daten und Auswertungsbereichen ist eine gute Methode, um Probleme beim Filtern von Daten oder auch beim Drucken zu vermeiden.

Die Formeln im Rechnungsformular verwenden die Bereichsnamen aus Tabelle 15.3. Mehr zum Thema »Namen« finden Sie in Kapitel 19.

Tabelle 15.3 Die Namen und Bezüge für die Verwendung im Rechnungsformular

Name	Bezieht sich auf
Ausgabe	=3
ersteNr	=BEREICH.VERSCHIEBEN(Start;1;0;1;1)
Nummer	=ersteNr:BEREICH.VERSCHIEBEN(ersteNr;ANZAHL(Liste!$B$4:$B$65536);0;1;1)
ohneVorspalte	=WAHR
ReBetrag	=Formular!$E$33
ReDatum	=Formular!$E$9
ReNr	=Liste!$B$4:$E$24
ReNummer	=Formular!$E$10
Start	=Liste!$B$3

Für die Gestaltung des Formulars können Sie beliebige Zeichnungselemente und Formatierungen einsetzen. Für die Einstellung der Rechnungsnummer ist ein Drehfeld ideal geeignet. Um Steuerelemente zu erstellen, müssen Sie zunächst in den *Excel-Optionen* in der Kategorie *Häufig verwendet* das Kontrollkästchen *Entwicklerregisterkarte in der Multifunktionsleiste zeigen* aktivieren. Anschließend können Sie auf der Registerkarte *Entwicklertools* über *Einfügen/Formularsteuerelemente* ein Steuerelement erstellen. Mehr zu Steuerelementen finden Sie in Kapitel 13.

Und so machen Sie es in der Beispieltabelle verfügbar:

1. Klicken Sie auf der Registerkarte *Entwurf* im Befehl *Einfügen/Formularsteuerelemente* auf das Symbol *Drehfeld* und ziehen Sie einen Rahmen in der Tabelle auf.
2. Bei markiertem Steuerelement wählen Sie im Kontextmenü den Befehl *Format/Steuerelement*.
3. Auf der Registerkarte *Steuerung* des Dialogfeldes stellen Sie die *Zellverknüpfung* auf den Bereichsnamen *ReNummer* ein. Damit wird der jeweilige Wert des Drehfeldes in die Zelle *E10* geschrieben. Setzen Sie außerdem den *Minimalwert* auf *1*, da der Wert *0* in diesem Beispiel nicht sinnvoll wäre.
4. Wechseln Sie anschließend noch im Dialogfeld zur Registerkarte *Eigenschaften* und deaktivieren Sie das Kontrollkästchen *Objekt drucken*. Damit wird das Drehfeld lediglich am Bildschirm angezeigt, nicht aber auf den Ausdrucken.
5. Schließen Sie dann das Dialogfeld *Steuerelement formatieren* per Klick auf die Schaltfläche *OK*.

Über dieses Drehfeld können Sie nun die gewünschte Rechnungsnummer einstellen. Ein Klick auf den Pfeil nach oben erhöht die Rechnungsnummer, ein Klick auf den Pfeil nach unten reduziert sie. Die Rechnungsnummer in Zelle *E10* ihrerseits steuert die Anzeige der Adresse und der Rechnungspositionen auf dem Formular, weil sich alle veränderlichen Zellen darauf beziehen. In Zelle *A5* liefert die Formel

```
=SVERWEIS(ReNummer;Liste!B4:H65536;5;FALSCH)
```

den Namen des Kunden. Und auch die Straße sowie der Wohnort des Kunden werden unter Verwendung der Tabellenfunktion *SVERWEIS* ermittelt:

```
=SVERWEIS(ReNummer;Liste!B4:H65536;6;WAHR)
```
liefert die Straße

```
=SVERWEIS(ReNummer;Liste!B4:H65536;7;WAHR)
```
liefert den Wohnort

HINWEIS Wenn die von Ihnen verwendete Adresse weitere Adressbestandteile enthält, tragen Sie entsprechende Formeln in die Zellen *A6* oder *A8* ein.

Die Anzeige einer laufenden Nummer wird ebenfalls über eine Formel realisiert. Kopieren Sie dazu die folgende Formel der Zelle *A21* nach unten bis zur Zelle *A30*.

```
=WENN(B21<>"";ZEILE()-20;"")
```

Abbildg. 15.33 Das Rechnungsformular zeigt die Artikel der Erfassungsliste für die eingestellte Rechnungsnummer

	A	B	C	D	E	F
1		Meine Firma • Meine Straße 6 • 12345 Meine Stadt				
2						
3						
4	Meine Firma • Meine Straße 6 • 12345 Meine Stadt					
5	Schimmelpfennig					
6						
7	Turmgasse 6					
8				Rechnung:		
9	123456 Glückstadt			Datum	09.12.2006	▲
10				Nummer	7	▼
11						
20	Lfd. Nr.	Anzahl	Leistung	Einzelpreis	Gesamt	
21	1	11	Staubbeutel	26,00 €	286,00 €	
22	2	3	Ersatz-Akku	136,00 €	408,00 €	
23	3	17	Kabeltrommel	51,00 €	867,00 €	
24	4	11	Sicherungskasten	90,00 €	990,00 €	
25	5	1	Montage	382,00 €	382,00 €	
26	6	6	Werkbank	377,00 €	2.262,00 €	
27	7	13	Ständer-Bohrmaschine	436,00 €	5.668,00 €	
28	8	6	Werkzeugschrank	346,00 €	2.076,00 €	
29	9	3	Werkstattleuchte	305,00 €	915,00 €	
30	10	12	Verteilerschiene	234,00 €	2.808,00 €	
31			Zwischensumme Netto		16.662,00 €	
32			zzgl. 16% MwSt.		2.665,92 €	
33			Rechnungsbetrag		19.327,92 €	
34						
35	Bitte überweisen Sie den Betrag von 19.327,92 € bis zum 23.12.2006 auf das Konto					
36	BLZ	12345678				
37	Kontonumme	1234567890				
38						

Diese Formel prüft, ob in Spalte *B* ein Eintrag vorhanden ist und gibt in diesem Fall die um einen festen Wert reduzierte Zeilennummer aus. Hat Ihr Rechnungsformular einen anderen Aufbau, etwa, weil Sie einen anderen Briefkopf verwenden, müssen Sie hier eine Anpassung vornehmen.

Die schwerste Aufgabe ist nun die Ermittlung der Rechnungspositionen. Dabei muss nicht eine einzelne Information, wie etwa der Name des Kunden, sondern eine unterschiedliche Anzahl an Positionen gefunden werden. Die Lösung über die folgende Formel macht sich dabei zunutze, dass in jeder Zeile für die Rechnungspositionen die gesuchte Rechnungsnummer eingetragen ist. Eine höhere Rechnungsnummer zeigt also das Ende des gesuchten Bereichs an.

Markieren Sie den Bereich *B21:D30* und tragen Sie die Formel

```
=WENN(SUMME(WENN(Nummer=ReNummer;1;0))>=ZEILE()-20;BEREICH.VERSCHIEBEN(Start;
VERGLEICH(ReNummer;Nummer;0);ohneVorspalte;WENN(ReNummer<>MAX(Nummer);VERGLEICH((ReNummer+
1);Nummer;0)-VERGLEICH(ReNummer;Nummer;0);SUMME(WENN(Nummer=ReNummer;1;0)));Ausgabe);"")
```

ein. Schließen Sie die Eingabe mit der Tastenkombination [Strg]+[⇧]+[↵] ab. Damit wird die Formel als Matrixformel eingetragen.

WICHTIG Damit die Formel alle Rechnungspositionen korrekt ermitteln kann, muss die Liste mit den Rechnungspositionen aufsteigend nach Rechnungsnummern sortiert sein. Weitere Informationen zum Sortieren von Daten finden Sie in Kapitel 20.

Den Nachsatz zum Rechnungsbetrag und dem Zahlungsziel erstellen Sie mit einer Formel, die verschiedene Texte und formatierte Zellwerte verkettet:

```
="Bitte überweisen Sie den Betrag von "&TEXT(ReBetrag;"#.##0,00 €")&" bis zum
"&TEXT(ReDatum+14;"TT.MM.JJJJ")&" auf das Konto"
```

Mehr zu Textfunktionen finden Sie im weiteren Verlauf dieses Kapitels.

Der Gesamtpreis in Spalte *E* ergibt sich aus der Multiplikation von Anzahl und Einzelpreis. Die Zwischensumme und die Addition der Mehrwertsteuer runden das Formular ab. Damit können Sie jetzt über die Auswahl der Rechnungsnummer die Rechnungspositionen aus der Erfassungsliste auslesen. Dabei werden bis zu zehn Positionen auf der Rechnung angezeigt (vgl. Abbildung 15.33). Das sollte für kleinere Betriebe ausreichend sein.

Die Funktion *INDEX*

Mit der Funktion *VERGLEICH* können Sie also die relative Position des gesuchten Elements in einer Liste ermitteln. Die Funktion *INDEX* hilft Ihnen dabei, aus dieser relativen Position das Element selbst zu ermitteln. Die Funktion *INDEX* gibt es in zwei Varianten, nämlich

in der Matrixversion INDEX(Matrix;[Zeile];[Spalte]) und

in der Bezugsversion INDEX(Bezug;[Zeile];[Spalte];[Bereich]).

Die Matrixversion der Funktion *INDEX* liefert den Bezug auf ein Element in *Matrix*, dessen Position durch *Zeile* und *Spalte* bestimmt werden. Die Werte für *Zeile* und *Spalte* müssen auf eine Zelle innerhalb von *Matrix* verweisen.

Sie können die Index-Funktion z.B. auch einsetzen, um mit der Formel

```
=INDEX({"Sonntag";"Montag";"Dienstag";"Mittwoch";"Donnerstag";"Freitag";"Samstag"};WOCHEN-
TAG(HEUTE());)
```

den aktuellen Wochentag auszugeben. Diese Formel müssen Sie allerdings als Matrixformel eingeben, also mit der Tastenkombination [Strg]+[⇧]+[↵] abschließen. Mehr zur Tabellenfunktion *WOCHENTAG* finden Sie weiter unten in diesem Kapitel im Abschnitt »Sind Sie ein Sonntagskind?«.

Die Bezugsversion liefert den *Bezug* der Zelle, in der sich eine bestimmte *Zeile* und *Spalte* schneiden. Wenn Sie für das Argument *Bezug* eine Mehrfachmarkierung angeben, können Sie mit dem Argument *Bereich* den Teilbereich angeben, der ausgewertet werden soll. Ein Beispiel weiter unten wird dies nochmals deutlich machen.

INDEX für Ausgabewerte von Steuerelementen einsetzen

Die Funktion *INDEX* benötigen Sie auch, wenn Sie in einer Tabelle *Entwicklertools/Einfügen/Formularsteuerelemente* die Steuerelemente *Listenfeld* oder/und *Kombinationsfeld* einsetzen wollen. Diese Steuerelemente geben nicht den gewählten Eintrag aus, sondern lediglich den Index. Um den tatsächlichen Wert zu erhalten, setzen Sie die *INDEX*-Funktion ein.

In Abbildung 15.34 wird in der Zelle *E16* die Formel

```
=INDEX(B6:B15;E16)
```

verwendet. Die Zelle *E16* ist die Ausgabeverknüpfung des Kombinationsfeldes. Für das Listenfeld wird die Zelle *G16* als Ausgabeverknüpfung festgelegt und in *G17* über die Formel

```
=INDEX(B6:B15;G16)
```

der Eintrag ermittelt.

> **TIPP** Dass das Ergebnis der Tabellenfunktion *INDEX* ein Bezug ist, können Sie selbst nachprüfen. Aktivieren Sie die Zelle *A1* und rufen Sie über die Taste [F5] das Dialogfeld *Gehe zu* auf. Tragen Sie dort die Formel =INDEX(B6:B15;G16) in das Eingabefeld *Verweis* ein und klicken Sie auf die Schaltfläche *OK*. Als Ergebnis wird die Zelle ausgewählt, deren Inhalt aktuell im Listenfeld markiert ist.

In Abbildung 15.34 geben diese Formeln den sechsten bzw. ersten Eintrag aus dem Eingabebereich zurück.

Abbildg. 15.34 Den tatsächlich ausgewählten Eintrag ermitteln

	A	B	C	D	E	F	G	H
1								
2		Die Funktion INDEX(Matrix;Zeile;Spalte) ermittelt die Rückgabewerte von Steuerelementen						
3		Einfügen von Steuerelementen: Registerkarte Entwicklertools/Einfügen/*Formularsteuerelemente*						
4								
5		Eingabebereich			Kombinationsfeld		Listenfeld	
6		Excel			Excel		Outlook	
7		Access			Access			
8		Word			Word			
9		PowerPoint			PowerPoint			
10		Project			Project			
11		Visio			Visio			
12		Outlook			Outlook			
13		Publisher			Publisher			
14		InfoPath			InfoPath			
15								
16				Ausgabewert	4		7	
17				Gewählter Eintrag	PowerPoint		Outlook	
18				Formel	=INDEX(B6:B15;E16)		=INDEX(B6:B15;G16)	
19								

Das Beispiel finden Sie auf dem Arbeitsblatt *Steuerelemente auswerten* in der Datei *Kap15_Verweis.xlsx* im Ordner *\Buch\Kap15* auf der CD-ROM zu diesem Buch.

Mehr zu Steuerelementen finden Sie in Kapitel 13, wie Sie Bereichsnamen in Steuerelementen einsetzen können, zeigt Ihnen Kapitel 19.

Verschiedene Bereiche mit der Bezugsversion von *INDEX* auswerten

Viele statistische Tabellen stellen Merkmale in Spalten und einzelne Ausprägungen in Unterspalten dar. Die Abbildung 15.35 zeigt eine solche Tabelle mit dem Energieverbrauch eines Menschen, unterschieden nach verschiedenen Tätigkeitsprofilen und für Männer sowie Frauen. Wie können Sie aus einer solchen Tabelle Informationen auslesen? Das ist ein typischer Fall für die Bezugsversion der Tabellenfunktion *INDEX*.

Für eine dynamische Lösung soll der Bereich *B11:B13* die persönlichen Werte aufnehmen. Dabei kann das Profil für die Aktivitäten über ein Auswahlfeld eingestellt werden. Möglich macht dies die Definition einer entsprechenden Gültigkeitsregel, die den Listenbereich *Profile* verwendet. Dieser Bereichsname zeigt auf den Bereich *A19:A23*. Mehr zum Thema »Gültigkeitsprüfung« finden Sie in Kapitel 8.

Zunächst soll ermittelt werden, welcher Altersgruppe der eingetragene Wert zuzuordnen ist. In Zelle *F11* erledigt das die Formel:

```
=WENN(B11<A4;1;VERGLEICH(B11;A4:A8;1))
```

Dabei wird der persönliche Wert mit der Vorspalte der Tabelle verglichen. Da der *Vergleichstyp* auf *1* eingestellt wurde, wird kein exakter Vergleich hergestellt. Das führt dazu, dass der nächst kleinere Wert zurückgegeben wird, wenn das Suchkriterium nicht gefunden wird. Da die einzelnen Klassen den gesamten Altersbereich umfassen, kann ein weiterer Vergleich mit der Spalte *B* entfallen.

Innerhalb der Tätigkeitsprofile werden männliche (jeweils in der ersten Spalte) und weibliche Personen (jeweils in der zweiten Spalte) unterschieden. Welche Spalte gesucht werden soll, ermittelt die Formel

```
=VERGLEICH(B12;C3:D3;1)
```

Dabei wird das persönliche Geschlecht mit den beiden möglichen Werten verglichen. Und auch das persönliche Tätigkeitsprofil wird mit einer Formel unter Verwendung der Tabellenfunktion *VERGLEICH* ermittelt:

```
=VERGLEICH(B13;Profile;0)
```

Sie haben jetzt also verschiedene Indizes ermittelt, die Informationen zur Position des gesuchten Wertes liefern. All diese Informationen fasst die Formel

```
=INDEX(($C$4:$D$8;$E$4:$F$8;$G$4:$H$8;$I$4:$J$8;$K$4:$L$8);F11;F12;F13)
```

zusammen. Zur Erinnerung nochmals die Syntax der Bezugsversion von *INDEX*:

INDEX(Bezug;[Zeile];[Spalte];[Bereich])

WICHTIG   Verwenden Sie mehrere Bezüge (in diesem Beispiel waren es insgesamt fünf) für das Argument *Bezug*, müssen die Bezüge durch Semikola getrennt und in einer Klammer zusammengefasst werden.

Über das Argument *Bereich* können Sie die einzelnen Bereiche von *Bezug* ansteuern. Aus diesem Bezug wiederum wird die Zelle zurückgegeben, die Sie mit *Zeile* und *Spalte* einstellen.

Kapitel 15 Mit Funktionen kalkulieren und auswerten

Abbildg. 15.35 Mehrere Bereiche auswerten mit der Tabellenfunktion *INDEX*

	A	B	C	D	E	F	G	H	I	J	K	L
1	Durchschnittlicher Energiebedarf des Menschen in kcal											
2	Alter		Personen die meist sitzen oder liegen		Personen mit leichten Tätigkeiten		Personen mit mittelschweren Tätigkeiten		Personen mit anstrengenden Tätigkeiten		Personen mit sehr anstrengenden Tätigkeiten	
3	von … bis … Jahre		m	w	m	w	m	w	m	w	m	w
4	15	19	2.184	1.752	2.639	2.117	3.003	2.409	3.367	2.701	4.004	3.212
5	20	25	2.184	1.668	2.639	2.016	3.003	2.294	3.367	2.572	4.004	3.058
6	26	50	2.088	1.608	2.523	1.943	2.871	2.211	3.219	2.479	3.828	2.948
7	51	65	1.896	1.524	2.291	1.842	2.607	2.096	2.923	2.350	3.476	2.794
8	66	und darüber	1.692	1.404	2.045	1.697	2.327	1.931	2.609	2.165	3.102	2.574
9												
10												
11	Alter	47					3	=WENN(B11<A4;1;VERGLEICH(B11;A4:A8;1))				
12	Geschlecht	m					1	=VERGLEICH(B12;C3:D3;1)				
13	Profil	Personen mit leichten Tätigkeiten					2	=VERGLEICH(B13;Profile;0)				
14												
15	Der persönliche Energiebedarf beläuft sich auf:				2.523							
16						=INDEX(($C$4:$D$8;$E$4:$F$8;$G$4:$H$8;$I$4:$J$8;$K$4:$L$8);F11;F12;F13)						
17												
18	Profile											
19	Personen die meist sitzen oder liegen											
20	Personen mit leichten Tätigkeiten											
21	Personen mit mittelschweren Tätigkeiten											
22	Personen mit anstrengenden Tätigkeiten											
23	Personen mit sehr anstrengenden Tätigkeiten											
24												

Der auszuwertende Bereich wird über das Tätigkeitsprofil bestimmt. Wenn, wie in Abbildung 15.35, das zweite Profil ausgewählt wurde, wird der zweite Bereich *E4:F8* verwendet. Aus diesem Bereich wird die dritte Zeile (der Wert aus *F11*) der ersten Spalte (Wert aus *F12*) verwendet, um das Ergebnis (2523) zu berechnen.

Das Beispiel finden Sie auf dem Arbeitsblatt *INDEX Bezugsversion* in der Datei *Kap15_Verweis.xlsx* im Ordner *\Buch\Kap15* auf der CD-ROM zu diesem Buch.

Aus einer Liste von Werten auswählen

Eine weitere Funktion, mit der Sie ein bestimmtes Element aus einer Reihe von Werten ermitteln können, ist die Funktion:

WAHL(Index;Wert1;[Wert2];[…])

Diese Funktion liefert, wie die Funktion *INDEX*, den an einer bestimmten Position befindlichen Eintrag aus einer Liste von bis zu 29 Argumenten, die jeweils durch ein Semikolon getrennt sind. Für Aufgabenstellungen, bei denen Sie einen Wert aus einer Liste mit wenigen Einträgen auswählen müssen, können Sie diese Funktion einsetzen.

Beispiele:

Zur Berechnung des Wochentags können Sie auch die Formel

```
=WAHL(WOCHENTAG(HEUTE());"Sonntag";"Montag";"Dienstag";"Mittwoch";"Donnerstag";"Freitag";"Samstag")
```

verwenden.

Mit der folgenden Formel können Sie den ersten Buchstaben des aktuellen Monats ermitteln (bzw. die Monatsnamen, wenn Sie sie in der Liste ausschreiben):

```
=WAHL(MONAT(HEUTE());"J";"F";"M";"A";"M";"J";"J";"A";"S";"O";"N";"D")
```

Die folgende Formel gibt das Quartal für den aktuellen Tag aus:

```
=WAHL(AUFRUNDEN(MONAT(HEUTE())/3;0);"1. Quartal";"2. Quartal";"3. Quartal";"4. Quartal")
```

Ein weiteres Beispiel für die Tabellenfunktion *WAHL* finden Sie bei der Datenüberprüfung in Kapitel 8.

In welcher Zelle steht der größte Wert?

Dazu erstellen wir eine Beispieltabelle, in welcher im Bereich *B4:B11* verschiedene Personalnummern und im Bereich *C4:C11* die dazugehörigen Gehälter stehen. Nun stellen wir uns die Frage: Welche Zelle enthält das größte Gehalt?

Um diese Zelle zu ermitteln, verwenden Sie in Zelle *C16* die Formel:

```
=MAX(C4:C11)
```

Vergleichen Sie diesen Wert mit der Liste aller Gehälter. Um nun die relative Position zu erhalten, verwenden Sie die Formel

```
=VERGLEICH(MAX(C4:C11);C4:C11;0)
```

Jetzt wollen Sie nicht die relative Position in der Liste ermitteln, sondern die Adresse der Zelle mit dem größten Wert. Hierfür wird das Ergebnis des Vergleichs verwendet. In Kombination mit der Funktion

ADRESSE(Zeile;Spalte;[Abs];[A1];[Tabellenname])

kann der Rückgabewert, der hier die Zeile angibt, in einen Zellbezug umgewandelt werden. Die Funktion *ADRESSE* verwendet *Zeile* und *Spalte*, um einen Bezug auf eine Tabelle zurückzugeben. Für das Argument *Abs* können Sie einen der Werte aus Tabelle 15.4 verwenden.

Tabelle 15.4   Liste der Werte für das Argument *Abs*

Wert für das Argument *Abs*	Ergebnis
1 oder nicht angegeben	Spalte absolut, Zeile absolut
2	Spalte relativ, Zeile absolut
3	Spalte absolut, Zeile relativ
4	Spalte relativ, Zeile relativ

Kapitel 15 Mit Funktionen kalkulieren und auswerten

 Das folgende Beispiel finden Sie auf dem Arbeitsblatt *Größter Wert* in der Datei *Kap15_Verweis.xlsx* im Ordner *\Buch\Kap15* auf der CD-ROM zu diesem Buch.

Tragen Sie in Zelle *C18* die folgende Formel ein:

```
=ADRESSE(VERGLEICH(MAX(C4:C11);C1:C11;0);3;1)
```

Das Ergebnis ist *$C$7*. In dieser Formel werden drei Funktionen verschachtelt: Die Funktion *MAX* ermittelt den größten Wert aus dem Bereich *C4:C11*. Dieser Wert wird der Funktion *VERGLEICH(Suchkriterium;Suchmatrix;Vergleichstyp)* als *Suchkriterium* übergeben. VERGLEICH wiederum durchsucht den Bereich nach exakter Übereinstimmung mit diesem *Suchkriterium* und gibt die Nummer der Stelle zurück, an der das *Suchkriterium* gefunden wird. Das Ergebnis ist die Zeilennummer der gesuchten Adresse.

Die Zahl der Spalte ist in der Formel fest mit dem Wert *3* belegt. Die *1* für das dritte Argument der Funktion *ADRESSE* legt fest, dass eine absolute Adresse zurückgegeben wird.

Abbildg. 15.36 Wer hat das höchste Gehalt?

	A	B	C	D	E
1					
2		Die Funktion ADRESSE(Zeile;Spalte;[Abs];[A1];[Tabellenname])			
3		Personalnummer	Gehalt		
4		10038	117.823,00 €		
5		10046	59.164,00 €		
6		10054	93.878,00 €		
7		10062	155.035,00 €		
8		10070	57.922,00 €		
9		10078	110.876,00 €		
10		10086	109.120,00 €		
11		10094	60.843,00 €		
12					
13					
14		Informationen zum größten Gehalt			
15		Information	Ergebnis	Formel	
16		Der Wert ist	155.035,00 €	=MAX(C4:C11)	
17		Position im Bereich C4:C11	4	=VERGLEICH(MAX(C4:C11);C4:C11;0)	
18		Steht in Zelle	$C$7	=ADRESSE(VERGLEICH(MAX(C4:C11);C1:C11;0);3;1)	
19		Personalnummer in Zelle	B7	=ADRESSE(VERGLEICH(MAX(C4:C11);C1:C11;0);2;4)	
20		Personalnummer	10062	=INDIREKT(ADRESSE(VERGLEICH(MAX(C4:C11);C1:C11;0);2))	
21					

Die relative Adresse der Zelle, in der die gesuchte Personalnummer steht, bringt die Formel

```
=ADRESSE(VERGLEICH(MAX(C4:C11);C1:C11;0);2;4)
```

an den Tag. Sie können nun diesen Bezug auswerten, indem Sie ihn als Argument *Bezug* in die Tabellenfunktion

```
INDIREKT(Bezug;[A1])
```

einsetzen. Als Ergebnis erhalten Sie die gesuchte Personalnummer für das höchste Gehalt (vgl. Abbildung 15.36).

Verweis-Funktionen nutzen

Den letzten Wert einer Spalte oder Zeile ermitteln

Mit einer verschachtelten Formel können Sie auch den Inhalt der letzten Zelle aus einer Spalte ermitteln. Die Formel

```
=INDEX(B5:B20;VERGLEICH(WAHR;WENN(ISTLEER(B5:B20);B5:B20);1);0)
```

gibt den Inhalt der letzten verwendeten Zelle aus dem Bereich *B5:B20* zurück, wenn Sie die Eingabe mit der Tastenkombination [Strg]+[⇧]+[↵] abschließen. Tragen Sie z.B. in Zelle *B16* einen neuen Wert ein, liefert die Formel genau diesen Eintrag.

Abbildg. 15.37 Den letzten Wert einer Spalte oder einer Zeile mit Funktionen finden

	A	B	C	D	E	F	G
1							
2		Die Funktion INDEX(Matrix;Zeile;[Spalte])					
3		Letzter Wert einer Spalte bzw. Zeile					
4		Spalte 1	Spalte 2	Spalte 3		Zeile untersuchen	
5		54				Letzter Eintrag im Bereich B5:B20	
6		18				43	
7		56				=INDEX(B5:B15;VERGLEICH(WAHR;WENN(ISTLEER(B5:B15);B5:B15);1);0)	
8		47					
9		25				Spalte untersuchen	
10		56				Letzter Eintrag im Bereich A4:E4	
11		43				Spalte 3	
12		18				=INDEX(A4:E4;1;VERGLEICH(WAHR;WENN(ISTLEER(A4:E4);A4:E4);1))	
13		31					
14		45					
15		43					
16							

Um den letzten Wert in einer Zeile zu finden (vgl. Abbildung 15.37), verwenden Sie die Formel:

```
=INDEX(A4:E4;1;VERGLEICH(WAHR;WENN(ISTLEER(A4:E4);A4:E4);1))
```

Schließen Sie auch hier die Eingabe mit der Tastenkombination [Strg]+[⇧]+[↵] ab.

Das obige Beispiel finden Sie auf dem Arbeitsblatt *Letzter Eintrag* in der Datei *Kap15_Verweis.xlsx* im Ordner *\Buch\Kap15* auf der CD-ROM.

Aus einem Zellbezug den Inhalt ermitteln

Die Funktion

INDIREKT(Bezug;[A1])

ist so interessant, dass sie noch etwas genauer betrachtet werden sollte: Sie kann den Inhalt von *Bezug* auswerten und diesen als Bereichsargument verwenden. Über das zweite Argument *A1* geben Sie an, in welcher Schreibweise der Bezug vorliegt. Ist dieses Argument der Wahrheitswert *FALSCH*, wird *VERWEIS* als ein Bezug interpretiert, der in der *Z1S1*-Schreibweise vorliegt.

Beispiel 1:

In *A1* steht *Z2S1*. Sie können mit der Formel

```
=INDIREKT(A1;FALSCH)
```

den Inhalt der Zelle aus der zweiten Zeile (*Z2*) der ersten Spalte (*S1*) ermitteln.

Verwenden Sie das Argument *WAHR* oder geben Sie das Argument nicht an, muss *Bezug* in der *A1*-Schreibweise vorliegen.

Beispiel 2:

In *A1* steht *B5*. Sie können mit der Formel

```
=INDIREKT(A1;WAHR)
```

den Inhalt der Zelle *B5* ermitteln.

Das Argument *A1* ist ohne Bedeutung, wenn die Funktion *INDIREKT* auf den Namen eines Bereichs angewendet wird.

Beispiel 3:

In *A1* steht *Gruppe*. Sie können mit den beiden Formeln

```
=INDIREKT(A1;WAHR)
=INDIREKT(A1;FALSCH)
```

den Inhalt der Zelle ermitteln, der Sie den Namen *Gruppe* gegeben haben.

Mehr zum Thema »Namen« finden Sie in Kapitel 19.

Festen Bezug für Formeln verwenden

Die Funktion *INDIREKT* können Sie auch einsetzen, um in Formeln einen Bereich unabhängig von etwa eingefügten oder gelöschten Zellen zu verwenden.

Um einen solchen festen Bezug zu testen, gehen Sie wie folgt vor:

1. Tragen Sie die folgenden Formeln in eine Tabelle ein:
   =SUMME(INDIREKT("B3:B7";WAHR)) in die Zelle *C3*
   =SUMME(B3:B7) in die Zelle *C4*
2. Füllen Sie nun die Zellen *B3* bis *B7* mit der Zahl *1*.
3. Markieren Sie die Zeile *5* und fügen Sie über *Einfügen/Zellen einfügen* eine Leerzeile ein.
4. Zelle *C3* zeigt als Ergebnis *4* und Zelle *C4* die Zahl *5*.

Während also der Bezug in der Formel mit der Funktion *SUMME* auf *B3:B8* angepasst wurde, verwendet die Formel in Zelle *B1* weiterhin den Bezug auf den Bereich *B3:B7*.

Summe eines variablen Bereichs berechnen

Nehmen wir an, Sie haben eine zweispaltige Tabelle zur Auswertung vorbereitet. In der ersten Spalte ist jeweils ein Datum eingetragen, in der zweiten Spalte ein Zahlenwert. Sie sollen nun die Summe von jeweils sieben Tagen, ausgehend von einem Datum in Zelle *F11*, berechnen.

Das entsprechende Beispiel finden Sie auf dem Arbeitsblatt BEREICH.VERSCHIEBEN in der Datei *Kap15_Verweis.xlsx* im Ordner *\Buch\Kap15* auf der CD-ROM zu diesem Buch.

Für eine solche Berechnung steht in Excel die Funktion

BEREICH.VERSCHIEBEN(Bezug;Zeilen;Spalten;[Höhe];[Breite])

zur Verfügung. Diese Funktion gibt den Bereich zurück, der ausgehend von *Bezug* um Anzahl *Zeilen* und *Spalten* verschoben ist und die neue *Höhe* und *Breite* hat.

Um die Aufgabe zu lösen, werden dieser Funktion Werte übergeben, die selbst wieder über eine Funktion ermittelt werden. So vergleichen Sie zunächst den Inhalt der Zelle *F11* mit den Datumswerten über die Formel:

```
=VERGLEICH(F11;B4:B28;1)
```

Als *Vergleichstyp* wird 1 verwendet. Die Funktion *VERGLEICH* gibt die Position zurück, an der das Datum gefunden wird. Um diese Zahl wird der Bereich verschoben. Das Ergebnis dieser Formel verwenden Sie als Argument *Zeilen* in der Funktion *BEREICH.VERSCHIEBEN*. Die Formel

```
=BEREICH.VERSCHIEBEN(B3;F12;1;1;1)
```

liefert den ersten Wert der Daten, die addiert werden sollen.

Nun ist noch die Größe des Bereichs zu ermitteln. Für *Höhe* wird eine 7 eingetragen, da Sie die Summe von Werten einer Woche ermitteln wollen. Für die neue *Breite* des Bereichs wird eine 1 verwendet. Der so ermittelte Bereich wird mit der Summenformel ausgewertet und liefert den gewünschten Wert (vgl. Abbildung 15.38).

Die endgültige Formel in Zelle *F14* lautet damit:

```
=SUMME(BEREICH.VERSCHIEBEN(B3;VERGLEICH(F11;B4:B28;1);1;7;1))
```

Wenn Sie den Datumswert in Zelle *F11* ändern, wird auch die Summe entsprechend an dieses Start-Datum angepasst.

Ein Beispiel, wie Sie eine laufende Summe berechnen, finden Sie in Kapitel 7.

Abbildg. 15.38 Die Summe von jeweils sieben Werten, ausgehend von einem flexiblen Datum, berechnen

	A	B	C	D	E	F
1						
2		Die Funktion BEREICH.VERSCHIEBEN(Bezug;Zeilen;Spalten;[Höhe];[Breite])				
3		Datum	Wert			
4		06.05.2006	725			
5		07.05.2006	524			
6		08.05.2006	394			
7		09.05.2006	109			
8		10.05.2006	299			
9		11.05.2006	873			
10		12.05.2006	679			
11		13.05.2006	174		Start-Datum	13.05.2006
12		14.05.2006	460		Datum ist an … Stelle	8
13		15.05.2006	886		Erster Wert	174
14		16.05.2006	749		Summe einer Woche ab Start-Datum	3.927
15		17.05.2006	344		Formel:	
16		18.05.2006	708		=SUMME(BEREICH.VERSCHIEBEN(B3;VERGLEICH(F11;B4:B28;1);1;7;1))	
17		19.05.2006	606			
18		20.05.2006	887			
19		21.05.2006	732			
20		22.05.2006	308			
21		23.05.2006	386			
22		24.05.2006	675			
23		25.05.2006	430			
24		26.05.2006	343			
25		27.05.2006	269			
26		28.05.2006	436			
27		29.05.2006	532			
28		30.05.2006	546			
29						

Zeichenfolgen mit Textfunktionen untersuchen

Wenn Sie eine Zeichenfolge untersuchen, sind Informationen wie Anzahl der Zeichen, Datentyp u.Ä. gefragt. Hierfür gibt es eine ganze Reihe von interessanten Tabellenfunktionen, mit denen die vielfältigsten Aufgaben erledigt werden können. Diese Funktionen helfen Ihnen auch dabei, wenn Sie einen Bereich nach bestimmten Teilen einer Spalte sortieren oder filtern wollen. Fügen Sie in diesem Fall eine Hilfsspalte ein und berechnen Sie dort das Kriterium ganz nach Ihren Wünschen.

Die Beispiele zu diesem Abschnitt finden Sie in der Datei *Kap15_Text.xlsx* im Ordner *\Buch\Kap15* auf der CD-ROM zu diesem Buch.

Wichtige Textfunktionen

Die Anzahl der Zeichen ermitteln Sie über die Funktion:

LÄNGE(Text)

Für das Argument *Text* können Sie eine beliebige Zeichenfolge, einen Bereichsnamen oder einen Bezug verwenden. Das Ergebnis ist die Anzahl der Zeichen von *Text*.

Beispiel:

=LÄNGE("Excel") ergibt *5*

Nicht ganz unproblematisch ist diese Tabellenfunktion bei der Auswertung von Zahlen, weil das Vorzeichen mitgezählt wird.

Um die Länge einer Zahl unabhängig vom Vorzeichen zu ermitteln, lässt sich die Tabellenfunktion

```
ABS(Zahl)
```

einsetzen. Das Ergebnis ist der *Absolutwert* von *Zahl*, also ohne Beachtung des Vorzeichens. Beispiel:

=LÄNGE(-2003) ergibt *5*

=LÄNGE(ABS(-2003)) ergibt *4*

Wie Sie die Tabellenfunktion *LÄNGE* für die Datenüberprüfung verwenden können, erfahren Sie in Kapitel 8.

Über die Funktion

LINKS(Text;Anzahl_Zeichen)

können Sie das erste Zeichen des untersuchten Textes ermitteln, wenn Sie für das Argument *Anzahl_Zeichen* eine *1* verwenden. Verwenden Sie das gleiche Argument in der Funktion

RECHTS(Text;Anzahl_Zeichen)

erhalten Sie das letzte Zeichen der Zeichenfolge. Es spielt dabei keine Rolle, ob Sie einen Text oder eine Zahl untersuchen.

Beispiele:

=LINKS("Mikrofon";5) ergibt *Mikro*

=RECHTS("Excel";2) ergibt *el*

Eventuell benötigen Sie noch mehr Informationen zum ersten Zeichen, z.B. den *ASCII-Code*. Mit der Formel

=CODE(RECHTS("Hilfe";1)) ergibt *101* (Zeichencode für »e«)

können Sie die Nummer des letzten Zeichens aus einer Zeichenfolge ermitteln. Die Textfunktionen können also auch als Argument für weitere Funktionen verwendet werden.

Für Zahlen ist das Vorzeichen interessant. Hierfür verwenden Sie die Funktion

VORZEICHEN(Zahl)

Das Ergebnis ist bei positiven Zahlen eine *1*, bei negativen Zahlen *–1*. Beispiele:

=VORZEICHEN(2001) ergibt *1*

=VORZEICHEN(-97) ergibt *–1*

Eine Teilzeichenfolge extrahieren

Um einen Teil einer Zeichenfolge zu ermitteln, setzen Sie die Funktion

TEIL(Text;Erstes_Zeichen;Anzahl_Zeichen)

ein. So können Sie z.B. aus einer Artikelnummer die Warengruppe ermitteln. Wenn bei einer fünfstelligen Artikelnummer in Zelle *A1* die ersten drei Zeichen für die Warengruppe stehen, können Sie diese über die Formel

```
=TEIL(A1;1;3)
```

ermitteln. Wenn in *A1* die Artikelnummer *1B399* steht, liefert die Formel das Ergebnis *1B3*. Nützlich kann das in den Fällen sein, wenn Sie Daten nach dieser Warengruppe sortieren oder aber Teilergebnisse berechnen wollen.

Eine Zeichenfolge ergänzen

Manchmal sollen Zeichenfolgen eine bestimmte Länge haben. Hat der Eingabewert nicht die erforderliche Anzahl an Stellen, dann soll die Zeichenfolge etwa durch

- eine bestimmte Anzahl an führenden Null-Werten
- mit einem Sonderzeichen aufgefüllt werden.

Das ist das Einsatzgebiet der Tabellenfunktion

WIEDERHOLEN(Text;Multiplikator)

Beispiel: Sie wollen die Eingabe in Zelle *A1* überprüfen. Hat die Eingabe nicht die gewünschte Länge von 15 Zeichen, dann soll die Formelzelle bis zur gewünschten Anzahl mit dem Minus-Zeichen (»–«) aufgefüllt werden. Verwenden Sie dazu die Formel:

```
=WENN(LÄNGE(A1)<15;A1&WIEDERHOLEN("-";15-LÄNGE(A1));A1)
```

Beispiel: Sie wollen die Eingabe in Zelle *A1* überprüfen. Hat die Eingabe nicht die gewünschte Länge von 15 Zeichen, dann soll die Formelzelle bis zur gewünschten Anzahl mit führenden Null-Werten aufgefüllt werden. Verwenden Sie dazu die Formel:

```
=WENN(LÄNGE(A1)<15;WIEDERHOLEN(0;15-LÄNGE(A1))&A1;A1)
```

Wie Sie eine Zelle mit einem Zahlenformat füllen können erfahren Sie in Kapitel 10.

Postleitzahl und Ort trennen

Die postalische Anschrift hat auf den ersten sechs Stellen immer den gleichen Aufbau, nämlich *Postleitzahl [Leer] Ort*. Mit Hilfe der Funktion *LINKS* können Sie die Postleitzahl über die Formel

```
=LINKS("85716 Unterschleißheim";5)
```

extrahieren. Um den Wohnort zu ermitteln, können Sie mit der Funktion *TEIL(Text;Erstes_Zeichen;Anzahl_Zeichen)* den Teil der Zeichenfolge ermitteln, der an der siebten Stelle beginnt:

```
=TEIL("85716 Unterschleißheim";7;LÄNGE("85716 Unterschleißheim")-6)
```

Wenn Sie die gesamte restliche Zeichenfolge zurückgeben wollen, müssen Sie die ersten sechs Zeichen (fünf für die PLZ und eine für die Leerstelle) nicht zwingend von der Gesamtzahl der Zeichen abziehen. Sie können für das Argument *Anzahl_Zeichen* auch die gesamte Länge von Text angeben, also

```
=TEIL("85716 Unterschleißheim";7;LÄNGE("85716 Unterschleißheim"))
```

Das Ergebnis ist das gleiche.

Was steckt hinter IBAN?

Vielleicht ist Ihnen die Abkürzung *IBAN* bei Bankgeschäften auch schon einmal begegnet. Hinter dem Kürzel verbirgt sich eine standardisierte internationale Kontonummer (International Bank Account Number), wie sie für grenzüberschreitende Zahlungen innerhalb Europas verwendet wird. In diesem Zusammenhang werden Sie auch auf den Bank Identifier Code, kurz BIC oder auch SWIFT-Code genannt, treffen. Das ist der international standardisierte Bank-Code.

Bei der Analyse einer solchen IBAN-Nummer ist die Standardisierung ein Segen. Feste Länge der Zeichenfolge und feste Länge der einzelnen Segmente erleichtern das Entschlüsseln der enthaltenen Information. Welche Bestandteile die IBAN enthält, zeigt Tabelle 15.5.

Tabelle 15.5 Aufbau der internationalen Kontonummer IBAN (International Bank Account Number)

Erstes Zeichen	Anzahl Zeichen	Bedeutung
1	2	Länderkennzeichen
3	2	Prüfziffer
5	8	Bankleitzahl
13	10	Kontonummer

An einem Beispiel soll diese Nummer einmal mit Hilfe von Tabellenfunktionen aufgeteilt werden – als Frage formuliert lautet die Aufgabe also: Wie kann die Zeichenfolge DE73590100660003576661 in die einzelnen Bestandteile der IBAN aufgeschlüsselt werden?

Das Länderkennzeichen als erster Bestandteil ist über die Formel

```
=LINKS(C5;2)
```

zu ermitteln. Um die folgenden Teile herauszulösen, sind die Informationen aus Tabelle 15.5 in die Tabellenfunktion *TEIL(Text;Erstes_Zeichen;Anzahl_Zeichen)* einzusetzen. Verwenden Sie hierfür eine der beiden ersten Spalten der Tabelle für die Argumente *Erstes_Zeichen* und *Anzahl_Zeichen*. So erhalten Sie mit der Formel

```
=TEIL(C5;3;2)
```
die Prüfziffer

```
=TEIL(C5;5;8)
```
die Bankleitzahl

```
=TEIL(C5;13;10)
```
die Kontonummer

Die Kontonummer können Sie auch über die Formel =RECHTS(C5;10) ermitteln.

Abbildg. 15.39 Zeichenfolgen können mit Tabellenfunktionen zerlegt und wieder zusammengefügt werden

	A	B	C	D
1				
2		Was steckt hinter IBAN?		
3		International Bank Account Number		
4				
5		Hier die IBAN eintragen >>>	DE73590100660003576661	
6				
7		Teile ermitteln		
8		Länderkennzeichen	DE	
9		Prüfziffer	73	
10		Bankleitzahl	59010066	
11		Kontonummer	0003576661	
12				
13				
14		Verketten		
15		IBAN	DE73590100660003576661	
16				

Zeichenfolgen zusammenfassen

Auch der umgekehrte Fall kann auftreten. Angenommen, Sie haben den Vornamen und den Nachnamen in zwei Spalten aufgeteilt. Um die Informationen in eine Zelle zu schreiben, haben Sie unterschiedliche Möglichkeiten. Zum einen können Sie die Funktion

VERKETTEN (Text1;[Text2];[...])

verwenden, um bis zu 30 Argumente zusammenzufassen. Beispielsweise liefert

```
=VERKETTEN("Arbeit";" ";"macht";" ";"Spaß")
```

als Ergebnis den Text *Arbeit macht Spaß*.

Zum anderen können Sie diese Aufgabe auch mit dem Verkettungs-Operator *&* erledigen. Die Formel

```
="Arbeit"&" "&"macht"&" "&"Spaß"
```

liefert das gleiche Ergebnis.

HINWEIS Beim Verketten müssen Sie selbst an eventuell notwendige Leerzeichen denken!

Nützlich ist eine Verkettung auch für Überschriften, in denen das aktuelle Datum angezeigt werden soll. Verketten Sie hierfür die gewünschte Überschrift mit der Funktion *Heute()*, z.B.:

```
="Aktuelle Wirtschaftsdaten, Stand "&TEXT(HEUTE();"TT.MM.JJJJ")
```

Mit der Funktion *TEXT(Wert;Textformat)* legen Sie das gewünschte Format fest. Denkbar ist hier auch, lediglich das Jahr auszugeben. Für das Argument *Textformat* verwenden Sie in einem solchen Fall die Zeichenfolge *"JJJJ"*.

Auch Zahlen lassen sich auf diese Art und Weise zusammensetzen. Die Formel =15&15 liefert als Ergebnis *1515*, da die Zahlen als Textstring zusammengesetzt und nicht addiert werden. Das Ergebnis können Sie jedoch für eine mathematische Operation verwenden.

PROFITIPP

> Wollen Sie den verketteten Text mit einem Zeilenumbruch trennen, können Sie die Tabellenfunktion *ZEICHEN(Zahl)* einsetzen. Lösen Sie diese Aufgabe wie folgt:
> 1. Tragen Sie die Formel =15&ZEICHEN(10)&15 ein.
> 2. Rufen Sie den Befehl *Start/Format/Zellen formatieren* auf.
> 3. Wechseln Sie im Dialogfeld *Zellen formatieren* auf die Registerkarte *Ausrichtung* und aktivieren Sie dort das Kontrollkästchen *Zeilenumbruch*.
> 4. Bestätigen Sie die Einstellungen mit *OK*.

Zeichenfolgen manipulieren

Für bestimmte Aufgabenstellungen ist es erforderlich, Zeichenfolgen zu manipulieren. So kommt es beim Datenimport aus Anwendungen (insbesondere der Großrechnerwelt) häufig vor, dass z.B. alle Texte in Großbuchstaben ausgegeben wurden oder die Vorzeichen der Zahlen am Ende und nicht, wie von Excel gewünscht, am Anfang einer Zahl stehen. Auch für diese Problemstellung gibt es entsprechende Funktionen.

Groß–/Kleinschreibung ändern

Einen vorhandenen Text wandelt die Funktion

GROSS(Text)

in Großbuchstaben um. So wird aus »Lieschen Müller« unter Verwendung der Funktion *GROSS* der Text »LIESCHEN MÜLLER«. Die umgekehrte Aufgabe erledigt die Funktion:

KLEIN(Text)

Das Ergebnis ist dann »lieschen müller«. Diese Funktionen wandeln alle Buchstaben des Arguments *Text* um.

Besonders bei Anschriften in der Form *Vorname Nachname* genügt es aber nicht, alle Buchstaben umzuwandeln, der erste Buchstabe soll groß und alle weiteren klein geschrieben werden. Die Funktion

GROSS2(Text)

wandelt den ersten Buchstaben von *Text* sowie alle zu *Text* gehörenden Buchstaben, die unmittelbar hinter einem Zeichen stehen, das kein Buchstabe ist, in Großbuchstaben und alle anderen Buchstaben in Kleinbuchstaben um. Sowohl die Zeichenfolge »lieschen müller« als auch die Version »LIESCHEN MÜLLER« wird damit korrekt in »Lieschen Müller« umgesetzt. Beispiel:

=GROSS2("thomas o'connor") ergibt *Thomas O'Connor*.

Vorzeichen richtig positionieren

Excel kann nur mit Zahlen rechnen, bei denen das Vorzeichen das erste Zeichen einer Zahl ist. Manchmal befindet sich das Vorzeichen nach einem Datenimport jedoch an der letzten Stelle. Um das Vorzeichen an die richtige Position zu bringen, können Sie verschiedene Textfunktionen einsetzen und damit eine neue Zeichenfolge aufbauen. Die Formel

```
=RECHTS("5567-";1)&TEIL("5567-";1;LÄNGE("5567-")-1)
```

setzt das Vorzeichen in den Excel-Standard um.

Sonderzeichen entfernen

Beim Textimport treffen Sie häufig Sonderzeichen an. Diese Zeichen (meist Steuerzeichen wie Seitenvorschub o.Ä.) müssen entfernt werden. Diese Aufgabe übernimmt die Funktion

SÄUBERN(Text)

Sie entfernt alle nicht druckbaren Zeichen aus *Text*.

Wenn Sie überflüssige Leerzeichen entfernen wollen, können Sie dies mit der Funktion

GLÄTTEN(Text)

erreichen. Die Funktion löscht Leerzeichen, die nicht als einzelnes Zeichen zwischen einem Text stehen.

Zeichen tauschen

Sie können über Textfunktionen auch Teile eines Textes durch eine andere Zeichenfolge ersetzen. Hierfür haben Sie wiederum zwei Funktionen zur Auswahl. Mit der Funktion

WECHSELN(Text;Alter_Text;Neuer_Text;ntes_Auftreten)

können Sie eine bestimmte Zeichenfolge innerhalb von *Text* durch eine andere Zeichenfolge ersetzen. Beispielsweise erhalten Sie mit der Formel

```
=WECHSELN("Internet";"net";"rail";1)
```

den Text *Interrail*.

Die zweite Funktion zum Tauschen von Zeichenfolgen hat die Syntax

ERSETZEN(Alter_Text;Erstes_Zeichen;Anzahl_Zeichen;Neuer_Text)

Über die Formel

```
=ERSETZEN("Internet";7;1;"a")
```

wird so aus *Internet* ein *Internat*. Mit der Funktion *ERSETZEN* können Sie ganz exakt die Stelle angeben, an der mit der Ersetzung begonnen werden soll.

Dezimaltrennzeichen tauschen

In manchen Anwendungen werden Zahlenwerte im amerikanischen Format (z.B. 1,111.11) gespeichert. Es wird also ein Komma als Tausendertrennzeichen und ein Punkt als Dezimaltrennzeichen verwendet. Solchermaßen nach Excel kopierte oder eingetragene Werte werden von Excel nicht als Zahl erkannt, sondern als Text behandelt. Es stellt sich damit die Frage, wie man diese Werte zellenübergreifend umwandeln kann, also aus 1,111.11 den Zahlenwert 1.111,11 machen kann.

Ein Weg führt über *Suchen* und *Ersetzen*, wobei hier zunächst das Komma durch ein sonst nicht vorkommendes Zeichen (etwa ein »x«) ersetzt werden muss, weil ansonsten die zweite Ersetzung auch auf dieses Zeichen angewandt wird. Dann ersetzen Sie den Punkt durch ein Komma und anschließend das »x« durch einen Punkt. Mehr zum »Suchen und Ersetzen« finden Sie in Kapitel 4.

Sie können die Umwandlung auch mit einer Tabellenfunktion bewerkstelligen. Angenommen, Sie haben den Wert 1,111.11 in Zelle A2 eingetragen, dann liefert die folgende Formel eine Zeichenfolge, die Excel als Zahl erkennt:

```
=WECHSELN(WECHSELN(A2;",";"");".";",")*1
```

Während die innere Funktion *WECHSELN* das Tausendertrennzeichen entfernt, tauscht die äußere Funktion das Dezimaltrennzeichen (Punkt in Komma) der neuen Zeichenfolge.

HINWEIS Durch die Multiplikation mit der Zahl 1 stellen Sie sicher, dass Excel das Ergebnis der Funktion *WECHSELN*, die sonst einen Text zurückgibt, in eine Zahl umwandelt.

Zeichenfolge durchsuchen: Suchen und Finden

Wenn Sie die Funktion *ERSETZEN* einsetzen wollen, die Stelle an der ein bestimmtes Zeichen auftritt aber nicht bekannt ist, können Sie mit den Funktionen

SUCHEN(Suchtext;Text;Erstes_Zeichen) und

FINDEN(Suchtext;Text;Erstes_Zeichen)

zunächst diese Stelle ermitteln. Die Funktion

```
=FINDEN(".";"125.54";1)
```

liefert als Ergebnis 4, da das vierte Zeichen im Text das gesuchte Zeichen (Punkt) ist. Sie können dann die Funktion *ERSETZEN* verwenden, um den Punkt durch ein Komma zu ersetzen. Die Funktion hierfür lautet

```
=ERSETZEN("125.54";FINDEN(".";"125.54";1);1;",")
```

und das Ergebnis ist die Zahl *125,54*.

HINWEIS Die Funktionen *SUCHEN* und *FINDEN* unterscheiden sich nur dadurch, dass *FINDEN* die Groß-/Kleinschreibung bei der Suche berücksichtigt, die Funktion *SUCHEN* dagegen nicht.

Kapitel 15 Mit Funktionen kalkulieren und auswerten

Abbildg. 15.40 Textfunktionen können Teile von Zeichenfolgen ermitteln und manipulieren

	A	B	C	D	E
1					
2		Textfunktionen			
3		Ursprungswert	Ergebnis	Formel	
4		12345	123	=LINKS(B4;3)	
5		Handy	y	=RECHTS(B5;1)	
6		Microsoft Excel Version 2007	28	=LÄNGE(B6)	
7		Textfunktionen	funk	=TEIL(B7;5;4)	
8		Groß-/Kleinschreibung wird unterschieden	21	=FINDEN("g";B8;1)	
9		Groß-/Kleinschreibung wird nicht unterschieden	1	=SUCHEN("g";B9;1)	
10		Internet	Internat	=ERSETZEN(B10;7;1;"a")	
11		Anzahl der Wörter	3	=LÄNGE(B11)-LÄNGE(WECHSELN(B11;" ";""))+1	
12		Anzahl der Buchstaben "a"	3	=LÄNGE(B12)-LÄNGE(WECHSELN(B12;"a";""))	
13		Die Funktion	Beispiele zu Textfunktionen	=VERKETTEN("Beispiele zu";" ";$B$2)	
14		199558-	-199558	=RECHTS(B14;1)&TEIL(B14;1;LÄNGE(B14)-1)	
15		Aktuelle Daten, Stand	Aktuelle Daten, Stand 09.12.2006	=B15&" "&TEXT(HEUTE();"TT.MM.JJJJ")	
16		15	xxxxxxxxxxxxxxx	=WIEDERHOLEN("x";B16)	
17		Computer	computer	=KLEIN(B17)	
18		Hans Müller	HANS MÜLLER	=GROSS(B18)	
19		helga müller-Freitag	Helga Müller-Freitag	=GROSS2(B19)	
20		Import Datei	Import Datei	=GLÄTTEN(B20)	
21		Mit nicht druckbaren Zeichen.	Mit nicht druckbaren Zeichen.	=SÄUBERN(B21)	
22		-99	-1	=VORZEICHEN(B22)	
23		Text	84	=CODE(B23)	
24		Excel	WAHR	=IDENTISCH(B24;"Excel")	
25		1,111.11	1111,11	=WECHSELN(WECHSELN(B25;",";"");".";",")*1	
26					

Prüfen, ob eine Zeichenfolge enthalten ist

Sie können nicht nur nach einem einzelnen Zeichen, sondern auch nach einer Zeichenfolge suchen. Als Rückgabewert erhalten Sie dabei die Zahl, an der die gesuchte Zeichenfolge in *Text* beginnt. In Kombination mit der Informationsfunktion *ISTFEHLER* können Sie dabei auch einen Wahrheitswert ausgeben lassen. Achtung: Das Ergebnis liefert *FALSCH*, wenn die Zeichenfolge gefunden wird. Die Tabellenfunktion *NICHT(Wahrheitswert)* wandelt dieses Ergebnis in das Gegenteil um.

Hier einige Beispiele:

=SUCHEN("Brief";"Kompaktbrief";1) liefert *8*

=ISTFEHLER(SUCHEN("Brief";"Kompaktbrief";1)) liefert *FALSCH*

=ISTFEHLER(SUCHEN("Brief";"Postkarte";1)) liefert *WAHR*

=NICHT(ISTFEHLER(SUCHEN("Brief";"Kompaktbrief";1))) liefert *WAHR*

=NICHT(ISTFEHLER(SUCHEN("Brief";"Postkarte";1))) liefert *FALSCH*

Zeichen zählen

Sie können mit der Funktion *WECHSELN* auch zählen, wie oft ein Zeichen in einer Zeichenfolge auftritt. Die Formel

=LÄNGE("Microsoft")-LÄNGE(WECHSELN("Microsoft";"o";""))

findet hier zweimal das Zeichen »*o*«.

Im Ordner *\Buch\Kap15* auf der CD-ROM zu diesem Buch finden Sie in der Datei *Kap15_Text.xlsx* ein Beispiel dazu, wie Sie die Häufigkeit jedes Buchstabens in einer Zeichenfolge bestimmen können.

In etwas abgewandelter Form eignet sich die Funktion auch zum Zählen der Wörter eines Textes. Die Formel

```
=LÄNGE("Excel ist toll")-LÄNGE(WECHSELN("Excel ist toll";" ";""))+1
```

liefert als Ergebnis die Zahl *3*, also die Anzahl der Wörter des Textes.

Datums- und Zeitfunktionen einsetzen

Excel kann auch mit Datumswerten und Zeitangaben rechnen. Beim Eingeben von Datumswerten und Zeitwerten versucht Excel, Sie in der Weise zu unterstützen, dass verschiedene Schreibweisen in eine Excel-konforme Schreibweise umgewandelt werden. Oft führt das aber auch zu Problemen. Wenn Sie beispielsweise einen Bruch wie 1/5 eingeben, wird dieser in das Datum 1. Mai umgewandelt. Soll der Bruch als solcher erhalten bleiben, geben Sie diesen in der Schreibweise *0[Leer]1/5* ein.

TIPP Die Umsetzung des Divisionszeichens in einen Datumspunkt lässt sich hervorragend ganz gezielt einsetzen. Die Datumserfassung auf dem numerischen Block, auf dem normalerweise kein Punkt zu finden ist, erfolgt dann eben mit *17/8* oder *17/8/2006*. Das Ergebnis ist der *17.8.2006*. Auch das Minus-Zeichen ist für diese schnelle Eingabe geeignet. Weitere Tipps zur Dateneingabe finden Sie in Kapitel 4.

Andererseits kann Excel das Datum *12.5.* nicht als solches erkennen, die Eingabe wird als Text betrachtet. Geben Sie allerdings *12.5* (also ohne zweiten Punkt) ein, ergänzt Excel die Eingabe um das aktuelle Jahr. Angesichts der vielen möglichen Schreibweisen eines Datums, könnte fast »Mitgefühl« für die Excel-Programmierer aufkommen.

Formatierte Zahl und Zellinhalt

Wie kommt es überhaupt, dass Excel mit einem Datum rechnen kann? Geben Sie einmal das aktuelle Tagesdatum ein. Ganz schnell geht das mit der Tastenkombination `Strg`+`.` (Punkt). Soll das Datum als aktualisierbare Formel eingetragen werden, verwenden Sie die Funktion

```
=HEUTE()
```

In der Bearbeitungsleiste steht dann etwa *23.12.2007*. Rufen Sie das Dialogfeld *Zellen formatieren* auf, stellen Sie fest, dass die Zelle mit einem Datumsformat formatiert wurde. Ändern Sie dieses Zahlenformat in *Standard* um und beenden Sie das Dialogfeld. In der Zelle und in der Bearbeitungszeile wird nun die Zahl *39439* angezeigt.

Ein Datum ist also nichts anderes, als eine Zahl mit einem bestimmten Format. Der Ursprung des Zahlenstrahls für die Datumsberechnungen in Excel ist die Zahl *1*, der das Datum 1. Januar 1900 zugewiesen ist. Ausgehend von diesem Datum werden die Tage gezählt. Es gibt allerdings im Dialogfeld *Excel-Optionen* in der Kategorie *Erweitert* das Kontrollkästchen *1904-Datumswerte verwenden*, mit dem Sie den Startwert der Datumsberechnungen auf den 2. Januar 1904 festlegen können.

ACHTUNG Diese Einstellung gilt für die aktive Mappe, alle bereits eingetragenen Datumsangaben werden angepasst!

Der folgende Abschnitt soll für Berechnungen mit Datumswerten und Zeitwerten einige Beispiele zeigen. Im Ordner *\Buch\Kap15* auf der CD-ROM zu diesem Buch finden Sie in der Datei *Kap15_Datzeit.xlsx* die Beispiele zu diesem Abschnitt.

Wichtige Tabellenfunktionen für Datumsberechnungen

Die Funktionen

TAG(Zahl)

MONAT(Zahl) und

JAHR(Zahl)

ermitteln aus einem Datum den gleichnamigen Teil.

Beispiele:

=TAG("15. Juni 2005") ergibt *15*

=MONAT("15. Juni 2005") ergibt *6*

=JAHR("15.6.2005") ergibt *2005*

Um eine Zahl in ein Datum umzuwandeln, stellt Excel die Funktion

DATUM(Jahr;Monat;Tag)

bereit. Die Funktion liefert die fortlaufende Zahl des jeweils angegebenen Datums. Die Argumente selbst können ebenfalls als Funktion angegeben werden. Etwa mit *JAHR(HEUTE())* für das Argument *Jahr*.

Beispiel:

=DATUM(JAHR(HEUTE());12;31) liefert den *31.12.* des aktuellen Jahres.

Für den umgekehrten Weg verwenden Sie die Funktion

DATWERT(Datumstext)

die ein als Text vorliegendes Datum in eine fortlaufende Zahl umwandelt.

Beispiel:

=DATWERT("31.12.2003") ergibt *37986*.

=DATWERT(TEXT(A1;"tt.MM.jjjj")) ergibt *37885*, wenn in Zelle *A1* der *21.9.2003* steht.

Datums- und Zeitfunktionen einsetzen

Wichtig ist hierbei, beim Zahlenformat den Monat mit Großbuchstaben (*"MM"*) anzugeben, um einer Verwechslung mit einem Zeitformat vorzubeugen. Im Zeitformat steht *"mm"* für Minuten.

HINWEIS Auf der Registerkarte *Formeln* und im Funktions-Assistenten finden Sie in der Kategorie *Datum und Uhrzeit* weitere Funktionen zu diesen Berechnungsarten.

Abbildg. 15.41 Datumsfunktionen und Datumsformate

	A	B	C	D	E	F	G
1							
2		**Datumsfunktionen**					
3		Zeile	Bemerkung	Wert	Zahlenformat	Formel	
4		A	Festes Datum eingeben mit [Strg]+[.]	05.12.2006	T.M.JJJJ	39056	
5		B	Aktualisierbare Formel mit =HEUTE()	09.12.2006	T.M.JJJJ	=HEUTE()	
6		C	DATWERT(TEXT(D3;"tt.MM.jjjj"))	39056	Standard	=DATWERT(TEXT(D4;"tt.MM.jjjj"))	
7		D	DATWERT(TEXT(D4;"tt.MM.jjjj"))	39060	Standard	=DATWERT(TEXT(D5;"tt.MM.jjjj"))	
8		E	Differenz B - A in Tagen	04.01.1900	T.M.JJJJ	=D5-D4	
9		F	Differenz B - A in Tagen	4	Standard	=D5-D4	
10		G	Der Tag von A	5	Standard	=TAG(D4)	
11		H	Der Tag von A	Donnerstag	TTTT	=TAG(D4)	
12		I	Der Monat von A	12	Standard	=MONAT(D4)	
13		J	Der Monat von A	Januar	MMMM	=MONAT(D5)	
14		K	Das Jahr von A	2006	Standard	=JAHR(D4)	
15							

Die gezeigten Beispiele finden Sie auf dem Arbeitsblatt *Datum* in der Datei *Kap15_Datzeit.xlsx* im Ordner *\Buch\Kap15* auf der CD-ROM zu diesem Buch.

Sind Sie ein Sonntagskind?

Dieser Frage können Sie mit der Tabellenfunktion

```
WOCHENTAG(Zahl;Typ)
```

nachgehen, wenn Sie für das Argument *Zahl* das Datum eintragen und für das Argument *Typ* einen der Werte aus Tabelle 15.6.

Tabelle 15.6 Die Rückgabewerte von *WOCHENTAG* einstellen

Typ	Zahl
1 oder nicht angegeben	Zahl 1 (Sonntag) bis 7 (Samstag). Standard
2	Zahl 1 (Montag) bis 7 (Sonntag).
3	Zahl 0 (Montag) bis 6 (Sonntag).

Beispiel:

```
=WOCHENTAG("23.05.1950";1)
```

Kapitel 15 Mit Funktionen kalkulieren und auswerten

Das Ergebnis dieser Funktion in eine Zahl zwischen 1 und 7. Wenn Sie diese Zahl in den Wochentag umwandeln wollen, vergeben Sie für die Zelle ein geeignetes Zahlenformat, z.B. »TTTT« (ohne Anführungszeichen).

In einer einzigen Formel kann die Prüfung so aussehen:

```
=WENN(WOCHENTAG("23.05.1950";1)=1;"Sie sind ein Sonntagskind!";"Sie sind an einem Wochentag geboren!")
```

Der wievielte Tag des Jahres ist heute?

Auch solche Fragen sind manchmal wichtig und die Antwort mit verschachtelten Funktionen darstellbar. Die Formel

```
=HEUTE()-DATUM(JAHR(HEUTE())-1;12;31)
```

bringt diese Information in eine Zelle, indem vom heutigen Tag der 31.12. des Vorjahres abgezogen wird.

Wann beginnt die Sommerzeit?

Ganz praktisch können Sie mit dieser Tabellenfunktion z.B. den Beginn und das Ende der Sommerzeit ermitteln. Jeder Langschläfer muss das natürlich wissen: seit 1996 beginnt die Sommerzeit am letzten Sonntag im März und endet am letzten Sonntag im Oktober.

Der Beginn der Sommerzeit des aktuellen Jahres lässt sich mit der folgenden Formel berechnen:

```
=DATUM(JAHR(HEUTE());3;31)-WOCHENTAG(DATUM(JAHR(HEUTE());3;31);2)
```

oder mit einem Zellbezug

```
=DATUM(JAHR(A1);3;31)-WOCHENTAG(DATUM(JAHR(A1);3;31);2)
```

Der Teil

```
WOCHENTAG(DATUM(JAHR(A1);3;31);2)
```

liefert eine Zahl für den Wochentag. Über das Argument *Typ* = 2 ist die Formel so eingestellt, dass Excel mit dem Montag = 1 beginnt. Diese Zahl stellt die seit dem letzten Sonntag vergangenen Tage dar. Wenn Sie diese Zahl vom letzten Tag des Monats abziehen, haben Sie den letzten Sonntag gefunden.

Wenn Sie den Beginn der Sommerzeit für ein bestimmtes Jahr ausrechnen wollen, können Sie folgende Formel verwenden:

```
=DATUM(2006;3;31)-WOCHENTAG(DATUM(2006;3;31);2)
```

Wann beginnt die Winterzeit?

Die Zeitumstellung für die Winterzeit findet am letzten Sonntag im Oktober statt. Das Datum dazu berechnet die Formel:

```
=DATUM(JAHR(A1);10;31)-WOCHENTAG(DATUM(JAHR(A1);10;31);2)
```

Oder für das aktuelle Jahr die Formel:

```
=DATUM(JAHR(HEUTE());10;31)-WOCHENTAG(DATUM(JAHR(HEUTE());10;31);2)
```

Wann die Normalzeit für ein bestimmtes Jahr beginnt, finden Sie mit dieser Formel heraus:

```
=DATUM(2006;10;31)-WOCHENTAG(DATUM(2006;10;31);2)
```

Mehr zum Thema »Zeit« finden Sie im Internet auf der Seite der Physikalisch-Technischen Bundesanstalt unter *http://www.ptb.de*.

Das Monatsende und der nächste Erste

Für die Berechnung des Monatsendes verwenden Sie die Funktion

MONATSENDE(Ausgangsdatum;Monate)

Mit dieser Funktion können Sie, ausgehend vom *Ausgangsdatum*, das Datum berechnen, das um eine – über das Argument *Monate* angegebene – Zeitspanne versetzt ist. Geben Sie für das Argument *Monate* den Wert *0* an, können Sie damit das Monatsende des Datums berechnen, das Sie als Ausgangsdatum festgelegt haben. Für das aktuelle Datum errechnet sich der Monatsletzte mit der Formel:

```
=MONATSENDE(HEUTE();0)
```

Wollen Sie das Ergebnis in einem bestimmten Format anzeigen, dann verwenden Sie die Formel

```
=TEXT(MONATSENDE(HEUTE();0);"TT.MM.JJJJ")
```

Der nächste Erste kann damit auch berechnet werden. Addieren Sie dazu lediglich einen Tag:

```
=MONATSENDE(HEUTE();0)+1
```

Ist das Jahr ein Schaltjahr?

Mit einer Formel können Sie auch ermitteln, ob es sich bei einem bestimmten Jahr um ein Schaltjahr handelt. Dazu muss vorher die Frage geklärt werden, wann ein Jahr ein Schaltjahr ist.

> **Welche Jahre sind eigentlich Schaltjahre?**
>
> In der Datumsberechnung müssen auch die Schaltjahre korrekt berechnet werden. Im Gregorianischen Kalender – den wir verwenden – ist alle vier Jahre ein Schaltjahr vorgesehen, in dem der Februar 29 Tage hat. Als Sonderfall gilt, dass dann kein Schaltjahr ist, wenn die Jahreszahl ohne Rest durch 100 teilbar ist, mit folgender Ausnahme: Ist die Jahreszahl ohne Rest durch 400 teilbar, handelt es sich trotzdem um ein Schaltjahr. Ist diese letzte Regel nicht berücksichtigt, wird es statt einem 29. Februar 2000 weitere Fehler geben.

Die Prüfung auf ein Schaltjahr kann mit einer verschachtelten *WENN*-Funktion gelöst werden.

Beispiel:

```
=WENN(REST(1957;400)=0;"J";WENN(REST(1957;100)=0;"N";WENN(REST(1957;4)=0;"J";"N")))
```

Das Ergebnis ist das Zeichen »J«, wenn es sich um ein Schaltjahr handelt, ansonsten wird der Wert »N« zurückgegeben. Für 1957 lautet das Ergebnis »N«.

TIPP Wollen Sie die Antwort der eingebauten Datumsfunktion *DATUM* überlassen, können Sie auch die folgende Formel verwenden:

```
=TAG(DATUM(1957;2;29))=29
```

Wenn das Ergebnis der Funktion *DATUM(Jahr;Monat;Tag)* ein ungültiger Schalttag ist, gibt Excel stattdessen den nächsten Tag, also den 1. März, aus. Sie müssen also lediglich einen Vergleich durchführen, ob das Ergebnis der Funktion *TAG* gleich 29 ist. Ist das der Fall, handelt es sich um ein Schaltjahr. Lediglich für das Jahr 1900 gibt diese Formel das falsche Jahr aus, weil Excel dieses Jahr – nicht korrekt – als Schaltjahr betrachtet.

Ein Kalender für alle Fälle

Der Aufbau eines Tabellenblattes in Excel hat ja eigentlich schon das Aussehen eines Jahreskalenders. Die Aufgabe besteht also darin, eine Formel zu finden, um die einzelnen Wochentage und Datumswerte einzutragen. Setzen wir einen Wunsch dazu: Der Kalender soll durch einfaches Ändern der Jahreszahl in einer Zelle auch im nächsten Jahr noch verwendet werden können.

Die Lösung führt über einen Namen für die komfortable Änderung des Jahres und eine Formel zum Ziel.

Name für das Jahr

Über den Befehl *Namen definieren* der Registerkarte *Formeln* (Gruppe *Definierte Namen*) können Sie für Bereiche einen Namen festlegen. Diesen Namen können Sie dann anstelle des tatsächlichen Bezuges in Formeln verwenden. Mehr zum Thema »Namen« finden Sie in Kapitel 19.

Datums- und Zeitfunktionen einsetzen

Ein Name kann auch auf eine Funktion zeigen und davon soll bei der hier vorgestellten Lösung Gebrauch gemacht werden:

1. Rufen Sie über den Befehl *Namen definieren* (Registerkarte *Formeln*, Gruppe *Definierte Namen*) das Dialogfeld *Neuer Name* auf.
2. Tragen Sie den Namen *aktuellesJahr* ein.
3. Im Feld *Bezieht sich auf* tragen Sie die Formel =JAHR(HEUTE()) ein.

Damit zeigt der Name *aktuellesJahr* auch immer auf das aktuelle Jahr.

Die Struktur eines Tabellenblatts hilft bei der Lösung

Wie können Sie jetzt aus dieser Jahreszahl über eine einzige Formel einen Kalender erstellen? In Zelle *A1* soll jetzt per Formel der 1. Januar angezeigt werden. Darunter der 2. Januar; in Spalte *B* soll dann der Februar abgebildet werden usw.

Excel hat eine Funktion, die aus zusammengesetzten Zahlenwerten ein Datum berechnen kann. Die Funktion

DATUM(Jahr;Monat;Tag)

errechnet ein solches Datum. Für das Argument *Jahr* können Sie den Namen *aktuellesJahr* verwenden. Für das Argument *Monat* verwenden Sie die Funktion *SPALTE()*. Sie setzt die Nummer der jeweiligen Spalte für den Monat ein. Also *Spalte 1* ist *Monat 1* (Januar), *Spalte 2* ist *Monat 2* (Februar) usw. Und für das Argument *Tag* verwenden Sie die Funktion *ZEILE()*.

Die Formel in *A1* lautet:

```
=DATUM(aktuellesJahr;SPALTE();ZEILE())
```

Kopieren Sie diese Formel nach unten bis Zelle *A31* und anschließend nach rechts bis zur Zelle *L31*. Fertig! Haben Sie sich das so leicht vorgestellt?

> **TIPP** Wenn Sie für den gesamten Bereich über den Befehl *Start/Format/Zellen formatieren*, Registerkarte *Zahlen*, in der Kategorie *Benutzerdefiniert* das Zahlenformat auf "*TTTT,* TT.MM.JJJJ*" festlegen, können Sie sich neben dem Datum auch noch den jeweiligen Wochentag anzeigen lassen. Manchmal kann auch das kürzere Format erwünscht sein, das lediglich die Anfangsbuchstaben des Wochentages anzeigt. Geben Sie dann "*TTT,* TT.MM.JJJJ*" ein.

Über die Änderung des Namens *aktuellesJahr* können Sie sehr bequem die Jahreszahl ändern und der Kalender wird neu berechnet.

Mehr zum Thema Zahlenformate finden Sie in Kapitel 9.

Problem: Unterschiedliche Anzahl an Tagen

So ganz stimmt der Kalender noch nicht. Einige Monate haben ja nur 30 Tage. Völlig vertrackt scheint die Sache beim Februar. Der hat in der Regel nur 28, in Schaltjahren jedoch 29 Tage.

Wenn Sie den bisherigen Kalender betrachten, werden am Ende mancher Monate die ersten Tage des neuen Monats angezeigt. Diese Werte sollten also unterdrückt werden. Genau dann, wenn in der ersten Spalte ein Datum des Monats Januar, in der zweiten Spalte des Monats Februar usw. errechnet wird, soll dieser Wert auch angezeigt werden. Ansonsten soll das Feld leer bleiben. Sie kommen also nicht umhin, die Formel noch etwas zu verbessern.

Die angepasste Formel

Mit der Funktion *WENN* können Sie das Problem der unterschiedlichen Dauer der »normalen« Monate mit 30 bzw. 31 Tagen, sowie auch den Februar mit wechselnder Dauer bei Schaltjahren in den Griff bekommen.

Wenn der Monat, der sich aus *MONAT(DATUM($A$1;SPALTE();ZEILE()–1))* ergibt, gleich der aktuellen Spalte (über *SPALTE() ermittelt*) ist, dann soll das Datum berechnet und angezeigt werden. Liegt das Datum in einem anderen Monat, dann wird der Wert ausgeblendet, was durch die Verwendung des doppelten Anführungszeichens als zweites Argument in der *WENN*-Funktion erreicht wird. Die vollständige Formel in Zelle *A1* lautet demnach:

```
=WENN(MONAT(DATUM(aktuellesJahr;SPALTE();ZEILE()))=SPALTE();DATUM(aktuellesJahr;SPALTE();Z
EILE());"")
```

Abbildg. 15.42 Kalenderblatt über eine einzige Formel erstellt

	A	B	C	D	E	F	G	H	I	J	K	L
1	01.01.2007	01.02.2007	01.03.2007	01.04.2007	01.05.2007	01.06.2007	01.07.2007	01.08.2007	01.09.2007	01.10.2007	01.11.2007	01.12.2007
2	02.01.2007	02.02.2007	02.03.2007	02.04.2007	02.05.2007	02.06.2007	02.07.2007	02.08.2007	02.09.2007	02.10.2007	02.11.2007	02.12.2007
3	03.01.2007	03.02.2007	03.03.2007	03.04.2007	03.05.2007	03.06.2007	03.07.2007	03.08.2007	03.09.2007	03.10.2007	03.11.2007	03.12.2007
4	04.01.2007	04.02.2007	04.03.2007	04.04.2007	04.05.2007	04.06.2007	04.07.2007	04.08.2007	04.09.2007	04.10.2007	04.11.2007	04.12.2007
5	05.01.2007	05.02.2007	05.03.2007	05.04.2007	05.05.2007	05.06.2007	05.07.2007	05.08.2007	05.09.2007	05.10.2007	05.11.2007	05.12.2007
6	06.01.2007	06.02.2007	06.03.2007	06.04.2007	06.05.2007	06.06.2007	06.07.2007	06.08.2007	06.09.2007	06.10.2007	06.11.2007	06.12.2007
7	07.01.2007	07.02.2007	07.03.2007	07.04.2007	07.05.2007	07.06.2007	07.07.2007	07.08.2007	07.09.2007	07.10.2007	07.11.2007	07.12.2007
8	08.01.2007	08.02.2007	08.03.2007	08.04.2007	08.05.2007	08.06.2007	08.07.2007	08.08.2007	08.09.2007	08.10.2007	08.11.2007	08.12.2007
9	09.01.2007	09.02.2007	09.03.2007	09.04.2007	09.05.2007	09.06.2007	09.07.2007	09.08.2007	09.09.2007	09.10.2007	09.11.2007	09.12.2007
10	10.01.2007	10.02.2007	10.03.2007	10.04.2007	10.05.2007	10.06.2007	10.07.2007	10.08.2007	10.09.2007	10.10.2007	10.11.2007	10.12.2007
11	11.01.2007	11.02.2007	11.03.2007	11.04.2007	11.05.2007	11.06.2007	11.07.2007	11.08.2007	11.09.2007	11.10.2007	11.11.2007	11.12.2007
12	12.01.2007	12.02.2007	12.03.2007	12.04.2007	12.05.2007	12.06.2007	12.07.2007	12.08.2007	12.09.2007	12.10.2007	12.11.2007	12.12.2007
13	13.01.2007	13.02.2007	13.03.2007	13.04.2007	13.05.2007	13.06.2007	13.07.2007	13.08.2007	13.09.2007	13.10.2007	13.11.2007	13.12.2007
14	14.01.2007	14.02.2007	14.03.2007	14.04.2007	14.05.2007	14.06.2007	14.07.2007	14.08.2007	14.09.2007	14.10.2007	14.11.2007	14.12.2007
15	15.01.2007	15.02.2007	15.03.2007	15.04.2007	15.05.2007	15.06.2007	15.07.2007	15.08.2007	15.09.2007	15.10.2007	15.11.2007	15.12.2007
16	16.01.2007	16.02.2007	16.03.2007	16.04.2007	16.05.2007	16.06.2007	16.07.2007	16.08.2007	16.09.2007	16.10.2007	16.11.2007	16.12.2007
17	17.01.2007	17.02.2007	17.03.2007	17.04.2007	17.05.2007	17.06.2007	17.07.2007	17.08.2007	17.09.2007	17.10.2007	17.11.2007	17.12.2007
18	18.01.2007	18.02.2007	18.03.2007	18.04.2007	18.05.2007	18.06.2007	18.07.2007	18.08.2007	18.09.2007	18.10.2007	18.11.2007	18.12.2007
19	19.01.2007	19.02.2007	19.03.2007	19.04.2007	19.05.2007	19.06.2007	19.07.2007	19.08.2007	19.09.2007	19.10.2007	19.11.2007	19.12.2007
20	20.01.2007	20.02.2007	20.03.2007	20.04.2007	20.05.2007	20.06.2007	20.07.2007	20.08.2007	20.09.2007	20.10.2007	20.11.2007	20.12.2007
21	21.01.2007	21.02.2007	21.03.2007	21.04.2007	21.05.2007	21.06.2007	21.07.2007	21.08.2007	21.09.2007	21.10.2007	21.11.2007	21.12.2007
22	22.01.2007	22.02.2007	22.03.2007	22.04.2007	22.05.2007	22.06.2007	22.07.2007	22.08.2007	22.09.2007	22.10.2007	22.11.2007	22.12.2007
23	23.01.2007	23.02.2007	23.03.2007	23.04.2007	23.05.2007	23.06.2007	23.07.2007	23.08.2007	23.09.2007	23.10.2007	23.11.2007	23.12.2007
24	24.01.2007	24.02.2007	24.03.2007	24.04.2007	24.05.2007	24.06.2007	24.07.2007	24.08.2007	24.09.2007	24.10.2007	24.11.2007	24.12.2007
25	25.01.2007	25.02.2007	25.03.2007	25.04.2007	25.05.2007	25.06.2007	25.07.2007	25.08.2007	25.09.2007	25.10.2007	25.11.2007	25.12.2007
26	26.01.2007	26.02.2007	26.03.2007	26.04.2007	26.05.2007	26.06.2007	26.07.2007	26.08.2007	26.09.2007	26.10.2007	26.11.2007	26.12.2007
27	27.01.2007	27.02.2007	27.03.2007	27.04.2007	27.05.2007	27.06.2007	27.07.2007	27.08.2007	27.09.2007	27.10.2007	27.11.2007	27.12.2007
28	28.01.2007	28.02.2007	28.03.2007	28.04.2007	28.05.2007	28.06.2007	28.07.2007	28.08.2007	28.09.2007	28.10.2007	28.11.2007	28.12.2007
29	29.01.2007		29.03.2007	29.04.2007	29.05.2007	29.06.2007	29.07.2007	29.08.2007	29.09.2007	29.10.2007	29.11.2007	29.12.2007
30	30.01.2007		30.03.2007	30.04.2007	30.05.2007	30.06.2007	30.07.2007	30.08.2007	30.09.2007	30.10.2007	30.11.2007	30.12.2007
31	31.01.2007		31.03.2007		31.05.2007		31.07.2007	31.08.2007		31.10.2007		31.12.2007
32												

Mit einer einzigen Formel haben Sie einen Kalender erstellt, der neben der unterschiedlichen Dauer der Monate auch die Besonderheiten des Monats Februar berücksichtigt (siehe Abbildung 15.42).

HINWEIS Wenn Sie einen Kalender für das Jahr 1900 erstellen, werden Sie feststellen, dass Excel dieses Jahr ebenfalls als Schaltjahr betrachtet. Ganz korrekt ist dies nicht. Bei den Jahren, die durch 100 teilbar sind, sind nur die Jahre Schaltjahre, die auch durch 400 teilbar sind. Wie oben ausgeführt, ist der Zeitraum für Datumsberechnungen in Excel aber sowieso eingeschränkt.

Ein Beispiel dafür, wie Sie die Wochentage mit Hilfe der *Bedingten Formatierung* in unterschiedlichen Farben darstellen können, finden Sie in Kapitel 12.

Datums- und Zeitfunktionen einsetzen

Das fertige Beispiel finden Sie auf dem Arbeitsblatt *Kalender* in der Datei *Kap15_Datzeit.xlsx* im Ordner *\Buch\Kap15* auf der CD-ROM zu diesem Buch.

Hilfsspalten zum Sortieren und Filtern aufbauen

Excel kann unterschiedlichste Daten sortieren. Zahlen, Text und Datumswerte stellen kein Problem dar (vgl. Sie hierzu das Kapitel 20). Datumswerte werden standardmäßig allerdings in der Reihenfolge Jahr, Monat und Tag sortiert. Für eine Übersicht, wer als nächstes Geburtstag hat, ist diese Sortierfolge ungeeignet.

Abbildg. 15.43 Diese Liste soll so sortiert werden, dass die Geburtstage in der jahreszeitlichen Abfolge angezeigt werden

	A	B	C	D
1				
2		Geburtstagsliste sortieren		
3		Name	Geburtstag	
4		Hans	27.05.1972	
5		Martin	08.01.2000	
6		Gisela	18.05.1992	
7		Werner	01.07.1957	
8		Klaus	04.12.1959	
9		Sabine	18.02.1957	
10		Ursula	24.12.1997	
11		Heike	20.03.1960	
12		Andrea	10.12.1971	
13		Achim	12.08.1958	
14				

WICHTIG Das Sortieren einer Liste ist ein nicht ganz unkritischer Vorgang, weil aus einem wohlgeordneten Datenbestand schnell ein unbrauchbarer »Datensalat« werden kann. Das kann z.B. dann der Fall sein, wenn nicht alle Daten markiert wurden, bevor der Sortierbefehl ausgeführt wurde. Wenn Sie gleich im Anschluss an das Sortieren den Fehler bemerken, können Sie den Befehl noch rückgängig machen (über den Befehl *Rückgängig* in der Schnellzugriffsleiste). Wenn nicht ...!

Aber so weit wollen wir es gar nicht kommen lassen. Eine gute Methode etwas Sicherheit einzubauen, ist das Einfügen einer Spalte, um die ursprüngliche Sortierung wiederherzustellen. Nummerieren Sie die Zeilen (oder Spalten) mit der *AutoAusfüllen*-Funktion (vgl. Kapitel 4). Damit können Sie die ursprüngliche Sortierfolge jederzeit wiederherstellen.

Abbildg. 15.44 Die Datumswerte sind jetzt nach Monat und Tag aufsteigend sortiert

	B	C	D	E	F
2	Geburtstagsliste sortiert nach Monat und Tag				
3	Name	Geburtstag	Ursprüngliche Reihenfolge	Sortierkriterium	Formel
4	Martin	08.01.2000	2	0108	=TEXT(MONAT(C4);"00")&TEXT(TAG(C4);"00")
5	Sabine	18.02.1957	6	0218	=TEXT(MONAT(C5);"00")&TEXT(TAG(C5);"00")
6	Heike	20.03.1960	8	0320	=TEXT(MONAT(C6);"00")&TEXT(TAG(C6);"00")
7	Gisela	18.05.1992	3	0518	=TEXT(MONAT(C7);"00")&TEXT(TAG(C7);"00")
8	Hans	27.05.1972	1	0527	=TEXT(MONAT(C8);"00")&TEXT(TAG(C8);"00")
9	Werner	01.07.1957	4	0701	=TEXT(MONAT(C9);"00")&TEXT(TAG(C9);"00")
10	Achim	12.08.1958	10	0812	=TEXT(MONAT(C10);"00")&TEXT(TAG(C10);"00")
11	Klaus	04.12.1959	5	1204	=TEXT(MONAT(C11);"00")&TEXT(TAG(C11);"00")
12	Andrea	10.12.1971	9	1210	=TEXT(MONAT(C12);"00")&TEXT(TAG(C12);"00")
13	Ursula	24.12.1997	7	1224	=TEXT(MONAT(C13);"00")&TEXT(TAG(C13);"00")

Und so erstellen Sie ein Sortierkriterium, über das Sie die Daten aufsteigend nach Monat und Tag sortieren können:

1. Nachdem Sie in Spalte *D* die ursprüngliche Sortierung erhalten haben, tragen Sie in Zelle *E4* die folgende Formel ein:

   ```
   =TEXT(MONAT(C4);"00")&TEXT(TAG(C4);"00")
   ```

2. Kopieren Sie diese Formel nach unten bis zur Zelle *E13*.
3. Markieren Sie den Bereich *B4:E13*.
4. Rufen Sie über *Start/Sortieren und Filtern/Benutzerdefiniertes Sortieren* das Dialogfeld *Sortieren* auf.
5. Wählen Sie im Listenfeld *Sortieren nach* die Spalte *Sortierkriterium* und die aufsteigende Sortierfolge aus.
6. Schließen Sie das Dialogfeld mit *OK*.
7. Die anschließende *Sortierwarnung* bestätigen Sie ebenfalls mit *OK*.

Die Formel verkettet den Teil *Monat* mit dem Teil *Tag* des Datums zu einer Zeichenfolge. Wichtig ist in diesem Zusammenhang der Einsatz der Funktion *TEXT*. Ohne diese Funktion, also etwa mit der Formel =MONAT(C4)&TAG(C4), kommt ein unbrauchbares Sortierkriterium zustande, weil zweistellige Monats- und Tageswerte nicht berücksichtigt werden. Wenn Sie nach einem solchen Kriterium sortiert haben, lernen Sie die zuvor eingebaute Sicherheit über die Spalte »ursprüngliche Reihenfolge« schätzen.

Datumswerte vor der Excel-Zeitrechnung sortieren

Vielleicht betreiben Sie ja Ahnenforschung und tragen die wichtigen Familiendaten in eine Excel-Tabelle ein. Damit sind die Informationen schnell verfügbar und neu hinzugekommene Daten können durch Sortieren an die richtige Stelle gebracht werden. Ist es wirklich so einfach?!

Datums- und Zeitfunktionen einsetzen

Leider nicht ganz, denn in Excel beginnt die Datumsrechnung am 1. Januar 1900. Haben Sie Datumswerte, die vor diesem Tag liegen, können Sie diese zwar sortieren; bei genauem Hinsehen stellen Sie allerdings fest, dass die Sortierfolge nicht korrekt ist. Excel sortiert die Datumswerte als Text, was zur Folge hat, dass der 1.01.1845 vor dem 2.01.1645 liegt.

Eine Alternative stellt die getrennte Erfassung der Datumsbestandteile Tag, Monat und Jahr dar. Erfassen Sie diese Teile in getrennten Spalten, können Sie die Daten auch korrekt sortieren. Wollen Sie Datumswerte in einer Spalte erfassen, dann schauen Sie sich das folgende Beispiel an.

WICHTIG   Das Beispiel geht davon aus, dass Sie die Datumswerte als zehnstellige Werte erfassen und die Zellen als Text formatiert sind.

Um Datumswerte vor der Excel-Datumsrechnung korrekt zu sortieren, gehen Sie wie folgt vor:
1. Fügen Sie zunächst eine Spalte ein, um die ursprüngliche Sortierfolge zu erhalten.
2. Tragen Sie in Zelle *D4* die folgende Formel ein:

   ```
   =RECHTS(B4;4)&TEIL(B4;FINDEN(".";B4;1)+1;2)&LINKS(B4;2)
   ```

   Kopieren Sie diese anschließend nach unten bis zur Zelle *D13*.
3. Markieren Sie den Bereich *B4:D13*.
4. Rufen Sie über *Daten/Sortieren und Filtern/Benutzerdefiniertes Sortieren* das Dialogfeld *Sortieren* auf.
5. Wählen Sie im Listenfeld *Sortieren nach* die Spalte *Sortierkriterium* und die aufsteigende Sortierfolge aus.
6. Schließen Sie das Dialogfeld mit *OK*.
7. Die anschließende *Sortierwarnung* bestätigen Sie ebenfalls mit *OK*.

Abbildg. 15.45   Datumswerte werden korrekt sortiert, wenn diese als Text erfasst wurden

	A	B	C	D	E	F
1						
2		Datumswerte vor dem 1.1.1900 richtig sortieren				
3		Datumswert (zehnstellig)	Ursprüngliche Reihenfolge	Sortierkriterium	Formel	
4		02.01.1645	4	16450102	=RECHTS(B4;4)&TEIL(B4;FINDEN(".";B4;1)+1;2)&LINKS(B4;2)	
5		03.03.1733	2	17330303	=RECHTS(B5;4)&TEIL(B5;FINDEN(".";B5;1)+1;2)&LINKS(B5;2)	
6		03.03.1734	6	17340303	=RECHTS(B6;4)&TEIL(B6;FINDEN(".";B6;1)+1;2)&LINKS(B6;2)	
7		01.01.1845	3	18450101	=RECHTS(B7;4)&TEIL(B7;FINDEN(".";B7;1)+1;2)&LINKS(B7;2)	
8		15.01.1845	1	18450115	=RECHTS(B8;4)&TEIL(B8;FINDEN(".";B8;1)+1;2)&LINKS(B8;2)	
9		15.01.1847	7	18470115	=RECHTS(B9;4)&TEIL(B9;FINDEN(".";B9;1)+1;2)&LINKS(B9;2)	
10		08.06.1912	9	19120608	=RECHTS(B10;4)&TEIL(B10;FINDEN(".";B10;1)+1;2)&LINKS(B10;2)	
11		05.09.1929	8	19290905	=RECHTS(B11;4)&TEIL(B11;FINDEN(".";B11;1)+1;2)&LINKS(B11;2)	
12		29.02.1948	5	19480229	=RECHTS(B12;4)&TEIL(B12;FINDEN(".";B12;1)+1;2)&LINKS(B12;2)	
13		29.11.1954	10	19541129	=RECHTS(B13;4)&TEIL(B13;FINDEN(".";B13;1)+1;2)&LINKS(B13;2)	
14						

Wie rechnet Excel mit der Zeit?

Bei Uhrzeiten verhält es sich ganz ähnlich. Geben Sie die aktuelle Zeit mit der Tastenkombination `Strg`+`:` (Doppelpunkt) ein. Die Uhrzeit wird in der Form *16:21* angezeigt. In der Bearbeitungsleiste steht ebenfalls *16:21*. Das Zahlenformat ist *hh:mm*. Stellen Sie nun über *Start/Format/Zellen formatieren* das Zahlenformat *Standard* ein, wird der Wert *0,68125* angezeigt.

Kapitel 15 Mit Funktionen kalkulieren und auswerten

Die Uhrzeit eines Tages ist ebenfalls eine Zahl mit einem speziellen Zahlenformat. In Excel entsprechen die 24 Stunden eines Tages dem Wert *1*. Eine Stunde entspricht dann *1/24*, eine Minute *1/1440* usw.

Tabellenfunktionen zur Zeit

Mit der Formel

`=JETZT()`

können Sie eine aktualisierbare Zeit eintragen. Das bedeutet, dass bei jeder Neuberechnung der Zelle die Zeitangabe aktualisiert wird. Die Funktion liefert die fortlaufende Zahl des aktuellen Datums und der aktuellen Uhrzeit. Analog zum Datum gibt es Funktionen, um die Teile der Uhrzeit zu ermitteln. Mit den Funktionen

STUNDE(Zahl),

MINUTE(Zahl) und

SEKUNDE(Zahl)

können Sie die gesuchten Teile der Zeit berechnen. Für das Argument *Zahl* können Sie dabei einen Bezug, die Funktion *JETZT()* oder einen festen Wert in der Form *21:48* angeben.

Entsprechend den Datumsfunktionen gibt es für die Berechnung der Zeiten die Funktionen

ZEITWERT(Zeit)

und

ZEIT(Stunde;Minute;Sekunde)

Die Abbildung 15.46 zeigt hierzu einige Beispiele.

> **HINWEIS** Ist der Zeitwert in D6 größer als der Zeitwert in D7, werden in Zelle D8 nur Rauten angezeigt, weil Excel das (negative) Ergebnis nicht als Zeit anzeigen kann. Bei der Formel in Zelle D9 wird davon ausgegangen, dass ein größerer Wert in Zelle D6 sich auf den Vortag bezieht. Mehr dazu weiter unten in diesem Kapitel.

Abbildg. 15.46 Das Zahlenformat beeinflusst die Anzeige von Zeitfunktionen und Zeitwerten

	A	B	C	D	E	F	G
1							
2		Zeitfunktionen					
3		Zeile	Bemerkung	Wert	Formel	Zahlenformat	
4		A	Feste Zeit eingeben mit [Strg]+[:]	15:31		0,646527778	hh:mm
5		B	Aktualisierbare Formel mit =JETZT()	05.02.2007 20:38	=JETZT()	TT.MM.JJJJ hh:mm	
6		C	ZEITWERT(TEXT(D4;"h:mm"))		0,646527778	=ZEITWERT(TEXT(D4;"h:mm"))	Standard
7		D	ZEITWERT(TEXT(D5;"h:mm"))		0,859722222	=ZEITWERT(TEXT(D5;"h:mm"))	Standard
8		E	Differenz B - A in Stunden	05:07	=D7-D6	hh:mm	
9		F	Differenz B - A in Stunden ohne Fehler	05:07	=(D6>D7)+D7-D6	hh:mm	
10		G	Differenz B - A dezimal	0,213194444	=D7-D6	Standard	
11		H	Die Sekunde von A	0	=SEKUNDE(D4)	Standard	
12		I	Die Minute von A	31	=MINUTE(D4)	Standard	
13		J	Die Stunde von A	15	=STUNDE(D4)	Standard	
14							

Datums- und Zeitfunktionen einsetzen

Die gezeigten Beispiele finden Sie auf dem Arbeitsblatt *Zeit* in der Datei *Kap15_Datzeit.xlsx* im Ordner *\Buch\Kap15* auf der CD-ROM zu diesem Buch.

Der Alltag bei der Zeitrechnung

Wenn Sie mit Datum oder Zeit rechnen, brauchen Sie sich im Allgemeinen nicht um eine Umwandlung zu sorgen – Excel nimmt diese automatisch vor. Die Differenz zwischen zwei Datums- oder Zeitangaben ist mit einer Subtraktion, etwa in der Form

```
=B1-A1
```

möglich. Sie können also zur Erfassung z.B. von Arbeitszeiten eine Tabelle aufbauen, die für jeden Arbeitstag die abgeleisteten Stunden errechnet.

Nehmen wir an, Sie wollen ein Arbeitsblatt auch für Schichtarbeiter aufbauen. Es gibt Mitarbeiter, die von 22:00 bis 6:00 am nächsten Tag arbeiten. Wie ermitteln Sie die korrekte Arbeitszeit?

Wenn die Mitarbeiter von 22:00 bis 6:00 am nächsten Tag arbeiten, etwa innerhalb eines Bereitschaftsdienstes im Krankenhaus, erhalten Sie als Differenz einen »wunderschönen Gartenzaun«. Auch das Ändern der Spaltenbreite hilft in diesem Fall nicht. Interessant ist, dass Excel die Zeit berechnen kann, wenn Sie das Zahlenformat auf *Standard* einstellen. Allein das Zahlenformat mag keine negativen Zahlen darstellen. Eigentlich auch verständlich oder hat Ihre Uhr schon einmal –12 geschlagen?

Um das Problem zu lösen, sind zwei Wege möglich: Sie können entweder die allgemeine Einstellung über den Befehl *Office-Menü/Excel-Optionen* ändern oder den Weg über eine Formel gehen.

Die Option 1904-Datumswerte

Über den Befehl *Office-Menü/Excel-Optionen* können Sie in der Kategorie *Erweitert* das Kontrollkästchen *1904-Datumswerte verwenden* aktivieren. Damit kann Excel dann auch mit negativen Zeiten rechnen. Dieses Vorgehen hat aber Konsequenzen: Zum einen gilt diese Einstellung nur für die aktive Arbeitsmappe. Beziehen sich andere Mappen auf diese Zeitwerte, muss auch in diesen Mappen die entsprechende Änderung vorgenommen werden. Ferner ändern sich sämtliche bereits eingetragenen Datumswerte um vier Jahre und alle bestehenden Daten müssen angepasst werden. Die Umstellung dieser Option ist daher kaum eine sichere Lösung.

In Excel für den Macintosh basiert die Zeitrechnung auf den 1904-Datumswerten. Wenn Sie dort eine Datei aus einer Windows-Version von Excel öffnen, erkennt Excel das Dateiformat und ändert automatisch die Datumseingaben. Auch der umgekehrte Weg funktioniert.

Rechnen über die Tagesgrenze hinaus

Um das Problem zu lösen, müssen Sie in der Formel also weitere Informationen angeben. Da Excel auch mit einem Datum rechnen kann, können Sie bei der Erfassung der Zeiten das Datum mit angeben. Ist der Beginn der Arbeitszeit *8.7.2006 22:00* und das Ende *9.7.2006 06:00*, so ist auch die Berechnung der Differenz kein Problem. Für die Anzeige sollten Sie das Zahlenformat der Ergebniszelle allerdings mit dem Zahlenformat *h:mm* formatieren.

Eine weitere Möglichkeit besteht darin, zu prüfen, welcher der Zeitwerte der Größere ist. Mit der Funktion *WENN(Prüfung;Dann_Wert;Sonst_Wert)* können Sie das etwa über die Formel

```
=WENN(A1>B1;1-(A1-B1);B1-A1)
```

erreichen oder als Text inklusive Vorzeichen mit der Formel

```
=WENN((B1-A1)>=0;B1-A1;"-"&TEXT(ABS(1+B1-A1);"hh:mm"))
```

Aller guten Dinge sind bekanntlich drei: Setzen Sie doch direkt einen booleschen Vergleich in der Form

A1>B1

ein. Das Ergebnis ist einer der Wahrheitswerte *WAHR* oder *FALSCH*. Trifft Excel in einer Berechnung auf Wahrheitswerte, so werden diese in die Zahlen *1* bzw. *0* umgewandelt. Wie Sie oben gesehen haben, entspricht ein ganzer Tag dem Wert *1*. Addieren Sie also zu einer Zeit den Wert *1* (*B1* ist tatsächlich größer als *A1*), fällt das Ergebnis auf den nächsten Tag. Die Formel

```
=(A1>B1)+B1-A1
```

liefert also genau das gesuchte Ergebnis.

Alternative mit der Tabellenfunktion *ABS*

Auch hier gibt es einen weiteren Weg, die Aufgabe zu lösen. So können Sie die Tabellenfunktion *ABS(Zahl)* einsetzen und damit Zeitwerte voneinander subtrahieren.

Beispiel:

```
=ABS("23:00"-"16:00")
```

liefert als Ergebnis die Zahl 0,291666666666667. Wenn Sie diese Zahl als Zeitwert formatieren, wird das korrekte Ergebnis *7:00* angezeigt.

Über die Funktion *TEXT* können Sie das Ergebnis auch gleich formatiert ausgeben:

```
=TEXT(ABS("23:00"-"16:00");"[h]:mm")
```

Zeiten aufaddieren

Ein weiteres Problem taucht bei der Addition von Zeiten auf. Scheinbar kann das Ergebnis einer Addition nicht mehr als 24 Stunden ergeben. Die Summe von *15:00 Stunden* und *12:00 Stunden* ergibt in Excel *3:00*. Hier können Sie das Problem über das Zahlenformat lösen:

1. Aktivieren Sie die Ergebniszelle und wählen Sie auf der Registerkarte *Start* in der Gruppe *Zellen* den Befehl *Format/Zellen formatieren*.
2. Wechseln Sie im daraufhin geöffneten Dialogfeld zur Registerkarte *Zahlen* und wählen Sie im Listenfeld *Kategorie* den Eintrag *Benutzerdefiniert* aus.
3. Legen Sie das Zahlenformat mit *[h]:mm* fest. Wichtig ist dabei die eckige Klammer!

Das Ergebnis wird nun in der Form *27:00* angezeigt.

Datums- und Zeitfunktionen einsetzen

Abbildg. 15.47 Beispiele zum Rechnen mit der Zeit

	A	B	C	D	E	F	G
1							
2		Rechnen mit der Zeit					
3		Start	Ende	Differenz	Formel	Zahlenformat	
4		06:30	15:30	09:00	=C4-B4	hh:mm	
5		22:00	06:00	##############	=C5-B5	hh:mm	
6		22:00	06:00	08:00	=WENN(B6>C6;1-(B6-C6);C6-B6)	hh:mm	
7		22:00	06:00	0,333333333	=WENN(B7>C7;1-(B7-C7);C7-B7)	Standard	
8		22:00	06:00	-08:00	=WENN((C8-B8)>=0;C8-B8;"-"&TEXT(ABS(1+C8-B8);"hh:mm"))	hh:mm	
9		08.07.2000 22:00	09.07.2000 06:00	00.01.1900 08:00	=C9-B9	TT.MM.JJJJ hh:mm	
10		08.07.2000 22:00	09.07.2000 06:00	08:00	=C10-B10	hh:mm	
11		22:00	06:00	08:00	=(B11>C11)+C11-B11	hh:mm	
12		Summe Zeile 4 bis 8	15:30	15:30	=SUMME(C4:C8)	hh:mm	
13		Summe Zeile 4 bis 8	39:30	39:30	=SUMME(C4:C8)	[h]:mm	
14		22:00	06:00	0,666666667	=ABS(B14-C14)	Standard	
15		22:00	06:00	16:00	=ABS(B15-C15)	[h]:mm	
16		22:00	06:00	16:00	=TEXT(ABS(B16-C16);"[h]:mm")	Standard	
17							

Die gezeigten Beispiele finden Sie auf dem Arbeitsblatt *Zeitrechnung* in der Datei *Kap15_Datzeit.xlsx* im Ordner *\Buch\Kap15* auf der CD-ROM zu diesem Buch.

Lohnabrechnung nach Stunden vornehmen

Dass Excel die Stunden als Bruchteile eines Tages betrachtet, kann zu einem Problem führen, z.B. wenn Sie eine Lohnabrechnung nach der Zahl der geleisteten Stunden vornehmen müssen. Hat ein Arbeiter beispielsweise 6:15 gearbeitet und einen Stundenlohn von 45 €, so ergibt die Multiplikation der beiden Werte zunächst rund 11,70 €. Damit dürfte der Arbeiter wohl kaum zufrieden sein.

Um das korrekte Ergebnis zu erhalten, müssen Sie die Zahl der Stunden mit 24 multiplizieren. Der Rechenweg für die korrekte Ermittlung des Tageslohnes lautet also

`=(6:25*24)*45`

In Abbildung 15.48 liefert die Formel

`=(D4*24)*E4`

den Wert *281,25 €*, damit sieht die Sache für den Arbeiter sicher freundlicher aus.

Abbildg. 15.48 Das Rechnen mit Zeitwerten ist nicht ganz unproblematisch

	A	B	C	D	E	F
		E12		f_x	=(D4*24)*E4	
1						
2		Lohnabrechnung nach Stunden				
3		Beginn	Ende	Arbeitszeit	Stundensatz	
4		07:00	13:15	06:15	45,00 €	
5						
6						
7		Einfache Multiplikation				
8		Arbeitszeit * Stundensatz			11,72 €	
9						
10						
11		Berücksichtigung des Bruchteils				
12		(Arbeitszeit * 24) * Stundensatz			281,25 €	
13						

Zeitangaben runden

Zeitwerte sollen manchmal auch gerundet werden. Am Beginn dieses Kapitels haben Sie gesehen, wie dazu die Funktion *VRUNDEN* verwendet werden kann. Mit den richtigen Argumenten kann allerdings auch die Funktion *RUNDEN* Zeitwerte wie gewünscht runden.

Das können Sie mit der allgemeinen Formel

=RUNDEN(Uhrzeit*Genauigkeit;0)/Genauigkeit

erreichen. Für das Argument *Genauigkeit* verwenden Sie dabei einen Wert aus Tabelle 15.7.

Tabelle 15.7 Häufig verwendete Zeitwerte für das Runden von Zeitwerten

Sie wollen runden auf ...	Verwenden Sie diesen Wert für das Argument *Genauigkeit*
5 Sekunden	17280
10 Sekunden	8640
15 Sekunden	5760
30 Sekunden	2880
1 Minute	1440
5 Minuten	288
10 Minuten	144
15 Minuten	96
20 Minuten	72
30 Minuten	48
1 Stunde	24
4 Stunden	6

Beispiel:

```
=RUNDEN("12:29:27"*288;0)/288
```

ergibt die Zahl 0,520833333333333. Wenn Sie diese über *Start/Format/Zellen formatieren* mit einem Zeitformat formatieren, erhalten Sie das richtige Ergebnis, nämlich 12:30:00.

Ist der gesuchte Wert nicht in dieser Tabelle? Dann berechnen Sie ihn selbst wie folgt:

1. Tragen Sie in Zelle *A1* den Wert für einen Tag, also *24:00* ein.
2. In Zelle *B1* tragen Sie den Zeitwert ein, auf den Sie runden wollen, z.B. *0:45*.
3. Berechnen Sie den gesuchten Wert in Zelle *C1* mit der Formel =A1/B1.

Sie finden ein Beispiel dazu auf dem Arbeitsblatt *Zeitwerte runden* in der Datei *Kap15_Datzeit.xlsx* im Ordner *\Buch\Kap15* auf der CD-ROM zu diesem Buch.

Zusammenfassung

Dieses Kapitel enthält einige Beispiele für die grenzenlos anmutenden Einsatzmöglichkeiten von Funktionen. Wir hoffen, dass Ihnen dieser Querschnitt durch die Funktionen und deren Kombinationsmöglichkeiten bei der Lösung eigener Aufgaben helfen kann. Vielleicht sind Sie auch neugierig geworden und haben neue Anregungen für interessante Lösungen gefunden.

Frage	Antwort
Gibt es neue Funktionen in Excel 2007?	Es gibt fünf neue Funktionen: *MITTELWERTWENN, MITTELWERTWENNS, SUMMEWENNS, ZÄHLENWENNS* und *WENNFEHLER*. Weitere Neuigkeiten zum Thema Funktionen finden Sie auf Seite 572.
Wie kann ich schnell alle Werte einer Tabelle runden?	Wenn Sie in den Excel-Optionen die *Genauigkeit wie angezeigt festlegen* werden alle Werte gerundet. Mehr dazu auf Seite 573.
Wie kann ich mit einer Tabellenfunktion Werte runden?	Auf Seite 574 erfahren Sie, wie Sie die Tabellenfunktion *RUNDEN* einsetzen.
Wie kann ich während der Entwurfsphase die Anzeige von Fehlerwerten unterdrücken?	Auf Seite 583 erfahren Sie, wie Sie mit der *WENN*-Funktion Fehlerwerte unterdrücken können.
Ich möchte aus einer großen Liste die Summe der Umsätze eines bestimmten Mitarbeiters berechnen. Wie geht das?	Ab Seite 589 finden Sie einige Beispiele zur Tabellenfunktion *SUMMEWENN*, die für diese Aufgabe eine Lösung bietet.
Kann ich in einer Tabelle die doppelten Datensätze zählen?	Mit den Tabellenfunktionen *ZÄHLENWENN* und *ZÄHLENWENNS* wird dieses Problem auf Seite 590 gelöst.
Wie kann ich die Spalten und Zeilen einer Tabelle tauschen?	Wollen Sie Spalten und Zeilen einer Tabelle tauschen, können Sie den Befehl *Transponieren* oder die Funktion *MTRANS* verwenden. Mehr dazu auf Seite 606.
Ich möchte in einer Liste nach einem Wert suchen und anschließend den Wert einer anderen Spalte der Liste ausgeben. Geht so etwas?	Das ist das klassische Einsatzgebiet der Tabellenfunktion *SVERWEIS*. Schlagen Sie nach auf Seite 613.
Ich habe ein Rechnungsformular erstellt und möchte dieses mit den Daten einer Liste füllen. Wie macht man das?	Auf Seite 617 finden Sie ein Rechnungsformular, das mit Verweisfunktionen Daten aus einer Liste holt.
Wie kann ich eine Zelle (Postleitzahlen und Wohnort) in zwei Zellen aufteilen?	Hierfür verwenden Sie die Tabellenfunktionen *LINKS*, *RECHTS* und *TEIL*. Beispiele dazu zeigt die Seite 632.
Kann ich berechnen, wann die Sommerzeit beginnt?	Das Beispiel auf Seite 642 verwendet die Funktionen *DATUM* und *WOCHENTAG*, um diese Aufgabe zu lösen.
Weil es keine Werbegeschenke mehr gibt, möchte ich selbst einen Kalender erstellen. Wie geht das mit Excel?	Auf Seite 644 wird dafür die Tabellenfunktion *DATUM* verwendet.

Kapitel 16

Statistische und finanzmathematische Funktionen einsetzen

In diesem Kapitel:

Statistische Funktionen	658
Funktionen für die Häufigkeitsanalyse	667
Voraussagen mit Trendfunktionen	671
Kombinatorik	675
Finanzmathematische Funktionen einsetzen	681
Zusammenfassung	692

Kapitel 16: Statistische und finanzmathematische Funktionen einsetzen

In diesem Kapitel erwartet Sie die Beschreibung einiger statistischer und finanzmathematischer Funktionen sowie etliche zur Kombinatorik. Auch hier musste eine Auswahl aus dem großen »Fundus« von Excel getroffen werden. Dabei haben wir uns an den häufigsten Aufgabenstellungen orientiert: Es soll also weniger der mathematische Hintergrund als vielmehr der praktische Einsatz im Vordergrund stehen.

Statistische Funktionen

Es ist leider nicht immer so einfach, große Datenmengen zu analysieren und korrekte Aussagen über das Zahlenmaterial zu machen. Excel stellt viele Funktionen zur Verfügung, die Sie bei diesem Problem unterstützen. Die Interpretation der Ergebnisse, die Schlüsse, die Sie daraus ziehen, kann Ihnen niemand abnehmen.

Abbildg. 16.1 Basistabelle mit den Wetterdaten eines Monats

	A	B	C	D
1	Datum	Temperatur °C	Sonnenschein h	Regen mm
2	28.07.2006	13,2	0,20	0,90
3	29.07.2006	10,2		
4	30.07.2006	4,2		1,00
5	31.07.2006	8,5	0,50	2,00
6	01.08.2006	11,0		
7	02.08.2006	9,6		1,00
8	03.08.2006	10,4		12,00
9	04.08.2006	10,8	1,20	
10	05.08.2006	12,3	4,40	
11	06.08.2006	12,2	0,30	1,00
12	07.08.2006	11,2		3,00
13	08.08.2006	11,8	2,50	1,00
14	09.08.2006	11,2	3,70	0,00
15	10.08.2006	13,8		2,00
16	11.08.2006	14,4		3,00
17	12.08.2006	12,5	3,70	0,00
18	13.08.2006	15,1	5,00	1,00
19	14.08.2006	9,1	2,50	
20	15.08.2006	8,1	3,30	0,00
21	16.08.2006	4,9	5,00	
22	17.08.2006	10,8	0,50	
23	18.08.2006	12,6	0,40	0,80
24	19.08.2006	14,1	0,80	7,00
25	20.08.2006	12,6	1,00	18,00
26	21.08.2006	11,2	2,00	5,00
27	22.08.2006	9,2	3,20	4,00
28	23.08.2006	11,0	0,20	4,00
29	24.08.2006	14,2		29,00
30	25.08.2006	9,4	2,00	11,00
31	26.08.2006	7,2	0,10	11,00
32	27.08.2006	8,7	0,20	13,00
33				

Alle Beispiele zu den statistischen Funktionen finden Sie auf der CD-ROM zu diesem Buch in der Arbeitsmappe *Kap16.xlsx* im Ordner *\Buch\Kap16*. Beim Öffnen dieser Mappe erhalten Sie unter Umständen einen Warnhinweis auf einen Zirkelbezug. Aktivieren Sie in diesem Fall über das *Office-Menü* in den *Excel-Optionen* in der Kategorie *Formeln* das Kontrollkästchen *Iterative Berechnung aktivieren*.

In der oben genannten Beispieldatei finden Sie das Arbeitsblatt *Häufigkeit*. Dieses Arbeitsblatt enthält persönliche Aufzeichnungen der Wetterdaten für einen Monat (siehe Abbildung 16.1). Anhand dieser Zahlen lässt sich eine Reihe von statistischen Auswertungen durchführen.

Das arithmetische Mittel berechnen

Das *arithmetische Mittel* ist der bekannteste Mittelwert und hat damit auch die größte Akzeptanz unter den Nicht-Statistikern. Für viele ist es ganz einfach der *Durchschnitt*. Er ist einfach zu berechnen und beruht auf allen Werten. Das arithmetische Mittel kann bestimmt werden, wenn die Summe und die Anzahl der Daten bekannt sind. Arithmetische Mittel verschiedener Datenreihen können miteinander verbunden werden, um das arithmetische Mittel der vollständigen Datengruppe zu ermitteln.

Ein wesentlicher Nachteil des arithmetischen Mittels besteht darin, dass es »ausreißerabhängig« ist. Das bedeutet, dass Zahlen, die extrem vom »Standard« abweichen, das Ergebnis bis zur Unbrauchbarkeit verfälschen können.

In Excel berechnen Sie den Mittelwert mit der Funktion *MITTELWERT*. Die Syntax lautet:

MITTELWERT(Zahl1;Zahl2; ...)

HINWEIS Bitte beachten Sie, dass Excel leere Zellen anders behandelt als Zahlen mit dem Wert *0*. Leere Zellen werden bei der Berechnung ignoriert, während der Wert *0* mitgerechnet wird. Dies kann zu Problemen führen, wenn Sie im Dialogfeld *Excel-Optionen* in der Kategorie *Erweitert* die Option *In Zellen mit Nullwert eine Null anzeigen* deaktiviert haben. Dann sehen Sie den Unterschied im Excel-Blatt nicht mehr.

Besondere Aufgabe: Mittelwert ohne Null

Berechnen Sie den Mittelwert der Zahlen 0, 1, 2 ohne dabei den Wert *0* zu berücksichtigen. Wie kann das ausschauen?

Nun, diese Aufgabe kann mit einer Matrixformel gelöst werden. Wenn die Werte im Bereich *A1:A3* eingetragen wurden, dann erhalten Sie mit der Formel

```
=MITTELWERT(A1:A3)
```

als Mittelwert die Zahl *1*. Diese Zahl berechnet sich aus der Summe der Zahlen (3) geteilt durch die Anzahl der Zahlen (3). Die Null wird also bei der Berechnung berücksichtigt.

Tragen Sie dagegen die Formel

```
=MITTELWERT(WENN(A1:A3<>0;A1:A3))
```

ein und schließen die Eingabe (wie für Matrixformeln üblich) mit der Tastenkombination `Strg`+`⇧`+`↵` ab, dann wird als Ergebnis die Zahl 1,5 angezeigt. Die Null wird also nicht berücksichtigt.

Das gestutzte Mittel

Üblicherweise werden für die Berechnung eines Mittelwertes alle Werte einer Datenreihe herangezogen. Es ist allerdings auch denkbar, dass Sie die Randbereiche ausblenden wollen. Etwa, um ein Mittel ohne »Ausreißer« berechnen zu können. Sie erhalten damit ein *gestutztes Mittel*. Die entsprechende Tabellenfunktion hat in Excel die Syntax:

GESTUTZTMITTEL(Matrix;Prozent)

Das Ergebnis ist ein Mittelwert einer Teildatenmenge, die dadurch entsteht, dass entsprechend des jeweils angegebenen Prozentsatzes die kleinsten und größten Werte der ursprünglichen Datenpunkte ausgeschlossen werden.

Über das Argument *Matrix* geben Sie den Datenbereich an und über das Argument *Prozent* den Prozentsatz der Datenpunkte, die nicht in die Bewertung eingehen sollen.

Beispiel: Mit *Prozent = 0,2* wird eine Datenmenge um *20%* verringert. Wenn Sie 20 Datenpunkte untersuchen, so werden die zwei größten sowie die zwei kleinsten Werte der Datenreihe für die Berechnung außer Acht gelassen. Mit *Prozent = 0,25* werden ebenfalls vier Datenpunkte ausgeschlossen, weil 25% von 20 eine ungerade Zahl (5) ergibt, die auf das nächst kleinere Vielfache von 2 abgerundet wird.

Das gewogene arithmetische Mittel

Eine Alternative zum gewöhnlichen arithmetischen Mittel mit zahlreichen Anwendungen, etwa bei Preis- und Aktienindizes, ist das *gewogene* oder *gewichtete arithmetische Mittel*. Es unterscheidet sich vom gewöhnlichen oder ungewogenen arithmetischen Mittel durch die freie Wahl der Faktoren oder »Gewichte« $g1 ... gn$ vor den Werten $x1 ... xn$. Beim gewöhnlichen arithmetischen Mittel haben alle diese Gewichte den gleichen Wert $1/n$. Beim gewogenen arithmetischen Mittel können die Gewichte verschieden sein.

Davon abgesehen, erlaubt das gewogene arithmetische Mittel eine Betonung einflussreicher Daten und die Reduktion des Einflusses weniger wichtiger Daten auf den Mittelwert.

Nehmen wir an, fünf Mitglieder einer Familie kaufen Milch. Jedes Familienmitglied kauft eine unterschiedliche Menge an Flaschen zu einem unterschiedlichen Preis. Wie stellt sich das gewogene arithmetische Mittel des Preises im Vergleich zum arithmetischen Mittel dar?

Das gewogene arithmetische Mittel wird aus der Summe der Werte und der Summe der Gewichtungsfaktoren durch Division ermittelt. Das Maß für die Gewichtung ist in der Tabelle in Spalte *C* (Einheiten) eingetragen und die Summe wird in Zelle *C11* berechnet (Abbildung 16.2). Die Summe der einzelnen Rechnungsbeträge steht in Zelle *E11*. Die Formel, mit der das gewichtete Mittel in Zelle *D13* berechnet wird, lautet in unserem Fall:

```
=RUNDEN($E$11/$C$11;2)
```

Abbildg. 16.2 Die Berechnung verschiedener Mittelwerte und Einsatz der Tabellenfunktion RANG

	A	B	C	D	E	F	G	H
1								
2		Gewogenes arithmetisches Mittel						
3								
4		Käufer	Einheiten	Einzelpreis	Gesamt		Rang	
5		Mutter	5	0,89 €	4,45 €	4	RANG($D5;$D$5:$D$9)	
6		Vater	3	0,91 €	2,73 €	2	RANG($D6;$D$5:$D$9)	
7		Kind	1	0,91 €	0,91 €	2	RANG($D7;$D$5:$D$9)	
8		Oma	4	0,92 €	3,68 €	1	RANG($D8;$D$5:$D$9)	
9		Onkel	10	0,85 €	8,50 €	5	RANG($D9;$D$5:$D$9)	
10								
11		Summe	23		20,27 €			
12		Formel	SUMME($C$5:$C$9)		SUMME($E$5:$E$9)			
13		gewogenes Mittel		0,88 €				
14		Formel		RUNDEN($E$11/$C$11;2)				
15		Mittelwert		0,90 €				
16		Formel		RUNDEN(MITTELWERT($D$5:$D$9);2)				
17		Differenz		0,02 €				
18		Formel		ABS($D$13-$D$15)				
19								

Der Median

Im Unterschied zum arithmetischen Mittel basiert der *Median* (oder *Zentralwert*) ausschließlich auf den Häufigkeiten. Der Median gibt den mittleren Wert aus einer Datenmenge an. Um den Median manuell zu ermitteln, werden die Daten zunächst sortiert. Der Wert in der Mitte der Daten ist der Median. Gibt es keine eindeutige Mitte, was bei gerader Anzahl an Elementen der Fall ist, wird der Median über das arithmetische Mittel der beiden mittleren Werte berechnet.

Im Unterschied zum arithmetischen Mittel ist der Median nicht »ausreißerabhängig«. Daraus folgt, dass der Median immer dann zweckdienlich ist, wenn die Werte an den Rändern von geringer Bedeutung sind.

Stellen Sie sich eine Zahlenreihe vor, z. B. 1, 2, 4, 5, 500. Der Median dieser Zahlenreihe ist 4, weil dies der 3. und damit mittlere Wert in dieser Reihe von fünf Zahlen ist. Unabhängig davon, was Sie an den Werten, die kleiner bzw. größer als 4 sind, ändern, bleibt der Zentralwert gleich.

Der Median lässt sich in Excel mit der folgenden Funktion berechnen:

MEDIAN(Zahl1; Zahl2; ...)

Wie bei allen Tabellenfunktionen geben Sie auch bei der Funktion *MEDIAN* die Argumente in Form von Zahlen an oder übergeben einen Zellbezug bzw. Namen, der die Werte enthält.

Der Modalwert

Neben der Gesamtzahl aller Fälle interessiert aber auch, welches der am häufigsten auftretende Wert ist. Die Tabellenfunktion *MODALWERT* liefert den häufigsten Wert einer Gruppe von Zahlen und hat die Syntax

MODALWERT(Zahl1;Zahl2;...)

Kapitel 16 Statistische und finanzmathematische Funktionen einsetzen

Diese Funktion liefert den Wert, der innerhalb einer Datengruppe am häufigsten vorkommt. Enthält die jeweilige Datengruppe keine mehrfach vorkommenden Werte, liefert *MODALWERT* den Fehlerwert *#NV*.

Prüfung auf Duplikate durchführen

Den Modalwert können Sie nicht nur für statistische Auswertungen, sondern auch für eine Datenüberprüfung einsetzen. Angenommen, es sollen im Bereich *A1:A10* Werte ohne Duplikate eingetragen werden und Sie wollen das mit einer Datenüberprüfung sicherstellen. Dann gehen Sie wie folgt vor.

1. Markieren Sie den Bereich *A1:A10*. Wählen Sie auf der Registerkarte *Daten* in der Gruppe *Datentools* den Befehl *Datenüberprüfung*.
2. Stellen Sie im daraufhin geöffneten Dialogfeld auf der Registerkarte *Gültigkeit* das Listenfeld *Zulassen* auf *Benutzerdefiniert*.
3. Tragen Sie im Eingabefeld *Formel* die folgende Formel ein:

```
=ISTFEHLER(MODALWERT($A$1:$A$10))
```

4. Legen Sie auf der Registerkarte *Fehlermeldung* den Typ und den Text für die Fehlermeldung fest und schließen Sie das Dialogfeld mit Klick auf *OK*.

Diese Lösung macht sich den Umstand zunutze, dass *MODALWERT* den Fehlerwert *#NV* liefert, wenn die jeweilige Datengruppe keine mehrfach vorkommenden Werte enthält. Wenn es Duplikate gibt, liefert *MODALWERT* genau diesen Wert, die Fehlerprüfung in der Folge als Ergebnis *FALSCH*, sodass die Fehlermeldung angezeigt wird.

Abbildg. 16.3 Berechnung einiger wichtiger Parameter

Parameter	Temperatur °C	Sonnenschein h	Regen mm
Minimum	4,2	0,1	0,0
Maximum	15,1	5,0	29,0
Mittelwert	10,8	1,9	5,4
Mittelwert ohne 0	10,8	1,9	6,2
Gestutztes Mittel	11,02	1,8	4,185
Modalwert	11,2	0,2	1,0
Median	11,0	1,6	2,5
Spannweite	10,9	4,9	29,0
Varianz	6,4992	2,7024	47,7783
Standardabweichung	2,55	1,64	6,91
KKLEINSTE(Matrix;k)			
1	4,20	0,10	0,00
2	4,90	0,20	0,00
3	7,20	0,20	0,00
KGRÖSSTE(Matrix;k)			
1	15,10	5,00	29,00
2	14,40	5,00	18,00
3	14,20	4,40	13,00

Mehr zum Thema Datenüberprüfung finden Sie in Kapitel 8 und wie Sie Duplikate aus einer Liste entfernen, zeigt das Kapitel 21.

Dieses Beispiel finden Sie auf dem Arbeitsblatt *Duplikate* in der Datei *Kap16.xlsx* im Ordner *\BuchKap16* auf der CD-ROM zu diesem Buch.

Streumaße berechnen

Je mehr die einzelnen Merkmalswerte von dem Mittelwert abweichen, desto weniger repräsentativ ist der Mittelwert. Im Mittelwert wird nicht ausgedrückt, in welchem Ausmaß die Variablen vom Mittelwert abweichen. Deshalb stellt ein Mittelwert allein oft eine ungenügende Charakterisierung des Datenmaterials dar.

Die Spannweite

Eine weitere Information bietet die so genannte *Streuung*. Darunter versteht man die Ausdehnung des Wertebereiches und die Verteilung der Häufigkeiten über diesen Bereich. Je kleiner die Streuung ist, je näher sich die Variablen um den Mittelwert gruppieren, desto repräsentativer ist der Mittelwert.

Trotz aller Anschaulichkeit ist die Aussagefähigkeit der *Spannweite* als einfaches Streuungsmaß gering. Sie richtet sich lediglich nach dem größten und kleinsten Wert.

Das folgende Beispiel in Tabelle 16.1 verdeutlicht dies.

Tabelle 16.1 Unterschiedliche Spannweite bei gleichem Mittelwert

Zahlenreihe	Min	Max	Mittelwert	Spannweite
2;5;20;22;31	2	31	16	29
12;15;17;17;19	12	19	16	7

Bei unterschiedlichen Werten weisen die Reihen den gleichen Mittelwert auf. Erst wenn Sie die Minimum- und Maximumwerte vergleichen, sehen Sie, dass die Daten anders zu bewerten sind. Als Maß dazu dient die Spannweite.

Die Standardabweichung

Das wichtigste Streumaß ist die *Standardabweichung* oder *mittlere Abweichung*. Auch sie beschreibt die Abweichung der Werte vom Mittelwert. Allerdings wird für die Berechnung nicht die Differenz der Werte vom Mittelwert verwendet, sondern das Quadrat der Differenz. Die Standardabweichung ist die Quadratwurzel aus dem arithmetischen Mittel der quadrierten Abweichungen der Werte vom arithmetischen Mittel.

Für die Berechnung der Standardabweichung liegen in Excel mehrere Varianten vor. Je nachdem, ob die Daten einer Grundgesamtheit oder einer Stichprobe entstammen, verwenden Sie eine der beiden nachstehenden Tabellenfunktionen:

STABWN(Zahl1;Zahl2;...)

STABW(Zahl1;Zahl2;...)

Es gibt außerdem eine spezielle Variante für die Auswertung von Datenbankbereichen mit der Syntax:

DBSTDABW(Datenbank;Feld;Suchkriterien)

Mehr zu den Datenbankfunktionen, mit denen Sie komplexe Bedingungen für die Auswertung von Daten festlegen können, finden Sie in Kapitel 22.

Die Funktion *STABWN* errechnet die Standardabweichung, ausgehend von der Grundgesamtheit. Die Funktion *STABW* geht davon aus, dass die übergebenen Argumente einer Stichprobe entnommen wurden.

Mit dem Ergebnis dieser Funktion erhalten Sie ein Maß dafür, wie sehr die jeweiligen Werte um den Mittelwert (Durchschnitt) streuen.

Varianz

Die *Varianz* beschreibt die Abweichung der Werte vom arithmetischen Mittelwert. Da die Summe der Abweichungen vom Mittelwert mathematisch Null ist, verwendet man die quadratische Abweichung. Dadurch erreicht man, dass weiter vom Mittelwert entfernt liegende Werte stärker berücksichtigt werden.

Auch eine Tabellenfunktion für die Berechnung der Varianz liegt in Excel in mehreren Varianten vor. Untersuchen Sie die Daten einer Stichprobe, verwenden Sie die Syntax:

VARIANZ(Zahl1;Zahl2;...)

Soll die Varianz einer Grundgesamtheit berechnet werden, ziehen Sie diese Syntax heran:

VARIANZEN(Zahl1;Zahl2;...)

HINWEIS Die Tabellenfunktion *VARIANZ* beachtet logische Werte wie *WAHR* und *FALSCH* sowie Text nicht, *VARIANZEN* dagegen schon.

Beide Tabellenfunktionen liegen auch in einer speziellen Form für die Auswertung von Datenbanken vor:

DBVARIANZ(Datenbank;Feld;Suchkriterien)

DBVARIANZEN(Datenbank;Feld;Suchkriterien)

Mehr zum Thema Datenbankfunktionen finden Sie in Kapitel 22.

RANG-Funktion

Syntax: *RANG(Zahl;Bezug;[Reihenfolge])*

Mit der Funktion *RANG* ermitteln Sie, welchen Platz eine Zahl innerhalb einer (sortierten) Liste einnimmt. Die Funktion benötigt drei Parameter:

- Das Argument *Zahl* ist eine Zahl oder ein Zellbezug bzw. Name, deren Rang Sie innerhalb von *Bezug* bestimmen wollen.
- Mit dem Argument *Bezug* übergeben Sie eine Zellreferenz oder einen Namen.
- Mit dem Argument *Reihenfolge* legen Sie fest, wie der Rang bestimmt werden soll. Ist das Argument *Reihenfolge* mit *0* (Null) belegt, wird der Rang so bestimmt, dass der höchste Wert den

Platz *1* einnimmt. Andernfalls (jeder beliebige Wert außer Null) wird der Rang so bestimmt, dass der niedrigste Wert den Platz *1* einnimmt.

Befinden sich zwei gleiche Zahlen in der im Argument *Bezug* festgelegten Liste, erhalten diese die gleiche Rangzahl. Dadurch fällt die Rangzahl, die durch die Doppelbelegung gefolgt wäre, aus. In Abbildung 16.2 belegen Vater und Kind jeweils den zweiten Rang. Dadurch entfällt der Rang drei. Der nächst höhere Wert bekleidet bereits Rang vier. Wie Sie den Rang ohne Doppelbelegung berechnen können, zeigt das nachfolgende Beispiel.

Rang ohne doppelte Werte

Die Funktion *RANG(Zahl;Bezug;[Reihenfolge])* gibt die Position von *Zahl* innerhalb von *Bezug* wieder. Dabei erhalten gleiche Werte auch den gleichen Rang (vgl. Abbildung 16.4). Vielleicht wollen Sie den Rang ohne Lücken ermitteln und jeden Platz nur einmal vergeben? Mit einer Matrixfunktion ist auch das möglich.

Den Rang der Zahl in *C4* ermitteln Sie in Zelle *D4* mit der Formel

```
=RANG(C4;$C$4:$C$21)
```

Kopieren Sie diese Formel nach unten, erhalten Sie für alle Mannschaften den Rang auf der Grundlage der Punktzahl. Dabei fallen die doppelten Werte in den Zellen *D7* und *D8* bzw. *D16* und *D17* auf. Im Beispiel wurden diese durch eine bedingte Formatierung hervorgehoben.

So formatieren Sie die Duplikate mit einem besonderen Muster:

1. Markieren Sie den Bereich *D4:D21*.
2. Rufen Sie auf der Registerkarte *Start* in der Gruppe *Formatvorlagen* den Befehl *Bedingte Formatierung* auf und wählen Sie die Option *Neue Regel*.
3. Stellen Sie als *Regeltyp* die Option *Formel zur Ermittlung der zu formatierenden Zellen verwenden* ein.
4. Tragen Sie im Eingabefeld *Werte formatieren, für die diese Formel wahr ist* die folgende Formel ein:

```
=ZÄHLENWENN($D$4:$D$21;D4)>1
```

5. Wählen Sie die Schaltfläche *Formatieren* und legen Sie das gewünschte Format fest.
6. Schließen Sie beide Dialogfelder mit *OK*.

Um den Rang ohne doppelten Rang zu ermitteln, tragen Sie in Zelle *F4* die folgende Matrixformel ein:

```
=SUMME(1*(C4<C$4:C$21))+1+WENN(ZEILE(C4)-ZEILE($C$4)=0;0;SUMME(1*(C4=BEREICH.VERSCHIE-
BEN($C$4;0;0;INDEX(ZEILE(C4)-ZEILE($C$4)+1;1)-1;1))))
```

Denken Sie daran, dass Matrixformeln mit der Tastenkombination Strg + ⇧ + ↵ abgeschlossen werden müssen. Kopieren Sie anschließend die Formel nach unten bis zur Zelle *F21*.

Kapitel 16 Statistische und finanzmathematische Funktionen einsetzen

> **HINWEIS** Beachten Sie bei dieser Lösung, dass die Sortierung Einfluss auf den Rang hat. Bei gleicher Punktzahl erhält derjenige Eintrag den ersten Rang, der als Erster in der Liste steht.

Abbildg. 16.4 Mit einer Matrixfunktion können Sie eine Rangberechnung ohne Doppelbelegung durchführen

	A	B	C	D	E	F	G
1							
2		Welchen Rang hat eine Zahl in einer Gruppe?					
3		Mannschaft	Punkte	RANG mit Duplikaten	Formel	RANG ohne Duplikate	
4		Bayern München	77	1	=RANG(C4;$C$4:$C$21)	1	J. Schwenk: Matrix-Formel (Tastenkombination Strg+Umschalt+Eingabe) =SUMME(1*(C4<C$4:C$21))+1+WENN(ZEILE(C4)-ZEILE($C$4)=0;0;SUMME(1*(C4=BEREICH.VERSCHIEBEN($C$4;0;0; INDEX(ZEILE(C4)-ZEILE($C$4)+1;1)-1;1))))
5		Schalke	63	2	=RANG(C5;$C$4:$C$21)	2	
6		Bremen	59	3	=RANG(C6;$C$4:$C$21)	3	
7		Hertha BSC	58	4	=RANG(C7;$C$4:$C$21)	4	
8		Stuttgart	58	4	=RANG(C8;$C$4:$C$21)	5	
9		Leverkusen	57	6	=RANG(C9;$C$4:$C$21)	6	
10		Dortmund	55	7	=RANG(C10;$C$4:$C$21)	7	
11		Hamburg	51	8	=RANG(C11;$C$4:$C$21)	8	
12		Wolfsburg	48	9	=RANG(C12;$C$4:$C$21)	9	
13		Hannover	45	10	=RANG(C13;$C$4:$C$21)	10	
14		Mainz	43	11	=RANG(C14;$C$4:$C$21)	11	
15		Cottbus	42	12	=RANG(C15;$C$4:$C$21)	12	
16		Bielefeld	40	13	=RANG(C16;$C$4:$C$21)	13	
17		Nürnberg	40	13	=RANG(C17;$C$4:$C$21)	14	
18		M'gladbach	36	15	=RANG(C18;$C$4:$C$21)	15	
19		Bochum	35	16	=RANG(C19;$C$4:$C$21)	16	
20		Achen	30	17	=RANG(C20;$C$4:$C$21)	17	
21		Frankfurt	18	18	=RANG(C21;$C$4:$C$21)	18	
22							

Dieses Beispiel finden Sie auf der CD-ROM zu diesem Buch im Ordner \Buch\Kap16 auf dem Arbeitsblatt *RANG* der Datei *Kap16.xlsx*.

KGRÖSSTE- und *KKLEINSTE*-Funktion

Syntax: *KGRÖSSTE(Matrix;k)* und *KKLEINSTE(Matrix;k)*

Die Funktionen liefern entweder den *k-größten* oder *k-kleinsten* Wert eines Bereichs. Durch diese Funktion können Sie – im Verhältnis zum angegebenen Bereich – die relative Größe der Zahlenwerte ermitteln.

Nehmen wir an, Sie möchten den größten, zweitgrößten oder drittgrößten Wert einer Zahlenreihe feststellen. Hier die Schritte dazu:

1. Geben Sie in Ihre Tabelle die Funktion =KGRÖSSTE(ein.
2. Setzen Sie für das Argument *Matrix* den Zellbereich ein, der Ihre Zahlenreihe enthält, z.B. B2:B32.
3. Übergeben Sie mit dem Argument *k*, welchen Rang der gesuchte Wert einnehmen soll. Wenn Sie den drittgrößten Wert suchen, geben Sie *3* an.
4. Denken Sie nach der Eingabe der Funktion an die schließende Klammer!

Ebenso funktioniert *KKLEINSTE*. Hier wird der niedrigste Wert angezeigt, wenn Sie für das Argument *k* den Wert *1* eingeben; bei *2* der zweitniedrigste Wert usw. Ein Beispiel hierzu zeigt die Abbildung 16.3.

Sollte in einem Bereich (*Matrix*) ein Wert doppelt enthalten sein, führt das zur doppelten Benennung dieses Werts.

Nehmen wir an, in einer Matrix sind folgende Werte enthalten: 7, 6, 5, 5, 4, 3. In diesem Fall wird der Wert 5 sowohl als drittgrößter als auch viertgrößter Wert ausgegeben.

Funktionen für die Häufigkeitsanalyse

Wenn Sie mit größeren Datenbeständen arbeiten, sind Sie vielleicht daran interessiert, einige wenige, für die Problemstellung informative Größen zu ermitteln, um so eine Aussage über alle Daten machen zu können. Wie kann man schnell einen ersten Überblick über die Daten erhalten?

Die Anzahl aller Werte ermitteln

Zunächst gilt es, festzustellen, wie viele Datensätze vorliegen. Für das Auszählen eines Datenbereichs stellt Excel verschiedene Tabellenfunktionen zur Verfügung. Um die gesamte Anzahl aller Einträge eines Bereichs zu ermitteln, verwenden Sie, wenn es sich um Zahlenwerte handelt, die Funktion

ANZAHL(Wert1;[Wert2];[...])

Wenn es sich dagegen um beliebige Einträge handelt, nehmen Sie die Funktion

ANZAHL2(Wert1;[Wert2];[...])

Wert1, Wert2, ... sind dabei bis zu 30 Argumente. Ein Wert kann eine beliebige Art von Information, auch leerer Text (""), sein. Leere Zellen werden jedoch nicht berücksichtigt. Die Funktion *ANZAHL2* berücksichtigt dagegen auch Wahrheitswerte, Text und Fehlerwerte.

Wenn Sie feststellen wollen, ob in einem Bereich Zellen ohne Werte enthalten sind, können Sie für diese Aufgabe die Funktion

ANZAHLLEEREZELLEN(Bereich)

verwenden.

Weitere Funktionen zum Auszählen von Bereichen finden Sie in Kapitel 15.

Einteilung in Klassen

Um eine Reduktion von quantitativen Daten zu erreichen, wendet der Statistiker die Methode der *Häufigkeitsverteilung* an. Dabei werden die Daten in Klassen eingeteilt. Jeder einzelne Fall wird in genau einer Klasse gezählt. Die grafische Darstellung erfolgt in der Regel in einem Histogramm.

Für die Einteilung in Klassen ist es hilfreich, wenn Sie den kleinsten und größten Wert der Datenreihe kennen. Wie Sie mit der Tabellenfunktion *MIN(Zahl1;Zahl2;...)* den kleinsten und mit *MAX(Zahl1;Zahl2;...)* den größten Wert einer Datenreihe ermitteln, können Sie in Kapitel 16 nachlesen. Auch der oben beschriebene häufigste Wert gibt Ihnen einen Anhaltspunkt für die Klasseneinteilung.

HINWEIS Bedenken Sie, dass zu viele Klassen zwar einen Informationsgewinn, aber wenig Übersicht bieten. Andererseits bewirken zu wenige Klassen einen großen Informationsverlust bei gleichzeitigem Gewinn an Übersicht. Hier müssen Sie sich entscheiden. Gewöhnlich werden drei bis zehn Klassen verwendet.

Häufigkeitsverteilung mit einer Tabellenfunktion berechnen

Schauen wir uns das an einem Beispiel an: Sie erfassen Ihre ganz persönlichen Wetterdaten in einer Tabelle (siehe Abbildung 16.1). Nun interessiert es Sie, wie sich die Temperaturen auf verschiedene Klassen verteilen.

Das Beispiel finden Sie auf dem Arbeitsblatt *HÄUFIGKEIT* der Datei *Kap16.xlsx* im Ordner *\Buch\Kap16* auf der CD-ROM zu diesem Buch.

Wenn Sie die Daten in wenige Klassen einteilen wollen, können Sie dies prinzipiell auch mit einer verschachtelten *WENN*-Funktion erledigen. Mehr zur Tabellenfunktion *WENN* finden Sie in Kapitel 7 und 15.

Einfacher geht es allerdings mit der Funktion

HÄUFIGKEIT(Daten;Klassen)

Diese Tabellenfunktion führt die Auszählung numerischer Daten für die angegebenen Intervalle durch. Leere Zellen und Text werden ignoriert.

- Das Argument *Daten* entspricht einer Matrix oder einem Bezug auf eine Wertemenge, deren Häufigkeiten Sie zählen möchten. Enthält *Daten* keine Werte (Zahlen), liefert *HÄUFIGKEIT* eine mit Nullen belegte Matrix.

- Das Argument *Klassen* enthält die Intervallgrenzen. Sie werden als Matrix oder Bezug eingegeben und enthalten die Daten, nach denen Sie die Werte einordnen möchten. Die Klassen müssen in aufsteigender Reihenfolge vorliegen. Für den Fall, dass *Klassen* keine Werte enthält, liefert *HÄUFIGKEIT* die Anzahl der zu *Daten* gehörenden Elemente.

HINWEIS Die *Klassenbreite*, also der Abstand zwischen den einzelnen Klassengrenzen, muss zwar nicht zwingend gleich groß sein. Es erleichtert jedoch den schnellen Zugang zum Sachverhalt. Gleiches gilt auch, wenn die Klassenbreite ein glatter Wert ist.

Gehen Sie folgendermaßen vor, um eine Häufigkeitsauszählung der in Abbildung 16.1 gezeigten Daten durchzuführen:

1. Markieren Sie den Bereich *L2:L6*.
2. Tragen Sie die folgende Formel ein:

```
=HÄUFIGKEIT(B2:B32;K2:K5)
```

Bestätigen Sie die Eingabe mit der Tastenkombination `Strg`+`⇧`+`↵`, da es sich bei der Funktion *Häufigkeit* um eine *Array*-Funktion (Matrix) handelt. Die Formel steht nun in geschweiften Klammern.

WICHTIG Beachten Sie, dass der Bereich für das Ergebnis der Häufigkeitsverteilung eine Zelle mehr umfassen muss, als die Anzahl der Klassen. Die Werte für die Klassen stellen die oberen Grenzwerte für die Auszählung dar, eine Klasse enthält also alle Werte bis *einschließlich* der Klassenobergrenze. In die Klasse mit der Obergrenze *0* werden auch negative Werte gezählt. In der letzten Zeile werden die Werte *oberhalb* der letzten Klasse gezählt.

Abbildg. 16.5 Auswertung nach Klassen mit der Tabellenfunktion *HÄUFIGKEIT*

Klassen Temperatur	Anzahl Elemente
0	0
5	2
10	8
15	20
größer 15	1

Sie erhalten eine dynamische Häufigkeitsverteilung, das Ergebnis ist also auch dann korrekt, wenn sich die Daten im Quellbereich ändern. Ebenso können Sie unterschiedliche Klassen ausprobieren, um die Aussage zu beeinflussen.

HINWEIS Beachten Sie, dass in allen Zellen dieselbe Formel eingetragen wurde. Die Matrixfunktion *HÄUFIGKEIT* gibt also nicht nur einen, sondern eine Reihe von Werten zurück, und zwar genau einen mehr als die Anzahl der verwendeten Klassen.

Wie Sie die Größe einer Matrix ändern, erfahren Sie in Kapitel 15. Ein Beispiel, wie Sie nicht numerische Daten auszählen können, finden Sie in Kapitel 27.

Ein Histogramm erstellen

Mit Hilfe einer Analyse-Funktion können Sie sehr schnell und bequem eine Häufigkeitsverteilung ermitteln. Damit diese Funktion zur Verfügung steht, muss das Add-In *Analyse-Funktionen* eingebunden sein. Sie können das wie folgt erreichen:
1. Wählen Sie im *Office-Menü* die Schaltfläche *Excel-Optionen*.
2. Wechseln Sie im Dialogfeld *Excel-Optionen* in die Kategorie *Add-Ins*.
3. Stellen Sie im Listenfeld *Verwalten* den Eintrag *Excel-Add-Ins* ein und klicken Sie auf die Schaltfläche *Gehe zu*.
4. Aktivieren Sie im Dialogfeld *Add-Ins* das Add-In *Analyse-Funktionen* und bestätigen Sie mit *OK*.

Mehr zum Thema Add-Ins finden Sie in Kapitel 26.

Kapitel 16 Statistische und finanzmathematische Funktionen einsetzen

 Das fertige Beispiel können Sie auf dem Arbeitsblatt *Histogramm* in der Datei *Kap16.xlsx* im Ordner *\Buch\Kap16* auf der CD-ROM zu diesem Buch finden. Um die Schritte selbst nachzuvollziehen, verwenden Sie das Arbeitsblatt *HÄUFIGKEIT*.

Die Abbildung 16.1 zeigt, wie die Daten organisiert sind. Im Bereich *B2:B32* sind die Temperaturen eingetragen und im Bereich *K2:K5* stehen die Klassen, die für die Auswertung verwendet werden sollen. Führen Sie jetzt die folgenden Schritte durch, um eine Häufigkeitsverteilung sowie ein Histogramm zu erstellen:

1. Wählen Sie auf der Registerkarte *Daten* in der Gruppe *Analyse* den Befehl *Datenanalyse*.
2. Wählen Sie im Dialogfeld *Analyse-Funktionen* den Eintrag *Histogramm* und bestätigen Sie mit *OK*.
3. Aktivieren Sie im Dialogfeld *Histogramm* das Eingabefeld *Eingabebereich* und markieren Sie für den Eingabebereich die Zellen *B2:B32*.
4. Wechseln Sie dann in das Eingabefeld *Klassenbereich* und markieren Sie für den *Klassenbereich* den Bereich *K2:K5*. Wenn Sie keinen Klassenbereich angeben, ermittelt Excel die Klassen selbst. Die Klassen werden dann gleichmäßig zwischen dem niedrigsten und höchsten Wert verteilt.
5. Aktivieren Sie die Kontrollkästchen *Kumulierte Häufigkeit* und *Diagrammdarstellung*.
6. Für den *Ausgabebereich* markieren Sie das Optionsfeld *Neues Tabellenblatt*. Sie können für das neue Blatt auch gleich einen Namen, z.B. *Histogramm*, eintragen. Der Name muss für die Mappe eindeutig sein, sonst erhalten Sie eine Fehlermeldung. Die Abbildung 16.6 zeigt die Einstellungen.
7. Bestätigen Sie die Eingaben mit Klick auf *OK*.

Abbildg. 16.6 Die Einstellungen im Dialogfeld *Histogramm*

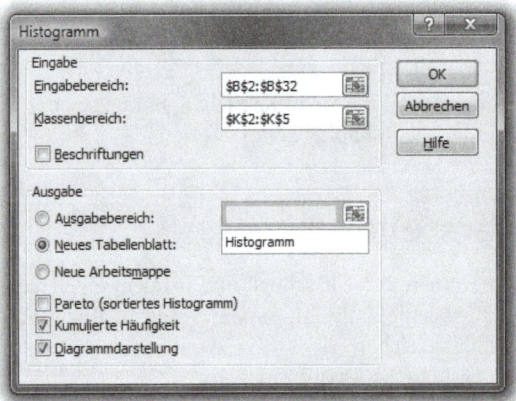

WICHTIG Wenn das Kontrollkästchen *Beschriftungen* markiert ist, verkleinert Excel den Eingabebereich um eine Zeile. Wenn Sie den Eingabebereich zusammen mit der Überschrift markieren, dann müssen Sie das Kontrollkästchen *Beschriftungen* aktivieren, um den richtigen Bereich auszuwerten!

Excel legt ein neues Tabellenblatt mit dem Ergebnis der Berechnung und einem Diagramm an (Abbildung 16.7).

Abbildg. 16.7 Der fertige Analysebericht

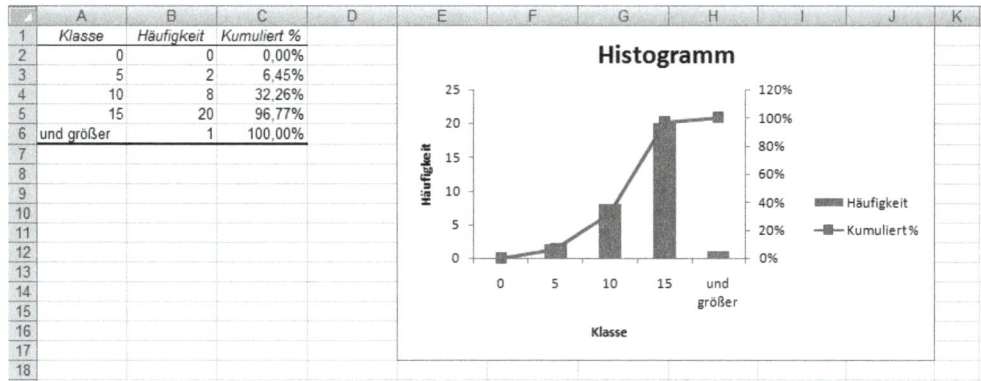

Informationen, wie Sie anschließend das Diagramm formatieren können, finden Sie in Kapitel 17.

HINWEIS   Mit der Analyse-Funktion *Histogramm* kann sehr schnell ein Analysebericht erstellt werden. Allerdings sind die Ergebnisse **nicht** dynamisch und müssen daher bei Änderungen an den Ursprungsdaten neu berechnet werden.

Voraussagen mit Trendfunktionen

Mit den bisher vorgestellten Funktionen lassen sich die Vergangenheitswerte schon recht gut analysieren. Doch der Statistiker ist damit noch nicht zufrieden. Niemanden würde »der Schnee von gestern« interessieren, ließen sich nicht damit Voraussagen für die Zukunft machen.

Berechnung von Trends

Excel unterscheidet zwischen zwei Prognosevarianten:

- Lineare Trends
- Exponentielle Trends

Unter einem *linearen Trend* wird eine Zahlenreihe verstanden, die sich möglichst konstant immer um den gleichen Betrag verändert (zu- oder abnimmt). Beispielsweise würde sich ein linearer Trend ergeben, wenn Sie zu Ihren einhundert bestehenden Kunden je Periode drei neue Kunden hinzugewinnen würden (100; 103; 106; 109 usw.).

Ein *exponentieller Trend* ist eine Zahlenreihe, die sich möglichst immer um den gleichen Multiplikator verändert (zu- oder abnimmt). Ein exponentieller Trend würde sich beispielsweise dann ergeben, wenn Sie zu Ihren einhundert bestehenden Kunden je Periode 10% neue Kunden hinzugewinnen würden (100; 110; 121; 133,1 usw.).

Kapitel 16 Statistische und finanzmathematische Funktionen einsetzen

Sie finden die Beispiele zur Trendberechnung auf dem Arbeitsblatt *Trends* der Datei *Kap16.xlsx* auf der CD-ROM zum Buch im Ordner *Buch\Kap16*.

Lineare Trends berechnen

Syntax: *TREND(Y_Werte; [X_Werte];[Neue_x_Werte];[Konstante])*

Mit der Funktion *TREND* berechnen Sie Werte, die sich aus einem linearen Trend ergeben. Diese Funktion passt den als Matrizen übergebenen Argumenten der *Y_Werte* und der *X_Werte* eine Gerade an (nach der Methode der kleinsten Quadrate). Als Ergebnis liefert die Funktion die auf der Geraden liegenden *Y-Werte*, die zu den von Ihnen in *Neue_x_Werte* angegebenen *X-Werten* gehören.

Im Arbeitsblatt *Trend* wird in Zelle *F16* der nächste lineare Wert der Zahlenreihe *C5:C19 (Y-Werte)* berechnet (siehe Abbildung 16.9). Die Zelle enthält folgende Formel:

```
=TREND(C5:C19;B5:B19;B20;WAHR)
```

Exponentielle Trends berechnen

Syntax: *VARIATION(Y_Werte;X_Werte;Neue_x_Werte)*

Angenommen, Sie möchten in der Zelle *F19* mit der Funktion *VARIATION* einen exponentiellen Trend berechnen. *VARIATION* liefert die *Y-Werte* für eine Reihe neuer *X-Werte*, die Sie mit Hilfe vorhandener *X-Werte* und *Y-Werte* festlegen. Die Arbeitsweise der Funktion gleicht jener der Funktion *TREND*, sodass Sie analog zur Zelle *F16* mit der Funktion *VARIATION* folgende Formel zur Berechnung des exponentiellen Trends eingeben können:

```
=VARIATION(C5:C19;B5:B19;B20;WAHR)
```

TIPP Eine Entscheidungshilfe bei der Frage, ob ein linearer oder exponentieller Trend vorliegt, kann Ihnen die Darstellung der Daten in einem Diagramm bieten. Tragen Sie die unabhängige Variable auf der horizontalen und die abhängige Variable auf der vertikalen Achse ein und betrachten Sie die Verbindungslinie zwischen den Datenpunkten. Je mehr diese Linie einer Exponentialkurve gleicht, umso eher eignet sich die Funktion *VARIATION* zur Beschreibung Ihrer Werte.

Regressionskenngrößen ermitteln

Syntax: *RGP(Y_Werte;[X_Werte];[Konstante];[Stats])* bzw. *RKP(Y_Werte; [X_Werte];[Konstante]; [Stats])*

Die Tabellenfunktion *RGP()* liefert die Parameter eines linearen Trends in Form einer Matrix von Werten, die Tabellenfunktion *RKP()* dagegen die Werte eines exponentiellen Trends. Beide Formeln müssen daher als Matrixformel eingegeben werden. Die *Y_Werte* und *X_Werte* sind die bereits bekannten Werte aus der Beziehung $y = mx + b$.

Voraussagen mit Trendfunktionen

X_Werte kann eine oder mehrere Variablengruppen umfassen. *Konstante* ist ein Wahrheitswert, der festlegt, wie die Konstante *b* berechnet wird. Ist die Konstante *FALSCH*, nimmt *b* den Wert *0* an, und es gilt *y=mx*. Ist die Konstante *WAHR* oder nicht belegt, wird *b* normal berechnet. Auf einem Diagramm legt *b* den Schnittpunkt mit der *Y-Achse* fest und *m* ist das Maß für die Steigung. Bei *m>0* steigt die Gerade, mit *m<0* fällt die Gerade.

Mit der Funktion *RGP* können Sie überprüfen, ob es sich bei diesen Zahlenreihen um einen linearen Trend handelt. Mit der Funktion *RKP* finden Sie heraus, ob es sich um einen exponentiellen Trend handelt. Beide Funktionen sind in der Lage, das jeweilige Bestimmtheitsmaß zurückzugeben, wenn in den Argumenten *Y_Werte* und *X_Werte* die jeweils zutreffenden Bereiche angegeben worden sind. Ist das Argument *Stats* mit *WAHR* belegt, liefert *RGP* (ebenfalls *RKP*) Regressionskenngrößen, die in einer Matrix zurückgegeben werden. Dazu müssen Sie die Formel in einen entsprechend großen Bereich eingeben. Welche Werte die Matrix zurückgeben kann, zeigt die Abbildung 16.8.

Abbildg. 16.8 Rückgabewerte der Tabellenfunktion *RGP*

J	K	L	M	N	O	P	Q	R	S
	Reihenfolge	m (n)	m (n-1)	...	m (2)	m (1)	b		
		se (n)	se (n-1)	...	se (2)	se (1)	se (b)		
		r²	se (y)						
		F	df						
		ss (reg)	ss (resid)						
	Erklärung:	se (1), se(2)...,se(n)	= Standardabweichung						
		se (b)	= Standardabweichung der Konstanten b						
		r²	= Bestimmtheitsmaß						
		r	= Wurzel aus r²						
		se (y)	= Standardabweichung des Schätzwertes y						
		F	= gibt an, ob die abgeleitete Beziehung zufällig ist oder nicht						
		df	= Freiheitsgrade. Mit Hilfe einer Tabelle kritischen F-Wert suchen						
		ss (reg)	= Quadratsumme der Regression						
		ss (resid)	= Quadratsumme der Residuen						
		b	= Konstante b						

Das Bestimmtheitsmaß vergleicht die berechneten Werte mit den tatsächlichen *Y-Werten* und kann Werte von *0* bis *1* annehmen. Hat es den Wert *1*, besteht für die Stichprobe eine vollkommene Korrelation: Ein berechneter *Y-Wert* und der entsprechende tatsächliche *Y-Wert* unterscheiden sich nicht. Im anderen Extremfall (Bestimmtheitsmaß=0) ist die Regressionsgerade ungeeignet, einen *Y-Wert* vorherzusagen.

Teile einer Matrixformel ausgeben

Um aus der von den Funktionen *RGP* und *RKP* zurückgegebenen Matrix einzelne Werte ausgeben zu können, lässt sich die Funktion *INDEX(Matrix;Zeile;Spalte)* einsetzen. Dabei müssen Sie in die korrekt ausgefüllte Funktion *RGP* oder *RKP* das Argument *Matrix* eingeben. Für die Argumente *Zeile* und *Spalte* tragen Sie die Position des gewünschten Parameters ein (vgl. hierzu auch die Abbildung 16.8 und die Abbildung 16.9).

Beispiel: Soll das Bestimmtheitsmaß ermittelt werden, verwenden Sie in der Funktion *INDEX(Matrix;Zeile;Spalte)* für das Argument *Zeile* eine *3* und für das Argument *Spalte* eine *1*. Damit liefert die folgende Formel ebenfalls das Bestimmtheitsmaß:

Kapitel 16 Statistische und finanzmathematische Funktionen einsetzen

```
=INDEX(RGP(C5:C19;B5:B19;1;1);3;1)
```

Abbildg. 16.9   Trendberechnung und einige Kenngrößen

	A	B	C	D	E	F	G	H	I	J
1										
2		Gibt es einen Zusammenhang?			RGP(Y_Werte;X_Werte;Konstante;Stats)					
3						-914,6572957	38088,36705	m	b	
4		Temperatur (x-Werte)	Umsatz (y-Werte)			605,6493853	12809,22424	se(m)	se(b)	
5		19°	8.027,00 €			0,149255412	8522,342865	r^2	se(y)	
6		17°	22.171,00 €			2,280731938	13	F	df	
7		26°	15.642,00 €			165650308,5	944194262,8	ss(reg)	ss(res)	
8		28°	20.524,00 €							
9		21°	16.324,00 €		RKP(Y_Werte;X_Werte;Konstante;Stats)					
10		23°	22.940,00 €			0,946839595	52065,03488	m	b	
11		16°	17.162,00 €			0,039714448	0,839943509	se(m)	se(b)	
12		17°	33.202,00 €			0,127041434	0,558838415	r^2	se(y)	
13		25°	4.951,00 €			1,891886626	13	F	df	
14		19°	34.315,00 €			0,5908369	4,059904859	ss(reg)	ss(res)	
15		21°	6.420,00 €							
16		18°	28.627,00 €		Trend		20.709,88 €	=TREND(C5:C19;B5:B19;B20;WAHR)		
17		18°	21.072,00 €		TREND(Y_Werte;X_Werte;Neue_x_Werte;Konstante)					
18		17°	21.697,00 €							
19		25°	12.396,00 €		Variation		18.441,57 €	=VARIATION(C5:C19;B5:B19;B20;WAHR)		
20		19°			VARIATION(Y_Werte;X_Werte;Neue_x_Werte;Konstante)					
21										
22					Bestimmtheitsmaß		0,14926	=BESTIMMTHEITSMASS(C5:C19;B5:B19)		
23					BESTIMMTHEITSMASS(Y_Werte;X_Werte)					
24										
25					Korrelation		-0,38634	=KORREL(B5:B19;C5:C19)		
26					KORREL(Matrix1;Matrix2)					
27										
28					Steigung		-914,6572957	=INDEX(RGP(C5:C19;B5:B19);1;1)		
29					STEIGUNG(Y_Werte;X_Werte)		-914,6572957	=STEIGUNG(C5:C19;B5:B19)		
30										
31					Achsenabschnitt		38088,36705	=INDEX(RGP(C5:C19;B5:B19);1;2)		
32					ACHSENABSCHNITT(Y_Werte;X_Werte)		38088,36705	=ACHSENABSCHNITT(C5:C19;B5:B19)		
33										

Das Bestimmtheitsmaß feststellen

Wenn Sie die umfangreichen Ergebnisse der Funktion *RGP()* bzw. *RKP()* nicht benötigen, sondern lediglich das Bestimmtheitsmaß berechnen wollen, können Sie auch die hierfür vorgesehene Tabellenfunktion mit der Syntax

BESTIMMTHEITSMASS(Y_Werte;X_Werte)

verwenden. Für das obige Beispiel gibt die Formel

```
=BESTIMMTHEITSMASS(B5:B19;C5:C19)
```

die gesuchte Information aus.

Steigung und Achsenabschnitt berechnen

Die Funktionen *RGP* und *RKP* berechnen die Parameter, die zur Beschreibung einer Geraden (*RGP*) bzw. einer Exponentialkurve (*RKP*) benötigt werden. Auch diese Parameter lassen sich mit Hilfe der *INDEX*-Funktion ermitteln.

Wenn Sie die Steigung und den Achsenabschnitt berechnen möchten, geben Sie als Parameter *Zeile* der *INDEX*-Funktion *1* (Steigung) bzw. *2* (Achsenabschnitt) an.

Für den Achsenabschnitt *b* geben Sie ein:

```
=INDEX(RGP(C5:C19;B5:B19);1;2)
```

und für die Steigung *m*

```
=INDEX(RGP(C5:C19;B5:B19);1;1)
```

Für beide Parameter können Sie in Excel auch eingebaute Tabellenfunktionen verwenden:

ACHSENABSCHNITT(Y_Werte;X_Werte)

STEIGUNG(Y_Werte;X_Werte)

Wie die Abbildung 16.9 zeigt, ist das Ergebnis das Gleiche.

Korrelationsanalyse

Gibt es einen Zusammenhang zwischen zwei Variablen? Eine solche Frage taucht häufig auf, wenn Daten analysiert und interpretiert werden sollen. Zur Beantwortung dieser Frage wird die Korrelationsanalyse eingesetzt. Mit Hilfe des Korrelationskoeffizienten lässt sich feststellen, ob es eine Beziehung zwischen zwei Merkmalen gibt. Das Ergebnis ist eine Zahl im Bereich von *1* (perfekter Zusammenhang) bis *–1* (absolute Gegenläufigkeit). Das Vorzeichen gibt also die Richtung der Beziehung an.

Die Korrelationsanalyse ist eine der wichtigsten Methoden zur Bestimmung des linearen Zusammenhangs zwischen zwei Variablen. In Excel gibt es eine entsprechende Tabellenfunktion mit der Syntax

KORREL(Matrix1; Matrix2)

Matrix1 und *Matrix2* sind dabei Matrizen, Zellbezüge oder Namen, die sich auf Zahlen beziehen oder Zahlen enthalten. Textwerte und Leerzellen werden nicht in die Berechnung einbezogen.

WICHTIG   Beachten Sie, dass die beiden Matrizen gleich groß sein müssen. Excel gibt sonst den Fehlerwert *#NV* aus.

Die Funktion *KORREL* liefert den Korrelationskoeffizienten einer zweidimensionalen Zufallsgröße. Mit Hilfe des Korrelationskoeffizienten können Sie feststellen, ob es eine Beziehung zwischen den zwei Zahlenreihen gibt – z.B. können Sie die Beziehung zwischen der Durchschnittstemperatur eines Ortes und dem Verkauf von Klimaanlagen untersuchen.

Kombinatorik

Die Wahrscheinlichkeitsrechnung ist ein Teilgebiet der Mathematik, das sich mit der Untersuchung von Gesetzmäßigkeiten bei zufälligen Ereignissen befasst, die bei Massenerscheinungen auftreten. Was ist nun aber ein zufälliges Ereignis?

Für die mathematische Betrachtung der Wahrscheinlichkeit müssen Regeln aufgestellt werden, die verschiedene Experimente ermöglichen. Klassische Experimente sind das Würfeln oder das Werfen einer Münze. Für ein solches Experiment, auch Zufallsexperiment genannt, gilt, dass ein zufälliges

Ereignis nicht vorhergesagt werden kann. Gleichwohl sind die möglichen Lösungen, auch Ereignisraum genannt, bekannt. In diesem Abschnitt soll die Anzahl der möglichen Lösungen untersucht werden.

Zufallszahlen berechnen

Mit Excel haben Sie die Möglichkeit, Zufallszahlen zu erzeugen. Hierfür stehen die Funktionen

ZUFALLSZAHL()

und

ZUFALLSBEREICH(Untere_Zahl;Obere_Zahl)

zur Verfügung.

HINWEIS Anders als in früheren Versionen müssen Sie das Add-In *Analyse-Funktionen* nun nicht mehr einbinden, um die Funktion *ZUFALLSBEREICH* verwenden zu können. Diese und weitere Funktionen sind jetzt fest im Funktionsumfang enthalten.

ZUFALLSBEREICH liefert eine ganze Zufallszahl aus dem mit den Argumenten *Untere_Zahl* und *Obere_Zahl* festgelegten Bereich.

ZUFALLSZAHL liefert eine gleich verteilte Zufallszahl, die größer gleich 0 und kleiner als 1 ist. Nach dem Drücken der F9-Taste und bei jeder Neuberechnung der jeweiligen Tabelle wird eine neue Zufallszahl ausgegeben.

Um ein Würfelspiel zu simulieren, verwenden Sie die Formel

```
=ZUFALLSBEREICH(1;6)
```

Einen Tipp für das Zahlenlotto können Sie mit der Formel

```
=ZUFALLSBEREICH(1;49)
```

oder alternativ mit der folgenden Formel vorschlagen lassen

```
=GANZZAHL(ZUFALLSZAHL()*49+1)
```

HINWEIS Wenn Sie das Add-In *Analyse-Funktionen* geladen haben, steht Ihnen für die Erstellung von Zufallszahlen auch ein Assistent zur Verfügung. Wählen Sie dazu den Befehl *Daten/Datenanalyse* und im Dialogfeld *Analyse-Funktionen* den Eintrag *Zufallszahlengenerierung*.

Listenwerte zufällig auswählen

Manchmal geht es darum, einen Wert zufällig aus einer Liste auszuwählen, z.B. um bestimmte Aufgaben an die Mitarbeiter zu delegieren oder einfach die Ergebnisse von Zufallsberechnungen mit der eigenen Einschätzung zu vergleichen. Das folgende Beispiel zeigt, wie Sie die Tabellenfunktion

ZUFALLSZAHL einsetzen, um den deutschen Fußballmeister zu ermitteln (wie beim Lotto selbstverständlich ohne Gewähr).

HINWEIS Damit das Beispiel funktioniert, aktivieren Sie bitte in den *Excel-Optionen* in der Kategorie *Formeln* das Kontrollkästchen *Iterative Berechnung aktivieren*.

Das fertige Beispiel finden Sie auf dem Arbeitsblatt *Zufallszahlen* der Datei *Kap16.xlsx*. Diese Datei befindet sich im Ordner *\Buch\Kap16* auf der CD-ROM zu diesem Buch.

Tragen Sie zunächst im Bereich *B5:B22* die 18 Mannschaften der Fußballbundesliga ein. Der Bereich *C5:C22* enthält die Formel

```
=ZUFALLSZAHL()
```

Damit wird bei jeder Neuberechnung (manuell über die [F9]-Taste) für jede Mannschaft eine Zufallszahl generiert. Schreiben Sie in Zelle *D5* die Formel

```
=WENN($H$5<>0;INDEX($B$5:$B$22;RANG(C5;$C$5:$C$22));D5)
```

und kopieren Sie diese nach unten bis zur Zelle *D22*. Das letzte Argument der *WENN*-Funktion führt zu einem Zirkelbezug, also einem Bezug auf diejenige Zelle, in welche die Formel eingetragen wurde. Normalerweise kann Excel einen solchen Bezug nicht auflösen und zeigt einen Hinweis auf den Zirkelbezug an. Wenn Sie jedoch die *Iteration* aktiviert haben, durchläuft Excel die Anzahl der eingestellten Iterationsschritte. Mehr zum spannenden Thema Iteration finden Sie in Kapitel 26.

Abbildg. 16.10 Die Reihenfolge der Zufallszahlen wird an die Liste der Mannschaften angelegt

	A	B	C	D	E	F	G	H	I
1									
2		Aus einer Liste einen Eintrag zufällig auswählen							
3		Wer wird deutscher Fußballmeister?							
4		Mannschaften	Zufallszahl	Zufällig sortierte Liste	Anzahl		Zufälliger Wert	Start	
5		Bayern München	0,2869966513	Nürnberg	1		Nürnberg	1	
6		Schalke	0,6666555115	Stuttgart	1				
7		Bremen	0,0033420245	Frankfurt	1				
8		Hertha BSC	0,6259505609	Dortmund	1		J. Schwenk:		
9		Stuttgart	0,2836238483	M'gladbach	1		Tragen Sie hier 0 ein um eine		
10		Leverkusen	0,4088867974	Mainz	1		weitere Neuberechnung zu verhindern.		
11		Dortmund	0,9245173744	Schalke	1				
12		Hamburg	0,3427095564	Cottbus	1				
13		Wolfsburg	0,6608738513	Leverkusen	1				
14		Hannover	0,7882611925	Bremen	1				
15		Mainz	0,4699518723	Wolfsburg	1				
16		Cottbus	0,7465947857	Hertha BSC	1				
17		Bielefeld	0,1739047080	Bochum	1				
18		Nürnberg	0,3410008100	Bielefeld	1				
19		M'gladbach	0,0275843006	Achen	1				
20		Bochum	0,5856261735	Hamburg	1				
21		Achen	0,9255596527	Bayern München	1				
22		Frankfurt	0,4696019455	Hannover	1				
23									

Damit wird eine zufällig sortierte Liste erstellt. Die Steuerung der Formel übernimmt dabei die Zelle *H5*. Wenn Sie in diese Zelle einen Wert ungleich 0 eintragen, wird die Liste neu erstellt. Enthält die Zelle den Wert 0, wird die Neuberechnung der Liste unterdrückt und der aktuelle Stand damit praktisch eingefroren.

Hier wird die Tabellenfunktion *INDEX(Matrix;Zeile;Spalte)* eingesetzt, um einen Wert aus der Liste der Mannschaften zu lesen. Für das Argument *Zeile* wird dabei der Rang der Zufallszahl in Spalte *C* verwendet.

Wenn Sie nicht an der zufällig sortierten Liste, sondern nur an einem einzigen zufälligen Wert interessiert sind, können Sie diesen in Zelle *G5* mit

```
=WENN($H$5<>0;INDEX(B5:B22;RANG(C5;$C$5:$C$22));G5)
```

berechnen, ohne zunächst den jeweiligen Rang zu ermitteln.

Eigene Buchstabensuche erstellen

Sind Sie ein Freund von Wortspielen oder brauchen Sie eine Herausforderung für einen Schlaganfallpatienten? Dann erstellen Sie sich doch einfach ein eigenes Wortquadrat in Excel, das bei jeder Neuberechnung andere Buchstaben für die Suche anbietet.

Abbildg. 16.11 Beim Buchstabenrätsel gilt es, möglichst viele Wörter zu bilden

	A	B	C	D	E	F	G	H	I	J	K	L	M	N	O	P	Q	R	S	T	U	V	W	X	Y	Z	AA
1																											
2		Versuchen Sie möglichst viele Worte zu erkennen. Neuberechnung mit F9.																									
3		E	V	G	P	G	Y	I	T	W	R	T	M	T	H	Y	J	I	Y	D	R	M	Z	Y	S	K	
4		A	K	Y	Q	N	V	F	Z	Q	X	H	C	U	K	N	P	T	Z	Z	Y	N	G	F	F	D	
5		V	X	H	I	L	R	J	R	F	S	L	N	E	H	B	Z	Z	V	N	E	E	E	P	X	E	
6		S	X	Q	F	V	F	U	H	Y	C	S	M	I	C	R	P	O	G	S	B	X	P	S	S	L	
7		E	T	L	I	C	H	E	F	I	U	T	Q	A	C	R	H	Q	O	D	O	R	Z	T	H	U	
8		H	Q	U	W	L	P	T	C	Y	M	V	D	O	N	J	C	O	Y	P	G	K	Y	Q	L	Q	
9		E	L	S	U	L	B	Y	K	S	Q	Z	H	Q	D	O	M	O	T	N	C	K	G	M	J	J	
10		E	E	Q	V	V	L	W	U	T	S	X	X	K	S	I	M	Q	F	P	N	P	T	T	G	N	P
11		K	W	M	F	Z	O	N	F	K	T	E	Z	V	L	U	E	T	Z	K	Z	W	F	T	H	G	
12		A	T	K	O	K	Y	X	J	H	E	B	Q	O	J	B	U	K	V	G	Q	R	A	E	Y	H	
13		Z	K	N	A	M	E	T	T	O	G	L	V	B	V	P	J	K	D	N	T	D	A	Q	M	V	
14		F	L	S	M	D	L	H	Y	W	N	M	M	L	Z	K	U	Q	H	H	R	G	S	W	K	H	
15		J	B	Z	Z	X	G	Q	T	S	T	N	T	Q	I	S	U	S	W	W	U	B	N	A	T	Y	
16		Y	U	L	J	I	N	I	L	L	B	Q	S	N	D	F	H	V	S	J	R	O	G	D	D	V	
17		R	D	X	G	A	F	Z	N	S	I	E	R	O	M	F	C	U	F	V	W	R	X	E	I	U	
18		F	T	S	C	N	H	C	P	C	B	Q	S	O	R	R	I	O	K	U	X	R	O	P	X	P	
19		I	K	G	C	T	B	B	J	Z	N	P	Q	W	B	S	V	W	Z	V	D	P	M	X	B	L	
20		K	Z	I	J	M	O	F	Z	N	Z	O	U	A	O	C	E	U	Z	F	P	C	M	M	E	H	
21		O	G	R	B	Q	S	H	X	B	O	L	J	N	Y	L	W	B	H	Q	Z	B	X	Z	N	C	
22		F	T	S	L	O	Q	F	T	P	N	K	W	N	Q	F	Q	O	D	A	O	R	Z	R	I	M	
23		Y	U	U	C	Y	S	R	H	A	F	H	Y	U	U	L	F	S	C	B	G	O	S	T	P	F	
24		C	S	P	M	P	H	K	F	T	D	I	Y	E	L	Y	B	F	C	U	Y	T	D	E	B	G	
25		X	C	U	K	E	V	A	F	E	B	W	V	P	S	J	D	K	G	E	F	O	R	S	T	B	
26		D	R	Q	F	V	C	D	P	O	N	Z	P	A	M	B	P	E	N	A	K	M	Q	U	W	L	
27		M	U	C	T	D	Q	K	L	E	A	Y	D	J	N	S	P	V	D	B	O	I	B	X	L	J	
28																											

Die folgende Formel gibt einen zufällig ausgewählten, groß geschriebenen Buchstaben des Alphabets zurück:

```
=ZEICHEN(ZUFALLSBEREICH(65;90))
```

Geben Sie diese Formel in einen größeren Bereich ein (in Abbildung 16.11 ist das der Bereich B3:Z27), kann das Spiel beginnen. Versuchen Sie möglichst viele Worte zu finden, die sich durch benachbarte Buchstaben ergeben.

Dieses Beispiel finden Sie auf dem Arbeitsblatt *Buchstabenrätsel* der Datei *Kap16.xlsx*. Diese Datei befindet sich im Ordner *\Buch\Kap16* auf der CD-ROM zu diesem Buch.

Permutationen

Ein kurioses Beispiel »mitten aus dem Leben«: Als Hobbyfotograf haben Sie regelmäßig das Problem, dass die Familie endlos damit beschäftigt ist, die richtige Reihenfolge der Personen für das Familienportrait zu finden. Da kommt schon mal die Frage auf, wie oft sich die fünf Personen eigentlich umstellen könnten, bis alle Möglichkeiten durchprobiert wurden.

Eine Zusammenstellung aller *n*-Elemente einer gegebenen Menge, bei der jedes der *n*-Elemente genau einmal vorkommt, wird *Permutation* genannt. Die Tabellenfunktion

FAKULTÄT(Zahl)

berechnet die Anzahl der Möglichkeiten. Das Argument *Zahl* steht für die Anzahl an Elementen. Sehen wir uns die Anzahl der möglichen Permutationen an einer kleineren Zahl von Elementen an: Haben Sie es nur mit einem Element zu tun, ist die Anzahl *Ak=1*. Für zwei Elemente *(1,2)* ergeben sich zwei mögliche Anordnungen, und zwar sind dies

[1, 2] und *[2, 1]*

Kommt nun ein drittes Element hinzu, kann dieses in der Reihe der bisherigen Elemente am Anfang, in der Mitte oder am Ende stehen. Die Zahl der möglichen Permutationen erhöht sich also um den Faktor 3. Entsprechend sind bei vier Elementen viermal mehr Permutationen als bei drei Elementen möglich.

Die Antwort für die Eingangsfrage liefert die Formel

```
=FAKULTÄT(5)
```

Die lieben Familienmitglieder (5 Personen) lassen sich also 120 Mal umstellen. Jetzt ist klar, warum das Fotografieren so lange dauert.

Dieses Beispiel finden Sie auf dem Arbeitsblatt *FAKULTÄT* der Datei *Kap16.xlsx*. Die Datei befindet sich auf der CD-ROM zu diesem Buch im Ordner *\Buch\Kap16*.

Die Funktion *Kombinationen*

Wie sieht das Ganze aus, wenn aus einer festen Anzahl an Elementen *n* eine bestimmte Kombination *k*, ohne Berücksichtigung der Reihenfolge, ermittelt werden soll?

Beispiel: Aus den Elementen *a, b, c, d* sollen Kombinationen aus zwei Elementen gebildet werden. Es soll keine Wiederholungen geben. Folgende Kombinationen sind möglich: *ab, ac, ad, bd, bd, cd*.

Soll nur ein Element gezogen werden, ist die Anzahl der Möglichkeiten gleich der Gesamtzahl der Elemente. Für *k=2* ist die Anzahl der Elemente für die Auswahl auf (*n-1*) reduziert. Die Anzahl der Kombinationen ergibt sich also als $K = n(n-1)$.

Syntax: KOMBINATIONEN(n; k)

Diese Funktion berechnet die Anzahl der möglichen Kombinationen ohne die Wiederholung von *k* Elementen aus der Menge *n*. Das Argument *n* ist die Anzahl aller Elemente. Das Argument *k* gibt an, aus wie vielen Elementen jede Kombination bestehen soll.

In der Praxis könnte das so aussehen: Sie haben 36 Mitarbeiter und möchten Mitarbeiterteams bilden. Es interessiert Sie also, wie viele Kombinationsmöglichkeiten Sie bei unterschiedlicher Teamgröße haben.

Die Abbildung 16.12 zeigt Ihnen, welche Kombinationsmöglichkeiten zur Verfügung stehen.

Abbildg. 16.12 Die Anzahl der Kombinationsmöglichkeiten bei der Teambildung

Anzahl Mitarbeiter (n)	Anzahl Gruppen (k) bei einer Teamgröße von ... Mitarbeitern			
	2	3	4	6
12	66	220	495	924
24	276	2.024	10.626	134.596
36	630	7.140	58.905	1.947.792

Sie finden dieses Beispiel auf dem Arbeitsblatt *KOMBINATIONEN* (Abbildung 16.12) in der Datei *Kap16.xlsx* im Ordner \Buch\Kap16 auf der CD-ROM zu diesem Buch.

Variationen

Variationen sind Kombinationen ohne Wiederholung, deren interne Reihenfolge berücksichtigt wird. Die Syntax der Tabellenfunktion lautet:

Variationen(n;k)

Das Argument *n* ist die Anzahl aller Elemente und das Argument *k* gibt an, aus wie vielen Elementen jede Variationsmöglichkeit bestehen soll. Beide Argumente, für die nur numerische Ausdrücke zugelassen sind, werden durch Abschneiden ihrer Nachkommastellen zu ganzen Zahlen gekürzt. Ist *n* 0, oder ist *k < 0*, liefert *VARIATIONEN* den Fehlerwert #ZAHL!. Auch für den Fall, dass *n < k* ist, wird dieser Fehlerwert ausgegeben (vgl. Abbildung 16.13).

Stellen wir uns dazu wieder eine Aufgabe: Wie viele Möglichkeiten hat ein Gastwirt, wenn er drei Gäste an sechs freien Tischen unterbringen will und jeder Gast alleine sitzen soll?

Hier die Antwort: Geben Sie in Zelle *C6* die Formel

```
=VARIATIONEN($B6;C$5)
```

ein und ziehen Sie diese Funktion mit Hilfe des Ausfüllkästchens bis in Zelle *C17* und dann nach rechts bis *H17*.

Abbildg. 16.13   Die Variationsmöglichkeiten auf einen Blick

	A	B	C	D	E	F	G	H	I
1									
2		Die Tabellenfunktion VARIATIONEN(n;k)							
3									
4		Menge von	Gruppe von k Elementen						
5		n Elementen	1	2	3	4	5	6	
6		5	5	20	60	120	120	#ZAHL!	
7		6	6	30	120	360	720	720	
8		7	7	42	210	840	2.520	5.040	
9		8	8	56	336	1.680	6.720	20.160	
10		9	9	72	504	3.024	15.120	60.480	
11		10	10	90	720	5.040	30.240	151.200	
12		15	15	210	2.730	32.760	360.360	3.603.600	
13		20	20	380	6.840	116.280	1.860.480	27.907.200	
14		25	25	600	13.800	303.600	6.375.600	127.512.000	
15		30	30	870	24.360	657.720	17.100.720	427.518.000	
16		35	35	1.190	39.270	1.256.640	38.955.840	1.168.675.200	
17		40	40	1.560	59.280	2.193.360	78.960.960	2.763.633.600	
18									

Sie finden dieses Beispiel auf dem Arbeitsblatt *VARIATIONEN* der Datei *Kap16.xlsx* im Ordner *\Buch\Kap16* auf der CD-ROM zu diesem Buch.

Finanzmathematische Funktionen einsetzen

Die Lösung finanzmathematischer Probleme gehört sicher nicht zu den täglichen Aufgaben eines jeden Excel-Anwenders. Und wenn es doch einmal vorkommt, so gibt es zahlreiche Lösungen von Drittanbietern, derer man sich nur zu bedienen braucht. Mit gewissen Nachteilen natürlich – oft entstehen Zusatzkosten, Lösungen sind nicht individualisierbar, Lösungsansätze bleiben »im Dunkeln« u. v. m.

Vorbemerkungen

Dabei ist Excel sehr mächtig: Es gibt mehr als 50 integrierte Funktionen zur Finanzmathematik (dazu sollen auch die Funktionen zur Abschreibungsrechnung zählen). Diese stehen erstmalig in der aktuellen Version alle ohne das Zuschalten von *Analyse-Funktionen*-Add-Ins zur Verfügung.

Bedauerlicherweise ist die Offline-Hilfe nicht besonders instruktiv, da oft auf begleitende mathematische Formeln verzichtet wird. Einige grobe Fehler der Version 2003 wurden beseitigt. Excel weicht in Bezeichnungsfragen und Lösungsansätzen weitestgehend von solchen in der finanzmathematischen Literatur ab. Das ist kein Vorteil für den Einsteiger und manchmal Zeitverlust für den Profi.

HINWEIS So ist es in der finanzmathematischen Literatur üblich, vorkommende Laufzeiten mit dem Buchstaben *n* zu charakterisieren. Excel nutzt die Abkürzung *ZZR* für *Zahlungszeiträume*. Der aus der Rentenrechnung stammende Begriff der Rente wird oft mit *R* oder *r* bezeichnet (in der Tilgungsrechnung steht für den inhaltlich im Wesentlichen gleichen Begriff der Annuität ein *A* oder *a*), Excel nimmt hier auf den Begriff *regelmäßige Zahlung* durch die Abkürzung *RMZ* Bezug.

Ein weiterer Fall der Abweichung ist das Äquivalenzprinzip der Finanzmathematik. Leistungen eines Gläubigers sind dann gleich den Leistungen des zugehörigen Schuldners, wenn die auf ein und denselben Zeitpunkt projizierten Zahlungsströme gleich sind – mit anderen Worten:

Wert der Leistung des Gläubigers = Wert der Leistung des Schuldners

Um den Anwendern die Möglichkeit zu geben, während der Rechnung deutlich zwischen Aus- und Einzahlungen (durch entsprechendes Minuszeichen) zu unterscheiden, wird in Excel über die Beziehung

Einzahlungen + Auszahlungen = 0

aus dem obigen Prinzip der Zusammenhang

Wert der Leistung des Gläubigers + Wert der Leistung des Schuldners = 0.

Das bedeutet in Excel: Einzahlungen haben ein positives, Auszahlungen hingegen ein negatives Vorzeichen. Es bleibt dem Anwender überlassen, auf welche »Seite des Bank-Schalters« er sich im konkreten Fall begeben möchte. Leider gibt es Inkonsequenzen hinsichtlich des genannten Prinzips, die innerhalb von Excel anzutreffen sind – etwa bei der Funktion *ZINSSATZ* und mit ihr verwandter Funktionen.

Die folgenden Abschnitte versuchen, neben der Umsetzung von einigen Beispielaufgaben, den »roten Faden« für finanzmathematische Aufgabenstellungen zu spinnen.

WICHTIG Zahlungen werden immer erst dann finanzmathematisch verwertbar, wenn Sie deren Höhe und den Zahlungszeitpunkt kennen. Es ist ein Unterschied, ob eine Zahlung von 100 Geldeinheiten heute oder erst nach einem Jahr erfolgt. Dies liegt daran, dass mit dem Vergehen von Zeit die Wirkung des Preises für ge- oder verliehenes Kapital eintritt: es fallen Zinsen an.

Einfache Zinsrechnung

Einfache Zinsrechnung ist einfache Prozentrechnung. Erhaltene (bzw. gezahlte) Zinsen werden dem zugrunde liegenden Kapital nicht hinzugeschlagen, werden sich also in der Zukunft nicht mit verzinsen.

Vermutlich ist es die Einfachheit der Aufgabenstellung, die dazu führte, dass es für diese Aufgaben der Finanzmathematik nur einige wenige Excel-Funktionen gibt und der konkrete Rechenweg durch Arithmetik zwischen Zellen umgesetzt werden muss.

Finanzmathematische Grundaufgaben

Ein zum Zinssatz *ZINSEV* über einen Zeitraum von *ZZREV* Zinsperioden angelegtes Kapital *BWEV* steht bei einfacher Verzinsung am Ende in der Höhe *ZWEV* nach folgender Formel

BWEV*(1+ZZREV*ZINSEV)+ZWEV=0

zur Verfügung. Die etwas ungewohnt anmutenden Formelsymbole sind denen von Excel im Falle der Zinseszinsrechnung angepasst und wurden noch mit dem Zusatz *EV* für *Einfache Verzinsung* versehen.

Unter »Grundaufgaben« wird die Auflösung der obigen Gleichung nach einer ihrer Unbekannten verstanden, vorausgesetzt, die anderen Werte sind bekannt. Es entsteht also (und das ist typisch für alle in diesem Kapitel beschriebenen finanzmathematischen Aufgabenstellungen) die Frage nach

- dem Zukunftswert eines oder mehrerer Zahlungsströme
- dem Barwert dieser Zahlungen
- der Laufzeit von Zahlungen
- der Höhe der Verzinsung von Zahlungen

Eine Festgeldanlage von 10.000 € bringt bei einem Jahreszinssatz von 2% nach drei Monaten einen Rückfluss von 10.050 €. Das berechen Sie durch

=-C6*(1+C5*C4/12)

wenn in *C6* der angelegte Betrag (minus 10.000 € als Ausgabe), in *C4* der Jahreszinssatz von 2% (der durch 12 geteilt werden muss, da eine Verzinsung auf Monate abzielt) und in *C5* die Dauer von 3 Monaten eingetragen wurde.

Sparpläne

Die Möglichkeit des Einsatzes von Formeln ist immer dann besonders günstig, wenn sich im zeitlichen Ablauf gewisse Regelmäßigkeiten erkennen lassen. Das ist bei Sparplänen und deren Gegenstück – den Auszahlplänen – in der Regel der Fall.

Erbringt also jemand, beginnend zu einem gewissen Termin, in regelmäßigen Abständen Sparleistungen gleicher Höhe (im Allgemeinen werden dabei Zinsen am Jahresende gutgeschrieben, innerhalb des Jahres erfolgt einfache Verzinsung), so besteht im Falle von nur einfacher Verzinsung zwischen Anfangskapital (auch Barwert genannt, *BWEV*), Endkapital (auch Zukunftswert genannt, *ZWEV*), Höhe der regelmäßigen Zahlungen (*RMZEV*) und Anzahl derselben (*ZZREV*) sowie Zinssatz (*ZINSEV*) die Beziehung aus Abbildung 16.14, die letztlich die Äquivalenz der Zahlungsströme am Ende des betrachteten Zeitraums ausdrückt. Die Reihe der Grundaufgaben wird damit um eine weitere ergänzt, nämlich um die Ermittlung der Höhe der regelmäßigen Zahlungen.

Der Parameter *F* bringt zum Ausdruck, ob die Zahlung am Ende (*F=0*) oder am Anfang (*F=1*) der Zahlungsperioden erfolgt.

Abbildg. 16.14 Äquivalenzprinzip einfacher Zinsrechnung

$$0 = BWEV \cdot (1 + ZZREV \cdot ZINSEV) + ZZREV \cdot RMZEV \left[1 + ZINSEV \cdot \left(\frac{ZZREV - 1}{2} + F\right)\right] + ZWEV$$

Kapitel 16 Statistische und finanzmathematische Funktionen einsetzen

Anstatt nun den Kontoverlauf eines Sparvorgangs Zeile für Zeile zu notieren, bringt die Anwendung der Formel das Ergebnis »in einem Schritt«.

WICHTIG Immer, wenn konkretes Geld im Spiel ist, erfolgt bei den konkreten Zahlungen eine Rundung auf zwei Stellen nach dem Komma. Notieren Sie einen Sparplan, Tilgungsplan, Liquiditätsplan oder irgendein anderes Abbild tatsächlicher Geldströme in einer Tabelle, so reicht es bei Berechnungen in aller Regel nicht, die Zellen nur so zu formatieren, dass zwei Stellen nach dem Komma angezeigt werden. Sie müssen in den »sauren Apfel beißen« und jede Berechnung durch Anwendung der *RUNDEN*-Funktion ergänzen:

Ergebnis = RUNDEN(Zwischenergebnis;2)

Hier liegt die Ursache dafür, dass es oft zu Rundungsdifferenzen bei der Anwendung einer Formel im Gegensatz zur ausführlichen Rechnung »Zelle für Zelle« kommen kann. Mehr zum »Runden von Zahlen« finden Sie in Kapitel 15.

In der Beispieldatei *Kap16_Einfache Zinsrechnung.xlsm* (Arbeitsblatt *Sparpläne*) finden Sie verschiedene Lösungsansätze für folgendes Problem: Jemand beginnt am 30.4. des Jahres 2007 monatlich 200 € zu sparen. Wie hoch ist sein Kontostand am Ende des Jahres 2008, wenn ein Jahreszinssatz von 1,25% vereinbart ist und die letzte Zahlung am 30.11. des Jahres 2008 erfolgt? Sie können das Arbeitsblatt wie in Abbildung 16.15 vorbereiten.

Abbildg. 16.15 Berechnung des Kontostandes auf einem Sparbuch

	A	B	C	D
1				
2		**Bestimmung des Kontostands**		
3				
4		monatliche Sparsumme	- 200,00 €	
5		Sparbeginn	30.04.2007	
6		Kontoauflösung	31.12.2008	
7		Zinssatz	1,25%	
8				
9		1. Jahr		
10		Anzahl der Sparraten	8	
11		Kontostand Ende Jahr 07	1.607,50 €	
12				
13		2. Jahr		
14		Anzahl der Sparraten	12	
15		Kontostand Ende Jahr 08	4.043,84 €	
16				

Die Anzahl der Zahlungszeiträume können Sie, wenn Sie wollen, mit Hilfe der Funktion *MONAT* aus dem jeweiligen Datum bestimmen, den Kontostand ermitteln Sie durch Umstellen der Formel aus Abbildung 16.14. Dabei beachten Sie bitte noch die Vorzeichen von Aus- und Einzahlungen.

Wollen Sie den Kontostand Zeile für Zeile aufschreiben, beachten Sie, dass Zinszahlungen erst am Ende des Jahres gutgeschrieben werden (zumindest beim Sparbuch »deutscher Prägung«).

Finanzmathematische Funktionen einsetzen

PROFITIPP

Benötigen Sie die Umstellung der Formel aus Abbildung 16.14 zur Lösung der Grundaufgaben häufiger, lohnt sich das Schreiben benutzerdefinierter Funktionen, die Sie in der betreffenden Arbeitsmappe oder besser in der persönlichen Makroarbeitsmappe *PERSONAL.xlsb* bzw. in einem Add-In aufbewahren können.

So kann die Berechnung des Zukunftswertes nach

```
Function ZWEV(ZINSEV, ZZREV, Optional RMZEV, Optional BWEV, Optional F)
    If IsMissing(RMZEV) Then RMZEV = 0
    If IsMissing(BWEV) Then BWEV = 0
    If IsMissing(F) Then F = 0
    ZWEV = -BWEV * (1 + ZINSEV * ZZREV) - ZZREV * RMZEV * _
        (1 + ZINSEV * ((ZZREV - 1) / 2 + F))
End Function
```

erfolgen. Durch das Schlüsselwort *Optional* ist die Angabe der dahinter liegenden Parameter dem Nutzer überlassen, lässt er sie weg, werden Standardwerte verwendet. Das entspricht dem Verhalten der in Excel integrierten Funktion *ZW* und ihrer »Verwandten«.

Diese und andere benutzerdefinierte Funktionen finden Sie im Modul *Kap16_modFunktionen.bas* auf der CD-ROM zum Buch im Ordner *\Buch\Kap16*. Mehr zu VBA und benutzerdefinierten Funktionen steht für Sie in Kapitel 31.

Gute Dienste leisten diese Funktionen auch in folgendem Fall: Jemand spart wie im obigen Beispiel. Zu welchem Zinssatz muss dies erfolgen, damit die Endsumme einen Wert von 4.500,00 € hat?

Wollen Sie eine solche Aufgabe »per Hand« lösen, kann es schnell unübersichtlich werden, da Sie die Formeln selbst nach dem Zinssatz auflösen müssen. Formelauflösung ist aber ein Fall für die *Zielwertsuche* von Excel.

Abbildg. 16.16 Vorbereitung der Zielwertsuche zur Zinsberechnung

D	E	F
28		
29	monatliche Sparsumme	- 200,00 €
30	Sparbeginn	30.04.2007
31	Kontoauflösung	31.12.2008
32	gewünschter Kontostand	4.500,00 €
33		
34	1. Jahr	
35	Anzahl der Sparraten	8
36	Kontostand Ende Jahr 07	1.683,71 €
37		
38	2. Jahr	
39	Anzahl der Sparraten	12
40	Kontostand Ende Jahr 08	4.500,00 €
41		
42	Zinssatzermittlung	
43	Abweichung des Kontostandes	0,00
44	gedachter Zinssatz	13,95%
45		

Das Arbeitsblatt bauen Sie nahezu gleich wie in Abbildung 16.15 auf. Mit einem Unterschied: Sie fügen noch den gewünschten Kontostand hinzu, bereiten eine »Hilfszelle« mit der Differenz aus berechnetem und gewünschtem Kontostand vor und betrachten den Zinssatz als veränderbare Größe (Abbildung 16.16).

Klicken Sie nun in die Zelle F43 und rufen Sie die *Zielwertsuche* unter *Daten/Was-wäre-wenn-Analyse* auf. Im darauf folgenden Dialogfeld tragen Sie als Zielwert *0* (Null) ein (keine Abweichung zwischen Wunsch und Realität), veränderbar ist die Zelle mit dem gedachten Zinssatz F44. Nach *OK* sollte sich der Inhalt dieser Zelle auf 13,95% korrigieren.

Wechselrechnung und verwandte Gebiete

Im vorigen Abschnitt wurde stets das Prinzip

Endkapital = Anfangskapital plus Zinsen vom Anfangskapital

umgesetzt. Der Fachmann spricht hier von nachschüssiger Verzinsung. Diese ist Grundlage für viele konkrete Finanzgeschäfte: Bausparen und Baudarlehen, Hypothekendarlehen, festverzinsliche Wertpapiere und viele andere.

In Zeiten ohne Computer und andere Hilfsmittel haben Kaufleute eine andere Art der Verzinsung erfunden:

Anfangskapital = Endkapital minus Zinsen vom Endkapital

Der Fachmann nennt das vorschüssige Verzinsung. Heute gibt es nur wenige Anwendungsgebiete, eines davon ist die Wechselrechnung, ein anderes sind die abgezinsten Bundesfinanzierungsschätze der Bundesrepublik Deutschland.

HINWEIS Es gibt eine Unzahl von Zinsbegriffen – jährlich (per annum), vorschüssig, nachschüssig, nominal, effektiv – sowie »verschleiernde« Umschreibungen (Aufschlag, Abschlag, Agio, Disagio). Es ist stets wichtig, genau im Blick zu haben, was denn mit einem Zinssatz, der immer in Relation zu einer Geldsumme und einer Zeitspanne steht, erfasst und ausgedrückt werden soll.

Am 10.10.2007 wird bei einer Bank ein Wechsel über 4.320 € eingelöst, der am 25.1.2008 fällig ist. Welchen Betrag schreibt die Bank gut, wenn sie einen jährlichen Diskontsatz (das ist ein anderer Begriff für vorschüssige Verzinsung) von 3,5 % ansetzt und keine Gebühren fällig werden?

Die Lösung ermitteln Sie mit Hilfe der Funktion *KURSDISAGIO*. Etwas abweichend von den Erläuterungen der Offline-Hilfe können die Argumente der Funktion in der Form

KURSDISAGIO(Tag der Einreichung;Tag der Fälligkeit;Diskontsatz;Wechselsumme;Basis)

interpretiert werden. Damit ist nur *Basis* erklärungsbedürftig: Hier wird eine Zahl verlangt, die stellvertretend für die Zählweise der Tage (also 30/360. 30/365 usw.) steht. Tragen Sie hier *4* ein, so wird die »klassische« deutsche Zählweise einer Sparbuchbewertung verwendet – ein Jahr hat 360 Tage, das sind 12 Monate zu jeweils 30 Tagen. Im Ergebnis liefert die Funktion dann 4.275,90 €.

PROFITIPP Es gibt einige Funktionen, die mit *KURSDISAGIO* in direkter Verbindung stehen: *DISAGIO*, *AUSZAHLUNG* und *TAGE360*. Im Falle der obigen Tagezählart *4* ergibt sich nämlich

KURSDISAGIO=AUSZAHLUNG – AUSZAHLUNG*DISAGIO*TAGE360/360)

und das ist gerade das Prinzip vorschüssiger Verzinsung.

Zur Zeit der Abfassung dieses Kapitels bietet die Bundesrepublik Deutschland Finanzierungsschätze zu folgenden Bedingungen (ISIN DE0001145977): Laufzeit 1 Jahr, Auszahlung 500 € (ergibt sich aus der Mindestkaufsumme), Fälligkeit am 20.12.2007. Zu welchem Preis erfolgt der Kauf am 20.12.2006 bei einem festgelegten Verkaufszins von 3,29 % p. a.?

Auch hier gibt *KURSDISAGIO* die korrekte Antwort: 483,55 €.

Zu welchem nachschüssigen Zinssatz müsste eine vergleichbare Anlage (gleiche Laufzeit, gleicher Einsatz, gleiches Ergebnis) erfolgen? Zur Beantwortung müssen Sie nur das Verhältnis des »Gewinns« auf das eingesetzte Kapital bilden. Einfacher haben Sie es mit der Funktion *ZINSSATZ*. Diese Funktion arbeitet nach dem Muster

ZINSSATZ(Tag des Kaufs;Tag der Fälligkeit;Einsatz;Rückzahlung;Basis)

und liefert 3,40%. Das ist auch die Zahl, die Sie bei der Deutschen Bundesbank als Rendite erfahren können.

> **HINWEIS**   Ein gleiches Ergebnis erhalten Sie bei Einsatz der Funktion *RENDITEDIS* mit den Parametern
>
> *RENDITEDIS(Abrechnung;Fälligkeit;Kurs;Rückzahlung;Basis)*
>
> die extra für abgezinste Wertpapiere geschaffen wurde.

Die Beispiele befinden sich auf der CD-ROM zum Buch in der Datei *Kap16_Einfache Zinsrechnung.xlsm* im Ordner *\Buch\Kap16*.

Zinseszinsrechnung

Zinseszinsrechnung ist ebenfalls Prozentrechnung. Im Gegensatz zur einfachen Verzinsung werden erhaltene (bzw. gezahlte) Zinsen dem zugrunde liegenden Kapital am Ende der jeweiligen Zinsperiode hinzugeschlagen, in der Zukunft selbst mit verzinst.

Wenn Sie nicht ausführliche Kontoführungspläne, Tilgungspläne, Liquiditätspläne usw., die eine gewisse Regelmäßigkeit voraussetzen, aufschreiben wollen, sind die integrierten Funktionen *BW*, *ZW*, *RMZ*, *ZZR* und *ZINS* erste Wahl.

Grundaufgaben

Das in Excel umgesetzte finanzmathematische Äquivalenzprinzip (Schuldnerleistungen plus Gläubigerleistung gleich Null) wird in der Formel aus Abbildung 16.17 deutlich.

Abbildg. 16.17 Die Formel für das finanzmathematische Äquivalenzprinzip

$$ZW + BW \cdot (1 + ZINS)^{ZZR} = 0$$

Es bedeuten hier (und die Bezeichnungen lehnen sich »buchstäblich« an die Namen der integrierten Funktionen an): ZW = Zukunfts- oder auch Endwert des Kapitals, BW = Bar- oder Anfangswert des Kapitals, $ZINS$ = Periodenzinssatz der Verzinsung, in aller Regel für eine Geldeinheit und ein Jahr, ZZR = Zins- oder Zahlungszeiträume bzw. die Anzahl der Zinsperioden.

Durch Umstellen der Formel nach einer gesuchten bei gegebenen restlichen Größen gelangt man zu den Grundaufgaben der Zinseszinsrechnung:

- Ermittlung des Zukunftswerts eines oder mehrerer Zahlungsströme
- Berechnung des Barwerts dieser Zahlungen
- Kenntnis über die Laufzeit von Zahlungen
- Ermittlung der Verzinsung von Zahlungen.

Beispiele

Legt jemand 1.000 € für fünf Jahre auf einem Sparbrief zu 3% im Jahr an, erhält er dafür am Ende 1.159,27 €. Das berechnen Sie mittels

ZW(Zins;Laufzeit;;-Barwert)=ZW(3%;5;;–1000)

Achten Sie bitte auf die aus dem Äquivalenzprinzip resultierende Forderung an das Vorzeichen des Barwerts.

> **WICHTIG**   Entscheiden Sie sich, statt für die Anwendung der Formel für eine Kontoführung Jahr für Jahr, müssen Sie den Kontostand exakt auf zwei Stellen nach dem Komma führen. Das erreichen Sie nicht durch eine Anzeige von zwei Stellen, sondern durch den konsequenten Einsatz der Funktion *RUNDEN*. Und so ergibt sich im vorhergehenden Beispiel eine Abweichung von 1 Cent in den Ergebnissen.

Sparbriefe winken gelegentlich mit einer Bonuszahlung am Ende der Laufzeit zur Verbesserung der Rendite. Die Berechnung dieser Rendite (Effektivverzinsung) erledigt die Funktion *ZINS* für Sie:

ZINS(Laufzeit;;–Barwert;Ergebnis inklusive Bonus)

Bei einem Bonus von 150 € ergeben sich effektive 5,54% aus

ZINS(5;;–1000;1159,27+150)

wobei bei einer Umsetzung auf einem Tabellenblatt natürlich die entsprechenden Zellbezüge in der Formel auftauchen sollten.

Die Beispiele befinden sich in der Datei *Kap16_Zinseszinsrechnung.xlsx* im Ordner *\Buch\Kap16* auf der CD-ROM zu diesem Buch. Sie finden in dieser Datei auch eine Beispielrechnung zur Ermittlung der Rendite von Bundesschatzbriefen Typ A und B mit Zinslauf vom 01.12.2006.

PROFITIPP   Die Rendite von Bundesschatzbriefen des Typs B mit jährlicher Gutschrift der Zinsen und deren Verzinsung lässt sich leicht aus dem Anfangswert und dem Endwert nach der Laufzeit bestimmen – Funktion *ZINS*. Für Bundesschatzbriefe vom Typ A ist die Sache nicht so einfach, da die Zinsen ausgeschüttet und nicht wieder angelegt werden. Zur Berechnung des Effektivzinses gibt es dann verschiedene Ansätze. Da hier keine gebrochenen Laufzeiten vorliegen, ist es genau genommen eine Aufgabe der Investitionsrechnung, bei der die Funktion *IKV* (die Abkürzung steht für »interne Kapitalverzinsung«, die Funktion setzt die so genannte Methode des internen Zinssatzes um) zum Einsatz kommt. Einzelheiten und Formeln finden Sie in der Beispielmappe.

Rentenrechnung

Rentenrechnung ist die Erweiterung der Zinseszinsrechnung um ein weiteres Merkmal. Es gibt nicht nur einen Kontostand am Anfang der Laufzeit und einen am Ende, sondern regelmäßige Beträge werden dem Konto in regelmäßigen Abständen hinzugefügt bzw. entnommen. Der Einfachheit halber wird dabei vorausgesetzt, dass Zahlungstermine mit Zinsterminen übereinstimmen.

HINWEIS Die Übereinstimmung der Zahlungstermine mit Zinsterminen ist nicht notwendig. Bei einem Hypothekendarlehen, wo die Rente (das ist eine regelmäßige Zahlung in gleicher Höhe) als Annuität monatlich den Kreditstand verringert, ist diese Übereinstimmung gegeben. Sparen Sie einen Bausparvertrag an oder nutzen ein einfaches Sparbuch, so können Sie zwar monatlich zahlen, eine Zinsgutschrift wird allerdings in der Regel erst am Ende des Jahres stattfinden.

Grundaufgaben

Durch die regelmäßigen Zahlungen von Beträgen gleicher Höhe werden die Grundaufgaben der Zinseszinsrechnung in der Rentenrechnung um eine Aufgabe erweitert, nämlich um die Bestimmung der Rentenhöhe.

Die in Excel integrierten Funktionen *BW* (Bestimmung des Barwerts), *ZW* (Bestimmung des Zukunfts- oder Endwerts), *ZZR* (Bestimmung der Laufzeit), *RMZ* (Bestimmung der Rente sprich regelmäßigen Zahlung) und *ZINS* (Bestimmung des Zinssatzes) sind über das in Excel umgesetzte finanzmathematische Äquivalenzprinzip gemäß Abbildung 16.18 miteinander verbunden.

Abbildg. 16.18   Weitere Informationen finden Sie in der Online-Hilfe zur Funktion *BW*

$$BW \cdot (1+ZINS)^{ZZR} + RMZ \cdot (1+F \cdot ZINS) \cdot \frac{(1+ZINS)^{ZZR}-1}{ZINS} + ZW = 0$$

Die Lösung einer der beschriebenen Grundaufgaben entspricht der Auflösung der Gleichung nach einer der Größen. Das ist bis auf den Zinssatz auch per Hand machbar, letzterer lässt sich im Allgemeinen nur durch Näherungsrechnung bestimmen.

HINWEIS Bei verschiedenen Vertragsarten ist es möglich, dass die Zahlung der Rente am Anfang der Perioden (vorschüssig) bzw. an deren Ende (nachschüssig) erfolgt. Für den ersten Sachverhalt können Sparvorgänge herhalten, für den zweiten die Bedienung von Krediten. Der Parameter *F* (Fälligkeit) bringt den Unterschied. Erfolgen Zahlungen vorschüssig, so ist *F* gleich 1 zu setzen, erfolgen Sie nachschüssig, ist mit *F* gleich 0 (Null) zu arbeiten. Außerdem ist es wichtig, die Vorzeichen, welche die »Zahlungsrichtung« beschreiben, zu beachten.

Sparpläne

Eine Lebensversicherung bietet an, für einen monatlichen Beitrag von 51,90 € am jeweiligen Monatsanfang (vorschüssig) nach 15 Jahren eine (nicht garantierte) Ablaufleistung von 15.508 € zu zahlen. Ist dieses Angebot attraktiv, wenn mit einer Verzinsung von 7% im Jahr gerechnet wird?

Einen Lösungsansatz dieses Problems erhalten Sie, wenn Sie den Zukunftswert der regelmäßigen Zahlungen ermitteln. Näherungsweise gehen Sie davon aus, dass Sie alternativ die Möglichkeit haben, monatlich 51,90 € auf das Konto einer Bank zu zahlen, welche Ihnen monatlich 1/12 von 7%

Zinsen gutschreibt und diese in den 12 Monaten auch mit verzinst. Damit ergibt sich ein Zukunftswert nach

ZW(7%/12;15*12;-51,90;;1) = 16.546,30

(die Argumente für *ZW* bringen Sie natürlich wieder in Zellen unter und benutzen die Bezüge auf diese Zellen). Da die angekündigte Ablaufleistung geringer ist als der durch *ZW* ermittelte Zukunftswert, ist das Angebot nicht so attraktiv wie erwartet.

PROFITIPP

> In der Regel wird man kein Konto finden, welches in diesem Fall monatlich verzinst (was gelegentlich und angesichts der möglichen kleinen Sparbeträge für eine Lebensversicherung spricht). Die monatlichen Zahlungen sind zum Vergleich genau genommen auf einem »normalen« Sparbuch – wegen der geringen Höhe der Sparraten – für ein Jahr zu sammeln und der dann durch einfache Verzinsung ermittelte Ersatzbetrag kann als ganzjährige fiktive Rentenzahlung in die Funktion *ZW* über 15 Jahre eingesetzt werden. Die Lösung (der genaue Kontostand nach 15 Jahren wäre bis auf Rundungseffekte 16.243,76 €) finden Sie ebenfalls in der Beispielmappe.

Das Beispiel befindet sich in der Datei *Kap16_Renten- und Tilgungsrechnung.xlsx* im Ordner *\Buch\Kap16* auf der CD-ROM zu diesem Buch.

Tilgungsrechnung

Tilgungsrechnung ist in manchen Situationen »umgekehrte« Rentenrechnung: Regelmäßige Zahlungen werden in immer wiederkehrender Höhe zur Ablösung eines Kredits benutzt. Damit sind die im vorigen Abschnitt beschriebenen Funktionen auch in Teilen der Tilgungsrechnung verwendbar.

Arten der Tilgungsrechnung

Die Finanzmathematik unterscheidet bei Tilgungen im Wesentlichen drei verschiedene Prinzipien.

- Festhypotheken – hier erfolgt die Tilgung der Schuld in einer Einmalzahlung am Ende der Laufzeit. Diese Zahlung umfasst ggf. alle aufgelaufenen Zinsen, wenn diese nicht regelmäßig (etwa jährlich) bezahlt wurden. Eine solche Situation ist im Prinzip Zinseszinsrechnung und kann mit den weiter oben beschriebenen Mitteln behandelt werden.
- Ratentilgung – das ist eine Form der Rückzahlung, bei der der zur Tilgung benutzte Betrag in jeder Periode der gleiche ist. Damit verringert sich die Periodengesamtbelastung, weil der jeweilige Zinsanteil immer geringer wird. Excel hält für diese Art der Berechnung keine integrierten Funktionen bereit. Am besten nutzen Sie einen Tilgungsplan, der den Kontostand von Periode zu Periode verfolgt. Ein Beispiel finden Sie auf der CD-ROM zum Buch in der Datei *Kap16_Renten- und Tilgungsrechnung.xlsx*.
- Annuitätentilgung – das ist die Form der Rückzahlung, bei der die Belastung des Schuldners pro Periode über die gesamte Laufzeit konstant bleibt. Es gibt zwei Arten, eine solche Belastung zu definieren: durch Vorgabe der Laufzeit (in der Regel werden dies Sachinvestitionen mit schnellem Werteverlust des durch Kredit finanzierten Wirtschaftsguts sein) bzw. durch Vorgabe des ersten Tilgungsbetrags, wie bei Hypothekendarlehen von Laufzeiten bis zu 20 und mehr Jahren (so genannte Prozentannuität). Die integrierten Funktionen der Rentenrechnung (*BW*, *ZW*, *RMZ*, *ZZR* und *ZINS*) sind genau auf diesen Fall zugeschnitten und werden auch nur für diesen Fall durch die Funktionen *KAPZ*, *ZINSZ* und *KUMKAPITAL* ergänzt.

Beispiel

Eine Bank wirbt für den Kauf einer kreditfinanzierten Eigentumswohnung mit folgenden Informationen:

Vertragsformulierung	Bedingung
Zinsen	4,2 % p. a., 5 Jahre fest
Auszahlung	100 %
Tilgung	1 %
Anfänglicher effektiver Jahreszins	4,28 %

Unterlegt wird dieses Angebot durch eine Beispielrechnung, welches eine monatliche Belastung von 433,33 € bei einer Kreditsumme von 100.000 € ausweist. Wie hoch ist die Restschuld nach der fünfjährigen Zinsbindungsfrist? Wie lange dauert die Tilgung, wenn es nach der Zinsbindungsfrist zu gleichen Konditionen weitergeht? Kann man die Ermittlung des Effektivzinses nachempfinden?

Excel hält mit der Funktion KUMKAPITAL den Teil der monatlichen Belastungen fest, der ausschließlich der Tilgung (und damit der Reduzierung der Schuld) dient. Diese Funktion arbeitet (anders als in den Vorgängerversionen) auch dann korrekt, wenn die Anzahl der Zahlungsperioden keine ganze Zahl ist. Die Tilgungsrate beträgt im ersten Monat ein Zwölftel von einem Prozent der Kreditsumme, das sind 83,33 €. Wegen der Rundungseffekte entsteht aus diesem Zwölftel plus dem Zwölftel von 4,2% für Zinsen die monatliche Belastung von 433,33 €. Das sagt auch der Einsatz von KUMKAPITAL mit

=KUMKAPITAL(4,2%/12;ZZR;100.000;1;1;0)

aus, wobei Sie zur Ermittlung der Laufzeit die Funktion ZZR mit

ZZR(Zins;monatliche Belastung;minus Kreditsumme)

benutzen. Diese ermittelt eine Zahl von 471,87 Monaten (das sind mehr als 39 Jahre, aber nicht etwa 100, wie eine oberflächliche Interpretation des Tilgungssatzes suggerieren könnte).

HINWEIS Die Angelegenheit, die ohnehin zu den schwierigeren im Leben eines Excel-Anwenders zählt, ist letztlich noch komplizierter. 4,2 % Zinsen und 1% Tilgung sind Vorgaben, die sich auf ein ganzes Jahr beziehen. Sie dienen aber nur als Berechnungsvorschrift, die konkreten Zahlen entstehen durch Zwölftelung. Dadurch ist nach einem Jahr nicht etwa nur 1% getilgt, sondern etwas mehr. Das liegt daran, dass der Tilgungsanteil in den monatlichen Belastungen, wenn auch nur langsam, aber stetig wächst. Gleichzeitig führt das dazu, dass der Zinssatz auch nur eine Berechnungsgröße ist, da durch das monatliche Zahlen der Beträge, die auf Jahresbasis entstanden, der Kredit teurer wird (»fernes Geld ist wenig wert«) und die Forderung nach Angabe eines Effektivzinses entsteht.

Zur Ermittlung der Restschuld nach fünf Jahren können Sie einen Tilgungsplan wie in der Begleitdatei aufstellen oder Sie nutzen KUMKAPITAL über 60 Monate, um den Betrag von der ursprünglichen Kreditsumme abzuziehen.

Die Begleitdatei hält darüber hinaus zwei Alternativen bereit, die die entstehenden finanzmathematischen Zahlungsströme an einem gemeinsamen Stichtag bewerten (in aller Regel wird dazu der Beginn eines Vertrags gewählt). In vielen Fällen kommt es bei der Benutzung von Formeln wegen der Rundungseffekte zur Abweichung vom Tilgungsplan im Nachkommabereich. Da ist nichts zu machen, konkretes Geld wird nur mit ganzen Cents bezahlt.

Die Berechnung des Effektivzinses ist eine sehr komplizierte Angelegenheit und wurde in Deutschland erstmalig mit der Preisangaben-Verordnung von 1985 gesetzlich geregelt. Diese forderte, zur Bestimmung aller Kosten eines Kredits für den Schuldner die Zahlungen auf einem fiktiven Sparbuch nachzuvollziehen. Der Zinssatz, der auf diesem Sparbuch alle Leistungen des Schuldners finanzmathematisch denen des Gläubigers gleich stellt, ist der effektive Zinssatz. »Anfänglich« heißt dieser Zinssatz dann deshalb, weil es nach der Zinsbindungsfrist in aller Regel mit neuen Kreditkonditionen weitergeht. Inzwischen gilt die Preisangaben-Verordnung von 2000, die einen nicht ganz konsequenten Versuch darstellt, sich internationalen Gepflogenheiten anzupassen und das deutsche Sparbuch mit der Tageszahl von 360 im Jahr (12 Monate zu 30 Tagen) nicht mehr zur Grundlage der Berechnungen macht. Als Excel-Nutzer haben Sie die Möglichkeit, durch die Funktion *EFFEKTIV* sich wenigstens bis auf geringe Abweichungen weit hinter dem Komma in die Nähe des gesetzlich vorgeschriebenen Effektivzinssatzes zu begeben, im vorliegenden Fall durch

=EFFEKTIV(4,2%;12) = 4,28%

Das Beispiel befindet sich in der Datei *Kap16_Renten- und Tilgungsrechnung.xlsx* im Ordner *\Buch\Kap16* auf der CD-ROM zu diesem Buch.

Damit soll der finanzmathematische Ausflug im Rahmen dieses Handbuchs beendet sein. Nicht besprochen werden können die Funktionen, die für das Teilgebiet der Kursrechnung (Bewertung festverzinslicher Wertpapiere) bereitstehen. Nicht besprochen werden ferner die Funktionen, die der dynamischen Investitionsrechnung zuzuordnen sind. Weggelassen wurden auch die Funktionen, die sich mit Abschreibungsrechnung befassen, da diese nicht unbedingt zur Finanzmathematik zählt und die Excel-Funktionen wegen der deutschen Rechtsprechung auch kaum zu verwenden sind.

Zusammenfassung

Excel hält eine ganze Reihe statistischer Funktionen bereit, mit deren Hilfe Sie Ihre Daten untersuchen können. Immer wieder kommen auch Matrixfunktionen zum Einsatz, mit denen sich spezielle Wünsche erfüllen lassen. Das Add-In *Analyse-Funktionen*, dessen Tabellenfunktionen in der neuen Version vollständig integriert sind, erweitert den Funktionsumfang von Excel noch einmal um zusätzliche Assistenten.

Finanzmathematik im »klassischen« Sinn (Zinsrechnung, Zinseszinsrechnung, Rentenrechnung, Tilgungsrechnung, Kursrechnung) ist ein nicht einfaches Spezialgebiet und natürlich gibt es eine Vielzahl an einführender und auch weiterführender Literatur. Dieser Abschnitt konnte also nur den »Ariadne-Faden« legen. Sie haben dabei leistungsstarke Funktionen, die Excel bereithält, kennen gelernt. Die Fachliteratur und die Excel-Hilfe werden Sie weiter führen.

Zusammenfassung

Frage	Antwort
Wie kann ich den Mittelwert einer Reihe von Werten ohne Null berechnen?	Indem Sie die Funktion MITTELWERT mit der Funktion WENN verknüpfen. Wie das geht, steht auf Seite 659.
Was ist ein gewogenes arithmetisches Mittel?	Beim gewöhnlichen arithmetischen Mittel geht jeder Wert mit dem Faktor 1 ein. Beim gewogenen arithmetischen Mittel erhalten einflussreiche Daten durch den verwendeten Faktor eine größere Bedeutung. Ein Beispiel finden Sie auf Seite 660.
Kann ich mit einer Formel eine Prüfung auf Duplikate durchführen?	Mit der Funktion MODALWERT wird diese Aufgabe auf Seite 662 gelöst.
Wie kann ich bei der Rangberechnung verhindern, dass ein Wert mehrfach vorkommt?	Mit einer Matrixfunktion können Sie diese Aufgabe lösen. Schlagen Sie nach auf Seite 665.
Wie kann ich mir eine Übersicht über eine große Zahl an Daten verschaffen?	Reduzieren Sie die Daten dadurch, dass Sie diese in Klassen zusammenfassen. Auf Seite 668 wird dazu die Funktion HÄUFIGKEIT verwendet.
Wie kann ich einzelne Regressionskenngrößen ermitteln?	Die Tabellenfunktion INDEX kann diese Aufgabe lösen. Das Beispiel dazu finden Sie auf Seite 672.
Ich möchte meine Berechnungen mit Zufallszahlen durchrechnen. Wie kann ich Zufallszahlen berechnen?	Auf Seite 676 werden dazu die Tabellenfunktionen ZUFALLSZAHL und ZUFALLSBEREICH eingesetzt.
Was sind die Grundaufgaben der Zinsrechnung?	Darunter wird die Auflösung der Zinsformel nach einer Unbekannten verstanden. Auf Seite 683 wird gezeigt, wie es geht.
Was versteht man unter vorschüssiger und nachschüssiger Verzinsung?	Vorschüssige Zinsen werden im Voraus, nachschüssige dagegen im Nachhinein gebucht. Mehr dazu auf Seite 686.
Wie kann ich mit Excel eine Bewertung von Sparbriefen vornehmen?	Auf Seite 688 finden Sie ein Beispiel, das mit der Funktion ZW diese Aufgabe löst.
Wie kann ich den Barwert und Zukunftswert berechnen?	In Excel setzen Sie für die Berechnung die Funktionen BW und ZW ein. Beispiele dazu finden Sie auf Seite 689.

Teil F

Daten präsentieren: Diagramme

In diesem Teil:

Kapitel 17	Diagramme einfach und schnell erstellen	697
Kapitel 18	Fortgeschrittene Diagrammtechniken einsetzen	737

In diesem Abschnitt geht es um Diagramme. Wenn Sie also Ihre Zahlen und Berechnungsergebnisse effektvoll grafisch darstellen wollen, finden Sie in diesem Abschnitt einige Anregungen.

In Excel 2007 werden Diagramme nicht mehr mit Hilfe eines Assistenten erstellt. Mit wenigen Mausklicks wird ein Diagramm angelegt, dem Sie anschließend ein Layout – ein Satz von Diagrammelementen wie Datenbeschriftung, Gitternetzlinien usw. – zuweisen. Eine passende Diagrammformatvorlage wählen Sie dann ganz einfach aus einem Katalog aus und stellen damit Farben und Formen ein.

In einem aufbauenden Kapitel zeigen wir spezielle Lösungen und Diagrammfunktionen, welche Ihnen mit Sicherheit Anregungen für Ihre eigene Arbeit geben werden. Wenn Sie etwa ein Diagramm erstellen wollen, das neue Daten automatisch berücksichtigt, oder bestimmte Datenpunkte mit Grafiken versehen möchten, ist dieser Teil des Buches genau richtig. Sie finden hier ferner Informationen, wie Sie eine Mustervorlage für Diagramme erstellen, die in der neuen Office-Version auch in Word und PowerPoint verwendet werden kann.

Kapitel 17

Diagramme einfach und schnell erstellen

In diesem Kapitel:

Diagramme in der neuen Version	698
Die Befehlsgruppe *Diagramme*	699
Aller Anfang ist leicht: Das erste Diagramm erstellen	700
Die wichtigsten Objekte in einem Diagramm	711
Ein Balkendiagramm anlegen	716
Ein Kreisdiagramm erstellen	718
Daten in ein Liniendiagramm zeichnen	720
Daten im Flächendiagramm zeigen	725
Ein Blasendiagramm einfügen	727
Assessment Center-Ergebnisse im Netzdiagramm abbilden	729
Tabellen für Diagramme verwenden	734
Zusammenfassung	736

Kapitel 17 Diagramme einfach und schnell erstellen

Neben den Funktionen zum Berechnen und Analysieren ist das Umwandeln von Zahlenmaterial in aussagekräftige Grafiken ein weiteres wichtiges Anwendungsgebiet von Excel. Grafiken, die errechnete Werte als zeichnerische Darstellung in einem Koordinatensystem abbilden, werden Diagramme genannt.

Mit Hilfe eines Diagramms sollte eine Situation oder Entwicklung für den Betrachter rasch erfassbar sein. Der Hauptzweck von Diagrammen ist also die schnelle und komprimierte Veranschaulichung von mehr oder weniger großen Informationsmengen. Diese Funktion von Diagrammen hat wachsende Bedeutung, denn angesichts der Zunahme der Informationen in allen Bereichen des Lebens wird es zunehmend schwieriger, sich ein Bild über bestimmte Entwicklungen und Situationen zu machen. Hier können Diagramme helfen, Informationen zu verdichten und verständliche Aussagen zusammenzufassen.

Abbildg. 17.1 Verschiedene Diagrammtypen in der Übersicht

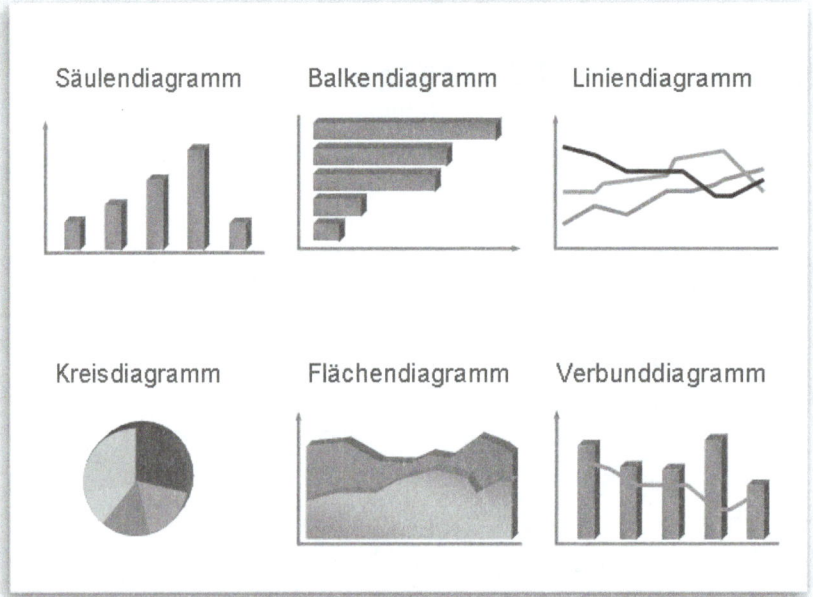

Diagramme in der neuen Version

Vielleicht nicht das erste Diagramm, das Sie mit Excel erstellen, aber vielleicht das erste mit der neuen Version. Gerade bei Diagrammen hat sich doch einiges geändert. Nicht was die Diagrammtypen angeht. Dabei hat sich Microsoft vorerst zurück gehalten: Es gibt keine neuen Diagrammtypen (und damit gibt es Spielraum für die nächste Version). Was aber ist es dann?

Aus früheren Versionen ist Ihnen sicher der Diagramm-Assistent bekannt. Viele Anwender haben sich eher mühsam durch die verschiedenen Schritte mit unzähligen Einstellmöglichkeiten gearbeitet. Und das, um am Ende vor einem Diagramm zu sitzen, das doch irgendwie ganz anders aussehen sollte. Eine erfreuliche Information für diese Anwendergruppe: Es gibt keinen Diagramm-Assistenten mehr.

PROFITIPP

> Der Weg über den Assistenten war eigentlich nie wirklich der schnellste Weg. Es gibt einen, der tatsächlich in Sekundenschnelle ein Diagramm erstellt: Nach dem Markieren der Daten für das Diagramm genügt es, die F11 -Taste zu drücken. Excel erstellt daraufhin ein neues Arbeitsblatt mit einem Standard-Diagramm. Wollen Sie dagegen ein Diagramm als Objekt in der aktiven Tabelle einfügen, dann verwenden Sie die Tastenkombination Alt + F1 .

Nun haben sicher die wenigsten Anwender, die ein Diagramm erstellen sollen, eine grafische Ausbildung. Praktisch, dass Microsoft versucht hat, auch bei der Diagramm-Erstellung die erforderlichen Schritte zu reduzieren und dem Anwender möglichst schnell zu einem Diagramm zu verhelfen, das seinen Wünschen entspricht.

Die Fragen, die Sie sich stellen müssen, reduzieren sich dabei auf folgende Punkte:

- Welchen Diagrammtyp wollen Sie erstellen, z.B. Balken-Diagramm, Kreisdiagramm usw.?
- Welche Elemente sollen über das Layout im Diagramm dargestellt werden, also Achsenbeschriftung, Titel usw.?
- Wie soll das Diagramm formatiert werden?
- Welches Design soll das Diagramm verwenden?

In diesem Kapitel sollen Sie die grundlegenden Techniken für die Erstellung von Diagrammen kennen lernen. Sie werden sehen, dass die Diagrammerstellung wirklich einfacher geworden ist.

Die Befehlsgruppe *Diagramme*

Ausgangspunkt für die Erstellung eines Diagramms ist die Registerkarte *Einfügen*. Dort sind in der Gruppe *Diagramme* (vgl. Abbildung 17.2) die wichtigsten Diagrammtypen mit einem eigenen Befehl vertreten, alle anderen Diagrammtypen werden im Befehl *Andere Diagramme* zusammengefasst. Klicken Sie einen Befehl an, werden die Untertypen wie in Abbildung 17.4 in einem Katalog angeboten.

Abbildg. 17.2 Diagramme, die nicht einer der sechs Hauptgruppen zugeordnet wurden, sind über die Gruppe *Andere Diagramme* zu erreichen

Am Ende eines jeden Katalogs finden Sie die Option *Alle Diagrammtypen*, mit dem Sie das Dialogfeld *Diagramm einfügen* aufrufen (Abbildung 17.3). Dort sind alle verfügbaren Diagramme in Kategorien zusammengefasst. Sie können mit der Bildlaufleiste durch das Angebot blättern oder durch Ändern der Kategorie die jeweilige Gruppe aktivieren. Ein Doppelklick auf eine Diagrammvorlage erstellt ein Diagramm auf Basis dieser Vorlage.

Beim Öffnen des Dialogfeldes *Diagramm einfügen* ist die Vorlage aktiv, welche als Standarddiagrammvorlage eingestellt ist. Wie Sie eine eigene Vorlage erstellen und daraus die Standarddiagrammvorlage machen, erfahren Sie weiter unten in diesem Kapitel.

Kapitel 17 Diagramme einfach und schnell erstellen

Abbildg. 17.3 Um sich einen Überblick über die Diagrammtypen zu verschaffen, ist dieses Dialogfeld gut geeignet

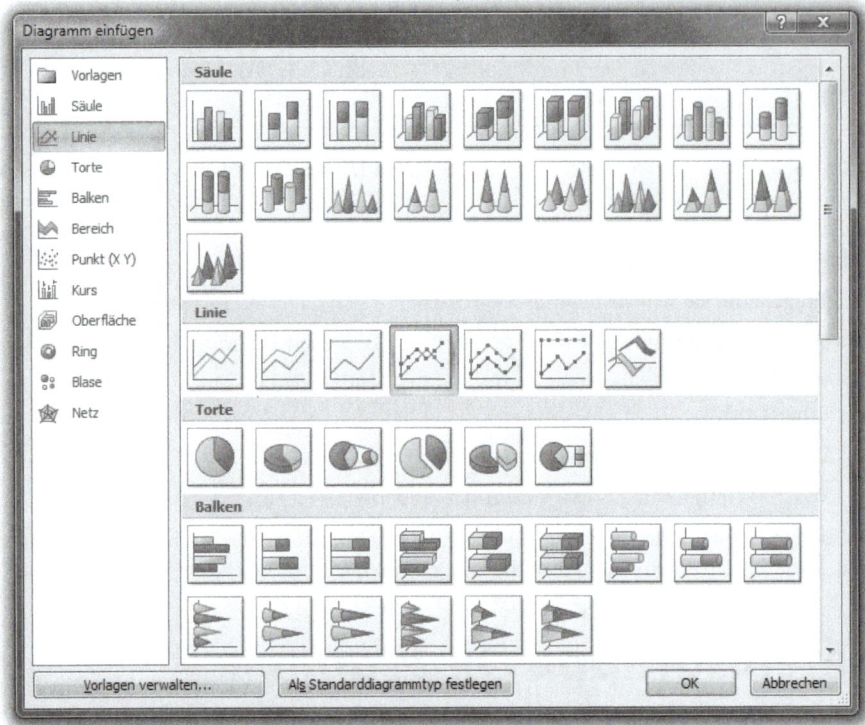

Aller Anfang ist leicht: Das erste Diagramm erstellen

Als erstes Beispiel soll der wohl am häufigsten verwendete Diagrammtyp erstellt werden. Führen Sie die folgenden Schritte aus, um ein Säulendiagramm zu erstellen:

1. Öffnen Sie die Datei mit den Daten oder tragen Sie neue Daten in eine Tabelle ein.
2. Aktivieren Sie eine beliebige Zelle im Datenbereich.
3. Aktivieren Sie in der Multifunktionsleiste die Registerkarte *Einfügen*.
4. Klicken Sie in der Gruppe *Diagramme* auf den Befehl *Säule*.
5. Excel öffnet den Katalog für diesen Diagrammtyp.
6. Wählen Sie die Option *Gruppierte Säulen*, das erste Diagramm in der Gruppe *2D-Säule* (siehe Abbildung 17.4).

Damit ist das Diagramm erstellt. Gut, es hat vielleicht noch nicht ganz das gewünschte Aussehen, aber ohne viel Einstellarbeiten mit nur wenigen Mausklicks haben Sie es wirklich schnell erstellt. Und Sie werden sehen, auch das Anpassen ist einfach zu erreichen.

HINWEIS Sowohl in Word 2007 als auch in PowerPoint 2007 erstellen Sie Diagramme auf die gleiche Art und Weise.

Aller Anfang ist leicht: Das erste Diagramm erstellen

Abbildg. 17.4   Die Untertypen für die Erstellung eines Säulendiagramms

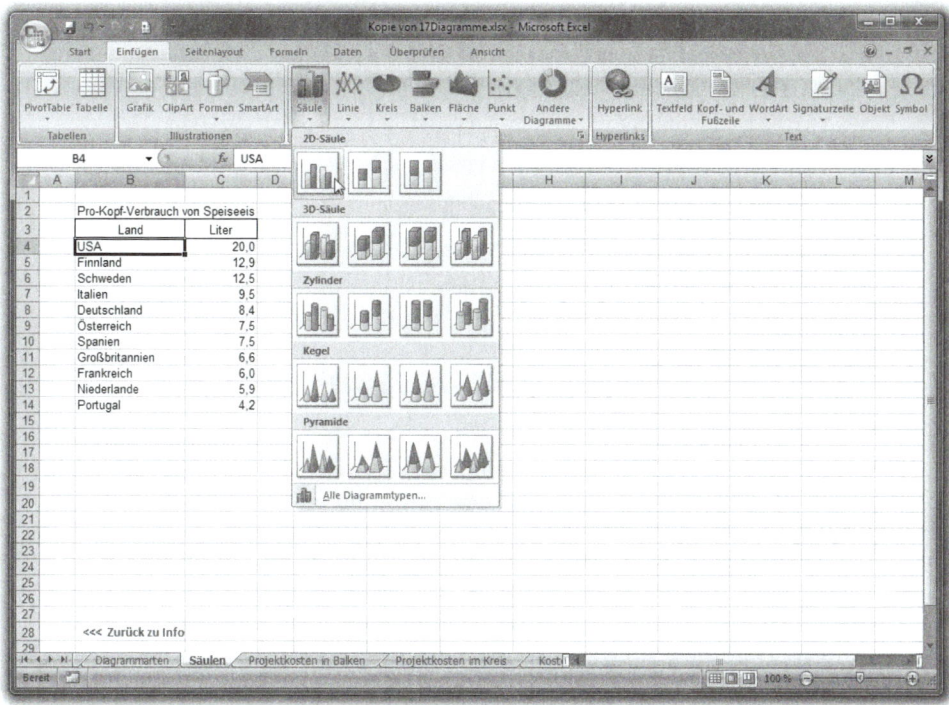

Abbildg. 17.5   Mit wenigen Mausklicks ist das Diagramm in der Rohfassung fertig

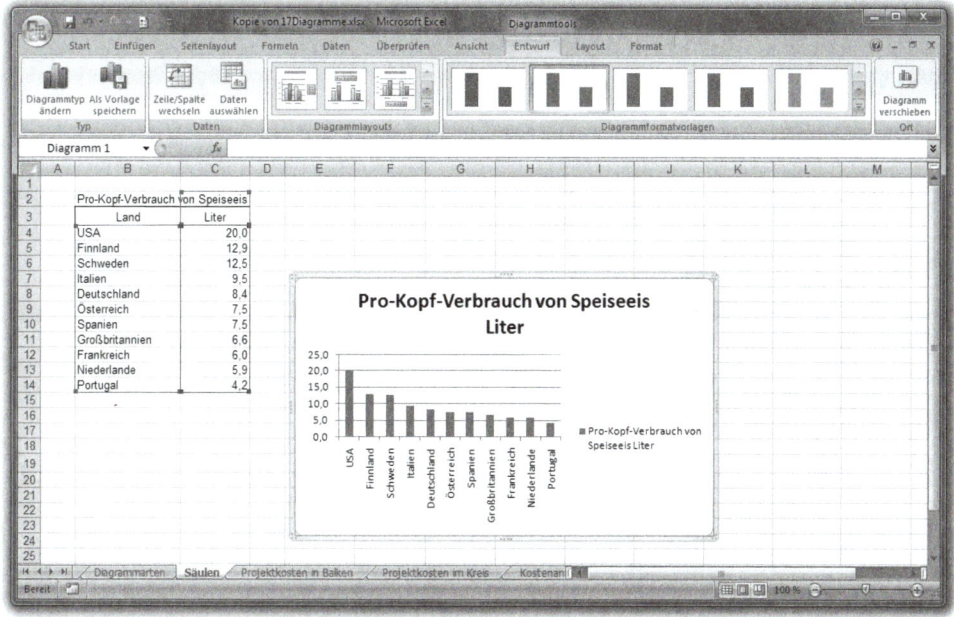

Kapitel 17 Diagramme einfach und schnell erstellen

Alle Lösungen zu diesem Kapitel finden Sie in der Mappe *Kap17_Diagramme.xlsx* auf der CD-ROM zum Buch im Ordner *\Buch\Kap17*.

Bei der Erstellung eines Diagramms sind in Excel 2007 fünf Fragen zu beantworten:

- Welche Daten sollen im Diagramm dargestellt werden?
- Welcher Diagrammtyp soll verwendet werden?
- Welches Diagrammlayout soll angezeigt werden?
- Welche Diagrammformatvorlage soll verwendet werden?
- Welches Design soll angewendet werden?

Den Datenbereich anpassen

Ist das Diagramm mit den zuvor beschriebenen Schritten erstellt, dann endet die Bearbeitung noch nicht, das Diagramm und die Daten sind markiert. Excel erkennt den Datenbereich oder besser versucht den Bereich zu erkennen. Je nachdem wie Ihr Tabellenblatt aufgebaut ist, ist der Versuch erfolgreich oder nicht. War bei der Erstellung nur eine Zelle aktiv, erweitert Excel den Datenbereich für das Diagramm auf die umliegenden, direkt angrenzenden Zellen. Eine Leerzeile oder Leerspalte unterbricht diese Erweiterung. Weiter unten in diesem Kapitel werden Sie noch ein Beispiel kennen lernen, das die neue Funktion »Tabelle« verwendet, um daraus ein Diagramm zu erstellen. Dabei wird der Tabellenbereich für die Erstellung des Diagramms korrekt erkannt.

Um den Datenbereich für das Diagramm zu ändern, ziehen Sie an den Eckpunkten der Markierungen, die Excel im Tabellenblatt zeigt. Genau wie beim Erstellen von Formeln mit Bezügen wird der Datenbereich bei jedem Aktivieren eines Diagrammobjekts hervorgehoben.

Abbildg. 17.6 Datenbereich durch Ziehen mit der Maus anpassen

	A	B	C	D
1				
2		Pro-Kopf-Verbrauch	von Speiseeis	
3		Land	Liter	
4		USA	20,0	
5		Finnland	12,9	
6		Schweden	12,5	
7		Italien	9,5	
8		Deutschland	8,4	
9		Österreich	7,5	
10		Spanien	7,5	
11		Großbritannien	6,6	
12		Frankreich	6,0	
13		Niederlande	5,9	
14		Portugal	4,2	
15				

Diagrammlayouts und Diagrammformatvorlage einstellen

Mit dem Erstellen des Diagramms werden die *Diagrammtools* eingeblendet. Dabei handelt es sich um drei kontextbezogene Registerkarten, die Sie bei der Anpassung und Bearbeitung des Diagramms unterstützen.

Die folgenden grundlegenden Einstellungen werden auf der Registerkarte *Entwurf* angeboten (vgl. Abbildung 17.7):

- *Diagrammtyp ändern,* um dem aktuellen Diagramm einen anderen Diagrammtyp zuzuweisen
- *Als Vorlage speichern,* um aus dem aktuellen Diagramm eine Diagrammvorlage zu erstellen
- *Zeile/Spalte wechseln,* um die Anordnung der Daten zu vertauschen
- *Daten auswählen* öffnet das Dialogfeld *Datenquelle auswählen,* um den Datenbereich anzupassen
- *Diagrammlayouts* enthält einen Katalog mit einigen vordefinierten Diagrammlayouts (jeweils mit und ohne Gitternetzlinien, Datentabelle, Diagrammtitel usw.)
- *Diagrammformatvorlagen* enthält den Katalog mit den Diagrammformatvorlagen
- *Diagramm verschieben* öffnet das Dialogfeld *Diagramm verschieben,* mit dem das Diagramm von einer Tabelle in ein eigenes Diagrammblatt verschoben werden kann und umgekehrt

HINWEIS Die Auswahl an Diagrammlayouts und Diagrammformatvorlagen variieren je nach ausgewähltem Diagrammtyp.

Abbildg. 17.7 Gleich drei kontextbezogene Registerkarten werden für die Bearbeitung von Diagrammen eingeblendet

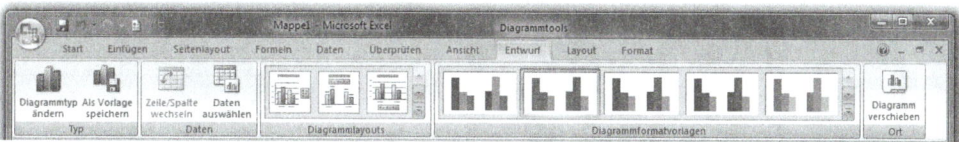

In der Gruppe *Diagrammlayouts* finden Sie einige vordefinierte Layouts. Darunter ist ein Satz an Einstellungen (mit/ohne Überschrift, mit/ohne Gitternetzlinien usw.) zu verstehen, die Sie mit nur wenigen Mausklicks aus dem Katalog auf das aktive Diagramm übertragen. Blättern Sie mit den beiden oberen Schaltflächen am rechten Rand der Befehlsgruppe *Diagrammlayouts* oder öffnen Sie den Katalog mit der unteren Schaltfläche (*Weitere*). Die Diagrammlayouts enthalten je nach aktivem Diagrammtyp unterschiedliche Layouts.

Abbildg. 17.8 Über vordefinierte Diagrammlayouts wählen Sie die anzuzeigenden Diagrammelemente aus

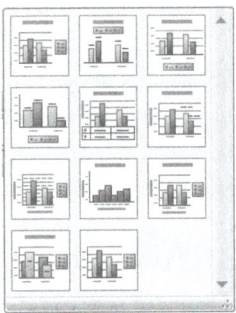

Gleiches gilt für die Diagrammformatvorlagen. Hier werden die unterschiedlichen Vorlagen ebenfalls über die Auswahl in einem Katalog übertragen. Für die Anwender, die häufig Diagramme in einer PowerPoint-Präsentation verwenden, sind Diagrammformatvorlagen mit schwarzem Hintergrund vorhanden.

HINWEIS Anders als bei Zellformatvorlagen und Tabellenformatvorlagen ist es nicht vorgesehen, eigene Diagrammformatvorlagen zu erstellen.

Abbildg. 17.9 Über die Diagrammformatvorlage wählen Sie die Voreinstellung für Farben und Formen

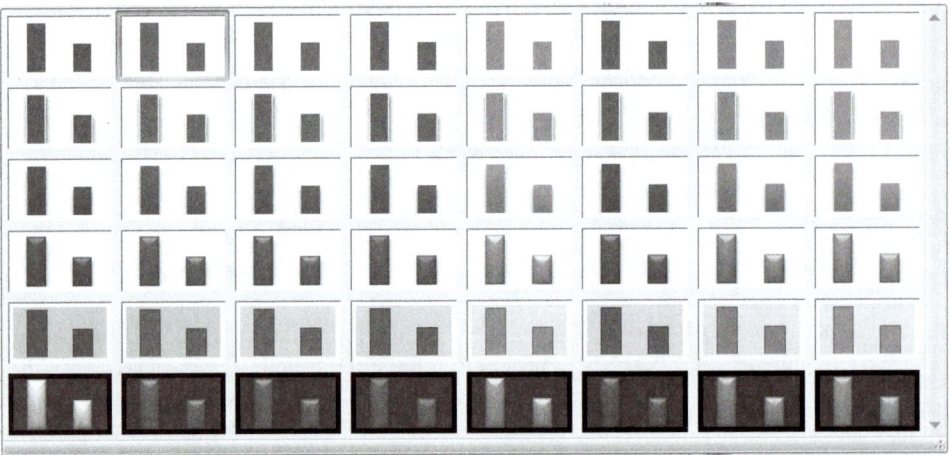

Diagrammformatvorlagen stehen in direkter Beziehung zu den Designs einer Mappe. Ändern Sie das Design einer Tabelle über den Befehl *Designs* auf der Registerkarte *Seitenlayout*, dann ändern sich die verfügbaren Designs für Diagramme. Bestehende Diagramme werden an das neue Design angepasst. Ändert sich der Firmenstandard, ist nur eine Änderung am Design notwendig, Tabellen und Diagramme werden automatisch angepasst. Wird das Diagramm in eine andere Mappe kopiert, dann erhält das Diagramm das Design der Zielmappe (mehr dazu weiter unten in diesem Kapitel).

Mehr zu Designs erfahren Sie in Kapitel 11.

Abbildg. 17.10   Das Design der Tabelle spiegelt sich auch im Diagramm wieder

Layout für einzelne Diagrammelemente einstellen

Während die Einstellung *Diagrammlayouts* auf der Registerkarte *Entwurf* einen ganzen Satz an Einstellungen zum Layout anwendet, können Sie auf der Registerkarte *Layout* ganz gezielt einzelne Diagrammelemente anzeigen bzw. ausblenden oder eine Einstellung wählen.

> **HINWEIS**   Je nachdem, welcher Diagrammtyp aktiv ist, sind einige Befehle dieser Registerkarte unter Umständen nicht verfügbar.

Sie müssen nicht mehr umständlich die einzelnen Diagrammobjekte markieren und dann die Einstellungen ändern. Ganz komfortabel schalten Sie die Anzeige der Diagrammelemente ein und wählen dabei gleich das Anzeigeformat aus.

Die Befehle der Befehlsgruppen

- *Beschriftungen*
- *Achsen*
- *Hintergrund*

stellen die jeweiligen Optionen in Katalogen zur Verfügung (vgl. Abbildung 17.11). Diese Kataloge enthalten die am häufigsten verwendeten Optionen. Ist die gesuchte Einstellung nicht dabei, dann bringt Sie der Befehl *Weitere*, der am Ende jedes Katalogs angeboten wird, zu einem Dialogfeld mit den Format-Optionen des jeweiligen Diagrammelements.

Kapitel 17 Diagramme einfach und schnell erstellen

Abbildg. 17.11 Auf der Registerkarte *Layout* gibt es für die meisten Diagrammelemente unterschiedliche Anzeigeoptionen

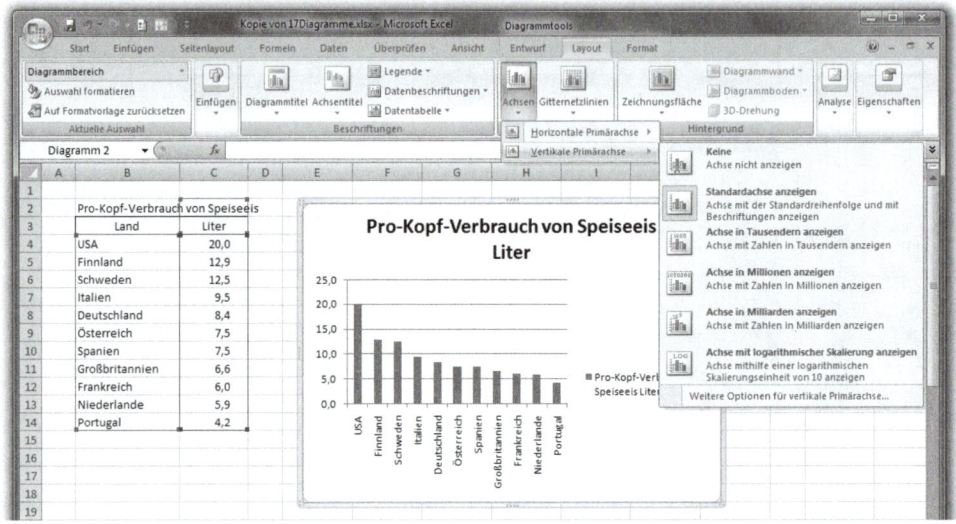

Die Befehlsgruppe *Aktuelle Auswahl*, die auch auf der Registerkarte *Format* zu finden ist, enthält ein Listenfeld mit den Elementen des Diagramms. Wenn Ihnen die Auswahl eines Diagrammelements mit der Maus zu umständlich ist oder Sie das Element ausgeblendet haben, dann aktivieren Sie das Diagrammelement über diese Auswahlliste.

Der Befehl *Auswahl formatieren* zeigt das Dialogfeld zum Formatieren des markierten Elements an. Bieten die Befehle der Registerkarte Layout nicht die gewünschte Einstellung, dann ist dieser Befehl die erste Wahl.

Auf Formatvorlage zurücksetzen wendet die ursprüngliche Formatvorlage erneut an. Dieser Befehl verwirft für das aktuell ausgewählte Element ohne Sicherheitsabfrage alle Formatierungen, die nachträglich durchgeführt wurden.

TIPP Die Schaltfläche *Rückgängig* in der Schnellzugriffleiste ist auch hier ein guter Helfer, wenn Sie versehentlich umfangreiche Formatierungen entfernt haben.

Soll das gesamte Diagramm wieder in den ursprünglichen Zustand versetzt werden, dann aktivieren Sie im Listenfeld *Diagrammelemente* den *Diagrammbereich* und wählen Sie den Befehl *Auf Formatvorlage zurücksetzen*.

Der Befehl *Analyse* steht nur für ausgewählte Diagrammtypen zur Verfügung und blendet z.B. Trendlinien, Spannweitenlinien oder Fehlerindikatoren ein. Wie Sie eine Trendlinie in ein Diagramm einfügen, erfahren Sie in Kapitel 18.

Der Befehl *Eigenschaften* zeigt den Namen des Diagrammobjekts an, den Sie durch Überschreiben ganz einfach ändern können.

Diagrammformat anpassen

Mit Diagrammformatvorlagen weisen Sie einem Diagramm über einen Katalog schnell eine ganze Reihe von Formateinstellungen zu. Die einzelnen Einstellungen können auf der Registerkarte *Format* mit den Befehlen der Gruppen *Formenarten* und *WordArt-Formate* angepasst werden. Das Listenfeld *Diagrammelemente* erleichtert auch hier die gezielte Auswahl der Diagrammelemente und stellt eine Alternative zur Markierung mit der Maus dar.

Abbildg. 17.12 Die beiden Registerkarten *Layout* und *Format* enthalten die Befehlsgruppe *Aktuelle Auswahl*

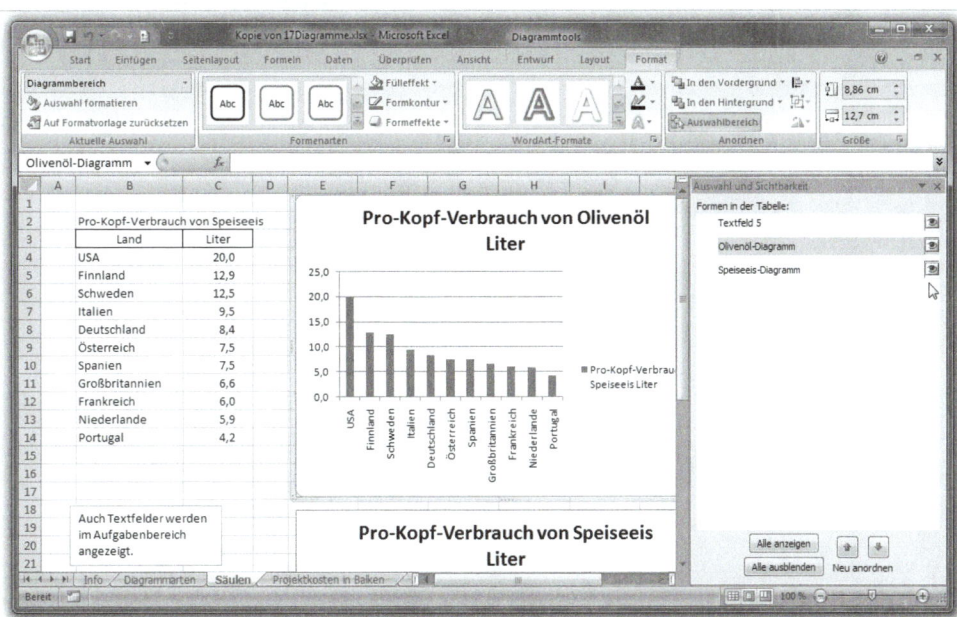

Befehle für die Bearbeitung von Diagrammobjekten finden Sie in den Gruppen *Anordnen* und *Größe*. *Auswahlbereich* zeigt den Aufgabenbereich *Auswahl und Sichtbarkeit* an, ein weiterer Mausklick blendet diesen wieder aus. Hier können Sie eingebettete Diagrammobjekte

- auswählen, um diese zu markieren,
- mit einem weiteren Klick den Namen überschreiben,
- das ausgewählte Objekt aus-/einblenden.

Sind mehrere Diagrammobjekte einer Tabelle unter Verwendung der [Strg]-Taste markiert, können Sie die Anordnung dieser Objekte zueinander über die Schaltfläche *Ausrichten* einstellen. Um die Objekte zu *Gruppieren*, verwenden Sie den gleichnamigen Befehl.

Über *WordArt-Formate* legen Sie ein Format für alle Textelemente im Diagramm fest. Für speziellere Einstellungen verwenden Sie die Befehle:

- *Textfüllung*, um die Füllfarbe, Farbe und Textur festzulegen.

Kapitel 17 Diagramme einfach und schnell erstellen

- *Textgliederung*, um die Farbe, Stärke und Linienart zu definieren.
- *Texteffekte*, um den Grafikeffekt einzustellen.

HINWEIS   Beim Konvertieren einer Arbeitsmappe in eine frühere Version bleiben die Farben erhalten, aber Schattierungen gehen verloren. Die Einstellungen für Excel 2007 bleiben erhalten, wenn das Diagramm wieder in der neuen Version geöffnet wird.

Abbildg. 17.13   Auch bei einer Mehrfachmarkierung sind spezielle Befehle und Optionen verfügbar

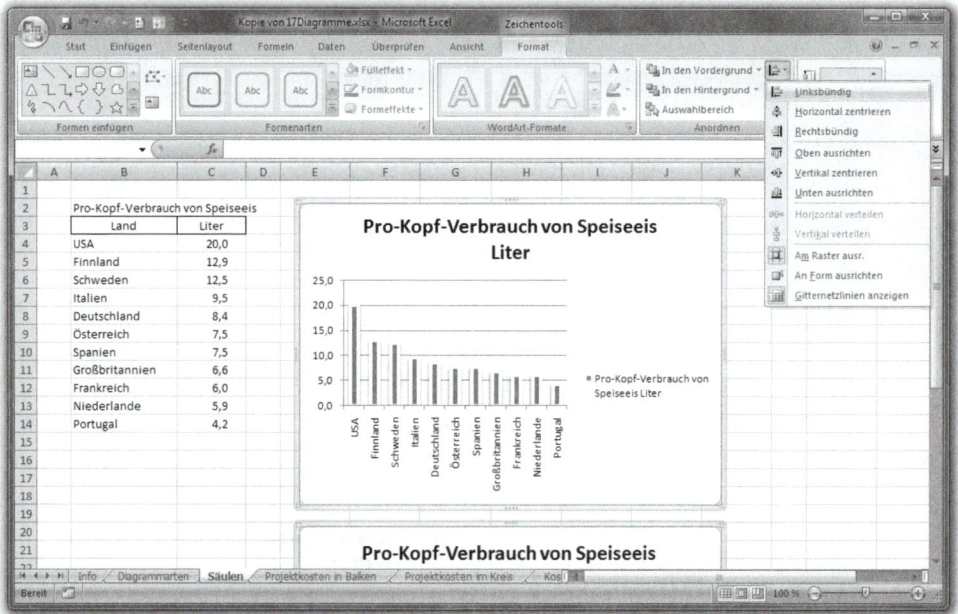

Einschätzung des Autors zu den Diagrammformatvorlagen

Sind die von Ihnen gesuchten Diagrammformatvorlagen nicht dabei, dann überlegen Sie doch, ob es nicht vielleicht doch sinnvoll ist, Microsoft bestimmte Informationen zur Verfügung zu stellen. Microsoft wertet die von Benutzern eingesandten Vorlagen aus und versucht die Wünsche umzusetzen. Wenn sich die Anwender aus Deutschland wenig an solchen Aktionen beteiligen, dann ist die Konsequenz, dass deren bevorzugte Darstellung keine Berücksichtigung findet. Die Teilnahme am Programm zur Verbesserung der Benutzerfreundlichkeit wird in USA sicherlich besser angenommen als in Deutschland, wo es deutlich mehr Vorbehalte (zugegeben, auch unter den Autoren) gegenüber der Übermittlung von Daten an Dritte gibt. Mehr zu diesem Programm erfahren Sie in Kapitel 2 und in der Hilfe unter *Teilnehmen am Programm zur Verbesserung der Benutzerfreundlichkeit*.

Diagrammtyp ändern

So leicht wie ein Diagramm erstellt werden kann, so einfach ist es auch, einen Diagrammtyp zu ändern. Sie müssen dazu nur die folgenden Schritte ausführen:

1. Aktivieren Sie das Diagramm.
2. Aktivieren Sie in der Multifunktionsleiste die Registerkarte *Entwurf*.
3. Wählen Sie in der Gruppe *Typ* den Befehl *Diagrammtyp ändern*.
4. Im Dialogfeld *Diagrammtyp ändern* wählen Sie das gewünschte Diagramm aus.
5. Schließen Sie das Dialogfeld mit *OK*.

In der Abbildung 17.14 sehen Sie, dass Excel bei gestapelten Säulen die Werte der Datentabelle in Prozentwerte umrechnet und damit einen Vergleich der Kostenstrukturen ermöglicht.

Abbildg. 17.14   Statt der Kosten werden im zweiten Diagramm die jeweiligen Anteile an Gesamt gezeichnet

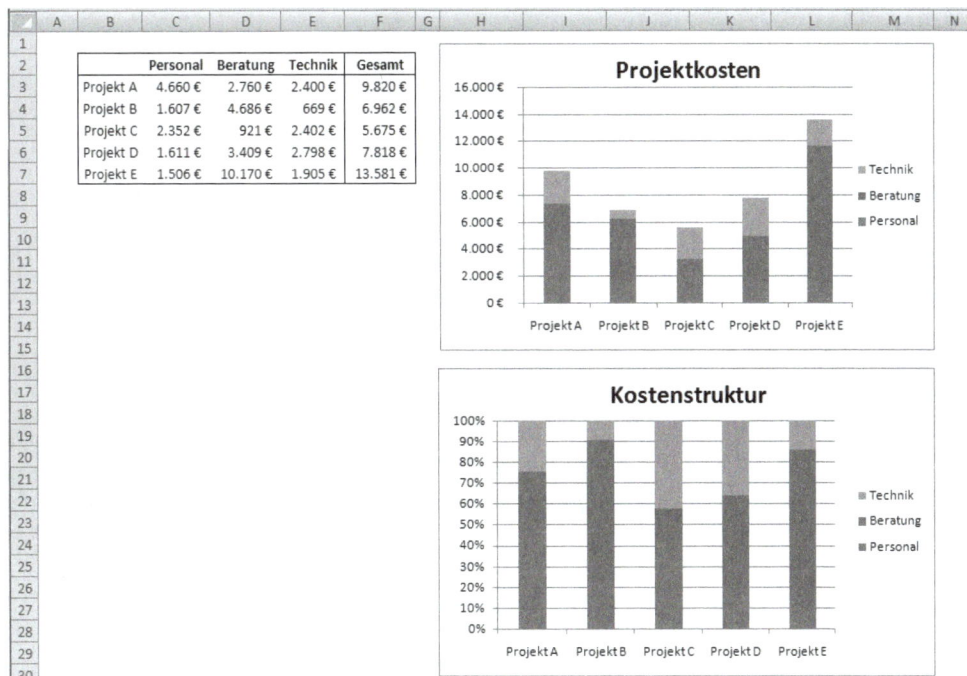

Wie Sie ein Diagrammobjekt kopieren, erfahren Sie weiter unten in diesem Kapitel im Abschnitt »Diagramm in eine andere Mappe kopieren«.

Feinarbeiten erledigen

Wenn die angebotenen Vorlagen nicht zum gewünschten Ergebnis führen, dann können Sie über zusätzliche Dialogfelder ganz gezielt Einstellungen vornehmen. Klicken Sie dazu bei aktivem Diagramm auf der Registerkarte *Layout* oder *Format* den Befehl *Auswahl formatieren* an oder klicken Sie ein beliebiges Diagrammelement mit der rechten Maustaste an und wählen Sie den letzten Befehl im Kontextmenü (*Diagrammelement formatieren*, wobei »Diagrammelement« für das aktive Diagrammobjekt steht). Für die *Y-Achse* wird das folgende Dialogfeld angezeigt.

Abbildg. 17.15   Feintuning: Im Dialogfeld *Achse formatieren* sind alle Optionen in Kategorien übersichtlich sortiert

TIPP   Immer wenn der gesuchte Befehl nicht auf den ersten Blick zu finden ist, sollten Sie auch bei den Arbeiten am Diagramm an das Kontextmenü (rechte Maustaste) denken. Klicken Sie beispielsweise in der Registerkarte *Entwurf* der Multifunktionsleiste mit der rechten Maustaste auf die *Diagrammformatvorlagen*, können Sie wählen, ob die Formatänderungen an einem Diagramm behalten wollen oder ob die Formatvorlage übernommen werden soll.

Abbildg. 17.16   Kontextmenü der Befehlsgruppe *Diagrammformatvorlagen*

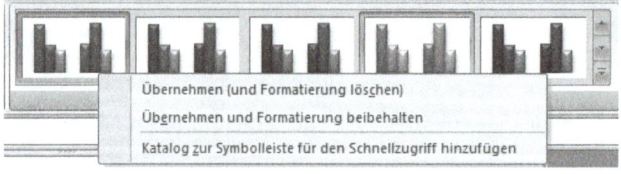

Neu und wirklich praktisch ist die Tatsache, dass Sie bei geöffnetem Dialogfeld andere Diagrammelemente auswählen können. Das Dialogfeld zeigt dann die für die neue Auswahl verfügbaren Einstellungen. Es ist also nicht erforderlich, umständlich ein Element zu markieren, Einstellungen im Dialogfeld vorzunehmen, dieses zu schließen und nach geänderter Markierung diese Aktionen erneut durchzuführen.

Leider auch neu ist die Tatsache, dass Sie in einem Diagramm nicht mehr wie in früheren Versionen mit der Taste F4 die zuletzt eingestellte Formatierung auf eine neue Auswahl übertragen können.

Sie arbeiten am Diagramm, markieren die Elemente, die nicht den Anforderungen entsprechen, und nehmen die Einstellungen vor. Aber welche Diagrammelemente gibt es überhaupt?

Die wichtigsten Objekte in einem Diagramm

Beim Bearbeiten von Diagrammen sind Sie als Anwender mit einer Vielzahl von einzelnen Elementen konfrontiert und nicht immer ist es leicht, sich in den Begriffen für diese Elemente zurechtzufinden. Doch hier gibt es eine Erleichterung: Immer, wenn Sie mit der Maus auf ein beliebiges Objekt in Ihrem Diagramm klicken, wird der Name des markierten Elements im Listenfeld *Diagrammelemente* auf den Registerkarten *Layout* und *Format* angezeigt. Wenn Sie den Mauszeiger über ein Objekt bewegen, erhalten Sie eine QuickInfo, welches Objekt Sie gerade anvisieren.

Wie viele Objekte ein Diagramm hat, hängt vom jeweiligen Typ und Untertyp, aber auch von den Optionen ab, die Sie bei und nach der Erstellung des Diagramms gewählt haben. Die Abbildung 17.17 zeigt die wichtigsten Diagrammobjekte im Überblick:

1. Diagrammtitel
2. Diagrammbereich
3. Zeichnungsfläche
4. Vertikal (Kategorie) Achse oder Größenachse
5. Horizontal (Wert) Achse oder Rubrikenachse
6. Legende
7. Gitternetzlinien
8. Boden (bei 3D-Diagrammen)
9. Datenbeschriftung
10. Datenreihen

Abbildg. 17.17 Die wichtigsten Diagrammelemente am Beispiel eines 3D-Diagramms

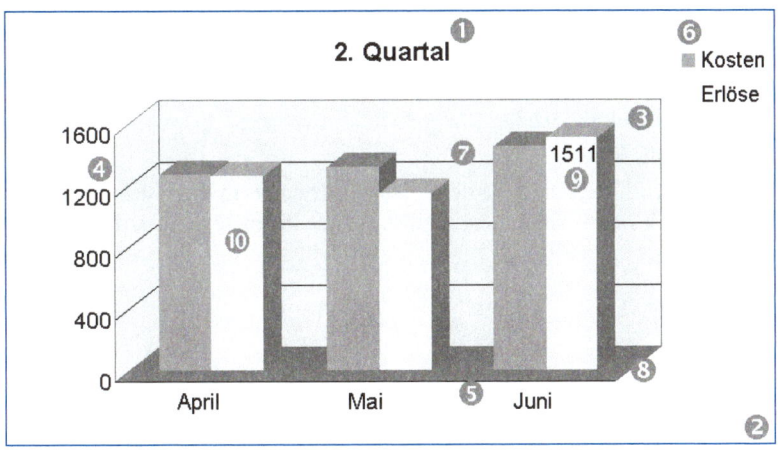

Diagrammtitel

Dies ist die Überschrift des Diagramms. Sie können ihn auf der Registerkarte *Layout* in der Gruppe *Beschriftungen* über den Befehl *Diagrammtitel* hinzufügen. Der Text für den Diagrammtitel steht in der Regel mittig am oberen Rand.

Diagrammfläche

Der Diagrammbereich gibt die in der Tabelle markierten Datenreihen grafisch wieder. Zusätzlich zu den vorhandenen Informationen können Sie weitere Texte, Werte oder Pfeile hinzufügen, um bestimmte Aussagen Ihres Diagramms hervorzuheben.

Größen- oder Y-Achse

Die Y-Achse enthält normalerweise die Größenangaben zu einem Diagramm. Der dabei angezeigte Wertebereich wird automatisch aus dem höchsten und niedrigsten Wert der markierten Daten in Ihrer Tabelle ermittelt. Wenn Sie die Achse markieren, können Sie die anzuzeigende Werteskala jedoch im Nachhinein über den Kontextbefehl *Achse formatieren* ändern. Wechseln Sie dazu in die Kategorie *Achsenoptionen* des Dialogfeldes *Achse formatieren*. Hier ergeben sich auch verschiedene Möglichkeiten zur Manipulierung, die bis zur Verfälschung der Aussagen in einem Diagramm missbraucht werden könnten.

Mit der Aktivierung des Kontrollkästchens *Werte in umgekehrter Reihenfolge* legen Sie fest, dass die Rubrikenachse nicht am unteren, sondern am oberen Rand des Diagramms angeordnet wird. Das Kontrollkästchen *Logarithmische Skalierung* benötigen Sie dann, wenn Zahlen mit sehr großen Wertunterschieden darzustellen sind. Ein Beispiel wäre die Entwicklung des Dollarkurses, der im Bereich zwischen *1* und *2* liegt, im Vergleich zu Umsätzen, die im Bereich von *1.000* bis *100.000* liegen könnten.

Nicht selten kommt es vor, dass die Werte an der Größenachse zu lang sind und daher das Diagramm in seiner Breite beschränken. Das Zahlenformat der Werte in der Größenachse ergibt sich konsequenterweise aus den markierten Daten in Ihrer Tabelle. Während in der Tabelle oft noch eine genaue Darstellung der Zahlen einschließlich der Nachkommastellen wünschenswert ist, wirkt das Anzeigen von Nachkommastellen in Diagrammen eher störend. Sie könnten nun die Daten in Ihrer Tabelle vom Zahlenformat her ändern, dies wäre aber keine sehr elegante Lösung.

Gestalten Sie stattdessen das Zahlenformat für die Größenachse neu:

1. Markieren Sie die Größenachse und klicken Sie in der Registerkarte *Layout* in der Befehlsgruppe *Aktuelle Auswahl* auf die Schaltfläche *Auswahl formatieren*.
1. Aktivieren Sie die Kategorie *Zahl*.
2. Wählen Sie dort in der Kategorie *Benutzerdefiniert* rechts in der Liste ein Format ohne Dezimalstellen aus. Nun haben Sie unterschiedliche Zahlenformate in Ihrer Datentabelle und im Diagramm.

Abbildg. 17.18 Das Kontextmenü hilft auch bei der schnellen Überarbeitung von Diagrammen

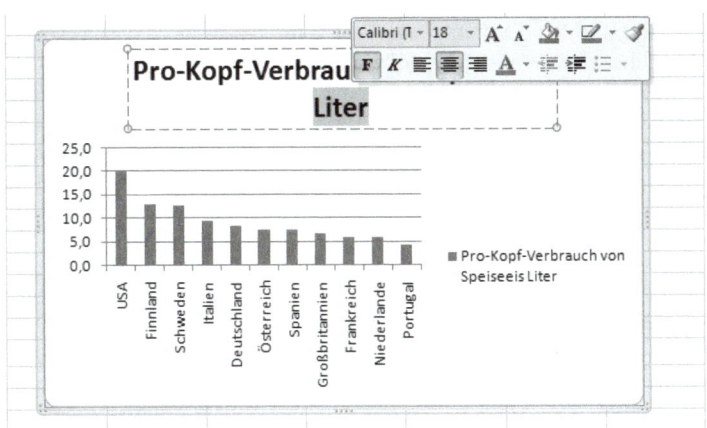

Rubriken- oder X-Achse

In der X-Achse des Diagramms finden Sie die in Ihrer Tabelle markierten Rubriken für die einzelnen Werte wieder. Bei einer Statistik über einen größeren Jahreszeitraum werden z.B. die einzelnen Jahre als Rubriken auf der X-Achse angezeigt. Manchmal – beispielsweise bei Balkendiagrammen – ist es erforderlich, die Reihenfolge der Rubriken umzukehren. Verwenden Sie dafür die folgenden Schritte:

1. Markieren Sie die X-Achse durch Anklicken oder indem Sie auf der Registerkarte *Layout* oder *Format* im Listenfeld *Diagrammelemente* den Eintrag *Horizontal (Kategorie) Achse* markieren.
2. Wählen Sie den Befehl *Auswahl formatieren*.
3. Wechseln Sie in die Kategorie *Achsenoptionen*.
4. Aktivieren Sie das Kontrollkästchen *Kategorien in umgekehrter Reihenfolge*.
5. Schließen Sie das Dialogfeld mit *OK*.

Achsentitel einfügen

Ein Achsentitel liefert Informationen zu den Daten, die auf der jeweiligen Achse abgetragen werden. In einem zweidimensionalen Diagramm finden sich zwei, in einem 3D-Diagramm drei Achsen. Die vertikale Achse ist die Y-Achse (Ordinate), die horizontale die X-Achse (Abszisse). Ein dreidimensionales Diagramm hat zusätzlich eine Z-Achse für die Darstellung der räumlichen Tiefe. Alle Achsen entspringen einem gemeinsamen Punkt (Ursprung) und stehen senkrecht aufeinander.

Enthält die Überschrift keinen Hinweis auf die Einheit der dargestellten Größen, dann wird dieser üblicherweise in der Y-Achse eingefügt. Beispiele für die Größenachse: Menge, Absatz in Stück, Gewicht in 1.000 kg.

Auf der X-Achse wird häufig die Zeit abgetragen. Die Beschriftung der X-Achse liefert dann hierfür entsprechende Informationen, auch hier mit oder ohne Einheit. Beispiele für die Rubrikenachse: Jahre, Dauer in Sekunden.

Legende

Die unterschiedlich gefärbten Elemente des Diagramms werden in der Legende namentlich aufgeschlüsselt. Wenn die Legende nicht erforderlich ist, kann sie auch ausgeblendet werden. Dies kann z.B. bei Kreis- oder Ringdiagrammen gewünscht sein, wo sich aus der Beschriftung der einzelnen Segmente eine Legende erübrigt. Die Schaltfläche zum Ein- oder Ausschalten der Legende befindet sich in der *Diagramm*-Symbolleiste Die Legende kann über den Befehl *Legende* der Registerkarte *Layout* oder frei mit der Maus auf dem Diagramm positioniert und in ihrer Größe und Form angepasst werden.

Gitternetzlinien

Sie dienen vor allem bei Diagrammen mit sehr vielen Datenreihen und großen Wertunterschieden zur besseren Orientierung. Gitternetzlinien können Sie sowohl für die Rubrikenachse als auch für die Werteachse ein- oder ausblenden. Die Anzahl der Gitternetzlinien in der Werteachse ergibt sich aus dem gewählten Intervall für die Anzeige der Werte. Dieses Intervall können Sie über das Dialogfeld *Achse formatieren* verändern (Abbildung 17.15). Aktivieren Sie dazu die Kategorie *Achsenoptionen* und aktivieren Sie in der Gruppe *Hauptintervall* die Option *Fest*, können Sie anschließend einen Wert in das Eingabefeld eintragen.

Die Farbe der Gitternetzlinien können Sie anpassen, indem Sie die Gitternetzlinien markieren und im Kontextmenü den Befehl *Gitternetzlinien formatieren* aufrufen.

Abbildg. 17.19 Auch für Gitternetzlinien gibt es zahlreiche Formatoptionen, die schnell über das Kontextmenü verfügbar sind

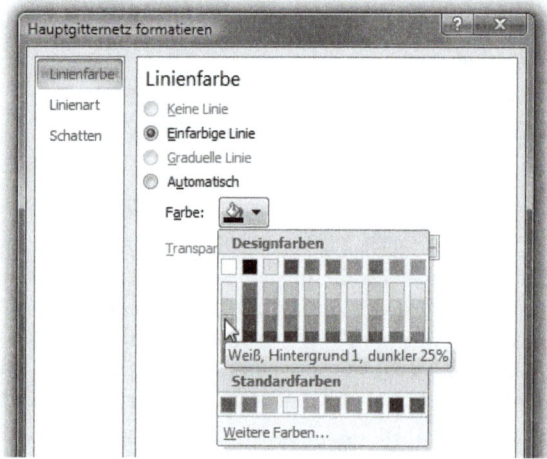

Datenbeschriftung

Zwar soll ein Diagramm bereits durch sein Aussehen eine klare Aussage über das dahinter stehende Datenmaterial liefern. So muss ein Diagramm z.B. deutlich darstellen, ob eine Entwicklung aufwärts oder abwärts verläuft. Neben diesem Haupteindruck ist es jedoch oft von Vorteil, einzelne Datenreihen oder Datenpunkte mit der Information über den damit verbundenen Wert anzuzeigen. Zu diesem Zweck können Sie Datenreihen oder Datenpunkten *Datenbeschriftungen* zuweisen. Für den Fall, dass sich in der Tabelle die

Werte ändern, erfolgt automatisch eine Anpassung im Diagramm. Daraus erklärt sich auch, dass es sinnvoller ist, Datenbeschriftungen durch Excel vornehmen zu lassen, anstatt die Zahl mittels eines statischen Textfelds selbst einzugeben. Datenbeschriftungen können Sie entweder für eine markierte Datenreihe oder einen einzelnen Datenpunkt über die Registerkarte *Layout* anzeigen, indem Sie dort in der Gruppe *Beschriftungen* den Befehl *Datenbeschriftungen* wählen.

Größenänderung an Diagrammobjekten vornehmen

Zu den Objekten, die in der Größe geändert werden können, gehören alle Texte und Zahlen der Achsen sowie Legende, Diagrammtitel und von Ihnen selbst eingesetzte Textfelder oder AutoFormen sowie die Zeichnungsfläche.

Abbildg. 17.20 Die Größe und die Position des Diagrammobjekts werden mit der Maus angepasst

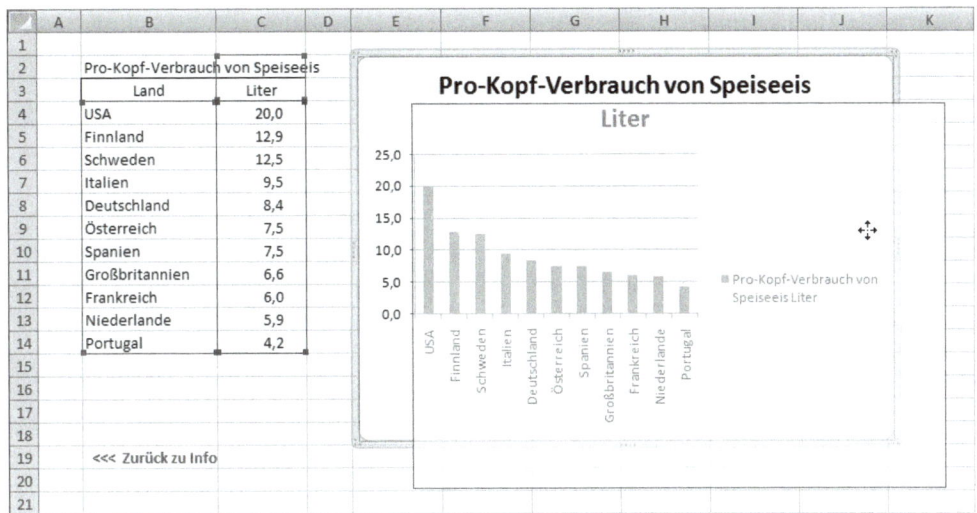

Um Text zu bewegen, zeigen Sie mit der Maus auf den Markierungsrahmen (die Maus hat die Form eines Fadenkreuzes) und ziehen mit gedrückter linker Maustaste den Text an die gewünschte Position. Ziehen Sie an den Ziehpunkten, so vergrößern oder verkleinern Sie die Textform, aber nicht den eigentlichen Text. Klicken Sie in das Textfeld, können Sie nur den Text markieren, aber nicht das Textfeld bewegen.

Eingebettete Diagramme ausrichten

Wenn Sie ein Diagramm in einer Tabelle platziert haben, wollen Sie dieses vielleicht an bestimmten Zellen ausrichten. Dabei können Sie unter Zuhilfenahme der Alt-Taste oder der ⇧-Taste exakte Ergebnisse erreichen. Wenn Sie bei der Änderung der Größe eines Diagramms (also dem Ziehen an den schwarzen Ziehpunkten bei aktiviertem Diagramm) die Alt-Taste gedrückt halten, wird das Diagramm exakt an den darunter liegenden Zellen ausgerichtet. Mit der ⇧-Taste können Sie bei

Kapitel 17 Diagramme einfach und schnell erstellen

der Größenänderung das Seitenverhältnis erhalten, d.h., Breite und Höhe des Diagramms werden im gleichen Verhältnis geändert.

Soll das Diagramm entlang der horizontalen oder vertikalen Ausrichtung verschoben werden, markieren Sie das Diagramm so, dass die Ziehpunkte sichtbar sind. Halten Sie dann die ⇧-Taste gedrückt und ziehen Sie das Diagramm mit der Maus in die vorgesehene Richtung. Das Diagramm lässt sich dann nur entlang der zuerst gewählten Achse verschieben.

Größe der *Zeichnungsfläche* ändern

Um die Zeichnungsfläche zu markieren, wählen Sie am einfachsten den entsprechenden Eintrag im Listenfeld *Diagrammelemente* aus. Klicken Sie in die Zeichnungsfläche und halten Sie die Maustaste gedrückt, können Sie die Zeichnungsfläche in alle vier Richtungen bewegen. Begrenzt sind Sie dabei nur durch den Rahmen der Diagrammfläche selbst. Im Normalfall sollten Sie versuchen, die Zeichnungsfläche etwa mittig innerhalb Ihres Diagramms anzuordnen. Wenn Sie an einem der Ziehpunkte die Maus ansetzen, können Sie mit gedrückter linker Maustaste den Rahmen vergrößern bzw. verkleinern.

Ein Balkendiagramm anlegen

Im folgenden Beispiel sollen die Kosten verschiedener Projekte in einem Balkendiagramm verglichen werden. Gehen Sie dazu wie folgt vor:

1. Markieren Sie den Bereich *B2:C7* (sonst wird auch die Gesamtsumme als Datenreihe gezeichnet, alternativ können Sie den Datenbereich nach Erstellung des Diagramms anpassen).
2. Auf der Registerkarte *Einfügen* der Multifunktionsleiste wählen Sie in der Gruppe *Diagramme* die Befehlsfolge *Balken/Balkendiagramm*.

Abbildg. 17.21   Das Standardbalkendiagramm ist mit wenigen Mausklicks erstellt

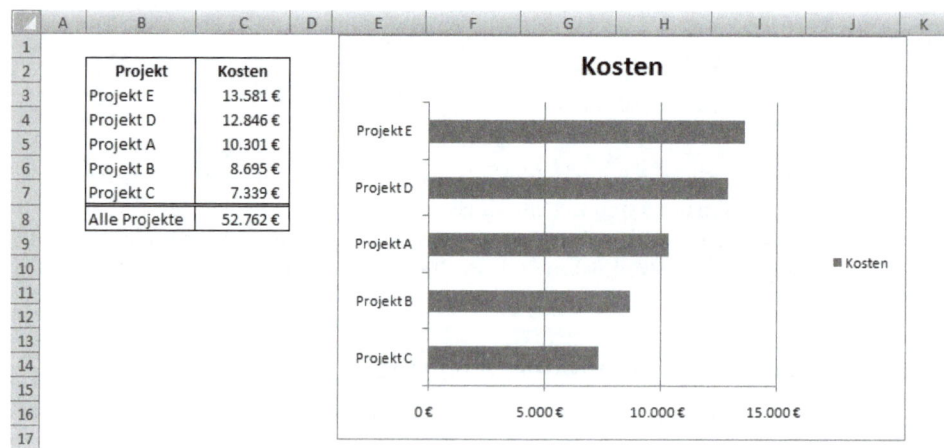

Das Diagramm wird nun wie folgt angepasst:
1. Ändern Sie zunächst das Diagrammlayout auf *Layout 2*. Damit wird z.B. die Datenbeschriftung angezeigt.

2. Um die Anzeige der Datenreihe absteigend zu sortieren, markieren Sie die Y-Achse und wählen im Kontextmenü den Befehl *Achse formatieren*.
3. Wechseln Sie in die Kategorie *Achsenoptionen* und aktivieren Sie das Kontrollkästchen *Kategorien in umgekehrter Reihenfolge*. Die Livevorschau zeigt sofort das aktualisierte Diagramm.
4. Das Dialogfeld zum Formatieren lassen Sie geöffnet und markieren die Datenreihe.
5. Das Dialogfeld ändert die Beschriftung in *Datenreihen formatieren* und passt die verfügbaren Einstellungen an. Wechseln Sie in die Kategorie *Füllung* und aktivieren Sie das Kontrollkästchen *Punktfarbunterscheidung*.
6. Schließen Sie nun das Dialogfeld.

Abbildg. 17.22   Die Datenreihe ist nun absteigend sortiert und *Punktfarbunterscheidung* verdeutlicht die Zuordnung

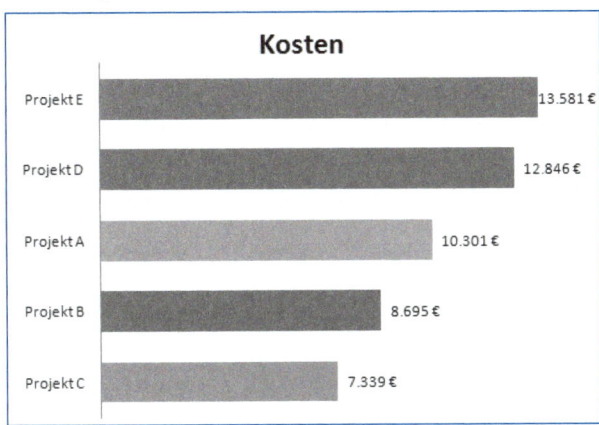

Ein Diagramm ausdrucken

Wollen Sie ein Diagramm zu Papier bringen, dann müssen Sie zunächst entscheiden,

- ob das Diagramm zusammen mit den Daten oder
- separat gedruckt werden soll.

Wenn eine Zelle aktiv ist und Sie wählen einen Druckbefehl, dann wird üblicherweise das Tabellenblatt und die darauf gezeichneten Diagramme gedruckt. Sie können allerdings für Diagrammobjekte einstellen, dass diese nicht mit der Tabelle gedruckt werden. Gehen Sie dazu wie folgt vor:

1. Aktivieren Sie das Diagramm.
2. Wechseln Sie in der Multifunktionsleiste zur Registerkarte *Format*.
3. Wählen Sie das Startprogramm für Dialogfelder in der Gruppe *Größe*.
4. Aktivieren Sie im Dialogfeld *Größe und Eigenschaften* die Registerkarte *Eigenschaften*.
5. Deaktivieren Sie das Kontrollkästchen *Objekt drucken*.

Damit wird das Diagrammobjekt nicht mehr mit der Tabelle gedruckt, Sie können es aber weiterhin drucken, wenn Sie es zuvor aktivieren.

Ist ein Diagramm aktiv, dann führt der Befehl *Office-Menü/Drucken/Seitenansicht* zur Anzeige dieses Diagramms in der Seitenansicht und ein entsprechendes Druckkommando druckt ausschließlich dieses Diagramm.

Ein Kreisdiagramm erstellen

Das Erstellen eines Diagramms ist über die Auswahl der Befehle auf der Registerkarte *Einfügen* bzw. im Dialogfeld *Diagramm einfügen* schnell erledigt. Erstellen Sie ein Kreisdiagramm und weisen Sie diesem das erste Diagrammlayout zu. Damit werden folgende Änderungen am Diagramm durchgeführt:

- eine Beschriftung wird angezeigt
- der Anteil der einzelnen Segmente wird in Prozent angezeigt
- die Legende wird entfernt

Abbildg. 17.23   Das Kreisdiagramm zeigt im Überblick die Anteile verschiedener Projekte an den Gesamtkosten

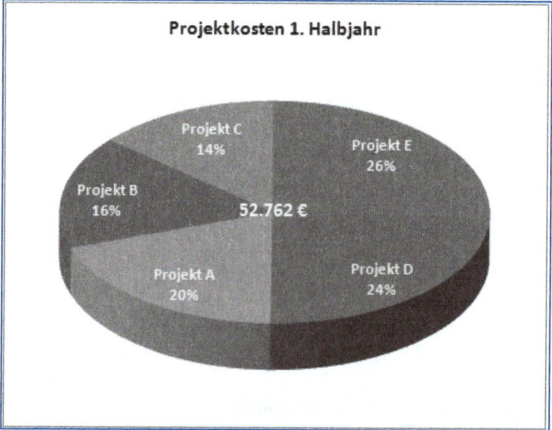

Tipps für eine bessere Übersicht in Kreisen und Ringen

Hier ein paar Tipps, die Sie bei der Verwendung von Kreis- und Ringdiagrammen beachten sollten:

- Bei mehr als sechs Segmenten geht die Übersichtlichkeit verloren. Sie sollten dann erwägen, einen der beiden Untertypen *Kreis aus Kreis* bzw. *Balken aus Kreis* einzusetzen.
- Versehen Sie die Segmente mit Zahlen und Beschriftungen. Damit sparen Sie den Platz für das Anzeigen einer Legende. Außerdem haben Sie zu jedem Segment alle Informationen auf einen Blick.
- Ganz wichtig: Möchten Sie ein einzelnes Segment separat markieren, so klicken Sie es nacheinander zweimal an (**kein** Doppelklick!). Beim ersten Klick werden alle Segmente markiert, beim zweiten wird das gewünschte Segment aus der Gruppe herausgelöst. Diese Markierungsmethode gilt auch für alle anderen Diagramme. Einem einzelnen Segment (Datenpunkt) können Sie individuell Farben, Linien und Beschriftungen zuweisen.

- Soll ein Segment besonders hervorgehoben werden, besteht die Möglichkeit, es aus dem Kreis herauszuziehen. Markieren Sie zunächst das gewünschte Segment nach der im vorhergehenden Tipp erläuterten Methode. Ziehen Sie es dazu mit gedrückter linker Maustaste um wenige Millimeter aus dem Kreis heraus.
- Eine andere Möglichkeit, ein Segment hervorzuheben, besteht darin, dieses an die obere Position im Kreis zu rücken.

Um die Position des ersten Segments festzulegen, gehen Sie wie folgt vor:

1. Markieren Sie dazu ein Segment oder alle Segmente.
2. Aktivieren Sie in der Multifunktionsleiste die Registerkarte *Diagrammtools/Layout*.
3. Wählen Sie in der Gruppe *Aktuelle Auswahl* den Befehl *Auswahl formatieren*.
4. Im Dialogfeld *Datenpunkt formatieren* stellen Sie den *Winkel des ersten Segments* über den zugehörigen Schieberegler oder durch Eingabe des Zahlenwerts ein.
5. Um ein Kreissegment zusätzlich freizustellen, ziehen Sie den Schieberegler *Punktexplosion* in Richtung *Getrennt*. Dadurch wird das Segment weiter von den übrigen Elementen entfernt.

Abbildg. 17.24 Kreissegmente werden über Schieberegler positioniert

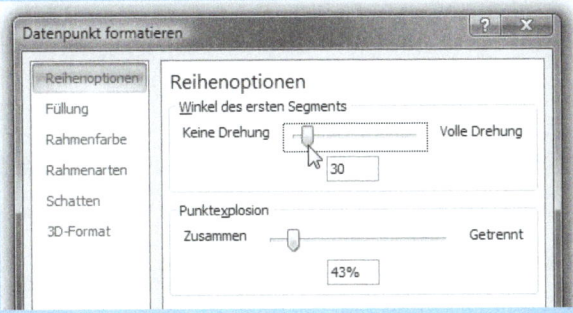

Informationen aus Tabellen in das Diagramm übernehmen

Häufig sollen als Kommentierung einzelner Datenpunkte noch zusätzliche Informationen in ein Diagramm übernommen werden, die in irgendeiner Zelle Ihrer Datentabelle stehen. Sie können diese Zelle jedoch bei der Markierung der Diagrammdaten selbst nicht mit einbeziehen.

Beispiele dafür wären ein Datum bzw. der Durchschnitt, Höchst- oder Tiefstwert einer Datenreihe oder die Gesamtkosten wie in Abbildung 17.23. Eine mögliche Lösung wäre, diese Informationen als feste Werte in ein Textfeld hineinzuschreiben. Bei einer Änderung der Daten würde dann zwar das Diagramm, nicht aber der Wert im Textfeld angepasst.

Sinnvoller ist es, solche Informationen dynamisch mit dem Diagramm zu verknüpfen. Gehen Sie dazu folgendermaßen vor:

1. Markieren Sie das Diagramm.
2. Aktivieren Sie in der Multifunktionsleiste die Registerkarte *Diagrammtools/Layout* und wählen Sie in der Gruppe *Einfügen* den Befehl *Textfeld*.
3. Geben Sie in der Bearbeitungsleiste ein Gleichheitszeichen »=«ein.

4. Klicken Sie dann mit der Maus auf die Zelle in Ihrer Tabelle, welche die gewünschte Zahl oder den Text enthält. Nun überträgt Excel den Namen des Arbeitsblatts und die gewählte Zelladresse in die Bearbeitungsleiste.
5. Schließen Sie mit der ⏎-Taste ab.

Als Ergebnis erhalten Sie etwa in der Mitte Ihres Diagramms ein frei platzierbares Textfeld, das Sie nun an die gewünschte Position ziehen können.

Daten in ein Liniendiagramm zeichnen

In der nachfolgenden Aufgabe soll es darum gehen, die Umsatzentwicklung bei Produkten aufzuzeigen. Dabei sollen drei Auswertungsmöglichkeiten optisch verdeutlicht werden:

- Eine Aussage über die Entwicklung des Umsatzes bei jedem einzelnen Produkt (insgesamt sinkend, steigend, stagnierend oder wechselhaft?);
- ein Vergleich der Umsatzkurven zueinander (erfolgen beispielsweise Steigerungen zeitgleich oder zeitlich versetzt oder völlig unabhängig voneinander?);
- eine Gegenüberstellung der Umsatzvolumina (welches Produkt bringt den meisten, welches den geringsten Umsatz?).

Alle Daten sollen zunächst in einem Liniendiagramm dargestellt werden.

Abbildg. 17.25 Zeitreihe für die Darstellung in verschiedenen Diagrammen

	A	B	C	D	E	F	G	H	I	J	K	L	M	N	O
1															
2			Jan	Feb	Mrz	Apr	Mai	Jun	Jul	Aug	Sep	Okt	Nov	Dez	
3		Produkt 1	181	267	148	133	204	254	207	194	185	175	172	191	
4		Produkt 2	393	416	389	411	446	437	455	466	477	378	322	311	
5		Produkt 3	218	220	267	277	283	310	300	346	412	410	418	477	
6		Produkt 4	146	92	55	127	136	166	155	99	168	138	158	234	
7															

Die eigentliche Diagrammerstellung ist auch hier wieder mit wenigen Schritten erledigt. Allerdings sollen im Liniendiagramm zusätzlich einige Änderungen vorgenommen werden:

- die Linien sollen nicht kantig, sondern geglättet sein
- für bestimmte Datenpunkte soll ein Symbol angezeigt werden
- gleichzeitig soll der Wert eines Datenpunktes angezeigt werden

Das gewünschte Diagramm sehen Sie in der Abbildung 17.26.

Abbildg. 17.26 Das Diagramm zeigt geglättete Linien und einige Datenpunkte sind besonders hervorgehoben

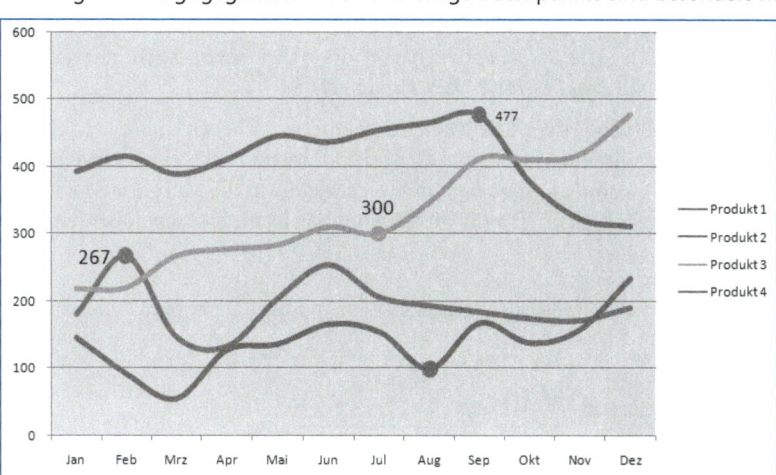

Datenlinien glätten

Für die Linien eines Liniendiagramms gibt es eine ganze Reihe von Einstellungen, mit denen Sie die Darstellung verbessern können. Die meisten Firmen haben genaue Vorstellung davon, wie Geschäftsgrafiken aussehen sollen. Dabei sollen Linien häufig geglättet werden. Bei markierter Datenreihe wählen Sie dazu den Befehl *Auswahl formatieren* und aktivieren das Kontrollkästchen *Linie glätten*. Die Linienbreite wird ebenfalls in diesem Dialogfeld eingestellt.

Abbildg. 17.27 Auch Breite und Strichtyp werden hier eingestellt

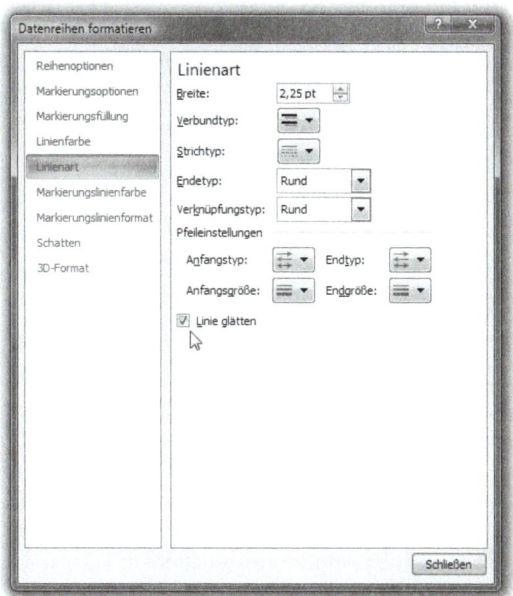

Kapitel 17 Diagramme einfach und schnell erstellen

Wollen Sie in einem Verbunddiagramm eine Datenreihe auf der Sekundärachse darstellen, dann finden Sie die Einstellung dazu ebenfalls im Dialogfeld *Datenreihen formatieren* (vgl. Abbildung 17.27). Wechseln Sie in die Kategorie *Reihenoptionen,* um die Achse einzustellen, auf welcher die Daten gezeichnet werden sollen (*Primärachse* bzw. *Sekundärachse*).

Um einzelne oder auch alle Datenpunkte einer Reihe hervorzuheben, markieren Sie die Reihe mit einem Mausklick oder mit einem weiteren Klick (kein Doppelklick) einen einzelnen Datenpunkt. Wählen Sie den Befehl *Auswahl formatieren* und wechseln Sie in die Kategorie *Markierungsoptionen*. Hier wählen Sie den gewünschten *Typ* für die Datenreihe aus und stellen außerdem die *Größe* über ein Drehfeld ein.

Abbildg. 17.28 Sie können den Typ und die Größe des Symbols wählen, mit dem Datenpunkte hervorgehoben werden

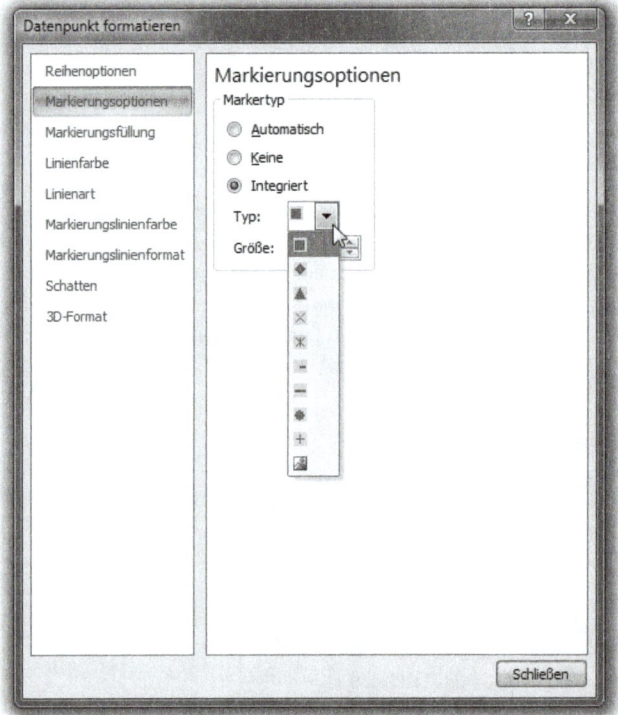

Ist ein einzelner Datenpunkt markiert, können Sie für diesen auch gleich eine Beschriftung anzeigen lassen. Wählen Sie dazu über die Multifunktionsleiste auf der Registerkarte *Layout* den Befehl *Datenbeschriftungen*. Sollte es dabei vorkommen, dass die Beschriftung von einer anderen Linie überlagert und damit schlecht lesbar wird, dann markieren Sie die Datenbeschriftung und den Befehl *Auswahl formatieren*. Im Dialogfeld *Datenbeschriftungen formatieren* legen Sie alle Einstellungen zu Form, Farbe und Gestaltung für die Beschriftung fest. An welcher Position die Anzeige erfolgen soll, wird über die Optionsgruppe *Beschriftungsposition* eingestellt.

Abbildg. 17.29 Den Inhalt und die Position einer Datenpunktbeschriftung einstellen

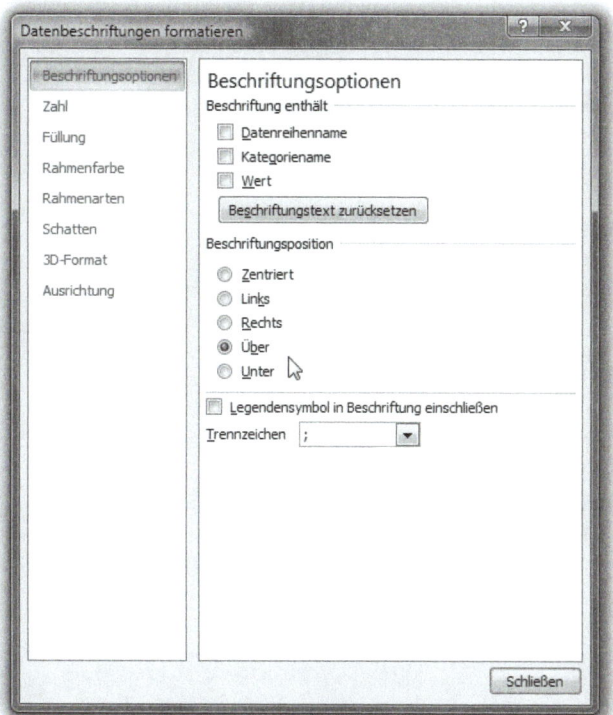

Problemfall überlagernde Linien

Problematisch werden Liniendiagramme dann, wenn die darzustellenden Werte in ihrer Größe ähnlich sind, dadurch mehrere Linien nahe beieinander liegen und infolge dessen eine Unterscheidung schwer möglich ist. Manchmal verliert man schon bei vier Linien die Übersicht.

Bei anderen Liniendiagrammen hingegen können Sie sieben oder acht Linien einzeichnen, wenn nur genügend Abstände dazwischen sind.

Doch was ist zu tun, wenn die Linien wegen ähnlicher Werte nahe beieinander liegen? Hier schafft eine angepasste Skalierung der Größenachse Abhilfe und zwar so:

1. Markieren Sie die Größenachse.
2. Rufen Sie über den Befehl *Auswahl formatieren* das Dialogfeld *Achse formatieren* auf.
3. Wechseln Sie in die Kategorie *Achsenoptionen*.
4. Aktivieren Sie die Option *Fest* und geben Sie im Eingabefeld *Minimum* eine Zahl knapp unter dem Minimalwert ein.
5. Aktivieren Sie die Option *Fest* und tragen Sie bei *Maximum* eine Zahl knapp über dem Maximalwert ein.
6. Sorgen Sie abschließend für weniger Gitternetzlinien, indem Sie die Option *Fest* aktivieren und den Wert im Feld *Hauptintervall* erhöhen.
7. Schließen Sie das Dialogfeld.

HINWEIS Hiermit haben Sie auch schon eine Manipulierungsmöglichkeit für Diagramme kennen gelernt. Sie können also aus kleinen Unterschieden mit ein paar Handgriffen scheinbar große Abstände bewirken. Achten Sie beim Betrachten von Diagrammen in Zeitungen oder Zeitschriften einmal darauf, ob Sie sich von dem Verlauf der Linien bzw. von der Größe der Balken und Säulen beeindrucken lassen oder ob Sie auch noch prüfen, wo denn eigentlich die Größenachse beginnt.

Diagramm verschieben

Standardmäßig erstellt Excel ein Diagramm in der Tabelle, in welcher auch die Daten eingetragen sind. Wollen Sie das Diagramm auf ein anderes Tabellenblatt verschieben oder als eigenständiges Diagrammblatt verfügbar machen, dann wählen Sie in der Multifunktionsleiste auf der Registerkarte *Entwurf* den Befehl *Diagramm verschieben*. Wählen Sie die gewünschte Option aus und tragen Sie im Dialogfeld *Diagramm verschieben* den Namen für das Diagrammblatt ein oder wählen Sie ein bestehendes Tabellenblatt als Ziel für den Vorgang.

TIPP Wenn Sie das Diagramm auf einem eigenen Blatt anzeigen lassen, dann müssen Sie das Diagramm aktivieren, bevor die kontextbezogenen Registerkarten *Entwurf, Layout* und *Format* angezeigt werden.

Abbildg. 17.30 Vergeben Sie hier den Namen für das Diagrammblatt oder wählen Sie das Arbeitsblatt für das Diagrammobjekt

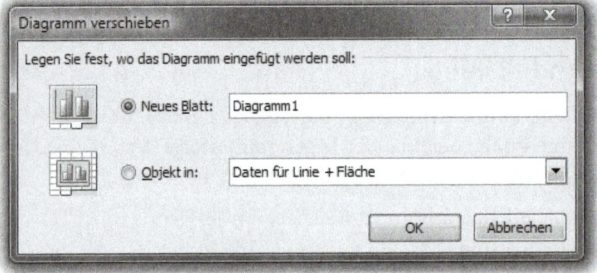

WICHTIG Verschieben Sie ein ganzes Tabellenblatt, auf dem ein Diagrammobjekt platziert ist, in eine andere Mappe, dann sollten Sie sich zuvor überzeugen, dass in der Zielmappe **kein** Arbeitsblatt mit dem gleichen Namen enthalten ist. Kopieren Sie ein Blatt, das mit dem gleichen Namen bereits in der Zielmappe besteht, dann wird das neue Blatt dort mit einer laufenden Nummer aufgenommen (aus *Tabelle1* wird beispielsweise *Tabelle1 (2)*). Auf Grund eines Bugs in der aktuellen Excel-Version bleibt allerdings der Bezug des Diagramms unverändert und zeigt damit auf einen Bereich in der Zielmappe (*Tabelle1*). Es kann also auch vorkommen, dass ein leeres Diagramm angezeigt wird.

Daten im Flächendiagramm zeigen

Die Daten aus Abbildung 17.25 sollen nun ein einem Flächendiagramm gezeichnet werden. Bei Flächendiagrammen ist die Reihenfolge der Darstellung für die Datenreihen wichtig. In Abbildung 17.31 können Sie feststellen, dass das hintere Produkt völlig verdeckt ist. Damit sehen Sie auch schon einen Nachteil von Flächendiagrammen: die Daten müssen stets erst so angeordnet werden, dass anschließend im Diagramm auch alle Reihen sichtbar abgebildet werden.

Abbildg. 17.31 Ein Flächendiagramm ist eine spezielle Form eines Liniendiagramms: Die Flächen unter den Linien sind dabei hervorgehoben

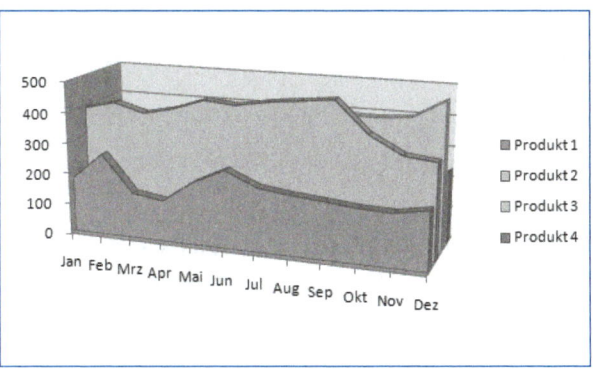

Anordnung der Datenreihen im Flächendiagram ändern

Für das Beispiel würde eine Anordnung der Produkte in der Reihenfolge *4; 1; 3; 2* zu einem akzeptablen Ergebnis führen (siehe Abbildung 17.33). Mit den folgenden Schritten ändern Sie die Reihenfolge der Datenreihen:

1. Klicken Sie eine beliebige Datenreihe mit der Maus an oder wählen Sie eine solche im Listenfeld *Diagrammelemente* aus.
2. Wechseln Sie in der Multifunktionsleiste zur Registerkarte *Entwurf*.
3. Wählen Sie den Befehl *Daten auswählen*.
4. Das Dialogfeld *Datenquelle auswählen* wird geöffnet.
5. Markieren Sie die Datenreihe für *Produkt 4* und wählen Sie die Schaltfläche *Nach oben*.
6. Führen Sie mehrere Mausklicks aus, bis die gewünschte Position erreicht ist. Mit jedem Klick wird die markierte Datenreihe um eine Position nach oben gestellt.
7. Führen Sie diese Aktion für alle Datenreihen aus, bis die gewünschte Anordnung erreicht ist.
8. Schließen Sie das Dialogfeld mit *OK*.

Kapitel 17 Diagramme einfach und schnell erstellen

Abbildg. 17.32 Dialogfeld zum Auswählen des Datenbereichs und Anordnen der Datenreihen

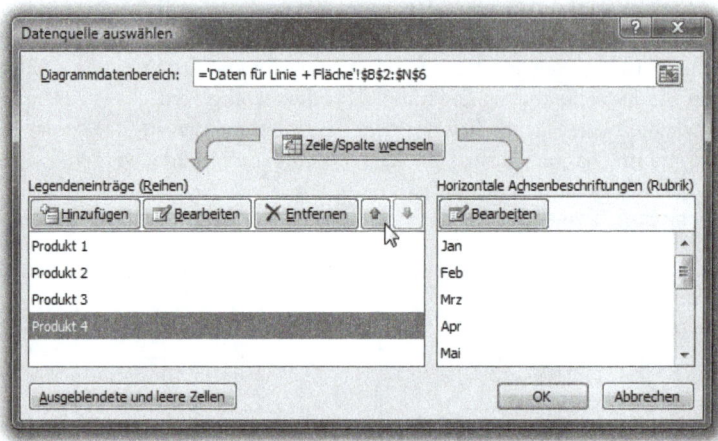

Wenn Sie das Eingabefeld *Diagrammdatenbereich* aktivieren, werden die Daten in der Tabelle markiert. Klicken Sie eine Datenreihe im Listenfeld *Legendeneinträge (Reihen)* an, wird dagegen das Diagramm aktiviert. Das ist eine wichtige Eigenschaft, wenn Sie das Diagramm als separates Blatt erstellt haben. Die Markierung der Daten wäre für die Anordnung der Datenreihen wenig hilfreich.

Die Abbildung 17.32 zeigt auch, dass es ganz einfach ist, die Anordnung von Spalten und Zeilen zu tauschen. Ein Mausklick auf die Schaltfläche *Zeile/Spalte wechseln* genügt.

Abbildg. 17.33 Alle Datenreihen sind im Flächendiagramm sichtbar

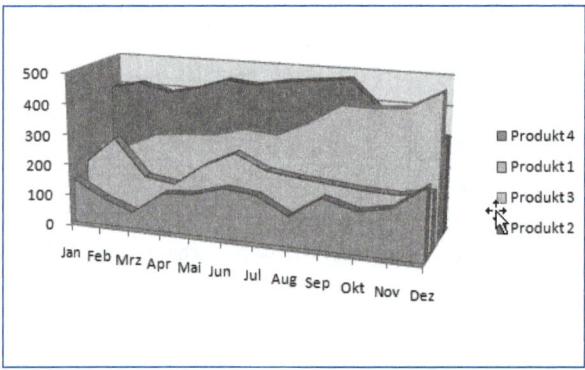

Nicht immer werden Sie über diesen Weg erfolgreich sein, wie dies beispielsweise in Abbildung 17.33 gelungen ist. Mitunter werden Sie nicht umhin kommen, zu einem anderen Diagrammtyp zu greifen oder in dem Flächendiagramm weniger bzw. nur ausgewählte Daten darzustellen. Kommen neue Daten hinzu, müssen Sie die Reihenfolge prüfen und bei Bedarf diese Schritte erneut ausführen.

Ein Blasendiagramm einfügen

Die beiden Beispiele finden Sie im Arbeitsblatt *Fläche* auf der CD-ROM zum Buch im Ordner *\Buch\Kap17* in der Arbeitsmappe *Kap17_Diagramme.xlsx*.

Ein Blasendiagramm einfügen

Um einen Datenpunkt in einem Blasendiagramm zu zeichnen, werden drei Werte benötigt, neben den üblichen Werten für die X-Achse und Y-Achse ein weiterer für die Größe der Blase. Damit die Umsetzung der Werte im Diagramm wie gewünscht erfolgt, muss in den meisten Fällen nachgearbeitet werden.

Abbildg. 17.34   Die Daten und das fertige Blasendiagramm

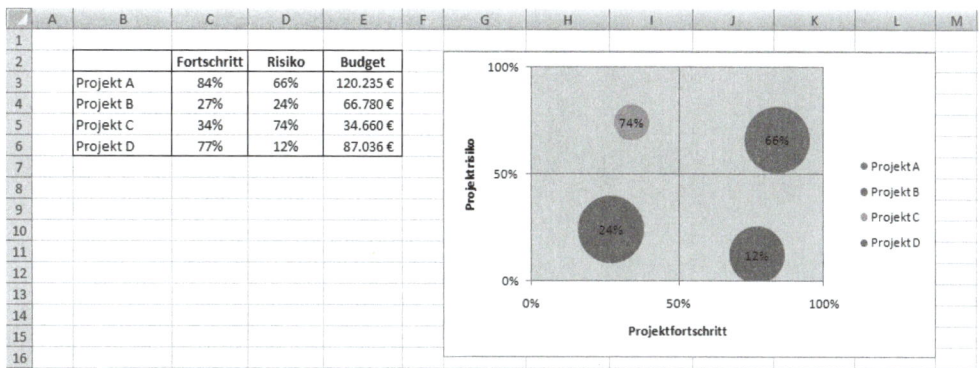

Auch hier erstellen Sie über die Registerkarte *Einfügen* zunächst ein Rohdiagramm, das anschließend überarbeitet wird. Sie finden Blasendiagramme über die Schaltfläche *Andere Diagramme*.

Um die Zuordnung der Daten zu den einzelnen Datenpunkten zu überarbeiten, gehen Sie wie folgt vor:

1. Wählen Sie über die Multifunktionsleiste auf der Registerkarte *Entwurf* den Befehl *Datenquelle auswählen*.

Abbildg. 17.35   Wechseln Sie mit der ⇥-Taste zwischen den Eingabefeldern

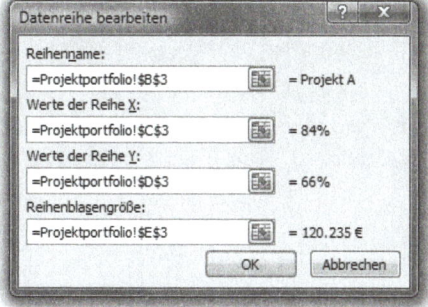

2. Im Dialogfeld *Datenquelle bearbeiten* markieren Sie die erste Datenreihe und klicken auf die Schaltfläche *Bearbeiten*.
3. Legen Sie die Bezüge wie in Abbildung 17.35 fest.

Haben Sie diese Schritte für alle Datenreihen durchgeführt, sollte das Dialogfeld *Datenquelle auswählen* der Abbildung 17.36 entsprechen.

Abbildg. 17.36 Über die Schaltfläche *Bearbeiten* kann die markierte Reihe bearbeitet werden

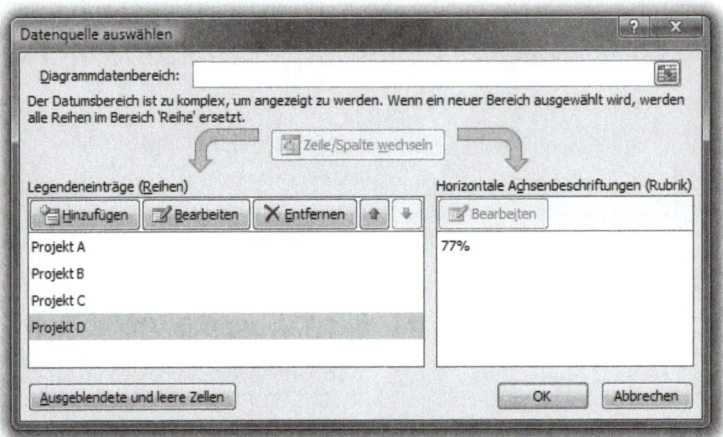

Die Y-Achse im Blasendiagramm zeigt eher selten allzu viele Beschriftungen an. Ändern Sie die Achsenoptionen wie folgt:

1. Markieren Sie die Y-Achse, aktivieren Sie die Option *Fest* und stellen Sie für *Minimum* den Wert 0 ein.
2. Aktivieren Sie die Option *Fest* und stellen Sie für *Maximum* den Wert 1 ein.
3. Aktivieren Sie die Option *Fest* und stellen Sie für *Hauptintervall* den Wert 0,5 ein.
4. Markieren Sie die X-Achse, aktivieren Sie die Option *Fest* und stellen Sie für *Hauptintervall* den Wert 0,5 ein.

Die Anzeige der Gitternetzlinien nehmen Sie über die Registerkarte *Layout* der Multifunktionsleiste vor. Wählen Sie die Befehlsfolge *Gitternetzlinien/Primäre horizontale Gitternetzlinien/Hauptgitternetze* und zeigen Sie auch die entsprechenden vertikalen Gitternetzlinien an. Ebenfalls auf dieser Registerkarte blenden Sie die Datenbeschriftungen ein. Für die Darstellung wie in Abbildung 17.34 wählen Sie die Option *Zentriert*.

Die Achsenbeschriftung zeigt der Befehl *Achsentitel/Gedrehter Titel* an. Klicken Sie anschließend in die Textfelder, um den Text zu überarbeiten.

Assessment Center-Ergebnisse im Netzdiagramm abbilden

Soll-Ist-Vergleiche kommen in vielen Unternehmens- und Alltagsbereichen vor. Ein typisches Beispiel aus dem Personalbereich ist eine Potenzialanalyse, bei der die Qualitäten von Bewerbern für eine bestimmte Position an verschiedenen Kriterien gemessen und anschließend verglichen werden. Solchen Analysen gehen Tests der Bewerber voraus, und bekannt geworden ist das Ganze unter dem Begriff Assessment Center.

Abbildg. 17.37 Die Ergebnisse des Assessment Centers sollen in einem Diagramm dargestellt werden, um den Vergleich der drei Kandidaten zu erleichtern

	A	B	C	D	E	F
1						
2		Ergebnisse Assessment Center				
3			Kandidat 1	Kandidat 2	Kandidat 3	
4		Aufnahmebereitschaft	15	10	15	
5		Belastbarkeit unter Stress	7	9	12	
6		Konzentrationsfähigkeit	17	11	14	
7		Entscheidungsfähigkeit	8	12	13	
8		Risikobereitschaft	4	9	12	
9		Teamfähigkeit & soziales Verhalten	13	16	8	
10		Verhandlungsgeschick	17	9	9	
11		Organisations- & Planungstalent	12	17	7	
12		Kontaktfähigkeit	14	16	13	
13		Überzeugungskraft	16	14	15	
14						

Für Personalentscheidungen muss das »Gesamtbild« jedes Kandidaten betrachtet werden. Geht es beispielsweise um die Vergabe einer Führungsposition, spielen die kommunikativen Fähigkeiten eine besondere Rolle. Soll hingegen die Stelle eines Entwicklungsingenieurs besetzt werden, sind eher Qualitäten wie Risikobereitschaft oder Entscheidungsfreude gefragt.

Neben den Details, wie jeder Kandidat bei den einzelnen Qualitätskriterien abschneidet, geht es ganz wesentlich um eine Gesamtbewertung und darum, diese möglichst bildhaft darzustellen.

Das Netzdiagramm wird selten eingesetzt, ist aber in diesem Fall die wohl beste Wahl. In Abbildung 17.38 sehen Sie das fertige Netzdiagramm:

- Die Kategorien zur Bewertung der Kandidaten sind strahlenförmig angeordnet. Zu jeder Kategorie ist ersichtlich, wie jeder Kandidat abgeschnitten hat.
- Auch ein direkter Vergleich der einzelnen Kandidaten ist bei jeder Kategorie möglich. So lässt sich beispielsweise schnell herausfinden, ob ein Kandidat genügend Risikobereitschaft und Entscheidungsfähigkeit hat, um bei der Entwicklung neuer Produkte eingesetzt zu werden.
- Bei näherer Betrachtung der Kriterien fällt auf, dass im linken Teil die eher sozialen Komponenten konzentriert sind. Wird also beispielsweise besonderer Wert auf die kommunikativen Fähigkeiten bei der Führung eines Teams gelegt, muss ein Kandidat hier hohe Werte vorweisen.

Ein Netzdiagramm verwenden

Der Weg zum Aufbau eines Netzdiagramms unterscheidet sich nicht vom Vorgehen, das Sie bereits für andere Diagramme in diesem Kapitel kennen gelernt haben. Sie markieren den Datenbereich und wählen über den Befehl *Andere Diagramme* den Diagrammtyp *Netz*.

Abbildg. 17.38   Das fertige Netzdiagramm macht den direkten Vergleich der drei Kandidaten möglich

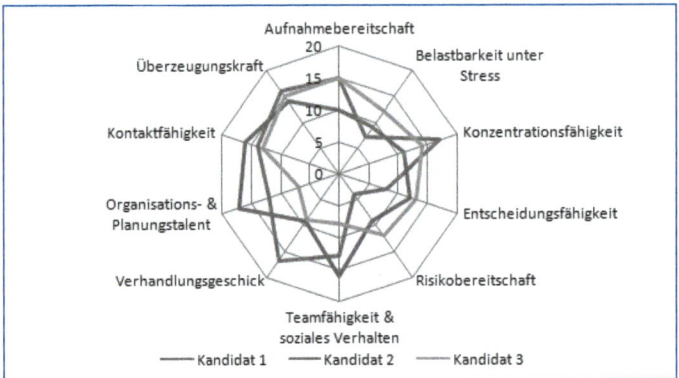

Wenn Ihnen die so erreichte bildhafte Darstellung noch nicht deutlich genug ist, weil sich beispielsweise die Linien für die einzelnen Kandidaten überschneiden, gibt es noch die Alternative, jeden der drei Kandidaten mit je einem Netzdiagramm darzustellen. In diesem Fall eignet sich dann der Untertyp *Gefülltes Netz* besser, da so das Bild zu jedem Kandidaten als eine volle Fläche erscheint.

Die Einzeldiagramme durch Kopieren schnell erstellen

Haben Sie ein Diagramm erstellt und wollen Sie ein weiteres, gleichartig aufgebautes Diagramm erstellen, dann können Sie das Diagramm kopieren und an anderer Stelle einfügen. Die Änderung des Datenbereichs ist dann die einzige Aufgabe, die noch bleibt.

Um für jeden Kandidaten ein eigenes Netzdiagramm zu erstellen, gehen Sie so vor:

1. Aktivieren Sie das fertige Diagramm.
2. Wählen Sie den Befehl *Kopieren* oder drücken Sie die Tastenkombination Strg+C.
3. Aktivieren Sie eine Zelle in der Tabelle und wählen Sie den Befehl *Einfügen* oder verwenden Sie die Tastenkombination Strg+V. Eine Kopie des Diagramms wird eingefügt.
4. Weisen Sie dem kopierten Diagramm den Diagrammtyp *Gefülltes Netz* zu.
5. Wählen Sie in der Multifunktionsleiste auf der Registerkarte *Layout* den Befehl *Daten auswählen* und stellen Sie über das Dialogfeld *Datenquelle auswählen* den Bezug auf *B3:C13* her.
6. Duplizieren Sie diese alternative Diagrammdarstellung zwei Mal und sorgen Sie – wie in Schritt 5 beschrieben – für die jeweils korrekten Datenbereiche: Für Kandidat 2 ist das *B3:B13;D3:D13* und für Kandidat 3 *B3:B13;E3:E13*.

Abbildg. 17.39 Das gefüllte Netzdiagramm zeigt die Ergebnisse des ersten Kandidaten

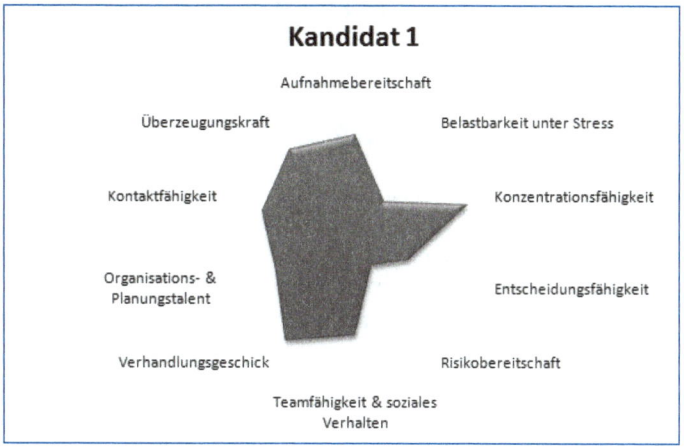

> **HINWEIS**   In Excel 2007 können Sie ein Diagrammobjekt nicht mehr wie in früheren Versionen mit der `Strg`-Taste kopieren.

Diagramm in eine andere Mappe kopieren

Haben Sie ein Diagramm mit der Tastenkombination `Strg`+`C` oder dem Befehl *Kopieren* aus der Registerkarte *Start* bzw. dem Kontextmenü in die Zwischenablage kopiert, können Sie das Diagramm auch in einer anderen Arbeitsmappe einfügen. Aktivieren Sie dazu die Zielmappe und drücken Sie die Tastenkombination `Strg`+`V` oder wählen Sie den Befehl *Einfügen*.

> **WICHTIG**   Beim Einfügen in die neue Mappe wird die Diagrammformatvorlage angepasst, wenn die Zielmappe ein anderes Design verwendet. Diagramme folgen dem Design der Mappe, in welcher sie abgelegt sind. Manuell durchgeführte Änderungen an einzelnen Diagrammobjekten bleiben aber erhalten.

> **HINWEIS**   Sie können auf eine deutlich verbesserte Funktionalität vertrauen, wenn Sie ein Diagramm über die Zwischenablage in Word 2007 oder PowerPoint einfügen.

Über den Befehl *Verschieben/Kopieren* des Kontextmenüs im Blattregister können Sie Arbeitsblätter in andere Mappen verschieben oder kopieren. Mehr dazu finden Sie in Kapitel 3.

> **WICHTIG**   Verschieben Sie ein ganzes Tabellenblatt, auf dem ein Diagrammobjekt platziert ist, in eine andere Mappe, dann sollten Sie sich zuvor überzeugen, dass in der Zielmappe kein Arbeitsblatt mit dem gleichen Namen enthalten ist. Kopieren Sie ein Blatt, das mit dem gleichen Namen bereits in der Zielmappe besteht, dann wird das neue Blatt dort mit einer laufenden Nummer aufgenommen (aus *Tabelle1* wird beispielsweise *Tabelle1 (2)*). Auf Grund eines Bugs in

der aktuellen Excel-Version bleibt allerdings der Bezug des Diagramms unverändert und zeigt damit auf einen Bereich in der Zielmappe (*Tabelle1*). Es kann also auch vorkommen, dass ein leeres Diagramm angezeigt wird.

Eigene Diagramm-Vorlage erstellen

Wenn Sie viel Zeit in ein Diagramm investiert haben, um zusätzliche Formatierungen vorzunehmen, dann ist der Moment gekommen, an dem Sie dieses Diagramm für die spätere Verwendung als Vorlage speichern wollen. Das Kopieren und Anpassen ist zwar ein gangbarer Weg, aber über eine Vorlage ist das Erstellen gleichartiger Diagramme doch um einiges komfortabler.

Bereits in früheren Versionen war das Speichern benutzerdefinierter Diagrammvorlagen möglich. In der neuen Version ist es jedoch deutlich einfacher, eine Diagramm-Vorlage zu speichern und diese auf einem anderen Rechner oder einem anderen Benutzer verfügbar zu machen, weil jede Diagramm-Vorlage jetzt in einer eigenen Datei abgelegt.

1. Aktivieren Sie ein Diagramm.
2. Wählen Sie auf der Registerkarte *Entwurf* den Befehl *Als Vorlage* speichern.
3. Excel öffnet das Dialogfeld *Diagrammvorlage speichern* mit dem Ordner *C:\Users\<Benutzername>\AppData\Roaming\Microsoft\Templates\Charts* als Voreinstellung. Tragen Sie einen Dateinamen ein und speichern Sie die Diagramm-Vorlage.

PROFITIPP

> Sowohl Word 2007 als auch PowerPoint 2007 greifen auf den gleichen Diagramm-Vorlagenordner zu. Sie können also auch in diesen Programmen die mit Excel erstellten Vorlagen verwenden. Umgekehrt können Sie die mit Word und PowerPoint erstellten Diagrammvorlagen auch in Excel verwenden.

Diagrammvorlage anwenden

Um ein Diagramm nach einer eigenen Vorlage zu erstellen oder diese Vorlage auf ein bestehendes Diagramm anzuwenden, gehen Sie nach folgenden Schritten vor:

1. Aktivieren Sie eine Zelle im Datenbereich, der als Diagramm dargestellt werden soll, oder aktivieren Sie ein bestehendes Diagramm.
2. Für die Erstellung eines neuen Diagramms wählen Sie auf der Registerkarte *Einfügen* in der Gruppe *Diagramme* den Befehl *Andere Diagramme*, für die Änderung eines bestehenden den Befehl *Diagrammtyp ändern* auf der Registerkarte *Entwurf*.
3. Wählen Sie im Dialogfeld *Diagrammtyp ändern* die Kategorie *Vorlagen* aus.
4. Die auf Ihrem Rechner verfügbaren benutzerdefinierten Diagrammvorlagen werden angezeigt. Wählen Sie die gewünschte Vorlage mit einem Mausklick aus und wenden Sie diese mit der Schaltfläche *OK* an.

Abbildg. 17.40 Jede Diagrammvorlage wird in einer eigenen Datei abgelegt

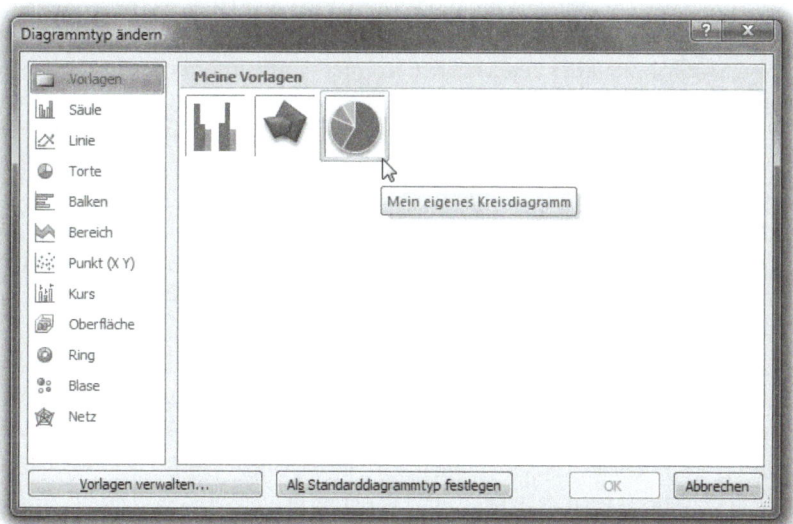

Zeigen Sie mit der Maus auf eine selbst erstellte Diagrammvorlage, wird der Name der Vorlage (=Dateiname) angezeigt.

Entfernen oder Löschen einer Diagrammvorlage

Wollen Sie eine Diagrammvorlage aus der Liste entfernen oder diese ganz löschen, dann können Sie dies über den Windows-Explorer erledigen. Sie können die Aufgabe aber auch über die Schaltfläche *Vorlagen verwalten* erledigen.

1. Klicken Sie auf der Registerkarte *Einfügen* in der Gruppe *Diagramme* auf einen beliebigen Diagrammtyp und dann auf *Alle Diagrammtypen*.
2. Klicken Sie auf *Vorlagen verwalten*.
3. Führen Sie eine der folgenden Aktionen aus:
   - Wenn Sie die Diagrammvorlage entfernen möchten, ziehen Sie diese in einen anderen Ordner.
   - Wenn Sie die Diagrammvorlage löschen möchten, klicken Sie mit der rechten Maustaste darauf und wählen den Befehl *Löschen*.

Standardvorlage für Diagramme einstellen

Im Dialogfeld *Diagrammtyp einfügen,* aber auch im Dialogfeld *Diagrammtyp ändern* (vgl. Abbildung 17.40), können Sie über die Schaltfläche *Als Standarddiagrammtyp festlegen* ein markiertes Diagramm als Voreinstellung für Diagramme einstellen. Excel ermöglicht also neben der Erstellung benutzerdefinierter Vorlagen auch die Definition einer Standardvorlage für Diagramme.

Tabellen für Diagramme verwenden

Eine neue Funktion ist die Verwendung von Tabellen (in früheren Versionen – mit deutlich weniger Automatismen – als Excel-Liste bezeichnet). Darunter wird ein Datenbereich aus einer Reihe von Zeilen und Spalten mit verwandten Daten verstanden, die unabhängig von den Daten in den anderen Zeilen und Spalten auf dem Arbeitsblatt verwaltet werden. Arbeiten Sie in Tabellen, dann ermöglichen zahlreiche Automatismen ein effizientes und zuverlässiges Arbeiten.

Um eine Tabelle zu erstellen, wählen Sie zunächst in der Multifunktionsleiste auf der Registerkarte *Einfügen* den Befehl *Tabelle*. Im Dialogfeld *Tabelle erstellen* markieren Sie den gewünschten Datenbereich und aktivieren das Kontrollkästchen *Tabelle hat Überschriften*, wenn die Markierung die Überschriften für die Spalten enthält. Mehr zu Tabellen finden Sie in Kapitel 19.

Ist eine Zelle innerhalb einer Tabelle aktiv, wenn Sie ein Diagramm erstellen, wird der Datenbereich automatisch auf die Tabelle erweitert. Direkt angrenzende Zellen bleiben unberücksichtigt. Sollte die Datenauswahl nicht den Erfordernissen entsprechen, dann können Sie selbstverständlich auch in Tabellen den Datenbereich durch Ziehen mit der Maus anpassen.

Beim Erstellen einer Tabelle werden automatisch Filterschaltflächen für jede Spalte erstellt. Damit können die angezeigten Daten nach beliebigen Kriterien gefiltert werden. Das Praktische dabei: Die Einstellungen wirken sich auf das Diagramm aus. Sie können damit die anzuzeigenden Daten nach Belieben eingrenzen.

Abbildg. 17.41 Mit den Filtern einer Tabelle werden die Informationen im Diagramm verdichtet

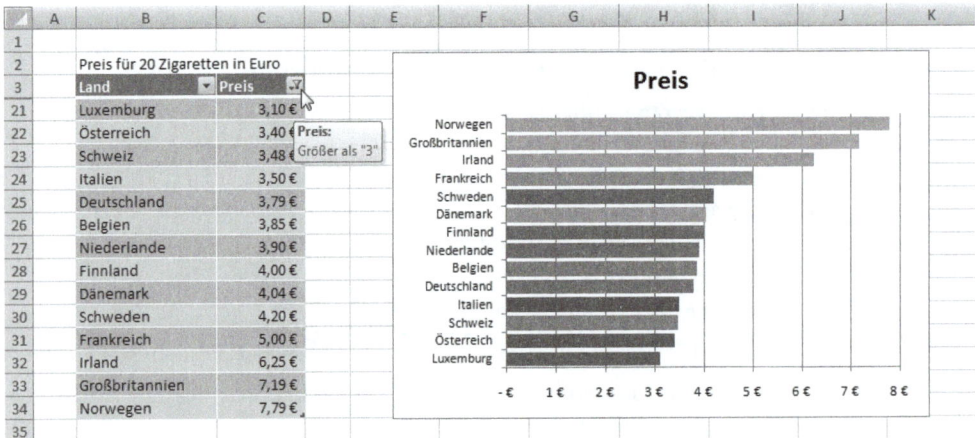

Kommen neue Daten hinzu, ist auch dieser Fall für Tabellen kein Problem. Der Datenbereich der Tabelle wird automatisch angepasst, die Daten entsprechend formatiert. Und in diesem Kapitel ganz wichtig: Die Daten werden auch im Diagramm angezeigt.

Beim Filtern von Daten werden diejenigen Zeilen ausgeblendet, welche nicht den Kriterien entsprechen. Zeichenobjekte – und damit auch Diagramme, die als Objekt in einer Tabelle untergebracht sind – werden beim Erstellen mit dem darunterliegenden Zellbereich verbunden. Das bedeutet, dass die Größe des Diagramms mit der Zeilenhöhe/Spaltenbreite verbunden ist und dieses damit im ungünstigsten Fall unsichtbar wird, wenn Sie einen Filter anlegen. Um dieses Verhalten zu ändern, wählen Sie die folgenden Schritte:

1. Aktivieren Sie das Diagrammobjekt.
2. Wechseln Sie in der Multifunktionsleiste zur Registerkarte *Format*.
3. Rufen Sie das Startprogramm für Dialogfelder in der Befehlsgruppe *Größe* auf.
4. Aktivieren Sie im Dialogfeld *Größe und Eigenschaften* die Registerkarte *Eigenschaften*.
5. Wählen Sie die Option *Von Zellposition und -größe unabhängig*.
6. Bestätigen Sie die Änderungen über die Schaltfläche *Schließen*.

Abbildg. 17.42 Soll das Diagramm beim Drucken der Tabelle nicht angezeigt werden, deaktivieren Sie zusätzlich das Kontrollkästchen *Objekt drucken*

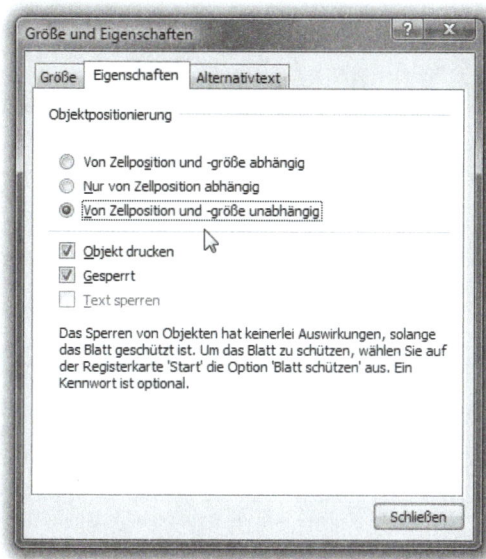

Mehr zum Thema Filtern von Daten finden Sie in Kapitel 21.

Ausgeblendete Daten im Diagramm

Normalerweise werden ausgeblendete Zellen nicht in Diagrammen angezeigt. Dabei spielt es keine Rolle, ob die Zelle über eine der Sortier- und Filterfunktionen oder direkt ausgeblendet wurde. Sie können das Verhalten aber wie folgt einstellen:

1. Aktivieren Sie das Diagramm.
2. Wechseln Sie in der Multifunktionsleiste zur Registerkarte *Entwurf*.
3. Klicken Sie auf den Befehl *Daten auswählen*.
4. Im Dialogfeld *Datenquelle auswählen* klicken Sie auf die Schaltfläche *Ausgeblendete und leere Zellen*.
5. Aktivieren Sie das Kontrollkästchen *Daten in ausgeblendeten Zeilen und Spalten anzeigen*.

Kapitel 17 Diagramme einfach und schnell erstellen

Abbildg. 17.43   In der Standardeinstellung werden ausgeblendete Daten nicht im Diagramm angezeigt

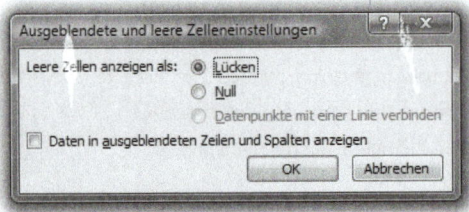

Zusammenfassung

In der neuen Excel-Version gibt es zwar keinen Diagramm-Assistenten mehr, aber die Erstellung von Diagrammen über die Auswahl in Katalogen ist der deutlich schnellere Weg, den Sie durch Betätigen der Tastenkombination `Alt`+`F1` bzw. `F11`-Taste noch weiter beschleunigen können. Die Layouteinstellungen und Formatvorlagen sind in Gruppen verfügbar, können aber auch individuell angepasst werden. Für Firmen wird die vereinfachte Weitergabe von Diagrammvorlagen und deren gleichzeitige Verwendung sowohl in Excel als auch in Word und PowerPoint den Aufwand deutlich reduzieren.

Frage	Antwort
Wie erstelle ich ein Diagramm in der neuen Excel-Version?	Auf Seite 700 sehen Sie, dass dazu nur noch wenige Mausklicks notwendig sind. Markieren Sie die Daten und wählen Sie den gewünschten Diagrammtyp aus – fertig ist das Diagramm.
Was sind Diagrammlayouts und Diagrammformatvorlagen?	Mit Diagrammlayouts weisen Sie einem Diagramm einen Satz an Diagrammelementen (Datenbeschriftung, Gitternetzlinien usw.) und mit Diagrammformatvorlagen Farben und Formateigenschaften zu. Mehr dazu ab Seite 703.
Was sind die wichtigsten Elemente eines Diagramms?	Ab Seite 711 finden Sie eine Beschreibung der wichtigsten Diagrammelemente wie Titel, Achse, Legende usw.
Wie kann ich ein Diagramm an eine andere Stelle verschieben?	Standardmäßig werden Diagramme auf einer Tabelle gezeichnet, sie können aber auch auf einem eigenen Diagrammblatt dargestellt werden. Auf Seite 724 wird gezeigt, wie der Befehl *Diagramm verschieben* funktioniert.
Was muss ich beachten, wenn ich ein Diagramm in eine andere Mappe kopieren will?	Sie sollten beachten, dass Diagramme das Design der jeweiligen Arbeitsmappe verwenden. Dadurch kann es vorkommen, dass sich das Aussehen Ihres Diagramms ändert. Mehr dazu ab Seite 731.
Ich benötige immer wieder ein Diagramm mit speziellen Formatierungen. Wie kann ich die Erstellung vereinfachen?	Erstellen Sie dazu eine Diagrammvorlage. Ab Seite 732 werden Sie sehen, dass dies in der neuen Version sehr komfortabel gelöst ist.
Ich möchte erreichen, dass neue Daten automatisch auch in meinem Diagramm angezeigt werden. Geht das?	Verwenden Sie eine Excel-Tabelle als Datenquelle für das Diagramm. Auf Seite 734 finden Sie dazu ein Beispiel.

Kapitel 18

Fortgeschrittene Diagrammtechniken einsetzen

In diesem Kapitel:

Die Top-Mitarbeiter anzeigen	738
Dynamisch wachsendes Diagramm mit Zeitfenster	739
Schluss mit der Dynamik: Statische Diagramme	745
Daten gegenüberstellen	747
Mit Hilfslinien den Break-Even-Point ablesen	751
Eine einzelne Datenbeschriftung hervorheben	754
Übersicht, Details und Struktur in einem Diagramm zeigen	756
Bilder in Liniendiagrammen verwenden	758
Trends im Diagramm	761
Zusammenfassung	766

Kapitel 18 Fortgeschrittene Diagrammtechniken einsetzen

In diesem Kapitel stellen wir Ihnen einige spezielle Diagramme vor, die zwar in der täglichen Praxis vorkommen, aber in Excel nicht gerade »auf Knopfdruck« zur Verfügung stehen. Außerdem zeigen wir einige Techniken, wie Sie die Anzeige der Daten beeinflussen und z.B. neue Daten im Diagramm anzeigen können.

Bei den Beispielen werden Sie feststellen, dass für die Anzeige in einem Diagramm

- die Ermittlung von Werten, z.B. durch Weiterrechnung vorhandener Daten
- die Anordnung der Daten in einer Tabelle

die wichtigen Grundlagen sind.

Die häufig dafür eingesetzte Technik verwendet eine weitere Datenreihe, die

- nur spezielle Daten anzeigt
- als Überlagerung im Diagramm gezeichnet wird.

Sieht man einmal vom Einfügen grafischer Elemente ab, ist diese Technik ein probater Weg, um beliebige Diagramme zu erstellen.

Die Top-Mitarbeiter anzeigen

Vielleicht wollen Sie ja den besten Vertriebsmitarbeiter Ihrer Firma bei einer Jahresversammlung herausstellen. Die Umsatzzahlen liegen bereits in einer Tabelle vor.

Nun soll auf einem Diagramm der größte Wert der Datenreihe deutlich sichtbar hervorgehoben werden. Dabei soll allerdings kein Zeichnungsobjekt verwendet, sondern eine spezielle Formatierung eingesetzt werden.

Die Beispieldatei finden Sie auf dem Arbeitsblatt *Maximum* in der Datei *Kap18.xlsx* im Ordner *\Buch\Kap18* auf der CD-ROM zu diesem Buch.

Datenreihe erstellen

Mit der Funktion *MAX(Zahl1;Zahl2;...)* können Sie den größten Wert einer Datenreihe ermitteln. Allerdings soll das Diagramm insoweit dynamisch sein, dass es auch im nächsten Jahr, also mit veränderten Zahlen, funktioniert. Es muss daher für jeden Wert in der Datenreihe geprüft werden, ob es sich um den größten Wert handelt.

Geben Sie in Zelle *C3* die folgende Formel ein und kopieren Sie diese nach unten:

```
=WENN(B3=MAX($B$3:$B$14);B3;NV())
```

Diese Datenreihe gibt lediglich den höchsten Wert aus. Alle anderen Zellen enthalten den Wert *NV()* (siehe Abbildung 18.1). Dieser Fehlerwert wird im Diagramm nicht angezeigt.

HINWEIS   Indem Sie *#NV* in Zellen eingeben, die keine Informationen enthalten, können Sie verhindern, dass leere Zellen unbeabsichtigt in Ihre Berechnungen einbezogen werden. Enthält die Datenreihe für ein Diagramm einen solchen Fehlerwert, wird dieser nicht angezeigt.

Einen Kreis um einen Wert zeichnen

Markieren Sie nun den Bereich *A2:C14* und erstellen Sie über die Registerkarte *Einfügen* ein Liniendiagramm vom Typ *2D-Linie/Linie*. Um den Höchstwert eindeutig im Diagramm zu markieren, markieren Sie nun die Datenreihe *"Maximum"* im Diagramm, indem Sie diese auf der Registerkarte *Layout* im Listenfeld *Diagrammelemente* auswählen. Rufen Sie über den Befehl *Auswahl formatieren* das Dialogfeld *Datenreihen formatieren* auf. In der Kategorie *Linienfarbe* wählen Sie *Keine Linie*. Damit stellen Sie sicher, dass es nicht zu störenden Linien kommt, wenn zwei identische Werte vorkommen. Wechseln Sie zur Kategorie *Markierungsoptionen* und stellen Sie *Typ* auf den *Kreis* ein. Damit die Markierung auch wirklich gut sichtbar ist, ändern Sie noch die *Größe*, z.B. auf den Wert 10 oder 15.

> **HINWEIS** Im Gegensatz zu einem Zeichenobjekt auf dem Diagramm ist diese Anzeige dynamisch an die Daten gekoppelt!

Abbildg. 18.1   Jetzt kann es jeder sehen: Mitarbeiter Christoph ist der Top-Verkäufer

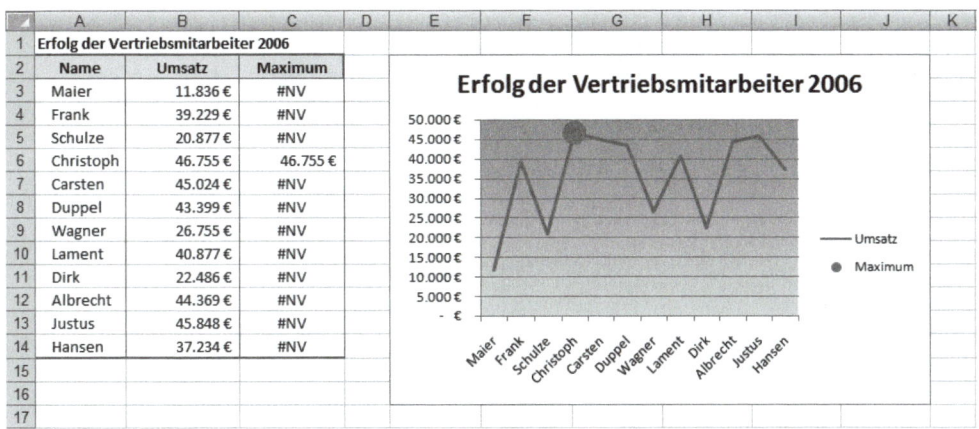

> **TIPP** Bei aktivem Diagramm können Sie über die Pfeiltasten nacheinander die einzelnen Diagrammobjekte markieren. Haben Sie das Dialogfeld *Datenreihen formatieren* offen gelassen, ändert die Auswahl eines anderen Diagrammelements auch dieses Dialogfeld. Sie können also nacheinander alle Elemente eines Diagramms überarbeiten, ohne das Dialogfeld vorher schließen und erneut öffnen zu müssen.

Dynamisch wachsendes Diagramm mit Zeitfenster

Das nächste Beispiel soll es möglich machen, unterschiedliche Zeiträume auf einem Diagramm darzustellen. Sowohl der Beginn der Zeitreihe als auch die Anzahl der dargestellten Jahre sollen über ein Drehfeld eingestellt werden.

Kapitel 18 Fortgeschrittene Diagrammtechniken einsetzen

Das Beispiel finden Sie auf dem Arbeitsblatt *Zeitfenster* in der Datei *Kap18.xlsx* im Ordner *\Buch\Kap18* auf der CD-ROM zu diesem Buch.

Die Datentabelle

Die Tabelle enthält den Vergleich der Soll- und Ist-Zahlen für die Jahre 1990 bis 2006. Die Abbildung 18.2 zeigt in Spalte *B:D* die Daten, die auf dem Diagramm dargestellt werden. Außerdem sehen Sie schon die Drehfelder, über die das Startjahr und die Anzahl der angezeigten Jahre komfortabel einzustellen sind, sowie das fertige Diagramm.

Über dem Diagramm wird in Zelle *H5* der dynamische Diagrammtitel mit der Formel ="Umsatzentwicklung seit "&Beginn erstellt. Dieser Titel kann später im Diagramm eingefügt werden.

Abbildg. 18.2   Das dynamische Diagramm mit den Daten und der Steuerzentrale

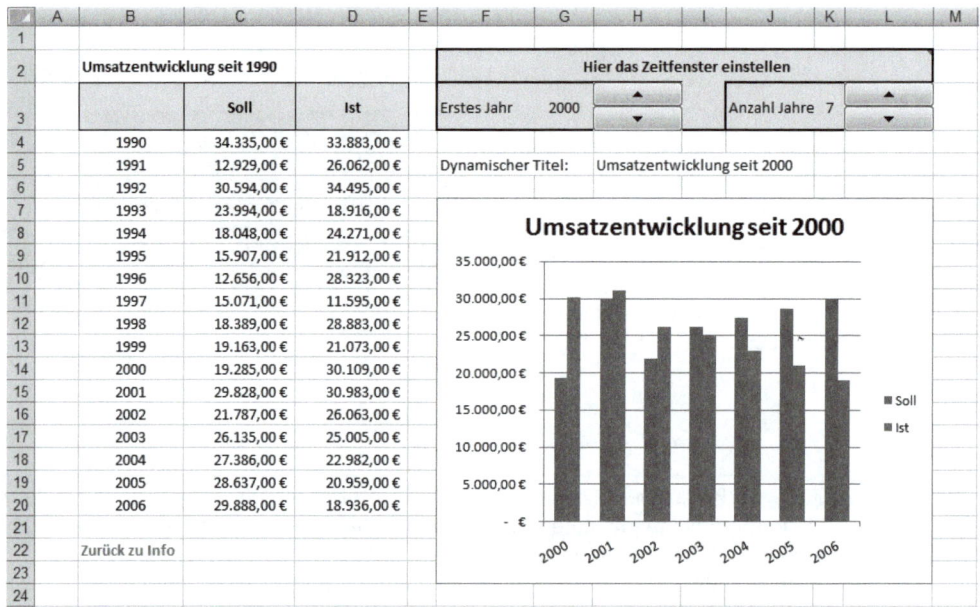

Namen festlegen

Für verschiedene Zellen und Bereiche werden Namen festgelegt. Auf der Registerkarte *Formeln* rufen Sie dazu in der Gruppe *Definierte Namen* über den Befehl *Namens-Manager* das Dialogfeld *Namens-Manager* auf und wählen die Schaltfläche *Neu*. Im Dialogfeld *Neuer Name* tragen Sie in das Eingabefeld *Name* die Angaben der ersten Spalte aus Tabelle 18.1 ein, in das Eingabefeld *Bezieht sich auf* den jeweiligen Inhalt der zweiten Spalte aus Tabelle 18.1. Legen Sie auf diese Weise die folgenden Namen fest:

Tabelle 18.1   Die Namen für die dynamischen Bereiche der Datenreihen

Name	Bezieht sich auf
Anzahl	=Zeitfenster!$K$3
Beginn	=Zeitfenster!$G$3
IstWerte	=BEREICH.VERSCHIEBEN(Start;VERGLEICH(Beginn;Jahre;0);2;MIN(Zahlenreihe-VERGLEICH(Beginn;Jahre;0);Anzahl);1)
Jahr	=BEREICH.VERSCHIEBEN(Start;VERGLEICH(Beginn;Jahre;0);0;MIN(Zahlenreihe-VERGLEICH(Beginn;Jahre;0);Anzahl);1)
Jahre	=Zeitfenster!$B$4:$B$20
SollWerte	=BEREICH.VERSCHIEBEN(Start;VERGLEICH(Beginn;Jahre;0);1;MIN(Zahlenreihe-VERGLEICH(Beginn;Jahre;0);Anzahl);1)
Start	=Zeitfenster!$B$3
Titel	=Zeitfenster!$H$5
Zahlenreihe	=ANZAHL(Zeitfenster!$B:$B)+1

Im Kapitel 19 finden Sie weitere Informationen zum Thema »Namen«.

Drehfelder für den Komfort

Um das erste Jahr, das auf dem Diagramm angezeigt werden soll, komfortabel einstellen zu können, erstellen Sie ein *Drehfeld*. Um ein Steuerelement zu erstellen, blenden Sie zunächst wie folgt die Registerkarte *Entwicklertools* ein:

1. Wählen Sie im *Office-Menü* die Schaltfläche *Excel-Optionen*.
2. Wechseln Sie im Dialogfeld zur Kategorie *Häufig verwendet*.
3. Aktivieren Sie das Kontrollkästchen *Entwicklerregisterkarte in der Multifunktionsleiste anzeigen*.
4. Schließen Sie das Dialogfeld *Excel-Optionen* mit *OK*.

Jetzt können Sie mit wenigen Schritten ein Drehfeld erstellen:

1. Wechseln Sie in der Multifunktionsleiste zur Registerkarte *Entwicklertools*.
2. Wählen Sie den Befehl *Einfügen* und anschließend aus der Gruppe *Formularsteuerelemente* den Eintrag *Drehfeld (Formularsteuerelement)*.
3. Klicken Sie die Schaltfläche an und zeichnen Sie mit gedrückter linker Maustaste ein Drehfeld über der Zelle *H3*.
4. Solange das Drehfeld noch markiert ist, wählen Sie den Kontextbefehl *Steuerelement formatieren*.
5. Aktivieren Sie im Dialogfeld *Steuerelement formatieren* die Registerkarte *Steuerung*. Nehmen Sie dort die in Abbildung 18.3 gezeigten Einstellungen vor. Wie Sie sehen, können auch hier Namen verwendet werden.

Abbildg. 18.3 Auf der Registerkarte *Steuerung* wird das Verhalten des Steuerelements eingestellt

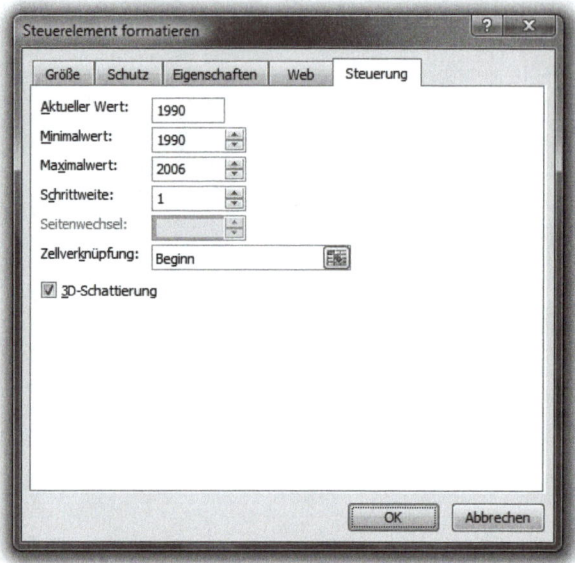

Über *Minimalwert* und *Maximalwert* wird der mögliche Datenbereich eingestellt. Hier tragen Sie die entsprechenden Werte der Tabelle ein. Anstelle der Zellverknüpfung auf Zelle *G3* wird der Name *Beginn* verwendet.

Für die Anzahl der Jahre wird ein weiteres Drehfeld erstellt. Über das Dialogfeld *Steuerelement formatieren* stellen Sie den *Minimalwert* auf *1*. Der *Maximalwert* richtet sich nach der Anzahl der möglichen Jahre. Für den Zeitraum von 1990 bis 2006 sind maximal *17* Jahre möglich. Der Wert dieses Drehfeldes wird in die Zelle *K3* ausgegeben. Sie können diese Zelladresse als Zellverknüpfung eintragen oder aber den Namen *Anzahl* verwenden, der für diese Zelle festgelegt wurde. Mit Klick auf *OK* übernehmen Sie die Einstellungen.

Während das Klicken auf den nach oben gerichteten Pfeil des Drehfeldes den Wert in der verknüpften Zelle erhöht, reduziert ein Klick auf den nach unten gerichteten Pfeil den Wert um den mit der *Schrittweite* eingestellten Wert.

Mehr zu Steuerelementen finden Sie in Kapitel 13.

Dynamisches Diagramm erstellen

Tabelle und Namen sind vorbereitet. Nun können Sie daran gehen, das Diagramm zu erstellen. Dazu gehen Sie wie folgt vor:

1. Markieren Sie den Bereich *B3:D16*.

PROFITIPP Beachten Sie, dass in diesem Beispiel (Abbildung 18.2) die Zelle B3 leer ist. Markieren Sie einen Bereich, bei dem auch die erste Spalte eine Überschrift enthält, verwendet Excel die erste Spalte nicht als Rubrikenbeschriftung, sondern zeichnet eine weitere Datenreihe.

Dynamisch wachsendes Diagramm mit Zeitfenster

2. Wählen Sie über die Multifunktionsleiste auf der Registerkarte *Einfügen* den Befehl *Säule*, Diagrammuntertyp *Gruppierte Säulen* aus.
3. Rufen Sie auf der Registerkarte *Entwurf* den Befehl *Daten auswählen* auf. Das folgende Dialogfeld wird angezeigt.

Abbildg. 18.4　Im Dialogfeld *Datenquelle auswählen* können neue Daten hinzugefügt oder bestehende überarbeitet bzw. entfernt werden

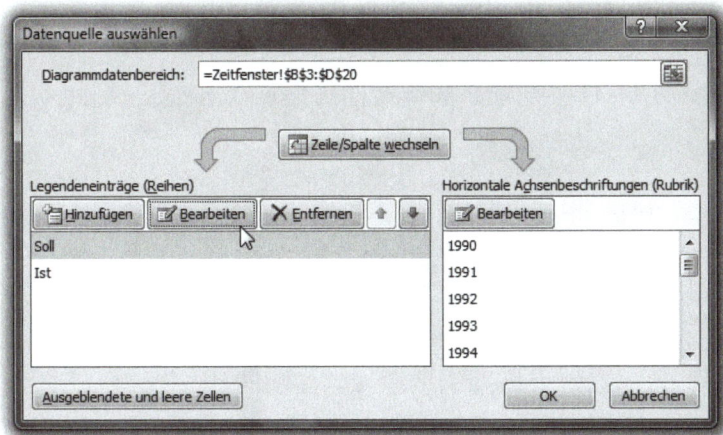

4. Markieren Sie die Datenreihe *Soll* und klicken Sie auf die Schaltfläche *Bearbeiten*.
5. Nehmen Sie im Dialogfeld *Datenreihe bearbeiten* die Einstellungen entsprechend der Abbildung 18.5 vor.

Abbildg. 18.5　Hier stellen Sie den Bezug zu den im Namen berechneten Daten her

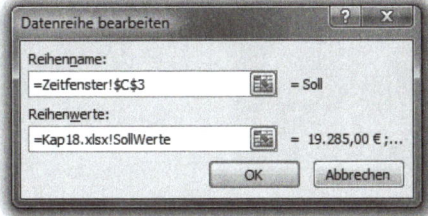

6. Markieren Sie dann die Datenreihe *Ist*. Stellen Sie für die Reihe *Ist* den Namen auf die Zelle *D3* ein. Für den Bereich *Reihenwerte* geben Sie =Kap18.xls!IstWerte ein. Der Name des Bereichs allein genügt nicht, Sie müssen auch den Dateinamen angeben.
7. Bestätigen Sie die Eingabe mit Klick auf die Schaltfläche *OK*.
8. Schließen Sie das Dialogfeld *Datenquelle auswählen* ebenfalls mit *OK*.

Das fertige Diagramm zeigt die Abbildung 18.2, wobei *Erstes Jahr* gerade auf *2000* und *Anzahl Jahre* gerade auf *7* eingestellt ist. Über das erste Drehfeld können Sie den Beginn der Datenreihe einstellen. Über das zweite Drehfeld wird die Anzahl der anzuzeigenden Jahre eingestellt. Diese Anzahl kann nur verwendet werden, wenn auch entsprechend viele Jahre zur Verfügung stehen (abhängig von *Erstes Jahr*). Dies stellt die *MIN*-Funktion in den Bereichsnamen sicher. Übersteigt die Zahl der anzuzeigenden Jahre die Möglichkeiten der Tabelle, werden dennoch nur die wirklich verfügbaren Jahre angezeigt. Stellen Sie beispielsweise *Erstes Jahr* auf *2004*, geschieht oberhalb des Wertes 3 in *Anzahl Jahre* nichts mehr im Diagramm.

Damit bei der Darstellung einer langen Zeitreihe die Achsenbeschriftung vollständig angezeigt werden kann, markieren Sie die X-Achse und rufen über den Befehl *Auswahl formatieren* (Registerkarte *Layout*) das Dialogfeld *Achse formatieren* auf. Wechseln Sie in die Kategorie *Ausrichtung* und ändern Sie die Einstellung für *Benutzerdefinierter Winkel* entsprechend der Abbildung 18.6 ab.

Abbildg. 18.6 Über das Drehfeld *Benutzerdefinierter Winkel* können Sie die Anzeige fein abstufen

Einen dynamischen Diagrammtitel erstellen

Um eine dynamische Änderung des Diagrammtitels zu erreichen, gehen Sie wie folgt vor:

1. Aktivieren Sie das Diagramm und wählen Sie den Diagrammtitel durch einen einfachen Klick aus.
2. Setzen Sie die Schreibmarke in die Bearbeitungsleiste (mit der [F2]-Taste oder durch einen Mausklick) und tippen Sie ein Gleichheitszeichen (=) ein.
3. Jetzt können Sie auf die Zelle mit der Überschrift in der Tabelle klicken, z.B. die Zelle *H5*.

4. Drücken Sie nun noch die ⏎-Taste, wird eine dynamische Verknüpfung erstellt. Damit wird jede Änderung an der Tabellenüberschrift sofort auch im Diagrammtitel angezeigt.

TIPP Sie können nicht nur den Diagrammtitel dynamisieren, sondern auch weitere Textfelder mit dynamischem Text einfügen. Aktivieren Sie die Diagrammfläche durch einfaches Klicken auf das Diagramm und geben Sie in der Bearbeitungsleiste ein Gleichheitszeichen (=) ein. Die Schreibmarke blinkt nun in der Bearbeitungsleiste. Markieren Sie die gewünschte Zelle im Tabellenblatt und beenden Sie die Eingabe mit der ⏎-Taste. Das erstellte Textfeld ist mit einer Zelle verknüpft und ändert sich entsprechend, wenn sich der Tabellenwert ändert.

Schluss mit der Dynamik: Statische Diagramme

Dass Diagramme mit allen Bordmitteln dynamisiert werden können, ist eine feine Sache. In manchen Situationen aber stört diese Verbindung. Es gibt z.B. mit mancher Fax-Software Probleme, wenn Tabellen oder Diagramme Formeln enthalten. Auch wenn Sie das Diagramm weitergeben wollen, soll vielleicht die Datenbasis mit den Berechnungen nicht ebenfalls offen gelegt werden. Sie stehen also vor der Aufgabe, die Verbindungen des Diagramms zur Tabelle trennen zu müssen. Welche Möglichkeiten gibt es dazu?

Diagramm als Bild kopieren

Ein Weg, der zu einem statischen Diagramm führt, ist die Erstellung einer Bildschirmkopie. Wenn Sie ein Diagramm als Bild kopieren wollen – etwa, weil es für den Druck mit einem Grafikprogramm überarbeitet werden soll – dann gehen Sie wie folgt vor:

1. Markieren Sie das Diagramm.
2. Wählen Sie in der Multifunktionsleiste auf der Registerkarte *Start* in der Gruppe *Zwischenablage* den Befehl *Einfügen/Als Bild/Als Grafik kopieren*. (Wundern Sie sich nicht über die Befehlsfolge, eigentlich würde man diese Art des Kopierens als Option beim Kopieren erwarten, dem ist aber nicht so.)
3. Im Dialogfeld *Bild kopieren* (Abbildung 18.7) können Sie im Bereich *Darstellung* zwischen den Optionen *Wie ausgedruckt* (also mit Kopf- und Fußzeile) und *Wie angezeigt* wählen. *Format* kann nur eingestellt werden, wenn die Darstellung *Wie angezeigt* gewählt wird.
4. Wählen Sie die Schaltfläche *OK*.

Wenn Sie auf ein leeres Tabellenblatt wechseln, können Sie

- über den Befehl *Einfügen/Inhalte einfügen* oder
- *Einfügen/Als Bild/Als Grafik einfügen* oder
- die Tastenkombination Strg + V

das Bild aus der Zwischenablage wieder einfügen. In einem Grafikprogramm steht sicher auch ein Befehl zum Einfügen der Zwischenablage zur Verfügung.

TIPP Mit den gleichen Schritten lassen sich übrigens auch einzelne Tabellenbereiche als Grafik kopieren.

Abbildg. 18.7 Einstellungen für das kopierte Bild vornehmen

Das Ergebnis ist ein statisches Diagramm, Änderungen an den Daten zeigen also keine Wirkung. Änderungen daran sind nur noch mit Zeichenwerkzeugen möglich.

TIPP Um die Grafik mit Excel weiter zu bearbeiten, klicken Sie diese mit der rechten Maustaste an. Wählen Sie im Kontextmenü den Befehl *Gruppieren/Gruppierung aufheben*. Bestätigen Sie den Hinweis zur Umwandlung in ein Zeichnungsobjekt mit *Ja*. Wählen Sie nun erneut den Kontextbefehl *Gruppieren/Gruppierung aufheben*. Das Diagramm wird damit in einzelne Zeichnungsobjekte aufgespaltet, die Sie weiter formatieren können.

Bezüge in Werte umwandeln

Auch für den Fall, dass Sie dem Empfänger des Diagramms die Möglichkeit lassen wollen, Änderungen am Diagramm durchzuführen, gibt es eine Lösung: Sie können die bestehenden Bezüge in Werte umwandeln. Dazu aktivieren Sie zunächst eine Datenreihe. Klicken Sie dann in die Bearbeitungsleiste und drücken Sie die F9-Taste. Bestätigen Sie die Änderung mit der ↵-Taste.

So wird aus beispielsweise aus der Datenreihe mit dem Zellbezug

```
=DATENREIHE(Listen!$B$2;Listen!$A$3:$A$12;Listen!$B$3:$B$12;1)
```

die Datenreihe mit konstanten Text- und Zahlenwerten

```
=DATENREIHE("Betrag";{"Konzeption"."Anzeigen"."Mailing"."Drucksachen"."Messebau"."Standgebühren"."Durchführung"."Kosten Personal"."Nebenk. Personal"."Sonstige Kosten"};{3355.1137.3007.1729.2130.1199.2952.5756.3036.3376};1)
```

HINWEIS Hat das Diagramm mehrere Datenreihen, müssen Sie diese Aktion für jede Datenreihe durchführen. Auch für einen dynamischen Diagrammtitel ist die Umwandlung auf diesem Weg möglich.

Wenn Sie sicher gehen wollen, dass alle Bezüge entfernt wurden, können Sie auch den Datenbereich in der Tabelle löschen. Das Diagramm ändert sich nicht, wenn keine Bezüge mehr enthalten sind.

WICHTIG Um Ihre Arbeit nicht zu zerstören, sollten Sie die Datei zuvor unter einem anderen Namen speichern.

Daten gegenüberstellen

Diagramme werden dazu verwendet, Informationen auf einen Blick zu vergleichen. So zeigt das Diagramm in Abbildung 18.2 Soll und Ist der Umsatzentwicklung an. Die unterschiedliche Höhe der einzelnen Säulen gibt Aufschluss darüber, ob die Ziele erreicht wurden oder nicht.

Gelegentlich werden solche Daten auch in einem Balkendiagramm dargestellt, wobei eine Information die Balken nach links, die andere nach rechts wachsen lässt. Im folgenden Beispiel soll die Zahl der Ehescheidungen und der davon betroffenen Kinder untersucht werden (vgl. dazu die Datentabelle in Abbildung 18.9). Dabei soll die Zahl der geschiedenen Ehen nach links und die Zahl der betroffenen Kinder nach rechts abgetragen werden. Wie lässt sich ein solches Diagramm in Excel erstellen?

Erste Möglichkeit: Negative Werte erzeugen

Wie immer gibt es »viele Wege nach Rom«. Eine Möglichkeit ist die Berechnung negativer Werte für eine Datenreihe. Damit lassen sich die negativen und die positiven Werte auf unterschiedlichen Seiten einer Achse abtragen. Im Beispiel aus Abbildung 18.9 wird dazu in Zelle *E4* die Zahl der Ehescheidungen mit der Formel =C4*-1 als negative Zahl ermittelt. Setzen Sie dies auch für die anderen Zellen *E5* bis *E10* um.

Das Diagramm selbst erstellen Sie dann mit den folgenden Schritten:

1. Markieren Sie den Bereich *D4:E10*.
2. Rufen Sie auf der Registerkarte *Einfügen* in der Gruppe *Diagramme* den Befehl *Balken* auf und klicken Sie auf den zweiten Diagrammuntertyp *Gestapelte Balken*.
3. Wählen Sie auf der Registerkarte *Entwurf* in der Gruppe *Diagrammlayouts* das *Layout 4*.
4. Wechseln Sie zur Registerkarte *Layout* und wählen Sie in der Gruppe *Aktuelle Auswahl* im Listenfeld *Diagrammelemente* den Eintrag *Horizontal (Wert) Achse*.
5. Drücken Sie die `Entf`-Taste.
6. Entfernen Sie auf dem gleichen Weg die Legende.
7. Wählen Sie auf der Registerkarte *Layout* in der Gruppe *Beschriftungen* den Befehl *Diagrammtitel/Über Diagramm*.
8. Der Diagrammtitel ist markiert; drücken Sie die Taste `F2`, um die Bearbeitungsleiste zu aktivieren.
9. Geben Sie ein Gleichheitszeichen (=) ein und markieren Sie die Zelle *B2* in der Tabelle, um eine dynamische Überschrift zu erzeugen.
10. Beenden Sie die Aktion mit der `↵`-Taste.
11. Markieren Sie eine Datenreihe und wählen Sie im Kontextmenü den Befehl *Datenreihen formatieren*.

Kapitel 18 Fortgeschrittene Diagrammtechniken einsetzen

12. In der Kategorie *Reihenoptionen* stellen Sie die *Abstandsbreite* auf *0*. Lassen Sie das Dialogfeld *Datenreihen formatieren* offen.
13. Wählen Sie das Diagrammelement *Vertikal (Kategorie) Achse* aus.
14. Im Dialogfeld *Achse formatieren* wechseln Sie in die Kategorie *Achsenoptionen* und stellen die *Achsenbeschriftungen* auf *Hoch*.
15. Schließen Sie das Dialogfeld *Achse formatieren*.

Abbildg. 18.8   Auch für die Achsen eines Diagramms sind zahlreiche Einstellungen zum Format verfügbar

Das Diagramm zeigt nun noch negative Werte für die zweite Datenreihe. Um das zu ändern, klicken Sie die Beschriftung dieser Datenreihe an und ändern das Zahlenformat wie folgt:

1. Wählen Sie den Kontextbefehl *Datenbeschriftungen formatieren*.
2. Im Dialogfeld *Datenbeschriftungen formatieren* wechseln Sie auf die Registerkarte *Zahl*.
3. Wählen Sie die Kategorie *Benutzerdefiniert* und tragen Sie im Feld *Typ* das Zahlenformat *#.##0;#.##0;#.##0* ein. Dieses Zahlenformat zeigt sowohl für positive als auch für negative Zahlen und Nullwerte kein Vorzeichen an.
4. Klicken Sie auf die Schaltfläche *Hinzufügen*.
5. Schließen Sie das Dialogfeld.

Das Ergebnis sieht dann ungefähr aus wie in Abbildung 18.9.

Daten gegenüberstellen

Abbildg. 18.9 Durch die Darstellung negativer Werte können die Daten nebeneinander gezeigt werden

Jahr	Geschiedene Ehen	Betroffene minderjährige Kinder	Negativer Wert für "Geschiedene Ehen"	Formel
\multicolumn{5}{l}{Scheidungen und davon betroffene minderjährige Kinder in der BRD}				
1960	73.400	67.300	-73.400	=C4*-1
1970	103.900	118.700	-103.900	=C5*-1
1980	141.000	125.000	-141.000	=C6*-1
1990	154.800	118.300	-154.800	=C7*-1
2000	194.400	148.200	-194.400	=C8*-1
2003	214.000	170.300	-214.000	=C9*-1
2004	213.700	169.000	-213.700	=C10*-1

Scheidungen und davon betroffene minderjährige Kinder in der BRD

213.700	169.000	2004
214.000	170.300	2003
194.400	148.200	2000
154.800	118.300	1990
141.000	125.000	1980
103.900	118.700	1970
73.400	67.300	1960

Dieses Beispiel finden Sie auf dem Arbeitsblatt *Negative Werte* in der Datei *Kap18.xlsx* im Ordner *\Buch\Kap18* auf der CD-ROM zu diesem Buch.

Zweite Möglichkeit: Zusätzliche Daten verwenden

Eine Information ist im vorigen Beispiel verloren gegangen: Wo sind die Jahreszahlen geblieben, die eine Zuordnung der Daten ermöglichen? Durch die Beschriftung der Rubrikenachse (X) können Sie zwar die Jahreszahlen einblenden, aber so richtig gut sieht das Diagramm damit nicht aus. Mal sehen, ob das nicht noch besser geht.

Das folgende Beispiel finden Sie auf dem Arbeitsblatt *Gegenüberstellung* in der Datei *Kap18.xlsx* im Ordner *\Buch\Kap18* auf der CD-ROM zu diesem Buch.

Wenn Sie im Diagramm nicht mit irgendwelchen statischen Zeichenobjekten arbeiten wollen, dann werden zusätzliche Daten benötigt, die in einer Tabelle berechnet werden. Die Überlegung, die dahinter steht, ist die, in einem gestapelten Balkendiagramm zusätzliche Datenreihen zu zeichnen. Diese Datenreihen sollen den Abstand zur Rubrikenachse (X) – genauso wie ein gleichmäßig breites

Feld – für die Beschriftung dieser Achse erstellen und damit ein übersichtliches Diagramm ermöglichen.

Während im vorigen Beispiel, ausgehend von der Rubrikenachse (X), eine Datenreihe nach links und die andere nach rechts gezeichnet wurde, können in diesem Beispiel alle Datenreihen auf der gleichen Seite dargestellt werden. Dazu wird dann eine Reihe sozusagen als Abstandshalter zur Achse verwendet. Diese Reihe wird in Zelle *E4* mit der Formel =MAX($C$4:$C$10)-C4 berechnet. Kopieren Sie diese Formel über den gesamten Bereich nach unten. Sie berechnet den Unterschied zwischen dem Maximum aus dem Bereich *C4:C10* und dem Wert aus Spalte *C* der jeweiligen Zeile. Für das Maximum selbst ist dieser Wert gleich *0*. Die so erzeugte Datenreihe wird später im Diagramm ausgeblendet.

Nun benötigen Sie noch eine Datenreihe, die genügend Platz für die Beschriftung mit den Jahreszahlen lässt. Dazu tragen Sie einen Wert in die Zelle *F3* ein, z.B. »70000«. Je nach verwendeter Schriftgröße können Sie auch einen anderen Wert verwenden. In die Zellen *F4:F10* tragen Sie die Formel =$F$3 ein. Alle Zellen liefern damit den gleichen Wert. Dass die Zelle *F3* in Abbildung 18.11 einen Text anzeigt, liegt an dem hier verwendeten Zahlenformat *Beschriftung*, das den Text statt des eigentlichen Zellinhalts anzeigt.

Die Tabelle ist damit vorbereitet, Sie können jetzt mit der Erstellung des Diagramms beginnen.

1. Markieren Sie den Bereich *C4:F10*.
2. Klicken Sie auf der Registerkarte *Einfügen* in der Gruppe *Diagramme* auf *Balken* und markieren Sie den zweiten Diagrammuntertyp *Gestapelte Balken*.
3. Auf der Registerkarte *Entwurf* der Multifunktionsleiste wählen Sie in der Gruppe *Daten* den Befehl *Daten auswählen*.
4. Markieren Sie eine Datenreihe über die Schaltfläche *Nach oben*, bis die Reihenfolge wie in Abbildung 18.10 erreicht ist.

Abbildg. 18.10   In der hier eingestellten Reihenfolge werden die Daten im Diagramm gezeichnet

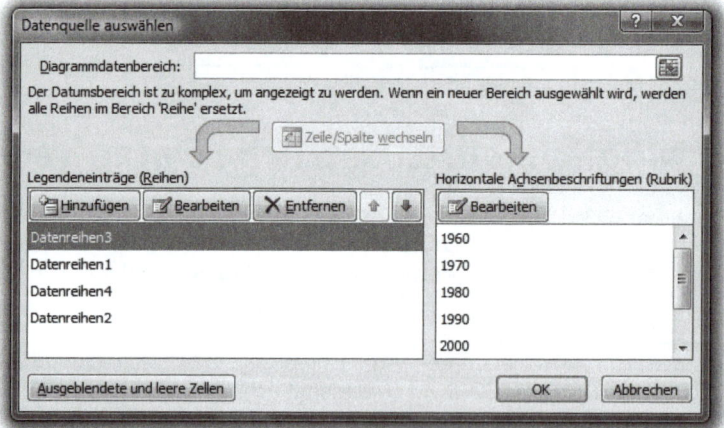

5. In der Gruppe *Horizontale Achsenbeschriftungen (Rubrik)* klicken Sie auf die Schaltfläche *Bearbeiten*.
6. Legen Sie den Bereich auf *B4:B10* fest.

7. Schließen Sie alle Dialogfelder mit *OK*.

Wenn Ihnen die Balken zu schmal sind, ändern Sie die *Abstandsbreite*, wie weiter oben beschrieben, und stellen Sie damit mehr Raum für breitere Balken zur Verfügung.

Abbildg. 18.11 Während die erste Datenreihe ausgeblendet wird, wird die dritte Datenreihe angezeigt, um die Jahreszahlen der Rubrikenachse darzustellen

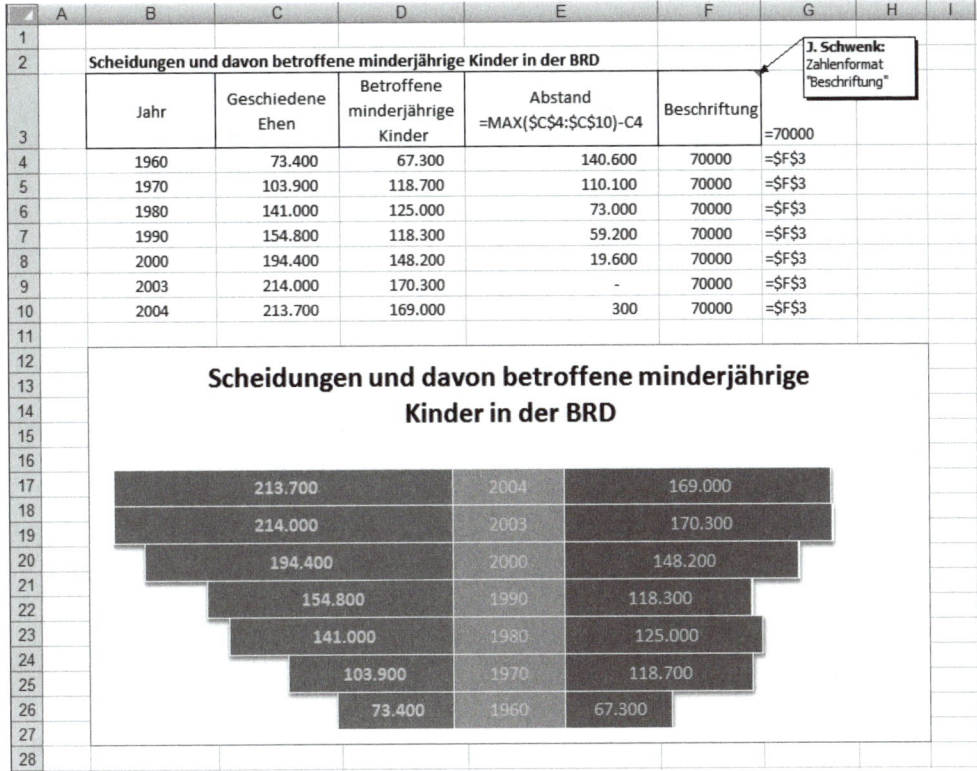

Mit Hilfslinien den Break-Even-Point ablesen

Beim Produzieren oder Verkaufen von Waren ist es wichtig zu wissen, wann die Gewinnschwelle erreicht wird. Man möchte also eine Antwort auf die Frage erhalten, wann sich die Kosten und der Erlös die Waage halten. Werden dann noch mehr Waren produziert oder verkauft, wird die Gewinnschwelle (auch Break-Even-Point) überschritten und das Unternehmen kann Gewinne verbuchen.

Wenn Sie ein Gewinnschwellen-Diagramm erstellen, kann der Break-Even-Point manchmal nicht ganz so einfach abgelesen werden. Schön wäre hier eine Unterstützung in der Form, dass eine Hilfslinie auf die beiden Achsen gezeichnet wird (vgl. Abbildung 18.13). Das folgende Beispiel zeigt, wie Sie solche Linien einzeichnen können. Dabei sollen die Linien nicht mit den Zeichenfunktionen erstellt werden. Solche Linien sind starr an einer bestimmten Position. Berechnete Linien haben dagegen den Vorteil, dass sie sich dynamisch an geänderte Daten anpassen.

Mit Namen die Hilfswerte berechnen

Die Werte für die Berechnung der Hilfslinien können in einer Tabelle ermittelt werden. Wenn Sie diese Werte nicht unbedingt anzeigen wollen, können Sie die Berechnung auch vollständig über Namen erledigen. Mehr zum Thema »Namen« finden Sie in Kapitel 19.

Rufen Sie also zunächst über *Formeln/Namen definieren* das Dialogfeld *Neuer Name* auf und legen Sie die Namen entsprechend der Tabelle 18.2 fest.

Tabelle 18.2   Mit Hilfe dieser Namen werden die Hilfslinien im Diagramm gezeichnet

Name	Bezieht sich auf
Breakerlös	=AUFRUNDEN($C$5/($C$3-$C$4);0)*$C$3
Breakmenge	=AUFRUNDEN($C$5/($C$3-$C$4);0)
BreakX	=Breakmenge*N(ZEILE($A$1:$A$2)>0)
BreakY	=Breakerlös*(ZEILE($A$1:$A$2)-1)
x2Werte	=Breakmenge*(ZEILE($A$1:$A$2)>1)
xWerte	=Breakmenge*(ZEILE($A$1:$A$2)>0)
y2Werte	=Breakerlös*N(ZEILE($A$1:$A$2)>0)
yWerte	=Breakerlös*N(ZEILE($A$1:$A$2)>1)

Ein Punktdiagramm erstellen

Um die Daten Ihrer Analyse in einem Diagramm darzustellen, bietet sich das Punktdiagramm an. Jeder einzelne Punkt in einem solchen Diagramm stellt das Ergebnis Ihrer Berechnungen grafisch dar und verbindet so die Produktionsmenge, die Kosten und damit letztlich auch den Erlös. Aber auch wenn Sie spezielle Objekte in einem Diagramm zeichnen wollen, dann ist das XY-Diagramm erste Wahl. Es bietet von allen Diagrammtypen die meiste Flexibilität zur Darstellung persönlicher Anpassungen mit berechneten Datenreihen.

Sind die Daten wie in Abbildung 18.13 angeordnet, erstellen Sie ein XY-Diagramm wie folgt:

1. Markieren Sie zunächst den Bereich *E7:G13*.
2. Wählen Sie den Diagrammtyp *Punkt* und hier den Diagrammuntertyp 5 *Punkte mit geraden Linien* aus.

Jetzt geht es darum, die Hilfslinien zu zeichnen. Und so fügen Sie dem eben erstellten Diagramm eine neue Datenreihe für die Hilfslinie hinzu:

1. Aktivieren Sie das Diagramm.
2. Rufen Sie auf der Registerkarte *Entwurf* in der Gruppe *Daten* den Befehl *Daten auswählen* auf.
3. Im Dialogfeld *Datenquelle auswählen* klicken Sie auf die Schaltfläche *Hinzufügen*.
4. Im Dialogfeld *Datenreihe bearbeiten* nehmen Sie die Einstellungen wie in Abbildung 18.12 vor.
5. Schließen Sie das Dialogfeld *Datenreihe bearbeiten* mit *OK*.

Mit Hilfslinien den Break-Even-Point ablesen

6. Wählen Sie erneut die Schaltfläche *Hinzufügen* und verwenden Sie für die zweite Hilfslinie entsprechend für die X-Werte den Bereich *K12:K13* und für die Y-Werte den Bereich *L12:L13*.
7. Schließen Sie die Dialogfelder mit *OK*.

Abbildg. 18.12 Für die neue Datenreihe wird hier der Bezug zu den Daten eingestellt

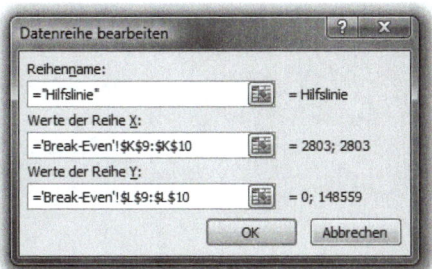

> **WICHTIG**   Wenn Sie Namen statt der Zellbezüge in die Eingabefelder eintragen, müssen Sie den Namen der Arbeitsmappe einschließen, um eine Fehlermeldung zu vermeiden. In der zum Zeitpunkt der Erstellung dieses Buches vorliegenden Excel-Version ist allerdings ein Fehler enthalten. Dieser verhindert für *Werte der Reihe Y* die Verwendung von Namen. Für *Werte der Reihe X* dagegen ist die Verwendung von Namen erlaubt.
>
> Wenn Sie dennoch lieber Namen verwenden wollen, speichern Sie eine Kopie Ihrer Datei im Dateiformat *Excel 97-2003*. Führen Sie die Änderungen am Diagramm durch und konvertieren Sie die Datei anschließend in das neue Dateiformat.

Das fertige Diagramm mit den Hilfslinien für den Break-Even-Point zeigt die Abbildung 18.13.

 Dieses Beispiel finden Sie auf dem Arbeitsblatt *Break-Even* in der Datei *Kap18.xlsx* im Ordner *\Buch\Kap18* auf der CD-ROM zu diesem Buch. Damit Sie die Berechnungen mit verschiedenen Stückpreisen und Stückkosten durchprobieren können, werden in diesem Beispiel Drehfelder verwendet. Damit lassen sich Daten komfortabel in Zellen eintragen. Mehr zu Steuerelementen erfahren Sie in Kapitel 13.

> **HINWEIS**   Das Beispiel geht davon aus, dass sich innerhalb der gewählten Daten auch ein Break-Even-Point ermitteln lässt, also dass sich die Erlöskurve und die Linie der Gesamtkosten im gewählten Bereich schneiden.

Abbildg. 18.13 Die Hilfslinien erleichtern das Ablesen des Break-Even-Point

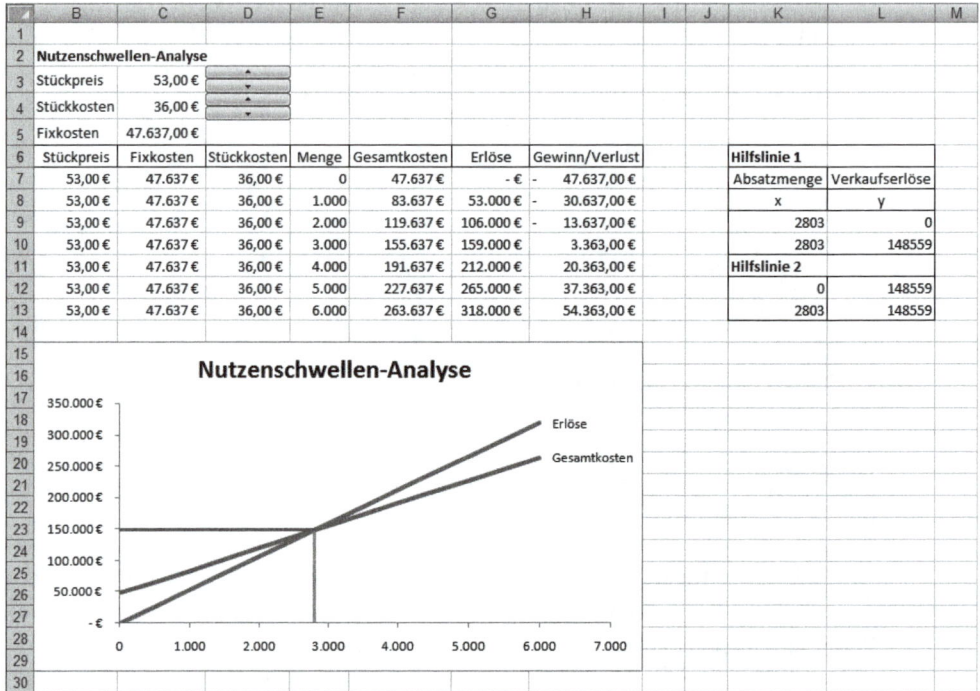

Eine einzelne Datenbeschriftung hervorheben

Obwohl ein Diagramm allein schon die Eigenschaft hat, Daten anschaulich zu präsentieren, kommt doch oft der Wunsch auf, einen bestimmten Datenpunkt besonders hervorzuheben. In Balkendiagrammen wird häufig ein bestimmter Wert durch eine besondere Formatierung hervorgehoben – etwa, weil auf diesen Wert in einem Textbeitrag Bezug genommen wird oder um einen allgemeinen Vergleichswert darzustellen. In Kapitel 17 haben Sie gesehen, wie Sie einen einzelnen Datenpunkt markieren und formatieren können. Aber wie können Sie eine solche besondere Formatierung erreichen, die sich dynamisch anpasst?

Nicht nur die einzelnen Balken eines Diagramms, sondern auch die Beschriftungen können fast beliebig formatiert werden. Allerdings haben solche Formatierungen den Nachteil, dass diese sich geänderten Daten nicht anpassen. Im folgenden Beispiel soll die Formatierung aus den Daten übernommen werden und damit beliebig einstellbar sein.

 Dieses Beispiel finden Sie auf dem Arbeitsblatt *Hervorheben* in der Datei *Kap18.xlsx* im Ordner *\Buch\Kap18* auf der CD-ROM zu diesem Buch.

Daten berechnen

Auch für diese Lösung benötigen Sie eine Datengrundlage, die zunächst in der Tabelle ermittelt wird. In Zelle *D3* aus Abbildung 18.14 wird mit der Formel =WENN(B3=$C$29;C3;NV()) ein Vergleich durchgeführt. Wenn das Land, das in Spalte *B* eingetragen wurde, mit dem in Zelle *$C$29* (absoluter Bezug!) eingetragenen Land übereinstimmt, wird der Prozentsatz angezeigt. Diese Formel können Sie nach unten kopieren. Für ein Land sollte anschließend der Prozentsatz angezeigt werden.

Das Balkendiagramm erstellen

Erstellen Sie zunächst ein Balkendiagramm mit den folgenden Schritten:
1. Markieren Sie den Bereich *B3:D27*.
2. Erstellen Sie über die Multifunktionsleiste mit *Einfügen/Balken* ein gruppiertes Balkendiagramm.
3. Entfernen Sie alle Gitternetzlinien und die Legende sowie die *Horizontal (Wert) Achse*, indem Sie diese markieren und die `Entf`-Taste drücken.
4. Auf der Registerkarte *Layout* der Multifunktionsleiste wählen Sie im Befehl *Datenbeschriftungen* die Option *Zentriert*.

Damit ist das vorläufige Diagramm fertig. Jetzt sollen die speziellen Formatierungen der Beschriftung vorgenommen werden:
1. Wählen Sie auf der Registerkarte *Layout* der Multifunktionsleiste im Listenfeld *Diagrammelemente* die Datenbeschriftung der zweiten Datenreihe aus.
2. Rufen Sie den Befehl *Auswahl formatieren* auf und wechseln Sie zur Kategorie *Beschriftungsoptionen*.
3. Aktivieren Sie das Kontrollkästchen *Kategoriename* und deaktivieren Sie *Wert*.
4. Wählen Sie für *Beschriftungsposition* die Option *Zentriert* aus.
5. Wählen Sie über das Symbol *Diagrammelemente* die Datenbeschriftung der ersten Datenreihe aus und aktivieren Sie im Dialogfeld *Datenbeschriftungen formatieren* in der Kategorie *Beschriftungsoptionen* die Beschriftungsposition *Ende außerhalb*.
6. Wählen Sie im Listenfeld *Diagrammelemente* den Eintrag *Datenreihen1*.
7. Im Dialogfeld *Datenreihen formatieren* wechseln Sie zur Kategorie *Reihenoptionen*.
8. Stellen Sie die *Reihenachsenüberlagerung* auf 100% und die *Abstandsbreite* auf den Wert 20.
9. Aktivieren Sie die *Vertikal (Kategorie) Achse* und aktivieren Sie im Dialogfeld *Achse formatieren* in der Kategorie *Achsenoptionen* das Kontrollkästchen *Kategorien in umgekehrter Reihenfolge*.
10. Löschen Sie anschließend diese Achse mit der `Entf`-Taste.
11. Schließen Sie das Dialogfeld *Achse formatieren*.

Nun haben Sie das Ziel erreicht: Ändern Sie das Land in Zelle *C29*, wird der neue Eintrag im Diagramm hervorgehoben. Bei jedem Wechsel wird die besondere Formatierung auf die ausgewählte Rubrik angewendet.

Kapitel 18 Fortgeschrittene Diagrammtechniken einsetzen

Abbildg. 18.14 In diesem Diagramm wird dasjenige Land hervorgehoben, das Sie in der Zelle *C29* eingetragen haben

Dieses Beispiel verwendet für den schnellen Wechsel zwischen den einzelnen Ländern in der Zelle *C29* ein *ActiveX-Steuerelement*. Die Eigenschaft *LinkedCell* zeigt auf die Zelle *C29*, die Eigenschaft *ListFillRange* auf den Bereich *B3:B27*. Mehr zum Thema Steuerelemente finden Sie in Kapitel 13.

Übersicht, Details und Struktur in einem Diagramm zeigen

Bei der Auswertung von Umsatz- und Absatzzahlen interessiert an erster Stelle, ob Wachstum, Stagnation oder Rückgang zu verzeichnen sind. Doch für tiefer gehende Analysen bedarf es weiterer Informationen, die Umsatz- bzw. Absatzentwicklung näher beleuchten.

Drei Informationen in einem Diagramm

Nachfolgend soll es am Beispiel eines Hardware-Vertriebs darum gehen, in einem Diagramm Auskunft über drei Sachverhalte bei der Betrachtung des Umsatzes von tragbaren Computern zu geben:

- Wie hat sich der Gesamtumsatz für tragbare Computer in den letzten vier Quartalen entwickelt? Hier geht es um die Übersicht.

- Wie sind die Umsatzzahlen für zwei ausgewählte Produkte (Notebook und Tablet PC) mit besonderem Wachstumspotenzial? Hier geht es um Details.

Übersicht, Details und Struktur in einem Diagramm zeigen

- Welchen Anteil haben diese beiden Produkte am Gesamtumsatz und wie ist das Mengenverhältnis beider Produkte zueinander? Hier geht es um einen strukturellen Vergleich.
- Alle drei Aussagen sollen in einem Diagramm sichtbar gemacht werden:
    - Der Gesamtumsatz pro Quartal sollen in je einer Säule dargestellt werden.
    - Die Umsatzzahlen für die beiden ausgewählten Produkte sollen direkt daneben in einer zweiten Säule angezeigt werden, und zwar unterteilt in Notebook und Tablet PC.
    - Beide Säulen sollen in einer Gruppe erscheinen, bevor nach einem Zwischenraum die Gegenüberstellung für das nächste Quartal folgt.

In Abbildung 18.15 sehen Sie den Aufbau eines solchen Diagramms. Es ist ein Säulendiagramm, das sowohl gestapelte wie auch nicht gestapelte Säulen enthält.

Abbildg. 18.15 Die Zahlen zu Gesamtabsatz, Absatz jedes der zwei Produkte und einem direkten Vergleich der beiden Produkte werden sichtbar

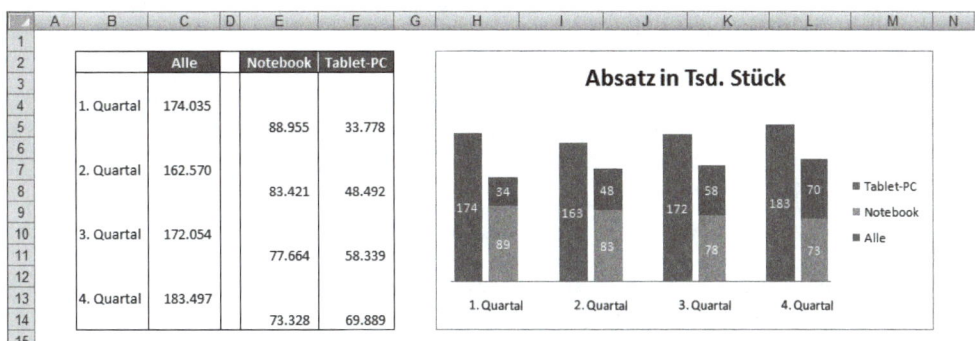

Wichtige Vorarbeit: Die besondere Anordnung der Daten

Entscheidend für das Erstellen des gewünschten Diagramms ist die besondere Anordnung der Daten. Sie muss sowohl das Stapeln der Säulensegmente wie auch die Zwischenräume zwischen den Gruppen (hier Quartale) ermöglichen.

Da als Diagrammtyp gestapelte Säulen benötigt werden, müssen pro Datenserie je zwei Werte eingegeben werden. Bei den Gesamtumsätzen bleiben die Zellen für die zweite Information leer, denn hier wird ja tatsächlich nur ein Wert gebraucht und dargestellt. Bei den beiden ausgewählten Produkten werden beide Zahlen eingetragen – die für Notebooks und Tablet PCs. In Abbildung 18.15 sehen Sie die spezielle Anordnung der Informationen. Es werden Daten für vier Quartale eingetragen.

Das Diagramm erstellen

Fertigen Sie das Basis-Diagramm mit den folgenden Schritten an:
1. Geben Sie zunächst die Daten so wie in Abbildung 18.15 gezeigt ein.

2. Markieren Sie den Bereich *B2:F14* und klicken Sie auf der Registerkarte *Einfügen* auf den Befehl *Säule* und als Untertyp *Gestapelte Säulen*.
   3. Wählen Sie in der Befehlsgruppe *Diagrammlayouts* das *Layout4*.

Jetzt beginnen die Nacharbeiten. Führen Sie folgende Schritte aus, um das optische Erscheinungsbild des Diagramms zu verbessern:

   1. Markieren Sie eine der Säulen und rufen Sie mit dem Befehl *Auswahl formatieren* auf der Registerkarte *Layout* das Dialogfeld zum Formatieren auf.
   2. Zeigen Sie die *Reihenoptionen* an und verringern Sie im Feld *Abstandsbreite* den Wert auf *20*. Damit werden die zusammen gehörenden Säulen ganz dicht aneinander gerückt.
   3. Ändern Sie den Diagrammtitel in »*Absatz in Tsd. Stück*«.
   4. Legen Sie nun noch ein benutzerdefiniertes Zahlenformat fest, das die Zahlen der Datenbeschriftungen um drei Stellen verkürzt. Markieren Sie eine Datenbeschriftung und rufen Sie mit *Auswahl formatieren* das Dialogfeld zum Formatieren auf. Wechseln Sie zur Kategorie *Zahl*, klicken Sie unter *Kategorien* auf den Eintrag *Benutzerdefiniert* und tragen Sie in das Eingabefeld das folgende Zahlenformat ein: *#.##0,*.
   Der Punkt hinter der zweiten Null bewirkt, dass die Zahlen um drei Stellen verkürzt werden. Mehr zu benutzerdefinierten Zahlenformaten erfahren Sie in Kapitel 10.
   5. Markieren Sie nacheinander die anderen Datenbeschriftungen und wiederholen Sie die Änderungen.
   6. Klicken Sie eine Datenbeschriftung mit der rechten Maustaste an, können Sie über die Minisymbolleiste des Kontextmenüs auch die Schriftfarbe einstellen, so dass der Text deutlich hervortritt.

Abbildg. 18.16   Wie immer hilft das Kontextmenü mit der neuen Minisymbolleiste beim schnellen Ändern von Formateinstellungen

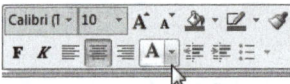

Die fertige Lösung finden Sie auf der CD-ROM zu diesem Buch im Ordner *\Buch\Kap18* in der Arbeitsmappe *Kap18.xlsx* auf dem Arbeitsblatt *Absatz*.

Bilder in Liniendiagrammen verwenden

Statistiken werden meist mit Säulen-, Balken- oder Liniendiagrammen dargestellt. Geht es dabei um Produkte, wirken die Diagramme wesentlich ansprechender, wenn Sie Bilder oder Piktogramme des Produkts verwenden.

Produktbilder in Diagramme einbauen

Das Einbinden solcher Bilder ist bei zweidimensionalen Säulen- und Balkendiagrammen mit relativ wenigen Schritten machbar. Das betreffende Bild wird in die Zwischenablage kopiert (Strg + C), dann wird die Datenreihe per Mausklick markiert, das Bild wird (mit Strg + V) eingefügt und

Bilder in Liniendiagrammen verwenden

ersetzt Säulen bzw. Balken. Das anschließende Einpassen und die Wahl der richtigen Skalierung sind jedoch teilweise recht problematisch.

Eine Alternative sind hier Liniendiagramme, wo sich anstelle der Markierungen für die Datenpunkte auf den Linien Produktbilder maßstabsgerecht einbinden lassen.

Im folgenden Beispiel will ein Hardware-Hersteller für den Zeitraum 2000 bis 2006 den Absatztrend für die Produkte Notebook und PDA in je einem Liniendiagramm aufzeigen. Dabei sollen bildhafte Darstellungen der beiden Produkte zum Einsatz kommen, welche die Liniendiagramme optisch aufwerten. Die Abbildung 18.17 zeigt ein Beispiel für ein Liniendiagramm mit einer bildhaften Produktdarstellung.

Die Aufgabe besteht darin, für jedes der beiden Produkte eine solche bebilderte Absatzkurve zu erstellen.

Abbildg. 18.17 Die Daten sollen in einem Diagramm angezeigt werden, das eine Grafik für die Produkte zeigt

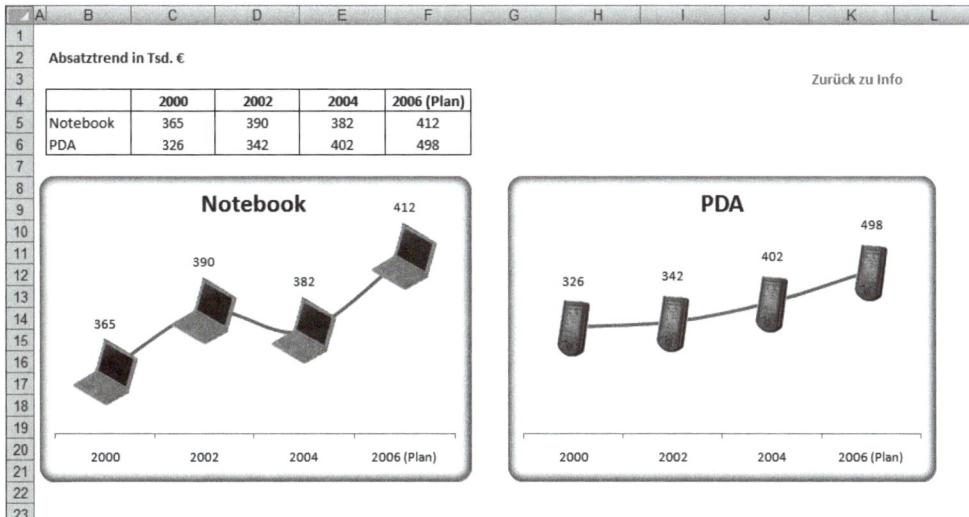

Das Basisdiagramm anfertigen

Fügen Sie zunächst über die Befehlsfolge *Einfügen/Grafik* passende Bilder zu den darzustellenden Produkten ein und bringen Sie diese auf die für das Diagramm erforderliche Größe. Sie können auch die Funktion *Einfügen/ClipArt* nutzen, um beispielsweise im Internet nach passendem Bildmaterial zu suchen.

 Die fertige Lösung finden Sie auf der CD-ROM zu diesem Buch im Ordner \Buch\Kap18 in der Datei *Kap18.xlsx* auf dem Arbeitsblatt *Linien mit Bildern*. Neben dem Liniendiagramm sind die beiden Bilder abgelegt.

Mit den nachfolgenden Schritten erstellen Sie die beiden Diagramme:
1. Geben Sie zunächst die in Abbildung 18.17 gezeigten Informationen und Daten ein.

2. Markieren Sie zum Anfertigen der Umsatzkurve für *Notebooks* den Zellbereich *B4:F5* und erstellen Sie über *Einfügen/Linie* ein Liniendiagramm vom Untertyp *Linie mit Datenpunkten*.
3. Auf der Registerkarte *Entwurf* wählen Sie in der Gruppe *Diagrammlayouts* das *Layout 4*.
4. Entfernen Sie die *Legende* und die *Vertikal (Wert) Achse*, indem Sie diese Elemente markieren und die Entf -Taste drücken.
5. Wählen Sie auf der Registerkarte *Layout* in der Gruppe *Beschriftungen* den Befehl *Datenbeschriftungen/Über*.
6. Markieren Sie nun das zur Verfügung stehende Bild (im Beispiel ist es das Bild vom Notebook) und kopieren Sie dieses mit Strg + C in die Zwischenablage.
7. Markieren Sie die Datenlinie und fügen Sie die Grafik mit Strg + V aus der Zwischenablage ein.

Das zweite Diagramm schnell erstellen

Der Aufwand zum Anfertigen des zweiten Diagramms ist sehr gering:
1. Aktivieren Sie das erste Diagramm.
2. Drücken Sie die Tastenkombination Strg + C , um das Diagramm in die Zwischenablage zu kopieren.

Abbildg. 18.18 Alternativ kann im Dialogfeld *Datenreihen formatieren* eine Grafik ausgewählt und eingefügt werden

3. Aktivieren Sie eine beliebige Stelle in der Tabelle und drücken Sie die Tastenkombination `Strg`+`V`, um das Diagramm aus der Zwischenablage einzufügen.
4. Ändern Sie über *Daten auswählen* den Datenbereich für das neue Diagramm auf *B6* und *C6:F6*.
5. Schließen Sie das Dialogfeld *Datenquelle auswählen*.
6. Markieren Sie das zweite Produktbild und kopieren Sie es mit `Strg`+`C` in die Zwischenablage.
7. Markieren Sie die Datenlinie und fügen Sie das Bild mit `Strg`+`V` ein.

Zum Einfügen von Grafiken können Sie auch das Dialogfeld *Datenreihen formatieren* verwenden. Wenn Sie diesen Weg gehen wollen, sollten Sie die Ausdehnungen der Grafik kennen oder Sie passen diese über die *Dehnungsoptionen* an (siehe Abbildung 18.18). Der etwas umständlich anmutende Weg über die Zwischenablage hat den Vorteil, dass Sie die Grafik im Tabellenblatt durch Ziehen mit der Maus an die gewünschte Größe anpassen können.

Trends im Diagramm

Zeitreihenanalysen und damit verbundene Trendberechnungen und -darstellungen sind ein bewährtes Mittel, um hinter die Zusammenhänge verschiedener Erscheinungen der realen Welt zu schauen. Dabei wird die Zeit als mittelbare Erklärung bestimmter Effekte herangezogen und gelegentlich der Versuch unternommen, in die Zukunft zu blicken. So können Unternehmer im Hotel- und Gaststättengewerbe darauf vertrauen: Mit der Urlaubszeit wachsen die Umsätze. Dabei ist es unerheblich, warum die Kunden Urlaub machen, es reicht einfach zu wissen, dass die Monate Juli und August (als Beispiel) heranrücken. Das wird auch im nächsten Jahr so sein, wenn nicht Unwetter, Streiks bei Bahn bzw. Fluggesellschaft oder simple Verkehrsbehinderungen durch Straßenbau den Weg zu den Restaurants bzw. Hotels erschweren.

Der Begriff der Zeitreihe

Excel ist sehr mächtig bei der Unterstützung von Zeitreihenanalysen. Dennoch sind ein paar Vorkenntnisse notwendig, um grobe Fehler zu vermeiden. Eine »Zeitreihe« ist die Entwicklung eines Merkmals von Objekten der statistischen Untersuchung, dessen Werte im zeitlichen Ablauf (Zeitpunkte, Intervalle) erfasst und dargestellt werden. Das sollte wünschenswerter Weise mit Hilfe einer Funktion der Form

$y=f(t)$

(y beschreibt den Wert des Merkmals, t ist die Zeit) geschehen. Damit entstehen aber sofort Fragen:

- Welcher Ansatz soll für die Funktion *f* genommen werden? Um möglichst schnell zum Erfolg zu kommen, hat sich z.B. in betriebs- und volkswirtschaftlichen Aufgabenstellungen durchgesetzt, *f* als Funktion des Trends *T* (langfristige Entwicklungen), der zyklischen Komponente *Z* (Entwicklungen im Zeitraum von fünf bis zehn Jahren), der saisonalen Komponente *S* (Erscheinungen, die auf monatlichen Beobachtungen beruhen) sowie einer Restkomponente *R* (diese beinhaltet die Unwägbarkeiten) zu verstehen. Dabei werden in der Praxis noch *T* und *Z* zur so genannten »glatten« Komponente, die wieder *T* heißen soll, zusammengefasst und die Restkomponente weggelassen.

- Wie sollen die Komponenten der Zeitreihe verknüpft werden? Hier haben sich zwei Ansätze durchgesetzt: additive Verknüpfung in der Form *y=T+S* und multiplikative Verknüpfung in der Form *y=T*S=T*(1+s/100)*. Die erste Form besagt, dass sich Schwankungen um den Trend immer in gleichen Größenordnungen bewegen. Die zweite sagt aus: Je größer die Trendwerte, desto größer auch die möglichen Abweichungen. Welche Art der Verknüpfung vorliegt, lässt sich oft aus der grafischen Darstellung der Daten (Diagramm) »erahnen«.

Die Wahl des richtigen Diagrammtyps

Excel bietet mit den Typen *Säulendiagramm* und *Liniendiagramm* so genannte Rubrikendiagramme an (auch Flächendiagramme und Balkendiagramme gehören zu dieser Art). Deren Besonderheit besteht darin, dass die Abstände der Datenpunkte auf der Rubriken- oder X-Achse stets gleich sind, unabhängig von der von Ihnen gewählten Beschriftung. Excel vergibt für die Punkte der Rubriken intern die Werte 1, 2, 3 usw. und rechnet in den Trendformeln (Abbildung 18.21) auch mit diesen Werten.

Punkt (XY)-Diagramme sind die aus der Schulmathematik bekannten Diagramme zum Darstellen funktionaler Zusammenhänge.

Linien- und Punkt (XY)-Diagramme können mit und ohne Linien zwischen den die Merkmalsgröße charakterisierenden Punkten dargestellt werden. Die Punkte selbst können Sie außerdem deutlich mit einer Markierung versehen. Oftmals macht es keinen Sinn, Werte einer Zeitreihe, die zu Zeitpunkten oder -intervallen erfasst wurden, mit Linien zu versehen. Haben Sie etwa die monatlichen Gesamtumsätze einer Gaststätte statistisch erfasst, würden Linien zwischen den Punkten am Monatsende suggerieren, dass sich der Umsatz in den Grenzen zwischen zwei Punkten bewegt. In Wirklichkeit startet aber der Umsatz eines Monats stets bei Null. Dies durch Linien darzustellen, ist allerdings etwas ungebräuchlich, also sollten Sie die Linien ganz weglassen.

Das Beispiel

Das Statistische Bundesamt veröffentlicht regelmäßig monatlich (naturgemäß mit etwas Verspätung) den Preisindex der Lebenshaltung. In Abbildung 18.19 sehen Sie einen Auszug.

> **TIPP** Sie können diese Zahlen sehr schnell in eine Arbeitsmappe importieren. Richten Sie dazu mit *Daten/Externe Daten abrufen/Aus dem Web* eine Anfrage an *http://www.destatis.de/indicators/d/vpi001ad.htm* und wählen den gewünschten Teil der HTML-Tabelle aus. Die Zahlen im Original sind allerdings jährlich absteigend geordnet. Entfernen Sie unter *Eigenschaften* der Verbindung den Haken bei *Abfragedefinition speichern* (vgl. hierzu Kapitel 30 – dort erfahren Sie mehr zu Webabfragen), nummerieren Sie in einer Hilfsspalte die Zeilen mit den Daten und lassen Sie die Tabelle nach der Hilfsspalte in absteigender Richtung sortieren. Mehr zum Thema Sortieren zeigt Kapitel 20.

Abbildg. 18.19 Ein Auszug aus den Veröffentlichungen des Statistischen Bundesamtes zum Preisindex

Jahr	Monat	Wert
2001	Jul	102,5
	Okt	102,0
2002	Jan	102,9
	Apr	103,3
	Jul	103,7
	Okt	103,3
2003	Jan	104,0
	Apr	104,3
	Jul	104,6
	Okt	104,5
2004	Jan	105,2
	Apr	106,0
	Jul	106,5
	Okt	106,6
2005	Jan	106,9
	Apr	107,7
	Jul	108,6
	Okt	109,1
2006	Jan	109,1
	Apr	109,9

Sie sind im Weiteren an der Darstellung der Daten in einem Diagramm mit Einzeichnung der Trendfunktion und einer Zukunftsprognose für die zweite Hälfte des Jahres 2006 interessiert.

Der optische Trend

Das einfachste Verfahren der Trendermittlung ist das Einzeichnen eines optischen Trends. Dazu zeichnen Sie in gewissen Hoch- und Tiefpunkten der Datenmenge mehr oder weniger parallele Linien in das Diagramm, zwischen denen sich alle Datenpunkte befinden. Es entsteht ein Korridor, in dessen Mitte der Trend als langfristige Entwicklungslinie verlaufen sollte.

Verwenden Sie ein Liniendiagramm »ohne Linien«. Skalieren Sie die Y-Achse, so dass nicht zu viel Platz verschenkt wird. Dazu markieren Sie diese Achse und gehen zur Registerkarte *Diagrammtools/ Format*, um dort *Auswahl formatieren* anzuklicken. Wählen Sie ein festes *Minimum* bzw. *Maximum* unter den *Achsenoptionen*. Außerdem wählen Sie den Schnittpunkt der Y-Achse mit der Rubrikenachse so, dass er nicht zwischen den Rubriken schneidet. Für diese Einstellung formatieren Sie die X-Achse und wählen die *Achsenoption Positionsachse* (das meint die Position der vertikalen Achse und deren Verschiebungen) als *Auf Teilstrichen*.

Einiges lässt sich aus einer solchen »Skizze« bereits ablesen: Der Trend ist vermutlich linear (zumindest in diesem kurzen Zeitraum), die Verknüpfung mit der saisonalen Komponente ist additiv. Der Oktober liegt meist unter, der Juli meist über dem Trend.

Doch es gibt Nachteile dieser Technik:

- Die eingezeichneten Linien sind starr und passen sich nicht an, falls die verwendete Datenmenge irgendwie korrigiert werden muss.
- Ein Blick in die Zukunft durch Verlängerung des Korridors ist auch nur »optischer« Art, oft sind dem Anwender konkrete Zahlen oder Formeln lieber (auch wenn diese qualitativ nicht unbedingt besser sind als der »grobe« optische Trend).

Gleitende Durchschnitte

Gleitende Durchschnitte haben die Aufgabe, eine Trendlinie durch Glättung der Merkmalswerte zu ermitteln. Dies geschieht mittels einer Mittelwertbildung über eine Reihe benachbarter Datenpunkte. Es entstehen folgende Probleme:

- Wie viele Punkte sollen in die Mittelwertbildung einbezogen werden? Bei Daten, deren Abstand Jahre zählt, reichen vielleicht drei oder fünf Punkte aus, bei der Aktienkursanalyse, die tägliche Kursdaten berücksichtigt, sind 40 oder gar 200 Punkte zur Glättung üblich.
- An welcher Stelle soll der geglättete Wert in das Diagramm eingetragen werden (welcher Zeitpunkt soll also repräsentativ sein)? In der Aktienanalyse ist dies stets der zeitlich letzte Punkt.

Genau Letzteres tut auch Excel. Klicken Sie mit der rechten Maustaste auf einen Punkt der Datenreihe im Diagramm, öffnet sich nach Wahl des Eintrags *Trendlinie hinzufügen* im Kontextmenü ein Dialogfeld. Der letzte Trendtyp unter *Trendlinienoptionen* ist der des gleitenden Durchschnitts, die Anzahl der zur Mittelung heranzuziehenden Perioden ist wählbar. Das Ergebnis kann nicht restlos überzeugen: Man sieht, wie der Durchschnitt der Datenreihe »voraus eilt«. Das fällt im vorliegenden Beispiel besonders auf, da es nur wenige Datenpunkte zur Auswertung gibt.

TIPP Wollen Sie das Ergebnis verbessern, sollten Sie nicht den Automatismus von Excel nutzen, sondern die gleitenden Durchschnitte selbst in einer Hilfsspalte berechnen und im Diagramm anzeigen lassen. Dann haben Sie es in der Hand, in welchen Zeitpunkten die Glättung eingetragen werden soll.

Nachteilig ist auch beim gleitenden Durchschnitt: Sie haben kaum Prognosemöglichkeiten, da Sie den Verlauf des durch die gleitenden Durchschnitte ermittelten Trends formelmäßig nicht in der Hand haben und auch Excel eine Prognose nicht anbietet. Sie müssten also andere Methoden, wie die in der Statistik gebräuchliche Methode der exponentiellen Glättung nutzen, die im Rahmen dieses Buches allerdings nicht besprochen werden kann.

Der lineare Trend

Der lineare Trend beruht auf der Ermittlung einer linearen Funktion (diese zeichnet eine Gerade) der Form

$T(t) = a + b*t$

Da die Excel-Hilfe mit x und y arbeitet, soll abweichend von der Mehrzahl der Lehrbücher zur Statistik der Trend in der Form

$y(x) = m*x + b$

gesucht werden. Die beiden so genannten Normalengleichungen (siehe Abbildung 18.20) entstehen aus der Forderung, dass der Quadratmittelabstand der Datenpunkte zur Trendlinie minimal sein soll.

Abbildg. 18.20 Die Normalengleichungen

$$n \cdot b + m \sum x_i = \sum y_i, \qquad b \sum x_i + m \sum x_i^2 = \sum x_i \cdot y_i$$

Diagramme befreien Sie allerdings von den Rechnungen, so wie es die Funktion *TREND* tut, die sogar die sofortige Auswertung der linearen Funktion in den beobachteten Zeitpunkten sowie in eventuellen Prognosezeitpunkten vornimmt (vgl. hierzu Kapitel 16).

Sie klicken wieder mit der rechten Maustaste auf einen Datenpunkt im Diagramm, wählen im Kontextmenü den Eintrag *Trendlinie formatieren* (das Erscheinen dieses Menüpunktes setzt die Existenz einer bereits eingezeichneten Trendlinie voraus) und entscheiden sich im erscheinenden Dialogfeld für den linearen Trend. In den Optionen zum Trend können Sie nun festlegen,

- welchen Namen Ihr Trend in der Legende erhalten soll,
- wie viele Perioden der Trend in die Zukunft reichen soll und
- ob Sie die Trendformel im Diagramm sehen möchten.

Eine Vorgabe des Schnittpunktes der ermittelten Geraden ist nicht Bestandteil der Trendrechnung sowie auch die Angabe des Bestimmtheitsmaßes wenig Sinn macht. Beides sind Bestandteile der Regressionsrechnung, die mit den gleichen Mitteln wie die Zeitreihenanalyse arbeitet.

Im Ergebnis erhalten Sie eine Darstellung wie in Abbildung 18.21.

Abbildg. 18.21 Automatisch erstellte Trendlinie mit Formel und Zukunftsprognose

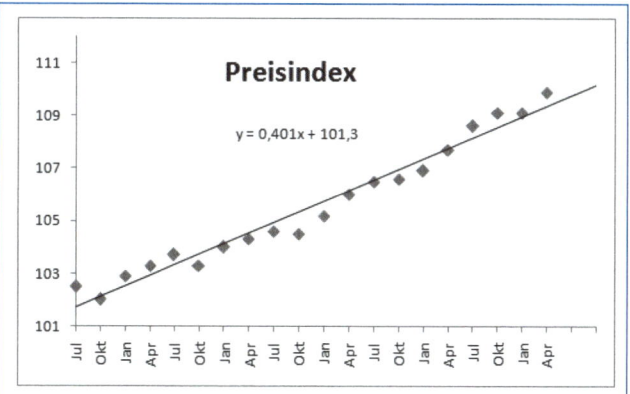

WICHTIG Zwei Dinge sollten Sie unbedingt beachten! Die ermittelte Formel geht davon aus, dass Ihre Zeitpunkte auf der X-Achse mit den Zahlen 1, 2, 3 usw. durchnummeriert sind. Und: Die Prognose ist eine solche für den Trend, nicht für das beobachtete Merkmal. Um etwa den Juli 2006 zu prognostizieren, ermitteln Sie durch Mittelwertbildung, dass der Juli im Durchschnitt um 0,25 über dem Trend liegt. Ein Einsetzen der Zahl 21 (das ist die Periodennummer für Juli 2006) in die Trendformel des Diagramms liefert den Wert 109,72, zu dem Sie nun 0,25 addieren müssen. Es ergibt sich eine Prognose von etwa 110,0. was durch Wert 110,7, den das Bundesamt für Juli 2006 mitteilte, allerdings übertroffen wurde.

Die anderen Trendfunktionen können im Rahmen dieses Handbuchs leider nicht beleuchtet werden. Jedes gute Statistikbuch wird Ihnen aber bei der Erfassung der Möglichkeiten behilflich sein. Nur eine Bemerkung muss noch gemacht werden: Der beim polynomialen Trend (der in Excel *polynomisch* heißt) geforderte Parameter »Reihenfolge« ist eine unglückliche, sich aber seit Jahren hartnäckig haltende Übersetzung für den geforderten *Grad* des Polynoms.

Kapitel 18 Fortgeschrittene Diagrammtechniken einsetzen

Das Beispiel mit den besprochenen Möglichkeiten finden Sie in der Datei *Kap18_Preisindex.xlsx* auf der CD-ROM zum Buch im Ordner *\Buch\Kap18*.

Zusammenfassung

In diesem Kapitel haben Sie einige Beispiele kennen gelernt, mit denen Sie besondere Diagramme erstellen können. Obwohl Diagramme nicht immer die Flexibilität haben, die man sich als Benutzer wünscht, lassen sich doch manche Grenzen durch entsprechende Anordnung der Datengrundlage oder zusätzliche Werte sprengen.

Frage	Antwort
Wie kann ich einen bestimmten Wert in einem Diagramm hervorheben?	Das Beispiel auf Seite 738 zeigt, wie Sie in einem Liniendiagramm einen Kreis um einen Wert zeichnen können.
Ich möchte aus einer Tabelle verschiedene Daten in einem Diagramm darstellen. Allerdings möchte ich erreichen, dass ich dafür nur ein einziges Diagramm erstellen muss. Geht das?	Sie können die im Diagramm anzuzeigenden Daten mit Steuerelementen einstellen. Auf Seite 739 finden Sie dazu ein Beispiel.
Ich möchte ein Diagramm so weitergeben, dass es nicht verändert werden kann. Wie kann ich das erreichen?	Sie können ein Diagramm als Bild kopieren. Auf Seite 745 steht, wie das geht.
Ich möchte ein Diagramm von der Datenreihe lösen. Wie geht das?	Sie können die Bezüge einer Datenreihe in Werte umwandeln. Schlagen Sie dazu auf Seite 746 nach.
Wie kann ich den Break-Even-Point so in ein Diagramm zeichnen, dass dieser sich dynamisch anpasst?	Berechnen Sie dazu die Koordinaten für zwei zusätzliche Hilfslinien, und stellen Sie diese im Diagramm dar. Auf Seite 751 finden Sie dazu ein Beispiel.
Wie kann ich in einem Säulendiagramm neben einer Säule für den Gesamtabsatz noch eine Säule mit der Aufteilung nach Produktgruppen anzeigen?	Mit einer speziellen Anordnung der Daten in der Tabelle werden auf Seite 756 drei Informationen in einem Diagramm dargestellt.
Wie kann ich für die Darstellung von Datenpunkten einer Datenreihe verschiedene Produktbilder verwenden?	Bilder können über die Zuweisung eines Musters oder über die Zwischenablage in Diagrammen verwendet werden. Schlagen Sie dazu auf Seite 758 nach.
Wie kann ich die künftige Entwicklung einer Datenreihe beurteilen?	Excel kann eine Trendlinie einfügen und Sie können dabei festlegen, wie weit diese in die Zukunft reichen soll. Informationen zum Trend in Diagrammen erhalten Sie auf Seite 761.
Was hat es mit gleitenden Durchschnitten auf sich?	Die Methode der gleitenden Durchschnitte wird verwendet, um eine Datenreihe zu glätten. Auf Seite 764 finden Sie hierzu ein Beispiel.
Was steckt hinter einem linearen Trend?	Berechnet eine gerade Linie unter Verwendung der Methode der kleinsten Quadrate. Möglichkeiten und Grenzen des linearen Trends lernen Sie auf Seite 764 kennen.

Teil G
Listenmanagement

In diesem Teil:

Kapitel 19	Mit Namen und Tabellen arbeiten	769
Kapitel 20	Daten sortieren	803
Kapitel 21	Daten filtern	821
Kapitel 22	Datenbank-Funktionen einsetzen	847
Kapitel 23	Teilergebnisse bilden und Daten konsolidieren	865
Kapitel 24	PivotTable und PivotChart einsetzen	883

Dieser Teil informiert Sie über Werkzeuge zur Auswertung großer Datenbestände. Erfahren Sie, welche Möglichkeiten Ihnen Bereichsnamen bieten, die nicht nur beim Markieren von Bereichen, sondern auch beim Rechnen mit Bezügen hilfreich sind. Auch Tabellen – die eine in Excel 2007 stark erweiterte Funktion der bisherigen Listen darstellen – erlauben interessante Anwendungen. Wenn Sie in Formeln Bezüge zu diesen Tabellen aufbauen, dann erfahren Sie hier auch mehr über strukturierte Verweise.

In einem weiteren Kapitel wird Ihnen gezeigt, wie Sie Daten sortieren – in der neuen Version auch nach Farben – und filtern können. Damit ist es möglich, schnell bestimmte Datensätze anzuzeigen oder auch Teilergebnisse zu berechnen. Spezielle Datenbankfunktionen erlauben Ihnen, Daten ganz gezielt nach bestimmten Kriterien einzuschränken, um z.B. eine Summe mit verschiedenen Bedingungen zu berechnen.

Teil G — Listenmanagement

Die mächtigen Werkzeuge PivotTable und PivotChart schließen diesen Teil ab. Diese Instrumente eignen sich hervorragend, wenn es darum geht, bestimmte Daten aus großen Listen anzuzeigen oder in einem Diagramm darzustellen. Mit wenigen Mausklicks erstellen Sie über Auswahlfelder verschiedene Ansichten Ihrer Daten.

Wie Sie sehen, ein richtig spannendes Kapitel. Viel Spaß bei der Lektüre.

Kapitel 19

Mit Namen und Tabellen arbeiten

In diesem Kapitel:

Definition von Namen	770
Namens-Manager für die Verwaltung von Namen	774
Namen in der Praxis einsetzen	785
Mit Tabellen arbeiten	791
Zusammenfassung	801

Kapitel 19 Mit Namen und Tabellen arbeiten

Excel bietet nicht nur reichhaltige mathematische Funktionen für die Berechnung unterschiedlichster Sachverhalte, sondern stellt für die Argumente dieser Funktionen verschiedene Möglichkeiten zur Verfügung. In Kapitel 6 haben Sie bereits die verschiedenen Schreibweisen von Bezügen kennen gelernt. Neben der Verwendung von Zahlen, relativen, absoluten und gemischten Bezügen, ist hier die Verwendung von Bereichsnamen die herausragende Möglichkeit.

Ein Name kann quasi als Stellvertreter für einen Bezug, eine Konstante oder eine Formel verwendet werden. Dieses Kapitel zeigt, wie Sie Namen festlegen und welche Vorteile die Verwendung von Namen bietet.

Außerdem werden Sie in diesem Kapitel erfahren, was es mit der Möglichkeit Tabellen zu definieren auf sich hat. Eine Tabelle ist ein spezieller Namenstyp, der einige Besonderheiten für den komfortablen Umgang mit Daten und besondere Bezugsformen bei deren Auswertung mit Funktionen bietet.

Die hier vorgestellten Beispiele finden Sie in der Datei *Kap19.xlsx* auf der CD-ROM zu diesem Buch im Ordner *\Buch\Kap19*.

Definition von Namen

So, wie jeder von uns durch einen Namen identifiziert werden kann, ist dies auch in Excel: Ein *Name* steht dabei ganz allgemein für ein Objekt. Dieses Objekt kann eine einzelne Zelle, ein Zellbereich, eine Formel, ein eingebettetes Objekt oder ein bestimmter Wert sein. Der Name ist für einen Bereich eindeutig und muss bestimmte Namenskonventionen einhalten.

Es gibt zwei unterschiedliche Namentypen:

- Namen, die Sie als Benutzer erstellen
- Namen, die Excel beim Erstellen von Tabellen automatisch vergibt

Das Namenfeld in der Bearbeitungsleiste verwenden

Wenn ein Objekt markiert ist, steht der von *Excel* verwendete Name im *Namenfeld* der Bearbeitungsleiste. Ist z.B. *C5* die aktive Zelle, steht dort auch genau dieser Bezug. Voraussetzung dafür ist, dass die Anzeige der Bearbeitungsleiste (Befehl *Office-Menü/Excel-Optionen*, Kategorie *Erweitert* in der Gruppe *Anzeige*) nicht deaktiviert ist.

Wenn Sie über *Office-Menü/Excel-Optionen* in der Kategorie *Formeln* das Kontrollkästchen *Z1S1-Bezugsart* aktiviert haben, dann zeigt auch das *Namenfeld* Bezüge in dieser Schreibweise an (für das Beispiel *Z5S3*).

Um eine bestimmte Zelle zu finden, ist die Angabe ihrer Koordinaten eine feine Sache. So befindet sich die Zelle C5 im Schnittpunkt von Spalte C und Zeile 5. In Formeln allerdings, insbesondere in umfangreichen Auswertungen, sind Bezüge wie =Summe(B3:B14) reichlich nichts sagend. Die Formel =Summe(Kosten) hingegen lässt kaum Zweifel am Inhalt der Zelle. Die Formel verwendet hier einen Namen statt der Angabe von Zelladressen, der Name steht praktisch stellvertretend für den eigentlichen Zellbezug.

Definition von Namen

Wenn z.B. der Bereich *B3:B14* markiert ist (wie in Abbildung 19.1), können Sie im *Namenfeld* solch einen Namen eintragen. Dazu klicken Sie in das *Namenfeld* und überschreiben den bestehenden Eintrag *B3*. Der Name bezieht sich dann nicht nur auf die aktive Zelle, deren Bezug Sie eben überschrieben haben, sondern auf den gesamten markierten Bereich.

Abbildg. 19.1 Namen festlegen durch Überschreiben des Bezuges im Namenfeld, das sich jetzt in der Breite anpassen lässt

	A	B	C	D
1				
2	Monat	Kosten		
3	Januar	7.805,43 €		
4	Februar	5.176,57 €		
5	März	3.352,86 €		
6	April	4.932,00 €		
7	Mai	6.522,00 €		
8	Juni	3.875,14 €		
9	Juli	6.115,43 €		
10	August	6.991,14 €		
11	September	3.193,71 €		
12	Oktober	6.559,14 €		
13	November	5.242,57 €		
14	Dezember	5.804,29 €		
15				

Sie können nun mit der Formel =SUMME(Kosten) die Summe der Kosten berechnen und zwar an beliebiger Stelle in der Arbeitsmappe, also nicht nur auf dem Arbeitsblatt, auf dem sich die Daten befinden. Sie können den Namen auch in anderen Mappen verwenden:

- Ist die Mappe mit dem Namen geöffnet, lautet der Bezug =*Mappe.xlsx!Kosten*.
- Ist die Mappe mit dem Namen nicht geöffnet, muss der Pfad ergänzt werden. Der Bezug lautet dann =*'C:\Daten\Mappe.xlsx'!Kosten*.

C:\Daten\Mappe.xlsx steht dabei als Platzhalter für den Pfad und den Namen der Arbeitsmappe.

In der aktuellen Version neu ist die Tatsache, dass Sie das Namenfeld in der Breite anpassen können, indem Sie auf den Punkt in der Bearbeitungsleiste zeigen und mit gedrückter linker Maustaste die gewünschte Breite einstellen (siehe Abbildung 19.1).

Das gezeigte Beispiel finden Sie auf dem Arbeitsblatt *Namen festlegen* in der Beispieldatei *Kap19.xlsx* auf der CD-ROM zu diesem Buch im Ordner *\Buch\Kap19*.

Namenskonventionen beachten

Bei der Vergabe von Namen sind einige Regeln zu beachten. Ein Name kann bis zu 255 Zeichen lang sein und darf Buchstaben, Ziffern, Unterstriche (_), umgekehrte Schrägstriche (\), Punkte (.) und Fragezeichen (?) enthalten. Das erste Zeichen muss allerdings ein Buchstabe, ein Unterstrich (_) oder ein umgekehrter Schrägstrich (\) sein. Namen, die Zellbezügen ähneln, z.B. *A1* oder *Z1S1*, sind nicht zulässig. Obwohl ein einzelner Buchstabe möglich ist, wird von solchen Namen abgeraten (zu leicht kann man sich bei deren Verwendung vertippen).

Ein häufiger Wunsch von Benutzern ist die Verwendung von Leerzeichen in Namen. Um Namen in natürlicher Sprache zu definieren, wäre das wohl ganz praktisch. Allerdings verwendet Excel das Leerzeichen als Schnittmengenoperator (siehe Kapitel 7) und daher können Leerzeichen nicht in Namen verwendet werden.

> **TIPP** Auch wenn bis zu 255 Zeichen für einen Namen möglich sind, sollten Sie es sich doch zur Regel machen, kurze Namen zu verwenden. Die Verwendung kurzer Namen ist einfach praktischer.

Sie können Namen mit Groß-/Kleinschreibung festlegen. Excel übernimmt den Namen exakt in der Schreibweise, die Sie bestimmt haben. Wenn Sie einen Namen in einer Formel verwenden, wandelt *Excel* den Namen in die Schreibweise um, die Sie bei seiner Festlegung verwendet haben. *Excel* verhält sich also bei der Schreibweise von Namen in Zellen genau so wie bei der Schreibweise von Funktionen.

Die Anzahl der möglichen Namen wird übrigens nur vom Arbeitsspeicher begrenzt. Für die Definition von Namen gibt es neben dem Namenfeld eine Reihe von Möglichkeiten. Je nachdem, auf welches Objekt (im allgemeinen Sinne) der Name zeigen soll, wählen Sie eine der folgenden Methoden aus.

Namen festlegen im Dialogfeld

Neben der Festlegung über das Namenfeld können Sie Namen auch in einem Dialogfeld festlegen. Dieses Dialogfeld gestattet auch das Ändern der Bezüge sowie das Löschen von Namen – Aktionen, die über das Namenfeld der Bearbeitungsleiste nicht vorgesehen sind.

Abbildg. 19.2 Die Befehlsgruppe *Definierte Namen* bietet verschiedene Möglichkeiten Namen zu definieren und zu verwenden

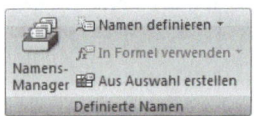

Auf der Registerkarte *Formeln* der Multifunktionsleiste rufen Sie über den Befehl *Namen definieren* das Dialogfeld *Neuer Name* (siehe Abbildung 19.3) für die Vergabe von Namen auf. Neu in Excel 2007 ist auch, dass Sie im Kontextmenü für Zellen den Befehl *Bereich benennen* finden und damit jederzeit schnell das Dialogfeld aufrufen können. Im Textfeld *Name* tragen Sie einen Namen nach den bereits beschriebenen Konventionen ein.

> **TIPP** Wenn Sie eine vorhandene Überschrift in die Markierung einbeziehen, können Sie sich die Schreibarbeit sparen. Der Inhalt der aktiven Zelle wird als Voreinstellung für den Namen übernommen, vorausgesetzt der Name wurde zuvor noch nicht festgelegt.

Abbildg. 19.3 Das Dialogfeld zum Definieren von Namen, für die in Excel 2007 auch ein Kommentar gespeichert werden kann

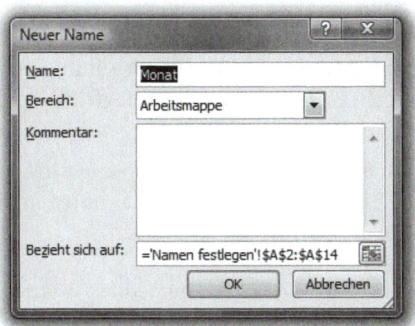

Im Listenfeld *Bereich* wählen Sie den Bereich, in dem der Name ohne Qualifikation – also ohne den Zusatz für das Arbeitsblatt – erkannt wird:

- Arbeitsmappe, wenn der Name in der gesamten Arbeitsmappe verwendet werden soll (Standard)
- *Tabelle1*, *Tabelle2* usw. wenn der Name nur in einer einzelnen Tabelle ohne Qualifikation erkannt werden soll

Über diese Einstellung können Sie also den gleichen Namen in mehreren Arbeitsblättern erstellen, weil Namen nur innerhalb des festgelegten Bereichs eindeutig sein müssen. Der Name kann dann in Formeln oder auch im Dialogfeld *Gehe zu* ohne weiteren Zusatz verwendet werden.

Neu Die aktuelle Version von Excel unterstützt jetzt auch Kommentare für Namen. Geben Sie hier mit einer Zeichenfolge von bis zu 255 Zeichen eine beliebige Erläuterung zum Namen ein oder lassen Sie dieses Feld frei. Ein hier eingetragener Text wird beim *AutoVervollständigen in Formeln* als QuickInfo angezeigt. Mehr zum *AutoVervollständigen in Formeln* finden Sie in Kapitel 6.

Unter *Bezieht sich auf* ist die aktuelle Markierung bereits eingetragen. Wenn der Name einen anderen Bezug haben soll, überschreiben Sie diese Voreinstellung. Sie können das Dialogfeld auch über die Schaltfläche *Reduzieren* verkleinern und den gewünschten Bereich mit der Maus in der Tabelle markieren. Mit einem Klick auf die Schaltfläche *OK* wird der Name festgelegt.

PROFITIPP Wenn Sie sich beim Schreiben des Bezuges vertippt haben, können Sie mit der Taste [F2] im Eingabefeld *Bezieht sich auf* in den Editiermodus wechseln. Mit den Pfeiltasten [←] und [→] können Sie dann die Einfügemarke an die gewünschte Stelle bewegen. Ohne die Taste [F2] ergänzt *Excel* weitere Zellbezüge.

Namens-Manager für die Verwaltung von Namen

In Excel 2007 neu hinzugekommen ist der *Namens-Manager* für die Überarbeitung und Verwaltung von Namen. Der *Namens-Manager* ersetzt das nicht mehr zeitgemäße Dialogfeld *Namen definieren* aus früheren Versionen und bietet zusätzlich einige interessante Möglichkeiten.

Im *Namens-Manager* werden alle sichtbaren Namen der aktuellen Arbeitsmappe angelistet. Außerdem finden Sie hier auch die Namen festgelegter Tabellen (mehr dazu weiter unten in diesem Kapitel). Neue Namen können hier über die Schaltfläche *Neu* hinzugefügt werden.

Abbildg. 19.4 Über die Schaltfläche *Neu* kann ebenfalls das Dialogfeld *Neuer Name* aufgerufen werden

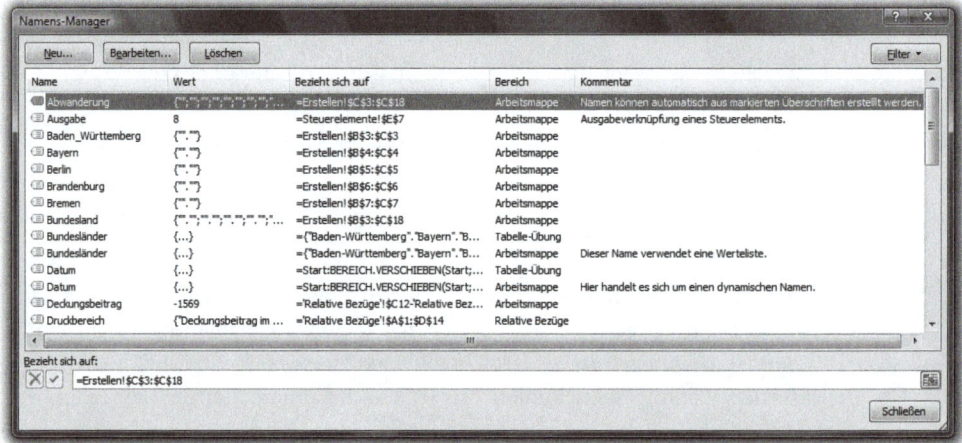

Der neue Namens-Manager zeigt:

- definierte Namen an
- den aktuellen Wert eines Namens
- den Bezug eines Namens
- den Bereich
- den Kommentar
- Namen von Tabellen (dazu mehr weiter unten in diesem Kapitel)

Möglichkeiten im Namens-Manager

Das Dialogfeld selbst ist in der Größe veränderbar, wie Sie an dem Ziehpunkt rechts unten erkennen. Aber auch die einzelnen Spalten können in der Breite geändert werden. Ziehen Sie dazu mit gedrückter linker Maustaste an der Begrenzung zwischen zwei Spaltenüberschriften bis die gewünschte Breite erreicht ist.

Namens-Manager für die Verwaltung von Namen

Wenn viele Namen festgelegt sind, erleichtert die Sortierfunktion die Arbeit. Klicken Sie dazu auf eine beliebige Spaltenüberschrift, um die Namen nach diesem Inhalt zu sortieren. Ein weiterer Klick auf die gleiche Spalte kehrt die Sortierung um.

Über die Schaltfläche *Bearbeiten* rufen Sie das Dialogfeld aus Abbildung 19.5 auf, mit dem Sie den Bezug oder auch den Namen selbst ändern können. Damit ist es jetzt deutlich einfacher geworden, einen Namen zu ändern. Bisher mussten Sie bei einer Namensänderung umständlich einen neuen Namen mit dem gleichen Bezug erstellen und den unerwünschten Namen löschen.

Den Bezug eines Namens können Sie aber auch direkt im Namens-Manager ändern. Markieren Sie dazu den Namen und ändern Sie den Bezug im Feld *Bezieht sich auf*, auch hier entweder durch Eintragen oder Markieren mit der Maus. Soll die Änderung wirksam werden, klicken Sie auf den Pfeil links neben dem Eingabefeld. Die Schaltfläche mit dem Kreuz verwirft die Änderung und der Name behält seinen ursprünglichen Bezug.

Abbildg. 19.5 Bereits festgelegte Namen und die Namen von Tabellen können hier geändert werden

Soll ein Name gelöscht werden, können Sie das ebenfalls über das Dialogfeld *Namens-Manager* erledigen. Markieren Sie dazu den Namen in der Liste und wählen Sie die Schaltfläche *Löschen*. Es ist jetzt auch möglich, mehrere Namen in einem Arbeitsgang zu löschen. Markieren Sie die jeweiligen Namen, indem Sie die Taste (Strg) oder die Taste (⇧) gedrückt halten und die Namen anklicken. Wählen Sie die Schaltfläche *Löschen*, werden die markierten Namen gelöscht.

WICHTIG Der Name wird erst nach einer Sicherheitsabfrage aus der Liste entfernt.

Haben Sie in einer Arbeitsmappe eine große Anzahl an Namen definiert, hilft Ihnen die Schaltfläche *Filtern* dabei, jeweils nur diejenigen Namen anzuzeigen, die Sie interessieren. Wählen Sie einen der Filter aus oder setzen Sie diesen mit dem Eintrag *Filter löschen* wieder zurück.

Kapitel 19   Mit Namen und Tabellen arbeiten

Abbildg. 19.6   Vordefinierte Filter erleichtern das Arbeiten, wenn viele Namen festgelegt wurden

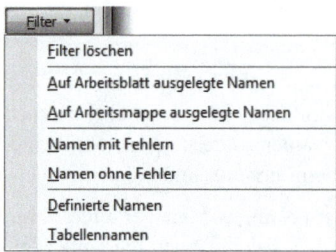

 Der *Namens-Manager* ist wirklich gelungen. Wenn Sie ihn häufig einsetzen, werden Sie vielleicht nur bedauern, dass er nicht als Aufgabenbereich entwickelt wurde. Damit könnte er während der Arbeit angezeigt bleiben. Aber Sie können ja auch der Schnellzugriffsleiste den Befehl *Namens-Manager* hinzufügen und damit die Möglichkeiten schnell verfügbar machen. Wie das geht, erfahren Sie in Kapitel 2.

Namen aus Überschriften erstellen

Häufig ist eine Tabelle so aufgebaut, dass direkt über den Werten die Überschriften, auch Spaltenköpfe genannt, eingetragen sind. Diese Überschriften sind ideal für die Verwendung als *Namen* geeignet und lassen sich mit wenigen Schritten entsprechend festlegen.

 Das gezeigte Beispiel finden Sie auf dem Arbeitsblatt *Erstellen* in der Beispieldatei *Kap19.xlsx* auf der CD-ROM zu diesem Buch im Ordner *\Buch\Kap19*.

So übernehmen Sie z.B. die Überschriften und Zeilenbeschriftungen der Tabelle aus Abbildung 19.8 als Namen:

1. Markieren Sie zunächst den gesamten Bereich *A2:C18*, also die Überschriften, die Zeilenbeschriftungen und den Datenbereich.

 2. Wählen Sie auf der Registerkarte *Formeln* in der Gruppe *Definierte Namen* den Befehl *Aus Auswahl erstellen* (alternativ drücken Sie die Tastenkombination (Strg)+(ª)+(F3)).

3. Im daraufhin geöffneten Dialogfeld (Abbildung 19.7) geben Sie an, wo die Namen stehen, also z.B. neben den Werten oder darüber. Sie können hier auch mehrere Felder markieren.

4. Ihre Festlegungen bestätigen Sie mit einem Klick auf die Schaltfläche *OK*.

Abbildg. 19.7   Hier stellen Sie ein, aus welchem Bereich der Name übernommen werden soll

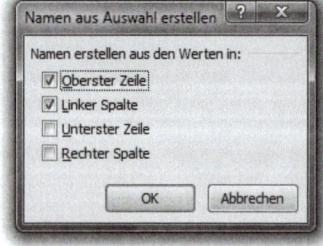

776

Das Ergebnis ist eine ganze Reihe von Namen. Im Beispiel wird jeweils ein Name für jedes Bundesland definiert (Abbildung 19.8). Der Name für jedes Bundesland zeigt auf die Schnittmenge der entsprechenden Zeile des Bundeslandes und der Spalten *B* und *C*.

Abbildg. 19.8 Der Bereich und die in einem Arbeitsgang erstellten Namen

	A	B	C	D	E	F	G	H
1								
2	Bundesland	Zuwanderung	Abwanderung		Ergebnis des Befehls: Formeln/Definierte Namen/Aus Auswahl erstellen			
3	Baden-Württemberg				Abwanderung	=Erstellen!$C$3:$C$18	Aus Spalte	
4	Bayern				Baden_Württemberg	=Erstellen!$B$3:$C$3	Aus Zeile	
5	Berlin				Bayern	=Erstellen!$B$4:$C$4	Aus Zeile	
6	Brandenburg				Berlin	=Erstellen!$B$5:$C$5	Aus Zeile	
7	Bremen				Brandenburg	=Erstellen!$B$6:$C$6	Aus Zeile	
8	Hamburg				Bremen	=Erstellen!$B$7:$C$7	Aus Zeile	
9	Hessen				Bundesland	=Erstellen!$B$3:$C$18	Gesamter Datenbereich	
10	Mecklenburg-Vorpommern				Hamburg	=Erstellen!$B$8:$C$8	Aus Zeile	
11	Niedersachsen				Hessen	=Erstellen!$B$9:$C$9	Aus Zeile	
12	Nordrhein-Westfalen				Mecklenburg_Vorpommern	=Erstellen!$B$10:$C$10	Aus Zeile	
13	Rheinland-Pfalz				Niedersachsen	=Erstellen!$B$11:$C$11	Aus Zeile	
14	Saarland				Nordrhein_Westfalen	=Erstellen!$B$12:$C$12	Aus Zeile	
15	Sachsen				Rheinland_Pfalz	=Erstellen!$B$13:$C$13	Aus Zeile	
16	Sachsen-Anhalt				Saarland	=Erstellen!$B$14:$C$14	Aus Zeile	
17	Schleswig-Holstein				Sachsen	=Erstellen!$B$15:$C$15	Aus Zeile	
18	Thüringen				Sachsen_Anhalt	=Erstellen!$B$16:$C$16	Aus Zeile	
19					Schleswig_Holstein	=Erstellen!$B$17:$C$17	Aus Zeile	
20					Thüringen	=Erstellen!$B$18:$C$18	Aus Zeile	
21					Zuwanderung	=Erstellen!$B$3:$B$18	Aus Spalte	
22								

Besonderheiten bei der Übernahme von Namen

Enthält der Tabellentext Leerzeichen oder Bindestriche, werden diese bei der Verwendung als *Name* durch einen Unterstrich ersetzt. So wird beispielsweise aus »Umsatz 2006« der Name »Umsatz_2006«. *Excel* sorgt bei der Übernahme der Namen also selbst für die Einhaltung der Namenskonventionen.

Wenn der Zellinhalt ein Datum ist, z.B. »17.03.2007«, wird vor diesem Datum ein Unterstrich eingefügt. Der Name lautet dann im Ergebnis »_17.03.2007«. *Excel* wacht also auch hier über die Einhaltung der Namenskonventionen.

Einen Namen für einen konstanten Wert einsetzen

Wenn Sie einzelne Werte haben, die in einem Arbeitsblatt oder einer Mappe mehrfach verwendet werden, können Sie diesem Wert einen *Namen* zuweisen. Wenn Sie z.B. häufig den Mehrwertsteuersatz von 19% benötigen, legen Sie den Namen »MwSt« fest und weisen diesem den Bezug =19% zu.

Sie können dann in Formeln diesen Namen verwenden. Das hat insbesondere dann Vorteile, falls der Steuersatz später erneut geändert werden sollte. In diesem Fall müssen Sie lediglich eine einzige Änderung des Namens durchführen und alle Berechnungen in der Arbeitsmappe werden mit dem aktualisierten Wert berechnet. Zum Vergleich: Ohne Namen müssten Sie jede Zelle einzeln abändern, die den Wert 19% enthält.

HINWEIS Namen für konstante Werte oder Formeln werden im Namenfeld und im Dialogfeld *Gehe zu* nicht angezeigt.

Ein Beispiel für die Verwendung von Namen mit konstantem und berechnetem Wert finden Sie auf dem Arbeitsblatt *Konstanten* in der Beispieldatei *Kap19.xlsx* im Ordner *\Buch\Kap19* auf der CD-ROM zu diesem Buch.

Eine Werteliste verarbeiten

Für einen *Namen* können Sie auch eine Liste von Werten festlegen. Die einzelnen Werte stehen in Anführungszeichen und werden durch einen Punkt voneinander getrennt. Der gesamte Ausdruck steht in geschwungener Klammer. Für die Bundesländer der Bundesrepublik etwa können Sie dem Namen »Bundesländer« den folgenden Bezug zuweisen:

```
={"Baden-Württemberg"."Bayern"."Berlin"."Brandenburg"."Bremen"."Hamburg"."Hessen"."Mecklen
burg-Vorpommern"."Niedersachsen"."Nordrhein-Westfalen"."Rheinland-Pfalz"."Saarland".
"Sachsen"."Sachsen-Anhalt"."Schleswig-Holstein"."Thüringen"}
```

Um die Namen der Länder z.B. in den Bereich *A1:P1* einzutragen, markieren Sie diesen Bereich und tragen die Formel =Bundesländer ein.

WICHTIG Schließen Sie die Eingabe mit der Tastenkombination `Strg`+`⇧`+`↵` ab – es handelt sich um eine Matrixformel (Array).

Auf diese Weise können Sie z.B. häufig benötigte Überschriften für Tabellen in einem Namen zusammenfassen.

Wollen Sie einen bestimmten Eintrag aus einem solchen Namen auslesen, können Sie dies über die Formel =INDEX(Bundesländer;1;Spaltenindex) erreichen. Für das Argument *Spaltenindex* geben Sie eine Zahl an. Wenn Sie für den Spaltenindex z.B. den Wert *2* verwenden, wird der Eintrag Bayern zurückgegeben. Die Formel hierfür lautet =INDEX(Bundesländer;1;2). Mit der Tabellenfunktion *INDEX(Matrix;Zeile;Spalte)* können Sie also jedes beliebige Element eines Namens auslesen, indem Sie für das Argument *Matrix* den Namen und für die Argumente *Zeile* und *Spalte* die jeweilige Position des gesuchten Wertes angeben.

Was ist zu tun, wenn Sie die Namen der Bundesländer nicht als Spaltenüberschrift benötigen, sondern untereinander in einer Spalte? Um die Namen in einer Spalte untereinander einzutragen, markieren Sie einen zusammenhängenden Bereich mit 16 Zeilen und tragen die Formel =MTRANS(Bundesländer) ein. Schließen Sie auch hier die Eingabe mit der Tastenkombination `Strg`+`⇧`+`↵` ab, da es sich auch hierbei um eine Matrixformel handelt. Mehr zum Thema Matrixformeln finden Sie in Kapitel 15.

Diese Beispiele sind auf dem Arbeitsblatt *Werteliste* in der Beispieldatei *Kap19.xlsx* im Ordner *\Buch\Kap19* auf der CD-ROM zu finden.

Namen in Namen verwenden

Ein Name kann im Bezug ebenfalls einen *Namen* verwenden: Wie bei einer Formel werden die Namen nacheinander ausgewertet und das entsprechende Ergebnis verwendet.

Wenn in einer Mappe der Name »Kosten« für den Bezug *B3:B14* definiert wurde, können Sie für den Namen »Gesamtumsatz« den Bezug =SUMME(Kosten) festlegen und somit in Funktionen mit einem Bereichsnamen direkt auf die aktuelle Summe zugreifen.

An jeder beliebigen Stelle in der Arbeitsmappe liefert nun die Formel =Gesamtumsatz die Summe aus dem Bereich »Kosten«.

Der Name steht für eine Formel

Ein Name kann sich in *Excel* auch auf eine mathematische Funktion beziehen. Verwenden Sie als Name z.B. den Text »Zahlungsziel« und für den Bezug die Formel =TEXT(HEUTE()+14;"TT.MM.JJJJ"). Sie können nun z.B. in einem Rechnungsformular mit der Formel ="Bitte überweisen Sie den Rechnungsbetrag bis zum "&Zahlungsziel immer das korrekte Zahlungsziel ausgehend vom aktuellen Datum festlegen.

HINWEIS   Namen für konstante Werte oder Formeln werden im *Namenfeld* und im Dialogfeld *Gehe zu* nicht angezeigt.

Namen mit relativen Bezügen einsetzen

Bisher hatten die Bezüge für die festgelegten Namen absoluten Charakter. Sie können jedoch auch relative Bezüge verwenden.

Nehmen wir an, Sie wollen den Deckungsbeitrag über die Verwendung eines Namens mit relativen Bezügen berechnen:

Das Beispiel finden Sie auf dem Arbeitsblatt *Relative Bezüge* in der Beispieldatei *Kap19.xlsx* im Ordner *\Buch\Kap19* auf der CD-ROM zu diesem Buch.

Für den Namen »Deckungsbeitrag« legen Sie den Bezug auf =$C3-$B3 und *Bereich* auf das aktuelle Tabellenblatt fest (Abbildung 19.9). Achten Sie darauf, dass vor den Zeilennummern kein Dollar-Zeichen ($) verwendet wird. Die Zeilennummer stellt damit einen relativen Bezug dar.

Kapitel 19 Mit Namen und Tabellen arbeiten

Abbildg. 19.9 Auch dieses Dialogfeld kann durch Ziehen mit der Maus an der linken unteren Ecke in der Größe angepasst werden

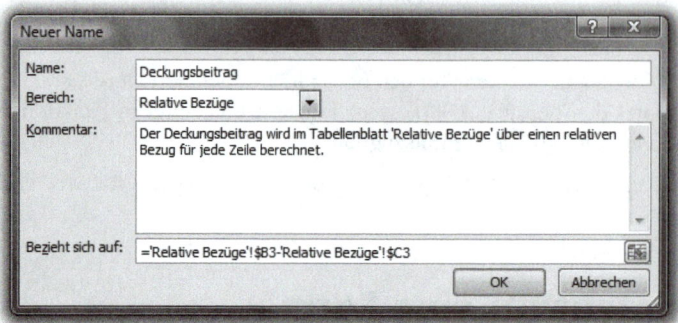

In der Tabelle können Sie den Deckungsbeitrag nun für jede Zeile berechnen, indem Sie die Formel =Deckungsbeitrag eintragen. Sie können diese Formel auch in Zelle *D3* eintragen und nach unten kopieren. Das Ergebnis zeigt Abbildung 19.10: Der Name wird durch die Verwendung des relativen Bezuges für jede Zeile angepasst und die Differenz korrekt ermittelt.

Abbildg. 19.10 Die Berechnung in dieser Tabelle erfolgt über einen Namen mit relativem Bezug

	A	B	C	D	E	F	G	H	I	J
1	Deckungsbeitrag im Jahr 2006									
2	Monat	Einkauf	Verkauf	Deckungsbeitrag		ohne Funktion	Formel	Kontrolle	Formel	
3	Januar	16.890,00 €	15.662,00 €	- 1.228,00 €		- 1.228,00 €	=Verkauf-Einkauf	- 1.228,00 €	=C3-B3	
4	Februar	17.117,00 €	14.048,00 €	- 3.069,00 €		- 3.069,00 €	=Verkauf-Einkauf	- 3.069,00 €	=C4-B4	
5	März	16.428,00 €	14.469,00 €	- 1.959,00 €		- 1.959,00 €	=Verkauf-Einkauf	- 1.959,00 €	=C5-B5	
6	April	14.699,00 €	15.592,00 €	893,00 €		893,00 €	=Verkauf-Einkauf	893,00 €	=C6-B6	
7	Mai	16.274,00 €	13.351,00 €	- 2.923,00 €		- 2.923,00 €	=Verkauf-Einkauf	- 2.923,00 €	=C7-B7	
8	Juni	14.228,00 €	12.514,00 €	- 1.714,00 €		- 1.714,00 €	=Verkauf-Einkauf	- 1.714,00 €	=C8-B8	
9	Juli	14.663,00 €	12.642,00 €	- 2.021,00 €		- 2.021,00 €	=Verkauf-Einkauf	- 2.021,00 €	=C9-B9	
10	August	14.424,00 €	16.094,00 €	1.670,00 €		1.670,00 €	=Verkauf-Einkauf	1.670,00 €	=C10-B10	
11	September	15.899,00 €	15.470,00 €	- 429,00 €		- 429,00 €	=Verkauf-Einkauf	- 429,00 €	=C11-B11	
12	Oktober	15.679,00 €	14.110,00 €	- 1.569,00 €		- 1.569,00 €	=Verkauf-Einkauf	- 1.569,00 €	=C12-B12	
13	November	14.905,00 €	14.702,00 €	- 203,00 €		- 203,00 €	=Verkauf-Einkauf	- 203,00 €	=C13-B13	
14	Dezember	13.827,00 €	12.561,00 €	- 1.266,00 €		- 1.266,00 €	=Verkauf-Einkauf	- 1.266,00 €	=C14-B14	
15										

Formeln unter Verwendung von Namen und Operatoren

Wenn Sie für den Bereich *B3:B14* den Namen »Einkauf« und für den Bereich *C3:C14* den Namen »Verkauf« festgelegt haben, können Sie den Deckungsbeitrag auch berechnen, indem Sie in Zelle *D3* die Formel =Verkauf-Einkauf eintragen. Kopieren Sie diese Formel dann nach unten bis zur Zelle *D14*.

Obwohl die Namen jeweils auf einen Bereich von zwölf Zellen zeigen, wird hier für jede Zelle das Ergebnis korrekt aus der jeweiligen Zeile ermittelt. Das ist eine Besonderheit bei der Verwendung von Namen *ohne* zusätzliche Funktion (implizite Schnittmenge, mehr dazu in Kapitel 7). *Excel* interpretiert die Bezüge dann relativ für jede Zeile. Wenn Sie eine Funktion einsetzen, wird das Gesamtergebnis des Bereichs berücksichtigt. So gibt die Formel =SUMME(Verkauf) die Summe aller Verkäufe zurück.

Besondere Namen kennen lernen

Einige Namen haben in *Excel* eine besondere Bedeutung: So ist z.B. der Druckbereich, den Sie festlegen können, nichts weiter als ein Bereichsname. Wenn Sie den Druckbereich nicht explizit festgelegt haben, verwendet *Excel* den gesamten benutzten Bereich des aktuellen Blattes als Druckbereich.

Der Name »Druckbereich« wird von *Excel* selbstständig festgelegt, wenn Sie über den Befehl *Umbruchvorschau* die Seitenumbruchvorschau aktivieren und die Position der Seitenumbrüche über die Positionsrahmen verändern.

TIPP   Im Dialogfeld *Drucken* gibt es jetzt eine sehr praktische Möglichkeit, über *Druckbereiche ignorieren* trotz eines festgelegten Druckbereichs die gesamte Tabelle zu drucken, und das, ohne den Namen *Druckbereich* zu löschen. Mehr zum Thema Drucken finden Sie in Kapitel 5.

Wenn Sie einen *Spezialfilter* einsetzen, kommen zwei weitere Namen zum Einsatz. Über die Namen »Suchkriterien« und »Zielbereich« werden die zu suchenden Datensätze eingeschränkt bzw. der Ausgabebereich für die Daten festgelegt. Mehr zum Thema Spezialfilter finden Sie in Kapitel 21.

Namen auf Blattebene festlegen

Da *Namen* in *Excel* für jeden Bereich eindeutig sein müssen, können Sie für jede Tabelle einen Druckbereich festlegen. Dazu erweitern Sie den Namen »Druckbereich« um den Namen für das aktuelle Tabellenblatt. In *Tabelle1* verwenden Sie den Namen »Tabelle1!Druckbereich«, für den Druckbereich in *Tabelle2* den Namen »Tabelle2!Druckbereich« usw. Enthält der Name der Tabelle ein Leerzeichen, müssen Sie diesen in einfache Anführungszeichen setzen. Excel ändert die Angabe zum Bereich auf das jeweilige Tabellenblatt ab. Dadurch ist der gesamte Name eindeutig für die Mappe und *Excel* kann den Druckbereich für jedes Blatt korrekt interpretieren.

Das gleiche Ergebnis erzielen Sie, wenn Sie bei der Definition der Namen (ohne die Tabellennamen zu ergänzen) im Listenfeld *Bereich* den gewünschten Bereich einstellen.

Abbildg. 19.11   Wenn Sie vor den eigentlichen Namen den Blattnamen und ein Ausrufezeichen schreiben, können Sie für jedes Blatt einer Mappe einen eigenen Druckbereich festlegen

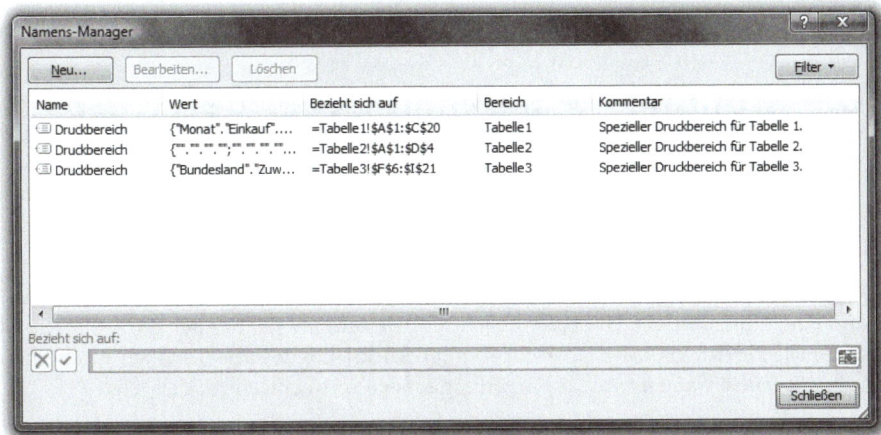

Überprüfen Sie das: Legen Sie für mehrere Arbeitsblätter einen Druckbereich fest und rufen Sie das Dialogfeld *Namen-Manager* oder *In Formel verwenden/Namen einfügen* auf. Sie werden feststellen, dass in jedem Blatt nur einmal der Name »Druckbereich« angezeigt wird, jeweils mit einem Bezug auf das aktive Blatt.

Ein Name mit Bezug auf mehrere Blätter

Manchmal sollen über mehrere Blätter Auswertungen vorgenommen werden. Vielleicht wollen Sie aus den Zellen *A1:B2* der ersten drei Blätter einer Mappe die Summe berechnen. Auch hierfür können Sie einen Namen definieren und diesen dann in der Formel verwenden. Vergeben Sie den Namen »Auswertung« und tragen Sie unter *Bezieht sich auf* den Bezug =Tabelle1:Tabelle3!$A$1:$B$2 ein. Nun können Sie die Summe mit der Formel =SUMME(Auswertung) berechnen. Mehr zu 3D-Bezügen erfahren Sie in Kapitel 6.

> **WICHTIG** Wenn Sie zwischen den bei der Definition des Namens verwendeten Blättern ein zusätzliches Blatt einfügen, wird der Bezug auf dieses Blatt erweitert. Ebenso wird der Bezug angepasst, wenn Sie Arbeitsblätter verschieben!

Externe Bezüge in Namen verwenden

Namen können auch auf externe Bezüge zeigen. Ist die andere Mappe geöffnet, können Sie einen Namen mit externem Bezug festlegen, indem Sie im Feld *Bezieht sich auf* den Namen der Mappe sowie den Blattnamen und die Zelladresse bzw. den Bereichsnamen angeben, etwa

```
='[Mappe.xlsx]Tabelle 1'!$B$4
='[Mappe.xlsx]Tabelle 1'!Bereichsname
```

Ist die Mappe nicht geöffnet, muss der Bezug um die Angabe des Ordners erweitert werden, also z.B.:

```
='C:\Daten\[Mappe.xlsx]Tabelle 1'!$B$4
='C:\Daten\[Mappe.xlsx]Tabelle 1'!Bereichsname
```

Die Krönung – ein dynamischer Bereichsname

Wie leistungsfähig *Namen* sein können, zeigt das folgende Beispiel: Angenommen, Sie haben eine Liste, in die z.B. jede Woche oder jeden Tag weitere Werte eingetragen werden. Bei der Auswertung einer solchen Liste soll natürlich immer der jeweils verwendete Bereich in die Berechnungen eingehen, der Bezug soll also gleichsam mitwachsen. Wie lässt sich das erreichen?

Für Ihre persönliche Börsenbeurteilung tragen Sie in einer Tabelle für ein Jahr jeweils ein Datum und einen Kurswert ein. In Spalte *A* steht das Datum, in Spalte *B* der Kurs. Für ein Jahr liegt der maximale Bereich inklusive Überschrift und Berücksichtigung von Schaltjahren also bei 367 Zeilen. Legen Sie einen Namen fest, der immer nur auf den verwendeten Bereich zeigt.

Namens-Manager für die Verwaltung von Namen

Das gezeigte Beispiel ist auf dem Arbeitsblatt *Dynamische Namen* in der Beispieldatei *Kap19.xlsx* im Ordner *\Buch\Kap19* auf der CD-ROM zu diesem Buch zu finden.

Auch hier liegt die Lösung in der Vergabe von *Namen*:

1. Rufen Sie auf der Registerkarte *Formeln* in der Gruppe *Definierte Namen* den Befehl *Namen definieren* auf und weisen Sie dem Datenbereich *A3:A368* den Namen »Eingabebereich« zu.
2. Legen Sie dann für die Zelle *A3* den Namen »Start« fest.
3. Legen Sie den Namen »Datum« fest. Unter *Bezieht sich auf* tragen Sie die folgende Formel ein:

```
=Start:BEREICH.VERSCHIEBEN(Start;MAX(0;ANZAHL(Eingabebereich)-1);0)
```

4. Verwenden Sie für den Namen »Kurs« den folgenden Bezug:

```
=BEREICH.VERSCHIEBEN(Start;0;1):BEREICH.VERSCHIEBEN(Start;MAX(0;ANZAHL(Eingabebereich)
-1);1)
```

Die Funktion ermittelt zunächst die Anzahl der (numerischen) Einträge im Eingabebereich und verwendet diese Zahl für die Rückgabe des neuen Bereichs.

Abbildg. 19.12 Mit einem dynamischen Namen verwenden Ihre Berechnungen immer alle Daten

	A	B	C	D	E	F
1	**Aktienkurs**			Jürgen Schwenk: Wenn Sie weitere Werte eintragen, werden die Namen "Datum" und "Kurs" automatisch erweitert.		
2	Datum	Kurs		**Aktuelle Bereiche:**		
3	01.01.2006	100,0		Datum	A3:A13	=WENN(A3<>"";"A3:A"&ANZAHL(Eingabebereich)+2)
4	02.01.2006	75,0		Kurs	B3:B13	=WENN(B3<>"";"B3:B"&ANZAHL(Eingabebereich)+2)
5	03.01.2006	87,0				
6	04.01.2006	85,0		**Namen und Bezüge:**		
7	05.01.2006	73,0		Datum		=Start:BEREICH.VERSCHIEBEN(Start;MAX(0;ANZAHL(Eingabebereich)-1);0)
8	06.01.2006	102,0		Eingabebereich		='Dynamische Namen'!$A$3:$A$368
9	07.01.2006	75,0		Start		='Dynamische Namen'!$A$3
10	08.01.2006	86,0		Kurs		=BEREICH.VERSCHIEBEN(Start;0;1):
11	09.01.2006	84,0				BEREICH.VERSCHIEBEN(Start;MAX(0;ANZAHL(Eingabebereich)-1);1)
12	10.01.2006	93,0				
13	20.07.2006	95,0				
14						

Um einen dynamischen Bereich zu ermitteln, können Sie in *Excel* die Funktion

BEREICH.VERSCHIEBEN(Bezug;Zeilen;Spalten;Höhe;Breite)

verwenden. Diese Funktion liefert einen Bereich, der gegenüber *Bezug* um die Anzahl *Zeilen* und *Spalten* versetzt ist und die mit *Höhe* und *Breite* angegebenen Ausmaße hat. Der Name »Kurs« wird auf Basis der Einträge in der Spalte »Datum« ermittelt. In diesem Beispiel müssen die Werte also immer paarweise eingetragen werden.

TIPP Namen für konstante Werte oder Formeln werden im Namenfeld und im Dialogfeld *Gehe zu* nicht angezeigt. Gleichwohl können Sie Namen, die einen Bezug zurückgeben, hier eintragen und damit den Bezug überprüfen. Um die Namen zu testen, tragen Sie diese im *Namenfeld* ein oder rufen Sie über den Befehl *Suchen und Auswählen/Gehe zu* bzw. die Taste F5 das Dialogfeld *Gehe zu* auf und tragen den Bezug »Datum« oder »Werte« ein.

Solch ein dynamischer Name stellt eine Alternative zu Tabellen dar (mehr dazu weiter unten in diesem Kapitel) und kann als Grundlage für ein dynamisches Diagramm verwendet werden. Wie Sie ein Diagramm erstellen, das den wachsenden Datenbereich unter Verwendung eines Namens automatisch berücksichtigt, zeigt Ihnen Kapitel 18. Mehr zur Funktion BEREICH.VERSCHIEBEN finden Sie in Kapitel 15.

Eine Liste der sichtbaren Namen erstellen

Für die Dokumentation ist eine Liste der verwendeten Namen hilfreich. Eine solche Liste aller sichtbaren Namen einer Mappe können Sie über die Befehlsfolge *In Formel verwenden/Namen Einfügen* erstellen, wenn Sie im Dialogfeld *Namen einfügen* die Schaltfläche *Liste einfügen* wählen (Abbildung 19.13). Sie können dieses Dialogfeld auch über die Taste F3 aufrufen. Der Befehl schreibt einen zweispaltigen Bereich in ein Arbeitsblatt. Dieser Bereich enthält die Namen und die dazugehörenden Bezüge bzw. Konstanten (siehe hierzu die Abbildung 19.8).

WICHTIG Achten Sie darauf, dass Sie diesen Befehl am Ende einer Tabelle oder in einem leeren Blatt ausführen, da *Excel* ohne Warnung bestehende Einträge überschreibt!

Abbildg. 19.13   Dialogfeld zum Einfügen einer Namensliste

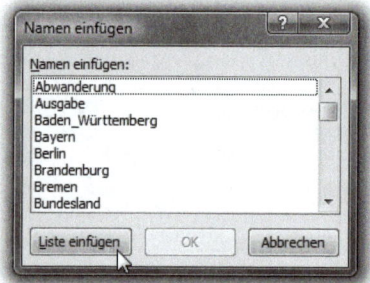

Benannte Bereiche anzeigen

Beim Aufbauen von Formeln stellt sich Ihnen vielleicht die Frage, ob nicht ein existierender Name statt eines Zellbezuges verwendet werden kann. Um sich einen Überblick zu verschaffen, welche Namen auf einem Arbeitsblatt definiert sind, können Sie auch eine andere nützliche Methode einsetzen. Wenn Sie den Zoomfaktor über den Befehl *Zoom* auf der Registerkarte *Ansicht* oder den Zoomregler in der Statusleiste auf einen Wert kleiner *40* einstellen, werden die Bereiche, für die ein Name festgelegt ist, mit einer Markierung hervorgehoben.

HINWEIS Dabei werden nur Namen angezeigt, die sich auf einen Bezug im aktuellen Blatt beziehen. Namen, die auf externe Bezüge zeigen oder für konstante Werte stehen, können damit nicht sichtbar gemacht werden.

Namen in der Praxis einsetzen

Wie bereits erwähnt, eignen sich *Namen* bestens für die Verwendung in Formeln. Wenn Sie eine Formel in eine Zelle eintragen, können Sie über die Taste F3 aus der Liste bereits festgelegter Namen denjenigen auswählen, den Sie in der Formel verwenden wollen: Markieren Sie den Namen mit der Maus und klicken Sie auf die Schaltfläche *OK*, wird der Name an der aktuellen Cursor-Position eingefügt.

TIPP Über die F3-Taste steht auch im Funktions-Assistent das Dialogfeld *Namen einfügen* zur Verfügung, um einen Namen als Argument einzutragen. Sie können Namen aber auch über den Befehl *Formeln/In Formel verwenden* eintragen.

Zusätzlich bietet die neue Unterstützung beim Eingeben von Formeln in Form von *AutoVervollständigen in Formeln* (siehe Kapitel 6) auch Namen in der Auswahlliste an.

Benannte Bereiche markieren

Zeigt der *Name* auf einen Bereich, können Sie diesen ganz einfach markieren, indem Sie auf der Registerkarte *Start* aus der Befehlsgruppe *Suchen und Auswählen* den Befehl *Gehe zu* wählen oder die Taste F5 drücken. Im folgenden Dialogfeld *Gehe zu* wird eine Liste der Bereichsnamen angezeigt. Wählen Sie den gewünschten Bereichsnamen aus und klicken Sie auf die Schaltfläche *OK*, wird der Bereich markiert. Das gilt auch dann, wenn der Bereich nicht im aktuellen Tabellenblatt liegt. Insbesondere für größere oder häufig verwendete Bereiche ist das sehr nützlich.

Über das Dialogfeld *Gehe zu* können Sie auch mehrere Bezüge in einem Arbeitsgang markieren. Der Bezug muss dazu in einer Form eingetragen werden, wie er auch in Formeln, etwa zur Berechnung der Summe, akzeptiert wird. Tragen Sie die Bereichsnamen in der Form *Bereich1:Bereich2* ein, um die Randbereiche als Bezug anzugeben. Zeigt der *Bereich1* auf die Zelle *A1* und *Bereich2* auf die Zelle *E10*, wird in diesem Fall der Bereich *A1:E10* markiert.

Eine Mehrfachauswahl ist mit dem Semikolon möglich. Für die Mehrfachauswahl können Sie einen Bezug in der Form *Bereich1;Bereich2;Bereich5* eintragen. In diesem Beispiel werden lediglich die benannten Bereiche *Bereich1*, *Bereich2* und *Bereich5* markiert. Mehr zum Befehl *Gehe zu* finden Sie in Kapitel 6.

TIPP Auch die Auswahl eines Namens im *Namenfeld* der Bearbeitungsleiste bringt Sie schnell an die gewünschte Stelle in Ihrer Arbeitsmappe und erspart so den lästigen Bildlauf. Ferner ist hier auch die Eingabe von Zelladressen, z.B. *A1* oder *X2007*, möglich. Eine Mehrfachauswahl wie *A1:A5* oder *B5;D8* ist hier ebenfalls möglich.

Namen automatisch anpassen

Wenn Sie Zellen in einen benannten Bereich einfügen oder löschen, kann der *Name* automatisch angepasst werden. Wichtig ist dabei die Position, an der die Aktion ausgeführt wird.

Sie mögen sich fragen: Wie verhält sich der Bezug eines Namens, wenn einzelne Zellen gelöscht oder eingefügt werden?

Um das Verhalten von *Namen* zu verdeutlichen, sollen in unserem Beispiel Zellen eingefügt werden:

1. Tragen Sie im Bereich *A1:A12* die Monatsnamen *Januar* bis *Dezember* ein.
2. Vergeben Sie für diesen Bereich den Namen »Monate«.
3. Aktivieren Sie die Zelle *A1*.
4. Wählen Sie in der Multifunktionsleiste auf der Registerkarte *Start* in der Gruppe *Zwischenablage* den Befehl *Einfügen/Zellen einfügen* und aktivieren Sie die Option *Zellen nach unten verschieben*.
5. Wählen Sie den Namen »Monate« im Namenfeld aus, um die Monate zu markieren. Die aktuelle Markierung umfasst den Bereich *A2:A13*. Nach wie vor sind also zwölf Zellen markiert.
6. Markieren Sie die Zellen *A5:A6*.
7. Wählen Sie ebenfalls auf der Registerkarte *Start* in der Gruppe *Zwischenablage* den Befehl *Einfügen/Zellen einfügen* und aktivieren Sie die Option *Zellen nach unten verschieben*.
8. Wählen Sie den Namen »Monate« im Namenfeld aus, um die Monate zu markieren. Die aktuelle Markierung umfasst den Bereich *A2:A15*, also 14 Zellen.

Sie sehen also, dass *Excel* je nachdem, ob beim Einfügen von Zellen der Randbereich markiert ist, den benannten Bereich verschiebt bzw. den Bereich erweitert. Beim Löschen ist das Verhalten entsprechend.

Namen nachträglich in Formeln einbauen

Wenn Sie jetzt restlos von der Verwendung von *Namen* überzeugt sind, können Sie auch nachträglich noch ein Tabellenmodell ändern und in den Formeln Namen anstelle von Zellbezügen verwenden. *Excel* stellt über die Befehlsfolge *Namen definieren/Namen übernehmen* (Abbildung 19.14) eine spezielle *Suchen und Ersetzen*-Funktionalität für Namen zur Verfügung. Damit können Sie in bestehenden Formeln die Standardbezüge durch definierte Namen ersetzen.

Abbildg. 19.14 Einstellungen für die Übernahme von Namen

Über die Schaltfläche *Optionen* erweitern Sie das Dialogfeld *Namen übernehmen* und können dann einstellen, ob der Spaltenname und/oder Zeilenname entfallen soll, wenn sich die Formel in der gleichen Spalte bzw. Zeile befindet. Für die Ermittlung von Schnittmengen können Sie angeben, in welcher Reihenfolge die Namen übernommen werden sollen.

Namen in Bezüge umwandeln

Wie zuvor beschrieben, steht für das Umwandeln von Bezügen in Namen eine eigene Funktionalität zur Verfügung. Wie sieht es mit dem umgekehrten Weg aus? Können aus Bereichsnamen wieder Zellbezüge hergestellt werden?

Leider ist dafür kein Befehl zu finden, aber das bedeutet nicht, dass es nicht dennoch einen Weg gibt. Angenommen, der Name »Werte« zeigt auf den Bereich *A1:A10*. In Zelle *B1* ermitteln Sie mit der Formel =SUMME(Werte) unter Verwendung des Namens die Summe der Zahlen aus diesem Bereich. Gehen Sie wie folgt vor, um in der Formel den Namen durch den Bezug zu ersetzen:

1. Aktivieren Sie die Zelle *B1* und drücken Sie die Taste F2, um die Bearbeitungsleiste zu aktivieren.
2. Drücken Sie die ↵-Taste.
3. Wählen Sie im *Office-Menü* die Schaltfläche *Excel-Optionen* und wechseln Sie in die Kategorie *Erweitert*.
4. Aktivieren Sie in der Gruppe *Lotus-Kompatibilitätseinstellungen für* das Kontrollkästchen *Alternative Formeleingabe*.
5. Schließen Sie das Dialogfeld mit einem Klick auf die Schaltfläche *OK*.
6. Drücken Sie erneut die Taste F2 und gleich darauf die ↵-Taste, um die Formeleingabe im neuen Modus vorzunehmen.
7. Deaktivieren Sie das Kontrollkästchen *Alternative Formeleingabe* wieder.
8. Schließen Sie das Dialogfeld mit Klick auf die Schaltfläche *OK*.

Über das erneute Ändern der alternativen Formeleingabe können Sie nun zwischen den einzelnen Anzeigemodi wechseln.

Interessant ist diese Art der Umwandlung, wenn Sie den Bezug einer Formel überarbeiten wollen. Überarbeiten Sie eine Zelle mit einem Zellbezug oder Namen, wird der entsprechende Bereich markiert, wenn Sie die Bearbeitungsleiste aktivieren (Abbildung 19.15). Dabei unterscheidet *Excel* zwischen den einzelnen Bezugsarten in einem kleinen aber wichtigen Detail: Während Sie einen Zellbezug direkt durch Ziehen am Rahmen um den markierten Bereich ändern können, ist dies bei Namen nicht möglich.

Abbildg. 19.15 Zum Anpassen einer Formel ist die Schreibweise mit Bezügen manchmal günstiger

Im Arbeitsblatt *Bezüge umwandeln* der Beispieldatei *Kap19.xlsx* im Ordner *\Buch\Kap19* auf der CD-ROM zu diesem Buch können Sie mit der Umwandlung experimentieren.

Namen in Steuerelementen verwenden

Auch in Steuerelementen, etwa einem Drehfeld oder Kombinationsfeld, können *Namen* verwendet werden. Für den *Eingabebereich* und die *Zellverknüpfung* können Sie hier einen Namen eintragen und damit den Bezug deutlich machen.

Mehr zu den Möglichkeiten von Steuerelementen erfahren Sie in Kapitel 13.

Ein Beispiel für die Verwendung von Namen in Steuerelementen finden Sie auf dem Arbeitsblatt *Steuerelemente* in der Beispieldatei *Kap19.xlsx* im Ordner *\Buch\Kap19* auf der CD-ROM zu diesem Buch.

Abbildg. 19.16 Auch in ActiveX-Steuerelementen können Namen verwendet werden

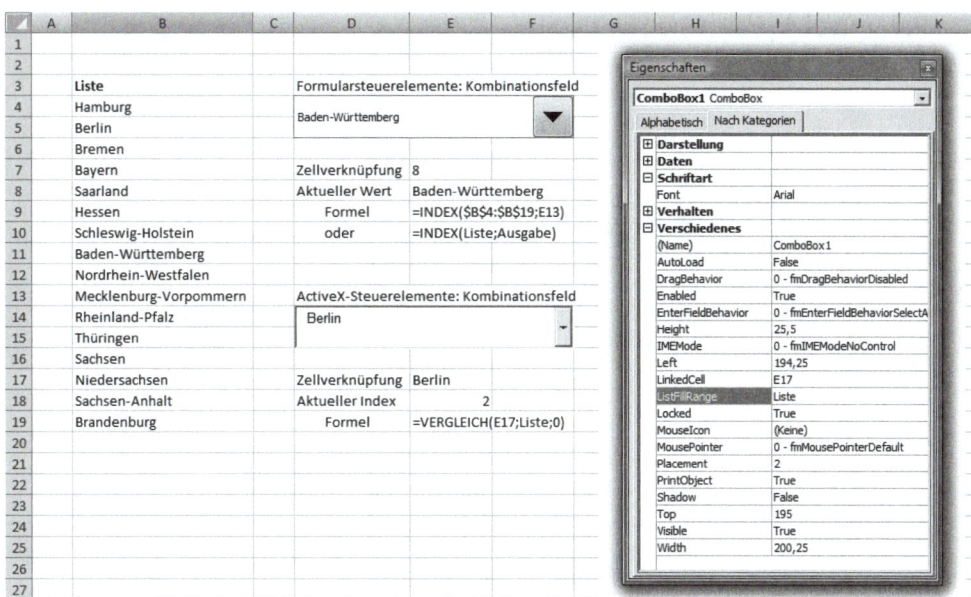

Namen in Dokumenteigenschaften verwenden

In Kapitel 3 haben Sie erfahren, dass in einer Excel-Arbeitsmappe allgemeine Informationen in Dokumenteigenschaften abgelegt werden können. Wollen Sie diese Information mit einem variablen Wert der Arbeitsmappe verknüpfen, setzen Sie dafür ebenfalls einen Namen ein.

Hier die einzelnen Schritte, um eine Dokumenteigenschaft mit einem Namen zu verknüpfen:

1. Legen Sie den gewünschten Namen fest, dieser kann auf einen Bereich oder einen konstanten Wert zeigen.

2. Wählen Sie im *Office-Menü* die Befehlsfolge *Vorbereiten/Eigenschaften*.
3. Darauf wird der Aufgabenbereich für Dokumenteigenschaften angezeigt. Wählen Sie hier den Befehl *Dokumenteigenschaften/Erweiterte Eigenschaften*.
4. Im Dialogfeld *Eigenschaften* wechseln Sie auf die Registerkarte *Anpassen*.
5. Wählen Sie im Listenfeld *Name* die Eigenschaft aus, die mit einem Namen verknüpft werden soll.
6. Aktivieren Sie das Kontrollkästchen *Verknüpfung zum Inhalt*.
7. Das Listenfeld *Quelle* zeigt daraufhin eine Liste aller Namen an.
8. Wählen Sie den gewünschten Namen aus und klicken Sie auf die Schaltfläche *Hinzufügen*.
9. Schließen Sie das Dialogfeld *Eigenschaften* mit *OK*.

Abbildg. 19.17 Namen können auch in den Dokumenteigenschaften verwendet werden

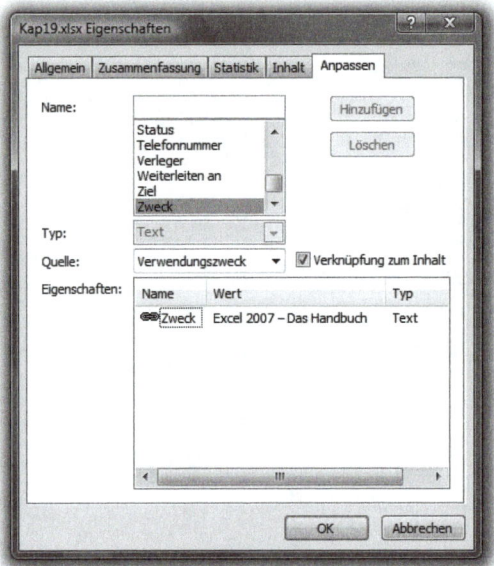

Was passiert beim Löschen?

Beim Verschieben eines Bereichs, für den ein *Name* festgelegt wurde, wird der Bezug entsprechend angepasst. Dies ist ein wichtiger Vorteil, den Namen im Gegensatz zu festen Bezügen bieten. Wenn Sie beispielsweise in einer anderen Mappe einen Bezug in der Form =`'C:\Daten\[Info.xls]Tabelle1'!$A$1` verwenden, tauchen Probleme auf, wenn Sie diese Zelle z.B. nach *B1* verschieben. Wenn die Mappe, welche den Bezug verwendet, geöffnet ist, wird der Bezug in der Formel beim Verschieben angepasst. Ist jedoch die Mappe nicht geöffnet, zeigt der Bezug immer noch auf Zelle *A1*. Wenn Sie einen Bezug unter Verwendung eines Namens einsetzen, etwa =`'C:\Daten\[Info.xls]Tabelle1'!Übernahme`, verwenden durch die Anpassung des Namens alle externen Berechnungen den korrekten Wert.

Wird der Bereich, auf den ein *Name* zeigt, beispielsweise über die Registerkarte *Start* mit dem Befehl *Löschen/Zellen löschen* gelöscht, erscheint der Name nicht mehr im *Namenfeld* der Bearbeitungsleiste. Nach wie vor wird er aber im Dialogfeld *Namen definieren* angezeigt. Die Zuordnung ist jedoch gelöscht und enthält stattdessen den Fehlerwert *#BEZUG!*. Auch Formeln, die als Argument einen *Namen* verwenden, dessen Bezug gelöscht wurde, zeigen diesen Fehlerwert an. Sie können solche Namen über das Dialogfeld *Namens-Manager* löschen.

> **WICHTIG** Im *Namens-Manager* werden über die Schaltfläche *Filter* verschiedene Filter angeboten (siehe Abbildung 19.6). Wählen Sie dort die Einstellung *Namen mit Fehlern*, werden nur solche Namen angezeigt, die einen Fehlerwert enthalten. Solche Namen können eigentlich gelöscht werden. Vorsicht ist allerdings dann geboten, wenn Sie Namen mit relativen Bezügen verwenden. Rufen Sie den *Namens-Manager* aus einem Blatt heraus auf, welches nicht den relativen Namen verwendet, zeigt er zwar einen Fehlerwert an. Auf dem Blatt, auf welchem der Name verwendet wird, funktioniert der Name dagegen problemlos.

Was passiert beim Verschieben?

Wenn Sie vor dem benannten Bereich weitere Zellen einfügen, wird der Bereich verschoben. Zeigt der Name auf den Bereich *A1:A10* und Sie fügen beispielsweise in Zeile 5 eine weitere Zelle ein, zeigt der Bereich nunmehr auf die Zellen *A1:A11*. Excel verhält sich hier wie bei einem Zellbereich (vgl. Kapitel 4).

Wenn Sie einen Namen erstellen wollen, der unabhängig vom Einfügen oder Löschen von Zellen immer auf die gleichen Zellen verweist, gehen Sie wie folgt vor:

1. Rufen Sie auf der Registerkarte *Formeln* in der Gruppe *Definierte Namen* über den Befehl *Namen definieren* das Dialogfeld *Neuer Name* auf.
2. Vergeben Sie den Namen, etwa »ZellenA1A10«.
3. Im Eingabefeld *Bezieht sich auf* tragen Sie die folgende Formel ein:

```
=INDIREKT("A1";WAHR):INDIREKT("A10";WAHR)
```

4. Schließen Sie das Dialogfeld mit *OK*.

Wenn Sie der Tabellenfunktion *INDIREKT* den Bezug in Anführungszeichen übergeben, wird dieser beim Einfügen oder Löschen nicht angepasst. In diesem Beispiel erreichen Sie damit, dass der Name »ZellenA1A10« immer auf den Bereich *A1:A10* zeigt. Da in der Definition kein Tabellenname angegeben ist, können Sie in allen Tabellen mit dem Dialogfeld *Gehe zu* diesen Bereich markieren.

Soll der Bereich eindeutig sein, müssen Sie zusätzlich zum Zellbezug noch den Tabellennamen angeben. Der folgende Bezug zeigt immer auf die Zellen *A1:A10* im Blatt *Tabelle2*:

```
=INDIREKT("Tabelle2!A1";WAHR):INDIREKT("Tabelle2!A10";WAHR)
```

Implizite Namen früherer Versionen

Die implizite Verwendung von Namen, wie sie in früheren Versionen unterstützt wurde, wenn über *Extras/Optionen* die Einstellung *Beschriftungen in Formeln zulassen* aktiviert war, ist in Excel 2007 nicht mehr verfügbar. Öffnen Sie eine Arbeitsmappe, die solche Namen verwendet, werden diese Namen in Bezüge umgewandelt.

Mit Tabellen arbeiten

Neu in *Excel* 2007 ist die Verwendung von *Tabellen*. Darunter ist eine Reihe von Tabellenzeilen und -spalten zu verstehen, die zusammengehörende Daten enthalten. Das kann beispielsweise eine Datenbank oder auch eine Telefonliste sein. Die erste Zeile der Tabelle kann (und sollte) Beschriftungen für die Spalten enthalten.

Wenn Sie in früheren Versionen mit Listen gearbeitet haben, kommt Ihnen die Logik, die dahinter steckt, sicher bekannt vor. Allerdings ist die Funktionalität deutlich erweitert worden. Das betrifft nun nicht mehr ausschließlich Excel: Auch PowerPoint 2007 und Word 2007 erstellen einen Tabellenbereich, um die Daten für ein Diagramm zu verwalten.

Kapitel 19 Mit Namen und Tabellen arbeiten

Das folgende Beispiel ist auf dem Arbeitsblatt *Tabelle* in der Beispieldatei *Kap19.xlsx* im Ordner *\Buch\Kap19* auf der CD-ROM zu diesem Buch zu finden.

Verwenden Sie das Arbeitsblatt *Tabelle-Übung,* um die Definition einer Tabelle gemäß den folgenden Schritten selbst auszuführen:

1. Bevor Sie eine Liste definieren, blenden Sie eventuell ausgeblendete Zeilen und Spalten wieder ein.
2. Wählen Sie einen der folgenden Wege, um eine Tabelle zu erstellen:
    - auf der Registerkarte *Einfügen* in der Gruppe *Tabellen* den Befehl *Tabelle*
    - auf der Registerkarte *Start* in der Gruppe *Formatvorlagen* den Befehl *Als Tabelle formatieren*
    - die Tastenkombination Strg + L
3. Im Dialogfeld *Tabelle erstellen* markieren Sie den Datenbereich. Sie können die Voreinstellung übernehmen, wenn die Daten zuvor bereits markiert wurden. Für unsere Zwecke sollten Sie den Bereich *B2:E7* markieren. Enthält der Bereich eine Kopfzeile, aktivieren Sie das Kontrollkästchen *Tabelle hat Überschriften* (Abbildung 19.18). Hat die Tabelle bei der Definition keine Überschriften, wird automatisch eine Überschrift in der Form *Spalte1*, *Spalte2* usw. erzeugt und der Datenbereich wird um eine Spalte nach unten verschoben.

Abbildg. 19.18   Dialogfeld für die Definition des Listenbereichs

4. Nach einem Klick auf die Schaltfläche *OK* wird die Tabelle erstellt. Sie erkennen die erfolgreiche Aktion sofort an der Zuweisung einer Tabellenformatvorlage und der Anzeige der Filtersymbole.

Gleichzeitig wird die kontextbezogene Registerkarte *Tabellentools* mit der Registerkarte *Entwurf* eingeblendet.

Abbildg. 19.19   Die kontextbezogene Registerkarte *Tabellentools* mit Befehlen für die Anpassung von Tabellen

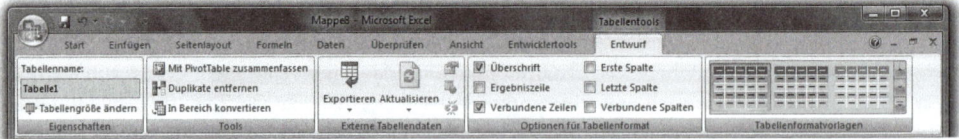

Auf dieser Registerkarte finden Sie einige spezielle Befehle für Tabellen. Hier eine Auswahl:

- Im Feld *Tabellenname* können Sie den Namen der Tabelle ganz einfach durch Überschreiben ändern. Der Name der Tabelle erscheint auch im *Namens-Manager* und kann dort ebenfalls geändert werden, er darf nicht mit einem Bereichsnamen übereinstimmen.

Mit Tabellen arbeiten

- Wollen Sie die Größe des Listenbereichs ändern, können Sie das über den Befehl *Tabellengröße ändern* erreichen. Ist eine Zelle im Listenbereich aktiv und wird der Rahmen um die Liste angezeigt, können Sie den Listenbereich auch ganz einfach durch Ziehen an diesem Rahmen ändern. Dabei muss die Kopfzeile unverändert bleiben und der neue Listenbereich muss den ursprünglichen Bereich überlappen.

- Stehen Ihnen die *Windows SharePoint Services* zur Verfügung, können Sie mit dem Befehl *Tabelle in SharePoint-Liste exportieren* die Liste im Web veröffentlichen. Mehr dazu finden Sie in Kapitel 30.

- Die Kontrollkästchen *Überschrift* und *Ergebniszeile* blenden das jeweilige Element ein oder aus.

WICHTIG Die Zellen von Überschriften sollten nicht verbunden sein, verbundene Zellen werden nicht richtig als Überschrift erkannt. Wenn die Überschriften ausgeblendet sind, können Sie die Tabelle nicht mehr mit den Filterschaltflächen filtern. Sie können die Überschriften aber weiterhin in strukturierten Verweisen verwenden. Mehr dazu weiter unten in diesem Kapitel.

- Die anderen vier Kontrollkästchen formatieren spezielle Elemente in der Tabelle. Die Auswirkungen sehen Sie auch in der Gruppe *Tabellenformatvorlagen*.

- Mit *Tabellenformatvorlagen* können Sie schnell unter verschiedenen Formatvorlagen wählen (vgl. Abbildung 19.19). Die Auswahl über einen Katalog wird durch die Livevorschau erleichtert. Mehr zu Tabellenformatvorlagen finden Sie in Kapitel 11.

Über den Befehl *Ergebniszeile* können Sie die Ergebniszeile – erkennbar an dem Wort »Ergebnis« in der ersten Spalte – ein- bzw. ausschalten. In der Ergebniszeile trägt *Excel* standardmäßig eine Summenformel ein. Wenn Sie eine andere Funktion verwenden wollen, wählen Sie diese aus dem Dropdown-Feld einer Zelle der Ergebniszeile aus. Wenn die Formel einer Zelle entfernt werden soll, wählen Sie den Eintrag *Ohne*.

Für diese Formel wird die Tabellenfunktion *TEILERGEBNIS(Funktion;Bezug1;...)* verwendet (Abbildung 19.20). Diese Tabellenfunktion berücksichtigt ausgeblendete Zellen bei der Berechnung. Mehr zu dieser Funktion finden Sie in Kapitel 22.

Abbildg. 19.20 Die Ergebniszeile eines Listenbereichs bietet schnellen Zugriff auf die Tabellenfunktion *TEILERGEBNIS*

Kapitel 19 Mit Namen und Tabellen arbeiten

> **TIPP** Wenn Sie für eine Tabelle den Befehl *Teilergebnis* auf der Registerkarte *Daten* ausführen wollen, stellen Sie fest, dass dieser Befehl nicht aktiviert werden kann, wenn die aktive Zelle in einer Tabelle liegt. Führen Sie den Befehl *Daten/Teilergebnis* aus, **bevor** Sie den Bereich in eine Tabelle umwandeln.

Intelligentes Verhalten beim Markieren

Haben Sie eine Tabelle festgelegt, dann kommen Sie in den Genuss zahlreicher Mechanismen, die Sie bei der Arbeit unterstützen sollen. So gibt es spezielle Möglichkeiten, eine Tabelle oder auch spezielle Teile einer Tabelle zu markieren. Zeigen Sie mit der Maus leicht innerhalb der ersten Spalte, ändert sich die Farbe des Mauszeigers.

Abbildg. 19.21 Ein spezieller Mauszeiger für die Markierung von Tabellen

	A	B	C	D	E	F
1						
2		Jahr	Einkauf	Verkauf	Deckungsbeitrag	
3		2002	8.329,81 €	9.465,82 €	1.136,01 €	
4		2003	8.628,03 €	10.696,40 €	2.068,37 €	
5		2004	7.607,53 €	9.693,96 €	2.086,43 €	
6		2005	8.520,41 €	9.773,62 €	1.253,21 €	
7	→	2006	8.807,77 €	10.080,06 €	1.272,29 €	
8		Ergebnis			7.816,31 €	
9						

Führen Sie nun einen Klick mit der linken Maustaste aus, wird die Zeile der Tabelle markiert.

Abbildg. 19.22 Ein Klick an dieser Stelle markiert ganz schnell die Datenzeile der Tabelle

	A	B	C	D	E	F
1						
2		Jahr	Einkauf	Verkauf	Deckungsbeitrag	
3		2002	8.329,81 €	9.465,82 €	1.136,01 €	
4		2003	8.628,03 €	10.696,40 €	2.068,37 €	
5		2004	7.607,53 €	9.693,96 €	2.086,43 €	
6		2005	8.520,41 €	9.773,62 €	1.253,21 €	
7		→ 2006	8.807,77 €	10.080,06 €	1.272,29 €	
8		Ergebnis			7.816,31 €	
9						

Entsprechend funktioniert das auch für die Markierung einer Spalte. Zeigt der Mauszeiger leicht innerhalb einer Spalte, markiert ein einzelner Mausklick die Daten der Spalte. Ein weiterer Mausklick (kein Doppelklick) markiert zusätzlich zu den Daten noch die Überschrift und die Ergebniszelle der Spalte.

Halten Sie die Maustaste gedrückt und ziehen Sie die Maus nach links, wird der markierte Bereich um zusätzliche Spalten erweitert.

Abbildg. 19.23 Mit einem Mausklick werden die Daten, mit einem weiteren Mausklick die gesamte Spalte markiert

	A	B	C	D	E	F
1						
2		Jahr	Einkauf	Verkauf	Deckungsbeitrag	
3		2002	8.329,81 €	9.465,82 €	1.136,01 €	
4		2003	8.628,03 €	10.696,40 €	2.068,37 €	
5		2004	7.607,53 €	9.693,96 €	2.086,43 €	
6		2005	8.520,41 €	9.773,62 €	1.253,21 €	
7		2006	8.807,77 €	10.080,06 €	1.272,29 €	
8		Ergebnis			7.816,31 €	
9						

Um die ganze Tabelle zu markieren, führen Sie den Mauszeiger wie in Abbildung 19.24 an die linke obere Ecke und führen einen Mausklick aus.

Abbildg. 19.24 Die gesamte Tabelle kann mit einem Mausklick markiert werden, wenn der Mauszeiger an den linken oberen Rand geführt wird

	A	B	C	D	E	F
1						
2		Jahr	Einkauf	Verkauf	Deckungsbeitrag	
3		2002	8.329,81 €	9.465,82 €	1.136,01 €	
4		2003	8.628,03 €	10.696,40 €	2.068,37 €	
5		2004	7.607,53 €	9.693,96 €	2.086,43 €	
6		2005	8.520,41 €	9.773,62 €	1.253,21 €	
7		2006	8.807,77 €	10.080,06 €	1.272,29 €	
8		Ergebnis			7.816,31 €	
9						

Auch hier führt ein weiterer Mausklick dazu, dass neben den Daten auch die Überschriften und die Ergebniszeile markiert werden.

Abbildg. 19.25 So können ganz schnell die Daten markiert werden, um diese z.B. zu kopieren

	A	B	C	D	E	F
1						
2		Jahr	Einkauf	Verkauf	Deckungsbeitrag	
3		2002	8.329,81 €	9.465,82 €	1.136,01 €	
4		2003	8.628,03 €	10.696,40 €	2.068,37 €	
5		2004	7.607,53 €	9.693,96 €	2.086,43 €	
6		2005	8.520,41 €	9.773,62 €	1.253,21 €	
7		2006	8.807,77 €	10.080,06 €	1.272,29 €	
8		Ergebnis			7.816,31 €	
9						

Wenn die Tabelle sehr groß ist, führen Sie sicher irgendwann einen Bildlauf durch, um weitere Daten am Bildschirm anzuzeigen. Wenn Sie das in einem normalen Arbeitsblatt tun, wird irgendwann die Überschrift ausgeblendet und Sie können die sichtbaren Daten nicht mehr einer Überschrift zuordnen. Abhilfe schafft hier das Fixieren des Fensters, so dass die Überschriften sichtbar bleiben (siehe Kapitel 4). In Tabellen müssen Sie nicht zwingend eine Fixierung vornehmen, um die Übersicht zu behalten. Excel überrascht Sie beim Bildlauf damit, dass die Überschriften die Spaltenbeschriftung ersetzen. Das setzt allerdings voraus, dass die aktive Zelle innerhalb einer Tabelle liegt.

Abbildg. 19.26 Eine feine Sache: Beim Bildlauf wandern die Überschriften in die Spaltenköpfe

	A	Jahr	Einkauf	Verkauf	Deckungsbeitrag	F
4		2003	8.628,03 €	10.696,40 €	2.068,37 €	
5		2004	7.607,53 €	9.693,96 €	2.086,43 €	
6		2005	8.520,41 €	9.773,62 €	1.253,21 €	
7		2006	8.807,77 €	10.080,06 €	1.272,29 €	
8		Ergebnis			7.816,31 €	
9						

> **TIPP** Befindet sich die aktive Zelle innerhalb einer Tabelle, stehen im Kontextmenü spezielle Befehle zum Auswählen, Einfügen und Löschen zur Verfügung. Auch die Befehle *Einfügen* und *Löschen* auf der Registerkarte *Start* werden um einige spezielle Optionen für Tabellen erweitert.

Neue Daten für die Tabelle

Fügen Sie neue Zeilen mit Daten direkt im Anschluss an das Ende einer Tabelle ein, werden Formatierungen und Formeln auf die neuen Zeilen übertragen und der Tabellenbereich entsprechend erweitert. Die Einstellungen dazu können über den Smarttag *AutoKorrektur-Optionen* geändert werden (siehe Abbildung 19.27). Mehr zum Thema AutoKorrektur finden Sie in Kapitel 4.

Interessant ist die Erweiterung der Formatierung: Nicht nur das Zellformat wird übertragen, sondern auch Formatierungen, die über die bedingte Formatierung festgelegt wurden, sowie Regeln für die Datenüberprüfung.

Abbildg. 19.27 Einstellungen für den Automatismus der *AutoKorrektur* steuern

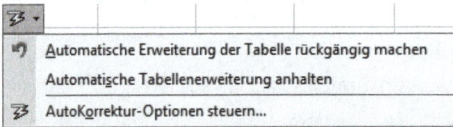

Hat die Tabelle eine Ergebniszeile, haben Sie folgende Möglichkeiten, um neue Datenzeilen in die Tabelle einzutragen:

- Blenden Sie die *Ergebniszeile* aus, indem Sie auf der Registerkarte *Tabellentools/Entwurf* das Kontrollkästchen *Ergebniszeile* deaktivieren und neue Daten direkt in die erste Zeile unterhalb der letzten Datenzeile eintragen.

- Fügen Sie eine neue Zeile hinzu, indem Sie die Ergebniszeile aktivieren und auf der Registerkarte *Start* den Befehl *Einfügen* ausführen.

- Aktivieren Sie die letzte Zelle der letzten Spalte und drücken Sie (wie in einer Word-Tabelle) die [↹]-Taste.

- Ändern Sie die Größe der Tabelle durch Ziehen mit der Maus bzw. den Befehl *Tabellengröße ändern*. Ziehen Sie mit gedrückter linker Maustaste an der rechten unteren Ecke der Tabelle. Beachten Sie dabei, dass die Tabellenüberschriften auch in der neuen Markierung enthalten sein müssen.

Abbildg. 19.28 Die Tabellengröße ganz einfach durch Ziehen mit der Maus anpassen

	A	B	C	D	E	F
1						
2		Jahr	Einkauf	Verkauf	Deckungsbeitrag	
3		2002	8.329,81 €	9.465,82 €	1.136,01 €	
4		2003	8.628,03 €	10.696,40 €	2.068,37 €	
5		2004	7.607,53 €	9.693,96 €	2.086,43 €	
6		2005	8.520,41 €	9.773,62 €	1.253,21 €	
7		2006	8.807,77 €	10.080,06 €	1.272,29 €	
8		Ergebnis			7.816,31 €	
9						

Tragen Sie Daten in eine neue Spalte ein, die sich direkt neben dem Tabellenbereich befindet (in Abbildung 19.28 im Bereich *E2:E6*), wird ebenfalls die Größe der Tabelle angepasst und die Formatierung erweitert. Excel ergänzt automatisch auch eine Überschrift. Dabei wird eine Überschrift in der Form *Spalte5*, *Spalte6* oder Ähnlich verwendet.

PROFITIPP Hat Ihre Tabelle eine Überschrift, die aus Teilen einer benutzerdefinierten Liste besteht (zum Beispiel *Januar, Februar, März*), ergänzt Excel beim Eintragen von Daten in eine neue Spalte den nächsten Eintrag der benutzerdefinierten Liste (hier also *April*). Sind bereits alle Elemente der Liste als Überschrift im Einsatz, hängt Excel an den letzten Eintrag eine laufende Nummer an. Eine benutzerdefinierte Liste legen Sie über den Befehl *Office-Menü/Excel-Optionen/Häufig verwendet* fest, indem Sie die Schaltfläche *Benutzerdefinierten Liste bearbeiten* wählen. Mehr zu benutzerdefinierten Listen finden Sie in Kapitel 4.

Beim *AutoVervollständigen* können Sie in Tabellen ebenfalls mit besserer Unterstützung rechnen. So wie diese Funktion in Kapitel 4 beschrieben wurde, unterbrechen Leerzeilen das *AutoVervollständigen*. In einer Tabelle gilt dies jedoch nicht, dort wird auch nach Leerzeilen eine Liste bekannter Einträge angezeigt.

Reihenfolge der Spalten ändern

Die Reihenfolge der Spalten können Sie durch Verschieben ändern (siehe Kapitel 4). Neu in Excel 2007 ist, dass Sie die Spalten in Tabellen auch dann verschieben können, wenn Sie die Tabelle über die Filterschaltflächen nach bestimmten Kriterien gefiltert haben. Führen Sie diesen Befehl in einer »normalen« gefilterten Excel-Liste aus, wird die Aktion mit einer Fehlermeldung abgebrochen.

Tabellennamen und Bezeichner

Bei der Arbeit mit Tabellen erleichtern strukturierte Verweise die Arbeit. Darunter sind spezielle Namen und Bezeichner zu verstehen, die in Formeln, Diagrammen und PivotTable-Objekten Verwendung finden. Beim Einfügen einer Tabelle wird für diese automatisch ein Name erzeugt, den Sie ändern können, der aber immer auf diesen Bereich zeigt. Um einen Bezug auf eine Tabelle aufzubauen, kann dieser Name der Tabelle verwendet werden.

Der Name einer Tabelle schließt alle Zellen im Datenbereich ein, also nicht die Überschrift und nicht die Ergebniszeile. In Abbildung 19.20 ist das der Bereich *B3:E7*. Das mag auf den ersten Blick etwas verwundern, aber Excel enthält viele Verweisfunktionen, in denen die Suchmatrix in kurzer Schreibweise (nur der Tabellenname) angegeben werden kann, das wiederum erspart umständliches Tippen und erhöht die Lesbarkeit von Formeln.

Für Bezüge auf Spalten können Spaltenüberschriften verwendet werden, wenn diese in eckigen Klammern (»[]« ohne Anführungszeichen) stehen. Mit dem Spaltenbezeichner *[Verkauf]* kann in Abbildung 19.20 mit den Daten im Bereich *C2:C6* gerechnet werden. Ein solcher Bezug zeigt auf den Bereich einer Spalte ohne die Überschrift.

Zusätzlich gibt es einige Bezeichner für besondere Elemente einer Tabelle:

- *Tabellenname[#Alle]* zeigt auf alle Elemente einer Tabelle einschließlich Überschriften und Ergebniszeile.
- *Tabellenname[#Daten]* zeigt nur auf die Daten der Tabelle.
- *Tabellenname[#Kopfzeilen]* zeigt auf die Überschriften.
- *Tabellenname[#Ergebnisse]* zeigt auf die Ergebniszeile.
- *Tabellenname[#DieseZeile]* zeigt auf die Daten in der gleichen Zeile, in der sich diejenige Zelle befindet, in der dieser Bezug verwendet wird.

Bei strukturierten Verweisen unterscheidet man zwischen vollständig qualifizierten Verweisen und nicht qualifizierten Verweisen. Was sich hochwissenschaftlich anhört, ist in Wahrheit ganz einfach: Ein vollständig qualifizierter Verweis enthält neben dem Bezeichner den Namen der Tabelle. *Tabellenname[Einkauf]* ist der vollständig qualifizierte Verweis auf den Bereich *B3:B7* in Abbildung 19.20, während *[Einkauf]* den nicht qualifizierten Verweis auf den gleichen Bereich darstellt. Der eigentliche Unterschied der beiden Verweise liegt in der Verwendung: Während Sie nicht qualifizierte Verweise innerhalb einer Tabelle einsetzen können, muss der entsprechende Verweis vollständig qualifiziert sein, wenn Sie ihn außerhalb der Tabelle einsetzen wollen.

TIPP Bauen Sie in Formeln den Bezug unter Verwendung der Maus auf, ergänzt Excel die Bezüge in der korrekten Schreibweise. Befindet sich die Formelzelle innerhalb einer Tabelle, erstellt Excel einen nicht qualifizierten Verweis. Erstellen Sie die Formel außerhalb der Tabelle, wird ein qualifizierter Verweis aufgebaut.

Strukturierte Verweise können mit den bekannten Bezugsoperatoren (Semikolon, Doppelpunkt und Leerzeichen) kombiniert werden. Auch implizite Schnittmengen können mit Hilfe strukturierter Verweise gebildet werden. Tragen Sie in die Beispieltabelle aus Abbildung 19.28 in Zelle *F3* folgende Formel ein:

```
=[Deckungsbeitrag]/SUMME([Deckungsbeitrag])
```

Excel führt danach folgende Aktionen aus:

- Excel erkennt die spezielle Bezugsform und gibt den Anteil der Zelle *E3* am Gesamtdeckungsbeitrag zurück.
- Die Formel wird nach unten bis *F7* ausgefüllt.
- Der Anteil jeder Zeile wird berechnet.
- Das Format wird übernommen.
- Es wird eine Spaltenüberschrift erstellt.

Mehr zu den Bezugsoperatoren und der impliziten Schnittmenge finden Sie in Kapitel 7.

WICHTIG Verschieben Sie eine Zelle mit einem strukturierten Verweis, ändern sich diese Verweise dadurch nicht. Kopieren Sie einen strukturierten Verweis mit einem Spaltenbezeichner, wird dieser wie eine Serie angepasst.

Einsatzgebiete von strukturierten Verweisen

Bei der Verwendung reihen sich strukturierte Verweise nahtlos bei den Bereichsnamen ein. Für die Lösung der folgenden Aufgaben können Sie strukturierte Verweise einsetzen:

- Neben der Markierung einer Tabelle mit der Maus kann auch über den Befehl *Suchen und Auswählen/Gehe zu* eine Tabelle markiert werden. Sie können im Dialogfeld – und auch im Namenfeld der Bearbeitungsleiste – den Namen der Tabelle oder einen der oben genannten speziellen Bezüge eintragen.
- Formeln in berechneten Spalten, also innerhalb der Tabelle (nicht qualifiziert oder vollständig qualifiziert)
- Formeln außerhalb der Tabelle (vollständig qualifiziert)

Bei der Verwendung von strukturierten Verweisen in Formeln hilft die neue Funktion *AutoVervollständigen in Formeln* (siehe Kapitel 6). Tippen Sie den Namen der Tabelle und anschließend eine öffnende eckige Klammer, werden die Namen und Bezeichner für die Tabelle in einem Auswahlfeld angeboten (Abbildung 19.29).

Abbildg. 19.29 Strukturierte Verweise bilden eine dynamische Möglichkeit, um mit Tabellenbereichen zu rechnen

Erstellen Sie eine Formel und markieren Sie dabei mit der Maus einen Bereich innerhalb einer Tabelle, ergänzt Excel in diesem Fall keinen Bezug in der üblichen Schreibweise, sondern einen strukturierten Verweis. Wollen Sie diesen Mechanismus ausschalten, wechseln Sie im *Office-Menü* in die *Excel-Optionen*. Aktivieren Sie die Kategorie *Formeln* und deaktivieren Sie das Kontrollkästchen *Tabellennamen in Formeln verwenden*.

HINWEIS Ändern Sie den Namen einer Tabelle oder einer Überschrift, passt Excel automatisch alle strukturierten Verweise in der Arbeitsmappe an die neuen Namen an. Ändern Sie eine Spaltenüberschrift in einen Namen, der bereits in der Tabelle verwendet wird, wird einer der beiden Namen angepasst, da Spaltenbeschriftungen innerhalb einer Tabelle eindeutig sein müssen.

Kommen neue Daten zur Tabelle hinzu, zeigen die strukturierten Verweise automatisch auf den neuen Datenbereich.

Mehr zum Thema strukturierte Verweise finden Sie in der Excel-Hilfe unter dem Suchbegriff »Verwenden von strukturierten Verweisen für Excel-Tabellen«.

Einen Bereich in eine Tabelle umwandeln

Über den Befehl *Tabelle* auf der Registerkarte *Einfügen* können Sie wie oben gezeigt einen Bereich in eine Tabelle umwandeln. In einer Mappe, die bereits Formeln mit Bezügen auf diesen Bereich enthält, werden die Bezüge dieser Formeln nicht durch strukturierte Verweise ersetzt.

Im umgekehrten Fall, wenn Sie also eine Tabelle in einen Bereich umwandeln, werden alle Bezüge innerhalb der Arbeitsmappe in die entsprechende A1S1-Schreibweise bzw. Z1S1-Schreibweise umgewandelt. So wandeln Sie eine Tabelle in einen Bereich um:

1. Aktivieren Sie eine Zelle in der Tabelle.
2. Die kontextbezogene Registerkarte *Tabellentools* wird angezeigt.
3. Wählen Sie auf der Registerkarte *Entwurf* den Befehl *In Bereich konvertieren*.
4. Bestätigen Sie die Sicherheitsabfrage.

Den Tabellenbereich drucken

Eine solchermaßen definierte Tabelle kann auch unabhängig von sonstigen Einträgen in der Tabelle gedruckt werden. Dazu ist es nicht erforderlich, dass Sie einen Druckbereich festlegen.

Um nur den Tabellenbereich einer Tabelle zu drucken, gehen Sie wie folgt vor:

1. Aktivieren Sie eine beliebige Zelle in der Tabelle.
2. Rufen Sie im *Office-Menü* den Befehl *Datei/Drucken* auf.
3. Aktivieren Sie in der Optionsgruppe *Drucken* die Option *Tabelle*. Diese Option ist nur verfügbar, wenn Sie zuvor eine Zelle in einer Tabelle aktiviert haben!
4. Starten Sie den Ausdruck über die Schaltfläche *OK*.

Beim Drucken von Tabellen sind die folgenden Besonderheiten zu beachten:

- Enthält ein Tabellenblatt mehr als eine Tabelle, wird nur diejenige Tabelle gedruckt, die Sie zuvor aktiviert haben.
- Bei einer Mehrfachmarkierung ist der Standort der aktiven Zelle maßgeblich.
- Die Tabelle wird auch dann gedruckt, wenn diese selbst nicht in einem definierten Druckbereich enthalten ist. Das bedeutet, Sie können mit Tabellen mehrere Druckbereiche in einer Tabelle verwenden!

Mehr zum Thema Drucken finden Sie in Kapitel 5.

Tabellen für PivotTable-Berichte verwenden

Wirklich komfortabel sind Tabellen für die Erstellung von *PivotTable*-Objekten einzusetzen. Und das geht so:

1. Erstellen Sie zunächst, falls noch nicht geschehen, über den Befehl *Tabelle* auf der Registerkarte *Einfügen* eine Tabelle.
2. Aktivieren Sie eine Zelle innerhalb der Tabelle.
3. Wählen Sie dann den Befehl *PivotTable* auf der Registerkarte *Einfügen*.
4. Der Name der Tabelle ist bereits als Datenquelle eingetragen.
5. Erstellen Sie die PivotTabelle nach Bedarf.

Im Gegensatz zu einer »normalen« Datenquelle erkennt *Excel* die Tabelle als Datengrundlage. Wenn Sie neue Daten in den Ursprungsbereich einfügen und den PivotTable-Bericht aktualisieren, werden die angefügten Daten berücksichtigt, ohne dass Sie den Quellbereich anpassen müssen. Mehr zum Thema PivotTable und PivotChart finden Sie in Kapitel 24.

> **TIPP** Wenn Sie externe Daten über *Daten/Externe Daten abrufen/Aus anderen Quellen/Von Microsoft Query* importieren, können Sie im letzten Schritt des Query-Assistenten festlegen, ob der importierte Bereich als Tabelle oder PivotTable importiert werden soll.

Sie können auch ein Diagramm auf Basis der *Tabelle* erstellen. Damit wird der Datenbereich angepasst, wenn neue Daten hinzukommen. Die Filterschaltflächen ermöglichen Ihnen, bestimmte Daten für die Anzeige auszuwählen, andere hingegen auszublenden. Ein Beispiel dazu finden Sie in Kapitel 17.

Zusammenfassung

Die Änderungen in der neuen Version zum Thema Namen sind eine echter Fortschritt. Sowohl die Definition als auch die Verwaltung von Namen sind deutlich verbessert worden. Gleichwohl können Entwickler immer noch weitere Wünsche äußern, etwa dass der Namens-Manager den eingestellten Filter anzeigt (was ganz einfach über ein Listenfeld zu realisieren wäre) oder dass sich für den Kommentar ein Zellbezug oder besser wieder ein Name verwenden lässt.

Sie haben in diesem Kapitel die verschiedenen Möglichkeiten für die Festlegung, Änderung und das Löschen von *Namen* sowie einige Einsatzgebiete kennen gelernt. Ein guter Grund *Namen* in Tabellen zu verwenden ist die Tatsache, dass damit wirklich robuste und anwenderfreundliche Auswertungen ermöglichen. Hier nochmals eine Zusammenfassung der Gründe, warum Sie, wo immer möglich, Namen festlegen und anwenden sollten:

- Verwendung und einfaches Einfügen in sprechenden Formeln
- Gültigkeit des Namens für die gesamte Mappe oder, bei entsprechender Festlegung, auch nur für ein Tabellenblatt
- Erleichterung bei der Eingabe von Bezügen, insbesondere auf andere Tabellenblätter oder Arbeitsmappen
- Einfache Navigation in der gesamten Mappe
- Komfort beim Ändern von Bezügen oder konstanten Werten
- Namen werden beim Verschieben des Bereichs angepasst. Externe Verknüpfungen auf den Bereich funktionieren also weiterhin.
- Erstellung von dynamischen Namen ermöglicht »wachsende« Bereiche

Tabellen stellen eine sinnvolle Erweiterung der Möglichkeiten von Namen dar. Die Erweiterung betrifft insbesondere die automatische Ergänzung von Formeln und Formatierungen. Auch die Verwendung strukturierter Verweise in Formeln hilft bei der Erstellung komplexer Tabellenmodelle. Die Funktionen rund um die Arbeit mit Tabellen (Überschriften als Spaltenbeschriftung, Markierungshilfen usw.) machen Spaß.

Weitere Einsatzgebiete für *Namen* finden Sie insbesondere bei der *bedingten Formatierung* in Kapitel 12 sowie bei der Festlegung von Gültigkeitsregeln für Daten in Kapitel 8.

Kapitel 19 Mit Namen und Tabellen arbeiten

Frage	Antwort
Wie kann ich einen Namen schnell festlegen?	Über das Namenfeld können Sie einen Namen für die aktuelle Markierung festlegen. Überschreiben Sie dazu den angezeigten Zellbezug mit dem gewünschten Namen. Ein Beispiel finden Sie auf Seite 770.
Kann ich jede Zeichenfolge für einen Namen verwenden?	Auf Seite 771 finden Sie die Namenskonventionen, die Sie in Excel beachten müssen.
Gibt es ein Dialogfeld für die Definition von Bereichsnamen und der Eingabe eines Kommentars?	Wollen Sie Namen über ein Dialogfeld festlegen und dabei von der neuen Möglichkeit eines beschreibenden Kommentars Gebrauch machen, verwenden Sie das Dialogfeld *Neuer Name*. Auf Seite 772 wird Ihnen gezeigt, wie es geht.
Wie kann ich mit wenigen Schritten mehrere Namen festlegen?	Verwenden Sie in Ihrer Tabelle Spaltenüberschriften, können Sie Namen aus diesen Beschriftungen erstellen. Auf Seite 776 finden Sie die entsprechenden Hinweise dazu.
Welche Möglichkeiten bietet der Namens-Manager?	Der Namens-Manager ist das zentrale Dialogfeld für die Verwaltung von Namen in der neuen Version. Neben der Anzeige aller Namen und deren aktuellen Werten finden Sie auf Seite 774 weitere Informationen über seine Möglichkeiten.
Ich möchte einen bestimmten Faktor an einer einzigen Stelle in meiner Tabelle verwalten. Wie mache ich das?	Sie können für einen konstanten Wert einen Namen festlegen und diesen dann in allen Formeln verwenden. Die Seite 777 zeigt, wie es geht.
Ich möchte den gleichen Namen mit unterschiedlichen Bezügen in allen Tabellen festlegen. Wie geht das?	Stellen Sie dazu bei der Definition dem Namen den jeweiligen Tabellennamen voran. Alternativ stellen Sie den Gültigkeitsbereich des Namens über das Listenfeld *Bereich* im Dialogfeld *Neuer Name* oder im *Namens-Manager* ein. Schlagen Sie hierzu auf Seite 781 nach.
Wie kann ich benannte Bereiche schnell markieren?	Tragen Sie den Namen des gesuchten Bereichs in das Namenfeld der Bearbeitungsleiste ein oder rufen Sie mit der Taste F5 das Dialogfeld *Gehe zu* auf. Weitere Informationen dazu erhalten Sie auf Seite 785.
Kann ich Namen auch nachträglich in Formeln einbauen?	Excel kann Ihre Formeln nach Bereichen durchsuchen, für die Namen festgelegt wurden und diese durch die Namen ersetzen. Ein Beispiel dazu finden Sie auf Seite 786.
Kann ich Namen auch in Steuerelementen verwenden?	Namen sind nicht nur für die Verwendung in Tabellen geeignet, auch zur Angabe des Listenbereichs oder der Ausgabeverknüpfung in Steuerelementen sind sie hervorragend geeignet. Wie Sie Namen in Zusammenarbeit mit Steuerelementen einsetzen, zeigt die Seite 788.
Wie lege ich eine Tabelle fest?	Auf der Registerkarte *Einfügen* legen Sie über den Befehl *Tabelle* einen solchen Bereich fest. Die Seite 791 zeigt, wie Sie diese zwar nicht gänzlich neue, aber deutlich verbesserte Funktion einsetzen.
Wie kann ich einen Bereich in einer Tabelle markieren?	Führen Sie den Mauszeiger in einen Tabellenbereich, ändert dieser sein Aussehen. Ein Klick mit der linken Maustaste markiert jetzt den gewünschten Bereich. Weitere Informationen hierzu finden Sie auf Seite 794.
Was sind strukturierte Verweise?	Strukturierte Verweise sind spezielle Namen, die Sie zum Markieren oder auch in Formeln verwenden können, wenn Sie eine Tabelle eingefügt haben. Schlagen Sie auf Seite 797 nach, um mehr über strukturierte Verweise zu erfahren.

Kapitel 20

Daten sortieren

In diesem Kapitel:

Sortieren von Listen	804
Sortieren nach einer Spalte mit Zahl oder Text	809
Sortieren von Zahlen in Verbindung mit Text	810
Sortieren nach benutzerdefinierten Kriterien	813
Zusammenfassung	819

Kapitel 20 Daten sortieren

Eine sprichwörtliche Weisheit sagt: »Ordnung ist das halbe Leben«. Das gilt natürlich auch im übertragenen Sinn für den Einsatz von Microsoft Excel. Schließlich wollen Sie bei Ihrer täglichen Arbeit Unterstützung durch das Programm erhalten:

- Die Daten müssen in eine für die Aufgabe sinnvolle Reihenfolge oder Ansicht gebracht werden.
- Sie wollen die Daten visualisieren, rasch auffinden und besser beurteilen können.
- Sie wollen einen individuellen Einfluss auf die Sortierfolge nehmen, um der Aufgabe entsprechend sinnvoll und effizient weiterarbeiten zu können.

Durch Umsetzung dieser Ziele können Sie sowohl die Daten in Ihrer Excel-Tabelle wie auch in Ihren Listen zumindest nach Standard- bzw. individuellen Gesichtspunkten ordnen.

Sortieren von Listen

Wenn Daten in eine andere Reihenfolge gebracht werden sollen – ob alphabetisch, numerisch oder chronologisch – verwenden Sie zweckmäßigerweise die Funktion Sortieren. Excel bietet Ihnen einige Möglichkeiten, um den Sortiervorgang zu gestalten und zu beeinflussen. So können Sie Ihre Daten in Zeilen oder Spalten sortieren – und das jetzt mit bis zu 64 Kriterien gleichzeitig. Sollte dies noch nicht zum gewünschten Ergebnis führen, gibt es darüber hinaus noch die Möglichkeit, auf eine benutzerdefinierte Sortierreihenfolge aufzubauen und diese anzuwenden.

Falls auch diese nicht reichen, bietet Excel noch weitere, neue Varianten an, nämlich das Sortieren nach Zellenfarben, Schriftfarbe und Zellensymbol.

Die meisten Sortiervorgänge werden spaltenweise durchgeführt, jedoch kann auch nach Zeilen sortiert werden.

Einfache Sortierung – Klicken und Sortieren

 Für die folgenden Beispiele können Sie als Datenbasis die Datei *Sortieren.xlsx* auf der CD-ROM zum Buch im Ordner *\Buch\Kap20* heranziehen.

Sie wollen eine einspaltige Excel-Liste nach dem Feld *Name* auswerten, die Daten also schnell und übersichtlich sortieren. Wählen Sie in der Beispielmappe das Arbeitsblatt *Sortieren1*.

Um die Liste nach dem Namensfeld zu sortieren, gehen Sie so vor:

1. Aktivieren Sie in der Spalte *Name* eine beliebige Zelle.
2. Klicken Sie auf der Registerkarte *Start* in der Gruppe *Bearbeiten* auf den Befehl *Sortieren und Filtern*.

Abbildg. 20.1   Die Befehlsgruppe *Bearbeiten*, in der sich der Sortierbefehl befindet

3. In dem sich öffnenden Menü wählen Sie dann den Befehl *Von A bis Z sortieren*.

Abbildg. 20.2 Befehlsschaltfläche *Sortieren und Filtern* mit sämtlichen Befehlen

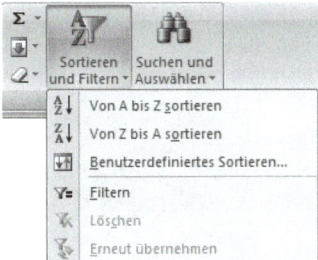

4. Als Ergebnis erhalten Sie eine von A nach Z sortierte Namensliste.

Abbildg. 20.3 Als Ergebnis erhalten Sie eine aufsteigend sortierte Liste

Name	Vorname	Projekt
Abraham	Heinrich	A429
Benilov	Werner	MTF
Berger	Roland	MTF
Christ	Christian	MTR390
Ebenstein	Werner	MTF
Gerhold	Herrmann	A1553
Gorken	Günter	A1553
Hausmann	Karsten	A429
Hinz	Rolf	MTF
Kangter	Manfred	A429
Karsten	Rudolf	A429
Kreska	Georg	A429
Liebold	Klaus	MTR390
Meier	Hans	MTF
Müller	Heinz	A1553
Mueller	Thomas	A429
Schuster	Horst	MTR390
Ude	Willi	A1553
Zitzelsberger	Alfred	MTF

HINWEIS Die Sortierkriterien für Tabellen werden in der Arbeitsmappe gespeichert. Dies ermöglicht Ihnen beispielsweise, definierte Filter, nach erneutem Öffnen der Datei, sofort wieder anwenden zu können. Diese Möglichkeit ist besonders dann interessant, wenn aufwändige und in der Eingabe zeitraubende Kriterien benötigt werden.

Benutzerdefiniertes Sortieren

Üblicherweise werden Daten innerhalb einer oder mehrer Spalten aufsteigend oder absteigend sortiert. Darüber hinaus können Daten auch zeilenweise sortiert werden, was mit einer Spaltenumstellung vergleichbar ist.

1. Markieren Sie eine Zelle im betreffenden Datenbereich.
2. Klicken Sie auf der Registerkarte *Start* in der Gruppe *Bearbeiten* auf den Befehl *Sortieren und Filtern*.

Kapitel 20 Daten sortieren

3. Im daraufhin geöffneten Menü klicken Sie auf den Befehl *Benutzerdefiniertes Sortieren*.
4. Es öffnet sich das Dialogfeld *Sortieren*. Klicken Sie auf die Schaltfläche *Optionen*.
5. Das Dialogfeld *Sortieroptionen* wird geöffnet. Hier wählen Sie die Option *Spalten sortieren* und bestätigen die Schaltfläche *OK* (Abbildung 20.4).

Abbildg. 20.4   Dialogfeld zur Auswahl der spaltenorientierten Sortierung

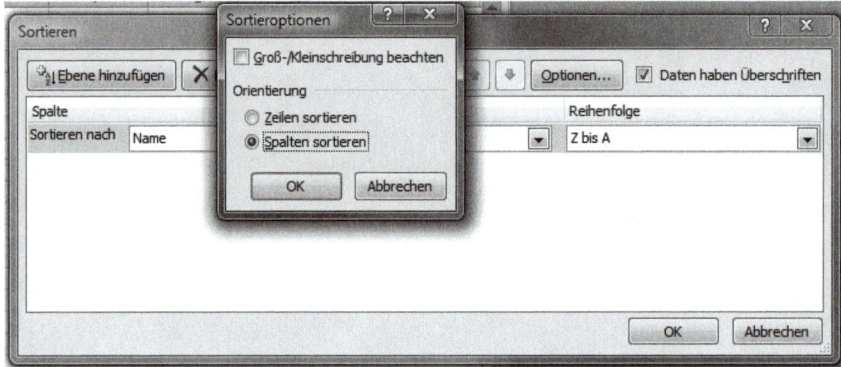

6. Zunächst legen Sie im ersten Listenfeld *Sortieren nach* fest, in welcher Zeile die Daten für die Spaltensortierung stehen (Abbildung 20.5).
7. Im nächsten Schritt bestimmen Sie im Listenfeld *Sortieren nach*, dass nach *Werten* sortiert werden soll.
8. Zuletzt wählen Sie im Listenfeld *Reihenfolge* (Abbildung 20.5) die gewünschte Sortierreihenfolge aus.
9. Schließen Sie den Arbeitsschritt mit einem Klick auf die Schaltfläche *OK* ab.

Abbildg. 20.5   Das Dialogfeld *Sortieren* mit seinen zahlreichen Einstell- und Auswahlmöglichkeiten

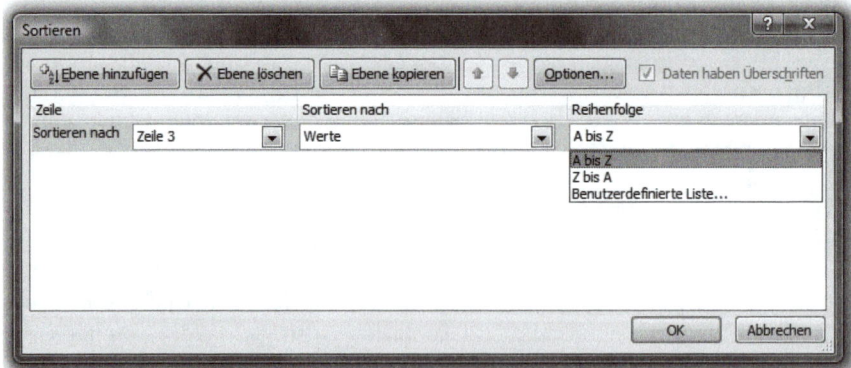

10. Sie erhalten dann die in Abbildung 20.6 gezeigte Spaltenanordnung.

Abbildg. 20.6 Das Ergebnis des Sortiervorganges

	A	B	C	D	E
1					
2					
3		Name	Projekt	Vorname	
4		Abraham	A429	Heinrich	
5		Benilov	MTF	Werner	
6		Berger	MTF	Roland	
7		Christ	MTR390	Christian	

WICHTIG Wenn Sie eine Liste sortieren, beachten Sie, das Spalten oder Zeilen ihre Position verändern und dass die hinterlegten Formeln und Funktionen daraufhin beispielsweise mit der Fehlermeldung #WERT! reagieren. Die Ursache für diese Meldung liegt in einer fehlerhaften Zelladresse innerhalb der Formeln bzw. Funktionen.

PROFITIPP Wenn Sie in Ihrer Tabelle Zeilen oder Spalten ausgeblendet haben, müssen Sie beachten, dass bei einem Sortiervorgang diese ausgeblendeten Zeilen/Spalten in der Sortierung unberücksichtigt bleiben. Daher ist es empfehlenswert, vor einem Sortierschritt alle Zeilen und Spalten einzublenden.

Mehrfachsortierung – eins, zwei und mehr

Vorausgesetzt, Sie verfügen über Daten, die es zulassen, können Sie Sortierungen in einem Arbeitsschritt nach mehreren Zeilen oder Spalten gleichzeitig durchführen. In der Übungsdatei *Kap20.xlsx* finden Sie auf dem Arbeitsblatt *Sortieren2* Daten, die u.a. über die Spalten *Abteilung* und *Name* verfügen. Sie können beispielsweise zuerst nach der Abteilung (Gruppierung aller Mitarbeiter dieser Abteilung) und danach alphabethisch nach den Namen der Mitarbeiter sortieren. Auf diese Weise können bis zu 64 Spalten sortiert werden.

HINWEIS Die besten Sortierergebnisse erzielen Sie, wenn Ihre Daten mit Spaltenüberschriften versehen sind.

1. Markieren Sie den betreffenden Datenbereich.
2. Klicken Sie nun auf der Registerkarte *Start* in der Gruppe *Bearbeiten* auf den Befehl *Sortieren und Filtern*.
3. Wählen Sie anschließend den Befehl *Benutzerdefiniertes Sortieren*. Es öffnet sich das Dialogfeld *Sortieren* mit folgender automatischer Darstellung:

Abbildg. 20.7 Das Dialogfeld zum Sortieren mit Anzeige von drei Sortierebenen

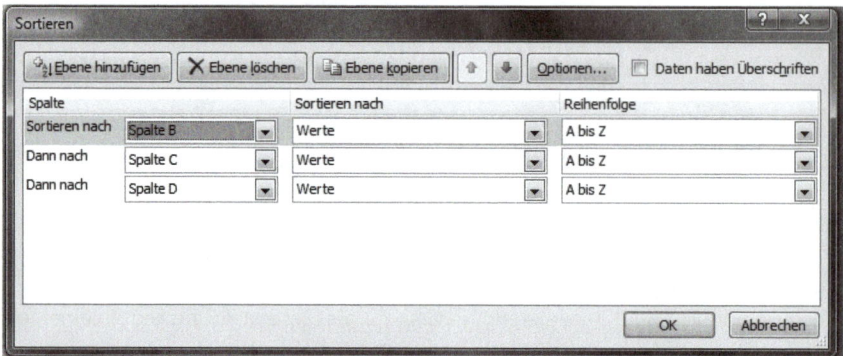

4. Die dritte Ebene wird derzeit nicht benötigt und kann entfernt werden. Klicken Sie dazu in der dritten Zeile auf den Text *Dann nach*, um damit die gesamte Zeile zu markieren. Anschließend klicken Sie auf die Schaltfläche *Ebene löschen*, um damit diese Ebene zu entfernen.
5. Alle weiteren Einstellungen in den Auswahlfeldern *Sortieren nach* und *Reihenfolge* lassen Sie unverändert.
6. Beenden Sie das Dialogfeld durch einen Klick auf die Schaltfläche *OK*.
7. Damit lösen Sie die Sortierung der Daten aus.

Sie erhalten eine Liste, die zunächst aufsteigend nach Abteilungen und innerhalb der jeweiligen Abteilung wieder alphabethisch aufsteigend nach Namen sortiert ist.

HINWEIS Wenn Sie den Befehl *Sortieren* aufrufen und im Datenbereich nur eine Zelle markiert haben, markiert Excel automatisch die gesamte Liste. Eine Leerzeile bzw. Leerspalte unterbricht die Markierung.

TIPP Wenn Sie die Liste weiterhin in der erfassten Reihenfolge benötigen, speichern Sie die Arbeitsmappe einfach vor dem Sortiervorgang unter einem neuen Namen ab.

PROFITIPP

In Excel 2007 können Sie zum Sortieren von Daten bis zu 64 Sortierbedingungen anwenden; in vorherigen Versionen sind lediglich drei Bedingungen möglich.

Alle Sortiermodusinformationen bleiben jedoch erhalten und werden angewendet, wenn die Arbeitsmappe wieder in Excel 2007 geöffnet wird, sofern die in früheren Version beim Bearbeiten der Daten, die Sortiermodusinformationen unberührt/unbearbeitet geblieben ist.

Sortieren nach einer Spalte mit Zahl oder Text

Wollen Sie Ihre Liste (Arbeitsmappe *Kap20.xlsx*, Arbeitsblatt *Sortieren3*) nach den Stunden sortieren, achten Sie darauf, dass alle Zellinhalte numerisch sind oder einheitlich als Text formatiert wurden. Wenn Sie in einer Spalte gemischte Zellinhalte haben und eine gemeinsame Sortierung durchführen, werden zuerst die reinen Zahlen und dann die mit Text verbundenen Zahlen sortiert. Das Beispiel in Abbildung 20.8. verdeutlicht dies.

Abbildg. 20.8   Sortierbeispiel mit verschiedenen Eingabewerten und -formaten

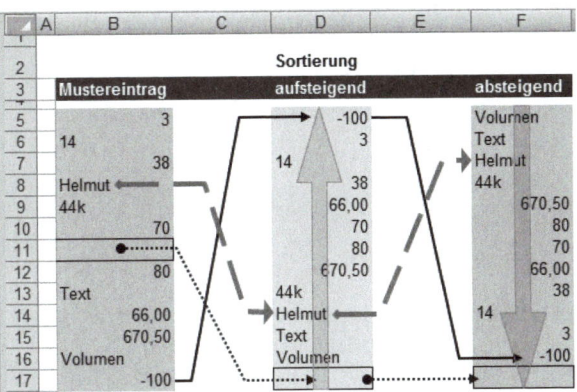

Der Inhalt der Zelle *B6* in Abbildung 20.8 ist eine Zahl, die nur linksbündig formatiert wurde und daher wie eine Texteingabe erscheint. Die Eingaben im Bereich *B8, B9, B13 und B16* sind Texte bzw. Zahlen, die mit Text verbunden sind. Sie können die Liste aufsteigend oder absteigend sortieren. Es hängt aber vom Inhalt und Datentyp ab, wie sortiert wird. Am Beispiel der Zahl *14*, die als Text formatiert wurde, wird die Auswirkung besonders deutlich.

Tabelle 20.1   Standardsortierfolgen

Daten- oder Eingabetyp	Sortierfolge, wenn aufsteigend sortiert
Zahlen	Von der kleinsten negativen zur größten positiven Zahl
Datum	Vom frühesten zum spätesten Datum
Text	Leerzeichen stehen ganz am Anfang der Sortierfolge. Darauf folgen die Sonderzeichen, dann die als Text eingegebenen Zahlen und zuletzt normaler Text. Alphanumerischer Text wird Zeichen für Zeichen von links nach rechts sortiert. Wurde die Sortieroption *Groß- und Kleinschreibung unterscheiden* gewählt, werden alphabetische Zeichen nach folgender Logik sortiert: a A b B c C usw.
Wahrheitswerte	Zuerst *FALSCH*, dann *WAHR*
Fehlerwerte	*#WERT!* oder *#NV!* in der Reihenfolge, wie sie gefunden werden
Leere Zellen	Immer zuletzt, sowohl bei aufsteigender als auch absteigender Sortierreihenfolge. Leere Zellen unterscheiden noch Zellen mit einem oder mehreren Leerzeichen.

Kapitel 20 Daten sortieren

> **PROFITIPP**
>
> Das generelle Verhalten beim Sortieren unter Windows wird über die *Regions- und Sprachoptionen* gesteuert. Mehr dazu finden Sie in Kapitel 7.

Sortieren von Zahlen in Verbindung mit Text

Sollten Sie in Excel-Tabellen Adressdaten verwalten, dann sind beispielsweise in der Zelle mit den Straßennamen auch die Hausnummern enthalten (Gartenstraße 1, Gartenstraße 2, Gartenstraße 13a usw.) usw. Worauf müssen Sie achten, damit die Spalte mit den Straßennamen/Hausnummern entsprechend aufsteigend sortiert wird?

Die Abbildung 20.9 zeigt eine nicht praxistaugliche Sortierung.

Abbildg. 20.9   Sortieren von Hausnummern in Verbindung mit Straßennamen

vor Sortierung	nach Sortierung
Gartenstraße 1	Gartenstraße 1
Gartenstraße 2	Gartenstraße 12
Gartenstraße 14	Gartenstraße 13 a
Gartenstraße 12	Gartenstraße 14
Gartenstraße 13 a	Gartenstraße 14 a
Gartenstraße 14 a	Gartenstraße 2

Dieses Sortierergebnis ist nicht praxistauglich. Es gibt die Möglichkeit, die Hausnummern zweistellig einzutragen (Gartenstraße 01, Gartenstraße 02), dann wird wunschgemäß sortiert.

Abbildg. 20.10   Einstellige Hausnummern mit führender Null eintragen

vor Sortierung	nach Sortierung
Gartenstraße 1	Gartenstraße 01
Gartenstraße 2	Gartenstraße 02
Gartenstraße 14	Gartenstraße 12
Gartenstraße 12	Gartenstraße 13 a
Gartenstraße 13 a	Gartenstraße 14
Gartenstraße 14 a	Gartenstraße 14 a

Die unterschiedliche Behandlung der Sortierreihenfolge ist darin begründet, dass im ersten Beispiel der Eintrag »Gartenstraße 1« als reiner Text behandelt wird, weshalb die Sortierung Zeichen für Zeichen, von links nach rechts, erfolgt. Daher werden erst alle Hausnummern mit einer »1« sortiert, gefolgt von den Einträgen mit der »2« usw.

Individuelle Ordnung – benutzerdefinierte Sortierfolge

In bestimmten Fällen reicht die einfache auf- oder absteigende Sortierreihenfolge nicht aus, insbesondere dann nicht, wenn vielfältige Kriterien berücksichtigt werden müssen.

Bei Vertreterumsätzen kann eine individuelle Sortierfolge z.B. für Kunden, Gebiete oder Warengruppen erfolgen. Die Reihenfolge bestimmt dabei immer die Wichtigkeit. So kann es erforderlich sein, dass bei der Sortierung nach Warengruppen keinesfalls die alphabetische Reihenfolge von

Bedeutung ist, sondern die firmeninterne, vom Alphabet abweichende Folge dargestellt werden muss.

Für diese von der Norm abweichende Ordnung können Sie eine benutzerdefinierte Reihenfolge erstellen.

HINWEIS   Excel verwendet für diese Sortierung die gleichen Listen wie für das automatische Ausfüllen von Zeilen.

Erstellen einer benutzerdefinierten Liste

Wenn die Liste klein bzw. kurz ist, können Sie die Daten direkt in das Dialogfeld eintippen. Wir gehen an dieser Stelle den Weg, die Daten aus einer Tabelle in das Dialogfeld zu importieren. Um die Liste zu erstellen, tragen Sie die Daten in einen Zellbereich ein oder führen sie dort beispielsweise durch Kopieren zusammen. Geben Sie die Daten für den Import in der Reihenfolge ein, in der später auch die Sortierung erfolgen soll. Sie können auf das Arbeitsblatt *Sortieren4* in der Arbeitsmappe *Kap20.xlsx* zurückgreifen.

Abbildg. 20.11   Datenbeispiel mit benutzerdefinierter und alphabetischer Sortierfolge

benutzerdefinierte Sortierung	alphabetische Sortierung
Branchen	Branchen
Energie	Banken
Banken	Bau
Industrie	Dienstleiter
Versicherungen	Energie
Dienstleiter	Handel
Pharma	Industrie
Medizintechnik	Medizintechnik
Handel	Pharma
Bau	Versicherungen

1. Markieren Sie den Zellbereich, nach dem die Sortierung erfolgen soll, im Beispiel von *Energie* bis *Bau*.
2. Klicken Sie auf die Schaltfläche *Office-Menü*, danach auf *Excel-Optionen* und wählen Sie dort die Kategorie *Häufig verwendet* aus. Unter *Die am häufigsten verwendeten Optionen bei der Arbeit mit Excel* wählen Sie die Schaltfläche *Benutzerdefinierte Listen bearbeiten*.

Abbildg. 20.12 Das *Dialogfeld Excel Optionen* mit den gekennzeichneten Schaltflächen auf dem Weg zu den benutzerdefinierten Listen

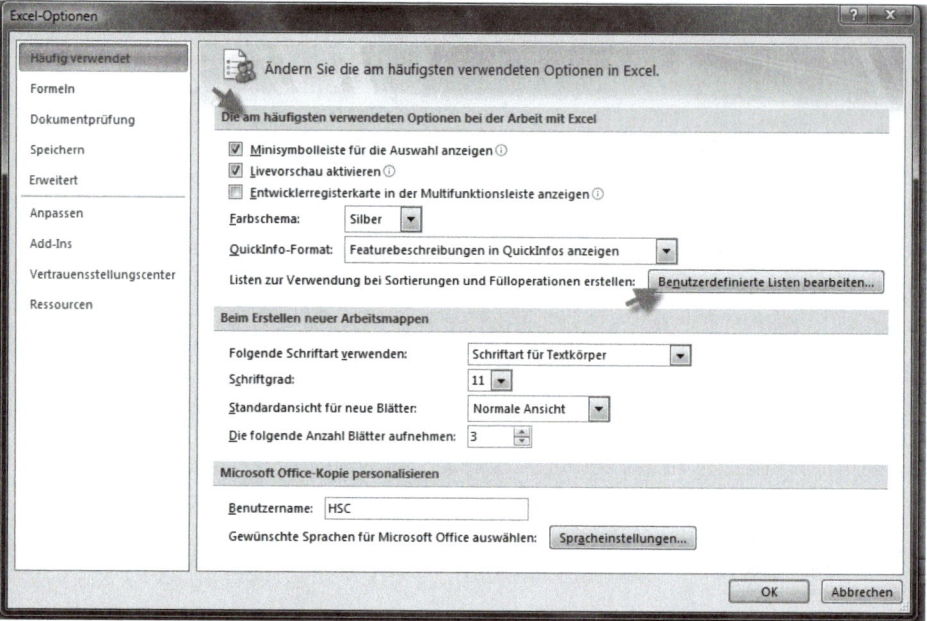

3. In dem sich öffnenden Dialogfeld *Benutzerdefinierte Listen* klicken Sie auf die Schaltfläche *Importieren* und dann zweimal auf *OK*.

Abbildg. 20.13 Das *Dialogfeld Benutzerdefinierte Listen* mit den importierten Beispieldaten

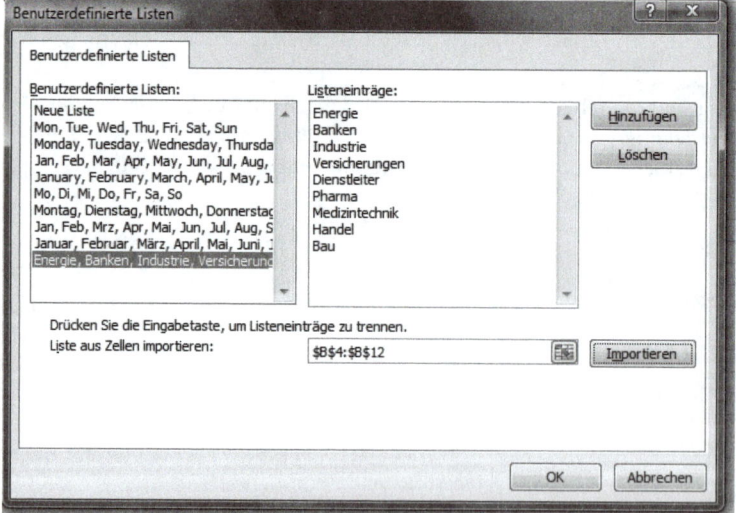

Sortieren nach benutzerdefinierten Kriterien

> **HINWEIS** Benutzerdefinierte Listen können nur auf der Basis eines Wertes, das sind Zahlen, Datum, Uhrzeit oder Text, erstellt werden; Zellfarben, Schriftfarbe oder Symbole werden nicht beachtet.

Sortieren nach benutzerdefinierten Kriterien

Wir verwenden im nächsten Arbeitsschritt die zuvor erstellte benutzerdefinierte Liste, um die Sortierung in der dort festgelegten Reihenfolge vorzunehmen:

1. Wählen Sie die betreffende Datenspalte aus oder markieren Sie eine Zelle in der entsprechenden Tabellenspalte.
2. Klicken Sie dann auf die Registerkarte *Start* und dort in der Gruppe *Bearbeiten* auf den Befehl *Sortieren und Filtern*.
3. Wählen Sie die Option *Benutzerdefiniertes Sortieren*. Es öffnet sich das Dialogfeld *Sortieren*.
4. Wählen Sie im Listenfeld *Sortieren nach* die gewünschte Spalte aus.
5. Klicken Sie auf das Auswahlfeld *Reihenfolge* und den Eintrag *Benutzerdefinierte Liste*.
6. Im Dialogfeld *Benutzerdefinierte Listen* markieren Sie die in der Tabelle erstellte Liste und bestätigen dann zweimal mit der Befehlschaltfläche *OK*.

Sie erhalten nun die gewünschte Sortierung (siehe Abbildung 20.11 und Abbildung 20.13).

Praxisbeispiel: Sortieren von Daten in einer Gliederung

In der Arbeitsmappe *Kap20.xlsx* befindet sich das Arbeitsblatt *KonsGrpe*. Hier finden Sie eine konsolidierte, aber noch unsortierte Umsatztabelle mit automatischer Gliederung.

Abbildg. 20.14 Die konsolidierte und gegliederte Ausgangstabelle

Sie wollen die konsolidierten und gruppierten Daten in eine alphabetisch, aufsteigende Reihenfolge bringen. Mit wenigen Handgriffen ist das erledigt.

1. Markieren Sie die Zelle *B13* des Arbeitsblattes *KonsGrpe* und klicken Sie zunächst auf die Registerkarte *Start*, dann in der Gruppe *Bearbeiten* auf den Befehl *Sortieren und Filtern*.
2. Wählen Sie dann *Benutzerdefiniertes Sortieren* und ergänzen folgende Angaben im Dialogfeld *Sortieren* (siehe Abbildung 20.15):

Abbildg. 20.15   Die Einstellungen im Dialogfeld *Sortieren*

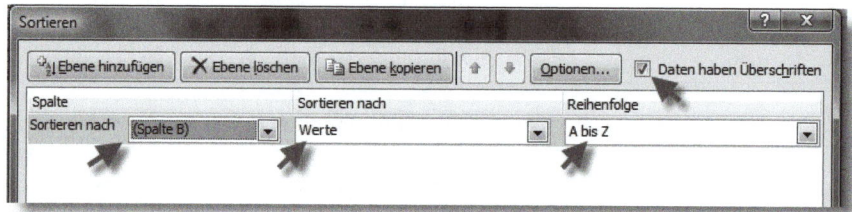

3. Durch einen Klick auf die Schaltfläche *OK* erfolgt die Sortierung in der Reihenfolge von A nach Z.

PROFITIPP

Geben Sie grundsätzlich nur einzeilige Feldbeschriftungen ein. Wenn Sie zwingend mehrzeilige Feldbeschriftungen (Überschriften) benötigen, fügen Sie in der Zeile einen Zeilenumbruch ein.

Sollte Groß- und Kleinschreibung bei der Sortierung beachtet werden, müssen Sie noch die entsprechende Einstellung im Dialogfeld *Sortieroptionen* vornehmen.

TIPP   Übrigens: Beim Sortieren von Zeilen, die Teil eine Gliederung sind, werden die Gruppen der höchsten Ebene so sortiert, dass gruppierte Zeilen oder Spalten zusammengehalten werden.

PROFITIPP

Beim Sortieren innerhalb einer Gliederung schließen Sie die Überschrift gezielt von der Sortierung aus. Standardmäßig wird sie in der Liste eingeschlossen und mitsortiert.

Sie wollen nun die Reihenfolge der Wochentage in der Umsatzliste von Montag bis Samstag umkehren, sodass der Samstag die erste Umsatzspalte darstellt. Gehen Sie dazu folgendermaßen vor:

1. Markieren Sie die Umsatzliste von *D9* bis *I41*.
2. Klicken Sie auf die Registerkarte *Start* in der Gruppe *Bearbeiten* auf den Befehl *Sortieren und Filtern* und dort auf den Eintrag *Benutzerdefiniertes Sortieren*.
3. Klicken Sie auf die Schaltfläche *Optionen*, legen Sie die Orientierung *Spalten sortieren* fest und bestätigen Sie mit *OK*.
4. Im Dialogfeld *Sortieren* ergänzen Sie dann folgende Angaben (siehe Abbildung 20.16):

Abbildg. 20.16 Die Einstellungen im Dialogfeld *Sortieren* für das Ändern der Wochentagsreihenfolge

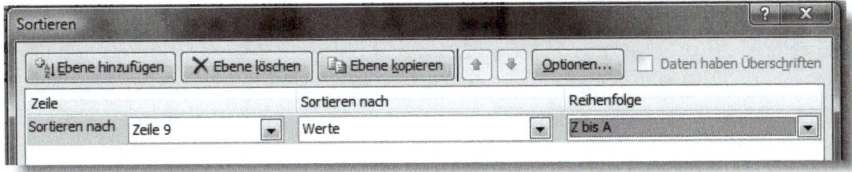

5. Klicken Sie anschließend noch einmal auf die Schaltfläche *OK*, um die Sortierung auszulösen.

Sortieren nach Zellenfarbe

Wenn Sie einen Tabellenbereich bzw. eine Tabellenspalte manuell oder durch bedingte Formatierung nach Zellen- bzw. nach Schriftfarben farblich darstellen, haben Sie zusätzlich die Möglichkeit auf der Basis dieser Farben eine Sortierung vorzunehmen.

1. Wählen Sie dazu einen Zellbereich aus (beispielsweise in der Übungstabelle *Farbe*).
2. Klicken Sie dann auf der Registerkarte *Start* in der Gruppe *Bearbeiten* auf *Sortieren und Filtern* und danach auf den Befehl *Benutzerdefiniertes Sortieren*,
3. und ergänzen Sie folgende Angaben im Dialogfeld *Sortieren* (siehe Abbildung 20.17).

Abbildg. 20.17 Die Einstellungen im Dialogfeld *Sortieren* für das Sortieren nach Zellenfarbe

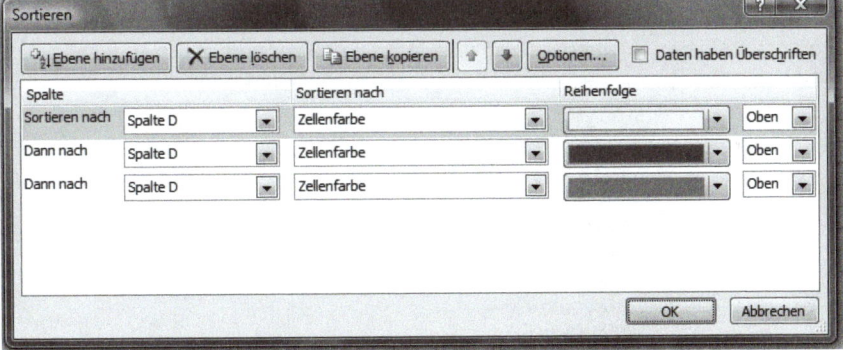

Nach dem Öffnen des Dialogfeldes wird die Zeile *Sortieren nach* angezeigt. Zuerst wählen Sie die Spalte, dann den Sortiertyp und anschließend die Reihenfolge der Farben aus. Über die Schaltfläche *Ebene hinzufügen* fügen Sie so viele Zeilen im Dialogfeld ein, wie Sie Farben in den Daten sortieren wollen. Achten Sie darauf, in jeder neuen Ebene die gleiche Auswahl für die *Spalte* und die *Reihenfolge (Oben/Unten)* vorzunehmen. Sie können das ganz einfach erreichen, indem Sie die Schaltfläche *Ebene kopieren* anklicken und für die neue Sortierebene lediglich die Farbe für die *Reihenfolge* ändern.

4. Schließen Sie das Dialogfeld über die Schaltfläche *OK*.

TIPP Wenn Sie die Zellenfarbe (oder auch die Schriftfarbe bzw. ein Zellensymbol) an den Anfang oder nach links verschieben (sortieren) möchten, wählen Sie unter *Reihenfolge* bei einer Spaltensortierung den Eintrag *Oben* und bei einer Zeilensortierung den Eintrag *Links* aus.

Wenn Sie die Zellenfarbe (oder auch die Schriftfarbe bzw. ein Zellensymbol) an das Ende oder nach rechts verschieben (sortieren) möchten, wählen Sie unter *Reihenfolge* bei einer Spaltensortierung den Eintrag *Unten* und bei einer Zeilensortierung den Eintrag *Rechts* aus.

HINWEIS Es gibt keine Standardreihenfolge für die Sortierung bei Zellen-, Schriftfarbe bzw. Symbolen. Bei jedem Sortiervorgang muss von Ihnen die Reihenfolge definiert werden.

Mehr zum Formatieren von Zellen finden Sie in Kapitel 9, weitere Informationen zur bedingten Formatierung in Kapitel 12.

Sortieren nach Symbolen

Neben der Zuweisung von Zellenfarben können Sie entweder direkt oder mittels *Bedingter Formatierung* auch Zellensymbolen einen Wert in der Zelle zuweisen. Über den Weg der *Benutzerdefinierten Sortierung* können Sie dann einen Zellbereich anhand der Symboldefinition ordnen.

In Abbildung 20.18 sehen Sie in Spalte *C* Symbole, die einem Zellenwertebereich zugewiesen wurden. Anhand dieser selbst zu bestimmenden Reihenfolge der Symbole können Sie eine von den Zellwerten abweichende Sortierung vornehmen.

Abbildg. 20.18 Befehlsschaltfläche *Bedingte Formatierung/Symbolsätze* zur Auswahl und Formatierung von Zellen, die dann nach den Symbolen und nicht nach den Werten sortiert werden können/sollen

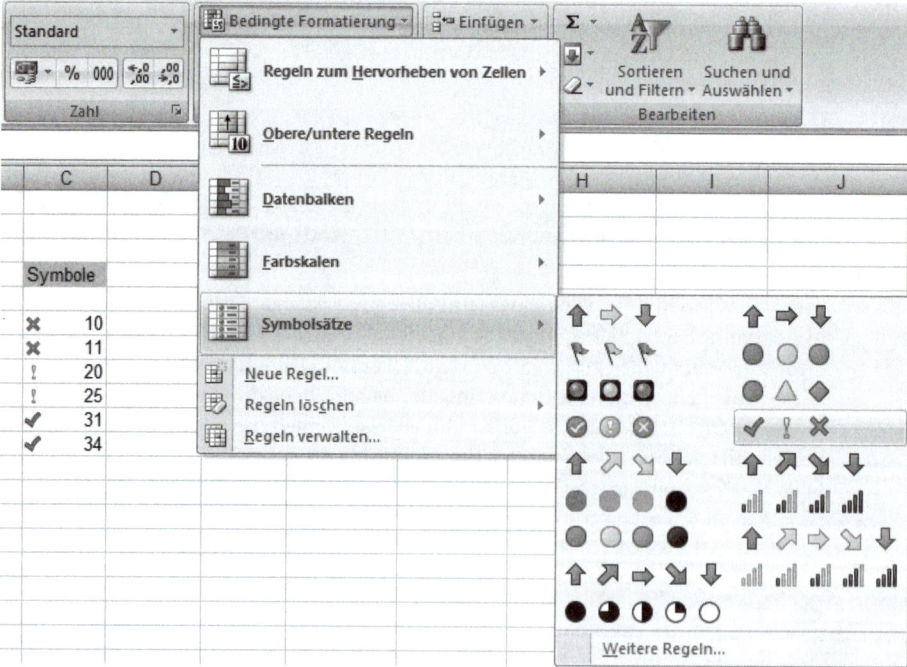

1. Wählen Sie einen Zellbereich aus (beispielsweise in der Übungstabelle *Farbe*).
2. Klicken Sie dann auf der Registerkarte *Start* in der Gruppe *Bearbeiten* auf *Sortieren und Filtern* und danach auf den Befehl *Benutzerdefiniertes Sortieren*.
3. Ergänzen Sie die folgenden Angaben im erscheinenden Dialogfeld *Sortieren* (siehe Abbildung 20.19):

Abbildg. 20.19   Die Reihenfolge im Dialogfeld *Sortieren* können Sie über die Schaltflächen *Nach oben* bzw. *Nach unten* umstellen

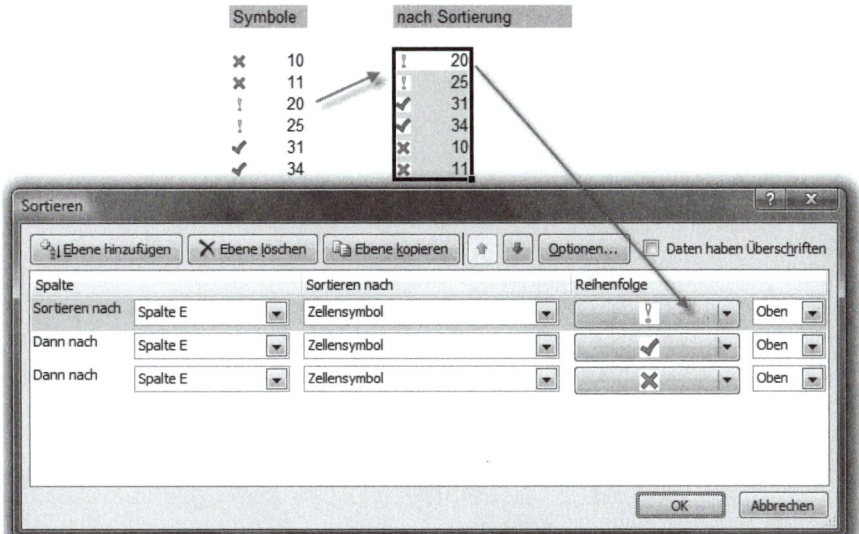

4. *Schließen* Sie das Dialogfeld über die Schaltfläche *OK*.

Sollten die erzielten Ergebnisse nicht Ihren Vorstellungen entsprechen, können Sie den Sortiervorgang über die Schaltfläche *Rückgängig* wieder zurücknehmen.

TIPP   Sortieren Sie Daten, die über eine Formel berechnet werden, könnten sich über einen Sortiervorgang die zurückgegebenen Werte der Formel bei einer Neuberechnung ändern. Wenden Sie die Sortierung erneut an, um aktuelle Ergebnisse zu erhalten.

Datenzusammenhang erhalten

Bei unachtsamer Handhabung des Sortierbefehls besteht die Gefahr, den Datenzusammenhang zu zerstören. Dies kann geschehen, wenn Sie beispielsweise nur einen Teil oder einen Ausschnitt von den Daten markieren und dann sortieren. Aktivieren Sie dagegen lediglich eine Zelle oder eine Spalte einer Liste, erkennt Excel dies und meldet sich mit einem Warnhinweis (siehe Abbildung 20.20).

Kapitel 20 Daten sortieren

Markieren Sie einen größeren Teil, also mehrere Zeilen und Spalten, jedoch nicht den gesamten zusammenhängenden Datenbestand innerhalb einer Tabelle und aktivieren dann den Sortierbefehl direkt über das Symbol *Nach Größe sortieren (aufsteigend)*, werden ohne Vorwarnung nur die Daten im markierten Bereich sortiert. Der Zusammenhang der Datenfelder eines Datensatzes geht damit verloren. Im ungünstigsten Fall wird die Tabelle komplett unbrauchbar.

Abbildg. 20.20 Diese Warnung erscheint nur, wenn bei der Teilmarkierung der Sortierbefehl aufgerufen wird

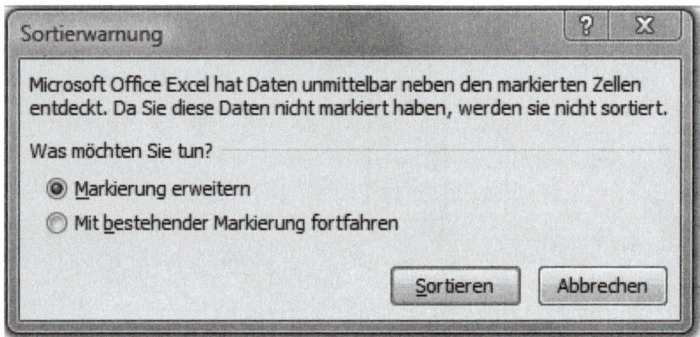

ACHTUNG Diese Befehlssymbole, *Von A bis Z sortieren* bzw. *Von Z bis A sortieren*, zu finden auf der Registerkarte *Daten* in der Gruppe *Sortieren und Filtern*, sortieren ohne Rückfrage den markierten Bereich, auch ausschnittweise.

HINWEIS Mit Hilfe der Schaltfläche *Sortieren* in der Symbolleiste für den Schnellzugriff können Sie auch direkt das Dialogfeld *Sortieren* erreichen (siehe Abbildung 20.21). Mehr zum Hinzufügen von Befehlen zur Schnellzugriffsleiste finden Sie in Kapitel 2.

Abbildg. 20.21 Die Symbolleiste für den Schnellzugriff mit dem gekennzeichneten Befehl für das Dialogfeld *Sortieren*

Zusammenfassung

Das Sortieren von Daten ist eine wichtige und häufig durchzuführende Aufgabe. Excel bietet dazu in der neuen Version deutlich erweiterte Möglichkeiten. Nicht nur, dass Sie jetzt nach 64 Spalten sortieren können, auch die neuen Möglichkeiten der bedingten Formatierung können für die Sortierung eingesetzt werden. Was Sie beim Sortieren aber auf jeden Fall beachten sollten: Überlegen Sie gut, welche Daten sortiert werden sollen und nehmen Sie die Markierung entsprechend vor.

Frage	Antwort
Wie kann ich eine Sortierung mit meinen eigenen Einstellungen vornehmen?	Wollen Sie spezielle Einstellungen beim Sortieren verwenden, rufen Sie das Dialogfeld *Sortieren* auf und nehmen hier die gewünschten Einstellungen vor. Schlagen Sie hierzu auf Seite 805 nach.
Wie kann ich eine Mehrfachsortierung meiner Daten erreichen?	Rufen Sie dazu auf der Registerkarte *Start* in der Gruppe *Bearbeiten* den Befehl *Sortieren und Filtern* auf und wählen Sie die Option *Benutzerdefiniertes Sortieren*. Im Dialogfeld *Sortieren* legen Sie anschließend bis zu 64 Bedingungen fest. Mehr dazu erfahren Sie auf Seite 807.
Wie kann ich Zahlen in Verbindung mit Text richtig sortieren?	Enthält eine Zelle Text und Zahlen, dann wird diese wie Text sortiert. Für eine korrekte Sortierung geben Sie die Zahlen mit führender Null ein. Das Beispiel dazu finden Sie auf Seite 810.
Kann ich für das Sortieren meine eigene Sortierfolge erstellen?	Legen Sie eine benutzerdefinierte Liste fest und verwenden Sie diese für den Sortiervorgang. Weitere Informationen, wie Sie eine benutzerdefinierte Sortierfolge erstellen und anwenden, finden Sie auf Seite 813.
Kann ich Daten auch in einer gegliederten Umgebung sortieren?	Auf Seite 813 erfahren Sie, dass beim Sortieren von Zeilen, die Teil eine Gliederung sind, gruppierte Zeilen bzw. Spalten zusammen gehalten werden.
Wie kann ich einen Bereich nach Zellenfarbe, Schriftfarbe oder Symbolen sortieren?	Mit einer entsprechenden Einstellung im Dialogfeld *Sortieren* ist das möglich. Auf Seite 815 finden Sie Informationen zu den Sortiermöglichkeiten der neuen Excel-Version.
Was muss ich beim Sortieren beachten?	Ein falsch angewandter Sortierbefehl macht kurzerhand aus einer (zwar unsortierten, aber ansonsten korrekten Liste) unbrauchbaren Datenschrott. Wie Sie den Datenzusammenhang beim Sortieren erhalten, erfahren Sie auf Seite 817.

Kapitel 21

Daten filtern

In diesem Kapitel:

Der Blick aufs Wesentliche – Datensätze filtern	822
Automatisches Filtern	822
Filter aufheben und entfernen	824
AutoFilter wählen – der Weg zum Detail	826
Gruppierung der Datumshierarchie im Menü *AutoFilter*	829
Filtern aufgrund des Zellinhaltes	834
Wenn zwei nicht reichen – der Spezialfilter	835
Die Arbeitsumgebung bei der Anwendung von Spezialfiltern	836
Die Möglichkeiten von Und/Oder-Verknüpfungen	838
Textkriterien	838
Monatsabhängige Daten herausfiltern	839
Daten filtern mit berechneten Kriterien	841
Filtern und Duplikate entfernen	843
Zusammenfassung	845

Zur Auswertung bzw. Analyse von Datenbeständen werden selten alle Informationen einer Liste benötigt. Häufig ist es völlig ausreichend, nur einen bestimmten Teil der Daten zur Verfügung zu haben. Mit Microsoft Excel können Sie auf einfache Weise und im Handumdrehen spezifische Informationen aus einer Liste herausfiltern. Unter Zuhilfenahme der Funktion *AutoFilter* werden Positionen und Umfang der Liste automatisch ermittelt und die Spaltenüberschriften (Feldbezeichner) mit Dropdown-Pfeilen versehen. Sobald Sie mit der Maus auf den Dropdown-Pfeil klicken, werden die Elemente des Dialogfelds angezeigt. Aus dieser Liste wählen Sie dann gezielt das Element aus, dessen Einträge Sie herausfiltern bzw. anzeigen wollen.

Mit Excel 2007 können Sie:

- Im Handumdrehen Informationen aus einer Liste herausfiltern und anzeigen
- Die Sicht auf wesentliche Daten begrenzen, um besser urteilen zu können
- Daten mit Filtern auswählen und kopieren oder löschen
- Daten mit Vorgaben vergleichen und in eine separate Liste übertragen
- Komplexe Suchkriterien verwenden, um Daten aus einer Liste auszulesen

Der Blick aufs Wesentliche – Datensätze filtern

 Als Datenbasis für die Beispiele können Sie die Dateien *Kap21_1.xlsx* und *Kap21_2.xlsx*, die Sie beide auf der CD-ROM zum Buch im Ordner *\Buch\Kap21* finden, heranziehen.

Beim Filtern von Daten werden aus der gesamten Liste die Zeilen, die nicht angezeigt werden sollen, ausgeblendet. Excel bietet Ihnen zur Handhabung folgende Möglichkeiten an:

- Automatisches Filtern
- Eingrenzendes Filtern
- Filtern und löschen
- Sortieren und filtern
- Spezialfilter

Automatisches Filtern

Sie möchten wissen, welche Wertpapiere im Depot am Börsenplatz *B* (Feld *Börse*) notiert sind und das Ergebnis als Liste anzeigen. Sie kommen rasch zur Lösung, wenn Sie folgendermaßen vorgehen:

1. Öffnen Sie die Datei *Kap21_1.xlsx* und aktivieren Sie das Arbeitsblatt *Depot*.
2. Markieren Sie innerhalb der Excel-Liste eine beliebige Zelle.
3. Klicken Sie in der Multifunktionsleiste auf der Registerkarte *Start* in der Gruppe *Bearbeiten* auf den Befehl *Sortieren und Filtern*.

Automatisches Filtern

Abbildg. 21.1   Der Befehl *Sortieren und Filtern* in der Registerkarte *Start*

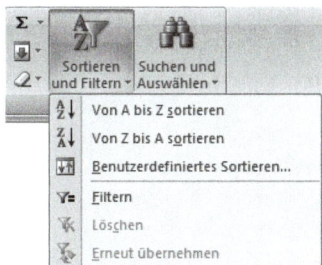

4. Wählen Sie dann den Befehl *Filtern*. An alle Feldnamen (Spaltenüberschriften) werden jetzt Dropdown-Pfeile angehängt (vgl. Abbildung 21.3).

HINWEIS   Den Befehl zum Filtern von Daten finden Sie alternativ auch auf der Registerkarte *Daten* in der Befehlsgruppe *Sortieren und Filtern*.

Abbildg. 21.2   Der Befehl *Filtern* auf der Registerkarte *Daten*

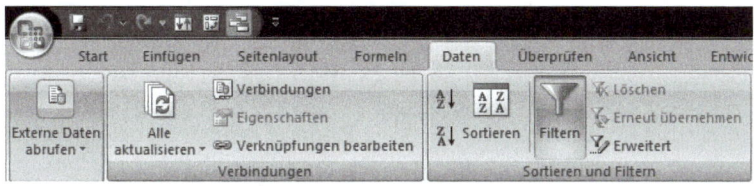

Abbildg. 21.3   Spaltenüberschriften mit Dropdown-Pfeilen (Ausschnitt)

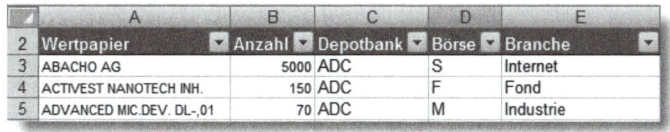

5. Klicken Sie jetzt auf den Dropdown-Pfeil im Feld *Börse,* damit alle Elemente dieser Spalte angezeigt werden (Abbildung 21.4 linker Teil).
6. Dann wählen Sie als einzige aktive Auswahl den Buchstaben *B*. Die Auswahl geht am schnellsten, wenn Sie zuerst *(Alles auswählen)* deaktivieren und danach das Häkchen in das Kontrollkästchen vor dem Buchstaben *B* setzen (vgl. Abbildung 21.4 rechter Teil).
7. Nach einem Klick auf die Schaltfläche *OK* sehen Sie das Ergebnis in der gefilterten Liste.

HINWEIS   Eine gefilterte Liste erkennen Sie immer an den unvollständigen Zeilennummern und der Anzeige der Zeilenziffern in blauer Farbdarstellung. Das aktiv gefilterte Feld wird durch ein kleines Filtersymbol auf der Schaltfläche des Dropdown-Pfeils gekennzeichnet.

Abbildg. 21.4 Auswahlliste des *AutoFilters* im Feld *Börse*

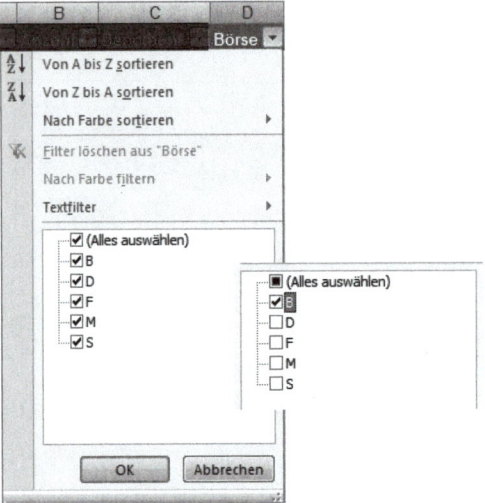

Pro Feld kann ein Filter gesetzt werden, sodass über eine Auswahl von mehreren Filtern in den verschiedenen Feldern eine relativ fein abgestufte Filterung der Daten möglich ist.

> **TIPP** Falls die Dropdown-Liste sehr viele Einträge beinhaltet, gelangen Sie schnell zu dem gesuchten Eintrag, indem Sie den ersten Buchstaben des Eintrages eingeben.

PROFITIPP

> Es gibt in Excel eine Schaltfläche *AutoFilter*, die den markierten Wert oder Ausdruck in der Zelle automatisch als Filterkriterium verwendet und die Liste unmittelbar filtert. Es ist sinnvoll, diesen Befehl in der Symbolleiste für den Schnellzugriff einzurichten. Welche Schritte dazu erforderlich sind, erfahren Sie in Kapitel 2.

Filter aufheben und entfernen

Um die Filterschaltflächen zu entfernen, klicken Sie auf der Registerkarte *Start* in der Gruppe *Bearbeiten* auf die Befehlsschaltfläche *Sortieren und Filtern* und wählen im zugehörigen Menü den Befehl *Filtern* aus. Die Liste wird danach wieder vollständig angezeigt.

Abbildg. 21.5 Befehlsschaltfläche mit dem Menübefehl zum Entfernen des AutoFilters

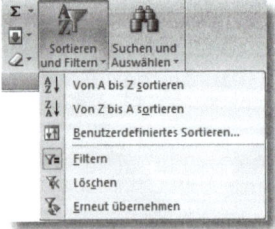

Löschen eines aktiven Filters

Das Filtern selbst wird einfach durch Ausblenden von nicht gültigen, d.h. nicht dem Filterkriterium entsprechenden, Datenzeilen erreicht. Um einen aktiven Filter wieder aufzuheben, klicken Sie das Kontrollkästchen *(Alles auswählen)* an.

Wenn Sie einen Filter in einer Spalte aufheben möchten, klicken Sie auf die Schaltfläche *Filter* in der Spaltenbeschriftung und klicken dann in der Befehlsliste auf *Filter löschen aus "xxx"*.

Löschen aller Filter im Arbeitsblatt

Wenn Sie alle Filter in einem Datenbereich löschen möchten, wählen Sie auf der Registerkarte *Daten* in der Gruppe *Sortieren und Filtern* den Befehl *Löschen*.

Filter auf bestimmte Spalten anwenden

Wollen Sie Ihren Filter beispielsweise nur auf zwei bestimmte, jedoch nebeneinander liegende Spalten anwenden, genügt es, wenn Sie genau diese beiden Felder mit dem Dropdown-Pfeil versehen. Um dies zu erreichen, gehen Sie so vor:

1. Wählen Sie die Spalten aus, indem Sie betroffenen Feldnamen markieren.
2. Klicken Sie in der Multifunktionsleiste auf der Registerkarte *Start* in der Gruppe *Bearbeiten* auf den Befehl *Sortieren und Filtern*.

3. Wählen dann den Befehl *Filtern*.
4. Die Dropdown-Pfeile werden an die markierten Feldbezeichner angehängt und Sie können die Filterbedingungen setzen.

Anstatt über die Multifunktionsleiste können Sie bei gleicher Spaltenauswahl die Aktion auch über den Befehl *Filtern* in der *Symbolleiste für den Schnellzugriff* ausführen. Voraussetzung ist allerdings, dass Sie dort wie empfohlen den Befehl integriert haben.

Abbildg. 21.6   Auswahl bestimmter Spalten, die zur Filterung mit Dropdown-Pfeilen versehen werden

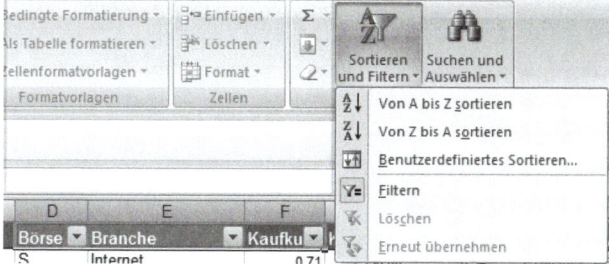

In Abhängigkeit davon, wo der Mauszeiger beim Aufruf des AutoFilters steht, werden die Datensätze gleich gefiltert dargestellt:

1. Befindet sich der Mauszeiger auf einem gültigen Feld, wird dieses Feld als Filterkriterium verwendet (die Daten werden entsprechend dem Kriterium sofort gefiltert).
2. Steht der Mauszeiger auf einem Feld der Spaltenbeschriftung (Spaltenüberschrift), werden nur die Dropdown-Pfeile eingeblendet, nicht jedoch eine Filterung der Daten vorgenommen.
3. Sind eine oder mehrere Spalten markiert (Abbildung 21.6), werden die Dropdown-Pfeile nur für diese Felder eingeblendet. Die restlichen Felder können nicht gefiltert werden.

AutoFilter wählen – der Weg zum Detail

Die Auswahl eines Filters erfolgt über den Dropdown-Pfeil am Feldbezeichner, geht weiter über den Befehl *Zahlenfilter* (oder bei einem Textfeld/Datumsfeld über den alternativen Befehl *Textfilter* bzw. *Datumsfilter*) und dann weiter über die Auswahl des Filterkriteriums aus einem Untermenü.

Abbildg. 21.7 Das Untermenü zur Auswahl eines Zahlenfilters mit seinen Möglichkeiten

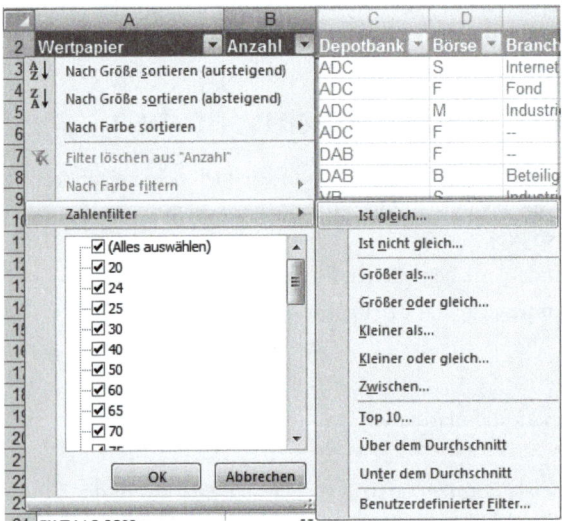

Die beiden Befehle *Über dem Durchschnitt* und *Unter dem Durchschnitt* werden nach dem Anklicken sofort ausgeführt und zeigen die dem Filterkriterium entsprechenden Datensätze an.

Die restlichen Befehle führen immer zum Dialogfeld *Benutzerdefinierter AutoFilter*.

AutoFilter wählen – der Weg zum Detail

TIPP Auf der Basis des Feldtyps ändert sich der Filterbefehl von Textfilter über Zahlenfilter bis zum Datumsfilter mit den jeweiligen vorbelegten Befehlen in den Auswahldialogen. Die Abbildung 21.8 zeigt beispielhaft den Datumsfilter mit seinen Auswahlbefehlen.

Abbildg. 21.8 Eine umfangreiche Liste an vordefinierten Einstellungen für das Filtern von Datumswerten

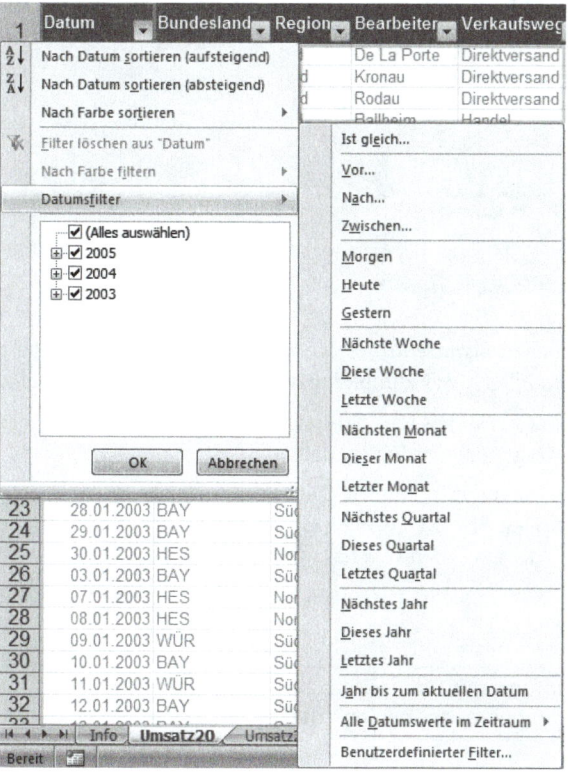

Um das Menü des AutoFilters zu vergrößern, klicken Sie auf den *Grip-Punkt* und ziehen ihn in die gewünschte Richtung.

Kapitel 21 Daten filtern

 ACHTUNG   Wenn Sie den Mauszeiger auf das Symbol *AutoFilter* stellen, zeigt eine QuickInfo die Kriterien des auf diese Spalte angewendeten Filters an.

Abbildg. 21.9   Der benutzerdefinierte AutoFilter mit Vorbelegung *ist größer oder gleich*

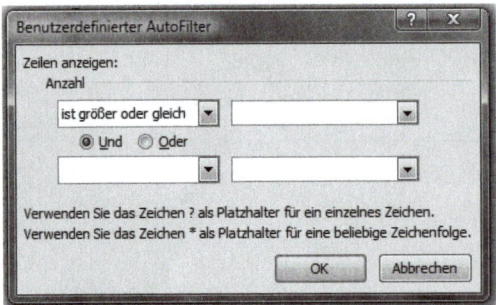

Excel ermöglicht Ihnen im Dialogfeld *Benutzerdefinierter AutoFilter*, zwei Abfragekriterien zu kombinieren und somit den einfachen Filter etwas komplexer zu gestalten.

Der benutzerdefinierte AutoFilter wird aus der Dropdown-Liste ausgewählt und zeigt Ihnen zunächst das in Abbildung 21.9 dargestellte Dialogfeld an.

Im Dialogfeld *Benutzerdefinierter AutoFilter* können Sie im linken Teil ein oder auch zwei Vergleichsoperatoren auswählen. Wollen Sie zwei Vergleichsoperatoren verwenden, erfolgt eine Verknüpfung der beiden Felder über die Optionen *Und* bzw. *Oder*.

Im rechten Teil des Dialogfeldes wählen Sie im jeweiligen Listenfeld einen Eintrag aus der Liste aus bzw. geben die benötigten Daten manuell ein.

HINWEIS   Bei einer Verknüpfung mit *Und* müssen beide Kriterien erfüllt sein; bei einer Verknüpfung mit *Oder* reicht es, wenn eines der beiden Kriterien erfüllt wird.

Eine etwas andere Auswahl bietet Ihnen der *Top-10-AutoFilter*. Mit diesem Filter können Sie auf der Basis eines Zahlenfeldes beispielsweise die obersten/untersten zehn Elemente der Liste oder aber die höchsten oder schwächsten 10 Prozent der Liste anzeigen lassen.

Abbildg. 21.10   Der Top-10-AutoFilter zur Anzeige der obersten 10 Prozent der Umsätze

HINWEIS   Obere und untere Werte basieren immer, auch in einer gefilterten Liste, auf dem ursprünglichen Zellenbereich oder der Tabellenspalte.

Gruppierung der Datumshierarchie im Menü *AutoFilter*

Die Datumsliste im Menü wird immer dann angezeigt, wenn Sie bei markiertem Datumsfeld den AutoFilter aufrufen. Die Anzeige erfolgt üblicherweise in einer gruppierten Liste (siehe Abbildung 21.11 linker Bildteil).

Sie haben jedoch auch die Möglichkeit, die gruppierte Datumsliste in eine nicht hierarchische Datumsliste zu ändern.

Abbildg. 21.11   Darstellung der beiden Möglichkeiten im AutoFilter, um das Datum einer Liste anzeigen zu lassen

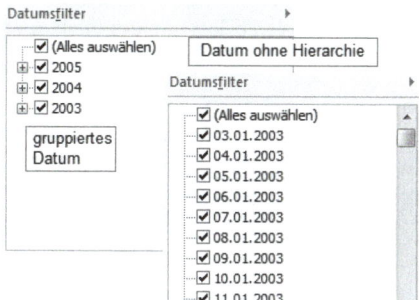

Gehen Sie folgendermaßen vor, um die Gruppierung der Datumsanzeige ein- bzw. auszuschalten:

1. Öffnen Sie das *Office-Menü* und klicken Sie dort auf die Schaltfläche *Excel-Optionen*.
2. In dem Dialogfeld *Excel-Optionen* wählen Sie die Kategorie *Erweitert* und suchen den Abschnitt *Optionen für diese Arbeitsmappe anzeigen*.
3. In diesem Abschnitt deaktivieren bzw. aktivieren Sie das Kontrollkästchen *Datumswerte im Menü 'AutoFilter' gruppieren* (vgl. Abbildung 21.12).
4. Dann beenden Sie das Dialogfeld wieder mit *OK*.

Abbildg. 21.12   Das Dialogfeld *Excel-Optionen*, in dem Sie die Gruppierung der Datumswerte beeinflussen können

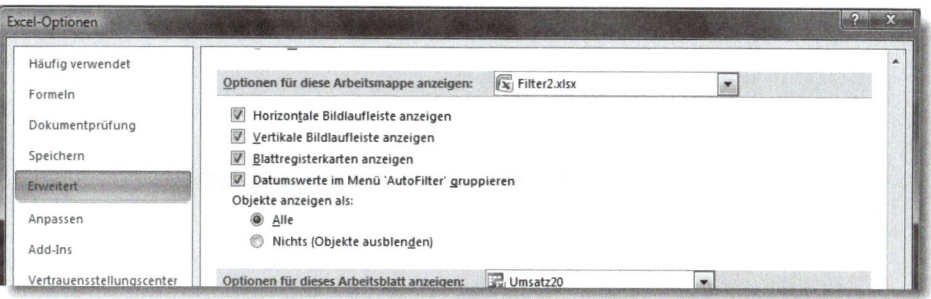

Praxisbeispiel: Die fünf umsatzstärksten Artikel

Sie wollen aus Ihrer Umsatztabelle *Umsatz20* in der Mappe *Kap21_2.xlsx* die fünf Artikel, die den höchsten Umsatz bringen, herausfiltern. Und das geht so:

1. Öffnen sie die Datei *Kap21_2.xlsx* und aktivieren das Tabellenblatt *Umsatz20*.
2. Positionieren Sie die Zellmarkierung an einer Stelle innerhalb der Excel-Liste, vorteilhaft wäre die Spalte *Umsatz*.

3. Klicken Sie in der Multifunktionsleiste auf der Registerkarte *Daten* in der Gruppe *Sortieren und Filtern* auf den Befehl *Filtern*.
4. Klicken Sie auf den Dropdown-Pfeil der Spalte *Umsatz* und wählen Sie den Befehl *Zahlenfilter* und dann *Top 10*. Das Dialogfeld *Top-10-AutoFilter* wird geöffnet.
5. Ändern Sie den Wert im Drehfeld auf 5. Die beiden anderen Listenfelder bleiben unverändert. Zur Ausführung klicken Sie auf die Schaltfläche *OK*.
6. Als Ergebnis wird die gefilterte Liste angezeigt.

PROFITIPP Um in der Dropdown-Liste schnell zum ersten bzw. letzten Eintrag zu gelangen, aktivieren Sie ein beliebiges Element und drücken die Tastenkombination `Strg`+`Pos1` bzw. `Strg`+`Ende`.

Tabelle 21.1 Filter für Texte am Beispiel des Feldes *Wertpapier* in der Datei *Kap21_1.xlsx*

Auswahlkriterium	Beispiel	Bedeutung
Beginnt mit J	Findet *Jenoptik AG o.N*	Es werden alle Zeilen angezeigt, die mit dem Buchstaben *J* beginnen
Beginnt nicht mit J	Findet z.B. *Abacho AG, Activest Nanotech INH.* usw.	Es werden alle Zeilen angezeigt, die nicht mit dem Buchstaben *J* beginnen
Endet mit LTD	Findet *Hitachi LTD*	Es werden alle Zeilen angezeigt, die mit den Buchstaben *LTD* enden
Endet nicht mit LTD	Findet alle Einträge außer *Hitachi LTD*	Es werden alle Zeilen angezeigt, die nicht auf die Buchstaben *LTD* enden
Enthält ac	Findet *Abacho AG, Activest Nanotech INH* und *Hitachi LTD*	Es werden alle Zeilen angezeigt, die im Suchbegriff die Buchstabenfolge *ac* enthalten
Enthält nicht ac	Findet alle Einträge außer *Abacho AG, Activest Nanotech INH* und *Hitachi LTD*	Es werden alle Zeilen angezeigt, die im Suchbegriff nicht die Buchstabenfolge *ac* enthalten

In numerischen Feldern und Feldern mit Datumsangaben können Sie zusätzlich mit den Kriterien *entspricht, entspricht nicht, Größer als, Größer oder gleich, Kleiner als, ist Kleiner als oder gleich, Zwischen, Über dem Durchschnitt, Unter dem Durchschnitt* und *Top 10* operieren.

Die Vertreterregelung – Stellvertreterzeichen

Bei der Suche nach Texteinträgen in einem Feld werden innerhalb der *benutzerdefinierten AutoFilter* auch die zwei üblichen Stellvertreterzeichen akzeptiert:

- * (Sternchen) für eine beliebige Buchstabenfolge und

- ? (Fragezeichen) für einzelne Buchstaben an einer bestimmten Position (Abbildung 21.13).

Abbildg. 21.13   Benutzerdefinierter AutoFilter mit Stellvertreterzeichen

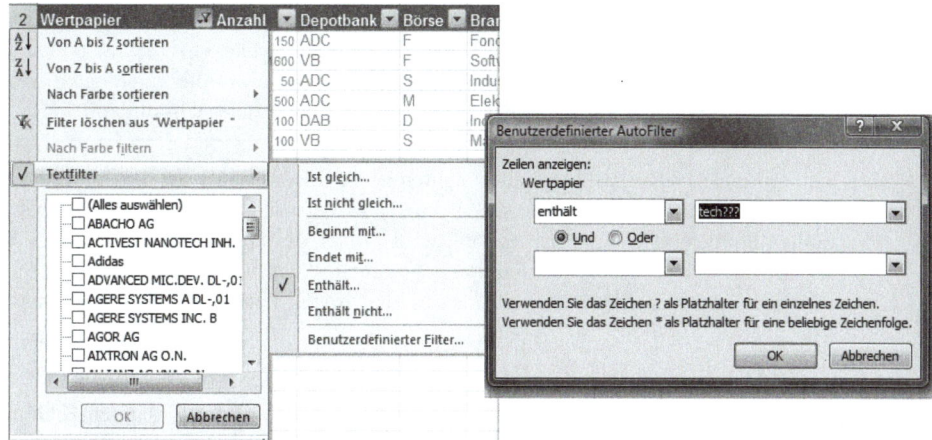

Das verwendete Beispiel *tech???* selektiert in der Spalte *Wertpapier* die Einträge wie in Abbildung 21.14 gezeigt:

Abbildg. 21.14   Anzeige der Zeilen, die dem Filterkriterium *tech???* entsprechen

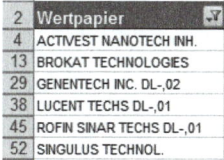

Würden Sie *tech* ohne die zusätzlichen Fragezeichen als Filterkriterium verwenden, so bekämen Sie zusätzlich zu den vorgenannten Zeilen weitere Inhalte angezeigt (vgl. Abbildung 21.15).

Abbildg. 21.15   Anzeige der Zeilen, die dem Filterkriterium *tech (ohne ???)* entsprechen

Kapitel 21 Daten filtern

PROFITIPP Vielfach werden die Daten aus anderen Systemen oder Datenbanken übernommen bzw. importiert. Achten Sie bei Fremddaten darauf, in welchem Format diese Daten in Excel vorliegen. Beispielsweise werden Zahlen häufig als Text importiert. Ferner ist auch zu bedenken, dass am Ende von Textfeldern (z.B. Wertpapier) eventuell Leerzeichen vorhanden sind, die dann ein Filterergebnis mit Stellvertreterzeichen verändern können. Entfernen Sie daher die Leerzeichen am Ende (gelegentlich auch am Anfang) eines Feldinhaltes vorab und die Filterergebnisse sind korrekt. Wie Sie Leerzeichen mit der Funktion *GLÄTTEN()* entfernen, steht in Kapitel 15.

Um optimale Ergebnisse zu erhalten, sollten Sie Speicherformate wie Text und Zahl oder Zahl und Datum nicht in einer Spalte mischen. Für jedes Format ist nur ein Filterbefehlstyp vorhanden. Haben Sie gemischte Speicherformate, wird immer das Speicherformat, das am häufigsten vorkommt, als Grundlage für den Filter angenommen. Wenn beispielsweise in einer Spalte zehn Texteinträge und fünf Zahlenwerte vorhanden sind, wird der Filterbefehl als *Textfilter* angezeigt.

Zur verfeinerten Datenselektion können im Dialogfeld *Benutzerdefinierte AutoFilter* (Abbildung 21.13) zwei Bedingungen über *Und* bzw. *Oder* miteinander verknüpft werden.

In einem Textfeld wird üblicherweise das Suchkriterium mit dem gesamten Feldinhalt verglichen. Wird nur ein bestimmter Teil benötigt, können neben den vordefinierten Bedingungen auch noch Stellvertreterzeichen eingesetzt werden (Tabelle 21.2).

Tabelle 21.2 Die Stellvertreterzeichen für den Zeichenfolgenvergleich beim Filtern

Stellvertreterzeichen	Erklärung/Beispiel
* (Sternchen)	Ignoriert alle nachfolgenden Zeichen einer Zeichenkette bzw. die Anzahl der Zeichen bis zum nächsten Buchstaben. So werden mit *A** alle Zeichenketten gefunden, die mit *A* beginnen. Die Auswahl *A*s* findet alle Zeichenketten, die mit *A* beginnen und mit *s* enden und dazwischen eine beliebige Anzahl von Zeichen aufweisen. *A*s* findet z.B. *Adidas*.
? (Fragezeichen)	Ignoriert das Zeichen an der jeweiligen Position innerhalb der Zeichenkette. Mit dem Kriterium *M??er* werden z.B. die Namen *Mayer*, *Meier*, *Maier* usw. gefunden.
~(Tilde) gefolgt von ?, * oder ~	Das Tildezeichen ermöglicht die Suche nach ?, * und ~, z.B. die Zeichenkette *Flyer?* wird nur gefunden mit *Flyer~?*

HINWEIS Stellvertreterzeichen können auch kombiniert eingesetzt werden.

ACHTUNG Wollen Sie in Ihrer Liste auf ein Datumsfeld einen Filter anwenden, müssen die Formate im Suchkriterium und im Datenfeld übereinstimmen. Mit dem Suchkriterium 24.12.2006 werden Sie beispielsweise keinen Treffer landen, wenn im Datenfeld das Format 24. Dez. 06 verwendet wurde. Kombinierte Filterkriterien müssen außerdem logisch und sinnvoll angegeben werden, um die gewünschte Trefferauswahl zu erzielen.

Praxisbeispiel: Kombinierte Kriterien bei der Anwendung von AutoFilter

Sie wollen wissen, ob die Bearbeiter *Friese* und *Kronau* Umsätze erwirtschaften, die über einer Mio. Euro, aber unter zwei Mio. Euro liegen und den Lieferanten *Media Airbrush* betreffen. Schwierig? Das Problem lösen Sie zielstrebig, wenn Sie folgendermaßen vorgehen:

Zur Lösung der Fragestellung benötigen Sie einen Filter auf die Datenfelder Bearbeiter, Lieferant und Umsatz. Aktivieren Sie zunächst das Arbeitsblatt *Umsatz20* in der Mappe *Kap21_2.xlsx*.

1. Positionieren Sie den Cursor an einer Stelle innerhalb der Excel-Liste, vorteilhaft wäre die Spalte *Bearbeiter*.
2. Klicken Sie in der Multifunktionsleiste auf der Registerkarte *Daten* in der Gruppe *Sortieren und Filtern* auf den Befehl *Filtern*.
3. Klicken Sie auf den Dropdown-Pfeil der Spalte *Bearbeiter* und wählen Sie den Befehl *Textfilter* und dann *Beginnt mit* aus. Das Dialogfeld *Benutzerdefinierter AutoFilter* wird geöffnet.
4. Geben Sie die in Abbildung 21.16 gezeigten Bedingungen ein.

Abbildg. 21.16   Bedingungen für die Auswahl *Bearbeiter*

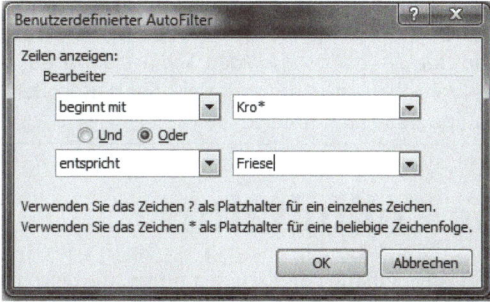

5. Klicken Sie dann auf die Schaltfläche *OK*. Die Datensätze, die nicht die Bedingungen erfüllen, werden ausgeblendet.
6. Im nächsten Schritt wiederholen Sie die Kriterieneingabe im Feld *Umsatz*.
7. Wählen Sie hier den Befehl *Zahlenfilter* und in der Befehlsliste den Befehl *Größer oder gleich*. Es öffnet sich das Dialogfeld, in dem Sie die Kriterien, wie in Abbildung 21.17 gezeigt, vervollständigen.

Abbildg. 21.17   Bedingungen für die Auswahl der Umsatzgrenzen

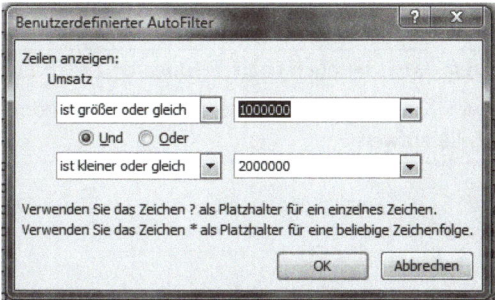

8. Klicken Sie nach Eingabe der Kriterien auf die Schaltfläche *OK*. Die Liste wird angepasst und zeigt nur noch die Datensätze, die den eingegebenen Bedingungen entsprechen. In unserem Beispiel erfüllen 41 Datensätze die Kriterien.

> **TIPP** Sie können auch den Zahlenfilter *zwischen* anstelle von *ist größer oder gleich* verwenden.

> **HINWEIS** Die Anzahl der selektierten Datensätze können Sie über die Funktion =TEILERGEBNIS(2;H2:H3299) bestimmen. Diese Funktion können Sie in der Zelle stehen lassen. Bei jedem weiteren Selektionsvorgang erhalten Sie automatisch die Anzahl der Treffer. Mehr zu dieser Tabellenfunktion finden Sie in Kapitel 22.

Im nächsten Schritt klicken Sie auf den Dropdown-Pfeil am Feld *Lieferant*. Der folgende Befehlsdialog zeigt Ihnen eine Liste aller Lieferanten. Entfernen Sie zuerst alle Markierungen, indem Sie das Häkchen bei (*Alles auswählen*) entfernen. Danach aktivieren Sie nur den Eintrag *Media Airbrush* und klicken noch auf die Schaltfläche *OK*. Die Anzeige verändert sich erneut und zeigt nur noch die endgültige Auswahl. Es verbleiben noch neun Datensätze, die die Bedingungen erfüllen.

> **HINWEIS** Anstatt über das Dialogfeld die letzte Auswahl herbeizuführen, wäre auch eine schnellere Variante möglich. Selektieren Sie den Lieferanten, auf den gefiltert werden soll, also *Media Airbrush*, und klicken dann in der *Symbolleiste für den Schnellzugriff* auf das Symbol für *AutoFilter*. Voraussetzung für dieses Vorgehen ist allerdings, dass Sie diesen Befehl dort eingerichtet haben. Mehr zur Einrichtung finden Sie in Kapitel 2.

Filtern aufgrund des Zellinhaltes

Sie können jederzeit und sehr schnell Daten anhand von Kriterien filtern, die dem Inhalt der aktiven Zelle entsprechen.

Beispielsweise können Sie im Arbeitsblatt *DropdownGruppe* in der Mappe *Kap21_2.xlsx* nach Zellenfarben filtern:

1. Markieren Sie eine Zelle mit farbigem Hintergrund.
2. Wählen Sie dann im Kontextmenü, aufgerufen mit der rechten Maustaste, den Befehl *Filter* und in dem folgenden Untermenü klicken Sie auf den Befehl *Nach der Farbe der ausgewählten Zelle filtern*.

Die Vorgehensweise bei der Filterung nach Schriftfarbe und nach Symbolsatz ist vergleichbar der Vorgehensweise bei der Filterung nach Zellenfarbe.

> **HINWEIS** Sie können auch nach *leeren* oder auch nach *nicht leeren* Zellen filtern.

Das Kontrollkästchen (*Leere*) ist aber nur verfügbar, wenn der Zellenbereich oder die Tabellenspalte auch mindestens eine leere Zelle aufweist.

Abbildg. 21.18 Kontextmenü zur Auswahl eines zellbasierten Filters

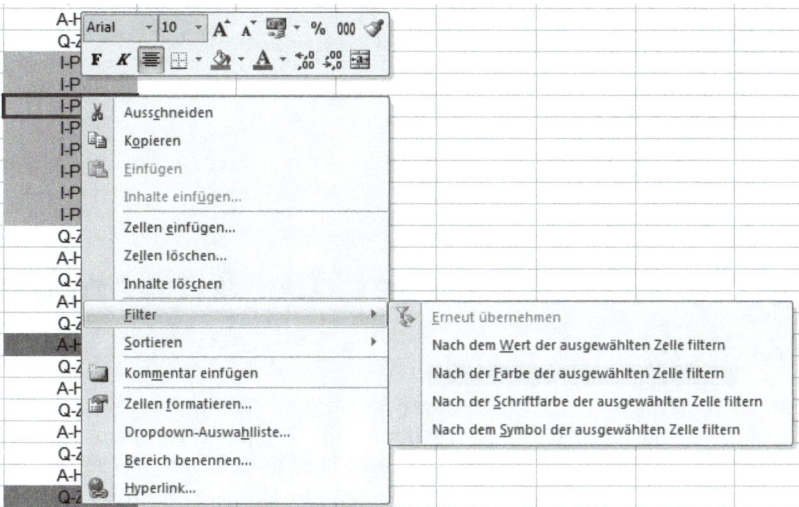

Filtern nach Zahlen über oder unter dem Durchschnitt

Sie können mit diesem Filter im automatischen Filtervorgang gleichzeitig ein berechnetes Kriterium berücksichtigen.

1. Markieren Sie zuerst die numerische Spalte, die als Auswertungsgrundlage dienen soll.
2. Klicken Sie dann auf der Registerkarte *Daten* in der Gruppe *Sortieren und Filtern* auf den Befehl *Filtern*.
3. Sie positionieren damit den Dropdown-Pfeil am jeweiligen Feldbezeichner.
4. Klicken Sie auf den Dropdown-Pfeil, danach auf den Befehl *Zahlenfilter* und in der Befehlsliste dann auf den Befehl *Über dem Durchschnitt*.
5. Die Liste wird gefiltert und zeigt nur noch Wert oberhalb des Durchschnitts an.

HINWEIS Die gezeigten Werte basieren auf dem gesamten Datenbereich und nicht auf evtl. schon vorher gefilterten Teilmengen.

Wenn zwei nicht reichen – der Spezialfilter

Im Arbeitsgeschehen ergeben sich immer wieder Fragestellungen, für die zwei Filterbedingungen pro Feld nicht ausreichen. Für Aufgaben mit diesen Anforderungen hilft Ihnen Excel mit dem *Spezialfilter*.

Im Vergleich zum AutoFilter erlaubt der Befehl *Spezialfilter* die Ausführung der folgenden Aufgaben:

- Festlegen von Kriterien mit zwei oder mehr Spalten über die Verknüpfung *Oder*

- Festlegen von drei und mehr Kriterien für eine bestimmte Spalte, wobei mindestens eine Oder-Verknüpfung enthalten ist
- Festlegen berechneter Kriterien
- Automatische Kopie der selektierten Datensätze in eine neue Tabelle oder einen anderen Bereich des aktiven Arbeitsblattes

Die Arbeitsweise mit den *Spezialfiltern* unterscheidet sich in einigen Punkten von der, die Sie bisher bei den *AutoFiltern* kennen gelernt haben.

Die Arbeitsumgebung bei der Anwendung von Spezialfiltern

Bei der Anwendung von *Spezialfiltern* benötigen Sie eine vorbereitete Arbeitsumgebung. Neben den eigentlichen Daten müssen Sie für die Definition der Filterkriterien einen Bereich einrichten. Ebenso benötigen Sie für den Fall, dass die den Filterbedingungen entsprechenden Daten in einen anderen Bereich geschrieben werden sollen, einen Zielbereich. Das kann im einfachsten Fall in einem Arbeitsblatt geschehen. Es ist aber auch möglich, die extrahierten Daten in ein anderes Tabellenblatt zu kopieren. In diesem Fall müssen der Kriterien- und der Zielbereich in einem neuen Tabellenblatt aufgebaut werden (vgl. die Schemadarstellung in Abbildung 21.19).

Abbildg. 21.19 Schematische Darstellung der Anwendung von Spezialfiltern

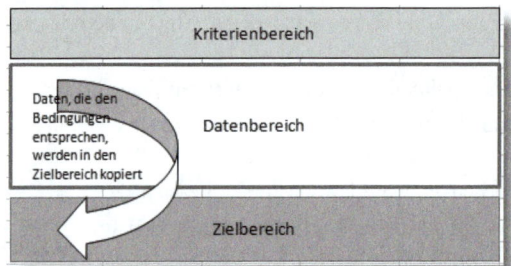

Der Kriterienbereich besteht aus mindestens zwei Zeilen. Die oberste Zeile enthält die Spaltenbeschriftung bzw. den Feldnamen, in der zweiten und den evtl. weiteren Zeilen stehen dann zusätzliche Filterbedingungen. Wichtig ist in diesem Kriterienbereich, dass die Überschriften exakt den Feldnamen im Listenbereich entsprechen. Eine Ausnahme bilden lediglich die Überschriften für die berechneten Kriterien. Für den Aufbau eines gültigen Kriterienbereiches ist es nicht erforderlich, alle Feldnamen wieder aufzuführen. Es ist völlig ausreichend, nur die Feldnamen zu verwenden, die für den Filtervorgang tatsächlich benötigt werden.

WICHTIG Bedenken Sie beim Einrichten der Abfragebedingungen, dass beim Filtern umfangreiche Zeilen ausgeblendet werden und in Folge dessen die von Ihnen definierten Kriterien sich ebenfalls im ausgeblendeten Bereich befinden könnten. Richten Sie den Kriterienbereich nicht neben, sondern immer ober- oder unterhalb der Liste oder sogar in einer eigenen Tabelle ein. Bevorzugt sollte ein Zeilenbereich oberhalb der Daten für die Kriterien eingerichtet werden.

Aufbau des Kriterienbereichs

Ein *Kriterienbereich* besteht aus mindestens zwei Zeilen. In die oberste Zeile schreiben Sie eine oder mehrere Spaltenbeschriftung(en). In der zweiten und in den folgenden Zeilen stehen die Filterbedingungen. Die Überschriften im Kriterienbereich müssen exakt mit den Spaltenüberschriften übereinstimmen. Ausgenommen sind die Überschriften für berechnete Kriterien.

TIPP Kopieren Sie die benötigten Feldnamen aus den Datenspalten in den Kriterienbereich, um Tippfehler zu vermeiden.

HINWEIS Ein *Kriterienbereich* muss natürlich nicht alle Überschriften der Liste enthalten. Es genügt völlig, nur die Feldnamen (Spalten), die tatsächlich benötigt werden, in den Kriterienbereich zu übernehmen.

Ein Beispiel: Sie wollen alle Datensätze, die im Depot der DAB-Bank aufbewahrt werden und die Börsenkennung *S* aufweisen, für eine Auswertung anzeigen lassen:

1. Richten Sie in der Mappe *Kap21_1.xlsx* im Arbeitsblatt *Depot(2)* in den ersten Zeilen (1 bis 5) einen Kriterienbereich ein.
2. Fügen Sie oberhalb der Depotliste vier zusätzliche Zeilen ein, um dort den Kriterienbereich zu definieren. Markieren Sie zunächst die Spaltenüberschrift *Börse* und kopieren Sie diese beispielsweise in die Zelle *D1*. Danach kopieren Sie die Spaltenüberschrift *Depotbank* in die Zelle *C1*.
3. Geben Sie in die Zelle *D2* das Kriterium *DAB* ein (siehe Abbildung 21.20).
4. Aktivieren Sie jetzt eine beliebige Zelle im Listenbereich und verwenden Sie den Befehl *Erweitert* in der Gruppe *Sortieren und Filtern* in der Registerkarte *Daten*.
Anstelle des Menüs *AutoFilter* erscheint jetzt das Dialogfeld *Spezialfilter* (Abbildung 21.20).
5. Excel hat den Listenbereich automatisch erkannt. Klicken Sie jetzt in das Eingabefeld *Kriterienbereich* und markieren Sie dann den Bereich *C1 bis D2* in der Tabelle.

Abbildg. 21.20   Der Eintrag des Kriterienbereichs im Umfeld der Arbeitsumgebung mit dem zugehörigen Dialogfeld *Spezialfilter*

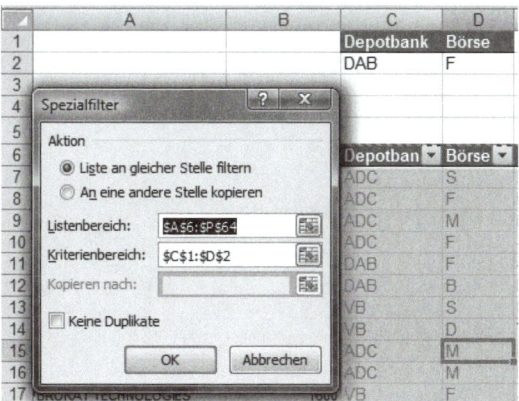

6. Lassen Sie die Option *Liste an gleicher Stelle filtern* aktiviert. Klicken Sie zum Abschluss auf die Schaltfläche *OK*.

Wie der *AutoFilter* blendet auch der *Spezialfilter* alle Zeilen aus, die nicht der Filterbedingung entsprechen. In der Statusleiste sehen Sie die Anzahl der gefundenen Datensätze (die Zeilennummern der gefundenen Datensätze werden blau dargestellt).

> **TIPP** Übrigens können Sie eine an der gleichen Stelle gefilterte Liste mit dem Befehl *Kopieren* `Strg`+`C` bearbeiten und dann mit dem Befehl *Einfügen* an einer beliebigen Stelle wieder in ein Tabellenblatt schreiben. Dabei werden nur sichtbare Zellen kopiert.

Die Möglichkeiten von Und/Oder-Verknüpfungen

Sie können in einen Kriterienbereich beliebig viele Kriterien eingeben. *Excel* interpretiert diesen Bereich nach folgenden Regeln:

- Kriterien in derselben Zeile werden als *Und*-Verknüpfung interpretiert.
- Kriterien in unterschiedlichen Zeilen werden als *Oder*-Verknüpfung interpretiert.

> **PROFITIPP** Enthält der Kriterienbereich eine leere Zelle, erhalten Sie eine ungefilterte Liste, weil *Excel* dann in dieser Spalte jeden Wert akzeptiert.

Wie Sie die Suchkriterien in einer Tabelle aufbauen, entscheidet über die Art der Abfrage, wie die folgende Abbildung zeigt.

Abbildg. 21.21 Übersicht über die Schreibweise von Filterkriterien

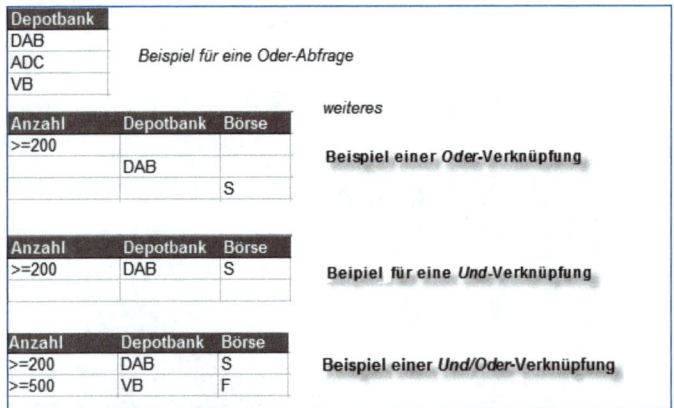

Textkriterien

Neben vordefinierten Abfragen auf Texte gibt es noch andere Möglichkeiten. Geben Sie einen Text als Suchkriterium ein, sucht *Excel* nach allen Elementen, die mit dieser Zeichenfolge beginnen. Suchen Sie z.B. mit dem Buchstaben *A* als Suchkriterium, werden *Adidas* und *AGAB AG* gefunden.

Soll nur eine Entsprechung zum angegebenen Text gefunden werden, geben Sie beispielsweise folgende Formel ein:

```
="=AGOR"
```

Gefunden wird damit nur der Eintrag, der ausschließlich *Agor* heißt und nicht Elemente wie beispielsweise *Argor AG* oder *Agora*.

Die größer als *(>)*- und kleiner als *(<)*-Symbole bedeuten: Jeder Wert in diesem Bereich, der vor oder nach der angegebenen Stelle im Alphabet steht, wird akzeptiert. Die Eingabe *>S* listet alle Aktien auf, deren Name zwischen »S« und »Z« liegt. Die Eingabe *<B* listet alle Aktien, die mit »A« beginnen, auf.

WICHTIG Die Eingabe *<=B* listet ebenfalls nur alle Aktien auf, die mit *A* beginnen. Die Aktien, die mit *B* beginnen, werden also *nicht* aufgelistet (siehe Abbildung 21.22).

Abbildg. 21.22 Beispiel für die Filterbedingung <=

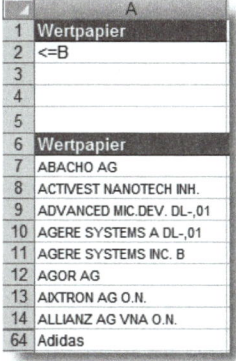

Monatsabhängige Daten herausfiltern

Nehmen wir an, Sie möchten alle Aktien anzeigen, die nach dem 30. September 2004 im Depot eingegangen sind:

1. Verwenden Sie das Arbeitsblatt *DepotMitEKDatum* in der Übungsmappe *Kap21_1.xlsx*. Falls oberhalb der Daten keine Leerzeilen vorhanden sind, fügen Sie vor der Depotliste mindestens fünf leere Zeilen ein. Kopieren Sie die Spaltenüberschrift *EinkaufDatum* in die Zelle *A1*.
2. Geben Sie die Bedingung *>30.09.2004* in die Zelle *A2* ein. Markieren Sie jetzt im Listenbereich eine beliebige Zelle und rufen auf der Registerkarte *Daten* in der Gruppe *Sortieren und Filtern* den Befehl *Erweitert* auf.
3. Im Dialogfeld *Spezialfilter* übernehmen Sie die automatischen Einträge im Listenbereich (sollte *$A$6:$P$64* sein). Die Option *Liste an gleicher Stelle filtern* bleibt aktiv.
4. In den Kriterienbereich schreiben oder übernehmen Sie per Zellenselektion die Adresse *$A$1:$A$2*. Das Kontrollkästchen *Keine Duplikate* bleibt leer. Bestätigen Sie abschließend mit *OK*.

Als Ergebnis erhalten Sie folgende Liste:

Abbildg. 21.23 Die Lösung des Beispiels mit den Filterbedingungen und dem Dialogfeld des Spezialfilters

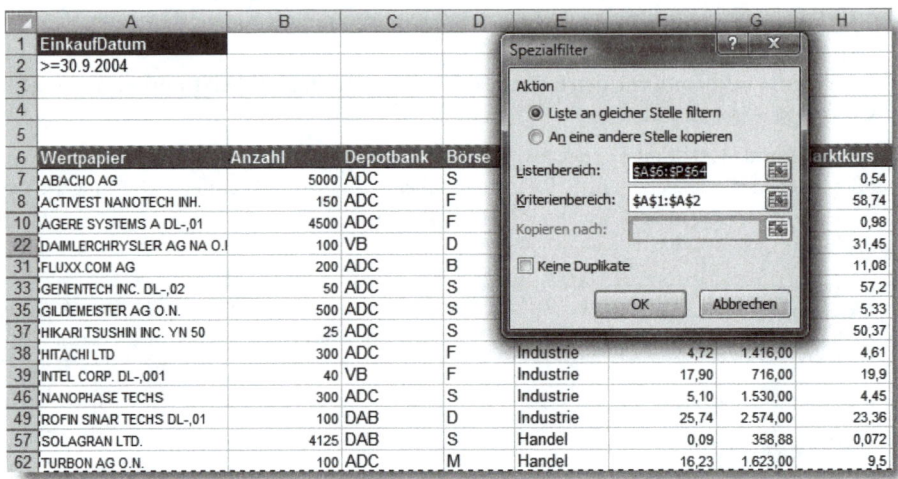

Die weitere Arbeit im Umgang mit erfolgreich eingesetzten Filtern bezieht sich im Wesentlichen auf den Aufbau des Kriterienbereiches und der Schreibweise der Filterbedingungen. Tiefergehende Information zum Thema »Kriterien bzw. Suchkriterien« finden Sie im Kapitel 22 bei Beschreibung der Datenbankfunktionen.

Praxisbeispiel: Kombinierte Kriterien bei der Anwendung von Spezialfiltern

Sie wollen wissen, welche Positionen im Jahr 2005 ins Depot aufgenommen wurden:

1. Verwenden Sie die Tabelle *DepotMitEKDatum* und sorgen Sie dafür, dass wieder fünf leere Zeilen oberhalb der Daten für den Kriterienbereich zur Verfügung stehen.
2. Kopieren Sie dann die Spaltenüberschrift *EinkaufDatum* in die Zellen *A1* und *B1*.
3. Geben Sie die Bedingung >=01.01.2005 in die Zelle *A2* und die Bedingung <=31.12.2005 in die Zelle *B2* ein (Und-Verknüpfung).

4. Markieren Sie jetzt im Listenbereich eine beliebige Zelle und rufen Sie auf der Registerkarte *Daten* in der Gruppe *Sortieren und Filtern* den Befehl *Erweitert* auf.
5. Im Dialogfeld *Spezialfilter* übernehmen Sie die automatischen Einträge im Listenbereich (sollte *$A$6:$P$64* sein). Die Option *Liste an gleicher Stelle filtern* bleibt aktiv.
6. In den Kriterienbereich schreiben oder übernehmen Sie per Zellenselektion die Adresse *$A$1:$B$2*. Das Kontrollkästchen *Keine Duplikate* bleibt leer. Bestätigen Sie abschließend mit *OK*.

Als Ergebnis erhalten Sie die selektierte Liste.

Sollte es notwendig sein, die derzeit gefilterten Daten in einen separaten Bereich zu schreiben, dann wiederholen Sie den vorherigen Filtervorgang mit der geänderten Option *An eine andere Stelle kopieren* im Spezialfilter.

Soll der Zielbereich in Zeile 66 beginnen, gehen Sie wie folgt vor:

1. Markieren Sie eine beliebige Zelle im Datenbereich (auch wenn der Filter noch aktiv sein sollte).
2. Wählen Sie dann auf der Registerkarte *Daten* in der Gruppe *Sortieren und Filtern* den Befehl *Erweitert*.
3. Im Dialogfeld *Spezialfilter* übernehmen Sie alle bisherigen Einstellungen und Einträge, lediglich die Option *Liste an gleicher Stelle filtern* ändern Sie in *An eine andere Stelle kopieren*.
4. Das Eingabefeld *Kopieren nach* wird freigeschaltet. Tragen Sie beispielsweise die Adresse *$A$67:$P$67* ein und bestätigen Sie die Schaltfläche *OK*.
5. Die Daten, die den Filterbedingungen entsprechen, werden in den Zielbereich geschrieben.

> **HINWEIS** Wenn Sie die Zieladresse im Eingabefeld *Kopieren nach* im Dialogfeld *Spezialfilter* angeben, wird der Zielbereich automatisch eingerichtet. Wenn Sie den Zielbereich selbst einrichten, dann kopieren Sie die Überschriftenzeile (Zeile 6) beispielsweise in die Zeile 67, rufen dann den Spezialfilter auf, aktivieren dort das Eingabefeld *Kopieren nach* und selektieren dann die Zeile oder Teile der Zeile mit den Feldnamen im Zielbereich. Bestätigen Sie zum Abschluss die Schaltfläche *OK* im Dialogfeld *Spezialfilter*.

Wie wird ein Ausgabebereich für gefilterte Daten eingerichtet?

Über den Zielbereich legen Sie fest, welche Daten an welche Stelle kopiert werden sollen.

1. Der einfachste Weg, einen Datenausgabebereich einzurichten, besteht darin, im Tabellenblatt an der Stelle, wo die Liste beginnen soll, auf eine leere Zelle zu klicken und dann das Dialogfeld *Spezialfilter* zu schließen. Excel kopiert die Spaltenüberschriften und alle Zeilen, die dem Suchkriterium entsprechen, in den Bereich, der mit der angegebenen Zelle beginnt.
2. Geben Sie einen Zellbereich als Datenausgabebereich an, kopiert Excel so viele Zeilen, wie in diesen Bereich passen. Steht nicht genügend Platz für alle Daten zur Verfügung, fragt Excel, ob der Bereich automatisch erweitert werden soll.
3. Geben Sie im Ausgabebereich nur eine Auswahl der vorhandenen Spaltenüberschriften aus der Excel-Liste an, werden von Excel auch nur die Inhalte der Spalten, deren Spaltenüberschriften vorhanden und mit der Basislistenüberschrift identisch sind, kopiert. Dies ist vorteilhaft, wenn Sie nur einen Teil der Spalten in den neuen Bereich übernehmen wollen.

Daten filtern mit berechneten Kriterien

Berechnete Kriterien bieten Ihnen die Möglichkeit, Suchkriterien, die aus externen Werten (also nicht aus Werten innerhalb der *Excel*-Liste) berechnet wurden, zu verwenden. Dies sind Bedingungen, die über den einfachen Vergleich eines Spaltenwertes mit einer Konstanten hinausgehen. Es ist zudem möglich, neben den berechneten Kriterien noch vergleichende Kriterien im selben Kriterienbereich zu kombinieren.

WICHTIG Bei der Arbeit mit berechneten Kriterien sind grundsätzlich drei Regeln zu beachten:

- Die Überschrift (Spaltenkopf) eines berechneten Kriteriums darf nicht identisch mit einem Feldnamen (Spaltenkopf) sein. Die Zelle für den Spaltenkopf kann zwar leer sein, aber es ist besser, eine neue Überschrift zu verwenden.
- Bezüge auf Zellen außerhalb der Liste sollten grundsätzlich absolut, Bezüge auf Zellen innerhalb der Listen hingegen relativ sein.
- Ausnahmen bestätigen bekanntlich die Regel: Auch relative Adressen auf Zellen außerhalb der Liste sind möglich.
- Auch wenn ein Spaltenkopf leer ist, also keine Überschrift enthält, muss er beim Festlegen des Kriterienbereichs im Dialogfeld *Spezialfilter* in den Kriterienbereich eingeschlossen werden.

HINWEIS Bei manchen Auswertungen wird das Vergleichsfeld nicht außerhalb der Liste stehen, sondern Bestandteil der Liste sein. Auch auf ein solches Feld können Sie mit berechneten Kriterien zugreifen.

Sie wollen aus einer Personalliste die Mitarbeiter herausfiltern, die vor dem dreißigsten Geburtstag in die Firma eingetreten sind. Wie können Sie diese Daten schnell ermitteln?

Auf der CD-ROM zu diesem Buch finden Sie die Arbeitsmappe *Kap21_1.xlsx* im Ordner *\Buch\Kap21*. Verwenden Sie diese Datei zum Nachvollziehen des Lösungsweges.

Richten Sie in den ersten Zeilen im Arbeitsblatt *Personal* der Mappe *Kap21_1.xlsx* einen Kriterienbereich ein: Fügen Sie dazu, falls noch nicht vorhanden, vor der Personalliste fünf leere Zeilen ein bzw. entfernen Sie eventuell vorhandene Daten in diesen schon vorhandenen Zeilen.

1. Geben Sie in die Zelle *A1* den Text *vor dem 30sten Geburtstag in der Organisation* als Überschrift ein.
2. In der Zelle *A2* geben Sie das berechnete Kriterium ein:

   ```
   =C6-D6<30*365
   ```

3. Positionieren Sie den Cursor wieder im Listenbereich und wählen auf der Registerkarte *Daten* in der Gruppe *Sortieren und Filtern* den Befehl *Erweitert*.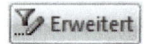
4. Im Dialogfeld *Spezialfilter* übernehmen Sie die Option *Liste an gleicher Stelle filtern* und den Eintrag im Listenbereich. In den *Kriterienbereich* schreiben oder übernehmen Sie die Zelladresse *$A$1:$A$2*.
5. Das Kontrollkästchen *Keine Duplikate* bleibt leer. Es folgt der immer notwendige Klick auf die Schaltfläche *OK*.

Abbildg. 21.24 Die gefilterte Liste aller Personen, die vor dem 30. Lebensjahr in die Organisation eingetreten sind

Name	Vorname	Einstellung	Geburtsdatum	Gehalt	Alter
Mognon	Alois	07.02.1992	15.05.1961	60.000,00 €	45 Jahre
Meyer	Michael	12.10.1981	04.04.1951	64.200,00 €	55 Jahre
Redebrecht	Ursula	01.10.1994	24.12.1976	34.800,00 €	30 Jahre

Im vorigen Beispiel haben Sie außerhalb der Liste einen Wert ermittelt. Das berechnete Kriterium bezieht sich dann auf diese Zelle außerhalb der Liste. Es gibt auch die Möglichkeit, den Bezug auf Zellen innerhalb einer Liste zu setzen, aber dann müssen Sie die Adressierung anders erstellen.

Ein anderes Beispiel: Sie wollen aus der Personalliste die Personen anzeigen lassen, deren Gehalt über dem Durchschnitt aller Gehälter liegt. Gehen Sie dazu wie folgt vor:

1. Geben Sie in die Zelle *A1* den Text *Gehalt über dem Durchschnitt* als Überschrift ein.
2. In der Zelle *A2* geben Sie das berechnete Kriterium ein:

```
=E6>Mittelwert($E$7:$E$14)
```

3. Positionieren Sie den Cursor wieder im Listenbereich und wählen auf der Registerkarte *Daten* in der Gruppe *Sortieren und Filtern* den Befehl *Erweitert*.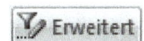
4. Im Dialogfeld *Spezialfilter* übernehmen Sie die Option *Liste an gleicher Stelle filtern* und den Eintrag im Listenbereich. In den *Kriterienbereich* schreiben oder übernehmen Sie die Zelladresse *$A$1:$A$2*.
5. Das Kontrollkästchen *Keine Duplikate* bleibt leer. Es folgt der immer notwendige Klick auf die Schaltfläche *OK*.

Sie haben in diesem Beispiel in der Funktion *Mittelwert* die Adressierung mit absoluten Adressen vorgenommen. Das ist deshalb erforderlich, weil Sie sich direkt auf die Spalte *Gehalt* beziehen und nicht wie vorhin auf einen berechneten Wert außerhalb der Liste.

HINWEIS Normalerweise sollten Bezüge auf Zellen innerhalb einer Liste relative Adressen sein. Die absoluten Bezüge werden im vorherigen Beispiel deshalb notwendig, weil *Excel* bei jedem Schritt im Filterprozess den gleichen Bereich auswerten muss.

Excel vergleicht den Inhalt von Zelle *E7* mit dem Ergebnis der Funktion *Mittelwert* von *E7* bis *E14*, im nächsten Schritt *E8* mit *E7* bis *E14* usw. Bei relativer Adressierung würde der gültige Bereich nur beim ersten Durchlauf ausgewertet.

Mit dem Befehl *Löschen* können Sie den *Spezialfilter* wieder auflösen.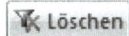

Filtern und Duplikate entfernen

Das Filtern und Entfernen doppelter Werte wird Ihnen mit dem Befehl *Duplikate entfernen* in der Gruppe *Datentools* im Register *Daten* zur Verfügung gestellt.

Ein doppelter Wert ist ein Wert, bei dem alle Inhalte einer Zelle oder auch in einer Zeile oder Teilen einer Zeile (wenn nur diese Teile besetzt sind) eine genaue Übereinstimmung aller Werte in einer anderen Zeile darstellen. Wichtig zu beachten ist dabei, dass doppelte Werte durch den Inhalt der Zelle bestimmt werden und nicht durch den formatiert dargestellten Wert. Wenn beispielsweise die zu vergleichenden Zellen einmal den Datumswert *8.3.2006* und die andere Zelle durch Formatierung den Datumswert *8. März 2006* anzeigt, dann sind beide Inhalte eindeutig gleich.

Es ist empfehlenswert vor dem Entfernen von doppelten Werten sicherzustellen, dass keine unerwarteten Ergebnisse auftreten.

Kapitel 21 Daten filtern

Um dieses Beispiel nachzuvollziehen, arbeiten Sie in der Mappe *Kap21_1.xlsx* und dem Arbeitsblatt *Depot(2)*. Wir vergleichen in diesem Beispiel lediglich die Spalte *Wertpapier*.

1. Markieren Sie den Zellbereich oder stellen Sie den Cursor in die Excel-Liste.
2. Klicken Sie auf der Registerkarte *Daten* in der Gruppe *Datentools* auf *Duplikate entfernen*.

Abbildg. 21.25   Spezielle Datentools für den Umgang mit Listen

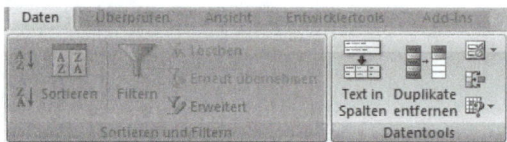

3. Es wird das folgende Dialogfeld angezeigt (Abbildung 21.26):

Abbildg. 21.26   Das Dialogfeld zeigt die Möglichkeiten zum Löschen doppelter Werte in einer Liste

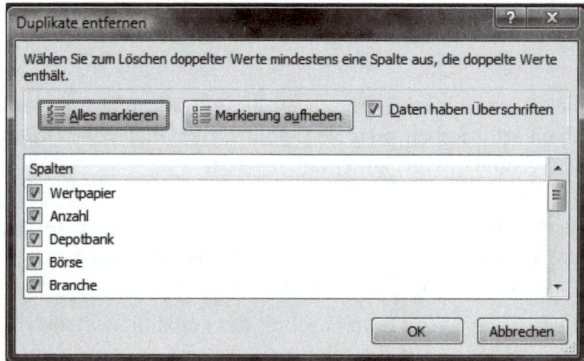

4. Klicken Sie auf die Schaltfläche *Markierung aufheben* und anschließend aktivieren Sie das Kontrollkästchen vor dem Listeneintrag *Wertpapier*. Alle anderen Einstellungen bleiben unverändert.
5. Bestätigen Sie zur Ausführung des Löschvorgangs die Schaltfläche *OK*.
6. Es folgt noch ein Informationsfeld (siehe Abbildung 21.27), das mit *OK* bestätigt werden muss. Daraufhin sind die doppelten Daten endgültig entfernt.

Abbildg. 21.27   Meldung, bevor die Daten endgültig entfernt werden

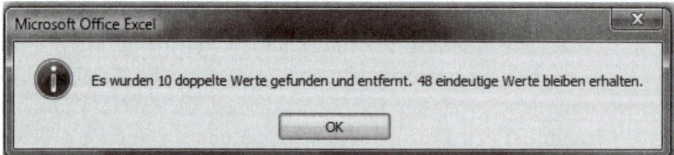

Zusammenfassung

AutoFilter und Spezialfilter bieten Ihnen zahlreiche Möglichkeiten, um aus den Datenbeständen eine Vielfalt von Untermengen auszublenden, anzuzeigen oder auch nach berechneten Kriterien die Anzeige der Daten zu beeinflussen. Eine schnelle und einfache Handhabung der Filtermöglichkeiten bietet der AutoFilter. Bei komplexeren Bedingungen greifen Sie besser zum Spezialfilter. Zielgerichtet angewendet, unterstützen die Spezialfilter in Fällen von umfangreichen Bedingungen bis hin zu berechneten Kriterien. Neben der Reduktion auf wesentliche Daten besteht auch die Möglichkeit, Daten zu filtern und gleichzeitig in eine neue Liste zu schreiben. Darüber hinaus haben Sie auch die Möglichkeit, doppelte Datensätze zu suchen und gleichzeitig zu löschen.

Frage	Antwort
Wie kann ich die Anzeige von Daten so einschränken, dass nur solche angezeigt werden, die bestimmten Bedingungen entsprechen?	Für eine schnelle Datenübersicht ist der AutoFilter ideal. Sie können damit z.B. in einem Listenfeld aus den vorhandenen Einträgen einer Spalte auswählen. Auf Seite 822 finden Sie ein Beispiel.
Wie lasse ich in einer gefilterten Tabelle wieder alle Daten anzeigen?	Dazu wählen Sie im AutoFilter die entsprechende Einstellung oder Sie heben den AutoFilter auf. Auf Seite 824 wird gezeigt, wie es geht.
Wie kann ich in einer Liste nur die Top-Positionen anzeigen lassen?	Wie Sie einen Filter auf die Top-Positionen einer Liste setzen, zeigt das Beispiel auf Seite 830.
Ich möchte meine Daten filtern, bin mir aber nicht sicher, welche Schreibweise in der Tabelle verwendet wird?	Sie können mit verschiedenen Einstellungen auch solche Daten finden. Das Filtern mit Stellvertreterzeichen wird Ihnen auf Seite 830 erläutert.
Was ist ein Spezialfilter?	Mit einem Spezialfilter können Sie in einer Tabelle verschiedene Suchkriterien festlegen, die dann beim Filtern berücksichtigt werden. Das Beispiel dazu finden Sie auf Seite 835.
Ich möchte manchmal Daten extrahieren, die zwei Bedingungen entsprechen. Manchmal sollen aber Daten gefunden werden, die entweder der einen oder der anderen Bedingung entsprechen. Wie mache ich das?	Stehen die Suchkriterien in einer Zeile, gilt für diese die UND-Verknüpfung. Stehen die Suchkriterien dagegen in unterschiedlichen Zeilen, gilt für diese die ODER-Verknüpfung. Ein Beispiel finden Sie auf Seite 838.
Kann ich Daten auch nach Kriterien filtern, die nicht direkt in der Tabelle stehen?	Die Lösung für diese Aufgabe führt über berechnete Suchkriterien. Dabei können Sie mit den Spalten der Tabelle Berechnungen durchführen und diese auch mit Werten außerhalb der Tabelle vergleichen. Ein Beispiel für das Filtern mit berechneten Kriterien finden Sie auf Seite 841.
Wie kann ich aus einer Liste die Duplikate entfernen?	Auf der Registerkarte *Daten* finden Sie für diese Aufgabe den Befehl *Duplikate entfernen*, das Beispiel dazu auf Seite 843.

Kapitel 22

Datenbank-Funktionen einsetzen

In diesem Kapitel:

Daten aus einer Textdatei importieren	848
Welche Datenbank-Funktionen gibt es?	850
Datenbank-Funktionen im Einsatz	853
Die Tabellenfunktion *TEILERGEBNIS*	863
Zusammenfassung	864

Kapitel 22 Datenbank-Funktionen einsetzen

Excel bietet verschiedene Möglichkeiten, mit denen Sie Daten aus dem Datenbankbereich einsehen können. Dazu können Sie ein PivotTable-Objekt erstellen oder einen Filter auf die Daten anwenden. Excel stellt auch spezielle Datenbank-Funktionen zur Verfügung, mit denen Suchkriterien bei der Auswertung von Bereichen berücksichtigt werden können. Diese unterscheiden sich von den neuen Funktionen *SUMMEWENNS*, *ANZAHLWENNS* und *ZÄHLENWENNS*, die Sie in Kapitel 15 kennen gelernt haben. Einige dieser Datenbank-Funktionen sollen hier vorgestellt und in Beispielen angewendet werden.

Weil Excel gerne als Analyse-Werkzeug für Daten verwendet wird, die nicht in Excel gespeichert werden, soll zunächst der Import von Daten gezeigt werden. Häufig wird für den Austausch von Daten zwischen Programmen und Plattformen ein Textformat verwendet, sicher auch deshalb, weil fast jedes Programm ein solches Format unterstützt.

Daten aus einer Textdatei importieren

Excel kann Daten aus einer Textdatei auf mehreren Wegen zur Verfügung stellen. Dabei unterscheidet sich das Ergebnis nur dadurch, dass die gewünschte Datei über *Office-Menü/Öffnen* geöffnet wird, während sie über *Daten/Externe Daten abrufen/Aus Text* in die aktive Mappe importiert wird. Für beide Wege wird jedoch der Textkonvertierungs-Assistent verwendet.

Für eigene Experimente finden Sie die Datei *Textdatei.txt* im Ordner *\Buch\Kap22* auf der CD-ROM zu diesem Buch. Die Felder in dieser Datei sind mit einem Semikolon getrennt.

Abbildg. 22.1 Der erste Schritt setzt bereits einige Kenntnis über die Daten voraus

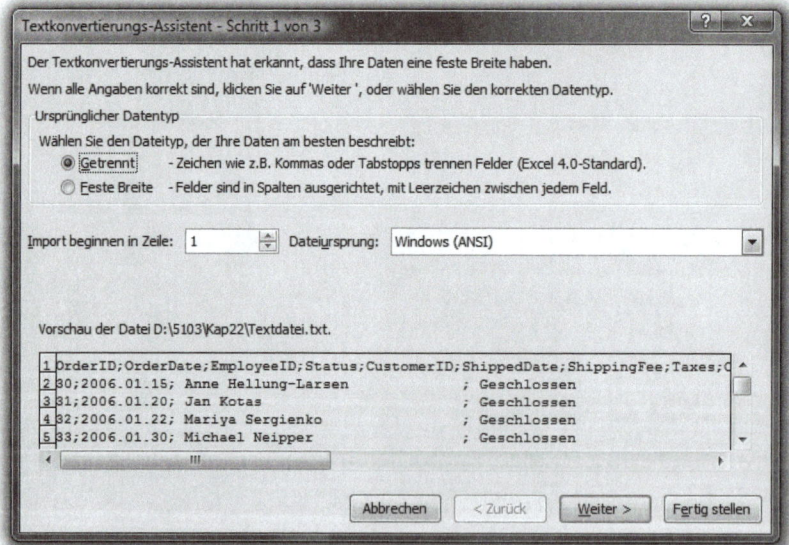

Daten aus einer Textdatei importieren

Im ersten Schritt legen Sie fest, ob die Daten durch ein Trennzeichen getrennt sind oder (beim Austausch mit dem Großrechner häufig der Fall) einen festen Satzaufbau haben. Bei Daten aus fremden Quellen ist es häufig so, dass man zunächst nicht sicher ist, wie der Aufbau der Textdatei ist. Wichtige Hilfe ist dabei das Vorschaufenster am unteren Rand des Textkonvertierungs-Assistenten.

PROFITIPP

> Um den Textkonvertierungs-Assistent auch für Text-Dateiformate zu verwenden, die mit Excel verknüpft sind (z.B. *.csv*), ändern Sie die Dateinamenerweiterung im Windows-Explorer auf *.txt*.

Enthält die Datei mehrzeilige Spaltenbeschriftungen oder sind sonstige Informationen in den ersten Zeilen enthalten, dann können Sie diese Information ausblenden, indem Sie den Wert für *Import beginnen in Zeile* erhöhen.

Abbildg. 22.2 Sind die Informationen zum Trennzeichen festgelegt, hilft die aktualisierte Vorschau erneut bei der Beurteilung

Im zweiten Schritt wird das Trennzeichen festgelegt. Für die am häufigsten verwendeten Trennzeichen sind Kontrollkästchen vorhanden. Ist das benötigte Trennzeichen nicht vorhanden, aktivieren Sie das Kontrollkästchen *Andere* und tragen das gewünschte Zeichen in das Eingabefeld ein.

Der dritte Schritt bietet die Möglichkeit, einzelne Spalten nicht zu importieren. Klicken Sie dazu auf einen Spaltenkopf und wählen Sie die Option *Spalten nicht importieren (überspringen)*.

Üblicherweise werden die Daten im Format *Standard* eingelesen. Manchmal jedoch sollen z.B. führende Nullwerte ebenfalls angezeigt werden. Excel blendet diese normalerweise aus. Aktivieren Sie für eine Spalte mit solchen Werten die Option *Text*, bleiben führende Nullwerte erhalten.

Abbildg. 22.3 In Schritt 3 gezielt das Importformat einstellen und Spalten ignorieren

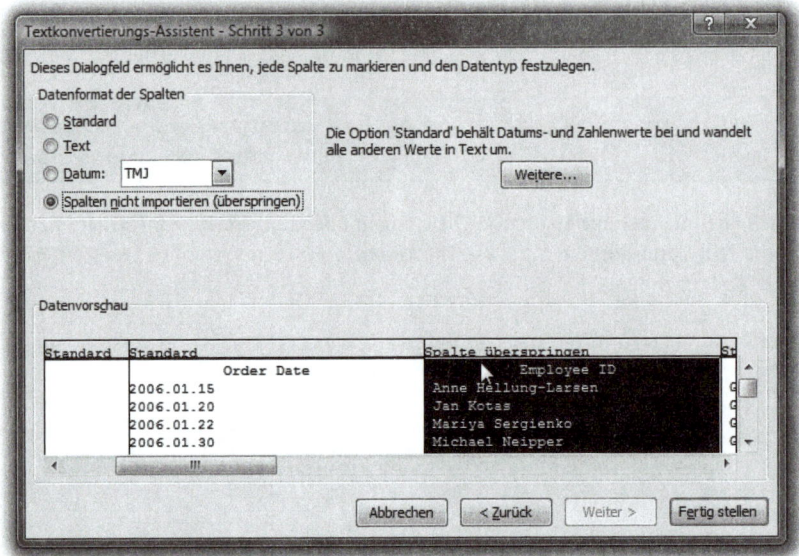

Über die Schaltfläche *Weitere* können Sie das Dezimaltrennzeichen sowie das 1000er-Trennzeichen und das Vorzeichen für negative Werte einstellen.

Die Schaltfläche *Fertig stellen* schließt die Aktion ab. Blättern Sie anschließend durch die importierten Daten, wird meist schnell klar, ob der Import mit den richtigen Einstellungen durchgeführt wurde. Sind beispielsweise unbekannte Zeichen enthalten, ist dafür häufig die Einstellung zum Dateiursprung der Datei im Schritt 1 des Assistenten verantwortlich (siehe Abbildung 22.1). Sollte das der Fall sein, schließen Sie die Datei und versuchen Sie es mit geänderten Einstellungen erneut. Ansonsten speichern Sie die Datei in einem Excel-Dateiformat und beginnen mit der Analyse.

Welche Datenbank-Funktionen gibt es?

Excel stellt in der Kategorie *Datenbank* des Funktions-Assistenten eine ganze Reihe von Funktionen bereit, die speziell für die Analyse von Excel-Datenbanken vorgesehen sind. Die Tabelle 22.1 zeigt die Funktionen, deren Argumente und den Verwendungszweck an.

> **HINWEIS** Alle Funktionen verwenden die Argumente *Datenbank*, *Datenbankfeld* und *Suchkriterien*. Nur Daten des Bereichs *Datenbank*, die den Suchkriterien entsprechen, werden berücksichtigt.

Tabelle 22.1 Die Datenbank-Funktionen und deren Verwendungszweck

Funktion	Verwendungszweck
DBANZAHL	Ermittelt die Anzahl der Datensätze, die eine Zahl im Feld *Datenbankfeld* enthalten

Tabelle 22.1 Die Datenbank-Funktionen und deren Verwendungszweck *(Fortsetzung)*

Funktion	Verwendungszweck
DBANZAHL2	Ermittelt die Anzahl der nicht leeren Zellen im angegebenen Feld
DBAUSZUG	Diese Funktion liest einen einzelnen Wert aus einer Datenbank aus. Gibt es keinen Datensatz, der den Suchkriterien entspricht, gibt *DBAUSZUG* den Fehlerwert *#WERT!* zurück. Gibt es mehr als einen Datensatz, gibt *DBAUSZUG* den Fehlerwert *#ZAHL!* zurück.
DBMAX	Gibt den größten Wert im angegebenen Feld zurück
DBMIN	Gibt den niedrigsten Wert im angegebenen Feld zurück
DBMITTELWERT	Ermittelt den Mittelwert aus den Werten im angegebenen Feld
DBPRODUKT	Diese Funktion multipliziert die Werte des angegebenen Feldes miteinander
DBSTDABW	Ermittelt die Standardabweichung einer Stichprobe aus den Werten des angegebenen Feldes
DBSTDABWN	Ermittelt die Standardabweichung ausgehend von einer Grundgesamtheit aus den Werten des angegebenen Feldes
DBSUMME	Addiert die Werte des angegebenen Feldes
DBVARIANZ	Ermittelt den Schätzwert für die Varianz einer Stichprobe
DBVARIANZEN	Berechnet die Varianz einer Grundgesamtheit aus den Werten des angegebenen Feldes

Die Namen all dieser Funktionen beginnen mit dem Präfix »DB«, was deren Einsatzgebiet schon andeutet. Die meisten dieser Funktionen haben ein entsprechendes Pendant ohne diesen Zusatz, z.B. für die Funktion *DBSUMME* die Funktion *SUMME* oder für die Funktion *DBANZAHL* die Funktion *ANZAHL*. Die Datenbank-Funktionen unterscheiden sich von diesen Funktionen dadurch, dass

- der untersuchte Datenbereich durch den Vergleich mit Suchkriterien eingeschränkt werden kann,
- das Feld, auf das die mathematische Operation angewandt werden soll, über das Argument *Datenbankfeld* vorgegeben werden kann.

Diese Unterschiede erlauben es, sehr komplexe Bedingungen für die Berechnung vorzugeben. Mit den Standard-Funktionen sind solche Berechnungen nur über verschachtelte Funktionen mit vergleichsweise großem Aufwand möglich.

Das Argument *Datenbank*

Das erste Argument aller Datenbank-Funktionen ist das Argument *Datenbank*. Mit diesem Argument, das zwingend angegeben werden muss, stellen Sie den Bereich ein, der untersucht werden soll. Für die Angabe des Bereiches können Sie einen Zellbereich, etwa *A1:G100*, angeben. Sie können aber auch einen Namen definieren und diesen als Argument verwenden. Dabei kann es sich um den Namen *Datenbank* handeln, was aber kein Muss ist. Sie können auch einen anderen Namen verwenden, zum Beispiel *Daten*.

Wichtig ist bei der Angabe dieses Bereichs, dass er dem Aufbau einer Datenbank entspricht. In der ersten Zeile wird eine Beschriftung für die Felder erwartet, ab Zeile 2 beginnen die Daten.

Wenn Sie den Namen *Datenbank* verwenden, kommen Sie in den Genuss einer speziellen Eingabetechnik. Ist eine Zelle im Datenbank-Bereich aktiv, können Sie über den Befehl *Maske* eine Eingabemaske aufrufen und damit Daten eingeben, nach Datensätzen, die bestimmten Kriterien entsprechen, suchen oder Datensätze löschen. Den Befehl *Maske* finden Sie nicht in der Multifunktionsleiste, Sie müssen ihn der Schnellzugriffsleiste hinzufügen. Mehr zu den verschiedenen Möglichkeiten der Dateneingabe finden Sie in Kapitel 4.

Die Feldnamen müssen eindeutig sein. Im Unterschied zu manchen Datenbank-Programmen sind für die Namen der Spalten auch Zahlen und die Verwendung von Leerzeichen zugelassen. Achten Sie aber unbedingt darauf, dass die Feldnamen nicht mit einem Leerzeichen enden.

Die Angabe des Bereichs ist dabei nicht auf die aktuelle Mappe eingeschränkt. Sie können auch externe Bezüge, etwa

```
='C:\Daten\[Mappe.xlsx]Tabelle 1'!$A$1:$D$100
```

verwenden. Oder Sie können einen Namen nutzen, der auf einen Datenbereich in einer anderen Datei zeigt. Allerdings muss für die Auswertung in diesen Fällen die Datei mit dem Datenbereich geöffnet sein.

Im Gegensatz zu den Filtermethoden, die Thema von Kapitel 21 sind, können Sie mit Datenbank-Funktionen Berechnungen über die Datensatzgruppe, die den Suchkriterien entspricht, durchführen.

Das Argument *Datenbankfeld*

Mit dem Argument *Datenbankfeld* geben Sie das Feld an, für das die Berechnung durchgeführt werden soll. Die Angabe kann in einer der folgenden Formen angegeben werden:

- eines Zellbezuges auf die Datenbank, etwa *B2*,
- oder durch die Angabe des Feldnamens, etwa *"Zuname"* (mit Anführungszeichen),
- durch Angabe als Zahl für die laufende Nummer der Spalte in der Datenbank, also *1* für die erste, *2* für die zweite Spalte usw.

Excel nimmt es hier mit der Groß-/Kleinschreibung nicht so genau, Sie können sich aber eine unnötige Fehlersuche ersparen, wenn Sie die Feldnamen immer korrekt angeben. Weil die Feldnamen häufig einzutragen sind, sollten diese nicht zu viele Zeichen enthalten. Besondere Vorsicht ist geboten, wenn Sie das Datenbankfeld in Form einer Spaltennummer angeben. Bedenken Sie, dass Sie die Spaltennummer manuell anpassen müssen, sollte Ihre Datenbank um eine Spalte erweitert werden. Verwenden Sie dagegen einen Zellbezug oder den Feldnamen, bleiben diese auch für den neuen Bereich gültig.

Bei den Funktionen *DBANZAHL* und *DBANZAHL2* ist dieses Argument optional.

Das Argument *Suchkriterien*

Bei diesem Argument handelt es sich wieder um ein zwingend erforderliches Argument. Sie können auch hier einen Bereich in der Form *G2:K4* oder einen Namen, etwa *Kriterien* oder *Suchkriterien* verwenden.

Wenn Sie den Namen *Suchkriterien* definieren, wählt Excel diesen Namen als Standardvorgabe für den Kriterienbereich beim Filtern mit *Spezialfilter* aus. Ändern Sie über den Befehl *Erweitert* (Registerkarte *Daten*, Gruppe *Sortieren und Filtern*) den Kriterienbereich, wird der zuvor definierte Name ohne Vorwarnung überschrieben! Bereits eingetragene Datenbank-Funktionen liefern dann unter Umständen ein unerwartetes Ergebnis.

Mehr zum Thema Namen finden Sie in Kapitel 19 und zum Thema Spezialfilter erfahren Sie mehr in Kapitel 21.

Der Bereich mit den Suchkriterien muss einen Aufbau haben, der dem des Datenbank-Bereichs vergleichbar ist. Der Bereich für die Suchkriterien umfasst mindestens eine Spalte und zwei Zeilen:

- In der ersten Zeile einen Feldnamen der Datenbank und
- in der zweiten Zeile die Bedingung.

Datenbank-Funktionen im Einsatz

Die hier vorgestellten Beispiele greifen alle auf einen Datenbereich mit nur wenigen Datensätzen zurück. Für die Beispiele hat dies den Vorteil, dass Sie die Bedingungen auch dann nachvollziehen können, wenn Sie das Buch lesen und nicht gleichzeitig die Beispieldatei geöffnet haben.

Alle Beispiele finden Sie in der Datei *Kap22.xlsx* im Ordner *\Buch\Kap22* auf der CD-ROM zu diesem Buch.

Die Abbildung 22.4 zeigt die Daten, die hier untersucht werden sollen, im umrandeten Bereich *A2:F15*. Es gibt also einen Datensatz (in Zeile 15), der keine Daten enthält.

Abbildg. 22.4 Der untersuchte Datenbereich

	A	B	C	D	E	F	G
1	**Datenbankbereich**						
2	Kundennummer	Zuname	PLZ	Vertreter	Datum	Umsatz	
3	101	Maier	02227	21	26.04.2006	31.586,00 €	
4	102	Christoph	03246	20	06.02.2006	38.053,00 €	
5	103	Schmidt	41991	25	23.05.2006	39.593,00 €	
6	104	May	37119	26	04.07.2006	32.484,00 €	
7	105	Mayer	31358	21	29.12.2006	28.751,00 €	
8	106	Schmitt	12140	27	05.06.2006	30.520,00 €	
9	107	Schmied	42045	20	29.10.2006	32.180,00 €	
10	108	Frank	63835	27	20.05.2006	28.363,00 €	
11		Huber			30.07.2006	0,97 €	
12	110	Klein	84740	20	05.01.2006	26.643,00 €	
13	111	Meier	66825	27	23.07.2006	42.573,00 €	
14	112	Bastian	65350	26	21.12.2006	46.131,00 €	
15							
16							

Eine Tabelle für den Datenbereich

Wenn Sie für den Datenbereich auf der Registerkarte *Einfügen* über den Befehl *Tabelle* eine Liste festgelegt haben, dann können Sie diese auch für die Auswertung mit den Datenbank-Funktionen verwenden.

Um eine Liste für den Datenbereich festzulegen, gehen Sie wie folgt vor:

1. Markieren Sie den Bereich *A2:F14*.
2. Rufen Sie auf der Registerkarte *Einfügen* in der Gruppe *Tabellen* den Befehl *Tabelle* auf.
3. Im Dialogfeld *Tabelle erstellen* nehmen Sie die Einstellungen entsprechend der Abbildung 22.5 vor.
4. Schließen Sie das Dialogfeld mit *OK*.

Abbildg. 22.5 Definieren Sie die Liste, indem Sie den Bereich markieren und die Kopfzeile festlegen

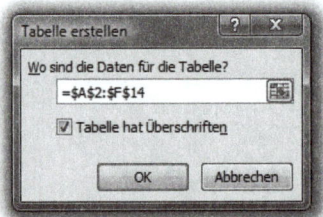

Erstellen Sie anschließend eine Formel mit einer Datenbank-Funktion, verwenden Sie für das Argument *Datenbank* den Bereich der Tabelle, im Beispiel also *A3:F14* oder den Bezeichner oder *[#ALLE]*. Kommen neue Daten zur Liste hinzu, wird der Bereich in der Datenbank-Funktion automatisch angepasst.

HINWEIS   Standardmäßig verwendet Excel für Tabellen die Namen *Tabelle1*, *Tabelle2* usw. Sie können diese Namen ändern, wenn Sie auf der Registerkarte *Formeln* den *Namens-Manager* aufrufen, den Namen der betreffenden Tabelle markieren und die Schaltfläche *Bearbeiten* wählen. Ändern Sie anschließend den Namen wie gewünscht ab. Beachten Sie, dass das Feld *Bezieht sich auf* für Tabellen gesperrt ist.

Einen Namen können Sie ebenfalls so festlegen, dass dieser automatisch angepasst wird, wenn neue Daten hinzukommen. Mehr dazu finden Sie in Kapitel 19.

Den Bereich für die Suchkriterien auswählen

Die Bedingungen für die Auswertung der Daten werden ebenfalls in die Tabelle eingetragen. Kopieren Sie dazu die Spaltenüberschriften aus dem Bereich *A2:F2* in einen freien Bereich desselben Arbeitsblattes.

Tragen Sie die Suchkriterien am besten nicht unter der Datenbank ein, damit neue Einträge in die Datenbank diesen Bereich nicht überschreiben.

Wohin mit den Suchkriterien?

Obwohl Sie die Suchkriterien prinzipiell an verschiedenen Stellen unterbringen können, gibt es doch einige Stellen, die einfach praktischer sind als andere.

Sie können die Suchkriterien

- oberhalb der Daten platzieren, wenn Sie diesen Bereich immer im Blick behalten wollen (siehe hierzu die Abbildung 22.9),
- neben den Daten anordnen, wenn Sie die unterschiedlichen Bereiche für Daten und Suchkriterien auf einem Blatt zusammenhalten wollen,
- unterhalb der Daten platzieren, wenn keine weiteren Daten hinzukommen,
- auf einem anderen Tabellenblatt, zusammen mit den Formeln, anordnen, wenn Sie eine klare Trennung von Daten und Auswertung vorziehen (siehe hierzu das Arbeitsblatt *Suchmuster* in der Beispieldatei *Kap22.xlsx*).

Jede Stelle hat Vor- und Nachteile. Wirklich problematisch ist wohl nur die Anordnung unterhalb der Daten. Aber auch dieser Platz kann erwünscht sein, wenn Sie beispielsweise Daten und Suchkriterien auf einmal ausdrucken wollen. Letztlich ist der spezielle Aufbau Ihrer Tabelle und die Aufgabenstellung für die Platzierung der Suchkriterien ausschlaggebend.

Wenn Sie die Feldnamen kopieren, stellen Sie damit sicher, dass die Suchkriterien die gleichen Feldnamen mit exakt der gleichen Schreibweise wie die Datenbank verwenden.

Beispiele für Suchkriterien

Schreiben Sie direkt unter diese Kopie der Feldnamen die Bedingungen. Als Bedingung können folgende Argumente verwendet werden:

- Zeichenfolgen wie z.B. *Maier* oder *2007*,
- Kombinationen aus logischen Operatoren und Begriffen, z.B. *>K* oder *<2007*,
- ein Stern als Joker für beliebig viele beliebige Zeichen, z.B. *M** oder *M*hausen*,
- ein Fragezeichen als Stellvertreter für ein einzelnes beliebiges Zeichen, z.B. *M?nchhausen*.

Die Tabelle 22.2 zeigt hierzu einige Beispiele.

Tabelle 22.2 Beispiele für die möglichen Operatoren

Wert	Ergebnis
M*	Nachnamen, die mit »M« beginnen
Ma*r	Nachnamen, die mit »Ma« beginnen, beliebig viele weitere beliebige Zeichen enthalten und auf »r« enden (Maier, Mayer, Maler usw.)
Schmi?t	Nachnamen, die mit »Schmi« beginnen. Dann folgt ein unbekanntes Zeichen und ein »t«.
Schmi??	Nachnamen, die mit »Schmi« beginnen und zwei weitere unbekannte Zeichen enthalten, findet »Schmitt«, »Schmidt«, »Schmied«, »Schmitz« usw.

Tabelle 22.2 Beispiele für die möglichen Operatoren *(Fortsetzung)*

Wert	Ergebnis
May	Findet »May« aber auch »Mayer«
="=May"	Findet exakt »May«
B	Alle Zeichenfolgen, die mit »B« beginnen
>*B*	Alle Zeichenfolgen, die mit einem Buchstaben größer oder gleich »B« beginnen, aber nicht das einzelne Zeichen »B«
>=*b*	Alle Zeichenfolgen, die mit einem Buchstaben größer oder gleich »b« beginnen, und auch das einzelne Zeichen »b«
<>	Alle nicht leeren Zellen
=	Alle leeren Zellen
>*105*	Alle Einträge größer 105
>=*105*	Alle Einträge, die exakt 105 lauten oder größer 105 sind
<*20000*	Alle Einträge kleiner als 20000
<>*20000*	Alle Einträge ungleich 20000
<=*15000*	Alle Einträge, die exakt 15000 lauten oder kleiner 15000 sind
>*1.05.2006*	Alle Datumswerte, die nach dem 1.05.2006 liegen
>*38108*	Alle Datumswerte, die nach dem 1.05.2004 liegen. Dieses Datum entspricht der seriellen Zahl 38108.
=*MONAT(E9)=5*	Wenn der Monat eines Datumswerts gleich 5 ist; der Bezug zeigt auf den ersten Datensatz in der Datenbank
=*AUFRUNDEN(MONAT(E9)/3;0)=2*	Wenn ein Datumswert im zweiten Quartal liegt; der Bezug zeigt auf den ersten Datensatz in der Datenbank
=*KALENDERWOCHE(E9)=10*	Wenn die Kalenderwoche eines Datumswerts gleich 10 ist; der Bezug zeigt auf den ersten Datensatz in der Datenbank
>*12:00:00*	Alle Zeitwerte in der zweiten Tageshälfte
>*0,5*	Alle Zeitwerte in der zweiten Tageshälfte; verwendet die serielle Zahl des gesuchten Zeitwerts

TIPP Diese Suchkriterien können auch in Verbindung mit dem Spezialfilter angewendet werden. Mehr zum Thema Spezialfilter finden Sie in Kapitel 21.

Abbildg. 22.6 Verschiedene Suchkriterien können nebeneinander auf einem Blatt existieren

	A	B	C	D	E	F	G	H	I
1	**Beispiele für Suchkriterien**							**Suchmuster und Anzahl der Datensätze**	
2	Kundennummer	Zuname	PLZ	Vertreter	Datum	Umsatz		Zuname beginnt mit May	
3		May							2
4									
5	Kundennummer	Zuname	PLZ	Vertreter	Datum	Umsatz		Zuname beginnt mit May UND Vertreter >25	
6		May		>25					1
7									
8	Kundennummer	Zuname	PLZ	Vertreter	Datum	Umsatz		Zuname beginnt mit May ODER ist gleich Christoph	
9		="=Christoph							2
10		May							
11									
12	Kundennummer	Zuname	PLZ	Vertreter	Datum	Umsatz		Vertreter >20 UND Umsatz >35000	
13				>20		>35000		ODER Postleitzahl > 7	
14			>7						9
15									
16	Zuname			**J. Schwenk:** Für die Suchkriterien genügen die Überschriften der Felder, für die Bedingungen festgelegt werden.				Feld Zuname ist nicht leer	
17	<>								12
18									
19	Kundennummer	Zuname	PLZ	Vertreter	Quartal	Umsatz		Feld Vertreter ist leer	
20				=					1
21									
22	Kundennummer	Zuname	PLZ	Vertreter	Quartal	Umsatz		Datum ist im zweiten Quartal	
23					WAHR				4
24									
25	Kundennummer	Zuname	PLZ	Vertreter	Datum	Datum		Datumswerte aus dem Jahr 2004	
26					>=1.1.2006	<=31.12.2006			11
27									
28	Kundennummer		108					Kundennummer = Zelle C28	
29	108		=$C$28						1
30									
31									

Datensätze zählen

Ein Beispiel: Ermitteln Sie die Anzahl der Datensätze, die mit der Zeichenfolge *May* beginnen. Berechnen Sie außerdem die Summe der Umsätze sowie den kleinsten und den größten Umsatz unter Berücksichtigung der Suchkriterien.

Verwenden Sie das Arbeitsblatt *Kriterien-Übung* aus der Beispieldatei *Kap22.xlsx* im Ordner *\Buch\Kap22* auf der CD-ROM, um die Übung selbst durchzuführen.

Um die Anzahl der Datensätze und die Summe mit den beschriebenen Suchkriterien zu ermitteln, gehen Sie wie folgt vor:

1. Markieren Sie die Überschriften der Datenbank im Bereich *A2:F2*.

2. Kopieren Sie diese Überschriften über den Befehl *Kopieren* bzw. über die Tastenkombination [Strg]+[C].

3. Aktivieren Sie die Zelle *H2* und fügen Sie die Überschriften über den Befehl *Einfügen* auf der Registerkarte *Start* oder durch Drücken der Tastenkombination [Strg]+[V] ein.

4. Tragen Sie in Zelle *I3* die Zeichenfolge *May* (ohne Anführungszeichen) ein.

5. In Zelle *I6* ermitteln Sie die Anzahl der Datensätze mit der Formel

    =DBANZAHL(A2:F15;;H2:M3)

6. In *I7* liefert die Formel

    =DBSUMME(A2:F15;F2;H2:M3)

die Summe der Umsätze, die den Suchkriterien entsprechen.

7. Der kleinste Umsatz wird in Zelle *I9* mit der Formel

```
=DBMIN(A2:F15;6;$H$2:$M$3)
```

und der größte Umsatz dieser Datengruppe in der Zelle *I10* mit der Formel

```
=DBMAX(A2:F15;6;$H$2:$M$3)
```

ermittelt.

Es werden zwei Datensätze gefunden, nämlich die Kunden mit den Zunamen »May« und »Mayer«.

Abbildg. 22.7 Die fertige Lösung ermittelt Informationen über die Datensätze, die mit der Zeichenfolge »May« beginnen

	Kriterienbereich					
	Kundennummer	Zuname	PLZ	Vertreter	Datum	Umsatz
		May				
Anzahl der Datensätze	2	=DBANZAHL(A2:F15;;H2:M3)				
Summe Umsätze	61.235,00 €	=DBSUMME(A2:F15;F2;H2:M3)				
	61.235,00 €	=DBSUMME(A2:F15;6;$H$2:$M$3)				
Der kleinste Umsatz	28.751,00 €	=DBMIN(A2:F15;6;$H$2:$M$3)				
Der größte Umsatz	32.484,00 €	=DBMAX(A2:F15;6;$H$2:$M$3)				

Jürgen Schwenk: Bei den Funktionen DBANZAHL und DBANZAHL2 ist das zweite Argument (Datenbankfeld) optional.

Bedingungen mit der *UND*-Verknüpfung

Wenn Sie in mehrere Spalten einer Zeile der Suchkriterien eine Bedingung eintragen, werden nur die Daten ausgewertet, die den Bedingungen aller Spalten entsprechen. Für die Bedingungen gilt das logische UND.

Wenn Sie für die Kundennummer im Kriterienbereich *<113* und für den Zunamen *Schmied* eintragen, werden bei der Berechnung nur die Daten berücksichtigt, die eine Kundennummer <113 haben UND deren Zuname gleichzeitig »Schmied« ist.

Abbildg. 22.8 Mehrmals den gleichen Feldnamen für die Suchkriterien verwenden

Kriterienbereich			
Kundennummer	Kundennummer	Kundennummer	
<110	>105	<>108	
Anzahl der Datensätze	2	=DBANZAHL(A2:F15;;H2:J3)	
Summe Umsätze	62.700,00 €	=DBSUMME(A2:F15;F2;H2:J3)	
	62.700,00 €	=DBSUMME(A2:F15;6;$H$2:$J$3)	
Der kleinste Umsatz	30.520,00 €	=DBMIN(A2:F15;6;$H$2:$J$3)	
Der größte Umsatz	32.180,00 €	=DBMAX(A2:F15;6;$H$2:$J$3)	

Das können Sie sich auch zunutze machen, wenn Sie für ein einzelnes Feld mehrere Bedingungen festlegen wollen. Kopieren Sie z.B. den Feldnamen *Kundennummer* und fügen Sie diesen dreimal nebeneinander ein. Tragen Sie dann direkt darunter die Bedingungen wie in Abbildung 22.8 ein.

Im Ergebnis werden nur diejenigen Datensätze berücksichtigt, die folgende Bedingungen erfüllen:

- Die Kundennummer muss kleiner als *110* sein UND
- die Kundennummer muss größer als *105* sein UND
- die Kundennummer muss ungleich *108* sein.

Bedingungen mit der *ODER*-Verknüpfung

Wo eine UND-Verknüpfung ist, kann eine ODER-Verknüpfung nicht weit sein. Das ist auch bei den Suchkriterien so. Eine ODER-Verknüpfung legen Sie fest, indem Sie den Suchkriterien eine weitere Zeile mit Bedingungen hinzufügen. Jede einzelne Zeile stellt also einen Satz von Bedingungen dar. Datensätze, die den Bedingungen einer Zeile der Suchkriterien entsprechen, werden in den Berechnungen berücksichtigt.

WICHTIG   Achten Sie beim Markieren des Kriterienbereichs darauf, dass Sie nicht versehentlich eine leere Zeile mit markieren. Eine leere Zeile enthält keine Bedingung und damit gehen alle Datensätze in die Berechnungen ein!

Abbildg. 22.9   Suchkriterien in einer Zeile sind mit *UND* verbunden, Suchkriterien einer Spalte mit *ODER*

Die Datenbank analysieren

Ein weiteres Beispiel: Ermitteln Sie die Anzahl der Datensätze, die Summe sowie den kleinsten und größten Wert der Umsätze aus dem Datenbereich, für die der Zuname mit der Zeichenfolge »May« beginnt und deren Postleitzahl kleiner als 70000 ist oder deren Kundennummer kleiner oder gleich 105 und deren Zuname »Christoph« ist.

Um diese Aufgabe zu lösen, wird für die Suchkriterien ein Bereich benötigt, der drei Zeilen umfasst. Wichtig dabei ist, dass Bedingungen in einer Zeile mit dem logischen *UND*, Bedingungen in unterschiedlichen Zeilen mit dem logischen *ODER* verknüpft sind. Abbildung 22.10 zeigt, wie Sie die Daten auf Datensätze einschränken, bei denen entweder

der Zuname mit »May« beginnt UND deren Postleitzahl kleiner als 70000 ist

ODER

deren Kundennummer kleiner oder gleich 105 ist UND deren Zuname »Christoph« ist.

Abbildg. 22.10 Die Inhalte einer Zeile sind mit einer UND-Verknüpfung und die Zeilen untereinander mit der ODER-Verknüpfung verknüpft

Kriterienbereich					
Kundennummer	Zuname	PLZ	Vertreter	Datum	Umsatz
	May	<70000			
<=105	Christoph				

Anzahl Datensätze	3	=DBANZAHL(A2:F15;;$H$2:$M$4)
Summe Umsatz	99.288,00 €	=DBSUMME(A2:F15;"Umsatz";$H$2:$M$4)
	99.288,00 €	=DBSUMME(A2:F15;6;$H$2:$M$4)
Der kleinste Umsatz	28.751,00 €	=DBMIN(A2:F15;6;$H$2:$M$4)
Der größte Umsatz	38.053,00 €	=DBMAX(A2:F15;6;$H$2:$M$4)

Suchkriterien für exakte Übereinstimmung verwenden

Mit dem Suchkriterium *May* gehen sowohl die Datensätze mit den Zunamen »May« als auch »Mayer« in die Berechnung ein. Wenn Sie Werte auf exakte Übereinstimmung prüfen wollen, tragen Sie den Wert in Anführungszeichen mit einem weiteren Gleichheitszeichen ein. So werden mit

="=May"

nur die Datensätze berücksichtigt, bei denen der Zuname exakt dem Eintrag »May« entspricht.

Vorsicht mit Leerzeichen am Ende von Zeichenfolgen

Bei der Groß-/Kleinschreibung zeigt sich Excel sehr tolerant. Anders ist der Fall aber mit Leerzeichen, die versehentlich am Ende eines Eintrags stehen. Wenn eine Funktion keine Datensätze anzeigt, obwohl offensichtlich Daten vorhanden sind, dann liegt das vielleicht an solch einem versehentlich eingetragenen Leerzeichen. Dieses Leerzeichen kann in einem Datensatz oder in den Suchkriterien zu Problemen führen.

Wenn Sie sicher sind, dass Daten mit den entsprechenden Suchkriterien vorhanden sind, aber trotzdem keine Daten ausgewertet werden, versuchen Sie es mit einem Suchkriterium, an das Sie ein Fragezeichen oder einen Stern als Stellvertreterzeichen anhängen (siehe Tabelle 22.2).

Suchkriterien kontrollieren

Beim Auswerten größerer Datenbestände kann es vorkommen, dass Sie unsicher sind, welche Daten in die Berechnung der Datenbank-Funktionen eingehen. Führen Sie folgende Schritte aus, um die Suchkriterien zu überprüfen.

1. Rufen Sie auf der Registerkarte *Daten* in der Gruppe *Sortieren und Filtern* den Befehl *Erweitert* auf.
2. Legen Sie im Dialogfeld *Spezialfilter* für den *Listenbereich* die Datenbank und für den *Kriterienbereich* die zu überprüfenden Suchkriterien fest.
3. Mit *OK* filtern Sie anschließend die Daten und können prüfen, ob die Kriterien Ihren Wünschen entsprechen und die Anzahl der ermittelten Datensätze mit dem Ergebnis der Datenbank-Funktion korrespondiert.

Mehr zum Thema Spezialfilter finden Sie in Kapitel 21.

Nur Felder mit bzw. ohne Inhalt berücksichtigen

Wenn Sie bei den Berechungen alle Datensätze berücksichtigen wollen, die in einem Feld einen beliebigen Eintrag haben, verwenden Sie als Suchkriterium für dieses Feld die Zeichenfolge »<>« (ohne Anführungszeichen). Wenn Sie diese Zeichenfolge z.B. für den Zunamen verwenden, werden alle Datensätze berücksichtigt, bei denen das Feld *Zuname* nicht leer ist.

Umgekehrt können Sie auch alle Datensätze auswählen, bei denen ein Feld leer ist. Wenn Sie alle Datensätze berücksichigen wollen, bei denen z.B. das Feld *Umsatz* leer ist, tragen Sie für das Suchkriterium lediglich ein Gleichheitszeichen »=« (ohne Anführungszeichen) ein und drücken Sie die ⏎-Taste.

Für komplexere Bedingungen: Berechnete Kriterien einsetzen

Wenn Sie mehrere Bedingungen für ein Feld festlegen wollen, können Sie das erreichen, indem Sie einen Feldnamen mehrfach verwenden und hierfür Bedingungen festlegen. Oder aber Sie legen berechnete Kriterien fest. Für berechnete Kriterien ist es wichtig, dass Sie für diese keinen Feldnamen der Datenbank als Überschrift verwenden dürfen. Tragen Sie einen beliebigen anderen Begriff, z.B. *Kriterien*, ein.

Das eigentliche Suchkriterium legen Sie über eine Formel fest. Die Bedingungen werden dabei mit einem Bezug auf den ersten Datensatz in der Datenbank erstellt. So liefert das Suchkriterium

=UND(A3>=108;F3<30000)

alle Datensätze mit einer Kundennummer größer *108* und einem Umsatz kleiner als *30000*.

Wenn Sie diese Formel in Zelle *N3* eintragen, wird der Fehlerwert *FALSCH* angezeigt. Das bedeutet nun nicht, dass Sie eine falsche Formel eingetragen haben, sondern dass die Bedingung für den ersten Datensatz nicht erfüllt ist. Bei der Auswertung der Datenbankformel wird die Bedingung für jeden einzelnen Datensatz geprüft.

Abbildg. 22.11 Berechnungen für Datensätze über berechnete Kriterien

	G	H	I	J	K	L	M	N	O
		Kriterienbereich							
		Kundennummer	Zuname	PLZ	Vertreter	Datum	Umsatz	Kriterien	
								FALSCH	
		Anzahl der Datensätze		2	=DBANZAHL(A2:F15;;H2:N3)			J. Schwenk: Berechnetes Kriterium =UND(A3>=108;F3<30000)	
		Summe Umsätze		55.006,00 €	=DBSUMME(A2:F15;F2;H2:N3)				
				55.006,00 €	=DBSUMME(A2:F15;6;$H$2:$N$3)				
		Der kleinste Umsatz		26.643,00 €	=DBMIN(A2:F15;6;$H$2:$N$3)				
		Der größte Umsatz		28.363,00 €	=DBMAX(A2:F15;6;$H$2:$N$3)				
		Kriterienbereich							
		Kundennummer	Zuname	PLZ	Vertreter	Datum	Umsatz	Kriterien	
								FALSCH	
		Anzahl der Datensätze		5	=DBANZAHL(A2:F15;;H14:N15)			J. Schwenk: Berechnetes Kriterium =F3<29000	
		Summe Umsätze		83.757,97 €	=DBSUMME(A2:F15;F2;H14:N15)				
		Weitere Beispiele für berechnete Kriterien							
					=UND(RECHTS(A3;1)="1";E3<35000)				
					=E3<C3				
					=E3<$K$17				
					=E3<29000				

Zellbezüge in berechneten Kriterien

Sie können auch Bezüge auf Zellen außerhalb der Datenbank für den Vergleich verwenden. Dabei müssen Sie jedoch beachten, dass diese Bezüge immer **absolut** anzugeben sind, z.B.

```
=UND(A3>108;D3=$M$3)
```

wenn in der Zelle *M3* der Wert für den gesuchten Vertreter steht. Alle Datensätze werden dann mit dieser Zelle verglichen.

Konstante Werte in berechneten Kriterien

Auch ein Vergleich mit einem konstanten Wert ist möglich. Hat Ihre Kundennummer einen Aufbau, der eine bestimmte Systematik enthält, kann es wichtig sein, Berechnungen für solche Datensätze vorzunehmen. Sie können damit z.B. Informationen über Firmenkategorie oder Vertriebsgebiete auswerten.

Die folgende Formel verwendet einen konstanten Wert für den Vergleich:

```
=UND(RECHTS(A3;1)="1";F3<35000)
```

Alle Datensätze, deren Kundennummer auf »1« endet und deren Umsatz kleiner als »35000« ist, werden damit in die Berechnung einbezogen.

Datenbankfelder vergleichen

In berechneten Kriterien können Sie auch die einzelnen Datenbankfelder miteinander vergleichen. Wie in den zuvor vorgestellten Beispielen zu berechneten Kriterien tragen Sie auch hierzu einen relativen Bezug auf den ersten Datensatz in das Suchkriterium ein. So liefert die Formel

=F3<C3

Informationen über die Datensätze, bei denen der Umsatz kleiner als die Postleitzahl ist. Es sei dahingestellt, welchen Sinn diese Auswertung macht. Enthält Ihre Datenbank aber Informationen zu Bestellungen, also Stückzahlen, Einzelpreise und Ähnliches, dann ist es schon von Bedeutung, dass mit den einzelnen Spalten der Datenbank auch Vergleiche und Rechenoperationen angestellt werden können.

Die Tabellenfunktion *TEILERGEBNIS*

Setzen Sie die Filterfunktionen ein, um einen Datenbankbereich nach bestimmten Kriterien zu filtern, wollen Sie vielleicht eine Summe berechnen, die nur die sichtbaren Zahlen berücksichtigt.

Excel hat hierfür eine Funktion, die Sie allerdings nicht in der Gruppe der Datenbank-Funktionen finden. Mit der Tabellenfunktion

TEILERGEBNIS(Funktion;Bereich1;…)

aus der Kategorie *Math. & Trigonom.* können Sie solche Ergebnisse erzielen, weil diese bei ihren Berechnungen nur sichtbare Zellen berücksichtigt. Verwenden Sie folgende Einstellungen für die Argumente:

- Mit *Funktion* legen Sie fest, welche Tabellenfunktion für die Berechnung der Teilergebnisse verwendet werden soll. Sie können unter den folgenden Funktionen wählen: *MITTELWERT, ANZAHL, ANZAHL2, MAX, MIN, PRODUKT, STABW, STABWN, SUMME, VARIANZ, VARIANZEN*. Eingetragen wird aber nicht der Name der Funktion, sondern eine Zahl von 1 bis 11, um ausgeblendete Werte einzubeziehen oder eine Zahl von 101 bis 111, um ausgeblendete Werte zu ignorieren.

- *Bereich1* ist der Bezug, für den die Teilergebnisse ermittelt werden sollen. Werden innerhalb des angegebenen Bereichs weitere Teilergebnisse berechnet, werden diese geschachtelten Teilergebnisse ignoriert, damit sie nicht mehrfach berücksichtigt werden.

Die folgende Abbildung zeigt die Berechnung von Anzahl, Umsatz und Mittelwert der gefilterten Daten.

Abbildg. 22.12   Die Tabellenfunktion *TEILERGEBNIS* bezieht nur sichtbare Zellen in das Ergebnis ein

	A	B	C	D	E	F	G
1	Die gefilterten Datensätze untersuchen:						
2	Anzahl		3	=TEILERGEBNIS(2;A8:A20)			
3	Umsatz		90.713,00 €	=TEILERGEBNIS(9;F8:F20)			
4	Mittelwert		30.237,67 €	=TEILERGEBNIS(1;F8:F20)			
5							
6	**Datenbankbereich**						
7	Kundennummer	Zuname	PLZ	Vertreter	Datum	Umsatz	
8	101	Maier	02227	21	26.04.2006	31.586,00 €	
11	104	May	37119	26	04.07.2006	32.484,00 €	
17	110	Klein	84740	20	05.01.2005	26.643,00 €	
20							
21							

Mehr zu Teilergebnissen finden Sie in Kapitel 23.

Kapitel 22 Datenbank-Funktionen einsetzen

Zusammenfassung

Datenbank-Funktionen erlauben eine komfortable Auswertung von Bereichen unter Berücksichtigung von verschiedenen Suchkriterien. Im Gegensatz zu den sonst üblichen Formeln werden die Suchkriterien nicht in einer einzelnen Zelle, sondern in einem mindestens zweizeiligen Bereich festgelegt. Dafür ersparen Ihnen diese Funktionen das Eintragen verschachtelter Formelkonstrukte.

Frage	Antwort
Wie kann ich Daten aus einer Textdatei einlesen?	Auf Seite 848 finden Sie ein Beispiel, das den Textimport mit einem Assistenten zeigt.
Wie kann ich den Bereich für die Verwendung von Datenbankfunktionen vorbereiten und dabei erreichen, dass neue Daten automatisch berücksichtigt werden?	Legen Sie eine Tabelle für den Datenbankbereich fest. Ein Tabellenbereich passt sich automatisch an, wenn Daten eingefügt oder gelöscht werden. Das Beispiel dazu finden Sie auf Seite 853.
Was sind Suchkriterien und wo sollte ich diese anordnen?	Informationen darüber, wo Sie die Suchkriterien platzieren sollen, finden Sie auf Seite 855.
Welche Operatoren kann ich in den Suchkriterien verwenden?	In Suchkriterien können Sie boolesche Operatoren verwenden. Auch die Verwendung von Jokerzeichen ist möglich. Mehr dazu finden Sie auf Seite 855.
Was muss ich tun, um Suchkriterien mit dem logischen *UND* zu verknüpfen?	Suchkriterien, die in einer Zeile stehen, müssen alle erfüllt sein, damit die Daten angezeigt werden. Schlagen Sie dazu nach auf Seite 858.
Wie verknüpfe ich Suchkriterien mit dem logischen *ODER*?	Suchkriterien in unterschiedlichen Zeilen werden mit dem logischen *ODER* verknüpft. Ein Beispiel finden Sie auf Seite 859.
Wie kann ich eine exakte Übereinstimmung mit einem Suchkriterium erreichen?	Geben Sie vor dem Suchkriterium ein zusätzliches Gleichheitszeichen ein. Auf Seite 860 wird gezeigt, wie es geht.
Meine Berechnungen liefern nicht das erwartete Ergebnis. Was kann ich tun, um die Einstellungen zu prüfen?	Um die Suchkriterien zu überprüfen, können Sie einen Spezialfilter anwenden oder ein Stellvertreterzeichen verwenden. Auf Seite 860 erfahren Sie, wie das geht.
Wie kann ich prüfen, ob es im Datenbankbereich leere Felder gibt?	Auf Seite 861 wird dazu lediglich ein Gleichheitszeichen eingetragen.
Kann ich auch Kriterien festlegen, die Datenbankfelder vergleichen?	Dazu verwenden Sie einen Bezug auf die erste Zeile im Datenbankbereich. Informationen dazu finden Sie auf Seite 862.
Ich habe eine Liste gefiltert und möchte nun eine Summe der sichtbaren Zellen berechnen. Geht das?	Mit der Funktion *TEILERGEBNIS* können Sie nur sichtbare Zellen addieren. Das Beispiel dazu finden Sie auf Seite 863.

Kapitel 23

Teilergebnisse bilden und Daten konsolidieren

In diesem Kapitel:

Unternehmensberichte gruppieren	866
Teilergebnisse – die Gliederung macht's!	866
Erstellen eines Teilergebnisses	867
Ein Diagramm aus einer Liste mit Teilergebnissen	876
Daten konsolidieren	879
Zusammenfassung	882

Haben Sie bisher Ihre Listen in Excel »nur« sortiert und gefiltert, können Sie mit der Funktion *Teilergebnisse* automatisch Zwischensummen einbauen und Gesamtergebnisse anzeigen. Die Möglichkeit, Leerzeilen manuell in die Liste einzufügen und danach mit der Summenfunktion die jeweiligen Summen zu bilden, ist zwar eine Möglichkeit, aber nicht die beste Lösung. Die Summenzeilen wären fester Bestandteil der Liste und würden spätestens beim nächsten Sortiervorgang an einer falschen Stelle stehen. Dieser Weg ist aufwändig, wenig effizient und relativ starr. Besser ist eine Lösung, die sich flexibel an die Liste sowie die Möglichkeiten zum Sortieren und Filtern anpasst.

Unternehmensberichte gruppieren

Automatische Teilergebnisse stellen eine einfache und auch schnelle Lösung für folgende Aufgaben dar:

- Daten einer Liste zusammenfassen,
- ohne eigene Formeln und Funktionen arbeiten,
- Teilergebnis- und Gesamtergebniszeilen automatisch in die Liste einfügen und
- die Liste automatisch gliedern.

Die Ergebnisse lassen sich danach wiederum

- leicht formatieren,
- grafisch darstellen und
- drucken.

Das sind Eigenschaften und Fähigkeiten von Microsoft Excel, die Sie in diesem Kapitel kennen und schätzen lernen werden und künftig nicht mehr missen möchten.

Wir zeigen Ihnen diese Möglichkeiten anhand von verschiedenen Beispielen. Als Datenbasis dienen die beiden Dateien *Kap23_TEG.xlsx* und *Kap23_TSK.xlsx*. Zusätzlich gibt es die Dateien *Kap23_TSK_23_Lösung.xlsx* und *Kap23_TEG_23_Lösungen.xslx*, die teilweise die Lösungen der Beispiele und Muster enthalten. Diese Beispieldateien finden Sie auf der CD-ROM zum Buch im Ordner *\Buch\Kap23*.

Teilergebnisse – die Gliederung macht's!

Die Basisdaten sollten als sequenzielle Datei, als sortierte Liste vorliegen, damit die Daten, die zusammengehören, auch in einer Gruppe erfasst werden können. Ferner müssen die Daten in beschrifteten Spalten angeordnet sein, damit sie die Konventionen einer Datenbank bzw. einer Excel-Liste erfüllen. Excel verwendet die Spaltenüberschriften, um festzulegen, wie die Daten gruppiert und die Ergebnisse errechnet werden.

Besondere Bedeutung für eine korrekte Berechnung der Teilergebnisse kommt der Sortierung der Daten zu. Die Daten werden am besten nach dem Feld, auf das ein Teilergebnis ermittelt werden soll, sortiert. Wollen Sie beispielsweise die Daten nach Kategorien als Teilergebnis anzeigen, sortieren Sie die Daten auch nach der Kategorie.

HINWEIS Sie können auch Teile einer Liste auswählen. Verwenden Sie einen Filter, um die erforderlichen Daten anzuzeigen. Mehr zum Filtern von Daten und den verschiedenen Möglichkeiten finden Sie in Kapitel 21.

Erstellen eines Teilergebnisses

In unserem Beispiel betrachten Sie eine Ausgabenliste, in der beispielsweise alle Belege, Quittungen und Rechnungen aus einem Buchhaltungssystem exportiert oder manuell in einer Excel-Liste erfasst worden sind (Abbildung 23.1). Ziel ist es, problemlos und zügig Teilergebnisse

- mit Zwischen- und Gesamtsummen über die einzelnen Felder,
- nach unterschiedlichen Berechnungsmethoden
- und in variabler Anzeige- und Ausgabeform

zu erstellen und zu gliedern.

Die Beispieldaten finden Sie auf dem Arbeitsblatt *Ausgaben* in der Datei *Kap23_TEG.xlsx* auf der CD-ROM zum Buch im Ordner *\Buch\Kap23*.

Abbildg. 23.1 Auszug aus der Liste mit Belegdaten zur Auswertung mit Teilergebnissen

	A	B	C	D	E	F
1	Erfasste Belege 2006					EURO
2	Lieferant	Zuordnung	Bemerkung	Kategorie	Datum	Betrag
3	Zellinsky	Büro/EDV-Bedarf		Büromaterial	02.01.2006	207,72
4	m + c	Zeitschriften/Bücher		Büromaterial	02.01.2006	123,05
5	DS Reinigung GmbH	Reinigung	Januar	Instandhaltung	02.01.2006	1.135,79
6	Siemens	Telefon/Fax	Wartung	Kommunikation	02.01.2006	316,31
7	Personal Power	Personalkosten	Januar	Personal	02.01.2006	73.521,70
8	Mattheus	Büro/EDV-Bedarf		Büromaterial	03.01.2006	345,66
9	Siemens	Telefon/Fax	Wartung	Kommunikation	03.01.2006	948,96
10	H +H Immobilien	Miete und Nebenkosten	Januar	Miete	03.01.2006	10.446,01

Zur Bewältigung dieser Aufgabe stellt Ihnen Excel auf der Registerkarte *Daten* in der Gruppe *Gliederung* den Befehl *Teilergebnis* zur Verfügung.

Abbildg. 23.2 Der Befehl *Teilergebnis* auf der Registerkarte *Daten*

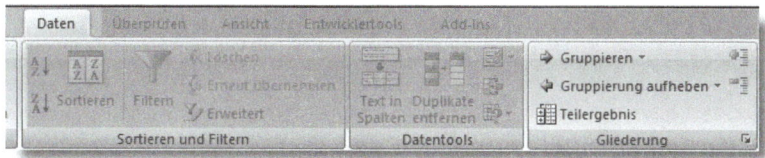

Kapitel 23 Teilergebnisse bilden und Daten konsolidieren

> **HINWEIS** In den meisten Fällen erkennt Excel automatisch den Datenbereich und markiert diesen. Auf diese Weise werden Markierungsfehler und -aufwand reduziert.

Anhand eines Beispiels wollen wir die Funktionalität des Befehls *Teilergebnis* kennen lernen.

Für eine sinnvolle Auswertung ist es notwendig, die Liste nach dem Auswertungskriterium zu sortieren. Dies ist in unserem Beispiel das Feld *Kategorie* (mehr zum Thema Sortieren erfahren Sie in Kapitel 21). Nach der Sortierung beginnen Sie mit dem Aufbau der Teilergebnisse, indem Sie:

1. den Cursor in einer beliebige Zelle in der Liste positionieren und auf der Registerkarte *Daten* in der Gruppe *Gliederung* auf den Befehl *Teilergebnis* klicken.

   Es erscheint das Dialogfeld *Teilergebnisse* (Abbildung 23.3)

Abbildg. 23.3 Das Dialogfeld *Teilergebnisse* mit vorausgewählten Optionen

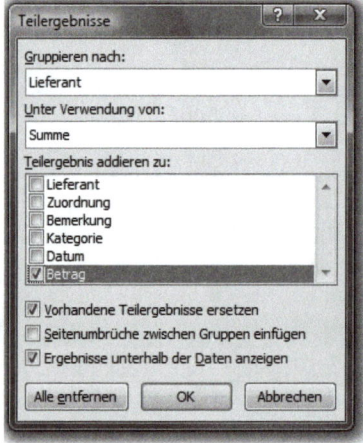

2. Legen Sie nun in der Dropdown-Liste *Gruppieren nach* fest, wie die Daten für die Zwischensummen gruppiert werden sollen. In unserem Beispiel verwenden wir die Spalte *Kategorie*.
3. In der Dropdown-Liste *Unter Verwendung von* wählen Sie die gewünschte Berechnungsart.
4. Aktivieren Sie das Kontrollkästchen *Betrag* in der Liste *Teilergebnis addieren zu*.
5. Die Markierungen der Kontrollkästchen *Vorhandene Teilergebnisse ersetzen*, *Seitenumbrüche zwischen Gruppen einfügen* und *Ergebnisse unterhalb der Daten anzeigen* lassen Sie unverändert.
6. Bestätigen Sie nun mit einem Klick auf die Schaltfläche *OK* Ihre Festlegungen.

Excel fügt jeder Gruppe ein Teilergebnis hinzu und führt die gewählte Berechnung aus.

Erstellen eines Teilergebnisses

Abbildg. 23.4 Die Einträge werden nach *Kategorien* gegliedert und die Ausgaben in Kategorien zusammengefasst (Ausschnitt)

	A	B	C	D	E	F
1	Erfasste Belege 2006					EURO
2	Lieferant	Zuordnung	Bemerkung	Kategorie	Datum	Betrag
3	B.Versicherungskamme	Versicherungen		Beiträge	20.01.2006	93,60
4	B.Versicherungskamme	Versicherungen		Beiträge	01.04.2006	2.022,55
5	GERLING	Versicherungen		Beiträge	11.01.2006	93,80
6	GERLING	Versicherungen		Beiträge	11.02.2006	93,80
7	GERLING	Versicherungen		Beiträge	12.02.2006	93,80
8	Gothaer	Versicherungen		Beiträge	30.01.2006	450,00
9	Gothaer	Versicherungen		Beiträge	01.04.2006	980,00
10	IHK	Beiträge		Beiträge	24.02.2006	230,00
11				Beiträge Ergebnis		4.057,55
12	Kellermann & Partner	Buchhaltung	Januar	Beratung	03.02.2006	6.325,00
13	Kellermann & Partner	Buchhaltung	Februar	Beratung	04.03.2006	4.830,00
14	Kellermann & Partner	Buchhaltung	März	Beratung	01.04.2006	4.830,00
15	Kellermann & Partner	Buchhaltung	April	Beratung	30.04.2006	4.715,00
16	Kellermann & Partner	Bilanz	März	Beratung	02.05.2006	3.200,00
17	Kellermann & Partner	Bilanz	April	Beratung	02.05.2006	3.500,00
18	Otto & Co.	Gehaltsabrechnung	Januar	Beratung	09.01.2006	126,50
19	Otto & Co.	Gehaltsabrechnung	Februar	Beratung	03.02.2006	189,75
20	Otto & Co.	Gehaltsabrechnung	März	Beratung	06.03.2006	126,50
21	Otto & Co.	Gehaltsabrechnung	April	Beratung	03.04.2006	126,50
22				Beratung Ergebnis		27.969,25

Excel beschriftet jede eingefügte Zeile mit einem entsprechenden Titel (Abbildung 23.4). In unserem Beispiel wird der Text aus der Kategorie der Liste verwendet.

Insgesamt bietet der Assistent *Teilergebnisse* die in Tabelle 23.1 dargestellten Optionen an.

Tabelle 23.1 Die Optionen für die Einstellungen im Dialogfeld *Teilergebnisse*

Option	Erklärung
Gruppieren nach	Zeigt die Spalten bzw. Spaltenbeschriftungen in der Liste an
Unter Verwendung von	Bietet Ihnen die möglichen Berechnungsarten an – möglich sind: Anzahl, Mittelwert, Maximum, Minimum, Produkt, Anzahl Zahlen, Standardabweichung (Stichprobe), Standardabweichung (Grundgesamtheit), Varianz (Stichprobe), Varianz (Grundgesamtheit)
Teilergebnis addieren zu	Auf welche Spalte(n) soll die Berechnungsart angewendet werden?
Vorhandene Teilergebnisse ersetzen	Ersetzt bei einem erneuten Ausführen des Befehls die bereits eingetragenen Zwischenergebnisse
Seitenumbrüche zwischen Gruppen einfügen	Bezieht sich hauptsächlich auf den Ausdruck: Fügt nach jedem Gruppenwechsel einen Seitenumbruch in die Tabelle ein. Die Daten einer Gruppe werden dann beim Ausdruck jeweils auf einem neuen Blatt ausgegeben.
Ergebnisse unterhalb der Daten anzeigen	Die Ergebnisse werden jeweils unterhalb der Gruppe, das Gesamtergebnis am Ende der Liste ausgegeben
Alle entfernen	Entfernt alle Teilergebnisse aus der aktuellen Liste

Kapitel 23 Teilergebnisse bilden und Daten konsolidieren

Verwenden Sie den Befehl *Teilergebnis* zum ersten Mal in einer Liste, wählt Excel automatisch die am weitesten links liegende Spalte als Gruppierungsmerkmal. Haben Sie den Befehl bereits einmal in einer Liste verwendet, wird die Spalte, die Sie beim letzten Mal markiert haben, ausgewählt.

Excel bietet abhängig vom Datentyp, der gruppiert werden soll, verschiedene Auswertungsfunktionen an. Befinden sich Zahlen in der Spalte, die zusammengefasst werden soll, gibt Excel Ihnen die Funktion *Summe* vor. Befindet sich hingegen Text in der Spalte, gibt Excel die Funktion *Anzahl* vor.

TIPP Wenn Sie Zwischenergebnisse für mehr als eine Spalte ermitteln wollen, wählen Sie jede der gewünschten Spalten einzeln aus.

HINWEIS Die Teil- und Gesamtergebnisse werden von Excel automatisch neu berechnet, wenn Sie Änderungen an den Datenbeständen vornehmen.

Teilergebnisse entfernen

Erkennen Sie unmittelbar nach der Ausführung des Befehls *Teilergebnis*, dass Sie die Darstellung nicht benötigen, wählen Sie den Befehl *Rückgängig*: *Teilergebnisse* oder drücken Sie die Tastenkombination `Strg`+`Z`. Dadurch nehmen Sie den Befehl zurück und entfernen die Teilergebnisse wieder.

Haben Sie inzwischen schon andere Befehle ausgeführt, öffnen Sie erneut das Dialogfeld *Teilergebnisse* und klicken dort auf die Schaltfläche *Alle entfernen* (siehe auch Abbildung 23.3).

Mehr Übersicht durch Gliederung in den Teilergebnissen

Nachdem Sie die Teilergebnisse erstellt haben, sind zusätzlich Gliederungssymbole vorhanden. Diese ermöglichen es Ihnen, die Detaildaten schnell ein- oder auszublenden.

TIPP Sie können jederzeit zusätzliche eigene Gliederungsebenen in den Zeilen und/oder Spalten hinzufügen.

Durch Ein- und Ausblenden von Gliederungsebenen können Sie die Übersichtlichkeit und auch die Aussagekraft der Teilergebnisse beachtlich steigern (Abbildung 23.5).

Abbildg. 23.5 Die gegliederte und zusammengefasste Darstellung der Kategorien lenkt den Blick direkt auf die Zwischensummen

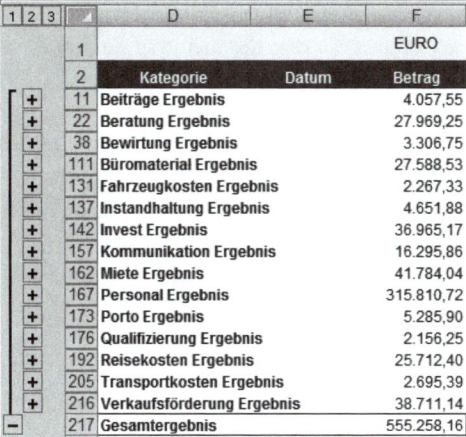

Komplexe Teilergebnisse

Für jede Gruppenart können Sie mehr als eine Berechnungsart wählen. So können Sie z.B. weitere Teilergebnisse innerhalb der Gruppe *Reisekosten* erstellen. Sie können auch mehrere Berechnungen in den Spalten einer Gruppe ausführen. Es möglich, die Summe der Ausgaben zu bilden und in einer weiteren Berechnung die Anzahl der Belege zu ermitteln.

Teilergebnisse verschachteln

Sie wollen zu den vorhandenen Teilergebnissen der *Kategorie* noch ein Zwischenergebnis auf die *Zuordnung* ermitteln. Damit Sie das Ziel erreichen, gehen Sie in die Basisdaten und sortieren diese zunächst nach der *Kategorie*, dann nach der Zuordnung und zuletzt nach *Lieferant* (siehe Abbildung 23.6). Weitere Erklärungen zum Sortieren finden Sie in Kapitel 20.

Abbildg. 23.6 Das Dialogfeld für die notwendige Sortierfolge

Kapitel 23 Teilergebnisse bilden und Daten konsolidieren

Nach dem Sortieren der Daten gehen Sie wie folgt vor:

1. Markieren Sie erneut eine beliebige Zelle in der Liste und wählen auf der Registerkarte *Daten* in der Gruppe *Gliederung* den Befehl *Teilergebnis*. Das Dialogfeld *Teilergebnisse* wird angezeigt.
2. In der Dropdown-Liste *Gruppieren nach* wählen Sie den Listeneintrag *Kategorie*, in der Dropdown-Liste *Unter Verwendung von* wählen Sie *Summe* als Berechnungsart. Des Weiteren aktivieren Sie das Kontrollkästchen *Betrag* in der Liste *Teilergebnis addieren zu*.
3. Die Markierungen der Kontrollkästchen *Vorhandene Teilergebnisse ersetzen*, *Seitenumbrüche zwischen Gruppen einfügen* und *Ergebnisse unterhalb der Daten anzeigen* lassen Sie unverändert.
4. Mit einem Klick auf die Schaltfläche *OK* führen Sie den ersten Teil der Aufgabe zu Ende.
5. Rufen Sie jetzt erneut auf der Registerkarte *Daten* in der Gruppe *Gliederung* den Befehl *Teilergebnis* auf und wählen die Option für die nächste Gruppe, also *Zuordnung* und deaktivieren das Kontrollkästchen für *Vorhandene Teilergebnisse ersetzen*.
6. Bestätigen Sie Ihre Festlegungen per Klick auf die Schaltfläche *OK*.

Abbildg. 23.7 Darstellung der Einstellungen für die beiden Arbeitsschritte zum Aufbau der Teilergebnisse

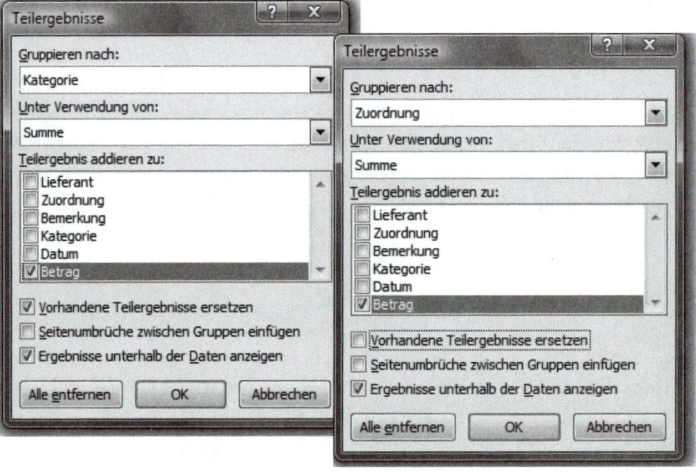

In der Abbildung 23.8 zeigt Excel die Ausgabensumme einer Kategorie und die Zwischensummen der untergeordneten Zuordnungen. Zusätzlich wird die Gesamtsumme aller Kategorien ermittelt.

HINWEIS Für jedes Teilergebnis ist ein eigener Rechenschritt erforderlich, da im Dialogfeld *Teilergebnisse* immer nur ein Feld für die Gruppierung angegeben werden kann.

Abbildg. 23.8 Ausschnitt aus der Excel-Tabelle mit Zwischenergebnissen für die *Kategorie* und *Zuordnung* und einer zusätzlichen Gesamtsumme

	A	B	C	D	E	F
1	Erfasste Belege 2006					EURO
2	Lieferant	Zuordnung	Bemerkung	Kategorie	Datum	Betrag
3	IHK	Beiträge		Beiträge	24.02.2006	230,00
4		**Beiträge Ergebnis**				230,00
5	B.Versicherungskamme	Versicherungen		Beiträge	20.01.2006	93,60
6	B.Versicherungskamme	Versicherungen		Beiträge	01.04.2006	2.022,55
7	GERLING	Versicherungen		Beiträge	11.01.2006	93,80
8	GERLING	Versicherungen		Beiträge	11.02.2006	93,80
9	GERLING	Versicherungen		Beiträge	12.02.2006	93,80
10	Gothaer	Versicherungen		Beiträge	30.01.2006	450,00
11	Gothaer	Versicherungen		Beiträge	01.04.2006	980,00
12		**Versicherungen Ergebnis**				3.827,55
13				**Beiträge Ergebnis**		4.057,55
14	Kellermann & Partner	Bilanz	März	Beratung	02.05.2006	3.200,00
15	Kellermann & Partner	Bilanz	April	Beratung	02.05.2006	3.500,00
16		**Bilanz Ergebnis**				6.700,00
17	Kellermann & Partner	Buchhaltung	Januar	Beratung	03.02.2006	6.325,00
18	Kellermann & Partner	Buchhaltung	Februar	Beratung	04.03.2006	4.830,00
19	Kellermann & Partner	Buchhaltung	März	Beratung	01.04.2006	4.830,00
20	Kellermann & Partner	Buchhaltung	April	Beratung	30.04.2006	4.715,00
21		**Buchhaltung Ergebnis**				20.700,00
22	Otto & Co.	Gehaltsabrechnung	Januar	Beratung	09.01.2006	126,50
23	Otto & Co.	Gehaltsabrechnung	Februar	Beratung	03.02.2006	189,75
24	Otto & Co.	Gehaltsabrechnung	März	Beratung	06.03.2006	126,50
25	Otto & Co.	Gehaltsabrechnung	April	Beratung	03.04.2006	126,50
26		**Gehaltsabrechnung Ergebnis**				569,25
27				**Beratung Ergebnis**		27.969,25

Mehrere Zusammenfassungsfunktionen

Nun möchten Sie die Summe der Ausgaben je Kategorie ermitteln. Darüber hinaus interessiert Sie, wie hoch die durchschnittlichen Ausgaben je Kategorie ausgefallen ist. Führen Sie dazu folgende Schritte aus:

> **HINWEIS** Die Daten sind sortiert, wie im vorausgegangen Beispiel.

1. Markieren Sie erneut eine beliebige Zelle in der Liste und wählen auf der Registerkarte *Daten* in der Gruppe *Gliederung* den Befehl *Teilergebnis*. Das Dialogfeld *Teilergebnisse* wird angezeigt.
2. Wählen Sie in der Dropdown-Liste *Gruppieren nach* den Eintrag *Kategorie*. In der Dropdown-Liste *Unter Verwendung von* wählen Sie die Funktion *Summe* und in der Liste *Teilergebnis addieren zu* aktivieren Sie das Kontrollkästchen vor *Betrag*.
3. Die Markierungen der Kontrollkästchen *Vorhandene Teilergebnisse ersetzen* und *Ergebnisse unterhalb der Daten* sind aktiviert. Das Kontrollkästchen *Seitenumbrüche zwischen den Gruppen einfügen* ist nicht aktiviert.
4. Bestätigen Sie per Klick auf die Schaltfläche *OK*.

Excel fügt daraufhin die neuen Teilergebnisse in die Tabelle ein. Um zusätzlich noch den Mittelwert zu errechnen, gehen Sie weiter wie folgt vor:

1. Rufen Sie erneut das Dialogfeld *Teilergebnisse* auf.

Kapitel 23 Teilergebnisse bilden und Daten konsolidieren

2. Ändern Sie den Eintrag *Summe* in der Dropdown-Liste *Teilergebnis addieren zu* in *Mittelwert*. Das Kontrollkästchen *Vorhandene Teilergebnisse ersetzen* deaktivieren Sie vor diesem Durchgang.
3. Klicken Sie abschließend auf die Schaltfläche *OK*.

Excel berechnet die Tabelle neu. Sie erhalten Ergebnisse vergleichbar mit der Darstellung in Abbildung 23.9 angezeigt.

Abbildg. 23.9 Die Ergebnistabelle, aufbereitet mit zwei Zusammenfassungsfunktionen: *Summe* und *Mittelwert*

	A	B	C	D	E	F
1	Erfasste Belege 2006					EURO
2	Lieferant	Zuordnung	Bemerkung	Kategorie	Datum	Betrag
3	IHK	Beiträge		Beiträge	24.02.2006	230,00
4	B.Versicherungskamme	Versicherungen		Beiträge	20.01.2006	93,60
5	B.Versicherungskamme	Versicherungen		Beiträge	01.04.2006	2.022,55
6	GERLING	Versicherungen		Beiträge	11.01.2006	93,80
7	GERLING	Versicherungen		Beiträge	11.02.2006	93,80
8	GERLING	Versicherungen		Beiträge	12.02.2006	93,80
9	Gothaer	Versicherungen		Beiträge	30.01.2006	450,00
10	Gothaer	Versicherungen		Beiträge	01.04.2006	980,00
11				Beiträge Mittelwert		507,19
12				Beiträge Ergebnis		4.057,55

> **HINWEIS** Sie können den Befehl *Teilergebnis* auch als Schaltfläche in die *Symbolleiste für den Schnellzugriff* aufnehmen. Die Arbeitsschritte dazu finden Sie in Kapitel 2.

Zusammenfassungsfunktionen zum Bearbeiten von Teilergebnissen

Bei Listen mit Teilergebnissen können Sie zur Zusammenfassung Ihrer Daten jene Funktionen verwenden, die Sie Tabelle 23.2 entnehmen können.

Tabelle 23.2 Zusammenfassende Funktionen für Listen mit Teilergebnissen

Funktion *Daten*	Zusammengefasste Daten
Summe	Die Summe der Werte in einer Liste, die Standardfunktion für numerische Daten
Mittelwert	Der Mittelwert der Werte in einer Liste
Anzahl	Die Anzahl der Elemente in einer Liste, die Standardfunktion für nichtnumerische Daten
Maximum	Der höchste Wert in einer Liste
Minimum	Der niedrigste Wert in einer Liste
Produkt	Das Ergebnis der Multiplikation aller Werte in einer Liste
Anzahl Zahlen	Die Anzahl der Datensätze oder Zeilen in einer Liste, die numerische Daten enthalten
Standardabweichung (Stichprobe)	Eine Schätzung der Standardabweichung einer Population, wobei die Liste die Stichprobe darstellt

Tabelle 23.2 Zusammenfassende Funktionen für Listen mit Teilergebnissen *(Fortsetzung)*

Funktion *Daten*	Zusammengefasste Daten
Standardabweichung (Grundgesamtheit)	Die Standardabweichung einer Population, wobei die Liste die Grundgesamtheit darstellt
Varianz (Stichprobe)	Eine Schätzung der Varianz einer Population, wobei die Liste die Stichprobe darstellt
Varianz (Grundgesamtheit)	Die Varianz einer Population, wobei die Liste die Grundgesamtheit darstellt

Ein Beispiel: Sie wollen wissen, wie viele Positionen jede Kategorie umfasst und wie viele Positionen es derzeit insgesamt in der Ausgabenliste gibt (verwenden Sie dazu das Arbeitsblatt *Ausgaben* in der Mappe *Kap23_TEG.xlsx*):

- Markieren Sie erneut eine beliebige Zelle in der Liste und wählen auf der Registerkarte *Daten* in der Gruppe *Gliederung* den Befehl *Teilergebnis*. Das Dialogfeld *Teilergebnis* wird angezeigt.
- Wählen Sie in der Dropdown-Liste *Gruppieren nach* den Eintrag *Kategorie*. In der Dropdown-Liste *Unter Verwendung von* wählen Sie die Funktion *Anzahl* und in der Liste *Teilergebnis addieren zu* aktivieren Sie das Kontrollkästchen vor *Betrag*.
- Die Kontrollkästchen *Vorhandene Teilergebnisse ersetzen* und *Ergebnisse unterhalb der Daten* sind aktiviert. Das Kontrollkästchen *Seitenumbrüche zwischen den Gruppen einfügen* ist nicht aktiviert.
- Bestätigen Sie per Klick auf die Schaltfläche *OK*.

Die Berechnung liefert Ihnen nun unter jeder Kategorie die Anzahl der Positionen und am Ende der Liste die Gesamtanzahl. Ganz nach Bedarf können Sie sich jetzt über die eingefügte Gliederung die diversen Datenkombinationen ansehen.

Teilergebnisse für gefilterte Daten

Wenn die Liste sehr umfangreich ist, können Sie auch Teile der Daten über die Filterfunktion ausblenden und auf die restlichen Daten den Befehl *Teilergebnis* anwenden.

Dies soll an einem Beispiel demonstriert werden: Sie möchten aus der Ausgabenliste lediglich die Bewirtungsausgaben analysieren und im Ergebnis sehen, wo Bewirtungskosten angefallen sind.

Aktivieren Sie zunächst, falls noch nicht geschehen, das Arbeitsblatt *Ausgaben* und entfernen Sie ggf. alle Teilergebnisse (siehe den Abschnitt »Teilergebnisse entfernen« weiter vorne in diesem Kapitel).

Hier die weiteren Schritte:

1. Zuerst filtern Sie die Datenbank. Klicken Sie in der Multifunktionsleiste zunächst auf die Registerkarte *Daten*, dann in der Gruppe *Sortieren und Filtern* auf den Befehl *Filtern*. In jedem Feld werden neben dem Feldnamen die Dropdown-Pfeile angezeigt.
2. Klicken Sie jetzt auf den Dropdown-Pfeil im Feld *Zuordnung*, klicken zunächst auf *(Alles auswählen)* um alle Kontrollkästchen zu deaktivieren. Danach suchen Sie den Eintrag *Bewirtung* und aktivieren das zugehörige Kontrollkästchen und bestätigen die Schaltfläche *OK*. Es werden lediglich die Bewirtungsbelege angezeigt.

3. Wählen Sie im gleichen Register in der Gruppe *Gliederung* den Befehl *Teilergebnis*; woraufhin das Dialogfeld *Teilergebnisse* erscheint.

4. Wählen Sie in der Dropdown-Liste *Gruppieren nach* den Eintrag *Lieferant*. In der Dropdown-Liste *Unter Verwendung von* wählen Sie die Funktion *Summe* und in der Liste *Teilergebnis addieren zu* aktivieren Sie das Kontrollkästchen vor *Betrag*.

5. Die Kontrollkästchen *Vorhandene Teilergebnisse ersetzen* und *Ergebnisse unterhalb der Daten* sind aktiviert. Das Kontrollkästchen *Seitenumbrüche zwischen den Gruppen einfügen* ist nicht aktiviert.

6. Bestätigen Sie per Klick auf die Schaltfläche *OK*.

Excel fügt daraufhin die neuen Teilergebnisse in die Tabelle ein. Das gewünschte Ergebnis zeigt Ihnen Abbildung 23.10.

Abbildg. 23.10 Die Tabelle nach der Auswertung mit *AutoFilter* und *Teilergebnis*

	A	B	C	D	E	F
1	Erfasste Belege 2006					EURO
2	Lieferant	Zuordnung	Bemerkung	Kategorie	Datum	Betrag
21	Augustiner Keller	Bewirtung		Bewirtung	28.02.2006	280,00
22	**Augustiner Keller Ergebnis**					280,00
23	Cafe Marienberg	Bewirtung		Bewirtung	06.02.2006	16,00
24	Cafe Marienberg	Bewirtung		Bewirtung	06.02.2006	18,00
25	**Cafe Marienberg Ergebnis**					34,00
26	Cafeteria Meisel	Bewirtung		Bewirtung	22.01.2006	140,76
27	**Cafeteria Meisel Ergebnis**					140,76
28	Gruber Getränke	Bewirtung		Bewirtung	31.01.2006	263,17
29	**Gruber Getränke Ergebnis**					263,17
30	Hofbräukeller	Bewirtung		Bewirtung	31.01.2006	1.625,00
31	Hofbräukeller	Bewirtung		Bewirtung	04.02.2006	125,00
32	Hofbräukeller	Bewirtung		Bewirtung	05.02.2006	85,00
33	**Hofbräukeller Ergebnis**					1.835,00
34	Huber Getränke	Bewirtung		Bewirtung	15.01.2006	179,40
35	Huber Getränke	Bewirtung		Bewirtung	20.01.2006	45,06
36	Huber Getränke	Bewirtung		Bewirtung	27.01.2006	76,78
37	Huber Getränke	Bewirtung		Bewirtung	19.02.2006	48,19
38	Huber Getränke	Bewirtung		Bewirtung	20.02.2006	89,00
39	Huber Getränke	Bewirtung		Bewirtung	04.04.2006	138,51
40	**Huber Getränke Ergebnis**					576,94
41	Taverne	Bewirtung		Bewirtung	10.02.2006	176,88
42	**Taverne Ergebnis**					176,88
209	**Gesamtergebnis**					3.306,75

Ein Diagramm aus einer Liste mit Teilergebnissen

Zur besseren Verdeutlichung der ermittelten Zahlen ist eine grafische Darstellung hilfreich. Auf der Basis von Teilergebnissen können Sie auch ein Diagramm erstellen.

Hierzu ein Beispiel: Sie wollen die Teilergebnisse für die Kategorien *Beratung*, *Büromaterial* und *Kommunikation* in einem Tortendiagramm darstellen. Die einzelnen Schritte dazu sind folgende:

1. Erstellen Sie auf der Basistabelle *Ausgaben* eine Auswertung die auf dem Feld *Kategorien* basiert und das Teilergebnis auf dem Feld *Betrag* bildet. Siehe hierzu ggf. den Abschnitt »Erstellen eines Teilergebnisses« in diesem Kapitel.

2. Blenden Sie in der Teilergebnisdarstellung zuerst alle Detailzeilen der Gliederung mit den Schaltflächen der Zeilenebene im linken Randbereich der Liste aus (siehe Abbildung 23.11).
3. Selektieren Sie die Bereiche, die für die Erstellung des Diagramms benötigt werden (siehe Abbildung 23.11).

Abbildg. 23.11 Selektion der Daten für das Diagramm – mit Hilfe der ⌈Strg⌉-Taste

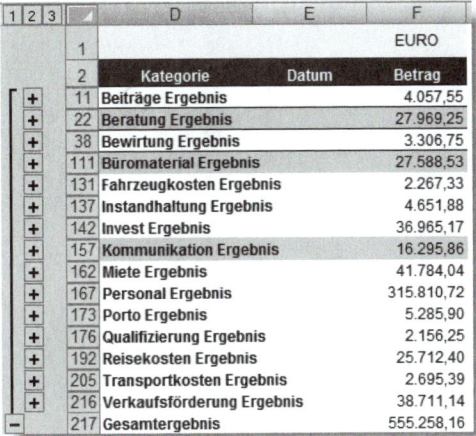

4. Nach der Selektion der darzustellenden Felder (*D22;F22 D111;F111 D157;F157*) klicken Sie in der Multifunktionsleiste zunächst auf die Registerkarte *Einfügen*, dann in der Gruppe *Diagramme* auf den Befehl *Kreis*.

5. Jetzt werden Ihnen eine Reihe Diagrammtypen angeboten, wählen Sie den Typ *Explodierter 3D-Kreis*.
6. Das erscheinende Diagramm ist jedoch in seinen Beschriftungen nicht vollständig. Sie wollen noch einen Diagrammtitel und die Prozentanteile je Kreisanteil anzeigen lassen. Die ausführlichen Bearbeitmöglichkeiten eines Diagramms finden Sie in den Kapiteln 17 und 18.
7. Um einen Diagrammtitel hinzuzufügen, markieren Sie das Diagrammobjekt und wählen auf der neu hinzugekommenen Registerkarte *Layout* in der Gruppe *Beschriftungen* den Befehl *Diagrammtitel* und den Eintrag *Über Diagramm*. Tragen Sie an dieser Stelle den Titel für das Diagramm ein.
8. Markieren Sie jetzt die Datenreihen, öffnen mit der rechten Maustaste das Kontextmenü und wählen den Befehl *Datenbeschriftungen formatieren*. Das erscheinende Dialogfeld ergänzen Sie wie in Abbildung 23.12 und beenden es mit einem Klick auf die Schaltfläche *OK*.
9. Verschieben Sie ggf. die Legende vom rechten Rand in den Bereich unterhalb der Datenreihen.

Kapitel 23 Teilergebnisse bilden und Daten konsolidieren

Abbildg. 23.12   Dialogfeld zur Beschriftung der Datenreihen im Kreisdiagramm

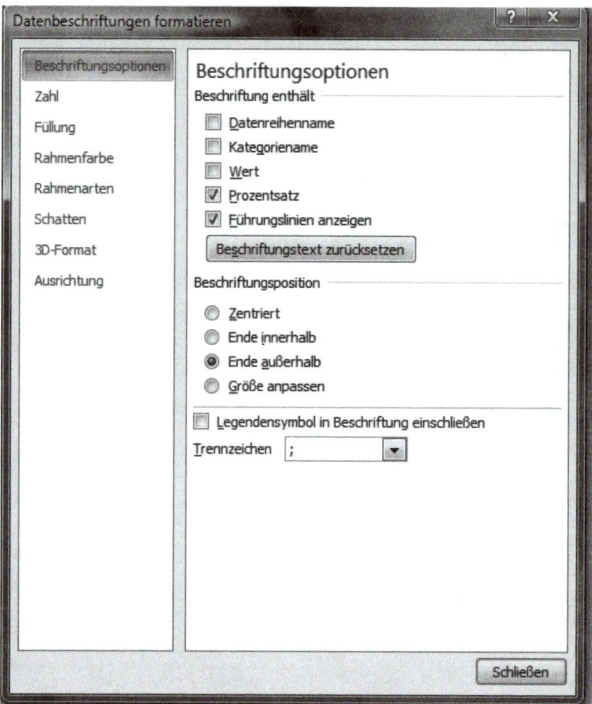

Als Ergebnis erhalten Sie das entsprechende Diagramm.

Abbildg. 23.13   Das Diagramm auf der Basis der selektierten Daten aus den Teilergebnissen

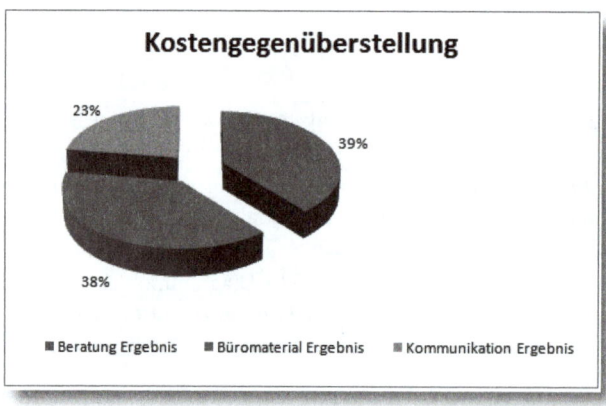

Daten konsolidieren

Wie Sie Teilergebnisse Ihrer Daten komfortabel erstellen, haben Sie zuvor gesehen. In einem weiteren Beispiel soll eine Lösung gezeigt werden, wie verschiedene Tabellen einer Mappe oder auch verschiedene Dateien zusammengefasst – konsolidiert – werden können. Wie Sie dies unter Verwendung von 3D-Bezügen erreichen, steht in Kapitel 6.

Das Beispiel finden Sie in der Datei *Kap23.xlsx* auf der CD-ROM zum Buch im Ordner *\Buch\Kap23*.

Ausgangspunkt sind mehrere Tabellen, welche den gleichen Aufbau haben. Sind für die verschiedenen Vertriebsgebiete Nord, Süd, Ost und West die Umsatzdaten jeweils in einer Tabelle ähnlich Abbildung 23.14 erfasst, dann können und sollen diese in diesem Beispiel zusammengefasst werden.

Abbildg. 23.14 Auch für die anderen Vertriebsgebiete existieren Tabellen mit einem ähnlichen Aufbau

Obstart	Januar	Februar	März	April	Mai	Juni	Juli	August	September	Oktober	November	Dezember	Gesamt
Umsätze im Vertriebsgebiet Nord 2006													
Äpfel	476	348	758	391	370	538	618	740	294	749	482	707	6.471
Birnen	712	519	661	296	739	743	203	223	695	699	361	506	6.357
Kirschen	260	416	498	246	509	672	664	380	603	421	697	674	6.040
Pfirsiche	536	645	755	505	209	308	206	700	506	254	322	213	5.159
Trauben	378	448	532	233	490	251	598	319	655	539	235	285	4.963
Bananen	565	316	226	331	352	468	437	675	290	519	551	313	5.043
Kiwi	265	352	637	778	404	779	547	293	604	368	342	317	5.686
Johannisbeeren	647	720	539	712	262	615	582	252	271	484	377	524	5.985
Erdbeeren	343	374	442	515	522	538	311	544	575	529	315	284	5.292

Um die Daten der vier Vertriebsgebiete zusammenzufassen, gehen Sie wie folgt vor:

1. Aktivieren Sie ein leeres Tabellenblatt.
2. Aktivieren Sie die Registerkarte *Daten*.
3. Wählen Sie in der Befehlsgruppe *Datentools* den Befehl *Konsolidieren*.
4. Aktivieren Sie das Eingabefeld *Verweis*.
5. Wechseln Sie auf ein Tabellenblatt mit den Daten, die zusammengefasst werden sollen, und markieren Sie den Bereich.

PROFITIPP

Auch im Dialogfeld *Konsolidieren* können Sie mit der Taste [F3] das Dialogfeld zum Einfügen von Bereichsnamen aufrufen. Bereichsnamen gelten als gültiger Verweis. Mehr zum Thema Namen finden Sie in Kapitel 19.

6. Wählen Sie die Schaltfläche *Hinzufügen*.
7. Markieren Sie die Daten aus weiteren Tabellen nach dem gleichen Verfahren: Klicken Sie nach jeder Markierung auf die Schaltfläche *Hinzufügen*, um das Listenfeld *Vorhandene Verweise* zu füllen.
8. Aktivieren Sie die Kontrollkästchen für die Beschriftung, wenn diese im Ergebnis angezeigt werden soll.

Kapitel 23 Teilergebnisse bilden und Daten konsolidieren

Abbildg. 23.15 Über die Schaltfläche *Durchsuchen* können Sie externe Tabellen hinzufügen

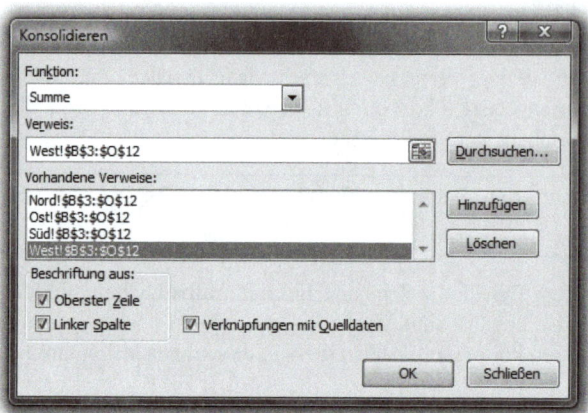

9. Aktivieren Sie das Kontrollkästchen *Verknüpfungen mit Quelldaten*, wenn der neue Bereich bei Änderungen an den Quelldaten aktualisiert werden soll.
10. Schließen Sie das Dialogfeld *Konsolidieren* mit *OK*.

Als Ergebnis erhalten Sie eine Tabelle ähnlich der Abbildung 23.16.

Abbildg. 23.16 Wie die Bearbeitungsleiste zeigt, sind die Daten dynamisch verbunden

	A	B	C	D	E	F	G	H	I	J	K	L	M	N	O
1															
2	Umsätze in allen Vertriebsgebieten zusammen														
3			Januar	Februar	März	April	Mai	Juni	Juli	August	September	Oktober	November	Dezember	Gesamt
4		Kap23	476	348	758	391	370	538	618	740	294	749	482	707	6.471
5		Kap23	295	705	702	393	459	427	357	371	471	730	433	644	5.987
6		Kap23	478	337	386	374	493	503	371	266	712	246	344	309	4.819
7		Kap23	224	358	704	678	299	348	709	483	544	668	412	573	6.000
8	Äpfel		1.473	1.748	2.550	1.836	1.621	1.816	2.055	1.860	2.021	2.393	1.671	2.233	23.277
9		Kap23	712	519	661	296	739	743	203	223	695	699	361	506	6.357
10		Kap23	440	547	501	691	615	509	673	429	505	222	664	549	6.345
11		Kap23	394	495	433	461	579	350	225	702	371	225	368	458	5.061
12		Kap23	296	279	206	333	614	279	475	425	694	563	529	470	5.163
13	Birnen		1.842	1.840	1.801	1.781	2.547	1.881	1.576	1.779	2.265	1.709	1.922	1.983	22.926
18	Kirschen		1.989	2.156	2.116	1.637	1.799	1.817	2.180	1.872	2.187	1.687	2.032	2.506	23.978
23	Pfirsiche		1.784	2.552	2.169	1.877	2.025	1.847	2.049	2.120	2.237	1.392	2.006	1.660	23.718
28	Trauben		1.780	1.916	1.844	1.794	1.787	1.804	2.308	1.523	2.247	1.792	1.515	1.887	22.197
33	Bananen		2.422	1.606	1.799	1.793	1.887	2.372	1.831	2.221	2.196	2.253	2.196	2.033	24.609
38	Kiwi		1.412	1.772	1.984	2.263	1.882	2.339	1.990	2.187	2.666	1.624	1.808	1.618	23.545
43	Johannisbeeren		1.646	2.089	1.813	2.245	1.943	1.938	2.191	1.792	2.367	1.735	2.254	2.126	24.139
48	Erdbeeren		2.233	2.110	1.870	2.215	2.053	1.913	1.691	2.069	2.103	1.968	2.426	1.700	24.351
49															

Über die Gliederungssymbole am rechten Rand können Sie die Daten auswählen, die Sie genauer untersuchen wollen. Wählen Sie die nummerierten Schaltflächen direkt unterhalb des Namenfeldes, um nur die Summen (*1*) oder sowohl die Summen als auch die Einzeldaten des jeweiligen Bereichs anzeigen zu lassen (*2*).

Werden nur die Summen angezeigt, können Sie für einzelne Datengruppen die Werte der verschiedenen Vertriebsgebiete über die Schaltflächen »+« und »-« ein- bzw. ausblenden.

Abbildg. 23.17 Das Ausblenden und Einblenden relevanter Daten können Sie auch über die Befehlsgruppe *Gliederung* erledigen

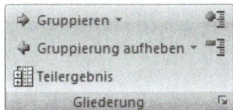

> **HINWEIS** Leider haben es die Entwickler auch in Excel 2007 noch nicht geschafft, nicht den Dateinamen, sondern den Namen des Bereichs oder der Tabelle für die jeweilige Gliederung zu übernehmen. Vielleicht liegt dies auch daran, dass die Funktion Konsolidieren für die Zusammenfassung mehrerer Dateien entwickelt wurde. Um die Datenquelle korrekt zu erkennen, müssen Sie die Spalte *B* aus Abbildung 23.16 also manuell überarbeiten.

Wo sind die Gliederungssymbole?

Sollten die Gliederungssymbole nicht angezeigt werden, dann finden Sie die entsprechende Einstellung dafür in den Excel-Optionen:

1. Wählen Sie im *Office-Menü* die Schaltfläche *Excel-Optionen*.
2. Im Dialogfeld *Excel-Optionen* wechseln Sie zur Kategorie *Erweitert*.
3. Blättern Sie nach unten und aktivieren Sie das Kontrollkästchen *Gliederungssymbole anzeigen, …* wie in der Abbildung 23.18 gezeigt.
4. Schließen Sie das Dialogfeld *Excel-Optionen* mit *OK*.

Abbildg. 23.18 In den Excel-Optionen wird auch die Einstellung zur Anzeige der Gliederungssymbole verwaltet

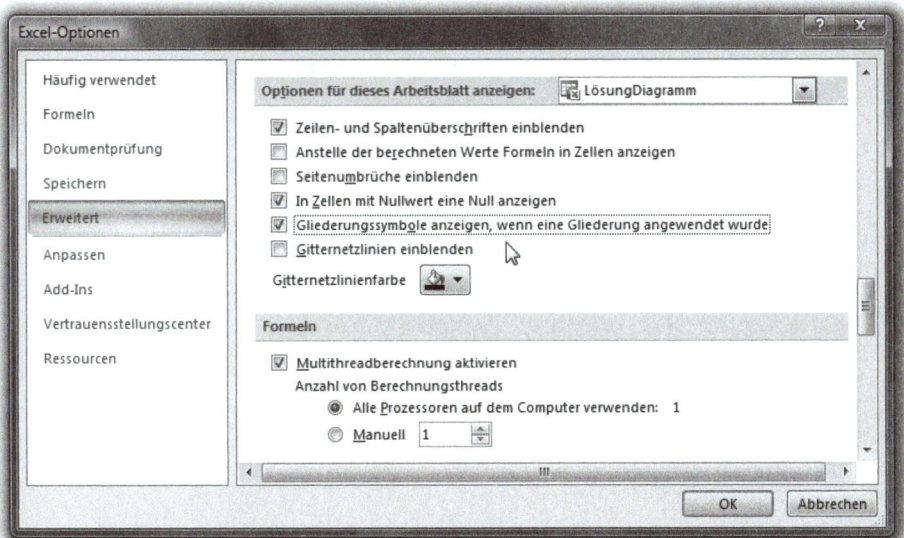

Zusammenfassung

Mit der *Teilergebnis*-Funktion können Sie in jede Excel-Liste unterschiedliche Zwischenergebnisse einbauen und Gesamtergebnisse anzeigen. Sie können innerhalb der Listen ohne eigene Formeln und Funktionen arbeiten. Sie erzeugen automatisch eine Gliederung, um Daten in Ihrer Ansicht zu selektieren. Auch die Formatierung und grafische Darstellung von Daten ist vielfältig und natürlich sind Druckausgaben jederzeit möglich.

Das Konsolidieren von Daten ist eine Alternative zum Auswerten mehrerer gleichartig aufgebauter Bereiche.

Frage	Antwort
Wie kann ich Daten nach Gruppen zusammenfassen?	Der Befehl *Teilergebnis* auf der Registerkarte *Daten* in der Gruppe *Gliederung* stellt eine leistungsfähige Funktion bereit. Sortierte Daten werden damit in Gruppen zusammengefasst. Die Seite 867 zeigt, dass Sie damit auch Zwischensummen berechnen können.
Kann ich auch komplexe Teilergebnisse erstellen?	Dadurch, dass Sie den Befehl *Teilergebnis* mehrmals ausführen können, können Sie ganz individuelle Lösungen erarbeiten. Die Seite 871 zeigt, wie es geht.
Welche Funktionen kann ich für die Teilergebnisse verwenden?	Excel stellt die möglichen Funktionen im Dialogfeld dar. Auf Seite 873 wird gezeigt, wie Sie die Auswahl ganz einfach über Kontrollkästchen treffen.
Kann ich Teilergebnisse auch in gefilterten Tabellen berechnen?	Auf Seite 875 erfahren Sie, wie Teilergebnisse auch in gefilterten Tabellen erstellt werden können.
Kann ich aus der Zusammenfassung mit Teilergebnissen auch ein Diagramm erstellen?	Weil Excel ausgeblendete Daten üblicherweise nicht im Diagramm darstellt, ist auch diese Aufgabe zu lösen. Mehr dazu erfahren Sie auf Seite 876.
Wie kann ich Daten aus mehreren Bereichen zusammenfassen?	Ein Beispiel zum Konsolidieren von Daten finden Sie auf Seite 879.

Kapitel 24

PivotTable und PivotChart einsetzen

In diesem Kapitel:

Von den Basisdaten zur PivotTable	884
Arbeiten mit verschiedenen Programmversionen von Excel	885
Der Weg zur PivotTable	886
Schnellformatierung von PivotTables	894
Löschen eines PivotTable-Berichts oder PivotChart-Berichts	899
Mehr oder weniger Daten zeigen	904
Layout von Pivot-Tabellen – Praxisbeispiel	912
Teilergebnis- und Ergebnisfelder in einem PivotTable-Bericht	922
Datenanalyse – die nächste Funktion	928
Benutzerdefinierte Berechnungen für PivotTable-Datenfelder	930
Multidimensionale Darstellung der Daten	932
Gruppieren von Elementen in einer PivotTable	938
Der direkte Weg zur Businessgrafik (PivotChart-Bericht)	941
Mit berechneten Feldern aufschlussreiche Informationen gewinnen	947
Zusammenfassung	953

Wahrscheinlich haben Sie bisher Kriterien mit viel Mühe über Formeln und Funktionen zusammengefasst und aufbereitet oder Ihre Berechnungen mit aufwändigen Modellen und Methoden ausgeführt. Dann folgt eine kleine Korrektur hier, später eine Änderung dort. Am Monatsende müssen zusätzlich neue Daten ergänzt werden. Schließlich beginnt die Entwicklungsarbeit wieder von vorne. Ein aufwändiges Unterfangen, oder? Nun, es gibt eine Abhilfe: die PivotTable!

Von den Basisdaten zur PivotTable

Die Verfügbarkeit entscheidungsrelevanter und geschäftskritischer Informationen hat aus verschiedenen Gründen signifikant zugenommen. Die hinzukommende fortwährend wachsende Datenflut lässt in uns das Gefühl aufkommen, Entscheidungen noch nicht treffen zu können, weil uns stets weitere Angaben fehlen bzw. die derzeit verfügbaren Informationen nicht vollständig oder sicher genug erscheinen. Die Form der vorliegenden Daten bedarf meistens einer zielgerichteten und situationsbezogenen Aufbereitung. In Excel bieten sich zahlreiche Verfahren für diese Aufgabe an. Eine sehr effiziente Unterstützung bietet für die genannten und zahlreiche andere Aufgaben die PivotTable, die wir in diesem Kapitel näher untersuchen und vorstellen möchten. Was macht die PivotTable so »schlagkräftig«?

Die PivotTable ist eine interaktive Möglichkeit, um große Datenmengen schnell zusammenzufassen:

- In PivotTables finden Sie ein Instrument zur schnellen Analyse und Aufbereitung Ihrer numerischen Daten.

- Mit der PivotTable können Sie umfangreiche Daten schnell, flexibel, sinnvoll und vor allem mit hoher Aussagekraft auswerten und fundiert Fragen beantworten.

- In wenigen Schritten erreichen Sie eine anschauliche Darstellung der Daten.

- Änderungen, Ergänzungen und das Hinzufügen neuer Elemente lassen sich in nachvollziehbaren Schritten erledigen.

- Sie erhalten wertvolle Unterstützung durch Assistenten und Funktionen, die eine Erleichterung für die weitere Arbeit bedeuten.

- Erweitern und Reduzieren von Datenebenen, um bestimmte Ereignisse hervorzuheben. Sie können Drilldowns zum Detail der zusammengefassten Daten ausführen.

- Darüber hinaus können Sie die PivotTable auch als Zwischeninstrument für die Zusammenführung von Daten einsetzen.

- Sie können die Zeilen und Spalten beliebig verschieben (pivotieren), um unterschiedliche Zusammenfassungen der Quelldaten zeigen zu können.

- Um sich auf die nützlichsten und interessantesten Teilmengen der Daten konzentrieren zu können, gibt es die Möglichkeit der Gruppierung, Filterung und der bedingten Formatierung.

- Darstellung prägnanter und attraktiver online- oder gedruckter Berichte.

Das sind Eigenschaften, die Excel liefert und Sie sollten darüber hinaus auch etwas mitbringen, nämlich ein gewisses Interesse an neuen und interessanten Zahlen. Sie werden von den Möglichkeiten überrascht und begeistert sein.

Wozu können Sie eine PivotTable einsetzen?

Um mit der PivotTable Berechnungen bzw. Auswertungen vornehmen zu können, sollten Sie einige grundsätzliche Dinge beachten: Sie benötigen Ihre Daten möglichst in Rohform, d.h., sie sollten noch nicht durch Formeln und Funktionen verdichtet oder aufbereitet sein. Geeignet sind Daten von regelmäßig erfassten Messgrößen, Produktionsmengen, Verkaufswerten, statistischen Erhebungen, Transaktionen und dergleichen. Hinzugefügte und durch Berechnung entstandene Spalten, so genannte Attribute oder Merkmale eines Datensatzes, die erweiterte Auswertemöglichkeiten eröffnen, sind selbstverständlich erlaubt und in vielen Fällen sogar erforderlich. Es ist aber gleichgültig, ob Quelldaten in einer Excel-Liste bzw. mehreren Excel-Tabellenbereichen oder aber in einer externen Datenbank (beispielsweise Microsoft Access) gespeichert sind.

Wenn Sie die PivotTable erst einmal eingerichtet haben, können Sie die dargestellten Informationen mühelos in ihrer Darstellung verändern oder neu ordnen, ohne dass Ihre Quelldaten verändert werden. So können Sie beispielsweise neue Kategorien und Details hinzufügen bzw. entfernen, bestimmte Elemente ein- bzw. ausblenden und nicht zuletzt vielfältige mathematische Auswertungen der Rohdaten vornehmen.

HINWEIS Sie erstellen im Laufe des Kapitels zahlreiche PivotTables. Diese PivotTables werden immer weiter verändert, um die Aufgaben zu lösen. Bei einigen Beispielen ist es notwendig, einen neuen, d.h. einen »Ausgangs-PivotTable-Bericht« zu erstellen. In diesen Fällen wird die Feldanordnung der Ausgangstabelle gezeigt, aus Platzgründen wird jedoch der detaillierte Erstellungsweg nicht noch einmal beschrieben, sondern nur noch die Weiterentwicklung. Wenn Sie die Handhabung noch nicht beherrschen, kann es notwendig sein, in den vorausgegangenen Abschnitten die Schritte noch einmal nachzulesen.

Arbeiten mit verschiedenen Programmversionen von Excel

Aufgrund der neu hinzugefügten Features für PivotTable- und PivotChart-Berichte sind in Excel nun drei PivotTable-Formate verfügbar. Die neuste Version 2007, die Version 2002-2003 und die Version 2000. Sie können die einzelnen PivotTable-Formate in Microsoft Excel 2007 verwenden. Sie sollten nur Kenntnisse über die unterschiedlichen Auswirkungen haben.

Wenn Sie in Excel 2007 eine neue Datei erstellen, wird diese automatisch im neuesten Format gespeichert. Wenn Sie ein älteres Excel-Format in Excel 2007 öffnen, wird automatisch der Kompatibilitätsmodus eingeschaltet. Sie können dann Interaktionen mit der PivotTable des alten Formates ausführen, ohne dass eine Aktualisierung auf das PivotTable-Format der Version 2007 erforderlich ist.

Sie können auch eine frühere Version des Dateiformats öffnen, indem Sie in Excel 2007 ein Format der Version 97 bis 2003 öffnen, dies dann im Format Excel 97-2003 speichern und anschließend erneut in der Version 2007 öffnen. Auf diese Weise können Sie zugleich die einzelnen Pivot-Formate in allen Versionen beibehalten. Wenn Sie eine in Excel 2007 erstellte Version im Format für 97-2003 abspeichern, dann ist die PivotTable in den vorherigen Versionen schreibgeschützt und es kann beispielsweise daraus kein PivotChart erstellt werden.

Wichtig ist, in Excel 2007 können Sie vollständig interaktive PivotTables in allen Formaten der Versionen 97 – 2003 und 2007 verwenden.

In den Versionen vor Excel 2007 können Sie vollständig interaktive PivotTables im Dateiformat 2000 bis 2003 verwenden sowie schreibgeschützte PivotTables der Version 2007.

Mehr zum Thema Dateiformate erfahren Sie in Kapitel 3.

Der Weg zur PivotTable

In unserem ersten Beispiel betrachten wir eine Gehaltsliste. Dabei wollen wir eine aussagestarke PivotTable erstellen und dadurch gleichzeitig die Möglichkeiten einer solchen Tabelle kennen lernen. Eine Zusammenführung und Auswertung der Daten wurde bisher nicht vorgenommen. Ziel ist es, problemlos und schnellstmöglich eine PivotTable mit

- den Gesamtwerten über die verschiedenen Monate bzw. Jahre,
- den Summen der Einzelpositionen sowie
- der Abteilungsverteilung

zu erstellen, um später alles auf einen Blick mühelos vergleichen zu können.

Aus dieser Datenquelle, die Sie auch von der CD-ROM zu diesem Buch laden können, erstellen wir nun Schritt für Schritt eine PivotTable. Sie finden die Dateien *Kap24_Gehalt.xlsx*, *Kap24_Gehalt_Lösung.xlsx*, *Kap24_TSK.xlsx*, *Kap24_TSK_Lösung.xlsx* im Ordner *\Buch\Kap24*.

Nehmen wir an, Sie haben eine Tabelle, in der die Daten in Rohform vorliegen und die folgende Datenstruktur aufweist:

Die Arbeitsmappe *Kap24_Gehalt.xlsx* enthält Lohndatenmaterial (im Arbeitsblatt *Lohn*) über die Mitarbeiter, wie z.B. den Abrechnungsmonat, den Namen des Mitarbeiters, die Abteilung und die monatliche Bruttobelastung für den Betrieb. Zusätzlich gibt es weitere Datenfelder. Jede Zeile in dieser Beispieltabelle beinhaltet Daten für die Felder gemäß Tabelle 24.1.

Tabelle 24.1 Feldbeschreibung der Datenquelle

Feld	Erklärung des Feldinhaltes
DatumAbrMon	Abrechnungsmonat
MtlBelastungAG	Belastung für den Arbeitgeber – monatliches Brutto inkl. Arbeitgeberanteile
PersNr	Personalnummer
Name	Mitarbeitername
Abteilung	Abteilungszugehörigkeit
SteuerBrutto	Steuerliches Bruttogehalt des Mitarbeiters
pschlSteuer	Pauschale Steueranteile
pschlSolZ	Pauschale Solidaritätszuschläge
pschlKiSt	Pauschale Kirchensteuer
AGKV	Arbeitgeberanteil zur Krankenversicherung
AGRV	Arbeitgeberanteil zur Rentenversicherung
AGAV	Arbeitgeberanteil zur Arbeitslosenversicherung

Der Weg zur PivotTable

Im Gegensatz zu den vorherigen Versionen, in denen ein Assistent Sie durch die Schritte geführt hat, stellt Ihnen Excel 2007 zwei Befehle zur Verfügung:

- den Befehl *PivotTable*, mit dem das Dialogfeld *PivotTable erstellen* angezeigt wird und
- den Befehl *PivotChart*, mit dem das Dialogfeld *PivotTable mit Chart erstellen* angezeigt wird.

Beide Befehle sind verfügbar auf der Registerkarte *Einfügen* in der Gruppe *Tabellen*.

Abbildg. 24.1 Das Menü mit den Befehlen *PivotTable* und *PivotChart*

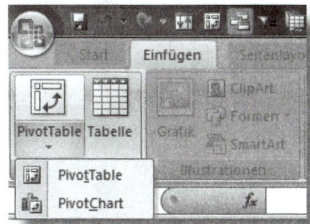

Am einfachsten ist es, wenn Ihre Daten in einer Excel-Tabelle gespeichert sind. Ebenso können Sie aber auch auf Daten in einer anderen Datenbank (z. B. im dBase- oder Access-Format) oder auf andere bereits existierende PivotTables zurückgreifen. Excel erkennt automatisch den Bereich der Daten (auch Tabelle bzw. früher *Liste* genannt), die in einer Excel-Tabelle abgelegt sind. Diese Fähigkeit kommt Ihnen bei der Auswahl der Datenbasis in einer Excel-Tabelle zugute, während Sie diese in anderen Datenbanken selbst selektieren müssen.

Gehen Sie folgendermaßen vor:

1. Öffnen Sie die Datei *Kap24_Gehalt.xlsx*, und aktivieren die Tabelle *Lohn*, welche die Daten für die zu erstellende PivotTable enthält.

2. Klicken Sie jetzt auf der Registerkarte *Einfügen* in der Gruppe *Tabellen* auf *PivotTable* und das Dialogfeld *PivotTable erstellen* erscheint.

HINWEIS Wenn Sie ein PivotChart erstellen wollen, ist es notwendig, den »indirekten Weg« über den Befehl *PivotTable/PivotChart* zu wählen.

3. Das Dialogfeld *PivotTable erstellen* erkennt in diesem Fall automatisch den Quellbereich, den Sie unverändert übernehmen können.
4. Erstellen Sie den *Pivot-Bericht* in einem neuen Arbeitsblatt, aktivieren Sie die zugehörige Option und klicken dann auf die Schaltfläche *OK*. Sie erhalten einen Excel-Bildschirm entsprechend der Abbildung 24.3 angezeigt.
5. An der angegebenen Stelle wird ein leerer PivotTable-Bericht eingefügt und am rechten Bildschirmrand wird der Aufgabenbereich *PivotTable-Feldliste* eingeblendet, sodass Sie jetzt die Felder hinzufügen können.

Kapitel 24 PivotTable und PivotChart einsetzen

Abbildg. 24.2   Dialogfeld *PivotTable*, das über zwei Wege erreichbar ist

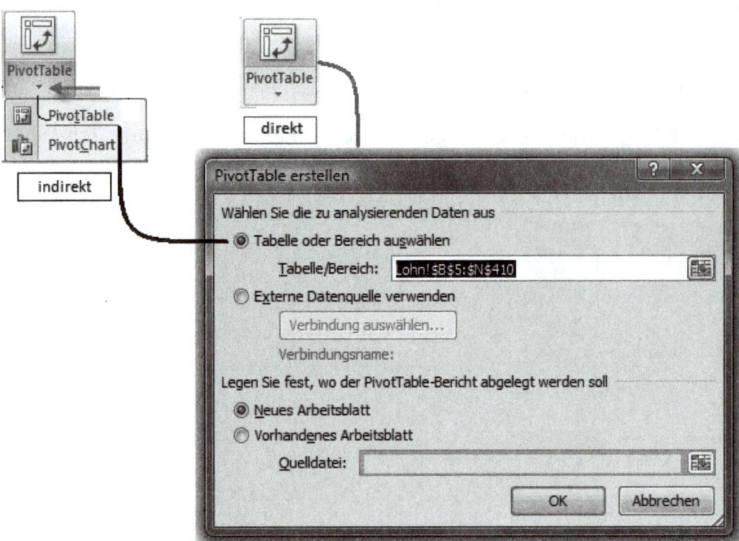

Abbildg. 24.3   Die Bildschirmaufteilung im Excel-Arbeitsblatt nach Aufruf des PivotTable-Befehls

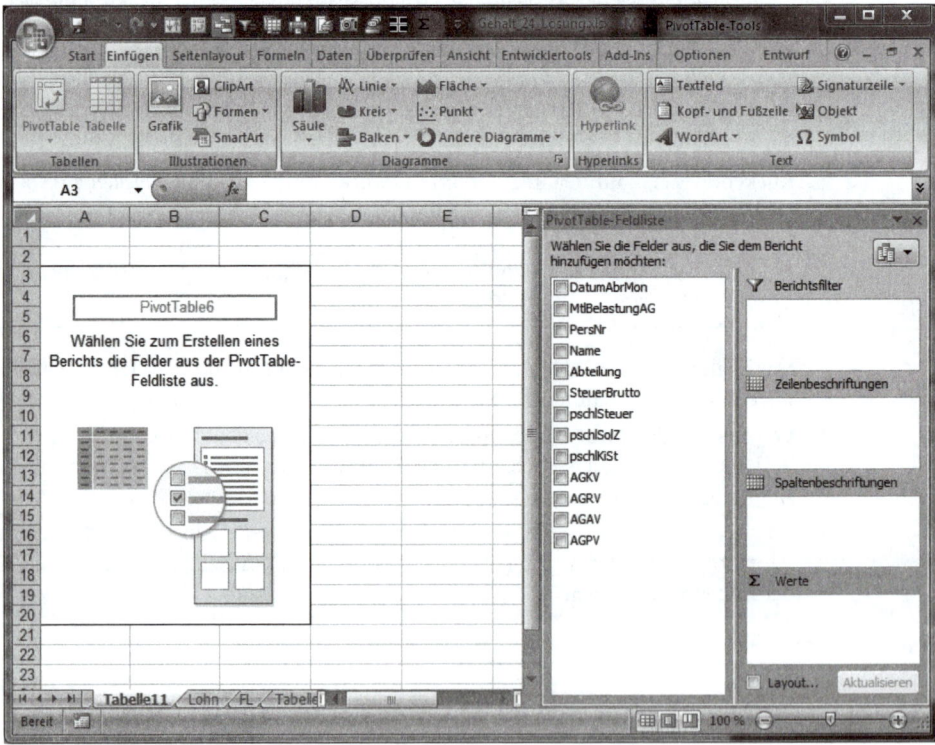

6. Positionieren Sie den Mauszeiger auf dem Feld *Name* und ziehen Sie es mit gedrückter linker Maustaste in den Bereich *Zeilenbeschriftungen* (vgl. Abbildung 24.4).
7. Das Feld *Abteilung* ziehen Sie in den Bereich *Spaltenbeschriftungen* (vgl. Abbildung 24.4).
8. Das Feld *SteuerBrutto* ziehen Sie in den Bereich *Werte* (vgl. Abbildung 24.4).

Abbildg. 24.4 Die *PivotTable-Feldliste* mit den Bereichen *Berichtsfilter*, *Spaltenbeschriftungen*, *Zeilenbeschriftungen* und *Werte*

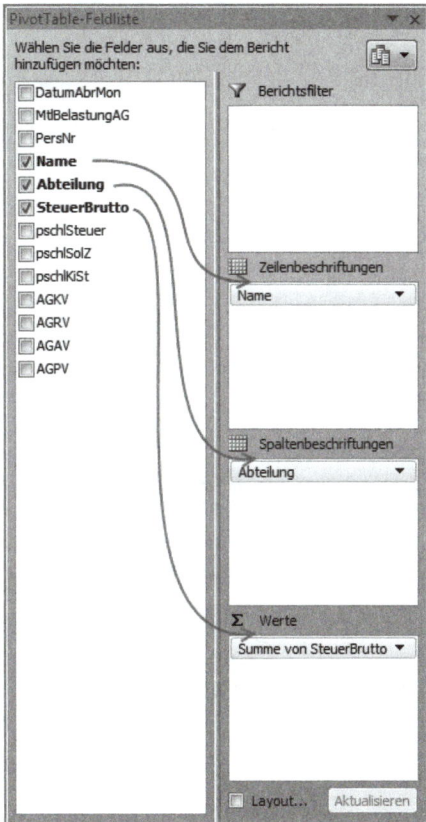

Es entsteht dann die folgende PivotTable (siehe Abbildung 24.5):

Kapitel 24 PivotTable und PivotChart einsetzen

Abbildg. 24.5 Ein Ausschnitt aus der PivotTable mit den nach *Abteilung* und *Name* aufgeschlüsselten Daten. Die Tabelle ist ohne jegliche Formatierung.

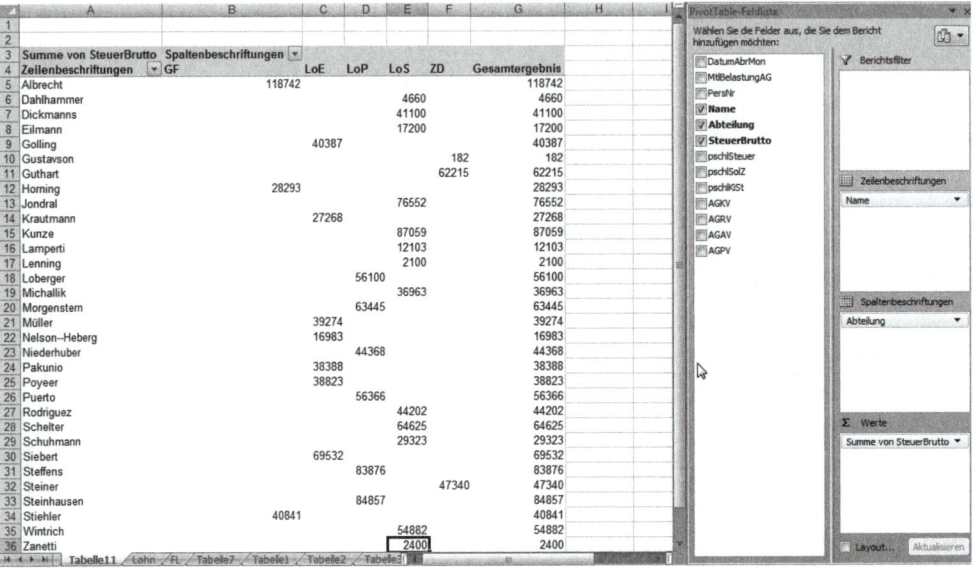

> **HINWEIS** Die PivotTable wird in einem neuen Arbeitsblatt erstellt, das zunächst den Namen *Tabelle1* oder eine höhere Nummer trägt. Der Name des Arbeitsblatts wird von Excel automatisch mit dem Standardwort *Tabelle* und einer fortlaufenden Zähl- oder Indexnummer versehen. Die Benennung kann von Ihnen jederzeit geändert werden. Haben Sie schon einige PivotTables erzeugt, würde Ihr jetziger Versuch eine von dieser Darstellung abweichende Arbeitsblattbenennung tragen.

> **TIPP** Immer, wenn Sie den Mauszeiger innerhalb einer PivotTable positionieren und die rechte Maustaste drücken, können Sie mit dem alternativen Befehl *Feldliste einblenden* oder *Feldliste ausblenden* im Kontextmenü die PivotTable-Feldliste ein- oder ausblenden (Abbildung 24.5). Mittels dieser Feldliste können Sie jederzeit neue Felder in die Pivot-Darstellung aufnehmen.

Die Tabelle ist so, wie sie uns derzeit vorliegt, noch von geringer Aussagekraft, weil sie keine Auskunft über den dargestellten Zeitraum beinhaltet. Handelt es sich um einige Monate, das gesamte Jahr oder um Abschnitte aus mehreren Jahren? Um diesen darzustellen, benötigen wir ein weiteres Feld, das aber zusätzlich bearbeitet werden muss.

So bauen Sie die Zeiteinheiten für Jahr und Monat aus dem Datumsfeld auf:

1. Aktivieren Sie die PivotTable, indem Sie den Mauszeiger in der PivotTable positionieren. Zugleich erscheint, wenn aktiviert, die *PivotTable-Feldliste* (Abbildung 24.4), aus der Sie jetzt das Feld *DatumAbrMonat* in den Bereich *Zeilenbeschriftungen* ziehen und es oberhalb des Feldes *Name* ablegen.

2. Die PivotTable zeigt das Datum, eine Zwischensumme auf Monatsebene und den eingeblendeten Ausschnitt *Zeilenbeschriftungen* der *PivotTable-Feldliste* (vgl. Abbildung 24.6) an.

Abbildg. 24.6 Die PivotTable mit dem zusätzlich aufgenommenen Feld *DatumAbrMon*

	A	B	C	D	E	F	G
4	Summe von SteuerBrutto	Spaltenbeschriftungen					
5	Zeilenbeschriftungen	GF	LoE	LoP	LoS	ZD	Gesamtergebnis
6	⊟Jan		20881	31820	45718	50793	11997	161209
7	Albrecht	14044					14044
8	Dickmanns				3800		3800
9	Eilmann				4300		4300
10	Golling		4648				4648
11	Gustavson					0	0
12	Guthart						
13	Horning	2968					
14	Jondral				8523		
15	Krautmann		2427				
16	Kunze				10320		
17	Loberger			6600			
18	Michallik				4756		
19	Morgenstern			7464			
20	Müller		4628				
21	Nelson--Heberg		3212				3212
22	Niederhuber			5254			5254
23	Pakunio		4376				4376
24	Poyeer		4349				4349
25	Puerto			6520			6520
26	Rodriguez				5154		5154
27	Schelter				4700		4700
28	Schuhmann				4500		4500
29	Siebert		8180				8180
30	Steffens				9816		9816
31	Steiner					5229	5229
32	Steinhausen				10064		10064
33	Stiehler		3869				3869
34	Wintrich				4740		4740
35	Zanetti				0		0
36	⊟Feb		20881	28005	45718	54762	12629	161995
37	Albrecht	14044					14044
38	Dickmanns				3800		3800

(Einblendung: Zeilenbeschriftungen — DatumAbrMon, Name)

3. Als Nächstes soll die Ergebniszeile je Monat ausgeblendet werden.
   Positionieren Sie den Mauszeiger in einem Datumsfeld, klicken Sie mit der rechten Maustaste und wählen Sie aus dem Kontextmenü den Befehl *Feldeinstellungen*.

4. Im folgenden Dialogfeld *Feldeinstellungen* wechseln Sie bei *Teilergebnisse* von der Option *Automatisch* auf *Keine* (vgl. Abbildung 24.7). Damit werden die Zwischensummen ausgeblendet. Klicken Sie zum Abschluss auf die Schaltfläche *OK*.

5. Jetzt müssen die Monate noch in Jahre aufgeteilt werden bzw. zusammengefasst werden. Klicken Sie dazu erneut mit der rechten Maustaste auf einen Monatseintrag in der *Zeilenbeschriftung* der PivotTable, wählen aus dem Kontextmenü den Befehl *Gruppieren*.

6. Im dazugehörigen Dialogfeld (vgl. Abbildung 24.8) selektieren Sie in der Liste neben *Monate* noch den Eintrag *Jahre* und schließen das Dialogfeld mit der Schaltfläche *OK* ab. Die PivotTable wird daraufhin im Zeilenbereich um den Eintrag *Jahre* ergänzt.

Abbildg. 24.7   Das Dialogfeld *Feldeigenschaften* mit der Anpassung der Teilergebnisse von *Automatisch* auf *Keine*

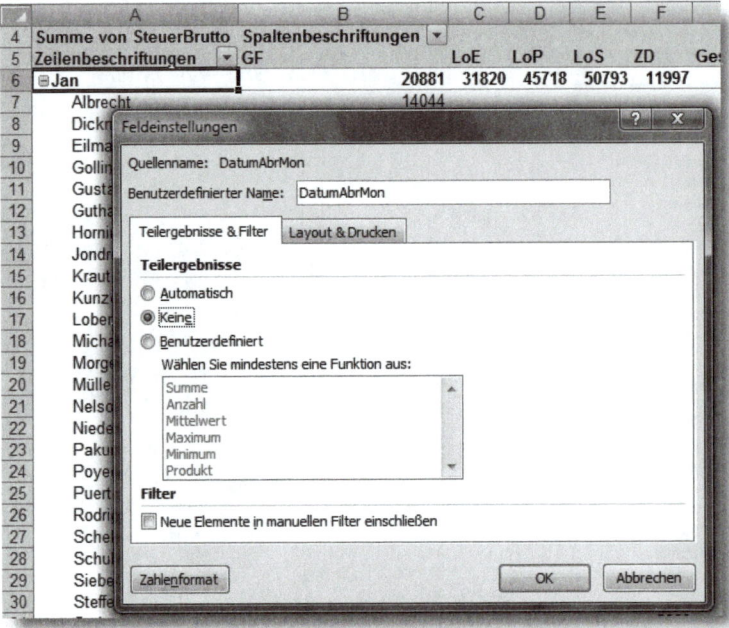

Abbildg. 24.8   Das Dialogfeld zum Gruppieren der Einzeldaten

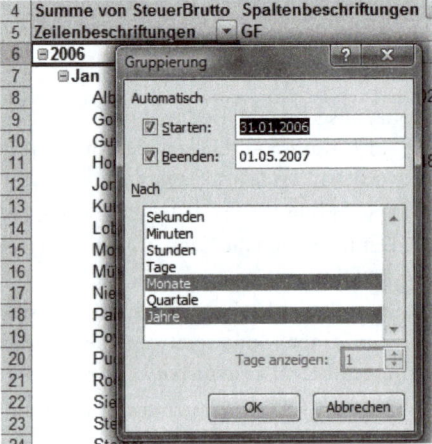

Um eine bessere Beurteilung zu erlangen, sind noch zwei Dinge zu erledigen: Zuerst sollte die Anordnung der Felder verändert werden, und danach ist zur besseren Lesbarkeit die Formatierung zu ergänzen.

1. In der PivotTable-Feldliste ziehen Sie, durch Anklicken und Festhalten mit der Maustaste, das Feld *Jahre* in den *Berichtsfilter*. Ebenfalls ziehen Sie das Feld *Abteilung* in diesen Bereich, unterhalb des Feldes *Jahre*.

2. Ferner verschieben Sie das Feld *DatumAbrMon* aus dem Bereich *Zeilenbeschriftungen* in den Bereich *Spaltenbeschriftungen*.
3. Im Berichtsfilter *Jahre* filtern Sie auf die Darstellung des Jahres 2007 (vgl. Abbildung 24.9).

Abbildg. 24.9   Dialogfeld zur Auswahl des anzuzeigenden Zeitraumes

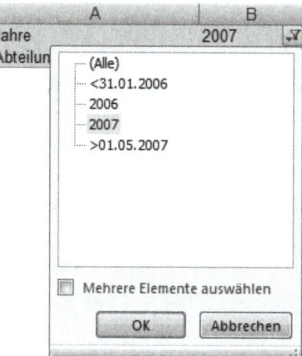

Sie sollten nun eine der Abbildung 24.10 entsprechende Darstellung erhalten.

Abbildg. 24.10   Ausschnitt aus der erstellten PivotTable, mit dem Blick auf die PivotTable-Feldliste und die dort vorgenommenen Feldanordnungen

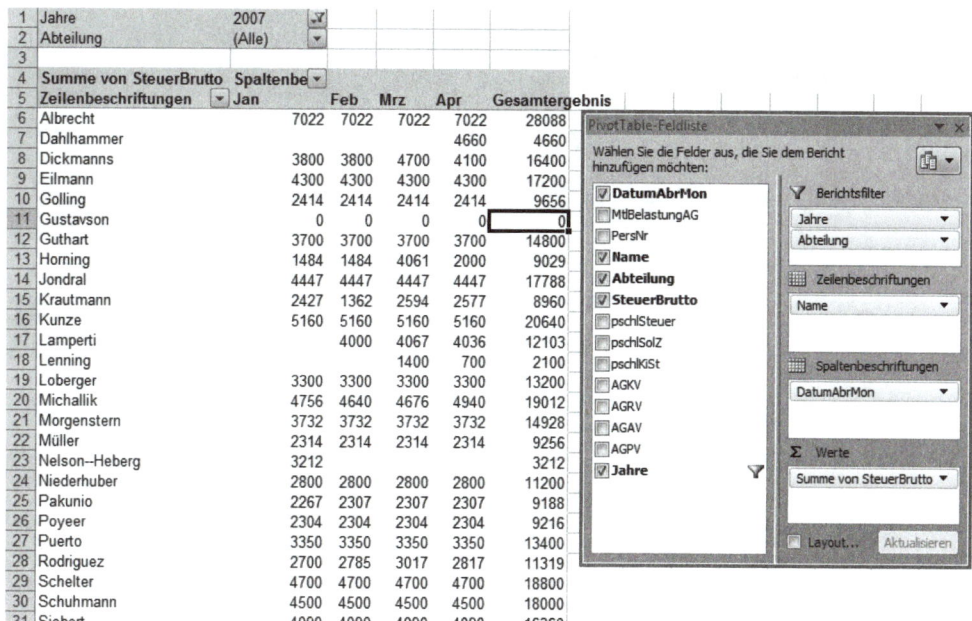

Sie haben jetzt eine Darstellung über die monatlichen Bruttobezüge, von Januar 2006 bis April 2007, aller Mitarbeiter vorliegen. Von den doch recht umfangreichen Basisdaten haben Sie mit der Pivot-

Table in wenigen Minuten diese Auswertung und Übersicht erstellt. Mit zunehmender Übung geht es dann noch schneller.

 Die Lösung dieser Aufgabe finden Sie in der Mappe *Kap24_Gehalt_Lösung.xlsx* im Ordner *\Buch\Kap24* auf der CD-ROM zu diesem Buch.

Schnellformatierung von PivotTables

In Excel 2007 wurden neue PivotTable-Formate eingeführt. Eine schnelle Formatierung erreichen Sie, wenn eine Zelle innerhalb der PivotTable markiert ist und Sie auf der Registerkarte *Start* in der Gruppe *Formatvorlagen* den Befehl *Als Tabelle formatieren* wählen. Dann bekommen Sie eine Auswahl von Formatierungsangeboten angezeigt, von denen Sie eines auswählen können.

Abbildg. 24.11 Darstellung umfangreicher Formatvorlagen, die Sie leicht und schnell auf Ihre PivotTable anwenden können

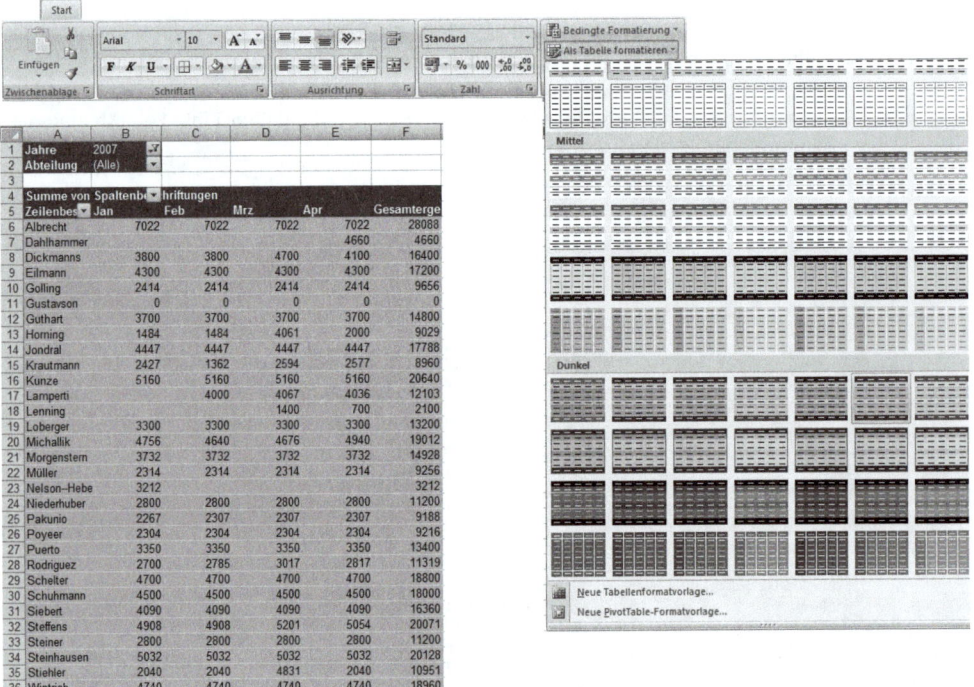

Zeigen Sie mit der Maus auf ein Tabellenformat, können Sie die Auswirkung der Formatierung sofort im *PivotTable-Bericht* sehen. Weitere Erläuterungen und auch Hinweise, wie Sie neue Tabellenformatvorlagen erstellen, finden Sie in Kapitel 11 und mehr zu Tabellen in Kapitel 19.

Übersicht und Aussagekraft durch Anordnung

Die Anordnung der Tabellenfelder in den vier Bereichen Zeilenbeschriftungen, Spaltenbeschriftungen, Werte und dem Berichtsfilter bedarf schon einiger vorausschauender Überlegungen: Immerhin entscheiden Sie damit, welchen Blick Sie auf die Daten erhalten und wo die Werte in der PivotTable zum Schluss dargestellt werden. Sehen Sie sich die Tabelle 24.2 an und verdeutlichen Sie sich die einzelnen Bereiche.

Tabelle 24.2 Beschreibung der Bereiche in einer PivotTable

Bezeichnung	Beschreibung
Zeilenbeschriftungen	Die Felder, die Sie in diesen Bereich ziehen, haben in der PivotTable eine zeilenorientierte Anordnung. Die einzelnen Elemente der jeweiligen Kategorie werden als Zeilenbeschriftung angezeigt.
Spaltenbeschriftungen	Die Felder in diesem Bereich haben in der PivotTable eine spaltenorientierte Anordnung. Die einzelnen Elemente der jeweiligen Kategorie werden als Spaltenbeschriftung angezeigt.
Berichtsfilter (vormals Seitenbereich)	In diesem Bereich hat das Feld eine auf die restlichen Bereiche eingrenzende Auswirkung. Elemente in diesem Feld werden einzeln und nacheinander in einer PivotTable angezeigt.
Werte (vormals Datenbereich)	Im Wertebereich werden die von der PivotTable berechneten und zusammengefassten Daten bzw. Werte dargestellt.

Angenommen, Sie wollen die Entwicklung der Anzahl Ihrer Mitarbeiter je Abteilung im Jahr 2006 wissen. Diese Aufgabe lösen Sie wie folgt:

1. Positionieren Sie den Mauszeiger im Bereich der Rohdaten der Beispieltabelle *Lohn*, der Mappe *Kap24_Gehalt.xlsx*.
2. Klicken Sie jetzt auf der Registerkarte *Einfügen* in der Gruppe *Tabellen* auf *PivotTable*. Daraufhin erscheint das Dialogfeld *PivotTable erstellen* und zeigt den gefundenen Datenbereich als Adresse an. Ohne Änderungen können Sie die Schaltfläche *OK* anklicken.
3. Ein neues Arbeitsblatt wird geöffnet und zeigt den PivotTable-Bereich und den Aufgabenbereich *PivotTable-Feldliste*.
4. Klicken Sie auf das Feld *Abteilung* und ziehen es in das Feld unterhalb der *Spaltenbeschriftungen*.
5. Klicken Sie auf das Feld *DatumAbrMon* und ziehen es in das Feld unterhalb der *Zeilenbeschriftungen*.
6. Klicken Sie auf das Feld *PersNr* und ziehen es in das Feld unterhalb der Beschriftung *Werte*.
7. Jetzt benötigen Sie die Jahresunterscheidung. Ziehen Sie dazu das Feld *Jahre* in den *Berichtsfilter*.
8. Filtern Sie dann in der PivotTable in *Zeile 1* auf das *Jahr 2006* (vgl. Abbildung 24.12).

Kapitel 24 PivotTable und PivotChart einsetzen

Abbildg. 24.12 Auswahl des Filters für das Jahr 2006

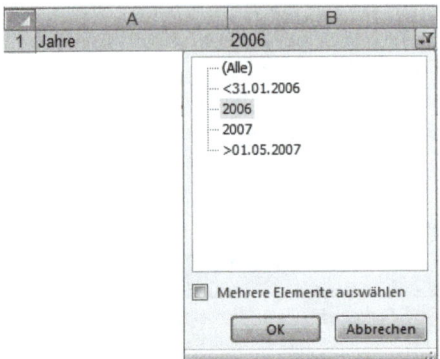

9. Nach Abschluss der Filterung erhalten Sie das Ergebnis wie in Abbildung 24.13.

Abbildg. 24.13 Darstellung der Mitarbeiterzahl je Abteilung und Zeitraum

	A	B	C	D	E	F	G
1	Jahre	2006					
2							
3	Anzahl von P	Spalte					
4	Zeilenbesc	GF	LoE	LoP	LoS	ZD	Gesamtergebnis
5	Jan	3	5	6	3	2	19
6	Feb	3	5	6	3	2	19
7	Mrz	3	5	6	4	2	20
8	Apr	3	5	6	5	2	21
9	Mai	3	5	6	5	3	22
10	Jun	3	6	6	6	3	24
11	Jul	3	6	6	7	3	25
12	Aug	3	6	6	7	3	25
13	Sep	3	7	6	8	3	27
14	Okt	3	7	6	9	3	28
15	Nov	3	7	6	9	3	28
16	Dez	3	7	6	9	3	28
17	Gesamtergeb	36	71	72	75	32	286

Mit wenigen Mausklicks erhalten Sie so ein erstes Ergebnis: Die Personalnummer im Datenbereich veranlasst Excel, die Funktion *ANZAHL* für die Zusammenfassung zu verwenden. Sie liefert für unsere Anforderung die richtige Auswertung.

WICHTIG Voraussetzung, um die Funktion *SUMME* anwenden zu können, ist immer ein numerisches Feld.

Mit der Funktion *ANZAHL* können Sie einerseits über ein numerisches Feld eine Mengensumme bilden. Andererseits können Sie aber auch nicht-numerische Felder mit dieser Funktion zusammenfassen – also einfach zählen.

Optisch können Sie noch einige Korrekturen vornehmen und zusätzlich das Ergebnis etwas differenzierter anzeigen. Sollen die Werte beispielsweise andere Nachkommastellen aufweisen, können Sie dies erreichen, indem Sie mit der rechten Maustaste das Kontextmenü aufrufen und dort den Befehl *Zahlenformat* wählen. Sie gelangen dann zum bekannten Dialogfeld zum Formatieren von Zahlen.

Schnellformatierung von PivotTables

PROFITIPP

Die Formatierung von Wertefeldern ist dann dauerhaft sichergestellt, wenn sie über das Zahlenformat im Dialogfeld *Wertefeldeinstellungen* vorgenommen wurde.

Sie gelangen zu dem Befehl *Zahlenformate,* indem Sie in einem PivotTable-Bericht eine Zelle im Wertebereich markieren, mit der rechten Maustaste das Kontextmenü aufrufen und den Befehl *Wertefeldeinstellungen* anwählen. Im daraufhin geöffneten Dialogfeld finden Sie die Schaltfläche *Zahlenformat,* über die Sie dann zum Dialogfeld *Zellen formatieren* gelangen. Dieses Dialogfeld bietet Ihnen lediglich die Registerkarte für die Zahlenformatierung an.

PivotTable im Kompatibilitätsmodus aufbauen

Wenn Sie in Excel 2007 eine Exceldatei im Format der Version 2000-2003 öffnen, erscheint neben dem Dateinamen der Text »*[Kompatibilitätsmodus]*«. Erstellen Sie jetzt eine PivotTable, erfolgt der Aufbau und die Zuordnung der Felder im herkömmlichen Erscheinungsbild (vgl. Abbildung 24.14).

Abbildg. 24.14   Aufbau der PivotTable im Kompatibilitätsmodus mit der Excel-Version 2007

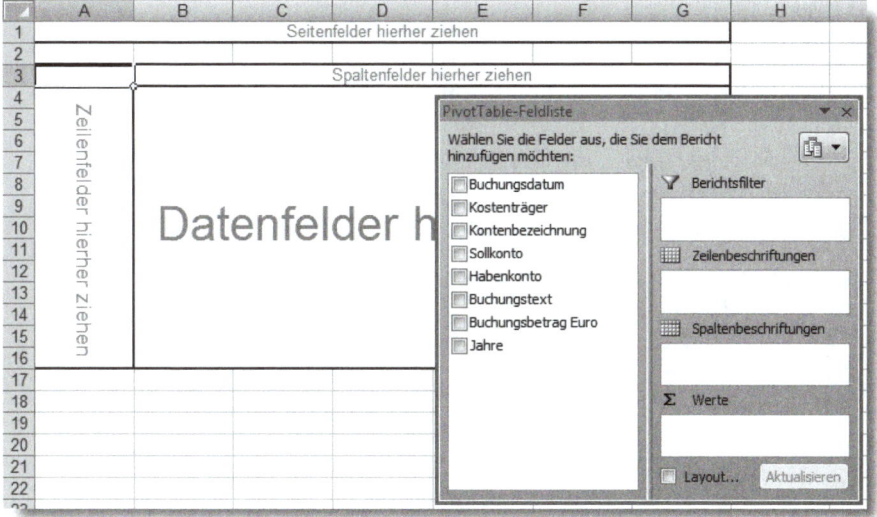

Sie können in diesem Modus, wie gewohnt, die Felder direkt in die Bereiche im Arbeitsblatt ziehen. Dieses Vorgehen zum Aufbau einer PivotTable ist in der Version 2007 nicht mehr möglich.

Abbildg. 24.15 Aufbauumgebung einer PivotTable in der Version 2007

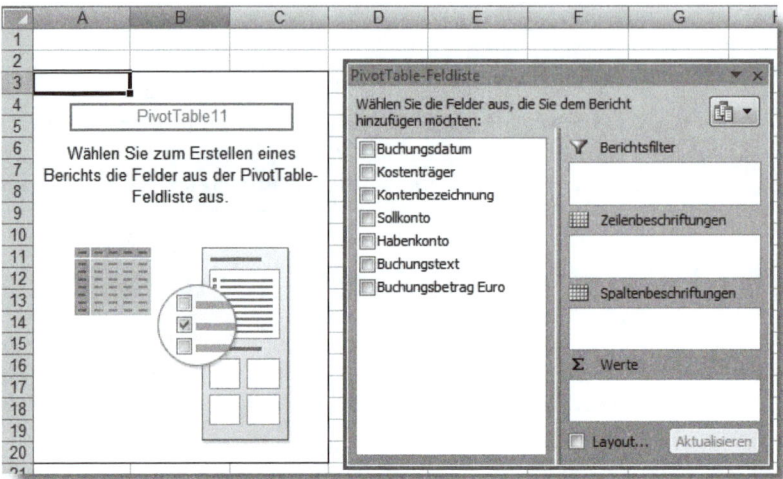

In Excel 2007 können Sie einerseits die Felder, die Sie benötigen, durch einen Klick auf das Kontrollkästchen aktivieren und die Inhalte erscheinen, nach einer internen Logik, in der PivotTable. Andererseits können Sie den Aufbau direkt steuern, indem Sie das jeweilige Feld in der *PivotTable-Feldliste* anklicken und direkt in den jeweiligen Bereich innerhalb des Dialogfeldes ziehen (vgl. Abbildung 24.16).

Abbildg. 24.16 Aufbau einer PivotTable im Dialogfeld *PivotTable-Feldliste*

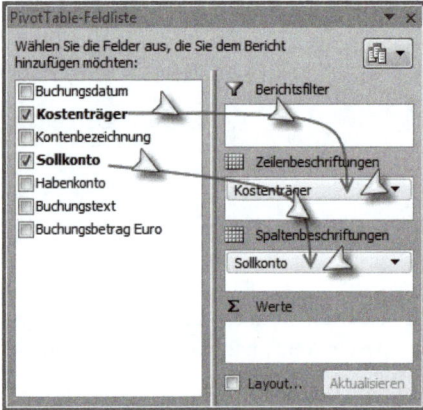

Beispielsweise ist das nachträgliche Pivotieren, Verlagern des Sollkonto-Feldes von den *Spaltenbeschriftungen* in die *Zeilenbeschriftungen* grundsätzlich nur im Dialogfeld *PivotTable-Feldliste* möglich.

PROFITIPP
> Wenn Sie in der Version 2007 ebenfalls die Felder innerhalb der PivotTable (ursprüngliches PivotTable-Layout) verschieben (pivotieren) möchten, dann aktivieren Sie das Kontrollkästchen im Dialogfeld *PivotTable-Optionen,* der Kategorie (Register) *Anzeige* und der Option *Klassisches PivotTable-Layout.* Beim Umschalten in die klassische Ansicht werden auch die neutralen Bezeichner von Zeilen- und Spaltenbeschriftung in die realen Feldnamen geändert.

Löschen eines PivotTable-Berichts oder PivotChart-Berichts

Sie löschen einen PivotTable-Bericht, indem

1. Sie den Bericht aktivieren, den Cursor im Bericht positionieren.
2. Klicken Sie dann auf der Registerkarte *Optionen* in der Gruppe *Aktionen* auf *Auswählen* und anschließend auf *Gesamte PivotTable.*

Abbildg. 24.17   Dialogfolge und Auswahlansicht, um eine PivotTable zu löschen

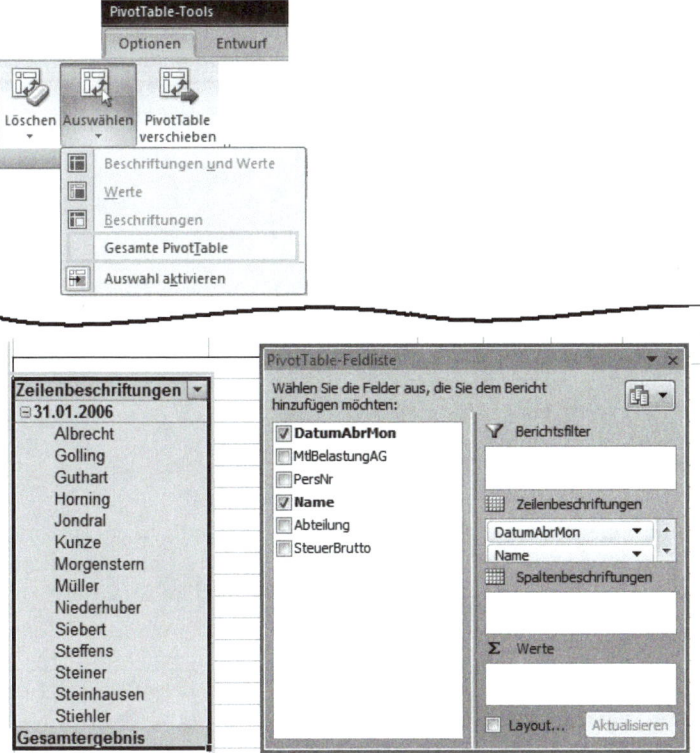

3. Drücken Sie dann die ⌊Entf⌉-Taste.

Die PivotTable wird komplett gelöscht.

Kapitel 24 PivotTable und PivotChart einsetzen

Beim Löschen eines PivotChart-Berichts verfahren Sie analog.

WICHTIG   Wählen Sie statt der `Entf`-Taste den Befehl *Löschen* auf der Registerkarte *Optionen*, werden anstelle der gesamten PivotTable lediglich die Felder, die Formatierung und die Filter entfernt. Sie gelangen durch diese Aktion in die Ausgangslage einer PivotTable-Erstellung vergleichbar der Abbildung 24.15.

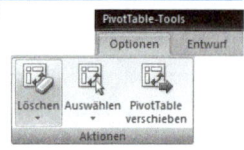

Die Ausgabe der PivotTable im gleichen Arbeitsblatt

Wenn Sie, entgegen der vorherigen Lösung, Ihre PivotTable im Arbeitsblatt mit den Rohdaten darstellen möchten, gehen Sie so vor:

1. Öffnen Sie die Datei *Kap24_Gehalt.xlsx* und aktivieren das Arbeitsblatt *Lohn*, welche die Beispieldaten für die zu erstellende PivotTable enthält.
2. Klicken Sie auf der Registerkarte *Einfügen* in der Gruppe *Tabellen* auf *PivotTable*, um das Dialogfeld *PivotTable erstellen* zu öffnen.

Abbildg. 24.18   Dialogfeld *PivotTable erstellen* mit der Ausgabe im Arbeitsblatt mit den Quelldaten

3. Sie wählen zuerst die Option *Vorhandenes Arbeitsblatt* aus und klicken dann in das Auswahlfeld *Quelldatei*. Tragen Sie hier die Zelladresse für den Beginn, die linke obere Ecke, der PivotTable ein, oder selektieren Sie mit der Maus das entsprechende Feld im Arbeitsblatt.
4. Bestätigen Sie die Schaltfläche *OK*, und die PivotTable wird im Arbeitsblatt *Lohn* erstellt.

HINWEIS   Wenn Sie keine Veränderungen an dem Dialogfeld *PivotTable erstellen* vornehmen, wird standardmäßig ein neues Arbeitsblatt angelegt und dort die PivotTable erstellt.

Tabellenoptionen erleichtern die Darstellung

Im Dialogfeld *PivotTable-Optionen* können Sie unterschiedlichste Einstellungen für den PivotTable-Bericht vornehmen.

Das Dialogfeld ist in fünf Abschnitte (Registerkarten) aufgeteilt:

- *Layout & Format*
- *Summen & Filter*
- *Anzeige*
- *Druckt*
- *Daten*

Abbildg. 24.19   Das Dialogfeld zur Bearbeitung der umfangreichen PivotTable-Optionen

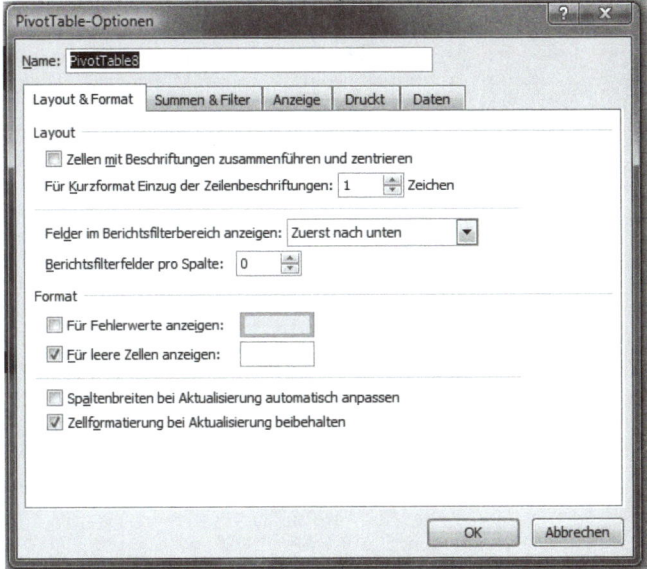

Die einzelnen Registerkarten mit ihren Abschnitten und den wichtigsten Bedeutungen

Die oberste Zeile des Dialogfeldes zeigt das Feld *Name*, es zeigt den Namen der PivotTable an und eröffnet Ihnen auch die Möglichkeit, den Eintrag zu editieren.

Dann folgen auf die einzelnen Registerkarten aufgeteilt:

Tabelle 24.3 Ausgewählte Tabellenoptionen für die PivotTable

Text	Beschreibung
Zellen mit Beschriftungen zusammenführen und zentrieren	Diese Option verbindet Zellen für Elemente in äußeren Zeilen und Spalten, um dann die Elemente horizontal oder vertikal zentrieren zu können
Felder im Berichtsfilterbereich anzeigen: Zuerst nach unten	Felder, die im Berichtsfilter hinzugefügt werden, werden untereinander angezeigt
Rechts, dann nach unten	Felder werden nebeneinander angeordert, maximal so viele, wie *pro Zeile* angegeben sind
Für Fehlerwerte anzeigen	Ermöglicht Ihnen, anstelle von Fehlerwerten, z.B. *#BEZUG!* oder *#DIV/0!*, ein selbst bestimmtes Zeichen auszugeben
Zellformatierung bei Aktualisierung beibehalten	Erspart Ihnen das wiederholte Formatieren Ihrer PivotTable nach Änderungen oder Aktualisierungen
Spaltenbreiten bei Aktualisierung automatisch anpassen	Passt bei jeder Aktualisierung die Spaltenbreite automatisch an die Größe des breitesten Textes an. Es ist zu deaktivieren, um die aktuelle Breite der PivotTablespalten beizubehalten.
Gesamtsummen für Spalten anzeigen	Fasst mit der gleichen Funktion, die im Datenbereich verwendet wird, die Werte für alle Zellen in derselben Spalte der PivotTable zusammen. Gesamtsummenspalte ein- bzw. ausblenden
Gesamtsummen für Zeilen anzeigen	Fasst ebenfalls mit der gleichen Funktion, die im Datenbereich verwendet wird, die Werte aller Zellen in derselben Zeile der PivotTable zusammen. Gesamtsummenzeile ein- bzw. ausblenden
Nach Teilergebnissen gefilterte Seitenelemente	Ermöglicht gefilterte Elemente in Teilergebnisse ein- oder aus zuschließen
Mehrere Filter pro Feld zulassen	Das aktivierte Kontrollkästchen ermöglicht Ihnen in die Berechnung von Teilergebnissen und Gesamtsummen alle Werte einzubeziehen, einschließlich der durch Filter ausgeblendeten Werte
Beim Sortieren benutzerdefinierte Listen verwenden	Wenn Sie zum Sortieren eigene Sortierfolgen (benutzerdefinierte Listen) verwenden wollen, dann müssen Sie diese Option aktivieren. Wenn Sie große Datenmengen nach Standard sortieren, verbessert eventuell die Wegnahme dieser Option die Leistung des Systems.

Tabelle 24.3 Ausgewählte Tabellenoptionen für die PivotTable *(Fortsetzung)*

Text	Beschreibung

Schaltflächen zum Erweitern/Reduzieren anzeigen	Aktivieren Sie diese Option, um die Plus- oder Minuszeichen zum Erweitern bzw. Reduzieren von Zeilen- oder Spaltenbeschriftungen anzuzeigen
	
	 ⊟ Jul
	    APD
	    GK
	 ⊟ Aug

Kontextbezogene QuickInfos anzeigen	Zeigt Ihnen bei aktivierter Option in der QuickInfo den Wert, das Zeilenfeld und dessen Inhalt sowie das Spaltenfeld und dessen Inhalt an
Eigenschaften in QuickInfo anzeigen	Hier können Sie Eigenschaftsinformationen von Elementen in der QuickInfo anzeigen lassen – gilt nur für OLAP-Datenquellen
Feldbeschriftungen und Filterdropdowns anzeigen	Bei aktivierter Option werden Feldbeschriftungen für Zeilen und Spalten einschließlich Dropdown-Pfeilen angezeigt Spaltenbeschriftungen ▼ APD
Klassisches PivotTable-Layout	Zeigt die Pivoterstellungsansicht der Vorversionen und ermöglicht Ihnen Ziehen bzw. Verschieben von Feldern im PivotTable-Bericht (und nicht nur im Dialogfeld *PivotTable-Feldliste*)
Elemente ohne Daten in den Zeilen/Spalten anzeigen	Zeigt Zeilen-/Spaltenelemente an, die keine Werte besitzen (Ist nur für OLAP-Datenquellen verfügbar)
Elementnamen anzeigen, wenn im Wertbereich keine Felder vorhanden sind	Sie können mit dieser Option Elementbeschriftungen anzeigen bzw. ausblenden, wenn im Wertbereich keine Felder vorhanden sind. Gilt nur für PivotTable-Berichte, die mit Excel 2007 erstellt wurden.
Berechnete Elemente von OLAP-Server anzeigen	Aktivieren oder deaktivieren Sie diese Option, um berechnete Elemente in einer Dimension anzuzeigen bzw. auszublenden (ist nur für OLAP-Datenquellen verfügbar)
Von A bis Z sortieren oder	Sortiert die Inhalte der Feldliste aufsteigend alphabetisch
Nach der Reihenfolge der Datenquellen sortieren	Übernimmt die Sortierung der externen Datenquelle (gilt nicht für OLAP-Datenquellen)
Schaltflächen zum Erweitern/Reduzieren in einer PivotTable anzeigen	Aktivieren oder deaktivieren Sie diese Option, um die Schaltflächen zum Erweitern/Reduzieren beim Drucken eines PivotTable-Berichts auszugeben bzw. nicht auszugeben. Dieses Kontrollkästchen ist nicht verfügbar, wenn das Kontrollkästchen *Drillschaltflächen anzeigen* auf der Registerkarte *Anzeige* dieses Dialogfelds deaktiviert ist.
Zeilenbeschriftungen für jede gedruckte Seite wiederholen	Wiederholt die aktuellen Elementbeschriftungen der Zeilenbeschriftungen auf allen Seiten eines gedruckten PivotTable-Berichts, wenn die Option aktiv ist

Tabelle 24.3   Ausgewählte Tabellenoptionen für die PivotTable *(Fortsetzung)*

Text	Beschreibung
Drucktitel festlegen	Bei aktivierter Option werden alle der Feldkopfzeilen der Zeilen und Spalten und der Spaltenelementbeschriftungen auf allen gedruckten Seiten eines PivotTable-Berichts wiederholt.
	Sie müssen im Dialogfeld *Seite einrichten* auf der Registerkarte *Tabelle* im Abschnitt *Drucktitel* in den Feldern *Wiederholungszeilen oben* bzw. *Wiederholungsspalten links* dennoch Werte angeben, um die Beschriftungen tatsächlich drucken zu können (Klicken Sie auf der Registerkarte *Seitenlayout* in der Gruppe *Seite einrichten* auf *Drucktitel*).
Quelldaten mit Datei speichern	Ermöglicht Daten aus externen Datenquellen in der Arbeitsmappe mit zu speichern (Gilt nicht für OLAP-Datenquellen)
'Details erweitern' aktivieren	Bei aktiver Option lassen Sie einen Drilldown zu Detaildaten aus der Datenquelle zu und zeigen die Daten in einem neuen Arbeitsblatt an (Gilt nicht für OLAP-Datenquellen)
Aktualisieren beim Öffnen der Datei	Beim Öffnen der Datei wird bei aktiver Option die Excelmappe aktualisiert (Gilt nicht für OLAP-Datenquellen)
Element beibehalten, die aus der Datenquelle gelöscht wurden *Anzahl der pro Feld beizubehaltenden Elemente*	Anzahl der Elemente pro Feld anzugeben, die mit der Arbeitsmappe zwischengespeichert werden sollen *Automatisch* = Die Standardanzahl der eindeutigen Elemente für die einzelnen Felder *Keine* = Keine eindeutigen Elemente für die einzelnen Felder *Maximum* = Die maximale Anzahl eindeutiger Elemente für die einzelnen Felder. Sie können bis zu 1.048.576 Elemente angeben.

Mehr oder weniger Daten zeigen

Für die Beurteilung der Pivot-Daten kommt es neben den errechneten Werten auch auf die Anordnung der Daten an, denn sehr schnell wirkt sich das Layout auf die Betrachtung und die Interpretation der gezeigten Inhalte aus. Zu viele Details an mancher Stelle würden die Lesbarkeit erheblich erschweren und die Aussagekraft herabsetzen. Durch pivotieren ist es kaum ein Aufwand, das Layout der PivotTable zu verändern. Dadurch wird aber schnell eine andere Analyse der Daten ermöglicht.

Jetzt geht's rund – pivotieren Sie

Um ein Feld innerhalb der PivotTable neu anzuordnen, benötigen Sie die *PivotTable-Feldliste*. Sie erscheint immer, wenn Sie eine PivotTable erstellen wollen und die Auswahl der Quelldaten und den Ausgabebereich für die PivotTable festgelegt haben und das Dialogfeld über die Schaltfläche *OK* verlassen.

Abbildg. 24.20 Die Struktur des Dialogfeldes *PivotTable-Feldliste*

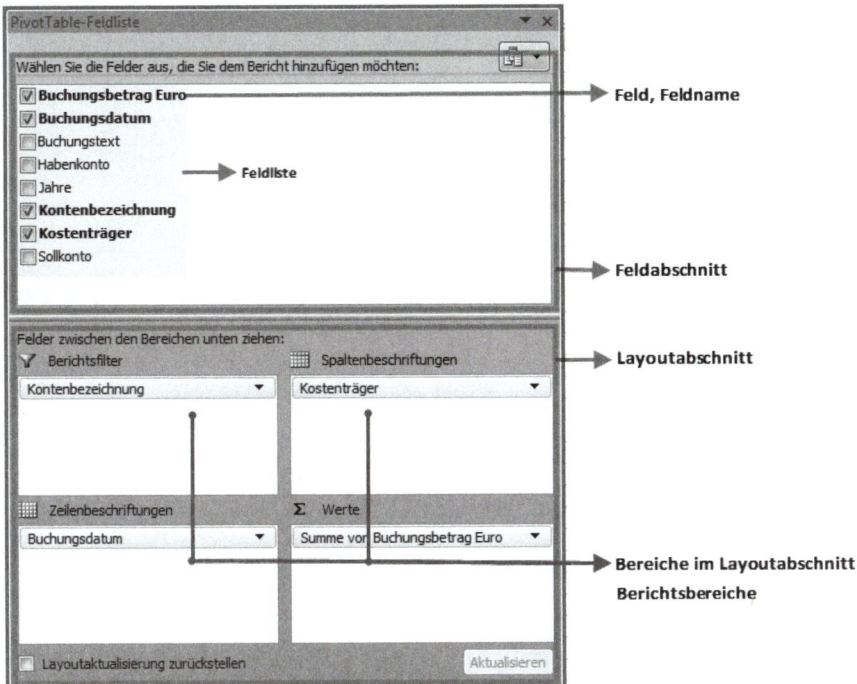

Im Umgang mit dem Dialogfeld *PivotTable-Feldliste* ist es wichtig zu verstehen, wie diese Liste funktioniert und welche Möglichkeiten zum Anordnen der verschiedenen Feldtypen zur Verfügung stehen.

Abbildg. 24.21 So funktioniert die *PivotTable-Feldliste*

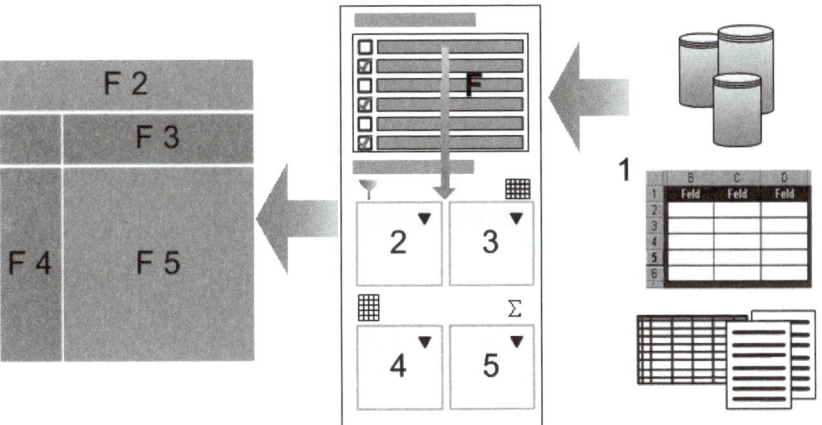

Tabelle 24.4 Erklärung zum PivotTable-Schemabild

Ziffer	Erläuterung
F	PivotTable-Feldliste, zeigt alle vorhandenen Felder aus den Quelldaten
1	Externe Datenquellen mit strukturierten, sequentiellen Daten, die in mehreren Feldern (Spalten) verwaltet werden
2	Berichtsfilter: Ziehen Sie ein Feld aus der Feldliste (F) in den Bereich Berichtsfilter (2) im Layoutabschnitt, erscheint es ebenfalls gleichzeitig im Berichtsfilterbereich des PivotTable-Berichts (F2)
3	Spaltenbeschriftungen: Ziehen Sie ein Feld aus der Feldliste (F) in den Bereich *Spaltenbeschriftungen* (3), erscheinen die Inhalte gleichzeitig im Bereich *Spaltenbeschriftungen* des PivotTable-Berichts (F3)
4	Zeilenbeschriftungen: Ziehen Sie ein Feld aus der Feldliste (F) in den Bereich *Zeilenbeschriftungen* (4), erscheinen die Inhalte gleichzeitig im Bereich *Zeilenbeschriftungen* des PivotTable-Berichts (F4)
5	Werte: Ziehen Sie ein Feld aus der Feldliste (F) in den Bereich *Werte* (5), erscheinen die Inhalte gleichzeitig im Bereich *Werte* des PivotTable-Berichts (F5)

Abbildg. 24.22 Die Umsetzung der Bereiche aus der *PivotTable-Feldliste* im *PivotTable-Bericht*

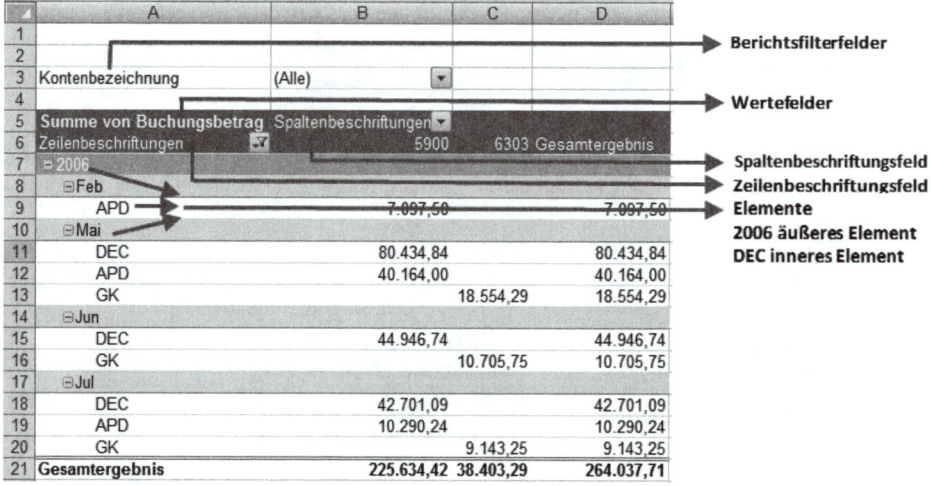

Grundsätzliches zum Verschieben von Feldern in den vier Berichtsbereichen

Für jeden Bereich im PivotTable-Bericht gibt es einige Besonderheiten bei der Anordnung der Daten.

- *Wertefelder*: Wird das erste numerische Feld aktiviert, wird es standardmäßig in den Bereich *Werte* verschoben. Folgt ein weiteres, numerisches Feld, wird es ebenfalls in den Wertebereich verschoben und erscheint gleichzeitig als *Wert* im Bereich *Spaltenbeschriftungen*.

- *Zeilen- und Spaltenfelder*: Wird lediglich das Kontrollkästchen für ein Textfeld aktiviert, wird das Feld automatisch in den Bereich *Zeilenbeschriftungen* verschoben. Ein zweites Mal kann dasselbe Feld nicht in den gleichen Bereich von *Zeilen- oder Spaltenbeschriftungen* verschoben werden.

ACHTUNG Im Bereich *Werte* kann jedes Feld, egal ob numerisch oder Text, mehrfach platziert werden.

- Weitere Besonderheiten beim Anordnen sind in Zusammenhang mit OLAP-Datenquellen zu beachten. In OLAP-Datenquellen sind sehr häufig zahlreiche Felder (Measures) enthalten, die in verschiedenen Dimensionen, Hierarchien und Ebenen organisiert sind. Sie können Hierarchien, Attribute und benannte Mengen nur in die Zeilenbeschriftungs- und Spaltenbeschriftungs- oder Berichtsfilterbereiche verschieben. Sie können Measures, berechnete Measures nur in den Wertebereich verschieben.

Neuanordnen oder hinzufügen von Feldern

Neue Felder können Sie jederzeit hinzufügen. Aktivieren Sie das jeweilige Kontrollkästchen, und das Feld wird im Standardbereich des Layoutabschnitts platziert. Sie können jederzeit die Anordnung der Felder ändern.

Klicken Sie mit der rechten Maustaste auf den Feldnamen und wählen dann den entsprechenden Befehl, um das Feld in einem bestimmten Bereich des Layoutabschnitts zu positionieren.

Abbildg. 24.23 Die Befehle zum Neupositionieren eines Feldes

TIPP Sehr schnell lässt sich ein Feld anordnen, wenn Sie mit der linken Maustaste auf einen Feldnamen klicken, die Taste festhalten und das Feld aus dem Feldabschnitt in einen Bereich im Layoutabschnitt ziehen. Genauso können Sie auch ein Feld von einem Bereich im Layoutabschnitt in einen anderen ziehen.

Sie wollen wissen, wie viele Mitarbeiter in der jeweiligen Abteilung aufgeschlüsselt über den Datenzeitraum tätig waren. Auf der Basis der PivotTable in Abbildung 24.13 führen Sie dazu die folgenden Schritte aus:

(Sie finden diese Ausgangs-PivotTable auch in der Mappe *Kap24_Gehalt_Lösung.xlsx* im Arbeitsblatt *Pt24.13*.)

1. Öffnen Sie das Arbeitsblatt oder erstellen Sie die PivotTable nach dem genannten Muster.
2. Öffnen Sie die *PivotTable-Feldliste*, indem Sie mit der Maus in die PivotTable klicken.

HINWEIS Falls wider Erwarten die *PivotTable-Feldliste* nicht erscheint, klicken Sie auf *PivotTable-Tools* in der Titelleiste des Bildschirms. Danach klicken Sie auf der Registerkarte *Optionen* in der Gruppe *Einblenden/Ausblenden* auf den Befehl *Feldliste*, um das Dialogfeld zu öffnen.

3. Klicken Sie mit der rechten Maustaste auf das Feld *Jahre* im *Berichtsfilter* (der PivotTable-Feldliste), halten die Maustaste gedrückt und schieben das Feld in den Bereich *Spaltenbeschriftungen*.
4. Positionieren Sie das Feld *Jahre* vor dem Feld *Abteilung*.
5. Das Feld *Abteilung* verschieben Sie vom Spaltenbereich in den Zeilenbereich, unterhalb des Feldes *DatumAbrMon*.

Ihre PivotTable hat nun die aus Abbildung 24.24 hervorgehende Darstellung.

Abbildg. 24.24 Die umgestaltete PivotTable mit der Darstellung der Felder in der PivotTable-Feldliste (Ausschnitt)

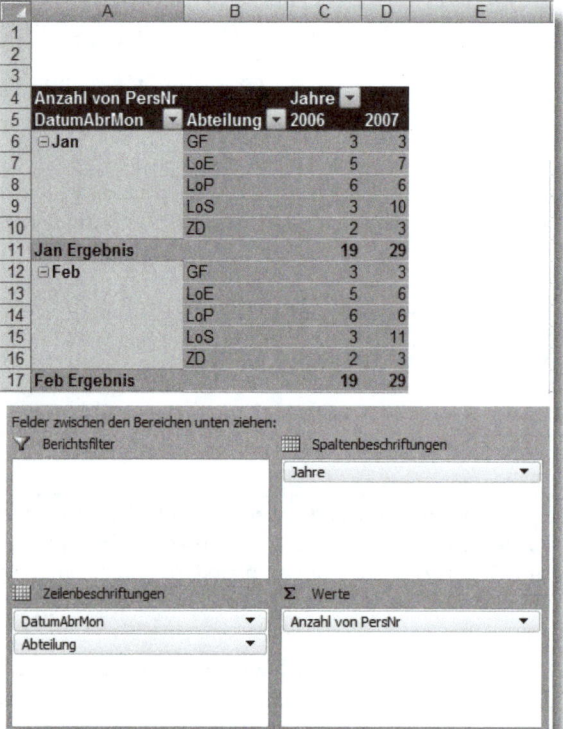

Je mehr Felder Sie zur Verfügung haben und verwenden, desto differenzierter kann die Darstellung und letztendlich auch die Aussage der Tabelle sein.

Die anschauliche Formatierung erhalten Sie auf der Registerkarte *Entwurf* der Multifunktionsleiste über die Gruppe *PivotTable-Formate*.

Abbildg. 24.25 Auswahl einer bestehenden PivotTable-Formatvorlage

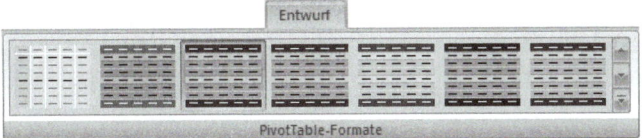

Die in der Abbildung 24.24 gezeigte Liste zeigt gegenwärtig alle Abteilungen an. Der Dropdown-Pfeil an der Feldschaltfläche *Abteilung* eröffnet Ihnen ähnliche Möglichkeiten wie der *AutoFilter* – Sie können damit bestimmte Listeneinträge ausblenden. Mehr zum Thema AutoFilter können Sie Kapitel 20 entnehmen.

Wenn Sie auf den kleinen Pfeil klicken, wird ein Fenster geöffnet, in dem Sie die Einzelpositionen auswählen können, die letztendlich in der PivotTable angezeigt werden sollen.

Abbildg. 24.26 Auswahlfenster für die Anzeige von Einzelpositionen in einem Pivot-Feld

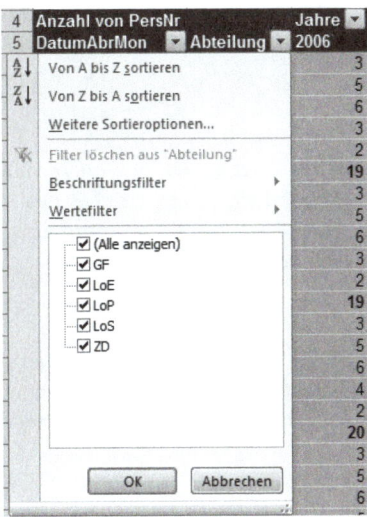

Alle Auswahlkästchen, die mit einem Häkchen versehen sind (das ist die Standardeinstellung), werden in die PivotTable übernommen. Durch einfaches Klicken auf das Kästchen können Sie die Auswahl sowohl deaktivieren als auch wieder aktivieren. Ein Klick auf das Kontrollkästchen *(Alle anzeigen)* entfernt das Häkchen aus allen Kontrollkästchen bzw. fügt das Häkchen in alle Kontrollkästchen ein. Die endgültige Übernahme der getroffenen Auswahl bestätigen Sie durch einen Klick auf die Schaltfläche *OK*.

Felder hinzufügen, entfernen oder neu anordnen

Nehmen wir an, Sie stellen im Verlauf der Arbeit fest, dass sich in Ihrer PivotTable Felder befinden, die nicht mehr benötigt werden. Sie möchten diese Felder nun aus der Tabelle löschen.

In unserem Beispiel wollen Sie ein Feld aus dem Spaltenbereich der PivotTable entfernen:

1. Aktivieren Sie die PivotTable und klicken dann im *Layoutabschnitt* auf den Feldnamen. Eine Befehlsliste wird geöffnet.
2. Klicken Sie anschließend auf den Befehl *Feld entfernen*.

Abbildg. 24.27   Befehlsliste, eingeblendet durch einen Klick auf den Feldnamen, im Layoutbereich der PivotTable-Feldliste

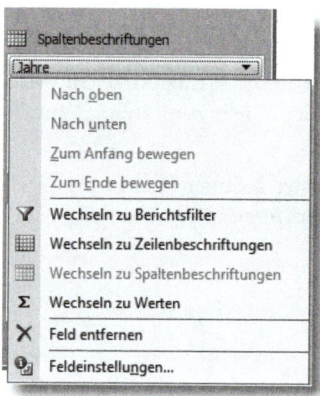

Die einem Feld zugeordnete (Abbildung 24.27) Befehlsliste bietet neben *Feld entfernen* und *Feldeinstellungen* auch eine Reihe von Befehlen, um ein Feld innerhalb eines Bereiches neu anzuordnen (*Nach oben*, *Nach unten*, *Zum Anfang bewegen*, *Zum Ende bewegen*). Diese Anordnung betrifft die Reihenfolge der Elemente im Zeilen-, bzw. Spaltenbereich des *PivotTable-Berichts*.

Ferner finden Sie vier Befehle zum Verschieben eines Feldes innerhalb des Layoutbereichs.

TIPP   Sie können im Layoutabschnitt auch auf einen Feldnamen zeigen, die rechte Maustaste drücken, festhalten und das Feld aus der PivotTable-Feldliste herausziehen. Wenn der Feldname mit einem Kreuz am Mauszeiger erscheint, geben Sie die Maustaste wieder frei, und das Feld wird aus dem Bereich entfernt.

HINWEIS   Durch Deaktivieren eines Kontrollkästchens im Feldabschnitt werden alle Instanzen des Feldes aus dem PivotTable-Bericht entfernt.

Ändern der PivotTable-Feldlistenansicht

Die Ansicht der PivotTable-Feldliste gibt es in fünf Varianten, die für die verschiedenen Aufgaben beim Einsatz einer PivotTable konzipiert und optimiert sind.

Abbildg. 24.28 Die verschiedenen Aufbauten der PivotTable-Feldliste

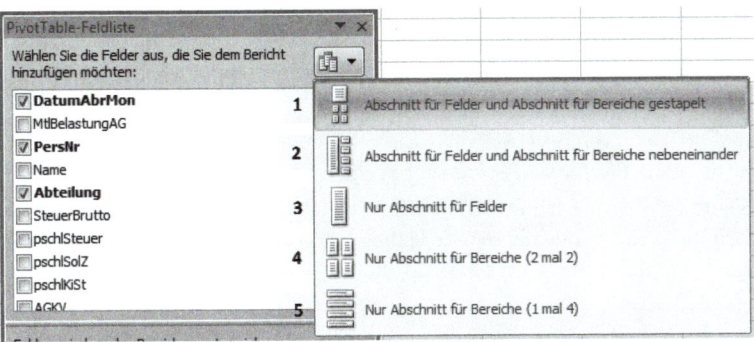

Tabelle 24.5 Die verschiedenen Möglichkeiten, die PivotTable-Feldliste anzuordnen

Form	Optimierte Anwendung
1	Dies ist die Standardansicht und für die Bearbeitung von wenigen Feldern konzipiert
2	Diese Ansicht wird zum Hinzufügen bzw. Entfernen von Feldern verwendet, wenn in jedem Bereich mehr als vier Felder verwendet werden
3	Findet dann Verwendung, wenn viele Felder hinzugefügt oder entfernt werden sollen
4	Wenn viele Felder neu angeordnet werden sollen, ist diese Ansicht wirkungsvoll
5	Diese Ansicht findet Verwendung bei der Neuanordnung zahlreicher Felder

Automatische oder manuelle Aktualisierung des Berichtslayouts

Bei jeder Änderung, die Sie in der PivotTable-Feldliste vornehmen, wird das Berichtslayout automatisch aktualisiert. Bei der Verarbeitung von großen Datenmengen bedeutet die permanente Aktualisierung Performanceverlust. Der Wechsel zur manuellen Aktualisierung kann daher sinnvoll sein. Der Bericht kann erst dann wieder verwendet werden, wenn Sie nach allen Änderungen im manuellen Umfeld zur automatischen Aktualisierung zurückgekehrt sind und der Bericht die neuesten Darstellungen aufweist.

Um im manuellen Umfeld zu arbeiten, aktivieren Sie in der PivotTable-Feldliste das Kontrollkästchen *Layoutaktualisierung zurückstellen* am unteren Rand des Dialogfeldes.

Wenn Sie zwischenzeitlich eine aktualisierte Ansicht des PivotTable-Berichts benötigen, dann betätigen Sie die Schaltfläche *Aktualisieren*.

ACHTUNG Wenn Sie für das Berichtslayout die manuelle Aktualisierung ausgewählt haben, gehen beim Schließen der PivotTable-Feldliste, beim Wechsel in die Ansicht *Nur Felder* oder beim Beenden von Microsoft Office Excel alle inzwischen durchgeführten Änderungen am Layout verloren.

Sie wollen zusätzlich zu den Abteilungen noch die zugehörigen Namen darstellen? Um dies zu erreichen, müssen Sie das Feld *Name* in den bestehenden *PivotTable-Bericht* aufnehmen, am besten im Zeilenbereich, wobei der PivotTable-Bericht eine Feldanordnung besitzt, wie in Abbildung 24.24 gezeigt. Die Ausgangs-PivotTable finden Sie auch in der Mappe *Kap24_Gehalt_Lösung.xlsx* im Arbeitsblatt *Pt24.24*.

1. Öffnen Sie das Arbeitsblatt oder erstellen Sie die PivotTable nach dem genannten Muster.
2. Öffnen Sie dann die *PivotTable-Feldliste* durch einen Klick in die PivotTable.
3. Klicken Sie im Feldlistenabschnitt auf das Kontrollkästchen vor dem Feldnamen. Das Feld wird automatisch im Layoutbereich in den Zeilenbeschriftungen an letzter Position platziert und der zugehörige PivotTable-Bericht wird aktualisiert.

TIPP Alternativ können Sie das Feld *Name* mit der rechten Maustaste anklicken, festhalten und dann in den Layoutbereich ziehen.

Die Lösung finden Sie in der Mappe *Kap24_Gehalt_Lösung.xlsx* auf dem Arbeitsblatt *Pt24.24(2)*.

Layout von Pivot-Tabellen – Praxisbeispiel

Sie möchten auf einen Blick, neben der monatlichen Belastung und dem Arbeitnehmerbruttobetrag, zusätzlich noch die Arbeitgeberanteile aufgelistet haben. Gehen Sie wie folgt vor:

Abbildg. 24.29 Die Ausgangstabelle für das folgende Beispiel

1. Erstellen Sie die PivotTable in der Feldanordnung (entsprechend der Abbildung 24.29).
2. Zeigen Sie die PivotTable-Feldliste an, indem Sie eine Zelle in der PivotTable aktivieren.
3. Wechseln dann in die PivotTable-Feldliste und ziehen zunächst das Feld *MtlBelastungAG* und dann die Felder *AGKV*, *AGRV*, *AGAV* und *AGPV* in den Bereich *Werte* im Layoutbereich.
4. Falls bei einem oder einigen Feldern die Funktion *Anzahl* für die Zusammenfassung verwendet wird, müssen Sie die Funktion noch auf *Summe* ändern.
5. Klicken Sie mit der rechten Maustaste auf das betroffene Feld im *Wertebereich*, und wählen Sie im daraufhin geöffneten Kontextmenü den Befehl *Wertfeldeinstellungen*.
6. Es öffnet sich das Dialogfeld *Wertfeldeinstellungen*.
7. Auf der Registerkarte *Zusammenfassen mit* wählen Sie den Berechnungstyp *Summe* aus und beenden das Dialogfeld mit einem Klick auf die Schaltfläche *OK*.
8. Wiederholen Sie diese Schritte für alle Felder, die mit einer anderen als der Summefunktion berechnet wurden.

Layout von Pivot-Tabellen – Praxisbeispiel

Abbildg. 24.30   Dialogfeld *Wertefeldeinstellungen* mit der neu ausgewählten Zusammenfassungsfunktion *Summe*

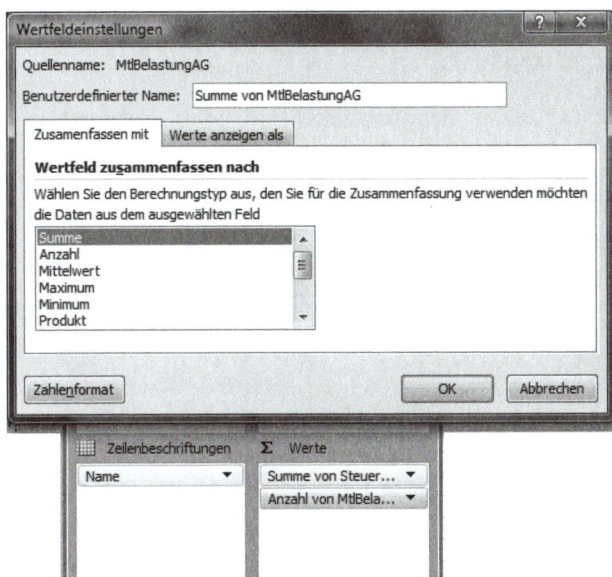

Darstellung nur einer Abteilung

Dazu müssen Sie lediglich im Berichtsfilter im Feld *Abteilung* die Auswahl auf die erforderliche *Abteilung* begrenzen:

1. Klicken Sie im *Berichtsfilterfeld* der PivotTable auf den kleinen Pulldown-Pfeil am Abteilungsauswahlfeld, markieren Sie in der Liste den Eintrag *GF* und schließen Sie das Fenster mit einem Klick auf die Schaltfläche *OK*.
2. Die Darstellung der PivotTable wird erheblich reduziert und zeigt nur noch die Einträge der ausgewählten Abteilung.
3. Die Übersichtlichkeit der Wertefelder ist jedoch noch nicht brauchbar (siehe Abbildung 24.31).

Abbildg. 24.31   Das Ergebnis ist noch nicht befriedigend

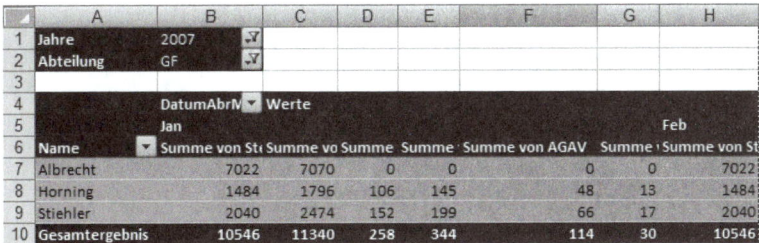

4. Die Anordnung der Felder im Wertebereich der *PivotTable-Feldliste* erzeugt gleichzeitig ein neues Feld *Werte*, das im Bereich *Spaltenbeschriftungen* abgelegt wurde.

5. Um die Übersichtlichkeit der PivotTable zu erhöhen, ziehen Sie das Feld *Werte* in den Bereich *Zeilenbeschriftungen* der *PivotTable-Feldliste*.

Sie erhalten dann folgendes Ergebnis:

Abbildg. 24.32 Die PivotTable mit übersichtlicher Anordnung und eingeblendetem Layoutbereich

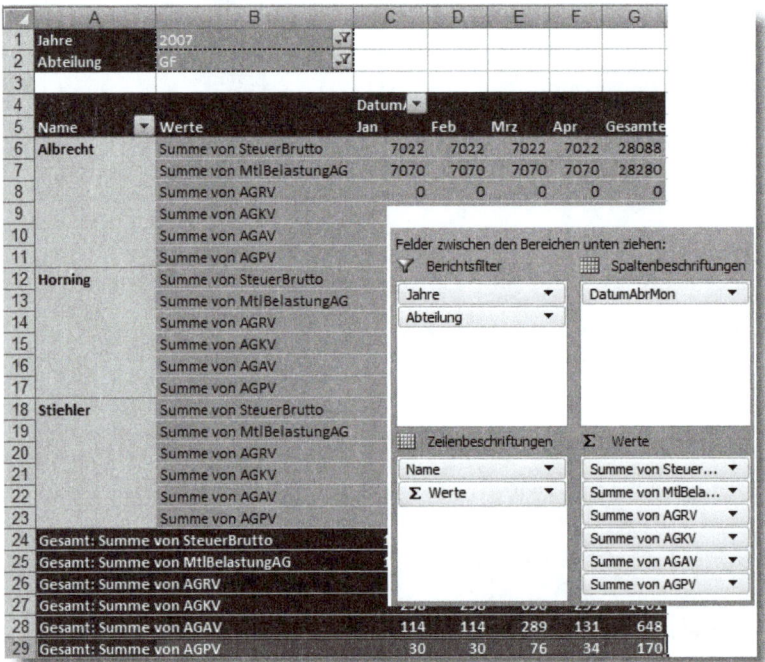

Sie können jetzt die Felder beliebig austauschen oder in andere Bereiche verschieben, je nach Anforderung und gewünschter Aussagekraft. Hier hilft es, verschiedene Aspekte einfach einmal auszuprobieren – wie im Leben führt auch in Excel das Experimentieren zuweilen zu den größten Lernerfolgen.

Ein- und Ausblenden von Details

Sie haben die PivotTable aus dem vorherigen Arbeitsschritt etwas umgestaltet, woraus sich der in Abbildung 24.33 dargestellte momentane Aufbau ergibt.

Layout von Pivot-Tabellen – Praxisbeispiel

Abbildg. 24.33   Die umgestaltete PivotTable mit eingeblendetem Layoutbereich

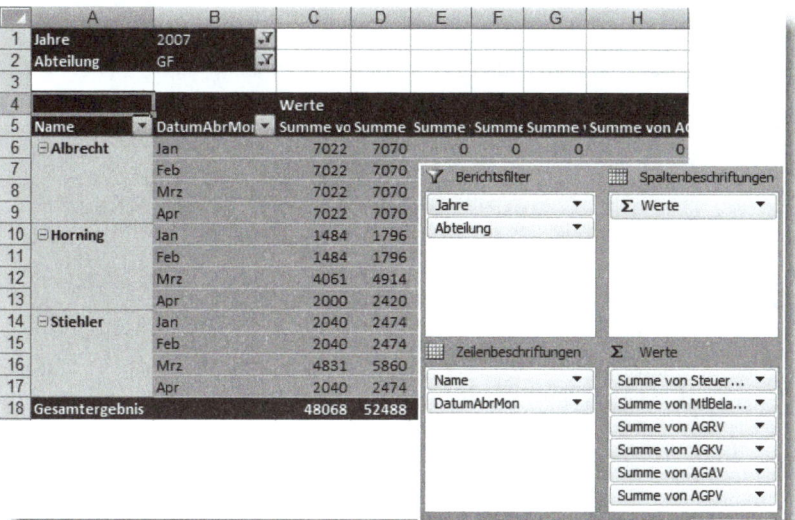

Nun wollen Sie die dargestellten Daten (Abbildung 24.33) in der Zeilenanzahl verdichten, sodass in Ihrer PivotTable nur die Ergebniszeilen der Namen angezeigt werden:

1. Markieren Sie zunächst alle Elemente des Zeilenfeldes *DatumAbrMonat*, indem Sie den Mauszeiger auf den Namen des Zeilenfeldes, etwas über den unteren Rand hinaus bewegen, es erscheint dann ein kleiner schwarzer Pfeil. Wenn Sie jetzt mit der linken Maus klicken, wird die gesamte Spalte markiert.

2. Jetzt wählen Sie den Befehl *Gesamtes Feldes reduzieren*. Diesen Befehl finden Sie in der Multifunktionsleiste unter *PivotTable-Tools* auf der Registerkarte *Aktives Feld*.

HINWEIS   Um die Reduzierung wieder aufzuheben, gibt es den Befehl *Gesamtes Feld erweitern*. Diesen Befehl finden Sie in unter *PivotTable-Tools* auf der Registerkarte *Aktives Feld*.

Abbildg. 24.34   Bei kleineren PivotTables können Sie auch auf die Schaltflächen »+« bzw. »–« direkt vor dem Namen klicken

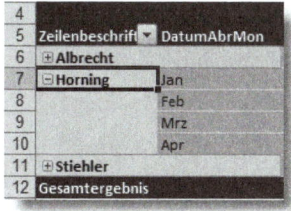

Sind in Ihrer PivotTable erst einmal alle Details eingerichtet, können diese durch einen Doppelklick auf das Feldelement immer wieder ein- bzw. ausgeblendet werden. Beispielsweise wird die Anzeige der Monate Januar bis April ausgeblendet, wenn Sie auf den Eintrag *Albrecht* einen

Kapitel 24 PivotTable und PivotChart einsetzen

Doppelklick ausführen. Ein weiterer Doppelklick auf dieses Feld macht die Einträge für Januar bis April wieder sichtbar.

Abbildg. 24.35 Befehle zum Erweitern/Reduzieren finden Sie auch im Kontextmenü

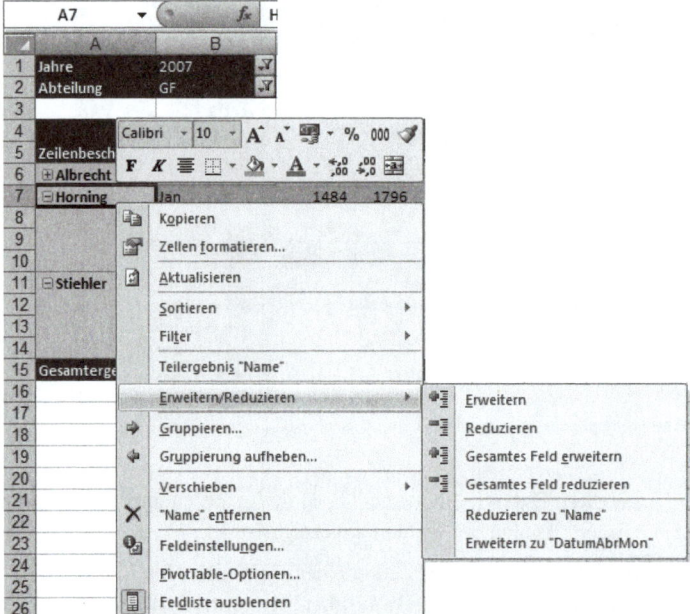

Haben Sie später in Ihrer Tabelle mehrere Felder in Spalten und Zeilen angeordnet und markieren Sie das innerste Feld, werden die neuen Details für alle übergeordneten Feldinhalte eingeblendet. Handelt es sich hingegen um ein Feldelement oder ist das markierte Feld nur ein einzelnes Spalten- oder Zeilenfeld, so werden die Details nur für ein übergeordnetes Feldelement angezeigt. Analog zum Einblenden von Details verfahren Sie beim Ausblenden.

Die Lösung finden Sie auf dem Arbeitsblatt *Pt24.31(2)*.

Wie kann man unterschiedliche Layouts einstellen?

Wenn Sie die beiden Lösungsarbeitsblätter *Pt24.31* und *Pt24.31(2)* anschauen, werden Sie feststellen, dass die beiden Felder in den Zeilenbeschriftungen unterschiedliche Layouts verwenden.

Was ist der Hintergrund?

Sie können für jedes Feld im *Layoutbereich* unterschiedliche *Feldeinstellungen* vornehmen. Davon wurde im obigen Beispiel Gebrauch gemacht. In der folgenden Abbildung sehen Sie die unterschiedlich eingestellten Optionen auf der Registerkarte *Layout & Drucken*.

Layout von Pivot-Tabellen – Praxisbeispiel

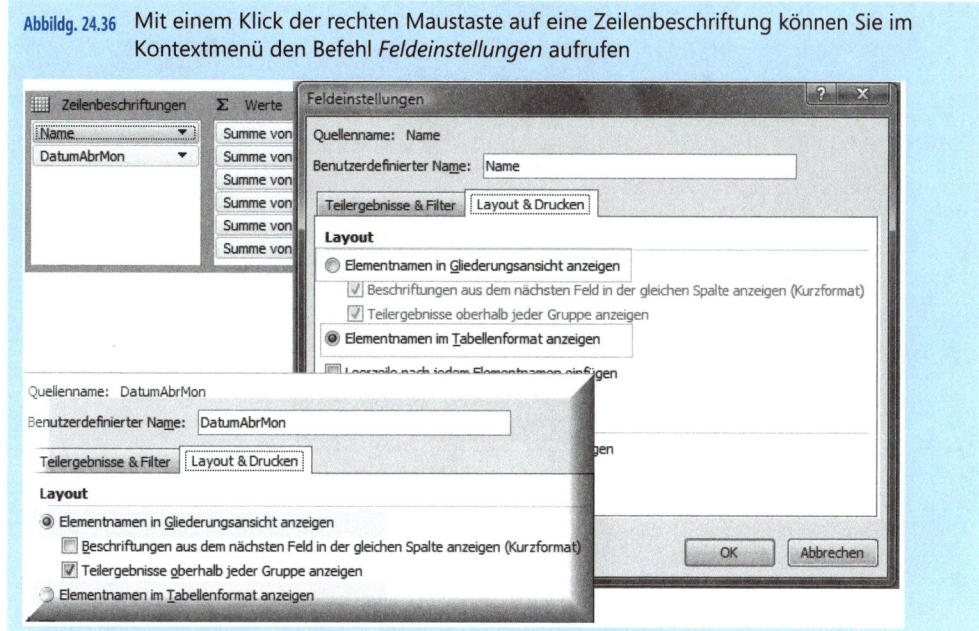

Abbildg. 24.36 Mit einem Klick der rechten Maustaste auf eine Zeilenbeschriftung können Sie im Kontextmenü den Befehl *Feldeinstellungen* aufrufen

Möglichkeiten der Feldeinstellungen im PivotTable-Bericht

Im Dialogfeld *Feldeinstellungen* können für ein Feld eines PivotTable-Berichts verschiedene Einstellungen für das Format, das Drucken, die Teilergebnisse und die Filter vorgenommen werden.

Tabelle 24.6 Erklärung der Feldeinstellungen eines PivotTable-Berichts

Text	Beschreibung
Quellenname	Zeigt den Namen des Feldes in der Datenquelle an
Benutzerdefinierter Name	Zeigt den aktuellen Feldnamen in PivotTable-Bericht an. Der Name kann von Ihnen bearbeitet sein oder wurde direkt aus der Quelle übernommen.
Registerkarte *Layout & Drucken*	
Elementnamen in Gliederungsansicht anzeigen	Wenn diese Option aktiv ist, werden die Feldelemente in der Gliederungsansicht im PivotTable-Bericht angezeigt
Beschriftungen aus dem nächsten Feld in der gleichen Spalte anzeigen	Diese Option wird dann verwendet, wenn Sie die Inhalte aus dem zweiten Zeilenfeld in der Gliederung des ersten Zeilenfeldes mit anzeigen wollen. Diese Option ist jedoch nur möglich, wenn auch *Elemente in Gliederungsansicht anzeigen* aktiviert ist. Auswirkung:

Tabelle 24.6 Erklärung der Feldeinstellungen eines PivotTable-Berichts *(Fortsetzung)*

Text	Beschreibung
Teilergebnisse oberhalb jeder Gruppe anzeigen	Diese Option ist dann zu aktivieren, wenn Sie Teilergebnisse oberhalb jeder Gruppe (beispielsweise Name) anzeigen wollen. Das Kontrollkästchen ist nur dann aktivierbar, wenn Sie auch *Elemente in Gliederungsansicht anzeigen* aktiviert haben.
Elementnamen in Tabellenformat anzeigen	Aktivieren Sie diese Option, wenn Sie Feldelemente im Tabellenformat anzeigen wollen. Diese Option ist lediglich bei *Zeilenfeldern* anwendbar. Auswirkung:
Leerzeilen nach jedem Element einfügen	Bei Aktivierung wird vor jedem Element (Zeilenfeld Name) eine Leerzeile eingefügt
Element ohne Daten anzeigen	Wenn diese Option aktiviert ist, werden auch Felder in den Bericht aufgenommen, die keine Dateninhalte aufweisen
Seitenumbruch nach jedem Element einfügen	Bei Aktivierung wird beim Druck des PivotTable-Berichts jedes Element auf eine neue Seite gedruckt. (Beispielsweise jeder Name mit den zugehörigen Monaten bekommt eine eigene Seite.)
Registerkarte *Teilergebnisse & Filter*	
Teilergebnis verfügt über die Optionen	Automatisch – Verwendet für das Feld die Standardfunktion
	Keine – Zeigt das Feld ohne Zwischensumme an
	Benutzerdefiniert – Aktiviert die Auswahl nachfolgender Funktionen für die Zwischensumme
Summe	Ermittelt die Summe aller numerischen Werte
Anzahl	Berechnet die Anzahl aller Werte
Mittelwert	Berechnet die Summe aller numerischen Werte, die durch die Anzahl der Einträge in den Quelldaten geteilt werden
Maximum	Ermittelt den Höchstwert
Minimum	Ermittelt den niedrigsten Wert
Produkt	Multipliziert alle numerischen Werte
Anzahl Zahlen	Zählt alle numerischen Werte
Stabw	Schätzt die Standardabweichung ausgehend von einer Stichprobe. Die Standardabweichung ist ein Maß dafür, wie weit die jeweiligen Werte um den Mittelwert (Durchschnitt) streuen.
Stabwn	Berechnet die Standardabweichung einer Grundgesamtheit
Varianz (Stichprobe)	Schätzt die Varianz auf der Basis einer Stichprobe
Varianz (Grundgesamtheit)	Berechnet die Varianz ausgehend von einer Grundgesamtheit
Abschnitt *Filter*	
Neue Elemente in manuellen Filter einschließen	Ist diese Option aktiviert, werden alle neuen Elemente im PivotTable-Bericht in einen angewendeten Filter aufgenommen

Neue Position für ein Feldelement

Die Anordnung, also Reihenfolge Ihrer Zeileneinträge, können Sie in einer PivotTable einerseits mit den Sortierbefehlen beeinflussen, einschließlich einer automatisch anzuwendenden *Benutzerdefinierten Sortierreihenfolge* (Einzelheiten zur Sortierung finden Sie in Kapitel 20). Andererseits können Sie die Anordnung situativ nach eigenen Wünschen und losgelöst von einer Sortierreihenfolge gestalten.

Nehmen wir an, Sie wollen den Mitarbeiter *Stiehler* an der ersten Position anzeigen, wobei die anderen Positionen jedoch in der ursprünglichen Reihenfolge belassen werden sollen (siehe Abbildung 24.35).

Gehen Sie folgendermaßen vor:

1. Markieren Sie zunächst die Zelle mit dem Mitarbeiter *Stiehler*, bewegen den Mauszeiger, bis das Symbol mit den *Pfeilen in vier Richtungen* erscheint, drücken dann die linke Maustaste und schieben das markierte Feld in die gewünschte Position.
2. Wenn das Feld, gekennzeichnet durch eine kräftige graue Linie, die Zielposition erreicht hat, lassen Sie die Maustaste los.
3. Das Feld mit den zugehörigen Daten wird jetzt am neuen Ort angezeigt. Alle anderen Feldelemente des Beispiels verbleiben in der bisherigen Reihenfolge.

Vom Globalen zum Detail

Oft erschweren allzu umfangreiche Datenmengen den Blick auf die relevanten Daten. Die Möglichkeit, die Tabellenfelder zu filtern, bietet eine wertvolle Hilfe, den Blick auf die wesentlichen Inhalte zu konzentrieren.

WICHTIG Im Gegensatz zum Filtern eines Zellbereichs oder einer Tabelle muss ein Filter in einem PivotTable-Bericht oder PivotChart nicht immer wieder erneuert werden. Die in PivotTables eingestellten Filter werden bei jeder Aktualisierung automatisch angewendet.

Filter sind in PivotTable-Berichten oder PivotCharts immer additiv. Das bedeutet, dass jeder weitere Filter auf den aktuellen Filtern aufsetzt und die Untermenge der Daten weiter reduziert.

Sie können in dem Pivot-Umfeld bis zu drei Filtertypen gleichzeitig erstellen:

- Manueller Filter
- Beschriftungs- und Datumsfilter
- Wertfilter

Gesteuert wird die gleichzeitige Anwendung verschiedener Filter über die Option *Mehrere Filter pro Feld zulassen*. Diese Einstellung finden Sie auf der Registerkarte *Anzeigen* im Dialogfeld der *PivotTable-Optionen*.

Mit einem Berichtsfilter (Beschriftungsfilter) können Sie bequem eine Teilmenge von Daten in einem *PivotTable-Bericht* oder einem *PivotChart-Bericht* anzeigen. Mit einem *Beschriftungsfilter* im Zeilenfeldbereich *Namen* können Sie die Anzeige von großen Datenmengen leichter verwalten und einen Teil der Daten in einem Bericht in den Vordergrund stellen, beispielsweise nur bestimmte Namen, die mit »S« beginnen, anzeigen lassen.

Kapitel 24 PivotTable und PivotChart einsetzen

Die Lösung zu dieser Übung finden Sie im Arbeitsblatt *Pt24.35* der Mappe *Kap24_Gehalt_Lösung.xlsx*.

Dazu finden Sie auf dem Feld *Name* der Zeilenbeschriftungen in der PivotTable einen Dropdown-Pfeil.

Wenn Sie auf diesen Pfeil klicken, erhalten Sie zahlreiche Möglichkeiten, um neben dem Sortieren auch zu filtern (Abbildung 24.37).

Abbildg. 24.37 Excel bietet umfangreiche Möglichkeiten, um Daten in der PivotTable zu sortieren oder zu filtern

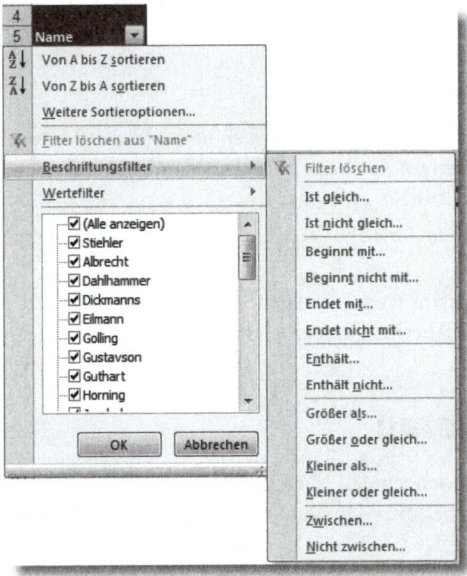

1. Klicken Sie auf den Befehl *Beschriftungsfilter* und danach auf *Beginnt mit*.
2. Im Dialogfeld *Beschriftungsfilter (Name)* tragen Sie in das Eingabefeld den Buchstaben »S« ein und bestätigen dann mit *OK* (siehe Abbildung 24.38).

Abbildg. 24.38 Das Ergebnis des Filtervorgangs mit eingeblendetem Beschriftungsfilter (Name)

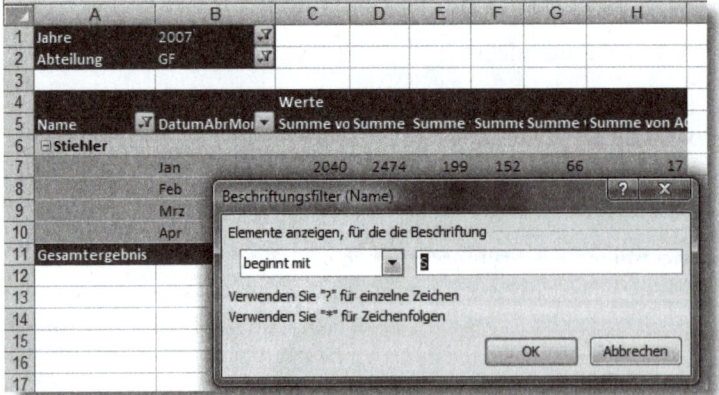

Layout von Pivot-Tabellen – Praxisbeispiel

Dieses Dialogfeld bietet mit dem Beschriftungsfilter und Wertefilter zahlreiche Möglichkeiten, um die Übersichtlichkeit der Daten zu gewährleisten.

Wenn Sie nicht mit Teilbegriffen oder Stellvertreterzeichen arbeiten wollen oder können, besteht auch die Möglichkeit, den bzw. die gewünschten Namen direkt über ein Kontrollkästchen zu selektieren (siehe Abbildung 24.37).

Wenn die Auswahlliste nach dem Klick auf den Pulldown-Pfeil am Zeilenfeld *Namen* erstmals angezeigt wird, befindet sich in dem jeweiligen Kontrollkästchen vor dem Namen ein Häkchen, welches bewirkt, dass der Eintrag in der PivotTable angezeigt wird. Um das Häkchen zu entfernen, klicken Sie mit der linken Maustaste auf das betreffende Kontrollkästchen. Anschließend bestätigen Sie Ihre Auswahl mit der *OK*-Schaltfläche, woraufhin in dem PivotTable-Bericht die reduzierte bzw. erweiterte Anzeige der Daten erscheint. In dem obigen Beispiel der Abbildung 24.37 klicken Sie zunächst auf das Kästchen *Alle anzeigen* und anschließend auf das Kästchen *Stiehler*, um so nur noch diesen Eintrag in dem PivotTable-Bericht sichtbar zu machen.

HINWEIS Das Auswahldialogfeld zeigt die gesamte Personalliste. Die in der PivotTable tatsächlich angezeigten Daten sind bereits durch die Auswahl im Seitenfeld *Abteilung* GF *Jahr* 2007 auf wenige Mitarbeiter reduziert und werden jetzt noch im Zeilenfeld (Feldelement) auf den Mitarbeiter *Stiehler* weiter reduziert.

Weitere Filtermöglichkeiten

Abhängig vom Feldtyp Ihrer Markierung können Sie sehr differenzierte Filter anwenden.

Abbildg. 24.39 Kontextmenü eines Zeilenbeschriftungsfeldes mit zahlreichen Befehlen, insbesondere für Filter

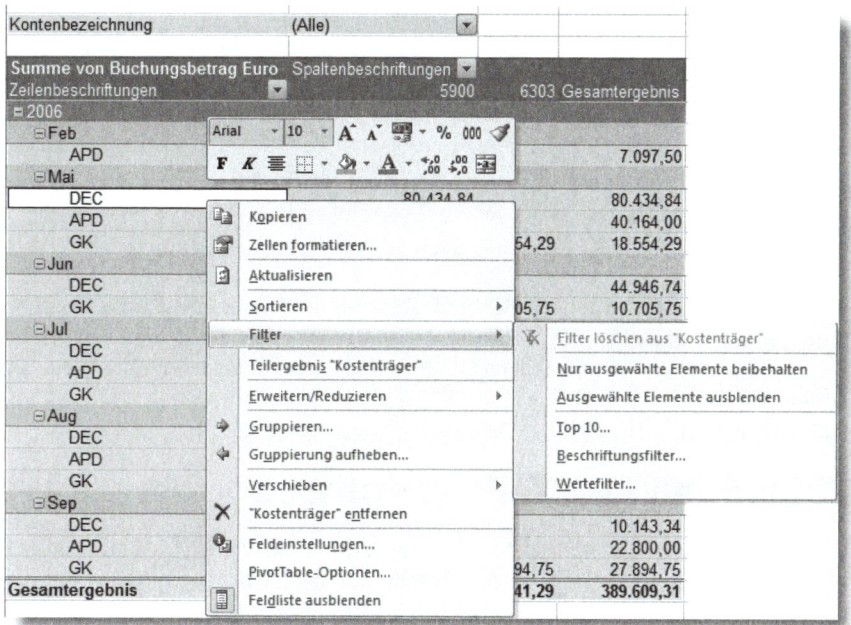

Sie können in einem PivotTable-Bericht aufgrund einer Feldselektion Filter anwenden. Sehr elegant und schnell wäre in dem Beispiel der Abbildung 24.39, nur die Datensätze auszublenden, die der Markierung entsprechen. Ebenso wäre der umgekehrte Filter schnell anwendbar.

PROFITIPP

> In einer PivotTable ist keine Filterung nach Farbe, Schriftfarbe oder Symbolsatz möglich. Dafür können Sie aber eine *Bedingte Formatierung* auf eine PivotTable nach Zellen oder nach Schnittmengen anwenden. Details zur Anwendung der bedingten Formatierung finden Sie in Kapitel 12.

Haben Sie ein Datumsfeld markiert, wird der Befehl *Beschriftungsfilter* durch den Befehl *Datumsfilter* ersetzt.

Abbildg. 24.40 Das Dialogfeld für einen Datumsfilter

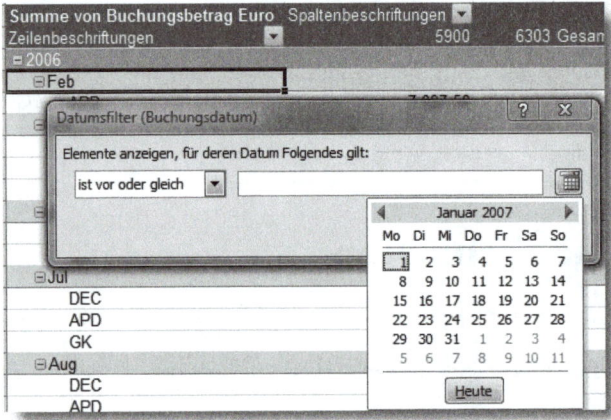

In diesem Dialogfeld definieren Sie die Vergleichsoperanten und das relevante Datum.

Teilergebnis- und Ergebnisfelder in einem PivotTable-Bericht

Bei der Arbeit mit einem PivotTable-Bericht können Sie die Teilergebnisse für einzelne Spalten- und Zeilenfelder ein- bzw. ausblenden, die Spalten- und Zeilengesamtsummen für den gesamten Bericht ein- bzw. ausblenden sowie die Teilergebnisse und Gesamtsummen mit oder ohne gefilterte Elemente berechnen.

Ausblenden von Teilergebnissen

Ein weiteres Beispiel: Sie benötigen für eine Auswertung die Bruttolohnsumme aller Mitarbeiter, unabhängig von deren Abteilungszugehörigkeit. Auf die Zwischenergebnisse für die einzelnen Abteilungen wollen Sie zunächst verzichten.

Teilergebnis- und Ergebnisfelder in einem PivotTable-Bericht

Sie lösen diese Aufgabe mit wenigen Handgriffen. Gehen Sie folgendermaßen vor:

1. Erstellen Sie auf der Basis des Arbeitsblattes *Lohn* aus der Beispielmappe *Kap24_Gehalt.xlsx* eine neue PivotTable mit einer Struktur entsprechend der Abbildung 24.41.

Abbildg. 24.41   PivotTable zur Darstellung der Bruttolohnsumme des Unternehmen für die ersten vier Monate des Jahres 2007

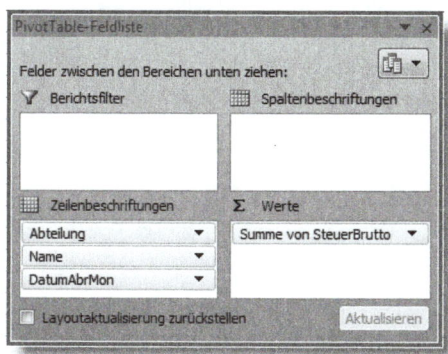

HINWEIS   Um eine Zuordnung auf Monate und Jahre zu erhalten, muss das Feld *Jahre* bzw. *Monate* zunächst aus dem Datum (*DatumAbrMonat*) erzeugt werden!

2. Um diese für die Auswertung wichtigen Felder zu erhalten, markieren Sie das Zeilenbeschriftungsfeld *DatumAbrMonat* im PivotTable-Bericht (oder ein beliebiges Datum bzw. einen Monat in dieser Spalte) und wählen im Kontextmenü (Klick mit der rechten Maustaste auf das Feld) den Befehl *Gruppieren*.

3. Im Dialogfeld *Gruppierung* (vgl. Abbildung 24.42) markieren Sie die Listeneinträge *Monate* und *Jahre*. Danach schließen Sie das Dialogfeld durch einen Klick auf *OK* ab.

Abbildg. 24.42   Das Dialogfeld zum Gruppieren der Datumswerte nach Monaten und Jahren

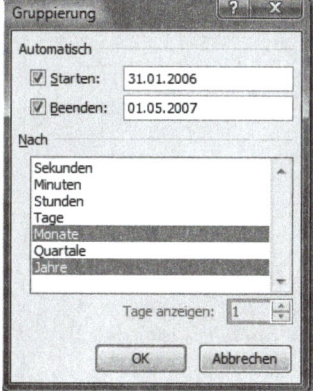

4. Das Feld *Jahre* wird in die PivotTable und die *PivotTable-Feldliste* in den Bereich *Zeilenbeschriftungen* eingefügt.
5. Je nach Ausgangslage wird jetzt auch das Feld *DatumAbrMonate* von Tagesdatum auf Monate umgestellt.
6. Damit haben Sie die Voraussetzung geschaffen, Jahre und Monate gezielt auswählen zu können.
7. Im nächsten Schritt ziehen Sie das Feld *Jahre* in der *PivotTable-Feldliste* in den *Berichtsfilterbereich*.
8. Klicken dann im *PivotTable-Bericht* auf den Pulldown-Pfeil am Feld *Jahr* und markieren den Eintrag *2007* (vgl. Abbildung 24.43). Bestätigen Sie die Auswahl mit *OK*.

Abbildg. 24.43   Reduzierung der Daten auf das Jahr 2007

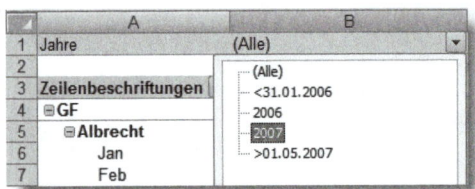

Das Ergebnis dieser Aktion sehen Sie in Abbildung 24.44.

Abbildg. 24.44   Der PivotTable-Bericht mit den automatischen Teilergebnissen für die Zeilenfelder *Abteilung* und *Name* (Teilergebnisse sind oben angeordnet)

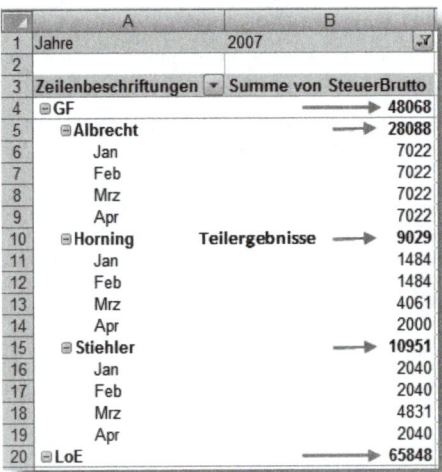

Die Darstellung der PivotTable in Abbildung 24.44 beruht auf den *Feldeinstellungen* der Felder im Bereich *Zeilenbeschriftungen*, einzusehen im Dialogfeld *PivotTable-Feldliste*.

Auswirkungen alternativer Feldeinstellungen auf die Lesbarkeit von Pivot-Tabellen

Die Feldeinstellungen mit den Optionen in den *Teilergebnissen* als auch auf der Registerkarte *Layout & Drucken* beeinflussen die Darstellung der PivotTable enorm. An dieser Stelle sollen einmal die zwei Gliederungsansichten gegenübergestellt werden:

Abbildg. 24.45 Die Ansicht des PivotTable-Berichts in Gliederungsansicht, alle Beschriftungen in einer Spalte und die Teilergebnisse oberhalb der jeweiligen Gruppe

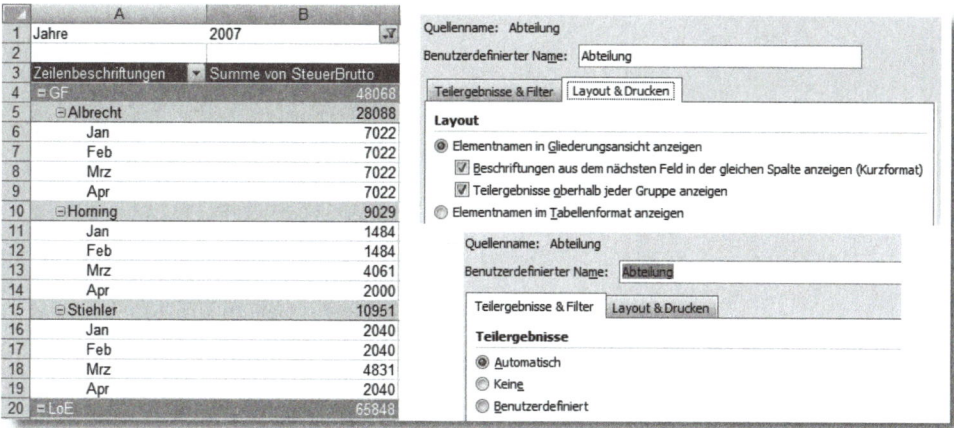

Abbildg. 24.46 Die Ansicht des PivotTable-Berichts in Tabellenansicht (jede Beschriftung befindet sich in einer eigener Spalte und die Teilergebnisse unterhalb der jeweiligen Gruppe)

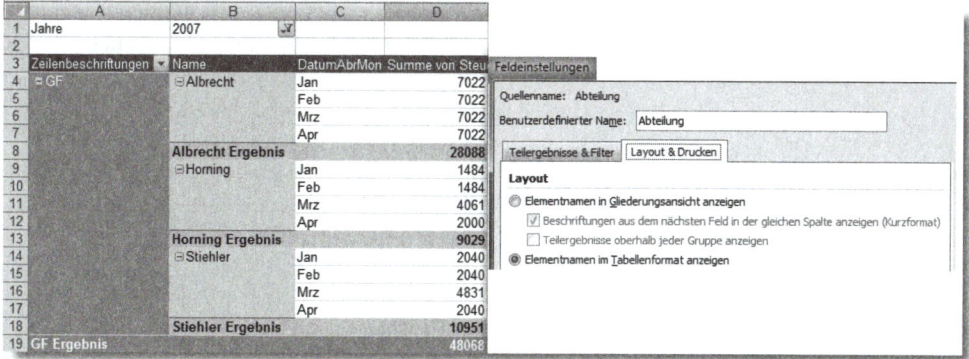

Ferner gibt es in den *PivotTable-Tools* auf der Registerkarte *Entwurf* in der Gruppe *Layout* den Befehl *Berichtslayout*.

Kapitel 24 PivotTable und PivotChart einsetzen

Abbildg. 24.47 Die direkten Befehle zur Gestaltung des PivotTable-Berichts anstelle des Dialogfeldes *Feldeinstellungen* und Zugriff auf die Registerkarte *Layout & Drucken*

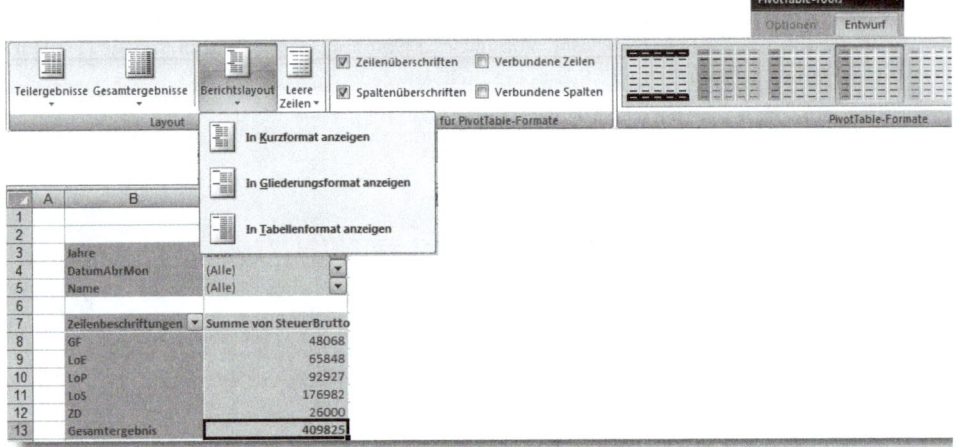

Nach diesem Vorbereitungsteil können wir wieder zur eigentlichen Aufgabe zurückkehren. Hier die weiteren Schritte:

Standardmäßig ist die Option für die *Teilergebnisse* in den *Feldeinstellungen Automatisch* ausgewählt. Dies bedeutet, dass für alle außen liegenden Zeilen- und Spaltenfelder Teilergebnisse eingefügt werden. In unserem Beispiel wird mit der Funktion *Summe* ein automatisches Teilergebnis im Feld *Name* gebildet.

1. Ändern Sie die Feldeinstellungen, um Ihr Ergebnis mit der Abbildung 24.46 in Einklang zu bringen.
2. Zur endgültigen Darstellung des geforderten Ergebnisses ziehen Sie jetzt in der PivotTable-Feldliste die Felder *Name* und *DatumAbrMonat* in den Berichtsfilterbereich.
3. Als Ergebnis erhalten Sie eine Lösung vergleichbar der Abbildung 24.48.

Abbildg. 24.48 Der PivotTable-Bericht mit der Lösung und dem Layoutbereich der PivotTable-Feldliste

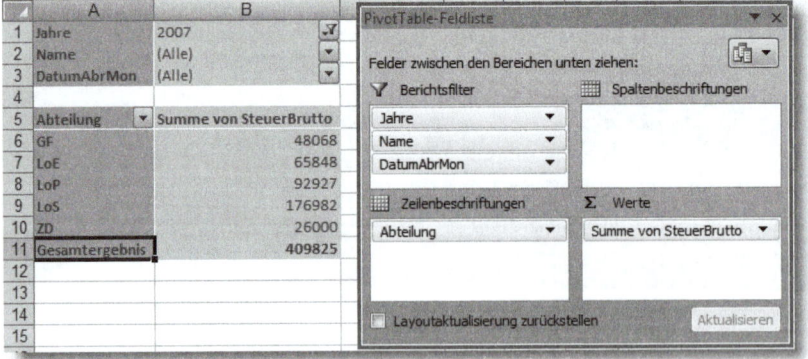

Die Lösung finden Sie im Arbeitsblatt *Pt24.42* der Mappe *Kap24_Gehalt_Lösung.xlsx*.

Praxisbeispiel: Einblenden von weiteren Teilergebnissen

Wollen Sie wissen, aus wie vielen Positionen sich die Summe einer Abteilung zusammensetzt? Dann bilden Sie ein benutzerdefiniertes Teilergebnis mit der Funktion *Anzahl* auf das Feld *Abteilung*.

Mit folgenden Schritten erreichen Sie das Ziel:

1. Markieren Sie in dem erarbeiteten Modell (Abbildung 24.48) eine Zelle, um die *PivotTable-Feldliste* anzuzeigen.
2. Klicken Sie im Wertebereich auf das Feld *SteuerBrutto* und dann auf den Befehl *Wertfeldeinstellungen* und im Dialogfeld *Wertfeldeinstellungen*. Ändern Sie auf der Registerkarte *Zusammenfassen mit* die Angabe von *Summe* auf *Anzahl*.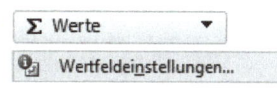
3. Wechseln Sie dann zur Registerkarte *Werte anzeigen als*, klicken dort auf die Schaltfläche *Zahlenformat* und ändern in der Kategorie *Zahl* die auf *Dezimalstellen* auf *0*. Klicken Sie zum Abschluss zweimal in Folge auf die Schaltfläche *OK*.
4. Als Ergebnis erhalten Sie die Darstellung in Abbildung 24.49.

Abbildg. 24.49   Das Ergebnis der Auswertung

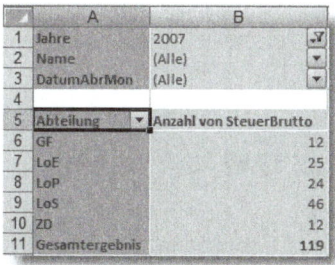

> **ACHTUNG**   Bei der Anwendung von PivotTables ist (neben der Technik) ein wesentliches Moment die richtige Interpretation der gezeigten Ergebnisse. Beispielsweise bedeutet der Wert *12* in der Zeile *GF* keineswegs, dass es zwölf Mitarbeiter in dieser Abteilung gibt, sondern lediglich, dass es zwölf Gehaltsbuchungen im Jahre 2007 gibt. Das sind drei Mitarbeiter in den Monaten Januar bis April. Diese Aussage wird dann deutlich, wenn Sie beispielsweise das Feld *Name* zusätzlich im Zeilenbereich anordnen.

Abbildg. 24.50   Das Ergebnis bei veränderter Feldanordnung

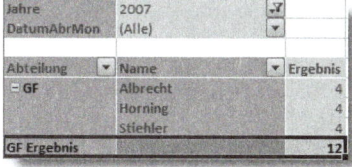

Sie können natürlich auch mehrere Funktionen markieren, um verschiedene Teilergebnisse in Zeilen oder Spalten in die PivotTable einzufügen.

Kapitel 24 PivotTable und PivotChart einsetzen

Wollen Sie neben der *Anzahl* der Buchungen auch noch die *Gehaltssumme* über den Zeitraum sehen, dann müssen bei beiden Feldern die Teilergebnisse angepasst werden.

1. Um zunächst das Feld *Abteilung* zu bearbeiten, klicken Sie im Layoutbereich der *PivotTable-Feldliste* (Dialogfeld) auf das Feld *Abteilung* und danach auf den Befehl *Feldeinstellungen*.
2. Im Dialogfeld *Feldeinstellungen* aktivieren Sie auf der Registerkarte *Teilergebnisse* die Option *Benutzerdefiniert*. Zusätzlich wählen Sie im Listenfeld der Funktionen die Einträge *Summe* und *Anzahl* (Doppelmarkierung) aus. Zum Abschluss klicken Sie auf den Befehl *OK*.
3. Wiederholen Sie die vorausgegangenen Schritte für das Feld *Name* und setzen Sie dort lediglich die Teilergebnisse auf *Keine*.
4. Nach Abschluss dieser Aktionen erhalten Sie dann ein Ergebnis vergleichbar Abbildung 24.51 angezeigt.

Abbildg. 24.51 Der PivotTable-Bericht, wenn zwei Teilergebnisse in einem Feld aktiviert wurden

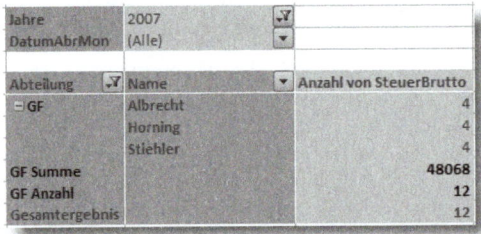

Datenanalyse – die nächste Funktion

Wenn Sie, ausgehend von der Darstellung in Abbildung 24.48, ein Feld im Layoutabschnitt der *PivotTable-Feldliste* aus dem Bereich *Werte*, beispielsweise das Feld *Summe von SteuerBrutto* mit der linken Maus anklicken und dann den Befehl *Wertfeldeinstellungen* aufrufen, gelangen Sie zum Dialogfeld *Wertfeldeinstellungen*. Hier finden Sie die Registerkarten für *Zusammenfassen mit* und *Werte anzeigen als* vor.

Abbildg. 24.52 Die Möglichkeiten, über die Wertfeldeinstellungen Berechnungen vorzunehmen

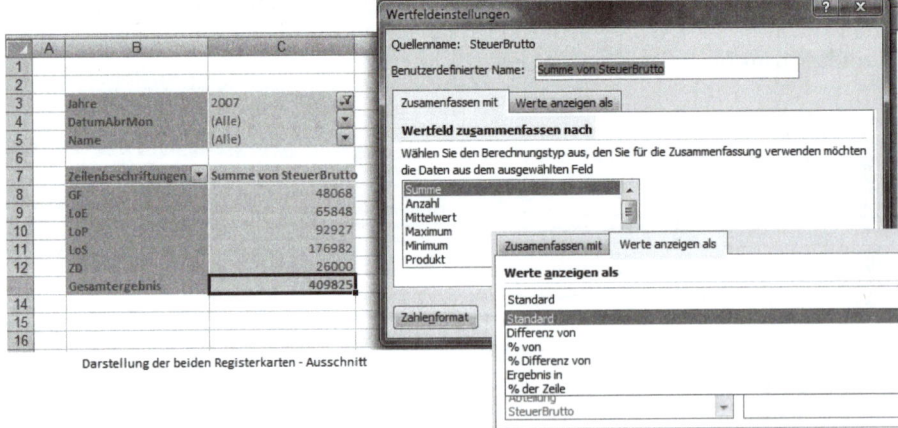

928

Datenanalyse – die nächste Funktion

Auf der Registerkarte *Zusammenfassen mit* finden Sie im Listenfeld zahlreiche *Berechnungstypen*, die Sie für den jeweiligen Berechnungsfall auswählen, um die Daten im Ursprungsfeld zusammenzufassen. In diesem Listenfeld finden Sie die üblichen Funktionen, z.B. *Summe*, *Anzahl*, *Mittelwert* usw. Darüber hinaus bietet Ihnen Excel einige statistische Funktionen an. Für die Zusammenfassung kann an dieser Stelle nur eine Funktion ausgewählt werden.

Im unteren Teil des Dialogfeldes sehen Sie zusätzlich noch die Schaltfläche *Zahlenformat*. Diese ermöglicht Ihnen speziell die Formatierung der Daten im Wertfeld, vergleichbar dem Befehl *Zellen formatieren* auf der Registerkarte *Zahlen*.

Auf der Registerkarte *Werte anzeigen als* finden Sie Funktionen für Benutzerdefinierte Berechnungen, die auf Wertefelder angewendet werden können. Bei dieser Berechnungsart wird eine Datenmenge des PivotTable-Berichts mit einer anderen Datenmenge (Werten) verglichen. Die Darstellung des Vergleichs erfolgt mit einer Funktion aus dem Listenfeld *Werte anzeigen als* (vgl. Abbildung 24.53).

Abbildg. 24.53 Dialogfeld *Wertfeldeinstellungen* mit der sichtbaren Liste der benutzerdefinierten Berechnungen

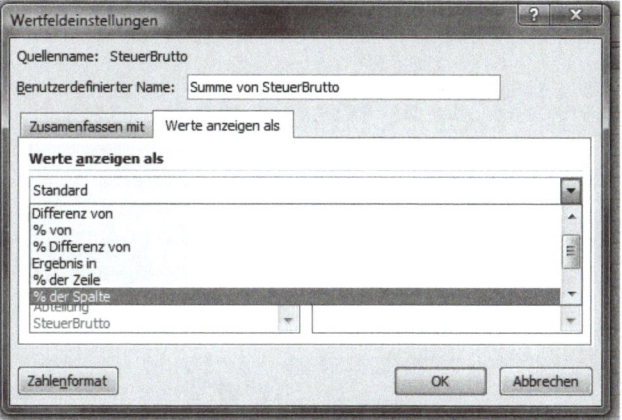

Angenommen, Sie möchten erfahren, wie sich die Gehaltsanteile innerhalb des Unternehmens auf die einzelnen Abteilungen verteilen, also die prozentuale Verteilung über die Abteilungen. Zur Lösung dieser Frage gehen Sie folgendermaßen vor:

1. Erstellen Sie zuerst einen PivotTable-Bericht mit den Feldern wie in Abbildung 24.48 dargestellt.
2. Klicken Sie auf den Befehl *PivotTable-Tools*, finden Sie auf der Registerkarte *Optionen* des Dialogfeldes in der Gruppe *Aktives Feld* den Befehl *Feldeinstellungen*. Klicken Sie ebenfalls auf diesen.
3. Im Dialogfeld *Wertfeldeinstellungen* wechseln Sie zur Registerkarte *Werte zeigen als*.
4. Wählen Sie in dem Listenfeld *Werte anzeigen als* die Funktion *% der Spalte*.
5. Um die neue Auswertung Ihrer Daten zu sehen, klicken Sie auf die Schaltfläche *OK* und schließen damit das Dialogfeld.
6. Als Ergebnis sollten Sie eine mit der Abbildung 24.54 vergleichbare PivotTable erhalten.

Abbildg. 24.54 Das Ergebnis zeigt die prozentualen Anteile der Abteilungen am Gesamtaufwand in den Monaten des Jahres 2007

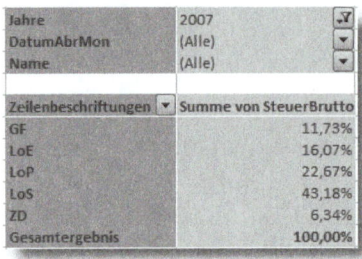

Die Lösung finden Sie im Arbeitsblatt *Pt24.49* der Mappe *Kap24_Gehalt_Lösung.xlsx*.

TIPP Mit einem Doppelklick auf das Wertefeld *Summe von SteuerBrutto* gelangen Sie unmittelbar in das Dialogfeld *Wertfeldeinstellungen* und können dort direkt zur Registerkarte *Werte anzeigen als* wechseln.

Benutzerdefinierte Berechnungen für PivotTable-Datenfelder

Die nachfolgende Tabelle zeigt die Funktionen in Benutzerdefinierten Berechnungen für PivotTable-Wertefeldern.

Tabelle 24.7 Funktionen für Benutzerdefinierte Berechnungen

Funktion	Anzeige bzw. Ergebnis
Differenz von	Zeigt die Differenz des Wertes vom Basiselement im Basisfeld an
% von	Das Ergebnis, das durch das festgelegte Basisfeld und Basiselement dividiert wird, ausgedrückt in Prozent
% Differenz von	Die Differenz zwischen dem Ergebnis und einem festgelegten Feld und Element, das durch dieses Basisfeld und Basiselement dividiert ist, ausgedrückt in Prozent
Ergebnis in	Berechnet die Daten für aufeinander folgende Elemente im festgelegten Basisfeld als fortlaufendes Ergebnis
% der Zeile	Das Ergebnis wird durch das Gesamtergebnis der Zeile dividiert und in einem Prozentwert ausgedrückt
% der Spalte	Das Einzelergebnis wird durch das Gesamtergebnis der Spalte dividiert und in einem Prozentwert ausgedrückt
% des Ergebnisses	Das Ergebnis wird durch das Gesamtergebnis der PivotTable dividiert und in einem Prozentwert ausgedrückt
Index	Zeigt die Daten unter Verwendung folgender Formel an: ((Wert_in_Zelle) x (Gesamtergebnis)) / ((Zeilengesamtergebnis) x (Spaltengesamtergebnis))

Umbenennen eines Feldes oder Elementes in einem PivotTable- oder PivotChart-Bericht

Sie können ein Feld oder Element in einem PivotTable-Bericht oder in einem PivotChart-Bericht ändern. Die Änderung erfolgt lediglich in den Berichten, jedoch nicht in den Quelldaten.

Ändern eines Feldnamens in einem PivotTable-Bericht:

1. Aktivieren Sie das Feld oder das Element im PivotTable-Bericht.
2. Klicken Sie dann auf der Registerkarte *Optionen* in der Gruppe *Aktives Feld* auf das Textfeld *Aktives Feld*.
3. Tippen Sie in das Textfeld den neuen Namen ein und bestätigen Sie mit der ⏎-Taste.

Bei derartigen Änderungen ist zu beachten, dass numerische Elemente bei einer Namensänderung in Text umgewandelt werden und in Folge nicht mehr nach numerischen Gesichtspunkten sortiert werden und auch nicht gemeinsam mit numerischen Elementen gruppiert werden können.

Ändern eines Feldnamens in einem PivotChart-Bericht:

1. Markieren Sie das Objekt im Diagramm, beispielsweise eine Säule, eine Zeile oder eine Spalte, das dem umzubenennenden Feld oder Element entspricht.
2. Klicken Sie anschließend auf der Registerkarte *Analyse* in der Gruppe *Aktives Feld* auf das Textfeld *Aktives Feld*.
3. Tippen Sie in das Textfeld den neuen Namen ein und bestätigen Sie mit der ⏎-Taste.

> **HINWEIS** Alternativ können Sie eine Namensänderung auch über das Dialogfeld *Feldeinstellungen* oder *Wertfeldeinstellungen* vornehmen. Das entsprechende Dialogfeld öffnet sich, wenn Sie in der PivotTable-Feldliste auf den Feldnamen klicken und in der folgenden Feldliste die *Feldeinstellungen* bzw. *Wertfeldeinstellungen* aufrufen. Ebenfalls im Kontextmenü ist der Befehl *Feldeinstellungen* enthalten.

Praxisbeispiel: Überschriften in einem PivotTable-Bericht

Zur verständlicheren Darstellung wollen Sie die Überschrift des PivotTable-Berichts anpassen, und zwar soll das Feld *Summe von SteuerBrutto* jetzt *Lohnverteilung in %* heißen.

Verwenden Sie die Tabelle aus der letzten Übung (sieh Abbildung 24.54).

1. Doppelklicken Sie auf das Feld *Summe von SteuerBrutto* im PivotTable-Bericht.
2. Es öffnet sich das Dialogfeld *Wertfeldeinstellungen*. Geben Sie in dem Eingabefeld *Benutzerdefinierte Name* die neue Bezeichnung »Lohnverteilung in %« ein.
3. Beenden Sie das Dialogfeld durch einen Klick auf die Schaltfläche *OK*.

Abbildg. 24.55 Ausschnitt aus dem Vorgang, um das Wertfeld *Summe von SteuerBrutto* umzubenennen

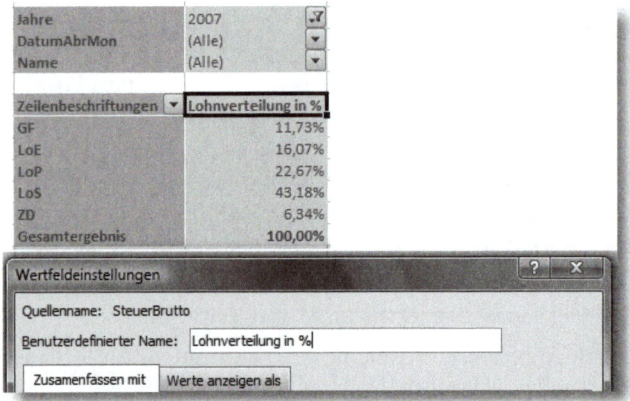

> **HINWEIS** Sie können jedes Feld mit einem neuen Namen versehen, der in dem Textfeld *Benutzerdefinierter Name* eingetragen wird. Der ursprüngliche, also der Feldname aus der Datenquelle, wird weiterhin in der Zeile darüber unter *Quellenname* angezeigt.

Multidimensionale Darstellung der Daten

Sie haben nun einige Auswertungen mit PivotTables erarbeitet und inzwischen bestimmt erkannt, dass diese Tabellen ein ausgezeichnetes Werkzeug sind, Daten darzustellen, zu betrachten und auszuwerten. Besonders interessant sind sie für Daten, die in ihrer Urform zu unterschiedlich oder zu umfangreich sind, um sie ohne Aufbereitung zu begutachten und Konsequenzen ableiten zu können.

Die PivotTable kann wesentlich zur Vereinfachung der Datendarstellung beitragen. So vermitteln Ihnen PivotTables einen umfassenden und guten Eindruck des Gesamtbildes, vergleichbar z.B. mit Datenbankberichten oder Bilanzdarstellungen. Gegenüber diesen Darstellungen haben sie einen weiteren enormen Vorteil: Sie können PivotTables drehen und wenden, die Perspektiven beliebig ändern und das, so oft Sie wollen und in jeder beliebigen Zusammenstellung. Eine ganz besondere Stärke dieser Darstellungsvariante in Excel soll nun betrachtet werden: PivotTables helfen Ihnen dabei, multidimensionale Daten zu analysieren.

Tabellendaten werden üblicherweise nur in zwei Dimensionen dargestellt. Es ist aber kein Problem, sich bildhaft dreidimensionale Darstellungen von Daten vorzustellen. Wie kann man aber in einer Tabelle die dritte Dimension simulieren? Bisher wurden unsere Beispieldaten in Zeilen und Spalten ausgewertet, die Berichtsfilter noch nicht weiter betrachtet. Durch die Verwertung der Berichtsfilter wird der Eindruck erzeugt, dass die Daten in einer dritten Dimension übereinander gestapelt liegen. Daten aus dem geschäftlichen Bereich umfassen oft weit mehr als drei Dimensionen. In unserem Beispiel weisen die Abteilung und die Mitarbeiter zwei Dimensionen auf. Benötigen Sie beispielsweise darüber hinaus eine Auswertung nach Kostenstellen (im Beispiel nicht enthalten), so legen Sie diese Kategorie in die dritte Dimension.

Wenn Sie zusätzlich eine zeitliche Zusammenfassung, z.B. in Jahreswerten, brauchen, bedeutet dies, dass Sie eine weitere Dimension aufbauen müssen. Egal, welche Forderungen Sie stellen: Leicht wird aus einem dreidimensionalen Würfel eine n-dimensionale Matrix, die nicht mehr auf dem Bildschirm angezeigt werden kann – es sei denn, Sie platzieren die zusätzlichen Dimensionen im Zeilen-, Spalten- oder Berichtsfilterbereich.

Zum Nachvollziehen verwenden Sie die Daten im Arbeitsblatt *FL* in der Excel-Mappe *Kap24_Gehalt.xlsx*. Die Ergebnisse der Beispiele finden Sie in der Excel-Mappe *Kap24_Gehalt_Lösung.xlsx*.

Abbildg. 24.56 Diese Tabelle zeigt drei Kategorien in zwei Dimensionen

Buchungsdatum	(Alle)			
Summe von Buchungsbetrag Euro	Spaltenbeschriftungen			
Zeilenbeschriftungen	DEC	APD	GK	Gesamtergebnis
⊟ 2006				
5900		208.976,27	105.191,74	314.168,01
6303				75.441,29	75.441,29
Gesamtergebnis		208.976,27	105.191,74	75.441,29	389.609,31

Die PivotTable in Abbildung 24.56 enthält folgende Kategorien: *Jahre* und *Kostenträger* in den Zeilenbeschriftungen (Zeilendimensionen) (senkrecht) angeordnet und *Sollkonto* in den (waagerechten) Spaltenbeschriftungen (Spaltendimension), also drei Kategorien in zwei Dimensionen.

HINWEIS Beachten Sie, dass die Dimension *Jahre* aus dem Buchungsdatum erst durch Gruppierung erzeugt werden muss. Ändern Sie ebenfalls die Feldeinstellungen für das Feld *Sollkonto*, so dass die Elementnamen in Tabellenformat angezeigt werden (vgl. Abbildung 24.46).

Sicherlich ist die Möglichkeit, mehrere Kategorien in die gleiche Dimension zu legen, für zahlreiche Fälle ausreichend und liefert eine aussagekräftige Darstellung. Für spezielle Analysen sind dieser Vorgehensweise allerdings Grenzen gesetzt. Eine übersichtliche und aussagefähige Darstellung kann kaum noch angezeigt werden. Selbst wenn Sie sehr selektiv mit einzelnen Feldelementen umgehen, leidet die Darstellung dennoch. Darüber hinaus wird eine PivotTable mit zu vielen Spalten- und Zeilenfeldern unhandlich. Die Lösung findet sich in den Berichtsfiltern der PivotTable. Die Elemente in den Seitenfeldern werden jeweils einzeln angezeigt. Die Darstellung der Daten erfolgt so, dass ein einheitliches Layout für die Seite festgelegt ist. Mit jeder Auswahl eines anderen Elementes in den Berichtsfiltern wird quasi ein »neues Blatt« mit dem gleichen Layout dargestellt. Das fertige Beispiel sehen Sie in Abbildung 24.57.

Abbildg. 24.57 Diese PivotTable verfügt über die senkrecht dargestellte Dimension *Jahre,* die waagerechte Dimension *Kostenträger* und die Berichtsfilter-Dimension *Sollkonto* und *Buchungsdatum*

Buchungsdatum	(Alle)			
Sollkonto	(Alle)			
Summe von Buchungsbetrag Euro	Spaltenbeschriftungen			
Zeilenbeschriftungen	DEC	APD	GK	Gesamtergebnis
2006		208.976,27	105.191,74	75.441,29	389.609,31
Gesamtergebnis		208.976,27	105.191,74	75.441,29	389.609,31

In Abbildung 24.57 wurde die Kategorie *Sollkonto* und *Buchungsdatum* als Berichtsfilter ausgewählt. Das Dropdown-Listenfeld zeigt eine Liste aller Einträge aus der Spalte *Sollkonto* in Ihrer Basistabelle an. Zusätzlich wird Ihnen der Eintrag (Alle) angeboten. Mit dieser Auswahl werden sämtliche verfügbaren Daten dieser Kategorie zusammengefasst. Ist in Ihren Basisdaten ein Datensatz vorhanden, der im Feld *Sollkonto* keinen Eintrag aufweist, wird zusätzlich der Eintrag *Leer* in der Dropdown-Liste angezeigt.

Das Berichtsfilterfeld *Buchungsdatum* wurde gruppiert, um so die Jahre und Monate der Zeitdimension zu erhalten. Deshalb werden in der Dropdown-Liste nicht die einzelnen Buchungsdaten, vergleichbar wie in den Basisdaten angezeigt, sondern nur die in Monate gruppierten Daten.

HINWEIS Bei Berichtsfilteranordnungen im PivotTable-Bericht ist die Kombination der Felder entscheidend für die Brauchbarkeit der erzeugten Berichte.

In den Berichtsfiltern können sämtliche der Kategorie zugehörigen Feldelemente einzeln gewählt werden. Zusätzlich wird die Option (*Alle*) angezeigt. Mit dieser können Sie die gesamten Datensätze auflisten. Sie erhalten eine stattliche Anzahl von Kombinationen.

Berichtsfilterfelder – kombinieren Sie

Bei der großen Anzahl von Kombinationen durch Berichtsfilterfeldanordnungen zeigt sich, dass viele eigentlich keine brauchbaren Auswertungen bieten. So macht es z.B. wenig Sinn, die Felder *Sollkonto* und *Buchungstext* im Berichtsfilter gemeinsam anzuzeigen.

Eine derartige PivotTable, die keine sinnvolle Anordnung der Felder bietet, lässt sich vermeiden, indem Sie nur das Feld, das auf der höheren Ebene eine Gruppierung vornimmt, in den Berichtsfilter, das logisch untergeordnete Feld hingegen in einen Zeilen- oder Spaltenbeschriftungsbereich legen. Bei der Feldreihenfolge *Bundesland, Regierungsbezirk, Kreis, Gemeinde* wäre es sinnvoll, das Feld *Bundesland* in den *Berichtsfilterbereich* und das logisch untergeordnete Feld – z.B. *Regierungsbezirk* – in den Zeilen- oder Spaltenbeschriftungsbereich zu legen. Dadurch werden Ihnen für das gewählte Bundesland grundsätzlich nur die zugehörigen Regierungsbezirke angezeigt.

Feldelemente ausblenden

Indem Sie Felder in die verschiedenen Bereiche verlagern, können Sie deren Details durch Ein- oder Ausblenden stärker hervorheben. Zudem können Sie auch bestimmte Feldelemente ausblenden.

Hierzu ein Beispiel: Sie wollen lediglich das Sollkonto *5900* mit den Werten für alle Monate darstellen. Erstellen Sie dazu zunächst eine PivotTable wie in Abbildung 24.57 dargestellt.

Hier die weiteren Schritte:

1. Im Auswahlfenster des Berichtsfilters *Sollkonto* wählen Sie den Eintrag *5900* (Abbildung 24.58).
2. Im Berichtsfilter *Buchungsdatum* wählen Sie den Eintrag (*Alle*).

Als Ergebnis erhalten Sie die PivotTable aus Abbildung 24.58.

Abbildg. 24.58 Die PivotTable zeigt alle Werte mit Kostenträgern, die auf dem Sollkonto gebucht wurden

Buchungsdatum	(Alle)		
Sollkonto	5900		
Summe von Buchungsbetrag Euro	Spaltenbeschriftungen		
Zeilenbeschriftungen	DEC	APD	Gesamtergebnis
2006	208.976,27	105.191,74	314.168,01
Gesamtergebnis	208.976,27	105.191,74	314.168,01

Elemente ohne Daten anzeigen

Wenn Ihre PivotTable die in Abbildung 24.58 dargestellte Struktur aufweist, können Sie beispielsweise nur die Sollkonten sehen, die mit Daten belegt sind. Wollen Sie darüber hinaus aber auch beurteilen, welche Sollkonten überhaupt in diesem Zusammenhang benutzt werden können, dann ist es sinnvoll, alle Elemente, also auch die des Sollkontos ohne Daten, anzuzeigen.

Abbildg. 24.59   PivotTable mit differenzierter Datenanzeige

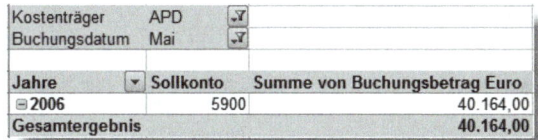

Um dies zu realisieren, gehen Sie wie folgt vor:

1. Öffnen Sie die PivotTable-Feldliste und klicken Sie mit der linken Maustaste auf das Feld *Sollkonto* im Bereich *Zeilenbeschriftungen*. Wählen Sie den Befehl *Feldeinstellungen*.
2. Im Dialogfeld *Feldeinstellungen* wechseln Sie zur Registerkarte *Layout & Drucken* und aktivieren dort das Kontrollkästchen *Elemente ohne Daten anzeigen*.

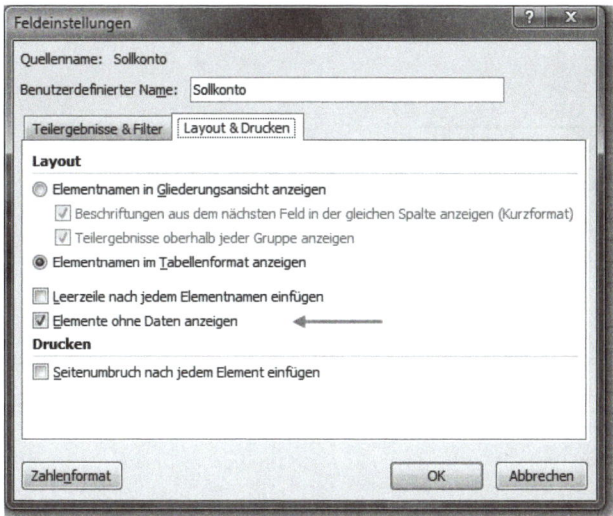

3. Klicken Sie auf *OK*, um den Vorgang abzuschließen. Ihre PivotTable sollte wie in Abbildung 24.60 gezeigt aussehen.

Abbildg. 24.60 Mit der Option *Elemente ohne Daten anzeigen* wird auch das Sollkonto *6303* angezeigt, obwohl es keine Daten enthält und sonst nicht sichtbar wäre

Jahre	Sollkonto	Summe von Buchungsbetrag Euro
⊟ 2006	5900	40.164,00
	6303	
Gesamtergebnis		40.164,00

(Filter: Kostenträger APD, Buchungsdatum Mai)

Filtern nach obersten oder untersten Werten

Mit der bis jetzt erreichten Darstellung sind aber noch nicht alle Möglichkeiten ausgeschöpft! Natürlich können Sie die Liste der Daten nach beliebigen Kriterien sortieren und mit Filtern eine begrenzte Liste der obersten oder untersten (letzten) n-Datensätze aus dem Gesamtumfang der Daten anzeigen.

Die vorhandene Datenmenge ist sehr klein und gibt daher nur einen systematischen Überblick über diese Funktionalität. Wenn Sie beispielsweise die beiden höchsten Werte für alle kumulierten Monatswerte anzeigen wollen, dann erstellen Sie eine PivotTable mit der Struktur aus Abbildung 24.61.

Abbildg. 24.61 PivotTable-Bericht zur Darstellung der Top-10-Filterfunktion

Jahre	(Alle)
Sollkonto	(Alle)
Kontenbezeichnung	(Alle)
Kostenträger	(Alle)

Buchungsdatum	Summe von Buchungsbetrag Euro
Feb	7.097,50
Mai	139.153,14
Jun	55.652,49
Jul	62.134,59
Aug	64.733,50
Sep	60.838,09
Gesamtergebnis	389.609,31

Gehen Sie dazu so vor:

1. Markieren Sie im PivotTable-Bericht das Feld *Buchungsdatum* und klicken auf den Pulldown-Pfeil.
2. In dem folgenden Menü zeigen Sie auf den Befehl *Wertefilter* und in der folgenden Befehlsliste auf *Top 10*.
3. Im Dialogfeld des Top-10-Filters wählen Sie die Einstellungen, wie in der Abbildung 24.62 gezeigt.

Abbildg. 24.62 Legen Sie hier die Einstellungen für den Top-10-Filter fest

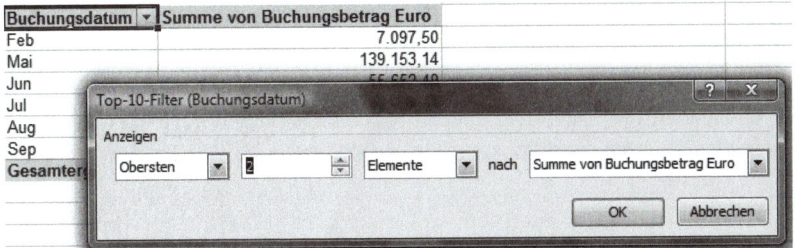

4. Verlassen Sie das Dialogfeld durch einen Klick auf die Schaltfläche *OK*.

Als Ergebnis erhalten Sie die in Abbildung 24.63 dargestellte PivotTable.

Abbildg. 24.63 Ergebnis der Pivot-Auswertung mit den zwei höchsten Werten

Gesamtergebnisse anzeigen oder ausblenden

Sie können in einem PivotTable-Bericht alle Gesamtsummen für Zeilen- oder Spaltenfelder ein- oder ausblenden.

1. Klicken Sie auf den PivotTable-Bericht.
2. Klicken Sie auf der Registerkarte *Entwurf* in der Gruppe *Layout* auf *Gesamtergebnisse* und wählen im zugehörigen Menü eine der folgenden Optionen aus.

Abbildg. 24.64 Befehl in der Multifunktionsleiste für die Anzeige der Gesamtergebnisse in PivotTables

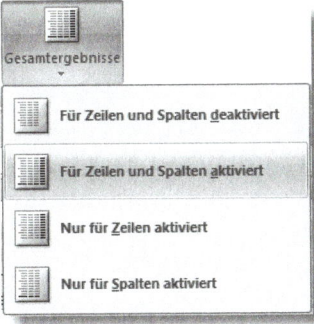

3. Klicken Sie auf den PivotTable-Bericht.

4. Klicken dann auf der Registerkarte *Optionen* und in der Gruppe *PivotTable* auf *Optionen*.
5. Das Dialogfeld *PivotTable-Optionen* wird angezeigt.
6. Hier holen Sie die Registerkarte *Summen & Filter* in den Vordergrund und führen Sie folgende Aktionen aus:

   - Einblenden der Gesamtsummen: Aktivieren Sie das Kontrollkästchen *Gesamtsummen für Spalten anzeigen* oder das Kontrollkästchen *Gesamtergebnisse für Zeilen* anzeigen oder beide gleichzeitig.

   - Ausblenden der Gesamtergebnisse: Deaktivieren Sie das entsprechende Kontrollkästchen.

Datenfelder – und welche Daten verbergen sich dahinter

Im alltäglichen Arbeitsumfeld stellt sich oft die Frage, ob der angezeigte Wert auch korrekt ist bzw. welche Daten zum gezeigten Ergebnis führen. Die PivotTable kann im Handumdrehen Informationen zu diesen Fragen liefern. Wesentlich schneller, als dies beispielsweise die Spezialfilter oder andere Funktionen können.

In Abbildung 24.63 wird beim Buchungsdatum *Mai* ein Wert von 139.153,14 angezeigt. Nun möchten Sie umgehend wissen, wie viele Datensätze (welche Daten) diesen Wert ergeben. Gehen Sie wie folgt vor:

1. Markieren Sie das betroffene Datenfeld mit dem Wert *139.153,14*.

2. Öffnen Sie mit der rechen Maustaste das Kontextmenü und wählen dort den Befehl *Details anzeigen* aus.

Unmittelbar nach Anklicken des Befehls wird ein neues Arbeitsblatt mit den zugehörigen Datensätzen angezeigt.

> **TIPP** Die sicherlich schnellste Ausführungsmethode zur Anzeige der Basisdaten ist ein Doppelklick auf die Zelle im Datenbereich. Die zu dieser Zelle gehörigen Basisdaten werden in einem neuen Arbeitsblatt ausgegeben.

Es ist also auf einfache Weise möglich, die relevanten Daten für ein bestimmtes Ergebnis aus den Basisdaten herauszufiltern und übersichtlich anzuzeigen. Für alle weiteren Schritte steht Ihnen wieder Excel mit seinen gesamten Möglichkeiten zur Verfügung, z.B. die unmittelbare Ausgabe auf einem Drucker.

Gruppieren von Elementen in einer PivotTable

Mitunter müssen große Mengen von Daten durchgearbeitet werden. Dies können Umsatzzahlen der Vertriebsmitarbeiter, die Budgetplanung oder die Kostenliste der Abteilung sein. Um derartiges Informationsmaterial richtig zu analysieren, sollten Sie die Ebene festlegen, mit der Sie am besten arbeiten können. Ob der globale Überblick oder das Detail wichtig ist, bestimmen Sie selbst. PivotTables geben Ihnen die Möglichkeit, nur für die jeweilige Beurteilung relevante Daten anzuzeigen.

Gruppierungsmöglichkeiten

Für die unterschiedlichen Gruppierungsmöglichkeiten sind die drei Datentypen maßgeblich:

- *Textdaten*: Lassen sich in einem neuen Feld gruppieren, indem aus mehreren Elementen eine neue Gruppe gebildet wird. Excel erstellt automatisch das gruppierte Feld, in das nur die zur Gruppe definierten Elemente aufgenommen werden.

Abbildg. 24.65   Gruppierung von Text

- *Numerische Daten*: Können in Bereichen mit bestimmten Elementen gruppiert werden. Excel erkennt automatisch numerische Elemente und zeigt daraufhin ein Dialogfeld mit möglichen Gruppierungsoptionen an.

Abbildg. 24.66   Gruppierung von numerischen Daten

- Datumsangaben: Lassen sich nach bestimmten Zeiträumen zusammenfassen. Hier erkennt Excel ebenfalls gültige Datums- und Zeitformate und bietet entsprechende Auswahlmöglichkeiten für die Darstellung an.

Kapitel 24 PivotTable und PivotChart einsetzen

Abbildg. 24.67 Gruppierung nach Zeiträumen

WICHTIG Als Vorgabe werden im PivotTable-Bericht die inneren Einträge mit den Überschriften der äußeren Einträge gruppiert, wie in Abbildung 24.68 gezeigt.

Abbildg. 24.68 Das Ergebnis zeigt die gruppierten Daten

Sollkonto	(Alle)			Sollkonto	(Alle)	
Jahre	(Alle)			Jahre	(Alle)	
Kontenbezeichnung	(Alle)			Kontenbezeichnung	(Alle)	
Buchungsdatum	**Kostenträger**	**Betrag Euro**		**Buchungsdatum**		**Betrag Euro**
⊟Feb	APD	7.097,50		⊟DEC		
⊟Mai	DEC	80.434,84		Mai		80.434,84
	APD	40.164,00		Jun		44.946,74
	GK	18.554,29		Jul		42.701,09
⊟Jun	DEC	44.946,74		Aug		30.750,25
	GK	10.705,75		Sep		10.143,34
⊟Jul	DEC	42.701,09		⊟APD		
	APD	10.290,24		Feb		7.097,50
	GK	9.143,25		Mai		40.164,00
⊟Aug	DEC	30.750,25		Jul		10.290,24
	APD	24.840,00		Aug		24.840,00
	GK	9.143,25		Sep		22.800,00
⊟Sep	DEC	10.143,34		⊟GK		
	APD	22.800,00		Mai		18.554,29
	GK	27.894,75		Jun		10.705,75
Gesamtergebnis		**389.609,31**		Jul		9.143,25
				Aug		9.143,25
				Sep		27.894,75
				Gesamtergebnis		**389.609,31**

Zusätzlich können Sie auch noch manuelle Gruppierungen einfügen, indem Sie die betroffenen Feldelemente markieren:

1. Klicken Sie dann in der Multifunktionsleiste auf der Registerkarte *Optionen* in der Gruppe *Gruppieren* auf *Gruppenauswahl*.
2. Die manuelle Gruppe wird mit dem Platzhalternamen *Gruppe1* eingefügt.
3. Wiederholen sie diese Schritte für alle weiteren manuellen Gruppierungen.

Der direkte Weg zur Businessgrafik (PivotChart-Bericht)

Abbildg. 24.69   Beispiel einer manuell hinzugefügten Gruppierung

Auf dem gleichen Weg, wie Sie die manuellen Gruppen erstellt haben, lassen Sie sich wieder auflösen. Anstelle des Befehles *Gruppenauswahl* zum Gruppieren wählen Sie dann den Befehl *Gruppierung aufheben*.

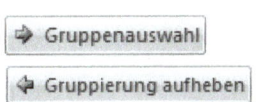

Der direkte Weg zur Businessgrafik (PivotChart-Bericht)

Ein PivotChart-Bericht bietet eine grafische Darstellung der Daten eines PivotTable-Berichts. Sie können das Layout und die Daten, die in einem PivotChart-Bericht angezeigt werden, wie in einem PivotTable-Bericht ändern.

Bisher haben Sie Ihre Auswertungen und Daten lediglich als Tabellen betrachtet. Eine interessante Möglichkeit bietet Ihnen Excel im Zusammenhang mit den PivotChart-Berichten: die direkte Erstellung eines Diagramms aus dem PivotTable-Bericht.

Gegenüber den gewohnten Darstellungen innerhalb der PivotTable-Berichte wird auch in einem Diagramm das Zahlenmaterial schneller überschau- und erfassbar. Das PivotChart kombiniert die Vorteile eines PivotTable-Berichts und die eines Diagramms. Einerseits nutzen Sie die Möglichkeit der grafischen Darstellung von Daten, um sie entsprechend ins rechte Licht zu rücken. Und andererseits können Sie die Daten, die ausgewertet werden, dynamisch durch einfaches Ziehen, wie in einem PivotTable-Bericht, mit der Maus verändern.

Um erstmalig einen PivotChart-Bericht zu erstellen, gehen Sie folgendermaßen vor:

1. Öffnen Sie die Datei *Kap24_Gehalt.xlsx*, und aktivieren Sie das Arbeitsblatt *FL*, welche die Daten für das zu erstellende PivotChart enthält.
2. Klicken Sie jetzt auf der Registerkarte *Einfügen* in der Gruppe *Tabellen* auf den kleinen Pfeil am Ende des Symbols *PivotTable*, und die beiden Befehle *PivotTable* und *PivotChart* werden sichtbar.
3. Wählen Sie den Befehl *PivotChart* und Sie gelangen in das Dialogfeld *PivotTable mit PivotChart erstellen*.
4. Das Dialogfeld *PivotTable mit PivotChart erstellen* erkennt in unserem Fall automatisch den Quellbereich, den Sie unverändert übernehmen können.

5. Erstellen Sie den *PivotChart-Bericht* in einem neuen Arbeitsblatt, aktivieren Sie die zugehörige Option und klicken dann auf die Schaltfläche *OK*. Sie erhalten folgenden Arbeitsbildschirm angezeigt.

Abbildg. 24.70   Der Tabellenbereich zum Aufbau eines PivotChart-Berichtes

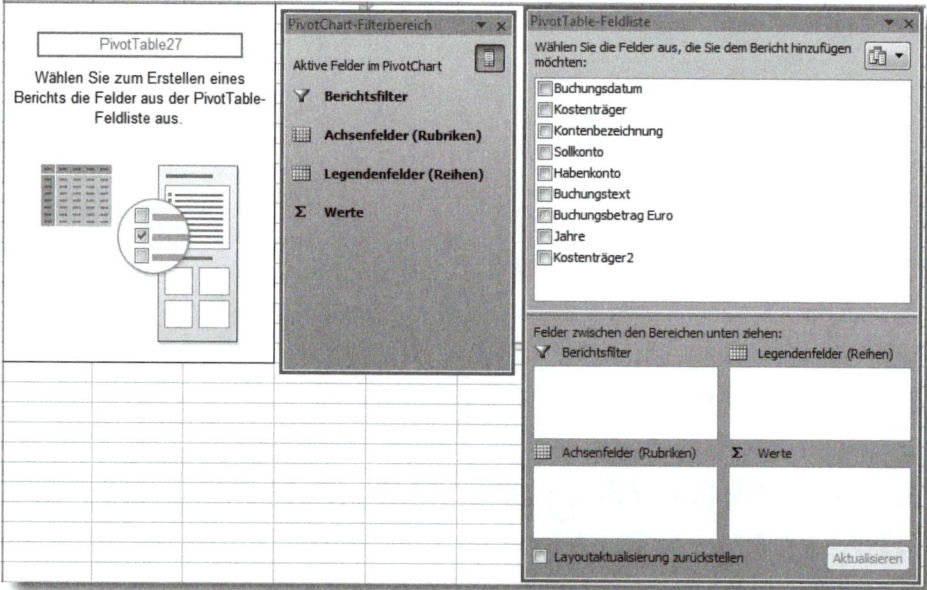

6. Zusätzlich wird noch die kontextbezogene Registerkarte *PivotChart-Tools* eingeblendet.
7. An der angegebenen Stelle wird ein leerer PivotTable-Bericht eingefügt und am rechten Bildschirmrand wird die PivotTable-Feldliste angezeigt.
8. Zusätzlich wird der PivotChart-Filterbereich eingeblendet.
9. In der PivotTable-Feldliste ziehen Sie wie zuvor in der PivotTable-Erstellung die relevanten Felder in die Bereiche *Berichtsfilter, Achsenfelder (Rubriken), Legendenfelder (Reihen)* und *Werte* im Layoutabschnitt.
10. Zunächst entsteht ein PivotTable-Bericht, aus dem dann von Excel der PivotChart-Bericht entwickelt wird.

Schaffen Sie die folgende Feldanordnung:

1. In den Berichtsfilter ziehen Sie zuerst das Feld *Buchungsdatum* und danach das Feld *Sollkonto*.
2. In den Bereich *Achsenfelder* ziehen Sie das Feld *Kostenträger*.
3. In den Bereich *Werte* ziehen Sie das Feld *Buchungsbetrag Euro*.

Es entsteht interaktiv ein einfaches Säulendiagramm wie in Abbildung 24.71.

Der direkte Weg zur Businessgrafik (PivotChart-Bericht)

Abbildg. 24.71   Der Arbeitsbildschirm eines PivotCharts mit PivotTable-Bericht

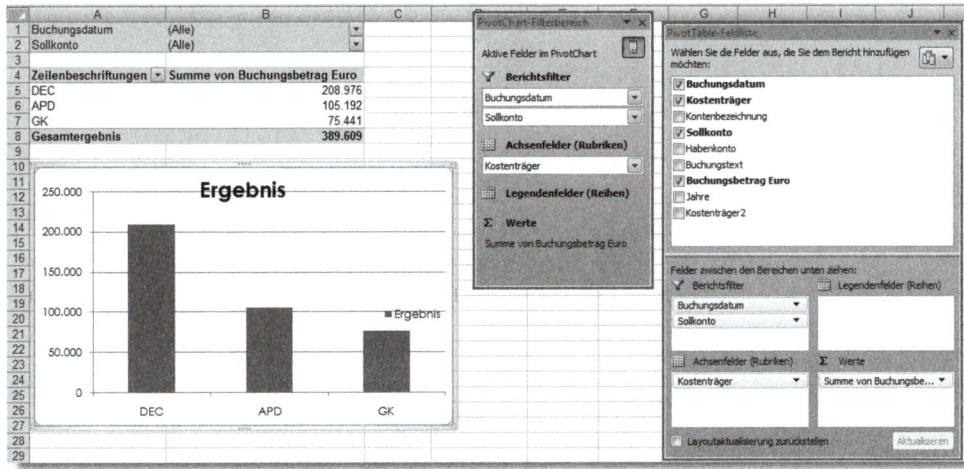

Sie möchten das Säulendiagramm weiterverarbeiten und daraus ein Tortendiagramm entwickeln. Zur Lösung gehen Sie wie folgt vor:

1. Markieren Sie das PivotChart- oder den PivotTable-Bericht und klicken Sie auf der Registerkarte *Entwurf* in der Gruppe *Typ* auf *Diagrammtyp ändern*, um das Dialogfeld *Diagrammtyp ändern* zu öffnen.
2. Wählen Sie in der Kategorie *Vorlagen* den Typ *Torte* sowie innerhalb der Musterbeispiele den Typ *Explodierter 3D-Kreis*, und bestätigen Sie mit *OK*.
3. Das Diagramm wird erstellt.

Sie können noch einige Veränderungen vornehmen, beispielsweise möchten Sie den Diagrammtitel ändern und auf dem Diagramm die prozentualen Werte zeigen:

1. Markieren Sie zuerst den Diagrammtitel und geben Sie als neue Überschrift »Kostenverteilung« ein.
2. Dann markieren Sie die *Achsenfelder (Rubriken)* und klicken auf der Registerkarte *Entwurf* in der Gruppe *Diagrammlayouts* auf den mittleren Layouttyp (siehe Abbildung 24.72).

Abbildg. 24.72   Die Befehlsauswahl in der Multifunktionsleiste

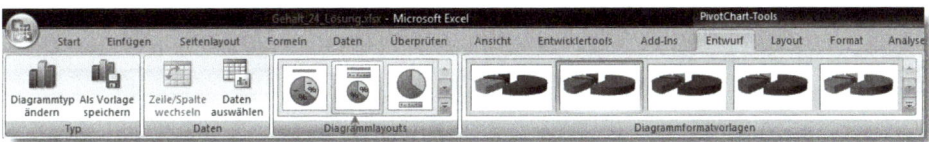

3. Die Prozentwerte werden auf dem Diagramm angezeigt. Klicken Sie die einzelnen Werte an und ziehen Sie diese in den Bereich außerhalb der Diagrammteile.
4. Das Ergebnis sehen Sie in Abbildung 24.73

Abbildg. 24.73   Das fertige PivotChart mit dem zugrunde liegenden PivotTable-Bericht

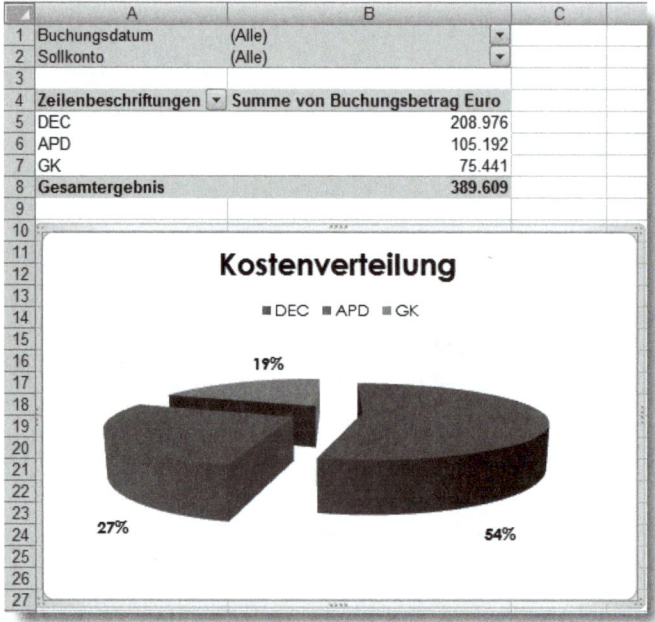

Sie können natürlich noch weitere Layoutverbesserungen vornehmen. Gestalterische und technische Möglichkeiten werden vertieft in den Kapiteln 17 und 18 erläutert.

Praxisbeispiel: Umsatzstrukturanalyse

Sie möchten erfahren, wie sich die Umsätze auf den beiden Vertriebskanälen verteilen. Zusätzlich interessiert es Sie, wie sich die Verteilung in den einzelnen Bundesländern (Regionen) darstellt und zuletzt, wie sich die Verteilung bei den einzelnen Produkten unterscheidet.

 Auf der CD-ROM zu diesem Buch finden Sie die Datei *Kap24_TSK.xlsx* im Ordner *\Buch\Kap24*.

Auf dem Arbeitsblatt *Umsatz* werden die aus der nachfolgenden Tabelle ersichtlichen Felder ausgewertet.

Tabelle 24.8   Felderläuterung

Feld	Bedeutung
Datum	Der Fakturierungstag
Verkaufsweg	Der Weg bzw. Absatzkanal, über den das Produkt verkauft wird
Produktgruppe	Name des Produktes
Bundesland	Verkaufsregion

Der direkte Weg zur Businessgrafik (PivotChart-Bericht)

Nachdem die Daten als Liste in Excel vorliegen, markieren Sie eine beliebige Zelle im Datenbereich und gehen wie folgt weiter vor:

1. Klicken Sie auf der Registerkarte *Einfügen* in der Gruppe *Tabellen* auf das Befehlssymbol *PivotTable*, um das Dialogfeld *PivotTable erstellen* zu öffnen.
2. Übernehmen Sie den Adressbereich sowie die Option *Neues Arbeitsblatt* und bestätigen Sie mit *OK*.
3. Sie erhalten die PivotTable-Feldliste und müssen für den Aufbau der PivotTable die Felder im Layoutbereich anordnen. Verwenden Sie die Tabelle 24.9 als Layoutgrundlage.

Tabelle 24.9 — Anordnung der Felder im Layoutbereich der PivotTable-Feldliste

Feld	Position
Datum	Zeilenfeld Beschriftungen
Verkaufsweg	Spaltenfeld Beschriftungen
Produktgruppe	Erstes Feld im Berichtsfilter
Bundesland	Zweites Feld im Berichtsfilter
Umsatz	Bereich Werte

Nach Anordnung aller Felder entsteht eine PivotTable. Möglicherweise wird im Zeilenfeld *Datum* bereits die Monatseinteilung angezeigt. Sollten je Zeile das Tagesdatum gezeigt werden, müssen Sie zunächst die Gruppierung in Monate vornehmen:

1. Positionieren Sie den Mauszeiger in der Datumsspalte der PivotTable, öffnen mit der rechten Maustaste das Kontextmenü und wählen den Befehl *Gruppieren*.
2. Im Dialogfeld *Gruppierung* markieren Sie die lediglich die Zeile *Jahre*, die Markierung der Zeile *Monate* muss durch einen Klick aufgehoben werden.
3. Schließen Sie das Dialogfeld mit einem Klick auf die Schaltfläche *OK*. Sie erhalten dann eine PivotTable vergleichbar der Abbildung 24.74.

Abbildg. 24.74 — Die Ansicht der erzeugten PivotTable

Produktgruppe	(Alle)		
Bundesland	(Alle)		
Summe von Umsatz	Verkaufsweg		
Datum	Direktversand	Handel	Gesamtergebnis
2003	60.620.290,80	9.740.327,27	70.360.618,07
2004	236.670.742,30	56.413.756,69	293.084.498,99
2005	245.682.581,75	78.884.154,14	324.566.735,89
Gesamtergebnis	**542.973.614,85**	**145.038.238,10**	**688.011.852,95**

Die prozentuale Verteilung des 3D-Spiele-Umsatzes auf beiden Vertriebswegen können Sie folgendermaßen ermitteln:

1. Markieren Sie eine beliebige Zelle in der PivotTable und öffnen somit die PivotTable-Feldliste.
2. Klicken Sie zuerst auf das Feld *Summe vom Umsatz* im Bereich *Wert*, danach auf den Befehl *Wertfeldeinstellungen*.

3. Im folgenden Dialogfeld aktivieren Sie die Registerkarte *Werte anzeigen als*, wechseln den Berechnungstyp *Standard* in *% der Zeile* und bestätigen mit *OK*.
4. Um die Produktgruppe auszuwählen, klicken Sie auf den Pulldown-Pfeil des Feldes im Pivot-Table-Bericht und selektieren den Eintrag *3D-Spiele*. Bestätigen Sie wiederum mit der Schaltfläche *OK*.

Die PivotTable, die Excel dann anzeigt, sehen Sie in Abbildung 24.75.

Abbildg. 24.75 Die PivotTable mit der prozentualen Verteilung der 3D-Spiele auf den beiden Vertriebswegen

	A	B	C	D
	Produktgruppe	3D-Spiele		
	Bundesland	(Alle)		
	Summe von Umsatz	Verkaufsweg		
	Datum	Direktversand	Handel	Gesamtergebnis
	2003	21,46%	78,54%	100,00%
	2004	49,61%	50,39%	100,00%
	2005	80,86%	19,14%	100,00%
	Gesamtergebnis	**59,74%**	**40,26%**	**100,00%**

Die Anordnung der Felder *Produktgruppe* und *Bundesland* als Berichtsfilterfelder eröffnet Ihnen zahlreiche Möglichkeiten der Analyse. Zunächst können Sie eine Gesamtbeurteilung vornehmen, weiterhin die Verteilung in den Regionen einsehen oder nach Produkten darstellen. Zusätzlich können Sie die kombinierte Beurteilung von Produkt und Region vornehmen.

An dieser Stelle können Sie zur Vervollständigung der Analyse noch ein ansprechendes Schaubild erstellen. Genauer: Aus dem PivotTable-Bericht mit der prozentualen Verteilung soll noch die Verteilung für die 3D-Spiele zwischen Direktversand und Handel über alle Jahre als Liniendiagramm dargestellt werden. Gehen Sie so vor:

1. Aktivieren Sie eine Zelle im PivotTable-Bericht.
2. Klicken Sie auf die kontextbezogene Registerkarte *PivotTable-Tools*. Auf der Registerkarte *Optionen* in der Gruppe *Tools* wählen Sie den Befehl *PivotChart*.

3. Das Dialogfeld *Diagramm einfügen* wird geöffnet. Wählen Sie als Diagrammtyp das einfache Liniendiagramm und bestätigen Sie mit *OK*.
4. Zur optischen Aufbereitung wählen Sie noch in der Gruppe *Diagrammlayouts* den Typ *Layout1*.
5. Tippen Sie als Diagrammtitel den Text »Umsatzentwicklung« ein und entfernen Sie den Platzhalter für *Achsentitel*.
6. Die Abbildung 24.76 zeigt das Ergebnis.

Mehr zum Thema Diagramme finden Sie in Kapitel 17 und in Kapitel 18.

Abbildg. 24.76   Das fertige Liniendiagramm auf der Basis eines PivotTable-Berichts

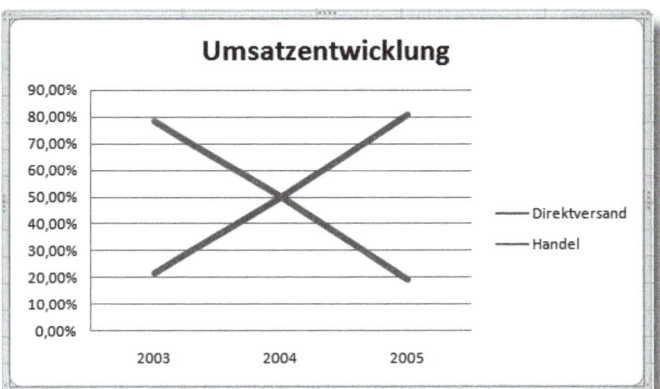

Mit berechneten Feldern aufschlussreiche Informationen gewinnen

Haben Sie bisher mit der PivotTable überwiegend Analysen durchgeführt, bietet sich nun auch die Möglichkeit, erweiterte Berechnungen durchzuführen. Diese verwenden nicht die integrierten Berechnungstypen. Sie können Ihr eigenes Berechnungsfeld erstellen und alle Berechnungen auch speichern.

 Als Datengrundlage verwenden Sie in den folgenden Beispielen die Datei *Kap24_TSK.xlsx* auf der CD-ROM zu diesem Buch im Ordner *\Buch\Kap24*.

In den folgenden Beispielen werden Sie die weitergehende Möglichkeiten von

- berechneten Feldern,
- berechneten Elementen sowie
- die Funktion *Pivotdatenzuordnen*

kennen lernen.

Mit den berechneten Feldern und berechneten Elementen erhalten Sie die Möglichkeit, innerhalb der PivotTable mit allen Feldern oder Elementen besondere Berechnungen durchzuführen. Mit der Funktion *Pivotdatenzuordnen* können Sie von außerhalb der PivotTable auf Daten innerhalb dieser zugreifen, Daten in eine normale Tabellenumgebung übernehmen und weitergehende Berechnungen ausführen.

Berechnete Elemente

Auf der Grundlage einer Formel berechnen Sie mit den Inhalten eines Feldes oder einem Element in der PivotTable einen neuen Inhalt und erhalten als Ergebnis ein Element in einem PivotTable-Feld – ein so genanntes berechnetes Element.

Berechnete Felder

Auf der Grundlage einer Formel berechnen Sie unter Verwendung des Inhalts anderer Felder den neuen Inhalt eines Feldes. Dabei arbeiten Formeln für berechnete Felder immer mit allen verfügbaren PivotTable-Daten. Es ist Ihnen nicht möglich, den Wirkungsbereich der Formeln einzuschränken, etwa durch den Versuch, in der Formel einen bestimmten Ausschnitt der Daten einzutragen.

Berechnungsfeld in einer PivotTable erstellen

Über den Weg der Berechnungsfelder können Sie Ihre PivotTable erweitern, z.B. ergänzende Berechnungen durchführen.

In der Arbeitsmappe *Kap24_TSK.xlsx* im Arbeitsblatt *Pt24.73* sind die Produktgruppen für 2006 mit ihren Nettoumsätzen in einem PivotTable-Bericht dargestellt (vgl. Abbildung 24.77).

Abbildg. 24.77   Ausgangstabelle für berechnete Felder und berechnete Elemente

Wenn Sie jetzt die Umsatzsteueranteile berechnen wollen, gehen Sie so vor:

1. Markieren Sie ein Wertefeld (Datenbereich) innerhalb des PivotTable-Berichts und klicken anschließend auf der Registerkarte *Optionen* in der Gruppe *Tools* auf *Formeln* und danach auf den Befehl *Berechnetes Feld*. Daraufhin öffnet sich das Dialogfeld *Berechnetes Feld einfügen*.

Abbildg. 24.78   Im Dialogfeld *Berechnetes Feld* können Sie benutzerdefinierte Felder hinzufügen

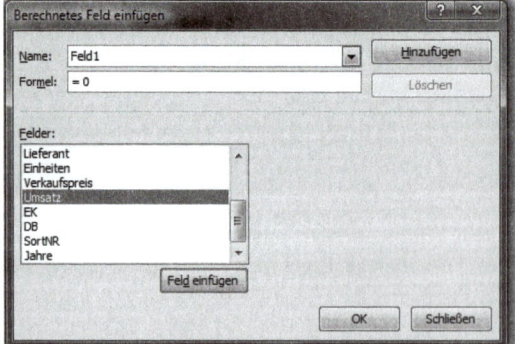

Mit berechneten Feldern aufschlussreiche Informationen gewinnen

2. Im Feld *Name* (Vorgabetext *Feld1*) geben Sie »Umsatzsteueranteil« als Namen für das berechnete Feld ein.
3. Klicken Sie in das Feld *Formel*, wählen Sie das benötigte Feld im Listenfeld *Felder* aus, und klicken Sie dann auf die Schaltfläche *Feld einfügen*.
4. Erstellen Sie folgende Formel für die Umsatzsteuerberechnung: *=Umsatz* 0,16*.
5. Klicken Sie zunächst auf die Schaltfläche *Hinzufügen* und dann auf die Schaltfläche *OK*.

Das Ergebnis – die berechnete PivotTable – zeigt Ihnen die Abbildung 24.79.

Die Anzeige der Zeilensumme ist für diesen Fall nicht sehr sinnvoll und sollte ausgeblendet werden.

1. Klicken Sie in den PivotTable-Bericht, rufen mit der rechten Maustaste das Kontextmenü auf und wählen Sie dort den Befehl *PivotTable-Optionen*.
2. Iem Dialogfeld wechseln Sie zur Registerkarte *Summen & Filter* und entfernen das Häkchen im Kontrollkästchen *Gesamtsummen für Zeilen anzeigen*.

Abbildg. 24.79 Die neu berechnete Spalte auf der Grundlage der Umsätze wird im PivotTable-Bericht angezeigt

	B	C
1		
2	(Alle)	
3		
4	Spaltenbeschriftungen	
5	2006	
6	Summe von Umsatz	Summe von Umsatzsteueranteil
7	26.097.453,76	4.175.592,60 Euro
8	101.532.904,69	16.245.264,75 Euro
9	27.861.988,63	4.457.918,18 Euro
10	30.831.680,60	4.933.068,90 Euro
11	36.672.897,06	5.867.663,53 Euro
12	16.126.152,50	2.580.184,40 Euro
13	69.661.102,91	11.145.776,47 Euro
14	12.971.157,01	2.075.385,12 Euro
15	18.509.508,36	2.961.521,34 Euro
16	340.264.845,54	54.442.375,29 Euro

Das berechnete Feld wird damit auch in die PivotTable-Feldliste aufgenommen und kann über das Kontrollkästchen im PivotTable-Bericht ein- bzw. ausgeblendet werden.

HINWEIS In berechneten Feldern und Elementen können Sie Ihre Formeln, Operatoren und Ausdrücke in gleicher Weise wie in Tabellenformeln verwenden. Ebenso können Sie Konstanten festlegen und auf Daten aus der PivotTable verweisen. Hingegen ist es nicht erlaubt, Zellbezüge oder festgelegte Namen zu benutzen. Demzufolge können Sie keine Tabellenfunktionen verwenden, die als Parameter Zellbezüge oder festgelegte Namen erfordern. Matrixfunktionen können genauso wenig eingesetzt werden.

WICHTIG Formeln für berechnete Felder arbeiten immer mit allen verfügbaren PivotTable-Daten. Ihr Wirkungsbereich kann nicht eingeschränkt werden, indem Sie in der Formel einen bestimmten Ausschnitt der Daten angeben.

Berechnetes Element

Sollten in Ihrer PivotTable Elemente aufgebaut worden sein, können Sie auf diese Elemente gezielte Berechnungen vornehmen.

Ausgehend von der PivotTable in Abbildung 24.77 sind dazu folgende Schritte durchzuführen:

1. Markieren Sie innerhalb des PivotTable-Berichts ein Zeilenfeld.
2. Klicken auf der Registerkarte *Optionen* in der Gruppe *Tools* auf *Formeln,* danach auf den Befehl *Berechnetes Element.* Das Dialogfeld *Berechnetes Element einfügen* wird geöffnet.
3. Im Feld *Name* (Vorgabetext Formel1) geben Sie »Neue Produktlinie« als Namen für das berechnete Element ein.
4. Das Element soll die beiden Produktgruppen *Accessoires und Mode* als übergeordnete Produktgruppe zusammenfassen.
5. Klicken Sie in das Feld *Formel,* markieren Sie den Platzhalter und tragen Sie die folgende Formel für die Berechnung ein: =*Mode+Accessoires.*
6. Klicken Sie zunächst auf die Schaltfläche *Hinzufügen* und dann auf die Schaltfläche *OK.* Das Ergebnis – die berechnete PivotTable – zeigt Ihnen die Abbildung 24.80.

Abbildg. 24.80   Der PivotTable-Bericht mit eingeblendetem Dialogfeld *Berechnetes Element*

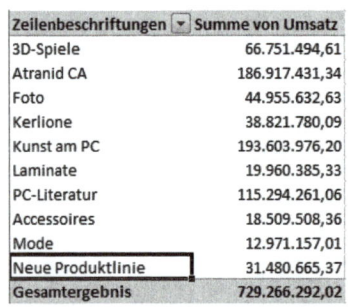
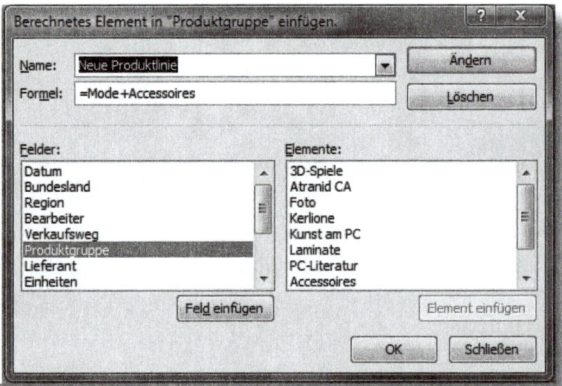

7. Der aktualisierte PivotTable-Bericht enthält im unteren Abschnitt das neu hinzugefügte berechnete Element.

HINWEIS   Wenn Sie eine Funktion in dem Dialogfeld *Berechnetes Element* oder *Berechnetes Feld* nachträglich verändern, wird die ursprüngliche Schaltfläche *Hinzufügen* durch die Schaltfläche *Ändern* ersetzt.

Wenn in dem Feld, in welchem das berechnete Element hinzugefügt werden soll, Elemente gruppiert sind, müssen Sie zuerst die Gruppierung aufheben.

WICHTIG   Wenn eine Zelle im Datenbereich den Schnittpunkt eines berechneten Elements mit einem berechneten Feld bildet, hat die Formel für das berechnete Feld Vorrang vor der Berechnung des berechneten Elementes.

Die Funktion *Pivotdatenzuordnen*

Die Funktion *Pivotdatenzuordnen* erscheint bei erster Betrachtung sehr unscheinbar und erschließt einem Anwender auch nicht unmittelbar das in ihr steckende Potenzial. In der Praxis gibt es immer wieder Situationen, in denen eine Berechnung notwendig wäre, die nicht innerhalb der PivotTable durchgeführt werden kann. Die Funktion *Pivotdatenzuordnen* bietet Ihnen diese Möglichkeit, um weitere Berechnungen durchführen zu können oder aber Tabellenberichte aufzubauen, die auf einer oder vielen PivotTables beruhen.

Der Zugriff auf die Daten kann in der gleichen Tabelle, in einer anderen Tabelle oder sogar in eine andere Mappe hinein erfolgen. Um auf Daten aus einer anderen Mappe zuzugreifen, ist es nicht erforderlich, dass die Mappe geladen ist. Die genaue Pfadbezeichnung innerhalb der Funktion ist ausreichend.

Die allgemeine Syntax lautet:

Pivotdatenzuordnen(Datenfeld;PivotTable;Feld1;Element1;Feld2;Element2 …)

Datenfeld ist der Name des Feldes im Datenbereich, in Anführungszeichen geschrieben, aus dem die Daten gelesen bzw. abgerufen werden sollen.

PivotTable ist der Bezug auf die PivotTable, aus der die Informationen entnommen werden. Es kann ein Bezug auf eine Zelle, einen Zellbereich oder ein benannter Zellbereich in einem PivotTable-Bericht sein.

Feld1, *Element1* usw. bildet jeweils ein Paar aus einem Feld- und Elementnamen, das die Daten beschreibt, die von Ihnen abgerufen werden sollen. Die Feld- und Elementnamen (bis zu 126) als Paar können in einer beliebigen Reihenfolge in der Funktion aufgebaut werden. Syntaktisch ist darauf zu achten, dass Feld- und Elementnamen, die nicht aus Datumsangaben oder Zahlen bestehen, in Anführungszeichen eingeschlossen sein müssen.

Excel unterstützt Sie beim Aufbau der Funktion sehr intensiv. Einerseits können Sie mit dem Funktionsassistenten arbeiten. Weitaus günstiger ist es, bei entsprechender Einstellung in Excel, wenn Sie in der Ergebniszelle ein Gleichheitszeichen (=) eintragen und dann auf die Zielzelle in der Pivot-Table klicken. Excel baut dann automatisch und syntaktisch passend die Funktion auf. Es gibt nur ganz wenige Ausnahmen, bei denen dieser Automatismus nicht funktioniert.

Die Standardeinstellung beinhaltet den automatischen Funktionsaufbau, der auf den Befehl *GetPivotData generieren* zurückgeht. Sie finden den aktivierten Befehl auf der kontextbezogenen Registerkarte *Optionen* in der Befehlsgruppe *PivotTable* (vgl. Abbildung 24.81).

Abbildg. 24.81   Standardmäßig ist die Option *GetPivotData generieren* aktiviert und Excel erkennt den Bezug auf das PivotTable-Objekt

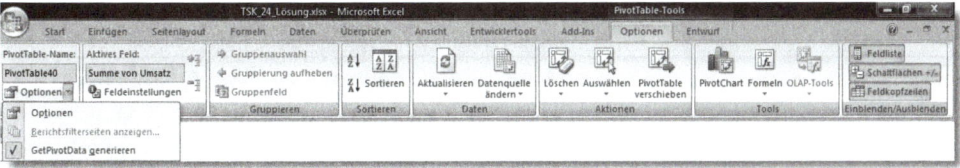

Wie können Sie mit der Funktion *Pivotdatenzuordnen* die in Abbildung 24.82 gezeigten PivotTable-Bericht-Daten abfragen?

Kapitel 24 PivotTable und PivotChart einsetzen

 Den vorbereiteten PivotTable-Bericht finden Sie in der Datei *TSK_24_Lösung* im Arbeitsblatt *Pt24.77*.

Abbildg. 24.82 Beispiel für den Zugriff mit Funktion *Pivotdatenzuordnen*

	A	B	C	D	E	F	G	H	I
1									
2									
3	Summe von Umsatz	Spaltenbeschriftu							
4	Zeilenbeschriftungen	BAY	HES	HH	RHP	SAC	THÜ	WÜR	Gesamtergebnis
5	van Loft				1.966.066				1.966.066
6	Solheim			805.330				1.246.368	2.051.698
7	Wetterau				4.088.522				4.088.522
8	Rodau					5.286.264			5.286.264
9	Ballheim							13.472.618	13.472.618
10	Michel	23.066.150							23.066.150
11	Heinrich						39.901.581		39.901.581
12	de Costa					51.292.429			51.292.429
13	Luiz		55.555.802						55.555.802
14	Friese							118.116.246	118.116.246
15	De La Porte	166.577.257							166.577.257
16	Kronau		216.410.995						216.410.995
17	Gesamtergebnis	189.643.407	271.966.797	805.330	6.054.588	56.578.693	41.147.948	131.588.863	697.785.627

Wenn Sie das Gesamtergebnis des Bearbeiters »Solheim« abfragen wollen, dürfen Sie nicht mit einem normalen Verweis auf die Ergebniszelle der PivotTable zugreifen. Der Zugriff würde, sobald sich in der PivotTable etwas verändert, auf eine falsche Adresse zugreifen.

Mit

```
=Pivotdatenzuordnen("Umsatz";$A$3;"Bearbeiter";"Solheim")
```

erhalten Sie den Wert *2.051.698* aus dem PivotTable-Bericht.

Das Gesamtergebnis des Bundeslandes *WÜR* erhalten Sie mit folgender Abfrage:

```
=Pivotdatenzuordnen("Umsatz";$A$3;"Bundesland";"WÜR")
```

Das Gesamtergebnis lautet *131.588.863*.

Sie können im Verlauf Ihrer weiteren Arbeit die Feldschaltflächen im Layoutbereich verschieben, ohne dass die Ergebnisse außerhalb der PivotTable mit Fehlermeldungen quittiert werden. Allerdings ist nicht jede Anordnung geeignet, fehlerfreie Anzeigeergebnisse zu liefern. Diese bleiben nur fehlerfrei, wenn die Anordnung der Argumente den Regeln entspricht.

Ferner ist darauf zu achten, dass Felder nach Erstellung der Funktion *Pivotdatenzuordnen* in die Pivot-Table aufgenommen werden. Wenn Felder nicht in den Argumenten der Funktion berücksichtigt sind, führt das zu Fehlermeldungen. Ebenso verhält es sich, wenn Sie Felder aus dem Bereich herausnehmen. Es ist darauf zu achten möglichst im Aufbau der PivotTable alle notwendigen Felder in dem Layoutbereich zu berücksichtigen. Bezugsfehler können vermieden werden, wenn die verwendeten Argumente im »sichtbaren« Bereich der PivotTable liegen. Die im Berichtsfilterbereich angeordneten Felder gehören nicht zu dem Bereich, der in der Funktion angesprochen werden kann.

Verschieben einer PivotTable

Möglicherweise müssen Sie einen PivotTable-Bericht aus Platzgründen verschieben oder an einen anderen Ort verlagern:

1. Klicken Sie in den PivotTable-Bericht und anschließend auf der Registerkarte *Optionen* in der Gruppe *Aktionen* auf *PivotTable verschieben*.
2. Das Dialogfeld *PivotTable verschieben* wird angezeigt.
3. Sie können die Option *Neues Arbeitsblatt* wählen, um die PivotTable in ein neues Arbeitsblatt zu verlagern.
4. Alternativ können Sie die Option *Vorhandenes Arbeitsblatt* wählen und in der Zeile *Quelldatei* die Zieladresse angeben.
5. Bestätigen Sie mit einem Klick auf *OK*, wird die PivotTable am neuen Ort angezeigt.

Nun kennen Sie viele Möglichkeiten der PivotTables. Es eröffnen sich für Sie alle Perspektiven der Bearbeitung, damit Sie letztendlich die richtigen Konsequenzen aus Ihren Erkenntnissen ableiten können.

Zusammenfassung

In PivotTables finden Sie ein Instrument zur Analyse Ihrer Daten, um diese dann schnell, flexibel, sinnvoll und vor allem mit hoher Aussagekraft auswerten zu können. Sie erreichen in schnellen Schritten eine anschauliche Darstellung in Tabellenform und ohne weiteren Aufwand auch als PivotChart bzw. Businessgrafik. Sollten Änderungen, Ergänzungen und/oder das Hinzufügen neuer Elemente notwendig werden, lässt sich das zügig und ohne Gefährdung der Basisdaten sowie der bereits geleisteten Aufbauarbeit erledigen. Darüber hinaus können Sie die PivotTable auch als Zwischeninstrument für die Zusammenführung von Daten einsetzen.

Frage	Antwort
Wozu können PivotTable-Berichte eingesetzt werden?	PivotTable-Berichte bieten eine sehr leistungsfähige und flexible Möglichkeit zur Datenanalyse. Mehr dazu auf Seite 885.
Wie erstelle ich einen PivotTable-Bericht?	Den Befehl zum Einfügen eines PivotTable-Berichts finden Sie auf der Registerkarte *Einfügen*. Anschließend ordnen Sie die Daten in der *PivotTable-Feldliste* an. Wie das geht, steht auf Seite 885.
Kann ich PivotTables formatieren?	In der neuen Version können Sie PivotTables mit Formatierungen versehen, indem Sie diese in einem Katalog auswählen. Auf Seite 894 wird gezeigt, dass dazu nur wenige Mausklicks erforderlich sind.
Wie kann ich einen PivotTable-Bericht löschen?	Die kontextbezogene Registerkarte *Optionen* bietet einen Befehl an, mit dem Sie die gesamte Tabelle markieren können. Auf Seite 899 erfahren Sie, dass die ⌞Entf⌟-Taste den Rest der Aufgabe erledigt.
Welche Optionen für die Darstellung der PivotTable-Berichte gibt es?	Für PivotTable-Berichte können Sie eine Vielzahl von Optionen einstellen. Auf Seite 901 erfahren Sie, welche das sind.
Kann ich die Anordnung der Felder ändern?	Sie können Felder verschieben, hinzufügen oder entfernen. Ab Seite 907 erfahren Sie, wie das geht.
Wie kann ich die angezeigte Datenmenge einschränken?	Das können Sie über Ein- und Ausblenden von Details erreichen. Auf Seite 914 steht, wie das geht.

Kapitel 24 PivotTable und PivotChart einsetzen

Frage	Antwort
Kann ich die Elemente in der PivotTable gruppieren?	Die Daten einer PivotTable lassen sich gruppieren, wichtig ist dabei der Datentyp. Auf Seite 938 steht, welche unterschiedlichen Möglichkeiten es gibt.
Kann ich die Daten eines PivotTable-Berichts in einem Diagramm darstellen?	Wie Sie ein PivotChart erstellen, steht auf Seite 941.
Was sind berechnete Elemente?	Ein berechnetes Element verwendet Daten aus einer PivotTable und führt damit Berechnungen durch. Das Ergebnis wird Bestandteil des PivotTable-Berichts. Wie Sie mehr Informationen durch berechnete Elemente in einer PivotTable anzeigen lassen, steht auf Seite 947.

Teil H
Planung und Prognose

In diesem Teil:

Kapitel 25	Mit verschiedenen Szenarien experimentieren	957
Kapitel 26	Den Solver und weitere Add-Ins einsetzen	973
Kapitel 27	Verschiedene Parameter für eine Formel: Datentabellen	1011

Dieser Teil des Buches informiert Sie über professionelle Werkzeuge zur Zielwertsuche und zur Was-Wäre-Wenn-Analyse. Entwickeln und testen Sie Modelle, die Sie für Ihre Planungsaufgaben und Prognosen einsetzen können.

Unter anderem arbeiten Sie mit dem *Szenario-Manager*, mit dessen Hilfe Sie die Eingabeparameter von Formeln speichern und verwalten können. Sie erhalten hier Anregungen, für welche Zwecke Szenarien eingesetzt werden können und wie Sie einen Übersichtsbericht mit den Variablen aller Szenarien erstellen.

Lernen Sie, wie Sie das Add-In *Solver* verfügbar machen, welche Probleme der Solver löst, wie er grundsätzlich funktioniert und welche Funktionen er für Fortgeschrittene bereithält.

Bei der Zielwertsuche finden Sie denjenigen Wert für einen Parameter, den Sie in eine Formel einsetzen müssen, um ein bestimmtes Ergebnis zu erhalten.

Und schließlich lernen Sie die Mehrfachoperation kennen, die Eingabeparameter in Formeln mit Wertelisten durchrechnen und eine Vielzahl an Ergebnissen liefern kann.

Kapitel 25

Mit verschiedenen Szenarien experimentieren

In diesem Kapitel:

Mit dem Szenario-Manager arbeiten	958
Ein Szenario erstellen	959
Die Befehle im Dialogfeld *Szenario-Manager*	963
Grenzen für Szenarien	968
Zusammenfassung	971

Kapitel 25 Mit verschiedenen Szenarien experimentieren

In manchen Situationen gilt es, die Kalkulation anzupassen und mit anderen Werten ein Modell durchzurechnen. Wie sieht etwa der Aufwand mit anderen Einstandspreisen oder Zinssätzen aus? Für diese Art der Fragestellung gibt es den *Szenario-Manager*. Er hilft Ihnen beim Durchspielen verschiedener Variationen in »Was-wäre-wenn-Analysen« oder bei der Zielwertsuche.

Der *Szenario-Manager* speichert Werte für einen Satz veränderlicher Zellen unter einem frei wählbaren Namen ab. Werden diese Werte als Argumente in Formeln verwendet, liefern sie unterschiedliche Ergebnisse für Vergleichsrechnungen und das ohne dass Sie erneut Daten eingeben müssen oder diese gar in verschiedenen Tabellen oder Arbeitsmappen speichern.

Mit dem Szenario-Manager arbeiten

Im folgenden Beispiel sollen die Kosten für die Herstellung von CD-ROMs untersucht werden: Sie haben den letzten Ausflug der Sportgruppe mit einer Digitalkamera festgehalten und nun soll jeder Teilnehmer eine CD-ROM bekommen. Da sich die Preise für die dazu notwendigen Etiketten und Rohlinge in Abhängigkeit von der Menge unterscheiden, wollen Sie vergleichen, wie sich der Aufwand verändert. Als Grundlage dient die Tabelle aus Abbildung 25.1.

Alle in diesem Kapitel gezeigten Beispiele finden Sie in der Datei *Kap25.xlsx* im Ordner *\Buch\Kap25* auf der CD-ROM zu diesem Buch.

Abbildg. 25.1 Einfache Kostenaufstellung

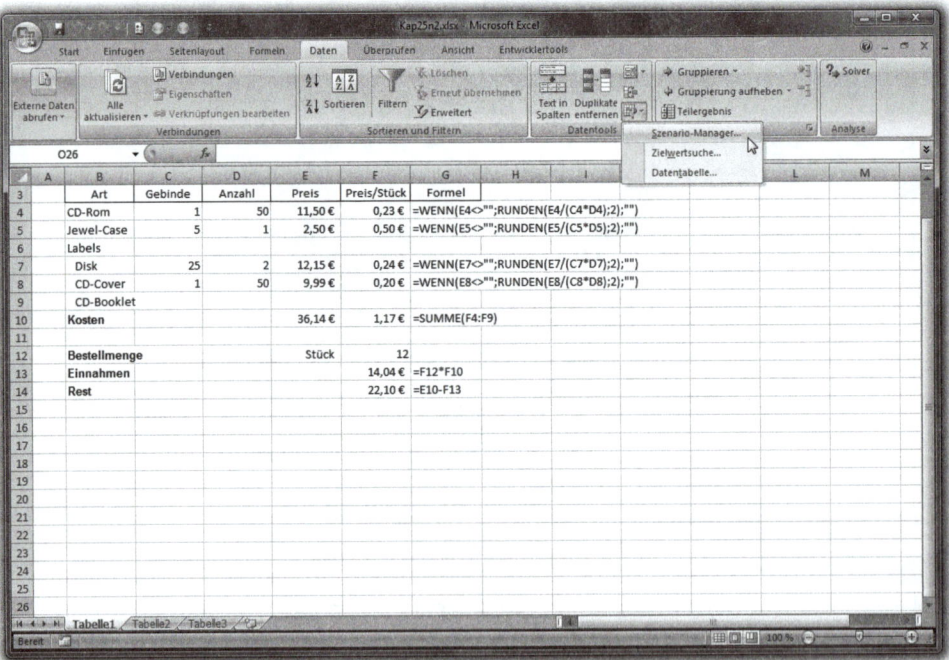

Die Position *Rest* zeigt die Kosten an, die Sie dieses Mal nicht auf die Teilnehmer aufteilen können. Als Gegenwert dazu haben Sie allerdings einen Restbestand an unterschiedlichem Material zur Verfügung.

Schneller Zugriff auf den Szenario-Manager

Damit Sie komfortabel mit dem *Szenario-Manager* arbeiten können, sollten Sie der Symbolleiste für den Schnellzugriff das Symbol *Szenario* und *Szenario-Manager* hinzufügen. Folgen Sie dazu den nachfolgenden Schritten:

1. Klicken Sie auf den Pfeil rechts in der Symbolleiste für den Schnellzugriff und wählen Sie die Option *Weitere Befehle* aus.
2. Das Dialogfeld *Excel-Optionen* mit der Registerkarte *Anpassen* wird nun angezeigt.
3. Wählen Sie im Listenfeld *Befehle auswählen* den Eintrag *Alle Befehle*.
4. Suchen Sie im Listenfeld darunter nach dem Eintrag *Szenario*.
5. Markieren Sie diesen Eintrag und klicken Sie auf die Schaltfläche *Hinzufügen*. Über dieses Symbol (mit Pfeil, das zweite von rechts in Abbildung 25.1) können Sie schnell zwischen den Szenarien eines Tabellenblattes wechseln.
6. Markieren Sie anschließend den Befehl *Szenario-Manager* und fügen Sie diesen ebenfalls der Schnellzugriffsleiste hinzu.
7. Schließen Sie das Dialogfeld *Excel-Optionen* mit *OK*.

Mehr zum Anpassen der Schnellzugriffsleiste finden Sie in Kapitel 2.

Ein Szenario erstellen

Erstellen Sie das erste Szenario. Es ist eine probate Methode, ein Szenario zu erstellen, das lediglich die Ausgangswerte enthält. Von diesem Szenario aus können dann weitere Szenarien definiert werden. Die Rückkehr zu den Ausgangswerten ist jederzeit möglich.

Verwenden Sie das Arbeitsblatt *Übung* in der Beispieldatei *Kap25.xlsx* im Ordner \Buch\Kap25 der CD-ROM zum Buch, um die folgenden Schritte selbst nachzuvollziehen.

Zunächst erstellen Sie mit den Daten der in Abbildung 25.1 gezeigten Tabelle ein Szenario mit dem Namen *Standard*. Führen Sie dazu die folgenden Schritte aus:

1. Wählen Sie auf der Registerkarte *Daten* in der Gruppe *Datentools* den Untermenübefehl *Was-wäre-wenn-Analyse/Szenario-Manager* aus oder klicken Sie auf das vorhin der Schnellstartleiste hinzugefügte Symbol *Szenario-Manager*. Es öffnet sich das Dialogfeld *Szenario-Manager*.

Kapitel 25 Mit verschiedenen Szenarien experimentieren

Abbildg. 25.2   Der *Szenario-Manager* enthält zunächst ein leeres Listenfeld

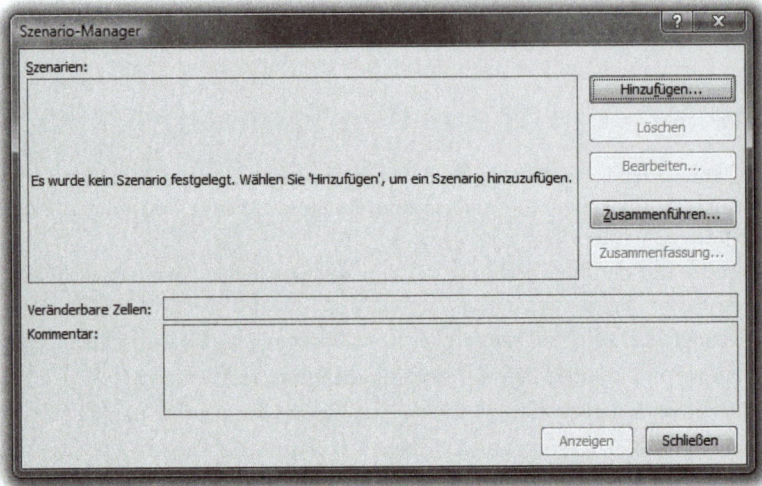

2. Um ein Szenario festzulegen, klicken Sie auf die Schaltfläche *Hinzufügen*. Damit wird das Dialogfeld *Szenario hinzufügen* für die Definition neuer Szenarien angezeigt (Abbildung 25.3). Wundern Sie sich nicht, wenn der Titel des Dialogfeldes auf Ihrem Bildschirm eventuell *Szenario bearbeiten* lautet. Wenn Sie den Bereich der veränderbaren Zellen bearbeiten, ändert sich auch der Titel des Dialogfeldes.

Abbildg. 25.3   Im Dialogfeld *Szenario hinzufügen* wird die allgemeine Definition eines Szenarios festgelegt

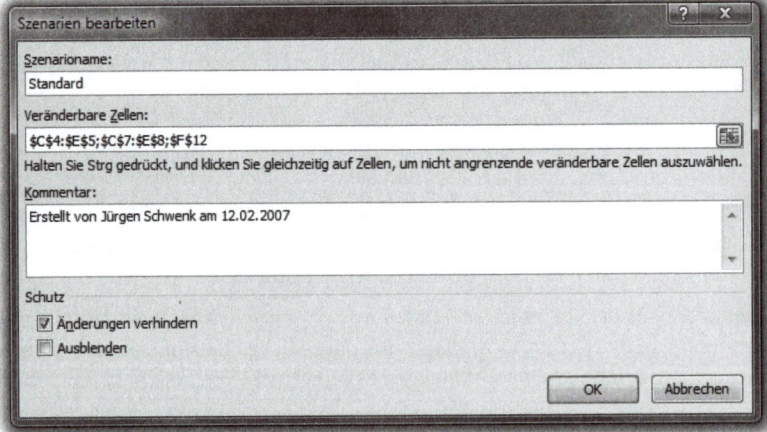

3. Tragen Sie in das Eingabefeld *Szenarioname* den Namen *Standard* ein.
4. Mit der [↹]-Taste gelangen Sie in das Feld *Veränderbare Zellen*. Markieren Sie mit der Maus den Bereich *C4:E5*. Um weitere Bereiche hinzufügen zu können, müssen Sie nun die [Strg]-Taste gedrückt halten. Markieren Sie weiter den Bereich *C7:E9* und anschließend noch die Zelle *F12* (siehe Abbildung 25.3).

5. Mit einem Klick auf die Schaltfläche *OK* bestätigen Sie Ihre Eingaben und gelangen in das Dialogfeld *Szenariowerte*.
6. Als Vorgabe finden Sie dort die aktuellen Zellwerte in den Eingabefeldern. Klicken Sie auf die Schaltfläche *OK*, um diese Werte für das Szenario *Standard* zu übernehmen.
7. Nun landen Sie wieder im Dialogfeld *Szenario-Manager*. Klicken Sie jetzt auf die Schaltfläche *Schließen* und Sie haben das erste Szenario erstellt.

Szenarien bearbeiten

Beim Anlegen eines Szenarios fügt der *Szenario-Manager* einen Kommentar ein. Dieser enthält Angaben über den Autor des Szenarios und das Erstellungsdatum. Dafür wird der *Benutzername* verwendet, den Sie über das Dialogfeld *Excel-Optionen* auf der Registerkarte *Häufig verwendet* eintragen können. Beim Bearbeiten wird dieser Kommentar noch mit Angaben über das Modifizierungsdatum und den jeweiligen Bearbeiter ergänzt. Diese Angaben erscheinen ebenfalls im Dialogfeld *Szenario-Manager* (siehe Abbildung 25.3).

Das Kommentarfeld ist frei editierbar; dadurch können Sie es sich natürlich nutzbar machen, um weitere Informationen zu Ihren Szenarien zu hinterlegen. Wenn Sie eine Mappe weitergeben, könnten Sie hier z.B. Notizen für einen Sachbearbeiter eintragen.

Weitere Szenarien hinzufügen

Das Anlegen eines Szenarios allein liefert noch keinen Einblick in die Funktionsweise des *Szenario-Managers*. Erst durch das Hinzufügen weiterer Szenarien eröffnen Sie sich die Möglichkeit, zwischen den verschiedenen Szenarien zu wechseln. Wenn dann noch unterschiedliche Ausgangsdaten in die Formeln eingehen, wird Ihnen die Arbeitsweise dieses Werkzeugs schnell klar.

Es gibt zwei Wege, um neue Szenarien zu definieren:

- Sie können die Werte im Tabellenblatt ändern und bestimmte Zwischenstände als Szenario speichern.
- Es ist aber auch möglich, die Werte für die veränderbaren Zellen direkt in das Dialogfeld *Szenariowerte* einzugeben.

Das Vorgehen hängt ganz von Ihrer persönlichen Arbeitsweise ab.

Ein weiteres Szenario speichern

Stellen wir uns eine Aufgabe: Ihr Fachhändler hat ein Angebot für CD-Hüllen. Sie erhalten die 50er Packung im Format Slim Case für 9,99 Euro. Nun möchten Sie sehen, wie sich dieses Angebot auf die Kosten auswirkt. Das Ergebnis soll als weiteres Szenario hinzugefügt werden.

Folgen Sie dazu den nachstehenden Schritten:

1. Aktivieren Sie die Zelle *C5* und tragen Sie den Wert *1* ein. In Zelle *D5* tragen Sie den Wert *50* und in *E5* den Wert *9,99* ein.

Kapitel 25 Mit verschiedenen Szenarien experimentieren

2. Jetzt sollen die neuen Werte als Szenario gespeichert werden. Rufen Sie dazu erneut auf der Registerkarte *Daten* in der Gruppe *Datentools* den Untermenübefehl *Was-wäre-wenn-Analyse/Szenario-Manager* auf.

3. Klicken Sie auf die Schaltfläche *Hinzufügen* und geben Sie als Szenarionamen *Slim Case* ein. Klicken Sie anschließend auf die Schaltfläche *OK*.

4. Die Werte im Dialogfeld *Szenariowerte* können Sie übernehmen. Klicken Sie daher auf die Schaltfläche *OK* und beenden Sie den *Szenario-Manager* durch einen Klick auf die Schaltfläche *Schließen*.

> **HINWEIS** Das Listenfeld *Szenarien* im Dialogfeld *Szenario-Manager* unterstützt keinen horizontalen Bildlauf. Daher sollten Sie sich für kurze Szenario-Namen entscheiden.

Das Symbol *Szenario* enthält nun zwei Einträge, zwischen denen Sie hin- und herschalten können. Dabei werden die Werte des gewählten Szenarios in die Tabelle eingetragen. Die Namen der Szenarien und die zugehörigen Werte speichert Excel im Arbeitsblatt. Sie gehen also nicht verloren. Das Interessante dabei ist, dass die Zellen mit den Formeln jeweils unterschiedliche Werte zeigen. Die Formeln werden beim Anzeigen eines anderen Szenarios jeweils mit unterschiedlichen Werten neu berechnet. Genau das ist das Einsatzgebiet des Szenario-Managers: Er ermöglicht Ihnen das schnelle Durchrechnen und Vergleichen von Formeln mit unterschiedlichen Argumenten.

Werte über ein Dialogfeld eingeben

Um ein weiteres Szenario anzulegen, verwenden Sie im nächsten Beispiel nicht die Tabelle, sondern den *Szenario-Manager*. Und so geht's:

1. Wählen Sie aus dem Symbol *Szenario* den Eintrag *Standard* aus. Der *Szenario-Manager* stellt im Tabellenblatt die ursprünglichen Werte ein.

2. Rufen Sie wiederum auf der Registerkarte *Daten* in der Gruppe *Datentools* den Untermenübefehl *Was-wäre-wenn-Analyse/Szenario-Manager* auf.

3. Klicken Sie auf die Schaltfläche *Hinzufügen* und geben Sie den Szenarionamen *Bestellmenge 30* ein. Klicken Sie dann auf die Schaltfläche *OK*.

4. Nun befinden Sie sich im Dialogfeld *Szenariowerte*. Die Bestellmenge steht in Zelle *F12*, Sie müssen also im Dialogfeld ein kleines Stück nach unten scrollen, damit Sie den betreffenden Wert sehen (Abbildung 25.4).

Abbildg. 25.4 Szenariowerte im Dialogfeld ändern

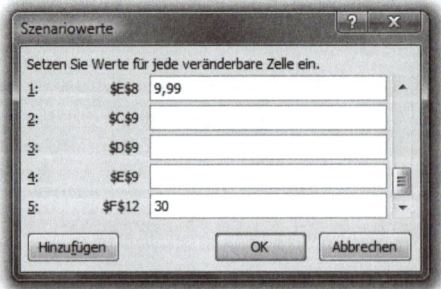

5. Geben Sie für die Zelle *$F$12* den Wert *30* an und bestätigen Sie diese Eingabe mit Klick auf die Schaltfläche *Hinzufügen*.
6. Nun befinden Sie sich wieder im Dialogfeld *Szenario hinzufügen*. Geben Sie als Szenarionamen *Booklet* ein, um ein weiteres Szenario zu definieren.
7. Wechseln Sie in das Eingabefeld *Veränderbare Zellen* und tragen Sie dort den Bezug *$C$9:$E$9;$F$12;$C$4:$E$8* ein und klicken Sie anschließend auf die Schaltfläche *OK*.
8. Wie Sie sehen, werden die veränderbaren Zellen in der Reihenfolge angezeigt, wie Sie diese angegeben haben. Sie brauchen also nicht durch das Listenfeld scrollen, sondern können für die Zellen *$C$9*, *$D$9 und $E$9* die Werte *1*, *25* und *6,50* eingeben. Wenn Sie kein weiteres Szenario festlegen wollen, klicken Sie auf die Schaltfläche *OK*. Dadurch landen Sie nicht wieder im Dialogfeld *Szenario hinzufügen*, sondern im *Szenario-Manager*, den Sie wiederum mit Klick auf die Schaltfläche *Schließen* beenden können.

Wie Sie gesehen haben, müssen die Szenarien einer Tabelle nicht zwingend die gleichen veränderbaren Zellen verwenden.

Damit im Dialogfeld *Szenariowerte* statt der Zelladressen entsprechende Beschriftungen vor den Eingabefeldern stehen, müssen Sie für jede Zelle einen Bereichsnamen festlegen. Das ist auch hier zu empfehlen, weil ein Zellbezug (etwa *F12*) einfach weniger aussagt, als ein Name (z.B. *Bestellmenge*). Auch für den Bereich der veränderbaren Zellen kann Ihnen ein Name helfen, etwa um diesen schnell zu markieren. Mehr zum Thema Namen finden Sie in Kapitel 19.

Wenn abzusehen ist, dass einige der veränderbaren Zellen häufiger geändert werden als andere, markieren Sie zuerst diese Zellen im Eingabefeld *Veränderbare Zellen*. Markieren Sie dann die anderen Zellen mit Hilfe der `Strg`-Taste. Die Zellen werden im Dialogfeld *Szenariowerte* in der Reihenfolge der Markierung angezeigt.

Die Befehle im Dialogfeld *Szenario-Manager*

Im Dialogfeld *Szenario-Manager* werden nun vier Szenarien aufgelistet. Jedes Szenario können Sie von hier aus anzeigen lassen, wenn Sie den gewünschten Eintrag im Listenfeld *Szenarien* markieren und anschließend auf die Schaltfläche *Anzeigen* klicken. Das Gleiche erreichen Sie durch einen Doppelklick auf einen Eintrag.

Neben der Option *Hinzufügen* stellt das Dialogfeld *Szenario-Manager* auch Befehle zum Bearbeiten und Löschen von Szenarien bereit. Über einen Klick auf die Schaltfläche *Bearbeiten* gelangen Sie in das Dialogfeld *Szenario bearbeiten* für das aktuell markierte Szenario. Hier lassen sich alle Einstellungen editieren.

Mit Klick auf die Schaltfläche *Löschen* wird im Dialogfeld *Szenario-Manager* ein Szenario kommentarlos gelöscht. Beachten Sie dabei, dass keinerlei Sicherheitsabfrage erfolgt. Ein gelöschtes Szenario lässt sich nicht wiederherstellen. Sie haben nur die Möglichkeit, es erneut anzulegen. Wenn Sie die Datei seit dem Löschen noch nicht gespeichert haben, können Sie diese Datei unter einem anderen Namen speichern und die Szenarien beider Mappen zusammenführen. Wie das geht, erfahren Sie gleich.

Szenarien zusammenführen

Der Szenario-Manager kann Szenarien aus unterschiedlichen Arbeitsblättern bzw. Arbeitsmappen zusammenführen. Voraussetzung für das Zusammenführen von Szenarien aus anderen Dateien ist, dass diese geöffnet sind. Darüber hinaus macht dieser Vorgang nur Sinn, wenn die Arbeitsblätter gleich aufgebaut sind.

Wenn Sie Szenarien zusammenführen möchten, gehen Sie folgendermaßen vor:

1. Öffnen Sie die Dateien, deren Szenarios zusammengeführt werden sollen.
2. Aktivieren Sie die Datei, welche die Szenarien aufnehmen soll, und wählen Sie im Dialogfeld *Szenario-Manager* den Befehl *Zusammenführen*.
3. Im Dialogfeld *Szenarien zusammenführen* (Abbildung 25.5) können Sie sowohl zwischen den geöffneten Mappen wählen als auch zwischen den dort enthaltenen Arbeitsblättern. Wenn Sie einen Eintrag im Listenfeld *Blatt* markieren, erscheint unter dem Listenfeld ein Statustext, der Sie über die Anzahl der gespeicherten Szenarien im betreffenden Arbeitsblatt informiert (siehe Abbildung 25.5).
4. Nachdem Sie auf die Schaltfläche *OK* geklickt haben, werden die Szenarien des Quellblattes in die Liste der Szenarien des Zielblattes übernommen. Die Schaltfläche *OK* kann nur dann gewählt werden, wenn die ausgewählte Tabelle auch ein Szenario enthält.

Abbildg. 25.5   Im Dialogfeld *Szenarien zusammenführen* können die Tabellenblätter aller geöffneten Arbeitsmappen ausgewählt werden

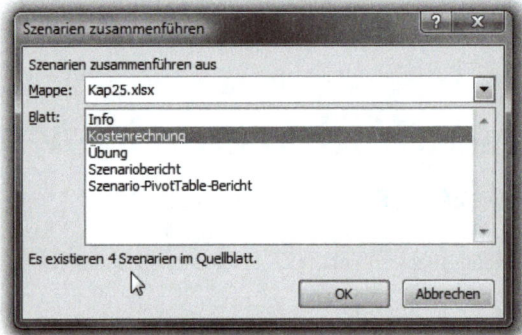

So werden Namenskonflikte gelöst

Bei der Zusammenführung kann es durchaus vorkommen, dass Szenarien mit gleichen Namen sowohl in der Quellmappe als auch in der Zielmappe vorhanden sind. Der *Szenario-Manager* kann Szenarien mit gleichen Namen nicht verwalten. Die Namenskonflikte werden folgendermaßen gelöst:

- An das Szenario mit gleichem Namen wird das aktuelle Tagesdatum angehängt.
- Sollte es bereits ein Szenario mit entsprechendem Namen geben, wird außerdem eine fortlaufende Nummer angehängt. Im Beispiel würde aus *Slim Case 26.11.2006* das Szenario *Slim Case 26.11.2006 1* werden.
- Beim Zusammenführen gleichnamiger Szenarien, die von Dritten erstellt wurden, wird zusätzlich noch der Name des Benutzers hinzugefügt; zum Beispiel *Slim Case Hans Müller 01.07.2006*.

- Sollten gleichnamige Szenarien zusammengeführt werden, die von Dritten am gleichen Tag erstellt wurden, wird neben dem Namen und dem Datum noch eine fortlaufende Nummer hinzugefügt; z.B. *Slim Case Hans Müller 01.07.2006 1*.

Szenarien wiederherstellen

Ein gelöschtes Szenario kann nicht mit dem Befehl *Rückgängig* wiederhergestellt werden. Wenn Sie versehentlich ein Szenario gelöscht haben und die Datei noch nicht gespeichert wurde, müssen Sie die Hoffnung noch nicht ganz aufgeben.

Führen Sie die nachfolgenden Schritte aus, um ein versehentlich gelöschtes Szenario wieder verfügbar zu machen.

1. Speichern Sie die Datei mit dem gelöschten Szenario unter einem neuen Namen ab. Nun haben Sie eine Kopie der ursprünglichen Datei. In der Originaldatei sollte das gelöschte Szenario aber noch enthalten sein.
2. Öffnen Sie die Originaldatei.
3. Wechseln Sie zurück zur Kopie der Datei.
4. Öffnen Sie das Dialogfeld *Szenario-Manager* und klicken Sie auf die Schaltfläche *Zusammenführen*.
5. Wählen Sie unter *Mappe* die Originaldatei und im Listenfeld *Blatt* das Arbeitsblatt, das die Szenarien enthält. Klicken Sie dann auf die Schaltfläche *OK*.
6. Entfernen Sie ggf. doppelte Szenarien. Nun haben Sie in der Kopie der Datei sowohl alle Änderungen als auch alle Szenarien vorliegen. Die Originaldatei ist nun überflüssig geworden.

Natürlich funktioniert das alles nur, wenn in der Originaldatei das betreffende Szenario enthalten war. Sollte dies nicht der Fall sein, etwa weil die Datei noch nie gespeichert wurde, dann müssen Sie das Szenario neu erstellen.

Szenariobericht erstellen

Der Szenario-Manager bietet Ihnen die Möglichkeit, einen Übersichtsbericht zu erstellen. In einem *Übersichtsbericht* sind die Eingabewerte jedes Szenarios sowie dessen Ergebniszellen aufgelistet. Unter einer *Ergebniszelle* versteht man in diesem Zusammenhang eine Zelle mit einer Formel, deren Ergebnis unmittelbar oder mittelbar von dem Wert einer veränderbaren Zelle abhängig ist.

Nachdem Sie im Szenario-Manager auf die Schaltfläche *Zusammenfassung* geklickt haben, erscheint das Dialogfeld *Szenariobericht*. Hier haben Sie die Wahl zwischen *Szenariobericht* und *Szenario-PivotTable-Bericht* (Abbildung 25.6).

Die Schaltfläche *Zusammenfassung* im Dialogfeld *Szenario-Manager* ist nur dann aktiv, wenn für das aktuelle Tabellenblatt auch Szenarien definiert worden sind.

Um die *Ergebniszellen* einzutragen, wählen Sie diese in der Tabelle aus. Als Vorgabe ist die aktive Zelle eingetragen. *Ergebniszellen* haben nur für die Erstellung eines *Szenario-PivotTable-Berichts* eine Bedeutung.

Kapitel 25 Mit verschiedenen Szenarien experimentieren

Abbildg. 25.6 Im Dialogfeld *Szenariobericht* können Sie zwischen *Szenariobericht* und *Szenario-PivotTable-Bericht* wählen

Nachdem Sie das Dialogfeld mit *OK* geschlossen haben, wird ein neues Tabellenblatt in Ihre Arbeitsmappe eingefügt, das den gewählten Bericht enthält. Dieser *Szenariobericht* (Übersichtsbericht) wird automatisch gegliedert und formatiert (Abbildung 25.7).

Auch dieser Bericht kann durch die Definition von Namen an Klarheit gewinnen. Haben Sie für die Ergebniszellen Namen festgelegt, werden diese Namen im Bericht angezeigt.

Abbildg. 25.7 Verwenden Sie die Gliederungssymbole, um die gewünschten Zelladressen und die Szenariowerte anzuzeigen

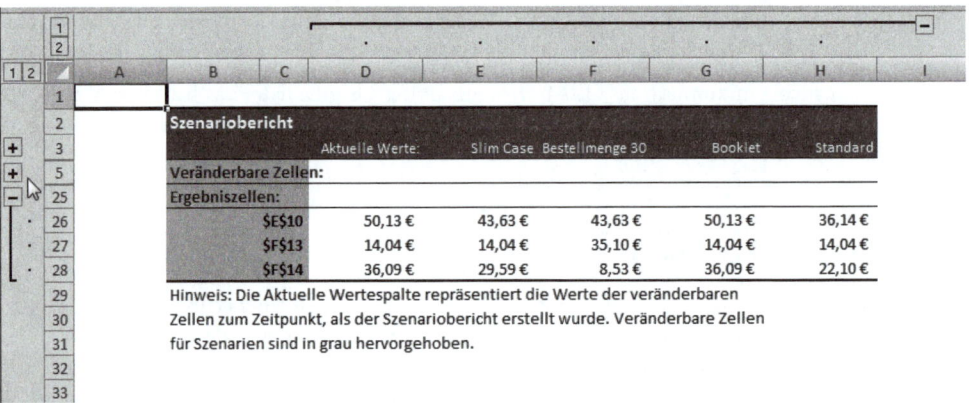

Die veränderbaren Zellen werden grau hinterlegt. So kann man sofort erkennen, welche Zahlen variabel sind. Über die Gliederungssymbole schränken Sie die angezeigten Daten ein.

Wenn Sie sich im Dialogfeld *Szenariobericht* (Abbildung 25.6) für einen *Szenario-PivotTable-Bericht* entscheiden, können Sie verschiedene Szenarien miteinander kombinieren und vergleichen (Abbildung 25.8).

> **WICHTIG** Wichtig ist dabei, dass Sie im Feld *Ergebniszellen* auf die Zellen verweisen, deren Werte durch die Szenarios verändert werden. Um hier mehrere Bezüge eingeben zu können, müssen diese durch Semikola getrennt werden.

Die Befehle im Dialogfeld Szenario-Manager

Abbildg. 25.8 Eine flexible Übersicht aller Szenarien liefert der vom Szenario-Manager generierte PivotTable-Bericht

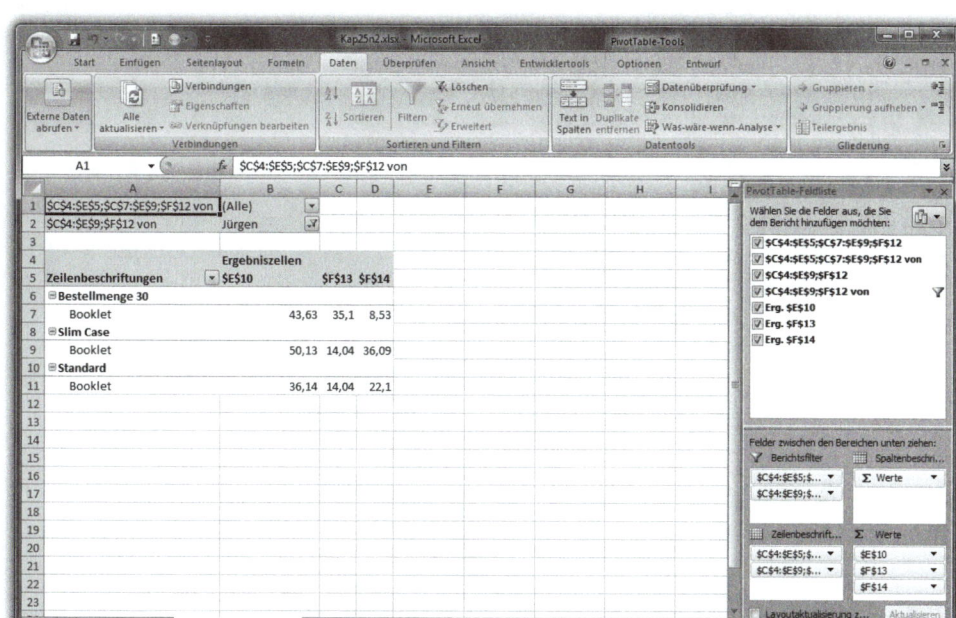

Weitere Informationen zum Umgang mit *PivotTable-Berichten* finden Sie in Kapitel 24.

Szenarien schützen

Unter der Überschrift *Schutz* im unteren Teil des Dialogfelds *Szenarien bearbeiten* finden Sie zwei Kontrollkästchen mit der Bezeichnung *Änderungen verhindern* und *Ausblenden*.

Mit der Aktivierung des Kontrollkästchens *Änderungen verhindern* stellen Sie sicher, dass ein anderer Benutzer ein Szenario nicht bearbeiten kann. Hierzu muss das Arbeitsblatt jedoch noch geschützt werden. Wird zudem noch das Kontrollkästchen *Ausblenden* aktiviert, erscheint das Szenario nicht mehr im Listenfeld *Szenarien* im *Szenario-Manager*.

Wir wollen nun zwei Szenarien schützen und ein Szenario ausblenden:

1. Öffnen Sie den *Szenario-Manager*. Wählen Sie das Szenario *Slim Case* aus und klicken Sie auf die Schaltfläche *Bearbeiten*.
2. Aktivieren Sie das Kontrollkästchen *Änderungen verhindern* und klicken Sie auf die Schaltfläche *OK*. Schließen Sie das Dialogfeld *Szenariowerte* per Klick auf die Schaltfläche *OK*.
3. Wiederholen Sie die Schritte 1 und 2 für das Szenario *Bestellmenge 30*.
4. Wiederholen Sie die Schritte 1 und 2 für das Szenario *Booklet*. Aktivieren Sie hier aber im Schritt 2 zusätzlich das Kontrollkästchen *Ausblenden*.
5. Schließen Sie den *Szenario-Manager* per Klick auf die Schaltfläche *Schließen*.

Kapitel 25 Mit verschiedenen Szenarien experimentieren

6. Markieren Sie im Tabellenblatt die Bereiche *C4:E5, C7:E9* und die Zelle *F12*. Halten Sie beim Markieren die `Strg`-Taste gedrückt.

7. Rufen Sie auf der Registerkarte *Start* in der Gruppe *Zellen* den Untermenübefehl *Format/Zellen formatieren* auf und holen Sie im Dialogfeld *Zellen formatieren* die Registerkarte *Schutz* in den Vordergrund. Dort deaktivieren Sie das Kontrollkästchen *Gesperrt*. Dies ist notwendig, weil der Szenario-Manager sonst nach Aktivierung des Blattschutzes die Zellen nicht mehr ändern kann. Schließen Sie das Dialogfeld mit einem Klick auf *OK*.

8. Rufen Sie auf der Registerkarte *Start* in der Gruppe *Zellen* den Untermenübefehl *Format/Blatt schützen* auf. Achten Sie im Dialogfeld *Blatt schützen* darauf, dass das Kontrollkästchen *Szenarios bearbeiten* deaktiviert ist (Abbildung 25.9). Klicken Sie dann auf die Schaltfläche *OK*. Erst mit diesem Schritt wird der Schutz aktiv.

Abbildg. 25.9   *Szenarios bearbeiten* muss im Dialogfeld *Blatt schützen* deaktiviert sein

Nun können Sie den Szenario-Manager erneut öffnen. Markieren Sie einmal das Szenario *Slim Case*. Beachten Sie, dass die Befehle *Löschen* und *Bearbeiten* nicht anwählbar sind.

Darüber hinaus fällt auf, dass nur drei Szenarien in der Liste angezeigt werden, obwohl in der Mappe vier Szenarien definiert wurden. Dies trifft übrigens auch auf das Kombinationsfeld *Szenario* in der Symbolleiste zu. Das Szenario *Booklet* ist ausgeblendet. Wenn Sie dieses Szenario bearbeiten wollen, müssen Sie zunächst den Blattschutz aufheben. Damit wird das Szenario im Szenario-Manager angezeigt und kann für die Bearbeitung geöffnet werden.

Grenzen für Szenarien

Grundsätzlich können Sie so viele Szenarien anlegen, wie Sie möchten. Die Anzahl ist lediglich durch den verfügbaren Speicher begrenzt. In Übersichtsberichten werden jedoch nur die ersten 251 Szenarien angezeigt.

Eine weitere Grenze gibt es für die Anzahl an Zeichen, die für einen Szenario-Namen verwendet werden kann. Maximal können Sie einen Namen mit 255 Zeichen festlegen. Allerdings werden im Dialogfeld *Szenario-Manager* nicht mehr als ca. 100 Zeichen angezeigt. Verwenden Sie also besser kurze Namen und legen Sie für eine genauere Beschreibung einen Kommentar fest.

Einschränkungen bei veränderbaren Zellen

Bei der Definition eines Szenarios müssen Sie darauf achten, dass Sie nur 32 veränderbare Zellen verwenden dürfen. Überschreiten Sie diese Grenze, erhalten Sie die in Abbildung 25.10 gezeigte Fehlermeldung.

Abbildg. 25.10 Nur 32 veränderbare Zellen sind erlaubt

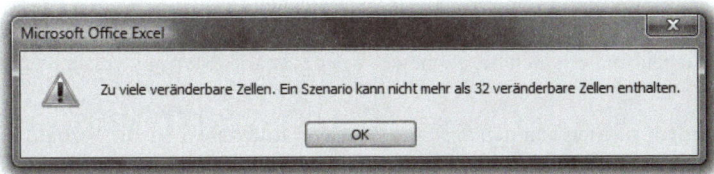

TIPP Das sicherlich größte Handicap im Szenario-Manager ist die Beschränkung auf 32 veränderbare Zellen. Das bedeutet für Sie, dass Sie sich auf die Bereiche beschränken müssen, die sich auch wirklich ändern. Sie können z.B. die Tabellenfunktion *TEILERGEBNIS* verwenden, um die Auswertung auf gefilterte Daten einzuschränken; in veränderbaren Zellen legen Sie dann nur die Werte für die nachfolgenden Rechenschritte ab.

Mehr zum Thema Teilergebnisse finden Sie in Kapitel 23.

Weiterhin müssen Sie beachten, dass in den veränderbaren Zellen keine Formeln enthalten sind. Excel quittiert diesen Fehler mit der Meldung aus Abbildung 25.11. Sie können das Szenario durchaus so definieren, doch wenn Sie es zum ersten Mal anzeigen lassen, überschreibt der Szenario-Manager die Formel mit dem gespeicherten Wert. Zweckmäßigerweise brechen Sie den Vorgang nach Erhalt der Meldung ab und überprüfen den Bereich noch einmal, bevor Sie das Szenario hinzufügen.

Abbildg. 25.11 Fehlermeldung, wenn in den veränderbaren Zellen mindestens eine Formel enthalten ist

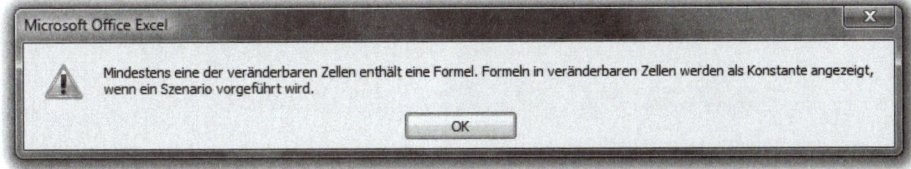

Problem mit verbundenen Zellen und Matrizen

Etwas unangenehm wirkt sich eine bestimmte Formatierung von Zellen auf die Arbeit des Szenario-Managers aus: Ist eine veränderbare Zelle über den Befehl *Start/Zellen verbinden* mit einer anderen Zelle verbunden, dann kann der Szenario-Manager in diese Zelle ebenfalls keine Werte eintragen. Wenn Sie es dennoch versuchen, erhalten Sie die Fehlermeldung aus Abbildung 25.12. Mehr zur Problematik von verbundenen Zellen finden Sie in Kapitel 4.

Abbildg. 25.12 Verbundene Zellen können vom Szenario-Manager nicht geändert werden

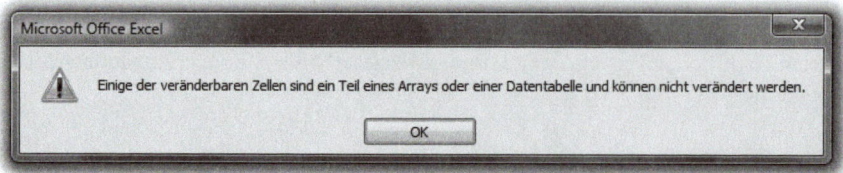

Die gleiche Fehlermeldung erhalten Sie auch, wenn der Szenario-Manager versucht, einzelne Zellen einer Matrix zu ändern.

Beenden Sie in einem solchen Fall den Szenario-Manager und heben Sie die Verbindung der Zellen auf.

Schnelles Überarbeiten

Wenn Sie die Werte eines bestehenden Szenarios überschreiben, erhalten Sie eine Sicherheitsabfrage. Wenn Sie ein Szenario auf diesem Wege ändern wollen, muss sich die Änderung auf eine der veränderbaren Zellen des Szenarios beziehen.

Vielleicht gefällt Ihnen ja diese Methode zum schnellen Ändern. Probieren Sie es einfach einmal aus:

1. Wählen Sie aus dem Symbol *Szenario* den Eintrag *Standard* aus (sofern er nicht bereits ausgewählt ist).
2. Ändern Sie den Wert in Zelle *D4* von *50* auf *25*.
3. Öffnen Sie nochmals das Kombinationslistenfeld *Szenario* und klicken Sie wieder auf *Standard*. Sie erhalten jetzt eine Abfrage analog Abbildung 25.13.

Abbildg. 25.13 Szenario neu definieren, oder war es nur ein Bedienungsfehler?

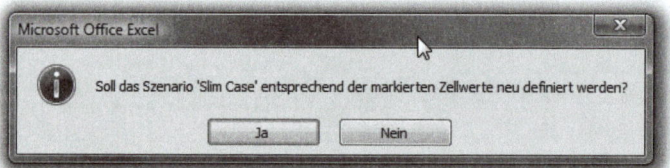

Wenn Sie diese Meldung mit Klick auf die Schaltfläche *Ja* bestätigen, werden die Werte in das Szenario übernommen. Ein Klick auf die Schaltfläche *Nein* macht die Änderung an der Tabelle rückgängig.

Zusammenfassung

Der Szenario-Manager ist ein interessantes Werkzeug für das Speichern und Anzeigen von Tabellenmodellen, bei denen Sie Formeln mit unterschiedlichen Eingangswerten durchspielen wollen. Sie können die unterschiedlichen Werte auf verschiedene Weise eingeben und unter einem Namen ablegen. Damit werden unterschiedliche Sätze an Werten gespeichert und können schnell angezeigt werden, ohne dass Sie Daten neu eingeben müssen. Durch geschickte Auswahl der veränderbaren Zellen bzw. der Formeln für die Berechnungen, können Sie auch mit der begrenzten Zahl an veränderbaren Zellen auskommen.

Frage	Antwort
Kann ich den *Szenario-Manager* auch über Symbole aufrufen?	Auch den Szenario-Manager können Sie über die Symbolleiste für den Schnellzugriff aufrufen. Auf Seite 959 finden Sie Hinweise dazu.
Wie lege ich ein Szenario fest?	Die Erstellung eines Szenarios wird über Dialogfelder vorgenommen. Hier vergeben Sie den Namen und legen den Bereich fest. Mehr dazu steht auf Seite 959.
Warum sollte ich weitere Szenarien hinzufügen?	Die Vorzüge des Szenario-Managers zeigen sich dann, wenn verschiedene Szenarien festgelegt sind. Sie können dann zwischen verschiedenen Szenarien wechseln. Mehr dazu auf Seite 961.
Welche Befehle enthält der *Szenario-Manager*?	Der Szenario-Manager enthält alle Befehle zum Hinzufügen, Ändern und Löschen von Szenarien. Mehr dazu auf Seite 963.
Kann ich Szenarien unterschiedlicher Arbeitsmappen zusammenführen?	Dafür steht der Befehl *Zusammenführen* im Szenario-Manager zur Verfügung. Ein Beispiel finden Sie auf Seite 964.
Kann ich die Daten von Szenarien direkt vergleichen?	Erstellen Sie dazu einen Szenariobericht. Die Seite 965 zeigt, wie das geht.
Kann ich Szenarien vor Veränderung schützen?	Dazu muss das entsprechende Kontrollkästchen im Szenario-Manager aktiviert und das Tabellenblatt geschützt werden. Mehr dazu erfahren Sie auf Seite 967.
Wie kann ich Szenarien schnell ändern?	Überschreiben Sie einen Wert in der Tabelle und rufen das aktive Szenario erneut auf, wird eine Sicherheitsabfrage angezeigt, in der Sie die Änderung dauerhaft vornehmen können. Schlagen Sie dazu auf Seite 970 nach.
Wie können Szenarien mit dem Solver kombiniert werden?	Sie können die Ergebnisse des Solvers in Szenarien speichern. Ein Beispiel dazu finden Sie in Kapitel 26.
Ich möchte in Datentabellen verschiedene Parameter austesten. Wie geht das?	Wie Sie Ergebnisse der Datentabelle (Mehrfachoperation) in Szenarien speichern, zeigt das Kapitel 27.

Kapitel 26

Den Solver und weitere Add-Ins einsetzen

In diesem Kapitel:

Zusätzliche Funktionen durch Add-Ins	974
Was macht der Solver?	982
Fortgeschrittene Funktionen des Solvers	989
Bedeutung der Startwerte für die Ergebnisse	996
Die Iteration gezielt einsetzen	999
Zielwertsuche – so kommen Sie weiter	1003
Zusammenfassung	1009

In diesem Kapitel möchten wir Ihnen den Umgang mit dem *Solver* näher bringen. Sie werden lernen, in welchen Fällen der Einsatz des Solvers sinnvoll ist und wie man ihn handhabt. Die vielfältigen Einstellungen, die den Solver steuern, werden im Detail erklärt. Darüber hinaus kann der Solver Berichte generieren, die das gefundene Ergebnis erläutern. Was auf diesen Berichten dargestellt wird, können Sie ebenfalls in diesem Kapitel nachlesen. Am Ende des Kapitels finden Sie noch einige Beispiele zur Iteration, mit deren Hilfe Excel Zirkelbezüge auflösen kann, sowie zur Zielwertsuche.

Die Funktionalität des Solvers ist in einem Add-In gespeichert. Aus diesem Grund sollen zu Beginn des Kapitels einige allgemeine Informationen zu Add-Ins in Excel gegeben werden.

Zusätzliche Funktionen durch Add-Ins

Beim Durchlesen dieses Buches ist Ihnen schon mehrmals der Begriff *Add-In* begegnet. Was ist eigentlich ein Add-In?

Ein Add-In enthält programmierte Funktionen oder eine Erweiterung der Standard-Funktionalität von Excel. Es handelt sich um eine spezielle Datei, die nach dem Laden kein sichtbares Fenster zeigt. Die in einem Add-In gespeicherten Funktionen stehen aber gleichwohl zur Verfügung. Sie können über den Funktionsassistenten eingefügt werden. Obwohl es auch Add-Ins gibt, die in kompilierter Form gespeichert und z.B. mit einer der Programmiersprachen Visual Basic oder Visual C++ erstellt werden (z.B. COM-Add-Ins, COM steht für *Component Object Model*), wollen wir hier einen anderen Typ von Add-Ins betrachten. Ein Add-In kann eben auch aus einer Excel-Datei erstellt werden, indem diese in einem der beiden folgenden Dateiformate gespeichert wird:

- *Microsoft Office Excel-Add-In (*.xlam)*
- *Excel 97-2003-Add-In (*.xla)*

Mehr dazu, wie Sie ein eigenes Add-In erstellen können, finden Sie in Kapitel 31.

Speicherort von Add-Ins

Bei der Installation Ihres Office-Pakets werden bereits einige Add-Ins mitgeliefert. Diese Dateien werden in das Verzeichnis *C:\Programme\Microsoft Office\Office12\Library* (nach einer Standard-Installation ohne besondere Festlegungen) und in die darunter liegenden Ordner installiert.

WICHTIG Wenn Sie im Windows-Explorer nach den Add-Ins suchen, müssen Sie unter *Extras/Ordneroptionen* auf der Registerkarte *Ansicht* für *Versteckte Dateien und Ordner* die Option *Alle Dateien und Ordner anzeigen* aktivieren, damit die Suche erfolgreich ist. Standardmäßig werden seit Windows 2000 versteckte Dateien und Systemdateien ausgeblendet.

Wenn Sie ein eigenes Add-In entwickelt oder von einer anderen Quelle erhalten haben, stellt sich die Frage, wo Sie die Datei zweckmäßigerweise ablegen sollen. Je nachdem, welches Betriebssystem Sie verwenden, gibt es ein Verzeichnis, das Excel nach dem Start als Erstes durchsucht. Wenn Sie mit Windows Vista arbeiten, finden Sie diesen Ordner unter

C:\Users\<Benutzername>\AppData\Roaming\Microsoft\AddIns

Der Teil *<Benutzername>* steht hier für Ihren Anmeldenamen. Dort abgelegte Add-Ins erkennt Excel und listet sie automatisch im Dialogfeld *Add-Ins* auf (Abbildung 26.1). Sie können Add-Ins aber auch in anderen Ordnern ablegen. Im Netzwerk beachten Sie dabei die Zugriffsrechte.

Abbildg. 26.1   Das Dialogfeld *Add-Ins* verwaltet die Add-Ins

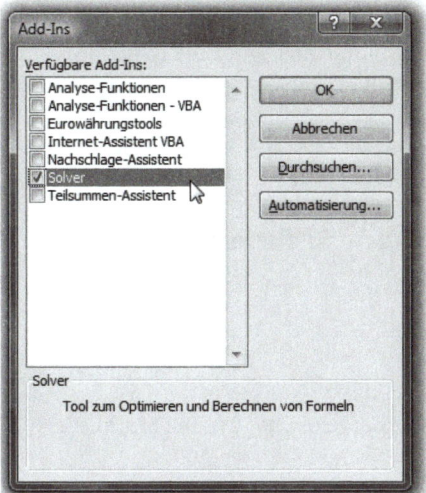

HINWEIS   Dieses Dialogfeld kann durchaus auch standardmäßig andere Einträge enthalten. Haben Sie z.B. die Microsoft-Produkte MapPoint oder Visio installiert, finden Sie hier weitere Add-Ins. Wenn im Add-Ins-Manager keine Add-Ins aufgelistet werden, müssen Sie das Setup-Programm erneut ausführen und die Add-Ins nachträglich installieren. Mehr zur Installation von Excel 2007 finden Sie in Kapitel 1.

Add-In einbinden

Nehmen wir an, Sie möchten Ihre Add-Ins auf einem Server ablegen, um sie allen Benutzern des Netzwerks verfügbar zu machen. Nun möchten Sie ein Add-In vom Server einbinden.

Für die Verwaltung von Add-Ins können Sie das Dialogfeld *Add-Ins* aufrufen, über welches Add-Ins eingebunden, aktiviert und deaktiviert werden können. Hier die Schritte:

1. Wählen Sie im *Office-Menü* die Schaltfläche *Excel-Optionen*.
2. Im Dialogfeld *Excel-Optionen* wechseln Sie in die Kategorie *Add-Ins*.
3. Stellen Sie im Listenfeld *Verwalten* den Eintrag *Excel-Add-Ins* ein und klicken Sie auf die Schaltfläche *Gehe zu*.
4. Klicken Sie im Dialogfeld *Add-Ins* (Abbildung 26.1) auf die Schaltfläche *Durchsuchen*.
5. Es öffnet sich das Dialogfeld *Durchsuchen*, in welchem Sie den Pfad zum Add-In suchen und anschließend das Add-In markieren können. Wechseln Sie also über das Listenfeld *Suchen in* auf das Netzlaufwerk, suchen und markieren das Add-In.
6. Schließen Sie das Dialogfeld *Durchsuchen* per Klick auf *OK*.

Ein auf diese Weise eingebundenes Add-In bleibt auch nach einem Neustart von Excel in der Liste der verfügbaren Add-Ins erhalten, selbst dann, wenn es deaktiviert wird.

Einmalige Verwendung von Add-Ins

Wenn Sie ein Add-In nur einmalig verwenden wollen, können Sie es auch wie eine »normale« Datei öffnen: Dazu klicken Sie den Befehl *Öffnen* im Office-Menü an und wählen anstelle einer Arbeitsmappe ein Add-In aus. Das Add-In steht Ihnen dann einmalig für die Dauer der aktuellen Sitzung zur Verfügung. Beim nächsten Excel-Start wird es nicht geladen.

WICHTIG Damit die Funktionalität von Add-Ins verfügbar wird, müssen Sie die darin enthaltenen Makros aktivieren. Mehr zur Aktivierung von Makros finden Sie in Kapitel 31.

Add-Ins aus der Liste verfügbarer Add-Ins entfernen

Wenn Sie ein Add-In aus dem Dialogfeld *Add-Ins* entfernen wollen, können Sie das wie folgt erledigen:

1. Starten Sie Excel und wählen Sie im Office-Menü die Schaltfläche *Excel-Optionen*.
2. Wechseln Sie in die Kategorie *Add-Ins*.
3. Wählen Sie im Listenfeld *Verwalten* den Eintrag *Excel-Add-Ins* und anschließend die Schaltfläche *Gehe zu*.
4. Deaktivieren Sie das betreffende Add-In im Dialogfeld *Add-Ins*.
5. Beenden Sie Excel.
6. Suchen Sie im Windows-Explorer nach dem Add-In und benennen Sie die Datei um oder verschieben Sie diese an einen anderen Ort.
7. Starten Sie Excel und wählen Sie im *Office-Menü* die Schaltfläche *Excel-Optionen*.
8. Wechseln Sie in die Kategorie *Add-Ins*.
9. Wählen Sie im Listenfeld *Verwalten* den Eintrag *Excel-Add-Ins* und anschließend die Schaltfläche *Gehe zu*.
10. Klicken Sie auf das Kontrollkästchen für das zu entfernende Add-In.
11. Excel kann das Add-In nicht finden und bietet an, es zu löschen. Sie können das Add-In entfernen, wenn Sie das Dialogfeld mit *Ja* schließen.

WICHTIG Das Entfernen von Add-Ins aus der Liste der verfügbaren Add-Ins bzw. das Löschen oder Verschieben an einen anderen Speicherort führt dazu, dass Zellen, die eine Funktion aus dem Add-In verwenden,

- den Fehlerwert *#Name?* zeigen und
- der Name der Funktion um den Speicherort und Namen des Add-Ins ergänzt wird.

Verfügbare Add-Ins

Mit Excel 2007 werden einige Add-Ins ausgeliefert. Wir werden nachfolgend die Funktion der einzelnen Add-Ins kurz beschreiben, sofern sie nicht in anderen Kapiteln behandelt werden. In diesem Fall informiert Sie ein entsprechender Verweis darüber.

Abbildg. 26.2 Über die Excel-Optionen werden die verfügbaren Add-Ins angezeigt und verwaltet

Analyse-Funktionen

Das Add-In *Analyse-Funktionen* enthält zusätzliche Funktionen, mit deren Hilfe Sie viele Bearbeitungsschritte bei der Entwicklung komplexer statistischer oder technischer Analysen einsparen können. Sie geben lediglich die Daten und Argumente für die jeweilige Analyse an; die Funktion führt dann die entsprechenden statistischen oder technischen Funktionen aus und zeigt die Ergebnisse in einer Ausgabetabelle an. Bei einigen Funktionen werden zusätzlich zu Ausgabetabellen auch Diagramme erstellt, z.B. beim *Histogramm*. Ein Beispiel dazu finden Sie in Kapitel 16.

Nachdem Sie das Add-In im Dialogfeld *Add-Ins* aktiviert haben, steht Ihnen auf der Registerkarte *Daten* der Befehl *Datenanalyse* zur Verfügung. Dieser Befehl startet ein Dialogfeld, das die Funktionen des Add-Ins auflistet.

Weiterführende Literatur zu den Funktionen finden Sie in der Excel-Hilfe unter dem Thema *Bibliografie zu statistischen Methoden und Algorithmen*.

Analyse-Funktionen – VBA

Um als Makro-Entwickler in VBA (Visual Basic für Applikationen) auf die oben genannten Funktionen zugreifen zu können, binden Sie das Add-In *Analyse-Funktionen – VBA* ein. Mehr zum Thema VBA finden Sie in Kapitel 31.

Eurowährungs-Tools

Das Add-In *Eurowährungs-Tool* stellt die Tabellenfunktion *EUROCONVERT* zur Verfügung. Mit dieser Funktion können Sie die alten Währungen der Mitgliedsländer der Euro-Zone in Euro umrechnen bzw. aus der Währung Euro in die entsprechende Fremdwährung zurückrechnen. Die Umrechnungsfaktoren sind für jedes Land hinterlegt.

Außerdem haben Sie auf der Registerkarte *Formeln* die zusätzliche Befehlsgruppe *Lösungen* und damit eine komfortable Möglichkeit, per Menü für ganze Zellbereiche eine Währung in die andere umzurechnen. Dabei wird das Ergebnis auch gleich entsprechend formatiert.

Bei statistischen Vergleichen der EU-Länder stehen Sie vielleicht immer noch vor der Aufgabe, Währungen umzurechnen. Daher soll diese Funktion hier kurz erläutert werden. Die Funktion hat die (englische) Syntax

EUROCONVERT(Number;Source;Target;Full_Precision;Triangulation_Precision)

und konvertiert eine Zahl in Euro bzw. konvertiert eine Zahl aus Euro in eine Euro-Mitgliederwährung oder konvertiert eine Zahl aus einer Euro-Mitgliedswährung in eine andere, indem der Euro als Zwischenschritt verwendet wird.

Das Argument *Number* ist der Währungswert, der konvertiert werden soll. *Source* ist eine Zeichenfolge aus drei Buchstaben, gemäß dem ISO-Code. Mehr dazu finden Sie in der Hilfe unter dem Suchbegriff »Euroconvert«, nicht jedoch im Funktions-Assistenten (dort ist für diese Funktion keine Hilfe verfügbar).

Target ist ebenfalls eine Zeichenfolge aus drei Buchstaben gemäß dem ISO-Code der Währungseinheit, in die *Number* konvertiert werden soll. *Full_Precision* ist ein logischer Wert (*WAHR* oder *FALSCH*). Dieser Wert gibt an, wie das Ergebnis gerundet wird. Beim Standardwert *FALSE* (*FALSCH*) werden die währungsspezifischen Rundungsregeln verwendet. Bei *TRUE* (*WAHR*) wird der Konvertierungsfaktor mit sechs maßgeblichen Stellen ohne anschließendes Runden verwendet.

Triangulation_Precision ist eine ganze Zahl gleich oder größer 3 für die Anzahl maßgeblicher Stellen, die beim Konvertieren zwischen zwei Euro-Mitgliedswährungen für den Euro-Zwischenwert verwendet werden soll. Wenn Sie dieses Argument auslassen, rundet Excel den Euro-Zwischenwert nicht. Excel schneidet alle nachfolgenden Nullen des Rückgabewerts ab.

Internet-Assistent VBA

Das Add-In *Internet-Assistent VBA* ermöglicht Entwicklern, Excel-Daten im Web mit der Syntax des *Internet-Assistenten* von Excel 97 zu veröffentlichen. Mehr zu Excel und dem Web finden Sie in Kapitel 28.

Nachschlage-Assistent

Der *Nachschlage-Assistent* hilft Ihnen bei der Erstellung von Formeln für die Suche nach bestimmten Werten in Tabellen. Dabei werden die Tabellenfunktionen

INDEX(Matrix;Zeile;Spalte)

und

VERGLEICH(Suchkriterium;Suchmatrix;Vergleichstyp)

eingesetzt. Mehr zu den Verweisfunktionen finden Sie in Kapitel 16.

Zusätzliche Funktionen durch Add-Ins

Die Daten für die folgende Aufgabe finden Sie in der Arbeitsmappe *Kap26_VerwAss.xlsx* im Ordner *\Buch\Kap26* auf der CD-ROM zu diesem Buch.

Es soll der Umsatz an Alu-Felgen für den Mitarbeiter Frank ermittelt werden.

1. Vergewissern Sie sich, dass der *Nachschlage-Assistent* im Add-Ins-Manager aktiviert ist.
2. Starten Sie den *Nachschlage-Assistent* durch Aufruf des Befehls *Verweis* auf der Registerkarte *Formeln* in der Gruppe *Lösungen*.
3. Im ersten Schritt markieren Sie den Bereich, der die Daten enthält (einschließlich der Spaltenbeschriftungen), im Beispiel den Zellbereich *$B$3:$G$21*. Sie können auch einen Bereichsnamen eintragen, wenn Sie Namen festgelegt haben. Wählen Sie dann die Schaltfläche *Weiter*.
4. Im zweiten Schritt legen Sie die Spalte fest, die den gewünschten Wert enthält.
   - Klicken Sie dazu auf den Pfeil des oberen Listenfelds und wählen Sie den Eintrag *Alu-Felgen* aus. Im unteren Listenfeld wählen Sie die Zeile aus, welche die gesuchten Daten enthält, z.B. *Frank* (siehe Abbildung 26.3).
   - Wenn Sie den Eintrag *Keine Zeilenbeschriftung stimmt genau überein* wählen, können Sie in einem weiteren Dialogfeld einen Vergleichswert eintragen. Excel verwendet dann die größte Zeilenbeschriftung, die kleiner oder gleich diesem Wert ist.
5. Schließen Sie diesen Schritt durch einen Klick auf die Schaltfläche *Weiter* ab.

Abbildg. 26.3   Lassen Sie sich nicht von der genannten Anzahl der Schritte irritieren, sie stimmt nur bedingt

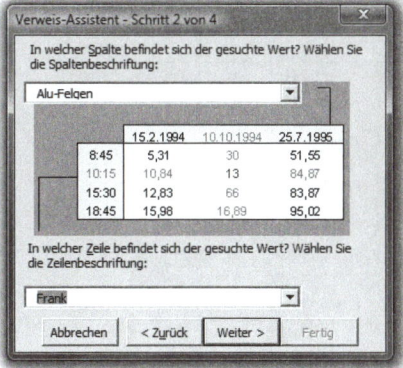

6. Im nächsten Schritt stellen Sie ein, in welcher Form das Resultat ausgegeben werden soll (siehe Abbildung 26.4). Hier können neben der Formel auch die Suchparameter *Alu-Felgen* und *Frank* ausgegeben werden. Auch dieser Schritt wird über die Schaltfläche *Weiter* abgeschlossen.
7. Wählen Sie im nächsten Schritt die Ausgabezelle.
   - Haben Sie in Schritt 3 die Option *Nur die Formel in eine Zelle kopieren* gewählt, können Sie jetzt statt der Schaltfläche *Weiter* die Schaltfläche *Fertig* aktivieren und den Verweis-Assistenten damit beenden. In die angegebene Zelle wird dann die Verweisfunktion eingefügt.
   - Haben Sie die Option *Formel und Suchparameter kopieren* gewählt, wählen Sie die Schaltfläche *Weiter*. Daraufhin können Sie nacheinander die Ausgabezelle für den Spaltennamen (*Alu-Felgen*) sowie den Zeilennamen (*Frank*) festlegen. Bestätigen Sie die Eingabe mit Klick auf die Schaltfläche *Weiter*.

Kapitel 26 Den Solver und weitere Add-Ins einsetzen

Abbildg. 26.4 Über dieses Dialogfeld spezifizieren Sie die Ausgabe

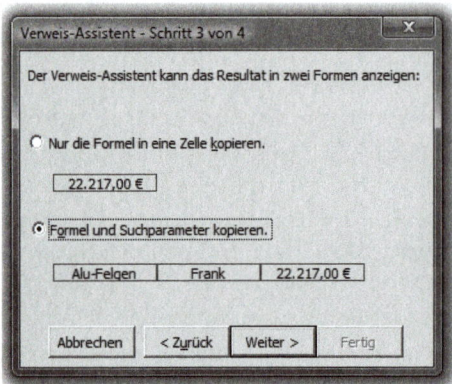

8. Schließlich fragt der Verweis-Assistent noch nach der Zelle, in welche die Verweisfunktion eingetragen werden soll. Über die Schaltfläche *Fertig* wird der Assistent beendet. Das Ergebnis sehen Sie in Abbildung 26.5.

Abbildg. 26.5 Der Verweis-Assistent hilft beim Erstellen verschachtelter Funktionen

	A	B	C	D	E	F	G	H
1								
2		Verkaufszahlen für Ersatzteile im Jahr 2006 nach Vertriebsmitarbeitern						
3		Mitarbeiter	Spoiler	Scheinwerfer	Alu-Felgen	Reifen	Sound	
4		Maier	16.059,00 €	20.688,00 €	47.466,00 €	40.817,00 €	42.807,00 €	
5		Schulze	40.118,00 €	22.417,00 €	13.805,00 €	41.752,00 €	33.989,00 €	
6		Ebermann	41.425,00 €	43.398,00 €	19.522,00 €	18.650,00 €	28.553,00 €	
7		Holzapfel	40.887,00 €	22.346,00 €	47.598,00 €	17.619,00 €	40.619,00 €	
8		Hinz	48.537,00 €	34.101,00 €	37.062,00 €	23.448,00 €	26.783,00 €	
9		Kunz	18.342,00 €	37.118,00 €	46.906,00 €	17.178,00 €	41.482,00 €	
10		Grün	48.189,00 €	42.136,00 €	26.679,00 €	22.583,00 €	21.756,00 €	
11		Schwarz	39.556,00 €	32.241,00 €	21.023,00 €	30.371,00 €	43.472,00 €	
12		Braun	48.372,00 €	34.908,00 €	21.757,00 €	43.537,00 €	35.137,00 €	
13		Weisenberg	42.241,00 €	16.057,00 €	29.727,00 €	45.203,00 €	16.266,00 €	
14		Müller	31.929,00 €	23.531,00 €	35.053,00 €	41.882,00 €	30.632,00 €	
15		Keller	42.666,00 €	19.924,00 €	27.803,00 €	19.608,00 €	23.177,00 €	
16		Frank	19.134,00 €	27.745,00 €	22.217,00 €	19.035,00 €	18.625,00 €	
17		Reinig	35.337,00 €	33.348,00 €	27.248,00 €	13.615,00 €	14.588,00 €	
18		Bülow	45.303,00 €	13.599,00 €	47.880,00 €	29.594,00 €	27.895,00 €	
19		Schmidt	39.484,00 €	30.574,00 €	24.315,00 €	19.191,00 €	27.907,00 €	
20		Hirschmann	15.338,00 €	35.504,00 €	31.736,00 €	16.266,00 €	41.941,00 €	
21		Hoffmann	27.769,00 €	21.771,00 €	14.795,00 €	48.466,00 €	43.146,00 €	
22								
23				Alu-Felgen				
24		Frank		22.217,00 €				
25								
26		Formel für die bedingte Formatierung im Bereich C4:G21:						
27		=C4=INDEX($B$3:$G$21; VERGLEICH($B$24;$B$3:$B$21;); VERGLEICH($C$23;$B$3:$G$3;))						
28								

Mit dieser Formel, die der Verweis-Assistent in die Zelle *C24* eingetragen hat, können Sie auch leicht die Produktumsätze der anderen Mitarbeiter und Mitarbeiterinnen ermitteln. Dazu tauschen Sie lediglich die Suchparameter in Zelle *B24* und *C23* durch andere Werte aus.

In Abbildung 26.5 wird die Zelle mit dem gesuchten Wert durch die bedingte Formatierung hervorgehoben. Mehr zur bedingten Formatierung finden Sie in Kapitel 12.

Ganz komfortabel können Sie das mit dem Festlegen einer Datenüberprüfung über die folgenden Schritte erledigen:

1. Markieren Sie die Zelle *B24*.
2. Rufen Sie auf der Registerkarte *Daten* in der Gruppe *Datentools* mit einem Klick auf den Befehl *Datenüberprüfung* das Dialogfeld *Datenüberprüfung* auf.
3. Wählen Sie im Listenfeld *Zulassen* den Eintrag *Liste* aus.
4. Aktivieren Sie das Eingabefeld *Quelle* und markieren Sie anschließend den Bereich *$B$4:$B$21* mit der Maus.
5. Bestätigen Sie die Eingabe mit *OK*.

Für die Zelle *C23* führen Sie die gleichen Schritte aus, verwenden als Datenquelle jedoch den Bereich *$C$3:$G$3*. Sie können nun die Argumente der Funktion bequem über die Auswahl in einer Liste einstellen. Mehr zur Datenüberprüfung finden Sie in Kapitel 8.

Organigramme erstellen mit Office-Organigramm

Wenn Sie bereits länger mit Microsoft Office arbeiten, dann haben Sie damit vielleicht schon einmal Organigramme erstellt. Microsoft hat dieses Add-In ursprünglich für PowerPoint 95 entwickelt, es wurde aber zwischenzeitlich von anderen Funktionen ersetzt und es wird deshalb wohl auch nicht weiterentwickelt.

Das Add-In *Organigramm* wird nicht automatisch installiert. Wollen Sie auf die gewohnte Funktionalität nicht verzichten, dann installieren Sie dieses zusätzliche Add-In nach. Mehr zur Installation finden Sie in Kapitel 1.

Nach erfolgreicher Installation finden Sie auf der Registerkarte *Einfügen* in der Befehlsgruppe *Text* den Befehl *Objekt/Organigramm-Add-In für Microsoft Office-Programme* über den Sie ein Organigramm einfügen können.

Speichern im PDF-Format und im XPS-Format

Im Untermenü des Befehls *Office-Menü/Speichern* finden Sie nach der Installation den Befehl *Add-Ins für andere Dateiformate suchen*. Führen Sie diesen Befehl aus, gelangen Sie zu einer Internetseite, von der ein Konverter für die Dateiformate PDF und XPS heruntergeladen werden kann. Mehr dazu finden Sie in Kapitel 5.

Teilsummen-Assistent

Der *Teilsummen-Assistent* erstellt eine Formel, die Daten einer Liste unter Beachtung von Kriterien addiert. Das Ergebnis ist eine Formel unter Verwendung der Tabellenfunktion *WENN(Prüfung;Dann_Wert;Sonst_Wert)*.

Was macht der Solver?

Der *Solver* berechnet Lösungen für »Was-wäre-wenn-Szenarios« auf der Grundlage von veränderbaren Zellen und Zellen mit Nebenbedingungen. Somit bietet sich der Solver immer dann an, wenn ein Ergebnis gesucht wird, das von mehreren Variablen abhängt. Es ist eine Art *Zielwertsuche* wie sie weiter unten noch beschrieben wird. Nur ist die Funktionalität des Solvers wesentlich umfangreicher.

Mit Hilfe des *Solvers* können Sie den optimalen Wert für eine Formel ermitteln, die Sie in eine als *Zielzelle* bezeichnete Tabellenzelle eingegeben haben. Der Solver arbeitet mit einer Gruppe von Zellen, die in die Formel der Zielzelle eingehen. Er passt die Werte, die Sie als veränderbare Zellen eingeben, so lange an, bis er das Ergebnis erreicht hat, das Sie für die Zielzelle vorgegeben haben. Sie können Nebenbedingungen zur Eingrenzung der in einem Modell verwendbaren Werte definieren, wobei die Nebenbedingungen auf andere Zellen, die Einfluss auf die Formel in der Zielzelle haben, verweisen können.

Wie funktioniert der Solver?

Der Solver hilft immer dann, wenn es einen Wert zu optimieren gilt. Dabei wird eine *Zielfunktion* zugrunde gelegt. Diese Zielfunktion gilt es zu optimieren, d.h. es wird eine Lösung mit kleinstmöglichem bzw. größtmöglichem Zielfunktionswert gesucht. Der Solver kann nach zwei unterschiedlichen Verfahren arbeiten. Für die zugrunde liegenden Entscheidungsgrößen werden dabei weitere Bedingungen aufgestellt, z.B. dass die Werte nicht negativ sein dürfen. Die Lösung derartiger Probleme wird durch lineares Optimieren erreicht. Der Solver verwendet für die Lösung derartiger (linearer und ganzzahliger) Probleme das *Simplex-Verfahren*.

Einige Probleme setzen voraus, dass jede veränderliche Größe (Variable) positiv oder Null sein muss (Nichtnegativitätsbedingung). Bei einem Entscheidungsproblem in einem produzierenden Betrieb macht es z.B. keinen Sinn, eine negative Anzahl an herzustellenden Produkten zu erhalten. Sie setzen oft auch voraus, dass die Entscheidungsgrößen ganzzahlig sein müssen. Zur Lösung dieser Probleme setzt der Solver das *Branch-and-bound-Verfahren* ein. Voraussetzung dafür ist eine Verzweigungsregel und ein Lösungsverfahren für das jeweilige Teilproblem. Dann wird zunächst eine Lösung für das Problem gesucht, ohne die Ganzzahligkeitsbedingung zu beachten. Im gefundenen Lösungsraum wird das Ergebnis einer einzelnen Variablen weiter betrachtet. In dieser Verzweigung (Branch) werden die besten Grenzwerte (Bound) der anderen Variablen ermittelt und anschließend die nächste Verzweigung wieder in die Tiefe abgearbeitet. Dieser Vorgang wird mehrmals wiederholt bis eine zulässige Lösung erreicht ist oder aber feststeht, dass es keine zulässige Lösung gibt.

HINWEIS Damit Sie die folgenden Beispiele nachvollziehen können, muss das *Solver-Add-In* geladen sein.

Ein einfaches Problem lösen

Die Grundfunktionalität des Solvers lässt sich am besten anhand eines einfachen Beispiels erklären:

Für die fünf Kinder einer Familie sollen Handys beschafft werden. Dabei stehen drei verschiedene Typen mit unterschiedlichen Preisen zur Auswahl. Nun geht es ans Bezahlen und da gibt es unterschiedliche Standpunkte. Geht es nach dem Vater, werden für 145 € die günstigsten Geräte angeschafft. Geht es nach den Kindern, sind die teuersten Geräte für insgesamt 1.125 € gerade richtig. Man will sich bei den Freunden ja nicht blamieren. Oma wiederum erklärt sich bereit, aus ihrem Sparstrumpf einen Betrag von 400 € zuzuschießen. Der Vater erklärt daraufhin, dass er nicht bereit ist, mehr als 200 € auszugeben, insgesamt könnten damit 600 € angelegt werden. Es gilt also, unterschiedliche Lösungen zu betrachten. Wie kann der Solver dabei helfen?

Bevor der Solver die Arbeit aufnehmen kann, muss das Problem in einer Tabelle formuliert werden. Das ist in der Tat die schwierigste Aufgabe bei der Verwendung des Solvers. Hier sind Sie gefordert, die vorliegende Aufgabe in ein Tabellenmodel umzusetzen. Dabei enthält das Modell Zellen mit bekannten und unbekannten Werten sowie Zellen mit Formeln. Eine dieser Zellen, die eine Formel enthält, gilt es zu optimieren. Dabei können die Eingangswerte anderer Zellen verändert werden. Genau diese Aufgabe erledigt dann der Solver.

Allgemein sind folgende Schritte erforderlich:

- Zuerst die Aufgabe beschreiben,
- dann die Aufgabe in eine Tabelle übertragen,
- das Rechenmodell mit den Restriktionen und der Zielfunktion aufbauen und
- schließlich das Optimierungsproblem mit dem Solver lösen.

Tabellenmodell aufbauen

In Abbildung 26.6 ist der Bereich *C7:E11* für den Eintrag einer Zahl vorgesehen. Genauer gesagt soll hier im Schnittpunkt eines Namens und eines Handytyps eine *1* stehen, wenn das betreffende Kind ein Handy des entsprechenden Typs erhalten soll.

Wollen Sie das folgende Beispiel selbst nachvollziehen, verwenden Sie bitte das Arbeitsblatt *Handy* der Beispieldatei *Kap26_Übung.xlsx* aus dem Ordner *\Buch\Kap26* auf der Buch-CD.

In *F7* berechnet die Formel

```
=C7*$C$6+D7*$D$6+E7*$E$6
```

die Kosten für das Handy von Frank. Die Anzahl der Handys in *G7* berechnet die Formel

```
=SUMME(C7:E7)
```

Eine Minimalforderung, die es zu lösen gilt, ist, dass hier als Ergebnis eine *1* steht. Dann erhält jedes Kind ein Handy. Diese beiden Formeln werden bis in *Zeile 11* nach unten kopiert.

Die Summe der Kosten in *F12* liefert die Formel

```
=SUMME($F$7:$F$11)
```

Das Gesamtbudget in *F13* berechnet die folgende Formel

```
=-SUMME($F$7:$F$11)+C18
```

Abbildg. 26.6 Bevor der Solver in Aktion treten kann, muss die Ausgangstabelle erstellt werden

	A	B	C	D	E	F	G	H
1								
2		Ein Handy für die Kinder						
3								
4			Kosten für ein Handy vom Typ ...					
5		Merkmal	Exklusiv	Standard	Einsteiger	Kosten	Anzahl	
6			225,00 €	92,00 €	29,00 €			
7		Frank	0	0	0	- €	0	
8		Christoph	0	0	0	- €	0	
9		Sophie	0	0	0	- €	0	
10		Sebastian	0	0	0	- €	0	
11		Tanja	0	0	0	- €	0	
12		zusammen				- €	0	
13		abzügl Budget				600,00 €		
14		Kosten bei gleichen Handys	1.125,00 €	460,00 €	145,00 €			
15								
16		Vater gibt	200,00 €					
17		Oma gibt	400,00 €					
18		Budget	600,00 €					
19								
20								
21		Vater will minimale Kosten	145,00 €					
22		Kinder wollen max. Handy	1.125,00 €					
23								

Den Solver bedienen

Zunächst soll die Minimalforderung »Ein Handy für jeden« betrachtet werden. Es gilt also, die Zelle *G12* zu optimieren. Die Zelle soll den maximalen Wert enthalten. Der Bereich *G7:G11* soll jeweils eine *1* enthalten.

Den Solver rufen Sie auf der Registerkarte *Daten* über die Gruppe *Analyse* mit dem Befehl *Solver* auf. Nun erscheint das zentrale Solver-Dialogfeld *Solver-Parameter* (Abbildung 26.7). Als *Zielzelle* stellen Sie zunächst die Zelle *G12* ein.

> **HINWEIS** Als *Zielzelle* legen Sie eine einzelne Zelle im aktiven Blatt fest. Sie können die Zelle direkt im Arbeitsblatt markieren.

Abbildg. 26.7 Dialogfeld für die *Solver-Parameter*

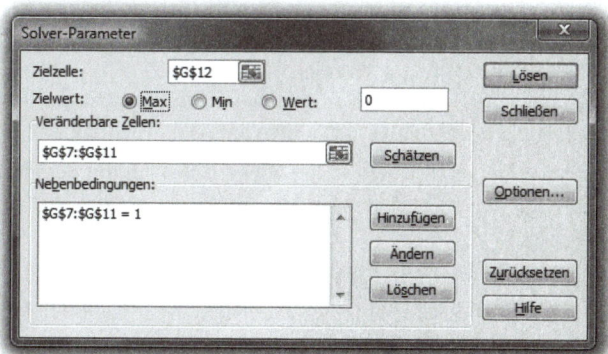

Der *Zielwert* soll zuerst maximiert werden. Insofern ist die Einstellung *Max* bereits richtig. Für die weiteren Aufgaben kommen die anderen Optionen zum Einsatz: Sie können mit *Min* nach dem kleinsten Wert suchen oder mit *Wert* den gesuchten Wert vorgeben.

Teilen Sie dem Solver nun die veränderbaren Zellen mit. In unserem Beispiel sind das die Zellen im Bereich *$C$7:$E$11*. Wenn Sie voneinander unabhängige Bereiche markieren wollen, halten Sie die Strg-Taste gedrückt.

PROFITIPP

Auch der Solver kann Bereichsnamen auswerten. In den Eingabefeldern können Sie mit der F3-Taste aus der Liste bereits festgelegter Namen auswählen. Wenn Sie einen Bereichsnamen erst nach der Definition des *Solver-Modells* festlegen, wird beim nächsten Aufruf des Dialogfeldes *Solver-Parameter* statt des Zellenbezuges automatisch der Name verwendet. Damit können Sie Ihre Modelle übersichtlich halten und lesbarer machen. Mehr zum Thema Namen finden Sie in Kapitel 19.

Die Schaltfläche *Schätzen* ist besonders in komplexeren Tabellenblättern wertvoll. Der Solver versucht, die möglichen veränderbaren Zellen zu finden und trägt sie in das Eingabefeld *Veränderbare Zellen* ein. Das Resultat können Sie selbstverständlich anschließend noch bearbeiten. Damit der Solver die veränderbaren Zellen schätzen kann, müssen diese Zellen bereits Werte enthalten.

Die *Nebenbedingungen* werden mit den drei Befehlsschaltflächen *Hinzufügen*, *Ändern* und *Löschen* definiert, bearbeitet und bei Bedarf auch wieder gelöscht. Für lineare Probleme können Sie in Ihren Modellen eine beliebige Anzahl an Nebenbedingungen definieren. Bei *Hinzufügen* und *Ändern* wird ein neues Dialogfeld *Nebenbedingungen hinzufügen* (bzw. *ändern*) geöffnet (Abbildung 26.8).

Abbildg. 26.8 Das Dialogfeld *Nebenbedingungen hinzufügen* erlaubt die Eingabe von Zellbezügen und Konstanten

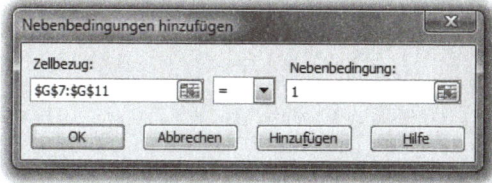

Im Eingabefeld *Zellbezug* definieren Sie, welche Zelle eine Bedingung erfüllen soll. In unserem Beispiel ist das der Bereich *$G$7:$G$11*. Die Zellen in diesem Bereich sollen jeweils den Wert *1* haben, damit jedes Kind ein Handy bekommt. Ganz allgemein kann *Zellbezug* eine einzelne Zelle oder ein Bezug auf einen zusammenhängenden Bereich sein.

Zwischen *Zellbezug* und *Nebenbedingung* befindet sich ein Listenfeld, mit dem die Beziehung zwischen *Zellbezug* und *Nebenbedingung* eingestellt wird. Wählen Sie die Einstellung »=« aus.

Als Nebenbedingung kann ein konstanter Wert, eine Zelle oder ein Bereich mit der gleichen Anzahl an Zellen wie im Eingabefeld *Zellbezug* eingetragen werden. Geben Sie für die Nebenbedingung *1* ein.

Wenn Sie auf *Hinzufügen* klicken, übernimmt der Solver die Nebenbedingung und Sie können weitere Nebenbedingungen festlegen. Klicken Sie auf *OK*, damit die Nebenbedingung festgelegt und das Dialogfeld *Solver-Parameter* wieder angezeigt wird.

Zurück im Dialogfeld *Solver-Parameter* sollte das Listenfeld *Nebenbedingungen* nun die Bedingungen enthalten (vgl. Abbildung 26.7).

Klicken Sie auf *Lösen* und der Solver nimmt die Arbeit auf. Nach kurzer Zeit sollte das Dialogfeld *Ergebnis* (Abbildung 26.9) mit der Erfolgsmeldung erscheinen. Sie haben nun die Möglichkeit, die gefundene Lösung zu verwenden oder die Ausgangswerte wiederherstellen zu lassen. Daneben können Sie sich vom Solver drei Berichte ausgeben und/oder das Ergebnis als Szenario speichern lassen. Mehr zum Szenario-Manager erfahren Sie in Kapitel 25.

Abbildg. 26.9 Das Dialogfeld *Ergebnis* mit der Erfolgsmeldung und der Möglichkeit zur Erstellung von Berichten

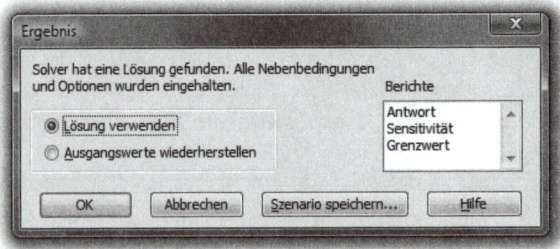

Die Schaltfläche *Abbrechen* im Dialogfeld *Ergebnis* hat die gleiche Wirkung wie die Option *Ausgangswerte wiederherstellen*. Schließen Sie das Dialogfeld durch Klick auf die Schaltfläche *OK*, um die Lösung zu übernehmen.

Zugegeben, das Ergebnis in Abbildung 26.10 ist mathematisch korrekt, aber sicher nicht befriedigend. Jeder soll rund ein Drittel von jedem Handytyp bekommen.

Abbildg. 26.10 Das Dialogfeld *Ergebnis* und die Lösung, die der Solver gefunden hat

	A	B	C	D	E	F	G	H	I
1									
2		Ein Handy für die Kinder							
3									
4				Kosten für ein Handy vom Typ …					
5			Merkmal	Exklusiv	Standard	Einsteiger	Kosten	Anzahl	
6				225,00 €	92,00 €	29,00 €			
7			Frank	0	0	0	- €	1	
8			Christoph	0	0	0	- €	1	
9			Sophie	0	0	0	- €	1	
10			Sebastian	0	0	0	- €	1	
11			Tanja	0	0	0	- €	1	
12			zusammen				- €	5	
13			abzügl Budget				600,00 €		
14			Kosten bei	1.125,00 €	460,00 €	145,00 €			
15									
16			Vater gibt	200,00 €					
17			Oma gibt	400,00 €					
18			Budget	600,00 €					
19									
20									
21			Vater will m	145,00 €					
22			Kinder wolle	1.125,00 €					
23									
24									

Eine weitere Forderung ist aufzustellen, und zwar die, dass nur ganzzahlige Ergebnisse zugelassen sein sollen. Legen Sie also in einer weiteren Nebenbedingung den Zellbezug auf *$C$7:$E$11* fest und wählen Sie den Operator *Ganzzahlig* aus. Lösen Sie dann das Problem erneut.

ACHTUNG Wählen Sie im Dialogfeld *Nebenbedingung hinzufügen* den Operator *ganzzahlig* aus, trägt Excel dies in das Feld *Nebenbedingung* ein. Verwenden Sie die Eingabe allerdings genau so, erhalten Sie eine Fehlermeldung. Sie müssen, wie in der folgenden Abbildung gezeigt, im Feld *Nebenbedingung* das Gleichheitszeichen »=« manuell ergänzen.

Abbildg. 26.11 Im Dialogfeld *Nebenbedingung hinzufügen* müssen Sie das Gleichheitszeichen manuell ergänzen

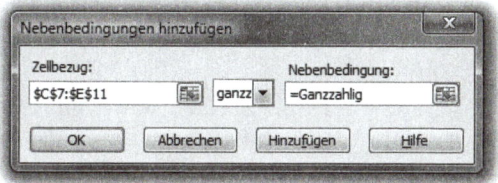

Der Solver zeigt daraufhin eine weitere Lösung für das Problem an: Drei Handys zu 225 € und zwei Handys zu je 29 €. Alle Nebenbedingungen sind erfüllt, jedes Kind soll ein ganzes Handy bekommen.

Ausgaben minimieren

Nun sollen einmal die Kosten in Zelle *F12* optimiert werden. Dazu rufen Sie erneut den Solver auf. Im Dialogfeld *Solver-Parameter* wählen Sie zunächst die Schaltfläche *Zurücksetzen*. Damit werden alle Bereichsangaben aus dem Dialogfeld gelöscht und die Einstellungen auf die Standardwerte zurückgesetzt.

Als *Zielzelle* verwenden Sie für diese Aufgabe die Zelle *F12*. Wählen Sie die Option *Min*, da die Zielzelle minimiert werden soll. Als *veränderbare Zellen* geben Sie den Bereich *$C$7:$E$11* an. Für die *Nebenbedingungen* soll auch hier gelten:

$G$7:$G$11=1

$C$7:$E$11=Ganzzahlig

Wählen Sie dann im Dialogfeld *Solver-Parameter* die Schaltfläche *Optionen*. Markieren Sie im Dialogfeld *Optionen* die Kontrollkästchen *Lineares Modell voraussetzen* und *Nicht-Negativ voraussetzen*. Schließen Sie das Dialogfeld *Optionen* per Klick auf *OK* und lösen Sie das Problem mit dem Solver.

Das Ergebnis empfiehlt, wie nicht anders zu erwarten war, die Anschaffung von fünf Handys der niedrigsten Kategorie.

Ausgaben maximieren

Wie das Ergebnis aussieht, wenn die maximalen Kosten erreicht werden sollen, ist ebenfalls klar. Sie können dieses Ergebnis mit dem Solver ermitteln, wenn Sie das Dialogfeld *Solver-Parameter* aufrufen und das Optionsfeld *Max* aktivieren. Belassen Sie die anderen Einstellungen unverändert und wählen Sie die Schaltfläche *Lösen*. Als Ergebnis können fünf Handys der obersten Kategorie angeschafft werden.

Budget beachten

Soll der Solver bei der Lösung von Problemen einen Grenzwert erreichen, aktivieren Sie im Dialogfeld *Solver-Parameter* das Optionsfeld *Wert* und tragen den Wert ein. In unserem Beispiel können 600 € ausgegeben werden.

Wenn Sie die Schaltfläche *Lösen* anklicken, findet der Solver auch hierfür eine Lösung: Zwei Handys der obersten, eines der mittleren und zwei der unteren Kategorie können verteilt werden. Bei der Lösung zeigt der Solver in zwei Zellen (*D9* und *E7*) abweichende Zahlen in einem wissenschaftlichen Zahlenformat an. Das bedeutet, dass der Solver im Rahmen der unter *Genauigkeit* eingestellten Werte eine Lösung gefunden hat. Angesichts der sehr kleinen Zahlen ist diese Genauigkeit sicher ausreichend.

Der Solver hat die mathematische Aufgabe gelöst, wie der Betrag aufgeteilt werden kann. Was dem Familienvater bleibt, ist die Aufgabe, zu entscheiden, wer denn nun die »besseren Handys« bekommen soll.

Alle Modelle wurden in der Datei *Kap26_Lösung.xlsx* im Arbeitsblatt *Handy* gespeichert. Sie finden diese Datei im Ordner *\Buch\Kap26* auf der CD-ROM zu diesem Buch. Wie Sie die einzelnen Modelle wieder einlesen können, erfahren Sie weiter unten in diesem Kapitel.

Fortgeschrittene Funktionen des Solvers

Nachdem Sie sich mit dem Solver vertraut gemacht und vielleicht auch selbst ein wenig experimentiert haben, sollen nun anhand eines anderen Beispiels weitere Einstellungen im Solver demonstriert werden:

Enorme Regenfälle führen dazu, dass das Lager eines Elektrohändlers in wenigen Stunden unter Wasser stehen wird. Um den Schaden so gering wie möglich zu halten, sollen die teuersten Geräte mit einem Lieferwagen abtransportiert werden. Die Lagerbestände für Fernsehgeräte, Videorecorder, Stereoanlagen, PCs und Beamer sind bekannt. Die Geräte, die transportiert werden sollen, sollen den höchstmöglichen Wert haben. Dabei müssen wir berücksichtigen, dass unser Transport-Fahrzeug nur ein begrenztes Volumen aufnehmen kann und das zulässige Gesamtgewicht des Fahrzeugs nicht überschritten werden darf.

Das oben beschriebene Szenario ist ein typisches »Rucksack-Problem«. Hier geht es darum, in einen Behälter Dinge zu tun, wobei die Kapazität und das Tragvermögen berücksichtigt werden müssen. Als Resultat wird in der Regel der höchste Wert gewünscht. Die Abbildung 26.12 zeigt das Problem in Tabellenform.

Wollen Sie das folgende Beispiel selbst nachvollziehen, verwenden Sie bitte das Arbeitsblatt *Transportproblem* der Beispieldatei *Kap26_Übung.xlsx* aus dem Ordner *\Buch\Kap26* auf der CD-ROM zum Buch.

Abbildg. 26.12 Auch für diese Lösung muss zunächst die Aufgabe in einer Tabelle formuliert werden

	A	B	C	D	E	F	G	H	I
1									
2		Modell zur Lösung eines Transportproblems							
3									
4		Information			Gegenstand			Summe	
5			PC	Fernsehgerät	Video	Beamer	Stereoanlage		
6		Lagerbestand	10	35	25	15	10		
7		Anzahl	0	0	0	0	0	0	
8		Gewicht	30,00 kg	6,00 kg	8,00 kg	11,00 kg	22,00 kg		
9		Gesamtgewicht	0,00 kg	0,00 kg	0,00 kg	0,00 kg	0,00 kg	0,00 kg	
10		Volumen	0,36 m³	0,03 m³	0,03 m³	0,25 m³	0,55 m³		
11		Gesamtvolumen	0,00 m³	0,00 m³	0,00 m³	0,00 m³	0,00 m³	0,00 m³	
12		Wert	2.500,00 €	500,00 €	600,00 €	1.500,00 €	400,00 €		
13		Gesamtwert	- €	- €	- €	- €	- €	- €	
14									
15		Allgemeine Einschränkungen							
16		max. Zuladung	450,00 kg						
17		max. Volumen	3,00 m³						
18									

Hier die Lösungsschritte für das Transportproblem:

1. In einem leeren Arbeitsblatt tragen Sie in Zeile 5 die Gegenstände ein, die von Interesse sind.
2. Die Zeile 6 enthält den Lagerbestand dieser Güter.
3. Die Zeile 7 bleibt vorerst leer oder wird mit *0* belegt. Hier soll der Solver die Anzahl der mitzunehmenden Geräte eintragen.

4. Das Gewicht der einzelnen Geräte tragen Sie in Zeile 8 ein. Dann können Sie in Zeile 9 das Gesamtgewicht berechnen. Tragen Sie in Zelle *C9* die Formel =C$7*C8 ein und kopieren Sie die Formel nach rechts bis *G9*.
5. Das Gewicht aller Geräte wird in *H9* mit der folgenden Formel berechnet =SUMME(C9:G9).
6. Das Volumen der einzelnen Geräte tragen Sie in Zeile 10 ein. Nun können Sie die Formel aus *C9* nach *C11* kopieren. Voraussetzung ist, dass die relativen und absoluten Bezüge korrekt sind. Mit dem Ausfüllkästchen kopieren Sie die Formel bis Spalte *G* und setzen in *H11* wieder die Zeilensumme ein.
7. Entsprechend wird beim Wert verfahren: Geben Sie in Zeile 12 zuerst die Werte der einzelnen Geräte ein und kopieren Sie anschließend wieder die Formel aus *C9* in die Zeile *13*.
8. In *H13* steht die Zeilensumme, für diese Zelle wird der Zielwert gesucht. Der Gesamtwert soll möglichst hoch sein.
9. Die maximale Zuladung des Fahrzeugs wird mit 450 kg (*C16*) bei einem Volumen von 3 m^3 (*C17*) berücksichtigt.

Das fertige Beispiel finden Sie im Arbeitsblatt *Transportproblem* in der Datei *Kap26_Lösung.xlsx* im Ordner *\Buch\Kap26* auf der CD-ROM zu diesem Buch.

Lösung mit dem Solver

Wir wollen den höchstmöglichen Wert aus dem Lager holen. Die Zelle *H13* soll also maximiert werden. Die Kapazität des Fahrzeugs (also Volumen und Gewicht) darf nicht überschritten werden. Das wären die Nebenbedingungen.

Beginnen wir mit der Lösung des Problems:

1. Starten Sie den Solver mit dem Befehl *Solver* auf der Registerkarte *Daten* in der Gruppe *Analyse*.
2. Geben Sie für die Zielzelle *H13* an und als Zielwert-Option *Max*.
3. Die veränderbaren Zellen befinden sich im Bereich *C7:G7*. Das entspricht der Anzahl der mitzunehmenden Geräte.
4. Definieren Sie die Nebenbedingungen: Klicken Sie auf *Hinzufügen* und markieren Sie die Zelle *H9*. Diese muss kleiner oder gleich *C16* sein, sonst überladen wir unser Fahrzeug. Klicken Sie erneut auf *Hinzufügen*.
5. Markieren Sie als Nächstes *H11*. Das Resultat dieser Zelle muss kleiner oder gleich *C17* sein, sonst passen die Geräte nicht mehr in den Transporter. Klicken Sie dann auf *OK*.
6. Mit den vorgenommenen Einstellungen sollte der Solver eine Lösung finden können. Klicken Sie daher auf *Lösen*.

Der Solver meldet *Werte der Zielzelle konvergieren nicht*. Diese Meldung deutet darauf hin, dass der Wert der Zielzelle gegen Unendlich wächst oder fällt, obwohl alle Nebenbedingungen eingehalten wurden. Dies geschieht immer dann, wenn bei der Problemdefinition eine oder mehrere Nebenbedingungen ausgelassen wurden.

Problem näher beschreiben

Ein Blick ins Arbeitsblatt zeigt sofort, was hier los ist: Der Solver findet eine Lösung, bei der die Zahlen so groß sind, dass die meisten davon gar nicht mehr in einer Zelle angezeigt werden können. Einige sind auch negativ, was bei der Stückzahl eigentlich nicht erwartet wird. Weiterhin fällt auf, dass die Zeile für die Anzahl Fließkommazahlen enthält. Halbe Geräte wollen wir aber nicht transportieren. Hier stimmt also eine ganze Menge nicht. Klicken Sie deshalb auf *Abbrechen* und beschreiben Sie die Aufgabe noch etwas genauer.

Die fehlenden Nebenbedingungen sollen hinzugefügt werden:

1. Öffnen Sie über den Befehl *Solver* noch einmal das Dialogfeld *Solver-Parameter*.
2. Klicken Sie auf *Hinzufügen*, um weitere Nebenbedingungen festzulegen.
3. Da wir nicht mehr mitnehmen können, als auf Lager ist, müssen wir eine entsprechende Bedingung definieren. Der Zellbezug ist *C7:G7*. Diese Werte müssen kleiner oder gleich *C6:G6* sein. Klicken Sie auf *Hinzufügen*.
4. Außerdem müssen diese Werte größer oder gleich *0* sein. Markieren Sie wiederum den Zellbezug *C7:G7*. Wählen Sie die Beziehung >= und tragen Sie *0* bei *Nebenbedingung* ein. Klicken Sie dann auf *Hinzufügen*.
5. Wir erwarten außerdem ein ganzzahliges Ergebnis. Markieren Sie also nochmals *C7:G7* und wählen Sie im Kombinationslistenfeld den Eintrag *ganzz.* aus. Bei *Nebenbedingung* steht daraufhin *Ganzzahlig* (ergänzen Sie das »=«-Zeichen!). Klicken Sie nun auf *OK*.

Im Listenfeld *Nebenbedingungen* müssen nun fünf Bedingungen stehen (siehe Abbildung 26.13). Klicken Sie auf *Lösen*.

Abbildg. 26.13 Das Dialogfeld *Solver-Parameter* mit allen Nebenbedingungen

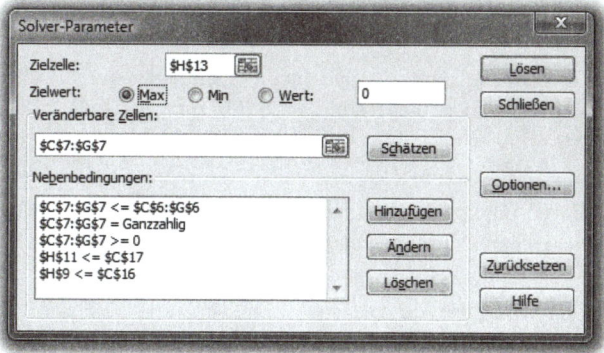

Nun kann der Solver ein brauchbares Ergebnis finden. Immerhin kann Ware im Wert von 38.800 € bei einer Tour ausgeliefert werden.

Solver-Einstellungen

Das Verhalten des Solvers bei der Berechnung lässt sich mit Hilfe der *Optionen* beeinflussen. Durch einen Klick auf die Schaltfläche *Optionen* im Dialogfeld *Solver-Parameter* wird das Dialogfeld *Optionen* (vgl. Abbildung 26.14) angezeigt. Sie können weitergehende Festlegungen für den Lösungsprozess treffen, Problemdefinitionen laden oder speichern und Parameter für lineare und nichtlineare Probleme definieren.

HINWEIS Jede Option verfügt über eine Standardeinstellung, die für die meisten Probleme verwendet werden kann.

Im Bearbeitungsfeld *Höchstzeit* bestimmen Sie, wie viel Zeit Sie dem Solver für seine Berechnung lassen. Ist die *Höchstzeit* erreicht, bricht der Solver die Lösungssuche ab. Die Voreinstellung *100 Sekunden* ist für die meisten Probleme mehr als genug. Sie dürfen maximal 32.767 Sekunden einstellen, das entspricht mehr als neun Stunden.

Abbildg. 26.14 Die Einstellungen im Dialogfeld *Optionen* beeinflussen das Verhalten des Solvers

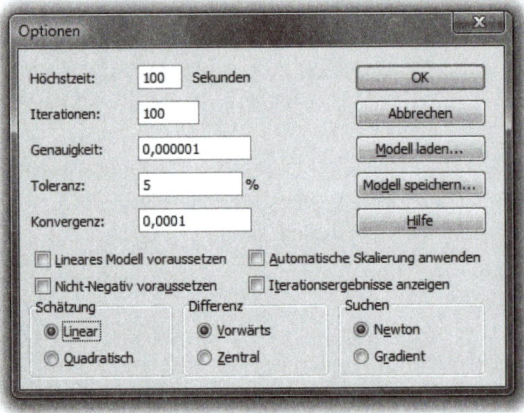

Die Option *Iterationen* bestimmt die Anzahl der Zwischenberechnungen und beschränkt damit ebenfalls die Lösungszeit. Auch hier ist eine Höchstzahl von 32.767 zulässig. Weitere Informationen zum Thema Iteration finden Sie im Abschnitt »Die Iteration gezielt einsetzen« weiter unten in diesem Kapitel.

Die *Genauigkeit* bestimmt die Lösungsgenauigkeit, indem anhand der hier eingegebenen Zahl ermittelt wird, ob der Wert einer Nebenbedingungszelle den Zielwert erreicht bzw. den unteren oder oberen Grenzwert einhält. Das bedeutet, dass der Solver ein Ergebnis immer noch als optimal betrachtet, das um den über *Genauigkeit* eingestellten Wert abweicht. Die Genauigkeit wird mit einer Bruchzahl zwischen *0* (Null) und *1* angegeben. Je mehr Dezimalstellen die eingegebene Zahl aufweist, desto größer ist die Genauigkeit; *0,0001* führt beispielsweise zu größerer Genauigkeit als *0,01*.

Die *Toleranz* stellt den zulässigen Prozentsatz dar, um den die Zielzelle vom eigentlich optimalen Wert abweichen darf. Diese Option trifft nur auf Probleme mit ganzzahligen Nebenbedingungen zu. Sie macht auch nur hier Sinn, denn wenn die Nebenbedingungen ungerade Werte annehmen dürfen, gibt es keinen Grund, warum der Solver nicht den optimalen Wert ermitteln sollte. In der Regel beschleunigt eine höhere Toleranz den Lösungsprozess.

Unterschreitet die relative Änderung in der Zielzelle die Zahl im Feld *Konvergenz* bei den letzten fünf Iterationen, hält der Solver an. Konvergenz trifft nur auf nichtlineare Probleme zu und wird durch eine Bruchzahl zwischen *0* (Null) und *1* angegeben. Eine größere Anzahl von Dezimalstellen bei der eingegebenen Zahl deutet auf eine geringere Konvergenz hin; z.B. ist *0,0001* eine geringere relative Änderung als *0,01*. Je kleiner der Konvergenzwert, desto länger braucht der Solver zur Lösungsfindung.

Die Option *Lineares Modell voraussetzen* beschleunigt den Lösungsvorgang, wenn alle Beziehungen im Modell linear sind und ein lineares Optimierungsproblem gelöst werden soll. Doch wann sind alle Beziehungen linear?

Dazu betrachten Sie die Rechenoperationen im jeweiligen Arbeitsblatt. Kommen alle Resultate durch Addition, Subtraktion oder Funktionen wie *SUMME* und *TREND* zustande, dann liegt ein lineares Modell vor. Wird ein lineares Modell in einem Diagramm dargestellt, ergibt sich eine mehr oder weniger geneigte Gerade.

Anders sieht das aus, wenn zur Berechnung der *Zielzelle* Multiplikation, Division oder Funktionen wie *WURZEL* oder *VARIATION* verwendet wurden. Dann liegt ein nichtlineares Modell vor. Mit anderen Worten: Wird eine solche Beziehung zwischen Nebenbedingungen und Zielzelle in einem Diagramm dargestellt, ergibt sich eine Kurve.

Die Option *Nicht-Negativ voraussetzen* macht eine unserer Nebenbedingungen überflüssig. Ist diese Option aktiviert, geht der Solver von einem unteren Grenzwert von Null bei allen veränderbaren Zellen aus, für die Sie im Feld *Nebenbedingungen* des Dialogfeldes *Nebenbedingungen hinzufügen* keinen unteren Grenzwert angegeben haben.

Wenn sich Ein- und Ausgaben in der Größenordnung stark unterscheiden, aktivieren Sie das Kontrollkästchen *Automatische Skalierung anwenden*, um das Ergebnis zu verbessern.

Die Option *Iterationsergebnisse anzeigen* unterbricht den Solver, um die Ergebnisse jeder einzelnen Iteration anzuzeigen. Anders ausgedrückt: Sie können jeden einzelnen Rechenschritt mitverfolgen und als Szenario abspeichern.

TIPP Während der Solver versucht, ein Problem zu lösen, können Sie ihn dabei jederzeit mit der `Esc`-Taste unterbrechen. Der Solver zeigt dann das Dialogfeld aus Abbildung 26.15 an und Sie können entscheiden, wie es weitergehen soll.

Abbildg. 26.15 Die Arbeit des Solvers kann auch unterbrochen werden

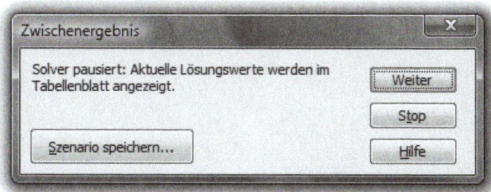

Schätzung gibt den Lösungsansatz an, der bei der Ermittlung erster Schätzwerte der Grundvariablen bei jeder eindimensionalen Suche verwendet wird. *Linear* verwendet die lineare Extrapolation, ausgehend von einem tangentialen Vektor. *Quadratisch* verwendet die quadratische Extrapolation, die bei extrem nichtlinearen Problemen unter Umständen zu verbesserten Ergebnissen führt.

Wenn die Formeln in einem Modell mehrheitlich lineare Rechenvorgänge beschreiben, wählen Sie *Linear* aus. Werden dagegen in den Formeln mehr geometrische Rechenvorgänge beschrieben, die Ihr Ergebnis durch fortlaufende Multiplikationen ermitteln, wie z.B. bei einer Zinseszinsrechnung, dann wählen Sie *Quadratisch* aus.

Differenz legt die Art der Differenzierung fest, die bei der Schätzung von Differenzteilen der Ziel- und Nebenbedingungsfunktionen verwendet wird. *Vorwärts* wird bei den meisten Problemen verwendet, bei denen sich die Werte der Nebenbedingungen relativ langsam verändern. *Zentral* wird bei Problemen verwendet, bei denen sich die Nebenbedingungen vor allem in Grenzwertnähe schnell verändern. Obwohl diese Option mehr Berechnungen erfordert und damit länger dauert, erweist sie sich als hilfreich, wenn der Solver eine Meldung ausgibt, dass die Lösung nicht verbessert werden konnte.

Suchen gibt den für die Iterationen verwendeten Algorithmus an, um die Suchrichtung festzulegen. *Newton* verwendet ein Quasi-Newton-Verfahren, das im Allgemeinen mehr Arbeitsspeicher aber weniger Iterationen als das Gradientverfahren mit konjugierten Richtungen erfordert. *Gradient* benötigt weniger Arbeitsspeicher als das *Newton*-Verfahren, erfordert im Allgemeinen jedoch eine größere Anzahl von Iterationen, um einen bestimmten Genauigkeitsgrad zu erzielen. Verwenden Sie diese Option, wenn das Problem umfangreich ist und der zur Verfügung stehende Speicherplatz eventuell nicht ausreicht oder wenn sich bei der schrittweisen Iteration nur ein allmählicher Fortschritt abzeichnet.

Modell speichern und laden

Der Solver erlaubt es Ihnen, die Einstellungen der Dialogfelder *Solver-Parameter* und *Optionen* zu speichern und später wieder zu laden.

1. Klicken Sie hierzu im Dialogfeld *Optionen* auf die Schaltfläche *Modell speichern*, um das gleichnamige Dialogfeld zu öffnen (Abbildung 26.16).
2. Im Eingabefeld *Modellbereich auswählen* ist bereits eine Vorgabe enthalten, die sich an der aktiven Zelle orientiert. Der vorgeschlagene Bereich sieht eine Zelle für jede Nebenbedingung und drei zusätzliche Zellen vor. Es genügt auch, den Bezug für die obere linke Ecke eines vertikalen Bereichs einzugeben, der das Modell aufnehmen soll. Der Speicherort muss dabei nicht zwingend auf dem Arbeitsblatt sein, in dem sich das Modell befindet.
3. Schließen Sie das Dialogfeld mit *OK*.

WICHTIG Enthält der ausgewählte Bereich Daten, werden diese ohne Vorwarnung gelöscht.

Abbildg. 26.16 Das Dialogfeld *Modell speichern* ermöglicht es, die Einstellungen für die spätere Verwendung festzuhalten

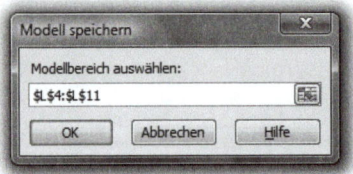

HINWEIS Sie können ein Modell prinzipiell auch über die im Arbeitsblatt abgelegte Formel überarbeiten. Wenn Ihnen dabei allerdings ein Fehler unterläuft, können Sie das betreffende Modell nicht mehr laden. Es empfiehlt sich also, Änderungen nur über die Dialogfelder des Solvers vorzunehmen.

Auf dem umgekehrten Weg können Sie ein Modell laden.

1. Klicken Sie im Dialogfeld *Optionen* auf die Befehlsschaltfläche *Modell laden*.
2. Markieren Sie den Zellbereich, in dem Sie zuvor ein Modell gespeichert haben. Dabei genügt es nicht (wie beim Speichern), die oberste Zelle anzugeben; Sie müssen den Bereich vollständig markieren.

Es erfolgt noch eine Sicherheitsabfrage (Abbildung 26.17), ob die vorhergehenden Zellauswahlen wiederhergestellt werden sollen. Nach der Bestätigung werden alle Parameter und Nebenbedingungen auf die gespeicherten Werte eingestellt.

Abbildg. 26.17 Sicherheitsabfrage, bevor ein Modell geladen wird

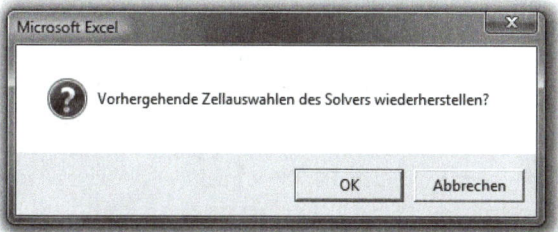

Berichte des Solvers

Um die Ergebnisse des Solvers genauer zu untersuchen, haben Sie die Möglichkeit, drei unterschiedliche Berichte generieren zu lassen. Je komplexer das Modell wird, desto hilfreicher sind diese Berichte.

Alle vom Solver generierten Berichte haben zunächst einmal eines gemeinsam: Auf einem neuen Arbeitsblatt werden im Zellbereich *A1:A3* statistische Angaben gespeichert. Dort finden Sie Folgendes:

- Die verwendete Excel-Version und die Art des Berichts.
- Den Namen der Arbeitsmappe und des Arbeitsblattes mit dem untersuchten Problem.
- Erstellungsdatum und Uhrzeit des Berichts.

Die Ausgabe der Berichte des Solvers veranlassen Sie im Dialogfeld *Ergebnis*, in dem der Solver über die gefundene Lösung informiert. Bevor Sie das Dialogfeld *Ergebnis* schließen, markieren Sie hier die Berichte *Antwort*, *Sensitivität* und/oder *Grenzwert* (Mehrfachmarkierung ist möglich). Der Solver fügt dann den gewünschten Bericht in die Arbeitsmappe ein.

Antwortbericht

Der *Antwortbericht* ist in drei Teile gegliedert:

- Zielzelle
- Veränderbare Zellen
- Nebenbedingungen

Im Bereich *Zielzelle* finden Sie Angaben zur Zellreferenz und, wenn vorhanden, den Namen der Zelle. Weiterhin werden dort der Anfangswert und der Lösungswert ausgegeben. In der Klammer wird festgehalten, ob es sich bei der Optimierungsaufgabe um eine Maximierung oder Minimierung handelt.

Der Bereich *Veränderbare Zellen* enthält ebenfalls Angaben zur Zellreferenz und, sofern vorhanden, zu den Namen aller veränderbaren Zellen. Auch hier werden der Anfangswert und der Lösungswert ausgegeben.

Der Bereich *Nebenbedingungen* enthält neben Zellreferenz und Namen, die natürlich auch hier nicht fehlen dürfen, detaillierte Informationen zu den variierten Zellen. Zu den Nebenbedingungen gibt der Solver an, welche Werte diese Zellen momentan besitzen und ob der angegebene Grenzwert erreicht ist (*Einschränkend*) oder aber die Lösung nicht beeinflusste (*Nicht einschränkend*). Damit haben Sie Kontrolle darüber, inwieweit die Nebenbedingungen Einfluss auf das Ergebnis nehmen und um welche Bedingungen es sich handelt.

Grenzenwertbericht

Der *Grenzenwertbericht* erläutert, welche Resultate sich bei den angegebenen Nebenbedingungen ergeben. Neben den aktuellen Werten können Sie dem Bericht entnehmen, welche Werte sich für die obere und untere Grenzbedingung ergeben würden. Der Grenzenwertbericht wird nicht für Modelle mit ganzzahligen Nebenbedingungen erstellt.

Sensitivitätsbericht

Der *Sensitivitätsbericht* liefert Informationen darüber, wie empfindlich die Lösung auf kleine Änderungen in der im Feld *Zielzelle* des Dialogfeldes *Solver-Parameter* angegebenen Formel oder in den Nebenbedingungen reagiert. Ziel ist es dabei, die besonders empfindlichen Parameter herauszufinden. Dieser Bericht wird nicht für Modelle mit ganzzahligen Nebenbedingungen erstellt.

Bedeutung der Startwerte für die Ergebnisse

Bei den bisher vorgestellten Modellen gab es zwischen veränderlichen Zellen und Zielzelle einen logischen Zusammenhang – eine Abhängigkeit, die nur ein bestimmtes Ergebnis zuließ. Es gibt aber Fälle, bei denen mehrere Lösungen möglich sind und die dennoch alle Bedingungen erfüllen. Wie im folgenden Beispiel:

Anlässlich der 700-Jahrfeier will die Stadtverwaltung den Kindergärten einen Sonderbonus zukommen lassen, weil die Mitarbeiter in ihrer Freizeit am Wochenende die Kinderbetreuung bei den Festlichkeiten übernommen haben. Der Stadtkämmerer hat dafür 2.000 € zur Verfügung gestellt, die auf insgesamt fünf Kindergärten aufgeteilt werden sollen.

Wollen Sie das Beispiel selbst nachvollziehen, verwenden Sie bitte das Arbeitsblatt *Budget* der Beispieldatei *Kap26_Übung.xlsx* aus dem Ordner *\Buch\Kap26* auf der CD-ROM zu diesem Buch.

Wesentlich an den beiden Modellen in Abbildung 26.18 ist, dass in einem Modell (Spalte C) keinerlei Anfangswert eingegeben ist, sodass die Addition der Einzelbeträge noch den Wert *Null* ergibt. In dem anderen Modell (Spalte D) ist nach einem im Voraus festgelegten Schlüssel (etwa der Anzahl der Mitarbeiter) bereits ein Grundwert verteilt worden, sodass nur noch die Differenz zwischen dem bereits aufgeteilten Betrag und dem insgesamt zur Verfügung stehenden Budget aufgeteilt werden muss.

Nun sollen beide Rechenmodelle mit dem Solver gelöst und die beiden Lösungen verglichen werden.

Abbildg. 26.18 Zwei Rechenmodelle zur Budget-Verteilung

	A	B	C	D	E
1					
2		Aufteilung eines festen Betrages			
3					
4		Kindergarten	Zuweisung		
5			ohne Anfangswerte	mit Anfangswerten	
6		Berliner Platz	0,00 €	100,00 €	
7		Schillerstraße	0,00 €	200,00 €	
8		Marktplatz	0,00 €	300,00 €	
9		Gustav-Werner-Straße	0,00 €	100,00 €	
10		Teichstraße	0,00 €	100,00 €	
11		Summe	0,00 €	800,00 €	
12					
13		Budget	2.000,00 €		
14					

Lösen Sie zuerst das Modell, in dem noch keine Vorverteilung stattgefunden hat (Spalte *C* in Abbildung 26.18):

1. Rufen Sie auf der Registerkarte *Daten* in der Gruppe *Analyse* den Befehl *Solver* auf.
2. Als *Zielzelle* legen Sie die Zelle *C11* fest.
3. Um den *Zielwert* festlegen zu können, müssen Sie in diesem Fall das Optionsfeld *Wert* durch Anklicken auswählen. Tragen Sie dann in das Eingabefeld den Wert *2000* ein.
4. Aktivieren Sie nun das Feld *Veränderbare Zellen* und markieren Sie den Bereich *C6:C10*.
5. Damit sind alle notwendigen Parameter festgelegt. Um den Solver zur Lösung zu veranlassen, klicken Sie auf die Schaltfläche *Lösen* und übernehmen Sie das Ergebnis mit Klick auf *OK*.
6. Nun muss noch das zweite Rechenmodell gelöst werden:
7. Rufen Sie deshalb erneut den Befehl *Solver* auf.
8. Klicken Sie im Dialogfeld *Solver-Parameter* auf die Schaltfläche *Zurücksetzen*. Hierdurch werden nach einer Sicherheitsabfrage alle gespeicherten Solver-Einstellungen aus dem Dialogfeld entfernt.
9. Verfahren Sie nun so, wie es in den Arbeitsschritten 1 bis 5 oben dargestellt ist. Als Zielzelle verwenden Sie jetzt die Zelle *D11* und als veränderbare Zellen den Bereich *D6:D10*.
10. Lösen Sie das Problem und übernehmen Sie auch diese Werte in die Tabelle.

Als Lösung erhalten Sie die Tabelle in Abbildung 26.19.

Abbildg. 26.19 Unterschiedliche Lösungen des Solvers in Abhängigkeit vom Ausgangswert

	A	B	C	D	E
1					
2		Aufteilung eines festen Betrages			
3					
4		Kindergarten	Zuweisung		
5			ohne Anfangswerte	mit Anfangswerten	
6		Berliner Platz	400,00 €	340,00 €	
7		Schillerstraße	400,00 €	440,00 €	
8		Marktplatz	400,00 €	540,00 €	
9		Gustav-Werner-Straße	400,00 €	340,00 €	
10		Teichstraße	400,00 €	340,00 €	
11		Summe	2.000,00 €	2.000,00 €	
12					
13		Budget	2.000,00 €		
14					

Wenn Sie nun beide Lösungen analysieren, werden Sie feststellen, dass in beiden Fällen die Summe der aufgeteilten Beträge gleich 2.000 € ist. Im ersten Modell (ohne Anfangswerte) wurden die Kosten vollkommen gleichmäßig auf die Kindergärten verteilt.

Gleichzeitig ist festzustellen, dass bei einer Berechnung durch den Solver die Werte in Abhängigkeit von den Anfangswerten berechnet werden. Das heißt, dass in dem zweiten Modell die Anfangswerte akzeptiert wurden und nur der verbleibende Rest gleichmäßig auf die Kindergärten verteilt wurde.

Das fertige Beispiel finden Sie im Arbeitsblatt *Budget* in der Datei *Kap26_Lösung.xlsx* im Ordner *\Buch\Kap26* auf der CD-ROM zu diesem Buch.

Weitere Beispiele zum Solver

Während der Installation von Excel wird auch eine Beispieldatei auf Ihren Rechner kopiert. Diese enthält Beispiele zu verschiedenen Problemen, die mit dem Solver gelöst werden können. Sie finden die Datei *SOLVSAMP.XLS* (die Datei liegt im alten Dateiformat vor) im Ordner *C:\Programme\ Microsoft Office\Office12\SAMPLES*.

Weitere Informationen zum Solver

Der Solver wurde von der Firma *Frontline Systems Inc.* für Excel entwickelt. Wenn Sie weitere Informationen über die Fähigkeiten und Anwendungsmöglichkeiten des Solvers suchen, wenden Sie sich bitte an:

Frontline Systems, Inc.
P.O. Box 4288
Incline Village, NV 89450, USA
(775) 831-0300

Website (englischsprachig): *http://www.solver.com/*
E-Mail: *info@solver.com*

Den Solver in eigenen Programmen einsetzen

Sie können den Solver auch in eigene VBA-Programme einbinden und damit mathematische Probleme lösen.

Alternative Programme zum Lösen von Optimierungsproblemen

Der Solver ist zwar ein mächtiges Werkzeug, aber bei Problemen mit einer sehr großen Zahl an Entscheidungsvariablen und Nebenbedingungen kommt er doch an seine Grenzen. Wenn Sie solche Probleme, wie sie häufig im wissenschaftlichen Bereich anzutreffen sind, lösen müssen, dann seien hier noch zwei Fundstellen für entsprechende Software genannt:

http://www.dashoptimization.com/ mit Informationen zur Software *Xpress* und

http://www.ilog.com/ mit Informationen zur Software *CPLEX 10.0*.

Die Iteration gezielt einsetzen

Auch der Solver verwendet eine Technik, sich Schritt für Schritt der Lösung zu nähern. Dieses schrittweise Annähern an eine mathematische Lösung wird *Iteration* genannt. Ein Exkurs zu diesem spannenden Thema soll anhand einiger Beispiele aufzeigen, welche Möglichkeiten sich damit in Excel bieten.

Einen Zirkelbezug auflösen

Wenn sich eine Formel direkt oder indirekt auf diejenige Zelle bezieht, in welche sie eingetragen wurde, wird dies als *Zirkelbezug* bezeichnet. Wenn Sie eine solche Formel eintragen, wird eine Fehlermeldung angezeigt. Bestätigen Sie diese Meldung mit *OK*, wird die Hilfe mit dem Thema *Zulassen, Entfernen oder Korrigieren eines Zirkelbezugs* angezeigt.

Abbildg. 26.20 Der Hinweis auf einen Zirkelbezug erfolgt nur dann, wenn in den *Excel-Optionen* die *Iteration* nicht aktiviert ist

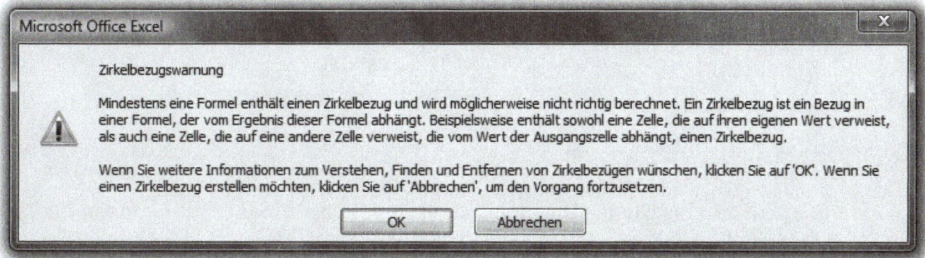

Sie können daraufhin den Zirkelbezug entfernen oder jede Zelle, die in den Zirkelbezug einbezogen ist, berechnen und dabei die Ergebnisse der vorherigen Iteration verwenden. Dazu müssen Sie allerdings eine Einstellung von Excel ändern.

Die Standardeinstellungen für die Iterationen finden Sie im *Office-Menü* über den Befehl *Excel-Optionen* in der Kategorie *Formeln*. Dort ist das Kontrollkästchen *Iterative Berechnung aktivieren* standardmäßig deaktiviert. Wenn Sie dieses aktivieren, kann Excel auch den Zirkelbezug auflösen.

HINWEIS Während Excel die Einstellungen zur Iteration mit der Arbeitsmappe speichert und diese damit beim nächsten Öffnen wieder verfügbar sind, müssen Sie das Kontrollkästchen Iteration immer explizit auswählen. Es bleibt dann so lange aktiv, bis Excel beendet wird bzw. bis Sie es wieder deaktivieren.

Mit den Standardwerten für *Maximale Iterationszahl* (Werte zwischen 1 und 32.767 sind hier möglich) und *Maximale Änderung* beendet Excel die Berechnung entweder

- nach 100 Iterationsschritten oder
- wenn sich alle Werte in dem Zirkelbezug zwischen zwei Iterationen um einen Betrag von weniger als 0,001 ändern,

je nach dem, welcher Fall zuerst eintritt. Es wird also eine wiederholte Annäherung und Neuberechnung durchgeführt.

Die folgenden Beispiele zeigen, wie Sie dieses gezielte Ausprobieren für Ihre Zwecke nutzen können.

Sie finden die Beispiele in der Datei *Kap26Iteration.xlsx* im Ordner *\Buch\Kap26* auf der CD-ROM zu diesem Buch. Achtung: Wenn Sie die Iteration nicht aktiviert haben, wird beim Öffnen dieser Datei ebenfalls ein Hinweis auf einen Zirkelbezug angezeigt.

Neuberechnungen zählen

Interessant, insbesondere für den Einstieg in das Thema »Iteration«, ist ein Iterationszähler mit dem Wert *1*. Diese Einstellung führt nur eine einzige Neuberechnung aus, die Sie über die F9-Taste starten können. Damit können Sie dann zählen, wie oft ein Arbeitsblatt neu berechnet wurde. Wählen Sie dazu zunächst im Dialogfeld *Optionen* die Einstellungen aus Abbildung 26.21.

Abbildg. 26.21 Verwenden Sie diese Einstellungen, um jeweils nur eine Neuberechnung durchzuführen

Wenn Sie diese Einstellung vorgenommen haben, können Sie an den Aufbau der Tabelle gehen (siehe hierzu die Abbildung 26.22). In Zelle *C4* wird ein Wert von *0* oder *1* eingetragen, um die Neuberechnung zu unterbinden oder zu starten. Das ist bei der Verwendung der Iteration eine praktische Sache, weil Sie damit die Ausgangswerte zurücksetzen können. Vorausgesetzt, Sie haben durch die Verwendung der *WENN*-Funktion ein entsprechendes Verhalten implementiert.

Die Zelle *C5* enthält die Zahl *1* – um diesen Wert wird der Zähler erhöht, wenn eine Neuberechnung stattfindet. Die Zelle *C7* enthält eine Zahl, welche die Zählung in *C8* nach oben abgrenzt. Wird der Wert dieser Zelle erreicht, ändert sich der Zähler nicht mehr.

Die Iteration gezielt einsetzen

Die Zelle *C6* enthält einen Bezug auf den Zähler in *C8*. Die Formel für den eigentlichen Zähler enthält die Zelle *C8*:

```
=WENN(Starter=0;0;WENN(C8<Endwert;WENN(Starter=1;voriger_Wert+Wert;voriger_Wert);C8))
```

Abbildg. 26.22 Durch den Zirkelbezug wird bei jeder Neuberechnung der Zähler erhöht

	A	B	C	D	E
1					
2		Durchgeführte Neuberechnungen zählen			
3		Beschreibung	Wert	Formel	
4		Starter	0		
5		Wert	1		
6		voriger Wert	0	=C8	
7		Endwert	20		
8		Anzahl der Neuberechnungen	0	=WENN(Starter=0;0;WENN(C8<Endwert;WENN(Starter=1;voriger_Wert+Wert;voriger_Wert);C8))	
9					
10		Einstellungen		☑ Iterative Berechnung aktivieren	
11				Maximale Iterationszahl: 1	
12				Maximale Änderung: 0,001	
13					
14		Anleitung:	Geben Sie in Zelle C4 die Zahl 1 ein.		
15			Drücken Sie mehrfach die Taste F9 und beachten Sie die Änderungen in der Tabelle.		
16			Stellen Sie durch Eingabe der Zahl 0 in Zelle C4 die Ausgangswerte wieder her.		
17					
18		Verwendete Namen:			
19		Endwert	='Neuberechnungen zählen'!$C$7		
20		Starter	='Neuberechnungen zählen'!$C$4		
21		voriger_Wert	='Neuberechnungen zählen'!$C$6		
22		Wert	='Neuberechnungen zählen'!$C$5		
23					

Anstatt Zelladressen zu verwenden, kommen auch in diesem Beispiel Bereichsnamen zum Einsatz.

Tabelle 26.1 Die verwendeten Bereichsnamen und deren Bezüge

Name	Bezieht sich auf	Beschreibung
Endwert	$C$7	Bis zu diesem Wert wird die Neuberechnung hochgezählt
Starter	$C$4	Über diese Zelle können Sie den Zähler zurücksetzen, indem Sie die Zahl *0* eintragen. Tragen Sie die Zahl *1* ein, startet der Vorgang.
voriger_Wert	$C$6	Zeigt den ursprünglichen Wert der Zelle *C7* an
Wert	$C$5	Um diesen Wert wird die Zahl der Neuberechnungen erhöht

Mehr zum Thema Namen finden Sie in Kapitel 19.

Haben Sie die Tabelle aufgebaut, können Sie nachvollziehen, was bei der Neuberechnung mit der F9 -Taste passiert. Dazu tragen Sie zunächst die Zahl *1* in die Zelle *C4* ein. Sollten Sie die Iteration bisher noch nicht aktiviert haben, erhalten Sie spätestens jetzt den Hinweis auf einen vorhandenen Zirkelbezug.

Ansonsten enthält der Zähler in *C8* jetzt die Zahl *1*. Das bedeutet, es wurde bisher lediglich eine Addition durchgeführt. Die Zelle *C6* enthält noch den Wert des Zählers vor der Neuberechnung.

WICHTIG Wenn Sie ein Beispiel aufbauen, bei dem die Reihenfolge der Berechnung von Bedeutung ist, dann müssen Sie wissen, dass Excel an sich nur Zellen berechnet, die direkt oder indirekt von einer Änderung betroffen sind. Allerdings spielt die Position, an der sich die Zelle befindet, eine nicht unbedeutende Rolle. Tragen Sie beispielsweise in Zelle *C10* die gleiche Formel ein wie in *C6*, liefern beide Formeln trotz gleicher Formel unterschiedliche Ergebnisse.

Mit jeder weiteren Neuberechnung erhöht sich der Zähler in *C8*. Das geht so lange, bis der Endwert aus Zelle *C7* erreicht wird. Weitere Neuberechnungen ändern den Wert des Zählers nicht mehr. Wollen Sie den Versuch erneut starten, tragen Sie zunächst die Zahl *0* in Zelle *C4* ein und ändern diesen Wert anschließend wieder auf *1* zurück.

TIPP Eine Neuberechnung wird in diesem Fall auch dann ausgelöst, wenn Sie über *Daten/Datenüberprüfung* für die Zelle *C4* eine Gültigkeitsliste festgelegt haben und über diese den Zellwert ändern. Stellen Sie dazu das Listenfeld *Zulassen* auf den Wert *Liste* und tragen Sie als *Quelle* »*0;1*« ein. Damit können Sie die Ausgangswerte schnell wiederherstellen.

Addieren und Zählen

Eine Abwandlung zum Zählen der Neuberechnungen zeigt das folgende Beispiel. Hier werden die in Zelle *C5* eingetragenen Werte aufaddiert. Die Zelle *C4* übernimmt auch hier die Funktion des Auslösers. Wenn dieser den Wert *1* hat, wird in Zelle *C6* der neue Wert aus Zelle *C5* zum bisherigen Wert der Zelle addiert.

Hierzu ein Beispiel:

Wenn Sie den Starter auf *1* setzen und in Zelle *C5* den Wert *3* eintragen, wird bei jeder Neuberechnung der Wert um 3 erhöht. Die Zelle *C6* zeigt also die Werte *3, 6, 9* usw. an.

Abbildg. 26.23 Dieses Beispiel kann die Summe der bisher eingetragenen Werte ermitteln

	A	B	C	D	E
1					
2		Werte addieren			
3		Beschreibung	Wert	Formel	
4		Starter (0 oder 1)	0		
5		Neuer Wert	3		
6		Summe bisheriger Werte	0	=WENN(C4=0;0;C5+C6)	
7		Anzahl der Änderungen	0	=WENN(C4=0;0;WENN(C5<>"";C7+1;C7))	
8					
9					
10		Einstellungen			
11			☑ Iterative Berechnung aktivieren		
12			Maximale Iterationszahl: 1		
13			Maximale Änderung: 0,001		
14					
15					

Setzen Sie den Starter auf *0*, wird die Summe ebenfalls auf *0* zurückgesetzt.

Eingabezeit festhalten

Bei manchen Tabellen ist es wichtig, zu wissen, wann bestimmte Werte eingetragen wurden. Das ist keine ganz einfache Aufgabe, zumindest nicht, wenn Sie das automatisch erreichen wollen. Excel bietet mit =JETZT zwar eine Formel an, mit der Sie die aktuelle Uhrzeit berechnen können. Allerdings wird diese Formel bei jeder Neuberechnung aktualisiert und ist daher für diese Aufgabe so nicht zu verwenden.

Um dieses Problem zu lösen, können Sie alternativ auch ein Makro schreiben, das auf eine Änderung in der Tabelle reagiert. Ein Beispiel dazu finden Sie in Kapitel 31.

Das folgende Beispiel verwendet die Iteration, um den Zeitpunkt festzuhalten, wenn Sie einen Wert in bestimmte Zellen eintragen.

Hier übernimmt die Zelle *C3* die Aufgabe, die Berechnung zu starten (*1*) oder aber zurückzusetzen (*0*). Wenn Sie in Zelle *B5* etwas eintragen, wird die Uhrzeit in *C5* nur dann festgehalten, wenn der Starter den Wert *1* hat. Dann allerdings liefert die Formel

```
=WENN($C$3=0;0;WENN(B5<>"";WENN(C5>0;C5;JETZT());0))
```

die aktuelle Uhrzeit. Diese Uhrzeit bleibt auch dann erhalten, wenn die Zelle *B5* erneut geändert wird, da sie einen Zirkelbezug auf sich selbst enthält.

Abbildg. 26.24 Wenn Sie im Bereich *B5:B14* etwas eintragen, wird der Zeitpunkt der Eintragung festgehalten

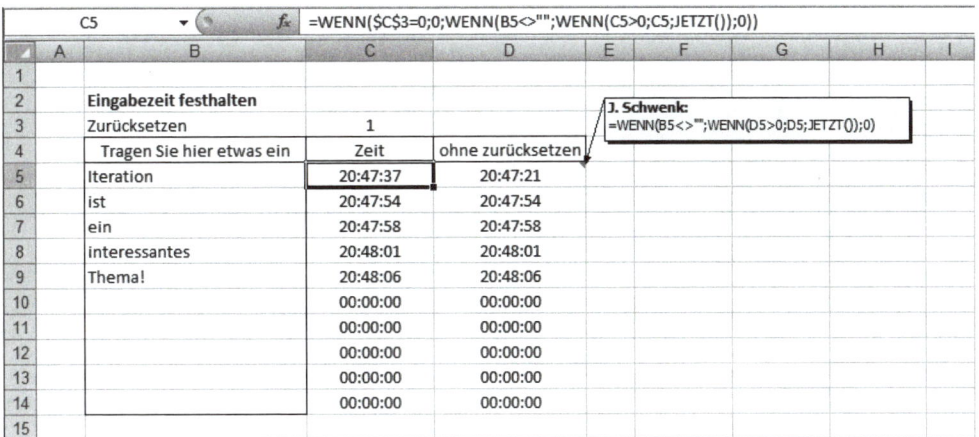

Beim Einsatz der Tabellenfunktion *ZUFALLSZAHL()* in Kapitel 16 finden Sie weitere Beispiele zur Iteration.

Zielwertsuche – so kommen Sie weiter

Excel bietet interessante und leistungsfähige Werkzeuge, mit denen ein bestehendes Rechenmodell durch Änderungen von Bedingungen und Parametern angepasst werden kann.

Kapitel 26 Den Solver und weitere Add-Ins einsetzen

Bei vielen Problemlösungen haben Sie sich vielleicht schrittweise an ein gewünschtes Ziel herangetastet – ganz nach dem Motto »Versuch und Irrtum«. Das erfordert zuweilen einen »langen Atem«, denn es bedarf mitunter vieler Versuche mit unterschiedlichen Werten, bis eine Annäherung erzielt wird.

Während Sie bisher von einem Ausgangswert auf einen Zielwert hin gerechnet haben, finden Sie jetzt den Weg über eine Rückrechnung vom Zielwert auf den Ursprungswert. Wir werden Ihnen das an einem überschaubaren Beispiel erklären:

Wer würde nicht gern ein wenig zusätzliches Geld durch Zinseinnahmen verdienen? Sie haben gerade Ihre Sparbücher angesehen und festgestellt, dass sich ein ordentlicher Betrag angesammelt hat. Sie beginnen zu rechnen, wie viel Zinsen Sie pro Jahr erhielten, wenn Sie 2,5%, 3,5%, 4,0% oder x% Zinsen für Ihr Kapital bekämen.

Im kommenden Jahr planen Sie eine große Urlaubsreise, die ca. 4.000 € kosten wird. Nun kommt Ihnen die Idee, diese Reise mit den Zinseinkünften zu bezahlen. Welchen Zinssatz müssen Sie erzielen, wenn Sie Ihre Urlaubsreise auf Grundlage eines vorhandenen Kapitals von 60.000 € finanzieren wollen?

Dies ist eine geradezu »klassische« Aufgabe für Excel, nämlich für die Zielwertsuche. Und wie gehen Sie vor? Zunächst benötigen Sie ein Modell, in dem die Zinsberechnung vorgenommen wird (siehe Abbildung 26.25)

Abbildg. 26.25 Modell zur Zinsberechnung mittels Zielwertsuche

	A	B	C	D	E
1		Tageszinsberechnung		Tageszinsen = Kapital*Zinsfuß*Tage/(100*360)	
2					
3			Modell zur Zinsberechnung		
4					
5		Kaufmännisches Jahr:			360 Tage
6					
7		Zinsperiode			360 Tage
8					
9		Zinsatz in % :			4,00
10					
11		eingesetztes Kapital:			60.000,00 EUR
12					
13					
14		Zinserträge			2.400,00 EUR
15					
16			Formel in E14:	=E11*E9*E7/(100*360)	

Die Formel in Zelle *E14* lautet:

`=E11*E9*E7/(100*360)`

Sie ermittelt anhand der Daten im Modell den Zinsertrag in Euro. Um gezielt den Zinsertrag in der gewünschten Höhe zu ermitteln,

- markieren Sie zunächst die Zelle *E14*, klicken auf der Registerkarte *Daten* in der Gruppe *Datentools* auf *Was-wäre-wenn-Analyse* und dann auf *Zielwertsuche* (siehe Abbildung 26.26).

Abbildg. 26.26   Aufruf der Zielwertsuche über die Registerkarte *Daten*

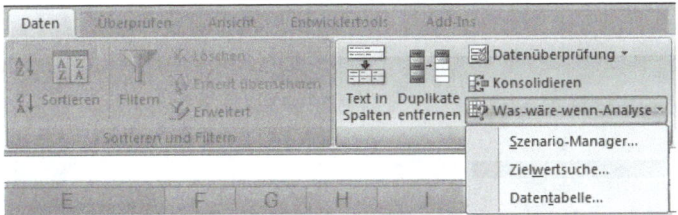

- Im folgenden Dialogfeld geben Sie dann die entsprechenden Daten ein.

Abbildg. 26.27   Das Dialogfeld *Zielwertsuche* mit eingetragener Zielzelle und dann den weiteren Eingabedaten

HINWEIS   *Zielzelle* ist die Zelle, die mit einer Formel hinterlegt ist, das momentane Ergebnis berechnet und später das Zielergebnis anzeigen soll, in unserem Beispiel also *E14*.

- In die Zelle *Zielwert* tragen Sie den Betrag ein, den Sie erzielen wollen, im Beispiel *4.000,00 €* Zinsertrag.
- In das Textfeld *Veränderbare Zelle*, das ist die Zelle mit dem Zinssatz, geben Sie die Zelladresse *$E$9* ein.
- Bestätigen Sie jetzt mit einem Klick auf die Schaltfläche *OK*.
- Excel zeigt Ihnen daraufhin das Dialogfeld *Status der Zielwertsuche* mit dem entsprechenden Ergebnis (Abbildung 26.28).

Abbildg. 26.28 Das gefundene Ergebnis der Zielwertsuche wird im Status-Dialogfeld angezeigt und im Modell abgebildet

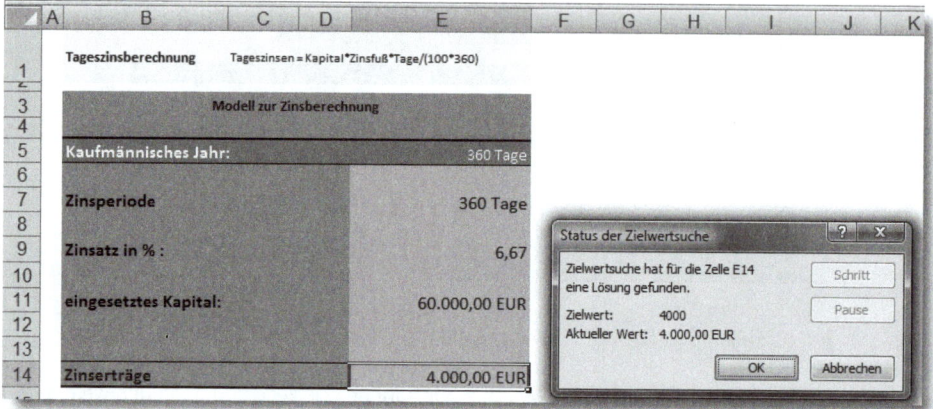

- Klicken Sie auf die Schaltfläche *OK*, wenn Sie das vom Assistenten gefundene Ergebnis in das Rechenmodell übernehmen wollen.
- Klicken Sie hingegen auf die Schaltfläche *Abbrechen*, um das gefundene Ergebnis zu verwerfen und die ursprünglichen Werte zu erhalten.

HINWEIS Bei einer umfangreichen Zielwertsuche können Sie den Vorgang auch unterbrechen, wenn Sie während der Berechnung die Schaltfläche *Pause* oder *Abbrechen* anklicken. Um den Lösungsvorgang zu verfolgen, aktivieren Sie im Dialogfeld *Status der Zielwertsuche* die Schaltfläche *Schritt*. Der momentane Lösungswert wird anschließend im Dialogfeld angezeigt.

Um den Vorgang der Zielwertsuche fortzusetzen, aktivieren Sie die Schaltfläche *Weiter*.

Zielwertsuche – Wie geht's?

Die Zielwertsuche verändert den Wert in der angegebenen Zelle so lange, bis die Formel, die auf diese Zelle zurückgreift, das gewünschte Ergebnis liefert. Dabei gibt die Zielzelle – bei uns der Zinsertrag – die Zelle an, für deren Formel Sie eine Lösung suchen. Sie können in dieses Feld einen Zellbezug oder einen Namen eingeben.

Zielwert gibt den neuen Wert an, den Sie erzielen möchten. Die veränderbare Zelle gibt die Zelle an, deren Wert von Excel verändert werden soll, um das gewünschte Ergebnis zu erzielen. Die Formel, für die Sie eine Lösung suchen, muss direkt oder indirekt auf diese Zelle zurückgreifen. Sie können in dieses Feld einen Zellbezug oder einen Namen eingeben.

 Sie finden das fertige Modell im Arbeitsblatt *Zielwert* in der Datei *Kap26_Zielwert.xlsx* auf der CD-ROM zum Buch im Ordner *\Buch\Kap26*.

Praxisbeispiel: Break-Even-Berechnung

Sie stehen vor dem großen Schritt in die Selbstständigkeit. Bevor Sie jedoch endgültig den Startschuss geben, wollen Sie nochmals die Umsätze kalkulieren. Sie wollen von einem festgesetzten Ergebnis und den geplanten Kosten auf die zu produzierende und zu verkaufende Stückzahl zurückrechnen.

Zur besseren Übersicht haben Sie verschiedene Daten zusammengetragen und wollen diese in eine Kalkulation umsetzen (für das Beispiel siehe Tabelle 26.2).

Tabelle 26.2 Basisdaten für das Praxisbeispiel *Break-Even-Analyse*

Bezeichnung	Werte	Formeln	Ergebnis
Produktionsplan	500 Stück		
Stückerlöse	12,50 €	Umsatz = Stück * Stückerlöse	6250,00 €
Gewinn	4,5%	UmsatzGewinn = Gewinn * Umsatz	281,25 €
Wagnis	5,0%	UmsatzWagnis = Wagnis * Umsatz	312,50 €
Nettoerlös		Nettoerlös = Umsatz – (UmsatzGewinn + UmsatzWagnis)	5.625,25 €
Fixkosten lt. Schätzung			25.700,00 €
Herstellungskosten	6,35 €	Herstellungskosten = Stück * Herstellungskosten	3.175,00 €
Ergebnis		Nettoerlöse – Fixkosten – Herstellungskosten	–23.218,75 €

Wenn Sie diese Zahlen zugrunde legen, müssen Sie wohl zugeben, dass Sie sich besser nicht selbstständig machen sollten. Wo aber liegt denn der Wert, bei dem Sie zumindest Kosten, Gewinn und Wagnis verdienen würden – und mit einem guten Verkäufer auch mehr?

Hier bietet Excel als Lösungsmöglichkeit die *Zielwertsuche* an. Jetzt wollen Sie wissen, ob es sich rentiert! Welche Werte können Sie in dem Rechenbeispiel verändern? Entweder den Verkaufspreis oder die Stückzahl. Versuchen Sie es mit der Stückzahl!

- Erstellen Sie zunächst in einem leeren Arbeitsblatt das Modell auf Grundlage der Abbildung 26.29. Geben Sie dem Arbeitsblatt z.B. den Namen *Kalkulation*. Klicken Sie dazu mit der rechten Maustaste auf das Blattregister und wählen Sie im erscheinenden Kontextmenü den Befehl *Umbenennen*. Das Register mit dem derzeitigen Arbeitsblattnamen wird markiert und sie können nun den neuen Namen eintragen.

Abbildg. 26.29 Das Modell für die Kalkulation

- Übertragen Sie jetzt die allgemeinen Formeln aus Tabelle 26.2 in das von Ihnen erstellte Modell. Nach Eingabe der Formeln sollte die Zelle *D10* den Wert Null und die Zelle *D2* den Wert *4995* (Stück) erhalten.
- Markieren Sie jetzt die Zelle *D10*. Rufen Sie den Befehl *Zielwertsuche* der *Was-wäre-wenn-Analyse* in der Gruppe *Datentools* auf der Registerkarte *Daten* auf. Tragen Sie in dem Dialogfeld die entsprechenden Daten und Werte ein (Abbildung 26.30).

Abbildg. 26.30   Das Dialogfeld *Zielwertsuche* mit den Daten für die Berechnung

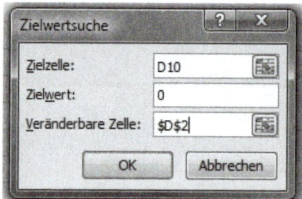

- Bestätigen Sie Ihre Eingaben nun mit einem Klick auf die Schaltfläche *OK*.
- Excel zeigt Ihnen das Ergebnis an (Abbildung 26.31). Speichern Sie das Modell ggf. ab.

Abbildg. 26.31   Tabelle mit Kalkulationsmodell, dem Status nach der Zielwertsuche und die eingeblendeten Formeln

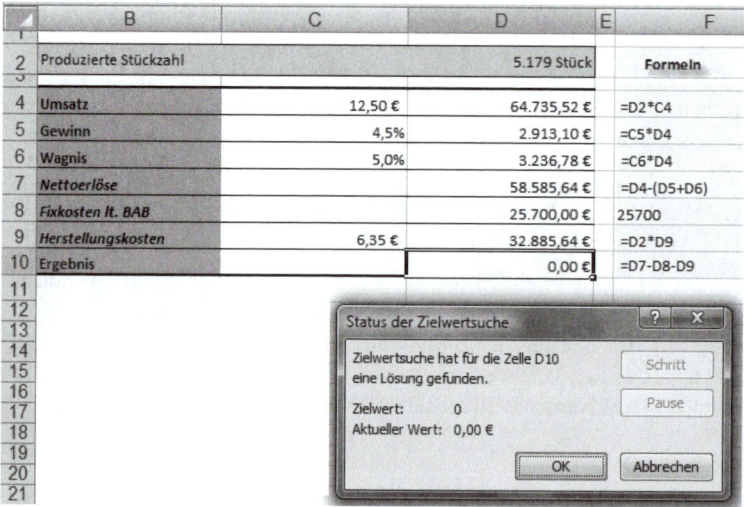

Fazit: Wenn 5.179 Stück verkauft werden, erreichen Sie den Break-Even-Point. Wollen Sie nun ein Ergebnis von 5.000 € erzielen, müssen Sie als Zielwert »5000« einsetzen.

Sie finden das fertige Modell im Arbeitsblatt *Muster* in der Datei *Kap26_Zielwert.xlsx* auf der CD-ROM zum Buch im Ordner *\Buch\Kap26*.

Zusammenfassung

Funktionen, die nur für spezielle Aufgaben benötigt werden, sind häufig in Add-Ins gespeichert. Einige Add-Ins gehören zum Lieferumfang von Excel. Dieses Kapitel hat dazu einige Informationen geliefert. Breiten Raum hat hier der Solver eingenommen, mit dem Sie Optimierungsaufgaben lösen können.

Zum Schluss haben Sie Beispiele für den Einsatz der Iteration und der Zielwertsuche kennen gelernt. Sowohl die Iteration als auch die Zielwertsuche sind zwar nicht an ein Add-In gebunden, aber wegen der logischen Nähe zum Solver und der Möglichkeit, auch damit eine schrittweise Annäherung an die Lösung mathematischer Probleme zu erreichen, haben wir sie hier eingeordnet.

Frage	Antwort
Was ist ein Add-In?	Über ein Add-In werden zusätzliche Funktionen eingebunden. Grundsätzliches über Add-Ins erfahren Sie auf Seite 974.
Wie kann ich ein Add-In einbinden und verfügbar machen?	Dazu rufen Sie die *Excel-Optionen* auf und wechseln in die Kategorie *Add-Ins*. Im Listenfeld *Verwalten* stellen Sie *Excel-Add-Ins* ein und klicken auf die Schaltfläche *Gehe zu*. Weitere Informationen finden Sie auf Seite 975.
Welche Add-Ins werden mit Excel ausgeliefert?	Mehr zu den Add-Ins, die mit Excel ausgeliefert werden, erfahren Sie auf Seite 976.
Was kann ich mit dem Nachschlage-Assistent machen?	Mit dem Nachschlage-Assistenten können Sie eine Summe mit Bedingungen berechnen. Ein Beispiel dazu zeigt Seite 981.
Was macht der Solver?	Der Solver berechnet Lösungen für »Was-wäre-wenn-Szenarios« auf der Grundlage von veränderbaren Zellen und Zellen mit Nebenbedingungen. Die Grundlagen des Solvers lernen Sie auf Seite 981 kennen.
Kann ich Modelle des Solvers speichern und später erneut darauf zugreifen?	Der Solver kann Modelle in einem Tabellenblatt speichern. Wie das geht, zeigt Seite 994.
Wie kann ich die Ergebnisse des Solvers dokumentieren?	Indem Sie Berichte über die Arbeit des Solvers ausgeben. Lesen Sie dazu auf Seite 995 nach.
Ich habe unterschiedliche Ergebnisse mit dem Solver erhalten. Woran liegt das?	Die Anfangswerte haben Auswirkungen auf die Ergebnisse des Solvers. Ein Beispiel dazu finden Sie auf Seite 996.
Kann ich die Anzahl der Neuberechnungen zählen?	Die Neuberechnungen können Sie mit Hilfe der Iteration zählen. Das Beispiel finden Sie auf Seite 1000.
Bei Änderungen an Zellen möchte ich die Uhrzeit festhalten. Geht das?	Das Beispiel auf Seite 1003 verwendet hierzu die Iteration.
Was ist eine Zielwertsuche?	Eine Rückrechnung vom Zielwert auf den Ursprungswert. Die Zielwertsuche verändert den Wert in der angegebenen Zelle so lange, bis die Formel, die auf diese Zelle zurückgreift, das gewünschte Ergebnis liefert. Ein Beispiel finden Sie auf Seite 1003.
Wozu kann ich die Zielwertsuche verwenden?	Ein Praxisbeispiel zur Break-Even-Analyse finden Sie auf Seite 1007.

Kapitel 27

Verschiedene Parameter für eine Formel: Datentabellen

In diesem Kapitel:

Multiplikationstabellen erstellen	1012
Kredite vergleichen	1019
Wertelisten mit dem Szenario-Manager verwalten	1023
Datenbanken mit der Mehrfachoperation auswerten	1027
Zusammenfassung	1033

Kapitel 27 Verschiedene Parameter für eine Formel: Datentabellen

Bei der Lösung von Formeln, in die mehrere Parameter eingehen, tritt häufig der Wunsch auf, für einen der Parameter unterschiedliche Werte zu verwenden und die Ergebnisse dann zu vergleichen. »Schöne« Lösungen können dabei z.B. mit Steuerelementen erstellt werden, die das Ändern der Werte vereinfachen. Beispiele zu Steuerelementen finden Sie an verschiedenen Stellen in diesem Buch, insbesondere in Kapitel 13 und in Kapitel 31.

Wenn Sie jedoch vergleichen wollen, wie sich die Änderung eines Parameters auf das Ergebnis einer Formel auswirkt, muss ein anderer Ansatz gewählt werden. Excel bietet mit Datentabellen eine elegante Möglichkeit für solche Aufgaben an.

Für die hier beschriebene Funktionalität sind die folgenden Synonyme gebräuchlich: *Datentabelle*, *Tabelle* und *Mehrfachoperation*.

Was sind Datentabellen?

Bei der Datentabelle handelt es sich um eine Funktion, die seit Jahren Bestandteil von Excel ist. Über den Untermenübefehl *Was-wäre-wenn-Analyse/Datentabelle* (Registerkarte *Daten*, Gruppe *Datentools*) tragen Sie die Tabellenfunktion MEHRFACHOPERATION über ein Dialogfeld ein. Diese Funktion finden Sie übrigens nicht im Funktions-Assistenten. Wohl deshalb, weil die Eingabe der Parameter und die erforderliche Markierung strikten Regeln folgen muss.

Die Beispiele zu diesem Kapitel finden Sie in der Datei *Kap27.xlsx* auf der CD-ROM zu diesem Buch im Ordner *\Buch\Kap27*.

Multiplikationstabellen erstellen

Multiplikationstabellen sind hilfreich, wenn immer wieder die gleichen Rechenoperationen erforderlich sind. Wenn Sie z.B. an einen Kiosk denken, der Kaugummi zum Preis von 0,35 € verkauft. Hier kann eine Multiplikationstabelle helfen, indem sie den Preis für mehrere Verpackungseinheiten anzeigt. Eine solche Tabelle zeigt also den Preis für eine unterschiedliche Menge der Waren an. Die beiden Faktoren sind in der ersten Spalte und der ersten Zeile aufgeführt. Statt damit zu rechnen, lesen Sie den Wert aus dem Schnittpunkt von Anzahl und Preis ab.

Eigentlich kann man solch kleine Rechenaufgaben auch per Kopfrechnung lösen. Aber es ist eben einfacher, die Werte aus einer Tabelle abzulesen. Gerade deshalb werden solche Listen auch gern als »Faulenzer-Listen« bezeichnet.

Einfache Multiplikationsliste

Eine einfache Multiplikationsliste zeigt lediglich das Ergebnis einer Berechnung aus einem festen Wert und einer Abfolge von häufig auftretenden Zahlen an. Meist ist diese Abfolge eine Reihe mit einem gleichmäßigen Inkrement (z.B. die Zahlen 1 bis 10), häufig ist sie auch das Abbild von Verpackungseinheiten (z.B. 6, 12, 24, 100).

Im ersten Beispiel soll eine 5er-Reihe berechnet werden (siehe hierzu die Abbildung 27.1). Gehen Sie dazu wie folgt vor:

1. Tragen Sie in Zelle *C3* den Wert *5* ein.
2. Geben Sie in Zelle *C4* eine beliebige Zahl, z.B. *2* ein.

Multiplikationstabellen erstellen

3. Tragen Sie in Zelle *C5* die Formel =C3*C4 ein.
4. Geben Sie im Bereich *B6:B15* die Zahlenreihe von 1 bis 10 ein.
5. Markieren Sie den Bereich *B5:C15*.
6. Rufen Sie auf der Registerkarte Daten in der Gruppe Datentools den Untermenübefehl *Was-wäre-wenn-Analyse/Datentabelle* auf.
7. Tragen Sie in das Eingabefeld *Werte aus Spalte* den Bezug *C4* ein.
8. Schließen Sie die Eingabe mit *OK*.

Als Ergebnis trägt Excel im Bereich *C6:C15* die folgende Formel als Matrixformel ein:

=MEHRFACHOPERATION(;C4)

Dies bedeutet, dass in der Formel =C3*C4 der Wert aus Zelle *C4* durch die Werte der ersten Spalte des markierten Bereichs ersetzt wird. Das Ergebnis ist die gewünschte 5er-Reihe.

Beachten Sie, dass die Formel in einer Zelle (*C5*) steht, die sich

- eine Spalte rechts und
- eine Zeile oberhalb

der Werteliste befindet.

HINWEIS Bei den folgenden Bildern sind die Zahlen und Formeln, die in die Berechnungen eingehen, zentriert formatiert. Die Ergebnisse der Mehrfachoperation sind dagegen rechtsbündig dargestellt. Außerdem zeigen die Bilder den Bereich, den Sie markieren müssen, bevor Sie den Befehl *Was-wäre-wenn-Analyse/Datentabelle* ausführen, sowie das ausgefüllte Dialogfeld *Tabelle*. Ein Kommentar zeigt die jeweilige Formel an.

Abbildg. 27.1 Einfache Multiplikationstabelle mit Werten aus einer Spalte

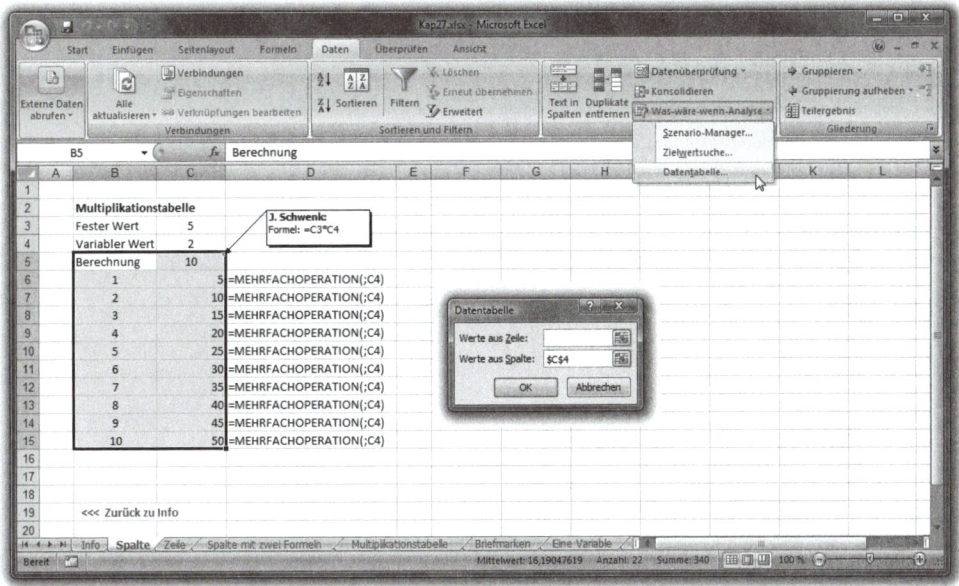

Einen Parameter ändern

Wenn Sie eine Reihe mit den Werten der 27er-Reihe benötigen, ändern Sie den Wert in Zelle *C3* ab. Excel führt eine Neuberechnung durch und zeigt die gewünschte Reihe (27, 54, 81 usw.) an.

Gleiches gilt auch, wenn Sie den Wert nicht mit der Zahlenreihe von 1 bis 10, sondern mit einer anderen Reihe multiplizieren wollen. In diesem Fall tragen Sie die Reihe im Bereich *B6:B15* ein. Auch danach werden Ergebnisse angezeigt, bei denen der Zellbezug *C4* in der Formel durch die Werte der Reihe ersetzt wurden.

WICHTIG Eine Besonderheit der *Datentabelle* ist die Tatsache, dass diese bei **jeder** Neuberechnung des Arbeitsblatts neu berechnet werden. Das ist auch dann der Fall, wenn sich die zugrunde liegenden Daten nicht geändert haben.

Sollten Sie umfangreiche Datentabellen einsetzen, können Sie die Neuberechnung im *Office-Menü* über *Excel-Optionen* in der Kategorie *Formeln* ändern. Wählen Sie hier eine der Optionen *Automatisch außer bei Datentabellen* oder *Manuell*. Mehr zum Thema Neuberechnung finden Sie in Kapitel 6.

Variable Werte in einer Zeile anordnen

Die variablen Werte müssen nicht zwingend in einer Spalte angeordnet sein. Wenn die Anordnung in einer Zeile für Sie praktischer scheint, so ist auch das machbar.

Schreiben Sie in diesem Fall die Formel in eine Zelle, die sich

- eine Spalte links und
- eine Zeile unterhalb

der Werteliste befindet. Im Beispiel in Abbildung 27.2 ist das die Zelle *C6*. Bevor Sie auf der Registerkarte *Daten* in der Gruppe *Datentools* den Untermenübefehl *Was-wäre-wenn-Analyse/Datentabelle* aufrufen, markieren Sie in diesem Fall den Bereich *C5:M6*. Im Dialogfeld *Tabelle* ist dann das Eingabefeld *Werte aus Zeile* entsprechend auszufüllen.

Abbildg. 27.2 Multiplikationstabelle mit Werten aus einer Zeile

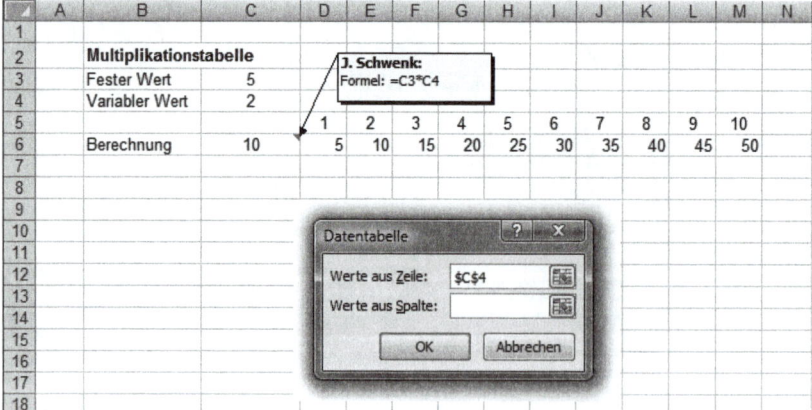

Werte aus Zeile oder *Werte aus Spalte*?

Woran erkennen Sie, welches Eingabefeld im Dialogfeld *Tabelle* verwendet werden muss? Die Antwort darauf gibt Ihnen die Ausrichtung Ihrer Werteliste:

- Sind die Werte in einer Spalte untereinander angeordnet, geben Sie den Zellbezug in das Eingabefeld *Werte aus Spalte* ein. Es ergibt sich eine Formel mit einem Argument in der Form MEHRFACHOPERATION(;Werte_aus_Spalte).

- Sind die Daten in der Werteliste in einer Zeile nebeneinander angeordnet, verwenden Sie das Eingabefeld *Werte aus Zeile*. Es ergibt sich eine Formel mit einem Argument in der Form MEHRFACHOPERATION(Werte_aus_Zeile;).

- Soll die Mehrfachoperation zwei Wertelisten verwenden, sind beide Eingabefelder entsprechend den vorigen Ausführungen zu füllen. Die Formel hat in diesem Fall das folgende Aussehen: MEHRFACHOPERATION(Werte_aus_Zeile;Werte_aus_Spalte).

Multiplikationsliste und Divisionsliste in einem Schritt

Die Formel, die Sie als Basis der Mehrfachoperation verwenden, kann nicht nur aus einer Multiplikation bestehen. Sie können hier vielmehr auch andere mathematische Formeln verwenden. Diese dürfen durchaus komplex sein; Sie werden dazu im weiteren Verlauf dieses Kapitels noch Beispiele finden.

Ferner kann die Mehrfachoperation beliebig viele Formeln mit einer Werteliste durchrechnen. Wichtig ist ein Bezug auf die gleiche Eingabezelle, deren Werte bei der Mehrfachoperation durch die Werteliste ersetzt werden.

Das folgende Beispiel berechnet die Ergebnisse zweier unterschiedlicher Formeln, einer Multiplikation und einer Division. Erweitern Sie dazu das vorige Beispiel wie folgt:

1. Schreiben Sie in Zelle *D5* die Formel =C3/C4.
2. Markieren Sie den Bereich *B5:D15*.
3. Rufen Sie auf der Registerkarte *Daten* in der Gruppe *Datentools* den Untermenübefehl *Was-wäre-wenn-Analyse/Datentabelle* auf.
4. Geben Sie für *Werte aus Spalte* den Bezug *C4* an.
5. Schließen Sie die Eingabe mit *OK* ab.

Excel berechnet die Formeln der Zeile 5 in der Weise, dass für den Wert aus *C4* die Werteliste aus dem Bereich *B6:B15* verwendet wird.

Kapitel 27 Verschiedene Parameter für eine Formel: Datentabellen

Abbildg. 27.3 Mehrfachoperation mit zwei Formeln, die sich auf die gleiche Eingabezelle beziehen

	A	B	C	D	E
1					
2		Multiplikations- und Divisionstabelle			J. Schwenk: Formel: =C3*C4
3		Fester Wert	5		
4		Variabler Wert	2		J. Schwenk: Formel: =C3/C4
5		Berechnung	10	2,5	
6		1	5	5	=MEHRFACHOPERATION(;C4)
7		2	10	2,5	=MEHRFACHOPERATION(;C4)
8		3	15	1,666666667	=MEHRFACHOPERATION(;C4)
9		4	20	1,25	=MEHRFACHOPERATION(;C4)
10		5	25	1	=MEHRFACHOPERATION(;C4)
11		6	30	0,833333333	=MEHRFACHOPERATION(;C4)
12		7	35	0,714285714	=MEHRFACHOPERATION(;C4)
13		8	40	0,625	=MEHRFACHOPERATION(;C4)
14		9	45	0,555555556	=MEHRFACHOPERATION(;C4)
15		10	50	0,5	=MEHRFACHOPERATION(;C4)

Dialogfeld *Datentabelle*: Werte aus Zeile: _____   Werte aus Spalte: $C$4

Multiplikationsliste mit zwei Parametern

Mit der Mehrfachoperation können Sie auch die Auswirkungen untersuchen, die sich durch die Änderung von zwei Parametern einer Formel ergeben. Die Werte des einen Parameters schreiben Sie dazu in einer Spalte untereinander, die Werte des zweiten Parameters in einer Zeile nebeneinander. Im Schnittpunkt der beiden Wertelisten steht dann die Formel, die ausgewertet werden soll.

Im Einzelnen sind die folgenden Schritte erforderlich, um eine Multiplikationsliste zu erstellen:

1. Schreiben Sie eine beliebige Zahl in Zelle *C3*, z.B. *2*.
2. Geben Sie eine beliebige Zahl in Zelle *C4* ein, z.B. *3*.
3. Schreiben Sie in Zelle *C5* die Formel =C3*C4.
4. Tragen Sie im Bereich *C6:C15* und im Bereich *D5:M5* jeweils die Zahlenreihe 1 bis 10 ein.
5. Markieren Sie den Bereich *C5:M15*.
6. Rufen Sie auf der Registerkarte *Daten* in der Gruppe *Datentools* den Untermenübefehl *Was-wäre-wenn-Analyse/Datentabelle* auf.
7. Tragen Sie im Dialogfeld *Datentabelle* für *Werte aus Zeile* den Bezug *C3* und für *Werte aus Spalte* den Bezug *C4* ein.
8. Schließen Sie die Eingabe mit *OK* ab.

Abbildg. 27.4 Multiplikationstabelle mit Werten aus einer Spalte und einer Zeile

Dieses Beispiel ist bewusst einfach gewählt. Sie können dadurch aus der Ergebnismatrix in Abbildung 27.4 schnell die Operationsweise der Mehrfachoperation erkennen. Über die daraus resultierende Formel

```
=MEHRFACHOPERATION(C3;C4)
```

werden diejenigen Ergebnisse berechnet, die sich aus der Multiplikation der Zahlen aus den Wertelisten *C6:C15* und *D5:M5* ergeben.

Kosten für Postwertzeichen ermitteln

Ein praktisches Beispiel für die Anwendung einer Multiplikationsliste zeigt die Preise für unterschiedliche Postwertzeichen an. Eine Frage, wie »Was kosten sieben Wertzeichen zu 0,55 €?«, lässt sich damit schnell beantworten.

Beachten Sie, dass in Abbildung 27.5 die eigentliche Formel nicht in Zelle *C9* steht. Diese Zelle enthält lediglich einen Bezug auf die Zelle *C5*, wo die eigentliche Formel für die Mehrfachoperation hinterlegt ist. Das bedeutet, Sie können die Datentabelle auch an beliebiger anderer Stelle in Ihrer Tabelle aufbauen. Wichtig ist der Bezug im Schnittpunkt der Wertelisten. Die Zelle, auf die hier Bezug genommen wird, muss einen Bezug auf die Eingabezelle(n) enthalten, die Sie im Dialogfeld *Tabelle* angeben. Damit haben Sie die Möglichkeit, Überschriften einzufügen oder sonstige Gestaltungsmöglichkeiten in der Tabelle zu nutzen.

Kapitel 27 Verschiedene Parameter für eine Formel: Datentabellen

> **WICHTIG** Markieren Sie vor dem Ausführen des Befehls *Was-wäre-wenn-Analyse/Datentabelle* **nicht** die in Abbildung 27.5 gezeigten Beschriftungen. Die linke obere Zelle muss die Formel enthalten, die Excel für die Ermittlung der Ergebnisse verwenden soll.

Abbildg. 27.5 Die Formelzelle *C7* enthält lediglich einen Verweis auf die Berechnungszelle *C5*

Wie können Sie einen Wert aus dieser Liste ablesen?

Nehmen wir an, Sie benötigen sieben Wertzeichen zu 0,55 €. Ermitteln Sie mit den folgenden Schritten den Betrag und verwenden Sie dazu die eben erstellte Multiplikationstabelle:

1. Suchen Sie in Spalte *C* den Wert 7. Dieser Wert steht in Zeile *16*.
2. Gehen Sie in Zeile *16* (also den Wert 7) so weit nach rechts, bis die Überschrift den Wert 0,55 € zeigt. Dieser Wert steht in Spalte *E*.
3. Der Schnittpunkt *E16* enthält das Ergebnis 3,85 €.

Mehr zu Operatoren in Excel finden Sie in Kapitel 6. Mehr zu Namen zeigt das Kapitel 19.

Datentabelle verschieben und kopieren

Wenn Sie eine Datentabelle an einen anderen Ort verschieben wollen, müssen Sie den Bereich mit der Formel und den Wertelisten einschließen. In Abbildung 27.5 ist das der markierte Bereich *C9:H19*. Markieren Sie nur den Ergebnisbereich, erhalten Sie die Fehlermeldung *Kann Teil der Mehrfachoperation nicht ändern* angezeigt.

Ebenso gehen Sie beim Kopieren vor. Nach dem Einfügen werden Sie allerdings feststellen, dass die Ergebnisse der Mehrfachoperation als Werte eingefügt werden. Lediglich die Formel aus Zelle *C9* bleibt erhalten. Nach dem Kopieren müssen Sie also den Untermenübefehl *Was-wäre-wenn-Analyse/Datentabelle* erneut ausführen und die Formel neu aufbauen.

Kredite vergleichen

Angenommen, Sie benötigen für die Erweiterung der Produktionsanlagen einen Kredit in Höhe von 250.000 €. Dafür liegen verschiedene Angebote mit unterschiedlichen Zinssätzen vor. Wie wirkt sich der Zinssatz auf die monatlichen Raten aus? Solche und ähnliche Fragestellungen sind das bevorzugte Einsatzgebiet der Mehrfachoperation.

Kredite mit einer Variablen beurteilen

Die für die Berechnung erforderlichen Werte sind schnell eingetragen. In Abbildung 27.6 zeigt der Bereich *D4:D5* die variablen Parameter und in Zelle *D6* liefert die Formel

```
=RMZ($D$5/12;360;D4)
```

das Ergebnis. Für das weitere Vorgehen im Beispiel ist es wichtig, dass Sie den Bezug auf die Zelle *$D$5* als absoluten Bezug verwenden.

Die Tabellenfunktion *RMZ* mit der Syntax

RMZ(Zins;Zzr;Bw;Zw;F)

berechnet die regelmäßigen Zahlungen für die Anzahl der Zahlungszeiträume bei konstantem Zinssatz. Mehr zu dieser Funktion finden Sie in Kapitel 16.

Um zu ermitteln, wie sich unterschiedliche Zinssätze auswirken, schreiben Sie die Zinssätze untereinander in eine Spalte. Beginnen Sie damit in der Zelle, die *eine Spalte vor* und *eine Zeile nach* der RMZ-Formel liegt, im Beispiel also in Zelle *C7*. Markieren Sie dann den Bereich *C6:D11* und wählen Sie den Befehl *Daten/Was-wäre-wenn-Analyse/Datentabelle*.

Im Dialogfeld *Tabelle* tragen Sie im Eingabefeld *Werte aus Spalte* den Bezug auf das Eingabefeld *$D$5* ein. Das bedeutet, dass Excel die Werte der ersten Spalte als Argument »Zinssatz« in der Formel verwendet. Das Textfeld *Werte aus Zeile* bleibt leer. Schließen Sie das Dialogfeld mit *OK*, werden die Leerzellen im markierten Bereich mit der Matrixformel

```
=MEHRFACHOPERATION(;D5)
```

gefüllt. Excel führt nun also mehrere Berechnungen mit der Formel aus Zelle *D6* durch und verwendet dabei für das Argument *Zinssatz* die Werte aus dem Bereich *C7:C11*.

Wenn Sie in Zelle *D4* den Kreditbetrag ändern, wird die Datentabelle neu berechnet und zeigt damit wieder das aktuelle Ergebnis an.

Abbildg. 27.6 Die Mehrfachoperation rechnet eine Formel mit verschiedenen Werten für ein Argument durch

	A	B	C	D	E	F	G
1							
2			Formel mit einer Variable				
3							
4			Betrag	250.000,00 €	J. Schwenk:		
5			Zinssatz	6%	Formel: =RMZ($D$5/12;360;D4)		
6			Monatliche Rate	-1.498,88 €			
7		bei	5,0%	- 1.342,05 €	=MEHRFACHOPERATION(;D5)		
8		... %	5,5%	- 1.419,47 €	=MEHRFACHOPERATION(;D5)		
9		Zins	6,0%	- 1.498,88 €	=MEHRFACHOPERATION(;D5)		
10			6,5%	- 1.580,17 €	=MEHRFACHOPERATION(;D5)		
11			7,0%	- 1.663,26 €	=MEHRFACHOPERATION(;D5)		

Datentabelle

Werte aus Zeile:
Werte aus Spalte: $D$5

OK   Abbrechen

Werteliste erweitern

Wenn Sie feststellen, dass die Werteliste nicht genügend unterschiedliche Werte enthält, können Sie diese auch nachträglich erweitern. Allerdings müssen Sie dann den Befehl *Was-wäre-wenn-Analyse/Datentabelle* erneut ausführen.

HINWEIS Da es sich bei der Mehrfachoperation um eine Matrixformel handelt, kann eine einzelne Zelle nicht gelöscht werden! Wie Sie eine Matrixformel ändern können, zeigt das Kapitel 6.

Wollen Sie im Beispiel aus der Abbildung 27.6 noch weitere Zinssätze (bis 10% in Schritten zu 0,5%) berechnen, gehen Sie wie folgt vor:

1. Markieren Sie den Bereich *C7:C11*.
2. Ziehen Sie mit der linken Maustaste am Ausfüllkästchen (rechte untere Ecke) bis zur Zelle *C17*.
3. Markieren Sie den Bereich *C6:D17*.
4. Rufen Sie auf der Registerkarte *Daten* in der Gruppe *Datentools* den Untermenübefehl *Was-wäre-wenn-Analyse/Datentabelle* auf.
5. Tragen Sie im Dialogfeld *Datentabelle* für das Eingabefeld *Werte aus Spalte* den Bezug *D5* ein.
6. Schließen Sie die Eingabe mit *OK* ab.

Excel fügt die Tabellenfunktion *MEHRFACHOPERATION* in den erweiterten Bereich ein und Sie können die Ergebnisse der erweiterten Liste nutzen.

Werteliste reduzieren

Nicht ganz so einfach ist es, wenn Sie feststellen, dass die Werteliste zu viele Werte enthält und Sie diese reduzieren wollen. Die Mehrfachoperation ist eine Matrixfunktion und diese Funktionen haben die Eigenschaft, dass einzelne darin enthaltene Zellen nicht gelöscht oder überschrieben werden können. Allerdings ist die Aufgabe auch nicht wirklich schwer, da die Formel ja über den Befehl *Daten/Was-wäre-wenn-Analyse/Datentabelle* eingetragen wird.

Gehen Sie wie folgt vor, wenn Sie im Beispiel aus der Abbildung 27.6 die Zeilen 10 und 11 entfernen wollen:

1. Markieren Sie den Bereich mit der Matrixformel, also *D7:D11*.
2. Drücken Sie die `Entf`-Taste oder wählen Sie auf der Registerkarte *Start* in der Gruppe *Bearbeiten* den Untermenübefehl *Löschen/Inhalte,* um die Formel zu löschen.
3. Markieren Sie den Bereich *C6:D9*.
4. Rufen Sie auf der Registerkarte *Daten* in der Gruppe *Datentools* den Untermenübefehl *Was-wäre-wenn-Analyse/Datentabelle* auf.
5. Tragen Sie in das Eingabefeld *Werte aus Spalte* den Bezug *D5* ein.
6. Schließen Sie das Dialogfeld *Datentabelle* mit *OK*.

WICHTIG   Die eigentlich wichtige Aktion beim Reduzieren der Werteliste ist das Markieren für den Löschvorgang. Achten Sie dabei darauf, dass Sie nicht versehentlich die Formel für die Berechnungsgrundlage markieren und löschen. Nur die Zellen mit der Funktion *MEHRFACHOPERATION* sollen markiert werden.

Lösung erweitern: Eine Formel hinzufügen

Vielleicht bietet es sich angesichts der guten Konditionen an, die ursprünglich für einen späteren Zeitpunkt geplante zweite Erweiterungsstufe doch vorzuziehen. Die Baumaßnahmen könnten dann in einem Aufwasch erledigt werden, was erhebliche Einsparungen zur Folge hätte. Der Finanzbedarf beläuft sich für beide Stufen auf insgesamt 420.000 €. Wie kann eine Tabelle aufgebaut werden, die beide Kredite auf einen Blick vergleicht?

Dazu wird zunächst der zweite Kreditbetrag in Zelle *E4* eingetragen und die Formel aus Zelle *D6* (mit dem absoluten Bezug!) in die Zelle *E6* kopiert. Markieren Sie anschließend den Bereich *C6:E11* und führen Sie, wie zuvor beschrieben, den Befehl zur Mehrfachoperation aus. Auch hier wählen Sie für *Werte in Spalte* die Zelle *$D$5* aus. Als Ergebnis erhalten Sie die Raten für beide Kredite, übersichtlich nebeneinander angeordnet. Denkbar ist hier auch die Verwendung einer anderen Formel.

WICHTIG   Sie können beliebig viele verschiedene Formeln nebeneinander einfügen. Einzige Bedingung ist dabei, dass beide Formeln das gleiche Eingabefeld (hier die Zelle *D5*) verwenden.

Kapitel 27 Verschiedene Parameter für eine Formel: Datentabellen

Abbildg. 27.7 Zur Eingabe der Datentabelle markieren Sie nicht nur den leeren Bereich, sondern auch die Daten

Wie wirken sich unterschiedliche Laufzeiten aus?

Während die vorigen Beispiele nur eine einzige Variable (Zinssatz) verwenden, soll im folgenden Beispiel eine weitere Variable für die Laufzeit eingeführt werden. Schauen Sie sich dazu den Aufbau der Tabelle in Abbildung 27.8 an.

Abbildg. 27.8 Die Mehrfachoperation mit zwei Variablen liefert übersichtliche Ergebnisse mit unterschiedlichen Parametern

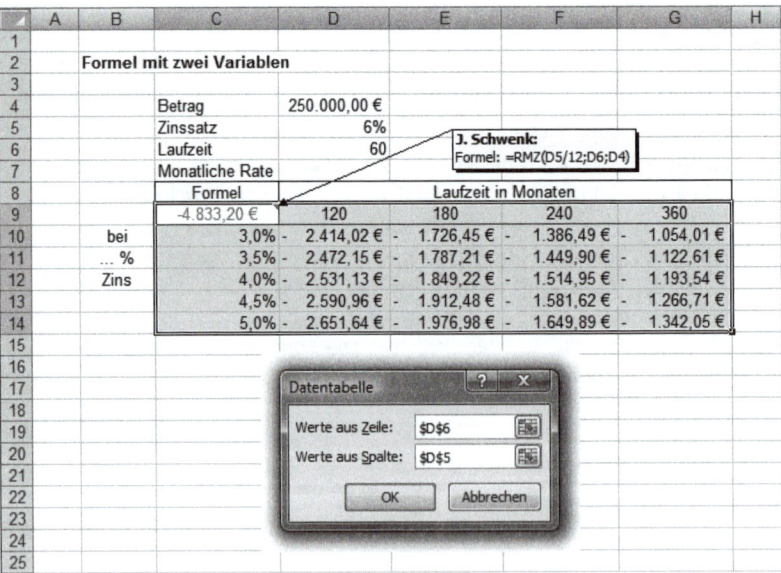

Die zu verwendenden Zinssätze stehen hier im Bereich *C10:C14*. Die unterschiedlichen Laufzeiten werden im Bereich *D9:G9* eingetragen. Die Formel

```
=RMZ(D5/12;D6;D4)
```

steht in diesem Fall in Zelle *C9*, also im Schnittpunkt der Datenzeile und der Datenspalte. Bevor Sie den Untermenübefehl *Was-wäre-wenn-Analyse/Datentabelle* ausführen, markieren Sie den Bereich *C9:G14*. Im Dialogfeld *Datentabelle* tragen Sie für *Werte aus Zeile* die Zelle *$D$6* und für *Werte aus Spalte* die Zelle *$D$5* ein.

Excel setzt in die Formel aus *C9* für das Argument *Zinssatz*, die Werte aus der ersten Spalte des markierten Bereichs, also aus *C10:C14*, ein. Für das Argument *Laufzeit* verwendet die Mehrfachoperation die Werte aus dem Bereich *D9:G9*. In Zelle *D10* wird damit das Ergebnis der Formel

```
=RMZ(C10/12;D9;D4)
```

in Zelle *E11* das der Formel

```
=RMZ(C11/12;E9;D4)
```

usw. angezeigt. Die Zellen rechnen also mit der *RMZ*-Funktion, obwohl in der Bearbeitungsleiste die Formel

```
=MEHRFACHOPERATION(D6;D5)
```

angezeigt wird. Dadurch können Sie nun auf einen Blick die Zahlungen bei verschiedenen Zinssätzen und unterschiedlichen Laufzeiten vergleichen.

WICHTIG Die Formel für eine Datentabelle mit zwei Variablen verwendet zwei Eingabefelder und ersetzt diese durch Werte, die Sie in zwei unterschiedlichen Orientierungen (Zeilen und Spalten) angeben.

Wertelisten mit dem Szenario-Manager verwalten

In Kapitel 25 haben Sie den *Szenario-Manager* bereits kennen gelernt. Der Szenario-Manager kann verschiedene Werte eines Kalkulationsmodells unter einem Namen speichern und verwalten. Auf einfachem Weg können Sie damit unterschiedliche Parameter für Berechnungen verwenden. Was liegt da näher, als auch bei der Mehrfachoperation die Eingabewerte in verschiedenen Szenarien zu speichern.

Für das Beispiel aus der Abbildung 27.8 sollen verschiedene Einstellungen gespeichert werden. So rechnen Sie vielleicht mit einem neuen Angebot, das die deutlich gesunkenen Zinsen berücksichtigt. Aus diesem Grund sollen Zinssätze von zwei bis fünf Prozent berücksichtigt werden. Gleichzeitig sollen die bisherigen Werte aber verfügbar bleiben, und zwar ohne eine neue Datei oder ein neues Arbeitsblatt anlegen zu müssen. Das ist ein typisches Einsatzgebiet für den Szenario-Manager.

Kapitel 27 Verschiedene Parameter für eine Formel: Datentabellen

Speichern Sie die aktuellen Einstellungen mit den folgenden Schritten in einem Szenario ab:

1. Rufen Sie den *Szenario-Manager* auf der Registerkarte *Daten* in der Gruppe *Datentools* über den Untermenübefehl *Was-wäre-wenn-Analyse/Szenario-Manager* auf.
2. Im Dialogfeld *Szenario-Manager* wählen Sie die Schaltfläche *Hinzufügen*.
3. Vergeben Sie einen aussagekräftigen Namen, etwa »Zinssätze zwischen 5 und 7 %«.
4. Aktivieren Sie das Eingabefeld *Veränderbare Zellen* und geben Sie einen Bezug auf die Zellen $C$10:$C$14 ein bzw. markieren Sie diesen Bereich (vgl. Abbildung 27.9).
5. Bestätigen Sie Ihre Festlegungen per Klick auf die Schaltfläche *OK*.

Abbildg. 27.9 Geben Sie hier den Namen und den Bereich der veränderbaren Zellen ein

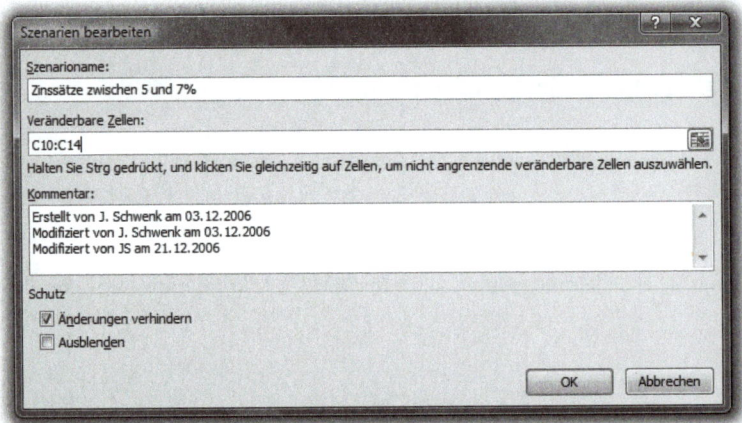

6. Daraufhin wird das Dialogfeld *Szenariowerte* mit den aktuellen Werten angezeigt (siehe Abbildung 27.10).
7. Schließen Sie dieses Dialogfeld mit *OK*.

Das erste Szenario ist damit festgelegt.

Abbildg. 27.10 Das Dialogfeld *Szenariowerte* zeigt die aktuellen Einstellungen, die Sie übernehmen oder ändern können

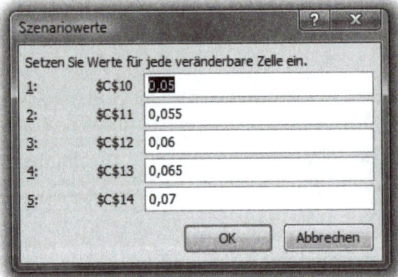

Sie sind damit wieder im Dialogfeld *Szenario-Manager*. Von dort aus können Sie über die Schaltfläche *Hinzufügen* ein weiteres Szenario hinzufügen. Sie können diesen Weg auch abkürzen, wenn Sie im Dialogfeld *Szenariowerte* (Abbildung 27.10) die Schaltfläche *Hinzufügen* wählen:

Wertelisten mit dem Szenario-Manager verwalten

1. Wählen Sie hier die Schaltfläche *Hinzufügen*, um das zweite Szenario festzulegen.
2. Vergeben Sie einen Namen für das neue Szenario, etwa »*Zinssätze zwischen 3 und 5%*«, und wählen Sie die Schaltfläche *Hinzufügen*.
3. Im Dialogfeld *Szenariowerte* tragen Sie die Werte aus Abbildung 27.11 ein.
4. Schließen Sie das Dialogfeld mit *OK*.

Abbildg. 27.11   Die Werte für das neue Szenario mit reduzierten Zinssätzen

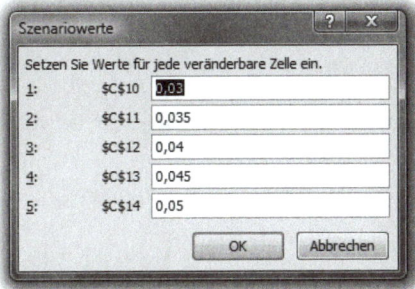

Das zweite Szenario ist damit festgelegt. Sie können nun über die Schaltfläche *Anzeigen* im *Szenario-Manager* die unterschiedlichen Szenarien anzeigen lassen. Die Datentabelle wird umgehend neu berechnet und zeigt die daraus resultierenden Raten.

TIPP   Über die Schaltfläche *Zusammenfassung* im Dialogfeld *Szenario-Manager* können Sie einen *Szenariobericht* erstellen und damit die unterschiedlichen Ergebnisse nebeneinander vergleichen. Verwenden Sie für die Ergebniszellen den Bereich *D10:G14*, werden alle Ergebnisse der Mehrfachoperation angezeigt.

Abbildg. 27.12   Wechseln Sie die Wertelisten komfortabel über den *Szenario-Manager*

Preiskalkulation mit der Datentabelle

In der Praxis eignet sich die Datentabelle für die Kalkulation, weil sich damit verschiedene Konstellationen auf einfache Weise durchrechnen lassen. Im folgenden Beispiel sollen die Auswirkungen einer Preisänderung auf den Deckungsbeitrag untersucht werden.

In Abbildung 27.13 ist im Bereich *B3:D10* eine vereinfachte Kalkulation und deren Formeln dargestellt. Im Bereich *D14:G14* sind verschiedene Absatzzahlen und im Bereich *C15:C18* verschiedene Preisänderungsraten eingetragen. Die Zelle *C14* fasst die Berechnung des Deckungsbeitrags zusammen mit der Formel:

```
=((C4+(C4*C5))-C7)*C9
```

Um diese Formel mit den eingetragenen Parametern zu berechnen, gehen Sie wie folgt vor:

1. Markieren Sie den Bereich *C14:G18*.
2. Führen Sie auf der Registerkarte *Daten* in der Gruppe *Datentools* den Untermenübefehl *Was-wäre-wenn-Analyse/Datentabelle* aus.
3. Für *Werte aus Zeile* legen Sie die Zelle *$C$9* und für *Werte aus Spalte* die Zelle *$C$5* fest.
4. Schließen Sie das Dialogfeld *Datentabelle* mit *OK*.

Aus dieser Datentabelle können Sie nun ablesen, wie sich eine Preisänderung bei einem zu erwartenden Umsatz auswirkt.

Damit Sie schnell beurteilen können, ob die Preisänderung positive oder negative Auswirkungen hat, kann die bedingte Formatierung eingesetzt werden. Wählen Sie dazu folgende Schritte:

1. Markieren Sie den Bereich *D15:G18*.

2. Rufen Sie auf der Registerkarte *Start* in der Gruppe *Formatvorlagen* den Befehl *Bedingte Formatierung* auf.
3. Wählen Sie den Eintrag *Regeln verwalten*.
4. Im *Manager für Regeln zur bedingten Formatierung* wählen Sie die Schaltfläche *Neue Regel*.
5. Im Dialogfeld *Neue Formatierungsregel* wählen Sie den Eintrag *Formel zur Ermittlung der zu formatierenden Zellen verwenden*.
6. Tragen Sie die Formel =D15>=$C$10 ein.
7. Wählen Sie die Schaltfläche *Formatieren*, legen Sie ein Format fest und schließen Sie dieses Dialogfeld mit *OK*.
8. Wiederholen Sie die Schritte 4 bis 7, tragen Sie als Formel jedoch =D15<$C$10 ein und legen Sie ein anderes Format fest.
9. Schließen Sie den *Manager für Regeln zur bedingten Formatierung* mit *OK*.

Wie in Abbildung 27.13 gezeigt, werden die Werte unterhalb und oberhalb des Deckungsbeitrags farbig hervorgehoben. Mehr zur bedingten Formatierung finden Sie in Kapitel 12.

Abbildg. 27.13 Die Auswirkungen der Preisänderung sind zusätzlich mit der bedingten Formatierung hervorgehoben

Im nächsten Beispiel erfahren Sie, wie Sie eine Datenbank mit Hilfe der Mehrfachoperation auswerten können.

Datenbanken mit der Mehrfachoperation auswerten

Die in Excel integrierten Datenbankfunktionen erlauben die Berücksichtigung von Suchkriterien. Das gezielte Eingrenzen von Datensätzen und die Untersuchung relevanter Sachverhalte ist damit erheblich einfacher, als mit verschachtelten Funktionen. Wenn Sie die Ergebnisse mit unterschiedlichen Ausprägungen eines Suchkriteriums vergleichen wollen, müssen mehrere Bereiche für deren Definition festgelegt werden. Das führt zu einem unübersichtlichen Tabellenaufbau, weil die Formeln mit unterschiedlichen Bezügen arbeiten. Mit der Mehrfachoperation geht es aber auch einfacher.

Das folgende Beispiel können Sie selbst auf dem Arbeitsblatt *Datenbankfunktion* in der Datei *Kap27.xlsx* nachvollziehen. Sie finden die Datei im Ordner *\Buch\Kap27* auf der CD-ROM zu diesem Buch.

Datenbankfunktionen einsetzen

Beispielhaft sollen hier die Gleitzeitkonten der Mitarbeiter eines Unternehmens untersucht werden. In Abbildung 27.14 stehen die Daten im Bereich *B5:E24*, Sie können für diesen Bereich einen Bereichsnamen festlegen, indem Sie den Bereich markieren und im Kontextmenü den Befehl *Bereich benennen* wählen. Mehr zum Thema Namen finden Sie in Kapitel 19.

Kapitel 27 Verschiedene Parameter für eine Formel: Datentabellen

Die Suchkriterien im Bereich *G4:J4* enthalten die Überschriften der Datenbank in der exakt gleichen (!) Schreibweise und in Zeile 5 finden sich die dafür eingetragenen Bedingungen. Um die Anzahl der Datensätze zu ermitteln, die den Suchkriterien entsprechen, ist die Tabellenfunktion

DBANZAHL(Datenbank;Datenbankfeld;Suchkriterien)

geeignet. Die Formel

```
=DBANZAHL($B$4:$E$24;3;G4:J5)
```

in Zelle *J6* liefert die Anzahl der Datensätze, die den im Bereich *G4:J5* festgelegten Bedingungen entsprechen, also der Anzahl der Mitarbeiter aus »Abt 1«. Über die Suchkriterien können Sie die auszuwertenden Daten einschränken. Mehr zum Thema Datenbankfunktionen und zur Definition von Suchkriterien finden Sie in Kapitel 22.

Für die Auswertung der anderen Abteilungen wurden in Abbildung 27.14 weitere Bereiche als Suchkriterien für die Formeln in *J10*, *J14*, *J18* und *J22* festgelegt. Das ist zwar ein möglicher, aber etwas umständlicher Weg. Wenn die Suchkriterien sich lediglich durch den Wert für die Abteilung unterscheiden, gibt es für die Berechnung – wie Sie gleich sehen werden – auch einen einfacheren Weg.

Abbildg. 27.14 Umständliche Definition mehrerer Bereiche für die Suchkriterien

	A	B	C	D	E	F	G	H	I	J	K
1											
2		**Den Rahmen von Gleitzeitkonten analysieren**									
3		Datenbank					Auswertungen				
4		Abt	Vertrag	Fehlzeiten	Gehaltsstufe		Abt	Vertrag	Fehlzeiten	Gehaltsstufe	
5		1	Angestellter	13:20	A		1				
6		1	Arbeiter	12:10	B		Anzahl der Einträge für Abteilung 1			6	
7		1	Angestellter	9:45	C						
8		1	Angestellter	13:20	C		Abt	Vertrag	Fehlzeiten	Gehaltsstufe	
9		1	Arbeiter	12:10	B		2				
10		1	Angestellter	9:45	C		Anzahl der Einträge für Abteilung 2			4	
11		2	Angestellter	9:25	A						
12		2	Arbeiter	3:40	B		Abt	Vertrag	Fehlzeiten	Gehaltsstufe	
13		2	Angestellter	45:55	A		3				
14		2	Arbeiter	64:10	B		Anzahl der Einträge für Abteilung 3			2	
15		3	Angestellter	16:50	C						
16		3	Angestellter	17:50	B		Abt	Vertrag	Fehlzeiten	Gehaltsstufe	
17		4	Angestellter	3:10	A		4				
18		4	Angestellter	101:30	A		Anzahl der Einträge für Abteilung 4			4	
19		4	Angestellter	7:50	A						
20		4	Angestellter	10:10	A		Abt	Vertrag	Fehlzeiten	Gehaltsstufe	
21		5	Arbeiter	7:50	B		5				
22		5	Angestellter	6:30	C		Anzahl der Einträge für Abteilung 5			4	
23		5	Arbeiter	53:10	B						
24		5	Angestellter	75:50	C						
25											

Ein Suchkriterium mit unterschiedlichen Ausprägungen verwenden

Sollen ganz gezielt die Datensätze der Abteilungen untersucht werden, tragen Sie die Namen untereinander in eine Tabelle ein (in Abbildung 27.15 im Bereich *G11:G15*). In die Zelle, die rechts oberhalb an die erste Zeile dieser Liste angrenzt, also *H10*, tragen Sie die Formel

Datenbanken mit der Mehrfachoperation auswerten

```
=DBANZAHL($B$4:$E$24;3;G4:J5)
```

ein. Markieren Sie dann den Bereich *G10:H15* und führen Sie auf der Registerkarte *Daten* in der Gruppe *Datentools* den Untermenübefehl *Was-wäre-wenn-Analyse/Datentabelle* aus. In das Textfeld *Werte aus Spalte* tragen Sie den Bezug *$G$5* ein. Damit wird für das Suchkriterium »Abt« der Wert aus der ersten Spalte des markierten Bereichs eingesetzt. Sie erhalten damit die Anzahl der Datensätze für die verschiedenen Abteilungen. Bedenken Sie, dass dies mit Datenbankfunktionen ohne Mehrfachoperation nur mit der Definition von fünf verschiedenen Bereichen für die Suchkriterien und damit ungleich aufwändiger zu lösen wäre.

Abbildg. 27.15 Eine Datenbankfunktion in Verbindung mit der Mehrfachoperation liefert eine Reihe von Ergebnissen auf der Grundlage verschiedener Suchkriterien

	A	B	C	D	E	F	G	H	I	J	K	L	M
1													
2		**Den Rahmen von Gleitzeitkonten analysieren**											
3		Datenbank					Suchkriterien						
4		Abt	Vertrag	Fehlzeiten	Gehaltsstufe		Abt	Vertrag	Fehlzeiten	Gehaltsstufe			
5		1	Angestellter	13:20	A								
6		1	Arbeiter	12:10	B								
7		1	Angestellter	9:45	C								
8		1	Angestellter	13:20	C		Formel mit einer Variablen:						
9		1	Arbeiter	12:10	B		Anzahl der Einträge je Abteilung						
10		1	Angestellter	9:45	C			20					
11		2	Angestellter	9:25	A		1	6					
12		2	Arbeiter	3:40	B		2	4					
13		2	Angestellter	45:55	A		3	2					
14		2	Arbeiter	64:10	B		4	4					
15		3	Angestellter	16:50	C		5	4					
16		3	Angestellter	17:50	B								
17		4	Angestellter	3:10	A		Formel mit zwei Variablen:						
18		4	Angestellter	101:30	A		Mittelwert der Einträge je Abteilung und Gehaltsstufe						
19		4	Angestellter	7:50	A		24:43	A	B	C			
20		4	Angestellter	10:10	A		1	13:20	12:10	10:56			
21		5	Arbeiter	7:50	B		2	27:40	33:55				
22		5	Angestellter	6:30	C		3		17:50	16:50			
23		5	Arbeiter	53:10	B		4	30:40					
24		5	Angestellter	75:50	C		5		30:30	41:10			
25													

J. Schwenk:
Formel: =DBANZAHL($B$4:$E$24;3;G4:J5)

Datentabelle
Werte aus Zeile:
Werte aus Spalte: $G$5

Datensätze mit zwei Bedingungen vergleichen

Soll ein weiteres Kriterium (Datenbankfeld) mit unterschiedlichen Ausprägungen berücksichtigt werden, tragen Sie diese Ausprägungen nebeneinander in eine Zeile ein (vgl. hierzu den Bereich *H19:J19* aus Abbildung 27.15). Gehen zwei Variablen in die Formel ein, tragen Sie die Formel im Schnittpunkt der Werte (*G19*) ein. Im Beispiel wird mit der Formel

```
=DBMITTELWERT(B4:E24;3;G4:J5)
```

der Mittelwert nach Gehaltsstufen für die einzelnen Abteilungen ermittelt.

Markieren Sie den Bereich *G19:J24* und führen Sie auf der Registerkarte *Daten* in der Gruppe *Datentools* den Untermenübefehl *Was-wäre-wenn-Analyse/Datentabelle* aus. Für den Parameter *Werte aus Zeile* legen Sie dann die Zelle *$J$5* und für *Werte aus Spalte* die Zelle *$G$5* fest. Mit *Werte aus Zeile* geben Sie Excel bekannt, für welchen Zellbezug der Formel in *G19* die Werte der ersten Zeile eingesetzt werden sollen. Die erste Zeile enthält die Gehaltsstufen, diese wiederum wird in den Suchkriterien in Zelle *J5* eingetragen. Entsprechend substituiert Excel den Zellbezug *Werte aus Spalte*, also die Abteilung (*G5*), mit den Werten aus der ersten Spalte des markierten Bereichs.

Abbildg. 27.16 Hier stellen Sie den Bezug für den Ersetzungsvorgang ein

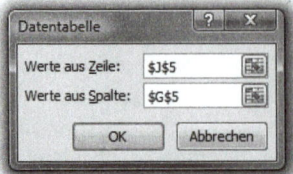

Das Ergebnis zeigt im Schnittpunkt der Merkmalsausprägungen die Anzahl der vorhandenen Datensätze. Die Suchkriterien in Abbildung 27.15 zeigen in Zeile 5 keinen Eintrag. Es werden also lediglich die Kriterien aus der Tabelle der Mehrfachoperation berücksichtigt. Sie können aber, z.B. für die Analyse nach der Vertragsform, in Zelle *H5* »Angestellter« eintragen und die Betrachtungen damit auf diese Vertragsform einschränken. Komfortabel zwischen verschiedenen Werten können Sie wechseln, wenn Sie, wie eben beschrieben, den *Szenario-Manager* einsetzen oder eine Gültigkeitsliste festlegen. Mehr zum Thema Gültigkeitslisten finden Sie in Kapitel 8.

PROFITIPP Übrigens können Sie für die Definition der Suchkriterien neben den Stellvertreterzeichen (»?« und »*«) auch Vergleichsoperatoren (»<«, »>«, »<=«, »>=«, »<>«) verwenden. Beachten Sie dazu das Beispiel am Ende dieses Kapitels.

Zwei Eingriffe sind nun noch notwendig: Um die Anzeige von Fehlerwerten zu unterdrücken, verwenden Sie in Zelle *G19* die, um eine *Wenn-Dann-Bedingung* erweiterte, Formel

```
=WENN(NICHT(ISTFEHLER(DBMITTELWERT(B4:E24;3;G4:J5)));DBMITTELWERT(B4:E24;3;G4:J5);"")
```

Das Zahlenformat der Formelzellen sollten Sie auf *[h]:mm* einstellen. Damit werden auch Werte über 24 Stunden korrekt angezeigt. Mehr zum Thema Zahlenformate lesen Sie in Kapitel 10.

Berechnete Kriterien sind auch in der Mehrfachoperation nützlich

Es gibt Fälle, da genügen Kriterien durch die bloße Angabe von Werten nicht, um die Daten ausreichend einzugrenzen. Hier führt die Lösung – wie bei Datenbankfunktionen üblich – entweder über die Erweiterung der Suchkriterien mit der Wiederholung bereits vorhandener Spalten oder über die Definition berechneter Kriterien.

Um berechnete Kriterien zu verwenden, wird der Bereich *Suchkriterien* um eine Spalte mit einer eindeutigen Überschrift erweitert. Die Datensätze werden dann über eine Formel eingeschränkt. Diese Formel kann neben dem Vergleich mit konstanten Werten auch einen Vergleich mit einem Zellbezug enthalten. Die Formel bezieht sich dabei immer auf den ersten Datensatz und zeigt auch das Ergebnis für diesen Datensatz in der Formel an. Der Bezug auf diesen Datensatz sollte daher relativ sein (vgl. hierzu die Zelle *K5* in Abbildung 27.17, wo die Formel =ODER(E5="A";E5>"B") das Ergebnis *WAHR* liefert).

Abbildg. 27.17 Berechnete Kriterien enthalten einen Bezug auf den ersten Datensatz

> **HINWEIS** Für Vergleiche des Datensatzes mit einer Zelle außerhalb der Datenbank ist zu beachten, dass dieser Bezug absolut sein muss.

Vergleichsoperatoren einsetzen

Vergleichsoperatoren sind nützlich, wenn Sie Daten in Gruppen zusammenfassen wollen. So soll im folgenden Beispiel die Anzahl der Schrauben nach verschiedenen Längenklassen ermittelt werden.

Damit das gelingt, tragen Sie im Bereich *F4:G5* die Suchkriterien für eine Gruppe von Werten ein.

In Zelle *F8* berechnet die Formel

```
=DBSUMME(B3:C23;"Anzahl";F4:G5)
```

die Summe der Schrauben, für welche die Bedingungen im Bereich *F4:G5* erfüllt sind. Die Länge soll >=1 und gleichzeitig <4 sein. Insgesamt ist das in unserem Beispiel bei 84 Schrauben der Fall.

Markieren Sie nun den Bereich *F8:J12* und rufen Sie den Befehl *Daten/Was-wäre-wenn-Analyse/ Datentabelle* auf. Für *Werte aus Zeile* wählen Sie die Zelle *G5* und für *Werte aus Spalte* die Zelle *F5* aus.

> **HINWEIS** Die Spalte *D* dient lediglich als Hilfsspalte, damit Sie das Beispiel in der Abbildung nachvollziehen können. Diese Klassen werden nicht für die Auswertung benötigt und auch nicht verwendet.

Kapitel 27 Verschiedene Parameter für eine Formel: Datentabellen

Abbildg. 27.18 Die Mehrfachoperation kann auch für die Häufigkeitszählung herangezogen werden und dabei Vergleichsoperatoren verwenden

	A	B	C	D	E	F	G	H	I	J	K
1											
2		Häufigkeitsauszählung mit der Mehrfachoperation									
3		Länge	Anzahl	Klasse		Suchkriterien					
4		1	13	1		Länge	Länge				
5		2	43	1		>=1	<4				
6		3	28	1				J. Schwenk: Formel: =DBSUMME(B3:C23;"Anzahl";F4:G5)			
7		4	34	2		Mehrfachoperation mit zwei Variablen					
8		5	42	2		84	<8	<12	<16	<21	
9		6	8	2		>=4	116	178	296	407	
10		7	32	2		>=8	0	62	180	291	
11		8	12	3		>=12	0	0	118	229	
12		9	10	3		>=16	0	0	0	111	
13		10	18	3							
14		11	22	3							
15		12	36	4			Datentabelle				
16		13	34	4							
17		14	39	4			Werte aus Zeile:	$G$5			
18		15	9	4			Werte aus Spalte:	$F$5			
19		16	10	5							
20		17	33	5			OK	Abbrechen			
21		18	22	5							
22		19	29	5							
23		20	17	5							
24											

Mehr zu Vergleichsoperatoren finden Sie in Kapitel 6. Das Kapitel 16 zeigt Ihnen weitere Möglichkeiten für die Häufigkeitszählung.

Einen Kalender mit der Datentabelle erzeugen

Auch einen Jahreskalender können Sie mit einer Datentabelle erstellen. Dabei wird die Funktion

DATUM(Jahr;Monat;Tag)

eingesetzt, die aus einzelnen Zahlenwerten ein Datum aufbaut. Die Argumente werden im Bereich *C2:C4* eingetragen. Die Formel

```
=DATUM(C2;C3;C4)
```

gibt in Zelle *B6* das Datum zurück. Als Variable *Werte* werden die Argumente *Monat* im Bereich *C6:N6* und *Tag* im Bereich *B7:B37* eingetragen. Markieren Sie anschließend den Bereich *B6:N37* und führen Sie auf der Registerkarte *Daten* in der Gruppe *Datentools* den Untermenübefehl *Was-wärewenn-Analyse/Datentabelle* aus. Für *Werte aus Zeile* verwenden Sie die Zelle *$C$3* und für *Werte aus Spalte* die Zelle *$C$4*.

Damit der Kalender jeweils nur die Datumswerte für denjenigen Monat anzeigt, der in der jeweiligen Spalte in Zeile 6 eingetragen ist, müssen Sie die Formel zur Berechnung des Datumswertes anpassen. Der Kommentar in der folgenden Abbildung zeigt die angepasste Formel.

Abbildg. 27.19 Auch ein Kalender lässt sich mit der Datentabelle erstellen, er berücksichtigt sogar die unterschiedliche Länge der Monate

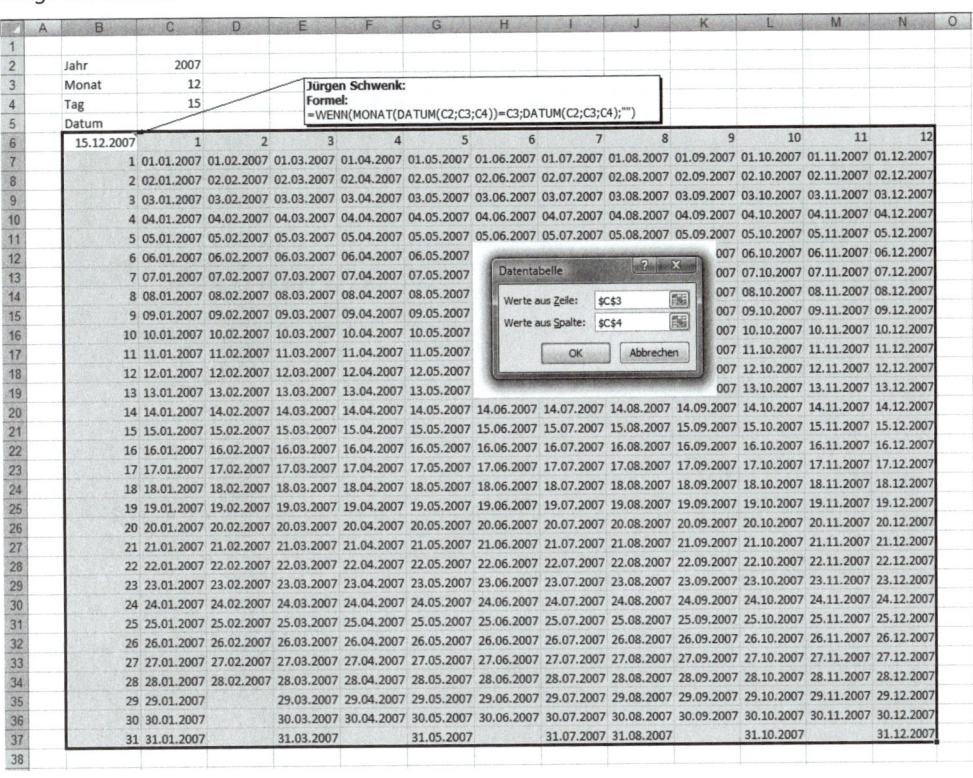

 Dieses Beispiel finden Sie auf dem Blatt *Kalender* in der Datei *Kap27.xlsx* im Ordner *\Buch\Kap27* auf der CD-ROM zu diesem Buch.

Zusammenfassung

Mit einer Mehrfachoperation erhalten Sie die Möglichkeit, eine Formel mit verschiedenen Werten für mehrere Parameter durchzurechnen und die unterschiedlichen Ergebnisse direkt vergleichen zu können. Die Mehrfachoperation eignet sich damit als Werkzeug zur Was-wäre-wenn-Analyse.

Bei der Auswertung von Datenbanken ermöglicht die Kombination aus Datenbankfunktionen und der Mehrfachoperation übersichtliche Lösungen. Dabei werden mehrere Ausprägungen von Merkmalen (Datenbankfeldern) in eine Formel eingesetzt und ermöglichen Ihnen so einen schnellen Überblick über die Daten. Mit einem einzigen Bereich für die Suchkriterien ist gewährleistet, dass die Übersicht für die gesamte Auswertung die gleiche Datengrundlage verwendet. Zu beachten ist, dass vor dem Aufrufen des Befehls ein Bereich markiert werden muss, der nicht nur leere Zellen, sondern auch den Bereich mit den Wertelisten enthalten muss.

Kapitel 27 Verschiedene Parameter für eine Formel: Datentabellen

Frage	Antwort
Wie kann ich eine »Faulenzerliste« erstellen?	Wie Sie eine Multiplikationsliste mit einer Variablen erstellen, steht auf Seite 1012.
Kann ich eine Multiplikationsliste und Divisionsliste mit einer Variablen mit einer einzigen Anweisung erstellen?	Sie können der Datentabelle (Mehrfachoperation) auch verschiedene Formeln übergeben. Wie das geht, steht auf Seite 1015.
Ich möchte in einer Formel zwei Variablen mit unterschiedlichen Werten durchrechnen. Wie geht das?	Erstellen Sie eine Multiplikationsliste mit zwei Variablen. Mehr dazu auf Seite 1016.
Wie kann ich verschiedene Kredite mit Excel beurteilen?	Die Datentabelle ist dazu hervorragend geeignet. Ein entsprechendes Beispiel finden Sie auf Seite 1019.
Wie kann ich die Wertelisten vergrößern und verkleinern?	Da es sich bei der Datentabelle um eine Matrixfunktion handelt, müssen Sie beim Verkleinern des Bereichs zunächst den alten Bereich markieren und löschen. Mehr dazu auf Seite 1020.
Wie kann ich unterschiedliche Laufzeiten bei den Krediten beurteilen?	Das Beispiel auf Seite 1022 verwendet dazu eine zweite Variable in der Datentabelle.
Wie kann ich schnell verschiedene Einstellungen testen?	Speichern Sie dazu unterschiedliche Wertelisten mit dem Szenario-Manager. Wie das geht, steht auf Seite 1023.
Wie kann ich bei der Auswertung einer Datenbank verschiedene Ausprägungen eines Suchkriteriums komfortabel berücksichtigen?	Kombinieren Sie hierzu die Datenbankfunktionen von Excel mit der Datentabelle. Auf Seite 1028 steht, wie das geht.
Wie kann ich Datensätze zählen, die zwei Bedingungen erfüllen?	Die Datenbankfunktion *DBANZAHL* in Verbindung mit der Datentabelle liefert auf Seite 1029 das gesuchte Ergebnis.
Wie kann ich eine Auszählung nach Klassen durchführen?	Wie Sie Daten mit Vergleichsoperatoren in Gruppen zusammenfassen, ist auf Seite 1031 beschrieben.

Teil I

Datenaustausch mit anderen Anwendungen

In diesem Teil:

Kapitel 28	Excel im Netzwerk und im Web	1037
Kapitel 29	Excel und XML	1067
Kapitel 30	Excel und die anderen Office-Anwendungen	1079

Excel ist Teil der 2007 Office-Suite – damit stellt sich natürlich die Frage, wie Excel mit anderen Programmen zusammenarbeiten kann. XML spielt hierbei eine immer wichtiger werdende Rolle. In den folgenden Kapiteln erfahren Sie mehr über die Möglichkeiten, die Excel Ihnen in diesem Zusammenhang bietet.

Aber auch die Zwischenablage bietet einige Optionen für unterschiedliche Funktionalitäten an. Welche Einstellungen es dabei gibt, ist ebenfalls ein Thema dieses Abschnitts.

Darüber hinaus bieten die Office-Programme auch eine Import-Möglichkeit für Daten aus Excel an bzw. können diese direkt verwenden. So kann ein Serienbrief von Word auf Daten zugreifen, die in einer Excel-Liste verwaltet werden oder PowerPoint zeigt Tabellen an, die mit Excel erstellt wurden.

Wir zeigen Ihnen, dass die Funktionalität in Excel 2007 auch direkt im Intranet/Internet verfügbar und vor allem bedienbar ist.

Einer wichtigen Frage moderner Bürokommunikation geht dieser Teil des Buches ebenfalls nach: Wie gelangen die mit Excel erstellten Arbeitsergebnisse in eine Web-basierte Umgebung, so dass sie ohne zusätzlichen Aufwand für Teammitglieder verfügbar sind? Eine zentrale Rolle spielen dabei HTML-Dateien sowie die Organisation von Arbeitsvorgängen unter Verwendung des Internet Explorers.

Kapitel 28

Excel im Netzwerk und im Web

In diesem Kapitel:

Nutzung von E-Mails	1038
Speichern und Veröffentlichen im HTML-Format – zwei verschiedene Ziele	1040
Wie kommen die Veröffentlichungen ins Web?	1052
Ein kurzer Blick auf einen Office SharePoint Server	1053
Arbeitsmappen auf dem Excel-Server	1054
Arbeitsmappen auf einem Dokumentverwaltungsserver	1056
Document Sharing in freigegebenen Arbeitsbereichen	1058
Tabellen auf SharePoint-Seiten	1061
Webabfragen – diesmal werden Informationen geholt	1063
Zusammenfassung	1065

Kapitel 28 Excel im Netzwerk und im Web

Dieses Kapitel beantwortet Ihnen eine wichtige Frage zu moderner Bürokommunikation: Wie gelangen die mit *Excel* erstellten Arbeitsergebnisse in eine Web-basierte Umgebung, um so ohne zusätzlichen Aufwand Teammitgliedern und anderen Partnern zur Kenntnis, zur Auswertung und zur Diskussion bereitgestellt zu werden? Eine zentrale Rolle spielen dabei *HTML*-Dateien sowie die Organisation von Arbeitsvorgängen unter Verwendung des Internet Explorers.

Begonnen wird dieses Kapitel mit prinzipiellen Gedanken zum Versenden von Arbeitsmappen per E-Mail. Daran schließt sich das Umwandeln der Mappen in HTML-Seiten (ohne Interaktivität und ohne die Möglichkeit komplexer Verwaltungsvorgänge) an.

Die Autoren möchten den Fokus auf einen modernen Stand des Informationsaustauschs mit Hilfe von SharePoint Servern richten. Es werden also die Möglichkeiten des Excel-Servers, eines Dokumentverwaltungsservers und freigegebener Dokumentarbeitsbereiche sowie die Arbeit mit Listen auf SharePoint-Seiten vorgestellt.

Einige Gedanken zu Web-Abfragen schließen das Kapitel ab.

Die in der Vorgängerversion zu diesem Handbuch an dieser Stelle besprochenen Office-Webkomponenten sind nicht mehr Bestandteil des Office-Pakets, ihre Entwicklung wurde mit Office 2003 beendet.

Nutzung von E-Mails

Excel unterscheidet zwei Varianten des E-Mail-Versands von Arbeitsmappen:

- den Versand als Textkörper und
- den Versand der gesamten Arbeitsmappe als Anlage einer Nachricht.

Um im ersten Fall etwas wie in Abbildung 28.1 zu sehen, bedarf es einer kleinen Vorbereitung: Sie müssen die *Schnellzugriffsleiste* anpassen. Öffnen Sie dazu das *Office-Menü* und wählen Sie unter den *Excel-Optionen* die Kategorie *Anpassen*. Dann finden Sie in der Liste der Befehle, die sich nicht in der Multifunktionsleiste befinden, den Befehl *An E-Mail-Empfänger senden*. Fügen Sie diesen der *Symbolleiste für den Schnellzugriff* hinzu.

Klicken Sie das erste Mal auf dieses Symbol, werden Sie gefragt, ob Sie die gesamte Datei oder nur das aktive Blatt versenden wollen. Entscheiden Sie sich hier für das zweite Angebot, so wird der »Umschlag« der Nachricht eingeblendet. Im Hintergrund ist Outlook aktiv, so dass Sie diesen »Umschlag« wie gewohnt bearbeiten können (Konto auswählen, Optionen einstellen usw.).

Das Versenden der gesamten Arbeitsmappe erledigen Sie über *Office-Menü*. Wählen Sie dort den Befehl *Senden/E-Mail*. Sie können aber auch die Schnellzugriffsleiste um den Befehl *E-Mail* ergänzen. Der Klick auf diesen Befehl öffnet Outlook und die Mappe befindet sich automatisch im Anhang der gezeigten Nachricht.

Nutzung von E-Mails

Abbildg. 28.1   Ein Arbeitsblatt wird mit einem »E-Mail-Umschlag« versehen

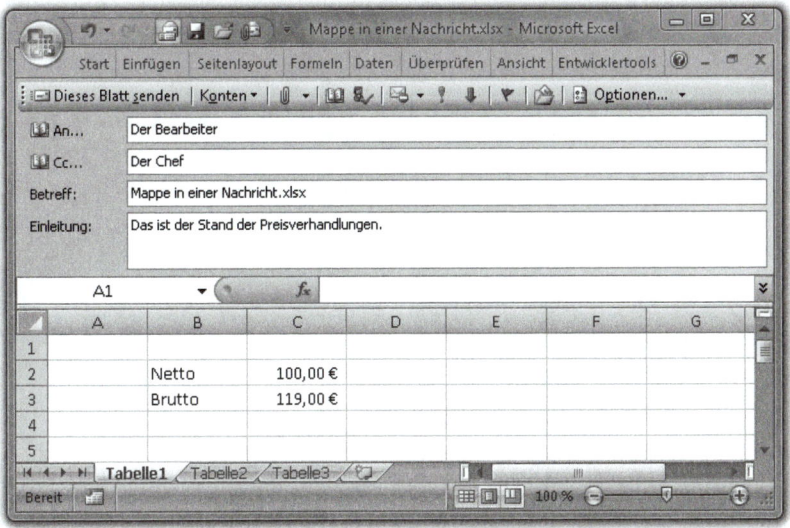

Abbildg. 28.2   Die gesamte Mappe befindet sich automatisch im Anhang einer Nachricht

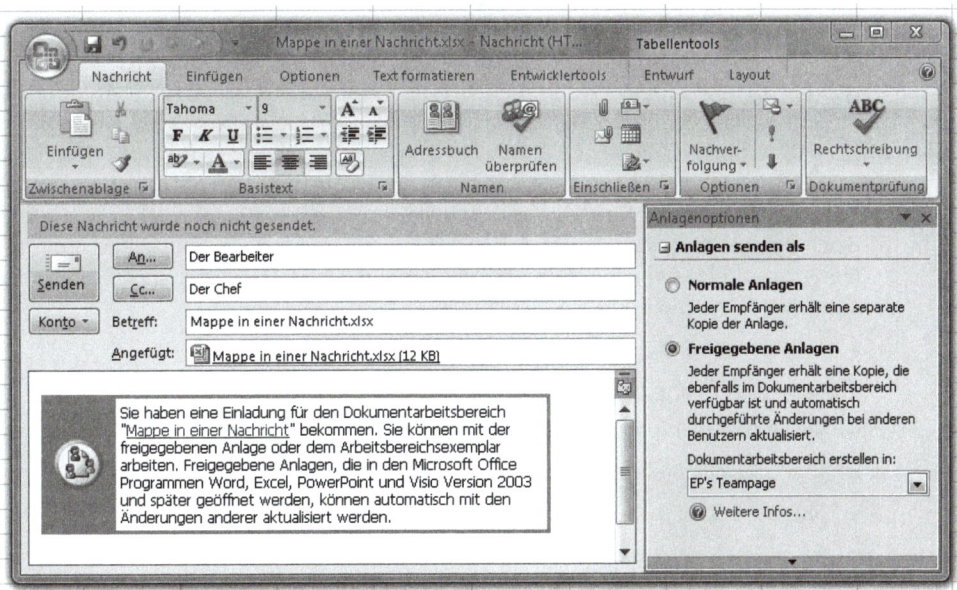

Wenn Sie in der Gruppe *Einschließen* der Multifunktionsleiste (Register *Nachricht*) das zugehörige Dialogfeld aufrufen, wird dieses als Aufgabenleiste mit dem Titel *Anlagenoptionen* eingeblendet. Diese Optionen beziehen sich auf die Arbeitsmappe: Sie kann als »ganz normale« Anlage, aber auch als spezielle Anlage gesendet werden, die zwar jeder Empfänger bekommt, die aber auch gleichzeitig Bestandteil eines freigegebenen Arbeitsbereichs auf einer SharePoint-Website ist (mehr zu dieser Art des Informationsaustauschs finden Sie im Abschnitt »Document Sharing in freigegebenen Arbeitsbereichen« weiter hinten in diesem Kapitel). Ein entsprechender Begleittext wurde automatisch vorbereitet und kann natürlich auch angepasst werden.

Speichern und Veröffentlichen im HTML-Format – zwei verschiedene Ziele

Ein Vorteil von Microsoft Office-Anwendungen – und damit auch von *Excel* – beim Versuch, Dateien webtauglich zu machen, ist folgender: Der Anwender kann von der Kenntnis technischer und damit für ihn überflüssiger Details fern gehalten werden. Jedoch hilft der Überblick über wesentliche Grundlagen dieser Details,

- die Arbeit effektiver zu gestalten,
- das Verhalten der Anwendungen zu verstehen,
- die korrekten Antworten auf Fragen (Optionen) in Dialogfeldern, Arbeitsbereichen und anderen Kommunikationsformen zielgerichtet zu finden und
- Fehler und damit Enttäuschungen zu vermeiden.

Einige Worte zu HTML

HTML ist die Abkürzung von *Hypertext Markup Language*. *Language* verweist auf den Umstand, dass es sich – streng genommen – um eine Programmiersprache handelt. Es ist allerdings eine, die von der Maschine genauso gelesen werden kann wie vom Menschen, der dazu vergleichsweise weniger Grundkenntnisse braucht als bei anderen Programmiersprachen. *Markup* ist der Hinweis darauf, dass es sich um eine Markierungs- oder auch Auszeichnungssprache handelt. Sind Sie *Word*-Anwender, kann es Ihnen im Grunde egal sein, wie *Word* die von Ihnen eingebrachten Worte, Absätze, Beschriftungen und deren Formatierungen für sich bereitstellt – es muss einfach nur funktionieren. Eine Variante dieses Funktionierens besteht darin, durch Markierungen, in *HTML* heißen diese Markierungen *Tags*, Anweisungen nach dem Muster

- jetzt kommt eine Überschrift,
- sie lautet »Thema 1«,
- jetzt ist diese Überschrift zu Ende,
- nun ein Zeilenumbruch,
- jetzt der Text usw.

zu geben. Das Wort *Hypertext* verspricht, dass mehr möglich sein wird als nur das Formatieren von Text: Es gibt Möglichkeiten, um Bilder, Verknüpfungen (Hyperlinks), Formulare, multimediale Bausteine, *Office*-Webkomponenten usw. einzubinden.

Speichern und Veröffentlichen im HTML-Format – zwei verschiedene Ziele

Server und Browser

Wie Sie vielleicht wissen, sind Server spezielle Rechner und deren Dienste, die die Übertragung von Dateien im Internet bzw. Intranet umsetzen. Neben dem Microsoft Internet Information Server (IIS), der mit verschiedenen Windows-Betriebssystemen ausgeliefert wird und bei Bedarf installiert werden kann, haben sich vor allem Server auf UNIX-Basis mit dem Namen *Apache* durchgesetzt. Server vom letzten Typ finden Sie vor allem im Internet, also auch als Träger von Websites, die dem privaten Bereich zuzuordnen sind. Der IIS wird wohl in den meisten Intranets anzutreffen sein.

Beide Server unterscheiden sich hinsichtlich einiger formeller Dinge. So unterscheiden UNIX-Server beim Dateinamen zwischen Groß- und Kleinschreibung. Unter Windows werden Sie mit solchen Problemen nicht konfrontiert, jedoch können dort erstellte *HTML*-Seiten mit Bildquellen und Hyperlinks bei der Verwendung unter UNIX ungewollte und ggf. schwer identifizierbare Probleme bereiten. Dem begegnen Sie, indem Sie konsequent nur kleine Buchstaben verwenden. Des Weiteren sollten Sie Leerzeichen durch Bindestriche ersetzen und auf den Einsatz der deutschen Umlaute verzichten. Es gibt noch weitere Unterschiede, die aber beim Einsatz von *Excel* als »*HTML*-Editor« keine Rolle spielen und daher hier vernachlässigt werden können.

Auch hinsichtlich der Browser sollten Sie Sorgfalt walten lassen. Wenn Sie Netscape-Nutzer einbeziehen, so ist es wichtig zu wissen, dass der Netscape Navigator keine ActiveX-Elemente unterstützt und der Internet Explorer diese je nach Einstellung eventuell blockiert. Zu diesen Elementen zählen neben gewissen Schaltflächen (*Microsoft Forms*) auch die *Office*-Webkomponenten (das sind *Spreadsheet, Chart, PivotTable*). Sollten Sie an die Dynamisierung per Skript-Sprache denken, so »versteht« der Netscape Navigator nur JavaScript, der Internet Explorer kommt dagegen auch mit VBScript zurecht.

Nicht nur der Browser-Hersteller ist interessant, sondern auch die Browser-Version. So verstehen ältere Versionen *CSS* (*Cascading Style Sheets*, das ist in gewissem Sinne das HTML-Analogon zu Formatvorlagen unter Word) nicht oder nur in einer gewissen Anfangsstufe. Und der Umgang mit Framesseiten (das sind *HTML*-Seiten, die in rechteckartige Blöcke aufgeteilt sind) ist auch nicht allen Browsern bekannt. Zur Veröffentlichung von Arbeitsmappen sind aber Frames unabdingbare Voraussetzung.

Der lockere Übergang von »traditioneller« Arbeit (Briefe und Dokumentationen schreiben, Kalkulationstabellen erstellen, Vorträge durch Präsentationen unterstützen) zu einer modernen Form des Informationsaustauschs (Verteilung von Dokumenten mittels Web-basierter Techniken) ist eines der starken Motive für die Anwendung des *Office*-Pakets. Es liegt auf der Hand: Doppelarbeit ist unnötig, Dokumente können meist ohne Qualitätsverlust sofort im *HTML*-Format abgelegt (gespeichert) werden. *Word, Excel* und *PowerPoint* sind in der Lage, die Dokumente so zu verwalten, wie Sie es in Ihrer Arbeit gewohnt sind.

Abweichungen vom oben genannten Motiv kann es geben, wenn Sie Teile der Dokumente oder die Dokumente selbst auf unterschiedlichen Servern und/oder für definierte Nutzer veröffentlichen wollen. *Excel* unterstützt Sie auch bei diesem Vorhaben umfassend.

Office und HTML

Bereits mit Office 2000 trat ein bedeutsamer Wandel in der Behandlung der *Office*-Dokumente (*Word*-Dokumente, *Excel*-Arbeitsmappen, *Excel*-Tabellenblätter und deren Ausschnitte, *PowerPoint*-Präsentationen) ein (der mit den derzeitigen Dateiformaten auf XML-Basis sicher einen vorläufigen Abschluss gefunden hat). Ab sofort konnten alle Dokumente im *HTML*-Format gespeichert werden, was einen (zuerst theoretischen) Verzicht auf proprietäre Dateiformate, wie sie in den Endungen .*doc*, .*xls* und .*ppt* zum Ausdruck kommen, ermöglicht. Gleichzeitig entstand aber Verwirrung: Wenn alles im *HTML*-Format gespeichert werden kann, dann ist es auch Internet-tauglich?! Nein, dem ist nicht so. Die *Office*-Anwendungen erzeugen zwar beim Speichern bzw. Veröffentlichen (der Unterschied zwischen *Speichern* und *Veröffentlichen* wird etwas weiter unten in diesem Kapitel erläutert) einen *HTML*-Quellcode; dieser ist aber nur bedingt für eine Veröffentlichung im Internet geeignet. Das hat folgende Ursachen:

- Server, die nicht auf Windows-Basis arbeiten, haben eventuell Probleme mit den durch Windows vergebbaren Dateinamen (kein Unterschied zwischen Groß- und Kleinbuchstaben, Leer- und Sonderzeichen möglich).
- Nur der Internet Explorer ab Version 4.01 ist in der Lage, die gespeicherten Dateien im Wesentlichen korrekt anzuzeigen.
- Der Umfang der Dateien ist in aller Regel sehr groß, da sichergestellt wird, dass die *Office*-Anwendungen ihre Dateien »wieder erkennen« und weiterhin editieren können.

Wenn es so viele Nachteile gibt, wo liegt dann eigentlich der Vorteil? Nun, die Vorteile sind:

- Anwender, die den Umgang mit *Office*-Anwendungen gewohnt sind, können ohne größeren Lernaufwand die Ergebnisse der täglichen Arbeit mit ein, zwei Handgriffen webtauglich machen.
- Die so entstehenden Ergebnisse sind ohne Doppelarbeit erreichbar. Also: *Word*-Dokumente, die gedruckt werden müssen, können auch im Web stehen, *Excel*-Tabellen, die zum Rechnen usw. eingerichtet werden, legen ihre Ergebnisse sofort offen, *PowerPoint*-Präsentationen, gedacht zur Diskussion vor Publikum, erscheinen auf jedem Arbeitsplatz.
- Der Einwand, dies alles ginge auch ohne *HTML*, trifft nur dann zu, wenn auf allen Arbeitsplatzrechnern auch alle *Office*-Anwendungen installiert sind und wenn die Verbindung ins Web lange Übertragungszeiten vermeidet.
- *HTML* ermöglicht über das *Hypertext Transfer Protocol* (das wird im Anfang einer Webadresse der Form *http://* deutlich) den komfortablen Austausch von Informationen im Intranet. Denken Sie vor allem an die Vorteile gegenüber einem dateibasierten Netz. Sie können alle Wege zu den Informationen textlich auf *HTML*-Seiten beschreiben und die Ziele verlinken (Hyperlinks in HTML-Dokumenten arbeiten prinzipiell so, wie Sie es bereits aus den Hyperlink-Möglichkeiten von *Office* kennen).
- Durch ein gemeinsames Dateiformat (*HTML*) ist es einfacher geworden, Informationsaustausch zu automatisieren.

Bereits mit Office 2000 hatte XML seinen Einzug in die Dokumente von Word, Excel und PowerPoint gehalten. Dieser Einzug war aber nicht offensichtlich, sondern zeigt sich erst beim Studium der Quelldokumente, die beim Speichern als »Webseite« entstehen. Von der Sache her handelte es sich bei der Markierungssprache, die diese *Office*-Dokumente beschreibt, um XHTML (Extensible Hypertext Markup Language). Die nun aktuelle Generation von Office-Dokumenten legt XML als

Speichern und Veröffentlichen im HTML-Format – zwei verschiedene Ziele

Basis der Dateiformate fest (mehr zu XML im folgenden Kapitel 29). Trotz dieses Wechsels behält (X)HTML seine Bedeutung für die Veröffentlichung von Office-Dokumenten in Web-basierten Umgebungen und der Betrachtung mit Hilfe des Internet-Explorers und zum Austausch von Dokument-Fragmenten und ihren Formatierungen über die Windows-Zwischenablage (Copy & Paste).

Weboptionen – die wichtige Vorbereitung

Beabsichtigen Sie, browsertaugliche Arbeitsmappen zu erstellen, so sollte der zweite Schritt nicht vor dem ersten erfolgen. Der erste Schritt ist die Einstellung der Weboptionen. Sie erfolgt bis auf Ausnahmen (etwa die Zeichensatz-Codierung von Webseiten) sitzungsübergreifend. Das heißt, die Standardeinstellung muss nicht bei jeder Arbeitsmappe neu angepasst werden. Unter Umständen beeinflussen sich Weboptionen gegenseitig bzw. stellen sich in Abhängigkeit von der geöffneten Arbeitsmappe (die im *HTML*-Format vorliegen muss) selbstständig ein. Weboptionen wirken sich sowohl beim *Speichern* als auch beim *Veröffentlichen* aus.

Sie beginnen im *Office-Menü* mit *Speichern unter/Andere Formate*. Dann sehen Sie ein Dialogfeld wie in Abbildung 28.3, in welchem Sie im unteren Teil die Schaltfläche *Tools* entdecken. Hinter dieser befinden sich auch die *Weboptionen*.

HINWEIS Sie entdecken die Einstellung der Weboptionen, die auf Anwendungsebene vorgenommen wird, auch in den *Excel-Optionen*, Kategorie *Erweitert*, Abschnitt *Allgemein*.

Abbildg. 28.3 Einstellen der Weboptionen, bevor Sie speichern oder veröffentlichen

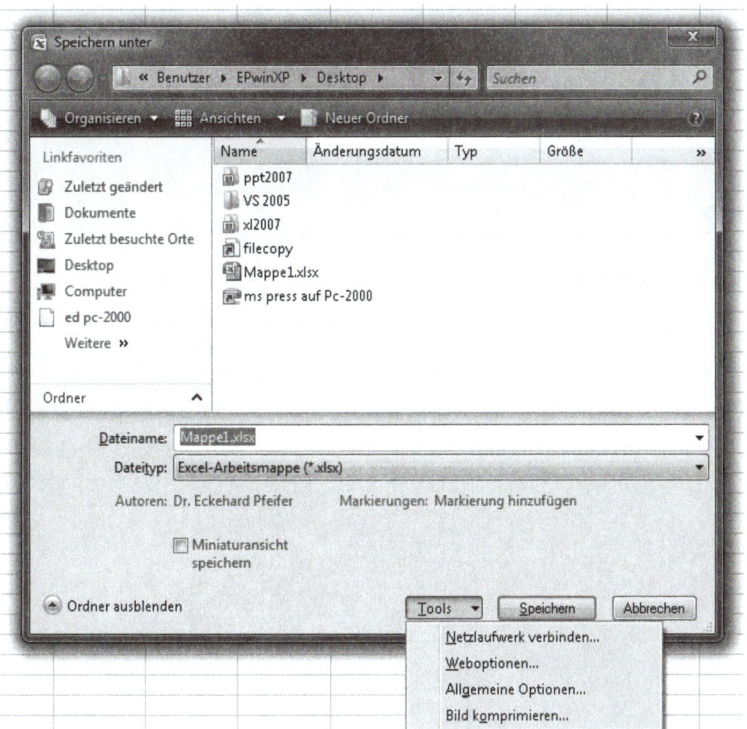

Im Folgenden werden die Registerkarten des Dialogfelds zu den Weboptionen kurz besprochen.

Registerkarte *Allgemein*

Die Registerkarte *Allgemein* (Abbildung 28.4) enthält eine Einstellung, die darauf abzielt, externe Bezüge beim Veröffentlichen von Arbeitsblättern korrekt zu behandeln. Die Wirkung der Option ist bei Veröffentlichungen in jedem Fall zu testen, da das Ergebnis vom zu veröffentlichenden Teil der Mappe abhängig ist.

Die zweite Einstellung bezieht sich auf die Anzeige von Bildern, falls diese mit einem Editor außerhalb von Excel in den HTML-Quelltext aufgenommen wurden und Excel erneut zur Bearbeitung der Mappe genutzt wird. Ist das Kontrollkästchen aktiviert, werden die Bilder in Excel angezeigt, ist die Option nicht aktiviert, werden die Bilder ignoriert. In diesem Fall geht beim erneuten Speichern mit Excel der Bildeintrag verloren.

Abbildg. 28.4   Einstellung so genannter Kompatibilitätsoptionen

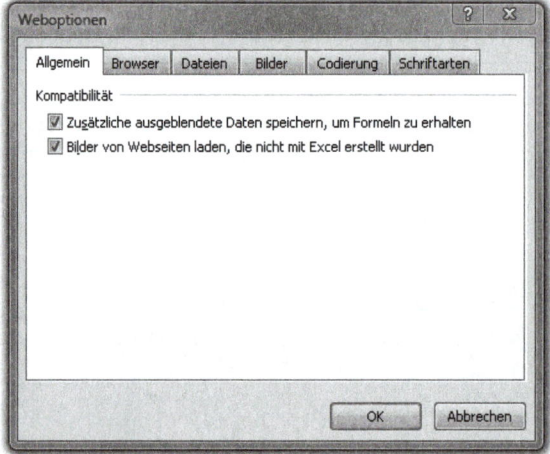

Registerkarte *Browser*

Aktivieren Sie die Registerkarte *Browser* (Abbildung 28.5), können Sie hier entscheiden, wie Excel die zu speichernden Dateien ablegt, damit die Anzeige im Internet Explorer bzw. Netscape Navigator der ausgewählten Version funktioniert. Die Wahl der Browser reicht vom Internet Explorer Version 6 bis zur Version 4 sowie einer Mischung aus Internet Explorer und Netscape Navigator in den Versionen 4 bzw. 3. Dabei ist Aufwärtskompatibilität gesichert, was Sie am jeweiligen Zusatz *oder höher* erkennen können. Was also in Version 6 funktioniert, sollte es auch unter Version 7 tun.

Abbildg. 28.5 Browseroptionen mit Blick auf den Nutzerkreis – es bedarf einiger Kenntnisse, um die richtigen Dinge einzustellen

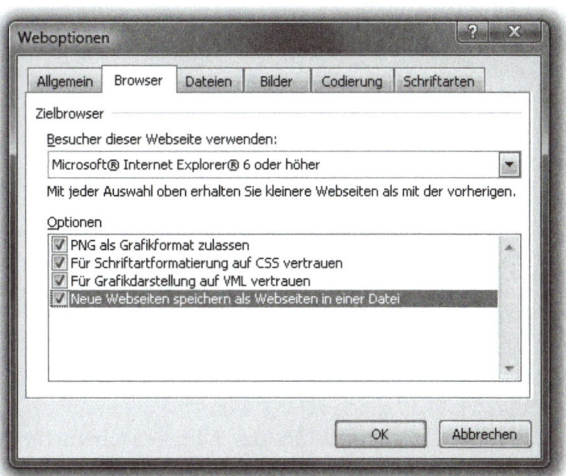

In Abhängigkeit von der gewählten Version stellen sich die Optionen im unteren Teil des Dialogfelds selbst ein. Natürlich können Sie hier nochmals Hand anlegen und z.B.

- das Speichern von Bildern im Format *Portable Network Graphics* (*.png*) erlauben oder nicht;
- dafür sorgen, dass *Excel* beim Speichern *Cascading Style Sheets* (*.css*) nutzen kann, um so später Formatierungen im Browser auch angezeigt zu bekommen;
- die Grafikanzeige von ClipArts bzw. AutoFormen per VML (*Vector Markup Language*, die Markierungssprache der Office-AutoFormen) zulassen. Gegenüber Bildformaten liegt der Vorteil darin, dass in der Regel keine zusätzlichen Dateien mit den Bildern entstehen (Verringerung der Downloadzeit auch bei E-Mails im HTML-Format) und etwa die Änderung der Farben von AutoFormen unter Umständen automatisiert erfolgen kann, da die VML-Anweisung Bestandteil des Quelltextes wird;
- die Standardeinstellung für das Speichern von *HTML*-Dateien in einem so genannten Webarchiv (Stichwort MHTML – eine besondere Form, die weiter unten in diesem Kapitel erläutert werden soll), zu vereinbaren. Diese Option scheint aber, anders als in der Vorgängerversion, ohne Wirkung beim *Speichern*, selbst wenn Sie den entsprechenden Befehl *Als Webseite speichern*, der nicht Bestandteil der Multifunktionsleiste ist, auf die Symbolleiste für den Schnellzugriff gelegt haben. Beim *Veröffentlichen* wird diese Option gelegentlich berücksichtigt.

Sie werden feststellen, dass es bei der Wahl bzw. Abwahl einzelner Optionen zur sofortigen Anzeige des damit angesprochenen Ziel-Browsers kommt.

Die Optionen sind dafür verantwortlich, dass die Ergebnisse in verschiedenen Browsern korrekt gezeigt werden. Jedoch ist das Verhalten unter dem Netscape Navigator stets anders als unter dem Internet Explorer.

Registerkarte *Dateien*

Hinter der Registerkarte *Dateien* verbirgt sich das Dialogfeld aus Abbildung 28.6. Sie entscheiden dort,

- Hilfsdateien, das sind Bilder und *HTML*-Seiten, aber auch Dateien, die *Excel* zum Editieren der Arbeitsmappe bzw. des Arbeitsblattes (inkl. eventueller VBA-Projekte) benötigt, in einen speziellen Ordner zu speichern, den *Excel* automatisch anlegt. Dieser Ordner heißt wie die *HTML*-Datei selbst, bekommt aber noch den Zusatz »-Dateien«;
- lange Dateinamen (unter Umständen wichtig für Server, die nicht den IIS verwenden) zuzulassen oder nicht. Haben Sie diese Option deaktiviert, so bekommen die o.g. Hilfsordner keinen Namenszusatz;
- Links, das sind Verknüpfungen zu anderen Dokumenten, also etwa andere *Excel*-Tabellen, vor dem Speichern zu aktualisieren. Die Unterdrückung der Aktualisierung ist vor allem für berichtsartige Veröffentlichungen interessant, die den Status einer Information zum gegebenen Stichtag festhalten sollen;
- anzuregen, dass *Office*-Anwendungen standardmäßig das Editieren übernehmen sollen und diese Entscheidung beim Start der Programme überprüft wird.

Abbildg. 28.6   Dies ist das Dialogfeld zu den u. U. wichtigsten Weboptionen: Wie geht das Programm mit Dateien um?

HINWEIS   Auf keinen Fall sollten Sie den Namen des Hilfsorders im Windows-Explorer verändern oder den Ordner verschieben. Auch die Dateien im Ordner sind hinsichtlich der Namensgebung tabu, was vor allem dann ärgerlich sein kann, wenn Sie Ordnung bei etwa enthaltenen Bilddateien schaffen wollen. Wie Windows das Paar *Datei-Ordner* behandelt, hängt von den Einstellungen im Windows-Explorer, Dialogfeld *Ordneroptionen*, Registerkarte *Ansicht*, ab (Abbildung 28.7). In der Standardeinstellung wird beim Entfernen des Ordners mit dem Zusatz *Dateien* die zum Paar gehörende *HTML*-Seite mitgelöscht und umgekehrt und vor einem Umbenennen wird gewarnt. Ordner ohne Namenszusatz (keine langen Dateinamen zugelassen) verhalten sich nicht so.

Speichern und Veröffentlichen im HTML-Format – zwei verschiedene Ziele

Abbildg. 28.7 Eingestellte Ordneroptionen entscheiden über die Behandlung von Office-HTML-Dokumenten und ihren »Hilfsordnern«

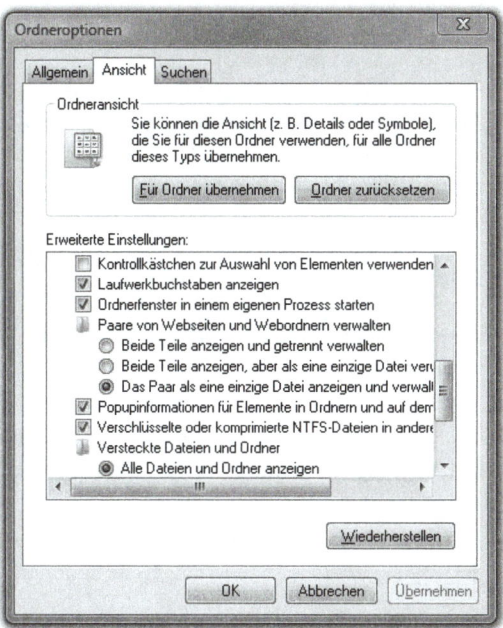

Registerkarte *Bilder*

Die Erläuterung der Registerkarte *Bilder* kann verhältnismäßig kurz ausfallen. Hier geht es darum, in *Excel* eingefügte Bilder so abzulegen, dass die Internet-Tauglichkeit der Dateien nicht durch eine zu hohe Pixeldichte (Auflösung) beeinträchtigt wird. Bildschirmauflösungen verlangen keine Fotoqualität und können daher Dateien vertragen, die relativ schlank sind.

Registerkarte *Codierung*

Die Registerkarte *Codierung* ist verantwortlich für die korrekte Wahl des Zeichensatzes beim Speichern der *HTML*-Seite. Sicherlich haben Sie im Internet schon Seiten ausländischer Anbieter gesehen, deren Sprache nur deshalb schwer zu lesen ist, weil die Seiten etwa auf einem Rechner mit slawischen Zeichensätzen (Einstellung des Betriebssystems) erstellt wurden. Dabei wurde nicht beachtet, dass Browser nur unter gewissen Umständen die Codierung automatisch erkennen. Dem können Sie unter *Excel* vorbeugen: Arbeitsmappen oder ihre Auszüge bieten, falls sie bereits gespeichert wurden, ihre Codierung an (erstes Kombinationsfeld des Dialogfelds) und gestatten (im zweiten Kombinationsfeld) mögliche Korrekturen. Probieren Sie im Bedarfsfall die Wirkung des Lade- und Speichervorgangs mit einer Test-Mappe Ihrer Wahl, die Umlaute enthält, aus. Beobachten Sie dann die Resistenz der *HTML*-Seiten, indem Sie im Internet Explorer die Codierungen wechseln.

Registerkarte *Schriftarten*

Die Registerkarte *Schriftarten* der *Weboptionen* erinnert an die Einstellungen des Internet Explorers. Allerdings bleiben Änderungen der Einstellungen in diesem Dialogfeld ohne Wirkung auf die bearbeitete HTML-Seite. Auch gibt es keine Verbindung zum Dialogfeld zur Einstellung der Schriftarten im Internet Explorer.

HINWEIS Lassen Sie sich nicht durch die Vielzahl der Optionen verwirren. Denken Sie daran: Wichtig ist die Kenntnis des möglichen Servers und der eventuell eingesetzten Browser. Sind diese Dinge klar, so muss noch die Frage geklärt werden: »Speichern oder Veröffentlichen?« *Speichern* sollte ein Vorgang sein, der eher dem lokalen Computer bzw. einem Platz im Intranet vorbehalten ist. *Veröffentlichung* ist vorrangig Internet-orientiert, findet aber auch im Intranet Anwendung, wenn es darum geht, ausschnittsweise zu publizieren.

Als Webseite speichern

Sicher warten Sie nach diesen vielen, aber notwendigen Vorbemerkungen ungeduldig darauf, Ihre erste Arbeitsmappe als »Webseite« zu speichern.

Der Vorgang, der durch den Befehl *Speichern unter/Andere Formate/Webseite* eingeleitet wird, ist im Dialogfeld nicht sehr verständlich beschrieben. Wie Sie den obigen Informationen entnommen haben, kann es sich allenfalls bei einer Mappe, die einzig aus einem einzelnen Arbeitsblatt besteht, im Endergebnis um eine einzelne Webseite handeln.

Aus jedem gewählten Arbeitsblatt entsteht die jeweilige *HTML*-Seite, eine Framesseite wird alles zusammenfassen. Hinzu kommen Bilder, Styles-Dateien, Dateien mit Informationen zu VBA-Projekten u.a.

Am besten testen Sie den Vorgang einmal praktisch:

Legen Sie eine neue Arbeitsmappe an und füllen Sie diese mit Inhalt Ihrer Wahl. Nun rufen Sie den genannten Befehl auf. Sie sehen das Dialogfeld wie in Abbildung 28.8 dargestellt.

Abbildg. 28.8   Dieses Dialogfeld ist der Start zum Speichern einer Arbeitsmappe im HTML-Format. Aber auch das Veröffentlichen dieser Mappe oder ihrer Teile beginnt an dieser Stelle.

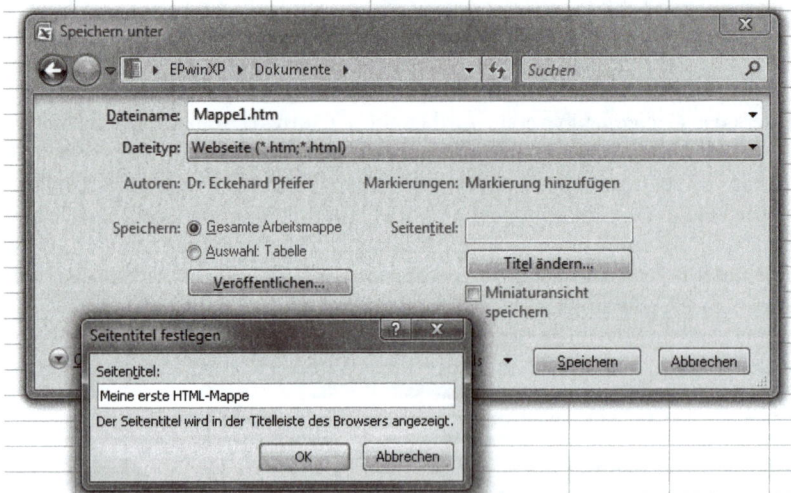

Speichern und Veröffentlichen im HTML-Format – zwei verschiedene Ziele

Unter dem Seitentitel einer *HTML*-Datei ist der Text zu verstehen, der bei der Anzeige im Browser in der Titelleiste steht, also nicht etwa der Dateiname. Die Änderung dieses Titels geschieht über die entsprechende Schaltfläche, eine etwaige Untersuchung des gespeicherten HTML-Quellcodes und seine manuelle Änderung ist also nicht notwendig.

WICHTIG Beachten Sie, dass beim Speichervorgang nach endgültiger Wahl des Dateinamens im Falle von:

- *Webseite* eine Menge von Dateien entstehen. Hat eine Arbeitsmappe drei Arbeitsblätter, entstehen im Zusatzordner mindestens sechs Dateien: drei für die Blätter, eine zur Navigation zwischen den Blättern, eine CSS-Datei (diese enthält die Definition der Formatvorlagen) und eine XML-Datei (zur Verwaltung). Diese werden bei der Anzeige durch eine Framesseite, die den Namen hat, den Sie beim Speichern angeben, verwaltet. Diese Informationen sind für alle die Anwender wichtig, die mit anderen Editoren als *Excel* den Webseiten weiteres Layout (Corporate Design) oder Funktionalität (durch Scripting) mitgeben möchten.
- *Einzelnes Webarchiv* eine einzige Datei entsteht (von der Dateigröße her nicht ganz unabhängig von eingestellten Browser-Weboptionen), die von *Excel* weiterhin editiert und im Internet Explorer vorgeführt werden kann.

In beiden Fällen weist Excel auf den Umstand hin, dass beim Speichern Merkmale der Datei verloren gehen könnten. Anders als etwa unter Excel 2003, wo es keinen Unterschied im Speichern als »Webseite« oder als »XLS-Arbeitsmappe« gibt, ist es deshalb u. U. sinnvoll, das Original der Datei (lokal) zu speichern und HTML-Dateien nur zum Veröffentlichen zu erzeugen.

Wenn Sie Ihre Arbeitsmappe im Browser anschauen wollen, können Sie das aus *Excel* mit Hilfe des Befehls *Webseitenvorschau* tun. Dieser Befehl gehört nicht zur Multifunktionsleiste, sondern muss erst über die Excel-Optionen, Kategorie *Anpassen*, der Symbolleiste für den Schnellzugriff hinzugefügt werden.

Das Navigieren im Browser ist selbsterklärend. Der Klick auf die Reiter zeigt die entsprechende Tabelle. Allerdings wird zur Ansicht ein Duplikat Ihrer Arbeitsmappe (denn es ist eine, trotz oder gerade wegen des speziellen *HTML*-Formats) in einem temporären Ordner angelegt. In diesem Falle erneuert der Browser die Anzeige nicht automatisch. Ändern Sie also Ihre Berechnungen, so werden diese Änderungen im eventuell noch geöffneten Browserfenster nicht sichtbar. Ein Aktualisieren bleibt ohne Wirkung, selbst wenn Sie vorher speichern. Sie müssen also die Webseitenvorschau per Befehl erneut aufrufen.

Das ist nicht so, wenn Sie die Ansicht aus dem Windows-Explorer aktivieren. Hier zeigt sich der aktuelle Stand nach Speicherung unter *Excel* und Aktualisierung im Browser.

Durch die Speicherung im temporären Verzeichnis kann es dazu kommen, dass Hyperlinks in andere Dokumente nicht funktionieren, da die (relativen) Pfadangaben nicht korrekt sind. In solchen Fällen ist unbedingt der Weg über den Windows-Explorer und nicht der über den integrierten Befehl zum Testen zu nutzen.

WICHTIG Haben Sie auf Ihren Arbeitsblättern Steuerelemente zur Automatisierung per VBA aufgezogen, funktionieren diese im Browser nicht, auch nicht im Internet Explorer. Hierzu sind Skript-Erweiterungen der *HTML*-Seiten notwendig, die allerdings nicht ganz einfach sind und deren Behandlung den Rahmen dieses Handbuches sprengen würde.

Webarchive anlegen

Die zweite Möglichkeit zum Erzeugen von Webseiten ist, wie bereits angedeutet, die Arbeitsmappe als Webarchiv (eine einzige Datei) zu speichern. Dazu wählen Sie im Dialogfeld aus Abbildung 28.8 das entsprechende Dateiformat. Wie, das heißt, für welche Art der Speicherung (bzw. Veröffentlichung) sollten Sie sich entscheiden?

Für Webseiten im Allgemeinen sprechen in jedem Fall die Unabhängigkeit des Dateiformats und damit der Zugriff auf die Informationen an beliebigem Ort und »nur« mit einem Browser.

Für Webarchive spricht:

- Bewahrung von Übersichtlichkeit und vor Fehlern, die etwa beim unbeabsichtigten Löschen von »Hilfsdateien« (dieser Ausdruck ist so eigentlich nicht korrekt, denn es handelt sich um notwendige Bestandteile) entstehen können.

- Die unproblematische Übertragung der Dateien an andere Rechner und Personen mittels Diskette, CD, durch einfaches Kopieren im Netz oder einfach per E-Mail. Allerdings weigert sich Outlook, die Dateien als Archive zu akzeptieren: Das Archiv wird in seine Bestandteile aufgelöst, die Funktionsfähigkeit ist dadurch erst einmal aufgehoben. Als Workaround kann man die Datei in einen ZIP-komprimierten Ordner einpacken (Windows-Explorer, *Senden an*), was sogar weitere Komprimierungsvorteile bringt.

Gegen Webarchive spricht:

- Das Vorhandensein des Internet Explorers ist notwendig.
- Große Dateien führen zu langen Ladezeiten im Netz.
- Die einzelnen Bestandteile der Arbeitsmappe lassen sich nicht ohne weiteres mit *Excel*-fremden Mitteln (also anderen *HTML*-Editoren wie *FrontPage* oder Bildbearbeitungsprogrammen) bearbeiten.

Veröffentlichen von Arbeitsmappen oder ihren Teilen

Nachdem alles so funktioniert, weshalb noch veröffentlichen?

Veröffentlichen bedeutet in diesem Zusammenhang immer das Erstellen einer Kopie. Dies kann eine Kopie der gesamten Arbeitsmappe sein oder nur einzelner Teile (Tabellenblätter, markierte Zellen, Diagramme). Ziel ist immer, die Pflege der »Urdaten« in *einem* Original (lokal oder auch auf fremdem Rechner) zu erleichtern. Dieses Original kann als normale Excel-Datei (auch Excel 2003), als HTM-Datei mit Hilfsdateien oder als MHT-Datei vorliegen. Es spricht also zunächst wenig dagegen, Kopien dieser Datei individuell in den genannten Formaten weiterzugeben. Sollen allerdings verschiedene Nutzer bedient werden, ist für jeden ein Original zu erstellen. Deshalb heißt die Lösung »Veröffentlichen«.

Das Veröffentlichen beginnt ebenfalls mit dem Befehl *Speichern unter/Andere Formate/Webseite* und dem Dialogfeld aus Abbildung 28.8. Haben Sie beim ersten Aufruf des Dialogfelds nur eine einzelne Zelle markiert, so wird automatisch angeboten, die gesamte Mappe als *MappeX.htm* zu speichern. Genau genommen handelt es sich dabei um das gewöhnliche Speichern im *HTML*-Format. Entscheiden Sie sich in Abbildung 28.8 für die Option *Auswahl: Tabelle*, verbirgt sich dahinter das gesamte aktive Arbeitsblatt. Der vorgeschlagene Dateiname heißt dann allerdings immer noch *Map-*

Speichern und Veröffentlichen im HTML-Format – zwei verschiedene Ziele

peX.htm. Damit ist eine Verwechslung von *Speichern* und *Veröffentlichen* nicht unbedingt ausgeschlossen (der feine, aber nicht unbedingt treffende Unterschied von *Seitentitel* und *Titel* im Dialogfeld kann eher noch verwirren).

Haben Sie mit einer mehrzelligen Markierung das *Speichern unter*-Dialogfeld aufgerufen, wird die Auswahl in der entsprechenden Option auch angezeigt. Wieder ist der Dateinamensvorschlag *MappeX.htm*.

WICHTIG   Denken Sie stets daran, dass Veröffentlichen eben nur den gewünschten Teil betrifft. Sollen die anderen Ergebnisse der Arbeit permanent zugänglich gemacht werden, ist die Mappe als Ganzes extra zu speichern. Insofern ist der Eintrag auf der Schaltfläche *Speichern* etwas unglücklich, da bei Auswahl von Teilen der Mappe nur diese gespeichert (sprich veröffentlicht) werden.

Durch VBA erzeugte Funktionalität der veröffentlichten Elemente funktioniert im Browser nicht.

Haben Sie Teile der Mappe bereits veröffentlicht, wird bei Anzeige des Dialogfelds aus Abbildung 28.8 nach vorheriger Markierung dieser Teile der bereits verwendete Dateiname nicht automatisch angezeigt.

Wollen Sie mehr Kontrolle über den Vorgang der Veröffentlichung, empfiehlt sich der Klick auf die Schaltfläche *Veröffentlichen* in Abbildung 28.8. Sie gelangen danach in ein Dialogfeld, wie in Abbildung 28.9 gezeigt.

Abbildg. 28.9   Kontrolle über das Veröffentlichen behalten – das ist Aufgabe des Benutzers. Jedoch stellt Excel die benötigten Hilfsmittel zur Verfügung.

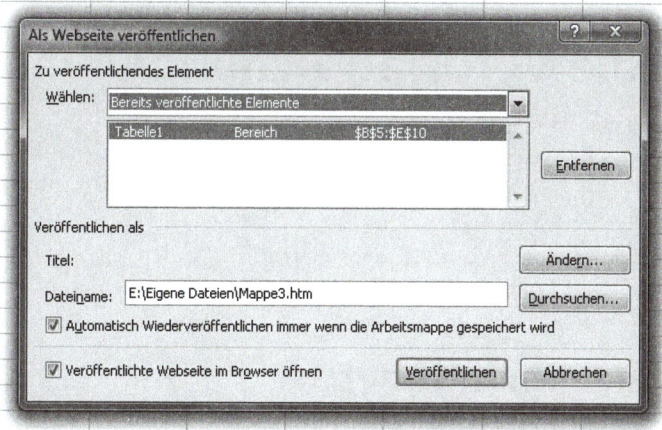

Zunächst wird in einem Kombinationsfeld angeboten, Elemente zur Veröffentlichung auszuwählen. Bei den bereits veröffentlichten Elementen kann die Auswahl aus einem Listenfeld erfolgen. Dieses Feld kann mit Hilfe der Schaltfläche *Entfernen* auch verwaltet werden.

Sie haben weiter die Möglichkeit der Anpassung des Titels der Seite sowie des Speicherorts. Hier wird auch manchmal der Name *Seite.htm* bzw. *Seite.mht* angeboten, selbst wenn es sich um mehrere Seiten handeln muss und *Mappe.htm* bzw. *Mappe.mht* treffender wäre. Die Entwickler haben dieses Dialogfeld offensichtlich als Relikt vergangener Versionen etwas stiefmütterlich behandelt.

Die mögliche Vorschau geschieht anders als bei der oben beschriebenen Webseitenvorschau nicht aus einem temporären Verzeichnis heraus, sondern zeigt nach dem Veröffentlichen über die entsprechende Schaltfläche das Ergebnis selbst in Ihrem Standardbrowser.

Die mögliche automatische Wiederveröffentlichung beim Speichern der Mappe sorgt für Zuverlässigkeit. Der Speicherort selbst wird passend zum veröffentlichten Element in der Mappe hinterlegt. Damit erhalten auch Mitarbeiter im Team, die *Excel* im Sinne von Formulareingaben benutzen, entsprechende Vorteile der Veröffentlichung. Ein Dialogfeld wie in Abbildung 28.10 fragt beim erstmaligen Speichern innerhalb einer Sitzung der Arbeitsmappe noch mal nach Details.

Abbildg. 28.10 Über die Entscheidung zum »just in time«-Veröffentlichen bei jedem Speichern kann von Sitzung zu Sitzung neu nachgedacht werden

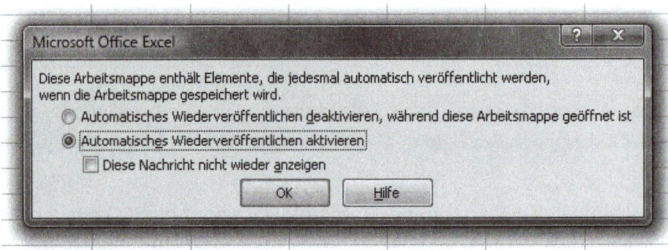

HINWEIS Beachten Sie bitte, dass diese Art des Veröffentlichens nichts mit dem gleichnamigen Befehl *Veröffentlichen* im *Office-Menü* zu tun hat.

Wie kommen die Veröffentlichungen ins Web?

Nach so vielen Versuchen auf dem Arbeitsplatzrechner bleibt nur noch eine Frage offen: Wie kommen die veröffentlichten Elemente ins Web?

Sie sollten dazu zwei Fälle betrachten: Intranet und Internet. Ein dritter Fall ergibt sich aus den SharePoint-Websites, die weiter hinten in diesem Kapitel besprochen werden.

Veröffentlichen im Intranet

Im Intranet gibt es im Prinzip mindestens drei Varianten des Speicherns bzw. Veröffentlichens:

- Sie haben Zugriffsrechte, die dateibasiert orientiert sind und wählen den Speicherort beim Speichern bzw. Veröffentlichen einfach aus. Dabei werden dann von Ihnen ggf. Ihre Nutzerkennung sowie ein Passwort verlangt.
- Sie nutzen Microsoft Office *FrontPage/SharePoint-Designer* zur Veröffentlichung, wenn der Web-Server mit den *FrontPage*-Servererweiterungen versehen ist. Dazu legen Sie ein Web an, welches die durch *Excel* erstellten Dateien mit aufnimmt (oder nur aus diesen besteht) und veröffentlichen dieses Web mit den in *diesen Programmen* verfügbaren Mitteln.

- Sie verwenden die Speicher-Möglichkeiten von *Office* auf FTP-Sites (FTP steht für File Transfer Protocol). Dazu schreiben Sie in das Feld, welches den Dateinamen aufnehmen soll, einfach *ftp://servername/pfad/dateiname* und geben bei Anforderung Ihren Benutzernamen sowie ein eventuelles Passwort ein.

Veröffentlichen im Internet

Die Veröffentlichung im Internet ist abhängig vom Provider, den Sie nutzen. Dieser stellt unter Umständen ein FTP-Programm zur Verfügung. Im Internet finden Sie kostenlose Programme, die nach der Art des Windows-Explorers arbeiten. Hat Ihr Provider auf dem Server die FrontPage-Servererweiterungen installiert, können Sie auch FrontPage-Webs zum Veröffentlichen (Upload) benutzen. Und schließlich haben Sie den Office-FTP-Zugang, wie im vorigen Abschnitt beschrieben.

Ein kurzer Blick auf einen Office SharePoint Server

Dieser und die folgenden vier Abschnitte wenden sich in erster Linie an Mitarbeiter mittlerer und größerer Unternehmen. Ursache dafür ist, dass der Heimnutzer in eher seltenen Fällen über die technischen Voraussetzungen zur Nutzung eines Microsoft Office SharePoint Servers 2007 verfügt. Und für Mitarbeiter kleinerer Unternehmen besteht aus organisatorischen Gründen nicht unbedingt die Notwendigkeit, aber auch die zeitliche Reserve zur Vorbereitung, um die vorgestellten Methoden der gemeinsamen Dokumentnutzung anzuwenden. Den Aufstieg auf einen im Trend fahrenden Zug sollte allerdings niemand verpassen.

Die technischen Voraussetzungen

Da die neuen Möglichkeiten .NET-basiert funktionieren, ist es notwendig, auf dem als Server des Intranets fungierenden Computer (der zu Übungszwecken auch der lokale Rechner sein kann) das Betriebssystem Windows Server 2003 SP 1 installiert zu haben. *Document Sharing* im weiter unten beschriebenen Sinne setzt außerdem voraus, dass auf dem Server der Internet Information Server 6.0 aktiviert und der SharePoint Server mit dem darunter liegenden SQL Server installiert ist. Ein so ausgestatteter Computer muss sich außerdem in einer Domäne mit Active Directory befinden.

HINWEIS Es gibt zahlreiche Internet-Provider, die zu verschiedenen Kosten SharePoint Services der Vorgänger-Version im Internet anbieten. Diese verfügen nicht in vollem Umfang über die weiter unten zu besprechende Funktionalität. Die weitere Entwicklung ist zum Zeitpunkt der Verfassung dieses Buches abzuwarten.

Die Teilnehmerstruktur im Überblick

Die Verwaltung des letzten Dienstes kann hier ebenso wenig wie die Anpassung der Seiten im Detail beschrieben werden. Wichtig ist, dass der Besitzer einer SharePoint-Website oder einer ihrer Unterwebsites jeden Benutzer, der im Active Directory des Domain-Controllers verzeichnet ist, einer der elf vordefinierten Gruppen mit Zugangsnamen und Passwort zuordnen kann (wobei weitere Gruppen definiert werden können): Anzeigende Benutzer, Autoren (Dokumentarbeitsbereiche), Benutzer für schnelles Bereitstellen, Besitzer der Homepage, Besucher der Homepage, Designer, Formatressourcenleser, Genehmigende Personen, Hierarchie-Manager, Mitglieder von Homepage und Personen mit eingeschränkten Leserechten. Von diesen Gruppen, die sich nach der Art und Weise der Teilnahme am Umgang mit einer Website unterscheiden (wie Vollzugriff, Hinzufügen, Bearbeiten, Löschen, Genehmigungen erteilen oder nur Lesen) sollen hier im weiteren nur Autoren, Mitglieder und Besucher interessant sein.

Alle Nutzer einer SharePoint-Site müssen diese den vertrauenswürdigen Sites ihres Internet Explorers hinzu gefügt haben.

Arbeitsmappen auf dem Excel-Server

Der Excel-Server ist als Bestandteil des SharePoint Servers aus gewisser Sicht der Nachfolger der Office-Webkomponenten. Begründet wird diese Nachfolge mit Sicherheitsrisiken durch ActiveX-Elemente, die die Webkomponenten letztlich sind. Auf der Strecke bleibt damit ein gerüttelt Maß an Interaktivität; das was übrig geblieben ist, vermag zunächst nur im Ansatz zu überzeugen.

Voraussetzungen auf dem Server

Damit Arbeitsmappen durch Autoren bzw. Mitglieder als teilweise interaktive Webseiten veröffentlich werden können, sind die Verzeichnisse des Webservers, die diese Veröffentlichungen aufnehmen sollen, durch einen Administrator der SharePoint-Site als vertrauenswürdige Speicherorte für die so genannten Excel Services festzulegen (SharePoint 3.0-Zentraladministration).

Mögliche Ergebnisse

Die möglichen Ergebnisse einer vorzunehmenden Veröffentlichung auf einem Office Server hängen von der Ausgangssituation in der Arbeitsmappe ab:

- einfache Arbeitsmappen ohne weitere Funktionalität. Diese Mappen verhalten sich im Browser ähnlich zu denen, die im Abschnitt »Speichern und Veröffentlichen im HTML-Format – zwei verschiedene Ziele« beschrieben wurden. Nur dass in diesem Falle die Funktionalität von Excel 2007 beim Upload und einem möglichen Download als Excel-Mappe nicht beeinträchtigt wird.

- Mappen mit Parametern. Parameter werden mit Hilfe benannter Zellen in die HTML-Seite eingebracht. Sie können durch Betrachter variiert werden und so Was-wäre-wenn-Analysen unterstützen.

- Mappen mit Diagrammen. Die Diagramme werden auf den HTML-Seiten so dargestellt, wie sie auch in Excel zu sehen sind.

- Mischung von Parametern und Diagrammen. Wollen Sie interaktive Diagramme mit Szenario-Möglichkeiten, müssen die Datenquellen der Diagramme als benannte Zellen und mögliche Parameter vereinbart werden.
- PivotTables: Befinden sich in einer Arbeitsmappe eine oder mehrere PivotTables, können Sortier- und/oder Filtervorgänge mit in der Webseite erscheinen. Zusätzliche Voraussetzung ist hier, dass die zu Grunde liegenden Datenbanken als vertrauenswürdig für die Website durch einen Administrator gekennzeichnet werden.

Vorbereitungen einer Mappe mit Parametern

Soll eine Arbeitsmappe mit Parametern veröffentlicht werden, muss sie zwingend benannte Zellen, die als Parameter aktiv werden sollen, beinhalten. Eine solche Namensvergabe geschieht auf der Registerkarte *Formeln* der Multifunktionsleiste unter dem Befehl *Namen definieren*. Mehr zu Namen lesen Sie in Kapitel 19.

Die Arbeitsmappe muss vor der Veröffentlichung nicht unbedingt lokal gespeichert werden, da dies vollständig auch auf dem Server passiert (Abbildung 28.11). Zu diesem Dialogfeld gelangen Sie mit Hilfe des Befehls *Veröffentlichen/Excel Services* im *Office-Menü*.

Abbildg. 28.11 Zum Veröffentlichen geben Sie einfach die Serveradresse mit dem HTTP-Protokoll an und gehen im Dialogfeld an Ort und Stelle. Dort legen Sie noch den Mappen-Namen fest.

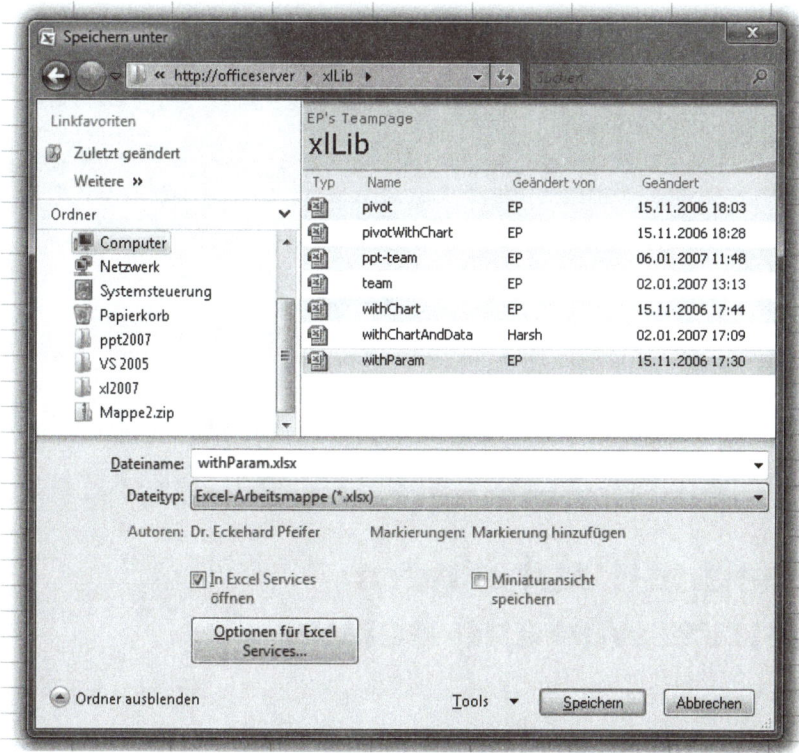

Unter *Optionen für Excel Services* legen Sie noch fest, welche Teile (gesamte Mappe, Arbeitsblätter oder benannte Bereiche) dem Betrachter im Browser angezeigt werden und welche Parameter bei dieser Anzeige variierbar sein sollen.

HINWEIS Bei dem eben beschriebenen Vorgang handelt es sich im engeren Sinne nicht um ein Veröffentlichen (Erstellen der Kopie von Teilen der Mappe), sondern um ein öffentliches Speichern mit besonderen Anzeigeeigenschaften.

Betrachter der Website im Internet Explorer haben nun unterschiedliche Zugriffsmöglichkeiten. So haben Autoren und Mitglieder die Möglichkeit des Bearbeitens des Originals bzw. einer Kopie (Snapshot) unter Excel bei gleichzeitigem Auschecken (Sperren) des Dokuments oder die Festlegung von Workflows (Abbildung 28.12). Die Möglichkeiten von Besuchern sind dagegen auf die Anzeige im Browser und das Herunterladen einer schreibgeschützten Kopie beschränkt.

Abbildg. 28.12   Nicht nur aus Excel heraus, sondern direkt von der Website aus lassen sich Mappen »bearbeiten«

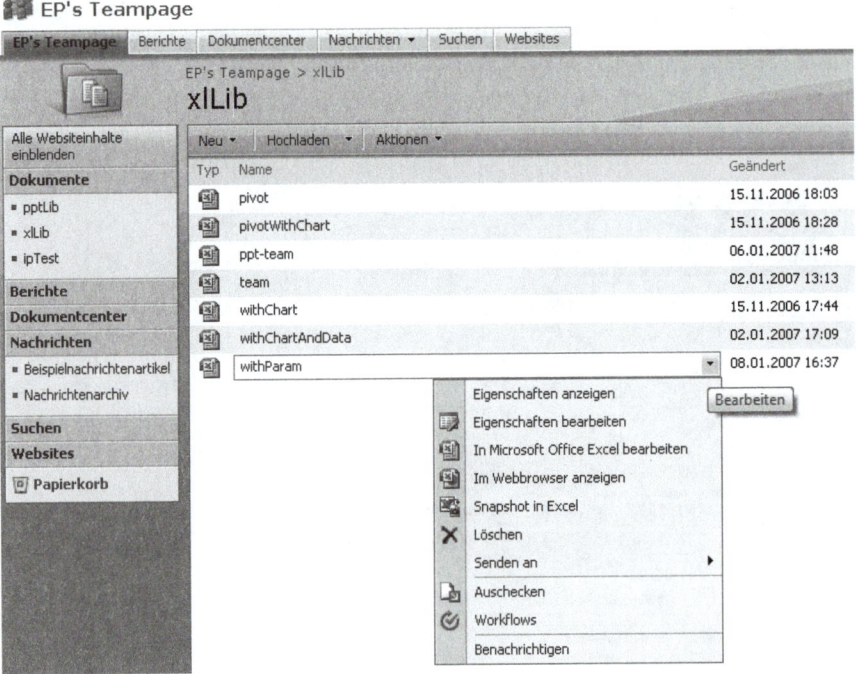

Arbeitsmappen auf einem Dokumentverwaltungsserver

Bei dieser Art der Teamarbeit geht es um das Hinterlegen von Dokumenten auf einem Server mit der Absicht der Verwaltung im Team.

Die Veröffentlichung

Die Veröffentlichung beginnt mit *Veröffentlichen/Dokumentverwaltungsserver*. Haben Sie die erforderlichen Rechte der Speicherung in einem Verzeichnis der SharePoint-Site Ihrer Wahl, wird nach dem Speichern die Befehlsliste im *Office-Menü* um die Befehle *Server* und *Workflow* ergänzt.

Der Befehl *Server* stellt weitere Befehle zur Verfügung:

- *Auschecken*: Erstellen einer Kopie auf dem lokalen Rechner bei gleichzeitiger Bearbeitungssperre des Originals auf der SharePoint-Site.
- *Versionsverlauf anzeigen*: Kontrolle über verschiedene Versionen des Dokuments auf dem Server.
- *Workflowaufgaben anzeigen*: Zeigt die dem angemeldeten Benutzer zugewiesenen Aufgaben im Zusammenhang mit dem Dokument an.
- *Dokumentverwaltungsinformationen*: Zeigt eine Aufgabenleiste an, die der aus Abbildung 28.14 entspricht.
- *Optionen für Excel-Services*: Da auch so veröffentlichte Dokumente bei entsprechenden Bedingungen (autorisierter Speicherplatz, keine Makros) im Browser angezeigt werden können, lassen sich die weiter oben besprochenen Optionen auch hier einstellen.

Mit Hilfe des Befehls *Workflow* kann der veröffentlichende Bearbeiter notwendige Schritte zur Behandlung des Dokuments im Team vorbereiten und die Aufgaben anderen Teammitgliedern zuweisen (Abbildung 28.13).

Abbildg. 28.13 Mögliche Standard-Workflow-Bestandteile

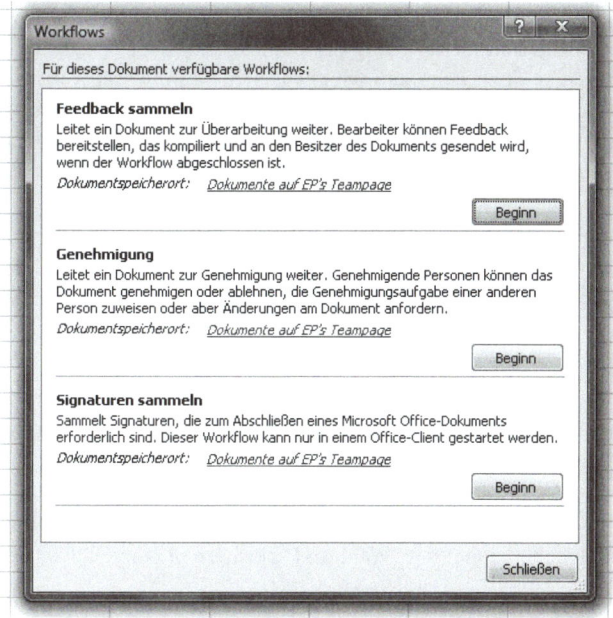

Auschecken und Einchecken

Das Aus- und Einchecken einer Arbeitsmappe kann auch von der Website aus geschehen. Dabei ist es wichtig, dass sich ein Betrachter anmeldet, der entsprechende Rechte hat. Eine Kopie der Arbeitsmappe wird bei diesem Vorgang auf den lokalen Rechner gespeichert (Standardordner *Benutzer/ <Benutzername>/ SharePoint-Entwürfe*). Während des Auscheckens ist eine Bearbeitung durch andere Teammitglieder nicht möglich. Excel übernimmt beim Bearbeiten die entsprechende Koordinierung der jeweiligen Zustände der Arbeitsmappe. Das Auschecken kann verworfen bzw. durch erneutes Einchecken aufgehoben werden. In diesem Fall kann die entstehende Version der Arbeitsmappe mit einem Kommentar versehen werden. Nach dem Einchecken ist die Mappe im Excel-Fenster schreibgeschützt und die Statusleiste weist auf den Umstand hin, dass eine Server-Arbeitsmappe angezeigt wird.

Workflows

Die mit Abbildung 28.13 angedeuteten Workflows lassen sich auch von der Website aus ansehen und bearbeiten, vorausgesetzt, der Betrachter gehört einer autorisierten Gruppe von Mitgliedern an (Abbildung 28.12).

Document Sharing in freigegebenen Arbeitsbereichen

Freigegebene Arbeitsbereiche sind eine Erweiterung der oben beschriebenen Vorgehensweise zum Verwalten von Dokumenten. Zu den genannten Möglichkeiten kommt der Umstand, dass ein Dokument (Arbeitsmappe) nicht innerhalb einer Bibliothek von gleichartigen Dokumenten gespeichert wird, sondern auf einer Unterwebsite (genannt *Arbeitsbereich*), die weitere begleitende Dokumente, Mitglieder einer Arbeitsgruppe mit unterschiedlichen Zugriffsrechten, Aufgaben, Termine, Bilder, Hyperlinks u. a. beinhalten kann.

Einen Dokumentarbeitsbereich auf dem Server einrichten

Der Zugriff auf die Teamwebsite erfolgt aus *Excel* heraus. Sie müssen also die gewohnte Arbeitsumgebung nicht verlassen, um Ihre Ergebnisse über Umwege Datei- oder Web-basiert bekannt zu machen. Insbesondere entfällt auch das eher aufwändige Verschicken per E-Mail, da Mitglieder der Arbeitsbereiche, die durch den Initiator des Dokumentarbeitsbereichs benannt werden, automatische Mitteilungen über Einrichtung und Änderungen erhalten. Und so können Sie vorgehen:

1. Erstellen Sie zuerst eine Arbeitsmappe Ihrer Wahl und speichern Sie diese lokal, also auf Ihrem Arbeitsrechner ab.
2. Lassen Sie sich den Aufgabenbereich *Dokumentverwaltung* über den Befehl *Veröffentlichen/ Dokumentarbeitsbereich erstellen* anzeigen.
3. Vergeben Sie einen aussagekräftigen, aber kurzen Namen für den einzurichtenden Arbeitsbereich (Unterwebsite) und legen Sie die Zieladresse des SharePoint Servers fest.

Document Sharing in freigegebenen Arbeitsbereichen

4. Klicken Sie auf *Erstellen*. Beantworten Sie eventuelle Nachfragen nach Benutzernamen und Passwort.
5. Nach erfolgreicher Veröffentlichung werden alle Registerkarten des Aufgabenbereichs aktiv und es stellt sich ein Zustand nach Art von Abbildung 28.14 ein.

Abbildg. 28.14 — Die Dokumente stehen den Teammitgliedern zu Verfügung, um diese zu lesen und ggf. auch zu bearbeiten. Sie als Eigentümer behalten vom Arbeitsplatz aus die volle Kontrolle.

Die Kontrolle behalten

Den Überblick zu behalten ist sicher am Anfang nicht ganz einfach. Jedes Mal, wenn Sie die lokale Version Ihrer Arbeitsmappe öffnen, werden Sie nach Ihrem Aktualisierungswunsch hinsichtlich der Geschehnisse auf dem Server gefragt. Verwenden Sie dann die Schaltfläche *Nicht aktualisieren*, wenn Sie nicht sofort einen Dokumentabgleich der lokalen Kopie mit der Serverkopie durchführen möchten. Sie können die Aktualisierung jederzeit mit Hilfe des Befehls *Updates downloaden* nachholen.

Der Link *Optionen* in Abbildung 28.14 bringt Sie zu Einstellungen, die so genannte Dienstoptionen festlegen. Dies betrifft:

- das Erscheinen des Aufgabenbereichs (gelegentlich auch Aufgabenleiste genannt) *Dokumentverwaltung* in Abhängigkeit von der geöffneten Mappe und
- die Standardeinstellungen zu Aktualisierungen und Synchronisierungen des lokalen Dokuments mit der Kopie auf dem Server.

HINWEIS Nur derjenige, der den Dokumentarbeitsbereich eingerichtet hat, bekommt den Service der Aktualisierung angeboten. Auf bestehende Arbeitsbereiche hochgeladene zusätzliche (unterstützende) Dokumente sind vom Ersteller selbst zu beobachten.

Im Einzelnen bietet der Aufgabenbereich aus Abbildung 28.14 Folgendes an:

- Im oberen Teil: Öffnen der Website im Browser, Umbenennen des Titels, Einstellungen der Website ändern (eine Auswahl von SharePoint-Einstellungen zu Benutzern und Berechtigungen,

Aussehen und Verhalten, Galerien und der Website-Verwaltung), die Trennung der lokalen Kopie vom Arbeitsbereich und das Löschen des Arbeitsbereichs, also der gesamten Unterwebsite selbst

- Registerkarte *Status*: Stand der Aktualisierungen hinsichtlich Down- und Upload (beim Öffnen und Speichern der lokalen Datei)
- Registerkarte *Mitglieder*: Hier gelingt es, neue Mitglieder aufzunehmen, diese bei dieser Gelegenheit automatisch mit einer E-Mail über den Zugang zum Arbeitsbereich zu informieren (siehe auch den Abschnitt »Nutzung von E-Mails« weiter vorne in diesem Kapitel) sowie E-Mails an alle Mitglieder des Arbeitsbereichs zu senden
- Registerkarte *Aufgaben*: Mit der Möglichkeit des Hinzufügens von Aufgaben, wie sie aus Outlook bekannt sind, und des Beobachtens von eigenen Workflowaufgaben, die sich, wohl anders als im vorhergehenden Abschnitt, nur über die Website starten lassen, jedoch mit den anderen Aufgaben in einer Liste stehen
- Registerkarte *Dokumente*: Dient der Aufnahme und Verwaltung begleitender Dokumente zur »zentralen« Arbeitsmappe
- Registerkarte *Hyperlinks*: Hier können Sie Links »nach draußen«, die den Diskussionsprozess unterstützen, eintragen lassen

HINWEIS Wenn Sie die Verbindung des lokalen Dokuments zum Server trennen, so verlieren Sie die Kontrolle über das Dokument auf dem Server. Sie sollten dann auf keinen Fall den Arbeitsbereich neu einrichten. Wenn Sie (wie die anderen Teammitglieder) per Internet Explorer auf das Serverdokument zugreifen und es anschließend *über* das Dokument auf Ihrem Rechner speichern, werden Sie nach einem möglichen Verbindungsaufbau gefragt, den Sie nur bestätigen müssen. Sie haben dann im Aufgabenbereich *Dokumentaktualisierungen* gewisse Möglichkeiten zum Feinabgleich, ein korrektes Zusammenführen wie unter *Word* ist in dieser Situation unter *Excel* offenbar nicht möglich.

An der Diskussion beteiligen

Um sich an der Diskussion in einem Arbeitsbereich zu beteiligen, gehen Sie im Internet Explorer zur Startseite Ihrer Teamwebsite. Der Weg zum gegebenen Arbeitsbereich sollte dort im Navigationsbereich bzw. in den Registerkarten zu finden sein, wenn dies nicht vom Besitzer verändert wurde. Mit Sicherheit kommen Sie mit Angabe der Adresse http://<*Servername*>/<*Arbeitsbereichsname*> zum Ziel. Haben Sie eine Mitteilung per Outlook über die Einrichtung der neuen Seite erhalten, wird in dieser auch ein Link auf die Seite mitgeschickt.

Je nach den Ihnen vergebenen Rechten können Sie Dokumente öffnen, ansehen und ggf. auch ändern. Die Speicherung erfolgt dann direkt auf dem Server.

Damit der Excel Server eine Arbeitsmappe im Browser anzeigen kann, muss ein Administrator den Arbeitsbereich als vertrauenswürdig kennzeichnen.

Wollen Sie dem Arbeitsbereich andere Dokumente hinzufügen, kann das durch direktes Hochladen bereits existierender Dokumente auf der *Dokumentarbeitsbereichs-Webseite* selbst erfolgen. Und das ist auch aus der jeweiligen Anwendung heraus im Dialogfeld *Speichern unter* möglich.

Die Abbildung 28.15 zeigt den Stand der Dinge an einem Beispiel.

Abbildg. 28.15 Dokumentarbeitsbereiche auf der Teamwebsite – neben Dokumenten lassen sich Ankündigungen, Aufgaben und aktuelle Hyperlinks anbringen

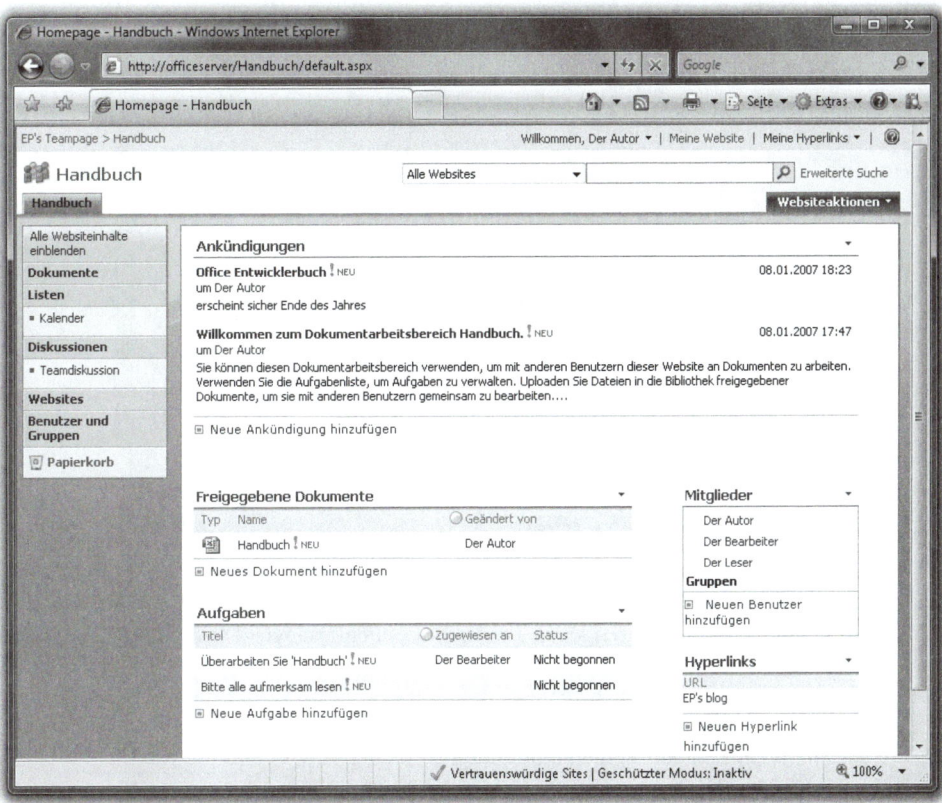

Tabellen auf SharePoint-Seiten

Nicht immer muss es eine ganze Mappe sein, deren Inhalt einem mehr oder weniger großen Teilnehmerkreis zur Diskussion oder auch nur Information weitergegeben wird. In vielen Fällen befindet sich das mitzuteilende Material in einer Tabelle.

Tabellen veröffentlichen

Listen mit den Möglichkeiten eines sehr kontrollierten Umgangs mit den Daten wurden bereits mit Excel 2003 eingeführt. Der Begriff der *Liste* wurde in Excel 2007 durch den der *Tabelle* ersetzt. Mehr dazu lesen Sie in Kapitel 19.

Haben Sie Zugriff auf eine SharePoint-Website, bereiten Sie eine Verbindung zwischen Datentabelle und Website mit Hilfe des Befehls *Tabelle* auf der Registerkarte *Einfügen* nach dem Muster von Abbildung 28.16 vor.

Kapitel 28 Excel im Netzwerk und im Web

Abbildg. 28.16   Typisch für als Tabellen deklarierte Daten ist die automatische Formatierung. Die Registerkarte *Tabellentools* hilft bei weiteren Aktionen.

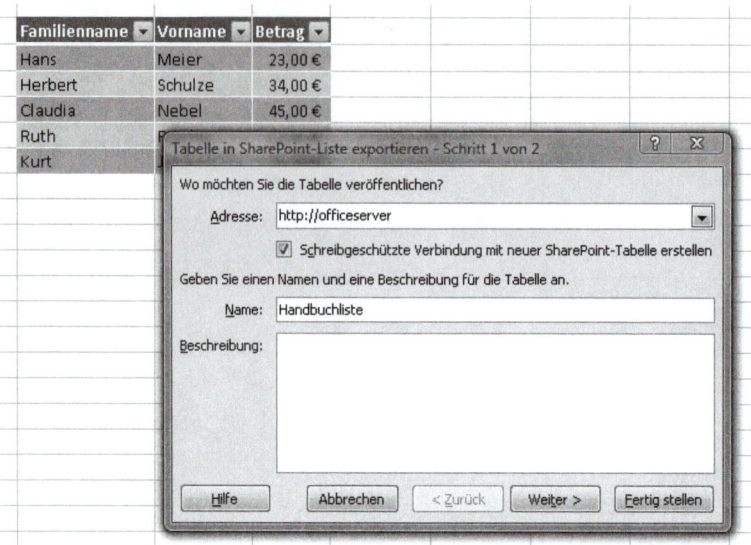

Auf der Registerkarte *Entwurf* der *Tabellentools* finden Sie den Befehl *Exportieren*, der Sie auf eine SharePoint-Website führen kann. Im erscheinenden Dialogfeld (Abbildung 28.16) entscheiden Sie sich für eine Verbindung (das Wort schreibgeschützt ist hier eher veraltet, da es nicht um den Schreibschutz für die Daten geht, sondern um eine aktive Verbindung zwischen Blatt und Webseite, die eine Aktualisierung der Informationen in der Mappe erlaubt). Möchten Sie Daten nur veröffentlichen, verzichten Sie auf die Verbindung.

Im Erfolgsfall können Sie den angezeigten Hyperlink verwenden oder später über den Befehl *Im Browser öffnen* der Gruppe *Externe Tabellendaten* zur Website wechseln.

TIPP   Durch das Verknüpfen der Tabelle entsteht etwas wie Abfragen unter Query oder Webabfragen – ein Bereich externer Daten, dessen Abfragedefinition allerdings fixiert ist.

Der Import von Informationen

Die in Abbildung 28.17 dargestellte veröffentlichte Tabelle finden Sie auf der Team Website auch unter *Listen/Name der Liste*. Die Liste lässt sich auf der Website durch berechtigte Mitglieder modifizieren und auswerten. Der Aufgabenbereich hält für die Auswertung wieder Excel als Arbeitsmittel bereit.

Abbildg. 28.17 Veröffentlichte Listen sind durch berechtigte Teammitglieder modifizierbar und können auf der Webseite bzw. mittels verschiedener Office-Programme ausgewertet und weiter verarbeitet werden

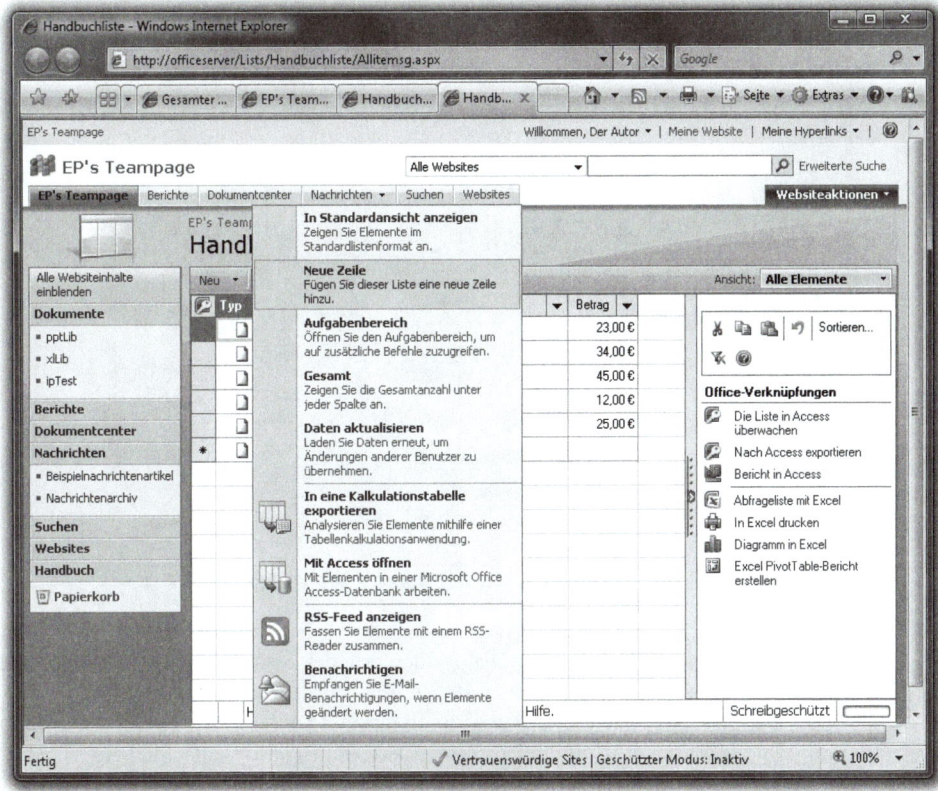

Durch die mögliche Auswertung mit Excel durch andere Nutzer der Website entstehen wiederum Verknüpfungen zur Liste im Web, die selbst als externe Tabelle in Excel behandelt werden können. Derjenige, der die Liste als Erster veröffentlicht hat, kann die Daten natürlich ohne weitere Vorbedingungen in seiner Arbeitsmappe aktualisieren.

Webabfragen – diesmal werden Informationen geholt

Sicher haben Sie gelegentlich oder auch regelmäßig den Datenimport aus den verschiedensten Quellen in Ihre täglichen Aufgaben einbezogen. Mit der Version 2000 von Excel wurde erstmals auch die Abfrage (und damit die dynamische Übernahme) von Daten, die sich auf *HTML*-Seiten des betrieblichen Intranets oder auf Seiten des Internets befinden, angeboten. Voraussetzung des sinnvollen Funktionierens ist das Vorhandensein der Daten in *HTML*-Tabellen der angesprochenen Webseiten. Mit Abbildung 28.18 erscheint ein Dialogfeld, das Ihnen Detailkenntnisse des Aufbaus der angesprochenen Seite erspart.

Abbildg. 28.18 Webabfragen liefern topaktuelle Informationen online. In der Arbeitsmappe werden die Verbindungen gespeichert, sodass nach einmaliger Einrichtung ein Knopfdruck zum Aktualisieren reicht.

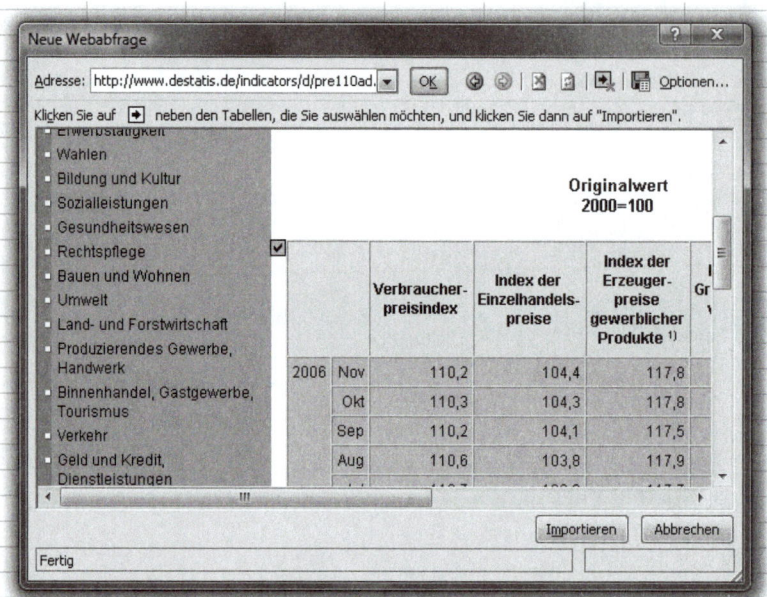

In Abbildung 28.18 sehen Sie den Dialog, der mit der Seite *http://www.destatis.de/indicators/d/pre110ad.htm* des Statistischen Bundesamtes geführt wurde und dort zu den Preisindizes navigierte. Tabellen der Seite werden automatisch durch gelbe Markierungen sichtbar gemacht, ein Klick darauf färbt die Marke grün ein und grün markierte Tabellen werden beim Import berücksichtigt.

Steht der Zellzeiger im Abfragebereich, lassen sich die erzeugten Arbeitsblätter mit den Mitteln der Gruppe *Verbindungen* der Registerkarte *Daten* bzw. des Kontextmenüs wie gewohnt behandeln:

- Datenaktualisierung (also Import der aktuellen Informationen ohne erneute Auswahl im Dialogfeld und die damit einhergehende Veränderung der Tabelle),
- Festlegen der Eigenschaften des Datenbereichs (Name, Verhalten usw.) sowie
- Anpassung der Abfrage (über das Kontextmenü oder *Verbindungen/Eigenschaften*, Registerkarte *Definition*, und dort der Befehl *Abfrage bearbeiten*).

TIPP   Die Optionen des Dialogfelds in Abbildung 28.18 helfen Ihnen bei der Formatierung der importierten Daten (*keine*, *Rich-Text* oder *HTML*). Und sie lösen ein sehr häufig auftretendes Problem beim Datenaustausch: Informationsverlust durch fremdsprachige Dezimaltrennzeichen.

Haben Sie die Option *Datumserkennung* aktiviert (das ist die Standardeinstellung), werden Zahlen auf englischsprachigen Seiten mit dem Dezimalpunkt als Datum interpretiert und verlieren unter *Excel* ihren Sinn (es sei denn, Sie nehmen aufwändige Formatierungen bei wechselnden Aktualisierungen in Kauf). Haben Sie die Option *Datumserkennung* deaktiviert, werden diese Zahlen als Text importiert und sperren sich gegen Berechnungen. Aber dann hilft ein alter Trick: Menübefehl *Daten/Text in Spalten* mit dem anschließenden Textkonvertierungs-Assistenten.

Zusammenfassung

Dieses Kapitel hat Sie mit dem wesentlichen Zusammenspiel von Excel mit dem Intranet/Internet bekannt gemacht. Einen breiten Raum nahm die Veröffentlichung von Dokumenten als HTML-Dateien in einem Netz und auf einem Office-Server ein. Auch wenn der letzte Zugang für manchen Leser verwehrt ist (Voraussetzung sind SharePoint-Websites), so ist doch die Veröffentlichung von Tabellen eine sehr interessante Angelegenheit. Natürlich werden weiterhin »klassische« E-Mails beim Austausch von Informationen über Anhänge wie eingangs beschrieben eine Rolle spielen.

Webabfragen sind eine gute Alternative zu Abfragen aus Datenbanken, setzen allerdings die Tabellenstruktur auf der Webseite voraus.

Frage	Antwort
Welche Möglichkeiten gibt es zum Versenden von Daten aus Excel per E-Mail?	Sie können ausgewählte Daten als Textkörper versenden oder die ganze Mappe an eine Mail anhängen. Mehr dazu auf Seite 1038.
Was muss ich beachten, wenn ich Arbeitsmappen im Browser darstellen will?	Wichtig ist hier, dass Sie die Weboptionen korrekt einstellen. Mehr dazu finden Sie auf Seite 1043.
Was ist ein Upload?	Im Gegensatz zu einem Download werden beim Upload die Daten im Internet verfügbar gemacht. Mehr dazu auf Seite 1052.
Was muss ich tun, um die *Excel Services* zu nutzen?	Verzeichnisse des Webservers, welche die Veröffentlichungen aufnehmen sollen, müssen durch einen Administrator der SharePoint-Site als vertrauenswürdige Speicherorte festgelegt werden. Mehr dazu ab Seite 1054.
Wie kann ich eine Dokumentverwaltung realisieren?	Speichern Sie die Dokumente in einem Verzeichnis einer SharePoint-Site. Wie das geht steht, auf Seite 1056.
Kann ich auch Teile einer Arbeitsmappe veröffentlichen?	Auf SharePoint Team Websites können Sie Tabellen veröffentlichen. Schlagen Sie dazu auf Seite 1061 nach.
Wie bekomme ich Daten aus dem Internet in eine Excel-Tabelle?	Externe Daten aus dem Internet können Sie mit Webabfragen einlesen. Mehr dazu auf Seite 1063.

Kapitel 29

Excel und XML

In diesem Kapitel:

Exkurs: Was ist eigentlich XML?	1068
Office Open XML – das grundlegende Dateiformat in 2007 Office System	1070
XML-Daten – Import und Export	1072
Zusammenfassung	1078

Die »stille Revolution«, die mit der Version 2000 der Office-Suite einher ging und die mit Office 2003 einen ersten Abschluss fand, ist sicher von nicht wenigen Anwendern übersehen worden: Der Anfang der Ablösung proprietärer Dateiformate durch (X)HTML-basierte Dateien in Word, Excel, PowerPoint und das schrittweise Durchdringen der Anwendungen mit XML-basierten Informationen. Mit InfoPath wurde XML zur »Sprache der Formulare«, Access verstand diese Sprache, Excel und Word konnten mit Daten in dieser Sprache umgehen. Erste Schritte wurden getan, um Word-Dokumente und Excel-Arbeitsmappen mit gewissen Einschränkungen »nur« im XML-Format festzuhalten.

Mit 2007 Microsoft Office scheint diese Entwicklung erst einmal abgeschlossen. Die Dateiformate von Word, Excel und PowerPoint sind ECMA-Standard und treten unter dem Namen *Office Open XML* auf. Die Multifunktionsleiste ist vollkommen »XML-gesteuert«. Benutzerdefinierte XML-Dateninseln erlauben den Austausch spezieller Informationen der Office-Anwendungen untereinander und über Office hinaus.

Anliegen dieses Handbuchs kann es in keinem Fall sein, die etwa 6.000 Seiten der Beschreibung der Dateiformate auch nur im Ansatz zu erläutern – genaue Kenntnis hierüber wird Sache von Entwicklern, weniger von Anwendern bleiben. Um jedoch den Anschluss nicht zu verpassen und mit XML-Daten umgehen zu können, ist es für immer mehr Anwender notwendig geworden, sich zumindest mit den Grundlagen von XML zu beschäftigen. Dies wird in diesem Kapitel geschehen, soweit es für den Umgang mit Excel notwendig ist. Weiterführendes Wissen für Entwickler enthält das »Office 2003 Entwicklerbuch«, ebenfalls Microsoft Press, ISBN-13 978-3-86063-688-6, welches sicher in absehbarer Zeit in einer überarbeiteten Neuauflage erscheinen wird.

Exkurs: Was ist eigentlich XML?

Literatur zum Thema XML gibt es inzwischen reichlich. Die Beschäftigung mit der Spezifikation des W3C-Konsortiums setzt großes Durchhaltevermögen voraus: *http://www.w3.org/TR/REC-xml*. Weshalb also nicht mit einem Beispiel beginnen, welches den Ansatz erklärt, natürlich ohne den Anspruch, alle Fragen beantworten zu wollen.

Ein Beispiel

Stellen Sie sich folgende Situation vor: Sie sind zu einem größeren Treffen eingeladen, eine Teilnahmebestätigung ist erwünscht. Ist der Einladende an einer automatischen Verarbeitung von Zu- und Absagen interessiert, ist sicher ein Formular, welches der Eingeladene ausfüllt, ein guter Ansatz. Der prinzipielle Aufbau dieses Formulars als Träger der Information kann wie in Listing 29.1 aussehen, wobei eine einfache Textdatei (Endung *.xml*) die Aufbewahrung übernimmt.

Listing 29.1   Ein einfaches XML-Dokument – verfasst als Inhalt einer Textdatei

```
<?xml version="1.0" encoding="ISO-8859-1" ?>
<mitteilung>
    <an>Herrn Meier</an>
    <von>Herrn Müller></von>
    <betreff>Treffen 15.4.07</betreff>
    <text>Klappt nicht.</text>
</mitteilung>
```

Natürlich kann ein solch »trockener« Quellcode (Sie sehen, es muss eine Sprache sein, die dahinter steckt) niemanden vom Ausfüllen des Formulars begeistern. Aber *Word*, *Excel*, *InfoPath* und andere bieten eine passende (notfalls passend zu machende) und komfortable Oberfläche an.

Eine Frage wird mit Listing 29.1 im Grunde bereits beantwortet: Woher kommt der Name der Sprache? *XML* steht für *Extensible Markup Language*. *Language* deutet auf eine Programmiersprache hin, *Markup* weist diese Sprache als Markierungs- oder Auszeichnungssprache aus. *Extensible* steht für die Erweiterbarkeit der Sprache. Anders als etwa bei HTML sind die Namen der so genannten *Tags* (das sind die Markierungen im Klammerpaar <>) weitestgehend frei wählbar.

HINWEIS Der einfachste Editor zum Erstellen von *XML*-Dateien ist der Windows-Editor (*Notepad.exe*). Er bietet allerdings wenig Komfort. Mit Office liegen Word und Excel als Editoren vor, die es gestatten, Anwender unter nur geringem Schulungsaufwand mit der Erstellung (und Auswertung) unternehmensinterner XML-Informationen zu beauftragen. Wollen Sie noch etwas mehr Professionalität, laden Sie sich *XML Notepad 2007* von der Microsoft-Website herunter.

Wohlgeformt und gültig

Diese beiden Begriffe – »wohlgeformt« und »gültig« – stehen für syntaktische und semantische Korrektheit einer XML-Datei. Syntaktisch korrekt (wohlgeformt) heißt u.a.:

- Die erste Zeile der Datei gibt dem lesenden Werkzeug die Information, dass es sich um XML-Quellcode handelt. Der Zusatz `encoding` informiert über die vorzunehmende Sprachcodierung, damit etwa Umlaute auch als solche und vor allem korrekt identifiziert werden.

- Die Stütze des Dokuments sind *Tags*. Auf der obersten Ebene befindet sich ein solches *Tag*, welches auch als »Wurzelelement« bezeichnet wird (in Listing 29.1 ist das `<mitteilung>`).

- Jedes öffnende Tag (z.B. `<tagName>`) benötigt ein schließendes (z.B. `</tagName>`).

- Bei Namen für Tags ist zwischen Groß- und Kleinschreibung zu unterscheiden.

- Öffnende Tags dürfen nach ihrem Namen im <>-Klammerpaar Attribute besitzen, deren Werte notwendig in Anführungszeichen zu schreiben sind.

- *Tags* dürfen nicht ineinander greifen, d.h., die hierarchische Struktur ist relativ streng. Deshalb werden die *Tag*-Informationen auch als »Knoten« bezeichnet.

Durch solche und einige wenige weitere Regeln wird dafür gesorgt, dass *XML*-Dokumente zur Aufbewahrung auch solcher Informationen geeignet sind, die nicht notwendig in tabellarische Strukturen gebracht werden können.

Semantisch korrekt in diesem Sinne (also Gültigkeit) ist der genau definierte Inhalt des Dokuments. Nichts kann den Eingeladenen im obigen Beispiel davon abbringen, der Mitteilung eine Unterschrift in Form von

```
<unterschrift>Ihr Müller</unterschrift>
```

hinzuzufügen. Es sei denn, dies wäre durch gewisse Mechanismen ausgeschlossen. Ein solcher Mechanismus ist die Zuordnung von Regeln über *Document Type Definitions* (*DTD*) oder *XML Schema Definitions* (*XSD*, deren sich Office im Wesentlichen bedient), die sich im Dokument selbst, sinnvollerweise jedoch außerhalb von ihm in einer externen Datei befinden und die bei der Prüfung des Dokuments herangezogen werden.

Anzeige im Internet Explorer

Ist eine Datei mit der Endung *.xml* syntaktisch korrekt (wohlgeformt), kann sie per Doppelklick im Internet Explorer angezeigt werden. Der Betrachter sieht dann die Struktur der Datei und ihren Inhalt, die Form ist jedoch eher eine sehr nüchterne. Der Microsoft Internet Explorer ist zwar ein geeignetes Werkzeug zur Anzeige von wohlgeformten *XML*-Dateien, er prüft jedoch deren Gültigkeit nicht.

Ein kleines Beispiel zum Experimentieren mit XML- und HTML-Dateien unter Verwendung von VBScript finden Sie im Ordner *\Buch\Kap29\Beispieldateien\xml-beispiel* auf der CD-ROM zu diesem Buch.

Trennung von Inhalt und Form

Die Trennung von Inhalt und Form zur Darstellung von Daten auf einer *HTML*-Seite hat bereits eine lange Tradition. Diese beginnt mit *XML Data Islands*. Das sind *XML*-Informationen, die in einem *xml-Tag* eines *HTML*-Dokuments als Datenquelle untergebracht sind und etwa von Tabellen und ihren Spalten benutzt werden. Besser geeignet sind *XML*-Daten, die sich in externen Dokumenten befinden, da so die Datenpflege vereinfacht werden kann.

Im Ordner *\Buch\Kap29\Beispieldateien\data-islands* finden Sie zwei Beispiele für eigene Untersuchungen.

Moderner und universell einsetzbar sind Formatierungsregeln, die durch die *XML Stylesheet Language* (*XSL*) aufgebaut und mit Hilfe von *XSL Transformations* (*XSLT*) umgesetzt werden.

Excel kann solche Informationen nutzen und durch Transformationen entstandenen HTML-Quelltext auf einem Arbeitsblatt anzeigen. Auch Word verfügt über diese Eigenschaft. Da aber beide Programme ihre Dateien im XML-Format verarbeiten, liegt es nahe, solche Informationen bereitzustellen, die gegebene XML-Daten in *Spreadsheet ML* (das ist der »Excel-XML-Dialekt«) bzw. *Wordprocessing ML* (das ist der »Dialekt« von Word) entsprechend transformiert haben.

Beispiele zur Umwandlung von XML in HTML, die einen ersten Eindruck vermitteln können, befinden sich im Ordner *\Buch\Kap29\Beispieldateien\xsl* auf der CD-ROM zum Buch.

Office Open XML – das grundlegende Dateiformat in 2007 Office System

Wie bereits erwähnt, umfasst die Spezifikation des Dateiformats für die Anwendungen Excel, Word und PowerPoint mit den darin enthaltenen Festlegungen zu Mediendateien, Zeichnungen, Diagrammen, Office-Designs und anderen etwa 6.000 Seiten. Um sich ein erstes Bild zu machen, können Sie eine Excel-Arbeitsmappe temporär mit der Dateiendung *zip* versehen (dazu haben Sie im Windows-Explorer festgelegt, dass die Dateierweiterungen bekannter, das heißt registrierter

Office Open XML – das grundlegende Dateiformat in 2007 Office System

Dateien, nicht ausgeblendet werden). Ein so entstandenes komprimiertes Archiv können Sie per Doppelklick öffnen und weiter inspizieren. Es entsteht ein Eindruck wie in Abbildung 29.1.

Abbildg. 29.1 Das »Innere« einer Excel-Arbeitsmappe mit Makros, Diagramm und Bild

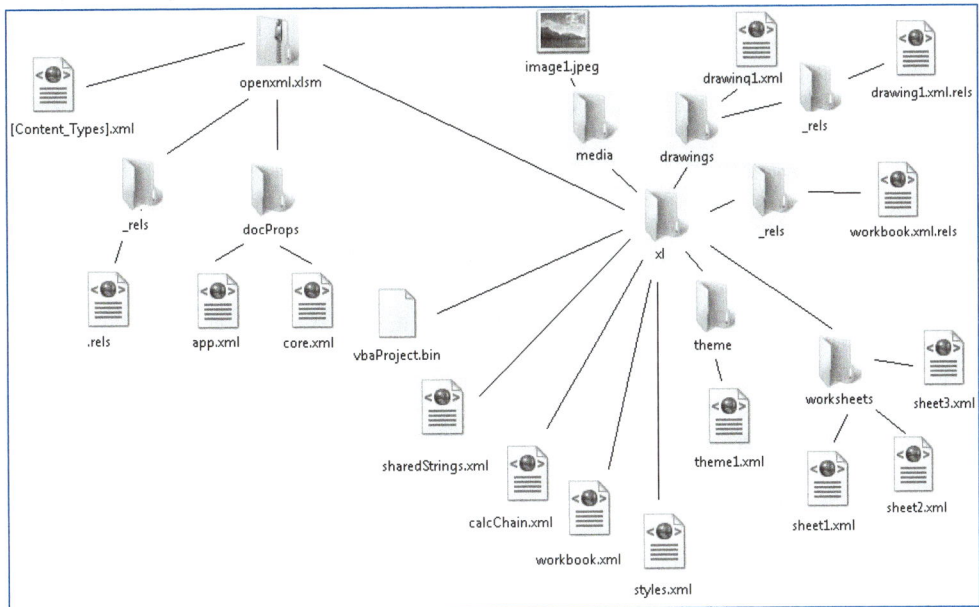

Um diese Abbildung in etwa zu verstehen, sei Folgendes festgehalten:

- Die Datei *[Content_Types].xml* nimmt Informationen zu den Inhalten des Archivs auf. Diese werden unter anderem bei der Veröffentlichung auf einem SharePoint Server ausgewertet.
- Dateien mit der Endung *.rels* beinhalten Informationen über die Struktur des Archivs.
- Die Dateien des Ordners *docProps* beinhalten Informationen zum Programm bzw. zur Datei. U.a. die Informationen zum Benutzer, die dieser mit Hilfe des Dokumentinspektors entfernen lassen kann.
- Der Ordner *xl* enthält die für eine Arbeitsmappe typischen Dateien (unter Word heißt dieser Ordner *word*, unter PowerPoint *ppt*).
- Die Datei *calcChain.xml* enthält Anweisungen, in welcher Reihenfolge Berechnungen in der Arbeitsmappe geschehen. Das erlaubt ein sehr effizientes Verhalten von Excel bei umfangreichen Berechnungen.
- Die Datei *sharedStrings.xml* nimmt ohne Duplikate alle Zeichenketten auf, die in Zellen vorkommen und keine Zahlen oder Formeln sind. Damit können Arbeitsmappen im Handumdrehen übersetzt werden, sogar ohne Excel als Programm einzusetzen.
- Die Datei *styles.xml* nimmt ohne Wiederholungen alle Formatierungen von Zellen auf.
- Der Ordner *theme* informiert über das verwendete Design der Mappe, im Ordner *media* befinden sich eventuelle Bilder im Originalformat.

Die Abbildung ist nicht vollständig. Sollten Datentabellen vorhanden sein, gibt es dafür einen Ordner *tables*, wurde eine Abfrage per MS Query eingerichtet, einen Ordner *queryTables*, für Diagramme gibt es *charts*.

Der Aufbau erzeugt schlankere Dateien als in den Vorgängerversionen, er erlaubt die Erweiterung bisher vorhandener Limits, lädt Dateien schneller, lässt »korrupte« Dateien zumindest in Abschnitten wieder herstellen. Entwickler können Daten, Informationen über Designs, ja den gesamten Aufbau einer Mappe per Code aus anderen Programmen anstoßen, Informationen können genutzt oder verändert werden, ohne dass Excel als Programm gestartet werden muss.

Experimentieren Sie mit dem Archiv unter *\Buch\Kap29\Beispieldateien\openXML* auf der CD-ROM zum Buch.

XML-Daten – Import und Export

Der Daten-Import und der -Export auf *XML*-Basis ist bereits seit der Excel-Version 2002 im Gespräch. Die Version 2003 legte hier noch einmal kräftig zu. Mit der aktuellen Version hat sich nur Unwesentliches verändert (etwa, dass dieses Thema der Registerkarte *Entwicklertools* zugeordnet wurde). Dieser Abschnitt soll Ihnen helfen, die Möglichkeiten abzugrenzen.

XML-Dateien mit Excel öffnen

Versuchen Sie, eine *XML*-Datei unter *Excel* zu öffnen, so sind zwei Fälle zu unterscheiden:

- Die Datei wurde als *XML-Kalkulationstabelle* abgespeichert (Version 2002 bis 2007) bzw. nach den dafür geltenden Regeln anderweitig erstellt (Spreadsheet ML). Sie erhalten eine voll funktionsfähige Arbeitsmappe (ohne VBA-Projekt, ohne eingebettete Objekte), weshalb der Name »XML-Kalkulationstabelle« für das Dateiformat etwas unglücklich gewählt wurde.

- Die Datei wurde auf anderem Wege erstellt und folgt nicht den Regeln für XML-Kalkulationstabellen.

Im letzten Fall ist zunächst folgende Frage zu beantworten: Enthält die *XML*-Datei einen Hinweis auf Formatierungsregeln (XSL-Stylesheet)? Wenn ja, so wird in einem Dialogfeld nachgefragt, ob diese Formatierungsregeln angewendet werden sollen oder nicht.

Entscheiden Sie sich für die Verwendung eines Stylesheets aus der Liste, so wird ohne weitere Nachfrage die Datei schreibgeschützt geöffnet. Der Schreibschutz ist sinnvoll, da die Quelle »nur« *XML* und nicht *Excel* ist. Beim Speichern würde die »einfache« Struktur der Datei durch die Kalkulationstabellen-Struktur einer Mappe ersetzt.

Entscheiden Sie sich nicht für die Verwendung vorbereiteter Formatierungen, wird in einem nächsten Schritt gefragt, wie denn die Datei behandelt werden soll (Abbildung 29.2).

XML-Daten – Import und Export

Abbildg. 29.2   Drei Möglichkeiten, eine XML-Datei zu öffnen, wenn diese keine XML-Kalkulationstabelle ist

Sie haben drei Möglichkeiten zur Auswahl:

- *Als XML-Tabelle*: Hier wird durch *Excel* versucht, die Art der Knotenstruktur zu erkennen. Dabei sucht *Excel* möglicherweise vergebens nach der *XML Schema Definition* für die zu importierenden Daten, was sich in einer Meldung wie in Abbildung 29.3 niederschlägt. Die genaue Bedeutung dieser Meldung wird im letzten Teil dieses Abschnitts erläutert.

Abbildg. 29.3   Zu interpretieren als: Excel kann die Daten keinem Schema zuordnen. Die mögliche Anzeige dieser Meldung sollte man nicht unterdrücken.

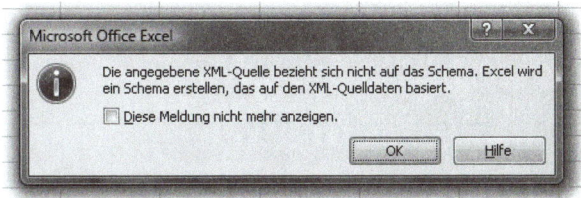

Die gleiche Meldung erhalten Sie, wenn Sie in der Gruppe *Externe Daten abrufen* auf der Registerkarte *Daten* die Befehlsfolge *Aus anderen Quellen/Vom XML-Datenimport* wählen, unabhängig, ob die dann ausgewählte XML-Datei den Hinweis auf ein Stylesheet hat oder nicht.

- *Als eine schreibgeschützte Arbeitsmappe*: Diese »Mappe« besteht aus einem Tabellenblatt, auf welchem sich die (nicht notwendig übersichtliche) Knotenstruktur der *XML*-Datei abbildet. Auf diese Datei bezieht sich auch der Schreibschutz, denn es wird die *XML*-Datei geöffnet und keine *Excel*-Datei.
- *Aufgabenbereich "XML-Quelle" verwenden*: Dies entspricht dem zielgerichteten Vorgehen, welche Daten der Quelle in die (nicht notwendig leere) Mappe importiert werden sollen. Unter Umständen kommt es zur gleichen Meldung wie in Abbildung 29.3. Der genannte Aufgabenbereich wird weiter unten in diesem Kapitel noch genauer beschrieben.

 Eine Datei zum Experimentieren finden Sie im Ordner \Buch\Kap29\Beispieldateien\import auf der CD-ROM zu diesem Buch.

Arbeitsblätter – Formulare auf XML-Basis

Excel-Arbeitsblätter werden zum *XML*-Editor, der es gestattet, nur relevante Daten zu importieren und zielgerichtet zu exportieren. Diese Möglichkeit gibt es bereits mit Excel 2003, der Informationsbedarf unter den Anwendern scheint nach wie vor hoch.

Die Vorbereitungen

Um den Datenaustausch im Unternehmen mit Werkzeugen wie *Word* oder *Excel* umsetzen zu können, bedarf es einiger Vorbereitungen. Diese lassen sich jedoch nicht unbedingt mit diesen beiden Werkzeugen allein bewerkstelligen.

Damit der Austausch von Informationen im *XML*-Format nicht »im Chaos« endet, muss dafür gesorgt werden, dass ein Regelwerk vorhanden ist. Sowohl *Excel* als auch *Word* benutzen *XSD* (*XML Schema Definitions*) zur Erkennung der Regeltreue. Die Erstellung der Regeldateien (die wiederum *XML*-Dateien sind) ist nicht ganz einfach. Einen ersten Eindruck gewinnen Sie, wenn Sie im Programm InfoPath der Office-Suite ein Formular entwerfen und dessen Informationen extrahieren oder einen entsprechenden Export von Tabelleninhalten oder Abfrageergebnissen unter Access durchführen.

Beispieldateien für das im weiteren Verlauf benutzte InfoPath-Formular sowie die verwendeten *XML*-Dateien finden Sie auf der CD-ROM zu diesem Buch unter \Buch\Kap29\Beispieldateien\xsd-import.

Abbildg. 29.4 Formularentwurf unter InfoPath – die zu beachtenden Regeln werden durch das Programm erstellt und überprüft. Excel kann das gleiche Regelwerk nutzen.

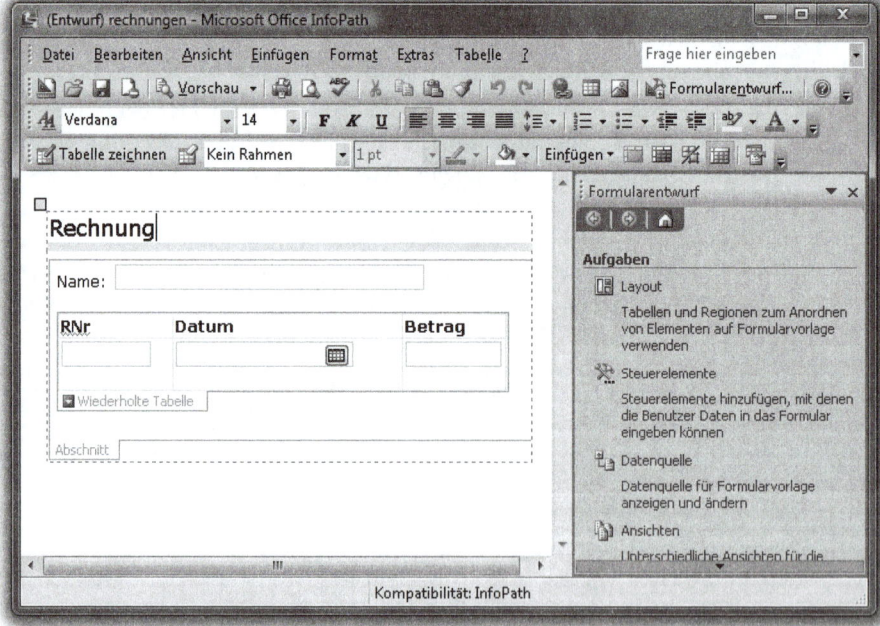

In Abbildung 29.4 sehen Sie ein einfaches Formular, welches einzelne Rechnungen (*RNr*, *Datum*, *Betrag*) für einen Kunden (*Name*) erfassen hilft. Die durch InfoPath erstellte *.xsd*-Datei soll hier nicht weiter untersucht werden, sie kann einfach aus der InfoPath-Vorlage extrahiert werden. Details zur *XSD Schema Reference* finden Sie auf der Website von Microsoft bzw. in der Datei *xmlsdk5.chm* im Office-Installationsverzeichnis.

Der Import mit Schema

WICHTIG Um den weiteren Ablauf verfolgen zu können, müssen Sie – falls noch nicht geschehen – unter Excel eine spezielle Option einschalten: *Entwicklerregisterkarte in der Multifunktionsleiste anzeigen* (Kategorie *Häufig verwendet*).

Sie beginnen am besten mit einer leeren Arbeitsmappe, gehen zur Registerkarte *Entwicklertools* und lassen sich über die Schaltfläche *Quelle* den Aufgabenbereich anzeigen. Sie finden dort eine Schaltfläche mit der Aufschrift *XML-Verknüpfungen*. Diese Schaltfläche erlaubt Ihnen per Dialogfeld Ihr Arbeitsblatt entweder mit der Struktur einer gewöhnlichen *XML*-Datei zu verknüpfen oder aber diese Struktur aus einer Regeldatei (*XSD*-Datei) zu erfahren. Im ersten Fall erhalten Sie die Meldung aus Abbildung 29.3, *Excel* erstellt dann also seine eigenen internen Regeln für die Daten. Im zweiten Fall wird *Excel* die Regeln nur dann nicht akzeptieren, wenn die XSD-Datei selbst nicht frei von syntaktischen Fehlern ist.

Für welches Schema (Verknüpfung zu einem Stammknoten) Sie sich auch entscheiden, der Aufgabenbereich (*XML-Quelle*) hat anschließend ein Aussehen ähnlich wie in Abbildung 29.5 dargestellt.

Abbildg. 29.5 Deutlich zu erkennen: die Knoten- oder Baumstruktur eines XML-Dokuments. Die Zuordnung der Knoten zu Zellen des Arbeitsblattes erfolgt mittels Drag & Drop.

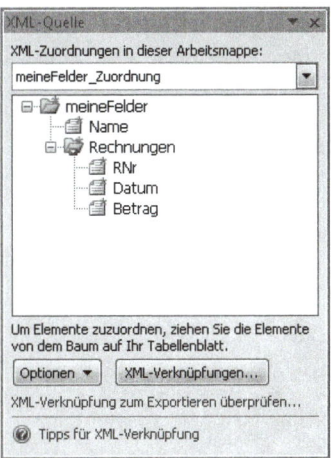

Auf die beschriebene Weise lassen sich einer Arbeitsmappe mehrere Verknüpfungen zu Schema-Dateien zuordnen. Die Verwaltung der *XML-Zuordnungen* (das ist der alternative Begriff zu *XML-Verknüpfung*) geschieht im gleichen Dialogfeld (*XML-Zuordnungen*) wie das *Hinzufügen*. Vorgenommene Zuordnungen werden nicht aktualisiert, d. h., ändert sich die *.xsd*-Datei, wird dies durch *Excel* nicht bemerkt. In solchem Falle ist die Zuordnung zu löschen und neu aufzubauen.

Die weiteren Schritte sind schnell beschrieben: Sie ziehen die Knoten des Schemas, die Sie auf Ihrem Arbeitsblatt mit Daten füllen möchten, mit der Maus auf die entsprechenden Zellen. Dabei spielt es keine Rolle, ob bereits Werte in den Zellen stehen oder erst später eingetragen werden sollen. Ein Knoten des Schemas kann dabei nur einer einzigen Zelle zugeordnet werden – so, wie eine Zelle auch nur eine einzige Zuordnung bekommen kann. Versuche, dies zu ignorieren, enden in einer entsprechenden Fehlermeldung.

Haben Sie die ausgewählten Zellen in Nachbarzellen mit Beschriftungen versehen, werden diese automatisch erkannt. Andernfalls sorgt ein *Smarttag* dafür, dass Sie die richtige Wahl treffen können.

Sind die Zellen, die zur Datenaufnahme bestimmt sind, noch leer, so lassen sich nun Daten aus *XML*-Dateien, die dem eingerichteten Schema entsprechen, importieren (Abbildung 29.6) und weiter verarbeiten. Excel merkt sich in diesem Falle den Quellort der Daten, so dass im Bedarfsfall auch eine spätere Aktualisierung stattfinden kann.

Abbildg. 29.6 Diese Befehlsgruppe gibt den Einstieg zu allen Aktionen, die XML-Daten betreffen, *Eigenschaften zuordnen* lesen Sie als *Eigenschaften der jeweiligen Zuordnung (Verknüpfung)*

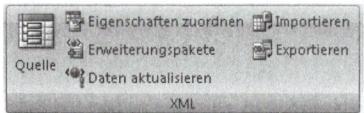

Somit ist es sinnvoll, dass auch Mustervorlagen entsprechend vorbereitet sind. Sind bereits Werte in den Zellen enthalten, so kann mit Hilfe der *Eigenschaften* der jeweiligen Zuordnung bestimmt werden, ob beim Import Daten ersetzt oder angefügt werden sollen. Weitere Eigenschaften erkennen Sie aus Abbildung 29.7. So ist es wichtig, dass zu importierende Daten validiert, also auf Regeltreue untersucht werden (diese Einstellung ist jedoch – und das ist eher bedauerlich – nicht Standardeinstellung!). Der Import erfolgt allerdings in jedem Fall. Wird die Gültigkeit verletzt, erhalten Sie eine Mitteilung, die dann aber nicht übersehen werden darf, da Sie den Import rückgängig machen sollten (durch Löschen der Daten, nicht über den *Rückgängig*-Befehl der *Schnellzugriffsleiste*).

Abbildg. 29.7 Eigenschaften einer XML-Zuordnung – das Dialogfeld erinnert an die Eigenschaften von Bereichen mit externen Daten

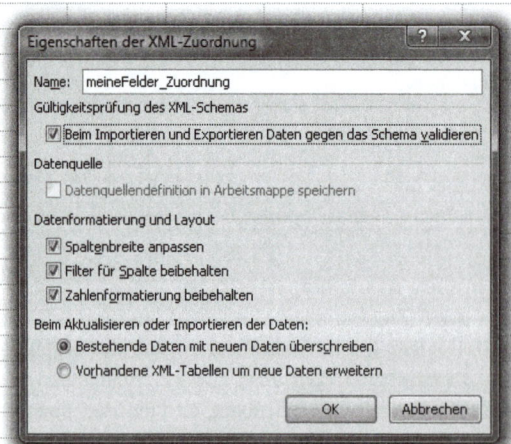

Der Export

Haben Sie Ihr Arbeitsblatt, auf welchem bestimmte Zellen einem Schema zugeordnet sind (Import- und Export-Schema müssen nicht übereinstimmen), ausgefüllt, erweitert, vervollständigt, angepasst oder sonst wie verändert, so ist es nunmehr möglich, die Daten, die durch das Schema betroffen sind, anderen Teammitgliedern oder auch Anwendungen zur Verfügung zu stellen. Dies kann, wie üblich, durch *HTML*-Veröffentlichung, E-Mail oder die im vorangegangenen Kapitel 28 beschriebene Veröffentlichung als »Liste« auf einem SharePoint Server geschehen. Aber es gelingt auch der *XML*-Export der Daten (Abbildung 29.6), sodass diese an anderer Stelle ebenso leicht gelesen (importiert) werden können. Etwa beim Ausfüllen eines Rechnungsformulars unter *Word*, welches »rechentypische« Aufgaben (Berechnung der Mehrwertsteuer, Berechnung der Summe der Einzelposten, Berechnung des Zahlungsziels und Skontos) an *Excel* »delegiert« hat.

Abbildg. 29.8   Excel hat gerechnet – die Daten können weiter verwendet werden

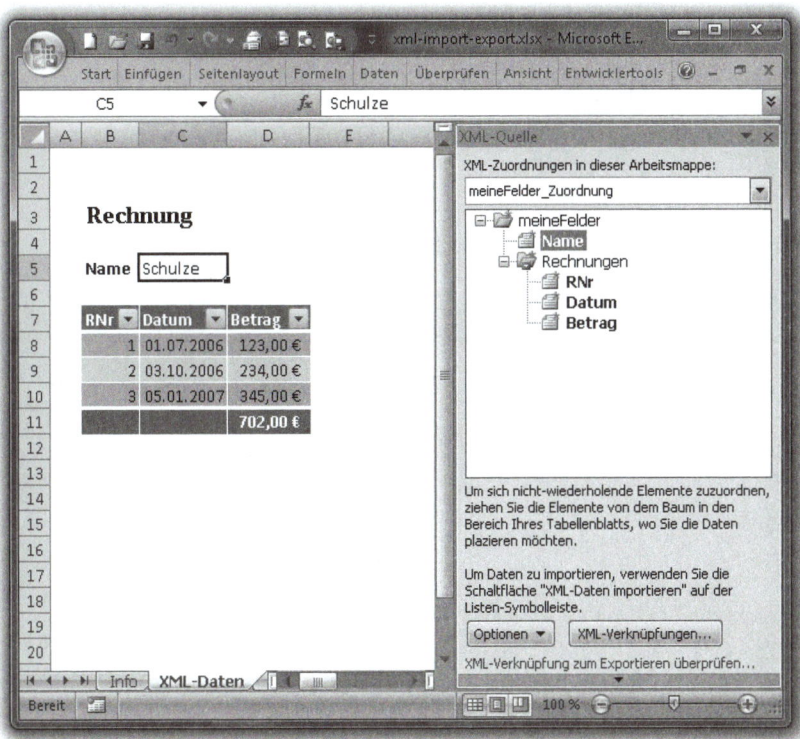

Validieren Sie bei diesem Vorgang »gegen« das Schema, kann nicht unbedingt verhindert werden, dass statt des Datums ein Text verwendet wird. Exportiert wird nach einer Meldung wie in Abbildung 29.9 trotzdem. Die so versehentlich exportierte Datei könnte im Windows-Explorer gelöscht werden, eleganter ist natürlich die Verwendung eines Schemas vor dem Einlesen der Daten durch eine andere Anwendung.

Abbildg. 29.9 Diese Meldung kommt leider zu spät – eventuell vorhandene Datendateien werden trotzdem überschrieben

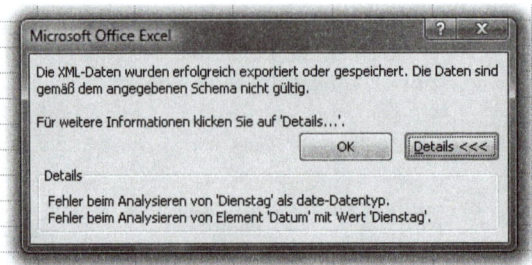

TIPP Das COM-Objektmodell von Excel bietet genügend Raum, das »Fehlverhalten« beim Im- und Export durch den Eingriff von Entwicklern – etwa VBA-Programmierung – zu korrigieren.

Zusammenfassung

Dieses Kapitel hat Sie mit den Grundlagen von XML (Extensible Markup Language) und dessen aktuellen Einsatzmöglichkeiten unter Excel bekannt gemacht.

Frage	Antwort
Welche Basis hat das neue Dateiformat?	Das neue Dateiformat basiert auf *Office Open XML*. Eine Einführung in das neue Dateiformat sowie die Möglichkeiten des Einsatzes von *Spreadsheet ML* finden Sie auf Seite 1070.
Kann ich XML-Dokumente anderer Anwendungen öffnen?	Beim Import stehen verschiedene Optionen zur Verfügung, je nachdem, ob das Dokument den Regeln für XML-Tabellen folgt oder nicht. Mehr zum Import von Datenmengen, die im XML-Format vorliegen, um diese weiter zu bearbeiten bzw. um Berechnungen anzustellen, finden Sie auf den Seiten 1072 und 1075.
Kann Excel Daten im XML-Format ausgeben?	Den Export von Datenmengen, die unter Excel als »Formular-Editor« für XML-Daten entstanden sind, zeigt die Seite 1077.

Kapitel 30

Excel und die anderen Office-Anwendungen

In diesem Kapitel:

Umfangreicher Informationsaustausch mit Word	1080
PowerPoint stellt etwas eigene Ansprüche	1086
Der Partner fürs Leben – Access	1088
Outlook – nicht nur E-Mail im Programm	1093
InfoPath – Formulare erstellen, Auswertungen erleichtern	1094
Auch Excel kann mal der »Andere« sein	1097
Hyperlinks – der Weg nach draußen	1099
Zusammenfassung	1101

Vielleicht haben Sie auch schon einmal folgende Frage gehört: »Ich habe eine *Excel*-Datei in *PowerPoint* exportiert. Wie kann ich dies oder jenes tun?« Die Antwort darauf fällt in aller Regel schwer, da nicht bekannt ist, was mit »*Excel*-Datei« gemeint ist: Ganze Mappe, eine Tabelle, ein benannter Bereich? Was bedeutet »in ... exportiert?« Erfolgte der Start der Operation aus *Excel*? Dann hieße es besser »nach ... exportiert«. Erfolgte der Start aus *PowerPoint*? Dann hieße es besser »in (oder unter) ... importiert«. Ganz zu schweigen von den vielen Möglichkeiten des Imports/Exports: als Bild, als Text, als *Excel*-Objekt usw.

Dieses Kapitel soll Sie sicher durchs Dickicht begleiten. Dabei wird das Zusammenspiel von *Excel* mit den anderen Office-Programmen unter die Lupe genommen.

Umfangreicher Informationsaustausch mit Word

Wenn zwei Office-Programme Daten austauschen, kann dieser Austausch über die Zwischenablage (Ausgangspunkt ist dabei die Anwendung, welche die Daten bereitstellt) oder über das Einfügen eines Objektes (Ausgangspunkt ist hierbei die Anwendung, welche die Daten aufnimmt) erfolgen.

Import und Export, Quelle und Ziel

Es ist sicher vernünftig, immer dann von einem Import zu sprechen, wenn es gelingt, aus der laufenden Anwendung heraus anwendungsfremde Elemente einem Dokument hinzuzufügen. Unter *Excel* geschieht das mit Hilfe einiger Befehle auf der Registerkarte *Einfügen* der Multifunktionsleiste, wobei das Einfügen »allgemeiner Objekte« über den Befehl *Objekt* geschieht, der in der Gruppe *Text* etwas deplatziert scheint. Die eingefügten Objekte werden oft als *OLE-Objekte* bezeichnet. Dabei steht OLE für *Object Linking and Embedding*. Und gerade dieser Einbettungsvorgang ist es, der später einen Doppelklick auf das eingebettete Objekt gestattet, um es unmittelbar in der fremden Umgebung mit den Mitteln zu bearbeiten, die für das Objekt installiert sind. Sehr schön kann man das beobachten, wenn Excel-Diagramme in ein Word-Dokument oder eine PowerPoint-Folie eingebettet sind.

HINWEIS Ab 2007 Microsoft Office wird Excel als Diagramm-Lieferant für Word und PowerPoint generell eingesetzt. Die Zeit von MS Graph ist in diesem Sinne abgelaufen.

Der Export wird in aller Regel damit gestartet, dass Teile eines Dokuments einer Anwendung über den Befehl *Kopieren* (oder die Tastenkombination Strg+C) in die Zwischenablage gebracht werden und dort »auf ihren Einsatz warten«. Dann erfolgt durch den Bearbeiter der Wechsel in die andere Anwendung und der Inhalt der Zwischenablage wird über den Befehl *Einfügen* (oder die Tastenkombination Strg+V) an die beabsichtigte Stelle gebracht. Je nach Anwendung passiert jetzt ein Standardvorgang. Das heißt, das Ergebnis des Einfügens ist von Anwendung zu Anwendung unter Umständen verschieden. Office-Anwendungen fügen hier in aller Regel das Objekt im *HTML*-Format ein.

TIPP   Gute Dienste leistet gelegentlich der Befehl *Als Grafik kopieren*. Diesen finden Sie überraschenderweise auf der Registerkarte *Start* in der Gruppe *Zwischenablage* unter *Einfügen/Als Bild/Als Grafik kopieren*.

Die Begriffe *Quelle* und *Ziel* beziehen sich im engeren Sinne auf eine Verknüpfung bestehender Dokumente gleicher oder unterschiedlicher Anwendungen. Obwohl »oberflächlich« der gleiche Effekt wie beim Einbetten zu beobachten ist, wird hier durch das Dokument (das ist das *Ziel*) eine Art Verweis auf die *Quelle* gespeichert. Damit werden Veränderungen der Quelldatei je nach Einstellung automatisch oder auf manuelle Anforderung in der Zieldatei sichtbar. Nicht immer ist das Einfügen solch einer Verknüpfung in einer Anwendung vorgesehen.

TIPP   Die Verwendung von Verknüpfungen will stets gut geplant sein. Stellen Sie sich Folgendes vor: Sie verknüpfen in ein *Word*-Dokument (Ziel) den Bezug auf Teile einer *Excel*-Tabelle (Quelle), um wöchentliche Berichte erstellen zu können. Der Bearbeiter der Quelle ist ein anderer Mitarbeiter. Am Freitag schaffen Sie es nicht rechtzeitig, den Bericht fertig zu stellen. Am Dienstag der Folgewoche würde eine Aktualisierung der Verknüpfung einen Zustand zeigen, der nicht der vom Freitag sein muss! Deshalb ist es oft sinnvoll, die Berichte in einer *Word*-Vorlage zu erstellen, die den »lebenden« Bezug zur *Excel*-Quelle gespeichert hat. Das auf der Vorlage beruhende neue *Word*-Dokument wird zum geeigneten Zeitpunkt von der Quelle getrennt. Verknüpfungen bearbeiten Sie im Nachhinein mit dem Befehl *Verknüpfungen mit Dateien bearbeiten*, der in der Befehlsliste des Befehls *Vorbereiten* im *Office-Menü* zu finden ist.

Export – von Excel nach Word

Häufig wird für den Datenaustausch die Zwischenablage benutzt. Beim Einfügen der Daten können Sie unter verschiedenen Möglichkeiten wählen.

Zwischenablage nutzen – der Normalfall

Dieser Vorgang ist der einfachste Weg des Informationsaustausches, der Zellinhalte eines Arbeitsblattes ohne zusätzlichen Schreibaufwand (und damit unter Vermeidung von Fehlern) von *Excel* nach *Word* bringt. Sie markieren die gewünschten Zellen und wählen auf der Registerkarte *Start* in der Gruppe *Zwischenablage* den Befehl *Kopieren*. Dann wechseln Sie in Ihr *Word*-Dokument, kontrollieren die Position der Einfügemarke und fügen den Inhalt der Zwischenablage über den Befehl *Einfügen* an der ausgewählten Stelle ein. Das Ergebnis ist eine nahezu Eins zu Eins-Übertragung von Zahlen und Formatierungen. Fertig! Was ist geschehen? Der markierte Teil wurde im *HTML*-Format in die Zwischenablage übertragen und in diesem Format in das *Word*-Dokument eingefügt.

Zwischenablage nutzen – Inhalte einfügen

Wollen Sie den *Einfügen*-Vorgang unter Ihre Kontrolle bringen, gehen Sie im zweiten Schritt einen anderen Weg: An Stelle des »einfachen« Menübefehls *Einfügen* wählen Sie in der Liste der Einfüge-Befehle den Befehl *Inhalte einfügen* aus.

Die Bedeutung dieses Vorgangs wird nicht aus der Beschriftung des Menübefehls selbst, sondern eigentlich erst aus dem folgenden Dialogfeld *Inhalte einfügen* (Abbildung 30.1) deutlich.

Abbildg. 30.1 Dieses Dialogfeld klärt auf, weshalb beim gewöhnlichen Einfügen der Zwischenablage das HTML-Format benutzt wird: Es ist die Standard-Einstellung von *Inhalte einfügen*.

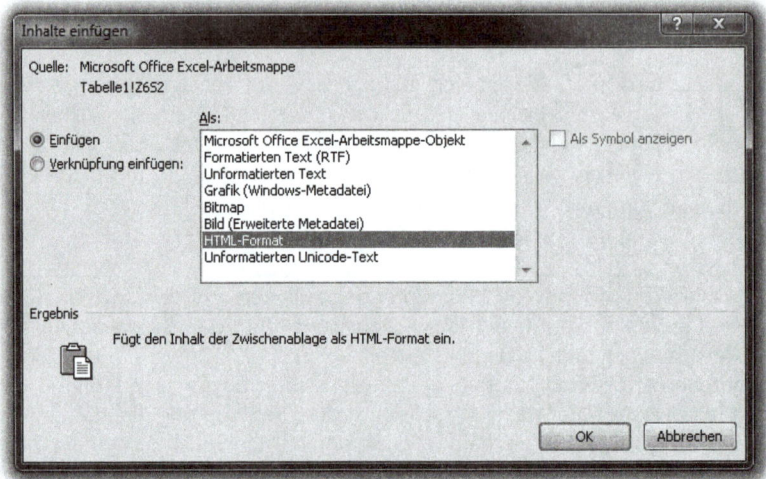

HINWEIS Das Einfügen selbst einer einzelnen *Excel*-Zelle bewirkt die Speicherung der gesamten Mappe im *Word*-Dokument! Damit können Dokumente mit redundanten oder gar überflüssigen, nicht sichtbaren Informationen regelrecht »zum Platzen« gebracht werden. Das passiert nicht, wenn eine Verknüpfung zwischen Quelle und Ziel eingerichtet wird.

Sind Sie sich sicher, dass die Daten nicht mehr bearbeitet werden müssen, verzichten Sie besser auf das Einfügen als *Excel-Arbeitsmappe-Objekt* und wählen eine der anderen Varianten.

Schauen Sie sich das Dialogfeld aus Abbildung 30.1 in Ruhe an. Die erste Entscheidung, die Sie treffen müssen, ist folgende: Soll der von Ihnen einzufügende Teil als Text eingefügt bzw. als Objekt eingebettet werden (das ist die Option *Einfügen* auf der linken Seite) und in Zukunft ein eigenständiges, vom Original getrenntes »Leben« führen? Oder möchten Sie die Verbindung zum Original aufrecht halten (das ist die Option *Verknüpfung einfügen*)? Ist diese Entscheidung gefallen, stehen Sie noch vor der Wahl:

- Das Einfügen geschieht in Bildform mit einem noch auszuwählendem Grafikformat.
- Das Einfügen geschieht in Textform. Hier ist *HTML* der Standard (*RTF* leistet fast das Gleiche), die Wirkung ist die gleichzeitige Übernahme von Formatierungen. Brauchen Sie die Anpassung an die Formate Ihres *Word*-Dokuments, ist die Entscheidung, unformatierten Text zu verwenden, richtig, da nur die Information, nicht jedoch ein Format übertragen wird.
- Und schließlich: Das Einfügen geschieht als *Excel-Arbeitsmappe-Objekt*. Dabei wird die gesamte Mappe ins Dokument eingefügt und der gewählte Arbeitsblattausschnitt zunächst angezeigt. Sie kontrollieren den angezeigten Ausschnitt später durch den Doppelklick auf das Objekt. Im Falle der Verknüpfung ist die Wahl dieses Begriffs uninteressant, da der Doppelklick immer die Quelldatei unter *Excel* öffnet.

TIPP Der Vorgang der Übernahme von verknüpften Informationen aus bestehenden Arbeitsmappen auf diesem Wege ist in der Regel etwas unflexibel, da der anzuzeigende Arbeitsblattausschnitt nur über einen Trick korrigiert werden kann:

1. Dazu wählen Sie zunächst den Befehl *Verknüpftes Worksheet-Objekt/Verknüpfungen* des Kontextmenüs zum eingebetteten Objekt.
2. Im Dialogfeld *Verknüpfungen* klicken Sie auf die Schaltfläche *Quelle ändern*.
3. Im Dialogfeld *Quelle ändern* klicken Sie lediglich auf die Schaltfläche *Element*.
4. Jetzt tragen Sie im Dialogfeld *Element festlegen* den Namen eines benannten Bereichs (benannte Bereiche und Tabellen werden in Kapitel 19 näher beschrieben) oder einen Eintrag nach dem Muster *Tabellenname!Z1S1:Z4S7* für den Ausschnitt ein, den Sie letztlich auf dem Dokument sehen möchten. Die Angabe von *A1*-Zellbezügen wird im letzten Schritt nicht akzeptiert.

Import und OLE-Objekte

Sicher wird es die seltene Ausnahme sein, *Word*-Dokumente oder deren Textausschnitte unter *Excel* zu importieren. Aber umgekehrt ist das häufig der Fall.

Sie starten dazu in einem *Word*-Dokument mit dem Befehl *Einfügen/Objekt*.

Das anschließende Dialogfeld *Objekt* – Sie ahnen es – stellt Sie wieder vor eine Wahl:

- Einbetten durch Neuerstellung – dieser Vorgang verbirgt sich hinter der Registerkarte *Neu erstellen* (Abbildung 30.2), die in der Tat das Neuerstellen eines einzelnen Arbeitsblatts (natürlich als Bestandteil einer Arbeitsmappe) erlaubt. Das Einfügen selbst bzw. der spätere Doppelklick auf ein so eingefügtes Objekt ruft *Excel* in der Umgebung von *Word* auf, passt die Multifunktionsleiste an und lässt Sie dann wie gewohnt unter Excel weiterarbeiten. Sie haben also auch die Möglichkeit, die eingebettete Mappe um weitere Arbeitsblätter zu erweitern, die Sie für Nebenrechnungen, wechselnde Anzeige u.a. nutzen.

Abbildg. 30.2   Einbetten neuer Objekte: Hier handelt es sich nicht um einen Import von Informationen, da diese selbst in das Word-Dokument integriert werden

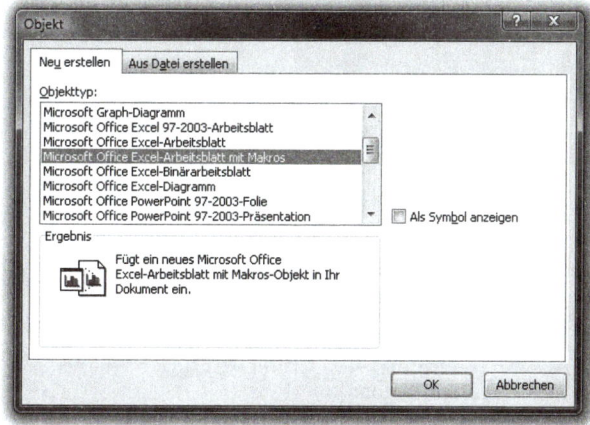

- Erstellung des Objekts aus einer vorhandenen Datei (Registerkarte *Aus Datei erstellen* in Abbildung 30.2), was auf das Einbetten oder Verknüpfen der gewählten Mappe hinausläuft.

Probieren Sie die Varianten an kleinen und übersichtlichen Beispielen Ihrer Wahl aus, damit Sie im Ernstfall mit geschlossenen Augen korrekt handeln können.

Etwas ganz anderes: Sendungen

Sendungen oder Seriendokumente (wie der Begriff bis Word 2003 lautete) unter *Word* gehören zu jedem Anwender-Training wie die Luft zum Atmen. Vielleicht gehören auch Sie zu den Nutzern, die eine Reihe von Datenlisten in *Excel* eingerichtet haben (CD-Sammlungen und andere Hobby-Notizen, Adressen von Geschäftspartnern, Freunden und Bekannten usw.). *Excel* bietet sich zum Anlegen und Auswerten von Listen ja auch unmittelbar an.

TIPP Abzuraten ist aus hier nicht näher zu beleuchtenden Gründen das Führen einer Auftrags- oder Kundenverwaltung unter *Excel*; hier sollte es schon ein Datenbank-Management-System wie *Access* sein.

Sendungen (Briefe, E-Mail-Nachrichten, Umschläge, Etiketten und Verzeichnisse) sind Dokumente, deren Struktur (also etwa erst die Adresse, dann die individuelle Anrede, dann ein gemeinsamer Text, zum Schluss die Unterschrift) für alle zu verarbeitenden Vertreter einer Liste gleich sind. Nur die Individuen (Partner und deren Adressen, Interpreten und deren Lieder usw.) wechseln von Dokument zu Dokument.

Legen Sie also unter *Excel* eine Liste Ihrer Wahl (etwa die Adressen Ihrer Freunde und Bekannten, die Sie zu einem Sommerfest einladen wollen) an. Geben Sie dem Listenbereich einen Namen (wie das gemacht wird, lesen Sie in Kapitel 19). Diese Namensvergabe ist nicht notwendig, erleichtert aber den Umgang mit der Liste.

Sie können auch die Datei *Kap30_Daten.xlsx* im Ordner *\Buch\Kap30* auf der CD-ROM zu diesem Buch nutzen.

Wechseln Sie zu *Word*. Hier ist es der Einstieg über die Befehle auf der Registerkarte *Sendungen* in der Gruppe *Seriendruck starten*. Besonders einfach ist es, wenn Sie sich unter den Optionen des Befehls *Seriendruck starten* für *Seriendruck-Assistent mit Schritt-für-Schritt-Anweisungen* entscheiden:

1. Sie haben zunächst die Wahl zwischen *Briefen*, *E-Mail-Nachrichten*, *Umschlägen*, *Etiketten* und *Verzeichnissen* (einfache Kataloge). Wählen Sie eine Option aus.
2. Im zweiten Schritt wählen Sie das Dokument aus, welches als *Startdokument* (das ist das Dokument zum Vorbereiten dessen, was später in den mehr oder weniger zahlreichen Einzeldokumenten erscheinen soll) eingerichtet wird.
3. In diesem Schritt kommt *Excel* ins Spiel. Da Ihre Liste bereits vorhanden ist, müssen Sie nun nach ihr »suchen«. Im erscheinenden Dialogfeld *Datenquelle auswählen* suchen Sie Ihre Arbeitsmappe und werden im Dialogfeld *Tabelle auswählen* (Abbildung 30.3) aufgefordert, die benötigte Liste auszuwählen. Sie sehen, dass es sinnvoll war, die Adressliste selbst auf dem Blatt zu benennen (also mit einem Namen zu versehen).

TIPP Wird die Quelle häufiger benötigt, sollten Sie im Dialogfeld *Datenquelle auswählen* den Assistenten nutzen, der mit Wahl des Eintrags *+Neue Datenquelle erstellen.odc* (die Dateiendung steht für *Office Data Connection*) erscheint. Mit seiner Hilfe wird eine ständige Verbindung zur Liste eingerichtet (es wird natürlich nicht die Datenquelle, sondern nur der Zugang zu ihr erstellt). Alternativ nutzen Sie die Schaltfläche *Neue Quelle* im Dialogfeld *Datenquelle auswählen*.

Eine Beschreibung des Assistenten finden Sie etwas weiter unten in diesem Kapitel bei den Erläuterungen zum Umgang mit *Access*.

Abbildg. 30.3 Eine Arbeitsmappe bietet verschiedene Listenmöglichkeiten an: Alle Arbeitsblätter (die nur dann als Liste geeignet sind, wenn eine solche links oben beginnt) sowie benannte Bereiche

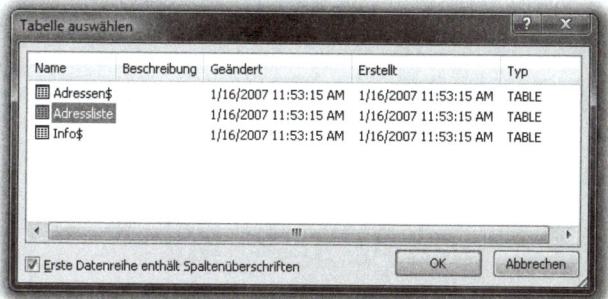

Die Verbindung zur Datenquelle wird dann mit einem Dialogfeld entsprechend der Abbildung 30.4 deutlich, das es erlaubt, sofort die zu verwendenden Datensätze zu kennzeichnen.

Abbildg. 30.4 Die Liste aus Excel wird in diesem Dialogfeld abgebildet. Eine gezielte Auswahl der Datensätze ist komfortabel möglich.

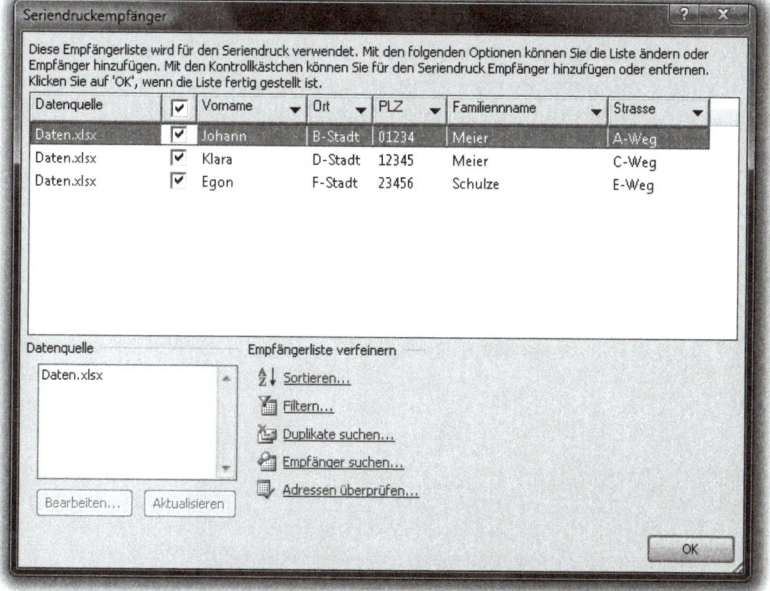

Die restlichen Schritte 4 bis 6 betreffen die individuelle Gestaltung der Dokumente, haben mit *Excel* selbst nichts mehr zu tun und sollen deshalb, auch weil sie selbsterklärend sind, hier nicht im Detail besprochen werden.

PowerPoint stellt etwas eigene Ansprüche

Vom Prinzip her läuft der Informations-Import und -Export mit *PowerPoint* genau so ab, wie oben für *Word* beschrieben. Sie sollten nur beachten, dass es oft wenig Sinn macht, Informationen mit den Formatierungen »Eins zu Eins« zu übernehmen. Das liegt daran, dass die Schriftgrößen, die Sie in *Excel* benutzen, für *PowerPoint* in der Regel zu klein sind. Oft gilt daher die Faustregel: »Will ich in *PowerPoint* etwas ordentlich sehen, muss ich das unter *Excel* entsprechend vorbereiten«.

HINWEIS Ab 2007 Office System gibt es ein »natürliches« Verhältnis zwischen Excel und PowerPoint: Diagramme, die in PowerPoint eingefügt werden, sind Excel-Diagramme. MS Graph gibt es nur aus Gründen der Abwärtskompatibilität. Darüber dürften sich neben den Excellianern auch Entwickler freuen, da die Programmierung von Diagrammen etwas angenehmer ausfällt.

Export – von Excel nach PowerPoint

Der Export startet unter *Excel*, wo Sie die zur Übertragung vorgesehenen Zellen markieren und mit dem Befehl *Kopieren* in die Zwischenablage bringen. Wechseln Sie dann zu *PowerPoint*, wo Sie im *Entwurfsmodus* eine Folie gestalten.

Sie haben jetzt die Möglichkeit, den Inhalt sofort (über den Befehl *Einfügen*) einzufügen – das Resultat ist die Übernahme des Textes (also in der Regel der Zahlen) einschließlich der *HTML*-Formatierungen. Aus diesem Grund entsteht auf der Folie auch sofort eine *PowerPoint*-Tabelle, die oft vom Aussehen her angepasst werden muss.

Oder Sie gehen »detailliert« über den Zwischenablage-Befehl *Einfügen/Inhalte einfügen* vor. Dieser Weg lässt das Dialogfeld *Inhalte einfügen* erscheinen (Abbildung 30.5), welches die Wahl des Einbettens (*Einfügen*) oder Verknüpfens (*Verknüpfung einfügen*) anbietet. Zu den Unterschieden zwischen beiden Varianten lesen Sie bitte die Ausführungen weiter oben in diesem Kapitel zu *Word*.

Abbildg. 30.5 Die Wahl des Einfügens von Arbeitsblatt-Informationen in PowerPoint. Der Schein trügt: Verzichten Sie auf dieses Dialogfeld, wird HTML als Übertragungsformat benutzt.

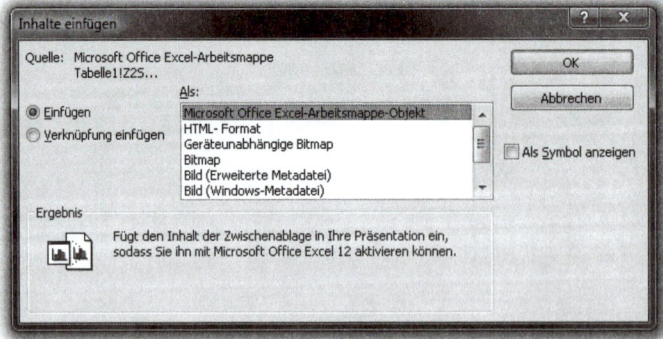

TIPP   Oft stören die Gitternetzlinien der Excel-Tabellenausschnitte. Diese sind unter Excel (entweder vor dem Export oder später durch Doppelklick auf das Arbeitsblatt-Objekt) und nicht unter PowerPoint unsichtbar zu machen.

Natürlich lassen sich auch Diagramme per Zwischenablage übertragen. Das einzufügende Objekt wird als *Office-Grafikobjekt* deklariert. In diesem Falle wird wohl stets verknüpft, obwohl es darauf zunächst keinen Hinweis gibt.

Import und OLE-Objekte

Der Import von Informationen geschieht auch unter *PowerPoint* durch das Einfügen eines Objektes. Das Dialogfeld *Objekt einfügen* (Abbildung 30.6), welches sich nach dem Ausführen des Befehls *Einfügen/Objekt* zeigt, hat Ähnlichkeit zu dem von *Word* (Abbildung 30.2), deshalb können die Erläuterungen wie zu diesem ausfallen (siehe weiter oben in diesem Kapitel). Probieren Sie es im Zweifel einfach aus.

Abbildg. 30.6   Kleine Unterschiede beim Einfügen von Objekten unter den verschiedenen Office-Anwendungen – die Technik ist jedoch stets die gleiche

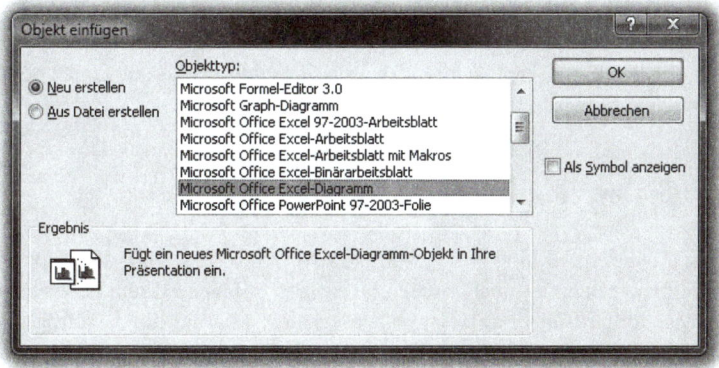

Haben Sie sich für den Eintrag *Microsoft Office Excel-Diagramm* entschieden, entsteht auf der bearbeiteten Folie ein Ergebnis etwa wie in Abbildung 30.7 gezeigt. Nun können Sie all Ihre *Excel*-Trümpfe ausspielen und das Diagramm nach Ihren Wünschen anpassen. Achten Sie darauf, dass die Daten in einem Arbeitsblatt hinterlegt sind, welches *Tabelle1* heißt und einfach zu aktivieren ist.

Abbildg. 30.7   Diagramm-Objekte von Excel in Word und PowerPoint verwenden die gleichen Vorlagen

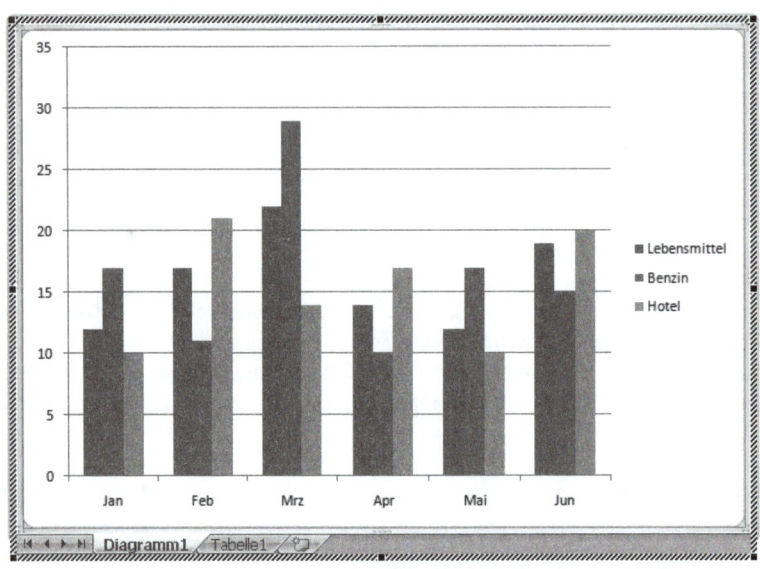

Ein Doppelklick auf das Objekt verrät später, dass es sich um ein Relikt aus Zeiten vor 2007 Office System handelt und eine Konvertierung empfohlen wird.

Der Partner fürs Leben – Access

Nicht alle Anwendungen ergänzen sich so ideal wie *Excel* und *Access*. Das liegt vor allem an der Gemeinsamkeit, Informationen in tabellarischen Strukturen aufzubewahren. *Access* tut das in einer Datenbank mit so genannten Tabellen als Grundlage, aus denen heraus durch Abfragen eine flexible Zusammenstellung von Informationen zu deren Bearbeitung bzw. Auswertung möglich ist. Auch kann *Access* mit diesen Informationen (Stichwort: statistische Aggregat-Funktionen) rechnen – doch *Excel* hat hier eher die Nase vorn. Das liegt auch daran, dass es für die meisten Nutzer bequemer (weil gewohnter) ist, ein Tabellenkalkulationsprogramm einzusetzen. Andererseits kennt *Excel* Tabellen (im Sinne von Listen), in denen sich – ähnlich wie in *Access* – Datensätze anlegen lassen. Jedoch besitzt *Excel* keinerlei Mechanismen (es sei denn, man erfindet mittels VBA das Rad neu) zur flexiblen, effektiven und sicheren Verwaltung größerer Datenbestände. In einem solchen Fall ist *Access* ein Muss.

Datenimport durch Abfragen

Die Aufbewahrung von Datensätzen in einer oder mehreren Tabellen von *Access* sperrt diese keinesfalls in dessen Umgebung ein. Sie können bequem auf solche Informationen (die auch in einem Firmennetz liegen können) zugreifen, ohne *Access* am eigenen Arbeitsplatz installiert zu haben. Dieser Zugriff kann, muss aber nicht, über *Microsoft Query* (eine Anwendung, die schon sehr lange gemeinsam mit *Excel* ausgeliefert wird und auf Wunsch installiert werden kann) erfolgen.

Die nächsten Erläuterungen beziehen sich auf den Zugriff auf die Nordwind-Datenbank. Diese Datenbank wird wohl nicht mehr in der bekannten Form mit Office ausgeliefert, sondern muss unter Access aus der vorhandenen Vorlagendatei erstellt werden.

Haben Sie *Access* nicht installiert, können Sie eine kleine Datenbank namens *Kap30_Adressen.accdb* nutzen, die Sie auf der CD-ROM zu diesem Buch im Ordner *\Buch\Kap30* finden.

Beginnen Sie auf einem (möglichst) leeren Tabellenblatt Ihrer Wahl. Der Zugriff auf externen Daten erfolgt über Befehle auf der Registerkarte *Daten* der Gruppe *Externe Daten abrufen*. Sie stellt drei Varianten zur Auswahl:

- Sie können sich für *Aus Access* entscheiden und bekommen nach Auswahl der entsprechenden Datenbankdatei deren Tabellen und gespeicherte Abfragen aufgelistet (wie in der folgenden Abbildung),

Abbildg. 30.8 Es werden Abfragen und Tabellen aus einer Access-Datenbank-Datei zur Nutzung angeboten

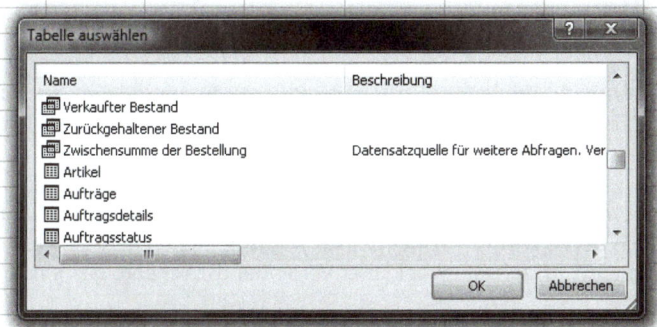

- Sie können sich für *Aus anderen Quellen* und die damit verbundenen Zugriffsoptionen (die unter anderem den Zugriff auf Access mittels Microsoft Query erlauben) entscheiden oder
- Sie wählen eine bereits vorhandene Datenquellenverbindung aus.

Im ersten Fall ist es notwendig, dass alle Zugriffsmöglichkeiten bereits in der Datenbank selbst geschaffen werden müssen.

Im zweiten Fall müssen Sie zwischen

- *Vom Datenverbindungs-Assistenten* bzw.
- *Von Microsoft Query* entscheiden.

Verbindungen, die der Datenverbindungsassistent erstellt, sind die, die im dritten Fall der Zugriffsvarianten als vorhandene Datenquellenverbindungen gelistet werden.

Der Datenverbindungs-Assistent arbeitet im Falle von Access 2007 in folgenden Schritten, die für andere Datenbankformate weitestgehend ähnlich verlaufen:

1. Im zuerst erscheinenden Dialogfeld (Abbildung 30.9) wählen Sie im Listenfeld den Eintrag *Weitere/erweiterte* und gelangen dann zu einem Dialogfeld, welches zur Auswahl des so genannten Providers, das ist ein Schnittstellendienst, der die Verbindungsaufnahme zwischen Excel und der Datenquelle ermöglicht.

Abbildg. 30.9   Die Wahl des Datenquellentyps erlaubt für Access neben dem »modernen« OLEDB auch das »klassische« ODBC

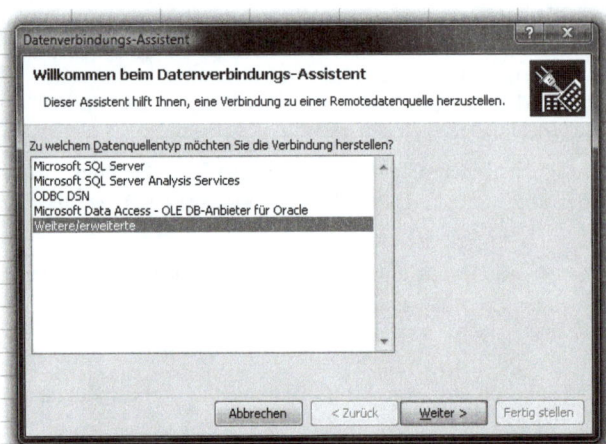

2. Dieses zweite Dialogfeld (Abbildung 30.10) hält auf der Registerkarte *Provider* den auf Access 12 zugeschnittenen Eintrag bereit, jedoch muss der Pfad zur Datenbank auf der Registerkarte *Verbindung* mit der Hand eingetragen werden.

HINWEIS   Der beschriebene Weg ist nicht der einzige. So können Sie in Abbildung 30.9 bzw. in Abbildung 30.10 auch den Dienst für ODBC-Treiber in Anspruch nehmen, der dann für *MS Access Databases* den weiteren Weg zur Datenbank über Verbindungszeichenfolgen einstellen lässt.

Abbildg. 30.10   Die Qual der Wahl – Zugriffsdienste auf Datenbanken. Hier machen Übung und Erfahrung den Meister.

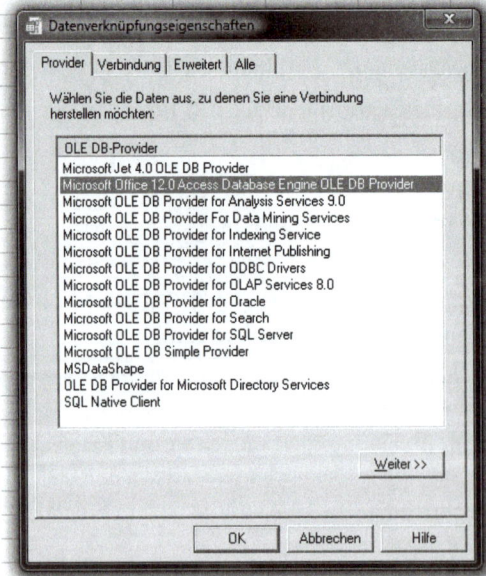

3. Wiederum wird eine Liste von Abfragen und Tabellen angeboten, von denen Sie eine für spätere Zugriffe permanent auswählen können.
4. Sie werden gebeten, den Namen der Verbindung sowie eine eventuelle Erklärung hinzuzufügen (Abbildung 30.11).

Abbildg. 30.11   Datenverbindungen werden in speziellen Dateien (Endung *.odc* für *Office Data Connection*) hinterlegt, was einen komfortablen wiederholten Zugriff auf Datenbestände erlaubt

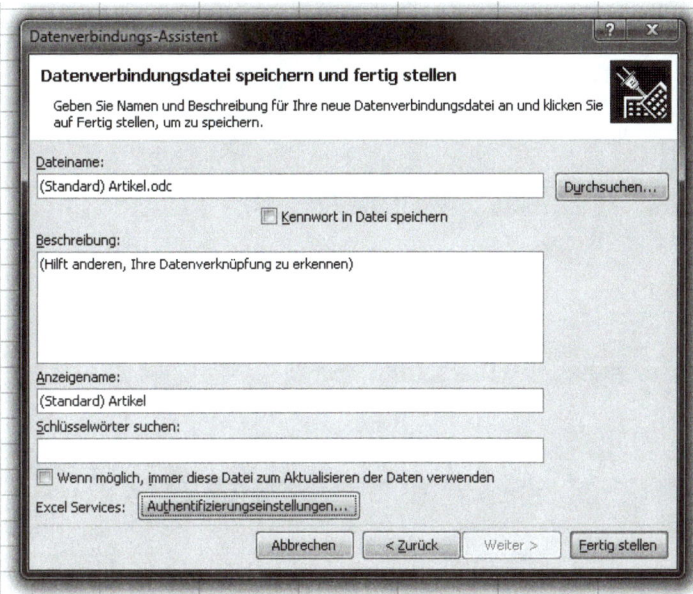

5. Nach Fertigstellung der Verbindung müssen Sie im Dialogfeld *Daten importieren* (Abbildung 30.12) klären, wo und in welcher Form (Tabelle, PivotTable) die Daten »zu Papier« gebracht werden sollen.

Abbildg. 30.12   Form und Platzierung externer Daten festlegen

Und »wie von Geisterhand« füllt sich das Blatt.

> **HINWEIS** Wurde der Zugriff bereits eingerichtet, entfallen die Schritte 1 bis 4 nach Wahl der entsprechenden *.odc*-Datei (*Office Data Connection*). Den Zugriff haben Sie, wie bereits erwähnt, über den Befehl *Vorhandene Verbindungen*.

Daten mit Query importieren

Der zweite wichtige und flexiblere Weg, eine Daten-Abfrage zu erstellen, ist der über die Befehlsfolge *Aus anderen Quellen/Von Microsoft Query*. Hier treffen Sie ggf. »den alten Bekannten« *Query*, ein Zugang, der weit in die Anfänge von *Excel* zurückreicht. Diese Anwendung kündigt sich im Dialogfeld *Datenquelle auswählen* (Abbildung 30.13) an.

Abbildg. 30.13 Query einsetzen: mit oder ohne Assistenten

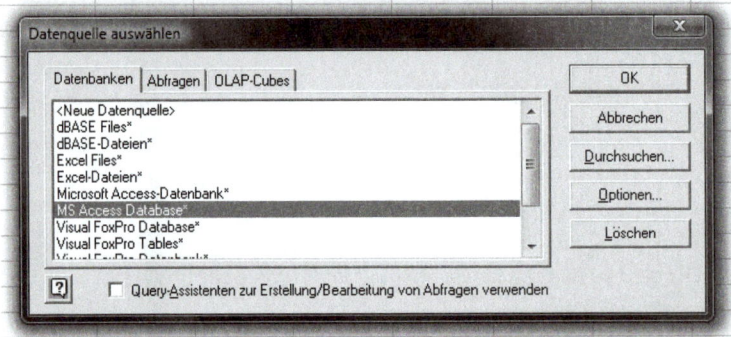

Der wichtigste Unterschied zur vorhergehenden Zugriffsart ist der, dass Abfragen nicht mehr in der Datenbank bereitgehalten werden müssen, sondern von Ihnen selbst im weiteren Verlauf erstellt werden können. Die Hilfe des Query-Assistenten ist dabei allerdings eine eher bescheidene, da er Sie in kniffligen Situationen allein lässt.

> **HINWEIS** Die Nebeneffekte von *Office Data Connections* (Dateiendung *.odc*) haben sich seit der Vorgängerversion von Office geändert. Suchen Sie im Ordner *Dokumente* nach dem Ordner *Eigene Datenquellen*. Klicken Sie dort doppelt auf eine eingerichtete Verbindung. Es öffnet sich nicht wie bisher der Internet Explorer mit einer HTML-Seite, die in einer PivotTable-Webkomponente die Daten anzeigt, sondern Excel selbst mit einer neuen Arbeitsmappe, die die Daten bereits enthält.

Eine Datenbank greift auf Excel-Tabellen zu

Es wurde schon weiter oben angedeutet: Viele Anwender beginnen mit der Verwaltung von Listen (also ein Untereinanderreihen von Informationen, deren Gemeinsamkeiten in den Spaltenüberschriften charakterisiert werden) unter *Excel*. Eines Tages wird es ernst: Wie kommen die Daten ohne Verlust nach *Access*?

Haben Sie unter *Access* die notwendige Datenbank (mit oder ohne Tabellen) bereits angelegt, so ist es einfach: Sie rufen den Befehl *Externe Daten/Excel* auf und entscheiden im folgenden Dialogfeld

- die Daten in eine neue Tabelle der Datenbank zu importieren (kopieren). Sie haben ab dann zwei voneinander unabhängige »Originale«. Das ist kein guter Zustand, da beide gepflegt werden müssen. Sie sollten also bei nächster Gelegenheit die *Excel*-Liste selbst entfernen. Brauchen Sie die Daten wieder in einer Arbeitsmappe, ist der erneute Import der Daten aus *Access* für Sie nach dem Lesen des vorigen Abschnitts kein Problem mehr.
- die Daten an eine bestehende Tabelle anzufügen (kopieren) oder
- eine Verknüpfung zur Excel-Liste zu erstellen, die dann wie eine Tabelle der Datenbank behandelbar ist.

TIPP Der Import ist immer dann einfacher und übersichtlicher zu bewerkstelligen, wenn Sie den Listen *Namen* gegeben haben.

Eine Datenbank liefert Informationen an Excel

Access kann, wegen der Möglichkeiten von SQL (Structured Query Language) auch rechnen. Doch besser rechnet es sich oft unter *Excel*. Weiter oben haben Sie gesehen, wie *Excel* die Daten importieren kann, um dann damit zu rechnen. Aber auch ein Export aus *Access* gelingt. Access hält in der Gruppe *Exportieren* der Registerkarte *Externe Daten* die notwendigen Werkzeuge bereit.

Die ausgewählten Daten werden in eine *Excel*-Mappe exportiert, wobei hinsichtlich der Details ein Dialogfeld den Weg absteckt. Die Daten der Mappe haben keinerlei Verbindung zum Original, allerdings erlaubt Access ein Speichern der Handlungsfolge für den Export einschließlich der Möglichkeit, für diese Handlungen Outlook-Aufgaben (auch als Serie) einzurichten. Das ist eine sehr sinnvolle und komfortable Erweiterung gegenüber der Vorgängerversion, die das Anfertigen von Berichten erleichtert.

Outlook – nicht nur E-Mail im Programm

Faszinierend ist, wie der Export aus *Excel* nach *Outlook* über die Zwischenablage arbeitet. Haben Sie eine E-Mail-Nachricht im *HTML*-Format vorbereitet, so arbeiten Sie nahezu mit denselben Mitteln wie beim Export nach *Word*. Nutzen Sie zum Einfügen die Option *Einfügen/Inhalte einfügen*, haben Sie bei *Kalender*- und *Aufgaben*-Elementen in *Outlook* auch die Möglichkeit der Verknüpfung zum Original. E-Mails lassen eine solche Verknüpfung zwar auch zu, jedoch muss man je nach Empfänger über den Sinn nachdenken. Unter Umständen wandeln die beteiligten E-Mail-Programme die Objekte in Bilder ohne Verknüpfung bzw. (wenn möglich) normalen Text um.

E-Mails aus Excel versenden

Doch nicht nur die Zwischenablage gestattet den sofortigen Informationsfluss. *Excel* besitzt, wie andere Office-Anwendungen auch, die Fähigkeit, einen »Umschlag« für E-Mail-Nachrichten bereitzustellen. Weitere Details zum E-Mail-Versand mit *Outlook* finden Sie in Kapitel 28.

Ordner-Informationen austauschen

Oft wird die Frage gestellt, wie denn Adress-Sammlungen als Listen unter *Excel* möglichst ohne Aufwand und ohne Informationsverlust zu Kontakten in *Outlook* werden. Hier ist folgende Detailkenntnis interessant: *Outlook* besitzt die Fähigkeit, Ordner-Inhalte als Listen nach *Excel* zu exportieren. Das ist etwa sinnvoll, wenn Zahlenangaben der Element-Felder (bei Aufgaben kann das ohne weitere Zwischenschritte die eingesetzte Zeit oder auch die gefahrene Kilometerleistung sein) zur Auswertung mehrerer Elemente in einer *Excel*-Liste zusammengestellt werden sollen. Der Export beginnt mit der Menübefehlsfolge *Datei/Importieren/Exportieren/In Datei exportieren*. Anschließend begleitet Sie ein Assistent. Diesem Assistenten folgen Sie, bis das Dialogfeld *Felder zuordnen* erscheint, welches Sie zum Zuordnen von Feldern (optional) auffordert. Diese Zuordnung überträgt die *Outlook*-Feldnamen zu Spaltenüberschriften auf dem Ziel-Arbeitsblatt. Die Namen der rechten Seite, die zu Spaltenüberschriften werden, lassen sich Ihren Vorstellungen anpassen. Leerzeichen werden allerdings abgelehnt. Haben Sie sich verzettelt, gelingt die Wiederherstellung der vorgeschlagenen Standardzuordnung.

Die Schaltflächen der linken Seite dienen der Navigation zwischen den zu exportierenden Elementen und zeigen in erster Position die Feldnamen an.

Nach einem solchen Export-Schritt, der auch nur zu Test- und Verständniszwecken ausgeführt worden sein kann, wissen Sie, was *Outlook* für den Import erwartet. Bereiten Sie also Ihre *Excel*-Liste (mit den Adressen oder anderen Informationen), die importiert werden soll, so vor, dass die Spaltenüberschriften möglichst mit den Standard-Feldnamen von *Outlook* übereinstimmen. Dann wählen Sie die Menübefehlsfolge *Datei/Importieren/Exportieren/Aus anderen Programmen oder Dateien importieren*.

Wiederum begleitet Sie ein Assistent. Dieser fragt Sie in einem Zwischenschritt, wie Sie Duplikate beim Import behandeln wollen. Dieser detaillierte Umgang mit Duplikaten erlaubt es, *Excel*-Arbeitsblätter zur Archivierung von Informationen oder auch zum Informationsaustausch zwischen verschiedenen *Outlook*-Nutzern einzusetzen.

Die Feldzuordnung ist wiederum optional. Allerdings können Sie Feldnamen auf der rechten Seite nicht ändern. Die Zuordnung per Drag & Drop (von links nach rechts) ist wie beim Export möglich.

WICHTIG Der Wermutstropfen: Der eben beschriebene Informationsaustausch funktioniert in beiden Richtungen nur mit Arbeitsmappen im Format von Excel der Versionen 1997 bis 2003, weil Outlook das neue Dateiformat (noch) nicht unterstützt.

InfoPath – Formulare erstellen, Auswertungen erleichtern

InfoPath ist seit der Version 2003 Teil der Office-Familie. Es dient zum Entwurf und zum Ausfüllen von Formularen, die den Zugang zur Erfassung von Informationen schrittweise vereinheitlichen sollen. Hier trifft sich sozusagen alles, »was Rang und Namen hat«: *Word* kann *XML*-Daten aufnehmen und weitergeben, *Excel* kann beides und bringt seine rechnerischen Fähigkeiten mit ein. *Access* liefert Daten und deren Strukturen und kann solche auch verarbeiten. Die gemeinsame Sprache heißt XML (Extensible Markup Language).

InfoPath – Formulare erstellen, Auswertungen erleichtern

Um die folgenden Betrachtungen nachvollziehen zu können, sollten Sie *InfoPath* auf Ihrem Rechner installiert haben.

 Haben Sie noch kein Formular erstellt, benutzen Sie die InfoPath-Datei *Kap30_Arbeitszeiten.xsn* aus dem Ordner *\Buch\Kap30* auf der CD-ROM zum Buch.

Das Formular der CD-ROM zum Buch hat einen sehr einfachen Aufbau (Abbildung 30.14) und erlaubt die Erfassung von Zeiten in verschiedenen Projekten.

Abbildg. 30.14 Einfache Arbeitszeiterfassung – dieses Formular begleitet Sie in diesem Abschnitt

Wenn Sie das genannte Formular ausgefüllt haben bzw. vervollständigen lassen haben, bietet InfoPath Ihnen anschließend die Möglichkeit, die darin enthaltenen Daten unmittelbar nach Excel zu exportieren (Menübefehl *Datei/Exportieren nach/Microsoft Office Excel*). Bei diesem Export werden Sie durch einen Assistenten begleitet, der Ihnen (vor allem bei sehr komplexen Formularinhalten) die Auswahl des zu exportierenden Datenbestands erleichtert.

Doch das ist nicht alles beim Zusammenspiel der beiden Office-Partner. Sie können Ihren Teammitgliedern auf verschiedene Weise Formulare zur Verfügung stellen: per E-Mail, per Windows-Installer, durch Veröffentlichung auf einem Webserver oder auf einer SharePoint-Website. Dieser Fall soll etwas näher beleuchtet werden, da am Ende Excel wieder eingreifen kann.

Für die weiteren Schritte brauchen Sie Zugriff auf eine SharePoint-Website. Wollen Sie auf Ihrem Rechner experimentieren, benötigen Sie dazu als erste Voraussetzung allerdings das Betriebssystem Windows Server 2003. Mehr über den SharePoint Server lesen Sie in Kapitel 28.

TIPP Damit das Formular nicht nur unter InfoPath, sondern auch im Browser ausgefüllt werden kann, sollten Sie die Kompatibiltätseinstellungen des Entwurfs entsprechend anpassen (*Formularentwurf/Designdetektiv*).

Wählen Sie bei geöffneter Formularvorlage (Entwurf) den Menübefehl *Datei/Veröffentlichen*, unterstützt Sie ein Assistent bei den notwendigen Schritten:

- Wahl der Art und des Ortes der Bereitstellung
- Auswahl der darzustellenden Formularfelder (sichtbar auf der Website und in Outlook-Ordnern)
- sofortiger Zugriff auf die Website sowie der Versand des Formulars per E-Mail (Abbildung 30.15).

Kapitel 30 Excel und die anderen Office-Anwendungen

Abbildg. 30.15   Neu in 2007 Office System: InfoPath Forms Services mit der Möglichkeit, Formulare im Internet Explorer auszufüllen

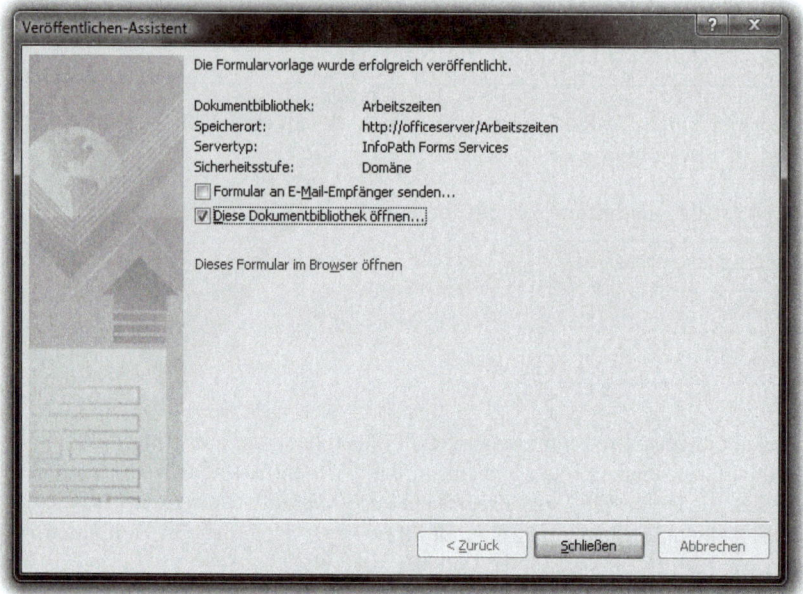

Besuchern der Website, welche die entsprechenden Rechte zum Ausfüllen und Speichern von Formularen haben, bietet sich – nach entsprechendem Anpassen der SharePoint-Seite – ein Bild ausgefüllter Formulare auch in der so genannten *Datenblattansicht* (siehe Abbildung 30.16).

Auswertungen unter Excel gelingen nun mit den bekannten starken Werkzeugen, zu denen neben *Abfragelisten* (die in Excel selbst *Tabellen* heißen) auch Diagramme und PivotTable-Berichte gehören. Wagen Sie den Export nach Excel, wird nicht nur automatisch eine Tabelle, sondern darüber hinaus die Aktualisierbarkeit dieser »Liste« durch eine Verknüpfung zur Team-Website gesichert (lesen Sie dazu auch in Kapitel 28 nach).

Abbildg. 30.16 Das Datenblatt bezieht seine Informationen in Form von XML. Im Aufgabenbereich wartet Excel mit Tabellen, Diagrammen und PivotTable-Berichten auf.

Auch Excel kann mal der »Andere« sein

Nachdem Sie gesehen haben, wie sich *Excel* mit anderen Anwendungen austauschen kann, entsteht die Frage: Gelingt auch der Datenaustausch einer Mappe mit einer zweiten? Natürlich ist auch das möglich. Sicher haben Sie schon einmal in einer Arbeitsmappe mit Zellbezügen in einem Arbeitsblatt gearbeitet, welche auf ein anderes Blatt der gleichen Mappe zielten. Es entstehen dann Formeleinträge nach dem Muster:

=Tabelle2!B6+Tabelle3!A1

Auf diese Weise können Sie auch zwischen Mappen korrespondieren. Mehr zu den verschiedenen Zellbezügen finden Sie in Kapitel 6 und in Kapitel 7.

Da die notwendige Formelstruktur nicht sofort offensichtlich ist, nutzen Sie wieder die Zwischenablage. Markieren Sie also in einer Mappe Ihrer Wahl eine oder mehrere Zellen und bringen Sie deren Inhalt in die Zwischenablage (z.B. mit der Tastenkombination Strg+C oder über den Befehl *Kopieren*). Wechseln Sie nun in eine zweite Mappe und suchen dort Ihre Zielzelle(n) aus:

- Wenn Sie sich jetzt für das »einfache« *Einfügen* entscheiden (oder die Tastenkombination Strg+V dazu nutzen), so wird der Zellinhalt (also auch eventuelle Formeln mit ihren relativen oder absoluten Zellbezügen) samt Formatierung übergeben.

- Sie können aber auch einen detaillierten Weg einschlagen und die Option *Einfügen/Inhalte einfügen* wählen (das ist eine von neun in Abbildung 30.17 dargestellten und sich selbst erklärenden Optionen).

Abbildg. 30.17 Vielfältige Möglichkeiten, den Inhalt der Zwischenablage zu verwenden

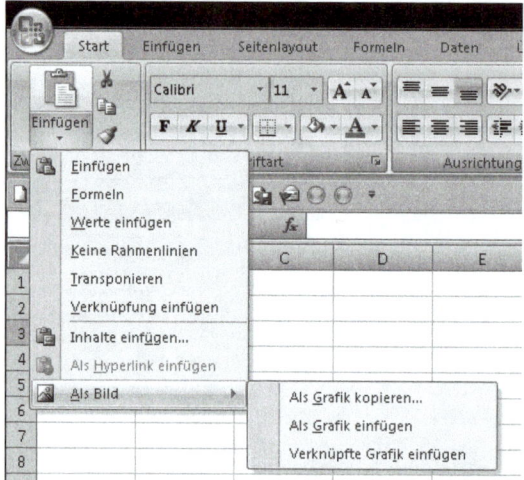

Haben Sie sich für die genannte Option entschieden, so sehen Sie das Dialogfeld aus Abbildung 30.18, das auch eine Schaltfläche zum *Verknüpfen* bereithält. Auf diese Weise wird nicht die Formel einer Zelle eingetragen, sondern der Bezug auf die Zelle hergestellt.

Abbildg. 30.18 Excel erlaubt die Verknüpfung zu sich selbst – gemeint ist natürlich, dass eine Mappe die Quelle und eine andere das Ziel ist

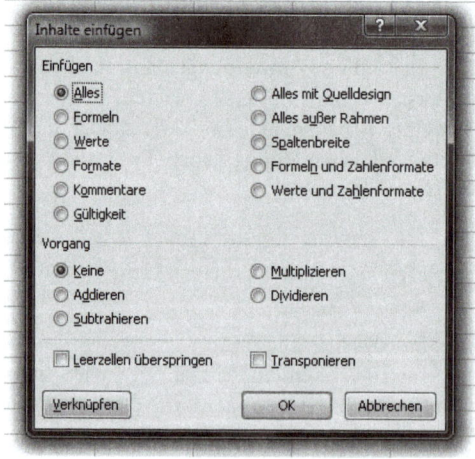

Eine typische Form des Bezugs auf eine Zelle in einer anderen Mappe sieht so aus:

='E:\Dokumente\[Blasendiagramm.xlsx]Tabelle1'!A2

Hyperlinks – der Weg nach draußen

Hierbei verschwindet die Pfadangabe, wenn die Quelldatei geöffnet ist.

Verknüpfungen dieser Art lassen sich auch verwalten. Dazu wählen Sie den Befehl *Verknüpfungen bearbeiten* der Registerkarte *Daten* und nutzen das erscheinende Dialogfeld aus Abbildung 30.19:

- Verknüpfungen, die beim Öffnen der Mappe nicht aktualisiert wurden, können den aktuellen Stand der Dinge (also in der fremden Mappe, der *Quelle*) heranholen.
- Die Quelldatei kann zur Einsichtnahme oder Bearbeitung geöffnet werden.
- Verknüpfungen können gelöscht werden. Dabei werden Formeln durch den aktuellen Zellwert ersetzt. Das ist wichtig für Berichte, die mit Hilfe von Mustervorlagen erstellt werden, welche die Verknüpfungen eingerichtet halten. Auch lassen sich so nicht mehr aktuelle Verknüpfungen entfernen (Quellen wurden gelöscht oder unauffindbar verschoben).
- Quellen lassen sich anpassen. Das kann auf Grund von Verschiebungen der Quelldatei im Windows-Explorer notwendig sein. Wird die Quelle zusammen mit dem Ziel geöffnet und an anderer Stelle und/oder unter anderem Namen gespeichert, so übernimmt *Excel* das Protokoll und trägt die richtige Verknüpfung selbst ein.

Abbildg. 30.19 Dieses Dialogfeld arbeitet so, wie seine Schaltflächen es anzeigen

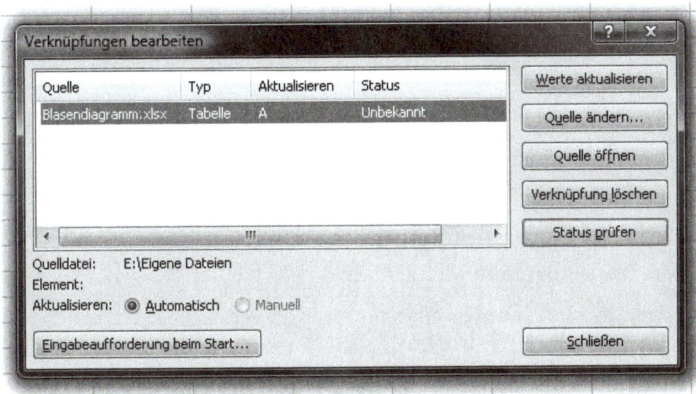

Mehr zum Thema Verknüpfungen finden Sie in Kapitel 6.

Hyperlinks – der Weg nach draußen

Der letzte Abschnitt dieses Kapitels widmet sich einer ganz anderen Art des Informationsaustausches. Die Informationen verbleiben dort, wo sie aufbewahrt werden. Und wenn sie sichtbar gemacht werden sollen, passiert das in dem Programm, welches das Dokument mit den Informationen auch verwaltet.

Hyperlinks gehören schon fast so lange zu Office, wie es sie im Rahmen von *HTML* und den damit verbundenen Möglichkeiten der Navigation durch verschiedene Dokumente gibt. Sie fügen unter *Excel* einen Hyperlink ein, indem Sie in einer markierten Zelle stehend den Befehl *Hyperlink* auf der Registerkarte *Einfügen* wählen (Tastenkombination Strg + K). Es öffnet sich ein Dialogfeld wie in Abbildung 30.20 dargestellt.

Abbildg. 30.20 Im Dialogfeld *Hyperlink einfügen* verknüpfen Sie zu weiteren Informationen

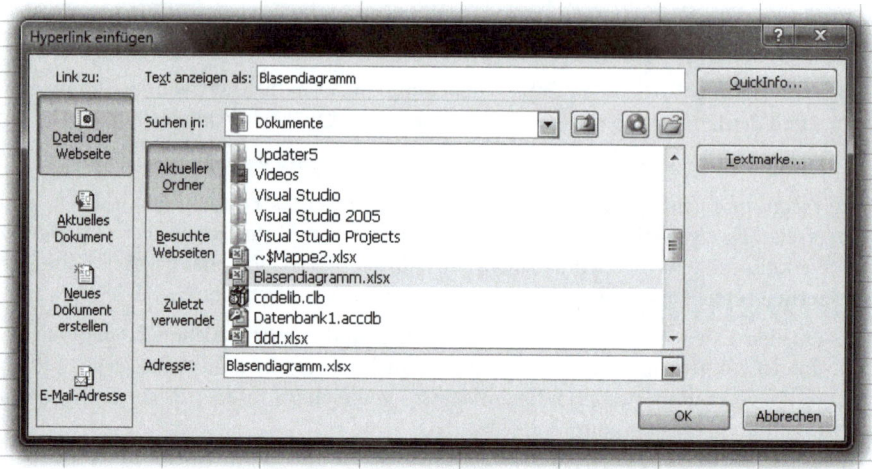

Das Dialogfeld *Hyperlink einfügen* ist in allen Office-Anwendungen weitestgehend identisch und auch schnell erklärt. Auf der linken Seite wählen Sie aus, wohin der Hyperlink prinzipiell führen soll:

- zu einer Datei oder Webseite – lokal oder im Netz,
- zu einer Sprungmarke im selben Dokument – dadurch sparen Sie sich das Blättern mit den Bildlaufleisten,
- in ein Dokument, welches erst erstellt werden soll oder
- das Standard-E-Mail-Programm wird gestartet.

Hatten Sie eine Zelle mit Inhalt ausgewählt, erscheint dieser als anzuzeigender Text. War die Zelle leer, haben Sie Gelegenheit, den Text nachträglich in der ersten Zeile des Dialogfelds einzugeben. Verzichten Sie darauf, erscheint die Adresse der anzuspringenden Datei.

Die Schaltfläche *QuickInfo* erlaubt es, einen erklärenden Text anzugeben, der beim Zeigen mit der Maus auf den Hyperlink als Kurzinformation erscheint.

TIPP Die Schaltfläche *Textmarke* ist dafür vorgesehen, eine Sprungmarke im anzuspringenden Dokument anzuwählen. Unter *Excel* funktioniert das aber nur, wenn Sie eine *Excel*-Mappe anspringen. Textmarken in *Word* werden nur dann erkannt, wenn Sie in einem *Word*-Dokument (und nicht im Dokument einer anderen Anwendung) einen Hyperlink einfügen. Sie können diesen kleinen Missstand jedoch überlisten.

Schauen Sie sich an, wie die einzelnen Programme ihre Textmarken handhaben. Starten Sie unter *Word*, so erscheint etwas wie:

Dokumentpfad\Dokumentname#Textmarkenname

Excel kennt die gleiche Syntax im Falle benannter Bereiche, die angesprungenen werden sollen. Bestimmte Zellen werden mit

Mappenpfad\Mappenname#Tabellenname!Zellbezug

erreicht. Also durch

E:\Dokumente\Meine Mappe.xlsx#Tabelle2!B2:C4

öffnet sich die entsprechende Mappe mit *Tabelle2* obenauf und die Zellen *B2:C4* sind markiert.

Diese Technik des »Zusatz-Eintrags per Hand« lässt sich auch gut während einer *PowerPoint*-Präsentation einsetzen. Entfallen doch das eher ungeschickte Verlassen des Präsentationsmodus und der anschließende störende Aufruf der gewünschten Datei mit anschließender Suche der zu zeigenden Stelle.

Wie Sie mit einer Tabellenfunktion Hyperlinks flexibel erstellen können, zeigt Ihnen das Kapitel 15.

Zusammenfassung

Lassen Sie sich nicht von der Vielzahl der Möglichkeiten und deren Details überrennen. Hier macht nur Übung den Meister. Dieses Üben sollte vor allem auch aus dem Training der technischen Abläufe bestehen, damit diese im Bedarfsfall wie geschmiert gehen. Wichtig ist in erster Linie, eine Vorstellung darüber zu entwickeln, was durch den Informationsaustausch erreicht werden soll. Ist es die einfache Übernahme, so ist oft *Kopieren* und *Einfügen* erste Wahl. Geht es jedoch um permanente Verbindung der Dokumente (*Verknüpfungen*), ist die Unterscheidung zwischen *Quelle* und *Ziel* schon 80 % der Lösung.

Frage	Antwort
Was gibt es Neues zum Thema Importieren oder Exportieren?	Neu in der Version 2007 ist die Tatsache, dass Excel jetzt für Word und PowerPoint der Lieferant von Diagrammen ist. Weitere allgemeine Informationen zu diesem Thema finden Sie auf Seite 1080.
Welche Möglichkeiten bietet die Zwischenablage?	Den Inhalt der Zwischenablage können Sie auch so einfügen, dass eine Verknüpfung zur Datenquelle erstellt wird. Mehr dazu finden Sie auf Seite 1081.
Warum sind die Daten aus der Zwischenablage formatiert?	Weil das HTML-Format die Standard-Formatierung beim Einfügen ist. Mehr dazu auf Seite 1081.
Wie kann ich eine Excel-Tabelle in Word oder PowerPoint einbinden?	Wenn Sie beim Einfügen die entsprechende Option wählen, wird die Zwischenablage als Objekt eingefügt. Mehr zu diesen Objekten und deren Bearbeitung finden Sie auf den Seiten 1083 und 1087.
Kann ich eine Excel-Tabelle für einen Serienbrief verwenden?	Ein Beispiel für die Verwendung einer Excel-Tabelle als Datenquelle für eine Sendung finden Sie auf Seite 1084.
Was verbirgt sich hinter Office Data Connections (ODC)?	Darunter wird eine Verbindung zu einer Datenquelle verstanden. Die Informationen zu einer Datenverbindung werden in einer Datei mit der Dateierweiterung *.odc* gespeichert. Mehr zu diesem Thema finden Sie auf Seite 1084.
Wie kann ich externe Daten importieren?	Dafür können Sie verschiedene Abfragen verwenden. Lesen Sie dazu die Informationen auf Seite 1088.
Ich möchte Daten einer Excel-Tabelle in Outlook importieren. Wie geht das?	Exportieren Sie zunächst Daten aus Outlook, um die Feldbeschreibungen für die Anordnung Ihrer Excel-Tabelle zu erkunden. Mehr dazu auf Seite 1094.

Kapitel 30 Excel und die anderen Office-Anwendungen

Frage	Antwort
Wie kann ich Daten aus einem InfoPath-Formular in Excel weiterbearbeiten?	Wählen Sie in InfoPath den Menübefehl *Datei/Exportieren nach*, können Sie den Export vornehmen. Ein Beispiel dazu finden Sie auf Seite 1094.
Wie kann ich mit einem Hyperlink eine bestimmte Stelle in einem Word-Dokument oder einer Excel-Arbeitsmappe anspringen?	Definieren Sie in Ihrem Word-Dokument eine Textmarke und verwenden Sie diese im Hyperlink. Für einen gezielten Bereich einer Arbeitsmappe können Sie diesen Bezug angeben. Auf Seite 1099 steht, wie es geht.

Teil J

Makroprogrammierung mit Excel

In diesem Teil:

Kapitel 31 Eigene Makros programmieren 1105

Wenn Sie das vorliegende Buch bis zu dieser Stelle durchgearbeitet haben, dann werden Sie sicher zustimmen, dass Excel enorme Fähigkeiten im Umgang mit Zahlen hat. Wenn Ihnen dennoch an der einen oder anderen Stelle eine Funktion fehlt oder wenn Sie verschiedene Arbeitsgänge zusammenfassen wollen, dann wird Ihnen das folgende Kapitel beim Einstieg in die Makroprogrammierung mit Excel helfen. Sie finden hier auch Informationen, wie Sie eine eigene Registerkarte und eigene Befehle in der Multifunktionsleiste anzeigen können.

Im Einzelnen lernen Sie, wie Sie

- ein Makro mit dem Makro-Rekorder aufzeichnen,
- eine eigene Funktion erstellen,
- Meldungen anzeigen und Benutzereingaben verarbeiten,
- Werte vergleichen und mit Programmverzweigungen reagieren,
- mit Schleifen Aktionen wiederholt ausführen,
- eigene Add-Ins erstellen und
- die Multifunktionsleiste anpassen.

Kapitel 31

Eigene Makros programmieren

In diesem Kapitel:

Entwicklertools anzeigen lassen	1106
Aufzeichnen mit dem Makrorekorder	1109
Makros bequem starten	1112
Der VBA-Editor	1113
Hilfestellung im VBA-Editor	1115
Benutzereingaben auswerten	1115
Aktionen wiederholen mit Schleifen	1116
Verzweigungen in Programmen	1118
Eine benutzerdefinierte Tabellenfunktion erstellen	1119
Ein eigenes Add-In erstellen	1121
Anpassung der Multifunktionsleiste	1123
Zusammenfassung	1130

Kapitel 31 Eigene Makros programmieren

Die in allen Office-Komponenten eingesetzte Programmiersprache ist Visual Basic für Applikationen, kurz VBA. Neben den Microsoft-Produkten wird diese Sprache auch in vielen Programmen anderer Hersteller implementiert. Dass diese Sprache in so vielen Produkten zu finden ist, hat natürlich für Sie als Anwender den enormen Vorteil, dass Sie lediglich ein Konzept und eine Sprache lernen müssen, um eigene Lösungen programmieren zu können.

Gegenüber der Lösung in einem Arbeitsblatt gibt es allerdings auch einige Einschränkungen bei Makrolösungen:

- Bedenken Sie, dass der Benutzer einer Makro-Arbeitsmappe beim Öffnen die Ausführung von Makros verhindern kann. Damit kann ein Sicherheitsproblem entstehen, wenn Sie gewisse Bereiche per Makro schützen wollen. Zumindest aber verfügt die Arbeitsmappe über eine reduzierte Funktionalität.

- Ohne Kenntnisse von VBA ist eine Makro-Lösung nicht anzupassen. Sie wollen sicher nicht jedem Anwender zumuten, sich Programmierkenntnisse anzueignen. Für eventuell notwendige Anpassungen müssen Sie also selbst Sorge tragen.

- Viele Lösungen erfordern nicht unbedingt ein Makro und lassen sich ebenso »von Hand« erledigen. Dennoch hat es einen gewissen »Charme«, häufig wiederkehrende Aufgaben oder Aufgaben mit festen Einstellungen von einem Makro erledigen zu lassen.

- Insgesamt ist die Makro-Sprache eine Teilmenge aller Befehle und Funktionen der jeweiligen Anwendung. Zugegeben, diese Teilmenge ist speziell in Excel enorm groß: Es gibt kaum eine Funktionalität, die sich nicht mit VBA nachbilden ließe. Und doch gibt es Objekte, die sich dem Zugriff per Makro-Programmierung entziehen.

Entwicklertools anzeigen lassen

Um den Zugriff auf einige spezielle Befehle für Entwickler zu erhalten, blenden Sie zunächst über das *Office-Menü* die *Excel-Optionen* ein. Wechseln Sie in die Kategorie *Häufig verwendet* und aktivieren Sie im Abschnitt *Die am häufigsten verwendeten Optionen bei der Arbeit mit Excel* das Kontrollkästchen *Entwicklerregisterkarte in der Mutifunktionsleiste anzeigen*.

Abbildg. 31.1 Über die Befehlsgruppe *Code* haben Sie Zugriff auf den Makrorekorder und die Sicherheitseinstellungen

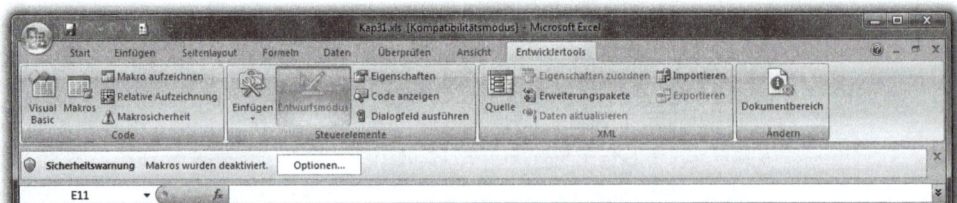

Makrosicherheit einstellen

Bevor Sie mit diesem Kapitel fortfahren, soll noch ein wichtiges Thema angesprochen werden: die *Sicherheit*. Dass nicht jedes Makro harmlos ist, hat sich weltweit herum gesprochen. Kein Tag vergeht, ohne dass neue Makroviren in Umlauf geraten. Microsoft hat daher verschiedene Sicherheitsmechanismen in die Office-Produkte integriert.

Klicken Sie auf der Registerkarte *Entwicklertools* (vgl. Abbildung 31.1) in der Gruppe *Code* auf den Befehl *Makrosicherheit*, wird das Dialogfeld *Vertrauensstellungscenter* angezeigt.

Abbildg. 31.2   Die Sicherheitseinstellungen werden im *Vertrauensstellungscenter* zentral verwaltet

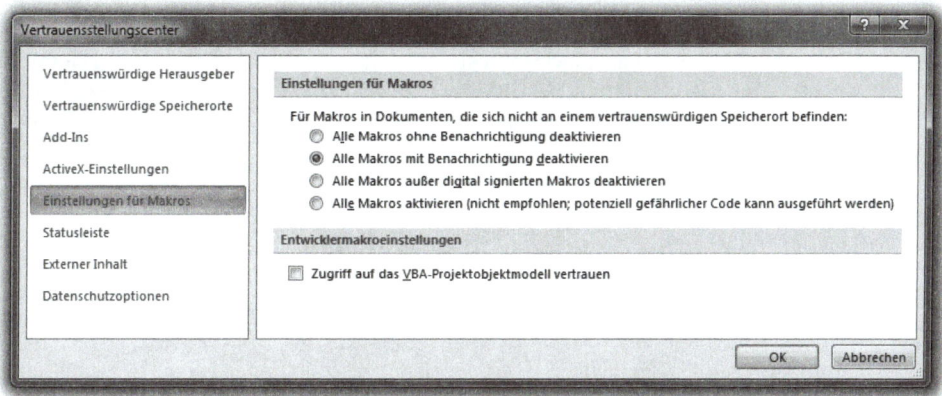

Mit dieser Einstellung wird beim Öffnen von Dateien, die Makros enthalten, die folgende Meldung angezeigt.

Abbildg. 31.3   Warnhinweis beim Öffnen von Arbeitsmappen, die Makros enthalten

Wenn Sie die Option *Vor unbekanntem Inhalt schützen (empfohlen)* wählen, wird die Arbeitsmappe so geöffnet, dass die enthaltenen Makros nicht ausgeführt werden können. Das gilt auch für Makros, die üblicherweise automatisch beim Öffnen ausgeführt werden. Bei Mappen unbekannter Herkunft können Sie dann zunächst prüfen, welche Aktionen die Makros ausführen wollen. Gleichzeitig bedeutet dies aber auch, dass die Funktionalität der Arbeitsmappe eingeschränkt sein kann. Sind beispielsweise benutzerdefinierte Tabellenfunktionen enthalten, liefern diese in Tabellen den Fehlerwert *#Name?*.

Die Option *Diesen Inhalt aktivieren* stellt den gesamten Funktionsumfang enthaltener Makros zur Verfügung. Dies gilt im guten wie im schlechten Sinne. Der VBA-Code kann nicht nur hilfreich sein, wie Sie es vielleicht erwarten, sondern auch zu bösen Überraschungen führen. Ein kleines, relativ harmloses Ärgernis sind Änderungen an der Arbeitsumgebung in Excel, z.B. das Ausblenden von Spaltenbeschriftungen oder Blattregister. VBA-Code kann aber auch die Einstellungen des Rechners ändern oder Dateien löschen. Und spätestens da hört der Spaß auf! Seien Sie also generell vorsichtig beim Aktivieren von Makros unbekannten Ursprungs.

TIPP Ein aktueller Virenscanner ist sicher nicht die schlechteste Investition. Die damit verbundenen Performance-Verluste sind sicher zu verkraften.

Die Option *Allen Dokumenten von diesem Herausgeber vertrauen* ist nur in digital signierten Dokumenten verfügbar. Wählen Sie diese Option, wird der Herausgeber der Liste vertrauenswürdiger Herausgeber im Vertrauensstellungscenter hinzugefügt. Für Makros aus dieser Quelle wird dann künftig kein Warnhinweis mehr angezeigt.

HINWEIS Eine Signatur ist ein spezieller Hinweis auf den Autor eines Makros, der damit die Sicherheit garantiert. Mehr über das Signieren einer Arbeitsmappe finden Sie in Kapitel 3.

Alles Vertrauenssache

Neu in 2007 Office System ist das Vertrauensstellungscenter, das zentral alle Einstellungen zum Thema Sicherheit einer Anwendung verwaltet. Das Vertrauensstellungscenter überprüft beim Öffnen einer Mappe, ob Makros enthalten sind. Ist ein Makro vorhanden, das diese Prüfung nicht besteht, wird dies mit einer Sicherheitswarnung unterhalb der Multifunktionsleiste angezeigt (vgl. Abbildung 31.1). Klicken Sie auf die Schaltfläche *Optionen*, wird das Dialogfeld aus Abbildung 31.3 angezeigt. Der Link *Vertrauensstellungscenter öffnen* hat die gleiche Wirkung wie auf der Registerkarte *Entwicklertools* in der Gruppe *Code* der Befehl *Makrosicherheit*: Er öffnet das *Vertrauensstellungscenter*.

Das *Vertrauensstellungscenter* verwaltet auch die Liste vertrauenswürdiger Speicherorte. Sind Makros in diesen Ordnern abgelegt, werden sie ebenfalls als sicher eingestuft und ohne weitere Prüfung des Vertrauensstellungscenters ausgeführt. Wenn Sie also nicht allen Makros eines Herausgebers vertrauen wollen, einem bestimmten aber schon, dann verschieben Sie die Mappe an einen vertrauenswürdigen Speicherort. Interessant ist die Verwendung vertrauenswürdiger Speicherorte für Unternehmen, die unter Verwendung von Zugriffsrechten eigene Makros ablegen können.

Aufzeichnen mit dem Makrorekorder

Um einen ersten Einblick in die Programmierung mit VBA zu erhalten, ist der *Makrorekorder* ein ideales Werkzeug. Mit seiner Hilfe zeichnen Sie die Aktionen Schritt für Schritt auf und können diese beliebig oft wiederholen. Zudem können Sie den Makrorekorder benutzen, um sich mit der »Sprache« VBA vertraut zu machen. Der Makrorekorder zeichnet jede Aktion auf. Daraus ergibt sich die Notwendigkeit, die einzelnen Schritte vor der Ausführung zu überdenken, zu testen und eventuell kurz zu notieren.

Die Beispiele zu diesem Kapitel finden Sie in der Datei *Kap31.xlsm* im Ordner *\Buch\Kap31* auf der CD-ROM zu diesem Buch.

Zellen ändern und formatieren

Das erklärt sich am besten an einem Beispiel: Sie wollen in Zelle *A1* den Text *Datum* und in Zelle *B1* die Formel =Heute() eintragen. Anschließend soll die Zelle *B1* im Schriftschnitt *Fett* formatiert und mit der Farbe *Gelb* ausgefüllt werden.

Wenn man davon ausgeht, dass eine Arbeitsmappe geöffnet ist, müssen Sie dazu folgende Aktionen ausführen:

1. Aktivieren Sie die Zelle *A2* und wählen Sie auf der Registerkarte *Entwicklertools* in der Gruppe *Code* den Befehl *Makro aufzeichnen*.

Abbildg. 31.4   Der Name ist Pflicht – der Kommentar die Kür

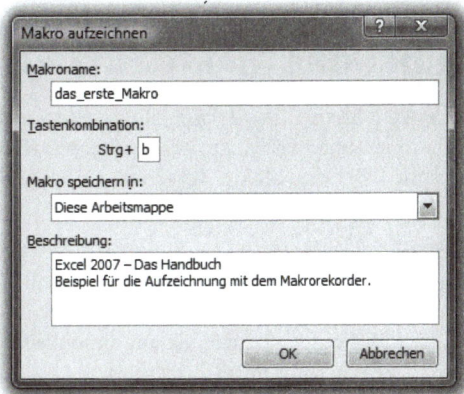

2. Füllen Sie das Dialogfeld *Makro aufzeichnen* wie in Abbildung 31.4 aus und bestätigen Sie die Eingabe mit *OK*.
3. Aktivieren Sie die Zelle *A1* und tragen Sie den Text *Datum* ein.
4. Wechseln Sie in die Zelle *B1* und tragen Sie die Formel =Heute() ein.
5. Markieren Sie erneut die Zelle *B1* und rufen Sie auf der Registerkarte *Start* in der Gruppe *Zellen* den Befehl *Format/Zellen formatieren* auf.

6. Aktivieren Sie im Dialogfeld *Zellen formatieren* die Registerkarte *Schrift* und stellen Sie hier den *Schriftschnitt* auf *Fett*.
7. Wechseln Sie im Dialogfeld zur Registerkarte *Ausfüllen* und weisen Sie als Zellschattierung unter *Hintergrundfarbe* die Farbe *Gelb* zu.
8. Bestätigen Sie die Änderungen per Klick auf die Schaltfläche *OK*.
9. Beenden Sie die Makroaufzeichnung über den Befehl *Aufzeichnung beenden* (Registerkarte *Entwicklertools*, Gruppe *Code*).

Das Makro testen

Das soeben aufgezeichnete Makro wollen Sie nun ausführen, um die Arbeitsweise zu prüfen. Damit Sie die korrekte Funktionsweise auch kontrollieren können, sollten Sie zuvor den Bereich *A1:B1* löschen oder in ein leeres Tabellenblatt wechseln. Wenn Sie keine spezielle Tastenfolge für die Aufzeichnung festgelegt haben, führen Sie folgende Schritte aus, um das Makro zu starten:

1. Rufen Sie auf der Registerkarte *Entwicklertools* in der Gruppe *Code* den Befehl *Makros* auf.
2. Markieren Sie im angezeigten Dialogfeld den Namen Ihres soeben erstellten Makros.
3. Klicken Sie auf die Schaltfläche *Ausführen*.

Das Ergebnis sehen Sie in Abbildung 31.5.

Abbildg. 31.5 Die Eingaben und Formatierungen wurden vom aufgezeichneten Makro vorgenommen

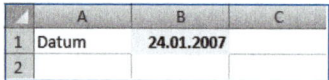

Grundeinstellungen bei der Makroaufzeichnung

Bevor Sie die eigentliche Aufzeichnung starten können, wird das Dialogfeld *Makro aufzeichnen* (vgl. Abbildung 31.4) für allgemeine Informationen über das Makro angezeigt. Sie müssen einen für die jeweilige Arbeitsmappe eindeutigen Namen für das Makro vergeben. Dabei sollten Sie auf die Namenskonvention für Makros achten.

Verwenden Sie einen Buchstaben als erstes Zeichen. Leerzeichen, Punkte (.), Ausrufezeichen (!) oder die Zeichen @, &, $, # sind im Namen nicht gestattet. Der Name darf ferner nicht länger als 255 Zeichen sein. Schließlich sollten Sie keine Bezeichnungen verwenden, die bereits durch Funktionen, Anweisungen und Methoden in Visual Basic verwendet werden, da auf diese Weise die Funktionalität des entsprechenden Schlüsselworts in der Sprache beeinträchtigt wird.

Ebenso müssen Sie festlegen, wo das Makro gespeichert werden soll. Wählen Sie hierzu im Dropdown-Feld *Makro speichern in* unter den Einstellungen *Diese Arbeitsmappe*, *Persönliche Makroarbeitsmappe* und *Neue Arbeitsmappe*.

In *Diese Arbeitsmappe* sollten Sie Makros speichern, die für die Bearbeitung von Daten der aktuellen Mappe von Bedeutung sind.

Wollen Sie ein Makro erstellen, das unabhängig von bestimmten Voraussetzungen funktioniert und das immer verfügbar sein soll, wenn Sie mit Excel arbeiten, dann speichern Sie es in der *Persönlichen Makroarbeitsmappe*. Diese Mappe mit dem Namen *Personal.xlsb* wird unter Windows Vista im vertrauenswürdigen Ordner C:\Users\<Benutzername>\AppData\Roaming\Microsoft\Excel\XLSTART erstellt. Dateien, die hier abgelegt sind, öffnet Excel automatisch unmittelbar nach dem Start. Beachten Sie auch, dass Excel diese Einstellung dann für das Dialogfeld *Makro aufzeichnen* als Voreinstellung übernimmt.

> **HINWEIS** Wenn Sie ein Makro in der persönlichen Arbeitsmappe ablegen und Excel beenden, bekommen Sie die Meldung aus Abbildung 31.6 angezeigt. Wenn Sie das Makro erhalten wollen, müssen Sie hier auf *Ja* klicken. Damit wird die Mappe, deren Arbeitsblätter übrigens ausgeblendet sind, gespeichert.

Abbildg. 31.6 Sicherheitsabfrage beim Erstellen der persönlichen Makroarbeitsmappe

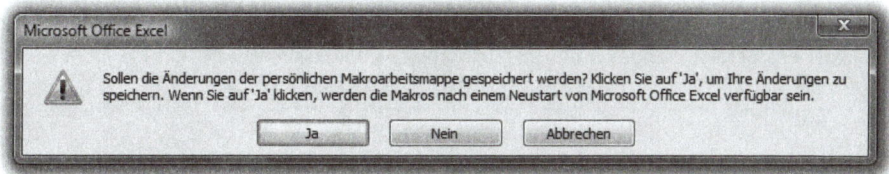

In einer *Neuen Arbeitsmappe* sollten Sie Module immer dann speichern, wenn es sich um Module handelt, die nicht unter die vorgenannten Gruppen fallen. Diese Module werden nur bei Bedarf geöffnet und sind nicht zwingend mit einer bestimmten Mappe verbunden.

Die Angabe zur Tastenkombination ist optional. Sie können hier eine Tastenkombination für den Programmstart festlegen. Wenn Sie eine Taste angeben, können Sie das Makro über die Tastenkombination [Strg]+[Taste] ausführen. [Taste] steht dabei für die einzelne Taste, die Sie eingetragen haben. Dies ist sehr nützlich für häufig benötigte Prozeduren.

> **WICHTIG** Beachten Sie, dass bereits zahlreiche Tasten mit Standardfunktionen belegt sind, deren Funktion Sie durch die Definition einer individuellen Tastenkombination möglicherweise außer Kraft setzen.

Das Einfügen einer Beschreibung ist optional. Die Beschreibung wird im Programmcode als Kommentar vor den aufgezeichneten Aktionen eingetragen. Machen Sie von dieser Möglichkeit regen Gebrauch. Beschreiben Sie kurz die Funktionalität des Makros und die Bedingungen für die Ausführung.

Alle Einstellungen, die Sie beim Starten der Aufzeichnung vornehmen, lassen sich auch nachträglich ändern.

Unterschiedliche Aufzeichnungsmodi kennen lernen

Bei der Eingabe von Formeln in einem Tabellenblatt sind Ihnen die Bezugsarten bereits begegnet (siehe hierzu das Kapitel 6). Steht in der Zelle *A1* ein absoluter Bezug, etwa in der Form *=$B$1*, verweist dieser auch nach dem Kopieren in die Zelle *A2* exakt auf die Zelle *B1*. Wird dagegen der relative Bezug in der Form *=B1* kopiert, ändert Excel den Bezug beim Einfügen in *=B2* ab.

WICHTIG Bei Makroaktionen verhält es sich in gleicher Weise: Der Standard für die Aufzeichnung von Zellbezügen ist die Bezugsart *absolut*, d.h., bei der Ausführung des Befehls *Makro aufzeichnen* wird exakt der bearbeitete Zellbereich festgehalten. Aktivieren Sie zusätzlich den Befehl *Relative Aufzeichnung*, ist es wichtig, welche Zelle beim Starten der Aufzeichnung aktiv ist, da der Bezug dann in der folgenden Form aufgezeichnet wird:

```
ActiveCell.Offset(-1, 0).Range("A1").Select
```

Mit der Anweisung

```
Offset([RowOffset], [ColumnOffset])
```

wird ein Bereich ausgewählt, der zur aktiven Zelle um die Anzahl von Zeilen (*RowOffset*) und Spalten (*ColumnOffset*) versetzt ist.

Makros bequem starten

Um Programme aus Excel heraus zu starten, verwenden viele Anwender Schaltflächen in den jeweiligen Arbeitsmappen. Für die Erstellung einer Schaltfläche über *Entwicklertools/Steuerelemente/Einfügen* können Sie das Symbol *Schaltfläche (Formularsteuerelement)* und das Symbol *Befehlsschaltfläche (ActiveX-Steuerelement)* verwenden. Die Steuerelemente der beiden Gruppen unterscheiden sich etwas in der Art und Weise, wie die Eigenschaften eingestellt werden. Mehr dazu finden Sie in Kapitel 13.

Nehmen wir an, Sie möchten eine neue Schaltfläche erstellen und dieser ein Makro zuweisen. Gehen Sie dazu folgendermaßen vor:

1. Klicken Sie in der Registerkarte *Entwicklertools* in der Gruppe *Steuerelemente* auf den Befehl *Einfügen*.
2. Klicken Sie auf das Symbol *Schaltfläche (Formularsteuerelement)* der Gruppe *Formularsteuerelemente*.
3. Klicken Sie an die Stelle in der Arbeitsmappe, an welcher die Schaltfläche erstellt werden soll und halten Sie die linke Maustaste gedrückt. Ziehen Sie einen Rahmen für die Größe der Schaltfläche auf. Lassen Sie die linke Maustaste los.
4. Das Dialogfeld *Makro zuweisen* wird geöffnet. Markieren Sie in der Auswahlliste das gewünschte Makro und bestätigen Sie über Klick auf die Schaltfläche *OK*.

Wenn Sie sich jetzt über den Kontextbefehl *Steuerelement formatieren* die *Eigenschaften* anzeigen lassen, haben Sie die Möglichkeit, die Formatierung solcher Objekte einzustellen. So können Sie beispielsweise auf der Registerkarte *Eigenschaften* festlegen, dass das Objekt nicht auf einem Ausdruck dargestellt wird. Die Beschriftung der Schaltfläche können Sie ändern, indem Sie die Vorgabe markieren und überschreiben.

Wohin hat der Makrorekorder die Aktionen geschrieben?

Für die Bearbeitung von Makros enthält jede Office-Anwendung eine eigene Programmierumgebung. Ganz praktisch ist dabei, dass diese Umgebung immer gleich aussieht. Egal, ob Sie in Excel, PowerPoint oder in Word programmieren – Sie finden die gleiche Umgebung vor. Damit finden Sie sich beim Programmieren auch in anderen Anwendungen schnell zurecht.

Wechseln Sie über den Befehl *Entwicklertools/Code/Visual Basic* oder die Tastenkombination Alt + F11 in den VBA-Editor und lassen Sie dort mit dem Menübefehl *Ansicht/Code* das Codefenster anzeigen. Wenn Sie den aufgezeichneten Programmcode ansehen, werden Sie feststellen, dass dieser wesentlich umfangreicher ist als die Aktionen, die Sie eigentlich ausführen wollen (siehe Abbildung 31.7).

Das liegt daran, dass der Makrorekorder alle Optionen eines Dialogfelds protokolliert, wenn darin eine Änderung durchgeführt wurde. Sie können den Code jedoch verkürzen, indem Sie nicht benötigte Aktionen markieren und mit der Entf -Taste löschen. Sie können alle Anweisungen löschen, die der Standardeinstellung des jeweiligen Dialogfelds entsprechen. Das überarbeitete Makro ist erheblich kürzer und übersichtlicher. Bei umfangreichen Programmen wirkt sich das Löschen nicht benötigter Befehle positiv auf die Ausführungsgeschwindigkeit aus. In jedem Fall erhöht es die Lesbarkeit. Mit einigen Kenntnissen kann der Makrocode noch weiter verkürzt werden.

Listing 31.1 Optimierter Makrocode ohne unnötigen Ballast

```
Sub das_erste_Makro_überarbeitet()
' Überarbeitete Fassung von
' das_erste_Makro Makro
Range("A1").Select
ActiveCell.FormulaR1C1 = "Datum"
With Range("B1").FormulaR1C1 = "=TODAY()"
    .Font.FontStyle = "Fett"
    .Interior.ColorIndex = 65535
End With
End Sub
```

HINWEIS Falls Sie einmal versehentlich einen Befehl gelöscht haben, können Sie sowohl mit der Tastenkombination Strg + Z oder dem Menübefehl *Bearbeiten/Rückgängig* als auch mit der Schaltfläche *Rückgängig* in der Symbolleiste die letzten Aktionen im VBA-Editor rückgängig machen.

Der VBA-Editor

Die Arbeitsumgebung im VBA-Editor ist nicht an das neue Design der Office-Anwendungen angepasst. Die Symbolleisten im Visual Basic-Editor können Sie (wie früher in Excel) über den Menübefehl *Ansicht/Symbolleisten/Anpassen* nach Ihren eigenen Bedürfnissen gestalten.

Das Fenster des Editors (Abbildung 31.7) enthält neben den Menü- und Symbolleisten verschiedene weitere Fenster. Im Menü *Fenster* stehen Befehle für die Anordnung der unterschiedlichen Arbeitsbereiche zur Verfügung.

Abbildg. 31.7 Das Fenster des Moduleditors mit dem Eigenschaftenfenster und dem Projekt-Explorer

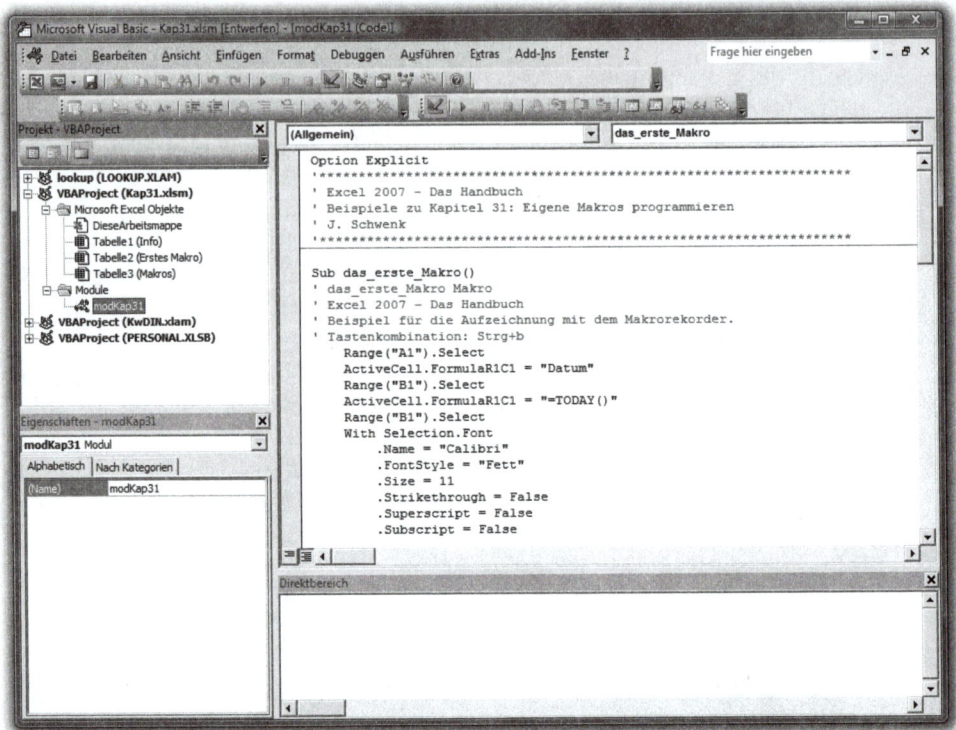

Das Codefenster für die Makroanweisungen

Der eigentliche Programmcode wird im Codefenster (Abbildung 31.7) abgelegt. Angezeigt wird dieses Fenster nach einem Doppelklick auf ein Projekt im Projekt-Explorer oder über den Menübefehl *Ansicht/Code*. Alternativ können Sie auch die F7-Taste verwenden. Im oberen Bereich stehen für die Auswahl der Objekte und der Prozeduren Dropdown-Listenfelder zur Verfügung. Im unteren Teil stehen die Makroanweisungen.

Eine wichtige Neuerung wird viele Programmierer freuen: Sie können jetzt (endlich) mit dem Mausrad durch den Programmcode scrollen.

Doppelklicken Sie im Projektfenster auf den Namen einer Arbeitsmappe oder einen Tabellennamen, wird das Codefenster für dieses Objekt angezeigt. Es handelt sich dabei um ein fest mit diesem Objekt verbundenes Modul, ein so genanntes *Klassenmodul*. Im Gegensatz dazu werden aufgezeichnete Makros in Standardmodulen abgelegt.

Jedes Modul wird in einem separaten Fenster angezeigt. Wenn Sie jetzt im Listenfeld *Objekt* das Objekt *Workbook* auswählen, werden im Listenfeld *Prozedur* die Ereignisse angezeigt, denen Sie Makros zuweisen können. Sind bereits Makros zugewiesen, werden diese im Listenfeld in fetter Schrift dargestellt.

Über die Ereigniseigenschaften können Sie den Start von Makros veranlassen, wenn ein bestimmtes Ereignis, etwa ein Doppelklick oder eine Neuberechnung, erfolgt.

Makros starten und unterbrechen über die Tastatur

Im VBA-Editor können Sie Makros schnell starten, wenn Sie an beliebiger Stelle im Code die `F5`-Taste drücken. Um ein Makro schrittweise auszuführen, drücken Sie die `F8`-Taste. Sie können damit das Ergebnis jeder Aktion verfolgen und damit eventuelle Fehler im Code aufspüren.

Um ein ablaufendes Makro zu unterbrechen, drücken Sie die `Esc`-Taste oder die Tastenkombination `Strg`+`Pause`. Damit befindet sich das Makro im Haltemodus, womit die Ausführung unterbrochen wird.

Hilfestellung im VBA-Editor

Aus dem VBA-Editor können Sie Hilfe zu VBA-Themen mit der Taste `F1` aufrufen. Unter einem Eingabefeld für Suchbegriffe erscheint das Inhaltsverzeichnis. Bei Auswahl eines Themas erscheint das Hilfefenster mit Beschreibungen, evtl. auch mit Beispielen und weiterführenden Hinweisen.

Sie können aber zu einem bestimmten Objekt, einer Eigenschaft oder einem Schlüsselwort auch eine kontextbezogene Hilfe anzeigen. Klicken Sie dazu auf die entsprechende Stelle im Code oder eine Eigenschaft im Fenster *Eigenschaften* und drücken Sie die `F1`-Taste.

> **HINWEIS** Es ist nicht erforderlich, das ganze Wort zu markieren oder die Schreibmarke an eine bestimmte Stelle innerhalb des Begriffes zu setzen.

> **PROFITIPP** Über den Menübefehl *Ansicht/Objektkatalog* oder die Taste `F2` können Sie den Objektkatalog einblenden. Im Objektkatalog finden Sie alle verfügbaren Objekte aufgelistet.

Benutzereingaben auswerten

Wie erstellen Sie eine einfache Eingabeaufforderung, die dem Benutzer das Ändern des Benutzernamens ermöglicht, wobei der Eintrag des Benutzers zuvor in einer Sicherheitsabfrage angezeigt werden soll?

Um diese Aufgabe zu lösen, speichern Sie den Rückgabewert der VBA-Funktion

InputBox(prompt[,title][,default][,xpos][,ypos][,helpfile, context])

in der Variablen *Eingabe*. Die Variable wird anschließend von der VBA-Funktion

MsgBox(prompt[, buttons] [, title] [, helpfile, context])

verwendet, die den Inhalt der Variablen anzeigt (Listing 31.2). Der Benutzer hat dann die Möglichkeit, den neuen Eintrag für den Benutzernamen in den *Excel-Optionen* speichern zu lassen oder die Aktion abzubrechen (Abbildung 31.8).

Abbildg. 31.8 Eingabeaufforderung mit Zeilenumbruch und Vorgabe

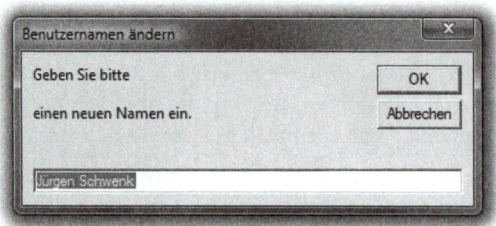

Listing 31.2 Mit einer eingebauten Eingabemaske können Sie sehr schnell Benutzereingaben ermöglichen

```
Sub Benutzernamen_ändern()
Dim Eingabe As String
Dim result As Integer
Eingabe = InputBox("Geben Sie bitte" + Chr(13) + Chr(13) _
        + "einen neuen Namen ein.", "Benutzernamen ändern", Application.UserName)
If Len(Eingabe) > 0 Then
    result = MsgBox("Soll der Benutzername in den Excel-Optionen auf" _
                    & vbCrLf & Eingabe & vbCrLf & _
                    "geändert werden?", vbYesNo + vbQuestion)
    If result <> vbNo Then
        Application.UserName = Eingabe
    End If
Else
    MsgBox "Sie haben die Eingabe abgebrochen.", vbInformation
End If
End Sub
```

Abbildg. 31.9 Rückfrage mit zwei Optionen: Soll der Benutzername geändert werden?

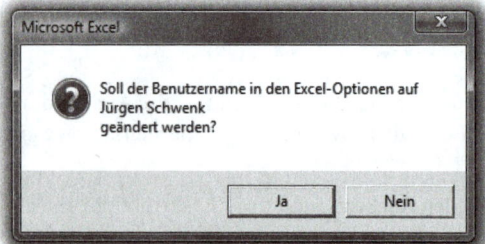

Aktionen wiederholen mit Schleifen

Es ist zwar bequem, mit Hilfe des Makrorekorders ein Makro aufzuzeichnen, was aber, wenn immer gleiche Aktionen auf unterschiedliche Bereiche angewendet werden sollen? Oder wenn Aktionen ausgeführt werden sollen, für die es keinen entsprechenden Menübefehl gibt, z.B. um die Namen aller Arbeitsblätter einer Mappe in eine Tabelle einzutragen?

Anweisungen wiederholen mit *For...Next*

In Fällen, in denen eine oder mehrere Anweisungen mehrmals wiederholt werden sollen, wendet man *Schleifen* an. Eine Schleife wird durch bestimmte Schlüsselwörter eingeleitet bzw. beendet und wiederholt eine Reihe von Anweisungen. Hierfür gibt es unterschiedliche Möglichkeiten, deren Einsatz sich danach richtet, ob Sie bereits beim Programmieren die Anzahl der erforderlichen Schleifendurchläufe kennen oder ob diese Zahl unbestimmt ist und damit eine andere Abbruchbedingung festgelegt werden muss. Mit der Programmierung von Schleifen können Sie eine Menge Schreibarbeit einsparen und den Code übersichtlich halten.

Die Anweisung For...Next wiederholt eine Folge von Befehlen mehrmals. Die Anzahl der Wiederholungen ist dabei festgelegt. Beispiel:

```
For Zähler = Startwert To Endwert [ Step Schrittgröße ]
    [Anweisungsblock]
    [Exit For]
    [Anweisungsblock]
Next [Zähler]
```

Zähler ist eine numerische Variable, die als Schleifenzähler verwendet wird. *Startwert* ist der Anfangswert des Zählers. Mit *Endwert* wird der Wert des Zählers, bei dem die Schleife verlassen wird, festgelegt. Mit der *Schrittgröße* definieren Sie den Wert, um den der Zähler bei jedem Schleifendurchlauf geändert wird. Wenn Sie keinen Wert für *Step* angeben, erhält *Schrittgröße* den Standardwert *1*.

Nach dem Starten der Schleife und dem Ausführen aller Anweisungen in der Schleife wird der Wert von *Step* zum Zähler addiert. Ist der Zähler kleiner oder gleich dem Endwert, dann werden die Anweisungen in der Schleife erneut ausgeführt. Ist der Zähler größer als der Endwert, wird die Schleife verlassen und die Ausführung wird bei der Anweisung, die der Anweisung Next folgt, fortgesetzt. Alle Variablen können dabei auch negative Werte aufnehmen. Dies gilt auch für eine einzelne Variable, so kann z.B. lediglich die Variable *Step* einen negativen Wert aufnehmen.

Beispiel: Hyperlinks auf die Tabellen einer Mappe

Nehmen wir an, Sie möchten mit Hilfe eines Makros die Namen aller Tabellenblätter der aktiven Mappe in eine neue Tabelle eintragen. Der Name soll dabei mit einem Hyperlink versehen werden, sodass die jeweilige Tabelle schnell ausgewählt werden kann.

Über die Eigenschaft *Count* des Objekts *Worksheets* ermitteln Sie zunächst die Gesamtzahl der Tabellenblätter. Über einen Index zeigen Sie dann auf die Position jedes einzelnen Objekts in der Liste. Für dieses Objekt wird dann die Eigenschaft *Name* ermittelt und in die Tabelle geschrieben. Der Befehl Next i weist der Variablen *i* den nächsten Wert zu und veranlasst das Makro, wieder in die *For*-Zeile zu gehen. Hier wird nun geprüft, ob die Variable noch immer kleiner/gleich der Anzahl der Arbeitsblätter ist. Ist dies der Fall, wird das Makro fortgesetzt, ansonsten ist die Abbruchbedingung erfüllt, die Schleife wird verlassen und damit das Makro beendet (vgl. dazu Listing 31.3).

Kapitel 31 Eigene Makros programmieren

Listing 31.3   Die Namen aller Arbeitsblätter in eine Tabelle eintragen

```
Sub ListSheets_as_Hyperlink()
On Error Resume Next
Dim i As Integer, a As Integer
Dim wks As Worksheet
If MsgBox("Blattnamen als Hyperlink eintragen?", _
    vbYesNo) <> vbNo Then
 Set wks = Worksheets.Add
 Cells(1, 1).Select
  For i = 1 To Application.Worksheets.Count
   If wks.Name <> Worksheets(i).Name Then
    wks.Hyperlinks.Add Anchor:=ActiveCell.Offset(a, 0), _
           Address:="", SubAddress:= _
           "'" & Application.Worksheets(i).Name & "'!A1"
    a = a + 1
   End If
  Next i
 Set wks = Nothing
End If
End Sub
```

Mehr zum Thema Hyperlinks finden Sie in Kapitel 28, mehr zur Tabellenfunktion *Hyperlink* in Kapitel 15.

Verzweigungen in Programmen

Aus einem Excel-Arbeitsblatt ist Ihnen die Tabellenfunktion

WENN(Prüfung, Dann_Wert, Sonst_Wert)

schon bekannt (vgl. z.B. Kapitel 15). Sie verwenden diese Funktion, um eine Bedingung zu prüfen und, wenn das Ergebnis der Prüfung *Wahr* ist, das Argument, das Sie mit *Dann_Wert* festgelegt haben, auszugeben. Ist das Ergebnis der Prüfung *Falsch*, wird der *Sonst_Wert* ausgegeben. Analog zu diesem Verfahren können Sie auch mit VBA Bedingungen prüfen.

Um z.B. eine Benutzereingabe wie im vorigen Beispiel zu prüfen und anschließend unterschiedliche Reaktionen auf die Eingabewerte auszuführen, wird die If...Then-Anweisung verwendet. Sie erlaubt eine bedingte Ausführung von Anweisungen aufgrund der Auswertung eines Ausdrucks.

Beispiel für die Blockform von If...Then...Else:

```
If Bedingung1 Then
     [Anweisungsblock1]
[ElseIf Bedingung2 Then
     [Anweisungsblock2] ]
. . .
[Else
     [Anweisungsblockn] ]
End If
```

Beim Ausführen des If-Blocks überprüft VBA die *Bedingung1*. Wenn der Ausdruck *Wahr* ist, werden die nach Then folgenden Anweisungen ausgeführt. Wenn der erste Ausdruck *Falsch* ist, beginnt VBA, alle ElseIf-Bedingungen (sofern vorhanden) nacheinander auszuwerten. Sobald VBA eine wahre Bedingung findet, werden die auf Then folgenden Anweisungen ausgeführt. Wenn keine der ElseIf-Bedingungen *Wahr* ist, werden die nach der Anweisung Else folgenden Anweisungen ausgeführt. Bei der Verwendung von ElseIf können Sie auf alle End If-Anweisungen mit Ausnahme der letzten verzichten. Nach dem Ausführen der Anweisungen, die nach Then oder Else folgen, wird das Programm mit der Anweisung fortgesetzt, die nach End If folgt.

Eine benutzerdefinierte Tabellenfunktion erstellen

Prinzipiell unterscheidet man zwei unterschiedliche Prozedurtypen nach ihren Aufgaben. Beim ersten Prozedurtyp handelt es sich um die so genannten *Sub-Prozeduren*. Eine solche Prozedur beginnt immer mit dem Schlüsselwort *Sub*, gefolgt von dem Namen der Prozedur und endet mit dem Schlüsselwort *End Sub*. Sub-Prozeduren führen Aktionen aus, können jedoch kein Ergebnis zurückgeben. Die bisher vorgestellten Makros sind Beispiele für Sub-Prozeduren.

Der zweite Prozedurtyp wird unter dem Oberbegriff *Funktionsmakros* zusammengefasst. Mit diesen Prozeduren können Sie eine Berechnung oder eine Wahrheitsprüfung durchführen und anschließend das Ergebnis zurückgeben. Der Umfang der eingebauten Tabellenfunktionen ist zwar groß, aber unter Umständen fehlt genau die von Ihnen gesuchte Funktion. In solchen Fällen können Sie mit VBA eine eigene Funktion schreiben und diese in einem Makro aufrufen oder in einem Tabellenblatt für die Berechnung verwenden.

Ein solches Makro beginnt mit dem reservierten Schlüsselwort *Function*, gefolgt vom Namen der Funktion und einem Klammernpaar. In diesem Klammernpaar können Argumente an die Funktion übergeben werden.

Funktionen führen in der Regel mathematische Operationen aus, prüfen bestimmte Sachverhalte oder liefern einen Verweis auf ein Objekt. Das Ergebnis dieser Operationen wird dem Funktionsnamen mit dem Zuweisungsoperator »=« zugewiesen. Das Ende einer Funktion wird mit dem Schlüsselwort *End Function* angezeigt.

Die folgende Funktion berechnet die Kalenderwoche nach der in Deutschland gültigen DIN-Norm 1355:

Listing 31.4 Eine benutzerdefinierte Funktion zur Berechnung der Kalenderwoche

```
Function KwDIN(dat As Date) As Integer
On Error GoTo Err_KwDIN
Dim a As Integer
a = Int((dat - DateSerial(Year(dat), 1, 1) + ((WeekDay(DateSerial(Year(dat), 1, 1)) _
    + 1) Mod 7) - 3) / 7) + 1
If a = 0 Then
    a = KwDIN(DateSerial(Year(dat) - 1, 12, 31))
  ElseIf a = 53 And (WeekDay(DateSerial(Year(dat), 12, 31)) - 1) _
        Mod 7 <= 3 Then
    a = 1
End If
KwDIN = a
Exit Function
Err_KwDIN:
  KwDIN = CVErr(xlErrValue)
End Function
```

> **Wie werden Kalenderwochen berechnet?**
>
> Die Berechnung der Kalenderwoche in Excel erfolgt nach amerikanischen Regeln und damit leider nicht nach der DIN-Norm. Seit der Festlegung der DIN-Norm 1355 im Jahre 1974 ist die erste Kalenderwoche die Woche eines Jahres, in die mindestens vier der ersten sieben Tage des Monats Januar fallen. Wichtig ist also die Woche, in welcher der 4. Januar liegt. Seit 1976 ist ferner der Wochenbeginn auf Montag festgelegt.
>
> Es gibt daher immer wieder Jahre, in denen die Berechnung mit der integrierten Tabellenfunktion *Kalenderwoche* nicht zum gewünschten Ergebnis führt. Auch die Berechnung der Kalenderwoche mit der *DatePart*-Funktion, etwa
>
> ```
> KW = DatePart("ww", d, vbMonday, vbFirstFourDays)
> ```
>
> hat ebenfalls ihre Schattenseiten: In unregelmäßigen Abständen, z.B. für den 30.12.1991 und den 29.12.2003, liefert auch diese Funktion ein falsches Ergebnis.
>
> Überhaupt ist das Thema Genauigkeit auch ein guter Grund, eigene Funktionen zu erstellen. Nicht, dass die Funktionen in Excel sich durch besondere Ungenauigkeit hervortun würden. Aber darüber, wie genau eine Funktion rechnet (wann etwa in einer finanzmathematischen Funktion auf wie viele Stellen gerundet wird), schweigen sich die üblichen Quellen aus. So kann es bei manuellem Nachrechnen durchaus zu unterschiedlichen Ergebnissen kommen, wenn Sie z.B. mit gerundeten Werten weiterrechnen. In den allermeisten Fällen werden Sie aber kein Problem mit der Genauigkeit haben. Mit einer benutzerdefinierten Funktion haben Sie die Genauigkeit jedoch selbst im Griff. Damit allerdings auch die Verantwortung für den korrekten Rechenweg.

Eigene Funktionen verwenden

Die Funktion *kwDIN* kann nun z.B. in einem Tabellenblatt verwendet werden. Steht in der Zelle *A1* ein Datum, können Sie in der Zelle *B1* die Kalenderwoche über die Formel =kwDIN(A1) berechnen. Voraussetzung hierfür ist, dass sich das Modul und das Tabellenblatt in derselben Arbeitsmappe befinden. Sie erhalten sonst den Fehlerwert *#NAME?*.

Aber auch in einer anderen Arbeitsmappe kann die Funktion verwendet werden. Bei geöffneter Arbeitsmappe erweitern Sie den Namen der Funktion um den Hinweis auf den externen Bezug:

```
=Funktionsmappe.XLSM!kwDIN (A1)
```

Ist die Arbeitsmappe mit der Funktion nicht geöffnet, muss zusätzlich noch der Pfad angegeben werden, z.B.

```
=C:\Daten\Funktionsmappe.XLSM!kwDIN(A1)
```

> **TIPP** Wenn die Arbeitsmappe mit der benutzerdefinierten Funktion geladen ist, lassen sich die Tabellenfunktionen auch über den Funktions-Assistenten eintragen. Sie finden diese in der Kategorie *Benutzerdefiniert*.

WICHTIG Beachten Sie bei der Weitergabe von Dateien, die benutzerdefinierte Funktionen verwenden, dass diese Funktionen in der Mappe gespeichert sein müssen. Alternativ können Sie die Datei mit den Funktionen ebenfalls zur Verfügung stellen. Wenn Sie dies nicht tun, kann die Berechnung nicht durchgeführt werden und die Zellen, die benutzerdefinierte Funktionen verwenden, zeigen den Fehlerwert *#NAME?* an.

Ein eigenes Add-In erstellen

Wenn Sie benutzerdefinierte Funktionen erstellt haben und diese weitergeben wollen, stellt sich die Frage, ob der Benutzer die Funktionen auch einsehen soll oder ob diese besser in einer ausgeblendeten Datei abgelegt werden. Excel bietet hierfür eine spezielle Speicherform an, ein so genanntes *Add-In*.

Um ein eigenes Add-In zu erstellen, gehen Sie wie folgt vor:

1. Erstellen Sie die Module, die das Add-In enthalten soll.
2. Kompilieren Sie zunächst das Projekt im VBA-Editor über den Menübefehl *Debuggen/Kompilieren von VBAProject*. Sie stellen damit sicher, dass keine Syntaxfehler enthalten sind.
3. Wechseln Sie in das Excel-Fenster.
4. Wählen Sie den Befehl *Office-Menü/Speichern unter*.
5. Wählen Sie das Dateiformat *Microsoft Office Excel-Add-In (*.xlam)* aus und vergeben Sie einen Namen.
6. Schließen Sie die Datei.

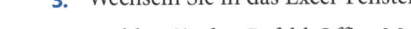

WICHTIG Standardmäßig bietet Excel den Ordner *C:\Users\<Benutzername>\AppData\Roaming\Microsoft\AddIns* für die Ablage benutzerdefinierter Add-Ins an. Sie sind in der Wahl des Ordners aber frei und können das Add-In auch an einem anderen Ort ablegen. Im Firmennetzwerk z.B. in einem Ordner, der einem größeren Personenkreis zur Verfügung steht.

Wenn die Datei geladen ist, wird diese im Projekt-Explorer des VBA-Editors angezeigt. Sie können die Datei hier markieren und bearbeiten.

Wenn Sie Änderungen an einem Add-In durchführen und Excel beenden, wird kein Hinweis angezeigt, dass die Mappe geändert wurde. Ihre Änderungen gehen verloren, wenn Sie die Mappe vor dem Beenden nicht speichern.

Die Arbeitsblätter eines Add-Ins sind zwar ausgeblendet, die enthaltenen Funktionen werden aber im Funktions-Assistenten (in der Regel in der Kategorie *Benutzerdefiniert*) angezeigt. Mehr zu den mit Excel ausgelieferten Add-Ins finden Sie in Kapitel 26.

Das Add-In können Sie nun wie folgt einbinden:

1. Wählen Sie im *Office-Menü* die Schaltfläche *Excel-Optionen*.
2. In den Excel-Optionen wechseln Sie in die Kategorie *Add-Ins*.
3. Im Listenfeld *Verwalten* stellen Sie Excel-Add-Ins ein und wählen die Schaltfläche *Gehe zu*.
4. Aktivieren Sie im Dialogfeld *Add-Ins* den Eintrag für das Add-In *Kalenderwoche nach DIN*.
5. Schließen Sie das Dialogfeld *Add-Ins* mit *OK*.

Abbildg. 31.10 Das Add-In mit der benutzerdefinierten Funktion für die Kalenderwoche ist jetzt eingebunden

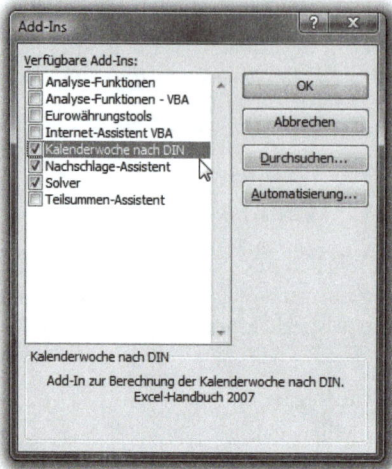

Wollen Sie Add-Ins verfügbar machen, die nicht im Standardordner abgelegt sind, wählen Sie die Schaltfläche *Durchsuchen* und wechseln Sie in den gewünschten Ordner.

Anzeigename und Informationen zum Add-In anzeigen

Für den Namen des Add-Ins und die Informationen im unteren Teil des Dialogfeldes *Add-Ins* werden die Dateieigenschaften *Titel* und *Kommentare* verwendet (siehe Abbildung 31.11).

Abbildg. 31.11 Die Dateieigenschaften speichern wichtige Einstellungen für Add-Ins

Dieses Beispiel finden Sie in der Datei *Kap31_KW.xlsm* im Ordner *\Buch\Kap31* auf der CD-ROM zu diesem Buch.

Anpassung der Multifunktionsleiste

Die Frage, ob sich die neue Benutzeroberfläche leichter anpassen lässt als die der Vorgängerversionen von Excel kann nicht mit Ja oder Nein beantwortet werden. »Normale« Anwender, und das will Microsoft festgestellt haben, haben in nur wenigen Situationen von der Gelegenheit Gebrauch gemacht, Menüs oder Symbolleisten nach ihren Vorstellungen einzurichten. Dafür haben Entwickler von Add-Ins und anderen Automatisierungslösungen in der Regel Symbolleisten angepasst bzw. sind mit zur Automatisierung gehörenden eigenen Symbolleisten ins Rennen gegangen. Die erste Gruppe wird also das starre Verhalten der Multifunktionsleiste nicht unbedingt als störend empfinden und die Symbolleiste für den Schnellzugriff als adäquates Mittel zur Personalisierung der Oberfläche akzeptieren. Die zweite Gruppe wird nach einem Lernprozess, der sich vor allem auf XML konzentriert, feststellen, dass es eigentlich noch nie so einfach war, die Oberfläche für einzelne Arbeitsmappen (oder Mustervorlagen) bzw. die gesamte Anwendung so zu gestalten, dass die Symbolleisten nicht unkontrolliert »herum hängen« oder über Funktionalität verfügen, die zur gegenwärtigen Situation nicht passt und so manch andere Hürde, die dem Programmierer das Leben nicht gerade einfach machen, zu meistern.

Was passiert mit »alten« Modifizierungen von Menü- und Symbolleisten?

Die in der Vergangenheit mit viel Mühe erstellten Symbolleisten und Menüeinträge für Mappen und Add-Ins fallen mit der neuen Version nicht unter den Tisch. Vorausgesetzt, dass das VBA-Objektmodell die Funktionsfähigkeit schlechthin nicht in Frage stellt, werden auf einer speziellen Registerkarte der Multifunktionsleiste, der Registerkarte *Add-Ins*, automatisch drei Befehlsgruppen eingerichtet: *Menübefehle*, *Symbolleistenbefehle* und *Benutzerdefinierte Symbolleisten*. Bei letzteren ist allerdings im Code sicherzustellen, dass die Symbolleisten beim Erzeugen sichtbar gemacht werden (*Visible = True*). Auf Grund der beschränkten Abmessungen der Multifunktionsleiste kann es passieren, dass die Übersicht verloren geht, da einige der Befehle sich zunächst außerhalb des Bildschirms befinden. Aus diesem und in den folgenden Design-Tipps genannten Gründen wird es nicht selten dazu kommen müssen, die entsprechenden Codestellen zu überarbeiten.

Design-Tipps von Microsoft

Die folgenden Tipps sollten Sie beachten, bevor Sie an die konkrete Umsetzung gehen.

- Die Multifunktionsleiste beinhaltet Befehle, die den Inhalt eines Dokuments (Arbeitsmappe) betreffen. Neue Befehle, die eine Lösung charakterisieren und ebenfalls das konkrete Dokument betreffen, können in bereits bestehenden Gruppen, neuen Gruppen vorhandener Register bzw. neuen Registern platziert werden.

- Sehr viele der möglichen neuen Befehle sollten sich von Anfang an in eines der bestehenden Register einordnen lassen. Ein neues Register sollte möglichst gefüllt sein. Liegt dazu zu wenig »Masse« vor, ist das Add-Ins-Register ein guter Ort der Platzierung der neuen Befehle in einer eigenen Gruppe. In Gruppen ist durch die Möglichkeit von Optionen hinter einem Befehl in der Regel viel Platz.

- Es sollte möglichst keine Konflikte erzeugt werden, die aus dem Prinzip »Wer zuletzt lacht, lacht am besten" entstehen. Deshalb sollte das Ausblenden von Befehlsgruppen bzw. sogar der gesamte Neuaufbau der Multifunktionsleiste durch Add-Ins gut überlegt sein. Das Wissen, dass Arbeitsmappen bzw. Mustervorlagen ihre eigene Multifunktionsleiste (die nicht per VBA-Code erzeugt wird) immer dann anzeigen, wenn sie aktiviert sind, ist bei diesen Überlegungen sehr hilfreich. Per VBA sollten Sie (etwa im *Workbook_Open*-Ereignis) Anpassungen der Multifunktionsleiste nach dem »klassischen« *CommandBar*-Prinzip (wenn überhaupt) nur dann vornehmen, wenn die Befehle anwendungsübergreifend, also nicht dokumentbezogen wirken.

- Vermeiden Sie Unruhe im Aufbau der Multifunktionsleiste, die durch situationsbedingte Dynamisierung entsteht. Vermeiden Sie Überraschungen, das heißt, Dialogfelder oder ähnliche Konstrukte erscheinen nur auf Anforderung und nicht automatisch. Gruppen sind logisch strukturiert und Befehle kommen im Allgemeinen nicht doppelt vor.

- Benutzen Sie Befehle (Menüs) hinter der *Microsoft Office-Schaltfläche* nur, um die Anwendung bzw. deren Umgang mit einem Dokument zu steuern, nicht den Inhalt des Dokuments selbst. Es ist klar, dass hier die Grauzone gelegentlich auch breit sein kann, wie der Befehl *Vorbereiten/Verknüpfungen mit Dateien bearbeiten* (der wohl auch kein passendes Pendant in einem Kontextmenü hat) beweist.

- Nutzen Sie (das ist leider keine Angelegenheit für VBA-Entwickler) die Möglichkeit von Aufgabenbereichen (*Custom Task Panes* bzw. *Action Panes*) zur individuellen Steuerung von Dokumenten (in Analogie zu den Aufgabenbereichen *Dokumentverwaltung* oder *Recherchieren*).

XML-Grundlagen der Gestaltung der Multifunktionsleiste

Alles, was nicht in den drei genannten Gruppen der Registerkarte *Add-In* passieren soll, kann nicht mit VBA eingeleitet werden, sondern beruht auf einer Anpassung der Arbeitsmappe (Mustervorlage, Add-Ins) in deren Struktur, wie es in Abbildung 31.12 angedeutet ist.

> **HINWEIS** Entwickler, die Visual Studio 2005 mit den Visual Studio Tools for Office Second Edition oder den Nachfolger (beim Schreiben dieses Buches als Visual Studio Codename Orcas bezeichnet) benutzen, haben noch etwas andere Möglichkeiten als die im Folgenden geschilderten.

Es sind somit zwei Fragen zu beantworten:

- Wie kommt man ins Innere eines Dokuments?
- Was genau ist dort einzubringen?

Die erste Frage ist schnell geklärt: Sie ändern die Dateiendung von *.xlsx* (*.xlsm*, *.xlam*) temporär auf *.zip* und klicken doppelt im Windows-Explorer (vorausgesetzt, Sie lassen Dateiendungen bekannter Dateien nicht ausgeblendet, was die Standardeinstellung der aktuellen Windows-Versionen ist).

Anpassung der Multifunktionsleiste

Nun können Sie sich innerhalb der Datei durch die Ordner hangeln. Bereiten Sie außerhalb der Datei einen zunächst leeren Ordner namens *customUI* vor und schieben Sie diesen per Drag & Drop ins ZIP-Archiv.

Abbildg. 31.12 Die Orte, an denen eine Anpassung der Multifunktionsleiste geschieht

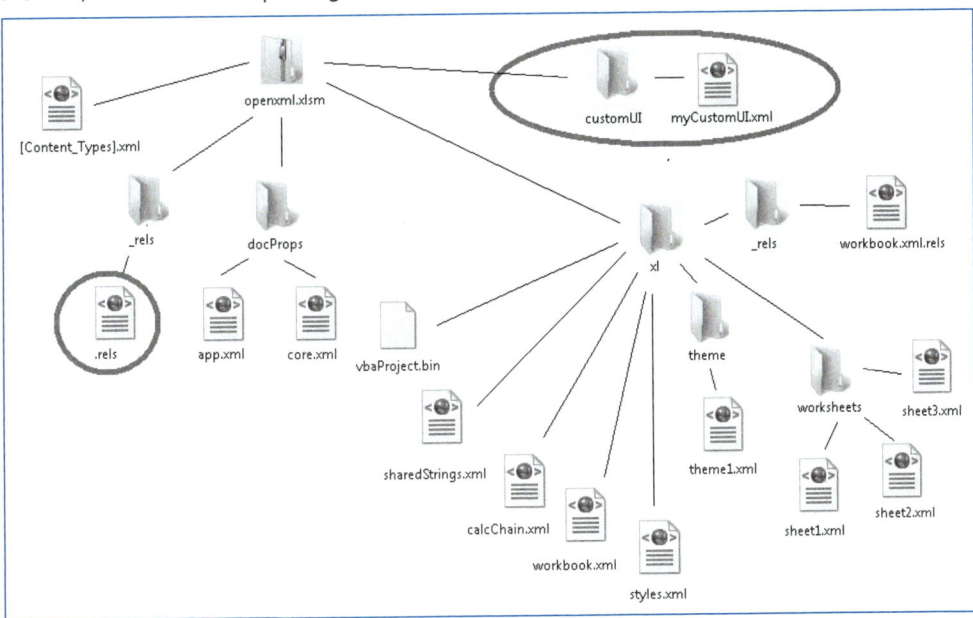

Im ZIP-Archiv finden Sie einen Ordner namens *_rels*. Diesen öffnen Sie und ziehen die darin befindliche Datei *.rels* auf den Desktop. Doppelklicken Sie, wird der Dateiinhalt im Internet Explorer angezeigt. Klicken Sie dort mit der rechten Maustaste und wählen Sie im Kontextmenü den Eintrag *Quelltext anzeigen*, können Sie im Windows-Editor die Datei bearbeiten.

HINWEIS Natürlich können Sie die Datei auch mit jedem gängigen XML-Editor bearbeiten, ohne sie vorher im Internet Explorer anzeigen zu lassen. Einen dieser Editoren lernen Sie im nächsten Abschnitt kennen.

Fügen Sie eine weitere *Relation* ein, die Excel erlaubt, den Zusammenhang innerhalb der Datei zu erkennen:

```
<Relationship
   Id="myRel"
   Type=http://schemas.microsoft.com/office/2006/relationships/ui/extensibility
   Target="customUI/myCustomUI.xml" />
```

Die *Id* können Sie frei wählen, der *Type* ist feststehend und *Target* richtet sich nach der Datei, die Sie im bereits erstellten Ordner *customUI* einfügen werden. Dass deren Typ *xml* ist, ist in dieser Situation zwingend.

Schieben Sie die so angepasste und gespeicherte Datei wieder ins ZIP-Archiv, um so die originale Datei zu ersetzen.

Das war der einfache erste Schritt. Für den zweiten bereiten Sie eine einfache Textdatei, Name und Endung *myCustomUI.xml*, vor. Den Namen vor der Dateiendung können Sie frei wählen. Der Text der Datei soll zunächst wie in Listing 31.5 aussehen.

Listing 31.5 Eine erste Anpassung der Multifunktionsleiste um eine eigene Registerkarte

```xml
<?xml version="1.0"?>
<customUI xmlns="http://schemas.microsoft.com/office/2006/01/customui">
  <ribbon>
    <tabs>
      <tab id="myTab" label="Mein Register">
        <group label="Meine Gruppe" id="myGroup">
          <button idMso="VisualBasic" size="large" />
          <button idMso="MacroSecurity" size="normal" />
        </group>
      </tab>
    </tabs>
  </ribbon>
</customUI>
```

Was wird bewirkt? Die Multifunktionsleiste (englisch *ribbon*) erhält in der Auflistung der Registerkarten (englisch *tabs*) eine neue Registerkarte mit der Bezeichnung (englisch *label*) *Mein Register*. Auf diesem befindet sich eine Gruppe (englisch *group*) mit der Bezeichnung *Meine Gruppe*, die zwei Schaltflächen (englisch *button*) aufnimmt. Beide Schaltflächen gibt es bereits unter Excel, was Sie an deren Identität erkennen, die durch *idMso* spezifiziert wird (es ist der Aufruf des Visual Basic Editors sowie der Einstellungen zur Makrosicherheit). Jedes aufgeführte Element muss ein Identitäts-Attribut haben, wobei *id* auf benutzerdefinierte, *idMso* auf integrierte Elemente abzielt.

Woher weiß man, welche integrierten es gibt? Da ist zum einen die QuickInfo, die erscheint, wenn unter den Excel-Optionen Befehle zur Symbolleiste für den Schnellzugriff hinzugefügt werden sollen, zum anderen gibt es auf den Entwicklerseiten von Microsoft entsprechende Listen und andere Hilfsmittel.

Schieben Sie die so vorbereiteten Dateien in den Ordner *customUI* des ZIP-Archives, schließen dieses wieder, entfernen die Endung *.zip* und öffnen die Datei mit Excel: Die eingerichtete Registerkarte erscheint und verschwindet wieder, wenn eine andere Mappe aktiv wird.

 Die Dateien zur Anpassung der Multifunktionsleiste finden Sie im Ordner *\Buch\Kap31\Ribbon* der CD-ROM zum Buch.

XML Notepad – einer der unentbehrlicher Helfer

Trotz der genannten Kenntnisse über mögliche Bezeichner bleibt der Aufbau einer solchen Datei eine Herausforderung. Wie Sie aus dem Kapitel über XML erfahren haben, müssen XML-Dateien, wenn ihr Gebrauch hieb- und stichfest sein soll, stets einem Schema folgen. Im vorliegenden Falle heißt die Schema-Datei *customUI.xsd* und bezieht sich auf den Namensraum *http://schemas.microsoft.com/office/2006/01/customui*. Sie finden diese Datei, die, um Ihnen Hilfe zu sein, in keinem Falle geändert werden darf, ebenfalls auf der CD-ROM zum Buch im Ordner *\Buch\Kap31\Ribbon*. Um

Anpassung der Multifunktionsleiste

diese Datei zielgerichtet nutzen zu können, brauchen Sie einen XML-Editor, der in der Lage ist, XML-Dateien mit einem Schema zu verbinden und die Korrektheit der XML-Datei überwachen zu helfen. Wenn Sie nicht im Besitz von Visual Studio 2005 (es reicht die Web Developer Express Edition, jedoch nicht die Visual Basic Express Edition) sind, so sollten Sie XML Notepad 2007 bei Microsoft herunterladen und installieren.

> **TIPP** Wenn Sie mit dem Erstellen von XML-Datendateien unter Word vertraut sind und die etwas unhandliche Art des Einsatzes von Attributen nicht scheuen, so können Sie auch dieses Office-Produkt benutzen. Excel eignet sich nicht, da das Schema zu komplex ist.

Um eine Anpassung der Befehlsgruppe *Zwischenablage* wie in Abbildung 31.13 zu erreichen, erstellen Sie eine XML-Datei nach dem Muster von Listing 31.6.

Abbildg. 31.13 Angepasste Befehlsgruppe der *Start*-Registerkarte

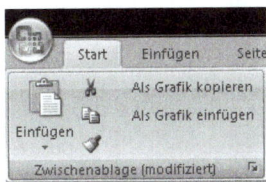

Listing 31.6 Die Gruppe *Zwischenablage* wird modifiziert

```xml
<?xml version="1.0"?>
<customUI xmlns="http://schemas.microsoft.com/office/2006/01/customui">
  <ribbon>
    <tabs>
      <tab idMso="TabHome">
        <group idMso="GroupClipboard" visible="false">
        </group>
        <group label="Zwischenablage (modifiziert)" insertBeforeMso="GroupFont" id="myGroupClipboard">
          <splitButton idMso="PasteMenu" size="large">
          </splitButton>
          <button idMso="Cut" showLabel="false" />
          <button idMso="Copy" showLabel="false" />
          <control idMso="FormatPainter" />
          <button idMso="CopyAsPicture" />
          <button idMso="PasteAsPicture" />
          <dialogBoxLauncher>
            <button idMso="ShowClipboard" />
          </dialogBoxLauncher>
        </group>
      </tab>
    </tabs>
  </ribbon>
</customUI>
```

Einige Details:

- *TabHome* ist die Identität des Start-Registers,

- bei *GroupClipboard* handelt es sich um die Befehlsgruppe *Zwischenablage*, diese wird mit *visible="false"* ausgeblendet und durch
- die benutzerdefinierte Gruppe *myGroupClipboard* ersetzt.
- Diese Gruppe erhält die Aufschrift *Zwischenablage (modifiziert)* und wird vor der Gruppe mit den Befehlen zur *Schriftart* (*GroupFont*) platziert.
- Zunächst erhält diese Gruppe die ursprünglichen Befehle, unter denen das *splitButton*-Element, hier für den *Einfügen*-Befehl (*PasteMenu*), interessant ist.
- *showLabel* bzw. *showImage* sind Attribute, die das Aussehen (Text und/oder Icon) der Befehle beschreiben, *true* zeigt an, *false* nicht. Mit *size="normal"* bzw. *size="large"* lässt sich die Größe (16 mal 16 oder 32 mal 32) bestimmen.
- Eine Besonderheit ist das *control FormatPainter*, der Formatpinsel. Dieser wird zwar als *button* ausgewiesen, hat aber ein besonderes Verhalten (Sie erinnern sich an den möglichen Doppelklick zum »Einrasten«). Somit muss diese Schaltfläche durch ein »Steuerelement« geklont werden.
- Bleibt schließlich noch der *dialogLauncher*, das ist das kleine Quadrat in der rechten unteren Ecke zum Aufruf von Dialogfeldern u. ä.

Unter XML Notepad 2007 sieht das Gesamtbild der Datei wie in Abbildung 31.14 aus.

Abbildg. 31.14 Komfortables Erstellen mit Anbinden an das gültige Schema – XML Notepad 2007

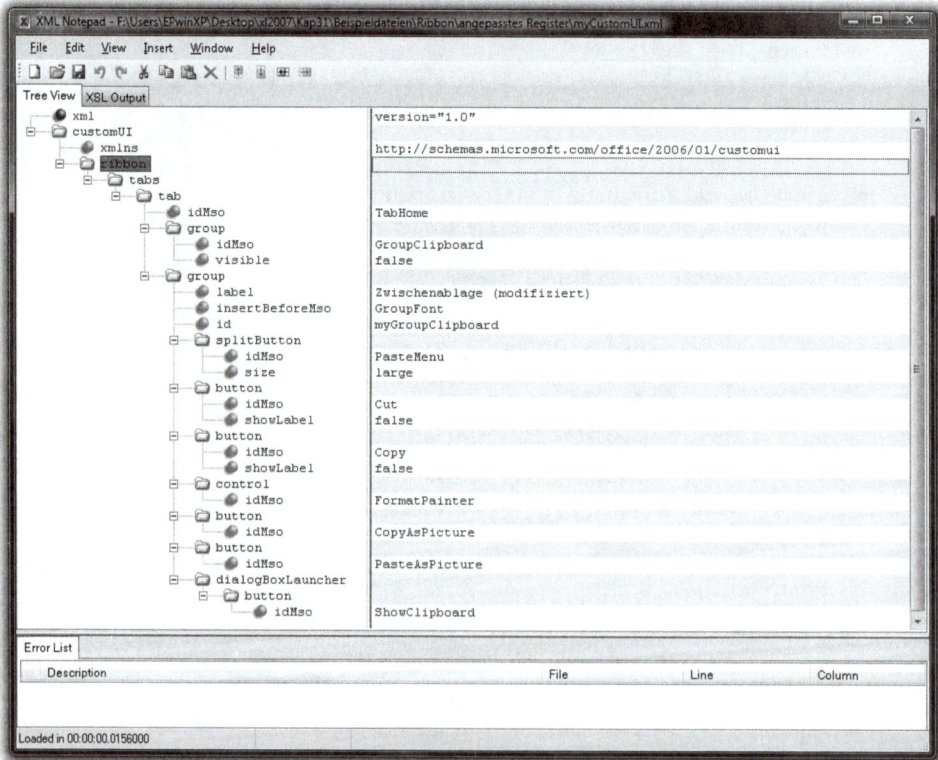

Callback-Prozeduren

Bleibt innerhalb dieser (naturgemäß kurzen) Einführung noch zu klären, wie Funktionalität nicht nur hinter integrierte, sondern auch individuelle Befehle kommt. Dazu bedient sich Office so genannter Callback-Prozeduren, die für jedes der möglichen Elemente der Multifunktionsleiste (*button*, *label*, *splitButton*, *toggleButton*, *checkBox*, *comboBox* und einige andere) vorbereitet sind. Sehr oft wird das die zu nutzende Prozedur sein, die sich hinter dem Attribut *OnAction* verbirgt und somit als Nachfolger der *OnAction*-Eigenschaft »klassischer« Steuerelemente der Symbolleisten gelten kann.

Um einen eigenen Befehl mit Aktivität auszustatten, bereiten Sie eine Prozedur ähnlich wie in Listing 31.7 vor und binden sie so, wie weiter oben beschrieben, in die Arbeitsmappe (Mustervorlage, Add-In) ein.

Listing 31.7 Vorbereiten der *OnAction*-Callback-Prozedur

```xml
<?xml version="1.0"?>
<customUI xmlns="http://schemas.microsoft.com/office/2006/01/customui">
  <ribbon>
    <tabs>
      <tab id="myTab" label="Mein Register">
        <group label="Meine Gruppe" id="myGroup">
          <button id="myButton" label="Schaltfläche" tag="Schaltfläche" onAction="myMacro" imageMso="HappyFace" showImage="true" />
        </group>
      </tab>
    </tabs>
  </ribbon>
</customUI>
```

Die Prozedur *myMacro* ist nun in ein Modul der Arbeitsmappe (deren Dateiendung zwingend den Buchstaben *m* am Ende hat) einzubringen, wobei es auf die genaue Signatur und natürlich einen schlüssigen Inhalt ankommt. Das Listing 31.8 zeigt nur einen exemplarischen Ansatz.

Listing 31.8 Die Callback-Prozedur im Falle von *OnAction*

```vb
Sub myMacro(cmd As IRibbonControl)
    MsgBox "Befehl mit Aufschrift '" & cmd.Tag & "' gedrückt"
End Sub
```

Weiterführende Quellen

Sicher werden im Laufe der Zeit mehr Quellen zum Studium zur Verfügung stehen. Zum Zeitpunkt der Niederschrift dieses Abschnitts sind es nur einige wenige. Empfehlenswert sind dabei die Ausführungen von Frank Rice (*Customizing the Office (2007) Ribbon User Interface for Developers – Part 1 and 2*) auf den Internetseiten der MSDN.

Kapitel 31 Eigene Makros programmieren

Zusammenfassung

Um alle Themen zu VBA-Makros oder den verfügbaren Objekten zu behandeln, reicht der Platz in diesem Buch leider nicht aus. Aber dieses Kapitel hat anhand einiger Beispiele die Grundlagen und Möglichkeiten der Makro-Programmierung mit Excel vorgestellt. Vielleicht sind Sie neugierig geworden und beschließen nun, weitere Experimente anzustellen? Die Makrosprache VBA hält sicher auch für Ihre Aufgabenstellung entsprechende Anweisungen bereit.

Frage	Antwort
Ist die Arbeit mit Makros sicher?	Bei Makros aus fremden Quellen sollten Sie generell vorsichtig sein. Die Makrosprache von Excel ist sehr mächtig und kann auch Unheil anrichten. Hinweise zum Einstellen der Makrosicherheit finden Sie auf Seite 1106.
Wie schaffe ich den Einstieg in die Makroprogrammierung mit Excel?	Ein geeignetes Werkzeug für den Start ist der Makrorekorder, mit dem Sie Aktionen aufzeichnen und anschließend bearbeiten können. Wie Sie den Makrorekorder einsetzen, zeigt die Seite 1109.
Welche Möglichkeiten zum Starten von Makros gibt es?	Wollen Sie die Multifunktionsleiste nicht anpassen, können Sie Makros auch mit einer Tastenkombination, über Schaltflächen oder direkt aus dem VBA-Editor starten. Weitere Informationen finden Sie auf Seite 1112.
Wie erstelle ich ein eigenes Add-In?	Erstellen Sie dazu zunächst die Makros und speichern Sie die Arbeitsmappe dann im Dateiformat *Microsoft Office Excel-Add-In (*.xlam)*. Mehr dazu auf Seite 1121.
Wie kann ich mit einem Makro einen einfachen Eingabedialog anzeigen lassen?	Dazu können Sie die Funktion *InputBox* verwenden. Ein passendes Beispiel finden Sie auf Seite 1115.
Ich habe Add-Ins erstellt, welche eigene Symbolleisten erstellen. Funktionieren diese Änderungen an der Umgebung noch?	Die Änderungen bisheriger Makros werden auf der speziellen Registerkarte *Add-Ins* angezeigt. Mehr dazu auf Seite 1123.
Kann ich die Multifunktionsleiste anpassen?	Mit einigen XML-Kenntnissen können Sie die Multifunktionsleiste nach Ihren Wünschen anpassen. Ab Seite 1123 erfahren Sie, wie es geht.

Teil K
Anhang

In diesem Teil:

Anhang A   Die CD-ROM zum Buch   1133

Anhang A

Die CD-ROM zum Buch

Anhang A Die CD-ROM zum Buch

Sämtliche im Buch beschriebenen Beispiele finden Sie im jeweiligen Ordner \Buch auf dieser CD-ROM. Entnehmen Sie aus der folgenden Tabelle A.1 jeweils den Namen der Beispieldatei, sowie eine Kurzbeschreibung derselben und den Speicherort, an dem Sie die Beispiele auf der Buch-CD finden. Beachten Sie auch die Hinweise zur Handhabung der Beispiel- und Übungsdateien im jeweiligen Kapitel.

HINWEIS In den Kapiteln 1, 2 und 28 werden keine Beispiel- und Übungsdateien genutzt, sodass auf der CD-ROM zum Buch auch keine entsprechenden Ordner vorhanden sind.

Für die meisten Beispiele ist es grundsätzlich von Vorteil, wenn Sie den jeweiligen Ordner von der CD-ROM auf die Festplatte Ihres PCs kopieren und – falls erforderlich – die Schreibschutz-Attribute von den Dateien entfernen:

1. Markieren Sie dazu die kopierte(n) Datei(en) im Windows-Explorer.
2. Klicken Sie mit der rechten Maustaste in die Markierung und wählen aus dem Kontextmenü den Befehl *Eigenschaften*.
3. Deaktivieren Sie das Kontrollkästchen für den Schreibschutz und klicken dann auf *OK*.

Tabelle A.1 Beschreibung der Beispieldateien

Ordner	Dateiname	Kurzbeschreibung
\Buch\Kap03	Kap03_Dateiformat.xlsx Kap03_Dateiformat.zip	Die Beispieldateien haben denselben Inhalt, wobei eine Datei im Excel-Dateiformat, die andere im Zip-Dateiformat vorliegt
\Buch\Kap04	Kap04A.xlsx Kap04B.xlsx	In diesen Dateien können Sie den Umgang mit der Maus in Excel üben und damit z.B. Reihen ausfüllen, Bereiche kopieren und verschieben, Tabellen transponieren und Rechenoperationen beim Einfügen vornehmen
\Buch\Kap05	Kap05.xlsx	Hier finden Sie verschiedene Arbeitsblätter vor, mit denen Sie die Seiteneinrichtung üben können. Außerdem ist ein Arbeitsblatt mit einem Wasserzeichen enthalten.
\Buch\Kap06	Kap06.xlsx Kap06_3D.xlsx	Diese Dateien enthalten erste Beispiele für den Umgang mit Formeln. Sie lernen die verschiedenen Bezugsarten kennen und anwenden. Außerdem finden Sie hier Beispiele für das Rechnen mit Zeitwerten und Datumswerten.
\Buch\Kap07	Kap07.xlsx	Die Funktion *AutoSumme* können Sie hier ausprobieren. Außerdem finden Sie hier Beispiele für die Summenbildung unter Berücksichtigung von Bedingungen und den Einsatz verschiedener Logikfunktionen.
\Buch\Kap08	Kap08.xlsx	In dieser Datei finden Sie die Beispiele zur Datenüberprüfung. Mit dieser Funktion können Sie eine Eingabemeldung anzeigen lassen, wenn eine Zelle ausgewählt wird. Verschiedene Beispiele für das Einschränken von Zellwerten sind ebenso enthalten.

Tabelle A.1 Beschreibung der Beispieldateien *(Fortsetzung)*

Ordner	Dateiname	Kurzbeschreibung
\Buch\Kap09	Kap09.xlsx Kap09_Schnelleinstieg.xlsx	Diese Datei enthält Beispiele für den Einsatz von Schriftformaten, Mustern, Zahlenformaten und verschiedenen Optionen für die Ausrichtung
\Buch\Kap10	Kap10.xlsx	Hier finden Sie Beispiele für die Einsatzmöglichkeiten von benutzerdefinierten Zahlenformaten. So erfahren Sie beispielsweise, wie Sie mit einem Zahlenformat Farben zuweisen, Zahlen kürzen oder ein Füllzeichen anzeigen können.
\Buch\Kap11	Kap11_Designs&Diagramme.xlsx Kap11_Designs&Tabellen.xlsx	Diese Dateien enthalten Tabellen und Diagramme in verschiedenen Designs. So können Sie Ihr ganz persönliches Lieblingsdesign finden.
\Buch\Kap12	Kap12.xlsx	Die Beispiele zur bedingten Formatierung führen von der einfachen Markierung von Grenzwerten über das Hervorheben von Wochenenden in einer Datumsliste bis hin zur Hervorhebung doppelter Werte. Für die neuen Möglichkeiten der Formatierung mit Datenbalken, Farbskalen und Symbolsätzen finden Sie ebenfalls Beispiele.
\Buch\Kap13	Kap13.xlsx Kap13_Umfrage.xlsx	Hier finden Sie verschiedene Einsatzgebiete für Kommentare. Mit Kommentaren können Sie zusätzliche Informationen in einem Arbeitsblatt speichern. Im zweiten Beispiel wird mit Steuerelementen ein Fragebogen erstellt. Auch hier können Kommentare nützlich sein.
\Buch\Kap14	Kap14.xlsx Kap14_Excel.png Kap14_Excel-Anwendertage.png	Hier finden Sie Beispiele zum Einfügen von Grafiken und SmartArts. Mit diesen Objekten können Sie Ihre Tabellen optisch aufwerten.
\Buch\Kap15	Kap15_Datzeit.xlsx Kap15_Info.xlsx Kap15_Logik.xlsx Kap15_Matrix.xlsx Kap15_Rechnung.xlsx Kap15_Runden.xlsx Kap15_Text.xlsx Kap15_Verweis.xlsx	Hier finden Sie zahlreiche Beispiele für den Einsatz von Tabellenfunktionen
\Buch\Kap16	Kap16.xlsx Kap16_Einfache Zinsrechnung.xlsm Kap16_modFunktionen.bas Kap16_Renten- und Tilgungsrechnung.xlsm Kap16_Zinseszinsrechnung.xlsx	Diese Dateien enthalten Beispiele für statistische und finanzmathematische Funktionen

Tabelle A.1 Beschreibung der Beispieldateien *(Fortsetzung)*

Ordner	Dateiname	Kurzbeschreibung
\Buch\Kap17	Kap17_Diagramme.xlsx	Hier finden Sie Beispiele für verschiedene Diagrammtypen, wie z.B. Balken-, Säulen-, Kreis- und Netzdiagramm. Außerdem ist ein Beispiel vorhanden, wie Sie mit Tabellen dynamische Diagramme erstellen können.
\Buch\Kap18	Kap18.xlsx Kap18_Preisindex.xlsx	Dieses Beispiel zeigen verschiedene Lösungen für fortgeschrittene Aufgaben. So können Sie beispielsweise über Steuerelemente das Zeitfenster für die Anzeige von Daten im Diagramm einstellen oder eine Trendlinie zeichnen lassen.
\Buch\Kap19	Kap19.xlsx	Hier finden Sie Beispiele für die Verwendung von Namen in Tabellen und Steuerelementen. Außerdem ist ein Beispiel für die Möglichkeiten von Tabellen vorhanden.
\Buch\Kap20	Kap20.xlsx	In dieser Datei können Sie mit den verschiedenen Sortiermöglichkeiten von Excel experimentieren
\Buch\Kap21	Kap21_1.xlsx Kap21_2.xlsx	Hier finden Sie Daten für den Einsatz verschiedener Filtermethoden
\Buch\Kap22	Kap22.xlsx Kap22_Textdatei.txt	Diese Datei enthält Beispiele für den Einsatz von Datenbankfunktionen und die Definition von Suchkriterien
\Buch\Kap23	Kap23.xlsx Kap23_TEG.xlsx Kap23_TEG_Lösung.xlsx Kap23_TSK.xlsx Kap23_TSK_Lösung.xlsx	Mit diesen Dateien können Sie die Beispiele zur Funktion *Teilergebnisse* nachvollziehen
\Buch\Kap24	Kap24_Gehalt.xlsx Kap24_Gehalt_Lösung.xlsx Kap24_TSK.xlsx Kap24_TSK_Lösung.xlsx	Mit einer PivotTable können Sie leistungsstarke und komfortable Auswertungen erstellen. Schauen Sie sich die Beispiele hierzu an.
\Buch\Kap25	Kap25.xlsx	Mit dem Szenario-Manager können Sie verschiedene Tabellenmodelle speichern und abrufen. Diese Datei enthält dazu die Beispiele.
\Buch\Kap26	Kap26_Iteration.xlsx Kap26_Lösung.xlsx Kap26_Übung.xlsx Kap26_VerwAss.xlsx Kap26_Zielwert.xlsx	In diesem Kapitel geht es um Add-Ins. Die Dateien zeigen den Einsatz des Solvers und des Nachschlage-Assistenten. Außerdem finden Sie Beispiele zur Zielwertsuche und der Iteration.
\Buch\Kap27	Kap27.xlsx	Hier finden Sie Beispiele für den Einsatz der Datentabelle. Mit der Datentabelle können Sie eine Formel mit verschiedenen Variablen berechnen.

Tabelle A.1 Beschreibung der Beispieldateien *(Fortsetzung)*

Ordner	Dateiname	Kurzbeschreibung
\Buch\Kap29	\Beispieldateien	Ordner mit Beispielen zu den Dateiformaten HTML und XML, die Excel öffnen und erstellen kann
\Buch\Kap30	Kap30_Adressen.accdb Kap30_Arbeitszeiten.xsn Kap30_Daten.xlsx	Beispieldaten für die Verwendung mit Word-Sendungen
\Buch\Kap31	Kap31.xlsm Kap31_KW.xlsm \Ribbon	Beispiele für Sub- und Function-Makros. Außerdem Beispieldateien zur Anpassung der Multifunktionsleiste.

Praxisindex

Die Einträge in diesem Praxisindex verweisen auf Schritt-für-Schritt-Anleitungen zu spezifischen Arbeitsgängen.

A

Access-Datenbank mit dem Datenverbindungs-Assistent abfragen 1089
Add-Ins einbinden 975
Add-Ins entfernen 976
Alternierende Zeilenfarben zuweisen 374
Anordnung der Datenreihen im Flächendiagramm ändern 725
Anzahl der Elemente je Kategorie (Teilergebnis) ermitteln 875
Arbeitsblätter umbenennen 149
Arbeitsmappe ausblenden 155
Arbeitsmappe digital zu signieren 155
Arbeitsmappe wiederherstellen 140
Assistenten des Analyse-Add-Ins verfügbar machen 669
Auf mögliche Fehler hinweisen 332
Ausfüllen bei der Formeleingabe 273
Ausfüllen mit Doppelklick 274
AutoSumme-Funktion einsetzen 290

B

Bedingte Formatierung auf andere Zellen übertragen 474
Benutzerdefinierte Ansicht erstellen 202
Benutzerdefinierte Designs erstellen und speichern 461
Benutzerdefinierte Farbpaletten löschen 459
Benutzerdefinierte Zahlenformate in andere Mappen übertragen 432
Benutzerdefinierte Zahlenformate löschen 431
Bezug auf andere Tabelle erstellen 254
Bildformatvorlage auf eine Grafik anwenden 545
Bildschirmkopie erstellen 745
Blattregister einfärben 151
Blattschutz einschalten 376
Blattschutz festlegen 376
Break-Even-Berechnung per Zielwertsuche 1007

C

ClipArts von Office Online herunterladen 542

D

Datei im PDF-Format speichern 236
Daten in markierten Bereich eingeben 165
Daten und Formelfluss verfolgen 281
Datenreihe in ein Diagramm einfügen 752
Datensätze zählen 857
Datumswerte sortieren 649
Den Rang ohne doppelte Positionen berechnen 665
Designfarbe ändern 457
Designs zuweisen 438
Diagramm kopieren 730
Diagrammtyp ändern 709
Diagramm-Vorlage erstellen 732
Dokumenteigenschaft mit einem Namen verknüpfen 789
Doppelte Einträge mit der Datenüberprüfung verhindern 347
Drehfeld für die komfortable Steuerung eines Diagramms verwenden 741
Druckauftrag abbrechen 234
Drucker installieren 214
Druckvorschau aufrufen 370
Dynamische Liste festlegen 344

E

Eingabe von Duplikaten verhindern 662
Eingabezeit mit der Iteration festhalten 1003
Ermitteln der drei größten Werte einer Reihe 666
Excel-Tabelle für eine Word-Sendung verwenden 1084
Excel-Vorlage anlegen 465

F

Farbe eines Bildes anpassen 547
Fehlerüberprüfung konfigurieren 379
Fehlerwert unterdrücken 424
Fehlerwerte mit einer Formel unterdrücken 583
Feldanordnungen in PivotTable festlegen 912
Fenster teilen 199
Feste Spaltenbreite definieren 369
Festen Bezug in Formeln verwenden 628
Form durch eine andere ersetzen 559
Form eines Bildes verändern 548
Formate einer Zellenformatvorlage aus ausgewählten Zellen entfernen 445
Formate mehrfach übertragen 406
Formate übertragen 406
Formeln drucken 233
Formeln schnell markieren 376
Formeln verbergen und schützen 309
Formen zeichnen 551

G

Geburtstag mit Anzeige des Wochentages berechnen 429
Gedrehte Kopie einer Tabelle mit einer Formel erstellen 606
Gleichartige Daten konsolidieren 879
Grafik einfügen 536
Grafik im Kommentar anzeigen 523
Grafik in den Hintergrund einbauen 533
Grafik zuschneiden 537

Praxisindex

Grafikgröße anpassen 536
Größten Wert einer Datenreihe im Diagramm
    hervorheben 738

H

Hilfsspalte als Sortierkriterium einsetzen 648
Hinweis auf vollständige Eingabe anzeigen 348
Histogramm mit einem Assistenten erstellen 670

I

In Symbolsätzen weniger Symbole verwenden 494

K

Kalender selbst erstellen 644
Karopapier herstellen 237
Kleinsten Wert ohne Null ermitteln 597
Kombinierte Kriterien im AutoFilter 833, 840
Kommentar verschieben 520
Kommentare kopieren 520
Kommentargröße automatisch anpassen 518
Kopf- und Fußzeile einstellen 225
Kopieren durch Ausfüllen 272
Kopieren mit der Maus 270
Kopieren über die Zwischenablage 269
Kosten für Postwertzeichen ermitteln 1017
Kostenarten mit Teilergebnissen auswerten 875

L

Linkfavoriten erstellen 133
Liste mit Werten für Gültigkeitsprüfung festlegen 342
Lochmarke drucken 240

M

Makro ausführen 1110
Makro einer Schaltfläche zuweisen 1112
Makro mit dem Makrorekorder aufzeichnen 1109
Markierungstechniken mit Hilfe der Maus 267
Matrixformel ändern 600
Mehrere Objekte markieren 557
Mehrere Tabellen einer Mappe gleichzeitig anzeigen 152
Mehrfachoperation erweitern 1020
Mehrfachoperation in einem Szenario speichern 1024
Mehrfachoperationenbereich verkleinern 1021
Monatliche Kreditrate berechnen 303
Multiplikationsliste erstellen 1012
Multiplikationstabelle ablesen 1018
Multiplikationstabelle mit zwei Parametern erstellen 1016

N

Nachschlage-Assistent verwenden 978
Namen aus einer Markierung erstellen 776
Namen in Bezüge umwandeln 787

Nebenbedingungen im Solver-Modell festlegen 991
Nur ein einziges Symbol eines Symbolsatzes verwenden 496

P

PivotChart-Bericht zu erstellen 941
Position des ersten Segments in einem Kreisdiagramm
    einstellen 719
Probleme lösen mit dem Solver 990
Projektkosten mit der bedingten Formatierung
    überwachen 470
Prozentformat zuweisen 367

R

Rahmenlinien zuweisen 372, 400
Reihenbeschriftung im Diagramm hervorheben 755

S

Säulendiagramm erstellen 700
Schnellzugriffsleiste anpassen 175
Schnellzugriffsleiste löschen 68
Schnellzugriffsleiste mit einer Mappe verbinden 67
Seitenränder einstellen 219
Solver-Modell laden 994
Solver-Modell speichern 994
Spaltenbreite optimal anpassen 368
Spaltenüberschrift auf zwei Zeilen verteilen 362
Spaltenüberschriften zentriert anordnen 363
Standardschrift schnell wieder zuweisen 387
Standardvorgabe für Schriftgrad ändern 386
Startordner festlegen 61
Startprobleme feststellen 96
Steuerelemente erstellen 508
Suchkriterien überprüfen 860
Szenarien zusammenführen 964
Szenario ausblenden 967
Szenario erstellen 959
Szenario schützen 967
Szenario wiederherstellen 965

T

Tabelle drucken 800
Tabelle einfügen 792
Tabelle formatieren 360
Tabelle für den Datenbereich verwenden 854
Tabelle in eine Wertekopie umwandeln 308
Tabellenausschnitt mit einem Word-Dokument
    verknüpfen 1083
Tabellenbereich drucken 800
Tabellenformatvorlage einem Zellbereich zuweisen 448
Tabellenformatvorlage zuweisen 437
Tabellenformatvorlagen anlegen 450
Tabellennamen mit einer Funktion ermitteln 612
Tabellenüberschrift einbauen 361
Tabellenüberschrift formatieren 361
Teilergebnisse einblenden 927
Teilergebnisse in PivotTable ausblenden 922

Text in einer Zelle drehen 389
Text in Verbindung mit Zahlen sortieren 810
Text vom linken Spaltenrand weg bewegen 430
Textausrichtung in Formen ändern 555
Texte einrücken 364
Texte gliedern mit Aufzählungszeichen 431
Textfelder anlegen 557
TIFF-Datei erstellen 236
Transportproblem mit dem Solver lösen 989

U

Über die Datenüberprüfung eine Auswahlliste verwenden 981
Überlagernde Linien im Diagramm vermeiden 723
Überschriften beim Drucken fixieren 227
Umsatzstrukturanalyse mit PivotChart durchführen 944
Unterschiedliche Zeiträume für ein Diagramm auswählen 739

V

Verschachtelte Funktion im Funktions-Assistent eingeben 305
Verschieben mit der Maus 268
Verschieben mit der Zwischenablage 268

W

Warnung vor Budgetüberschreitung 350

WENN-Funktion im Funktions-Assistent 324
Werte in Datentabellen mit der bedingten Formatierung hervorheben 1026
Wichtige Teile einer Tabelle schützen 375

Z

Zahlen rechtsbündig in Spaltenmitte anordnen 368
Zahlungsziel berechnen 327
Zeilen mit einer Formel nummerieren 582
Zeilenumbruch erzwingen 635
Zeilenweise Eingabe erzwingen 348
Zellbereich schützen 206
Zellbereiche gezielt markieren 366
Zellbezüge eingeben 254
Zellen mit bedingter Formatierung finden 475
Zellen mit Kommentar finden 518
Zellen mit Kommentaren markieren 163
Zellen über Auswahl zentrieren 198
Zellen verbinden 197
Zellenformatvorlagen ändern 442
Zellenformatvorlagen duplizieren 444
Zellenformatvorlagen komplett neu anlegen 444
Zellenformatvorlagen löschen 445
Zellenformatvorlagen zuweisen 436
Zellenformatvorlagen zwischen Arbeitsmappen austauschen 445
Zellfarben zuweisen 401
Zielwertsuche 1004
Zusatzinformationen aus Tabellenzellen in das Diagramm übernehmen 719
Zwischenergebnisse beobachten 282

Stichwortverzeichnis

(Raute) als Formatcode 417
#BEZUG! 262, 271, 610, 790
#DIV/0! 262, 610
    Anzeige unterdrücken 424
#NAME? 262, 610, 1120
#NULL! 262, 610
#NV 262, 610, 614
#WERT! 262, 610
#ZAHL! 262, 610
% (Prozent) als Formatcode 420
& als Textoperator 313
*-Zeichen
    als Formatcode 419
    Stellvertreterzeichen 855
, (Dezimalkomma) als Formatcode 420
. (Punkt) als Formatcode 420
? (Fragezeichen) als Formatcode 418
@-Zeichen
    als Formatcode 418
    als Platzhalter in Zahlenformaten 426
_ (Unterstrich) als Formatcode 418
0 (Null) als Formatcode 418
1904-Datumswerte 640, 651
3D-Bezug 255

A

A1-Bezugsart 160
Abfragelisten 1096
Abfragen 1088
    bearbeiten 1064
Abgesicherter Office-Modus 96
ABRUNDEN 318, 575
ABS 576, 631, 652
Absatzzahlen 756
Abschreibungsrechnung 692
Absoluter Bezug 275
Absolutwert einer Zahl 631
Abszisse bei Diagrammen 713
Access
    Datenimport 1088
    Excel-Tabellen einbinden 1092
    Excel-Tabellen zur Analyse nutzen 1093
    Informationsaustausch mit 1088
    Nordwind-Beispieldatenbank 1089
    und XML 1074
Achsenabschnitt 674
Achsenbeschriftung 744
Achsenoptionen
    Diagramm 713
Active Directory 1053
ActiveX-Steuerelement 756
ActiveX-Steuerelemente 504
Add-In 974
    Analyse-Funktion 977

Analyse-Funktion - VBA 977
Benutzerdefiniert 974
Definition 974
Eigenes erstellen 1121
einbinden 975
Einmalig laden 976
Eurowährungs-Tools 978
für andere Dateiformate 234
Integrierte 974, 976
Internet-Assistent VBA 978
Nachschlage-Assistent 978
Solver 982
Speicherort 974
Teilsummen-Assistent 981
ADRESSE 612, 625
Adressierung 843
Aktivierung 51
Aktualisieren
    Verknüpfung 258
Aktualisierung
    Daten 1064
Alle suchen 192
Amerikanische Zahlenformate
    umwandeln 194
Analyse-Funktion
    VBA-Add-In 977
Analyse-Funktionen 669
    Add-In 572, 676, 681, 977
Andere Formate 1048, 1050
Änderungen
    akzeptieren oder ablehnen 146
    eines Benutzers 146
    hervorheben 145
Änderungsprotokoll
    Erstellung 145
    Freigabe 143
Angepasste Installation 51
Anlage 1039
Anlagenoptionen (Outlook) 1039
Annuitätentilgung 690
Ansicht
    Benutzerdefinierte Ansicht 202
    Ganzer Bildschirm 203
    Normalansicht 201
    Seitenansicht 201
    Steuerelemente 78
    Zoom 79
Anteile in Prozent 367
Antwortbericht
    Nebenbedingungen 996
    Solver 995
    Veränderbare Zellen 996
    Zielzelle 995
ANZAHL 667
ANZAHL2 345, 349, 667

Stichwortverzeichnis

ANZAHLLEEREZELLEN 348, 667
Anzeigesprache 85
Äquivalenzprinzip (Finanzmathematik) 682
Arbeitsbereich 1058
Arbeitsblatt
    aktivieren 147
    gruppieren 149
    Hintergrundgrafik einbauen 533
    Mehrfachauswahl 148
    schützen 205, 967–968
Arbeitsmappe
    als Webseite speichern 1048
    als Webseite veröffentlichen 1051
    Andere Formate 1048
    Arbeitsblatt aktivieren 147
    Arbeitsblätter aus- und einblenden 154
    Arbeitsblätter einfügen 151
    Arbeitsblätter kopieren 149
    Arbeitsblätter löschen 150
    Arbeitsblätter umbenennen 149
    Arbeitsblätter verschieben 149
    Arbeitsblattregister farblich gestalten 151
    ausblenden 155
    Dokumentarbeitsbereich erstellen 1058
    E-Mail im Team 1038
    Fenster wechseln 134
    freigeben 142
    Gruppieren von Arbeitsblättern 149
    Hilfsdateien 1046
    mehrere Arbeitsblätter markieren 148
    öffnen 105
    schließen 157
    speichern 117
    speichern als Webarchiv 1049
    speichern als Webseite 1049
    Verknüpfungen 120
    veröffentlichen 1050, 1052
    Webseitenvorschau 1049
    Wiederherstellen 140
Arbeitsordner
    festlegen 123
Arbeitszeit für Schichtarbeiter 651
Argumente 250, 292, 294–295
    Beschränkungen 294
    optionale 293
Arial *siehe* Schriftart
Arithmetisches Mittel 659
    gewichtetes 660
    gewogenes 660
Array-Formel *siehe* Matrixformel
ASCII-Code 631
Assessment Center-Auswertung 729
Aufgaben 1060
Aufgabenbereich 83
    ClipArt 538
    Datei 135
    Fenster 140
    XML-Quelle 1073
Auflösung reduzieren 126
AUFRUNDEN 317, 575, 594
Ausblenden 154–155
    Daten 825
    Spalten 199
    Zeilen 199
Auschecken 1056

Ausfüllen 272
    durch Doppelklick 274
    innerhalb einer Zelle 392
    mit der Formeleingabe 273
    mit der Maus 273
    mit eigener Reihe 181
    Richtung 272
Ausfüllkästchen 273
Ausgabebereich
    einrichten 841
    für gefilterte Daten 841
Ausgeblendet 405
Ausrichtung 358, 388
    auf halber Höhe 389
    beim Drucken 219
    Blocksatz 388
    Einzug 392
    Einzug vergrößern 364
    horizontal 368, 388
    in Zellen 388
    Linksbündig 388
    oben 389
    rechter Einzug 368
    Rechtsbündig 388
    unten 389
    vertikal 389
    Vertikal mittig 389
    von Zellinhalten 388
    Zentriert 388
Auswahl
    Zentrieren 198
Auswahl und Sichtbarkeit
    Aufgabenbereich 707
Auswahlbereich 707
Auswahlliste
    Daten eingeben 167
Auswertekriterium *siehe* Teilergebnis
AUSZAHLUNG 686
AutoAusfüllen 176–178, 269
AutoFilter 822
    Anwenden auf Spalten 825
    bei Teilergebnissen 875
    gruppierte Datumsliste 829
    kombinierte Kriterien *siehe* Kriterien
    Kriterium 830
    Stellvertreterzeichen 830
    Top 10 828
    über/unter Durchschnitt 835
    Verknüpfung 828
    wählen 826
AutoFilter, Benutzerdefiniert 826
AutoKorrektur 168–169
    löschen 169
AutoKorrektur-Liste
    Rechtschreibprüfung 204
AutoKorrektur-Optionen 172
AutoSumme 290
AutoVervollständigen
    Dateneingabe 167
    in Formeln 255, 799
    in Tabellen 797
AutoWiederherstellen 140
    Einstellungen 127

B

Balkendiagramm 716
Barwert 688
Bearbeiten
  eines Szenarios 961, 963
  Inhalte einfügen 190
Bearbeitungsleiste 77, 164, 167
Bearbeitungssprache 85
Bedingte Formatierung 468
  als Symbol 476
  ändern 475
  Anhalten 496
  doppelte 485
  eindeutige 485
  finden 475
  Formate übertragen 474
  Formatoptionen 469
  Formeln 478
  identische Zellen formatieren 483
  in Datentabellen 1026
  in PivotTable 486
  in Tabellen 796
  Konflikte 482
  Konstanten 470, 472, 477
  leere Zellen hervorheben 485
  löschen 475
  Manager 473
  mehrere Bedingungen 471
  Neuberechnung 499
  Reihenfolge der Bedingungen 472
  über dem Durchschnitt 486
  Vergleichsoperatoren 471
Befehl
  Rückgängig machen 376
Befehlsgruppen
  Beschreibung 64
Benannte Bereiche 1056
Benutzer entfernen
  Freigabe 142
Benutzerdefiniert 396
  Zahlenformat 396
Benutzerdefinierte Add-Ins 974
Benutzerdefinierte Ansicht 202
Benutzerdefinierte Liste
  erstellen 813
  festlegen 179
  importieren 812
  in Pivot-Tabellen verwenden 902
  in Tabellen 797
Benutzerdefinierte Symbolleisten 1123
Benutzerdefinierte Tabellenfunktion 1119
Benutzernamen 516
  VBA 1115
Berechnete Kriterien
  Datenbankfunktionen 1030
Berechnung
  automatisch 260
Bereich 309
  für Namen 773
  Gehe zu 162
BEREICH.VERSCHIEBEN 345, 629, 783

Bereichsoperator 305, 309
Berichtsfilter
  PivotTable 892
Beschriftungen fixieren 200
BESTIMMTHEITSMASS 674
Bestimmtheitsmaß 673, 765
Beta-Version 48
Bezeichner
  in Tabellen 798
Bezug
  außerhalb der Liste *siehe* Filter, Spezialfilter
  in Formeln ändern 788
  in Wert umwandeln 308
  Spalte 310
Bezüge
  externe aktualisieren 258
Bezugsart 160
  ändern 277
Bezugsoperator
  strukturierte Verweise 798
Bezugsoperatoren 309
BIC
  Bank-Code 633
BIFF 113
Bild
  komprimieren 126
  kopieren 745
Bildbereiche löschen 126
Bildformatvorlagen zuweisen 545
Bildlauf
  in Tabellen 795
  synchronisierter 195
Bildlaufleisten 81
  ein-/ausblenden 82
Bitmapgrafik
  neu einfärben 547
Bitmapgrafiken 531
Blasendiagramm 727
Blatt
  schützen 376, 968
Blattschutz 375–376, 405
  aktivieren 378
  aufheben 210
  einschalten 376
  Fehlermeldung 378
  individuell konfigurieren 377
  Kennwort vergeben 378
  testen 378
Blocksatz 388
  vertikal 392
BMP-Dateiformat 532
Boolesche Vergleichsoperatoren 322
Branch-and-bound-Verfahren
  Solver 982
Break-Even-Point
  im Diagramm 751
Bruch
  Eingabe 172, 639
  Zahlenformat 396
Buchhaltungs-Zahlenformat 395
Bundesschatzbriefe 688
BW 687, 689–690

Stichwortverzeichnis

C

Calibri *siehe* Schriftart - neue
Callback-Prozeduren 1129
Cambria *siehe* Schriftart - neue
Cascading Style Sheets 1041
CGM-Dateiformat 532
CHF als Währung hinzufügen 365
Clip Organizer 538
    Definition 541
    Gemeinsam genutzte Sammlungen 542
    Heruntergeladene Clips 544
    Medien suchen 541
    Meine Sammlungen 541
    Office-Sammlungen 541–542
    Websammlungen 542
ClipArt 538, 541
    Eigenschaften einsehen und bearbeiten 540
    Sammlungen 538
    Suchbegriffe verwenden 539
CODE 631
Codefenster
    anzeigen 1113–1114
Com-Add-Ins 974
CommandBars-Objekt 68
Compatibility Pack
    für frühere Versionen 121
Corporate Design 456, 458
    mit Designs einhalten 438
    Zellfarben 401
CSS 1041
customUI.xsd 1126

D

Datei
    beschädigte öffnen und reparieren 131
    im Browser öffnen 131
    Kopie öffnen 131
    neue erstellen 102
    problematische deaktivieren 96
    schreibgeschützt öffnen 131
    wiederherstellen 140
Dateiablage 124
Dateieigenschaften
    Vorschaugrafik 127
Dateieigenschaften *siehe* Dokumenteigenschaften
Dateiformate 137
    XML 1070
Dateiformate *siehe* entfernte Funktionen
Dateiname
    ermitteln 612
Dateinamenerweiterung 110, 125
Daten
    aus Access 1088
    aus anderen Quellen 1088
    Besonderheiten beim Eingeben 171
    Datenquellen einrichten 1084
    einfügen mit der Maus 187
    eingeben 165
    einrücken 390
    externe abrufen 1089
    über Kontextmenü einfügen 188

    Verbindungen 1088
Datenaktualisierung 1064
Datenausgabebereich 841
Datenbalken
    bedingte Formatierung 488
Datenbank
    Definition 852
Datenbankfelder
    vergleichen 862
Datenbank-Funktionen 848
    Mehrfachoperation 1027
Datenbereich
    automatisch erweitern 308
    Eigenschaften 1064
Datenbeschriftung *siehe* Diagramm
Datenqellen 1081
Datenquellen
    Eigene 1092
    eigene 1092
Datenreihen 176
    Diagramm 752
    Umgekehrte Reihenfolge 713
Datenschutz 51
Datensicherheit 140
Datentabelle 1012, 1061
    kopieren und verschieben 1018
    Neuberechnung 262
Datenüberprüfung 332, 662
    ändern 341
    Auswahl 343
    Dynamische Listen 344
    Fehlermeldung 334
    im Formular 512
    in freigegebenen Arbeitsmappen 333
    Jeden Wert 338
    Liste verwenden 342, 344
    löschen 341
    Lücken 333
    Stil 335
Datenverbindungen 120
Datenverbindungs-Assistent 1089
Datenzusammenhang erhalten *siehe* Sortieren
DatePart-Funktion 1120
DATUM
    Funktion 640
Datum
    Datenüberprüfung 338
    eingeben 639
    schnell eingeben 169
    Sommer- und Winterzeit 642
    Zahlenformat 396
Datum und Zeit 639
Datumsangaben
    Tipps zur Eingabe 428
Datumserkennung 1064
Datumsformate löschen 428
Datumswerte
    berechnen 278
    Reihe ausfüllen 179
    sortieren 647
DATWERT 640
DBANZAHL 850, 857, 1028
DBANZAHL2 851
DBAUSZUG 851
DBMAX 851, 858

Stichwortverzeichnis

DBMIN 851, 858
DBMITTELWERT 851, 1029
DBPRODUKT 851
DBSTDABW 664, 851
DBSTDABWN 851
DBSUMME 851, 857, 1031
DBVARIANZ 664, 851
DBVARIANZEN 664, 851
Dehnungsoptionen
    Grafik 761
Deinstallation 54
DELTA 601
Designeffekte 461
Designfarben 457
    ändern 457
    Neue Farbpalette speichern 458
Designfüllung 553
Designs 435
    Ablageort 438
    als separate THMX-Datei speichern 463
    als Standard verwenden 454
    Auswirkung auf Diagramme 456
    Auswirkung auf Tabellen 454
    benutzerdefinierte Designs löschen 462
    Bestandteile 438
    Corporate Design 438
    Definition 435, 438
    Designeffekte 461
    Designfarbe ändern 457
    Designschriften 459
    Eigene Farbpaletten löschen 459
    Endung 438
    in Excel, Word und PowerPoint 438
    in Mappe oder Mappenvorlage speichern 463
    neue Designschriftart definieren 459
    Speicherort für benutzerdefinierte 461
    THMX 461
    Vergleich zu Formatvorlagen 438
    Wirkung 438
    zuweisen 438
    Zweck 438
Designschriften 459
    Benutzerdefinierte löschen 460
    Neue definieren 459
Design-Tipps (Multifunktionsleiste) 1123
Dezimal
    Datenüberprüfung 338
Dezimalstelle
    feste verwenden 171
    hinzufügen 365
    löschen 365
Dezimaltrennzeichen
    tauschen 194, 637
Diagramm 698, 1054
    Achsenbeschriftung 744
    als Bild kopieren 745
    Anzeige von Fehlerwerten 738
    auf Tastendruck 699
    aus Tabelle 734
    ausdrucken 717
    Ausgeblendete Zellen 735
    ausrichten 715
    Balkendiagramm 716, 755
    Beschriftung formatieren 754
    Beschriftungsposition 755
    Bestandteile 711
    Bilder für Datenpunkte 759
    Blasendiagramm 727
    Daten auswählen 703
    Datenbereich anpassen 702
    Datenbeschriftungen 714, 722
    Datenreihe in Werte umwandeln 746
    Diagrammfläche 712
    Diagrammformatvorlagen 437, 703
    Diagrammlayout 703
    Diagrammtitel 712
    Diagrammtyp ändern 709
    drucken 232
    Dynamischer Diagrammtitel 744
    F11-Taste 699
    Flächendiagramm 725
    Gitternetzlinien formatieren 714
    Größenänderung 715
    im Kommentar 522
    kopieren 730–731
    Kreisdiagramm 718
    Legende 714
    Linie glätten 721
    Linienbreite einstellen 721
    Liniendiagramm 721
    Markierungsoptionen 722
    Maximum hervorheben 739
    Name in Diagramm 743
    Netzdiagramm 729–730
    Neue Daten 734
    Nullwerte 735
    Punktdiagramm 752
    Rubriken 713
    Säulendiagramm 700
    Säulendiagramm gestapelt 757
    Standarddiagrammtyp 733
    statisches 745
    Text einfügen 719
    Verbunddiagramm 722
    verschieben 703, 724
    von Zellen unabhängig 734
    Vorlage erstellen 703, 732
    X-Achse 713
    XY-Diagramm 752
    Y-Achse 712
    Zahlenformat 712
    Zeile/Spalte wechseln 703, 726
Diagramm-Assistent 698
Diagrammdatenbereich 726
Diagrammelemente
    Größe ändern 716
Diagrammformatvorlagen 437
Diagrammobjekt 699
    Größe ändern 715
Diagrammtools 703
Diagrammtyp ändern 703
Diagrammursprung 713
Diagrammvorlage
    entfernen 733
    löschen 733
Dialogfeld
    Bewegen in 74
    Drehfeld 75
    Dropdown-Liste 75
    Eingabefeld 75

Stichwortverzeichnis

Dialogfeld *(Fortsetzung)*
    Kontrollkästchen 74
    Optionsfeld 75
    Registerkarte 74
    skalieren 74
    Zellen formatieren 375
Digitale Signatur 155
DISAGIO 686
Division
    runden 579
Divisionsliste
    Mehrfachoperation 1015
DM 581
Document Imaging-Programm 236
Document Sharing 1040, 1058
Document Themes 461
Document Themes *siehe* Designs
Dokument
    als abgeschlossen kennzeichnen 157
Dokumentarbeitsbereiche
    einrichten 1058
    nutzen 1060
    verwalten 1059
Dokumentdesigns *siehe* Designs
Dokumente
    Ordner 125
Dokumenteigenschaften 127, 789
Dokumentinspektor 130
Dokumentverwaltungsinformationen 1057
Dokumentverwaltungsserver 1056
Dokumentwiederherstellung 140
Doppelpunkt 255
Doppelte Einträge
    Datenüberprüfung 347
    formatieren 484
    zählen 591
Drehfeld
    erstellen 741
    Steuerelement 619
Drilldown 884
Druckauftrag
    abbrechen 234
Druckbereich
    aufheben 229
    festlegen 229, 238
Drucken
    Auflösung 234
    Diagramme 232
    Formeln 233
    Geschwindigkeit erhöhen 233
    Gitternetzlinien 230
    Kommentare 228
    Markierung 229
    Mehrere Blätter 231
    Optionen 228
    Papierausrichtung 219
    Papierformat 219
    Probleme 216
    Reihenfolge 230
    Schwarzweißdruck 228, 232, 234, 437
    Seitennummerierung 219
    Seitenumbruchvorschau 243
    Sortierung 232
Drucker
    entfernen 217
    konfigurieren 216
    Probleme 216
    Standarddrucker 215
    Treiber 234
    Warteschlange 234
Druckqualität 219
Druckränder 219
Druckreihenfolge ändern 230
Drucktitel 227
Druckvorschau 370
    schließen 371
Duplikatanzahl 591
Duplikate
    formatieren 484
    verhindern 662
    zählen 591
Durchgestrichen 358, 386
Durchschnitt 659
    gleitender 764

E

Ebenen
    in Formeln 291
Effekte
    Designeffekte wählen 459
EFFEKTIV 692
Effektivzins 688, 692
Einblenden 154
Einfügen
    Spalten 185
    Tabellenblatt 151
    Transponieren 191
    und Befehl ausführen 188
    Zeilen 185
    Zellen 185
Einfügen-Optionen 277
Eingaben
    rückgängig machen 181–182
    wiederholen 181–182
Eingabetaste
    Verhalten 164
Eingabewerte 250
Einzug 392
    rechts 368
    vergrößern 364
    verkleinern oder vergrößern 392
Elemente
    berechnete 947
    berechnetes Element in PivotTable 950
    Gruppierung 950
E-Mail 1038
    verfassen 608
EMZ 532
Energieverbrauch 623
Entfernte Funktionen 113
Entf-Taste 181
Entwurfsqualität
    Drucken 232
EPS-Dateiformat 532
Ergebniszeile
    in Tabellen 793
Ergebniszellen
    Szenario-Manager 965

ERSETZEN   636–637
Ersetzen   168–169, 194
Erweiterungsmodus   266–267
Euro   539
    Symbol   365
EUROCONVERT   978
Eurowährungs-Tools (Add-In)   978
Excel
    beenden   97
    Probleme beim Start   95
    reagiert nicht   97
    starten   60
Excel Services   1054
Excel-Optionen   386
    einstellen   85
    In Schnellzugriffsleiste einfügen   65
Excel-Vorlage   462
    anlegen   465
    Inhalt   463
    Vorlage für Arbeitsmappen   462
Excel-Vorlage *siehe* Mustervorlage
Exponential-Schreibweise   172
Export   1080
    Tabellendaten   1062
Extensible Markup Language   1069

F

F11-Taste
    Diagramm   699
F1-Taste *siehe* Hilfe
FAKULTÄT   679
Fallzählung   598
Farbindizes
    in Excel   419, 429
Farbmodelle
    HSL   442
    in Excel   442
    RGB   441
Farbpalette   456
    auf andere Computer übertragen   458
    eigene löschen   459
Farbskalen
    Bedingte Formatierung   488
    Eigene Farben   493
    Reihenfolge ändern   493
Farbsystem   456
    Akzentfarben   457
    Hauptfarben   457
    Hyperlinkfarben   457
    Überblick   456
Faulenzer-Listen   1012
Fehler
    ignorieren   379
    zurücksetzen   263
Fehlerindikator   263
Fehlermeldung
    #BEZUG!   271
    bei Blattschutz   378
    Datenüberprüfung   334
    Szenario-Manager   969
Fehlertoleranz
    von Funktionen   292

Fehlerüberprüfung   263, 282, 379
    für Zellen mit Formeln   380
    Optionen definieren   379
Fehlerwerte   610
    Anzeige im Diagramm   738
    Druckeinstellung   228
    finden   264
    in Tabellen   262
    prüfen auf   610
    unterdrücken   583
Feiertage   482
Felder
    berechnete   948
    in PivotTable hinzufügen   907
Fenster
    anordnen   152
    einblenden   155
    fixieren   201
    in Taskleiste   83
    maximieren   83
    minimieren   83
    schließen   83
    teilen   199
Fensterteiler
    einstellen   199
FEST   580
Fester Bezug
    in Formeln   628
Festgeld   683
Fettschrift   358
    zuweisen   363, 374
Filter
    Absolute Adressen   843
    aufheben   825
    aus Datenbereich löschen   825
    Löschen aus Einheiten   825
    Spezialfilter   843
    Zellbasierte Filter   834
    Zielbereich   836
Filter löschen *siehe* Namens-Manager
Filtern   823
    PivotTable   893
Finanzierungsschätze   687
Finanzmathematik   681
Finanzmathematische Grundaufgaben   683, 687
FINDEN   637
Firmenfarben *siehe* Zellfarben
Flächendiagramm   725
Format suchen *siehe* Suchen
Formatcodes   415, 417, 424, 429
Formatcodes *siehe* Zahlenformate
Formate
    schnell vereinheitlichen   406
    übertragen   406
    übertragen (einfach)   406
    übertragen (mehrfach)   406
    und Formeln erweitern   308
Formatieren
    per Tastenkombination   383
    über die Multifunktionsleiste   381
    von Zellen und Tabellen   356
formatieren
    Schrift   384
Formatvorlagen   435
    Definition   435

Stichwortverzeichnis

Formatvorlagen *(Fortsetzung)*
  Tabellenformatvorlagen 436
  und Designs 435
  Zellenformatvorlagen 436
Formel
  auflösen 596
  ausblenden 309, 405
  ausfüllen 272, 600
  Auswertung 284
  bearbeiten 307
  Bearbeitungsmodus 280
  Bezug ändern 307
  Bezugszellen hervorheben 280
  drucken 233
  Eingabewerte 250
  Formen 550
  für Datenüberprüfung 346
  in Bereich eintragen 591
  Konstanten 251
  kopieren 266, 269
  Operanden 250
  Operatoren 250
  PivotTable 949–950
  Rangfolge der Operatoren 251
  Schnell alle Formeln markieren 376
  schrittweise auswerten 284
  schützen 375
  Teile auswerten 596
  Teile berechnen 596
  ungeschützt 379
Formelprüfung
  automatisch 379
Formelüberwachung 280
  Nachfolger 281
  Spurpfeil 281–282
  Symbolleiste 340
  Überwachungsfenster 282
  Vorgänger 281
Formen
  als Textplatzhalter 550
  bearbeiten 552
  durch andere ersetzen 559
  Einfacher zeichnen 551
  Formelformen 550
  Linien 550
  Mehrfachmarkierung 557
  mit Text versehen 555
  Nützliche Tasten beim Zeichnen 551
  Sonderfall Textfeld 556
  Standard für Formate festlegen 555
  Text anordnen 555
  Übersicht 550
  Verbindungen 550
  Vorgefertigte Schablonen 553
  Zahlen hervorheben 551
  zeichnen 551
Formular (InfoPath) 1095
Formularsteuerelemente 504
Fragezeichen
  als Platzhalter in Zahlenformaten 426
Freihandanmerkungen 522
Füllfarbe zuweisen 374
Funktion 291
  ABRUNDEN 318
  ABS 319
  Argumente 292
  Argumente übergeben 294
  AUFRUNDEN 317
  Berechnungsart 612
  einfügen 303
  Elemente 293
  FAKULTÄT 679
  für Wahrheitswerte 588
  HEUTE 326
  ISTZAHL 478, 481
  JAHR 326
  JETZT 326
  Manuelle Eingabe 302
  MEDIAN 661
  MONAT 326
  neue 573
  ODER 478
  Optionale Argumente 293
  Pivotdatenzuordnen 951
  RGP 672
  RKP 672
  RUNDEN 316
  SUMME 314
  SUMMENPRODUKT 314
  SUMMEWENN 319
  Syntax 293
  VERGLEICH 478, 481
  verschachtelt 293, 305
  WENN 322
  WOCHENTAG 327
  ZÄHLENWENN 320
Funktions-Assistent 303
Funktionspalette 306
Fußzeilen 222

G

Ganze Zahl
  Datenüberprüfung 338
Gehe zu
  Befehl 163
  Datenüberprüfung 339
  Dialogfeld 163, 622
  Fehler 264
  Tabellen 799
Gemischter Bezug 276
Gesperrt 375
GESTUTZTMITTEL 660
GetPivotData 951
Geviertstrich
  halber 414
Gewinnschwelle 751
Gewogenes arithmetisches Mittel 660
GIF-Dateiformat 532
Gitternetzlinien 230
  am Bildschirm 370
Gitternetzlinien formatieren *siehe* Diagramm
Gitternetzlinien *siehe* Diagramm
GLÄTTEN 636
Gleichheitszeichen 250
Gleitende Durchschnitte 764
Gliederung
  Teilergebnisse 875

Stichwortverzeichnis

Gliederungsebenen aus-/einblenden *siehe* Gliederung
Gliederungssymbole
    anzeigen 881
    verwenden 880
Grafik
    als Hintergrund einbauen 533
    als Hintergrund löschen 534
    einfügen 536
    Form ändern 548
    skalieren 537
    zuschneiden 537
Grafikformate 531
    .bmp 531–532
    .emf 531
    .gif 531–532
    .jpg 531–532
    .png 531–532
    .wmf 531
    Bitmaps 531
    in Excel 532
    Vektorzeichnungen 531
Grafische Objekte einfügen 535
Grenzwertbericht
    Solver 996
Grip-Punkt 827
GROSS 635
GROSS2 635
Größter Wert
    Zelle ermitteln 625
Gruppierung 149
    Zeichnungsobjekte 746
Gruppierung *siehe* Sortieren
Gruppierungsmöglichkeiten
    Datumsangaben 939
    Numerische Daten 939
    Textdaten 939
Gültigkeitskreise löschen 341
Gültigkeitsliste 1002
Gültigkeitsregel 623
    für Daten 332

H

Halber Geviertstrich 414
Haltemodus 1115
HÄUFIGKEIT 668
Häufigkeitsauszählung 668
Häufigkeitsverteilung 667
Häufigster Wert
    MODALWERT 662
HEUTE 326, 639
Hierarchie *siehe* SmartArts
Hilfe 90
    Office-Assistent 91
    Online-Inhalte 91
    Thema suchen 94
    zu VBA-Themen 1115
Hilfe-Fenster 92
Histogramm 669
Hochgestellt 358, 386
Horizontal (Kategorie) Achse *siehe* Diagramm
HSL-Farbmodell 442, 458
HTML 1040

Browser 1041
Format 1080
Framseiten 1041
FrontPage Servererweiterungen 1052
FTP – File Transfer Protocol 1053
HTTP – Hypertext Transfer Protocol 1042
IIS – Microsoft Internet Information Server 1041
Informationen zwischen Anwendungen
    austauschen 1080
Office-Dokumente 1042
Server 1041
Tags 1040
und VBA 1049
XHTML – Extensible Hypertext Markup Language 1042
HYPERLINK 607
Hyperlink
    besuchter 457
    einfügen 1099
    Farbe 457
    in Office-Anwendungen 1099
    mit VBA 1117
    Sprungmarken einsetzen 1100
Hypertext Markup Language 1040

I

IBAN (Standardisierte Kontonummer) 633
IDENTISCH 601, 603
Identische Werte prüfen 600
IKV 688
Implizite Schnittmenge 312
Import 1080
INDEX 621–622, 627, 673–674, 678, 778, 978
    Bezugsversion 623
    Matrixversion 621
Indikator für Kommentare 518
INDIREKT 626–627, 791
InfoPath 1094
    und XML 1074
Informationen
    Datenüberprüfung 336
    persönliche entfernen 130
Informationsfunktionen 609
Inhalte
    auswählen 163
    einfügen 1081, 1097
    einfügen (Befehl) 189
    löschen 182
    transponiert einfügen 606
InputBox-Funktion 1115
Installation 49
    ändern 53
    Voraussetzungen 48
Installation-Optionen 51
Integrierte Add-Ins 974, 976
Internetadresse eingeben 172
Internet-Assistent (VBA-Add-In) 978
Internetzeitserver *siehe* Systemzeit
Investitionsrechnung 692
ISTBEZUG 610
ISTFEHL 609
ISTFEHLER 638
ISTKTEXT 610

Stichwortverzeichnis

ISTLEER 609
ISTLOG 609
ISTNV 609
ISTTEXT 610
ISTZAHL 478, 481, 610
Iteration 677, 992, 999
    Änderung 1000
    Einstellungen 1000
    Iterationsschritte einstellen 1000

J

JAHR 640
JETZT 326, 650, 1003
Joker *siehe* Suchkriterien
JPG-Dateiformat 532
Jugendschutzeinstellungen *siehe* Recherche

K

Kalender-Steuerelement 514
Kalenderwoche
    nach DIN 1120
Kann-Fehler 335
Kapitalverzinsung 688
KAPZ 690
Kataloge 75
Kategorien
    für Zahlenformate 395
Kennwort 378
    für Blattschutz vergeben 378
    zum Ändern 126
    zum Öffnen 126
KGRÖSSTE 666
KKLEINSTE 666
Klammern 252, 293
    Eingabehilfen 252
Klassen
    Häufigkeitsverteilung 668
Klassenbreite 668
Klassenmodul 1114
KLEIN 635
Kombinationen 680
Kommawerte am Komma ausrichten 426
Kommentare 163, 228
    Alle markieren 518
    auswählen 521
    Benutzername 516
    drucken 524
    Editiermodus 518
    Eingabemodus 516
    Einsatzgebiete 515
    Einzelne einblenden 522
    formatieren 519
    Größe automatisch anpassen 518
    Hintergrundbild 523
    Indikator 518
    Kontextmenü 517
    kopieren 520
    löschen 521
    Optionen 517
    Position ändern 520
    Symbolleiste 521
    und Eingabemeldung 337
    zu Szenarien 961
Konflikte
    Bedingte Formatierung 482
    Freigabe 145
Konsolidieren 879
Konstanten 251, 253
Kontextmenü 71
    zum Formatieren 382
Konverter
    Dateiformat 56
Konvertieren 112, 135
    Excel Formate 112
    Textformate 138
    Verluste 139
    von Excel-Formaten 112
    Zwischenablageformate 139
Kopfzeilen 222
Kopfzeilenränder
    manipulieren 242
Kopieren 1080, 1097
KORREL 675
Korrelationsanalyse 675
Korrelationskoeffizient 675
Kredite vergleichen 1019
Kreisdiagramm
    erstes Segment 719
Kriterien 833
    berechnete Kriterien 841
    Bezüge 842
    Operatoren *siehe* Verknüpfung
    Verknüpfungen 838
Kriterien *siehe* AutoFilter
Kriterienbereich 836
    aufbauen 837
KUMKAPITAL 690
Kumulativsumme 301
KURSDISAGIO 686
Kursivschrift 358
    zuweisen 363
Kursrechnung 692

L

Ländereinstellungen
    in Windows 428
LÄNGE 631
Laufende Nummer erzeugen 620
Laufende Summe berechnen 301
Laufrahmen 254, 297
Laufwerke 124
Laufzeiten 1022
Lebensversicherung 689
Legende
    im Diagramm 714
Linien 550
Linien *siehe* Rahmen
Linienart auswählen 372
Liniendiagramm 721
    überlagernde Linien 723
Linienfarbe auswählen 372
LinkedCell-Eigenschaft 510

Linkfavoriten 132
   eigene hinzufügen 133
   Ordner entfernen 134
   wiederherstellen 134
LINKS 631
Links
   symbolische 104
Linksbündig 388
Listen 791
   Datenüberprüfung 338
   und SharePoint-Webseiten 1062
Listenbereich 836
ListFillRange-Eigenschaft 510
Livevorschau 75, 439, 454, 459, 546–547, 553–554
   aktivieren 75
Lizenzbedingungen 50
Lochmarke 240
Logik-Funktionen 581
Lohnabrechnung 653
Löschen
   AutoKorrektur 169
   Inhalte 181
   Spalten 182
   Szenarios 963, 965
   Zeichen 164
   Zeilen 182
   Zellen 182
   Zellinhalte 181

M

Makro
   Absoluter Bezug 1111
   ausführen 1110
   Bedingungen prüfen 1118
   deaktivieren 1108
   im VBA-Editor starten 1115
   Namenskonventionen 1110
   schrittweise ausführen 1115
   überarbeiten 1113
   unterbrechen 1115
Makrorekorder
   Aktionen aufzeichnen 1109
Makroviren 1107
Manuell neuberechnen 261
Mappenvorlagen
   und Designs 463
Mappenvorlagen *siehe* Excel-Vorlage
Markieren 266
   Erweiterungsmodus 266
   per Maus 267
   per Tastatur 266
   von Zellbereichen mit der Maus 366
   von Zellbereichen mit der Tastatur 366
Markierungen
   Dateieigenschaft 123
   drucken 229
   verschieben 164
Markierungen *siehe* Dokumenteigenschaften
Markierungsbereich vergrößern oder verkleinern 366
Markierungstechniken 366
Maske
   Daten eingeben 175
   zur Dateneingabe 175

Maßeinheit
   umrechnen 321
Materialkosten
   auswerten 470
Matrix
   Größe ändern 600
   löschen 600
Matrix *siehe* SmartArts
Matrixformel 285, 660
   Eingabe 285
   eingeben 595
Matrixfunktion 627
MAX 625, 738
MDI-Dateityp 236
Median 661
MEHRFACHOPERATION 1012
Mehrfachoperation
   berechnete Kriterien 1030
   erweitern 1020
   mit unterschiedlichen Formeln 1015
   Neuberechnung 262
   reduzieren 1021
Mehrfachsortierung 807
Meldung
   bei vollständiger Datenerfassung 348
Menü anpassen 1123
Menübefehle 1123
Metadatei *Siehe* Grafikformate
Microsoft Office Online 464, 538
Microsoft Office-Diagnose 141
Microsoft Query 1092
Microsoft Skript-Editor *siehe* Entfernte Funktionen
Microsoft Virtual PC 56
MIN 597
MINA 597
Miniaturen
   Dateivorschau 127
Minisymbolleiste
   Kontextmenü 71
   zum Formatieren 382
Minuszeichen
   durch halben Geviertstrich ersetzen 414
MINUTE 650
Mitglieder 1060
MITTELWERT 659
Mittelwert
   ohne Null 659
   ohne Randbereiche 660
MITTELWERTWENN 590
MITTELWERTWENNS 592
MODALWERT 661
MONAT 326, 640, 648
MONATSENDE 643
Monatserster 643
MS Graph 1086
MSE *siehe* Entfernte Funktionen
MSOCache 54
MTRANS 606
Multifunktionsleiste
   anpassen 1123
   ausblenden 69
   Elemente 64
   Größe 69
   Schriftart-Gruppe 384
   Schriftformate zuweisen 384

Stichwortverzeichnis

MultiInfo
    in Dialogfeldern 85
    zu Befehlen 88
Multiplikationstabelle 1012
Multithreadberechnung 261
Muss-Fehler 335
Muster 359
Mustervorlage 534
    auswählen 440
    Dateiendung XLTX 439
    Definition 435, 439
    herunterladen von Office Online 440
    vorinstalliert 440
Mustervorlage *siehe* Excel-Vorlage

N

Nachfolger 281
Nachschlagequellen 205
Name 480
    ändern 772
    anzeigen 784
    auf Blattebene 781
    auflisten 784
    aus Auswahl erstellen 776
    Benannte Bereiche markieren 785
    bezieht sich auf Formel 779
    definieren 644, 772
    dynamischer 782–783
    Externer Bezug 782
    festlegen 740
    für Dokumenteigenschaft 789
    gelöschter 790
    Groß-/Kleinschreibung 772
    im Diagramm 752
    impliziter 791
    in Formeln eintragen 785
    in Steuerelementen 507, 788
    konstanter Wert 777
    Liste von Werten 778
    löschen 772, 775
    mit relativem Bezug 779
    Namen in Namen 779
    Namenfeld 770
    Namenskonventioinen 771
    Präfix 507
    Suchkriterien 853
    über Blätter 782
    übernehmen 786
    Vorteile 801
Namenfeld 77, 160, 518
    Breite ändern 77
Namens-Manager 774
    Bezug ändern 775
    Filter löschen 775
    Namen sortieren 775
Namentyp 770
Nebenbedingungen
    ändern 985
    Beziehung 986
    Ganzzahlig 991
    hinzufügen 985
    löschen 985

    Zellbezug 986
Nebeneinander vergleichen
    Menübefehl 196
Negative Werte
    anzeigen 413
    in roter Farbe 367
    in roter Schriftfarbe anzeigen 414
Netzdiagramm 730
Netzwerk
    Dateien nutzen 141
Netzwerkadresse
    eingeben 172
Netzwerkumgebung 132
Neu
    Formelformen 550
    Fülleffekte für Zellen 404
    Schriften 385
    Zugriffstasten 383
    Zugriffstasteninfos 383
Neu in Excel 2007
    Minisymbolleiste 381
    Multifunktionsleiste 381
Neuberechnung 1000
    beim Speichern 262
    Iteration 1000
    kontrollieren 261
    Mehrfachoperation 1014
    Warnung 261
Neue Arbeitsmappe 102
Neues Fenster 152
N-Funktion 588, 603
NICHT 587, 638
Nichtnegativitätsbedingung 982
Normalengleichungen 764
Nullwerte
    anzeigen 659
    führende Nullen anzeigen 421
    nicht anzeigen 421
Numerischer Block
    Datumseingabe 173
NV() 738

O

OBERGRENZE 577
Obergrenze überwachen 472
Object Linking and Embedding 1080
Objekte 1083
    einfügen 1083
    Mehrfachmarkierung 557
ODBC-Treiber 1090
ODER 478, 587, 602
Öffentlicher Ordner 124
Office Data Connection 1085, 1092
Office Online 542
    ClipArts auswählen und herunterladen 543
Office Open XML 1070
Office SharePoint Server 1053
    Voraussetzungen 1053
Office-Diagnose 97
Office-Menü 84
Office-Organigramm 981
Office-Webkomponenten 1038

Stichwortverzeichnis

Öffnen
    Dateityp einstellen 135
    Dialogfeld 131
OLAP Cube Wizzard *siehe* Entfernte Funktionen
OLE (Object Linking and Embedding) 1080
OnAction-Eigenschaft 1129
OnLine-Hilfe 305
Operanden 250
Operatoren 250
    arithmetische 250
    in Suchkriterien 855
    Reihenfolge 251
Optimale Spaltenbreite
    per Doppelklick 368
Optionen
    Automatische Skalierung anwenden 993
    Differenz 994
    Genauigkeit 992
    Höchstzeit 992
    Iterationen 992
    Iterationsergebnis anzeigen 993
    Konvergenz 992
    Lineares Modell voraussetzen 993
    Modell laden 995
    Nicht-Negativ voraussetzen 993
    Schätzung 993
    Solver 989, 991
    Suchen 994
    Toleranz 992
Ordner
    Definition 125
Organigramm 981
Organigramm *siehe* SmartArts
Outlook
    Excel und E-Mails 1093
    Informationsaustausch 1094

P

Papierformat 218–219
Parallel-Installation 56
Parameter 1054
Passwort 378
PDF-Dateiformat 234
    Add-In 981
    Datei speichern 236
Permutationen 679
Personal.xlsb 57, 1110
Pfad mit Funktion ermitteln 612
PICT-Dateiformat 532
PivotChart 887
    Diagrammlayout 943
PivotChart-Bericht
    erstellen 941
    Feld umbenennen 931
    löschen 900
PivotChart-Filterbereich 942
Pivotieren 898
Pivotieren *siehe* PivotTable
PivotTable 1055
    als Basis für ein Diagramm 946
    Analyseinstrument 884
    anpassen 904

Bedingte Formatierung 486, 922
Berechnete Felder und Elemente 947
Berichtsfilter 934
Berichtsfilteranordnungen 934
Berichtsfilterbereich 933
Beschriftungsfilter 920
Detail ausblenden 915
Detail einblenden 915
Dimensionen 932
Drilldown auf Basisdaten 938
Einsetzbarkeit 885
Fehlerwerte anzeigen 902
Feld entfernen und neu anordnen 909
Feld neu positionieren 919
Feldabschnitt 910
Feldliste 890
Feldtypen 905
Filter 893
Formatierung beibehalten 902
Formatvorlagen 436
Formeln 949–950
Gesamtergebnisse 937
Gesamtsummen einblenden 938
Gruppierungsmöglichkeiten 938
Kontextmenü 890
Multidimensionale Darstellung 932
Pivotdaten zuordnen 947, 951
Tabellenoptionen 901
Teilergebnisse einblenden 927
Überschrift ändern 931
Wertfeldeinstellungen 927
Zahlenformat 896–897
PivotTable-Bericht 887, 921, 942
    Dynamische Datenquelle 800
    Elemente 910
    Feldeinstellungen 916
    Filtern auf ausgewähltes Element 922
    Filtern auf Zeilenbeschriftungen 920
    Gesamtsummen 937
    Manuelle Gruppierungen 940
    Manuelle Gruppierungen aufheben 941
    Szenario-Manager 966
    Teilergebnisse (Mehrfachauswahl) 928
    Top-10-Filter 936
Pivot-Table-Feldliste
    Layoutaktualisierung zurückstellen 911
PivotTable-Feldliste 887, 942
    Ansichten 910
    Berichtsbereiche 907
    Feldeinstellungen (Gliederungsansicht) 924
PivotTable-Layout 899
Platzhalter
    in Zahlenformaten 424
    Suchen und Ersetzen 194
PLZ und Ort trennen 632
PNG-Dateiformat 532
PowerPoint
    Export 1086
    Gitternetzlinien in Excel-Tabellen 1087
    Informationsaustausch 1086
    und Excel-Diagramme 1087
ppi 126
Preisänderung
    Datentabelle 1026
Preisangaben-Verordnung 692

Stichwortverzeichnis

Preisindex der Lebenshaltung 762
PRN-Druckdatei 138
Produktaktivierung 51
Produktschlüssel 50
Prognosen 671
Programmregisterkarte 70
Projektarbeit
    Kostenanalyse 470
Prozedurtyp
    Funktionsmakros 1119
    Sub-Prozeduren 1119
Prozent
    Format zuweisen 367
    Zahlenformat 396
Prozess *siehe* SmartArts
Prozessoren
    Anzahl einstellen 261, 572
Pyramide *siehe* SmartArts

Q

Qualifikation von Namen 773
Quartal berechnen 594
Quelle ändern (Verknüpfung) 259
Quersumme 605
Query 1092
Quick Access Toolbar 66
QuickInfo 269
    für Funktionen 302
QUOTIENT 579

R

Rahmen 397
    Gestaltungsvarianten 400
    Linienart und -farbe 400
    Linienarten 359
    Linienfarben 359
    per Dialogfeld zuweisen 400
    Registerkarte 400
Rahmenformate
    individuelle 399
Rahmenlinie 469
    alle Rahmenlinien 371
    außen 372
    entfernen 399
    innen 372
    Linienart auswählen 372
    Linienfarbe auswählen 372
    Tipps 371
    zeichnen 398
    zuweisen 371
    zuweisen per Dialogfeld 372
Rahmenraster zeichnen 398
RANG 664
Rang
    ohne Duplikate 665
    Tabellenfunktion 678
Ratentilgung 690
Recherche
    Aufgabenbereich 204
    Optionen 205

Rechnen über die Tagesgrenze 651
Rechnungsformular 617–618
Rechter Einzug 368
RECHTS 631
Rechtsbündig 388
Rechtschreibalternativen 205
Rechtschreibprüfung 203
Regions- und Sprachoptionen 328
Registerfarbe 151
Registerkarte
    Information 64
    kontextbezogene 70
    Schutz 375
    Zahlen 367
Regressionsgerade 673
Regressionskenngrößen 673
Reihentyp 179
Rendite 688
RENDITEDIS 687
Rentenrechnung 689
Reparatur defekter Dateien 107
Ressourcen 88
REST 644
Rest
    Division 582
RGB-Farbmodell 441, 458
RGP 672–673
Ribbon 35
RKP 672–673
RMZ 687, 689–690, 1019
Rubriken *siehe* Diagramm
Rubrikendiagramm 762
Rückgängig-Befehl 183, 197, 376
Rückmeldung 97
Rucksack-Problem 989
RUNDEN 574, 684
Runden
    alle Werte 573
    auf ein Vielfaches 576

S

SÄUBERN 636
Säulendiagramm 700
SaveAsPDFandXPS.exe 234
Schaltflächenmenü 72
Schaltjahr 324
    berücksichtigen 645
Schätzen *siehe* Solver
Schema 1073
Schleifen programmieren
    For...Next-Anweisung 1117
Schnellstartleiste
    Programmstart 60
Schnellzugriffsleiste
    anbinden 67
    anpassen 959
    zurücksetzen 68
Schnittmenge 312
    implizite 312
    implizite in Tabellen 798
Schnittmengenoperator 311

Schrift 469
    Ausrichtung 388
    Designschriften wählen 459
    Einzelne Zeichen formatieren 387
    formatieren 384
    Schriftgrad 385
    Standard-Schriftgrad 386
    Text drehen 389
Schriftart 358, 385
    ändern 362
    neue 385
    schnell auswählen 385
Schriftfarbe 358
    ändern 362
    zuweisen 363
Schriftformate
    per Symbol zuweisen 384
    über die Multifunktionsleiste zuweisen 384
Schriftgrad
    auch in halben Punkten 385
    Standardvorgabe ändern 386
    vergrößern oder verkleinern 362
Schriftgröße 358, 385
Schriftstil 358
Schutz
    Blattschutz 206
    Registerkarte 405
    von Szenarien 967
    von Zellen und Tabellen 375
Schwarzweißdruck 228, 232, 234
Schwarzweißdrucker
    geeignete Tabellenformatvorlagen 437
Scorecards 488
Segoe UI *siehe* Schriftart - neue
Seitenansicht 201, 217, 370
Seitenlayoutansicht 80
Seitennummerierung 219
Seitenränder 219
Seitentitel 1049
Seitenumbruch
    ändern 202
    erzwingen 202
    manueller 243
Seitenumbruchvorschau 202, 243
Seitenzahl
    anpassen 240
    Erste festlegen 219
SEKUNDE 650
Semikolon
    Vereinigungsoperator 311
Senden 1038
Sendungen 1084
Sensitivitätsbericht
    Solver 996
Seriendokumente 1084
Server 1057
Setup 49, 53
SharePoint Server 1095
SharePoint-Entwürfe 1058
Sicherheit
    Makros 1106
Sicherungsdatei erstellen 125
Sigma 297
Simplex-Verfahren 982
Skalierung von Seiten vor dem Druck 219

SLK-Dateiformat 139
SmartArt
    Beziehung 561
    Definition 559
    Einschränkungen 559
    Einzüge bei Aufzählungen anpassen 565
    Farben anpassen 564
    Formatvorlagen 563
    Hierarchie 561
    Kategorien 560
    Layout wählen 562
    Liste 560
    Matrix 561
    Matrix-Darstellung 566
    Prozess 560
    Pyramide 561
    Schriftgrad anpassen 564
    Texte eingeben 562
    Verwendungshinweise 560
    von 2D nach 3D 563
    Zyklus 561
Smarttag-Aktionen 170
Smarttags 170, 277
Snapshot 1056
Solver 982
    Antwortbericht 995
    Automatische Skalierung anwenden 993
    Berichte 995
    Beziehung 986
    Budget beachten 988
    Differenz 994
    Ergebnis 986
    Ergebnis-Dialogfeld 986
    Genauigkeit 992
    Gradientverfahren 994
    Grenzwertbericht 996
    Höchstzeit 992
    Iterationen 992
    Iterationsergebnis anzeigen 993
    Konvergenz 992
    Lineares Modell voraussetzen 993
    lösen 986
    maximieren 988
    Meldung 990
    minimieren 988
    Modell laden 995
    Modell speichern 994
    Nebenbedingungen 985, 991, 996
    Newton-Verfahren 994
    Nicht-Negativ voraussetzen 993
    Optionen 989, 991
    Rucksack-Problem 989
    Schätzung 985, 993
    Sensitivitätsbericht 996
    Suchen 994
    Toleranz 992
    Veränderbare Zellen 985, 996
    Zellbezug 986
    Zielwert 985
    Zielzelle 984, 995
Solver-Add-In 982
Sommerzeit
    Beginn und Ende ermitteln 642
Sonderformat
    Zahlenformat 396

Stichwortverzeichnis

Sonderzeichen entfernen 636
Sortieren 804
    mit Funktionen 604
    nach Symbolen 817
    Prüfung 603
Sortieren nach Zellenfarbe 815
Sortierfolge 808
Sortierkriterien 805
Sortierung *siehe* Systemeinstellungen
Spalte
    durchsuchen 613
    fixieren 200
    letzten Wert ermitteln 627
Spalten
    ausblenden 199
    einfügen 182, 185
    löschen 182
Spaltenbezeichner
    in Tabellen 798
Spaltenbreite 196–197
    bestimmtes Maß festlegen 369
    einstellen in cm 80
    optimal per Doppelklick 368
Spaltendimension *siehe* PivotTable - Spaltenbeschriftungen
Spaltenkopf markieren 368
Spaltenüberschrift 227
    Text drehen 389
Spaltenunterschiede 164
Spannweite 663
Sparbrief 688
Sparplan 683
Speicherbedarf reduzieren 126
Speicherort 51
Spesenabrechnung 464
Spezialfilter 835, 861
    Kriterien 835
    Kriterienbereich 837
    Namen 781
    Und/Oder-Verknüpfung 836
Spezialfilter *siehe* Filter
Spezifikationen
    Beschränkungen 94
Spoofingangriffe 121
Spracheinstellungen 85
Spreadsheet 160
Spreadsheet ML 1070
Spur zum Fehler 264
Spurpfeil 281–282
SQL 1093
STABW 663
STABWN 663
Standardabweichung 663
Standardarbeitsordner 123
Standarddiagrammtyp festlegen 733
Standarddrucker festlegen 215
Standardfarben 457
Standardinstallation 49
Standardschrift erneut zuweisen 387
Standard-Schriftgrad ändern 386
Standardsortierfolgen *siehe* Sortierfolge
Standardvorlage für Diagramme 733
Standard-Zahlenformat 395
Start
    Datei automatisch öffnen 60
    Registerkarte 68

    von Excel 50
Startmenü
    Programmstart 60
Startordner
    zusätzlicher 61
Startprogramm für Dialogfelder 73
Statistik 658
Statusleiste anpassen 79
Steigung 673–674
Stellvertreterzeichen 194
    in Suchkriterien 855
    in SVERWEIS 614
Sternchen
    als Platzhalter 425
Steuerelemente
    Einträge ermitteln 622
    erstellen 508
    nicht drucken 512, 619
    weitere 514
Streumaße 663
Streuung 663
Struktur für Tabellen
    per Rahmenlinien 370
Strukturierter Verweis 797
STUNDE 650
Stundenlohnabrechnung 653
SUCHEN 637
Suchen 192–194
    nach passenden ClipArts 539
Suchkriterien
    Alle leeren Zellen 856
    Alle nicht leeren Zellen 856
    Beispiele 855
    berechnete 861
    berechnete *siehe* Kriterien
    exakte 860
    konstante Werte 862
    leere Felder 861
    Leerzeichen 860
    mit ODER-Verknüpfung 859
    mit UND-Verknüpfung 858
    Namen 781
    nicht leere Felder 861
    Operatoren 855
    Textkriterien 838
    überprüfen 861
    Zellbezüge 862
Summe
    dynamischer Bereich 629
    für Quartale 594
    mit Bedingungen 857
    mit einer Bedingung 589
    mit mehreren Bedingungen 596
SUMMENPRODUKT 314
SUMMEWENN 319, 589
SUMMEWENNS 592
SVERWEIS 613, 619
SYLK-Dateiformat 139
Symbol
    der Symbolleiste für den Schnellzugriff hinzufügen 407
    Format mehrfach übertragen 406
    Format übertragen 406
    für bedingte Formatierung 476
    für Schriftformatierung 384

Stichwortverzeichnis

Symbolleiste
   anpassen 1123
   für den Schnellzugriff 64
   für den Schnellzugriff anpassen 407
   Makroeditor 1113
Symbolleistenbefehle 1123
Symbolsatz
   Ausrichtung 498–499
   bedingte Formatierung 488
   nur ein Symbol verwenden 496
   Verhalten 498
   weniger Symbole 494
Syntax 293
Systemanforderungen 48
Systemeinstellungen 328
Systemzeit
   einstellen 329
Szenario
   anzeigen 963
   erstellen 959
   hinzufügen 961, 1024
   Solver 986
   Werte ändern 962
Szenariobericht 1025
Szenario-Manager 959, 963
   Bereichsnamen 963
   Dialogfeld 959
   Grenzen 968
   Kommentar 961
   Mehrfachoperation 1023
   Meldungen 968
   Namenskonflikte 964
   PivotTable-Bericht 966
   Szenarien bearbeiten 961
   Szenario anzeigen 963
   Szenario bearbeiten 963
   Szenario erstellen 959
   Szenario hinzufügen 960–961
   Szenario löschen 963, 965
   Szenario schützen 967
   Szenario zusammenführen 964
   Szenariowerte 961
   Übersichtsbericht 965
   Veränderbare Zellen 960
   Zusammenfassung 965
Szenariowerte 1024
Szenariozusammenfassung 965

T

Tabellen 295, 1061, 1096
   Benutzerdefinierte Liste 797
   Bezeichner 798
   Datenquelle für PivotTable 800
   Datenüberprüfung 350
   Definition 791
   erweitern 796
   festlegen 800
   formatieren 360
   für Diagramme 734
   Größe anpassen 796
   hervorheben mit Formen 551
   in Bereich umwandeln 800

   Liste mit Namen erstellen 1117
   markieren 794
   Query-Daten 801
   schnell und einheitlich formatieren 436
   schützen 375
   Spalten verschieben 797
   Strukturierter Verweis 797
   Verschiedene nebeneinander 195
Tabellenbereich 82
   als Bild kopieren 746
   Größe ändern 793
Tabellenelemente ein-/ausblenden 449
Tabellenfehler 262
Tabellenformate 356
Tabellenformatvorlagen 436, 793
   Automatische Anpassung der Tabelle 449
   Eigene anlegen 450
   einem Zellbereich zuweisen 448
   und Tabellen-Attribute 449
   zuweisen 437
Tabellenfunktion
   Kombinationen 680
Tabellennamen
   in Formeln 799
Tabellentools *siehe* Tabellenformatvorlagen
TAG 640, 648
TAGE360 686
Tagesdatum 639
Task beenden 98
Task-Manager aufrufen 98
Tastaturtipps 89
Tasten
   Bewegen in der Tabelle 161
   Drucken 230
   Formeln anzeigen 233
   Markieren in der Tabelle 266
   Matrixformel eingeben 285
   Zeile/Spalte einfügen 186
   Zeile/Spalte löschen 184
Tastenkombinationen 414, 475, 480
   Alt+Eingabe 393
   anzeigen 89
   zum Einfügen einer Zeile oder Spalte 361
   zum Formatieren 383, 408
Tastenkombinationen zum Formatieren 408
Tausendertrennzeichen 365
   tauschen 194, 637
TEIL 612
Teilen
   Fenster 199
TEILERGEBNIS 793, 863
Teilergebnis 866
   entfernen 869–870
   erstellen 867
   Gefilterte Daten 875
   Gliederung 870
   Gruppierung 868
   Komplexes 871
   PivotTable 891
   Seitenwechsel 868
   Zusammenfassungsfunktionen 873
Teilergebnis *siehe* PivotTable
Teilsummen-Assistent (Add-In) 981
Teilungsfeld 199
Teilzeichenfolge extrahieren 632

Stichwortverzeichnis

Temporäre Dateien 96
Testdruck 215
TEXT 621, 648, 652
Text
    an Zellgröße anpassen 393
    drehen 393
    Einzug 392
    gliedern per Zahlenformat 430
    in Formen 555
    mit Aufzählungszeichen gliedern 430
    Zahlenformat 396
    Zeilenumbruch in einer Zelle 393
Text anordnen *siehe* Text drehen
Text drehen 389
    gegen den Uhrzeigersinn drehen 390
    im Uhrzeigersinn drehen 390
    nach oben drehen 390
    nach unten drehen 390
    vertikal anordnen 390
Textdatei öffnen 848
Texte
    verketten 621
Textfeld
    im Diagramm 745
    Unterschiede zu anderen Formen 556
Textformate 138
Textfunktionen 630
Textkonvertierungs-Assistent 848, 1064
Textkörper 385
Textlänge
    Datenüberprüfung 338
Textmarke 1100
Textoperator 313, 589
Textrotation 393
Textsteuerung 393
Thesaurus
    Recherche 204
THMX *siehe* Designs
Tiefgestellt 358, 386
TIFF-Dateiformat 532
Tilgungsrechnung 690
Transponieren
    beim Einfügen 191
    Tabelle drehen 606
TREND 672
Trend 671, 761
    exponentieller 671
    linearer 671, 764
    optischer 763
    polynomialer 765
    Typ 764

U

Übereinstimmungen zählen 603
Überschreiben
    Zellen schützen 339
Überschriften 385
    als Spaltenbeschriftung 795
    fixieren 200
    in Tabellen 792–793
Übersetzung
    Recherche 204

Übersichtsbericht (Szenario-Manager) 965
Überwachung von Formeln 379
Überwachungsfunktion *siehe* Fehlerüberprüfung
Uhrzeit
    berechnen 279
    Zahlenformat 396
Uhrzeit *siehe* Systemeinstellungen
Uhrzeit *siehe* Systemzeit
Umsatzbericht 464
Umsatzzahlen 756
Umschalt-Taste
    beim Markieren 366
    beim Zeichnen von Formen 551
    beim Zeichnen von Linien und Pfeilen 552
UMWANDELN 321
UND 586, 601
Ungeschützte Formel 379
Ungültige Daten
    einkreisen 340
    finden 341
Unicode 138
UNTERGRENZE 577
Unterschiedliche Werte finden 164
Unterstreichen
    einfach oder doppelt 358
Unterstreichung
    Doppelt 386
    Doppelt (Buchhaltung) 386
    Einfach 386
    Einfach (Buchhaltung) 386
    Mögliche Varianten 386
Update 54, 88
Upload 1053

V

Validieren (Gültigkeit prüfen) 1077
Variabler Bereich in Funktionen 629
VARIANZ 664
VARIANZEN 664
VARIATION 672
VARIATIONEN 680
VBA-Editor 1113
    starten 1113
Vector Markup Language 1045
Vektorgrafik neu einfärben 547
Vektorzeichnungen 531
Veränderbare Zellen 985
    Szenario-Manager 969
Verbinden über *siehe* Zellen verbinden
Verbinden und zentrieren *siehe* Zellen verbinden
Verbindungen 550, 1088
Verbunddiagramm 722
Verbundene Zellen
    Problem im Szenario-Manager 969
Verdana *siehe* Schriftart
Vereinigungsoperator 305, 311
VERGLEICH 346, 478, 481, 617, 623, 625, 629, 978
Vergleich 623
Vergleichsoperatoren
    bei der Mehrfachoperation 1031
VERKETTEN 634

Stichwortverzeichnis

Verknüpfung 1081, 1097
    auf Zellen 258
    einfügen 1082
    erstellen 60
    löschen 260
Verluste beim Konvertieren 139
Veröffentlichen 1050
    HTML 1040, 1054
    SharePoint 1055
Version aktualisieren 54
Versionsverlauf 1057
Vertrauensstellungscenter
    Makros 1108
Verweis 162
    nicht qualifizierter 798
    qualifizierter 798
    strukturierter 797
Verweis-Funktionen 613
Verzeichnis *siehe* Ordner
Verzinsung
    nachschüssig 686
    vorschüssig 686
Visual Studio Tools for Office 1124
VML 1045
Vorgänger 281
Vorjahr 642
Vorlage für Diagramme 732
Vorschaugrafik 127
Vorzeichen
    ermitteln 631
    umstellen 636
Vorzugsoperator 251
VRUNDEN 576

W

WAHL 346, 624
Wahrheitswerte in Zahlen umwandeln 603
Währung
    Zahlenformat 395
Währung *siehe* Systemeinstellungen
Währungssymbol 365
Warnmeldung
    bei Neuberechnung 572
Warnung
    Datenüberprüfung 335
Wasserzeichen 241
Was-wäre-wenn-Analyse 958, 1033
Webabfragen 762, 1063
Webarchiv 1050
Webformat für Bilder 126
Webkomponenten 1038
Weboptionen 1043
Webseite 1049
Webseitenvorschau 1049
WECHSELN 606, 636–637
Wechseln zwischen Mappen 446
Wechselrechnung 686
WENN 322, 485, 615, 644, 738
    Funktion verschachteln 584
WENNFEHLER 610
Werkzeuge
    kontextbezogene 70

Wert
    Eindeutigen formatieren 485
    eines Bezuges 308
    zufälliger 678
Wertkopie 600
Wiederherstellung 140
WIEDERHOLEN 632
Wiederholungsspalten 227
Wiederholungszeilen 227
Windows
    beenden 97
    Startmenü 60
Winterzeit 643
WMZ 532
WOCHENTAG 327, 621, 641
Wochentage ausfüllen 181
Word
    Export 1081
    Import 1083
    Informationsaustausch mit 1080
    Sendungen 1084
Wordprocessing ML 1070
Workbook 160
Workflows 1056
Worksheet 160
Worksheets
    Auflistung 1117
Wörter zählen 639
Wortquadrat
    Zufallszahlen 678
WPG-Dateiformat 532

X

X-Achse
    Diagramm 713
X-Achse *siehe* Diagramm
XLSTART
    Startordner 57, 60, 135
XLTX *siehe* Mustervorlage
XML 1068, 1094
    Dokumentanzeige im Internet Explorer 1070
    DTD – Document Type Definition 1069
    Editieren mit dem Windows Editor 1069
    Export von Daten 1077
    Extensible Markup Language 1069
    Grundbegriffe am Beispiel 1068
    Gültige Dokumente 1069
    Gültigkeit 1076
    Import von Daten 1075
    Schema 1073
    Stylesheet 1072
    Tag 1069
    Verknüpfungen 1075
    Wohlgeformte Dokumente 1069
    XHTML – Extensible Hypertext Markup Language 1042
    XML-Dateien öffnen 1072
    XML-Notepad 2007 1069
    XSD – XML Schema Definition 1069
    XSL – XML Stylesheet Language 1070
    XSLT – XSL Transformation 1070
    Zuordnungen 1075
XML Notepad 2007 1127

Stichwortverzeichnis

XML-Datei
   für Farbpaletten 458
XML-Datenimport 1073
XML-Kalkulationstabelle 1072
XML-Quelle 1073
XML-Zuordnung 1075–1076
XPS-Dateiformat 235
XPS-Format
   Add-In 981
XSD-Dateiformat 1069
XSL-Dateiformat 1070

Y

Y-Achse
   Diagramm 713
Y-Achse *siehe* Diagramm

Z

Z1S1-Bezugsart 160, 272
Zahl 359
Zahlen
   An Zellgröße anpassen 393
   Einzug 392
   fortlaufende 325
   hervorheben mit Formen 551
   Zahlenformat 395
Zahlen *siehe* Systemeinstellungen
Zahlenformat
   wissenschaftliches 396
Zahlenformate 356, 359
   # (Raute) 417
   ? (Fragezeichen) 418
   @ (Textplatzhalter) 418, 426
   _ (Unterstrich) 418
   0 (Null) 418
   Abschnitte 414
   Abschnitte für Formatcodes 415
   Benutzerdefiniert 396, 412
   Benutzerdefinierte löschen 431
   Bruch 396
   Buchhaltung 395
   Datum 396, 427
   Dezimalkomma 420
   Farben 419
   Farben bestimmen 429
   Farbindizes 419, 429
   Formatcodes 415, 417, 424
   Führende Nullen anzeigen 421
   in Mappen 432
   Kategorien 395
   Meldung bei falscher Eingabe 422
   Mio. € 423
   mit Sekunden 577
   Negative Werte anzeigen 413
   Nullwerte ausblenden 421
   Nur positive Werte ermöglichen 422
   Platzhalter 424
   Platzhalter * (Sternchen) 425
   Platzhalter ? (Fragezeichen) 426
   Platzhalter _ (Unterstrich) 425
   Prozent 396, 420
   Punkt 420
   Sonderformat 396
   Standard 395
   Texte 396, 426, 429
   Texte gliedern 430
   Texte mit Aufzählungszeichen gliedern 430
   Tsd. € 423
   Uhrzeit 396
   Währung 395, 414
   Werte verkürzt darstellen 423
   Wissenschaft 396
   Zahl 395
   zuweisen 365
Zahlenreihe 177
ZÄHLENWENN 320, 347, 591
ZÄHLENWENNS 592
Zähler
   Iteration 1000
ZEICHEN 635, 679
Zeichen
   Durchgestrichen 386
   Hochgestellt 386
   löschen 164
   tauschen 636
   zählen 638
Zeichenfolgen
   ersetzen 636
   zusammenfassen 634
Zeichnungsobjekte 746
Zeigemethode 254
ZEILE 582
Zeile
   ausblenden 199
   durchsuchen 616
   einfügen 182, 185
   einfügen per Kontextmenü 361
   einfügen per Tastenkombination 361
   fixieren 200
   letzten Wert ermitteln 627
   löschen 182
Zeilenhöhe 196, 199
Zeilenumbruch
   ersetzen 195
   in einer Zelle 362, 393
   mit Alt+Eingabe 390
   per Symbol 390
Zeilenunterschiede 164
Zeit
   Datenüberprüfung 338
   Funktionen 650
Zeitangaben
   runden 654
   Tipps zur Eingabe 428
Zeiten
   addieren 652
Zeitreihenanalyse 761
Zeitwerte
   Differenz 651
   runden 576
   schnell eingeben 169
Zellausrichtung *siehe* Ausrichtung
Zellauswahl füllen 166
Zellbearbeitung
   direkte 167
   Eingabehilfen 252

Stichwortverzeichnis

Zellbezug 160, 253
   absoluter 274
   aus Namen erstellen 787
   durch Namen ersetzen 786
   externer 257, 1097
   gemischter 276
   relativer 271
   von Formeln ändern 307
ZELLE 611
Zellen
   ausfüllen 392
   Ausrichtung 388
   einfügen 182, 185
   formatieren 382, 386, 391, 395, 399, 405
   formatieren über Formatcodes 417
   gesperrte 375, 405
   Horizontale Ausrichtung 391
   Horizontale Einzüge 391
   Identische formatieren 483
   Inhalt an Zellgröße anpassen 393
   kopieren 269–270
   leere hervorheben 485
   löschen 182
   Mehrere markieren 161
   Mehrere verbinden 393
   schützen 405
   sperren 376, 405
   Textsteuerung 393
   verbinden 197–198, 390
   verschieben 268
   Verteilte horizontale Ausrichtung 391
   Vertikale Ausrichtung 392
Zellendropdown 343
Zellenfarben *siehe* Sortieren
Zellenformatvorlagen 435–436
   komplett neu anlegen 444
   löschen 445
   neue durch Duplizieren anlegen 444
   und Designs 436
   zuweisen 436
   zwischen Arbeitsmappen austauschen 445
Zellfarben 401
   Fülleffekte 404
   selbst mischen 401
   zuweisen 363
Zellformate 356–357
   Ausrichtung 359, 364
   Einzug 364
   Muster 359
   Rahmen 359
   Rahmenlinien zuweisen 372
   Schutz 359
Zellgröße
   Anpassen an 393
Zellinhalt
   als Bezug verwenden 627
Zellinhalte
   löschen 181
Zellmuster 469

Zellrahmen
   Rahmenlinie entfernen 399
   Rahmenlinie zeichnen 398
   Rahmenraster zeichnen 398
Zellschutz 205, 375
   aktivieren 405
   Formeln ausblenden 309, 405
   in zwei Ebenen 375
   individuell konfigurieren 377
   und Blattschutz 405
Zellverknüpfungen 742
   Übersicht 257
Zentralwert 661
Zentrieren 388
   über Auswahl 198
Zertifizierungsstelle 156
Ziel 1081
Zielbereich
   Namen 781
Zielbereich *siehe* Filter
Zielwert 985, 1005
Zielwertsuche 685, 958, 982
   Break-Even-Analyse 1007
   schrittweise 1006
   Veränderbare Zelle 1005
   Zielwert 1004
Zielzelle 984
   minimieren 988
   Zielergebnis 1005
ZINS 687, 689–690
Zinsberechnungsmodell *siehe* Zielwertsuche
Zinseszinsrechnung 687
Zinsrechnung 682
ZINSSATZ 687
Zinssatz 1023
ZINSZ 690
Zirkelbezug 265, 677
   Definition 999
Zoom
   Ansicht 784
Zoomfunktion 79
ZUFALLSBEREICH 676, 679
ZUFALLSZAHL 677
Zufallszahl erzeugen 676
Zugriffstasteninfos 383
Zukunftswert 688
Zuletzt geöffnete Dateien 108
Zusammenfassung Szenario-Manager 965
Zusammenführen von Szenarien 964
Zusammenhang
   linearer 675
ZW 687, 689–690
Zwischenablage
   Aufgabenbereich 270
   Aufgabenbereich einblenden 187
   in Windows 1081
Zwischenablageformate konvertieren 139
Zyklus *siehe* SmartArts
ZZR 687, 689–690

Wissen aus erster Hand

Das umfassende Lehr- und Nachschlagewerk zur Excel 2007-Programmierung. Mit VBA lässt sich Excel automatisieren, anpassen und erweitern. Dieses großartige Werkzeug wird hier in seiner ganzen Vielfalt leicht verständlich erklärt. Von den grundlegenden Programmiertechniken bis hin zur API- und Klassenprogrammierung erlernen Sie praxisnah anhand zahlreicher Beispiele die Kunst der VBA-Programmierung in Excel. XML, VSTO und RibbonX werden ebenfalls behandelt.

Autor	Can, Schwimmer
Umfang	1082 Seiten, 1 CD
Reihe	Das Handbuch
Preis	49,90 Euro [D]
ISBN	978-3-86645-413-2

http://www.microsoft.com/germany/mspress

Microsoft Press-Titel erhalten Sie im Buchhandel.

Wissen aus erster Hand

Die Bedingte Formatierung in Microsoft Excel ermöglicht eine automatische Anpassung der Zahlendarstellung abhängig vom Wert einer Zelle. So können Sie beispielsweise festlegen, dass eine Zahl rot und fett dargestellt wird, wenn Sie einen von Ihnen festgelegten Wert unter- oder überschreitet. Das ist die einfachste Form der Bedingten Formatierung. Im vorliegenden Buch zeigt Ihnen der Excel-Experte Frank Arendt-Theilen an ausgewählten Beispielen die ganze Leistungsfähigkeit dieser Funktion, die in der Kombination mit anderen Formatierungsmethoden ungeahnte Möglichkeiten für Zahlenüberwachung und -präsentation bietet: eine schier unerschöpfliche Fundgrube für Excel-Anwender aus Controlling, Finanz- und Rechnungswesen, Buchhaltung und Datenanalyse!

Autor	Frank Arendt-Theilen
Umfang	Ca. 250 Seiten, 1 CD
Reihe	Einzeltitel
Preis	19,90 Euro [D]
ISBN	978-3-86645-806-2

http://www.microsoft-press.de

Microsoft Press-Titel erhalten Sie im Buchhandel.

Wissen aus erster Hand

Diagramme lassen sich in Excel 2007 sehr leicht erstellen – warum ein umfangreiches Fachbuch dazu? Blättern Sie es einfach durch, dann wissen Sie Bescheid! Reinhold Scheck, ein ausgewiesener Diagrammexperte, nimmt Sie mit auf eine außergewöhnliche Tour durch die Möglichkeiten von Excel 2007:
– So gelingt der Umstieg von früheren Excel-Versionen
– Unentbehrliche Design- und Kommunikationsgrundlagen
– Grafische Objekte: das Salz in der Diagrammsuppe
– Wann ist welcher Diagrammtyp sinnvoll und was hat er zu bieten?
– Dynamische Diagramme durch Steuerelemente und bedingte Formatierung
– Präsentationslösungen mit Schwung und Pfiff

Autor	Reinhold Scheck
Umfang	691 Seiten, 1 CD
Reihe	Fachbibliothek
Preis	49,90 Euro [D]
ISBN	978-3-86645-416-3

http://www.microsoft.com/germany/mspress

Microsoft Press

Microsoft Press-Titel erhalten Sie im Buchhandel.

Wissen aus erster Hand

Funktionen sind eines der leistungsfähigsten Werkzeuge innerhalb von Microsoft Excel. Das vorliegende Buch macht Sie mit der Arbeit mit Formeln und Funktionen vertraut und bietet Ihnen Hunderte von Anwendungsbeispielen für den Einsatz verschiedenster Funktionen. Zusätzlich stellt das Buch eine komplette Referenz aller Excel-Funktionen (von Version 2000 bis 2007) dar, die in Umfang, Tiefe und Praxisrelevanz einzigartig ist. Die beiliegende CD ist prall gefüllt mit Beispielen.

Autor	Jeschke, Pfeifer, Reinke et al.
Umfang	914 Seiten, 1 CD
Reihe	Maxibuch
Preis	19,90 Euro [D]
ISBN	978-3-86645-231-2

http://www.microsoft-press.de

Microsoft Press-Titel erhalten Sie im Buchhandel.

(Wissen aus erster Hand)

Sie können PowerPoint bedienen, aber Ihre Folien gefallen Ihnen nicht? Sie stehen vor der Frage: Wie schaffe ich es, mit meinen Folien Aufmerksamkeit zu erregen, Informationen auf einen Blick zu transportieren, die Präsentation professionell zu gestalten? Kurz: Wie erstelle ich eine gelungene PowerPoint-Präsentation? Dieses Buch liefert Ihnen Antworten in Form von zahllosen Ideen – grundlegende PowerPoint-Kenntnisse vorausgesetzt. Auf der CD finden Sie alle Beispiele aus dem Buch sowie Vorlagen, die Sie in Ihren Präsentationen sofort einsetzen können.

Autor	Schiecke, Becker, Walter
Umfang	256 Seiten, 1 CD
Reihe	Einzeltitel
Preis	19,90 Euro [D]
ISBN	3-86063-587-5

Microsoft Press-Titel erhalten Sie im Buchhandel, PC-Fachhandel und in den Fachabteilungen der Warenhäuser